MW00745466

LE
CODE CIVIL

ANNOTÉ

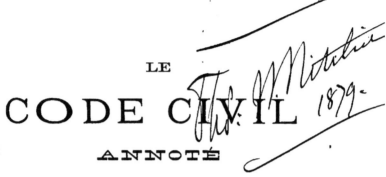

ÉTANT LE

CODE CIVIL DU BAS-CANADA

(EN FORCE DEPUIS LE PREMIER AOUT 1866)

TEL QU'AMENDÉ JUSQU'AU 1ᵉʳ OCTOBRE 1879 ; AUQUEL ON A AJOUTÉ LES
AUTORITÉS CITÉES PAR LES CODIFICATEURS ET UN GRAND
NOMBRE D'AUTRES RÉFÉRENCES AUX SOURCES DU
DROIT, LA JURISPRUDENCE DES ARRÊTS,
DIVERSES ANNOTATIONS, ET UNE

TABLE ALPHABÉTIQUE ET ANALYTIQUE DES MATIÈRES

PAR

EDOUARD LEFEBVRE DE BELLEFEUILLE

AVOCAT

Divinarum atque humanarum
rerum notitia, justi atque injusti
scientia.
JUSTINIEN.

MONTREAL

BEAUCHEMIN & VALOIS, LIBRAIRES-ÉDITEURS
256 et 258, rue Saint-Paul
—
1879

Avant-Propos.

Le livre que j'offre aujourd'hui à mes confrères et au public canadien est loin d'être parfait, comme je l'ai bien compris en le relisant
après l'avoir terminé; et cependant il m'a coûté plusieurs années
d'un travail constant, auquel j'ai consacré tous les instants que
me laissait ma profession.

Le cadre que je me suis tracé consiste à donner d'abord le texte
du Code, tel qu'il est maintenant en force, c'est-à-dire avec les amendements qui y ont été introduits; puis à indiquer et reproduire
au long les statuts qui, sans former un amendement réel au Code,
modifient cependant l'application de quelques-uns de ses articles,
soit dans certains cas, soit à l'égard de certaines personnes; ou
encore, règlent la manière d'exécuter un article, soit sous l'empire des dispositions législatives fédérales, soit dans les espèces
réglées par les statuts provinciaux. A ce texte de la loi, j'ai ajouté
les autorités qui forment la source de notre corps de droit; non
seulement celles que les codificateurs avaient citées dans leurs
rapports, mais de plus un fort grand nombre d'autres références
dont j'ai eu occasion de vérifier la relation avec l'article sous lequel
je les ai placées. Dans ce choix d'autorités, j'ai utilisé les travaux
de plusieurs de mes confrères, tels que j'ai pu les trouver dans nos
collections de jurisprudence, au rapport de certaines causes importantes dont le jugement fait autorité.

La jurisprudence des arrêts est la partie de l'ouvrage qui m'a
nécessité le plus grand travail. Nous avons maintenant dans notre
province environ 80 volumes de collections d'arrêts. Je les ai tous
lus et compulsés, et j'en ai distribué les jugements sous les articles
du Code auxquels il m'a paru qu'ils se rapportaient le plus rigou-
reusement. Je n'ai pas hésité à les répéter plusieurs fois, quand j'ai
trouvé que certains arrêts interprétaient utilement l'application ou
le sens de plusieurs articles.

Ici j'ai deux observations à faire. J'ai reproduit les décisions
rendues avant le Code; et parmi ces arrêts, je n'ai pas mis de côté
ceux qui sont relatifs à certains points de droit qui ont été modifiés
ou abrogés par la législation du Code.

On comprend tout de suite quel nombre considérable de décisions j'ai par là ajouté à ma collection.

J'en ai agi ainsi parce que le Code n'étant en force que depuis une
époque relativement rapprochée, il peut se présenter et il se présente
encore assez fréquemment des espèces qui demandent à être étudiées

et déterminées d'après les lois antérieures au Code. D'un autre côté, le présent ouvrage étant le premier essai dans ce genre, j'ai cru utile de grouper ensemble tous les précédents que contient notre jurisprudence. Lorsqu'un plus grand nombre d'années se seront écoulées depuis la mise en force du Code, on pourra, si l'on veut, omettre dans une seconde édition, les arrêts antérieurs à 1866; pourvu toutefois qu'on n'en soit pas alors revenu à ce qui était la loi avant le Code.

C'est ici le lieu de déclarer combien je suis redevable à l'Hon. Sir A.-A. Dorion, juge en chef de la Cour du Banc de la Reine de la province de Québec, pour l'aide précieux que ce magistrat éminent a bien voulu me donner, en me communiquant constamment ses cahiers de notes privées, dans lesquels j'ai trouvé un très grand nombre d'arrêts intéressants qui ne sont pas rapportés, et qui, cependant, ont une importance majeure, puisqu'ils procèdent de notre tribunal provincial le plus élevé. Plusieurs autres honorables membres de la magistrature, entre autres les juges Casault et McCord, et le savant Greffier des Appels, à Montréal, m'ont aussi aidé de leurs lumières et de leurs connaissances.

C'est avec bonheur que je leur offre ici l'expression de ma plus sincère gratitude. Je voudrais pouvoir rendre le même tribut à un plus grand nombre de savants collaborateurs ; car je sais qu'un travail comme celui-ci, dans un pays où les rapports de jurisprudence sont encore si incomplets, possède d'autant plus d'utilité et de valeur qu'il réunit le plus de renseignements, et qu'on a pu y accumuler un plus grand nombre de faits, d'arrêts, de précédents, ou d'opinions magistrales.

Je l'ai dit plus haut, l'ouvrage actuel n'est qu'un premier essai, qui devra être repris dans quelques années. Notre jurisprudence fait des progrès rapides et elle tend à se fixer définitivement aux règles établies par la Cour d'Appel. Dans dix ans il y aura sans doute de précieuses additions à faire à la collection actuelle de nos arrêts. Celui qui entreprendra alors le travail, pourra y mettre, outre l'ordre chronologique que j'ai adopté, l'ordre des sujets avec titre indicatif. Je n'ai pas cru le nombre des décisions encore assez grand, ni assez varié, pour rendre désirable une classification aussi exacte.

Quant aux amendements du Code, j'ai essayé de les rapporter tous fidèlement, et je crois n'avoir omis dans le corps de l'ouvrage aucune modification qui soit un amendement véritable. J'y ai aussi signalé sous les articles convenables, diverses lois qui en modifient l'application. Au surplus, l'on trouvera dans l'Appendice qui suit ces pages, l'énumération de diverses autres dispositions législatives qui méritent d'être consultées dans l'étude de notre Code.

Nous autres, justiciables de la province de Québec, nous avons l'avantage de posséder deux corps législatifs distincts chargés de

nous faire des lois.   Chaque année ces deux législatures s'attaquent à
notre Code civil et en changent les dispositions.   Si on n'y prend
garde, et si on continue ainsi tous les ans à déchirer les feuilles de
ce livre, il ne restera bientôt plus grand'chose du volume où les
savants codificateurs avaient fort heureusement résumé le corps de
notre droit.   Tous les hommes sérieux regrettent cet état de choses ;
mais il sera inévitable avec notre système de gouvernement,
tant que la législature n'aura pas elle-même mis le Code à l'abri des
fantaisies législatives et hors de l'atteinte des députés curieux
d'améliorer le droit romain ou de perfectionner les doctrines de
Pothier.

J'avais signalé ce danger dès 1865, alors que les rapports des
codificateurs, livrés au public, provoquaient certaines discussions.*
Je n'aurais jamais cru que les faits seraient venus si tôt me donner
raison.

Voici ce que je disais dans un article de la *Revue Canadienne*, dans
lequel je parlais précisément du danger qu'il y a de voir notre Code
civil devenir la proie des amendements intempestifs :

" Les codificateurs ont eu soin de faire dans le dernier cahier de
leur projet quelques suggestions importantes destinées à remédier,
s'il est possible, à cet état de choses.   Nous craignons que leur proposition, sans du reste obtenir le but qu'ils ont en vue, ne tende à
modifier considérablement le cadre des opérations de notre législature.   Voici ce qu'ils disent :

"Néanmoins...... il est à désirer qu'après que ce Code aura
obtenu force de loi, la législature se garde soigneusement et soit
circonspecte à l'égard de toute innovation qu'elle serait appelée à y
faire.   Le Code a pour objet de répondre en termes exprès ou par
implication légale à toutes les questions qui tombent dans la vaste
étendue des sujets dont il traite.   Il compose un système dont
toutes les parties sont rattachées les unes aux autres avec soin, et
toute législation par pièce, faite dans la vue de quelque changement
particulier, peut affecter sérieusement d'autres parties de l'ouvrage
que l'on ne voulait pas toucher, et conduire à un désordre et à une
confusion considérable et imprévue.

" Pour exprimer plus correctement leurs vues relativement au
mode de procéder en matière d'amendements et d'additions qui
pourraient être faits plus tard, qu'il soit permis aux commissaires
de soumettre les observations qui suivent :

" Les imperfections du Code doivent résulter soit d'omissions ou
de l'insertion de règles de droit incommodes ou nuisibles, soit de
fausse interprétation de la loi, ou de son expression incertaine.
Ces imperfections ressortiront principalement de la difficulté qu'on
éprouvera dans l'interprétation judiciaire et dans l'application de

---

* Voir la *Revue Canadienne*, t. II, p. 34.

la loi ; les tribunaux supérieurs devraient donc être astreints à faire au gouvernement des rapports spéciaux de toutes les causes dans lesquelles telle difficulté manifeste existe, et l'autorité compétente sera par là mise en état de juger si la loi est véritablement imparfaite ou susceptible d'objection au point de requérir l'action de la législature sur le sujet.

" Lorsque des amendements sont jugés nécessaires, ils ne doivent pas être faits en détail, mais au moyen d'une révision périodique et par un seul statut préparé sous le contrôle du gouvernement, et ils doivent, comme règle générale, être restreints aux sujets contenus dans les rapports spéciaux, considérant que la législation basée sur l'expérience est plus sûre et plus durable que lorsqu'elle ne se fonde que sur des idées spéculatives.

" En adoptant ce mode ou quelque autre équivalent, le Code deviendra graduellement et sûrement de plus en plus complet, et ainsi les inconvénients résultant de décisions judiciaires en contradiction les unes avec les autres, et l'interprétation divergente des commentateurs, qu'on ne pourra éviter entièrement, seront considérablement diminuées." *

Assurément les vœux et les conseils des honorables codificateurs ont été bien peu respectés. Ils ne l'ont pas été du tout. C'est un grand malheur que j'ai entendu déplorer par nos hommes de loi les plus distingués, et que j'ai tenu à signaler au commencement de ce livre.

Je n'ai pas la prétention d'espérer que ma faible voix atteindra ceux qui peuvent arrêter cet abus ; mais je n'ai pas voulu laisser passer, sans en profiter, l'occasion de rappeler à mes concitoyens et aux hommes politiques les sages conseils que nous donnaient, il y a quinze ans, trois hommes aussi éminents que les Hon. MM. Caron, Day et Morin.

Quoi qu'il en soit, telle est la situation ; et comme l'ignorance de la loi n'excuse pas, c'est peut-être travailler au bien du pays que de faciliter l'étude d'une législation déjà un peu confuse, et en condenser les dispositions variées dans un cadre étroit. Tel a été mon but. L'ai-je complètement atteint ? Non, sans doute. Cependant ce livre est un premier pas dans cette voie, et cela suffit pour me donner le droit de solliciter pour ce travail le sympathique encouragement du public.

E. Lef. de BELLEFEUILLE.

Montréal, 4 octobre 1879.

---

* Septième Rapport, p. 51.

PRÉFACE.

M. de Bellefeuille a été le premier, lors de la promulgation du *Code civil du Bas-Canada*, à en publier une édition utile et surtout excessivement commode pour l'usage habituel des hommes de profession.

Cette première édition était précédée d'un résumé des changements les plus importants que le Code avait fait subir à la loi antérieure.

Le texte en était accompagné de renvois aux sources qui ont servi de base au travail des Commissaires chargés de préparer le Code, telles qu'ils les ont indiquées dans les différents rapports qui ont été soumis à la législature.

La rapidité avec laquelle cette première édition a été épuisée témoigne de l'utilité de l'ouvrage.

Treize années se sont écoulées depuis que cette première édition a été livrée au public.

Le Code venait alors de recevoir la sanction de la législature.

Les Commissaires avaient dû, dans une très courte période de temps, coordonner toutes les règles découlant des diverses sources qui formaient le corps du droit en force au pays et indiquer les changements qu'ils croyaient nécessaires pour satisfaire les besoins nouveaux de notre état social. Leur travail a été adopté, à peu d'exceptions près, à la suite d'une discussion rapide et assez superficielle dans un des bureaux de l'Assemblée Législative d'alors.

Il n'est pas étonnant que ce Code, qui apportait des changements notables à toutes les principales parties du droit en force jusqu'alors, ait donné prise à la critique ; ni que l'on ait éprouvé certaines difficultés dans l'application de ses règles à l'immense variété d'affaires contentieuses qui affectent l'état et la condition des personnes, dans leurs rapports entr'elles ou avec la propriété.

Je n'ai pas ici à me prononcer sur le résultat de cette épreuve. Qu'il me suffise de dire que, nonobstant des lacunes assez graves, mais que l'on doit considérer comme inévitables lorsque l'on songe à la tâche difficile que les Commissaires avaient à remplir, le Code avec ses imperfections a été d'un avantage immense en donnant des règles certaines sur un grand nombre de questions dont la solution était douteuse, sinon impossible, et en faisant disparaître de nos lois un grand nombre de dispositions qui n'étaient plus en harmonie avec les idées maintenant reçues.

Pendant ces treize dernières années, les tribunaux ont été appelés à faire l'application de la plupart des règles consignées dans le Code, et à interpréter et déterminer le sens et la portée d'un grand nombre de ses articles.

La législature a aussi, pendant cette période, fait plusieurs changements importants.

L'on ne peut pas dire que la jurisprudence soit encore fixée sur la plupart des dispositions du Code, ni que la législature ait dit son dernier mot sur les changements à y faire ; mais déjà il y a un commencement de jurisprudence. D'un autre côté, les modifications que le Code a subies sont assez nombreuses.

Il est important de pouvoir les connaître sans être
obligé de recourir aux recueils d'arrêts et aux nombreux statuts dans lesquels cette jurisprudence et ces
changements sont consignés.

C'est sous ces circonstances qu'a été commencée la
publication d'une seconde édition du Code.

Cette fois-ci l'auteur ne s'est pas contenté d'en
donner le texte et d'indiquer les sources d'où il découle.
Mais, suivant en cela la méthode adoptée par Gilbert
et d'autres annotateurs du Code Napoléon, il a voulu
ajouter les modifications qui y ont été faites, ainsi que
les décisions des tribunaux qui se rattachent à chaque
article.

Pour rendre cette publication encore plus complète,
l'auteur a compulsé non seulement les décisions rendues depuis le Code, mais encore toutes celles qui
avaient été recueillies avant. Il en a même rappelé
un bon nombre que l'on chercherait en vain dans les
différents recueils de décisions judiciaires publiés dans
le pays.

Ce procédé a l'avantage de faire comprendre sans
recherches quels sont les changements que le Code et
les lois qui l'ont modifié ont fait subir aux lois antérieures, et de faire connaître et le texte de la loi et la
manière dont les tribunaux l'ont interprété.

L'utilité d'un pareil travail est depuis longtemps
reconnu en France où les codes annotés de Sirey, de
Rogron, de Teulet, d'Auvilliers, jouissent d'une vogue
méritée.

Le travail que M. de Bellefeuille livre aujourd'hui
au public n'a besoin que d'être connu pour être favorablement apprécié

J'ai eu l'avantage, grâce à l'obligeance des éditeurs,
d'en suivre les progrès et de voir chacune de ses parties

à mesure qu'elles ont été imprimées. Je puis lui
rendre ce témoignage que tout l'ouvrage me paraît
fait avec le plus grand soin, et que les citations, en
autant qu'il m'a été possible de les vérifier, sont justes
et applicables aux différents articles qu'elles servent
à expliquer.

La forme de l'ouvrage ne laisse rien à désirer et ce
livre sera l'une des plus utiles productions que nous
ayons eues jusqu'à présent sur le Code civil.

Je félicite l'auteur et je désire sincèrement pour
cette nouvelle publication tout le succès qu'elle
mérite.

A.-A. DORION.

Opinion de quelques jurisconsultes sur la présente édition du Code civil.

~~~~~~~~~~~~

L'auteur de cet ouvrage l'ayant communiqué aux Honorables Juges et à d'autres personnes distinguées, pour leur soumettre son plan, en a reçu les lettres qui suivent. Les éditeurs ont obtenu la permission de les publier, et ils le font avec empressement, convaincus que les appréciations flatteuses d'hommes aussi versés dans la science du droit, seront lues avec intérêt par tous ceux qui verront ce livre, et qu'elles aideront au succès d'une entreprise qui ne manque pas de certains risques, dans un pays où le nombre de ceux qui peuvent avoir besoin d'un ouvrage comme celui-ci est si limité.

MON CHER MONSIEUR,

J'ai examiné avec un vif intérêt votre nouvel ouvrage sur le Code civil. Permettez-moi de vous offrir mes sincères félicitations sur la manière dont vous avez rempli le cadre que vous vous étiez tracé. Ce volume, contenant notre Code tel qu'amendé et aujourd'hui en force, avec, sous chaque article, la jurisprudence des arrêts et une référence savante et judicieuse aux auteurs, sera indispensable à tout homme de loi. C'est un travail qui vous assure la reconnaissance et du banc et du barreau.

Veuillez me croire votre tout dévoué,

H.E. TASCHEREAU,

Ottawa, 23 août 1879.   *Juge, Cour Suprême du Canada.*

Ramsay Manor, St. Hugues, Province of Quebec,
28th August 1879.

DEAR Mr DE BELLEFEUILLE,

I regret that I should have received the advanced sheets of the three first books of your new edition of the Code so late in the vacation that I cannot give a work so important the attention it deserves. I may however say, that the plan is excellent. Grouping the authorities of the old law around the text of the Code, along with the commentary recent decisions afford, is the most effectual way to guard against the dangers of condensed codification. The constant legislation which varies, not always improving, the text of the

B

Code renders such works as yours absolutely necessary to all those engaged in the administration or practice of the law.

From the few articles I have had time to examine I think the execution of your work is not inferior to its general plan and I trust its publication will be followed by the success so laborious and useful an undertaking merits.

Yours faithfully,

E. Lef. de Bellefeuille, Esquire.   T. K. RAMSAY.

Judges' Chambers, Court House,
Montreal, 29th August 1879.

E. Lef. de Bellefeuille, Esq.

DEAR SIR,

I have had communication to the extent of the first three and the greater part of the fourth book of the new edition of the Civil Code of Lower Canada, about being published by you, including the statutory amendments of which the text is given, and the jurisprudence so far as it exists, under each article. My examination has been too cursory to appreciate the entire merits of the work, but it is quite evident that the general plan is excellent, and with the materials it contains, collected, collated and arranged, it must prove of great value to the profession. I have only been able to read small portions of the cited cases without comparing them with the reports *in extenso*. Yet I can speak as to the accuracy of the results you have given in a number of them with which I happen to be personally acquainted. I congratulate you on the success I anticipate for the publication and hope that it may produce an adequate reward for the great labor it has entailed.

Respectfully yours,

A. CROSS.

Malbaie, Pointe-au-Pic,
3 septembre 1879.

M. E. Lef. de Bellefeuille, avocat, Montréal.

CHER MONSIEUR,

C'est de grand cœur que je vous félicite d'avoir mené à bonne fin l'important travail que vous m'avez adressé, et que vous auriez eu droit d'intituler *Le Code civil annoté.*

Je n'ai pu l'examiner dans toutes ses parties; mais il m'a suffi d'un coup d'œil rapide pour saisir l'inappréciable mérite de l'ensemble.

Depuis plusieurs années je désirais qu'un homme laborieux et versé dans la science du droit entreprît cet ouvrage, dont le besoin se faisait vivement sentir, et je suis heureux de constater qu'il est fait et bien fait.

Il y a lieu de se réjouir des progrès que l'étude du droit a faits dans notre pays depuis la codification de nos lois, et de la facilité qu'elle offre maintenant à la jeunesse studieuse, grâce aux travaux de quelques hommes zélés comme vous. Il ne saurait entrer dans le cadre d'une simple lettre de mentionner toutes les publications canadiennes qui méritent la reconnaissance de nos hommes de loi ; mais je saisis cette occasion de payer un juste tribut d'éloges au récent *Digest* de M. Stephens et à l'œuvre volumineuse et savante de l'Hon. juge Loranger.

Nous vivons dans un temps où l'on fait tout très vite — trop vite peut-être — où l'on voudrait même tout savoir, sans avoir la peine de rien étudier : il était donc extrêmement utile de présenter dans un seul tableau, de réunir et combiner dans un seul livre notre loi et notre jurisprudence, le texte primitif de notre Code, les modifications qu'il a subies depuis son existence, l'indication des auteurs contenant la solution doctrinale des questions qui découlent du texte, et enfin l'interprétation que nos tribunaux lui ont donnée. Ce travail si désirable manquait, et vous avez heureusement comblé cette lacune. C'est un pas de plus, un nouveau progrès pour la science du droit canadien, et je suis convaincu que tous les hommes de loi en tireront grand profit.

Veuillez agréer, mon cher monsieur, l'expression sincère de mes vœux pour le succès de votre ouvrage, et de mes meilleurs sentiments pour votre personne.

A.-B. ROUTHIER.

Aylmer, 4 sept. 1879.

E. L.-J. de Bellefeuille, écr, avocat, Montréal.

Cher monsieur,

J'ai examiné avec beaucoup d'intérêt une grande partie de la nouvelle édition du Code civil que vous devez publier prochainement. Vous y avez introduit, à la suite du texte et sous les articles qu'il convenait, les amendements déjà considérables qui ont été faits à notre Code, ainsi que plusieurs arrêts importants. Les autorités invoquées par les codificateurs et les autres références que vous avez aussi ajoutées à la suite du texte, seront d'un grand secours dans la pratique.

Je vous félicite sincèrement du succès que vous avez évidemment obtenu dans l'accomplissement d'une rude tâche ; et je souhaite que votre ouvrage soit aussi bien accueilli qu'il me paraît avoir de valeur véritable.

J'ai l'honneur d'être, cher monsieur,
Votre obéissant serviteur,

J.-B. BOURGEOIS,
J. C. S.

Québec, 4 septembre 1879.

Cher monsieur,

Suivant votre désir j'ai pris communication de votre nouvelle édition du Code civil de la province de Québec. Je n'hésite pas à vous exprimer la haute opinion que j'ai formée de votre travail. En indiquant sous chaque article la citation non seulement des autorités invoquées par les codificateurs, mais aussi celle des jugements de nos tribunaux, qui doivent servir à établir notre jurisprudence, vous facilitez d'une manière très remarquable et exacte l'étude de notre Code à tous ceux qui sont liés à l'administration de la justice en Canada.

Je ne manquerai pas de recommander votre livre aux élèves de l'Université Laval, auxquels il sera aussi très utile.

Je vous souhaite donc cordialement bon succès pour votre œuvre.

J'ai l'honneur d'être, avec estime,
Votre obéissant serviteur,

U.-I. TESSIER,

Doyen de la Faculté de Droit à l'Université Laval, L. L. D.,
Juge de la Cour du Banc de la Reine.

A E. Lef. de Bellefeuille, écr, avocat, C. R., Montréal.

Quebec, 7th Sept. 1879.

DEAR SIR,

       I have perused the portion of a new edition of the Civil Code of Lower Canada you were good enough to afford me the opportunity of doing, and upon which you are engaged, with as much care as the time at my command would admit, and I have great pleasure in congratulating you upon the manner in which you have achieved the purpose you have in view.

The many amendments made to the Code, at almost every session of Parliament since its enactment, have made such a work a pressing want.

Had you confined yourself to the mere production of the text at the present time, your work would have been a very useful one, but you have given a scope and importance to it by a reference to the decisions of our Courts upon the Code, and by a large citation of authorities as cannot fail, I think, to make it one of preeminent value to all practitioners. It bears the impress in its execution of thorough conscientious care and industry.

I am, dear Sir, yours very faithfully,

A. STUART.

E. Lef. de Bellefeuille, Esquire, Advocate, Montreal.

St-Hyacinthe, 8 sept. 1879.

CHER MONSIEUR,

       La consolidation du Code civil, que vous êtes sur le point de publier, est un travail aussi utile qu'opportun, et que les modifications faites depuis sa promulgation rendaient presque nécessaire.

De plus, vous multipliez les références aux auteurs les plus accrédités, ce qui permet de mettre de suite la main sur les dissertations les plus propres à fixer l'interprétation, et qui sont le commentaire le plus savant et le plus impartial, car l'étude et l'intelligence des textes s'élucident à la source même de la règle.

Une chose qui rend votre travail encore plus utile, sont les annotations qu'il contient dans les indications de la jurisprudence, sur les matières les plus importantes et les faits les plus usuels.

Nos livres de précédents judiciaires sont déjà fort nombreux, et il est guère possible pour les hommes d'affaires et les hommes instruits, en dehors de la profession légale, de s'occuper à les feuilleter et encore moins à les classifier. La classification se trouve toute faite par les annotations dont votre livre abonde.

Les codes contiennent des règles souvent mal définies et peu compréhensives. La jurisprudence en fixe le sens et l'applicabilité. Mettre à la connaissance des hommes de loi, comme de tous les citoyens, d'une manière lucide et facile, le sens de la loi, par son application judiciaire aux circonstances ordinaires de la vie, est le meilleur moyen de diminuer le litige et la tourbe des plaideurs, car c'est l'ignorance qui est plaideuse. Tout ce qui est propre à diminuer cette ignorance, doit être accueilli avec faveur.

La société doit plus que des remerciements à ceux qui consacrent leurs talents et leurs labeurs à des travaux qui, outre les avantages pratiques qu'ils offrent, se recommandent également par leur côté moral et intellectuel.

Je suis avec estime, votre serviteur,

E. Lef. de Bellefeuille, avocat, Montréal.   L.-V. SICOTTE.

Montréal, 11 septembre 1879.

Mon cher monsieur,

Je ne puis qu'applaudir à l'idée que vous avez eue de donner du Code civil une édition telle que celle dont vous m'avez adressé un exemplaire. Depuis sa promulgation, il a subi plusieurs changements. Aussi le besoin d'une édition qui les indique se faisait-il sentir depuis quelque temps. Votre travail le satisfera pleinement. Il est en outre précieux par les citations nouvelles d'auteurs que vous avez ajoutées à celles des codificateurs, et surtout par l'exposé de la jurisprudence qui a interprété différents articles du Code ou suppléé à son silence. Le plan que vous vous êtes tracé me paraît le meilleur que vous puissiez adopter, et vous l'avez bien rempli, autant que je puis en juger par quelques-unes des parties de votre travail que j'ai parcourues. Je n'hésite pas à dire que cette nouvelle édition du Code sera d'une extrême utilité à ceux que leurs fonctions appellent à en faire une application journalière. Il ne peut même manquer d'intérêt pour ceux qui, sans être légistes, désirent acquérir des notions exactes sur les dispositions d'un Code destiné à protéger les droits des familles. En vous félicitant du succès avec lequel vous avez accompli une tâche très laborieuse, je crois devoir ajouter que votre ouvrage vous donnera de justes titres à la reconnaissance de tous les amis de la science du droit.

Veuillez accepter l'assurance de la considération avec laquelle j'ai l'honneur d'être, monsieur, votre dévoué serviteur,

Ed. Lef. de Bellefeuille, écr, Montréal.   C.-S. CHERRIER.

N° 11, Hospital Street, First Floor,
North British Chambers, Montreal, 12ᵗʰ Sept. 1879.

DEAR SIR AND *confrère*,

I have been much gratified by an examination of the advance sheets of your new edition of the Civil Code. I perceive that your plan has been, to produce the text of the Code itself, indicating the changes in the law which it effected, and those which have since been made; to reproduce the authorities by which it was supported by the codifiers; adding to them many others of weight and importance; and to supplement these by copious references to the jurisprudence of our Courts. Such facilities for information as this plan is calculated to afford, must be of inestimable value both to the student and to the practitioner; and the execution of it appears to me to deserve as high appreciation as its conception. I find your collection and analysis of the authorities, elaborate and accurate; and I must congratulate you upon the production of a work which reflects so much credit upon yourself, and upon the bar, of which we are both members. It is fortunate that we have among us professional men who will devote so much time and learning to works which must be so limited in their circulation, but you will certainly have the satisfaction of knowing that no practicing advocate in Quebec, can afford to dispense with your book.

I remain, dear Sir and *confrère*,
Very sincerely yours,

E. Lef. de Bellefeuille, Esquire, Advocate, &c.   J. J. C. ABBOTT.

————

E. Lef. de Bellefeuille, écr, avocat.

MON CHER MONSIEUR,

J'ai reçu la lettre que vous m'avez adressée le 2 septembre courant, avec l'épreuve d'une nouvelle édition du Code civil du Bas-Canada, me priant d'examiner ce nouveau travail et de vous en donner une appréciation. J'ai été très honoré d'une telle demande de votre part; et aussi je me suis empressé, autant que les affaires ont pu me le permettre, de me rendre digne de la confiance que vous avez bien voulu reposer en mes faibles capacités. J'ai en conséquence examiné avec soin ce travail, et je ne puis que vous féliciter sincèrement de l'heureuse idée qui vous a fait entreprendre une œuvre si importante et dont le besoin se faisait sentir déjà depuis longtemps. Cette nouvelle édition du Code, qui a dû vous coûter une somme de travail considérable, est certainement digne d'un grand succès; car elle est une œuvre d'un grand mérite et d'une utilité incontestable.

Avec ce Code nous n'aurons plus besoin des nombreux statuts qui en modifient ou amendent le texte original; car ils s'y trouvent insérés au long après chaque article qu'ils affectent soit directement, soit indirectement. De plus je vois qu'aux autorités citées par les codificateurs vous en avez souvent ajouté beaucoup d'autres, que vous faites suivre par nombre d'arrêts de nos tribunaux et dont plusieurs ne se trouvent pas même dans nos diverses collections. Un travail de ce genre, fait avec tout le soin que vous avez su y mettre, ne peut qu'être reçu très favorablement par la magistrature, les hommes de loi et le public en général ; et tous ne pourront que vous savoir gré de leur épargner de longues et fastidieuses recherches.

Agréez de nouveau, monsieur, mes sincères félicitations et croyez-moi votre très obéissant serviteur,

L. BÉLANGER.

Beauharnois, 15 septembre 1879.

Ed. Lef. de Bellefeuille, écr.

MONSIEUR,

Après avoir examiné la partie de votre travail d'annotation sur le Code civil du Bas-Canada, s'étendant jusqu'à l'art. 2266, que vous m'avez transmise, je suis heureux de pouvoir vous en féliciter.

Je suis convaincu que l'ouvrage que vous donnez au public, sera d'une grande utilité.

Si vous me permettiez une suggestion, je vous dirais qu'il est désirable que votre ouvrage soit suivi d'une table alphabétique et analytique aussi complète que possible.

La table générale de cette nature qui suit le " Code civil, avec des notes, etc., de Dard," ouvrage auquel ressemble le vôtre (en observant cependant que le vôtre est plus complet), ajoute beaucoup à l'utilité du livre, en facilitant les recherches.

Permettez-moi, en terminant, de vous souhaiter tout le succès que mérite le labeur persévérant qu'a dû vous coûter ce livre.

J'ai l'honneur d'être, monsieur,
Votre obéissant serviteur,

L.-A. OLIVIER,

Joliette, 20 sept. 1879.

J. C. S.

St-Jean, 20 sept. 1879.

MON CHER MONSIEUR,

Il n'y a pas encore bien des années, l'apparition d'un livre de droit, ou d'une compilation raisonnée de jurisprudence, était saluée comme chose rare en ce pays.

Mais une vive émulation s'est emparée depuis de tous les esprits ardents et studieux ; et nous avons aujourd'hui la satisfaction de voir des œuvres nouvelles se produire tous les jours sur des matières se rattachant à la science du droit, comme sur les autres branches des connaissances humaines.

Certaines de nos provinces-sœurs nous ont déjà fait admirer les talents et les études de leurs nationaux dans des compilations et des œuvres raisonnées sur le droit et la jurisprudence.

Et j'aperçois avec plaisir que la province de Québec, depuis quelques années, fait mine de vouloir rivaliser sous ce rapport non seulement avec les autres provinces de cette confédération, mais même avec les vieux pays.

De fait, non seulement nous avons ici des compilations d'une extrême utilité pour la profession et le banc, mais nous avons des revues commentant le texte comme l'esprit de notre droit, parmi lesquelles citons une œuvre d'un mérite souverain, fruit du travail persistant d'un de nos magistrats les plus distingués, l'Hon. T.-J.-J. Loranger.

Vous avez voulu vous aussi, monsieur, emboîter le pas derrière vos devanciers, et offrir au public un ouvrage possédant un mérite remarquable, et que vous appelez nouvelle édition du Code civil.

J'ai, à votre demande, pris connaissance de l'ensemble de votre ouvrage, en ai examiné la nature et le cadre que vous vous en êtes tracé, et j'ai le plaisir de vous dire que je ne puis que l'approuver et le recommander fortement à la profession comme à tous les hommes d'affaires.

Les nombreuses autorités, à part celles rapportées par les codificateurs, auxquelles vous référez pour appuyer ou expliquer chaque article du Code, aussi bien que l'état de la jurisprudence des arrêts, mis en regard de la loi telle qu'exprimée dans chacun de ces articles, en font un livre précieux.

Votre livre représente la doctrine telle qu'interprétée par nos tribunaux, ce qui en fait un ouvrage de fond en même temps que d'actualité, réellement inappréciable tant pour le public canadien que de l'étranger.

Votre ouvrage vous fait honneur, et est digne de votre position au barreau. Il dénote des recherches laborieuses et mérite à tous les points de vue les félicitations et la reconnaissance non seulement de la profession et du banc, mais du public instruit généralement.

> J'ai l'honneur d'être, monsieur,
> Votre obéissant serviteur,
>
> F.-W. CHAGNON,

Ed. Lef. de Bellefeuille, écr.   *Juge C. S.*

Québec, 20 septembre 1879.

E. Lef. de Bellefeuille, écr, avocat, Montréal.

CHER MONSIEUR,

Les nombreuses altérations que l'on a déjà fait subir à nos codes rendaient éminemment utile une nouvelle édition du Code civil. Vous avez su doubler cette utilité en mettant sous chaque article, dans celle que vous m'avez communiquée, les décisions qui peuvent servir à les interpréter.

Mes occupations ne m'ont permis d'en parcourir qu'une faible partie ; mais j'ai pu y constater que vous avez mis, dans ce travail, le soin et l'attention judicieuse que requérait le sujet.

> Tout à vous,
>
> N. CASAULT.

Carleton, 22 septembre 1879.

CHER MONSIEUR,

J'ai examiné avec soin l'exemplaire que vous m'avez adressé de la partie terminée de votre nouvelle édition du Code civil, et j'ai beaucoup de plaisir à vous donner l'opinion que vous me demandez au sujet de cet ouvrage.

Il m'a été facile de me convaincre non seulement de l'utilité et de l'importance de votre travail, mais aussi de la fidélité avec laquelle vous avez rempli le cadre que vous vous étiez tracé et que vous résumez si bien dans votre lettre.

Le grand avantage de cette nouvelle édition est de nous présenter le Code tel qu'il a pu être amendé ou modifié par la législation, et tel qu'il peut être interprété avec l'aide des décisions de nos tribunaux ; décisions que vous avez su grouper dans l'ordre du Code et au bas même des articles auxquels elles se rapportent.

Je sais par expérience combien un pareil ouvrage a dû vous coûter de travail et d'étude et combien par conséquent il pourra, en exemptant de longues et de nombreuses recherches, venir en aide à tous ceux qui voudront s'en servir. Aussi, je n'hésite pas à dire que votre livre sera une précieuse acquisition pour tout homme de loi ; et je souhaite cordialement que la publication de cet excellent ouvrage rencontre tout le succès que vous avez à si juste titre le droit d'en espérer.

> Veuillez me croire, cher monsieur,
> Votre bien dévoué serviteur,
>
> T. McCORD.

E. Lef. de Bellefeuille, écr, avocat, Montréal.

Québec, 22 sept. 1879.

E. Lef. de Bellefeuille, écr, Montréal.

CHER MONSIEUR,

J'ai parcouru avec un grand intérêt votre nouvelle édition du Code civil et je m'empresse de vous féliciter de votre travail.

L'ouvrage réunit et groupe à chaque article les sources du droit, les amendements au code et les décisions des tribunaux qui se rapportent au texte.

Il sera d'une grande utilité à l'étudiant, et indispensable à tout homme de profession.

> Votre serviteur dévoué,
>
> Jos. - G. BOSSÉ,
>
> *Bâtonnier du Barreau, section de Québec.*

Montréal, 26 septembre 1879.

E. Lef. de Bellefeuille, écr, avocat.

MON CHER AMI,

J'ai examiné avec beaucoup d'intérêt la nouvelle édition du Code civil que vous devez publier sous peu.

Vous rendez, dans mon opinion, un grand service à la profession en lui donnant ce nouveau travail, fait, comme vos travaux précédents, avec tout le soin, l'exactitude et l'intelligence que vous savez si bien y mettre.

Dans ce temps d'activité fébrile où les affaires se *précipitent*, nous sommes bien souvent appelés à répondre presque *instanter* aux questions de loi qui nous sont posées. Les amendements trop nombreux faits à notre Code et qui sont disséminés dans nos statuts rendaient difficiles des réponses aussi promptes. En jetant un coup d'œil sur votre édition du Code, nous aurons l'avantage d'y trouver réunis tous les amendements à chaque article et la jurisprudence établie sur chaque disposition de la loi.

De plus, en mettant en regard de chaque article les autorités s'y rapportant et les décisions de nos tribunaux servant à l'interpréter, vous indiquez la route à suivre dans l'étude sérieuse de toute question.

Nos jeunes confrères surtout qui commencent l'exercice de leur profession et qui ne sont pas encore familiers avec les auteurs de droit, trouveront un bien grand avantage à consulter ce travail.

Vous avez droit à la reconnaissance de la profession et à celle du public, mais votre ouvrage ne s'adressant qu'à un nombre relativement limité de personnes, je crains que les profits que vous retirerez de sa publication ne soient pas une juste récompense de votre travail. Toutefois, je compte beaucoup sur le mérite de l'œuvre et j'ai confiance que vous en trouverez un écoulement facile pour, du moins, vous dédommager des sacrifices pécuniaires que vous avez dû faire.

Vous souhaitant tout le succès que vous êtes en droit d'attendre, je demeure avec estime et considération,

Mon cher ami,

Votre tout dévoué,

A. LACOSTE,

Bâtonnier du Barreau, section de Montréal.

———

Montréal, 30 septembre 1879.

E. Lef. de Bellefeuille, écr, avocat, Montréal.

MON CHER MONSIEUR,

J'ai eu l'avantage, grâce à votre obligeance et à celle de vos éditeurs, de me servir depuis quelques semaines des feuillets imprimés de la plus grande partie de votre nouveau Code civil, et je suis heureux de pouvoir vous dire combien j'apprécie votre travail.

Ce livre sera certainement indispensable à tous ceux qui s'occupent de l'étude et de la pratique du droit ; et quelque succès que cela vous assure, la récompense sera encore loin d'être proportionnée au service que vous aurez rendu à vos confrères du barreau et au public en général.

Etant un de ceux qui profiteront le plus de vos recherches et de votre travail, je serai heureux si mon humble témoignage peut vous être utile.

Veuillez me croire, cher monsieur,

Votre tout dévoué serviteur,

L.-A. JETTÉ.

———

Montreal, October 8th, 1879.

E. Lef. de Bellefeuille, Esq., Advocate.

DEAR SIR,

I have examined with much interest, the most important and very extensive part of your new edition of the Civil Code, which I am glad to see is now ready for publication, and have pleasure in saying, that your careful and judicious references to the authorities on which the text of our Code is principally based, so valuably and accurately interpreted by the most valuable decisions of our Courts, with reference to such text and authorities, make your proposed publication in my judgment by far the most valuable book of the kind yet published on this subject to the Bench and Bar, as well as to the intelligent business man. I say *intelligent* because the book that makes every man his own lawyer is necessarily of very doubtful general utility. A little learning, especially in legal knowledge, is a dangerous thing.

In the present very imperfectly commentated condition of the Civil Code, especially, the value of your book can hardly be exaggerated in view of the necessity of such a publication.

Trusting that your important work so far so thoroughly done may meet with such appreciation as will encourage and induce you to complete it,

I remain, very truly yours,

M. DOHERTY.

TABLE DES MATIÈRES.

LIVRE DEUXIÈME.

DES BIENS, DE LA PROPRIÉTÉ ET DE SES DIFFÉRENTES MODIFICATIONS.

TITRE TROISIÈME.— De l'usufruit, de l'usage et de l'habitation.

TITRE QUATRIÈME.— Des servitudes réelles.

TITRE CINQUIÈME.— De l'emphytéose.

LIVRE TROISIÈME.

DE L'ACQUISITION ET DE L'EXERCICE DES DROITS DE PROPRIÉTÉ.

LIVRE QUATRIÈME.

LOIS COMMERCIALES.

EXPLICATION

— DES —

ABRÉVIATIONS EMPLOYÉES DANS CE LIVRE.

S. V. A. C.   Stuart's Vice-Admiralty Cases.

P. REP.   Pyke's Reports.

S. REP.   Stuart's Reports.

L. C. R.   Lower Canada Reports.

L. C. J.   Lower Canada Jurist.

R. de L.   Revue de Législation et de Jurisprudence.

L. C. L. J.   Lower Canada Law Journal.

R. C.   Revue Critique.

R. L.   Revue Légale.

Q. L. R.   Quebec Law Reports.

L. N.   The Legal News.

Q. L. D.   Quebec Law Digest, par M. Stephens.

M. C. R.   Montreal Condensed Reports.

R. S. C.   Reports of the Supreme Court of Canada.

La lettre C. ou Q., avant la citation d'un statut, signifie Canada ou Québec.

Le chiffre romain avant le titre de l'ouvrage indique le volume, et le chiffre arabe après indique la page.

Les décisions non rapportées jusqu'ici sont indiquées par les noms des parties, la date du jugement, et la lettre M. ou Q., suivant que le jugement a été rendu à Montréal ou à Québec.

La particule conjonctive *et* (ou &), entre les noms des parties, indique que le jugement a été rendu par la Cour du Banc de la Reine, en appel. Quand, au contraire, on trouve *vs*, c'est que le jugement a été prononcé par un autre tribunal.

C. P., à la fin d'une décision, indique que le jugement a été rendu par le Conseil Privé.

Errata at end of volume.

INDEX

DES

CAUSES CITÉES DANS CE VOLUME.

* Les chiffres entre parenthèses indiquent le numéro d'ordre des causes citées sous chaque article du Code ; les autres chiffres renvoient aux articles.

Cherrier & Bender *de vrata stand.* [handwritten marginalia]

Conlon = Clarke 175   (3) [handwritten marginalia]

D

CODE CIVIL

DU

BAS-CANADA.

———•———

TITRE PRÉLIMINAIRE.

DE LA PROMULGATION, DE LA DISTRIBUTION, DE L'EFFET, DE L'APPLICA-
TION, DE L'INTERPRÉTATION ET DE L'EXÉCUTION DES LOIS
EN GÉNÉRAL.

1. Les actes du parlement impérial affectant le Canada, y sont
censés promulgués et y deviennent exécutoires à compter du jour
où ils ont reçu la sanction royale, à moins qu'une autre époque n'y
soit fixée.

1 Blackstone, Comm., pp. 102 à 107. — 1 Chitty, Criminal Law, 638.—
1 Pandectes Françaises, p. 407.— Chalmer's Opinions, 158, 228, 231, 292, 511.—
Leclercq, Dr. Rom. tit. prél. sur art. 1, C. N., p. 78.— Dwarris, part. I, ch. 1, pp.
1, 682, 683.— Chitty, Prerogatives of the Crown, ch. 3, p. 29.— Cowper's Reports,
Campbell vs Hall, p. 208.— Blackstone, Comm., s. 4, p. 102 et suiv.— Chalmer's
Colonial Opinions, part. III, p. 206.— Huc, part. I, § 3, p. 16.— Gousset, C. N., p.
2.— C. N., 1.— C. L., 1.

2. Les actes du parlement provincial sont réputés promulgués:
1. S'ils sont sanctionnés par le gouverneur, à compter de cette
sanction ;
2. S'ils sont réservés, à compter du moment où le gouverneur fait
connaître, soit par proclamation, soit par discours ou message
adressé aux corps législatifs, qu'ils ont reçu la sanction royale.

Stat. Ref. Canada, c. 5, s. 4.— Acte d'Union, ss. 38, 39.— 1 Pand. Françaises,
407, p. XXVI.— Stat. Ref. B. C., c. 3, s. 1.— 30 et 31 Vict., c. 3, s. 57.

Amendements.— *L'acte C. 31, Vict., c. 1, s. 4, contient ce qui suit :*
1. Le greffier du sénat inscrit au dos de tout acte du parlement du Canada,
immédiatement au-dessous de l'intitulé de l'acte, le jour, le mois et l'année où

Nota.— On a inséré dans ce code entre crochets [] les changements et additions faits en vertu du statut de 1865, intitulé: *Acte concernant le Code Civil du
Bas-Canada*, et contenus en la cédule de résolutions attachée à cet acte.

le gouverneur-général l'a sanctionné au nom de Sa Majesté, ou réservé pour la signification du plaisir de Sa Majesté; et dans ce dernier cas, le greffier du sénat inscrit aussi au dos de l'acte, le jour, le mois et l'année où le gouverneur-général a signifié ou fait connaître, soit dans un discours ou par un message adressé au sénat ou à la chambre des communes, ou par proclamation, que tel acte a été mis devant Sa Majesté en conseil, et qu'il a plu à Sa Majesté le sanctionner; et cet endossement sera censé faire partie de l'acte, et la date de la sanction ou signification (selon le cas) sera la date où tel acte prendra force de loi, à moins qu'il n'y soit déclaré qu'il prendra son effet plus tard.

L'acte Q. 31 Vict., c. 6, ss. 2 et 3, contient ce qui suit:

2. Un acte, s'il est sanctionné par le lieutenant-gouverneur, est censé être promulgué à compter de la date de telle sanction; s'il est réservé, il est censé être promulgué du jour où le lieutenant-gouverneur fait connaître, soit dans un discours, ou par un message adressé au conseil législatif et à la chambre d'assemblée, ou par proclamation, qu'il a reçu la sanction du gouverneur-général en conseil.

3. Le greffier du conseil législatif inscrira au dos de tout acte, immédiatement au-dessous de l'intitulé de l'acte, la date à laquelle il a été sanctionné ou réservé par le lieutenant-gouverneur; et dans ce dernier cas, il inscrira aussi au dos de l'acte, la date à laquelle le lieutenant-gouverneur a fait connaître que le dit acte a été sanctionné par le gouverneur-général en conseil; tel endossement fait partie de l'acte; et la date de telle sanction ou signification est la date à laquelle l'acte vient en force, s'il ne spécifie pas une date ultérieure pour cet objet.

L'acte Q. 35 Vict., c. 4, ss. 1 et 2, contient ce qui suit:

1. Tout statut de cette province, lorsqu'il n'y sera pas pourvu autrement pour la date de sa mise en force, devra, s'il n'est pas réservé, devenir et être exécutoire, le et à dater du soixantième jour après le jour auquel il a été sanctionné, et s'il a été réservé, et subséquemment sanctionné, alors le et à dater du dixième jour après le jour auquel il a été publié dans la *Gazette officielle de Québec*, avec la proclamation annonçant sa sanction.

2. Cet acte ne sera pas considéré comme étant incompatible avec l'article deux du code civil, ni ne sera, en aucune façon, affecté par le dit article.

3. Tout acte provincial sanctionné par le gouverneur cesse d'avoir force et effet à compter du moment où il a été annoncé, soit par proclamation, soit par discours ou message adressé aux corps législatifs, que cet acte a été désavoué par Sa Majesté dans les deux ans qui ont suivi la réception, par l'un de ses principaux secrétaires d'État, de la copie authentique qui lui a été transmise de cet acte.

Acte d'Union, s. 38.— Chitty, Prerogatives, ch. 3, p. 37 et 74.

Amend.—*L'acte de l'Amérique Britannique du Nord, 1867 ss. 56 et 90, contient ce qui suit:*

56. Lorsque le gouverneur-général aura donné sa sanction au bill à un nom de la reine, il devra, à la première occasion favorable, transmettre une copie authentique de l'acte à l'un des principaux secrétaires d'État de Sa Majesté; si la reine en conseil, dans les deux ans après que le secrétaire d'État l'aura reçu, juge à propos de le désavouer, ce désaveu,— accompagné d'un certificat du secrétaire d'État, constatant le jour où il aura reçu l'acte,— étant signifié par le gouverneur-général, par discours ou message, à chacune des chambres du parlement, ou par proclamation, annulera l'acte à compter du jour de telle signification.

90. Les dispositions suivantes du présent acte, concernant le parlement du Canada, savoir:— Les dispositions relatives aux bills d'appropriation et d'impôts, à la recommandation de votes de deniers, à la sanction des bills, au désaveu des actes, et à la signification du bon plaisir quant aux bills réservés,— s'étendront et s'appliqueront aux législatures des différentes provinces, tout comme si elles étaient ici décrétées et rendues expressément applicables aux provinces respectives et à leurs législatures, en substituant toutefois le lieutenant-gouverneur de la province au gouverneur-général, le gouverneur-général à la reine et au secrétaire d'État, un an à deux ans, et la province au Canada.

4. Une copie authentique des statuts sanctionnés par le gouverneur, ou dont la sanction a été publiée, comme dit en l'article 2, est fournie par le greffier du conseil législatif à l'imprimeur de Sa Majesté, lequel est tenu d'en imprimer et distribuer à ceux y ayant droit, un nombre de copies qui lui est indiqué par l'état que doit lui transmettre, après chaque session, le secrétaire de la province.

Stat. Ref. C., ch. 5, s. 7.

Amend.— *L'acte C. 31 Vict., c. 1, s. 9, contient ce qui suit :*
Le greffier du sénat fournira à l'imprimeur de Sa Majesté, une copie certifiée de chaque acte du parlement du Canada, aussitôt qu'il aura reçu la sanction royale, ou, si le bill a été réservé, aussitôt que la sanction royale aura été proclamée en Canada.

L'acte Q. 31 Vict., c. 6, s. 4, contient ce qui suit :
Dès qu'un statut est sanctionné, ou s'il a été réservé, aussitôt que la sanction au dit statut a été signifiée, le greffier du conseil législatif en fournira une copie certifiée en anglais, et une autre en français, à l'imprimeur de la reine, qui sera tenu d'en faire l'impression.

5. Ont droit à cette distribution : les membres des deux chambres de la législature ; les départements publics, corps administratifs et officiers publics spécifiés dans le dit état.

Ibid, ss. 8, 9.

Amend.— *L'acte C. 31 Vict., c. 1, ss. 10, 11 et 12, contient ce qui suit :*
10. L'imprimeur de Sa Majesté sera tenu, immédiatement après la clôture de chaque session du Parlement, ou aussitôt après qu'il sera possible, de transmettre par la voie de la poste ou autrement, et de la manière la plus économique, le nombre voulu d'exemplaires imprimés des actes du parlement, dans la langue anglaise ou française, ou dans les deux langues, (qu'il aura ainsi imprimés aux frais publics) et de les fournir aux personnes ci-dessous désignées, savoir :
Aux membres des deux chambres du parlement, respectivement, le nombre d'exemplaires qui pourra de temps à autre être fixé et déterminé par une résolution conjointe des deux chambres, ou, à défaut de telle résolution, le nombre d'exemplaires qui sera alors fixé par tout ordre du gouverneur-général en conseil, et à ceux des départements publics, corps administratifs et officiers de toute l'étendue du Canada, qui seront spécifiés dans tout ordre qui pourra être émis à cet effet de temps à autre par le gouverneur-général en conseil.
Pourvu que si quelque bill reçoit la sanction royale pendant ou avant la fin d'une session du parlement, l'imprimeur de Sa Majesté, sur intimation à cet effet de la part du secrétaire d'État pour le Canada, sera tenu de faire distribuer de la même manière, et aux mêmes personnes, le nombre d'exemplaires prescrit plus haut, à l'égard de tout acte passé dans aucune session.
11. Le secrétaire d'État pour le Canada sera tenu, dans les quinze jours qui suivront la clôture de chaque session du parlement, de transmettre à l'imprimeur de Sa Majesté, une liste de tous les départements publics, corps administratifs et officiers auxquels ces exemplaires devront être transmis, et de lui donner de temps à autre, selon que l'occasion semblera l'exiger, copie de tous les ordres en conseil, qui seront émis en vertu des dispositions de cet acte.
12. Si après la distribution des actes ainsi imprimés, il en reste des exemplaires en la possession de l'imprimeur de Sa Majesté, il pourra en livrer tel nombre à toutes personnes auxquelles il sera autorisé de les livrer par ordre du gouverneur-général, sur avis à cet effet du secrétaire d'État pour le Canada, ou aux membres du sénat ou de la chambre des communes, sur l'ordre de l'orateur de ces chambres respectives.

L'acte Q. 31 Vict., c. 6, ss. 7, 8, 9 et 10, contient ce qui suit :
7. Les deux chambres de la législature pourront, de temps à autre, par une résolution conjointe, régler la distribution d'exemplaires imprimés des statuts aux membres des dites chambres ; et à défaut de telle résolution, le lieutenant-gouverneur en conseil passera un ordre à cet effet.
8. La distribution de ces exemplaires imprimés aux départements publics, corps administratifs, juges, officiers publics et autres personnes dans l'étendue de cette province, sera déterminée de temps à autre par un ordre du lieutenant-gouverneur en conseil.
9. Le secrétaire de la province sera tenu de fournir de temps à autre à l'im-

primeur de la Reine, selon que l'occasion l'exigera, copie de tous les ordres en conseil qui seront émis en vertu des dispositions du présent acte.

10. L'imprimeur de la reine sera tenu, aussitôt que possible après la clôture de chaque session de la législature, de faire la distribution des exemplaires imprimés des dits statuts, en conformité des résolutions conjointes et des ordres en conseil ci-dessus mentionnés, et d'en faire la livraison ou transmission, de la manière la plus économique possible.

6. Les lois du Bas-Canada régissent les biens immeubles qui y sont situés.

Leclercq, Droit Rom., tit. prél., § 2, art. 3.—C. N., p. 80.—Merlin, Rép. v° loi, § 6, n° 2.—1 Duranton, tit. prél., n° 85.— Sirey, C. C. sur art. 3, C. N. n° 23. —1 Fœlix (Demangeat) n°° 60, 61 et suiv.—1 Marcadé, n° 75.— 1 Boullenois, pp. 7, 26, 27, 28 et suiv.— Pothier, Int. aux Cout., n°° 22, 23 et suiv.—1 Toullier, n° 119.— C. N. 3.

Jurisprudence.—1. 1° Des époux domiciliés et mariés dans le Bas-Canada, sont régis dans leurs relations comme tels par la loi du Bas-Canada, lors même qu'ils vont s'établir à l'étranger.

2° La vente par la femme ainsi mariée, conjointement avec son mari, mais sans mention d'autorisation de ce dernier, faite dans l'état de New-York, où cette autorisation n'est pas requise, d'immeubles situés dans le Bas-Canada, est absolument nulle, tant sous le rapport du statut personnel, qui régit la personne de la femme, que sous le rapport du statut réel, quant à l'aliénation des immeubles.

3° La ratification subséquente, avec l'autorisation du mari, ne peut valider une semblable vente, et n'a l'effet d'aliéner la propriété que du jour de telle ratification.— Laviolette & Martin, XI L. C. R., 254. *I. C. J. 21. 2 43 161*

2. Dans le cas d'un mariage contracté dans un pays sauvage, d'après les usages du lieu, sans l'intervention d'aucun prêtre ou magistrat, dans une contrée où il n'existe pas de corps de droit, lequel mariage fut suivi de cohabitation prolongée, il y avait communauté de biens entre les époux, quant aux biens situés dans le Bas-Canada.— Connolly & Woolrich, XI L. C. J., 197.

Les biens meubles sont régis par la loi du domicile du propriétaire. C'est cependant la loi du Bas-Canada qu'on leur applique dans les cas où il s'agit de la distinction et de la nature des biens, des priviléges et des droits de gage, des contestations sur la possession, de la juridiction des tribunaux, de la procédure, des voies d'exécution et de saisie, de ce qui intéresse l'ordre public et les droits du souverain, ainsi que dans tous les autres cas spécialement prévus par ce code.

1 Fœlix, n° 61.—1 Boullenois, pp. 8, 338, 339.—Pothier, Intr. aux Cout., n° 24.—1 Toullier, n° 117.— 1 Marcadé, p. 56.—5 Pand. Franç., pp. 35-6.— 1 Duranton, n° 99.— 18 Merlin, p. 432.— 1 Rogron, p. 7.— 1 Zachariæ, p. 38.— 1 Delsol, p. 24.— 1 Proudhon (Valette), p. 98.— Lahaie, p. 2, sur art. 3.— Rivière, p. 25.— 1 Prevost de la Jannès, p. LXXXIII.— Demante, p. 8.— 1 Demolombe, n° 94.— Cubain, pp. 412-3.— 8 Savigny, pp. 169, 173.— Larivière sur art. 3, C. de Paris, p. 223.— Rivière, p. 107.— Lahaye sur art. 3 C. N., p. 2.— 1 Delvincourt, n° 1, p. 11.— Rolland de Villargues, v° Etranger, n° 1.— 1 Marcadé, tit. prél., n° 78.— 1 Zachariæ, Introd., § 31, p. 54.— Sirey, sur art. 3 C. N.

Jurisp.— A receiver, appointed under the statutes of New-York to an insolvent Insurance Company, (whose powers and functions are the same as those of a foreign assignee in bankruptcy), cannot intervene in a case in th. S. C. here, wherein monies belonging to the company have been attached before judgment on the ground of insolvency and secretion of estate, and claim to be paid the monies so attached [less plaintiff's costs] for distribution in New-York, the legal domicile of the company.— Osgood & Steek, XVI L. C. R., 141.

Les lois du Bas-Canada relatives aux personnes sont applicables à tous ceux qui s'y trouvent, même à ceux qui n'y sont pas domiciliés ; sauf, quant à ces derniers, l'exception mentionnée à la fin du présent article.

1 Toullier, n°s 113 et suiv. — 1 Zachariæ, p. 36-37. — 1 Fœlix, pp. 19, 62.— Leclercq, Droit Rom., tit. prél., p. 80.— Boullenois, p. 4, princ. gén., 9e princ.— C. L., 9.

Jurisp.— 1. There is no community of property, according to the custom of Paris, between parties married in England, their then domicile, without any antenuptial contract, who have afterwards changed their domicile, and settled and died in Lower Canada.— Rogers & Rogers, III L. C. J.

2. In the absence of proof of the laws of the place where parties had their domicile when they were married out of Lower Canada, the Court cannot take notice of or be governed by any other laws than those in force in Lower Canada in deciding upon the matrimonial rights of the parties.— Brodie & Cowan, VII L. C. J., 96.

L'habitant du Bas-Canada, tant qu'il y conserve son domicile, est régi, même lorsqu'il en est absent, par les lois qui règlent l'état et la capacité des personnes ; mais elles ne s'appliquent pas à celui qui n'y est pas domicilié, lequel y reste soumis à la loi de son pays, quant à son état et à sa capacité.

1 Toullier, n°s 114-115. — 1 Zachariæ, p. 37.— 1 Fœlix, p. 58.— 1 Boullenois, pp. 147, 152.— 1 Maleville, p. 10.— Leclercq, Droit Rom., tit. prél., p. 82.— 1 Marcadé, tit. prél., n° 76.— Duranton, tit. prél., n° 79.— 1 Boileux, tit. prél., p. 20. — Cubain, n° 873.— 1 Demolombe, tit. prél., c. 3, p. 109.— 6 Pardessus, Dr. Com., n° 1482.— Sirey, sur art. 3 C. N., n° 46.— Zachariæ, p. 56.— Boileux, tit. prél., p. 22.— 1 Delvincourt, note 4 de la p. 11.— D'Argentré, sur art. 218, Cout. de Bret. § 49, p. 675.— 1 Toullier, n° 120.— 1 Marcadé, tit. prél., n° 79.— 1 Demolombe, ch. 3, n° 105.— Sirey, sur art. 3 C. N.— 1 Fœlix, liv. 2, tit. 1, n° 82.— C. L. 10.

7. Les actes faits ou passés hors du Bas-Canada sont valables, si on y a suivi les formalités requises par les lois du lieu où ils sont faits ou passés.

Domat, *Liv. Prél.*, tit. 1, § 2, n° 20.— Pothier, *Introd. aux Cout.*, ch. 1, n°s 6, 7.— Dard, et les auteurs cités par lui, p. 2.— Lahaie, p. 2.— C. N., 3.— C. Louis, 9.— *ff* L. 50, tit. 17, L. 34, *de reg. jur.*— Bouhier, Cout. de Bourg., ch. 22, § 81, p. 665. — Boullenois, Démissions des biens, Quest. 6, p. 140.

8. Les actes s'interprètent et s'apprécient suivant la loi du lieu où ils sont passés, à moins qu'il n'y ait quelque loi à ce contraire, que les parties ne s'en soient exprimées autrement, ou que, de la nature de l'acte, ou des autres circonstances, il n'apparaisse que l'intention a été de s'en rapporter à la loi d'un autre lieu ; auxquels cas il est donné effet à cette loi, ou à cette intention exprimée ou présumée.

1 Fœlix, pp. 80 et suiv.— 1 Toullier.

Jurisp.— 1. The law of the country in which a contract is made and its usages in trade, must govern in mercantile cases.— Allen vs Scaife, II R. de L. 77.

2. La prescription d'un billet promissoire fait à l'étranger, et payable là, doit être gouvernée par la *lex fori*, et non par la *lex loci contractus.*—Wilson et Demers, X L. C. J., 261.

3. Un connaissement fait en Angleterre, par le maître d'un vaisseau anglais, est un contrat qui doit être gouverné et déterminé par les lois anglaises.— Moore & Harris, II Q. L. R., p. 147.

9. Nul acte de la législature n'affecte les droits ou prérogatives de la couronne, à moins qu'ils n'y soient compris par une disposition expresse.

Sont également exempts de l'effet de tel acte, les droits des tiers qui n'y sont pas spécialement mentionnés, à moins que l'acte ne soit public et général.

S. R C., c. 5, s. 6, § 25.— 2 Dwarris, c. 10, p. 634.—Chitty's Prerogatives, c. 15 p. 382.

Amend.— *L'acte C. 31 Vict., c. 1, s. 7, § 33, contient ce qui suit :*
Nulle disposition ou prescription contenue dans cet acte, n'affectera en aucune manière les droits de Sa Majesté, ses Héritiers ou Successeurs, à moins qu'il n'y soit expressément déclaré qu'elle oblige Sa Majesté, ni les droits d'aucune personne, corps politique, incorporé ou collégial (excepté seulement ceux y mentionnés), si l'acte est de la nature d'un acte privé.
L'acte Q. 31 Vict., c. 7, s. 5, contient ce qui suit :
Nul acte n'affecte les droits de la couronne, à moins qu'ils ne soient expressément compris ; de même aucun acte n'affecte les droits des tiers qui n'y sont pas spécialement mentionnés, à moins que cet acte ne soit un acte public et général.

10. Un acte est public soit par sa nature même, soit pour avoir été déclaré tel ; tout autre acte est privé.

Chacun est tenu de prendre connaissance des actes publics ; les actes privés, au contraire, doivent être plaidés.

Ibid., § 27.— Dwarris, c. 10, p. 630.

Amend.— *L'acte C. 31 Vict., c. 1, s. 7, § 38, contient ce qui suit :*
Tout acte, à moins que par disposition expresse il ne soit déclaré acte privé, devra être réputé acte public, et il en sera judiciairement pris connaissance par tous juges, juges de paix et autres, sans qu'il soit nécessaire de l'alléguer spécialement ; et tous exemplaires des actes publics ou privés, imprimés par l'imprimeur de la reine, feront foi de ces actes et de leur contenu, et tout exemplaire apparemment imprimé par l'imprimeur de la reine, sera censé l'avoir été par lui, à moins que le contraire ne soit démontré.
L'acte Q. 31 Vict., c. 7, s. 6, contient ce qui suit :
Nonobstant l'article 10 du code civil, tout acte est public à moins qu'il n'ait été déclaré privé. Toute personne est tenue de prendre connaissance des actes publics, mais les actes privés doivent être plaidés.

11. Le juge ne peut refuser de juger sous prétexte du silence, de l'obscurité ou de l'insuffisance de la loi.

ff L. 12 *De legibus.*— Domat, *Liv. Prél.,* tit. 1, s. 2, n°s 9 à 24.— S. R. B. C., c. 82, s. 1.— 1 Pand. Franç., pp. 424 et suiv.— 1 Locré, *Esprit du Code,* 213, 214.— 1 Duranton, n°s 95, 100.— Dard, p. 2, art. 4.— C. N., 4.— C. L., 21.— 2 Favard, Rep. v° Equité, p. 438.— 1 Toullier, n° 146.— 9 do., n° 302.

12. Lorsqu'une loi présente du doute ou de l'ambiguité, elle doit être interprétée de manière à lui faire remplir l'intention du législateur et atteindre l'objet pour lequel elle a été passée.

Le préambule, qui fait partie de l'acte, sert à l'expliquer.

S. R. C., c. 5, s. 6, § 28.— S. R. B. C., c. 82, s. 1.— Kent's Comm. part. III, p. 460.— 2 Dwarris, c. 11, p. 655.— C. L., 16.

13. On ne peut déroger par des conventions particulières aux lois qui intéressent l'ordre public ou les bonnes mœurs.

Pothier, *Obl.,* n° 15.— Merlin, Rep. v° *Loi,* n° 43, § 8.— Lahaie, p. 4.— C. N. 6.— C. L. 11.— *ff* Lib. 2, tit. 14, L. 38, *de pactis.*— *ff* Lib. 50, tit. 17, L. 45, § 1, *de div. regul. jur.*— C. Lib. 2, tit. 3, L. 6, *de pactis.*— 1 Duranton, n° 110.— Sirey, C. C., sur art. 6, C. N.

14. Les lois prohibitives emportent nullité, quoiqu'elle n'y soit pas prononcée.

Cod. L. 5, *De legibus.*, liv. 1, tit. 14.—1 Toullier, n° 90.—1 Bouhier, p. 390.—C. L. 12.

15. La disposition qui prescrit qu'une chose se fera ou sera faite est obligatoire. Celle qui énonce qu'une chose peut se faire ou être faite est facultative seulement.

S. R. B. C., c. 1, s. 13, § 3.

16. Le recouvrement des pénalités, confiscations et amendes encourues pour contraventions aux lois, s'il n'y est autrement pourvu, se fait par action ordinaire portée au nom de Sa Majesté seulement ou conjointement avec un autre poursuivant, devant tout tribunal ayant juridiction civile au montant réclamé, excepté la cour des commissaires pour la décision sommaire des petites causes, à laquelle la connaissance de ces poursuites est interdite.

S. R. C., c. 5, s. 6, § 17.—S. R. B. C., c. 94, s. 8.

17. Les mots, termes, expressions et dispositions énumérés en la cédule qui suit, chaque fois qu'ils se rencontrent dans ce code ou dans un acte de la législature provinciale, ont le sens, la signification et l'application qui leur sont respectivement assignés dans cette cédule, et sont interprétés en la manière y indiquée, à moins qu'il n'existe quelques dispositions particulières à ce contraires.

Voir au statut C. 31 Vict., c. 1, ss. 6, 7 et 8, les règles d'interprétation des statuts de la puissance du Canada ; et au statut Q. 31 Vict., c. 7, les règles d'interprétation des statuts de la province de Québec.

CÉDULE.

1. Chacun des mots "Sa Majesté," "le Roi," "le Souverain," "la Reine," "la Couronne," signifient le Roi ou la Reine, Ses Héritiers ou Successeurs, souverains du Royaume-Uni de la Grande Bretagne et d'Irlande.

S. R. C., c. 5, s. 6, § 1.

2. Les mots "Parlement Impérial" signifient le parlement du Royaume-Uni de la Grande Bretagne et d'Irlande ; les mots "Actes" ou "Statuts Impériaux" signifient les lois passées par ce parlement, et les mots "acte," "statut," partout où ils sont employés dans ce code, sans qualification, s'entendent des actes et statuts du parlement de la province du Canada.

3. Les mots "Gouverneur," "Gouverneur de cette province," "Gouverneur-Général," ou "Gouverneur en Chef," signifient le gouverneur, le lieutenant-gouverneur, ou la personne administrant le gouvernement de cette province.

S. R. C., c. 5, s. 6, § 2.

4. "Gouverneur en Conseil" signifie le gouverneur, le lieutenant-gouverneur, ou la personne administrant le gouvernement, agissant avec l'avis du conseil exécutif de cette province.

Ibid., § 3.

5. Le mot " Proclamation " signifie proclamation sous le grand sceau, et par " grand sceau " l'on entend le grand sceau de la province du Canada.

S. R. B. C., c. 1, s. 13, § 6.

6. " Bas-Canada " signifie cette partie du Canada qui formait, avant l'union, la province du Bas-Canada ; et " Haut-Canada," cette partie qui, à la même époque, formait la province du Haut-Canada.

S. R. C., s. 6, § 4 et 5.

7. Les mots "Le Royaume-Uni " signifient le royaume-uni de la Grande Bretagne et d'Irlande ; et "Etats-Unis," les Etats-Unis d'Amérique.

Ibid., § 6.

8. Le nom communément donné à un pays, place, corps, corporation, société, officier, fonctionnaire, personne, partie ou chose, désigne et signifie le pays, la place, le corps, la corporation, la société, l'officier, le fonctionnaire, la personne, la partie ou la chose même, ainsi dénommés, sans qu'il soit besoin de plus ample description.

Ibid., § 6.

9. Le genre masculin comprend les deux sexes, à moins qu'il ne résulte du contexte de la disposition qu'elle n'est applicable qu'à l'un des deux.

Ibid., § 7.

10. Le nombre singulier s'étend à plusieurs personnes ou à plusieurs choses de même espèce, chaque fois que le contexte se prête à cette extension.

Ibid.

11. Le mot "personne " comprend les corps politiques et incorporés et s'étend aux héritiers et représentants légaux, à moins que la loi ou les circonstances particulières du cas ne s'y opposent.

Ibid., § 8.

Jurisp.—Une corporation municipale n'est pas un officier public ou personne remplissant des devoirs ou fonctions publiques dans le sens de l'art. 22 du code de procédure civile.— Blain vs Corp. de Granby, V R. L., 180.

12. Les termes " écritures," " écrits," et autres ayant la même signification, comprennent ce qui est imprimé ou autrement figuré ou copié.

Ibid., § 9.

13. Par le mot "mois " on entend un mois de calendrier.

Ibid., § 11.— Story on Bills, 379.— Warton's, L. L. p. 656.

14. Par " Jour de Fête " l'on entend les jours suivants: les Dimanches, le premier jour de l'an, l'Epiphanie, l'Annonciation, le Vendredi-Saint, l'Ascension, la Fête-Dieu, la Fête de St. Pierre et St. Paul, la Toussaint, le jour de Noël, et tout autre jour fixé par proclamation comme jour de jeûne ou d'actions de grâces ; sauf les dispositions établies par les statuts qui concernent la perception du revenu et le paiement des lettres de change et billets promissoires.

S. R. C., c. 5, s. 6, § 12 ; — c. 16, s. 16 ; — c. 57, s. 5.— S. R. B. C., c. 64, s. 32.— C. P. C., art. 2.

15. Dans le mot "serment" est comprise "l'affirmation solennelle" qu'il est permis à certaines personnes de faire au lieu de serment.

S. R. C., c. 5, s. 6, § 13.—S. R. B. C., c. 34, s. 8.—c. 82, s. 13.

16. Le mot "Magistrat" signifie Juge de Paix. "Deux Juges de Paix," signifient deux Juges de paix ou plus assemblés ou agissant ensemble.

Lorsqu'il est ordonné qu'une chose se fera par ou devant un juge de paix, magistrat, fonctionnaire ou officier public, l'on doit entendre celui dont les pouvoirs ou la juridiction s'étendent au lieu où se doit faire cette chose.

L'autorisation de faire une chose comporte tous les pouvoirs nécessaires à cette fin.

S. R. C., c. 5, s. 6, § 20.—2 Dwarris, c. 13, p. 737.

17. Le droit de nomination à un emploi ou office comporte celui de destitution.

Ibid., § 22.

18. Les devoirs imposés et les pouvoirs conférés à un officier ou fonctionnaire public sous son nom officiel, passent à son successeur et s'étendent à son député, en autant qu'ils sont compatibles avec cette charge.

Ibid., § 23.—S. R. B. C., c. 77, s. 16.

19. Lorsqu'un acte doit être exécuté par plus de deux personnes, il peut l'être valablement par la majorité de ces personnes, sauf les cas particuliers d'exception.

S. R. C., c. 5, s. 6, § 24.—S. R. B. C., c. 1, s. 13, § 5.

20. La livre sterling équivaut à la somme de quatre piastres quatre-vingt-six centins et deux tiers, ou un louis quatre chelins et quatre deniers, argent courant. Le "souverain" vaut la même somme.

S. R. C., c. 10, s. 4.—S. R. B. C., c. 82, s. 3.

21. Par les mots "Habitant du Bas-Canada," on entend toute personne qui a son domicile dans cette partie de la province.

22. Les termes "Actes de l'état civil" signifient les entrées faites sur les registres tenus d'après la loi, aux fins de constater les naissances, mariages et sépultures.

Les "Registres de l'état civil" sont les livres ainsi tenus et dans lesquels sont entrés ces actes.

Les "fonctionnaires de l'état civil" sont ceux chargés de tenir tels registres.

23. "La faillite" est l'état d'un commerçant qui a cessé ses paiements.

2 Bornier sur Ord. 1673, 666. — Guyot, Répert. v° Faillite, 273. — Bonnin, n° 726, p. 312.— Pardessus, n° 1091.— 1 Delvincourt, Dr. Com., 242.— Abbott, Act of 1864, p. 15.

24. Le cas fortuit est un événement imprévu causé par une force majeure à laquelle il était impossible de résister.

f Lib. 50, tit. 8, L. 2, § 7, *de adm. rer.*— Merlin, Rép., v° Cas, § 7, p. 368.— Ancien Deniart, v° Cas.

LIVRE PREMIER.

DES PERSONNES.

———

TITRE PREMIER.

———

CHAPITRE PREMIER.

DE LA JOUISSANCE DES DROITS CIVILS.

18. Tout sujet britannique est, quant à la jouissance des droits civils dans le Bas-Canada, sur le même pied que ceux qui y sont nés, sauf les dispositions particulières résultant du domicile.

Capitulation de Québec en 1759.— Traité de paix de Saint-Germain en 1763. — C. N., 7, 8.

19. La qualité de sujet britannique s'acquiert soit par droit de naissance, soit par l'effet de la loi.

S. R. C., c. 6, s. 4.— 1 Duranton, p. 120.

20. Est sujet britannique par droit de naissance, tout individu qui naît dans une partie quelconque de l'empire britannique, même d'un père étranger, et aussi celui dont le père ou l'aïeul paternel est sujet britannique, quoique né lui-même en pays étranger; sauf les dispositions exceptionnelles résultant des lois particulières de l'empire.

S. R. C., c. 8, ss. 1 et suiv.— Pothier, *Des personnes*, p. 573.— 1 Duranton, n° 120. — Lahaie, sur art. 5.— 1 Blackstone, p. 374, notes 16, 17, 18, 366, note 1.— 2 Kent, 38.— 2 Stephens, 429, 515.— Chalmer's Op. 332.— 1 Hale, *Pleas of the Crown*, p. 68.— 1 Commyns, 541.— Chitty, on Prerogatives, 13.— 1 Delvincourt, p. 14, note 2.— Rolland de Villargues, v° Droits civils, n° 7.— Paillet, Manuel, p. 23.— C. N., 10.

21. L'étranger devient sujet britannique par l'effet de la loi, en se conformant aux conditions qu'elle prescrit à cet égard. .

1 Blackstone, 374, notes 16, 17 et 18.— 2 Stephens, 427 à 433.— Hale, loc. cit.— Foster, 184.— Donegani vs Donegani, Stuart's Rep., 605.— Lahaye, sur art. 9, C. N. — Rolland de Villargues, v° Français, n° 8.— Dallos, v° Droits civils, n° 9.— Foster's Crown law, p. 183.— C. N., 9.

Jurisp.— Who is an alien, is a question to be decided by the law of England; but when alienage is established the consequences which result from it are to be determined by the law of Canada.

If an alien dies, without issue, his lands belong to the Crown, but if he leaves children, some born in Canada, and others not, the former exclude the Crown, and then all the children inherit as if they were natural born subjects.

Where an alien has a son who is also an alien, the children of the latter inherit from the grand-father to the exclusion of their father.

Although an act of the legislature, passed after judgement rendered in a court of original jurisdiction, may affect the rights of a party as they existed at the institution of a suit, this circumstance cannot be taken advantage of in an appeal from the judgement.— Donegani and Donegani, Stuart's Reports, 605.

22. Ces conditions, en autant qu'il y est pourvu par nos lois provinciales, sont :

1. Une résidence pendant trois ans au moins dans une partie quelconque de la province du Canada, avec intention de s'y établir;

2. La prestation des serments de résidence et d'allégeance exigés par la loi; si c'est une femme le serment de résidence suffit;

3. L'obtention du tribunal compétent, avec les formalités voulues, du certificat de naturalisation requis par la loi.

S. R. C., c. 8, ss. 1, 2, 3 et 4.

Amend.— Le statut du C. 31 Vict., c. 66, contient d'autres et plus amples dispositions concernant les étrangers et leur naturalisation. Ce statut est trop long pour être reproduit ici, et nous y référons nos lecteurs.

23. L'étrangère devient naturalisée par le seul fait du mariage qu'elle contracte avec un sujet britannique.

S. R. C., c. 8, s. 7.— Lahaye sur art. 12, C. N.— Dalloz, v° Autorisation, n° 48. — C. N., 12 et 19.

24. La naturalisation confère, dans le Bas-Canada, à celui qui l'y acquiert, tous les droits et priviléges qu'il aurait, s'il fût né sujet britannique.

Ibid, s. 1.— C. N., 13.

25. L'étranger a droit d'acquérir et de transmettre, à titre gratuit ou onéreux, ainsi que par succession ou par testament, tous biens meubles et immeubles dans le Bas-Canada, de la même manière que le peuvent faire les sujets britanniques nés ou naturalisés.

Ibid, s. 9.— Pothier, *Des personnes*, p. 578.— C. N., 11.

Jurisp.—Sous l'opération du statut de la 12° Vict., c. 197, qui assure à tout aubain la même liberté de prendre, recouvrer et transmettre des biens immeubles dans toute l'étendue de la province, qu'ont les sujets nés ou naturalisés, l'aubain est placé sur le même pied que le sujet né, et peut réclamer concurremment avec un héritier naturalisé, les meubles aussi bien que les immeubles; quoique les meubles ne soient pas mentionnés dans la 12° section du dit acte, ils sont censés compris dans les termes plus étendus, les immeubles.— Corse et al., vs Corse, IV L. C. R., 310.

26. L'étranger peut aussi servir comme juré, dans tous les cas où, d'après la loi, le jury doit être composé pour moitié d'étrangers.

S. R. C., c. 8, s. 23.— S. R. B. C., c. 84, s. 41, § 3 et s. 4.

27. L'étranger, quoique non résidant dans le Bas-Canada, peut y être poursuivi pour l'exécution des obligations qu'il a contractées même en pays étranger.

12 Vict., c. 38, ss. 14, 49 et 94.— S. R. B. C., c. 83, s. 61.— 2 Pand. Franç., 140. — 1 Pigeau, 85.— Raveau, p. 6.— Ord. 1667, tit. 2, art. 7.— C. N., 14.

28. Tout habitant du Bas-Canada peut y être poursuivi pour les obligations par lui contractées hors de son territoire, même envers un étranger.

C. N., 15.—1 Boileux, sur art. 15 C. N.—1 Duranton, sur art. 14 et 15 C. N.—1 Delvincourt, sur art. 15 C. N., p. 16.

29. Tout individu non résidant dans le Bas-Canada, qui y porte, intente ou poursuit une action, instance ou procès, est tenu de fournir à la partie adverse, qu'elle soit ou non sujet de Sa Majesté, caution pour la sûreté des frais qui peuvent résulter de ces procédures.

S. R. B. C., c. 83, s. 68.—2 Pand. Franç., 143.—Pothier, *Des personnes*, 577.—C. N., 16.—2 Favard, Rép. vᵒ Exception, § 1, nᵒ 2.—1 Boileux, sur art. 16 C. N.—C. P. C., art. 128.

Jurisp.—1. A seaman not resident in the province must give security for costs.—Hearsdman vs Harrowsmith, III R. de L., 347.

2. An incidental plaintiff must give security for costs, if he be resident without the province.—McCallum vs Delano, III R. de L., 199.

3. An officer stationed with his regiment in the province cannot be compelled to give security for costs.—Sutherland vs Heathcote & al., III R. de L., 347.

4. An opposant *afin de conserver* residing out of the province, who contests the collocation by privilege of another opposant *afin de conserver*, is bound to give security for costs.—Benning vs The Montreal Rubber Company and Young, oppt., II L. C. J., 287.

5. Des demandeurs qui se sont absentés de la province, après jugement rendu, sont tenus de donner caution pour les frais à l'opposant dont ils contestent l'opposition.—Mahoney vs Tomkins et Geddes et al., IX L. C. R., 72.

6. Lorsqu'un demandeur, résidant dans la province, conteste une opposition, l'opposant n'est pas en droit sous les dispositions de la 41ᵐᵉ Geo. 3, c. 7, s. 2, de demander cautionnement pour les frais; le demandeur en pareil cas, n'étant pas la partie poursuivante, mais, au contraire, occupant la position d'un défendeur.—Brigham vs McDonnell et al., et Devlin, opp., X L. C. R., 452.

7. Quoiqu'un demandeur, résidant hors la province, poursuive *in formâ pauperis*, le défendeur a droit d'obtenir caution pour ses frais, en vertu de la 41ᵐᵉ Geo. III, c. 7, s. 2.—Gagnon vs Worley, X L. C. R., 234.

8. The security *judicatum solvi* cannot be exacted from any person *residing* in Lower Canada, even supposing that he is not a householder therein, and that he has another domicile out of Lower Canada.—Ryland vs Ogilvie, X L. C. J., 200.

9. Pour rencontrer les exigences du cautionnement ordinaire requis pour les frais, il n'est pas nécessaire que la caution soit propriétaire de biens immeubles.—Ultey vs McLaren, XVII L. C. R., 267.

10. Un opposant dont l'opposition *afin de distraire* est contestée par le demandeur (étranger) peut lui demander, 1ᵒ caution pour les frais, 2ᵒ la production d'une procuration au procureur *ad litem*.—Baltzar vs Grewing, et Hutchison et vir, oppts., I R. L., 437.

11. Lorsqu'un défendeur, après jugement par défaut enrégistré contre lui, a eu la permission de comparaître par une opposition et de plaider à l'action (484 et 485, C. P. C.), il ne peut ensuite faire une motion pour cautionnement *judicatum solvi*, sur le principe que le demandeur est absent, à moins que, dans son opposition, il ne se soit réservé le droit de faire telle motion.—Booth vs Lawton, et Lawton, oppt., I R. L., 88.

12. On ne peut demander des cautions pour frais à un opposant résidant hors de la province, qui fait une opposition afin de conserver.—Dupré vs Cantara, et Cantara, opp., I R. L., 39.

In Dupré vs Cantara and Cantara opposant (1 R. L., p. 93), dit le juge McCord dans son édition du code civil, p. 6, it was held by Mr. justice Loranger, that an opposant for payment is not bound to give security for costs. This decision, however, is contrary to the existing jurisprudence, and cannot be reconciled with the article of the code, which, though it does not use the word "*opposition*," contained in the former statute, has replaced it, by the more comprehensive word "*proceeding*." Surely an opposition is a proceeding. The learned judge is reported to have based his opinion upon the ground that an opposant for payment is not the aggressor, and that, being forced into court, to urge his claim, he is more in the position of a defendant than in that of a plaintiff; but might the same be said of most plaintiffs, and particularly in actions of revendication, trespass, damages, &c.

13. Lorsqu'une partie a droit de demander caution pour les frais, elle peut, soit présenter sa requête en vacance dans les quatre jours, ou en donner avis dans ce délai, et ensuite le demander par motion au terme suivant.— Mantha et Cogblan, III R. L., 449.

14. Le maître d'un vaisseau étranger qui a son domicile hors de la province, mais qui est temporairement dans ses limites, lors de l'institution de l'action, doit fournir caution lorsqu'il est demandeur.— Grace vs Crawford, III R. L., 447.

15. L'absence temporaire de cette province du défendeur, quand sa famille continue d'y demeurer, ne l'oblige pas à donner cautionnement pour sûreté des frais en vertu de l'art. 29 du code civil.— Mountain vs Walker, V R. L., 747.

16. L'absence temporaire du demandeur, lorsque sa famille continue à résider dans la province, ne l'oblige pas au cautionnement *judicatum solvi*.— Mountain vs Walker, V R. L., 747.

17. A plaintiff, residing out of the province, cannot be compelled to give security for costs, nor can his attorney *ad litem* be compelled to produce his power of attorney, on an issue raised by the plaintiff contesting the opposant's opposition.— Webster vs Philbrick, and Wilkie, opp., XV L. C. J., 242.

18. An incidental plaintiff, residing beyond the limits of the province of Quebec, will be held to give security for costs upon his incidental demand.— Davidson vs Cameron, XV L. C. J., 217.

19. After the allowance of an appeal to Her Majesty in Her Privy Council, an order to put in new security, (one of them being insolvent and the other having left the province) will be granted by this court, but this court cannot dismiss the appeal, in case such new security be not duly put in.— Johnson vs Connolly, XVI L. C. J., 100.

20. A guardian against whom a rule for *contrainte par corps* has issued, at the instance of a party absent from Lower Canada, is entitled to security for costs, under article 29 of the civil code.— Miller vs Bourgeois, XVI L. C. J., 196.

21. Where of two co-plaintiffs, not co-partners, and between whom no *solidarité* exists, one leaves the country after suit brought, security for costs can be demanded only from the absent plaintiff.— Humbert vs Mignot, XVIII L. C. J., 29.

22. L'offre de déposer une somme d'argent en cour, sans en spécifier le montant, ou de donner cautionnement en faveur du défendeur par hypothèque sur des immeubles du demandeur situés dans la province, ne peut suppléer au cautionnement *judicatum solvi*.— The Canadian C. P. Co. vs Shaw, XIX L. C. J., 99.

23. Where one of two plaintiffs is resident abroad, and the other in this province, the court will not compel the absent plaintiff to give security for costs.— Beaudry vs Fleck, XX L. C. J., 304.

24. An Ontario Insurance Company, though doing business in Montreal, is bound to give security for costs.— The Niagara District, &c., vs Macfarlane, XXI L. C. J., 224.

25. Under the insolvent law, a creditor who has no domicile in the province of Quebec, is not bound to give security for costs, though he has sued out a writ of attachment.— Reed vs Larochelle, III Q. L. R., 93.

26. A foreign Insurance Company which has a place of business in the province of Quebec, is not bound to give security for costs.— Globe Mutual Ins. Co. of N. Y. vs Sun Mutual Ins. Co., I L. N., 53.

———

CHAPITRE DEUXIÈME.

DE LA PRIVATION DES DROITS CIVILS.

30. Les droits civils se perdent :

1. Dans les cas prévus par les lois de l'empire.
2. Par la mort civile.

Richer, *Mort civile*, pp. 52 et suiv.—Pothier, *Successions*, vol. 6, pp. 10 et 11.— *Propriété*, n° 94.— 1 Favard, Conf., p. 61.— 1 Toullier, n°s 180, 266 et suiv.— St. Imp. 14 et 15 Hen. VIII, c. 4.— 1 Petersdorff, 463 ou 321.— 2 Tomlins, v° *Treason*,

Crown law, par. 2.—1 Blk., p. 370, note 3, et p. 374, note 21.— Foster, p. 184.—
2 Bacquet, p. 118, § 2.— Favard, Conférences, p. 61.—2 Stephens Comm. Bk. 4,
part. 1, c. 2, p. 386.— Kent's Comm. part. 4, s. 25, p. 43.— C. N., 18.— *Consult*,
Grotins, L. II, c. 5, s. 24.— Puffendorff, Droit des gens, liv. 8, c. 11, s. 2.— Vattel,
L. 1, c. 19, ss. 218 et 223.— Wyckefort, l'Embass, 117 et 119.— 2 Kent, p. 43.—
Et les autres autorités sous les deux articles qui suivent.

SECTION I.

DE LA MORT CIVILE.

31. La mort civile résulte de la condamnation à certaines peines
afflictives.

Richer, *Mort civile*, 15 et 16.— Pothier, *Mariage*, 264.— *Id.*, *Des personnes*, 585.—
Id., *Introd. aux Cout.*, n° 28.— Rép. Guyot, v° *Mort civile*, p. 634.— 2 Blackstone,
121.—1 *Id.*, 132 et 133, note 16.— C. N., 22.

32. La condamnation à la mort naturelle emporte la mort civile.

Pothier, *Cout. d'Orl.*, *Intr*, n° 30.— Richer, *Mort civile*, p. 26.— Rép. Guyot, *eod.*
loc., 634.— Rochon vs Leduc, Décisions du B. C., vol. 1, p. 252.— C. N., 23.

33. Toutes autres peines afflictives perpétuelles emportent aussi
la mort civile.

1 Blackstone, 134.— Rép. Guyot, *eod. loco.*— Richer, p. 26.— Pothier, Intr. aux
Cout., n° 30.— *Id.*, *Des personnes*, 595.— *Id.*, *Des successions*, 5.

34. Les incapacités résultant, quant aux personnes qui professent
la religion catholique, de la profession religieuse par l'émission de
vœux solennels et à perpétuité dans une communauté religieuse
reconnue lors de la cession du Canada à l'Angleterre et approuvée
depuis, restent soumises aux lois qui les réglaient à cette époque.

Pothier, *Des personnes*, 587-8-9.— *Id.*, *Successions*, 125.— *Id.*, *Mariage*, n° 264.—
Id., *Intr. aux Cout.*, n° 28.— Ord. 1662, *tit.* 20, *art.* 15 et 16.— Guyot, *loc. cit.*—
Richer, pp. 596, 607 et suiv., 643, 647, 651 et 660.—1 Blackstone, 132-3, *note* 16.—
2 *Id.*, 121.— Cout. de Paris, 337.—1 Stephens, 137.—1 Coke upon Littleton, ss.
200, 1316 et 132 *a.*—7 Comyn's Digest, p. 134, v° Profession.

SECTION II.

DES EFFETS DE LA MORT CIVILE.

35. La mort civile emporte la perte de tous les biens du condamné, lesquels sont acquis au souverain à titre de confiscation.

Cout. de Paris, art. 183.— 2 Blackstone, 381.— Pothier, *Cout. d'Orl.*, *Intr.*, n° 31.
—11 Rép. Guyot, p. 637.— 2 Pand. Franç., 174.— Richer, 46 et 337.— C. N., 25.

36. La personne morte civilement ne peut,
1. Recueillir ni transmettre à titre de succession.

ff L. 18, *De bon. possess.*— 2 Pand. Franç., 183.— Pothier, *Des Personnes*, 587.—
Rép. Guyot, 637.— Richer, 203, 208, 217 et suiv.— Pothier, *Successions*, p. 9.—
C. N., 25.

2. Elle ne peut disposer de ses biens, ni acquérir, soit par acte
entrevifs ou à cause de mort, soit à titre gratuit ou onéreux ; elle ne

peut ni contracter ni posséder ; elle peut cependant recevoir des aliments.

Pothier, *Des Personnes*, 587.— N. Deniz., v° *aliments*, n° 24.— 1 Argou, p. 16.— 11 Rép. Guyot, 637.— 1 Domat, *Liv. Prél.*, p. 106.— 1 Pigeau, 66.— 1 Bourjon, ch. 3, p. 108.— 1 Duperrier, 36 et suiv.— C. N., 25.

3. Elle ne peut être nommée tuteur ni curateur, ni concourir aux opérations qui y sont relatives. '

2 Pand. Franç., 185–6.— Pothier, *Des Personnes*, 611.— 11 Rép. Guyot, p. 637.

4. Elle ne peut être témoin dans aucun acte solennel ou authentique, ni être admise à porter témoignage en justice, ni à servir comme juré.

ff L. 18, § 1, *Qui testam. facere.*— L. 20.— 2 Pand. Franç., 185–6.—*ff* L. 3, *De testibus*, § 5.— 11 Rép. Guyot, 637–8.— Richer, 251 et 254.

5. Elle ne peut procéder en justice ni en demandant ni en défendant.

ff L. 2, *De cap. minutis.*— 2 Pand. Franç., 189 et 190.— Jousse, art. 8, tit. II, De l'ord. 1667, p. 28.— Rodier, sur do., p. 31.— 1 Pigeau, p. 66.

Jurisp.— Le condamné à mort par la Cour Martiale en 1839, et qui a obtenu le pardon de Sa Majesté le 27 janvier 1844, ne peut pas ester en jugement et ne peut pas revendiquer sa propriété.— Rochon vs Leduc, I L. C. J., 252.

6. Elle est incapable de contracter un mariage qui produise quelque effet civil.

Pothier, Com. 20.— *Id.*, *Mariage*, 433, 440 et 486.— *Id.*, *Successions*, c. 1, s. 2, art. 2, § 4.— 11 Rép. Guyot, 638.— Ord. 1639, art. 7.— 2 Pand. Franç., 191 et suiv.— Braün, Instructions Dogmatiques sur le Mariage, p. 62.

7. Celui qu'elle avait contracté précédemment est pour l'avenir dissous quant aux effets civils seulement ; il subsiste quant au lieu.

Pothier, *Successions*, 20.— *Mariage*, 467.— 2 Pand. Franç., p. 196.— 3 Pand. Franç., 446 et suiv.— Gousset, *Code Civil*, art. 227, pp. 94–5, art. 25, pp. 19 et 20.— 1 Malleville, pp. 41 et suiv.— 1 Duranton, n° 225.— 2 Duranton, 520.— 1 Toullier, 285–6.

8. Son conjoint et ses héritiers peuvent exercer respectivement les droits et actions auxquels sa mort naturelle donnerait lieu ; sauf les gains de survie auxquels la mort civile ne donne ouverture que lorsque cet effet résulte des termes du contrat de mariage.

ff L. 121, § 2, *De verb. signif.*— 2 Pand. Franç., 198.— 1 Demolombe, n° 210.— Richer, p. 506.— Lacombe, p. 459.— 1 Toullier, n° 286.

87. La mort civile est encourue à compter de la condamnation judiciaire.

Pothier, *Successions*, c. 1, s. 1, pp. 5 et 6, c. 3, pp. 125–6.— *Id.*, *Des Personnes*, tit. 3, p. 596.— 20 Merlin, Rép., v° *Mort civile*, § 1, p. 432.— Richer, 143–4–6–7.— 5 Merlin, v° *Condamné*, n° 1, pp. 349 et 350.—*ff* L. 15, 1, *De interd. et releg.*— L. 10, § 1. — L. 29, *De pœnis.*— Gousset, p. 21, sur art. 26.

Jurisp.— 1° Une femme accusée du meurtre de son mari peut, dans l'époque intermédiaire de l'accusation et de la condamnation juridique, contracter un engagement valable pour se faire défendre de l'accusation.

2° Un avocat peut réclamer en justice le montant d'obligations à lui consenties par l'accusée pour se faire défendre, lorsqu'une preuve de surcharge ou de contrainte morale n'est pas faite.

3° Dans l'espèce, les biens de la femme condamnée ayant été confisqués au profit de la Couronne, cette dernière ne pouvait s'emparer des biens qu'à la charge de payer l'obligation contractée comme susdit, comme toute autre obligation ; et que si la Couronne n'eût pas fait remise des biens confisqués aux enfants de la condamnée, elle aurait été obligée d'acquitter ces obligations.

4° Les enfants ayant eu la remise de ces biens, sont aux droits comme aux obligations de la Couronne et par tant chargés de ces obligations.

5° Ces enfants ne sont cependant tenus que *pro modo emolumenti*.

6° Ils ne sont tenus de ces obligations que sur la part de leur mère dans la communauté, et non sur ses gains de survie qu'elle a perdus.— Gauthier vs Joutras, I R. L., 473.

88. Le pardon, la libération, la remise de la peine ou sa commutation en une autre qui n'emporte pas mort civile, rendent la vie civile au condamné, mais sans effet rétroactif, à moins d'un acte du parlement qui comporte cet effet.

S. R. C., c. 99, s. 113.— 2 Pand. Franç., p. 232.— 4 Stephen's Comm. p. 504.— Bacon's Abridgment, v° Pardon, p. 133.— 1 Hale's P. C., p. 358.— 2 Hawskin's Pleas of the Crown, Bk. 2, c. 37, s. 48, p. 547.— 13 Petersdoff's Abridgment, p. 80. — 1 Chitty, Crim. Law, p. 776.

TITRE DEUXIÈME.

DES ACTES DE L'ÉTAT CIVIL.

CHAPITRE PREMIER.

DISPOSITIONS GÉNÉRALES.

89. L'on ne doit insérer dans les actes de l'état civil, soit par note, soit par énonciation, rien autre chose que ce qui doit être déclaré par les comparants.

C. N., 35.— 1 Demante, Cours analytique de Droit civil, liv. 1, tit. 2, c. 1, n° 78. — 1 Demolombe, n° 290.

Amend.— Par l'acte 34 Vict., c. 8, il est statué sur la tenue des registres de l'état civil dans une certaine partie du district du Saguenay. Cet acte affecte tous les articles de ce chapitre en autant que cette région est concernée.

Jurisp.— Dans la cause de Coté vs De Gaspé (16 L. C. R., 381), un curé a été condamné à payer $100 de dommages au père d'une fille mineure qu'il avait mariée, pour avoir écrit de sa propre main dans les registres tenus par lui, " qu'il avait marié Sarah Coté, fille du demandeur, *malgré l'opposition brutale* de son père."

40. Dans les cas où les parties ne sont pas obligées de comparaître en personne aux actes de l'état civil, elles peuvent s'y faire représenter par un fondé de procuration spéciale.

C. N., 36.

41. Le fonctionnaire public donne lecture aux parties comparantes ou à leur fondé de procuration, et aux témoins, de l'acte qu'il rédige.

C. N., 37.

42. Les actes de l'état civil sont inscrits sur deux registres de la même teneur, qui sont tenus pour chaque église paroissiale catholique, pour chaque église protestante, congrégation ou autre société religieuse, légalement autorisée à tenir tels registres ; chacun desquels est authentique et fait également foi en justice.

Ord. 1667, tit. 20, art. 8.— Déclaration de 1736, art. 1.— S. R. B. C., c. 20, ss. 1, 16 et 17.— C. N., 40.

Jurisp.— 1. The words " protestant churches or congregations," used in the statute 35 Geo. III, c. 4, which require rectors of parishes, &c., from 1st january, 1796, to keep two registers, both of which to be authentic, held to embrace only such churches and congregations as had their existence in the province when the statute was passed.— Spratt & The King, Stuart's Rep., 149.

2. Les registres de baptêmes, mariages et sépultures ne forment qu'une preuve *primâ facie* de la vérité des déclarations en dehors de la célébration, et ces déclarations peuvent être réfutées par une preuve contraire.— Sykes vs Shaw, XV L. C. R., 304, ¿ 1.

3. Un extrait de baptême qui ne contient la mention ni de l'année, ni de l'église dans lesquelles l'enfant a été baptisé, n'est pas un extrait de baptême authentique suivant le sens de la loi.— Osgood vs Goodenough, V R. L., 719.

43. Ces registres sont fournis par les églises, congrégations ou sociétés religieuses, et doivent être de la forme réglée au code de procédure civile.

S. R. B. C., c. 20, s. 1, ¿ 2.— C. N., 40.— C. P. C., art. 1236.

44. Les registres sont tenus par les curés, vicaires, prêtres, ou ministres, desservant telles églises, congrégations ou sociétés religieuses, ou par tout autre fonctionnaire à ce autorisé.

S. R. B. C., c. 20, s. 1, ¿ 1.— C. N., 40.

Amend.— *L'acte Q. 36 Vict., c. 16, ss. de 1 à 10, contient ce qui suit :*

1. Tout prêtre catholique romain, autorisé par l'autorité ecclésiastique compétente à célébrer le mariage, administrer le baptême ou faire les obsèques, pour aucune église, chapelle particulière, ou dans aucune mission, aura droit de tenir des registres de l'état civil, pour telle église, chapelle ou mission, et sera censé et considéré autorisé à tenir les dits registres et à les avoir numérotés, paraphés et certifiés, conformément à la loi.

2. Le dit prêtre, en présentant le double registre, pour le faire authentiquer, conformément à la loi, devra exhiber, si besoin il y a, au juge, protonotaire ou greffier, à qui il demande la dite authentication, l'autorisation ou le certificat d'autorisation ou la lettre de mission ou d'institution qui lui a été donné par l'évêque et en vertu duquel il est autorisé à célébrer le mariage, administrer le baptême ou faire les obsèques pour telle église, chapelle ou mission.

3. Tout prêtre qui aura obtenu des registres authentiqués en vertu de cet acte, les tiendra en double, et en déposera un double chaque année, conformément à la loi, et l'autre double qu'il gardera, appartiendra à l'église ou chapelle pour laquelle il a été obtenu et tenu.

4. Les dispositions du second titre du premier livre du code civil " des actes de l'état civil," telles que amendées par l'acte de cette province, trente-deuxième Victoria, chapitre vingt-six, et le premier chapitre du premier titre de la troisième partie du code de procédure civile, tel que également amendé par l'acte en dernier lieu mentionné, s'appliqueront, autant que le permettront les dispositions du présent acte, aux personnes par le présent autorisées à tenir des registres et aussi aux registres tenus par elles, conformément à cet acte.

5. Dans le cas où, en vertu du présent acte, il sera demandé des registres pour l'usage d'une mission, ils seront accordés sous le nom que l'évêque aura désigné à cette fin, dans son certificat, et le double gardé chaque année, par le prêtre, pourra être déposé à l'évêché du diocèse auquel appartient la mission, et pour authentiquer des copies ou des extraits d'aucun tel registre et pour toutes autres fins, en rapport avec les dits registres, l'évêque ou son secrétaire seront censés être et considérés comme les dépositaires légaux d'iceux.

2

6. Et attendu que des doubles registres ont été tenus par des prêtres dûment autorisés par l'autorité ecclésiastique compétente, à célébrer le mariage, administrer le baptême ou faire les obsèques, mais que les dits registres n'ont pas été authentiqués de la manière requise par le code civil et le code de procédure civile; et, attendu qu'un grand nombre de familles ont intérêt à ce que les dits registres soient légalisés, et qu'il est opportun de pourvoir à leur légalisation et authenticité; en conséquence, il est par le présent acte, en outre décrété comme suit:

7. Tout registre ou registres de l'état civil jusqu'ici tenus dans aucune église catholique romaine, par un prêtre catholique romain, dûment autorisé par l'autorité ecclésiastique compétente, à célébrer le mariage, administrer le baptême ou faire les obsèques, pourront et devront, sur présentation d'iceux, à cette fin, quoique ces registres aient déjà servi, être numérotés, paraphés et certifiés par le fonctionnaire civil ordinaire, de la même manière et au même effet que si les dits registres n'avaient pas antérieurement servi, et un double d'iceux pourra, de la même manière et au même effet être déposé et reçu chez le fonctionnaire civil ordinaire. Et un certificat de l'évêque sera une preuve suffisante qu'un prêtre a été dûment autorisé comme susdit.

8. Lorsque les dispositions de la précédente section auront été remplies au sujet d'aucun registre, tel registre, ou aucun extrait d'icelui seront censés et considérés comme authentiques, comme aussi légaux et valides que s'ils avaient été faits conformément aux exigences de la loi.

9. Le mot "évêque" s'entend de l'ordinaire du diocèse, ou son grand-vicaire, ou l'administrateur.

10. Le présent acte n'aura d'autre effet que celui d'autoriser à tenir des registres authentiques, et à légaliser ceux déjà tenus dans les cas et de la manière ci-dessus prévus, sans que le dit présent acte ne puisse avoir d'autres conséquences légales, et affecter en rien au-delà de son objet direct, la position civile actuelle des paroisses et fabriques régulièrement existantes.

Jurisp.— 1. A dissenting minister of a protestant congregation, not being a public officer, nor a person in public holy orders recognized to be such by law, is not entitled to, and cannot keep a parish register for baptisms, burials and mariages.— *Ex parte* Spratt, Stuart's Rep., 90.

2. A minister of a presbyterian congregation, in communion with the church of Scotland, is entitled to registers for mariages, baptisms and burials, notwithstanding that in the place where he officiates another church, also in communion with the church of Scotland, has been previously established under the authority of the government. Qoere, as to any right in the minister to fees for entries in such registers.— *Ex parte* Clugston, Stuart's Rep., 448.

45. Le double registre ainsi tenu doit, à la diligence de celui qui le tient, être présenté, avant qu'il en soit fait usage, à un des juges de la cour supérieure, ou au protonotaire du district, ou au greffier de la cour de circuit au lieu du protonotaire dans le cas mentionné dans le statut de la 25e Vict., chap. 16; pour, par tel juge, protonotaire ou greffier, être numéroté et paraphé en la manière prescrite dans le code de procédure civile.

S. R. B. C., c. 20, s. 1, § 2.— C. N., 41.— Code P. C., 1236.

Amend.— *L'acte Q. 32 Vict., c. 26, s. 2, contient ce qui suit:*
L'article 45 du code civil est amendé en retranchant les mots "ou au greffier de la cour de circuit au lieu du protonotaire dans le cas mentionné dans le statut de la 25e Vict., chap. 16," dans le dit article, et en leur substituant les mots "ou à un greffier de la cour de circuit dans le comté."

L'acte Q. 32 Vict., c. 26, s. 7, contient ce qui suit:
Tous les registres qui, depuis la mise en vigueur du code de procédure civile, ont été authentiqués par quelque greffier de la cour de circuit et revêtus du sceau de la dite cour, seront réputés avoir été et être légalement authentiqués d'une manière aussi parfaite que si l'article 1236 du dit code de procédure civile eût été primitivement décrété tel qu'amendé par la section première du présent acte.

46. Les actes de l'état civil sont inscrits sur les deux registres, de suite et sans blancs, aussitôt qu'ils sont faits; les ratures et ren-

vois sont approuvés et paraphés par tous ceux qui ont signé au corps
de l'acte ; tout y doit être écrit au long, sans abréviation ni chiffres.

8. R. B. C., c. 20, s. 1.— C. N., 42.

47. Dans les six premières semaines de chaque année, un des
doubles est, à la diligence de celui qui les a tenus, ou qui en a la
garde, déposé au greffe de la cour supérieure de son district ou au
greffe de la cour de circuit dans les cas pourvus par le statut ci-dessus
mentionné au présent chapitre ; ce dépôt est constaté par le reçu
que doit en délivrer, sans frais, le protonotaire ou greffier de la cour.

Cout. Paris, 241.—Ord. de Blois, art. 181.—Ord. de 1539, art. 51, 52 et 53.—
Ord. de 1667, art. 8, tit. 20.—S. R. B. C., c. 20, s. 8.

Amend.— *Le statut de Québec 32 Vict., c. 26, s. 3, contient ce qui suit :*
L'article 47 du code civil est amendé de manière à ce qu'il se lise comme suit :
" Dans les six premières semaines de chaque année, un des doubles est, à la
diligence de celui qui les a tenus, ou qui en a la garde, déposé au greffe de la
cour supérieure de son district ; ce dépôt est constaté par le reçu que doit délivrer, sans frais, le protonotaire de la cour."

48. Tout protonotaire ou greffier est tenu, dans les six mois du
dépôt, de vérifier l'état des registres déposés en son greffe, et de
dresser procès-verbal sommaire de cette vérification.

Ord. 1667, tit. XX, art. XI.

Amend.—*Le statut de Québec 32 Vict., c. 26, s. 4, contient ce qui suit :*
L'article 48 du code civil est amendé en retranchant les mots " ou greffier "
dans le dit article.

49. L'autre double du registre reste en la garde et possession du
prêtre, ministre ou autre fonctionnaire qui l'a tenu, pour par lui être
conservé et transmis à son successeur en office.

Ord. de 1667, tit. XX, art. 8, et Déclar. avril 1736, art. 19 et 20.—S. R. B. C., c.
20, s. 8.—C. N., 43.

Amend.—*Le statut de Québec 32 Vict., c. 26, s. 6, contient ce qui suit :*
Au double du registre mentionné dans l'art. 1237 du code de procédure civile,
sera attaché non-seulement une copie des parties du code civil que le dit article
requiert d'y annexer, mais aussi une copie du présent acte.
Le double du registre qui doit rester entre les mains du curé, ministre ou
autre préposé, de chaque paroisse catholique romaine, église protestante, ou congrégation religieuse, doit être relié d'une manière solide et durable.
À ce double est attaché une copie du titre du code civil relatif aux actes de
l'état civil, ainsi que les chapitres premier, deuxième et troisième du cinquième
titre du même code, relatif aux mariages.

50. Les dépositaires de l'un et de l'autre des registres sont tenus
d'en délivrer, à toute personne qui le requiert, des extraits qui, étant
par eux certifiés et signés, sont authentiques.

8. R. B. C., c. 20, s. 8, § 2.—C. N., 44.

51. Sur preuve qu'il n'a pas existé de registres pour la paroisse
ou congrégation religieuse, ou qu'ils sont perdus, les naissances,
mariages et décès peuvent se prouver soit par les registres et papiers
de famille ou autres écrits, ou par témoins.

8. R. B. C., c. 20, s. 13.—2 Pand. Franç., 263.—Ord. 1667, tit. XX, art. 14, et
Décl. de 1736.—C. N., 46.—Serpillon, Code C., p. 338.

see Mataster

Jurisp.—1. En l'absence de registres, l'état civil d'une personne ne peut être prouvé par les dires de ses parents et par témoins.—Motz vs Moreau, V L. C. R., 433.

2. Where registers do not exist of the birth of a person, such person has a right of action to establish by a judgment of the court the date and place of such birth, and he does not need to show any special interest to procure such judgement apart from the non-existence of such registers. The date of birth is an important part of the status of a person giving him a right of action to establish such date.— Larue vs Campbell, VIII L. C. J., 68.

3. The entry of a baptism in a non-authentic register where mention is made of the date of the birth of the person baptised, signed by both parents, is only *prima facie* proof of the birth at that date, and such date may be contradicted and disproved by oral testimony.— Sykes and Shaw, IX L. C. J., 141.

4. Un mariage contracté dans un endroit où il n'y a ni prêtre, ni magistrat, aucune autorité civile ou religieuse, pas de registres de l'état civil, peut être prouvé par preuve testimoniale, et l'admission des parties accompagnée d'une longue cohabitation et de la possession d'état formeront la meilleure preuve.— Connolly vs Woodrich, et Johnson et al., XI L. C. J., 197.

52. Tout dépositaire des registres est civilement responsable des altérations qui y sont faites, sauf son recours, s'il y a lieu, contre les auteurs de ces altérations.

2 Pand. Franç., 278.— Dard, sur art. 51.— C. N., 51.—2 Favard, Rép., vᵉ Acte, s. 1, § 3.—1 Toullier, n° 312, § 2.—1 Delvincourt, sur art. 51 C. N.

53. Toute contravention aux articles du présent titre de la part des fonctionnaires y dénommés, qui ne constitue pas une offense criminelle punissable comme telle, est punie par une amende qui n'excède pas quatre-vingts piastres et n'est pas moins de huit.

Ord. 1667, tit. XX, art. 12, 13 et 18.— Décl. de 1736, art. 19, 33 et 39.— II Pand. Franç., 278.—2 Vict., c. 4, s. 2.—S. R. B. C., c. 20, s. 9.—C. N., 50.—Code P. C., 1238.

•

CHAPITRE DEUXIÈME.

DES ACTES DE NAISSANCE.

54. Les actes de naissance énoncent le jour de la naissance de l'enfant, celui du baptême, s'il a lieu, son sexe et les noms qui lui sont donnés ; les noms, prénoms, profession et domicile des père et mère, ainsi que des parrains et marraines, s'il y en a.

S. R. B. C., c. 20, s. 5.— Ord. 1667, tit. XX, art. 9.— Décl. 1736, art. 4.— C. N., 57.

55. Ces actes sont signés, dans les deux registres, tant par celui qui les reçoit que par le père et la mère, s'ils sont présents, et par le parrain et la marraine, s'il y en a ; quant à ceux qui ne peuvent signer, il est fait mention de la déclaration qu'ils en font.

S. R. B. C., c. 20, s. 5, § 2.— Ord. 1667, tit. 20, art. 10.— C. N., 39.

56. Dans le cas où il est présenté au fonctionnaire public un enfant dont le père ou la mère, ou tous deux, sont inconnus, il en est fait mention dans l'acte qui en doit être dressé.

S. R. B. C., c. 20, s. 5, § 2.— C. N., 55, 56 et 58.

CHAPITRE TROISIÈME.

DES ACTES DE MARIAGE.

57. Avant de célébrer le mariage, le fonctionnaire chargé de le faire se fait représenter un certificat constatant que les publications de bans requises par là loi ont été régulièrement faites, à moins qu'il ne les ait faites lui-même, auquel cas ce certificat n'est pas nécessaire.

Pothier, *Mariage*, nᵒˢ 66 à 84, 349.— C. N., 63.

58. Ce certificat, qui est signé par celui qui a fait les publications, contient, ainsi que les publications elles-mêmes, les prénoms, noms, profession et domicile des futurs époux, leur qualité de majeurs ou de mineurs, les prénoms, noms, profession et domicile de leurs pères et mères, ou le nom de l'époux décédé. Et dans l'acte de mariage il est fait mention de ce certificat.

Pothier, *Mariage*, nᵒˢ 66 et suiv.— Ord. de Blois, art. 40.— 2 Pand. Franç., 320-1. — C. N., 63 et 166.

59. Il peut cependant être procédé au mariage sans ce certificat, si les parties ont obtenu des autorités compétentes, et produisent une dispense ou licence, permettant l'omission des publications de bans.

Pothier, *Mariage*, loc. cit. et nᵒ 70.— Ord. de Blois, art. 40.— S. R. B. C., c. 20, s. 6.— C. N., 63.

Amend.— *L'acte Q. 35 Vict., c. 3, contient ce qui suit :*

1. En autant qu'il s'agit de la célébration du mariage par des ministres de l'Évangile protestants, toutes les licences de mariage seront émises par le bureau du secrétaire provincial, sous le seing et sceau du lieutenant-gouverneur, qui pour les fins de ces licences sera l'autorité compétente en vertu de l'article 59 du code civil.

2. En ce qui regarde la célébration de mariages par les ministres protestants susdits, nulle licence de mariage émise d'aucune autre manière ou de la part d'aucune autre autorité, ne sera nécessaire.

3. Les licences émises en vertu de cet acte seront fournies par les personnes que le lieutenant-gouverneur en conseil nommera pour cette fin, à tous ceux qui en feront la demande, et qui auront donné leur cautionnement, ensemble avec celui de deux personnes tenant feu et lieu, et en la forme annexée à cet acte.

4. Toute personne chargée de fournir telles licences, recevra pour chacune d'elles, de la personne qui en fera la demande, la somme de huit piastres, sur laquelle elle retiendra, pour elle-même, telle partie, n'excédant pas deux piastres, que le lieutenant-gouverneur accordera, et elle remettra le surplus de la dite somme au trésorier de la province, à telles époque ou époques que le dit trésorier fixera.

5. Les sommes ainsi payées au trésorier seront remises annuellement par lui, en telle manière et en tel temps qu'elles devront être distribuées aux institutions protestantes d'éducation supérieure, par le ministre de l'instruction publique, sous l'autorité du lieutenant-gouverneur en conseil, en sus et de la même manière que toutes autres sommes ou octrois accordés par la loi, pour les fins de l'éducation supérieure protestante en cette province.

6. Nul ministre qui a célébré un mariage sous l'autorité d'une licence émise en vertu du présent acte, ne sera sujet à aucune action ou responsabilité, pour dommages ou autrement, à raison de l'existence d'aucun empêchement légal au mariage, à moins qu'il n'eût connaissance de cet empêchement lors de la célébration du dit mariage.

60. Si le mariage n'est pas célébré dans l'année à compter de la

dernière des publications requises, elles ne suffisent plus et doivent
être faites de nouveau.

3 Nouv. Denizart, vᵉ *Bans de Mariage*, p. 111.—2 Pand. Franç., 328.—2 Merlin,
Rép., vᵉ *Bans*, p. 442.—2 Guyot, Rép., vᵉ *Bans*, p. 175.—1 Toullier, nᵒ 567.—C. N.,
65.

61. Au cas d'opposition, mainlevée en doit être obtenue et signifiée au fonctionnaire chargé de la célébration du mariage.

Pothier, Mar., nᵒ 82.— Guyot, Rép., Vo. *Opposition à un mariage, alin.* 1 et 2.—
Ferrière, Dict. de Droit, *iisdem verbis.*

62. Si, cependant, cette opposition est fondée sur une simple promesse de mariage, elle est sans effet, et il est procédé au mariage de
même que si elle n'eût pas été faite.

S. R. B. C., c. 34, s. 4.

63. Le mariage est célébré au lieu du domicile de l'un des époux.
S'il est célébré ailleurs, le fonctionnaire qui en est chargé est tenu
de vérifier et constater l'identité des parties.
Le domicile, quant au mariage, s'établit par six mois d'habitation
continue dans le même lieu.

Fenet-Pothier, p. 18.— Pothier, *Mariage*, 356.— C. N., 74.

64. L'acte du mariage est signé par celui qui l'a célébré, par les
époux, et par au moins deux témoins, parents ou non, qui y ont
assisté ; quant à ceux qui ne peuvent signer, il en est fait mention.

S. R. B. C., c. 20, s. 6.

65. L'on énonce dans cet acte :
1. Le jour de la célébration du mariage ;
2. Les noms et prénoms, profession et domicile des époux, les
noms du père et de la mère, ou de l'époux précédent ;
3. Si les parties sont majeures ou mineures ;
4. Si elles sont mariées après publication de bans ou avec dispense
ou licence ;
5. Si c'est avec le consentement de leurs père et mère, tuteur ou
curateur, ou sur avis du conseil de famille, dans les cas où ils sont
requis ;
6. Les noms des témoins, et, s'ils sont parents ou alliés des parties, de quel côté et à quel degré ;
7. Qu'il n'y a pas eu d'opposition, ou que mainlevée en a été
accordée.

Pothier, *Mariage*, 375.— S. R. B. C., c. 20, s. 6, § 1 et 2.— C. N., 76.

CHAPITRE QUATRIÈME.

DES ACTES DE SÉPULTURE.

66. Aucune inhumation ne doit être faite que vingt-quatre heures
après le décès ; et quiconque prend sciemment part à celle qui se

fait avant ce temps, hors les cas prévus par les règlements de police, est passible d'une amende de vingt piastres.

S. R. B. C., c. 21, s. 1.— C. N., 77.

Amend.— *L'acte* Q. 39 *Vict.,* c. 18, s. 1, *contient ce qui suit :*
Il appartient à l'autorité ecclésiastique catholique romaine seule de désigner dans le cimetière la place où chaque individu de cette croyance, après son décès, sera inhumé ; et si la personne décédée ne peut être inhumée d'après les règles et lois canoniques, selon le jugement de l'ordinaire, dans la terre consacrée par les prières liturgiques de cette religion, elle recevra la sépulture civile dans un terrain réservé à cet effet et attenant au cimetière.

67. L'acte de sépulture fait mention du jour où elle a lieu, de celui du décès, s'il est connu, des noms, qualité ou occupation du défunt, et il est signé par celui qui a fait la sépulture et par deux des plus proches parents ou amis qui y ont assisté, s'ils peuvent signer ; au cas contraire, il en est fait déclaration.

S. R. B. C., c. 20, s. 7.— Ord. 1667, tit. 20, art. 10.— Déclar. de 1736, art. 10.— 2 Pand. Franç., 382.— C. N., 79.

68. Les dispositions des deux articles précédents sont applicables aux communautés religieuses et aux hôpitaux où est il permis de faire des inhumations.

Ord. 1667, tit. XX, art. XIII.— S. R. B. C., c. 20, s. 11.— C. N., 80.

69. Lorsqu'il y a des signes ou indices de mort violente, ou d'autres circonstances qui donnent lieu de la soupçonner, ou bien lorsque le décès arrive dans une prison, asile ou maison de détention forcée, autre que les asiles pour les insensés, l'on ne peut faire l'inhumation sans y être autorisé par le coroner ou autre officier chargé, dans ces cas, de faire l'inspection du cadavre.

Décl. 20 Sept. 1712.— 20 Isambert, p. 574.— Décl. 1736, art. 12.— 1 Jousse, p. 306.— 1 Russell, on *Crimes*, 468.— 1 Blackstone, 265, note 27.— 4 et 5 Vict., c. 24. — C. N., 81.

Amend.— *L'acte* Q. 39 *Vict.,* c. 18, s. 1, *contient ce qui suit :*
1. Le paragraphe 1er de la section deux et la section huit du chapitre 21 des Statuts Refondus pour le Bas-Canada, intitulé : " Acte concernant les inhumations et les exhumations," sont amendés de manière à se lire comme suit :
2. " Sur requête présentée à un juge de la cour supérieure, pendant le terme ou la vacance, par toute personne demandant l'exhumation d'un ou plusieurs corps inhumés dans une église, chapelle ou cimetière, pour construire, réparer ou vendre une église, chapelle ou cimetière, ou dans le but d'inhumer de nouveau le ou les dits corps dans une autre partie de la même église, chapelle ou cimetière, ou dans le but de construire ou réparer le tombeau ou le cercueil, dans lequel un corps a déjà été déposé, et indiquant, dans le cas du transport projeté d'un corps ou de plusieurs corps, la partie de la même église, chapelle ou cimetière, ou l'église, la chapelle ou le cimetière où l'on doit déposer tel corps, et sur preuve satisfaisante, sous serment, de la vérité des allégations de la dite requête, tel juge pourra ordonner que le corps ou les corps soient exhumés ainsi que demandé dans la dite requête."
3. " Avant de procéder à une exhumation dans une église, chapelle ou cimetière catholique romain en vertu du présent acte, permission devra en être obtenue de l'autorité supérieure ecclésiastique du diocèse catholique romain dans lequel il est situé."
L'acte Q. 39 *Vict.,* c. 20, *contient ce qui suit :*
1. Le département de l'agriculture et des travaux publics est chargé de faire et publier chaque année, la compilation des naissances, des mariages et des décès, ainsi que des différentes maladies et causes de décès dans la province, au moyen des informations qu'il pourra obtenir en vertu des sections suivantes.

2. Le commissaire de l'agriculture et des travaux publics transmettra de temps en temps, à tous les protonotaires de la cour supérieure, en cette province, des blancs ou formes d'informations à remplir et à compléter sur le nombre des naissances, des mariages, des décès et sur celui des maladies et causes de décès.

3. Après la réception de ces blancs ou formes, chaque protonotaire sera tenu d'en transmettre des exemplaires en nombre suffisant, à tous ceux qui, dans le district, sont autorisés par la loi à tenir registre des actes de l'état civil et à tous les propriétaires ou administrateurs de cimetières, dans tel district.

4. Toute personne autorisée à tenir registre des actes de l'état civil, et tout propriétaire ou administrateur de cimetière, devront remplir et compléter les blancs ou formes d'informations qui leur ont été transmises et les remettre dans les six premières semaines de chaque année, au protonotaire du district, lequel sera tenu de les expédier sans délai au commissaire de l'agriculture et des travaux publics.

5. En cas d'épidémie, si le lieutenant-gouverneur le prescrit par proclamation à cet effet, ces blancs seront transmis directement au département de l'agriculture et des travaux publics, par ceux qui les auront remplis, et ce dans le délai mentionné dans la proclamation.

6. Dans les localités où un cimetière est commun à plusieurs paroisses, les blancs ne seront remplis, quant aux décès et aux maladies ou causes de décès, que par les propriétaires ou administrateurs du cimetière.

7. Le père, ou au cas de la mort ou de l'absence du père, la mère de tout enfant né, qui n'aura pas fait baptiser cet enfant, ou qui, s'il s'agit de personnes d'une croyance autre que celle des catholiques romains, n'aura pas fait enregistrer la naissance de cet enfant, par des personnes autorisées à tenir registre des actes de l'état civil, sera tenu de faire enregistrer la naissance de cet enfant, dans les quatre mois de sa naissance, au bureau du secrétaire-trésorier ou du greffier de la municipalité ou cité de son domicile, ou bien chez le juge de paix le plus proche.

Tel juge de paix devra faire au secrétaire-trésorier ou greffier de la municipalité ou cité, dans les deux premières semaines du mois de janvier, chaque année, son rapport annuel des naissances enregistrées par lui en vertu de la disposition précédente.

8. Tout secrétaire-trésorier ou greffier d'une municipalité ou cité, au bureau duquel on aura enregistré des naissances ou fait des rapports de naissances, devra chaque année, dans le mois de janvier, transmettre un état de ces naissances, au département de l'agriculture et des travaux publics.

CHAPITRE CINQUIÈME.

DES ACTES DE PROFESSION RELIGIEUSE.

70. Dans toute communauté religieuse où il est permis de faire profession par vœux solennels et perpétuels, il est tenu deux registres de même teneur pour y insérer les actes constatant l'émission de tels vœux.

Ord. 1667, titre 20, art. 15.—Décl. 1736, art. 25.—Serpillon, pp. 332-7-8.—Sallé, 234-5-7, p. 236, note (a).

71. [Ces registres sont cotés et paraphés comme les autres registres de l'état civil, et les actes y sont inscrits en la manière exprimée en l'article 46].

Ord. 1667, art. 16.—Décl. 1736, art. 25.—Serpillon, 332.—Sallé, 236.

72. Les actes font mention des nom et prénoms et de l'âge de la personne qui fait profession, du lieu de sa naissance et des noms et prénoms de ses pères et mère.

Ils sont signés par la partie elle-même, par la supérieure de la communauté, par l'évêque ou autre ecclésiastique qui fait la cérémonie, et par deux des plus proches parents ou par deux amis qui y ont assisté.

Décl. 1736, art. 27-28.

73. Les registres durent pendant cinq années, après lesquelles l'un des doubles est déposé comme dit en l'article 47 ; et l'autre reste dans la communauté pour faire partie de ses archives.

Décl. 1736, art. 8.

74. Les extraits de ces registres, signés et certifiés par la supérieure de la communauté, ou par les dépositaires de l'un des doubles, sont authentiques et sont délivrés par l'une ou par les autres au choix et à la demande de ceux qui les requièrent.

Décl. 1736, art. 29.

CHAPITRE SIXIÈME.

DE LA RECTIFICATION DES ACTES ET REGISTRES DE L'ÉTAT CIVIL.

75. S'il a été commis quelqu'erreur dans l'entrée au registre d'un acte de l'état civil, le tribunal de première instance au greffe duquel a été ou doit être déposé ce registre, peut, sur la demande de toute partie intéressée, ordonner que cette erreur soit rectifiée en présence des autres intéressés.

Ord. 1667.— Déclar. de 1736, art. 30.— 1 Encyclopédie de Droit, Sebire et Carteret, pp. 205-6.— Merlin, Rép., v° *Actes de l'état civil.*— 1 Rogron, C. C., art. 99, p. 85.— Code Proc. civ., art. 855.— 35 Geo. III., c. 4, s. 13.— C. N., 99.— Code P. C. B. C., art. 1239.

Jurisp.—1. Le curé est témoin compétent sur une inscription de faux contre un registre de mariage.— Languedoc vs Laviolette, M. C. R., 63.

2. An extrait de baptême may be explained by verbal testimony.— Poulin vs Thibault, II R. de L., 332.

3. On ne peut par voie d'action, demander la rectification d'un registre en y retranchant des mots constatant des faits accessoires, qui ne touchent en rien au caractère de l'acte ni à l'état civil des personnes.— Coté vs DeGaspé, XVI L. C. R., 381.

4. Sur une requête pour la rectification d'un acte de naissance dans les registres d'une paroisse, la cour, avant faire droit, peut ordonner que la délimitation de cette paroisse soit constatée et établie par un arpenteur, suivant son érection civile.— Béroeau et Véniard, XVII L. C. J., 49.

5. Entries in the registers of births, marriages and deaths, may be amended by order of the court on application and due proof.— *Ex parte* Denis, I L. C. L. J., 97.

76. Les dépositaires de ces registres sont tenus d'y inscrire en marge de l'acte rectifié, ou, à défaut de marge, sur une feuille distincte qui y reste annexée, le jugement de rectification, aussitôt que copie leur en est fournie.

Décl. 1736, art. 30.

77. [Si l'on a entièrement omis d'entrer aux registres un acte qui devrait s'y trouver, le même tribunal peut, à la demande d'un des intéressés, et après que les autres ont été dûment appelés, ordonner que cette omission soit réparée, et le jugement à cette fin est inscrit sur la marge des registres, à l'endroit où aurait dû être entré l'acte omis, et, à défaut de marge, sur une feuille distincte qui y demeure annexée].

35 Geo. 3, ch. 4, sec. 11, 13.— 1 Malleville, 375.— Ord. 1667, tit. 20, art. 14.— Serpillon, pp. 338 à 341.— Décl. 1736, art. 30.— 1 Jousse, p. 331.— Rodier, quest. 5, tit. 20, art. 14 de l'Ordon. de 1667, p. 301.— 1 Bornier, 160.— 27 Merlin, p. 263, 11.— Do, 148.— C. P. C., art. 855.— 1 Toullier, n° 342, 350.—C. N., 99.

78. Le jugement de rectification ne peut, en aucun temps, être opposé aux parties qui ne l'ont pas demandé, ou qui n'y ont pas été appelées.

2 Pand. Franç., sur art. 100, p. 406.— Rogron, sur *ibid.*, p. 85.— C. N., 100.

TITRE TROISIÈME.

DU DOMICILE.

79. Le domicile de toute personne, quant à l'exercice de ses droits civils, est au lieu où elle a son principal établissement.

Cod. L. 7, *De incolis.*— Pothier, *Introd. aux Cout.*, 8, 20.— *Id., Mariage*, 335.— Merlin, Rép., v° *Domicile*, § 2, n°° 3, 4.— 2 Pand. Franç., 409, 413.—1 Toullier, n°° 364-6.— C. N., 103-6.— Dalloz, p. 374.

80. Le changement de domicile s'opère par le fait d'une habitation réelle dans un autre lieu, joint à l'intention d'y faire son principal établissement.

Pothier, *Introd. aux Cout.*, 14.—*ff.* L. 4 et 20, *ad municipalem et de incolis.*— 1 Toullier, p. 323.— C. N., 103.

Jurisp.— Une personne venant dans un endroit en Bas-Canada avec l'intention d'y résider immédiatement, acquiert un domicile, et son intention peut être prouvée par ses actes subséquents.— Cressé vs Baby et Baby, X L. C. J., 313.

81. La preuve de l'intention résulte des déclarations de la personne et des circonstances.

C. N., 104.

82. Celui qui est appelé à une fonction publique temporaire ou révocable, conserve son domicile, s'il ne manifeste l'intention contraire.

Pothier, *eod. loc.*, 9, 15.— Cod. L. 2, *De incolis.*— C. N., 106.— C. L., 46.

Jurisp.— Une personne nommée à un office temporaire dans un lieu où elle s'est transportée seule, laissant néanmoins sa famille pour quelque temps encore au domicile qu'elle avait lors de sa nomination, n'est pas censée avoir changé son domicile, et l'avis de protêt d'un billet par elle endossé, laissé à son ancien domicile, est valable, et suffisant pour la rendre responsable du paiement de tel billet.— Ryan et Malo, XII L. C. R., 8.

83. La femme non séparée de corps n'a pas d'autre domicile que celui de son mari.

Le mineur non émancipé a son domicile chez ses père et mère ou tuteur.

La majeur interdit pour démence a le sien chez son curateur.

Pothier, *loc. cit.*, 10, 11, 12, 18, 19.— *Id.*, *Mariage*, 357.— 2 Pand. Franç., p. 423. —C. N., 108.—C. L., 48.

84. Les majeurs qui servent ou travaillent habituellement chez autrui, ont le même domicile que la personne qu'ils servent ou chez laquelle ils travaillent, lorsqu'ils demeurent avec elle dans la même maison.

ff. loc. cit. L. 6, ¿ 3.— L. 22.— Merlin, Rép., v° *Domicile*, ¿ 4, n° 1.— Pand. Franç., 427.—1 Bourjon, p. 90.—C. N., 109.

85. Lorsque les parties à un acte y ont fait, pour son exécution, élection de domicile dans un autre lieu que celui du domicile réel, les significations, demandes et poursuites qui y sont relatives, peuvent être faites au domicile convenu et devant le juge de ce domicile.

Loyseau, des Seigneuries, c. 14, n° 15.— Bacquet, *Droits de justice*, c. 8, n° 16.— Raviot, ¿uest., 297, n° 21.— 8 Merlin, Rép., v° *Domicile élu*, ¿ 2, édit. in 8.—Dard, pp. 26, 27.— 2 Pand. Franç., 431.— C. N., 111.— Favard, Rép., v° *Ajournement*, ¿ 1, n° 10, p. 134.— Ib., v° *Conciliation*, ¿ 3, n° 2.— Ib., v° *Domicile*, ¿ 3, n° 2.—1 Toullier, p. 322.— 7 do., p. 104.— 1 Delvincourt, p. 46.

Jurisp.—Quand le contrat, quoique daté à Montréal, est prouvé avoir été fait à Toronto, le droit d'action a pris naissance à Toronto.— The Railway &c. Co. vs Hamilton, XX L. C. J., 28.

TITRE QUATRIÈME.

DES ABSENTS.

DISPOSITIONS GÉNÉRALES.

86. L'absent, dans le sens du présent titre, est celui qui, ayant eu un domicile dans le Bas-Canada, a disparu sans que l'on ait aucune nouvelle de son existence.

I Malleville, 127 et 116.— De Moly, Absence, 5.— 2 Locré, Esprit du code, 281. —1 Toullier, n° 381.— Encyclopédie de Droit, Sebire et Carteret, 42.— 3 Revue Légale, p. 49.

CHAPITRE PREMIER.

DE LA CURATELLE AUX ABSENTS.

87. S'il y a nécessité de pourvoir à l'administration des biens d'un absent qui n'a pas de procureur fondé, ou dont le procureur n'est pas connu ou refuse d'agir, il peut, à cette fin, être nommé un curateur.

Bretonnier, *Quest. de droit*, v° *Absent*, c. 3, p. 7.— Nouv. Denizart, v° *Absence*, p. 56.— S. R. B. C., c. 86, s. 2 et suiv.— Biret, *Traité de l'absence*, p. 21.— Rogron sur art. 112.— C. N., 112.— 3 Revue Légale, p. 50.— C. L., 50.

88. Il est statué sur la nécessité de cette nomination à la demande des intéressés, sur l'avis du conseil de famille, composé et convoqué en la manière pourvue au titre *De la minorité, de la tutelle et de l'émancipation*, avec l'homologation du tribunal ou de l'un de ses juges ou du protonotaire.

S. R. B. C., c. 86, s. 2 et suiv. ; c. 78, s. 23.— 3 Revue Légale, p. 96.— 1 Bavoux et Loyseau, p. 137.   •

89. Les curateurs nommés aux biens des absents prêtent serment de bien et fidèlement remplir les devoirs de leur charge et de rendre compte.

2 Pigeau, vol. 2, pp. 510 et 511.— C. L., 52.— 3 Revue Légale, p. 97.

90. Le curateur est tenu de faire faire, devant notaire, bon et fidèle inventaire et estimation de tous les biens commis à sa charge, et il est soumis, quant à son administration, à toutes les obligations dont le tuteur est tenu.

Pigeau, *eod. loc.*— C. L., 52.   .

91. Les pouvoirs de ce curateur se bornent aux actes de pure administration ; il ne peut aliéner, engager, ni hypothéquer les biens de l'absent.

Encyclop. de Droit, v° *Absent.*— Arrêtés de Lamoignon, tit. 6, *Des Absents*, pp. 37 et suiv.— Jurisp. du code civil, par Bavoux et Loyseau, pp. 137 et suiv.— 3 Revue Légale, p. 600.

Jurisp.— 1. Le curateur aux biens vacants d'un absent ne peut être poursuivi, en sa qualité de curateur, pour dettes dues par l'absent.   Le seul moyen d'assigner un absent est par avis public, suivant les dispositions contenues en la 94° section de l'acte de judicature 12° Vict., ch. 38.— Whitney vs Brewster, III L. C. R., 431.

2. Tout créancier d'un absent peut poursuivre en reddition de compte le curateur à cet absent, ce curateur étant le mandataire de tous les créanciers : dans une semblable demande il n'est pas nécessaire d'appeler l'absent par avis dans les journaux, mais l'assignation du curateur suffit.— Murphy vs Knapp et al., IV L. C. R., 94. .

3. Un curateur à l'absent qui intente *es-qualité* une action pétitoire qui est déboutée parce qu'il n'a pas en loi le droit d'intenter une telle demande qui est une action réelle, peut être condamné personnellement aux dépens de cette action.— St. Jacques vs Parent, II R. L., 95.

92. La curatelle à l'absent se termine :

1. Par son retour ;

2. Par sa procuration adressée au curateur ou à toute autre personne ;

3. Par l'envoi en possession provisoire de ses biens accordé à ses héritiers dans les cas prévus par la loi.

Sebire et Carteret, Encyclop. de Droit, v° *Absent.*— Arrêtés de Lamoignon, tit. 6, pp. 37 et suiv.— 1 Bavoux et Loyseau, p. 137.

———

CHAPITRE DEUXIÈME.

DE LA POSSESSION PROVISOIRE DES HÉRITIERS DE L'ABSENT.

93. Lorsqu'une personne a cessé de paraître au lieu de son domicile ou de sa résidence, et que, depuis [cinq] ans, on n'en a point eu de nouvelles, ses héritiers présomptifs au jour de son départ ou de ses dernières nouvelles, peuvent se faire envoyer, par justice, en possession provisoire de ses biens, à la charge de donner caution pour la sûreté de leur administration.

Pothier, *Intr. à la Cout. d'Orl.*, tit. 17, n° 37.— *Id., Des Successions*, c. 3, s. 1, ¿ 1. — Bretonnier, *Quest. de Droit*, c. 3, pp. 7 et 8.— 3 Pand. Franç., 3.— C. N., 115. C. L., 58.

94. La possession provisoire peut être ordonnée avant l'expiration du délai ci-dessus, s'il est établi, à la satisfaction du tribunal, qu'il y a de fortes présomptions que l'absent est mort.

Bretonnier, v° *Absent*, c. 3, p. 6.— Encyclop. de Droit, v° *Absent*, p. 53.— Lebrun, *Successions*, liv. 1, c. 1, sec. 1, n° 5.— 1 Journal des audiences, arrêt du 2 janvier 1634.— 4 Journal des audiences, arrêt du 9 mars 1688, p. 79.— 2 Bretonnier, sur Henrys, liv. 4, quest. 46.— 3 Pand. Franç., p. 14.— 10 Nouv. Denizart, v° *Absents*, p. 62.— C. N., 117.— C. L., 61.— Rousseau de LaCombe, v° *Absent*, p. 2.

Jurisp.— The period at which the heirs of an absentee are entitled to *envoi en possession*, must be determined by the legal direction of the court, according to circumstances.— *Ex parte* Bellet, II R. de L. 277.

95. Le tribunal, en statuant sur cette demande, a égard aux motifs de l'absence et aux causes qui ont pu empêcher d'avoir des nouvelles de l'absent.

Pothier, *Introd. Cout. d'Orl.*, tit. 17, n° 37.— Lebrun, *Successions*, loc. cit.— C. N., 117.— C. L., 62.

96. La possession provisoire est un dépôt, qui donnne à ceux qui l'obtiennent l'administration des biens de l'absent et qui les rend comptables envers lui ou ses héritiers ou représentants légaux.

C. N., 125.

Jurisp.— No action *en révendication*, can be maintained by the presumptive heir to the estate and succession of an absentee, if he be not curator to the estate of such absentee, or entitled to the possession by virtue of an *envoi en possession*, or a final *délivrance* of the estate and succession.— Gauvin vs Caron, Stuart's Rep., 136.

97. Ceux qui ont obtenu la possession provisoire doivent faire procéder devant notaire à l'inventaire du mobilier et des titres de l'absent, [et à la visite par experts des immeubles, afin d'en constater l'état. Le rapport est homologué par le tribunal et les frais en sont pris sur les biens de l'absent].

Le tribunal qui a accordé la possession ordonne, s'il y a lieu, de vendre tout ou partie du mobilier ; auquel cas il est fait emploi du prix de vente, ainsi que des fruits échus.

Biret, *Absence*, p. 129.— C. N., 126.— 3 Revue Légale, p. 112.

98. Si l'absence a continué pendant trente ans du jour de la disparition, ou de la dernière nouvelle reçue ; ou s'il s'est écoulé cent ans depuis sa naissance, l'absent est réputé mort à compter de son départ, ou de la dernière nouvelle reçue ; en conséquence, si la possession provisoire a été accordée, les cautions sont déchargées, le partage des biens peut être demandé par les héritiers ou autres y ayant droit, et la possession provisoire devient définitive.

Biret, *Absence*, pp. 245 et 248.— Arrêtés de Lamoignon, *Absents*, tit. 6, art. 4, p. 38.— 2 Lamoignon, *Mémoires*, tit. 6, *Absents*, p. 43.— 3 Pand. Franç., pp. 46-7.— Bretonnier, Recueil de Quest., v° *Absents*, p. 13.— Lahaye, p. 41, sur l'art. 129.—1 Nouv. Denizart, v° *Absence*, p. 55.— 10 Nouv. Denizart, v° *Absence*, p. 70.— Arrêt du 2 janvier 1634, J. A.—1 Guyot, Rép., v° *Absent*, p. 68.— 2 Demolombe, p. 171.— C. N., 129.—3 Revue Légale, p. 117.

99. Nonobstant les présomptions en l'article précédent, la succession de l'absent est ouverte, du jour de son décès prouvé, au profit des héritiers habiles à succéder à cette époque, et ceux qui ont joui des biens de l'absent sont tenus de les restituer.

Dard, p. 31.— C. N., 130.— C. L., 72.— Coutume de Paris, art. 318.— 2 Favard, Rép., v° *décès*, n° 15.— 1 Toullier, n° 474.— 3 Revue Légale, p. 117.

100. Si l'absent reparaît, ou si son existence est prouvée, pendant la possession provisoire, les effets du jugement qui l'a ordonnée cessent.

C. N., 131.— C. L., 73.

101. Si l'absent reparaît, ou si son existence est prouvée, même après l'expiration des cent années de vie ou des trente ans d'absence, tel que porté en l'article 98, il recouvre ses biens dans l'état où ils se trouvent, le prix de ceux qui ont été aliénés, ou les biens provenant de l'emploi de ce prix.

3 Pand. Franç., 45-6.— Biret, *Absence*, 245.— 2 Demolombe, 283-9.— Merlin, Quest., v° *Héritier*, pp. 325, 328, 330-2.— 9 N. Deniz., v° *Héritier*, § 2, n° 16, p. 600. — C. N., 132.— Revue Légale, p. 118.— Lahaye, p. 42 sur art. 132 C. N.— 1 Delvincourt, p. 49.—1 Toullier, n° 449.— 1 Duranton, n° 509.

102. Les enfants et descendants directs de l'absent peuvent également, dans les trente ans à compter de l'époque où la possession provisoire est devenue définitive, demander la restitution de ses biens, comme il est dit en l'article précédent.

C. N., 133.— 3 Pand. Franç., p. 54.— C. L., 75.— Lahaye, p. 43 sur art. 133 C. N. — 1 Delvincourt, p. 49.

103. Après le jugement accordant la possession provisoire, celui qui a des droits à exercer contre l'absent ne peut les poursuivre que contre ceux qui ont été envoyés en possession.

1 Arrêtés de Lamoignon, tit. 6, art. 6, p. 38.— 2 do., p. 44.— Bretonnier, *Absents*, p. 15.— Mémoires de Lamoignon, p. 44.— C. L., 76.— C. N., 104.

CHAPITRE TROISIÈME.

DES EFFETS DE L'ABSENCE RELATIVEMENT AUX DROITS ÉVENTUELS QUI PEUVENT COMPÉTER A L'ABSENT.

104. Quiconque réclame un droit échu à un absent doit prouver que cet absent existait quand le droit a été ouvert ; à défaut de cette preuve, il est déclaré non recevable dans sa demande.

Pothier, *Successions*, pp. 8 et 9, c. 1, sec. II, art. 1.— Intr. Cout. d'Orl., tit. 17, sec. 1, § 2.—1 Delvincourt, p. 49.— Merlin, Rép. v° *Absent*, p. 30.— Rolland de Villargues, v° *Absent*, n° 297.—1 Duranton, n° 535.— Nouv. Deniz., v° *Absence*.— Biret, *Absence*, pp. 157 et suiv.— Pothier, *Intr. à Cout. d'Orl.*, tit. 17, n° 6 et 7.— 2 Demolombe, pp. 4 et 5.—1 Guyot, Rép., v° *Absent*, 66.— Lahaye, 43, sur art. 135.—10 Nouv. Deniz, *Absence*, 70.— Bretonnier, *Quest.*, *Absents*, 9 et 10, § II, p. 57.— Arrêt du 2 janv.; 1634.— C. N., 135.

105. S'il s'ouvre une succession à laquelle soit appelé un absent, elle est dévolue exclusivement à ceux avec lesquels il aurait eu le droit de concourir, ou à ceux qui l'auraient recueillie à son défaut.

10 Nouv. Denizart, v° *Absent*, p. 70.—1 Toullier, n° 473 à 475, 400 et 481.— 4 *Id.*, pp. 6 et 16, n° 287, p. 298, n° 289.— 7 *Id.*, p. 4, n° 31.— 10 *Id.*, n° 3.— 2 Du Parc Poullain, p. 46, n° 7 et 8.— 3 Pand. Franç., p. 59.— Biret, 287-9.— C. N., 136. — Lahaye sur art. 136, C. N., p. 44.— Rolland de Villargues, v° *Absent*, n° 304.—1 Duranton, n° 535.— Dalloz, v° *Absence*, n° 143.— Merlin, Questions, v° *Héritier*, § III, p. 6.— 2 Demolombe, n° 243.

106. Les dispositions des deux articles précédents ont lieu sans préjudice des actions en répétition d'hérédité et d'autres droits, lesquels compètent à l'absent ou à ses héritiers et représentants légaux, et ne s'éteignent que par le laps de temps établi pour la prescription.

3 Pand. Franç., 60.— C. N., 107.

107. Tant que l'absent ne se représente pas, ou que les actions ne sont point exercées de son chef, ceux qui ont recueilli la succession gagnent les fruits par eux perçus de bonne foi.

1 Merlin, Rép., *Absent*, sur art. 108, p. 94.— Pothier, *Propriété*, n° 95-6.—1 Delvincourt, n° 4, p. 50, p. 88 des notes, p. 110 des notes.— Malleville, sur art. 138 C. N., p. 137.— C. N., 138.

CHAPITRE QUATRIÈME.

DES EFFETS DE L'ABSENCE RELATIVEMENT AU MARIAGE.

108. Les présomptions de décès fondées sur l'absence, quelle qu'en soit la durée, ne sont pas applicables au cas du mariage ; l'époux de l'absent ne peut jamais en contracter un nouveau sans rapporter la preuve certaine du décès de son époux absent.

Biret, *Absence*, pp. 30, 216 à 232.— 2 Demolombe, n° 7, 260.— DeMoly, *Absence*, n° 511.— Zacharie, p. 315 et 202.— 3 Daguesseau, 28° *Plaidoyer*, p. 11.— Rolland de Villargues, *Absent*, n° 343-4.—1 Merlin, Rép., *Absence*, p. 96.— 3 Pand. Franç., p. 61.— 2 Lamoignon, *Mémoires*, p. 42.—1 *Id.*, Arrêtés, p. 38.— 10 Nouv. Denizart, p. 71.— Bretonnier, *Quest. de Droit*, *Absent*, c. 1, p. 3.— Pothier, Mariage, n° 106. — Encyclop. de Droit, *Absent*, p. 45.—1 Guyot, Rép., *Absent*, p. 67.

109. Si les conjoints sont communs en biens, la communauté est dissoute provisoirement du jour de la demande à cette fin par les héritiers présomptifs, après le temps requis pour se faire envoyer en possession des biens de l'absent, ou à compter de l'action que le conjoint présent porte contre eux au même effet ; et dans ces cas il peut être procédé à la liquidation et au partage des biens de la communauté, à la demande de l'époux présent, des envoyés en possession ou de tous autres intéressés.

Pothier, Communauté, n° 505.—1 Guyot, Rép., v° *Absent*, p. 67.—1 Chardon, p. 225, Des Trois Puissances.

110. Aux cas de l'article précédent, les conventions et droits des conjoints subordonnés à la dissolution de leur communauté, deviennent exécutoires et exigibles.

1 Lamoignon, *Arrêtés*, p. 37.— 2 *Id.*, Mémoires, p. 42.

111. Si c'est le mari qui est absent, la femme peut se faire mettre en possession de tous les gains et avantages matrimoniaux lui résultant de la loi ou de son contrat de mariage; mais à la condition de fournir bonne et suffisante caution de rendre compte et de rapporter, au cas de retour, tout ce qu'elle aura ainsi reçu.

2 Lamoignon, *Mémoires*, p. 42.— 1 Encyclop. de Droit, *Absents*, p. 49.— Bretonnier, *Quest. de Droit*, p. 4.

112. Si l'époux absent n'a pas de parents habiles à lui succéder, l'autre époux peut demander la possession provisoire des biens.

Pothier, *Intr. Cout. d'Orl.*, tit. 17, nº 35.—*ff* Lib., 38, Tit. L., unic. *undè vir et uxor.*— 1 Toullier, nº 487.— 1 Delvincourt, p. 48.— 3 Pand. Franç., 64.— Lahaye, p. 45.— C. N., 140.

———

CHAPITRE CINQUIÈME.

DE LA SURVEILLANCE DES ENFANTS MINEURS DU PÈRE QUI A DISPARU.

113. Si le père a disparu, laissant des enfants mineurs issus d'un commun mariage, la mère en a la surveillance et elle exerce tous les droits du mari, quant à leur personne et à l'administration de leurs biens, jusqu'à ce qu'il y ait un tuteur.

Cod. argumentum ex lege I, tit. 49, lib. 5, Cod. *ubi pupilli educari.*— 3 Pand. Franç., sur art. 141, p. 65.— 1 Toullier, nº 458.— 1 Duranton, p. 438.— C. N., 141.

114. Après la disparition du père, si la mère est décédée ou incapable d'administrer les biens, il peut être nommé aux mineurs un tuteur provisoire ou permanent.

Bretonnier, *Absents*, c. 2, p. 6.— 1 Guyot, Rép., vº *Absent*, p. 68.— 3 Pand. Franç., 65.— C. N., 142.

———

TITRE CINQUIÈME.

DU MARIAGE.

———

CHAPITRE PREMIER.

DES QUALITÉS ET CONDITIONS REQUISES POUR POUVOIR CONTRACTER MARIAGE.

115. L'homme, avant quatorze ans révolus, la femme, avant douze révolus, ne peuvent contracter mariage.

Pothier, *Mariage*, nº 94.— Institutes, L. 1, T. X, *de nuptiis.*— 3 Pand. Franç., p. 139.— Dard, sur art. 144.— C. N., 144.— 1 Toullier, p. 421.

116. Il n'y a pas de mariage lorsqu'il n'y a pas de consentement.

Pothier, *Mariage*, n°° 92, 93, 227 et 307.— 3 Pand. Franç., pp. 141 et suiv.— C. N., 146.

117. L'impuissance naturelle ou accidentelle, existant lors du mariage, le rend nul, mais dans le cas seulement où elle est apparente et manifeste.

Cette nullité ne peut être invoquée que par la partie même avec qui l'impuissant a contracté; elle n'y est plus recevable si elle a laissé passer trois ans sans se plaindre.

Pothier, *Mariage*, 96, 445 et 458.— Merlin, Rép., v° *Congrès*, n° 3; v° *Impuissance*, n° 2.— 3 Demolombe, n° 12.— 5 Locré, *Lég. civil*, p. 85.— 6 do, p. 35.— 2 Toullier, n° 805.— 3 Pand. Franç., 275.— 2 Duranton, n°° 67 et 71.— Anc. Deniz., v° *Impuissance*, n°° 32 et 36.— C. N., 180 et 313.

Jurisp.— 1. Dans une action en nullité de mariage entre deux catholiques, fondée sur l'empêchement d'impuissance, le tribunal civil ne peut pas prononcer la nullité du mariage avant qu'un décret de l'autorité ecclésiastique ait préalablement déclaré nul le sacrement.

2. Le terme de trois ans fixé par les lois à l'action en nullité de mariage pour cause d'impuissance n'est pas absolu.— Lussier vs Archambault, XI L. C. J., 53.

3. Si la preuve de l'impuissance est incomplète, l'épouse poursuivie devra se soumettre à l'examen de médecins experts, et à son refus de le faire, les causes invoquées dans l'action seront considérées *pro confessis* et le mariage cassé.— Dorion et Laurent, XVII L. C. J., 324.

4. Un mariage peut être déclaré nul, dix-sept ans après sa célébration, à cause d'impuissance existant lors du mariage, si les parties se sont séparées après sa célébration et ont depuis vécu séparément, et aussi lorsque la partie défenderesse a résidé, depuis cette séparation, en pays étranger. L'autorité ecclésiastique doit d'abord prononcer la nullité du mariage.— Langevin vs Barette, IV R. L., 160.

118. On ne peut contracter un second mariage avant la dissolution du premier.

Pothier, *Mariage*, n°° 103 et 105.— 3 Pand. Franç.. p. 154.— Lahaye, p. 47.— C. N., 147.— 1 Delvincourt, p. 59.— 1 Proudhon, p. 229.— Boileux, p. 385.

Jurisp.— 1. 1° Le mariage qui est annulable en loi, est valable tant que les tribunaux ne l'ont pas déclaré nul.

2° Aucun des conjoints ne peut contracter un second mariage, avant la dissolution du premier.— Burn vs Fontaine, XVII L. C. J., 40.

2. 1° L'absence prolongée de l'un des époux n'est pas une excuse pour n'avoir pas fait prononcer la nullité du mariage.

2° Un mariage susceptible d'être annulé et dont la nullité est demandée opère l'émancipation du mineur qui l'a contracté; et c'est un curateur et non un tuteur qu'il faut nommer à ce mineur émancipé.

3° L'acquittement d'un mari accusé de bigamie par une cour criminelle, n'emporte aucune présomption de nullité de l'un des mariages,— attendu que la pénalité décrétée contre la bigamie est prescrite par sept années d'absence ou de séparation des époux et que l'acquittement de l'accusé peut avoir été causé par cette prescription.— Burn vs Fontaine, IV R. L., 163.

119. Les enfants qui n'ont pas atteint l'âge de vingt et un ans accomplis, pour contracter mariage, doivent obtenir le consentement de leur père et de leur mère; en cas de dissentiment le consentement du père suffit.

Pothier, *Mariage*, n°° 324 à 328.— Pothier, *Des Personnes*, 1 part., tit. 6, sec. 2.— 3 Pand. Franç., p. 165.— Déclaration de 1639.— Braun, *Instruction dogm. sur le mariage*, p. 161.— Daguesseau, 30° Plaid., du 27 avril 1694.— C. N., 148.

3

Jurisp.— 1. Le prêtre qui marie une mineure sans le consentement de ses parents, est passible de dommages en faveur des parents dont on a méconnu l'autorité ; et telle action procède valablement sans au préalable poursuivre la nullité du mariage.— Larocque et Michon, VIII L. C. R., 222.

2. Un ministre protestant est responsable en dommages pour la célébration du mariage de la fille mineure du demandeur, hors la connaissance de ce dernier et sans son consentement ; et ce nonobstant qu'il fût muni de la licence ordinaire en pareil cas.— Mignault vs Monar, XVI L. C. R., 195.

3. Il y a lieu à la cassation et nullité d'un mariage abusivement contracté et célébré par suite du défaut de consentement du père de la fille mineure, du défaut des publications de bans, du dol, fraude, artifices, et menaces du défendeur envers cette fille mineure et l'empêchement dirimant existant entre les parties.— Mignault vs Hapeman, X L. C. J., 137.

4. Dans une action pour l'annulation du mariage d'un mineur, le père seul ne peut pas porter l'action, sans que le mineur marié ne soit en cause, assisté conformément à la loi.— Burn et Fontaine, III R. L., 516.

5. Un ministre protestant, sur production d'une licence, marie un mineur de 16 ans avec une veuve de 49. Le mineur interrogé par le ministre dit qu'il a 22 ans. Jugé que le ministre n'aurait pas dû se contenter de l'affirmation du mineur touchant son âge, dans un cas où la disproportion d'âge aurait dû éveiller ses soupçons et il est condamné à $100 de dommages. Par un jugement rendu dans une autre cause entre les mêmes parties, le mariage avait été annulé. — Penny vs Taylor, IV L. C. L. J., 58.

120. Si l'un des deux est mort, ou s'il est dans l'impossibilité de manifester sa volonté, le consentement de l'autre suffit.

Cod. L. 5, tit. 4, l. 25, *de nuptiis.*— 3 Pand. Franç., 164 et 178.— C. N., 149.

121. L'enfant naturel qui n'a pas atteint l'âge de vingt-un ans révolus, doit, pour se marier, y être autorisé par un tuteur *ad hoc* qui lui est nommé à cet effet.

Cod., loc. cit.— Pothier, *Mariage*, 342.

122. S'il n'y a ni père ni mère, ou s'ils se trouvent tous deux dans l'impossibilité de manifester leur volonté, les mineurs, pour contracter mariage, doivent obtenir le consentement de leur tuteur, ou curateur au cas d'émancipation, lequel est tenu lui-même, pour donner ce consentement, de prendre l'avis du conseil de famille, dûment convoqué pour en délibérer.

ff L. 23, tit. 2, L. 20, *de ritu nupt.*— *Cod.* L. 5, tit. 4, L. 8, *de nuptiis.*— 3 Pand. Franç., 189.— Pothier, *Mariage*, n° 321, 333, 334 et 336.— Lahaye, p. 52.— Ord. de Blois, art. 43.— Décl. de 1721, art. 5.— Décl. de 1743, art. 12.— Édits et Ord. Royaux.— C. N., 160.— Victor Augier, Encyclopédie des juges de paix, v° *Mariage,* § 1.

123. Les sommations respectueuses aux père et mère ne sont plus obligatoires.

124. En ligne directe, le mariage est prohibé entre les ascendants et descendants et entre les alliés, soit légitimes, soit naturels.

Instit., liv. 1, tit. 10.— *ff lib.* 23, tit. 2, L. 53 et 54, *de ritu nupt.*— Pothier, *Mariage,* n° 132 et 150, *in fine,* 153.— 8 Pand. Franç., pp. 96, 197, 295 et suiv.— 1 Merlin, v° *Affinité,* 1.— C. N., 161.

125. En ligne collatérale, le mariage est prohibé entre le frère et la sœur, légitimes ou naturels, et entre les alliés au même degré, aussi légitimes ou naturels.

ff lib. 23, tit. 2, L. 14, § 2.— L. 39, *de ritu nupt.*— *Cod.* L. 5, tit. 5, L. 5, *de incest. nupt.*— Pothier, *Mariage,* n° 133, 154, 158 et 160.— 1 Toullier, n° 537.— C. N., 162.

Jurisp.— Un mariage contracté malgré l'empêchement d'affinité au premier degré est nul.— Vaillancourt vs Lafontaine, XI L. C. J., 305.

126. Le mariage est aussi prohibé entre l'oncle et la nièce, la tante et le neveu.

ff loc. cit. Inst. De nuptiis, I, 39.— 10 Merlin, vº *Empêchement,* § 4.— Pothier, *Mariage,* nᵒˢ 133, 146, 148, 154 et 161.— C. N., 163.

127. Les autres empêchements, admis d'après les différentes croyances religieuses, comme résultant de la parenté ou de l'affinité et d'autres causes, restent soumis aux règles suivies jusqu'ici dans les diverses églises et sociétés religieuses.

Il en est de même quant au droit de dispenser de ces empêchements, lequel appartiendra, tel que ci-devant, à ceux qui en ont joui par le passé.

2 Steph., 240 et 284.

Jurisp.— 1. Dans une action en nullité de mariage entre deux catholiques, fondée sur un empêchement dirimant, le tribunal civil ne peut prononcer la nullité du mariage qu'après que le lien religieux ou sacramentel a été déclaré nul par l'autorité ecclésiastique.—Vaillancourt vs Lafontaine, XI L. C. J., 305.

2. L'autorité ecclésiastique doit d'abord prononcer la nullité du mariage.— Langevin vs Barette, IV R. L., 160.

———

CHAPITRE DEUXIÈME.

DES FORMALITÉS RELATIVES A LA CÉLÉBRATION DU MARIAGE.

128. Le mariage doit être célébré publiquement devant un fonctionnaire compétent reconnu par la loi.

C. N., 165.— 1 Revue Canadienne, 733.

129. Sont compétents à célébrer les mariages, tous prêtres, curés, ministres et autres fonctionnaires autorisés par la loi à tenir et garder registres de l'état civil.

Cependant aucun des fonctionnaires ainsi autorisés ne peut être contraint à célébrer un mariage contre lequel il existe quelqu'empêchement, d'après les doctrines et croyances de sa religion, et la discipline de l'église à laquelle il appartient.

Pothier, *Mariage,* 346, 349, 354 à 360.— 1 Russell, *On Crimes,* pp. 192 et suiv.— 35 Geo. III, c. 4, s. 1.— S. R. B. C., c. 20, ss. 16, 17.— 5 Revue Canad., 241.

Jurisp.— 1. Un mariage contracté devant un autre prêtre que le propre curé est nul.— Vaillancourt vs Lafontaine, XI L. C. J., 305.

2. Le mariage de deux catholiques romains, autorisé par une licence et célébré par un ministre protestant, est légal, et un tel mariage n'a pas besoin d'être précédé de publication; d'ailleurs, un tel mariage, s'il est susceptible d'être annulé pour aucune des causes reconnues par la loi, est valable jusqu'à ce qu'il soit annulé par une cour de justice, et ceux qui l'ont contracté ne peuvent passer à un second mariage, tant que le premier n'a pas été annulé.— Burn vs Fontaine, IV R. L., 163.

130. Les publications ordonnées par les articles 57 et 58, sont faites par le prêtre, ministre ou autre fonctionnaire, dans l'église à laquelle appartiennent les parties, au service divin du matin, ou, s'il n'y en a pas le matin, à celui du soir, à trois dimanches ou jours de fête, avec intervalles convenables. Si les parties appartiennent à différentes églises, ces publications ont lieu dans celle de chacune.

Sur nécessité de la publication.— Pothier, *Mariage*, 72-3-4-5, 356.— Ord. de Blois, art. 40.— Merlin, Rép., v° *Mariage*, § 4.— Wharton, L. L., v° *Bans.*— 1 Russell, *On Crimes*, 189 et suiv.
Par qui.— 4 Geo. IV, c. 76, ss. 6 et 7.— 1 Russell, p. 193.
Où.— Pothier, *Mariage*, 72.— 2 Pand. Franç., p. 321.— 4 Geo. IV, c. 76, s. 2.— Lewis, *On Marriage*, 8.— 22 Russell, p. 190.
Nombre de publications et quand.— Pothier, 74-5-7.— 4 Geo. IV, *loc. cit.*— 2 Pand. Franç., 322-4.— 1 Russell, *loc. cit.*

131. Si le domicile actuel des futurs époux n'est pas établi par une résidence de six mois au moins, les publications doivent se faire en outre au dernier domicile qu'ils ont eu dans le Bas-Canada.

Guyot, Rép., v° *Bans de Mariage*, p. 175.

132. [Si le dernier domicile est hors du Bas-Canada et que les publications n'y aient pas été faites, le fonctionnaire qui, dans ce cas, procède à la célébration du mariage, est tenu de s'assurer qu'il n'existe entre les parties aucuns empêchements légaux].

133. Si les parties, ou l'une d'elles sont, relativement au mariage, sous la puissance d'autrui, les publications sont encore faites au lieu du domicile de ceux sous la puissance desquels elles se trouvent.

Pothier, 72 et 357.— C. N., 168.

134. Il est loisible aux autorités en possession jusqu'à présent du droit d'accorder des licences ou dispenses pour mariage, d'exempter des dites publications.

Pothier, 77 et 78.— Ord. de Blois, art. 40.— 2 Pand. Franç., 324.— 4 Geo. IV, c. 76, en plusieurs sections.— 35 Geo. III, c. 4, s. 4.— C. N., 169.

135. Le mariage célébré hors du Bas-Canada entre deux personnes sujettes à ses lois, ou dont l'une seulement y est soumise, est valable, s'il est célébré dans les formes usitées au lieu de la célébration, pourvu que les parties n'y soient pas allées dans le dessein de faire fraude à la loi.

2 Merlin, Rép., v° *Bans*, pp. 436-7.— 1 Toullier, n° 577.— 1 Vazeille, p. 213.— Rolland de Villargues, *Mariage*, n° 22.— 3 Favard, Rép., v° *Mariage*, s. 3, § 2, p. 473.— Pothier, *Mariage*, 327 et 363.— 1 Bouhier, c. 28, § 59, p. 773.— 1 Revue Canad., 654.— 4 do, 838.

Jurisp.— 1. 1° Un mariage célébré aux Etats-Unis entre deux personnes ayant leur domicile dans le Bas-Canada, et dont l'une (la femme) était mineure et n'avait pas le consentement de son tuteur, est valable, et emporte communauté de biens.
2° Un contrat de mariage subséquent, fait dans le Bas-Canada, du consentement, et en la présence du tuteur, stipulant pour sa mineure séparation de biens, et suivi d'une célébration en face de l'Église, ne peut avoir d'effet ; et cette nullité peut être invoquée par le tuteur lui-même sur une action en reddition de compte portée contre lui par sa mineure comme séparée de biens d'avec son mari, ce dernier étant débiteur personnel du dit tuteur.— Languedoc vs Laviolette, VIII L. C. R., 257.
2. Une union formée dans un pays où il n'y a ni prêtres, ni magistrats, aucun pouvoir civil ou religieux, pas de registres, accompagnée d'aucune cérémonie civile ou religieuse, sera considérée comme un mariage valide, si telle union est formée suivant les usages du pays où elle a eu lieu, et est suivie d'une longue cohabitation et possession d'état pendant laquelle une nombreuse famille est élevée.— Connolly vs Woolrich et Johnson, XI L. C. J., 197.

CHAPITRE TROISIÈME.

DES OPPOSITIONS AU MARIAGE.

136. Le droit de former opposition à la célébration du mariage appartient à la personne engagée par mariage avec l'une des deux parties contractantes.

Pothier, n° 81.— 3 Pand. Franç., p. 241.— C. N., 172.

137. Le père, et à défaut du père, la mère, peut former opposition au mariage de son enfant mineur.

Pothier, *Mariage*, 81.— Merlin, v° *Opposition à Mariage*, art. 5, § 4.— 1 Toullier, p. 489.— C. N., 173.

138. A défaut de père et de mère, le tuteur ou, au cas d'émancipation, le curateur peut aussi faire opposition au mariage de son pupille ; mais le tribunal auquel elle est soumise ne peut statuer sur cette opposition qu'après avoir pris l'avis du conseil de famille, dont il doit ordonner la convocation.

Pothier, *Mariage*, 81.— Merlin, *Opposition à Mariage*, sur art. 172.— 1 Toullier, p. 425 et 491.— 3 Pand. Franç., 248.— 2 Favard, Rép., v° *Mariage*, sec. 2, § 1, n° 3, p. 59.— 1 Delv., p. 120, notes.— C. N., 175.

139. S'il n'y a ni père, ni mère, ni tuteur, ni curateur, ou si le tuteur ou curateur a donné son consentement au mariage sans prendre l'avis du conseil de famille, les aïeuls et aïeules, l'oncle et la tante, le cousin et la cousine germains, majeurs, peuvent former opposition au mariage de leur parent mineur, mais seulement dans les deux cas suivants :

1. Lorsque le conseil de famille qui, d'après l'article 122, aurait dû être consulté, ne l'a pas été ;

2. Lorsque le futur époux est dans l'état de démence.

Autorités sous l'art. précédent.— 2 Toullier, p. 446.— 1 Pothier, *Mariage*, n° 81. — C. N., 174.

140. Lorsque l'opposition est faite dans les circonstances et par une des personnes énumérées en l'article précédent, si le futur époux mineur n'a ni tuteur ni curateur, l'opposant est tenu de lui en faire nommer un ; s'il a déjà un tuteur ou curateur, qui ait consenti au mariage sans consulter le conseil de famille, l'opposant doit lui faire nommer un tuteur *ad hoc ;* pour les tuteur, curateur ou tuteur *ad hoc,* représenter les intérêts du mineur sur cette opposition.

141. [Si le futur époux, étant majeur, est dans l'état de démence, et non interdit, les personnes suivantes peuvent, dans l'ordre où elles sont mentionnées, faire opposition à son mariage :

1. Le père, et à son défaut, la mère ;

2. A défaut de père et de mère, les aïeuls et aïeules ;

3. A défaut de ces derniers, le frère ou la sœur, l'oncle ou la tante, le cousin ou la cousine germains, majeurs ;

4. A défaut de tous les susnommés, les parents et alliés du futur époux, qualifiés à assister à l'assemblée du conseil de famille, qui doit être consulté sur son interdiction].

3 Pand. Franç., 246-7.

142. Lorsque l'opposition est fondée sur l'état de démence du futur époux, l'opposant est tenu de promouvoir son interdiction et d'y faire statuer sans délai.

3 Pand. Franç., 247. — Pothier, *Mariage*, n° 81. — Merlin, v° *Opposition au Mariage*, pp. 88 et suiv., et n° 4 sur art. 174. — C. N., 174.

143. [Quelle que soit la qualité de l'opposant, c'est à lui à adopter et suivre les formalités et procédures requises pour soumettre son opposition au tribunal et l'y faire décider sous les délais voulus, sans qu'il soit besoin de demande en main-levée; à défaut de quoi, l'opposition est regardée comme non avenue, et il est, nonobstant, passé outre à la célébration du mariage].

3 Pand. Franç., 254.

144. Au code de procédure civile se trouvent les règles quant à la forme, au contenu et à la signification des actes d'opposition, ainsi que celles relatives à la péremption décrétée en l'article précédent et aux autres procédures requises.

C. P. C., art. 990-996.

145. Les oppositions sont portées devant le tribunal de première instance du domicile de celui au mariage duquel on s'oppose ou du lieu où doit se célébrer le mariage, ou devant un juge de ce tribunal.

3 Pand. Franç., 253.

146. S'il y a appel, les procédures sont sommaires et elles ont la préséance.

3 Pand. Franç., 253-4.

147. Si l'opposition est rejetée, les opposants, autres que le père et la mère, peuvent être condamnés aux dépens, et sont passibles de dommages-intérêts suivant les circonstances.

3 Pand. Franç., 255-6. — C. N., 179.

CHAPITRE QUATRIÈME.

DES DEMANDES EN NULLITÉ DE MARIAGE.

148. Le mariage qui a été contracté sans le consentement libre des deux époux, ou de l'un d'eux, ne peut être attaqué que par les époux, ou par celui des deux dont le consentement n'a pas été libre.

Lorsqu'il y a erreur dans la personne, le mariage ne peut être attaqué que par celui des deux époux qui a été induit en erreur.

Pothier, *Mariage*, 444 et 308. — 3 Pand. Franç., 146-7. — Merlin, Rép., *Mariage*, s. 1, § 2, & 6, § 2. — C. N., 180. — Merlin, v° *Empêchement*, § 5, art. 1.

Jurisp. — 1° A person attacked with *delirium tremens* may have a lucid interval and may contract a valid marriage during such lucid interval.

2° It will not be reputed *in extremis* although death ensues within two days after its celebration, if the person was not at the time sensible that he was attacked with his last illness, and in imminent danger of dying.

3° The testimony of the attending physician to the incapacity of the person corroborated by the consulting physician called in the day after the marriage and the day preceding the decease, may be refuted by the testimony of the notary, the priest and a witness present at the celebration of the marriage and the execution of the marriage contract.

4° When the status of the wife is recognized, collateral relations have not the quality to dispute the marriage.

5° Acknowledgment of the status of the children precludes an interested party from afterwards disputing the marriage.

6° The status of a family being indivisible, it cannot be recognized by certain members, and disputed by other members of the same family.

7° The ordonnance of 1639 depriving of civil effects mariages *in extremis* should be strictly interpreted.— Scott et Paquet, IV L. C. J., 149.

149. [Dans les cas de l'article précédent, la demande en nullité n'est plus recevable, toutes les fois qu'il y a eu cohabitation continuée pendant six mois, depuis que l'époux a acquis sa pleine liberté, ou que l'erreur a été reconnue].

C. N., 181.

150. Le mariage contracté sans le consentement des père et mère, tuteur ou curateur, ou sans l'avis du conseil de famille, dans le cas où ce consentement ou avis était nécessaire, ne peut être attaqué que par ceux dont le consentement ou avis était requis.

Pothier, *eod. loc.* et 447.— C. N., 182.

Jurisp.— Dans une action pour l'annulation du mariage d'un mineur, le père seul ne peut pas porter l'action, sans que le mineur marié ne soit en cause, assisté conformément à la loi.— Burn et Fontaine, III R. L., 516.

151. [Dans le cas des articles 148 et 150 qui précèdent, l'action en nullité ne peut plus être intentée ni par les époux, ni par le tuteur ou curateur, ni par les parents dont le consentement est requis, toutes les fois que ce mariage a été approuvé expressément ou tacitement par ceux dont le consentement était nécessaire; ou lorsqu'il s'est écoulé six mois sans réclamation de leur part, depuis qu'ils ont eu connaissance du mariage].

Pothier, *Mariage*, n° 446.— *Id.*, Des Personnes, 1 part, tit. 6, s. 2.— 3 Pand. Franç., 265–268.— C. N., 183.

152. Tout mariage contracté en contravention aux articles 124, 125 et 126, peut être attaqué soit par les époux eux-mêmes, soit par tous ceux qui y ont intérêt.

Pothier, 444, 449 et 451.— 3 Pand. Franç., 270 à 275.— C. N., 184.

153. Néanmoins le mariage contracté par des époux qui n'avaient pas encore l'âge requis, ou dont l'un des deux n'avait pas atteint cet âge, ne peut plus être attaqué:

1. Lorsqu'il s'est écoulé six mois depuis que cet époux ou les époux ont atteint l'âge compétent;

2. Lorsque la femme qui n'avait pas cet âge, a conçu avant l'expiration de six mois.

Pothier, 94 et 95.— Pand. Franç., 275 et 281.— C. N., 185.

154. Le père, la mère, le tuteur ou curateur et les parents qui ont consenti au mariage contracté dans les cas de l'article précédent, ne sont pas recevables à en demander la nullité.

Pothier, 446.— 3 Pand. Franç., 282–3.— C. N., 181.

155. Dans le cas où, d'après l'article 152, l'action en nullité compète à tous ceux qui y sont intéressés, l'intérêt doit être né et actuel, pour donner ouverture à ce droit d'action en faveur des aïeux, des parents collatéraux, des enfants nés d'un autre mariage, et des tiers.

Pothier, *Mariage*, n° 448.— Merlin, Quest., v° *Mariage*, t. 19, sec. 6, § 5, p. 19.— Merlin, Répert., v° *Mariage*, t. 19, p. 483.— Lahaye sur art. 187.— Delvincourt, note 2, p. 70.— Rolland de Villargues, v° *Mariage*, n° 42.— 1 Proudhon, p. 251.— 2 Duranton, n° 328.— Lebrun, *Successions*, liv. 3, c. 6.— Pand. Franç., p. 283 et suiv.— C. N., 181.

156. Tout mariage qui n'a pas été contracté publiquement et qui n'a pas été célébré devant le fonctionnaire compétent, peut être attaqué par les époux eux-mêmes et par tous ceux qui y ont un intérêt né et actuel, sauf au tribunal à juger suivant les circonstances.

Pothier, *Mariage*, 361, 362 et 451.— C. N., 191.

157. [Si les publications requises n'ont pas été faites ou suppléées au moyen de dispense ou licence, ou bien si les intervalles prescrits ou d'usage pour les publications et la célébration n'ont pas été observés, le fonctionnaire qui célèbre un mariage sous de telles circonstances est passible d'une amende qui n'excède pas cinq cents piastres].

158. [La pénalité imposée par l'article précédent est également encourue par le fonctionnaire qui, dans l'exécution du devoir qui lui est imposé, ou dont il s'est chargé, touchant la célébration d'un mariage, contrevient aux règles qui sont prescrites à cet égard par les divers articles du présent titre].

C. N., 193.— Pothier, *Mariage*, 364.

159. Nul ne peut réclamer le titre d'époux et les effets civils du mariage, s'il ne représente un acte de célébration, inscrit sur les registres de l'état civil, sauf les cas prévus par l'article 51.

Pothier, *Mariage*, 378.— Ord. 1667, tit. 20, art. 7 et 14.— C. N., 194.

160. La possession d'état ne peut dispenser les prétendus époux qui l'invoquent de représenter l'acte de célébration du mariage.

Pothier, 374 à 378.— Ord. 1667, tit. 20, art. 8.— Décl. de 1736.— 3 Pand. Franç., 319.— C. N., 196.

161. Lorsqu'il y a possession d'état, et que l'acte de célébration du mariage est représenté, les époux sont non recevables à demander la nullité de cet acte.

3 Pand. Franç., 322.— C. N., 196.

162. Si néanmoins dans le cas des articles 150 et 160, il existe des enfants issus de deux individus qui ont vécu publiquement comme mari et femme, et qui sont tous deux décédés, la légitimité des enfants ne peut être contestée sous le seul prétexte du défaut de représentation de l'acte de célébration, toutes les fois que cette légitimité est appuyée sur une possession d'état qui n'est pas contredite par l'acte de naissance.

Cod. lib. 5, *tit.* 4, L. 9, *De nuptiis.*—*ff lib.* 22, *tit.* 3, L. 14, *Dr probat.*— 2 Cochin, Plaidoyer Bourjelas.— 3 Pand. Franç., 325 à 337.— Merlin, Rép., vᵉ *Légitimité*, s. 1, § 2, p. 28.— 1 Toullier, pp. 320 et 498.— 2 do, nᵒ 848.— 1 Delvincourt, p. 73.— C. N., 197.

163. Le mariage qui a été déclaré nul produit néanmoins les effets civils, tant à l'égard des époux qu'à l'égard des enfants, lorsqu'il est contracté de bonne foi.

Pothier, *Mariage*, 104, 437, 438, 419 et 441.— *Successions*, c. 1, s. 2, art. 3, § 4.— *Intr. au traité de la Communauté*, nᵒ 17.— *Cout. d'Orl.*, tit. 17, nᵒ 13.— Merlin, Rép., vᵉ *Légitimité*, s. 1, § 1, nᵒ 8.— C. N., 201.

164. Si la bonne foi n'existe que de la part de l'un des époux, le mariage ne produit les effets civils qu'en faveur de cet époux et des enfants nés du mariage.

Pothier, *Mariage*, 439 et 440.— *Communauté*, 20.— *Successions*, c. 1, sec. 2, art. 3, § 4.— *Int. Cout. d'Orl.*, tit. 17, nᵒ 13.— Dard, p. 45.— C. N., 202.— Favard, Rép., vᵉ *Effet rétroactif*, 7.— 1 Toullier, nᵒˢ 486, 653 et 654.— 2 Toullier, nᵒ 881.— 1 Delvincourt, p. 75.

Jurisp.— 1ᵒ Une femme qui, de bonne foi, contracte mariage avec un homme marié, croyant que l'homme qu'elle épouse est libre de sa personne et non engagé dans les liens du mariage, donne à cette alliance les effets civils d'un mariage légitime.

2ᵒ Dans tel cas la femme légitime, encore vivante, en Angleterre, a droit à un tiers de la somme d'argent en question dans la cause.

3ᵒ Le résidu doit être partagé entre la seconde femme et les enfants tant de la première femme que de ceux de l'alliance avec la seconde femme, cette dernière prenant la moitié du dit résidu, et l'autre moitié étant partagée également entre tous les dits enfants.— Cathcart vs The Union Building Society, XV L. C. R., 467.

CHAPITRE CINQUIÈME.

DES OBLIGATIONS QUI NAISSENT DU MARIAGE.

165. Les époux contractent, par le seul fait du mariage, l'obligation de nourrir, entretenir et élever leurs enfants.

Pothier, *Mariage*, 384 et 394.— Merlin, Rép., vᵉ *Aliments*, § 1, art. 1, nᵒˢ 3, 5, et 6.—*ff lib.* 25, tit. 3,l. 4, 5, *de agnosc. et alendis liberis.*—L. C. N., 203.

Jurisp.— Le père n'est pas tenu de payer la pension de son fils mineur qui apprend un métier, lorsque les gages de ce dernier sont suffisants pour payer cette pension.— Veillette vs LeBœuf, VI R. L., 25.

166. Les enfants doivent des aliments à leurs père et mère et autres ascendants qui sont dans le besoin.

Pothier, *Oblig.*, 123.— *Mariage*, 389, 390, 392, 393 et 395.— *Personnes*, part. 1, tit. 6, sec. 2.— Intr. gén. aux Cout., nᵒ 117.— 1 Marcadé, nᵒ 722.— C. N., 205.

Jurisp.— 1. An indigent parent can maintain an action *in factum* against his or her child for an alimentary allowance.— Parent vs Dubuc, I R. de L., 504.

2. Les enfants qui sont tenus par la loi de fournir des aliments à leurs parents doivent y être condamnés solidairement. Les parents peuvent s'adresser à celui des enfants qu'ils jugent à propos pour lui demander des aliments.— Lauzon vs Cormoissant, V L. C. J., 99.

3. Les grands-pères et grand'mères doivent des aliments à leurs petits-enfants en bas âge et indigents.— Resche vs Ratté, XVI L. C. R., 413.

167. Les gendres et belles-filles doivent également et dans les mêmes circonstances des aliments à leurs beau-père et belle-mère ; mais cette obligation cesse :

1. Lorsque la belle-mère a convolé en secondes noces ;

2. Lorsque celui des deux époux qui produisait l'affinité et les enfants de son union avec l'autre époux sont décédés.

3 Pand. Franç., 360.— C. N., 206.

168. Les obligations résultant de ces dispositions sont réciproques.

Pothier, *Mariage*, 385-7.— Merlin, *Aliments*, § 11 *bis*, n° 2.— II Toullier, n° 612. —1 Delvincourt, p. 92.— C. N., 207.

169. Les aliments ne sont accordés que dans la proportion du besoin de celui qui les réclame, et de la fortune de celui qui les doit.

Pothier, *loc. cit. Mariage*, 385, 389 et 390.— 3 Pand. Franç., pp. 336 à 364.— C. N., 208.

170. Lorsque celui qui fournit ou qui reçoit des aliments est replacé dans un état tel que l'un ne puisse plus en donner, ou que l'autre n'en ait plus besoin, en tout ou en partie, la décharge ou réduction peut en être demandée.

3 Pand. Franç., 364.— C. N., 209.

171. Si la personne qui doit fournir les aliments justifie qu'elle ne peut payer la pension alimentaire, le tribunal peut ordonner qu'elle recevra dans sa demeure, qu'elle nourrira et entretiendra celui auquel elle doit des aliments.

Pothier, *Mariage*, n° 391.— *Des personnes*, 1 part., tit. 6, § 2.— Merlin, Rép., v° *Aliments*, § 1.— Lahaye, p. 71.— C. N., 210.— 1 Delvincourt, p. 80, note 1.— Rolland de Villargues, v° *Aliments*, n° 73.— 1 Proudhon, p. 258.

172. Le tribunal prononce également si le père ou la mère qui, quoique capable, offre de recevoir, nourrir et entretenir l'enfant à qui il doit des aliments, doit, dans ce cas, être dispensé de payer la pension alimentaire.

Pothier, *Mariage*, 391, 394 et 395.— 1 Soefve, *Recueil*, p. 355, cent. III, c. 100.— 2 Despeisses, p. 241, n° 67.— 3 Pand. Franç., 366 et 369.— C. N., 211.

CHAPITRE SIXIÈME.

DES DROITS ET DES DEVOIRS RESPECTIFS DES ÉPOUX.

173. Les époux se doivent mutuellement fidélité, secours et assistance.

Pothier, *Mariage*, 380 et 382.— Merlin, Rép., v° *Aliments*, § 3, n° 5.— 1 Marcadé, p. 548, n° 724.— C. N., 212.

174. Le mari doit protection à sa femme ; la femme obéissance à son mari.

Pothier, *Mariage*, 382 et 400.— *Puissance marit.*, n° 1.— 12 Toullier, p. 14.— 1 Delvincourt, p. 79.— C. N., 213.

175. La femme est obligée d'habiter avec le mari, et de le suivre partout où il juge à propos de résider. Le mari est obligé de la recevoir et lui fournir tout ce qui est nécessaire pour les besoins de la vie, selon ses facultés et son état.

Pothier, *Mariage*, 382 ; *Puissance marit.*, 1 ; *Introd. au tit.* 10.— *Cout. d'Orl.*, n° 143.—3 Pand. Franç., p. 375.—C. N., 214.

Jurisp.— 1. If a husband turns his wife out of doors, she can maintain an action *in factum* against him for alimentary allowance.— Chamland vs Jobin, I R. de L., 504.

2. Le mari, dans le cas de communauté légale, n'est pas responsable des dettes contractées par la femme pour le maintien d'un établissement séparé de celui de son mari, si elle s'est volontairement absentée de son domicile sans cause légale.— Morkill vs Jackson, XIV L. C. R., 181.

3. Une femme n'a pas d'action contre son mari pour une pension alimentaire, sous prétexte qu'elle n'a pas de confort dans sa maison. Elle doit résider avec lui.— Conlon et Clarke, III R. L., 448. *Reversed in appeal . see note and .*

4. Un mari qui a fait défenses à un marchand de faire aucune avance à son épouse, ou à sa famille, sous peine de perdre le montant de ces avances, doit cependant être condamné à payer le prix d'effets et marchandises vendues et livrées à sa famille, lorsque lui ou sa famille ont retiré quelque avantage de ces effets et marchandises par l'usage et la consommation, et qu'il a connu le fait des avances.— Bonnier vs Bonnier, III R. L., 35.

5. Pendant la communauté entre mari et femme, le mari seul peut être poursuivi pour les dettes de cette communauté.— Frigon vs Côté, 1, ~~et, L. R.~~, 152. *I 2 L R , separate opinion*

6. If the husband is without means, the creditors may claim from the wife payment of household debts for necessaries supplied after the husband's insolvency.— McGibbon *et al.* vs Morse *et vir.*, XXI L. C. J., 311.

176. La femme ne peut ester en jugement sans l'autorisation ou l'assistance de son mari, quand même elle serait non commune ou marchande publique. Celle qui est séparée de biens ne le peut faire non plus si ce n'est dans les cas où il s'agit de simple administration.

Cout. Paris, art. 224 et 234.— Pothier, *Obl.*, 878.— *Puis. marit.*, 15, 55, 56, 61 et 62.— *Cout. d'Orl.*, *intr. au tit.* 10, n° 144, 194 et 201.—3 Pand. Franç., 378 à 387.— C. N., 215.

Jurisp.— 1. A *feme coverte*, though she be a *marchande publique*, cannot sue alone. Her husband must be a co-plaintiff with her, or she must be expressly authorized by him to sue.— Young vs Feehan, II R. de L., 437.

2. The husband of a married woman who, as a *marchande publique*, sues out a process *ad respondendum*, must be a party to the suit as joint plaintiff with his wife.— Young vs Feehan, III R. de L., 305.

3. La femme, séparée quant aux biens contractuellement, peut ester en jugement sans l'assistance ni l'autorisation de son mari pour la conservation de ses biens mobiliers.— Cary vs Ryland et Doré, III L. C. R., 132.

4. L'assistance du mari à une demande judiciaire constitue une autorisation suffisante à la femme de poursuivre ses droits, sans les mots *autorisée par son dit mari à l'effet des présentes*.—McCormick et Buchanan, II R. L., 733.

5. Lorsque le mari poursuit son épouse, celle-ci n'a pas besoin d'être autorisée pour ester en jugement.— Lussier vs Archambault, II L. C. J., 53.

6. Where a married woman and her husband were each summoned in a cause, and a joint and several condemnation asked against them, the husband being summoned in his own name and right, as well as to authorize his wife, and each appeared and pleaded separately by separate appearances and pleas, but by the same attorney, the wife will be held to be sufficiently authorized *to ester en jugement*.— McCormick vs Buchanan, XVI L. C. J., 243.

7. Lorsque le mari, mis en cause, ne soutient pas sa femme, il n'y a pas besoin de l'autorisation du juge pour qu'elle se défende.— Bonneau vs ~~Latenour, I et H~~ ~~I. R., 462.~~

Latrineur I Q.L R , 351.
see errata attend .

8. A wife *séparée de biens* must be authorized by her husband to make an opposition to a sale; and the wife's admission that she was not authorized will invalidate the opposition.— Blumhart vs Boule, I L. C. J., 63.

9. La femme marchande publique, mais commune en biens, ne peut pas poursuivre sans son mari.— Lynch vs Poole, M. C. R., 60.

177. La femme, même non commune, ne peut donner ou accepter, aliéner ou disposer entrevifs, ni autrement contracter, ni s'obliger, sans le secours du mari dans l'acte, ou son consentement par écrit, sauf les dispositions contenues dans l'acte de la 25 Vict., chap. 66.

Si cependant elle est séparée de biens, elle peut faire seule tous les actes et contrats qui concernent l'administration de ses biens.

Pothier, *Obl.*, 50 et 52 : *Puis. marit.*, 2, 15, 34, 42, 43 et 71 ; *Propriété*, 7 ; *Com.*, 522 ; *Cout. d'Orl.*, tit. 15, n° 5.— Merlin, Rép., v° *Autorité marit.*, sec. 6, § 3, n° 2.— 3 Malleville, p. 262.— 2 Locré, *Esprit du Code*, 510 et suiv.— C. N., 217.

Amend.— *L'Acte* 25 *Vict.*, *c.* 66, *auquel fait allusion cet article, contient une clause, la* 19*e*, par laquelle il est permis à toute personne, quel que soit son état civil, de faire des dépôts dans la banque d'Epargne de Montréal ; et la banque est autorisée à payer ces dépôts à telle personne, sans l'assistance de qui que ce soit, et nonobstant toute loi contraire ; "pourvu que si la personne qui fait un dépôt dans la dite banque n'est pas par les lois en force autorisée à ce faire, alors le montant total des dépôts faits par telle personne ne devra pas excéder la somme de $2,000."

Voir des dispositions analogues dans l'acte C 34 Vict., c. 6, s. 7, quant aux banques d'épargnes du gouvernement.

Voir aussi l'acte C 34 Vict., c. 7, s. 16, qui renouvelle les dispositions de l'acte 25 Vict., c. 66.

Jurisp.— 1. A married woman, although separated as to property and having the *administration de ses biens*, cannot without the express authority of her husband, validly do any act tending to affect and hypothecate her real and immoveable property.— Rouville & The Commercial Bank, I Rev. de L., 406.

2. An action to recover the price of goods sold and delivered to a married woman, separated as to property from her husband, will not be maintained without proof that the husband expressly authorized the purchase by his wife. — Benjamin vs Clarke *et vir.*, III L. C. J., 121.

3. Il y a autorisation suffisante du mari dans cet acte de ratification où la femme se déclare "dûment assistée, et d'abondant autorisée," sans dire par qui, le mari paraissant à l'acte pour déclarer qu'il ne sait signer, après lecture faite. — Métrissé et Brault, X L. C. R., 157.

4. Le billet promissoire d'une femme mariée, séparée de biens d'avec son mari, donné pour provisions et effets nécessaires à l'usage de la famille, en faveur du mari et par lui endossé, est valable sans preuve d'autorité expresse à la femme de signer tel billet.— Cholet vs Duplessis, XII L. C. R., 303.

5. Une femme mariée n'est pas responsable pour le prix de marchandises, n'étant pas des nécessités de la vie, achetées par elle sans l'autorisation de son mari.

Des billets promissoires signés par une femme mariée sans l'autorisation de son mari sont nuls.— Danziger et Ritchie, VIII L. C. J., 103.

6. Le dire du shérif dans son rapport du bref *de terris*, que la femme séparée de biens devenue adjudicataire était autorisée par son mari alors présent, n'est point suffisant, sans la production d'une autorisation écrite et précise.— Les commissaires d'école de Sorel vs Crebassa *et al.*, IX L. C. J., 23.

7. Un contrat par une femme mariée, sans autorisation par le mari donnée par l'acte même contenant le contrat, n'est pas valable.— Grenier et Rocheleau, XVI L. C. R., 328.

8. A married woman's note is an absolute nullity as regards her, but the endorser may be liable to the endorsee.— LeBlanc vs Rollin et *ux.*, M. C. R., 56.

178. Si le mari refuse d'autoriser sa femme à ester en jugement ou à passer un acte, le juge peut donner l'autorisation.

Cout. Paris, 224.— Pothier, *Puis. marit.*, 12, 57 et 59.— *Cout. d'Orl.*, tit. 10, n°
201.—3 Pand. Franç., 421-2-3-4.— Merlin, Rép., v° *Autorité marit.*, sec. 8, n°° 2 et
suiv.—5 Toullier, pp. 78 et 209.— C. N., 218.

Jurisp.— Lorsque le mari, mis en cause, ne soutient pas sa femme, il n'y a
pas besoin de l'autorisation du juge pour qu'elle se défende.— Bonneau vs
Lateneur, I et II L. R., 351.

Lateneur 1 Q. L. R., au contentieux.

179. La femme, si elle est marchande publique, peut, sans l'autorisation de son mari, s'obliger pour ce qui concerne son négoce, et
en ce cas, elle oblige aussi son mari, s'il y a communauté entr'eux.

Elle ne peut être marchande publique sans cette autorisation
expresse ou présumée.

Cout. de Paris, 235 et 236.— Pothier, *Puis. marit.*, 20, 21 et 22.— *Cout. d'Orl.*,
tit. 10, n°° 196–7.— 1 Arrêtés de Lamoignon, tit. 32, art. 82.— C. N., 220.

Jurisp.— Un billet promissoire signé par une femme séparée de biens, sans
le concours de son mari, est valable, cette femme prenant, à l'époque où le billet
était ainsi donné, la qualité de marchande publique.— Beaulieu vs Hutson, XII
L. C. R., 47.

180. Si le mari est interdit ou absent, le juge peut autoriser la
femme, soit pour ester en jugement soit pour contracter.

Pothier, *Puis. marit.*, 25-6-7-8.— 3 Pand. Franç., 417, n° 197.— Fenet-Pothier,
sur art. 222, p. 57.— Moly, Traité des Absents, n° 740.— C. N., 222.

181. Toute autorisation générale, même stipulée par contrat de
mariage, n'est valable que quant à l'administration des biens de la
femme.

Pothier, *Intr. à Communauté*, 5.— *Puis. marit.*, 67.— Denizart, *Actes de notoriété*,
22 fév., 1695, 12 nov., 1699, 23 fév., 1708.— Le Prêtre, cent. 1, c. 67.— 3 Pand.
Franç., p. 435.— C. N., 223.

182. Le mari, quoique mineur, peut, dans tous les cas, autoriser
sa femme majeure; si la femme est mineure, l'autorisation du mari
majeur ou mineur ne suffit que pour les cas où un mineur émancipé
pourrait agir seul.

1 Malleville, 208.— Lacombe, v° *Autorisation*, s. 2, n° 6.— 3 Pand. Franç., n°
206, p. 436.— Merlin, v° *Autorisation*, s. 5, § 1, pp. 182–3.— C. N., 224.

183. Le défaut d'autorisation du mari, dans les cas où elle est
requise, comporte une nullité que rien ne peut couvrir et dont se
peuvent prévaloir tous ceux qui y ont un intérêt né et actuel.

Pothier, *Puis. marit.*, 74-5.— Merlin, v° *Autorisation*, s. 3, § 3, n° 1.— 2 Toullier,
n° 661.— 1 Marcadé, n° 749, note 1, p. 567.— 2 DeMoly, p. 457.— 3 Zachariæ, p.
343.— 2 Duranton, n° 512.— 1 Delsol, p. 204.— C. N., 225.

184. La femme peut tester sans l'autorisation de son mari.

Pothier, *Puis. marit.*, 43 et 47.— *Donat. test.*, c. 3, s. 1.— 3 Pand. Franç., p. 442.—
C. N., 226.

———

CHAPITRE SEPTIÈME.

DE LA DISSOLUTION DU MARIAGE.

185. Le mariage ne se dissout que par la mort naturelle de l'un des conjoints ; tant qu'ils vivent l'un et l'autre, il est indissoluble.

Pothier, *Mariage*, 462-7.— Gousset, Code civil, sur art. 28 et 227.— 3 Pand. Franç., p. 446.— 2 Duranton, n° 520.— C. N., 227.

TITRE SIXIÈME.

DE LA SÉPARATION DE CORPS.

CHAPITRE PREMIER.

DES CAUSES DE LA SÉPARATION DE CORPS.

186. La séparation de corps ne peut être demandée que pour cause déterminée ; elle ne peut être fondée sur le consentement mutuel des époux.

Rousseau de Lacombe, v° *Séparation*, n° 9, p. 613.— Pothier, *Mariage*, 517.— 2 Pigeau, pp. 200, 213 et 240.— 1 Malleville, 272.— 4 Pand. Franç., p. 149.— C. N., 306.

187. Le mari peut demander la séparation de corps pour cause d'adultère de sa femme.

Pothier, *Mariage*, 525.— 2 Pigeau, 239.— C. N., 229.

188. La femme peut demander la séparation de corps pour cause d'adultère de son mari, lorsqu'il tient sa concubine dans la maison commune.

Cod. L. 8, *De repudiis*.— Novel. 22, Collat. 4, tit. 1, c. 15, § 1 ; 117, Collat. 8, tit. 8, c. 9, § 5.— Lacombe, v° *Adultère*, p. 13.— Guyot, v° *Adultère*, p. 196.— 2 Pigeau, 209, 210, 211 et 223.— Merlin, Rép., v° *Adultère*, 239 et 243, n° 8 *bis*.— 1 Delvincourt, p. 190.— 2 Solon, *Nullités*, n° 49, p. 50.— C. N., 230.

189. Les époux peuvent réciproquement demander la séparation de corps pour excès, sévices et injures graves de l'un envers l'autre.

2 Pigeau, 236-9.— Gousset, p. 96.— 4 Pand. Franç., 35.— C. N., 231.

Jurisp.— 1. La démence, la folie et la fureur du mari ne sont pas des motifs qui peuvent justifier une demande en séparation de corps de la part de la femme.— Villeneuve et Bédard, III R. L., 453.

2. Dans une demande par une femme en séparation de corps et de biens, d'avec son époux, lorsqu'il est prouvé que les deux époux se sont rendus coupables d'immoralité grossière, les conclusions prises par le mari, pour faire déchoir la femme de ses droits dans la communauté ne seront pas accordés.— Bisson vs Lamoureux, XVII L. C. R., 140.

3. Dans une action en séparation de corps, la réciprocité des torts ne peut être opposée par l'époux défendeur pour demander le renvoi de l'action.— Brennan vs McAnnally, XXI L. C. J., 301.

4. In an action for *séparation de corps et de biens*, the proof being only sufficient to establish mere incompatibility of temper, such incompatibility cannot justify a judicial divorce.— Turgeon vs Turgeon, I L. C. L. J., p. 109.

5. Dans une action en séparation de corps et de biens portée par la femme pour raison de sévices de la part du mari, l'adultère de la demanderesse est prouvé. Jugement pour celle-ci, mais elle est déchue de ses droits matrimoniaux et les enfants sont confiés au mari.— G. vs L., M. C. R., 71.

190. La gravité et suffisance de ces excès, sévices et injures sont laissées à l'arbitrage du tribunal, qui, en les appréciant, doit avoir égard à l'état, condition et autres circonstances des époux.

Pothier, 506.— 2 Pigeau, 203.— Gousset, p. 96.

Jurisp.— 1. In general nothing less than future danger to life or limb will support an action *en séparation de corps*. Yet under peculiar circumstances, such as disparity of age, if the general conduct of the husband exhibits violent treatment, contempt, hatred, or neglect, though danger to life or limb cannot be inferred, it is, in an aggravated form, sufficient.— Chalon vs Trahan, I R. de L., 507.

2. A general allegation of ill treatment will not support an action *en séparation de corps*. The facts on which the demand is founded must be set forth specially as to time, place and circumstance.— Boulanger vs Wheat, I R. de L., 508.

3. Confirmed habit of intoxication is a menace of danger in its consequences and as such a legal cause of *séparation de corps*.— Craven vs Craven, I R. de L., 508.

191. Le refus du mari de recevoir sa femme et de lui fournir les choses nécessaires à la vie, suivant son état, sa condition et ses moyens, est une autre cause pour laquelle la femme peut demander la séparation de corps.

Pothier, 511.— 2 Pigeau, 204.

CHAPITRE DEUXIÈME.

DES FORMALITÉS DE LA DEMANDE EN SÉPARATION DE CORPS.

192. La demande en séparation de corps est portée devant le tribunal compétent du district dans lequel les époux ont leur domicile.

Pothier, 518.— 2 Pigeau, 214.— C. N., 234.

193. Cette demande est intentée, instruite et jugée de la même manière que toute autre action civile, avec cette différence qu'il n'est pas permis aux parties d'en admettre les allégations dont il doit toujours être fait preuve devant le tribunal.

Pothier, 519.— 1 Pigeau, 228.— 2 Pigeau, 226.— 4 Pand. Franç., nos 127 et suiv., 152.— C. N., 307.

Jurisp.— Dans une action en séparation de corps, portée par le mari contre la femme, il n'est pas nécessaire de donner avis dans la *Gazette Officielle*, ni dans deux journaux, malgré que telle demande entraîne la séparation de biens.— Leclerc et Lord, IV R. L., 531.

194. La femme doit demander par requête libellée adressée au juge du tribunal, à être autorisée à ester en jugement et à se retirer pendant le procès dans un lieu qu'elle indique.

Pothier, *Mariage*, 518.— 2 Pigeau, 216.

195. Si les griefs allégués sont trouvés suffisants, le juge, en accordant à la femme l'autorisation d'ester en jugement, lui permet de laisser son mari et de résider ailleurs pendant le cours du procès.

Pothier, *loc. cit.*— 2 Pigeau, 218.— C. N., 268.

196. L'action en séparation de corps est éteinte par la réconciliation des époux, survenue soit depuis les faits qui ont pu autoriser cette action, soit depuis la demande en séparation.

Pothier, 520.— 2 Pigeau, 219.— C. N., 272.

197. Dans l'un et l'autre cas, le demandeur est déclaré non recevable dans son action.

Il peut néanmoins en intenter une nouvelle pour cause survenue depuis la réconciliation, et alors faire usage des anciennes causes pour appuyer sa nouvelle demande.

Pothier, 520.— 2 Pigeau, 219.— C. N., 273.

198. Si l'action est renvoyée, le mari est tenu de reprendre sa femme et la femme de retourner chez son mari, sous tel délai qui est fixé par la sentence.

Pothier, 521.— 2 Pigeau, p. 232.— 4 Pand. Franç., 77.

199. Lorsque la demande a été formée pour cause d'excès, de sévices ou d'injures graves, encore qu'ils soient bien établis, le tribunal peut ne pas admettre de suite la séparation, mais suspendre son jugement jusqu'à un jour ultérieur qu'il indique, afin de laisser aux époux le temps de s'entendre et de se réconcilier.

2 Pigeau, 231.— 2 Duranton, n° 610.— C. N., 259.

CHAPITRE TROISIÈME.

DES MESURES PROVISOIRES AUXQUELLES PEUT DONNER LIEU LA DEMANDE EN SÉPARATION DE CORPS.

200. L'administration provisoire des enfants reste au mari demandeur ou défendeur en séparation, à moins qu'il n'en soit autrement ordonné par le tribunal ou le juge pour le plus grand avantage des enfants.

4 Pand. Franç., p. 90, n° 66.— Massol, Séparation, 151 et suiv.— 4 Locré, *Esprit du Code*, pp. 332 et suiv.— C. N., 267.

201. La femme poursuivie en séparation peut quitter le domicile de son mari et résider pendant le procès dans le lieu qui est indiqué ou approuvé par le tribunal ou le juge.

Pothier, 518.

202. Soit qu'elle soit poursuivie ou qu'elle poursuive, la femme peut demander une pension alimentaire proportionnée à ses besoins et aux moyens de son mari; le montant en est fixé par le tribunal qui ordonne aussi au mari, s'il y a lieu, de faire remettre à la femme, dans l'endroit où elle s'est retirée, les hardes et linge dont elle a besoin.

Pothier, *eod. loc.*— 2 Pigeau, 216.— 2 Duranton, n°ˢ 595 et 612.— C. N., 268.— C. P. C., 878.

203. [Si la femme laisse le lieu qui lui a été assigné sans la permission du tribunal ou du juge, le mari peut se faire libérer de la pension alimentaire ; il peut même obtenir le renvoi sauf à se pourvoir de l'action portée contre lui, si la femme refuse de se conformer à l'ordre qui lui est donné de retourner au lieu qu'elle a ainsi quitté, sous le délai qui lui est imparti].

2 Duranton, n° 578.— C. N., 269.

204. La femme commune en biens, poursuivante ou poursuivie en séparation de corps, peut, à compter de l'ordonnance dont il est question aux articles 195 et 201, obtenir du tribunal ou du juge permission de faire saisir-gager les effets mobiliers de la communauté, pour la conservation de la part qu'elle aura droit d'y prétendre au cas de partage ; par suite de quoi le mari est tenu, lorsqu'il en est requis, de représenter les choses ainsi saisies ou leur valeur, comme gardien judiciaire.

2 Toullier, n° 704.— 2 Pigeau, 184.—1 Malleville, 250.— 4 Pand. Franç., 94.— C. N., 270.

205. Toute obligation contractée par le mari à la charge de la communauté, toute aliénation par lui faite des immeubles qui en dépendent, postérieurement à la date de l'ordonnance dont il est fait mention aux articles 195 et 201, est déclarée nulle, s'il est prouvé qu'elle a été faite ou contractée en fraude des droits de la femme.

4 Pand. Franç., 96.— 2 Toullier, n° 705.

CHAPITRE QUATRIÈME.

DES EFFETS DE LA SÉPARATION DE CORPS.

206. La séparation de corps, pour quelque cause que ce soit, ne rompt pas le lieu du mariage, et ainsi aucun des deux époux ne peut en contracter un nouveau du vivant de l'autre.

Pothier, 523.

207. Cette séparation délie le mari de l'obligation de recevoir sa femme, et la femme de celle de vivre avec son mari ; elle donne à la femme le droit de s'établir, où elle veut, un domicile autre que celui de son mari.

Pothier, 522.— Bouhier, Cout. Bourg., ch. 22, n° 201.— 2 Toullier, n° 773.— Proudhon, Cours de Dr. Fr., ch. 19, § 3.— Massol, p. 198.— 4 Pand. Franç., p. 163.

208. La séparation de corps emporte celle de biens ; elle fait perdre au mari les droits qu'il avait sur les biens de la femme et donne à celle-ci le droit de se faire restituer sa dot et ses apports.

4

À moins que par la sentence ils ne soient déclarés forfaits, ce qui n'a lieu qu'au cas d'adultère, la séparation donne aussi à la femme le droit d'exiger les dons et avantages qui lui ont été faits par le contrat de mariage, sauf les gains de survie, auxquels elle ne donne pas ouverture, à moins que le contraire n'ait été spécialement stipulé.

Pothier, 522.— 4 Pand. Franç., 163–4.— C. N., 311 et 1452.— Lahaye sur l'art. 311, p. 87.— 2 Duranton, n° 622.

209. Lorsqu'il y a communauté de biens, la séparation en opère la dissolution, impose au mari l'obligation de faire inventaire des biens qui la composent, et donne à la femme, au cas d'acceptation, le droit d'en poursuivre le partage, à moins que par la sentence elle n'ait été déclarée déchue de ce droit.

Pothier, *eod. loc.*— 4 Pand. Franç., *eod. loc.*

210. Cette séparation rend la femme capable d'ester en jugement et de contracter seule pour tout ce qui regarde l'administration de ses biens: mais pour les actes et poursuites tendant à l'aliénation de ses immeubles, elle a besoin de l'autorisation [du juge].

Pothier, *eod. loc.*— 4 Pand. Franç., 164.

Amend.— *Le Statut de Québec* 39 *Vict., c.* 24, *amende cet article de manière à se lire comme suit :*
Cette séparation rend la femme capable d'ester en jugement et de contracter seule pour tout ce qui regarde l'administration de ses biens, mais pour les actes et poursuites tendant à l'aliénation de ses immeubles, elle a besoin de l'autorisation de son mari, ou sur son refus de celle du juge.

211. Pour quelque cause que la séparation ait lieu, l'époux contre lequel elle est admise perd tous les avantages que l'autre époux lui avait faits.

2 Pigeau, 233.— 1 N. Deniz., v° *Adultère,* § 10, p. 291.— 8 *Ibid.,* v° *Femme,* 543.— 4 Pand. Franç., 135–6.— 2 Duranton, n° 629.— 1 Paillet, *Manuel de Droit Français* (Edit. Lenormand), 110–1.— Lahaye, sur art. 209.— Massol, 297, 299, 305 et 306. — 4 Anc. Deniz., v° *Révocation,* 386.—16 Merlin, v° *Séparation de corps,* § 4, p. 440.— 2 Nouv. Pigeau, 571.— 1 Malleville, sur art. 299, p. 219.— C. N., 299 et 1452. — 2 Duranton, n° 629.

Jurisp.— Les cours en Canada ont droit de déclarer la femme déchue de ses avantages matrimoniaux, dans une action en séparation de corps et de biens, pour cause d'adultère.— ~~Chénier et Gendes,~~ III L. C. R., 418.
Chénier et Bender, ou certain abrégé.

212. L'époux qui a obtenu la séparation de corps, conserve les avantages à lui faits par l'autre époux, encore qu'ils aient été stipulés réciproques et que la réciprocité n'ait pas lieu.

2 Pigeau, 233–4.— 4 Pand. Franç., 135.— C. N., 300.

213. Si l'un des époux séparés de corps n'a pas de biens suffisants pour sa subsistance, il peut faire condamner l'autre à lui payer une pension alimentaire qui est réglée par le tribunal, d'après l'état, les facultés, et autres circonstances des parties.

Massol, 194.— 2 Duranton, n° 633.— 4 Pand. Franç., 165, n° 134.— 2 Pigeau, 234.— 2 Toullier, n° 780.— 1 Nouv. Deniz., v° *Aliments,* 453.— Merlin, Rép., v° *Aliments,* § 3, p. 344.— C. N., 301.

214. Les enfants sont confiés à l'époux qui a obtenu la séparation de corps, à moins que le tribunal, après avoir consulté le conseil de famille s'il le juge convenable, n'ordonne, pour le plus grand avantage des enfants, que tous ou quelques-uns d'eux soient confiés aux soins de l'autre époux, ou d'une tierce personne.

2 Pigeau, 233.— 9 Fenet, *Travaux prép*., 486.— Massol, 321-2.— 1 Paillet, 111.— 2 Duranton, 580, n° 636.— 1 Rogron, 205.— C. L., 153.— C. N., 302.

215. Quelle que soit la personne à laquelle les enfants sont confiés, les pères et mères conservent respectivement le droit de surveiller leur entretien et leur éducation et sont tenus d'y contribuer à proportion de leurs facultés.

2 Pigeau, 233.— 4 Pand. Franç., 140-1.— C. N., 303.

216. La séparation de corps admise en justice ne prive les enfants nés du mariage d'aucun des avantages qui leur sont assurés par la loi ou par les conventions matrimoniales de leurs père et mère; mais il n'y a d'ouverture à ces droits que de la même manière et dans les mêmes circonstances où ils seraient ouverts s'il n'y avait point eu de séparation.

4 Pand. Franç., 142.— C. N., 304.

217. Les époux séparés de corps, pour quelque cause que ce soit, peuvent toujours se réunir et par là faire cesser les effets de la séparation.

Par cette réunion, le mari reprend tous ses droits sur la personne et les biens de sa femme; la communauté de biens est rétablie de plein droit et considérée, pour l'avenir, comme n'ayant jamais été dissoute.

Pothier, *Mariage*, 524.— 2 Pigeau, p. 234.

TITRE SEPTIÈME.

DE LA FILIATION.

CHAPITRE PREMIER.

DE LA FILIATION DES ENFANTS LÉGITIMES OU CONÇUS PENDANT LE MARIAGE.

218. L'enfant conçu pendant le mariage est légitime et a pour père le mari.

L'enfant né le ou après le cent quatre-vingtième jour de la célébration du mariage, ou dans les trois cents jours après sa dissolution, est tenu pour conçu pendant le mariage.

Autorités sous l'article qui suit.— 5 Demolombe, p. 1.— 2 Boileux, p. 172.— 2 Marcadé, p. 2.

Jurisp.— L'épouse du demandeur était accouchée cinq mois après son mariage. Le demandeur porte une action pour nourriture de bâtard et en déclaration de paternité contre le défendeur réputé père de l'enfant. Jugé, que le demandeur n'avait pas en loi une action de cette nature contre le défendeur. —Lamirande vs Dupuis, M. C., 58.

219. Le mari ne peut désavouer cet enfant, même pour cause d'adultère, à moins que la naissance ne lui en ait été cachée ; auquel cas il est admis à proposer tous les faits propres à justifier qu'il n'est pas le père.

8 N. Deniz., pp. 5 et suiv.—*ff de his qui sui vel alieni*, lib. 1, tit. 5, l. 6.—*ff ad legem julianam de adulteris*, lib. 48, tit. 5, l. 2, § 9.— Nouveau Denizart, p. 2.— 3 Bretonnier sur Henrys, liv. 6, ch. 5, *quest.* 38, pp. 850–4.— Lebrun, *Succes.*, liv. 1, ch. 4, sec. 2, n° 6, p. 52.— 2 Toullier, n° 789.— Merlin, Rép., v° *Légitimité*, sec. 2, § 2, n°˚ 4 et 5, p. 418.— 4 Pand. Franç., 186–7.— C. N., 313.

220. Un mari ne peut non plus désavouer l'enfant en opposant son impuissance naturelle ou accidentelle survenue avant le mariage. Le désaveu lui est cependant permis si, pendant tout le temps où l'enfant peut légalement être présumé avoir été conçu, le mari était, pour cause d'impuissance survenue depuis le mariage, par éloignement, ou par suite de tout autre empêchement, dans l'impossibilité physique de se rencontrer avec sa femme.

ff L. 6, *de his qui sui vel alieni.*— Lebrun, *Suc.*, liv. 1, c. 4, sec. 2, n°˚ 3 et 4.— 3 Henrys, liv. 6, c. 5, quest. 38, p. 850 à 854.— Merlin, Rép., v° *Légitimité*, sec. 2, § 2, p. 413.— Guyot, Rép., v° *Légitimité*, pp. 379 et suiv.— 2 Toullier, n°˚ 791 et 799.— 4 Pand. Franç., 179, 180 et 183.— C. L., 208.— C. N., 312.

221. L'enfant né avant le cent quatre-vingtième jour de la célébration du mariage, peut être désavoué par le mari.

ff L. 12, lib., 1, tit. 5, *de statu hominum.*— Cod., L. 4, lib. 6, tit. 29, *de posthumis hæredibus.*—Pothier, *Succes.*, p. 8.— Guyot, Rép., v° *Légitimité*, 372.—2 Pand. Franç., 181.— 2 Toullier, n° 791.— 2 Boileux, 62, 66 et 67.— C. N., 314.

222. Cependant l'enfant né avant le cent quatre-vingtième jour du mariage, ne peut être désavoué par le mari dans les cas suivants :
1. S'il a eu connaissance de la grossesse avant le mariage ;
2. S'il a assisté à l'acte de naissance, et si cet acte est signé de lui ou contient sa déclaration qu'il ne sait signer ;
3. Si l'enfant n'est pas déclaré viable.

2 Toullier, n°˚ 821 et suiv.—4 Pand. Franç., 188–9.— Merlin, v° *Légitimité*, sec. 2, § 1, n° 4.— C. N., 314.— Lahaye, p. 90, sur art. 314.— Rolland de Villargues, v° *Légitimité*, n° 38.— 2 Proudhon, p. 18.— 3 Duranton, n° 23.

223. [Dans les divers cas où le mari est autorisé à désavouer, il doit le faire :
1. Dans les deux mois, s'il est sur les lieux lors de la naissance de l'enfant ;
2. Dans les deux mois après son retour, si à cette même époque il a été absent du lieu ;
3. Dans les deux mois après la découverte de la fraude, si on lui a caché la naissance de l'enfant].

C. N., 316.—C. L., 210.— Lahaye, p. 90, sur art. 316.— 1 Delvincourt, note 8, p. 76.—Rolland de Villargues, v° *Désaveu de paternité*, n° 6.—De Richefort, *Paternité*, p. 89.— Favard, *Paternité*, n° 7.— 3 Duranton, n° 84.

224. [Si la mari est mort avant d'avoir fait son désaveu, mais étant encore dans le délai utile pour le faire, les héritiers ont deux mois pour contester la légitimité de l'enfant, à compter de l'époque où cet enfant s'est mis en possession des biens du mari, ou de l'époque où les héritiers ont été par lui troublés dans leur possession].

C. N., 317.— C. L., 211.— Lahaye, p. 91 sur art. 317.— 1 Delvincourt, note 10, p. 76.— 3 Duranton, p. 48.— Dalloz, Filiation légitime, n° 70.

225. [Les désaveux de la part du mari ou de ses héritiers doivent être proposés au moyen d'une action en justice, dirigée contre le tuteur ou un tuteur *ad hoc* donné à l'enfant s'il est mineur ; à laquelle action la mère vivante doit être appelée].

2 Marcadé, p. 22.— 5 Demolombe, n°° 164, 170 et 365.— 4 Pand. Franç., 192-3. — 5 Locré, *Esprit du Code*, 112 et suiv.— Rogron, sur art. 318.— Boileux, 88.— 2 Toullier, n°° 842-3.— C. N., 318.

226. Si le désaveu n'a pas lieu [tel que prescrit au présent chapitre], l'enfant qui aurait pu être désavoué est tenu pour légitime.

(Conséquence *contrario* de ce chapitre).

227. L'enfant né après le trois centième jour de la dissolution du mariage est tenu pour n'en être pas issu et est illégitime.

f de suis et legit. hær., Lib. 38, tit. 16, L. 3, § 11.— Ferrière, Dict. de Droit, v° *Naissance.*— Guyot, Rép., *eodem verbo.*— Ferrière, Cout. de Paris, art. 318, tit. 15, glose 3, sect. 2, § 1, n°° 22, 23 et 24.— Lebrun, Successions, livre 1, ch. 4, sect. 1, n° 12.— Merlin, Rép., v° *Légitimité*, sect. 2, § 3.— Favard de Langlade, Conf. sur l'art. 315, vol. 2, p. 273.— 1 Malleville, p. 280.

CHAPITRE DEUXIÈME.

DES PREUVES DE LA FILIATION DES ENFANTS LÉGITIMES.

228. La filiation des enfants légitimes se prouve par les actes de naissance inscrits sur le registre de l'état civil.

f De probationibus, Lib. 22, tit. 3, L. 14.— Cod. *De probationibus*, Lib. 4, tit. 19, L. 15.— 8. R. B. C., ch. 20, § 13.— C. N., 319.

229. A défaut de ce titre, la possession constante de l'état d'enfant légitime suffit.

Cod. *De nuptiis*, Lib. 5, tit. 4, L. 9.— 4 Daguesseau, 47° *Plaidoyer.*— 2 Cochin (*Edit.* 1821), pp. 43 et suiv.— 3 Despeisses, 47.— 4 Pand. Franç., 198-9.— C. L., 213.— C. N., 314.— Lebrun, *Succ.*, L. 1, ch. 4, sec. 2, § 8, p. 43.— 3 Duranton, p. 128.— Rodier, sur ord. de 1667, tit. 20, art. 14, quest. 1ère.— 5 Cochin, pp. 578 et suiv.— Cause de Delle Ferrand, édit. de 1788.

230. Cette possession s'établit par une réunion suffisante de faits qui indiquent le rapport de filiation et de parenté entre un individu et la famille à laquelle il prétend appartenir.

Cod., L. 9, *De nuptiis.*— N. Deniz., v° *Etat*, pp. 9 et suiv.— 1 Bourjon, pp. 17-18. — 2 Cochin, 43 et suiv.— 2 Daguesseau, 284, 12° Plaidoyer, 17 janv. 1692.— 2 Toullier, n°° 868 et suiv.— 5 Locré, *Esprit du Code*, 125 et suiv.— C. N., 321.

231. Nul ne peut réclamer un état contraire à celui que lui donne son titre de naissance et la possession conforme à ce titre. Et réciproquement nul ne peut contester l'état de celui qui a une possession conforme à son titre de naissance.

2 Cochin, 107.— 4 Cochin, 345.— 5 Cochin, *Mémoire contre Dame Bruix*, p. 414. — N. Deniz., v⁰ *État*, (Quest. d'état), 9.— 2 Toullier, n⁰ 881.— 5 Demolombe, n⁰ 218.— 4 Pand. Franç., p. 200.— C. N., 322.

232. A défaut de titre et de possession constante, ou si l'enfant a été inscrit soit sous de faux noms, soit comme né de père et mère inconnus, la preuve de filiation peut se faire par témoins.

Cependant cette preuve ne peut être admise que lorsqu'il y a commencement de preuve par écrit, ou lorsque les présomptions ou indices résultant de faits dès lors constants sont assez graves pour en déterminer l'admission.

Cod., Lib. 4, tit. 20.— L. 2, *de testibus.*— Lib. 4, tit. 21.— L. 6, *de fide instrum.*— L. 9, *de nuptiis.*— 4 *Journal des audiences*, p. 322.— Arrêt, 16 mars 1641.— Ord. 1667, tit. 20, art. 14.— Guyot, Rép., v⁰ *Légitimité*, sec. 2, § 4, n⁰ 5, p. 389.— 5 Cochin, p. 425, *affaire de Bruix*, 434, 435, etc.— Lacombe, v⁰ *État*, 208.— S. R. B. C., c. 20, sec. 13.— Merlin, Rép., v⁰ *Naissance.*— *Ibid.*, v⁰ *Quest. d'état*, §§ 1 et suiv.— 2 Toullier, n⁰ 883.— 4 Pand. Franç., 201-2.— 5 Locré, 140-1.— C. N., 323.

233. Le commencement de preuve par écrit résulte des titres de famille, des registres et papiers domestiques du père ou de la mère, des actes publics et même privés, émanés d'une partie engagée dans la contestation, ou qui y aurait intérêt, si elle était vivante.

ff Lib. 22, tit. 3, *de probationibus*, L. 29.— Ord. 1667, tit. 20, art. 14.— 5 Locré, 141-2-3.— 2 Toullier, n⁰˙ 890 et suiv.— Rodier, sur ord. 1667, tit. 20, art. 14, quest. 6⁰.— S. R. B. C., c. 20, s. 13.— 4 Pand. Franç., 203.— C. N., 324.

234. La preuve contraire peut se faire par tous les moyens propres à établir que le réclamant n'est pas l'enfant de la mère qu'il prétend avoir, ou même, la maternité prouvée, qu'il n'est pas l'enfant du mari de la mère.

S. R. B. C., c. 20, art. 13.— 2 Jousse, ord. 1667, tit. 22, art. 1, p. 363.— 2 Toullier, n⁰˙ 820, 893 et suiv.— 4 Pand. Franç., 204-5.— C. L., 216.— C. N., 325.— Lahaye sur art. 325.— 3 Duranton, n⁰ 27.

235. L'action en réclamation d'état est imprescriptible à l'égard de l'enfant.

2 Toullier, n⁰ 908.— 2 Marcadé, pp. 35-6.— Lahaye sur art. 328.— C. N., 328.— 1 Delvincourt, note 4, p. 78.— 2 Proudhon, p. 86.

236. Cette action ne peut être intentée par les héritiers de l'enfant qui n'a pas réclamé, qu'autant qu'il est décédé mineur, ou dans les cinq ans après sa majorité; ils peuvent cependant continuer l'action commencée.

ff, Lib. 40, tit. 15, *ne de statu defunctorum*, l. 1.— Nouveau Dunod, *Prescrip.*, part. 2, c. 7, pp. 228 et suiv.— 2 Henrys, liv. 4, Quest. 28.— Lacombe, 270-1, v⁰ *État*, n⁰ 4.— 2 Marcadé, 36 et suiv.— 1 Biret, *Explic. du Code*, 102.— 2 Toullier, n⁰˙ 910 et suiv.— Merlin, v⁰ *Légitimité*, sec. 4, n⁰ 1, pp. 471 et suiv.— C. N., 329.— 4 Pandectes Françaises, sur art. 328 et 329.— 1 Rogron, *Explic. du Code*, sur art. 329 C. N.

CHAPITRE TROISIÈME.

DES ENFANTS NATURELS.

237. Les enfants nés hors mariage, autres que ceux nés d'un commerce incestueux ou adultérin, sont légitimés par le mariage subséquent de leurs père et mère.

Pothier, *Mariage*, n°° 408, 411, 412, 415 et 422.— *Des Personnes*, tit. 4, pp. 601 et 602.—Successions, sec. 2, c. 1, art. 3, § 5, p. 20.— Fenet-Pothier, sur art. 331, pp. 77 et 78.— 2 Toullier, n° 924.— 1 Biret, *Code Civil*, 104.— 2 Pand. Franç., p. 113.— 2 Marcadé, 43.— C. L., 217.— C. N., 331.— 4 Pand. Franç., p. 210.— Gousset, sur art. 331, p. 120.

238. La légitimation a lieu même en faveur des enfants décédés qui ont laissé des descendants légitimes, et dans ce cas elle profite à ces derniers.

Instit., lib. 3, tit. 1, § 2, *de hæreditatibus quæ.*— Pothier, *Mariage*, n° 413.— *Ibid.*, *Successions*, ch. 1, sec. 2, art. 3, § 5, quest. 4, p. 23.— 2 Pand. Franç., 87.— 4 *Ibid.*, 233-4.— 2 Toullier, n°° 931 et suiv.—C. L., 218.— C. N., 332.

239. Les enfants légitimés par le mariage subséquent ont les mêmes droits que s'ils étaient nés de ce mariage.

Pothier, *Mariage*, n° 421.— *Ibid.*, *Successions*, c. 1, sec. 2, art. 3, § 5, quest. 4.— Lebrun, *Successions*, liv. 1, ch. 2, sec. 1, dist. 1, n°° 16 et 17, p. 24.— 2 Toullier, n° 929.— 2 Marcadé, p. 48, sur art. 333.— 4 Pand. Franç., 225 à 228.— C. L., 219.— C. N., 333.— Rogron sur art. 333.

240. La reconnaissance volontaire ou forcée par le père ou la mère de leur enfant naturel, donne à ce dernier le droit de réclamer des aliments contre chacun d'eux, suivant les circonstances.

Lacombe, v° *Bâtard*, sec. 3, n° 6.— Guyot, Rép., v° *Aliments*, 318.— 2 Boileux, 122.— 4 Pand. Franç., 229.— Fournel, *Séduction*, pp. 193 et suiv.— Ferrière, Dict., v° *Bâtard*, p. 211.

Jurisp.— 1. Durant la première enfance, l'enfant naturel est laissé sous les soins et en la possession de la mère ; mais après les premières années, le père doit avoir l'alternative de prendre son enfant avec lui ou de continuer à en payer l'entretien à la mère.— Dubois vs Hébert, VII L. C. J., 290.

2. In an action of seduction, the *frais d'entretien* can only be legally recovered from the date of service of process, and not from the birth of the child.— Coupal vs Bonneau, X L. C. J., 177.

3. The mother of an illegitimate child (though she has not been named tutrix) has an action against the father for the support of the child.— Bilodeau vs Tremblay, II R. L., 110.

241. La recherche judiciaire de la paternité et de la maternité est permise à l'enfant naturel, et la preuve s'en fait tant par écrits que par témoins, sous les circonstances et restrictions portées aux articles 232, 233 et 234 relatifs à la preuve de la filiation des enfants légitimes.

Fournel, *Séduction*, 54, 55, 129 et suiv.— Merlin, Rép., v° *Filiation*, n° 2.— 2 Toullier, n°° 937 et 967.— 1 Gin, *Droit Français*, pp. 197 et suiv.—C. N., 340 et 341.

TITRE HUITIÈME.

DE LA PUISSANCE PATERNELLE.

242. L'enfant, à tout âge, doit honneur et respect à ses père et mère.

ff de obsequiis, Lib. 37, tit. 15, L. 9.— *ff de in jus vocando*, Lib. 2, tit. 4, L. 6.— Novelle 12, c. 2.— Pothier, *Mariage*, n° 389.— *Des personnes*, tit. 6, sec. 11, p. 604. — 3 Domat, *Lois civiles, droit public*, part. 2, liv. 1, tit. 1, sec. 1, n° 2, p. 16.— 4 Pand. Franç., 317.— Pocquet, *Puiss. pat.*, 30.— 1 Gin, 220.— C. L., 233.— C. N., 371.

243. Il reste sous leur autorité jusqu'à sa majorité ou son émancipation, mais c'est le père seul qui exerce cette autorité durant le mariage, sauf les dispositions contenues dans l'acte de la 25e Vict., chap. 66.

ff de verb. signif., lib. 50, tit. 16, L. 196.— *Institut.*, lib. 1, tit. 2 et 7.— Pothier, *Mariage*, n° 389 et 399.— *Personnes*, pp. 604-5.— *Int. aux cout.*, tit. 9, n° 2.— Arrêtés de Lamoignon, tit. 2, art. 1 et suiv.— 2 Toullier, n° 1041-6-9, 1176.— 4 Pand. Franç., 324 et 327.— 4 Pand. Franç., 324, 327 et suiv.— C. L., 234.— C. N., 372 et 373.

Voir sous l'art. 177 ci-dessus ce que nous avons dit de l'acte 25 Vict., c. 66.

Jurisp.— 1. A minor aged upwards of 16 years, has a right to choose the person with whom she will reside.— Cooper and Tanner, VIII L. C. J., 113.

2. A father is by law entitled to the possession, custody and guardianship, and cannot be deprived of his minor child, except for insanity or gross misconduct: nor can he deprive himself of his paternal right; and any contract to the contrary cannot bind him, as it is immoral in the eye of the law.— Barlow & Kennedy, XVII L. C. J., 253.

3. The object of *habeas corpus* is to see that no person is deprived of his liberty illegally or against his will, and not to determine the respective rights of parties over one another and it cannot, therefore, be used by a father to enforce his right to have the custody of his child. Where a minor child is brought before the juge under *habeas corpus*, her own statement, if of sufficient age to judge for herself, will be taken as to whether she is under restraint or not.— Stoppellben vs Bull, II Q. L. R., 255.

4. As a general rule, where a minor is brought up before the court by *habeas corpus*, if he be of an age to exercise a choice, the court leaves him to elect as to the custody in which he will be.— *Semble*. The above rule would not apply in the case of a girl, under 16, leaving the house of her father, mother or other person having lawful charge of her.

Nor in the case of a refractory child under 14, liable to be sent to an industrial school under the 32 Vict., c. 17.— Regina vs Hull, III Q. L. R., 136.

244. Le mineur non émancipé ne peut quitter la maison paternelle sans la permission de son père.

Pothier, *Personnes*, tit. 6, sec. 2.— Merlin, Rép., v° *Puis. patern.*, sec. 3, § 6.— 2 Toullier, n° 1046-7.— Pocquet, p. 32.— 4 Pand. Franç., 328.— C. L., 236.— C. N., 374.

Jurisp.— Under the circumstances stated, the persons brought up under the writ of *habeas corpus* being of the ages of fourteen and seventeen years respectively, the court would not exert any coercion on them.— Rivard vs Goulet, I Q. L. R., 174.

245. Le père, et à son défaut la mère, a sur son enfant mineur et non émancipé un droit de correction modérée et raisonnable, droit qui peut être délégué et que peuvent exercer ceux à qui l'éducation de cet enfant a été confiée.

Pothier, *Personnes*, 605.— Pocquet, p. 3.— 5 Journal des Aud., Suppl., p. 138.—
Canadian Abstract (Doucet), 85.— Arrêtés de Lamoignon, tit. 3, art. 18.— Cugnet,
121.— Pothier, *Garde*, 371.— N. Deniz., v° *Garde*, 183 et 201.— 2 Toullier, 1050.
— Fenet-Pothier, sur art. 371 C. N.— 1 Gin, 234, 237, 240 et 242.— 4 Pand. Franç.,
350 et suiv., 357–8.— C. L., 236.— Cugnet, *Traité des anciennes lois de propriété en
Canada*, p. 121 et 124.— Pothier, *Traité de la garde noble*, art. 2, § 4, p. 394.

Jurisp.— 1. Le droit de correction accordé à l'instituteur, ne doit être exercé
que dans le cas de nécessité, et seulement au degré proportionné à l'offense et
aux circonstances, et l'instituteur est passible de dommages-intérêts s'il excède
ces bornes.— Brisson vs Lafontaine, XIV L. C. R., 377.

2. Schoolmasters have a right of moderate chastisement against disobedient
and refractory scholars, but it is a right which can only be exercised in cases
necessitated for the maintenance of school discipline, the interest of education
and to a degree proportioned to offence committed, and any chastisement
exceeding this limit, and springing from motives of caprice, anger, or bad
temper, constitutes an offence punishable like ordinary delicts.— Brisson vs
Lafontaine, VIII L. C. J., 173.

TITRE NEUVIÈME.

DE LA MINORITÉ, DE LA TUTELLE ET DE L'ÉMANCIPATION.

CHAPITRE PREMIER.

DE LA MINORITÉ.

246. Tout individu de l'un ou de l'autre sexe demeure en
minorité jusqu'à ce qu'il ait atteint l'âge de vingt-un ans accomplis.

S. R. B. C., c. 34, s. 1.— 4 Pand. Franç., 474.— 10 Fenet, 544 et suiv.— C. N., 388.

247. L'émancipation ne fait que modifier l'état du mineur, mais
elle ne met pas fin à la minorité, et ne confère pas tous les droits
résultant de la majorité.

Guyot, Rép., v° *Émancipation*, pp. 659 et 660.— Ferrière, Dict., v° *Émancipation*.

248. Les incapacités, les droits et priviléges résultant de la
minorité, les actes et poursuites dont le mineur est capable, les cas
où il peut se faire restituer, le mode et le temps de faire la demande
en restitution, toutes ces questions et autres en résultant sont réglées
au livre troisième du présent code, et au code de procédure civile.

C. P. C., art. 1192, 1256, 1360, etc.

CHAPITRE DEUXIÈME.

DE LA TUTELLE.

SECTION I.

DE LA NOMINATION DU TUTEUR.

249. Toutes les tutelles sont datives. Elles sont déférées sur avis du conseil de famille, par les tribunaux compétents, ou par un des juges qui les composent, ayant juridiction civile dans le district où le mineur a son domicile, ou par le protonotaire du même tribunal.

Pothier, *Intr. aux Cout.*, liv. 1, tit. 9, art. 183.— Do, *Des personnes*, tit. 6, § 2.— Meslé, *Minorité*, 8, 77, 85, 86 et 133.— 1 Bourjon, 47.— Guyot, Rép., v° *Tutelle*, p. 313.— Lamoignon, *Arrêtés, Des Tutelles*, p. 8.— Pothier, *Personnes*, p. 610.— Lacombe, v° *Tutelle*, sec. 4, n°° 1 et 2, p. 774.— 2 Pigeau, 303.— 1 Pigeau, 71.— 34 Geo. III, c. 6, section 8.— 12 Vict., c. 38, s. 74.— 14 et 15 Vict., c. 58.— 16 Vict., c. 91.— 18 Vict., c. 17.— S. R. B. C., c. 86.— 1 Malleville, 358.— 4 Pand. Franç., 392 et 509.— Mercier, *De tutelis*, 5.— Décl. 15 déc. 1721.— Décl. 1er oct. 1741.— Décl. du 1er fév. 1743.— S. R. B. C., c. 78, s. 23. C.N. 405.

Jurisp.— 1. Un père ne peut porter une action pour son fils mineur comme son tuteur naturel, ni maintenir sa propre action, s'il l'a jointe à celle portée pour son fils en telle qualité.— Petit vs Béchette, II L. C. R., 367.

2. Dans le Bas-Canada, la tutelle est dative, et conférée par le juge, et non par l'avis de parents, qui n'est qu'un mode d'enquête pour aider le juge dans l'exercice de cette attribution. Une tutelle n'est pas nulle de plein droit à raison de ce qu'un des aïeux des mineurs n'a pas été appelé à l'assemblée de parents, et elle ne doit pas être mise de côté, si l'intérêt des mineurs n'est pas affecté par suite de cette omission. La tutelle doit être déférée par le juge du dernier domicile du père décédé, lequel domicile reste celui des mineurs. Dans le cas des deux tutelles en deux juridictions différentes, le tribunal appelé à prononcer sur celle qui a eu lieu dans sa juridiction, peut et doit également prononcer sur la validité de l'autre, si elle est mise en question.— Beaudet vs Dunn, V L. C. R., 344.

3. Le père ne peut pas faire une opposition comme tuteur légitime de ses enfants.— Fletcher vs Gatignan, I L. C. J., 100.

4. A judge in the district of Montreal has no jurisdiction to take cognizance of an *avis* of relations taken in the district of Iberville, for the election of a tutor and sub-tutor to minors whose domicile is at Montreal. The election must take place at Montreal.— *Ex parte* Marcel Gauthier, XVII L. C. J., 17.

5. La mère d'un enfant naturel ne peut, sans être régulièrement nommée tutrice de son enfant, faire la recherche judiciaire du père de celui-ci.— Giroux vs Hubert, V R. L., 439.

6. Des mineurs qui n'ont jamais résidé dans la province de Québec, ni avant, ni lors de la nomination du tuteur, peuvent cependant y être pourvus d'un tuteur en la manière ordinaire.— Brooke vs Bloomfield, VI R. L., 533.

250. La convocation du conseil de famille peut être provoquée par tous les parents et alliés du mineur, sans égard au degré de parenté, par le subrogé-tuteur, par le mineur lui-même en certains cas, par ses créanciers et par toutes autres parties intéressées.

Arrêtés de Lamoignon, tit. 4, art. 3, p. 8.— Pothier, *Intr. aux Cout.*, tit. 9, § 3, p. 269.— *Ibid.*, *Personnes*, tit. 6, sec. 4, § 2, p. 610.— 2 Pigeau, 301–3.— Meslé, 113. — 17 Guyot, Rép., v° *Tuteur*, 316.— 2 Boileux, 336.— 7 Demolombe, n°° 281 et 282.— C. N., 406.

251. Doivent y être appelés les plus proches parents et alliés du mineur, au nombre de sept au moins, et pris tant dans la ligne paternelle que maternelle, aussi également que possible.

ƒ Lib. 26, tit. 6, L. 2, *Qui petunt tutores.*— Arrêtés de Lamoignon, tit. 4, art. 4, p. 8.— Ravaut, 5.— Pothier, *Intr. aux Cout.*, tit. 9, n° 11.— *Ibid., Personnes*, tit. 6, sec. 9, art. 1, § 2.— 2 Pigeau, 303.— Meslé, 116.— 17 Guyot, v° *Tuteur*, p. 317.— C. N., 407.

252. Ces parents, à l'exception de la mère et autres ascendantes en état de viduité, doivent être mâles, majeurs de vingt-un ans, et résidant dans le district où doit se faire la nomination du tuteur.

Lamoignon, *Arrêtés*, tit. 4, art. 4, p. 8.— 2 Pigeau, 303.— 4 Pand. Franç., 513.— 17 Guyot, v° *Tuteur*, p. 321.

253. Si cependant ils ne se trouvent pas en nombre suffisant dans ce district, ils peuvent être pris dans les autres ; et même à défaut de parents de l'une et de l'autre ligne, les amis du mineur peuvent être appelés pour former ou compléter le nombre requis.

Arrêtés de Lamoignon, tit. 4, art. 4.— Pothier, *Personnes*, 610.— 2 Pigeau, 303. — 17 Guyot, 318.— 2 Boileux, 351.— C. N., 409.

254. Les parents et alliés du mineur qualifiés à faire partie du conseil de famille, et qui n'y ont pas été convoqués, ont le droit de s'y présenter et d'y donner leur avis, de même que s'ils eussent été appelés.

2 Pigeau, 303.

255. Le juge ou protonotaire, sur requête de la part d'une personne compétente, convoque par-devant lui les parents, alliés ou amis qui doivent composer le conseil de famille, et émet, à cette fin, un ordre qui est notifié aux parties à la diligence de celui qui en provoque la convocation.

S. R. B. C., c. 86, ss. 2 et 10; c. 78, s. 23.

256. Si les parties à convoquer résident à plus de cinq lieues, le tribunal, le juge ou le protonotaire peut, s'il en est requis, autoriser un notaire, ou toute autre personne compétente, à tenir sur les lieux les dites assemblées, à administrer le serment requis, à recueillir les avis sur les nominations à faire, et même à administrer le serment d'office au tuteur choisi.

S. R. B. C., c. 78, s. 23; c. 86, ss. 2 et 3.

257. Dans tous les cas où, d'après les articles précédents, le juge peut convoquer par-devant lui, ou déléguer le droit de convoquer le conseil de famille, il est loisible à tout notaire, résidant ou étant au lieu où doit se faire l'assemblée, sans égard à la distance, de la convoquer lui-même sans l'autorisation du juge, et d'y agir de la même manière à tous égards que s'il eût été délégué par le juge.

S. R. B. C., c. 86, ss. 5 et 9.

258. Le notaire ne peut cependant procéder comme en l'article qui précède, qu'en autant qu'il en est requis par une des personnes à la demande desquelles la convocation aurait pu être faite par le

juge, et, dans ce cas, le requérant fait devant le notaire une déclaration de l'objet et des motifs de sa demande, de la même manière que
si elle était adressée au juge.   De cette déclaration le notaire est
tenu de dresser acte par écrit.

S. R. B. C., c. 86, s. 6.

259. Les assemblées que peuvent ainsi convoquer les notaires
se composent de la même manière que celles appelées devant le
juge ; ce n'est qu'à défaut de parents et alliés que les amis du mineur y sont admis, et ce défaut doit être constaté par le notaire et
mentionné dans son rapport.

S. R. B. C., c. 86, s. 7.

260. La déclaration mentionnée en l'article 258 est d'abord lue
aux parents assemblés ; le notaire prend leur avis et dresse, par
écrit, un acte de leur délibération, lequel acte doit contenir mention
des oppositions qui ont été faites et des diverses opinions qui ont
été émises, ainsi que de la qualité, résidence et degré de parenté de
ceux qui ont composé l'assemblée.

S. R. B. C., c. 86, ss. 7 et 8.

261. Dans tous les cas où ces assemblées sont convoquées et
tenues par un notaire, soit qu'il ait été délégué par le juge ou par le
protonotaire, ou qu'il ait agi sans délégation, ce notaire est tenu de
faire au tribunal ou au juge ou au protonotaire auquel il appartient,
un rapport complet et circonstancié de ses procédés, accompagné
des actes et déclarations qu'il est de son devoir de rédiger.

S. R. B. C., c. 86, ss. 2, 7 et 9 ; c. 78, s. 23.

262. Le tribunal, juge, ou protonotaire auquel ce rapport est
adressé peut homologuer ou rejeter les procédés y contenus, lesquels, sans homologation, ne sont d'aucun effet.   Il leur est également loisible d'ordonner, sur ces procédés, tout ce qu'ils jugent convenable, de même que si le conseil de famille eût été convoqué
devant eux.

S. R. B. C., c. 86, ss. 2 et 8 ; c. 78, s. 23.

263. Dans tous les cas où un tuteur a été nommé hors de cour,
le tribunal, sur requête de toute personne apte à provoquer l'assemblée du conseil de famille, peut, après avoir entendu ce tuteur,
annuler sa nomination et en ordonner une nouvelle.

2 Pigeau, 307-8.—S. R. B. C., c. 86, s. 4.

264. L'on ne nomme qu'un seul tuteur à chaque mineur, à
moins qu'il n'ait des biens immeubles éloignés les uns des autres ou
situés dans différents districts, auquel cas il peut être nommé un
tuteur pour chacun des lieux ou districts où sont situés les immeubles.   Ces tuteurs sont indépendants les uns des autres ; chacun
n'est tenu que pour la partie des biens qu'il a administrés.

C'est le tuteur du domicile qui a l'administration de la personne
du mineur.

L'on peut cependant, en certains cas, nommer un tuteur distinct
à la personne du mineur.

L'on peut aussi nommer tuteurs conjoints la mère, ou autre ascendante remariée, et son second mari.

Arrêtés de Lamoignon, tit. 4, art. 15 et 16.— Pothier, *Int. aux Cout.*, tit. 9, n° 12.— Meslé, 133.— 4 Pand. Franç., 462.— C. N., 417.— Guyot, Rép., v° *Tuteur*, p. 313.—1 Pigeau, p. 71.

Jurisp.— 1. Tant qu'une première tutelle existe, une seconde ne peut avoir lieu, et tous les actes faits par un second tuteur sont nuls.— Motz vs Moreau, V L. C. R., 433.

2. D was appointed tutor to the minor children of his son deceased, the mother also being dead ; subsequently, the maternal grand-father was appointed tutor by judge in another district. *Held*, that appointment of second tutor is invalid, the first appointment being still in force and that the court sitting in Montreal cannot revise the appointment of a tutor in the district of Three Rivers. That the appointment of tutor dates from the *avis de parents* and not from the homologation by the judge.— Dunn vs Beaudet, M. C. R., 14.

3. Le décès de la femme qui ayant des enfants a convolé en secondes noces, et avec laquelle son second mari survivant, avait été élu en justice tuteur conjoint à tels enfants, entraine la déchéance de la tutelle conjointe, ou co-tutelle du mari lui survivant.— Brault vs Barbeau, XVII L. C. J., 48.

265. Le tuteur agit et administre en cette qualité du jour de sa nomination, si elle a eu lieu en sa présence, sinon du jour qu'elle lui est notifiée.

f, Lib. 26, tit. 7, L. 1, § 1, *De administ. et periculo tutorum.*— Pothier, *Int. aux Cout.*, tit. 9, n° 13.— Arrêtés de Lamoignon, tit. 4, art. 56-7-8-9.— C. L., 297.— C. N., 418.

266. La tutelle est une charge personnelle qui ne passe pas aux héritiers du tuteur. Ceux-ci sont seulement responsables de la gestion de leur auteur. S'ils sont majeurs, ils sont tenus de la continuer jusqu'à la nomination d'un nouveau tuteur.

1 Bourjon, p. 70.— Meslé, p. 285.— C. N., 419.— Lahaye, sur art. 419 C. N.— Domat, *Lois civiles*, liv. 2, tit. 1, sec. 4, n° 5.— 3 Duranton, n° 410.— A. Dalloz, *Tutelle*, n° 3.

SECTION II.

DU SUBROGÉ-TUTEUR.

267. Dans toute tutelle, il doit y avoir un subrogé-tuteur dont la nomination est faite par le même acte, de la même manière, et est sujette à la même révision que celle du tuteur. Ses fonctions consistent à voir à ce que l'acte de tutelle soit enregistré, assister à l'inventaire, surveiller l'administration du tuteur, le faire destituer si le cas y échet, et agir pour les intérêts du mineur chaque fois qu'ils sont en opposition à ceux du tuteur.

Cout. de Paris, art. 240.— Pothier, *Personnes*, 626-7.— Ferrière, sur art. 240 C. P., p. 83.— Arrêtés de Lamoignon, tit. 4, art. 11.— Meslé, 143, 170 et 217.— 4 Anc. Denizart, v° *Subrogé-tuteur*, 576.— 1 Malleville, 383.— 4 Pand. Franç., 522.— 2 Toullier, n° 1128 et suiv.— C. L., 300 et 301.— C. N., 420 et 422.— S. R. B. C., c. 37, ss. 30 et 31, etc.

268. Le subrogé-tuteur ne remplace pas de plein droit le tuteur, lorsque la tutelle devient vacante ou que le tuteur devient incapable par absence ou autre cause ; mais il doit en ce cas, sous peine des dommages-intérêts qui pourraient en résulter pour le mineur, provoquer la nomination d'un nouveau tuteur.

Meslé, 787.— C. N., 424.— Lahaye, sur art. 424.— Rolland de Villargues, v°
Subrogé-tuteur, n° 41.— 4 Pand. Franç., 522.

269. Si pendant la tutelle il arrive que le mineur ait des intérêts
à discuter en justice avec son tuteur, on lui donne, pour ce cas, un
tuteur *ad hoc*, dont les pouvoirs s'étendent seulement aux objets à
discuter.

2 Lange, 148.— 1 Pigeau, 71.— Fenet-Pothier, 95–6.— Deniz., Act. de notoriété,
473.— 16 Merlin, v° *Subrogé-tuteur*, p. 66.— Meslé, p. 11.— Lacombe, v° *Tuteur*,
8, dist. 3, p. 758.

Jurisp.—1. Lorsqu'un tuteur *ad hoc* nommé pour veiller aux intérêts de
mineurs dans un usufruit qui leur est légué, est poursuivi dans une action relative
à cet usufruit, il n'est pas nécessaire de faire nommer un tuteur *ad hoc* pour
répondre à cette action.— Forsyth vs William, I L. C. R., 102.
   2. Dans une demande en partage de la communauté par la veuve, les mineurs
issus du mariage doivent être représentés par un tuteur *ad hoc*, nommé spécialement pour répondre à la demande en partage.— McTavish vs Pyke, III L. C.
R., 101.
   3. Le mineur devenu majeur, appelé à reprendre l'instance du tuteur *ad hoc*,
ne peut être condamné à la reprendre.— La Corporation de St-Norbert d'Arthabaska vs Champoux, I Q. L. R., 376.
   4. A tutor *ad hoc* cannot bring an action for breach of promise of marriage for
a minor who has no tutor, and could he, he must first register the deed of
tutorship.— Brousseau vs Bédard, II R. C., 112.

270. Les fonctions du subrogé-tuteur cessent de la même manière
que celles du tuteur.

4 Pand. Franç., 526.— 2 Toullier, n° 1136.— C. N., 425.— Lahaye, sur art. 425
C. N.

271. Les dispositions contenues aux sections trois et quatre du
présent chapitre, s'appliquent aux subrogés-tuteurs.

C. N., 426.

SECTION III.

DES CAUSES QUI DISPENSENT DE LA TUTELLE.

272. Nul ne peut être contraint d'accepter la tutelle s'il n'a été
appelé au conseil de famille qui l'a élu.

Meslé, 336.— 1 *Journ. des Audiences*, p. 292.— Arrêt du 14 janvier 1642.— 9 mars
1714.— 2 Lapeyrère, v° *Tuteur*, p. 848.— Pothier, *Personnes*, 610.— 1 Malleville, 382.
— 4 Pand. Franç., 549 et 550.

273. Celui qui n'est ni parent, ni allié, ne peut être forcé d'accepter la tutelle, que dans le cas où le mineur n'a aucuns parents
ou alliés en état de la gérer.

Serres, *Institutes*, liv. 1, tit. 25, ₴ 10.— Pothier, *Personnes*, tit. 6, sec. 3, ₴ 2.— 1
Bousquet, 526.— 4 Pand. Franç., 356.— C. N., 432.— Lahaye, sur art. 432 C. N.—
1 Delvincourt, note 2 de l'ap. 110.— Favard, *Tutelle*, ₴ 6, n° 2.— Victor Augier,
Encyclopédie des juges de paix, *Tutelle*, sec. 9, n° 9.— A. Dalloz, *Tutelle*, n° 237.

274. Tout individu âgé de soixante-et-dix ans accomplis peut
refuser d'être tuteur; celui qui a été nommé avant cet âge peut.
lorsqu'il y est parvenu, se faire décharger de la tutelle.

Cod., L. unica, qui œtate se excusant.— Instit., lib. 1, tit. 25, § 13.— 2 Argou, 132. — Lacombe, v° *Tuteur*, sec. 7, dist. 2, p. 721.— Arrêtés de Lamoignon, tit. 4, art. 37.— 4 Pand. Franç., 537.— 4 Locré, *Esprit du code*, 163-4.— C. N., 433.

275. Tout individu atteint d'une infirmité grave et habituelle est dispensé de la tutelle. Il peut même s'en faire décharger si cette infirmité est survenue depuis sa nomination.

Cod., L. unica, qui morbo se excusant.— ff L. 11 et 40, *de excus. tutorum.*— Pothier, *Personnes*, p. 612.— *Ibid., Int.* tit. 9, *Cout. d'Orl.*, n° 14.— 1 Argou, 53.— Arrêtés de Lamoignon, tit. 4, art. 37.— 4 Pand. Franç., 542.—C. L., 317.— C. N., 434.

276. [Deux] tutelles sont pour toute personne une juste dispense d'en accepter une troisième, autre que celle de ses enfants. Celui qui, époux ou père, est déjà chargé d'une tutelle, n'est pas tenu d'en accepter une seconde, excepté celle de ses enfants.

C. N., 435.— 4 Pand. Franç., 542.— C. L., 318.

277. Ceux qui ont cinq enfants légitimes sont dispensés de toute tutelle autre que celle de leurs enfants. Dans ce nombre sont comptés ceux qui, quoique décédés, ont laissé des enfants actuellement existants.

Pothier, *Int.* tit. 9, *Cout. d'Orl.*, n° 14.— *Ibid., Personnes*, tit. 6, s. 3, § 2.— 1 Bousquet, 530.— Arrêtés de Lamoignon, tit. 4, art. 44-5-6.— 6 Locré, *Esprit du code*, 174.— 4 Pand. Franç., 544-5.— C. N., 436.

278. La survenance d'enfants pendant la tutelle ne peut autoriser à l'abdiquer.

Pothier, loc. cit.— Arrêtés de Lamoignon, tit. 4, art. 46 et 53.— 1 Bousquet, 532.— C. N., 437.— Lahaye, sur art. 437.

279. Si celui qu'a élu le conseil de famille est présent, il est tenu, sous peine d'en être déchu, de proposer ses excuses afin qu'il y soit fait droit sur-le-champ, lorsque c'est devant le tribunal, le juge ou le protonotaire qu'il est procédé, ou afin qu'elles soient rapportées devant le tribunal, le juge ou protonotaire, par le notaire ou par la personne déléguée, si c'est devant l'un ou l'autre que le conseil de famille a été convoqué.

Lamoignon, tit. 4, art. 56.— Ferrière, *Tutelles*, part. 3, s. 5, § 123.— Meslé, 337.— C. N., 438 et 439.— S. R. B. C., c. 78, s. 23.— Lahaye, sur art. 438.— 2 Proudhon, p. 200.— 3 Duranton, n° 496.

280. Si la personne élue n'est pas présente, copie de l'acte d'élection lui est signifiée, et elle est tenue, sous cinq jours et sous peine d'en être déchue, de loger ses excuses au greffe du tribunal devant lequel ou devant le juge ou protonotaire duquel il a été procédé, ou entre les mains du notaire ou de la personne déléguée, si c'est devant l'un ou l'autre qu'a été convoqué le conseil de famille, pour alors être fait ainsi que dit en l'article précédent.

Arrêtés de Lamoignon, tit. 4, art. 56.— S. R. B. C., c. 78, s. 23.— Duranton, *loco citato*.

281. La décision rendue sur les excuses par le juge ou le protonotaire hors de cour, est sujette à révision par le tribunal, du jugement duquel il y a aussi appel ; mais la personne élue est, pen-

dant le litige, tenue d'administrer provisoirement, et les actes
d'administration qu'elle fait sont valables, même dans le cas où elle
serait déchargée de la tutelle.

Art. 263 du présent titre.— Lamoignon, *Arrêtés*, tit. 4, 58 et 59.— S. R. B. C.,
c. 86, s. 4.— *Ibid.*, c. 78, s. 23.— C. N., 440.

SECTION IV.

DE L'INCAPACITÉ, DES EXCLUSIONS ET DESTITUTIONS DE LA TUTELLE.

282. Ne peuvent être tuteurs :
1. Les mineurs, excepté le père qui est tenu d'accepter la charge,
et la mère qui, quoique mineure, a droit à la tutelle de ses enfants,
mais n'est pas tenue de l'accepter.

Arrêtés de Lamoignon, tit. 4, art. 23-4-5-7.— Anc. Denizart, v° *Tutelle*, 769.—
Meslé, 313.— C. N., 442, § 1.— 4 Pand. Franç., p. 555.

2. Les interdits.

Pothier, *Personnes*, 611.— Anc. Denizart, v° *Tutelle*, 769.— Meslé, 312.— Arrêtés
de Lamoignon, tit. 4, art. 36.— 4 Pand. Franç., 556.

3. Les femmes, autres que la mère et les ascendantes, lesquelles
ont droit, tant qu'elles sont en viduité, et dans le cas du dernier
paragraphe de l'article 264, à la tutelle de leurs enfants et petits-
enfants, mais ne sont pas tenues de s'en charger.

Pothier, *Personnes*, tit. 5, pp. 602 et 611.— Id., tit. 6, s. 3, § 11.— Arrêtés de La-
moignon, art. 24-5-6.— *Nouv.* 111, c. 5.— Ferrière, *Tutelle*, part. 2, s. 2, § 44.—
Meslé, 311.— Anc. Denizart, v° *Tutelle*, 769.— 2 Pigeau, 306.— 4 Pand. Franç., 558.
— C. L., 442.— Novelles, *Collat.* 9, tit. 1, Novel. 118, c. 5.

4. Tous ceux qui ont, ou dont les père et mère ont avec le mineur
un procès dans lequel l'état de ce mineur, sa fortune ou une partie
notable de ses biens, sont compromis.

Arrêtés de Lamoignon, tit. 4, art. 42.— Meslé, ch. 9, 319.— 1 Bousquet, 537-8.
1 Malleville, 398-9.— 4 Pand. Franç., 444-5, p. 558.— C. N., 442, § 4.

Jurisp.— 1. The father of an interdicted person ought of right to be
appointed his curator, in the absence of any grave objection to such appointment, even when the majority of the *conseil de famille* thinks otherwise ; and
insolvency is not of itself a legal objection to such appointment.— Dufaux
and Robillard, XX L. C. J., 288.

2. Une tutelle *ad hoc* à un mineur dont le père vivant et idoine eût pu être
nommé tuteur, est nulle.— La Corporation de St-Norbert d'Arthabaska vs
Champoux, I, ~~R. L.~~, 376.

Q. L. R. see note ahead

283. La mère et l'aïeule qui ont été nommées tutrices en viduité,
sont privées de cette charge du jour qu'elles contractent un second
mariage, et si, avant la célébration de ce mariage, les mineurs n'ont
été pourvus d'un nouveau tuteur, le mari de la mère ou aïeule
tutrice demeure responsable de la gestion des biens des mineurs
pendant ce second mariage, même au cas où il n'y aurait pas de
communauté.

Arrêtés de Lamoignon, tit. 4, art. 29 et 32.— Meslé, 152 et 154.— Merlin, Rép.,
v° *Tutelle*, s. 3, n° 3.

Jurisp.—Le mari élu en justice tuteur conjoint avec sa femme, veuve en premières noces, et aux enfants de cette dernière, ne peut pas représenter ces enfants dans un partage, après la mort de leur mère, dans lequel il est lui-même personnellement intéressé. *Semble*, que le décès de la mère des mineurs entraîne la déchéance d'une telle tutelle.— Brault vs Barbeau, III R. L., 384.

284. La condamnation à une peine infamante emporte de plein droit l'exclusion de la tutelle ; elle emporte de même la destitution dans le cas où il s'agit d'une tutelle antérieurement·déférée.

Lamoignon, art. 36.— Meslé, 301.— Serres, *Instituts*, liv. 1, tit. 12, § 4, p. 86.— Laroche, liv. 4, tit. 9, art. 4.— 1 Bousquet, 539.— 4 Pand. Franç., 559.— C. N., 443.

285. Sont aussi exclus de la tutelle, et même destituables s'ils sont en exercice :
1. Les personnes d'une inconduite notoire ;
2. Ceux dont la gestion atteste l'incapacité ou l'infidélité.

ƒ lib. 26, tit. 10, *de suspectis*, l. 3, § 5.— Pothier, *Personnes*, tit. 6, art. 5, p. 621.— Meslé, ch. 11.— 1 Bousquet, 539 et suiv.— 4 Pand. Franç., 560.— C. N., 444.— 3 Duranton, n° 509.— Victor Augier, Encyclopédie des juges de paix, *Tutelle*, sec. 6, n° 12.

Jurisp.— A *tutelle* will not be set aside, on the petition of the mother of minors, upon the ground that the tutor appointed is not a relation, if it appears that the mother, from her habits and character, is totally unfit to be appointed tutrix herself, and that there is no objection to the fitness of the tutor appointed, and that there has been no irregularity in the proceedings for his appointment and that there are no other relatives of the minors within the jurisdiction of the court except the mother.— Mitchell vs Brown *et al.*, III L. C. J., 111.

286. La demande en destitution se poursuit devant le tribunal compétent, par un des parents ou alliés du mineur, par le subrogé-tuteur, ou par toute autre personne ayant intérêt à la destitution.

Lamoignon, art. 115.— Meslé, ch. 1, 294.— 12 Vic., c. 38, § 74.— 1 Bousquet, 542-3-6.— 4 Pand. Franç., 563.— C. N., 446 et 448.— 3 Duranton, n° 512.

Jurisp.— 1. A stranger has no legal *qualité* to bring an action *en destitution de tutelle*.— O'Meara vs McCleverty, I L. C. J., 195.
2. A person not of kin or a relative to the minor has a right to present a petition *en destitution de tutelle*, when the minor has no kin or relative within Canada.— Dooley vs Wardley, III L. C. J., 72.
3. The proper mode of proceeding to destitute a tutor is by petition.— Stephen vs Stephen, I L. C. L. J., p. 98.

287. La destitution ne peut être prononcée que sur l'avis du conseil de famille, qui se compose de même que pour la nomination à la tutelle et est convoqué ainsi que le tribunal l'ordonne.

Lamoignon, art. 115.— Meslé, 294.— 1 Bousquet, 543.— 4 Pand. Franç., 564-5.

Jurisp.— A tutor must be superseded in the manner directed by the statute 41 Geo. III, c. 7, sec. 18, but an appeal is the proper remedy if the appointment of the tutor has not been regularly made. The action *en destitution* lies for subsequent misconduct in the tutor.— Darvault vs Fournier, III R. de L., 365.

288. Le jugement qui prononce la destitution doit être motivé, et ordonner·la reddition de compte et la nomination d'un nouveau tuteur, qui est nommé avec les formalités ordinaires, aussitôt que le jugement est devenu exécutoire, soit par acquiescement, soit par défaut d'appel en temps utile, soit enfin que sur appel il ait été confirmé.

S. R. B. C., c. 83, s. 39.— C. N., 447.— Lahaye, sur art. 447.— Rolland de Villargues, v° *Tutelle*, n° 112.— 2 Toullier, n° 1174.

5

289. Pendant le litige, le tuteur poursuivi garde la gestion et administration de la personne et des biens du mineur, à moins qu'il n'en soit ordonné autrement par le tribunal.

Lamoignon, tit. 4, art. 116.— 1 Bourjon, ch. 2, tit. 6, sec. 6, art. 197.— 1 Du Parc Poullain, l. 1, ch. 13, des min., s. 13, n° 138.— 2 Toullier, 1175.— 4 Pand. Franç., 564-6.— 2 Boileux, 391.— 1 Bousquet, 546.— 2 Valette sur Proudhon, 350, note a.— 7 Demolombe, 507.— 1 Malleville, 401, § 7.—Inst., *de suspect. tut.* ; l. 14, § 1, in fin. ff., de solut.— Voët, *ad Pandect., tit. de susp. tut.,* n° 7.— Meslé, ch. 10, n° 28.— 1 Bourjon, p. 70, n° 197.— Bruxelles, 12 nov. 1830 ; Jeannet Sirey, 1831, II, 58 ; Cass., 14 juin 1842 ; d'Arguesse, déc. 1842, I, 742.

SECTION V.

DE L'ADMINISTRATION DU TUTEUR.

290. Le tuteur prend soin de la personne du mineur et le représente dans tous les actes civils.

Pothier, *Personnes,* tit. 6, art. 3, § 1, pp. 614 et 620.— *Ibid., Droit de propriété,* n° 7 et 266.— *Ibid., int. Cout. d'Orl.,* tit. 9, n° 15.— Anc. Deniz., v° *Tutelle,* n° 61-4.— 1 Argou, liv. 1, ch. 8, p. 124.— 1 Bousquet, 549.— Lahaye, sur art. 450 C. N.

Il administre ses biens en bon père de famille, et répond des dommages-intérêts qui peuvent résulter d'une mauvaise gestion.

Pothier, *Personnes,* tit. 6, art. 4, p. 620.— 4 Anc. Deniz., *loco citato.*— Lahaye, *loco citato.*— 1 Bousquet, 550-1.— Fenet (Pothier), 103.— 4 Pand., Franç., 565-6.

Il ne peut ni acheter les biens du mineur, ni les prendre à ferme, ni accepter la cession d'aucun droit ou d'aucune créance contre son pupille.

Pothier, *Personnes,* tit. 6, art. 4, p. 620.— Meslé, ch. 11, p. 319.— 4 Anc. Deniz., v° *Tutelle,* n° 61 et suiv.— *Novel. Collat.* 6, tit. 1, *Novel.* 72, c. 5.— Lamoignon, *Arrêtés,* tit. 4, art. 91 et 96.— 1 Bousquet, 553-4.— Louet et Brodeau, *Lettr* T, *Somm.,* 4.— 9 Cochin, Remarques, v° *Tuteur,* p. 349, (édit. 1798).— Lahaye, sur art. 450 C. N.— Domat, *Lois civiles,* liv. 2, tit. 1, s. 3, n° 14.— 1 Delvincourt, note 2 de la p. 125.— Rolland de Villargues, v° *Tutelle,* n° 147.— 2 Proudhon, p. 209.— 2 Toullier, n° 1184.— Victor Augier, Encyclopédie des juges de paix, *Tutelle,* sec. 8, n° 2.— Id., sec. 7, n° 1, et § 1, n° 2.— A. Dalloz, *Tutelle,* n° 480.— 2 Toullier, n° 1206.— Delahaye, *Tutelles,* p. 585.— C. L., 317.— C. N., 450.

Amend.— *L'acte Q. 41-42 Vict., c. 13, concernant les assurances sur la vie des maris et parents, contient la clause 22 qui décrète :*
"Il sera, cependant, loisible au fiduciaire ou aux fiduciaires, à l'exécuteur testamentaire ou aux exécuteurs testamentaires, ou au tuteur, s'ils le jugent à propos, d'avancer le montant de l'assurance, ou de disposer des placements et d'en avancer le produit, à tout enfant mineur, durant sa minorité, pour son établissement, avancement ou sa promotion dans le monde, ou pour le pourvoir en mariage."

Jurisp.— 1. No action lies against a tutor personally upon a contract into which he entered solely on behalf of his pupil.— Turcotte vs Garneau, I R. de L., 350.

2. If there is no special undertaking or personal covenant on the part of a tutor, when acting for his pupil, it is the minor who contracts by the ministry of the tutor: no action, therefore, can be maintained for damages against a tutor, for breach of a contract of marriage by him executed for and on the behalf of his pupil.— Turcotte vs Garneau, II R. de L., 125.

3. No action of damages can be maintained against a tutor for a breach of his contract by which he engaged to marry his pupil to the plaintiff.— Chabot vs Morriset, II R. de L., 206.

4. Un mineur ne peut être poursuivi en son propre nom pour des objets de nécessité pour lesquels il est responsable ; l'action doit être dirigée contre son tuteur.— Cooper vs McDougall, IV L. C. R., 224.

5. Un inventaire fait sans y appeler le premier tuteur est nul.— Moreau et Motz, VII L. C. R., 147.

6. Une action portée contre un défendeur mineur, lors de l'émanation du writ, mais majeur lors de sa signification, doit être renvoyée sur exception à la forme.— Chalifoux vs Thouin, II L. C. J., 187.

7. Dans une action pour séduction intentée contre un fils mineur, en déclaration de paternité, et contre son père, tant en sa qualité de père qu'en celle de son tuteur naturel, le fils mineur n'est pas légalement représenté, et ne peut être appelé à ester en jugement et à répondre à l'action.— Hislop vs Emerick, IX L. C. R., 203.

8. L'autorité d'un tuteur sur les propriétés d'un mineur ne s'étend pas au-delà de la simple administration.— Banque de Montréal et Simpson, X L. C. R., 225.

9. The curator to a lunatic or insane person cannot remove him from his domicile to an hospital or asylum without the authority of the court, acting on the advice of his relations or friends.— *Ex parte* Cahill, XVIII L. C. J., 270.

291. Dès que sa nomination lui est connue, et avant que de s'immiscer, le tuteur doit prêter serment de bien et fidèlement administrer la tutelle.

Novel. Collat., tit. 1, novell. 72, c. 8.— C. lib. 1, tit. 4, *De episc. aud.*, l. 27.— 1 Argou, liv. 1, ch. 8, p. 134.— 4 Anc. Denizart, 772.— Lamoignon, tit. 4, art. 57.— Pothier, *Personnes*, tit. 6, art. 4, p. 618.— *Ibid.*, *Cout. d'Orl., Int.* au tit. 9, n° 31. — Ord. 1579.— Papon, liv. 15, tit. 5, art. 4.— 4 Pand. Franç., 565.

292. Aussitôt le serment prêté, le tuteur requiert la levée des scellés, s'ils ont été apposés, et fait procéder immédiatement à l'inventaire des biens du mineur, en présence du subrogé-tuteur.

S'il lui est dû quelque chose par le mineur, il doit le déclarer dans l'inventaire, à peine de déchéance.

Pothier, *Personnes*, tit. 6, art. 4, p. 618.— Lamoignon, *Arrêtés*, tit. 4, art. 60, 63 et 65.— Meslé, 122–3.— 1 Argou, liv. 1, ch. 8, p. 134.— Lacombe, v° *Tuteur*, sec. 8, n° 4, p. 781.— Domat, liv. 2, tit. 1, sec, 3, n° 10.— 1 Gin, 322.— C. N., 451.— Serres, *Institut du droit franç.*, liv. 1, tit. 20.— 2 Bretonnier sur Henrys, Quest. 37, p. 312.— Lahaye sur art. 451 C. N.— Merlin, Rép., v° *Inventaire*, § 5, n° 1.— Victor Augier, Encyclopédie, etc., *Subrogé-tuteur*, § 2, n° 8.— Id., *Tutelle*, s. 7, § 2, n° 2. — 3 Duranton, n° 534.

Novel. Authent. Collat. 6, tit. 1, nov. 72, c. 4.— Papon, liv. 15, tit. 5, n° 2.— 1 Préminville, *Tutelles*, n° 208.— 4 Anc. Deniz, v° *Tuteur*, n° 772, n° 65.— Lamoignon, tit. 4, art. 68.— 1 Bousquet, 556.— 1 Gin, 323.— 2 Proudhon, 357 à 359.— C. N., 451.

293. Dans le mois qui suit la clôture de l'inventaire, le tuteur fait vendre en présence du subrogé-tuteur, à l'enchère et après les publications requises dont le procès-verbal de vente fait mention, tous les effets mobiliers autres que ceux qu'il a droit ou est tenu de conserver en nature.

Cod., liv. 5, tit. 37, L. 22, L. 24, *De administratione tutorum.*— Ord. 1560, art. 102. — Serres, *Inst. au droit franç.*, liv. 1, tit. 20, p. 78.— Lamoignon, tit. 4, art. 70.— 4 Ancien Denizart, v° *Tuteur*, n° 65, 772–3.— 2 Henrys, liv. 4, quest. 112.— Meslé, ch. 8, n° 8, p. 177.— 1 Gin, 323.— 4 Pand. Franç., sur art. 452 C. N.— C. N., 452.— Boucher d'Argis, De la crue, ch. 1, n° 2.— Lahaye, sur art. 452 C. N.— Pothier, *Des Personnes*, p. 446.— Rolland de Villargues, v° *Tutelle*, n° 136.— 3 Duranton, n° 549.— Victor Augier, Encyclopédie, etc., v° *Tutelle*, s. 7, § 2, n° 6.

294. Dans les six mois à compter de cette vente, le tuteur, après les dettes et autres charges acquittées, doit placer les deniers qui lui restent entre les mains, du produit de la vente et de ceux qu'il a trouvés lors de l'inventaire ou qu'il a reçus depuis des débiteurs du mineur.

1 Argou, liv. 1, ch. 8, p. 136.— Lamoignon, tit. 4, art. 99.— Pothier, *Personnes*, tit. 6, s. 3, art. 4, p. 619.— 4 Anc. Deniz. vᵒ *Tutelle*, nᵒ 66.— 1 Gin, 325–6.

Amend.— *L'acte Q. 33 Vict., c. 19, ss. 1, 2 et 3, contient ce qui suit :*

1. Le mot "administrateur" employé dans le présent acte, signifie et comprend tout grevé de substitution à quelque degré que ce soit et de quelque manière que la substitution ait été établie, et tout exécuteur en vertu d'un testament, et tout tuteur ou curateur, ayant à ce titre la possession ou administration de biens appartenant à autrui, ou dont il est saisi pour l'avantage d'un autre, que le testament, l'instrument ou l'acte l'instituant tel administrateur, ait été fait ou ait eu son effet soit avant soit après la mise en vigueur du présent acte.

2. Tout administrateur obligé par la loi à placer de l'argent dont il est saisi comme tel administrateur, pourra en faire le placement dans le fonds de la Puissance, et dans le cas où le dit fonds sera racheté, il retirera le principal et sera obligé de le placer de nouveau de la même manière qu'il était tenu de le faire avant qu'il en eût fait le placement dans le fonds de la Puissance.

3. Chaque fois que les termes du testament, de l'instrument ou de l'acte instituant tel administrateur, lui donnent le droit de placer des sommes d'argent et un pouvoir discrétionnaire entier ou limité relativement à la nature de tel placement ou à la manière de l'opérer, il sera censé avoir le même droit et le même pouvoir discrétionnaire de changer de temps à autre tout placement qu'il pourra avoir ainsi fait, en rendant les biens meubles ou immeubles sur lesquels il avait appliqué ses fonds et en en plaçant de nouveau le produit, tout comme il aurait pu le faire en premier lieu.

295. Il doit aussi, pendant la durée de la tutelle, faire emploi de l'excédant des revenus sur les dépenses, ainsi que des capitaux qui lui sont remboursés et des autres sommes qu'il a reçues ou dû recevoir, et ce sous le même délai de six mois à compter du jour où il a eu ou dû avoir entre ses mains une somme suffisante, eu égard aux moyens du mineur, pour former un placement convenable.

ff lib. 26, tit. 7, L. 15, *De administratione tutorum*.— Lamoignon, tit. 4, art. 99, 100, 101, 102, 103 et 104.— 1 Argou, 58.— Meslé, ch. 8, nᵒ 30, p. 200.— Pothier, *Personnes*, tit. 6, art. 4, pp. 619 et 620.— 4 Anc. Deniz., *loco citato.*— 1 Gin, 326.

Jurisp.— The law allows a tutor or curator six months to find an investment of trust funds.— Mackenzie and Taylor, IX L. C. J., 113.

296. A défaut par le tuteur d'avoir fait, dans les délais, les emplois voulus, il est tenu envers son pupille des intérêts des sommes qu'il aurait dû avoir placées, à moins qu'il ne justifie que l'emploi lui a été impossible, ou à moins que, sur demande de sa part, le juge ou le protonotaire, sur avis du conseil de famille, ne l'en ait dispensé, ou n'ait prolongé les délais.

1 Argou, liv. 1, ch. 8, p. 136.— Meslé, ch. 8, nᵒ 32, p. 205.— 2 Pigeau, liv. 3, art. 5, § 2, p. 112.— Le Prestre, cent. 1, ch. 52, § 1.— 1 Gin, 326.— Dard, sur art. 455 C. N., note *a.*— C. N., 455.— S. R. B. C., c. 78, s. 23.

Jurisp.— From the moment a tutor uses, for his own profit, the money coming into his hands, as tutor or curator, however soon that may be after his appointment, he is liable for interest thereon. Where a party deposited a trust fund to his own credit, in a bank, and afterwards, from day to day, drew out those funds as if they were his own, by cheques signed by himself, and in his own name, it became incumbent upon him to show, if he could, that he had so drawn out the trust funds for the purposes of the trust, and, in default of his doing so, the conclusion is that he must have used the trust fund for his own purposes.— Mackenzie and Taylor, 9 L. C. J., 113, §§ 2 et 3.

297. Sans l'autorisation du juge ou du protonotaire, accordée sur avis du conseil de famille, il est interdit au tuteur d'emprunter pour son pupille, d'aliéner ou hypothéquer ses immeubles et aussi de céder ou transporter ses capitaux ou ses actions ou intérêts dans les compagnies de finance, de commerce et d'industrie.

Cod., lib. 5, tit. 71, **L.** 4, *de prædiis et aliis rebus.*— Ferrière, part. 4, s. 8, *Tutelles*, pp. 226 et suiv.— Meslé, ch. 8, nᵒ 22.— 1 Argou, liv. 1, ch. 8, p. 138.— Lamoignon, art. 87 et 88.— Pothier, *Obligations*, nᵒ 76.— *Vente*, nᵒ 14.— *Personnes*, tit 6, sect. 4, art. 3 et 4.— *Cout. d'Orl., intr. au titre* 9, nᵒ 16, *Intr. au titre* 15, nᵒ 6.— *Droit de propriété*, part. I, ch. 11, nᵒ 222-5.— 1 Bousquet, 565.— 4 Pand. Franç., 586.— S. R. B. C., c. 78, s. 23.— C. N., 457.— Lahaye, sur art. 457 C. N.— 1 Delvincourt, note A de la p. 127.— Rolland de Villargues, vᵒ *Tutelle*, nᵒ 234.— 2 Toullier, nᵒ 1224.— A. Dalloz, *Tutelle*, nᵒ 441.

Amend.— *L'acte Q. 33 Vict., c. 32, s. 42, contient ce qui suit :*
42. Nonobstant toutes les dispositions du code civil à ce contraires et notamment les articles 297, 298, 343 et 953, il sera loisible à toutes corporations agrégées ou formées d'une seule personne, communautés, grevés de substitutions, tuteurs, curateurs, exécuteurs, administrateurs, et autres ayants cause, ou personnes quelconques, non-seulement pour eux-mêmes, leurs héritiers ou successeurs, mais aussi pour et de la part de ceux qu'ils représentent, soit qu'ils soient nés ou à naître, aliénés ou idiots, femmes sous puissance de mari ou autre personne, ou personnes qui sont ou seront saisies ou en possession ou intéressées dans la terre ou terrain dont la dite compagnie a besoin pour les fins du dit chemin, de contracter pour et de vendre et transporter à la dite compagnie les dites terres ou terrains en tout ou en partie, dont la dite compagnie a besoin comme susdit pour les dites fins ; et tous contrats, marchés, ventes, transports, garanties à être ainsi faits, seront valides et valables en loi à toutes fins et intentions quelconques, nonobstant toute loi, statut, usage ou coutume à ce contraire ; et toutes telles corporations ou communautés, ou toutes personnes quelconques faisant tels transports comme susdit, sont par le présent justifiées de tout ce qu'ils pourront faire eux ou aucun d'eux respectivement, en vertu et en conformité du présent acte.

L'acte C. 31 Vict., c. 68, s. 9, § 3, (ou Acte des chemins de fer, 1868), contient ce qui suit :
3. Toutes corporations et personnes quelconques, usufruitiers, grevés de substitutions, gardiens, curateurs, exécuteurs, administrateurs et autres ayants cause, non-seulement pour eux-mêmes, leurs héritiers et successeurs, mais aussi pour et au nom de ceux qu'ils représentent, soit qu'ils soient enfants nés ou à naître, aliénés, idiots, femmes sous puissance de mari, ou autre personne ou personnes saisies ou en possession de terrain ou qui y ont des intérêts, pourront contracter, vendre et transporter à la compagnie les dits terrains ou terres, en tout ou en partie.

L'Acte des chemins de fer de Québec, 1869, s. 9, § 3, contient une disposition semblable pour les chemins de fer provinciaux.

Jurisp.— A contract of sale executed by a tutor on the behalf of his pupil, without an *avis de parents*, is null and void.— Normandeau vs Amblement, II R. de L., 207.

2. Sans autorisation en justice préalablement obtenue, les droits d'un tuteur ne s'étendent pas à vendre les propriétés immobilières de son pupille, ou aucune partie de ces propriétés qui a le caractère d'immeuble ; et de plus ses pouvoirs ne s'étendent pas à vendre aucune partie des propriétés mobilières de son pupille sans l'intervention et la sanction d'une cour de justice préalablement obtenue, excepté ces portions qui ne produisent aucun revenu, et aussi les effets qui étant d'une nature périssable cesseront nécessairement d'exister, ou qui, pour des causes permanentes, auront perdu de leur valeur à l'époque où le pupille atteindra son âge de majorité ; et ce pouvoir restreint de disposer des propriétés qui ne produisent aucun revenu, est encore limité par une restriction quant à la disposition d'effets qui ont le caractère de meubles de famille, *heirlooms*, et auxquels l'on attribue un prix d'affection héréditaire ; et des actions ou parts de banque tombent dans la catégorie de propriété mobilière dont le tuteur ne peut disposer sans autorité. La vente par un tuteur d'actions ou parts de banque, ne doit pas être considérée comme une transaction annulable, mais comme

absolument nulle, et, partant, il n'est pas nécessaire que les personnes qui
ont acheté ces parts soient mises en cause dans aucune action touchant telles
parts.— The Bank of Montreal & Simpson, XI L. C. R., 377.

3. The sale of a *bailleur de fonds* claim by a tutor, without authorization of a
judge, is invalid.— Pollico vs Ellidge, XIII L. C. J., 333.

298. Cette autorisation n'est accordée que pour cause de nécessité, ou d'un avantage évident.

Dans le cas de nécessité le juge ou le protonotaire n'accorde son
autorisation qu'après qu'il est constaté, par un compte sommaire
présenté par le tuteur, que les deniers, effets mobiliers et revenus du
mineur sont insuffisants.

L'autorisation indique, dans tous les cas, les biens qui doivent
être vendus ou hypothéqués, et toutes les conditions jugées utiles.

Amend.— *L'acte Q. 35 Vict., c. 7, contient ce qui suit :*
Attendu que les formalités prescrites pour la vente en justice des immeubles
appartenant à des mineurs et à des incapables n'ont été établies que pour la
protection de ces derniers ; et attendu que dans le cas de vente d'immeubles de
peu de valeur, le prix d'iceux en est souvent absorbé au détriment des mineurs
et de leurs créanciers par l'accomplissement des formalités voulues pour la vente
des dits biens ; Sa Majesté, par, et de l'avis et du consentement de la Législature de Québec, décrète ce qui suit :

1. Les articles 298 et 299 du code civil et le titre cinquième de la troisième
partie du code de procédure civile ne s'appliqueront pas à la vente des biens
immobiliers dont la valeur réelle n'excède pas la somme de quatre cents piastres ; la vente de tels immeubles pourra avoir lieu en la manière indiquée dans
la section suivante.

2. Dans le cas où la valeur réelle de la totalité de l'immeuble ou des immeubles appartenant à des mineurs ou à des incapables n'excède pas la somme de
quatre cents piastres, un juge de la cour supérieure pourra, sur requête à lui
présentée à cet effet, par le tuteur ou le subrogé-tuteur de tels mineurs ou le
curateur des incapables, après s'être enquis sommairement de la valeur des
dits immeubles, en ordonner la vente à l'enchère publique, aux prix et conditions qu'il croira juste et convenable d'établir dans l'intérêt des dits mineurs ou
incapables.

3. Le juge aura le pouvoir d'émaner de ses propres mains un ordre pour forcer
de comparaître, sans frais, aucune personne qu'il jugera capable de lui donner
les renseignements nécessaires pour déterminer la valeur des dits immeubles ;
et toute telle personne qui refusera d'obéir à un tel ordre, se rendra coupable de
mépris de cour.

4. Avis des lieu, jour et heure de telle vente sera donné, deux fois en quinze
jours, dans la *Gazette Officielle* de Québec, et dans deux journaux indiqués par le
juge, dont l'un sera publié en langue française et l'autre en langue anglaise,
dans le district où les immeubles sont situés ; et dans le cas où il n'y aurait pas
de journaux publiés dans ce district, alors tel avis sera donné dans les journaux
du district le plus proche.

5. Le juge pourra, lorsqu'il le jugera à propos, dispenser les requérants de
faire faire les annonces mentionnées dans la section précédente, et les autoriser à
consentir à la vente, de gré à gré, des dits immeubles, à toute personne qui en
paiera le prix par lui fixé.

L'acte Q. 36 Vict., c. 17, s. 1, contient ce qui suit :
L'Acte de cette province trente-cinquième Victoria, chapitre sept, se lira à
l'avenir et sera interprété comme si chacun des termes "immeuble," "immeubles" et "propriété immobilière" comprenaient et ils seront censés comprendre
tous capitaux appartenant à des mineurs ou autres personnes incapables d'agir
pour elles-mêmes, et toutes actions ou intérêts de mineurs ou d'autres personnes
ainsi incapables, dans les compagnies de finance, de commerce ou d'industrie.

L'acte Q. 36 Vict., c. 18, s. 1, contient ce qui suit :
L'acte de cette province trente-cinquième Victoria, chapitre sept, se lira à
l'avenir et sera interprété comme si chacun des termes "immeuble," "immeubles" et "propriété immobilière" comprenaient et ils seront censés comprendre
tous droits immobiliers quelconques appartenant à des mineurs.

Voir sous l'article précédent les dispositions de l'acte Q. 33 Vict., c. 32, s. 42, qui affectent cet article.

Voir aussi sous l'article précédent les dispositions de l'*Acte des chemins de fer*, 1868, qui affectent également cet article.

Jurisp.—La loi veillant d'un œil jaloux sur la conservation des biens, et surtout des immeubles des mineurs, il faut de très-fortes raisons pour en autoriser l'aliénation, et ces immeubles doivent dans tous les cas n'être vendus que lorsqu'il y a nécessité de le faire. Et en l'absence de preuve de cette nécessité le juge, même sur l'avis d'une majorité des parents présents en assemblée, ne doit pas ordonner la vente.—Beliveau vs Chèvrefils, II Q. L. R.,191.

299. Cette vente, quoiqu'autorisée, pour être valable, doit être faite en justice, en présence du subrogé-tuteur, au plus offrant, sur enchères reçues publiquement par le tribunal, le juge, le protonotaire, ou par une autre personne à ce commise, après publications faites au nombre et aux lieux indiqués par le décret d'autorisation.

Pothier, *Personnes*, tit. 6, s. 4, art. 3, § 2.— *Cout. d'Orl., Intr. au titre* 9, n° 16.— Ferrière, *Tutelles*, 226, 227 et 232.— Id., part. 4, s. 8, § 5.— Perezius, *in lib.* 5, *Cod. tit.* 71, n° 14.— Carondas, *Réponses*, l. 11, ch. 21.— Meslé, ch. 8, n° 22.— 1 Argou, l. 1, ch. 8, p. 138.— 4 Pand. Franç.,586.— 1 Malleville, 411.— 1 Bousquet, 567.— S. R. B. C., c. 78, s. 23.— C. N.,459.

Amend.— *L'acte Q. 33 Vict., c. 23, ss. 3 et 4, contient ce qui suit :*

3. Aussi toutes ventes de biens de mineurs ou absents faites par autorité de justice jusqu'à ce jour, seront considérées valables, nonobstant l'omission d'avoir annexé aux contrats les certificats des propriétaires des journaux, ou les feuilles de journaux dans lesquels ont été publiées telles ventes, si les dites publications ont été faites, et s'il a été fait mention dans tels actes de vente, des journaux dans lesquels telles publications ont été faites; pourvu toutefois que les dits actes de vente soient valables d'ailleurs.

4. Attendu que depuis la promulgation du code civil, grand nombre de ventes par autorité de justice, de biens de mineurs et absents, ont eu lieu hors la présence du subrogé-tuteur, contrairement aux dispositions de l'article 299 du dit code, il est par le présent acte décrété qu'il suffira pour telles ventes, si d'ailleurs toutes les formalités requises ont été observées, autres que celles prescrites par le dit article 299, que le subrogé-tuteur, intéressé dans la vente, ratifie et signe le contrat de vente; et dès lors la vente ainsi opérée sera aussi parfaite et valable, à toutes fins quelconques, que si elle eût été faite en présence du subrogé-tuteur, et qu'il y eût lui-même consenti.

Jurisp.— 1. The observance of the required formalities preliminary to a sale of land belonging to minors, as, for example, the required publication of such sale, cannot be established by verbal testimony. In such a case as the above, where the required publications of the sale were not legally proved to have been made, the sale will be adjudged to have been inoperative and null, and the purchaser of such land at a public sale will be condemned to restore the same to such minors.— Poustie vs McGregor, IX L. C. J., 332.

2. L'autorisation à vendre la part des mineurs dans une propriété, donnée par le protonotaire, avec l'ordre à tous les co-propriétaires d'accéder à telle vente, et l'adjudication faite de tel immeuble conformément à cette autorisation, équivaut à la licitation et partage, et doit avoir tous les effets d'un partage vis-à-vis des créanciers de chaque co-héritier qui a pu hypothéquer quelque partie indivise du dit immeuble. L'accession de tous les co-propriétaires à telle vente conformément à l'ordre du protonotaire, fait présumer chez ceux-ci l'intention de faire cesser l'indivision et de procéder à partage. L'adjudicataire de l'immeuble ainsi vendu est censé avoir acquis le dit immeuble directement de la personne décédée. — Monette et Mollest, VI R. L., 561.

300. Les formalités exigées par les articles 298 et 299 pour l'aliénation des biens du mineur, ne s'appliquent point aux cas où un jugement a ordonné la licitation sur provocation d'un co-propriétaire par indivis ; seulement en ce cas la licitation ne peut se faire que dans la forme prescrite par la loi. Les étrangers y sont admis.

Pothier, *Personnes, loco citato.*— *Vente,* nº 516.— *Société,* nº 171.— *Commun.,* nº 710.— 4 Pand. Franç., 588.— C. N., 460.

301. [Le tuteur ne peut accepter ni répudier une succession échue au mineur, sans autorisation, sur avis du conseil de famille. L'acceptation n'a lieu que sous bénéfice d'inventaire. Accompagnée de ces formalités, l'acceptation ou la renonciation a le même effet que si elle était faite par un majeur].

2 Fréminville, *Tutelle,* l. 5, tit, 1, ch. 4, p. 2.— Lahaye sur art. 461 C. N.— C. N., 461.

302. [Dans le cas où la succession répudiée au nom du mineur n'a pas été acceptée par un autre, elle peut être reprise soit par le tuteur autorisé à cet effet, sur nouvel avis du conseil de famille, soit par le mineur devenu majeur, mais dans l'état où elle se trouve lors de la reprise et sans pouvoir attaquer les ventes ou autres actes qui ont été légalement faits pendant la vacance].

2 Fréminville, *Tutelle,* nº 559, sur art. 462 C. N.— 4 Pand. Franç., pp. 590 et suiv., sur art. 461 et 462 C. N.— 1 Malleville, 412–3.— 6 Locré, *Esp. du Code,* 280–1.— 1 Bousquet, 572.— 1 Zacharie, 229.— C. N., 462.

303. La donation faite au mineur peut être acceptée par son tuteur ou un tuteur *ad hoc*, par ses père et mère ou autres ascendants, sans qu'il soit besoin d'aucun avis de parents pour rendre valable cette acceptation.

Ord. des donations, 1731, art. 7.— Meslé, ch. 9, nº 6, p. 231.— 1 Ricard, *Donations,* ch. 4, s. 1, nº 852.— 1 Sallé, *Esprit des ordon.,* sur art. 7.— *Ord.* de 1731, pp. 45 et suiv.— C. N., 463.

304. Les actions appartenant au mineur sont portées au nom de son tuteur, sauf celles pour gages que le mineur âgé de quatorze ans peut intenter seul jusqu'au montant de [cinquante piastres].

Nulle action portée par le tuteur n'est maintenue, s'il ne justifie de l'enregistrement préalable de l'acte de tutelle.

S. R. B. C., c. 82, s. 35 ; c. 37, s. 33 ; c. 94, s. 21.— I Pigeau, liv. 2, part. 1, tit. 1, ch. 3, art. 2, p. 67.

Jurisp.— 1. A tutor or guardian to children resident in a foreign country, if duly appointed according to the laws of that country, can support an action on their behalf.— Allen vs Coltman, I R. de L., 345.

2. A plaintiff who sues in any action *en autre droit* must make a proof of his authority, and a tutor must therefore file his *acte de tutelle* with his declaration. — Lees vs Scott, I R. de L., 350.

3. Un tuteur peut dans une action hypothécaire produire un plaidoyer de déguerpissement pour son pupille, mais il doit être autorisé par avis de parents. — Taché vs Levasseur, III R. de L., 38.

4. Une opposition à une vente d'immeubles faite par un tuteur *ad hoc*, autorisé à agir pour les mineurs, doit être maintenue, nonobstant le défaut d'enregistrement de l'acte de tutelle, et la 24me section de la 4me Vict., ch. 30, n'est pas applicable à de telles oppositions.— Chouinard vs Demers, V L. C. R., 401.

5. A tutor appointed to accept a donation and to collect interest arising from an obligation, cannot maintain an action at law until his tutorship has been registered.— Langlands vs Stansfield, VII L. C. J., 45.

6. Un mineur n'a pas droit de poursuivre en son nom pour ses gages, quand l'engagement a été fait par le père sous la puissance et le contrôle duquel est le mineur.— Allard vs Wilcot, XIII L. C. J., 28.

7. The father of a minor may bring an action *en déclaration de paternité* without being appointed tutor *ad hoc* to her.— Patoille vs Desmarais, I L. C. L. J., p. 58.

8. Un père, non tuteur de son fils mineur, ne peut poursuivre pour les gages de ce dernier. Défense en droit maintenue.— Carson vs Bishop, II R. L., 624.

9. Un père a, comme tel, le droit d'utiliser les services de son enfant mineur, de l'engager et de poursuivre pour ses gages.— Coran vs Sylvain, II R. L., 736.

10. Un tuteur *ad hoc* ne peut intenter une action pour un mineur qui n'a pas de tuteur, pour l'inexécution d'une promesse de mariage ; et le pourrait-il, il devrait d'abord faire enregistrer l'acte de tutelle.— Brousseau vs Bédard, III R. L., 447.

11. La mère d'un enfant naturel ne peut, en son propre nom, poursuivre le père présumé de l'enfant pour l'en faire déclarer le père. Il lui faut l'assistance d'un tuteur *ad hoc*, ou être nommée elle-même tutrice de l'enfant.— Giroux vs Hébert, V R. L., 439.

305. Le tuteur ne peut provoquer le partage définitif des immeubles du mineur, mais il peut, même sans autorisation, répondre à une demande en partage dirigée contre le mineur.

Pothier, *Commm.*, nos 695–6 ; *Id.*, n° 296 ; *Société*, n° 164 ; *Personnes*, tit. 6, sec. 4, art. 3, § 2.— Lamoignon, *Arrêtés*, tit. 4, art. 111.— Lebrun, *Successions*, liv. 4, ch. 1, art. 24.—1 Malleville, 414–5.— 4 Pand. Franç., sur art. 466.

Jurisp.— A tutor has a right, when duly authorized, to take up the *instance* in and prosecute an action *en partage* already begun by the *auteurs* of the minor. —Cutting and Jordon, XIX L. C. J., 139.

306. Le tuteur ne peut appeler d'un jugement qu'après y avoir été autorisé par le juge ou le protonotaire sur avis du conseil de famille.

Ord. avril 1560.— Meslé, ch. 8, n° 16.— Domat, liv. 2, tit. 1, s. 3, n° 9.— Locré, *Esprit du Code*, 290.

Jurisp.— A tutor cannot legally appeal without being specially authorized *en justice*.— Bessoner et DeBeaujeu, XVI L. C. J., 224.

307. [Le tuteur ne peut transiger au nom de son mineur qu'après y avoir été autorisé par le tribunal, le juge ou le protonotaire, sur avis du conseil de famille ; accompagnée de ces formalités, la transaction a le même effet que si elle était faite avec un majeur].

C. N., 467.— Lahaye, sur art. 467 C. N.—1 Malleville, *loco citato.*— Hua, Rolland, *Tutelle*, n° 243.— 3 Duranton, n° 597.— A. Dalloz, *Tutelle*, nos 460 et 470.— 1 Delvincourt, note 3 de la p. 127.— Victor Augier, Encyclopédie, *Mineur*, § 2, n° 11.

SECTION VI.

DU COMPTE DE LA TUTELLE.

308. Le tuteur est comptable de sa gestion lorsqu'elle finit.

ff L. 1, § 3, *De tutelæ et rationibus.*— *Novel.* 72, c. *ult.*— Ord. 1667, tit. 29.— Pothier, *Personnes*, 622.— *Cout. d'Orl., Intr. au titre* 9, n° 17.— Ord. 1560.— 2 Pigeau, 27.— 1 Bousquet, 580.—1 Malleville, 417.—1 Gin, 339.— C. N., 469.

Jurisp.— It is not competent to a minor became major or his assignee to bring an action against his tutor for a specific sum of money which appears by the tutor's account, pending his administration as tutor, to be a *reliquat* due by the tutor at a specified date during the administration. Until the rendering of the account of tutor, the only action by the minor became major against his tutor arising out the administration, was the *actio tutelæ directæ.*— Bureau vs Moore, XVII L. C. J., 235.

309. Le tuteur peut être forcé, même pendant la tutelle, à la demande des parents et alliés du mineur, du subrogé-tuteur, et de

toutes autres parties intéressées, de représenter de temps à autre un
compte sommaire de sa gestion, lequel compte doit être fourni sans
frais ni formalités de justice.

ff L. 5, § 11, *De rebus eorum.*— 2 Louet et Brodeau, *lettre* M, som. 15, p. 170.—
Serpillon, *sur Ord.* 1667, tit. 29, p. 535.— Lacombe, vᵉ *Tuteur*, sec. 8, p. 784.— Merlé,
290.— Du Parc Poullain, 297.— Raveau, 557.— 2 Pigeau, 104 et suiv.— 1 Bourjon,
62.— 1 Malleville, 418.— 1 Gin, 341.— C. N., 470.

310. Le compte définitif de tutelle se rend aux dépens du mineur, lorsqu'il a atteint sa majorité, ou obtenu son émancipation;
le tuteur doit en avancer les frais.

On y alloue au tuteur toutes dépenses suffisamment justifiées et
dont l'objet est utile.

Ord. 1667, tit. 29.— Pothier, *Personnes*, 614 et 623.— *Cout. d'Orl., Intr.* tit. 9, nᵒ
18.— Domat, liv. 2, tit. 1, sec. 5, nᵒˢ 1 et 2.— 1 Delvincourt, 129.— 4 Pand. Franç.,
467 et 607.— C. N., 471.

Jurisp.— 1. In an action of account against a tutor, the oath of the defendant as to *dépenses modiques* is sufficient voucher.— Racine vs Racine, I R. de
L., 351.

2. Minors as well as their tutor are directly liable to a notary, for the price of
an account of the gestion of their tutor rendered by him, although it was the
tutor who employed the notary.— Easton vs Court, VIII L. C. J., 124.

3. Le tuteur rendant compte n'est point tenu aux frais de la demande en
reddition de compte s'il ne l'a pas contestée. Cette question n'est pas laissée à
la discrétion de la cour comme sont la plupart de celles qui ont rapport aux
dépens.— Loiselle vs Loiselle, X L. C. J., 258.

311. Tout traité relatif à la gestion et au compte de la tutelle,
qui peut intervenir entre le tuteur et le mineur devenu majeur, est
nul, s'il n'est précédé de la reddition d'un compte détaillé et de la
remise des pièces justificatives.

Pothier, *Personnes*, 622.— *Cout. d'Orl., Intr.* tit. 9, nᵒ 18.— 1 Argou, 68.— Lamoignon, tit. 4, art. 129.— 1 Malleville, 420.— 1 Gin, 340.— C. N., 472.

Aubry et Rau
I 491 et 496

Laurent V 160-166

Jurisp.— 1. Des transactions intervenues entre un tuteur et des mineurs
devenus majeurs sans qu'il ait été fait un bon et loyal inventaire, sans reddition
de compte et sans production de pièces justificatives, sont nulles de plein droit.
— Motz vs Moreau, V L. C. R., 433.

2. Un compte rendu en bloc par un tuteur à son mineur devenu majeur et
par lui accepté sans pièces justificatives, est nul *ipso jure*. Sur une demande en
reddition de compte par le mineur, une exception lui opposant un tel compte ne
constitue aucune fin de non-recevoir. Le tuteur doit être condamné à rendre
compte de nouveau.— Ducondu vs Bourgeois, II L. C. J., 104.

3. Une transaction intervenue entre un tuteur et ses pupilles, fondée sur un
inventaire incorrect, lorsque la majorité des enfants était encore incertaine, ne
peut être annulée, si elle a été confirmée par une transaction subséquente, alors
que les mineurs n'étaient devenus majeurs, n'étaient plus sous le contrôle de leur
tuteur, et connaissaient que l'inventaire était incorrect.— Motz et Moreau, X
L. C. R., 84. &c.

4. Le pupille, devenu majeur, peut référer à la décision d'arbitres, les différends soulevés entre lui et son tuteur, sur le compte que ce dernier lui rend,
et cette référence n'est pas un traité relatif à la question et au compte de tutelle,
mais un moyen expéditif et favorable au mineur pour faire décider ses contestations contre le compte que présente le tuteur.— Laporte vs Laporte, III R. L., 37.

312. Si le compte donne lieu à des contestations, elles sont poursuivies et jugées en la manière pourvue au code de procédure civile.

Pothier, *Personnes*, 624.— Ord. 1667, tit. 29.

313. La somme à laquelle s'élève le reliquat dû par le tuteur porte intérêt sans demande, à compter de la clôture du compte. Les intérêts de ce qui est dû au tuteur par le mineur ne courent que du jour de la mise en demeure par le tuteur, après la clôture du compte.

Pothier, *Personnes,* 624-5.— Lamoignon, tit. 4, art. 127-8.—1 Argou, 68.— 1 Bousquet, 584.— 1 Malleville, 421.— 1 Gin, 341-2.

CHAPITRE TROISIÈME.

DE L'ÉMANCIPATION.

314. Le mineur est émancipé de plein droit par le mariage.

Paris, 239 et 272.— Lamoignon, tit. 2, art. 2 ; tit. 4, art. 121.—1 Argou, 64.— Meslé, 210-2-6.— Pothier, *Personnes,* 621.— *Cout. d'Orl., intr.* tit. 9, n° 21.— 4 Pand. Franç., 610.—1 Gin, 342 et suiv.— C. N., 476.

315. Le mineur non marié peut être émancipé, à sa propre demande, à celle de son tuteur et de ses parents et alliés, par le tribunal, les juges ou les protonotaires auxquels il appartient de conférer la tutelle, sur l'avis du conseil de famille convoqué et consulté de même que dans le cas de la tutelle.

34 Geo. III, ch. 6, s. 8.— 12 Vic., ch. 38, s. 8.— S. R. B. C., ch.86, s. 1 ; ch. 78, s. 23.—1 Argou, 64.— Pothier, *Personnes,* 622.— *Cout. d'Orl., intr.* tit. 9. n° 8.— Nouv. Denizart, v° *Emancipation,* § 5, n° 4, p. 502.— 4 Pand. Franç., 616.—1 Gin, 344.— C. N., 478.

Jurisp.— A minor aged 19 years and upwards may be emancipated as regards the administration of her property.— Shaw vs Cooper, IX L. C. J., 166.

316. Si l'émancipation est accordée hors de cour, elle est sujette à révision et peut être annulée par le tribunal auquel appartient le juge ou le protonotaire qui l'a prononcée. De ce jugement il y a appel.

S. R. B. C., c. 86, s. 1 ; c. 78, s. 23.

317. Soit que l'émancipation résulte du mariage ou qu'elle soit accordée en justice, il doit être nommé un curateur au mineur émancipé.

5 Nouv. Denizart, p. 503.

318. Le compte de tutelle est rendu au mineur émancipé, assisté de son curateur.

Lamoignon, tit. 4, art. 124.— Pothier, *Personnes,* 626.— Meslé, 290.—1 Gin, art. 346.—1 Malleville, 420-8.— 4 Pand. Franç., 616.— C. N.,480.

319. Le mineur émancipé passe les baux dont la durée n'excède pas neuf ans ; il reçoit ses revenus, en donne quittance et fait tous les actes qui ne sont que de pure administration, [sans être restituable contre ces actes dans tous les cas où les majeurs ne le sont pas].

Pothier, *Personnes,* 622 ; *Cout. d'Orl., Intr.* tit. 9, n° 21.— Serres, 61-2.— 1 Malleville, 428.— 1 Gin, 346.— 4 Pand. Franç., 618.— C. N., 481.

320. Il ne peut intenter une action immobilière ni y défendre, sans l'assistance de son curateur.

Pothier, *Personnes*, 602-3 et 632 ; *Oblig.*, n° 877.— Serres, *Instit.*, 141-2.— Boutaric, *Instit.*, 107.— 1 Pigeau, 68.— 1 Argou, 71-2.— 1 Malleville, 428.— 1 Gin, 340. —4 Pand. Franç., 518 et suiv.— C. N., 482.

321. Le mineur émancipé ne peut faire aucun emprunt sans l'assistance de son curateur. Les emprunts considérables, eu égard à sa fortune, faits par actes emportant hypothèque, sont nuls, même avec cette assistance, s'ils ne sont autorisés par le juge ou le protonotaire sur avis du conseil de famille, sauf les cas auxquels il est pourvu par l'article 1005.

ff L. 27, § 2, *de minoribus.*— Ferrière, *Tutelles*, 230-1.— Meslé, 390-1.— Serres, *Instit.*, 141.— 2 Fréminville, *Tutelles*, n° 1066.— 1 Malleville, 430-1.— 4 Pand. Franç., 648.— 6 Locré, *Esp. du Code*, 350 et suiv.— S. R. B. C., c. 78, s. 23.— C. N., 483.

322. Il ne peut non plus vendre ni aliéner ses immeubles, ni faire aucun acte autre que ceux de pure administration, sans observer les formes prescrites au mineur non-émancipé.

A l'égard des obligations qu'il aurait contractées par voie d'achat ou autrement, elles sont réductibles au cas d'excès ; les tribunaux prennent à ce sujet en considération la fortune du mineur, la bonne ou mauvaise foi des personnes qui ont contracté avec lui, l'utilité ou l'inutilité des dépenses.

Cod., L. 3, *de his qui veniam ætatis.*— Pothier, *Personnes*, 603.— *Cout. d'Orl.*, tit. 9, art. 181, note 5.— 6 Locré, *Esp. du Code*, 354.— 1 Malleville, 430.— 4 Pand. Franç., 619.— C. N., 484.

Jurisp.— 1. Une femme mariée encore mineure peut, avec la seule autorisation de son mari, ratifier un acte d'échange, consenti par le mari, d'un immeuble affecté aux douaire préfixe et reprises matrimoniales de cette femme, tels droits de la femme étant des droits purement mobiliers.— Métrissé vs Brault, X L. C. R., 157.

2. Le mineur émancipé peut valablement aliéner ses biens meubles.— Métrissé vs Brault, IV L. C. J., 60.

3. Un mineur peut être poursuivi en son propre nom pour des objets de nécessité pour le paiement desquels il est responsable, et il n'est pas nécessaire que l'action, dans ce cas, soit dirigée contre le tuteur du mineur.— Thibaudeau vs Magnan, IV L. C. J., 146.

323. Le mineur qui fait commerce est réputé majeur pour les faits relatifs à ce commerce.

1 Despeisses, part. 4, tit. 11, sec. 2, n° 22, et les auteurs qu'il cite.— 2 Henrys, liv. 4, *quest.* 127.— Lacombe, v° *Restitution*, sec. 2, n° 10.— Ord. 1673, tit. 1, art. 6.— 2 Bornier, 448.— 4 Pand. Franç., 622-3.— 1 Malleville, 431.— 4 Sebire et Carteret, 571.— C. N., 487.

Jurisp.— 1. Un mineur marchand peut être poursuivi et condamné pour les dettes contractées par lui pour le fait de son commerce, et sans qu'il soit besoin de lui faire nommer un tuteur, tel mineur étant à l'égard de son commerce réputé majeur.— Donais vs Côté, V L. C. R., 193.

2. Un mineur faisant commerce peut légalement s'obliger pour sa pension et nourriture, et être assujetti, en ce cas, à l'arrestation par *capias ad respondendum.* —Yule vs Wales, XII L. C. R., 292.

3. A minor is liable for his board when contracted for as a trader and in the course of his business.— Browning vs Gale, VI L. C. J., 251.

4. The maker of a promissory note, though a minor, may be sued upon a note, the consideration of which was goods purchased by him for use in his trade.— The City Bank vs Lafleur, XX L. C. J., 131.

TITRE DIXIÈME.

DE LA MAJORITÉ, DE L'INTERDICTION, DE LA CURATELLE ET DU CONSEIL JUDICIAIRE.

CHAPITRE PREMIER.

DE LA MAJORITÉ..

324. La majorité est fixée à vingt-un ans accomplis. A cet âge on est capable de tous les actes de la vie civile.

Pothier, *Personnes*, tit. 5.—8. R. B. C., c. 34, s.1.— C. N., 488.

CHAPITRE DEUXIÈME.

DE L'INTERDICTION.

325. Le majeur ou le mineur émancipé qui est dans un état habituel d'imbécillité, démence ou fureur, doit être interdit, même lorsque cet état présente des intervalles lucides.

ƒ *De curatoribus furioso.*—Cod., L. 1, L. 6, *de curatore furiosi.—Instit. de curatorius*, § 3.— Pothier, *Personnes*, 625.— Anc. Deniz., v° *Interdiction.*— Merlin, Rép., v° *Interdict.*, §§ 3 et 4, n° 1, 2 et 6.— C. N., 489.

326. Doivent également être interdits ceux qui se portent à des excès de prodigalité qui donnent lieu de craindre qu'ils ne dissipent leurs biens.

Pothier, *Personnes*, 625.— Merlin, Rép., v° *Interdiction*, §§ 1 et 2, n° 1.—4 Pand. Franç, 638.— 1 Malleville, 434.— 2 Toullier, 1309.—8. R. B. C., c. 78, s. 23.

327. Toute personne est admise à provoquer l'interdiction de son parent ou allié prodigue, furieux, imbécile ou en démence; il en est de même de l'un des époux à l'égard de l'autre.

Pothier, *Personnes*, 625.— Merlin, Rép, v° *Interdiction*, §§ 3 et 4.— Dict. de droit, v° *Interdiction*, 58.— C. N., 490.

Jurisp.— 1. Une interdiction et la nomination d'un conseil, obtenues à la requête de l'interdit lui-même, sont de nul effet, quant à un créancier avec lequel l'interdit a contracté.— Dechantal *et al.* et Dechantal, II L. C. R., 469.
2. L'époux, le parent ou l'allié de l'imbécile et de celui qui est en démence peuvent seuls provoquer l'interdiction; tant qu'elle n'a pas été prononcée celui qui y est sujet est à la tête de son patrimoine, et les tiers ne peuvent s'adresser qu'à lui.— D'Estimonville vs Tousignant, I Q. L. R., 39.

328. La demande en interdiction est portée devant le tribunal compétent, ou devant un des juges ou le protonotaire de ce tribunal; elle doit contenir l'articulation des faits d'imbécillité, démence, fureur ou de prodigalité. C'est à celui qui poursuit l'interdiction à produire la preuve de ces faits.

34 Geo. III, c. 6, s. 8.— Pothier, *Personnes*, 625.— Dict. de droit, *loc. cit.*— Nouv. Deniz., v° *Curatelle*, 710.— 2 Toullier, n° 1319.— 1 Malleville, 435.— 1 Gin, 355.— C. N., 492 et 493.— S. R. B. C., c. 78, s. 23.

Jurisp.— An interdiction *pour cause de prodigalité* may be seperseded by the court.— *Ex parte* Duchesneau, II R. de L., 438.

329. Le tribunal, le juge ou le protonotaire, auquel la demande est adressée, ordonne la convocation du conseil de famille, comme dans le cas de la tutelle, et prend son avis sur l'état de la personne dont l'interdiction est demandée; mais celui qui la provoque ne peut faire partie de ce conseil de famille.

Pothier, *Personnes*, tit. 6, sec. 5, art. 1.— Denizart, *Actes de notoriété*, 113.— 1 Gin, 356.— C. N., 494 et 495.— S. R. B. C., c. 78, s. 23.

Jurisp.— Le juge qui prononce l'interdiction n'est pas obligé de suivre la majorité des parents et amis convoqués pour donner leur avis sur la nomination d'un curateur, tel avis n'étant qu'un mode d'instruction pour assister le juge dans l'exercice de ses attributions.— Dufaux vs Robillard, VII R. L., 470.

330. Lorsque la demande est fondée sur l'imbécillité, la démence ou la fureur, le défendeur doit être interrogé par le juge accompagné d'un greffier ou assistant, ou par le protonotaire; l'interrogatoire est rédigé par écrit et communiqué au conseil de famille. Cet interrogatoire n'est pas de rigueur, si l'interdiction est demandée pour cause de prodigalité; mais dans ce cas le défendeur doit être entendu ou appelé.

ff. L. 5, *De curatoribus furioso.*— Denizart, *Acte de notoriété*, 113.— 1 Bourjon, 77. Dict. de droit, v° *Interdiction*, 58-9.— C. N., 496.— S. R. B. C., c. 78, s. 23.

331. En rejetant la demande en interdiction, l'on peut, si les circonstances l'exigent, donner au défendeur un conseil judiciaire.

6 Merlin, Rép., v° *Conseil judic.*, n° 1, p. 96.— Dict. de Droit, v° *Interdiction*, 58 et 59.— C. N., 499.

332. Si l'interdiction est prononcée hors de cour, elle est sujette à révision par le tribunal, sur requête de la partie elle-même ou de quelqu'un de ses parents. Le jugement du tribunal est aussi sujet à appel.

41 Geo. III, c. 7, s. 18.

333. Tout arrêt ou jugement en interdiction ou en nomination d'un conseil, est, à la diligence du demandeur, signifié à la partie et inscrit sans délai par le protonotaire ou greffier sur le tableau tenu à cet effet, et affiché publiquement dans le greffe de chacune des cours ayant, dans le district, le droit d'interdire.

Dict. de Droit, v° *Interdiction*, 59.— 1 Bourjon, 79.— Denizart, *Actes de Notoriété*, 115.— C. N., 501.

334. L'interdiction ou la nomination du conseil a son effet du jour du jugement, nonobstant l'appel.

Tout acte fait postérieurement par l'interdit pour cause d'imbécillité, démence ou fureur, est nul; les actes faits par celui auquel il a été donné un conseil sans en être assisté, sont nuls s'ils lui sont préjudiciables, de la même manière que ceux du mineur et de l'interdit pour prodigalité d'après l'article 987.

Dict. de Droit, v° *Interdiction*, 58-9.— Pothier, *Oblig.*, n° 51.— *Donations entre vifs*, sec. 1, art. 1.— Guyot, Rép., v° *Interdiction*, 443 et 450.— C. N., 502.

Jurisp.— Une personne qui est sous la garde d'un curateur ne peut pas s'engager seule dans un contrat, tant que la curatelle subsiste.— Emerick vs Patterson, VII L. C. R., 239.

335. Les actes antérieurs à l'interdiction prononcée pour imbécillité, démence ou fureur, peuvent cependant être annulés, si la cause de l'interdiction existait notoirement à l'époque où ces actes ont été faits.

1 Bourjon, 76, n°° 8, 9, 10 et 11.— 1 Ricard, *Donations*, part. 1, c. 3, sec. 3, n° 146.— 2 Augeard, 96, *Arrêt du 2 avril* 1708.— C. N., 503.

Jurisp.— La démence et l'imbécillité notoires ne rendent pas, avant l'interdiction, les actes de celui qui en souffre nuls ; elles ne les font qu'annulables pour lésion. L'imbécile et celui qui est en démence jouissent de leurs droits tant qu'ils ne sont pas interdits, et ils peuvent valablement les invoquer en justice, et traduits là par eux les tiers peuvent valablement s'y défendre.— D'Estimonville vs Tousignant, I Q. L. R., 39.

336. L'interdiction cesse avec les causes qui l'ont déterminée ; néanmoins la main-levée n'est prononcée qu'en observant les formalités prescrites pour parvenir à l'interdiction, et l'interdit ne peut reprendre l'exercice de ses droits qu'après le jugement de main-levée.

Pothier, *Personnes*, 625-6.— 1 Bourjon, 77-8.— Nouv. Deniz., v° *Curatelle*, p. 716. —Guyot, Rép., v° *Interdiction*, 450.— C. N., 512.

CHAPITRE TROISIÈME.

DE LA CURATELLE.

337. Il y a deux espèces de curatelle, l'une à la personne et l'autre aux biens.

Pothier, *Personnes*, 628.— N. Deniz., 716-7.

338. Les personnes auxquelles on donne des curateurs sont :
1. Les mineurs émancipés ;
2. Les interdits ;
3. Les enfants conçus, mais qui ne sont pas encore nés.

Pothier, *loc. cit.*— 5 N. Deniz., 706.— 1 Id., 64.— Bretonnier, Quest. de droit, v° *Absent*, c. 111.

Amend.— *L'acte Q. 33 Vict., c. 26, s. 1, contient ce qui suit :*

Sur requête assermentée présentée à l'un des juges de la cour supérieure pour le Bas-Canada, qui seul pourra agir, de la part d'un parent ou allié, et à défaut de parent, de la part d'un ami d'un ivrogne d'habitude représentant que par la suite de son ivrognerie, tel ivrogne d'habitude dissipe ses biens, ou administre mal ses biens, ou met sa famille dans le trouble ou la gêne, ou conduit ses affaires au préjudice des intérêts de sa famille, de ses parents ou de ses créanciers, ou qui fait usage de liqueurs spiritueuses en quantité si considérable qu'il s'expose à ruiner sa santé et abréger ses jours, tel juge, pour aucune de ces raisons prouvée devant lui à sa satisfaction, pourra prononcer l'interdiction de tel ivrogne d'habitude, et lui nommer un curateur afin de gérer ses biens et conduire sa personne comme dans le cas d'une personne interdite pour cause de démence.

Quant aux formalités à suivre pour la nomination du curateur à l'ivrogne, à ses pouvoirs et ses obligations, nous référons aux sections suivantes de cet acte.

339. Les curateurs à la personne sont nommés avec les formalités et d'après les règles prescrites pour la nomination des tuteurs.
Ils prêtent serment avant d'entrer en exercice.

N. Deniz., *loc. cit.*— Pothier, *loc. cit.*

Jurisp.— Le père de l'interdit a le droit d'être nommé son curateur de préférence à un étranger.— Dufaux vs Robillard, VII R. L., 470.

340. Le curateur au mineur émancipé n'a aucun contrôle sur sa
personne ; il lui est donné aux fins de l'assister dans les actes et
poursuites dans lesquels il ne peut agir seul.   Cette curatelle cesse
avec la minorité.

Pothier, 626.— 5 N. Deniz., 701.

341. Le curateur à l'interdit est nommé par la sentence qui prononce l'interdiction.

Dict. de Droit, v° *Interdiction*, p. 58.— 5 N. Deniz., p. 708, § 5.— Pothier, 625.

342. Le mari, à moins de raisons jugées valables, doit être
nommé curateur à sa femme interdite.   La femme peut être curatrice à son mari.

Guyot, Rép., v° *Interdiction*, 442.— 15 Merlin, p. 403.— Merlé, 365.— 1 Bourjon,
77.— 2 Pigeau, 83.— Actes de Notoriété, 115.— 4 Pand. Franç., 653.

343. Le curateur à l'interdit pour imbécillité, démence ou fureur,
a sur la personne et les biens de cet interdit tous les pouvoirs du
tuteur sur la personne et les biens du mineur ; il est tenu à son
égard à toutes les obligations du tuteur envers son pupille.
   Ces pouvoirs et obligations ne s'étendent que sur les biens, dans
le cas où l'interdiction est pour prodigalité.

Actes de Notoriété, 115.— Lamoignon, tit. 4, art. 137.— Pothier, 626 ; *Ibid.,
Propriété*, n° 7 ; *Successions*, c. 3, sec. 3, art. 1, § 3.— *Intr.* au tit. 17 *Cout. d'Orl.*,
n° 40.
   Voir sous l'art. 297 les dispositions de l'acte 33 Vict., c. 32, s. 42, qui affectent
cet article.
   Voir également sous l'art. 297 les dispositions de l'*Acte des chemins de fer*, 1868,
qui affectent cet article.   L'*Acte des chemins de fer de Québec*, 1868, contient une
clause semblable à celle de l'acte fédéral.

Jurisp.— 1. A curator to an interdicted person may be removed by his
consent and the consent of the *parents*, or upon petition by the next of kin, on
sufficient cause and on *avis de parents*, without his consent.— Côté vs Pageol, II
R. de L., 438.
   2. La nomination d'une femme, comme curatrice à son mari interdit, contient
nécessairement l'autorisation d'administrer les biens de son mari aussi bien
que les siens.— Lemesurier vs Leahy, XIV L. C. R., 417.
   3. The curator to a lunatic or insane person cannot remove him from his
domicile to an hospital or asylum without the authority of the court, acting on
the advice of his relations or friends.— *Ex parte* Cahill, XVIII L. C. J., 270.
   4. The curator to a person voluntarily interdicted, must be brought into the
proceedings to obtain *contrainte for folle enchère*, though the *folle enchère* was
made before interdiction.— *Ex parte* Fourquin, III L. C. L. J., 118.
   5. La défenderesse étant curatrice à son mari interdit pour ivrognerie, peut
être poursuivie seule ; son mari n'a pas besoin d'être mis en cause, et elle n'a
pas besoin d'être autorisée spécialement à ester en justice.— Lemieux vs For-
cade, II R. L., 626.
   6. Le curateur à l'interdit pour démence n'a pas le droit d'enlever l'interdit à
son épouse et à sa famille, pour le placer dans un hôpital.— Moore vs O'Neil, V
R. L., 646.

344. [Nul à l'exception des époux, des ascendants et descendants, n'est tenu de conserver la curatelle d'un interdit au-delà de dix ans. A l'expiration de ce terme, le curateur peut demander et doit obtenir son remplacement.]

C. N., 508.

345. Le curateur à l'enfant conçu, mais qui n'est pas encore né, est chargé d'agir pour cet enfant dans tous les cas où ses intérêts l'exigent; il a, jusqu'à sa naissance, l'administration des biens qui doivent lui appartenir, et il est alors tenu d'en rendre compte.

Pothier, *Des personnes*, 627.—5 N. Deniz., 717.— 2 Toullier, p. 315.— C. N., 393.

346. Si pendant la curatelle il arrive que celui qui y est soumis ait des intérêts à discuter contre son curateur, on lui donne pour ce cas un curateur *ad hoc*, dont les pouvoirs s'étendent seulement aux objets à discuter.

5 N. Deniz., p. 701.

Jurisp.— 1. L'on peut émaner un bref de tiers-saisie contre le curateur d'un interdit, pour l'obliger à payer au demandeur le montant qu'il doit personnellement à l'interdit, pour un jugement rendu contre l'interdit et le dit curateur, en sa dite qualité.— Crebassa vs Fourquin et Bergeron, T. S., III R. L., 57.

2. La tiers-saisie, émanée à la poursuite d'un créancier, pour saisir et arrêter, entre les mains du tuteur personnellement, toutes les sommes d'argent qu'il peut devoir au tuteur, est nulle et illégale, vu que le compte du tiers-saisi, comme tuteur, ne peut être débattu par la contestation de la déclaration sur saisie-arrêt, mais ne doit l'être que par une contestation directe avec la partie intéressée.— Dorion et Dumont, et Dorion, Cont., III R. L., 60.

347. Les curateurs aux biens sont ceux que l'on nomme:
1. Aux biens des absents;
2. Dans les cas de substitutions;
3. Aux biens vacants;
4. Aux biens des corporations éteintes;
5. Aux biens délaissés par les débiteurs arrêtés ou emprisonnés, ou pour cause d'hypothèque;
6. A ceux acceptés sous bénéfice d'inventaire.

5 N. Deniz., 700.— Pothier, 628.

348. Ce qui regarde le curateur aux biens des absents est exposé au titre *Des absents*. Ce qui concerne le curateur aux biens des corporations éteintes est réglé au titre *Des corporations*. C'est au livre troisième et au code de procédure civile que se trouvent les règles touchant la nomination, les pouvoirs et les devoirs des autres curateurs mentionnés en l'article précédent, lesquels prêtent aussi serment.

CHAPITRE QUATRIÈME.

DU CONSEIL JUDICIAIRE.

349. L'on donne un conseil judiciaire à celui qui, sans être complétement insensé ou prodigue, est cependant faible d'esprit ou enclin à la prodigalité, de manière à faire craindre qu'il ne dissipe ses biens et ne compromette gravement sa fortune.

6

Dict. de Droit, v° *Conseil*, 397 ; v° *Interdit*, 58–9.— Anc. Deniz., v° *Conseil*, 624. — Guyot, Rép., v° *Interdiction*, 436.— C. N., 513 et 514.

350. Ce conseil est donné par ceux auxquels il appartient d'interdire, sur la demande de ceux qui ont droit de provoquer l'interdiction et avec les mêmes formalités. Cette demande peut aussi être faite par la partie elle-même.

Dict. de Droit, v° *Conseil*, 397 ; v° *Interdiction*, 59 et 60.— Anc. Deniz., v° *Conseil*, 625, n° 7.— Nouv. Deniz., v° *Conseil judiciaire*, § 2, p. 254.— C. N., 514.

351. Si les pouvoirs du conseil judiciaire ne sont pas définis par la sentence, il est défendu à celui à qui il est nommé de plaider, transiger, emprunter, recevoir un capital mobilier et en donner décharge, d'aliéner, ni de grever ses biens d'hypothèques, sans l'assistance de ce conseil.

La défense ne peut être levée que de la même manière que la nomination a eu lieu.

Pothier, *Personnes*, 626.— 1 Bourjon, 80.— Dict. de Droit, v° *Conseil*, 397.— Anc. Deniz., v° *Conseil*, 624-5.— Nouv. Deniz., v° *Conseil judiciaire*, § 2, pp. 254 et suiv. — C. N., 513.

Jurisp.— 1. A judgment obtained against a person interdicted by reason of insanity, his curator not being a party to the suit, is null *de plein droit*.— Sproat vs Chandler, III R. de L., 391.

2. Where a person to whom a judicial adviser had been appointed carried on business as a grocer, and signed a promissory note, without the assistance of his adviser, for goods sold and delivered to him, and such act was not beyond the limits of the appointment of the adviser, the note was valid.— Delisle vs Valade, XXI L. C. J., 250.

3. Where a person had expressed an intention to make a particular donation, and subsequently, while afflicted with softening of the brain and of feeble intelligence, he made the donation with the assistance of a judicial counsel, the donation was valid.— Brault vs Brault, I L. N., 495.

TITRE ONZIÈME.

DES CORPORATIONS.

CHAPITRE PREMIER.

DE LA NATURE DES CORPORATIONS, DE LEUR SOURCE ET DE LEURS DIVISIONS.

352. Toute corporation légalement constituée forme une personne fictive ou morale dont l'existence et la successibilité sont perpétuelles, ou quelquefois pour un temps défini seulement, et qui est capable de certains droits et sujette à certaines obligations.

Pothier, *Personnes*, 628.— Nov. Deniz., v° *Corps*, 581.— 3 Blackstone, 467.

Jurisp.— 1. Des souscriptions à un fonds social ou stock, obtenues par surprise, fraude et par de faux états des affaires de la compagnie faits par ses officiers et ses directeurs, sont nulles et ne produisent aucune obligation. Les actionnaires ainsi trompés peuvent même recouvrer ce qu'ils ont payé en à-compte de leurs parts.— The Glen Brick Co. vs Shackwell, I R. C., 121.

See errata at end.

2. G. et O., deux des principaux officiers de la demanderesse, souscrivent au capital-action de cette dernière, le premier pour $20,000 et le second pour $30,000. Subséquemment, G. altère sa souscription et la réduit à $10,000 et O. à $5,000, sans le consentement des souscripteurs subséquents. La compagnie acquiesce à telle réduction et ne fait appel de versement que sur les souscriptions telles que réduites. *Jugé* que telle réduction ne pouvait pas être faite légalement sans le consentement des souscripteurs subséquents.—Et le défendeur ayant souscrit à des actions dans le capital de la demanderesse sans avoir jamais consenti aux altération et réduction de souscription ci-dessus mentionnées, *jugé* que la demanderesse n'avait pas d'action contre lui pour le forcer à payer des versements sur sa souscription.— National Ins. Co. vs Hatton, C. S., Montréal, 8 juillet 1878.

353. Les corporations sont constituées par acte du parlement, par charte royale ou par prescription.

Sont aussi légalement constituées celles qui existaient au temps de la cession du pays et qui depuis ont été continuées et reconnues par autorité compétente.

2 Vict., c. 26.— S. R. B. C., c. 19.

Jurisp.— 1. If a corporation, to be composed of certain trustees to be subsequently named by the Crown, be established by statute, the existence of the corporation will commence at the time when the statute was passed and not when the trustees are named.— Royal Institution vs Desrivières, Stuart's Rep., 224.

2. The declaration of the King of France which requires a license in mortmain, in certain cases, is repealed by the Prov. stat. 41, Geo. III, c. 17, so far as respects the Royal institution for the advancement of Learning.— Desrivières & Richardson, Stuart's Rep., 218.

3. A subscription of shares in a company to be formed is not binding.— Rascony & The Union Navigation Co., I L. N., 494.

354. Les corporations sont multiples ou simples.

Les corporations multiples sont celles composées de plusieurs membres ; les corporations simples, celles qui consistent dans un seul individu.

1 Blackstone, 469.— 1 Warton's *Law Lexicon*, 219.— Grant, *On Corporations.*— 5 Nouv. Deniz., 581.— 1 Lorieux, 485-6.

355. Les corporations sont ecclésiastiques ou religieuses, ou bien elles sont séculières ou laïques.

Les corporations ecclésiastiques sont multiples ou simples. Elles sont toutes publiques.

Les corporations séculières sont multiples ou simples ; elles sont publiques ou privées.

Grant, 9.— 1 Blackstone, 470.— 1 Warton's L. L., 219.— Dunod, 2ᵉ part., 8.— Pothier, *Prescription*, 142 et 191.— 2 Vic., c. 26.— Acte de 1856, c. 103.

356. Les corporations séculières se subdivisent encore en politiques et en civiles. Les politiques sont régies par le droit public, et ne tombent sous le contrôle du droit civil que dans leurs rapports, à certains égards, avec les autres membres de la société individuellement.

Les corporations civiles étant par le fait de l'incorporation rendues personnes morales ou fictives, sont, comme telles, régies par les lois affectant les individus, sauf les privilèges dont elles jouissent et les incapacités dont elles sont frappées.

1 Blackstone, 41 et suiv.— 1 Pand. Franç., 365.— 1 Duranton, 17.— 1 Marcadé, 19.

Jurisp.— 1. La compagnie du Grand-Tronc du Canada n'est pas une main-morte. — Kierzkowski et le Grand-Tronc, X L. C. R., 47.

2. Une corporation civile est responsable d'un libelle qui lui est imputé par le demandeur. Telle corporation est régie en matières civiles par le droit commun et est soumise aux dispositions de l'article 356 du code civil.— Brown vs Le maire, les échevins, etc., de Montréal, XVII L. C. J., 46.

3. Rights of individuals against a corporation are governed by the French law, and according to that law a corporation is liable for the damage caused by the assault and battery of one of its officers when on duty. In this cause two policemen had illegally arrested and ill treated a cab driver.— *Held*, that the corporation was liable in damages.— The corporation of Montreal vs Doolan, I R. C., 476.

4. Un corps municipal censurant la conduite des commissaires nommés dans une instance où il est partie, n'agit pas alors comme corps légiférant, mais bien comme corps administratif. Les corporations municipales sont régies, en matières civiles, par les règles qui régissent les corporations ordinaires, et sont soumises à l'art. 356 C. C. La corporation de Montréal est corporation politique, en autant qu'elle a droit de faire et promulguer des règlements ou lois de police, et corporation civile en tant qu'administrant les intérêts de ses habitants, et sous ce rapport soumise au droit commun. Comme corporation civile, elle est responsable comme tout autre individu, pour les actes de ceux qui sont autorisés à la représenter, et partant, passible de poursuite pour délit.— Brown *et al.* vs La corporation de Montréal, IV R. L., 7.

CHAPITRE DEUXIÈME.

DES DROITS, DES PRIVILÉGES ET DES INCAPACITÉS DES CORPORATIONS.

SECTION I.

DES DROITS DES CORPORATIONS.

857. Toute corporation a un nom propre qui lui est donné lors de sa création, ou qui a été reconnu et approuvé depuis par une autorité compétente.

C'est sous ce nom qu'elle est désignée et connue, qu'elle agit et que l'on agit contre elle, et qu'elle fait tous ses actes et exerce tous les droits qui lui appartiennent.

3 Blackstone, 475.— Arnold, *On Corporations*, 8.— C. L., 423.

858. Les droits qu'une corporation peut exercer sont, outre ceux qui lui sont spécialement conférés par son titre ou par les lois générales applicables à l'espèce, tous ceux qui lui sont nécessaires pour atteindre le but de sa destination. Ainsi elle peut acquérir, aliéner et posséder des biens, plaider, contracter, s'obliger et obliger les autres envers elle.

Pothier, *Personnes*, 628.— 5 Nouv. Deniz., 597.— 3 Blackstone, 475–6.— 1 Ferrière, *Dict. de Droit*, 441.— 2 Vict, c. 16.— Wicksteed, Index des Statuts, 126.— C. L., 424.

Jurisp.— 1. Une corporation établie en pays étranger peut poursuivre dans le Bas-Canada le recouvrement de ce qui lui est dû.— Larocque et *al.* vs The Flanklin County Bank, VIII L. C. R., 328.

2. Les compagnies incorporées sous l'acte de la législature de Québec, 31 Vict., ch. 25, n'ont pas le pouvoir d'émettre des billets promissoires, à moins que ce pouvoir ne soit formellement donné par les règlements de la compagnie.— Coates vs The Glen Brick Co., et Walsh, intervenant, I R. C., 121.

3. Les corporations municipales peuvent transiger sur toutes réclamations en dommages ou autres, contre elles ; elles sont liées par telles transactions et n'en peuvent être relevées que pour les mêmes raisons que peut invoquer tout majeur en possession de l'universalité de ses droits civils.— Bachand vs La Corporation de St-Théodore d'Acton, II R. C., 325.

4. Quand l'autorisation de consentir des billets promissoires, ou d'accepter des lettres de change, n'est pas expressément donnée à une corporation municipale, cette autorisation ne saurait être présumée comme nécessaire pour l'accomplissement des fins de sa création. La législature ayant établi pour les municipalités un autre mode d'emprunter, un billet promissoire consenti par une corporation municipale, pour acquitter le montant d'un jugement contre elle, est nul.— Pacaud vs The Corporation of Halifax South, XVII L. C. R., 56.

5. An action for libel may be brought by one corporation against another corporation.— Institut Canadien vs *Le Nouveau-Monde*, XVII L. C. J., 297.

6. Une corporation charitable, comme les Sœurs de la Providence, ne viole pas sa charte en préparant et vendant une préparation médicinale.— Kerry vs Les Sœurs, etc., I L. N., 472.

7. Une corporation étrangère incorporée et reconnue par les lois d'un pays étranger où elle tient le siège de ses opérations, peut valablement contracter dans cette province, y ester en justice et contraindre ceux qui ont contracté avec elle d'exécuter leurs engagements, tout comme une personne naturelle qui résiderait dans un pays étranger.— Connecticut & P. R. Co. vs Comstock, I R. L, 589.

359. A ces fins toute corporation est, de droit, autorisée à se choisir parmi ses membres, des officiers dont le nombre et les dénominations sont déterminés par son titre d'incorporation ou par ses propres statuts ou règlements.

Pothier, *Personnes*, 629.— Dict. de droit, *loc. cit.*— 3 Domat, tit. 15, sec. 2, n° 9. —S. R. C., c. 5, s. 6, § 24.

360. Ces officiers représentent la corporation dans tous les actes, contrats ou poursuites, et la lient dans toutes les choses qui n'excèdent pas les limites des pouvoirs qui leur sont conférés. Ces pouvoirs sont déterminés, soit par la loi, soit par les statuts de la corporation, soit enfin par la nature des devoirs imposés.

Pothier, *eod. loc.*— Dict. de droit, *eod. loc.*— C. L., 430.

Jurisp.— 1. The head of a corporation may bind the body corporate by any contract from which it may derive a benefit.— Royal Institution vs Desrivières, Stuart's Rep., 224.

2. Corporations are bound by the acts of their agents in the same way and to the same extent as persons are.— Ferrie & The Wardens, I R. de L., 27.

3. Dans une action portée pour recouvrer £62.10, "balance due pour la construction d'une maison d'école modèle" en vertu d'une obligation des commissaires d'écoles en faveur du demandeur et un autre, son cédant ; les défendeurs plaidèrent qu'ils avaient prélevé £150 au moyen d'une cotisation et qu'ils avaient reçu £150 du fonds des écoles, faisant en tout £300, qui avaient été payés au demandeur, et que les commissaires ne pouvaient soit prélever ou dépenser une plus forte somme, et que l'obligation était nulle et de nul effet. La clause du statut (9 Vict., ch. 27, sous-sec. 3), qui définit les pouvoirs des commissaires d'écoles en autant qu'il s'agit de la construction et réparation de maisons d'écoles, etc., contient ce proviso : "Pourvu toujours qu'il ne sera prélevé aucune taxe pour la construction d'une école modèle ou supérieure excédant £150. *Jugé* que l'obligation excédait la somme de £150, pour laquelle seule la municipalité pouvait être cotisée et condamnée à payer, et était de nul effet quant au défendeur.— Adams & School Commissioners of Barnslow, XI L. C. R., 46.

4. Une corporation municipale est responsable des actes de ses officiers, si elle les a ordonnés ou si elle essaie de les justifier.— Doyon et La corporation de la paroisse de St-Joseph, XVII L. C. J., 193.

361. Toute corporation a droit de faire pour la régie de sa discipline intérieure, pour la conduite de ses procédés et l'administration de ses affaires, des statuts et règlements auxquels ses membres sont tenus d'obéir, pourvu qu'ils soient légalement et régulièrement faits.

Pothier, *eod loc.*— 5 Nouv. Deniz., 594.— 3 Blackstone, 476.—S. R. C., c. 5, s. 6, § 24.— C. L., 430.

Jurisp.— A stockholder in a joint stock company can bring an action of account against the corporation, and thereby contest the validity of a by-law made by a board of its directors.— Keys vs Quebec Fire Ins. Co., Stuart's Rep., 425.

SECTION II.

DES PRIVILÉGES DES CORPORATIONS.

362. Outre les priviléges spéciaux qui peuvent être accordés à chaque corporation par son titre de création ou par une loi particulière, il en est d'autres qui résultent du fait même de l'incorporation, et qui existent de droit en faveur de tous corps incorporés, à moins qu'ils n'aient été ôtés, restreints, ou modifiés par l'acte d'incorporation ou par la loi.

3 Blackstone, 475.— S. R. C., *loc. cit.*

363. Le principal privilége de cette espèce est celui qui consiste à limiter la responsabilité des membres de la corporation à l'intérêt que chacun d'eux y possède, et à les exempter de tout recours personnel pour l'acquittement des obligations qu'elle a contractées dans les limites de ses pouvoirs et avec les formalités requises.

Pothier, *Personnes*, 628-9.— Dict. de Droit, *loc. cit.*— 5 Nouv. Deniz., 597.— 3 Blackstone, 468.— S. R. C., *loc. cit.*

Jurisp.— 1. Les membres d'une corporation qui votent de bonne foi une résolution adoptée par la majorité, ne peuvent être responsables personnellement pour les décisions du corps dont ils font partie ; quand même ces décisions seraient en contravention à un statut qui punit telle contravention d'une amende.— Audette vs Duhamel, I R. L., 52.

2. Les souscriptions au *fonds social* d'une corporation publique, comme une compagnie de chemin de fer, ne sont pas prescriptibles par six ans à compter de l'échéance de chaque appel de fonds; la prescription sexennale ne s'appliquant qu'aux contrats d'une nature commerciale, et l'engagement de payer des parts souscrites n'étant pas d'une nature commerciale.— Un actionnaire ne peut refuser de payer le montant de sa mise, par le fait que la corporation aurait commis des actes illégaux et de nature à déprécier la valeur des actions: de tels griefs peuvent donner lieu à des actions de dommages contre la corporation ou les directeurs individuellement, mais ne peuvent opérer la résolution du contrat d'association. Dans l'espèce, le contrat d'association a été rédigé par écrit et la demanderesse ne peut être tenue à l'accomplissement d'aucune autre condition que celles mentionnées au dit contrat.— The Connecticut & P. R. Co. vs Comstock, I R. L., 589.

SECTION III.

DES INCAPACITÉS DES CORPORATIONS.

364. Les corporations sont soumises à des incapacités qui leur interdisent ou qui restreignent à leur égard l'exercice de certains droits, facultés, priviléges et fonctions dont jouissent les personnes naturelles. Ces incapacités résultent de la nature même de l'incorporation, ou bien elles sont imposées par la loi.

3 Blackstone, 475.— Pothier, *Personnes*, 630.— Dict. de Droit, 441.— Nouv. Deniz., 597.

365. En conséquence des incapacités qui résultent de la nature même des corporations, elles ne peuvent exercer ni la tutelle, ni la curatelle, sauf l'exception contenue dans le chapitre 34 des Statuts Refondus pour le Bas-Canada, ni prendre part aux assemblées des conseils de famille.

On ne peut leur confier l'exécution des testaments, ni aucune autre administration dont l'exercice nécessite la prestation du serment, et fait encourir une responsabilité personnelle.

Elles ne peuvent être assignées personnellement ni comparaître en justice autrement que par procureur.

Elles ne peuvent ni poursuivre ni être poursuivies pour assaut, batterie ou autre voie de fait qui se commettent sur la personne.

Elles ne peuvent servir ni comme témoins, ni comme jurés dans les cours de justice.

Elles ne peuvent être ni gardiens, ni séquestres judiciaires, ni être chargées d'aucun autre devoir ou fonction dont l'exercice puisse entraîner la contrainte par corps.

Pothier, *Personnes*, 628-9.— 3 Blackstone, 476.— Dict. de Droit, 441.— 5 Nouv. Deniz., 597.— S. R. B. C., c. 34, s. 6.

L'exception mentionnée dans le dernier article est formulée dans les termes suivants :— "Les commissaires chargés par le gouverneur de la surveillance de l'Hôtel-Dieu à Québec, l'Hôpital-Général des Sœurs Grises, à Montréal,— l'Hôpital-Général à Québec,— ou de toute institution qui reçoit des enfants trouvés dans le district des Trois-Rivières, et leurs successeurs en office, seront les tuteurs légaux des enfants trouvés des institutions à l'égard desquelles ils ont été respectivement nommés, et ils auront les pouvoirs qu'ils auraient eus, s'ils eussent été nommés tuteurs suivant le cours ordinaire de la loi."— 2 Guil. 4, c. 34, s. 2.

Jurisp.— Il semble qu'une banque ne peut être constituée procureur.— Lynch vs McLennan et Banque du Haut-Canada, IX L. C. R., 257.

366. Les incapacités résultant de la loi sont :

1. Celles qui sont imposées à chaque corporation par son acte de création ou par une loi applicable à l'espèce à laquelle cette corporation appartient.

2. Celles comprises dans les lois générales du pays touchant les gens de mainmorte et corps incorporés, leur interdisant l'acquisition de biens immeubles ou réputés tels, sans l'autorisation du souverain, excepté pour certaines fins seulement, à un montant et pour une valeur déterminée.

3. Celles qui résultent des mêmes lois générales, d'après lesquelles les gens de mainmorte ne peuvent ni aliéner ni hypothéquer leurs

immeubles qu'en se conformant à certaines formalités particulières et exorbitantes du droit commun.

Pothier, *Des Personnes*, 630.— 1 Ferrière, *loc. cit.*— 5 N. Denizart, p. 597.

Jurisp.— The mortmain restrictions upon the acquisition of real estate by mortmain corporation were caused by the acquired property thereby becoming inalienable, not by the existence of the corporation being perpetual or continuous. These restrictions applied to corporations aggregate, the clergy in general, religious bodies, fraternities, municipal guilds, and others of like nature which form the class designated as mortmain corporations, *gens de mainmorte.* Modern civil corporations established for commercial and trading purposes, as joint stock or incorporated banking, manufacturing, railway companies, &c., cannot be included in such class nor do mortmain restrictions apply to them.— Kierzkowski vs The G. T. R. Co. of Canada, IV L. C. J., 86.

2. A subscription note given to a municipal corporation, to aid in the erection of a public market, is not a contract or agreement contrary to good morals. Such contract or agreement is one that the parties might lawfully make, and is not beyond the powers of a corporate body.— The Corporation of Waterloo vs Girard, XVI L. C. J., 106.

3. By the laws of the province of Quebec corporations are under a disability to acquire lands without the permission of the Crown or authority of the legislature. A foreign corporation which had purchased lands in the said province without such authority, and was evicted, had no action of damages against the vendor of their vendor.— The Chaudière Gold Mining Co. & Desbarats, XVII L. C. J., 275.

4. Les corporations, quelles qu'elles soient, qui n'ont pas obtenu de la législature un pouvoir spécial à cette fin, ne peuvent acquérir des biens immeubles dans cette province. Tous les actes faits par telles corporations aux fins d'acquérir des immeubles comme susdit, sont absolument nuls et de nulle valeur et ne peuvent conférer aucun droit quelconque.— La Cie des mines d'or vs Desbarats, I R. L., 82.

5. Voir le jugement *in re* Abbott et Fraser, sous l'art. 869.

367. Le droit de faire le commerce de banque est interdit à toute corporation qui n'y est pas spécialement autorisée par le titre qui l'a constituée.

S. R. B. C., c. 5, s. 6, § 24.

——

CHAPITRE TROISIÈME.

DE L'EXTINCTION DES CORPORATIONS ET DE LA LIQUIDATION DE LEURS AFFAIRES.

——

SECTION I.

DE L'EXTINCTION DES CORPORATIONS.

368. Les corporations deviennent éteintes :

1. Par l'acte de la législature qui décrète leur dissolution.

2. Par l'expiration du terme ou l'accomplissement de l'objet pour lesquels elles ont été formées, ou par l'avénement de la condition apposée à leur création.

3. Par la forfaiture légalement encourue.

4. Par la mort naturelle de tous les membres, la diminution de leur nombre ou toute autre cause de nature à en interrompre l'exis-

tence corporative, lorsqu'il n'est pas pourvu à la successibilité dans ces cas.

1 Blackstone, 484.

5. Par le consentement mutuel de tous les membres, sous les modifications et dans les circonstances ci-après déterminées.

S. R. B. C., c. 88, s. 10.

369. Les corporations ecclésiastiques et séculières d'un caractère public, autres que celles formées pour le secours mutuel de leurs membres, ne peuvent se dissoudre par consentement mutuel, sans un abandon formel et légal ou sans l'autorité de la législature, suivant le cas. Il en est de même des banques, des compagnies de chemin de fer, canaux et télégraphes, de celles pour ponts et chemins de péage, et généralement de toutes les corporations privées qui ont obtenu des priviléges exclusifs ou excédant ceux qui résultent, de droit, de l'incorporation.

(Règle que l'on ne peut par des pactes privés déroger aux lois d'ordre public). — L. 38, *ff de pactis.* — L. 45, *de reg. jur.* — L. 6, Cod., *de pactis.*

370. Les corporations publiques formées pour le secours mutuel de leurs membres, et celles d'un caractère privé non comprises dans l'article précédent, peuvent se dissoudre par consentement mutuel, en se conformant aux conditions qui peuvent leur avoir été imposées spécialement, et sauf les droits des tiers.

(Règle inverse qu'en matière privée l'on peut renoncer à ses droits).— L. 7, § 7, *ff de pactis.*— L. 29, Cod., *eod. tit.*

SECTION II.

DE LA LIQUIDATION DES AFFAIRES DES CORPORATIONS ÉTEINTES.

371. La corporation éteinte est, pour la liquidation de ses affaires, dans la position d'une succession vacante. Les créanciers et autres intéressés ont, sur les biens qui lui ont appartenu, les mêmes recours que ceux qui peuvent être exercés contre les successions vacantes et les biens qui en dépendent.

Jurisp.— 1. A joint company having ceased to do business, its directors having resigned and its place of business having been burned down, the shareholders, at a duly convened general meeting, named the secretary-treasurer assignee, assisted by a council of advisers composed of three of the late directors with full power to wind up the affairs of the company : *Held,* that such an organisation could not receive the sanction of the court, and an action brought by such assignee in the name of the company in liquidation would be dismissed. —The Quebec Agricultural Implements Co. vs Hébert, I Q. L. R., 363.

2. Dans une action intentée par une compagnie à fonds social contre un actionnaire pour le montant d'une part souscrite et non payée, sur preuve que les directeurs et officiers de la compagnie ont donné leur démission et n'ont pas été remplacés, la cour, nonobstant la sec. 20 de la 31° Vict., c. 25, ordonnera que la compagnie procède à l'élection de nouveaux officiers, ou d'un curateur suivant l'art. 371 du C. C., et en produise acte, avant de pouvoir procéder ultérieurement dans la cause.— Frais réservés.— La Cie d'instruments agricoles vs Hébert, II Q. L. R., 182.

372. Pour faciliter l'exercice de ces recours, il est nommé, par le tribunal compétent, avec les formalités suivies dans le cas de suc-

cession vacante, aux biens de la corporation éteinte, un curateur
qui la représente et est saisi des biens qui lui ont appartenu.

S. R. B. C., c. 88, s. 10.

Jurisp.— A judge in chambers has no jurisdiction to appoint a curator to
a dissolved corporation until its dissolution has been judicially pronounced in
due course of law.— The Montreal P. G. Co. vs Maude, XVIII L. C. J., 129.

373. Ce curateur est tenu de prêter serment, de donner caution
et faire inventaire. Il doit aussi disposer des meubles et faire procéder à la vente des immeubles, et à la distribution du prix entre
les créanciers et autres y ayant droit, de la même manière qu'il est
procédé à la discussion, distribution et partage des biens vacants
auxquels il a été nommé un curateur, et dans les cas et avec les formalités réglées au code de procédure civile.

S. R. B. C., c. 88, s. 10.

LIVRE DEUXIÈME.

DES BIENS, DE LA PROPRIÉTÉ, ET DE SES DIFFÉRENTES MODIFICATIONS.

TITRE PREMIER.

DE LA DISTINCTION DES BIENS.

374. Tous les biens, tant corporels qu'incorporels, sont meubles ou immeubles.

Paris, 88.— 2 Du Parc Poullain, p. 55.— Arrêtés de Lamoignon, 2ᵉ part., tit. 8, art. 1.— Pothier, Com., 27 et 66.— Ibid., Intr. gén. aux Cout., 45.— 3 Toullier, pp. 4 et 5.— 5 Pand. Franç., 35.— C. N., 516.

CHAPITRE PREMIER.

DES IMMEUBLES.

375. Les biens sont immeubles, ou par leur nature, ou par leur destination, ou par l'objet auquel ils s'attachent, ou enfin par la détermination de la loi.

C. N., 517.— C. L., 454.— Pothier, Intr. Cout., 49.— Ibid., Des choses, pp. 638 et 642.— Lamoignon, tit. 8, art. 1, p. 46.— 2 Marcadé, n° 340, p. 327.— 9 Demolombe, n° 93 et suiv.— 2 Boileux, p. 595.— 2 Malleville, pp. 5 et 6.— 2 Marcadé, n° 340, pp. 327-8, n° 371, p. 364.— 9 Demolombe, pp. 40 et 41, n° 94, et pp. 248 et 249, n° 378 et suiv.— 2 Boileux, p. 619, sur art. 526.

376. Les fonds de terre et les bâtiments sont immeubles par leur nature.

Pothier, Des choses, p. 638.— Ibid., Introd. aux Cout., n° 47.— Lamoignon, tit. 8, art. 1, p. 47.— 3 Toullier, p. 8.— 2 Du Parc Poullain, p. 63.— Institutes, De rerum divisione, lib. 2, tit. 1, § 30.— C. N., 518.— C. L., 455.

377. Les moulins à vent, ou à eau, fixés sur des piliers et faisant partie du bâtiment, sont aussi immeubles par leur nature, lorsqu'ils y sont édifiés pour perpétuelle demeure.

Paris, 90.— Pothier, Com., nᵒˢ 36 et 37.— Ibid., Des choses, pp. 638-9.— Ibid., Intr. aux Cout., n° 47.— 2 Boileux, p. 600, sur art. 519.— 2 Marcadé, pp. 328-9.— C. N., 519.

378. Les récoltes pendantes pour les racines, et les fruits des arbres non encore recueillis sont pareillement immeubles.

A fur et à mesure que les grains sont coupés et que les fruits sont détachés, ils deviennent meubles pour la partie ainsi coupée et détachée. Il en est ainsi des arbres ; ils sont immeubles tant qu'ils tiennent au sol par les racines et deviennent meubles dès qu'ils sont abattus.

Paris, 92.—*ff* L. 44, *De rei vindicatione.*— L. 25, § 6, *Quæ in fraudem creditorum.* — Lamoignon, tit. 8, art. 19.— Pothier, *Com.*, n° 45 ; *Des choses*, p. 640.— 3 Toullier, p. 8.— 5 Pand. Franç., pp. 40 et suiv.— C. N., 520.

Jurisp.—La vente de limites de bois du gouvernement est la vente d'un immeuble.— Watson et Perkins, XVIII L. C. J., 261.

379. Les objets mobiliers que le propriétaire a placés sur son fonds à perpétuelle demeure, ou qu'il y a incorporés, sont immeubles par destination tant qu'ils y restent.

Ainsi sont immeubles sous ces restrictions, les objets suivants et autres semblables :

1. Les pressoirs, chaudières, alambics, cuves et tonnes ;

2. Les ustensiles nécessaires à l'exploitation des forges, papeteries et autres usines.

Sont aussi immeubles par destination les fumiers ainsi que les pailles et autres substances destinées à le devenir.

ff L. 15, *De actionibus empti.*—1 Bourjon, 143.—3 Toullier, pp. 12 et 14.—C. N., 523.

Sur § 3.—2 Du Parc Poullain, pp. 65-6, n° 8 et 9.— Paris, 90.— Pothier, *Com.*, n° 50 à 52.— *Ibid., Des choses*, pp. 638 et suiv.

Sur § 4.— Pothier, *Com.*, n° 47 et suiv.— *Ibid., Des choses, loc. cit.*— 2 Du Parc Poullain, p. 66, n° 10 et suiv.—5 Pand. Franç., pp. 66-7.— 2 Malleville, p. 10.

Sur § 5.— Pothier, *Com.*, n° 40.— *Ibid., Des choses*, p. 639.—*ff* L. 17, *De actionibus empti, etc.*

Sur § 1.— Paris, 90.— Pothier, *Com.*, 47 et suiv.— *Ibid., Des choses*, p. 641.— 5 Pand. Franç., pp. 68-9.— 2 Du Parc Poullain, p. 66, n° 10 et 11.— Dard sur art. 524, p. 112.— Fenet-Pothier sur art. 524, p. 123.— C. N., 524.

Jurisp.—1. Les fumiers sur une terre lors de la vente de telle terre deviennent la propriété de l'acquéreur. Les fumiers faits subséquemment deviennent aussi la propriété de l'acquéreur, le vendeur ne se justifiant soit par titre ou autrement, mais plaidant seulement par dénégation à une action pour le recouvrement de dommages résultant de l'enlèvement des fumiers sans la permission de l'acquéreur.— Hyman et Edson, X L. C. R., 17.

2. The rolling stock of a railway in Lower Canada is a part of its realty, being *immeuble par destination*, and as such is not liable to seizure under a writ of execution *de bonis.*— G. T. R. W. and E. T. Bank, X L. C. J., 11.

3. Les petits vaisseaux en fer-blanc (petites chaudières), employés en remplacement des auges, pour l'exploitation d'une sucrerie, sont meubles.— Lebrun vs Daoust, V R. L., 475.

380. Sont censés avoir été attachés à perpétuelle demeure les objets placés par le propriétaire qui tiennent à fer et à clous, qui sont scellés en plâtre, à chaux ou à ciment, ou qui ne peuvent être enlevés sans être fracturés, ou sans briser ou détériorer la partie du fonds à laquelle ils sont attachés.

Les glaces, les tableaux et autres ornements sont censés mis à perpétuelle demeure, lorsque, sans eux, la partie de l'appartement qu'ils couvrent demeurerait incomplète ou imparfaite.

Paris, 90.— Pothier, *Com.*, 47 et suiv.— *Ibid., Des choses*, p. 641.— Lamoignon, tit. 8, art. 6.—2 Du Parc Poullain, p. 66, n° 10.— C. N., 525.

381. Sont immeubles par l'objet auquel ils s'attachent : l'emphytéose, l'usufruit des choses immobilières, l'usage et l'habitation, les servitudes, les droits ou actions qui tendent à obtenir la possession d'un immeuble.

Pothier, *Com.*, 67.— 2 Boileux, pp. 611 et suiv.— 2 Marcadé, 342 et suiv.— 9 Demolombe, nᵒˢ 529 et suiv., nᵒˢ 490 et suiv.— 2 Zachariæ, p. 20.— 1 Demante, p. 298.— 2 Furgole, *Don., quest.* 31, nᵒ 17.— Pothier, *Intr. aux Cout.*, nᵒ 51.— 1 Argou, p. 109.— C. N., 526.

382. Sont immeubles par la détermination de la loi, absolument ou à certaines fins, les biens mobiliers dont elle ordonne ou autorise l'immobilisation.

La loi déclare immeubles, jusqu'au rachat, le capital des rentes constituées, créées avant la promulgation de ce code, ainsi que les deniers provenant du rachat de toutes rentes constituées qui appartiennent à des mineurs, lorsqu'il est fait pendant la minorité.

Il en est de même quant aux sommes revenant au mineur du prix de ces immeubles vendus pendant la minorité, lesquelles demeurent immeubles tant qu'elle dure.

La loi déclare immeubles les sommes données par les ascendants à leurs enfants en considération de leur mariage, pour être employées en achat d'héritages ou pour être propres à eux seulement, ou à eux et à leurs enfants.

Paris, 93 et 94.— 1 Laurière, pp. 241 à 246.— 1 Argou, 102 et suiv.— 2 Du Parc Poullain, pp. 63 et suiv.— Pothier, *Des choses*, p. 646.— Intr. aux Cout., nᵒ 55.— Meslé, p. 510.— 5 Pand. Franç., 75-6.— 2 Marcadé, p. 364.— 9 Demolombe, p. 248.

Jurisp. — Bank stock is an *immeuble fictif.* — Bank and Simpson, VI L. C. J., 1. *Privy Council* .

CHAPITRE DEUXIÈME.

DES MEUBLES.

383. Les biens sont meubles par leur nature ou par la détermination de la loi.

Pothier, *Intr. aux Cout.*, 45 et 46.— *Ibid., Com.*, 28 et 29.— *Ibid., Des choses*, p. 638.— 1 Argou, p. 98.— 9 Demolombe, nᵒˢ 388 et suiv.— 2 Marcadé, nᵒ 373, p. 364. — C. N., 527.

384. Sont meubles par leur nature les corps qui peuvent se transporter d'un lieu à l'autre, soit qu'ils se meuvent par eux-mêmes, comme les animaux, soit qu'il faille une force étrangère pour les changer de place, comme les choses inanimées.

ff L. 93, *De verb. signif.*— Pothier, *Com.*, nᵒˢ 28, 29, 30, 34 et 39.— *Ibid., Des choses*, p. 638.— *Ibid., Intr. aux Cout.*, nᵒ 46.— 3 Toullier, pp. 13 et 14.— 9 Demolombe, nᵒˢ 394-5.— C. N., 528.

385. Les bateaux, bacs, navires, moulins et bains sur bateaux, et généralement toutes usines non fixées par des piliers et ne faisant pas partie du fonds, sont meubles.

Pothier, *Com.*, 29 et 36.— *Ibid., Intr. aux Cout.*, 46.— *Ibid., Des choses*, p. 638.— 1 Lamoignon, tit. 8, art. 13 et 14.— Ord. de la marine, liv. II, tit. 10, art. I.— C. N., 531.

386. Les matériaux provenant de la démolition d'un édifice, ou d'un mur ou autre clôture, ceux assemblés pour en construire de nouveaux, sont meubles tant qu'ils ne sont pas employés.

Mais les choses faisant partie de l'édifice, mur et clôture, et qui n'en sont séparées que temporairement, ne cessent pas d'être immeubles, tant qu'elles sont destinées à y être replacées.

Pothier, *Com.*, 39, 62 et 195.— *Ibid.*, *Intr. Cout.*, 48.— *Ibid.*, *Des choses*, p. 642. 5 Pand. Franç., p. 88.— C. N., 532.

387. Sont meubles par la détermination de la loi les immeubles dont elle autorise à certaines fins la mobilisation et aussi les obligations et actions qui ont pour objet des effets mobiliers, y compris les créances constituées ou garanties par la province ou les corporations,— les actions ou intérêts dans les compagnies de finance, de commerce ou d'industrie, encore que des immeubles dépendant de ces entreprises appartiennent aux compagnies. Ces immeubles sont réputés meubles à l'égard de chaque associé, seulement tant que dure la société.

1 Laurière, pp. 225 et suiv.— Lamoignon, tit. 8, art. 1 et 2.— Pothier, *Com.*, 69. — *Ibid.*, *Intr. Cout.*, 50, 52 et 56.— *Ibid.*, *Des choses*, pp. 644 et suiv.— Paris, 89.— C. N., 529.

388. [Sont aussi meubles par la détermination de la loi, les rentes constituées et toutes les autres rentes perpétuelles ou viagères, sauf celle résultant de l'emphytéose, laquelle est immeuble.]

9 Demolombe, pp. 286-7.— 2 Marcadé, p. 347.— Pothier, *Intr. aux Cout.*, n° 55. C. N., 529.

389. Nulle rente, soit foncière ou autre, affectant un bien-fonds, ne peut être créée pour un terme excédant quatre-vingt-dix-neuf ans, ou la durée de la vie de trois personnes consécutivement.

Ces termes expirés, le créancier de la rente peut en exiger le capital.

Ces rentes, quoique créées pour quatre-vingt-dix-neuf ans, ou la durée de la vie de trois personnes, sont, en tout temps, rachetables, à l'option du débiteur, de la même manière que le sont les rentes constituées auxquelles elles sont assimilées.

S. R. B. C., c. 50, s. 1, pp. 484 et suiv.

390. Il est cependant loisible aux parties de stipuler, dans le titre constitutif de ces rentes, qu'elles ne seront remboursées qu'à un certain terme convenu, qui ne peut pas excéder trente ans ; toute convention étendant ce terme au delà étant nulle quant à l'excédant.

Ibid., s. 2.

391. Les rentes, foncières ou autres, affectant des biens-fonds, créées ci-devant pour un terme excédant quatre-vingt-dix-neuf ans, ou la durée de la vie de trois personnes, sont rachetables à l'option du débiteur ou du détenteur de l'immeuble affecté.

392. Ne sont cependant pas sujettes à ce rachat les rentes créées par bail emphytéotique, ni celles auxquelles le créancier n'a qu'un droit conditionnel ou limité.

Ibid., s. 3.

893. [Le rachat des rentes autres que les rentes viagères, si le taux auquel il doit se faire n'est ni réglé par la loi, ni valablement stipulé, a lieu par la remise du prix capital originaire, ou de la valeur pécuniaire attribuée par les parties aux choses moyennant lesquelles la rente a été créée. Si ce prix ou cette valeur n'apparaissent pas, le rachat se fait moyennant une somme qui puisse produire la même rente à l'avenir, au taux de l'intérêt légal à l'époque du rachat.]

Des dispositions particulières quant au rachat des rentes en remplacement des droits seigneuriaux se trouvent au chapitre quarante-et-unième des Statuts Refondus pour le Bas-Canada.

894. [Les rentes viagères et les autres rentes temporaires au terme desquelles aucun capital n'est remboursable, ne sont pas rachetables à l'option de l'une des parties seulement.

Il est pourvu au titre douzième du troisième livre au mode de rachat des rentes viagères, lorsqu'il doit avoir lieu forcément en justice.

La rente temporaire non viagère, sans capital remboursable, est estimée dans les mêmes cas comme les rentes viagères.]

895. Le mot "meubles," employé seul dans une loi ou dans un acte, ne comprend pas l'argent comptant, les pierreries, les dettes actives, les livres, les médailles, les instruments des sciences, arts et métiers, le linge de corps, les chevaux, équipages, armes, grains, vins, foins et autres denrées, non plus que les choses qui font l'objet d'un commerce.

ƒ De supellectili legatâ.— 1 Bourjon, liv. 1, ch. 4, s. 1, p. 140.— Pothier, *Don. Test.*, c. 7, art. 4, s. 2.— Fenet-Pothier sur art. 533.—5 Pand. Franç., p. 89.— 7 Locré, *Esprit du Code*, p. 79.— C. N., 533.

896. Les mots "meubles meublants" ne comprennent que les meubles destinés à garnir et orner les appartements, comme tapisseries, lits, siéges, glaces, pendules, tables, porcelaines et autres objets de cette nature.

Les tableaux et les statues y sont aussi compris, mais non les collections de tableaux qui sont dans les galeries ou pièces particulières.

Il en est de même des porcelaines : celles-là seulement qui font partie de la décoration de l'appartement sont comprises sous la dénomination de meubles meublants.

1 Bourjon, liv. 1, c. 4, sec. 2, p. 140.— Fenet-Pothier, 131.—5 Pand. Franç., 92-3.— Pothier, *Don. Test.*, c. 7, art. 4, §§ 2 et 9.— Merlin, Rép., v° *Biens*, § 1, n° 15. 3 Toullier, p. 18.— C. N., 534.

897. L'expression "biens meubles," celle de "mobilier," ou "effets mobiliers," comprennent généralement tout ce qui est censé meuble d'après les règles ci-dessus établies.

La vente ou le don d'une maison *meublée* ne comprend que les meubles meublants.

Pothier, *Don. Test.*, c. 7, art. 4, ss. 2, 3 et 4.— 1 Bourjon, liv. 1, c. 4, s. 3.—5 Pand. Franç., p. 95.—3 Toullier, 18.— C. N., 535.

898. La vente ou le don d'une maison, avec tout ce qui s'y trouve, ne comprend pas l'argent comptant, ni les dettes actives et autres droits dont les titres peuvent être déposés dans la maison. Tous les autres effets mobiliers y sont compris.

Pothier, *Don. Test.*, c. 7, art. 4, § 5.— 5 Toullier, p. 504.— 5 Pand. Franç., pp. 95 et 96.— C. N., 536.

CHAPITRE TROISIÈME.

DES BIENS DANS LEURS RAPPORTS AVEC CEUX A QUI ILS APPARTIENNENT OU QUI LES POSSÈDENT.

399. Les biens appartiennent ou à l'Etat, ou aux municipalités et autres corporations, ou enfin aux particuliers.

Ceux de la première espèce sont régis par le droit public ou par les lois administratives.

Ceux de la seconde sont soumis à certains égards pour leur administration, leur acquisition et aliénation, à des règles et formalités qui leur sont propres.

Quant aux particuliers, ils ont la libre disposition des biens qui leur appartiennent sous les modifications établies par la loi.

Cod., L. 21 *Mandati.*— Pothier, *Propriété*, n⁰ˢ 6 et 7.— 3 Toullier, pp. 23 et suiv. — 9 Demolombe, pp. 330 et suiv.— 3 Encyclop. de Droit, p. 135, n° 116.— 2 Marcadé, p. 380, n° 393.— 5 Pand. Franç., 96 et suiv.— 7 Locré, *Esprit du Code*, 86.— C. N., 537.— Pothier, *Intr. Cout.*, n° 101.— *Ibid., Des Personnes*, part. 1, tit. 7, art. 1, p. 637.

400. Les chemins et routes à la charge de l'Etat, les fleuves et rivières navigables et flottables et leurs rives, les rivages, lais et relais de la mer, les ports, les havres et les rades et généralement toutes les portions de territoire qui ne tombent pas dans le domaine privé, sont considérées comme des dépendances du domaine public.

Boutillier, *Somme rurale*, liv. 1, tit. 72, 73 et 85.— Loisel, *Instit. Cout.*, liv. 2, tit. 2, art. 5.— Lebret, *De la souveraineté*, liv. 2, c. 15.— Loyseau, *Seigneuries*, c. 12, n° 120.— Chitty, *On Prerogatives*, 142, 206 et 207.— 2 Blackstone, 261 et 262, note 6.— 3 Toullier, n⁰ˢ 30 et 31, p. 24.— 3 Encyclopédie de Droit, p. 136.— C. N., 538.— S. R. B. C., c. 24.— Voir 3 *Revue Critique*, 416, un article sur l'usage des rivières navigables.

Jurisp.— 1. The banks of navigable rivers belong to the riparian proprietor subject to a servitude, in favor of the public, for all purposes of public utility.— Fournier & Oliva, Stuart's Rep., 427.

2. Navigable rivers have always been regarded as public highways and dependencies of the public domain; and floatable rivers are regarded in the same light. In both the public have a legal servitude for floating down logs or rafts, and the proprietors of the adjoining bank, cannot use the beds of such rivers to the detriment of such servitude.— Oliva vs Boissonnault, Stuart's Rep., 524.

3. Rivers, whether navigable or not, are vested in the Crown for the public benefit, and no person, *seigneur* or other, can exercise any right over them without a grant from the Crown. In an action of damages, by the stopping of communication on a navigable river, with a boom and chain, it appearing from an agreement between the parties, after the commencement of the suit, that the placing of the boom and chain tended to their mutual benefit, the action was dismissed.— Boissonnault & Oliva, Stuart's Rep., 564.

4. The beach of the St. Lawrence is the King's possession.— Morin vs Lefebvre, III R. de L., 303.

5. Les propriétaires riverains n'ont pas le droit absolu à l'octroi des lots de grève dans le fleuve St-Laurent, en front de leur propriété, en préférence à tous autres, et dans certains cas la Couronne peut concéder tels lots de grève à d'autres que les propriétaires riverains.— Regina vs Baird, IV L. C. R., 325.

6. Les rivières navigables et flottables appartiennent au domaine public et comme telles ne peuvent servir à un usage privé, de manière à gêner l'usage public. Personne n'a le droit de faire des constructions sur les rivières navigables et flottables sans l'autorisation de l'autorité compétente ; telles constructions ne sont permises de droit que sur des cours d'eau qui ne sont pas navigables et flottables. Même lorsqu'elles sont faites sur autorisation légale, les constructions sur les rivières navigables et flottables ne doivent pas gêner la navigation ou le flottage sur ces rivières. Dans l'espèce les demandeurs ne peuvent obtenir des dommages causés à leurs constructions par le flottage des bois de la défenderesse, vu que ces constructions étaient faites sur une rivière navigable et flottable.— Béliveau vs Levasseur, I R. L., 720.

7. The public have a right of servitude over all streams, whether navigable or nor, or floatable or not, and, therefore, a party erecting a dam across a river in such a manner as to obstruct the free passage of floating logs, is liable to such damage as the owner of the logs may suffer by such obstructions.— McBean & Carlisle, XIX L. C. J., 276.

8. Les cages en descendant la rivière Ottawa ou le fleuve St-Laurent, n'ont pas le droit d'occuper les grèves de manière à gêner le public.— Girouard vs Grier, III R. C., 416.

9. L'appelant était responsable pour dommages causés à un navire par la construction de *booms* dans la rivière St-François, nonobstant que le statut qui avait autorisé la construction de ces *booms*, de manière à ne pas obstruer la navigation de la rivière, eût exigé que les plans et la location des *booms* seraient préalablement soumis au gouverneur en conseil et approuvés par lui, et nonobstant que les plans et la situation des *booms* eussent été approuvés par le gouverneur en conseil, quand la preuve démontre que ces *booms* forment réellement une obstruction dans la navigation de la rivière.— Pierreville S. M. Co. et Martineau, XX L. C. J., 225.

10. Le propriétaire riverain n'a pas le droit d'obstruer le passage sur une rivière flottable. Une rivière flottable seulement à certaines saisons de l'année, est assujettie aux lois générales concernant les rivières flottables.— Bourque et Farwell, III R. L., 700.

11. Le privilége de construire un pont de péage sur une rivière navigable n'emporte jamais la propriété des eaux qui sont du domaine public. Le propriétaire de ce privilége ne saurait demander la démolition de travaux publics sur le domaine des eaux faits d'après les lois, tels qu'un pont construit par une compagnie de chemin de fer, pour traverser ses voitures et passagers, quoiqu'un tel pont soit une voie de passage à travers la rivière, dans un but de gain, pratiqué en contravention aux priviléges garantis par sa charte. Le recours du propriétaire de ce privilége se borne en pareil cas à l'indemnité pourvue par sa charte, et l'interdit de tout transport s'accorderait faute du paiement de cette indemnité.— Jones vs Ry Co., XVII L. C. R., 81.

401. Tous les biens vacants et sans maître, ceux des personnes qui décèdent sans représentants, ou dont les successions sont abondonnées, appartiennent au domaine public.

Paris, 167.— Code, *De bonis vacantibus.*— *Ibid.*, L. 2, *De petitionibus bon.*— 3 Toullier, p. 25.— 5 Pand. Franç., p. 109.— 7 Locré, p. 99.— Dard, p. 117, note (*a*). — C. N., 539.

402. Les portes, murs, fossés, remparts des places de guerre et des forteresses, font aussi partie du domaine public.

Ibidem.— C. N., 540.

403. Il en est de même des terrains, des fortifications et remparts des places qui ne sont plus places de guerre ; ils appartiennent à l'Etat, s'ils n'ont été valablement aliénés.

Edit de décembre 1681.— 3 Toullier, pp. 25, 28 et 348.— 2 Marcadé, 382.— 3 Encyclop., 136.— 7 Locré, 96 et 97.— 5 Pand. Franç., pp. 110 et 111.— C. N., 541.

404. Les biens des municipalités et des autres corporations sont ceux à la propriété ou à l'usage desquels ces corps ont un droit acquis.

ff L. 6, *De divisione rerum.*— 3 Toullier, n°° 44, 45, 47 à 62.— C. N., 542.— 3 Encyclop. de Droit, 137.—5 Pand. Franç., p. 111.

405. On peut avoir, sur les biens, ou un droit de propriété, ou un simple droit de jouissance, ou seulement des servitudes à prétendre.

3 Toullier, p. 245.— 2 Marcadé, p. 384.— 3 Encyclopédie de Droit, 138.—C. N., 543.

TITRE DEUXIÈME.

DE LA PROPRIÉTÉ.

406. La propriété est le droit de jouir et de disposer des choses de la manière la plus absolue, pourvu qu'on n'en fasse pas un usage prohibé par les lois ou les règlements.

Cod., L. 21, *Mandati.*— Pothier, *Propriété,* n°° 4, 13 et 14.— *Ibid., Bail à rente,* n°° 42 et 112.— *Introd. Cout.,* n°° 100 et 101.— C. N., 544.— 5 Pand. Franç., p. 180. — 2 Marcadé, 395.

407. Nul ne peut être contraint de céder sa propriété, si ce n'est pour cause d'utilité publique et moyennant une juste et préalable indemnité.

Pothier, *Vente,* n°° 510 à 514.— *Ibid., Propriété,* 274.— 5 Pand. Franç., p. 183.— C. N., 545.— 1 Demolombe, n° 561.— DeLammonaye, *Lois d'expropriation,* n° 48, p. 299.— Do, n° 52, p. 303.— Dufour, *Expropriation,* n° 125.— Do, n° 127.— Arnaud, *Jury d'expropriation,* n° 404, p. 303.— Malapert et Protat, *Code de l'expropriation,* n°° 452 et 453.— Herson, *Expropriation,* n° 249.— 1 De Lalleau, *Expropriation,* n°° 313 et 314.— De Peyronney et DeLamarre, *Commentaire des lois d'expropriation,* n° 44.— Sirey, *Codes annotés, Code civil,* sur art. 545, n°° 2 à 24.— Favard de Langlade, Répertoire, v° *Expropriation pour cause d'utilité publique,* p. 497, X.— Petit Dalloz, Dict. Gén., Supplément, v° *Expropriation pour cause d'utilité publique,* n° 1. — Sirey, Rec. Gén., 1837, p. 126, Parmentier-Cartier, v° *Urbain et Picard.*— Do, do, 1839, p. 19, Cherrin Trochu & al, v° *Commune de la Croix Rousse.*— Do, do, 1838, p. 255, Le préfet de Seine et Oise, v° *La Cie du chemin de fer de Versailles.*— Do, do, 1843, p. 578, Castex, v° *Le préfet de Tarn-et-Garonne.*— Do, do, 1844, p. 153, Maury, v° *Commune de la Rouvière.*— Journal du Palais, I, 1844, p. 356, Dutertre, v° *Préfet de la Seine.*— Do, II, 1844, p. 357, Préfet du Lot, v° *Lacroix Lacoste.*— Do, II, 1845, p. 72, Ville du Mas Dagenais, v° *Lacoste.*— Do, I, 1846, pp. 499 et 502, Préfet des Bouches-du-Rhone, v° *Gros.*— *Lloyd's law of compensation,* ch. 5, p. 107.— 1 Redfield, *Law of Railways,* p. 280.— 5 Law Rep., Exch. 6, Whitehouse, v° *The Wolverhampton R'y. Co.*— 12 Wend, 377, White, v° *Barry.*

Jurisp.— 1. An action of damages will not lie, for damages caused by the corporation of Montreal to a proprietor, by the expropriation of his property, where the damage caused by such expropriation has been assessed by the expropriation commissioners and paid to the proprietor, and when the corporation has acted within the powers confined upon it by the legislature.— Judah vs The Mayor, aldermen, etc., of Montreal, XIV L. C. J., 269.

2. Corporations, in using the power confined to them, of expropriating, are bound to use due diligence, and, consequently, they are liable for the damages suffered by the expropriated proprietor by reason of unnecessary delays.— Judah vs The Corporation of Montreal, II R. C., 470.

3. *Les formalités imposées par le statut pour l'ouverture d'un chemin et pour l'expropriation des particuliers doivent être suivies avec rigueur et à peine de nullité.*— Doyon et La Corporation de St-Joseph, XVII L. C. J., 193.

4. Under the provisions of the Quebec Railway Act, the lessees for 5 years of a stone quarry, with right of quarry and right to renew lease for another 5 years, are occupiers of such land and parties interested therein, entitled to compensation for damages caused by expropriation of the property for railway purposes, within the meaning of the Act. During the pendency of an action, in the nature of an *action négatoire,* by such lessees against the railway company, in consequence of the company and the arbitrators appointed under the Act to determine the compensation to be paid in consequence of the expropriation of the leased property refusing to admit the right of said lessees to be indemnified under the Act, the plaintiffs are entitled to a writ of injunction against the railway company, in consequence of the company persisting in exercising their right of expropriation, without paying or offering to pay indemnity to the lessees.— Bourgouin & al. vs The Montreal Northern Colonization Railway Company, XIX L. C. J., 57.

5. Damage to rights of house owners in a city, such as " *droits d'accès* " to streets, does not constitute " *expropriation,*" and gives no right to preliminary indemnity.— In France the depreciation caused to a house by stopping one end of the street on which it fronts is not an interference with a servitude, nor (standing alone) such direct and immediate damage as will give a title to indemnity; and, semble, the law in the province of Quebec is similar.— The Mayor & al. of Montreal et Drummond, XXII L. C. J., 1.

6. The plaintiff complained that the defendants, a municipal corporation, had caused his fence to be taken down, and expropriated a part of his land for the purpose of changing the direction of a certain road, without having caused the land to be valued by valuators.— *Held,* that the proceedings were irregular and must be set aside.— Deal vs Corporation of Phillipsburg, Q. L. D., p. 540, n° 683.

7. 1° Petitions for expropriation under the Railway Act of 1869, must contain the description required by art. 2167 C. C.; 2° the Commissioners of the Quebec, Montreal, Ottawa and Occidental Railway Company cannot in their own name exercise the right of action. The Railway being a public work, this right is vested in Her Majesty.— *Ex parte* The Commissioners of the Quebec, Montreal, Ottawa and Occidental Railway vs O'Neil and others, IV Q. L. R., 216.

408. La propriété d'une chose soit mobilière, soit immobilière, donne droit sur tout ce qu'elle produit, et sur ce qui s'y unit accessoirement, soit naturellement, soit artificiellement. Ce droit se nomme droit d'accession.

ff L. 6, *De adquirendo rerum.*— L. 5, *De rei vindicatione.*— Pothier, *Propriété,* 5, 150, 151 et 260.— *Ibid., Introd. Cout.,* 100.— C. N., 546.

CHAPITRE PREMIER.

DU DROIT D'ACCESSION SUR CE QUI EST PRODUIT PAR LA CHOSE.

409. Les fruits naturels ou industriels de la terre, les fruits civils, le croît des animaux, appartiennent au propriétaire par droit d'accession.

ff L. 6, L. 9, *De adquirendo rerum dom.*— L. 5, *De rei vindicatione.*— Pothier, *Propriété,* 151 à 154.— 5 Pand. Franç., pp. 161 et 184.— 3 Toullier, p. 71.— C. N., 547.

410. Les fruits produits par la chose n'appartiennent au propriétaire qu'à la charge de rembourser les frais des labours, travaux et semences faits par des tiers.

ff L. 9, *De adquirendo rerum dom.*— L. 5, *De rei vindicatione.*— Pothier, *Propriété,*
151.— 5 Pand. Franç., p. 185.— C. N., 548.

411. Le simple possesseur ne fait les fruits siens que dans le cas
où il possède de bonne foi : dans le cas contraire, il est tenu de
rendre les produits avec la chose au propriétaire qui la revendique.
Le possesseur de bonne foi n'est pas tenu de compenser les fruits
avec le remboursement des améliorations auquel il a droit.

ff L. 25, *De usuris et fructibus.*— Cod., L. 12, *De rei vindicatione.*— Pothier, *Possession,* 82 et 83.— *Ibid., Prescription,* 78.— *Ibid., Propriété,* 155, 281; 332 à 336, 341
et suiv.— *Ibid., Intr. Cout.,* 107 ; *Vente,* 326.— C. N., 549.

412. Le possesseur est de bonne foi lorsqu'il possède en vertu
d'un titre dont il ignore les vices, ou l'avénement de la cause résolutoire qui y met fin. Cette bonne foi ne cesse néanmoins que du
moment où ces vices ou cette cause lui sont dénoncés par interpellation judiciaire.

ff L. 109, *De verborum signific.*— Serres, *Institutes,* p. 88.— 2 Argou, 501.— Pothier,
Possession, n° 82, p. 550 ; *Propriété,* n° 335, 341 et 342.— 1 Furgole, 328.— 2 Marcadé, n° 550 et suiv.— 9 Demolombe, pp. 586 et suiv.— 3 Toullier, p. 49.— 2
Malleville, 28 et suiv.— 1 Demante, n° 553.— 1 Duranton, n° 584.— Dard, p. 120,
note (*a*).— 3 Encyclopédie, v° *Bonne foi,* p. 236.— C. N., 550.

CHAPITRE DEUXIÈME.

DU DROIT D'ACCESSION SUR CE QUI S'UNIT ET S'INCORPORE A LA CHOSE.

413. Tout ce qui s'unit et s'incorpore à la chose appartient au
propriétaire, suivant les règles qui sont ci-après établies.

Instit., lib. 2, tit. 1, § 29.—*ff* L. 23, § *penul., De rei vindicat.*— Pothier, *Propriété,*
156.— 3 Toullier, p. 73.— 9 Demolombe, n° 640 et suiv.— C. N., 551.

SECTION I.

DU DROIT D'ACCESSION RELATIVEMENT AUX CHOSES IMMOBILIÈRES.

414. La propriété du sol emporte la propriété du dessus et du
dessous.

Le propriétaire peut faire au-dessus toutes les plantations et constructions qu'il juge à propos, sauf les exceptions établies au titre
des servitudes.

Il peut faire au-dessous toutes les constructions et fouilles qu'il
juge à propos et tirer de ces fouilles tous les produits qu'elles peuvent fournir, sauf les modifications résultant des lois et règlements
relatifs aux mines, et des lois et règlements de police.

ff L. 24, *de servitutibus præd. urb.*— L. 21, § 2, *quod vi aut clàm.*— Cod., L. 8, L. 9,
de servitutibus et aqud.— Paris, 187.— Pothier, *Com.,* 32.— Lamoignon, part. 2, tit.
20, art. 13.— Merlin, Rép., v° *Carr, Voisinage,* § 5.— 4 Duranton, n° 370.— 2 Malleville, 31-2.— C. N., 552.

415. Toutes constructions, plantations et ouvrages sur un terrain
ou dans l'intérieur, sont présumés faits par le propriétaire, à ses

frais, et lui appartenir, si le contraire n'est prouvé ; sans préjudice
de la propriété qu'un tiers pourrait avoir acquise ou pourrait acquérir par prescription, soit d'un souterrain sous le bâtiment d'autrui,
soit de toute autre partie du bâtiment.

ƒ Arg. ex lege 7, ¿ 10, De adquirendo rerum.— Pothier, *Propriété*, 177.— 1 Delvincourt, p. 181, note 4.— 4 Duranton, n° 372.— 2 Marcadé, pp. 406-7.— C. N., 553.

416. Le propriétaire du sol qui a fait des constructions et
ouvrages avec des matériaux qui ne lui appartiennent pas, doit en
payer la valeur ; il peut aussi être condamné à des dommages-
intérêts, s'il y a lieu ; mais le propriétaire des matériaux n'a pas
droit de les enlever.

ƒ L. 23, ¿ 7, De rei vindicatione.— Ibid., L. 1, L. 2, *De ligno juncto.*— Pothier,
Propriété, 170, 171, 172 et 178.— 2 Malleville, p. 32.— 5 Pand. Franç., pp. 202-3.—
3 Toullier, p. 82.— 2 Marcadé, n° 424.— 9 Demolombe, 606.— 1 Demante, n°° 558
et suiv.— C. N., 554.

417. Lorsque les améliorations ont été faites par un possesseur
avec ses matériaux, le droit qu'y peut prétendre le propriétaire du
fonds dépend de leur nature et de la bonne ou mauvaise foi de celui
qui les a faites.

Si elles étaient nécessaires, le propriétaire du fonds ne peut les
faire enlever ; il doit dans tous les cas en payer le coût, lors même
qu'elles n'existent plus, sauf la compensation des fruits perçus, si le
possesseur était de mauvaise foi.

Si elles n'étaient pas nécessaires et qu'elles aient été faites par un
possesseur de bonne foi, le propriétaire est encore tenu de les retenir
si elles existent et de payer soit la somme déboursée, soit celle au
montant de laquelle la valeur du fonds a été augmentée.

Si, au contraire, le possesseur était de mauvaise foi, le propriétaire
peut, à son choix, les retenir en payant ce qu'elles ont coûté ou leur
valeur actuelle, ou bien lui permettre de les enlever à ses frais, si
elles peuvent l'être avec avantage pour ce tiers, et sans détériorer le
sol ; aux cas contraires, les améliorations restent aux propriétaires du
fonds sans indemnité ; le propriétaire peut, dans tous les cas, forcer
le possesseur de mauvaise foi à les enlever.

1 Merlin, Rép., v° *Améliorations*, p. 367.— Lacombe, v° *Impenses*, pp. 342 et
suiv.— Pothier, *Propriété*, 170-1-2 et 346-7.— 5 Pand. Franç., 204.— 2 Malleville,
34 et suiv.— 3 Toullier, p. 83.— Lahaye, p. 54.— Fenet-Pothier, pp. 138-9.—
Lawrence et Stuart, 6 L. C. R., p. 294.— Ord. 1667, tit. 27, art. 9.— 2 Marcadé,
sur art. 555.— C. N., 555.

Jurisp.— 1. Sur réclamation pour impenses et améliorations sur des héritages dont l'usufruit seul a été saisi, il ne peut être accordé qu'une proportion
de la valeur de telles impenses, suivant la plus-value qu'en a reçue l'usufruit.—
Fauteux et Boston, IX L. C. R., 263.

2. A possessor in bad faith of land, has no lien, *droit de rétention*, upon it for
his improvements.— Lane *et al.* vs Deloge, I L. C. J., 3.

3. Il semble qu'un possesseur de mauvaise foi a droit à ses impenses utiles.—
Ellice et Courtemanche, XVII L. C. R., 433.

4. The defendant squatted upon land of an absentee (who was represented,
however, by an agent), cleared and improved the land and paid the taxes for
three years. *Held*, in an action, under C. S. L. C., cap. 45, that the defendant
was entitled to the value of his improvements, less the estimated value of the
rents, issues and profits during his occupation.— Ellice et Courtemanche, III
L. C. L. J., 126.

5. Le donataire d'un immeuble qui est poursuivi par son donateur, pour la résiliation de la donation, par défaut d'accomplissement des charges imposées, doit dans cette instance réclamer le prix des améliorations qu'il prétend avoir droit de réclamer, et son défaut de ce faire soulève une présomption légale qu'il n'y a point d'améliorations dont il aurait pu réclamer le prix ou qu'il a abandonné son droit de les réclamer.— Pearce vs Gibbon, VI R. L., 649.

6. Action pour ouvrages faits sans le consentement du défendeur et en son absence, et qui ne résultent pas à son profit, déboutée, mais droit au demandeur d'enlever ses matériaux en remettant les lieux dans le même état.— Pitou vs Lepage, VII R. L., 603.

418. Au cas du troisième alinéa de l'article précédent, si les améliorations faites par le possesseur sont tellement considérables et dispendieuses que le propriétaire du fonds ne puisse les rembourser, il lui est permis, d'après les circonstances, à la discrétion du tribunal, de forcer le tiers à retenir le terrain en en payant la valeur suivant estimation.

419. Dans le cas où le tiers détenteur est tenu de restituer l'immeuble sur lequel il a fait des améliorations dont il a droit d'être remboursé, il lui est permis de le retenir jusqu'à ce que le remboursement soit effectué, sans préjudice au recours personnel de ce tiers pour l'obtenir, sauf le cas de délaissement sur poursuite hypothécaire auquel il est spécialement pourvu au titre *Des Privilèges et Hypothèques.*

Jurisp.— 1. Un *squatter* qui a fait des améliorations, impenses utiles, sur une propriété qu'il occupait sans le consentement du propriétaire, est en droit d'obtenir jugement contre tel propriétaire, pour le surplus de la valeur de telles améliorations, au delà de la valeur des fruits et revenus de la propriété, et de retenir la possession de telle propriété jusqu'à ce qu'il ait été payé de ses améliorations. Le seul moyen légal de constater la valeur des améliorations et des fruits et revenus, quand telles améliorations sont réclamées par un défendeur en réponse à une action pétitoire de la part du propriétaire, est par une expertise. — Stuart vs Eaton, VIII L. C. R., 113.

2. Le défendeur à une action pétitoire, qui a été en possession, durant plusieurs années, à la connaissance de l'agent, qui résidait sur les lieux, d'une terre d'un demandeur absent, et qui a payé les taxes municipales et qui a fait et enclos une partie de cette terre et y a construit une grange, etc., a droit à ses impenses utiles, déduction faite préalablement des rentes et revenus de la terre, et a droit d'en être remboursé avant d'en être dépossédé, quoique lors de sa prise de possession il connût que cette terre appartenait au demandeur.— Ellice vs Courtemanche, XVII L. C. R., 433. *II L. C. J. 325 Q. B.*

3. Un défendeur qui a fait des améliorations permanentes et durables sur une propriété que l'on réclame par action pétitoire, a droit d'être indemnisé pour telles améliorations jusqu'à concurrence de l'augmentation de la valeur de telle propriété, avant que d'être contraint de l'abandonner.— D'après la preuve, dans l'espèce, le tribunal de première instance eût dû ordonner une expertise pour constater la valeur des améliorations, et le montant des fruits et revenus, telles améliorations à être estimées de la date du bail, et les fruits et revenus du jour de l'expiration d'icelui, telle expertise constatant la valeur de la propriété, indépendamment de sa valeur en raison des améliorations.— Lawrence vs Stuart, VI L. C. R., 294.

4. Le droit de rétention pour impenses de la part d'un légataire particulier poursuivi en réduction et remise du legs par un créancier de la succession, n'existe pas en vertu de l'article 419 C. C., mais il n'y a lieu qu'à un privilège sur le prix de l'immeuble vendu suivant l'article 2072 C. C.— Matte vs Laroche, IV Q. L. R., 65.

420. Les atterrissements et accroissements qui se forment successivement et imperceptiblement aux fonds riverains d'un fleuve ou d'une rivière s'appellent alluvions.

Que le fleuve ou la rivière soit ou non navigable ou flottable, l'alluvion qui en procède profite au propriétaire riverain, à la charge, dans le premier cas, de laisser le marchepied ou chemin de halage.

2 Malleville, 35-6.— Ord. des Eaux et Forêts, 1669, tit. 28, art. 7.— 2 Edits et Ord., p. 24.— 7 Locré, *Esprit du Code*, pp. 165 et suiv.— C. N., 556.— Institutes, liv. 2, tit. 1, § 20.— Maynard, liv. 10, c. 3.— Dupérier, liv. 2, quest. 3.— Dumoulin, sur Paris, § 1, glose 5, n° 115.— Bacquet, Dr. de justice, c. 30, n° 8.— 2 Bousquet, pp. 56-7.— Lacombe, v° *Alluvion*, p. 34.

Jurisp.— Accession to a lot of ground situate upon the borders of the River St. Lawrence, by alluvial deposits, belongs to the riparian proprietor.— Newton vs Roy, III R. de L., 93.

421. Quant aux relais que forme l'eau courante qui se retire insensiblement de l'une de ses rives, en se portant sur l'autre, le propriétaire de la rive découverte en profite, sans que le riverain du côté opposé puisse rien réclamer pour le terrain qu'il a perdu.

Ce droit n'a pas lieu à l'égard des relais de la mer qui font partie du domaine public.

ff L. 7, § 1, *De adquirendo rerum.*— Ord. 1681, liv. 4, tit. 7.— Lebret, liv. 2, c. 14. — Pothier, *Propriété*, n° 159.— 5 Pand. Franç., p. 211.— 2 Malleville, p. 37.— 3 Toullier, p. 105.— 2 Blackstone, 262.— Com. Dig. Prerog., D. 61.— Chitty, *Prerog.*, 207-8.— 2 Bousquet, p. 58.— 2 Marcadé, p. 417.

422. L'alluvion n'a pas lieu sur les bords des lacs et étangs qui sont propriété privée; le propriétaire non plus que le riverain ne gagnent ni ne perdent par suite des crues ou des décroissements accidentels des eaux, au delà ou en deçà de leur niveau ordinaire.

ff L. 7, § 6.— L. 12, *De adquirendo rerum.*— 2 Bousquet, p. 59.— 5 Pand. Franç., p. 213.— 4 Proudhon, *Dom. Publ.*, 577 et suiv.— Lacombe, v° *Alluvion*, n° 3, p. 34. — C. N., 558.

423. Si un fleuve ou une rivière, navigable ou non, enlève par une force subite une partie considérable et reconnaissable d'un champ riverain et la porte vers un champ inférieur ou sur la rive opposée, le propriétaire de la partie enlevée peut la réclamer ; [mais il est tenu, à peine de déchéance, de le faire dans l'année, à compter de la possession qu'en a prise le propriétaire du fonds auquel elle a été réunie].

ff L. 7, § 2, *De adquirendo rerum.*— Anc. Deniz., v° *Alluvion*, n° 4, p. 94.— Lacombe, v° *Alluvion*, n° 2, p. 34.— Pothier, *Propriété*, n°° 158 et 165.— 1 Nouv. Denizart, v° *Alluvion* n° 2, pp. 465-6-7.— C. N., 559.

424. Les isles, islots et atterrissements qui se forment dans le lit des fleuves ou des rivières navigables ou flottables, appartiennent au souverain, s'il n'y a titre au contraire.

Pothier, *Propriété*, n°° 160 à 163.— Loisel, *Inst. Cout.*, liv. 2, tit. 2, art. 12.— Bacquet, *Droits de justice*, c. 30, n°° 2, 5 et 6.— Boutaric, *Instit.*, liv. 2, tit. 1, § 22.— C. N., 560.

425. Les isles et atterrissements qui se forment dans les rivières non navigables et non flottables appartiennent aux propriétaires riverains du côté où l'isle s'est formée. Si l'isle n'est pas formée d'un seul côté, elle appartient aux propriétaires riverains des deux côtés, à partir de la ligne que l'on suppose tracée au milieu de la rivière.

ff L. 29, *De adquirendo rerum.*—Inst., § 22, *De adquirendo rerum.*—Pothier, *Propriété*, n° 164.— Lacombe, v° *Isle, Islot*, n° 1, p. 373.—C. N., 561.

426. Si une rivière ou un fleuve, en se formant un bras nouveau, coupe et embrasse le champ d'un propriétaire riverain et en fait une isle, le propriétaire conserve la propriété de son champ, encore que l'isle se soit formée dans un fleuve ou dans une rivière navigable ou flottable.

ff L. 7, § 4, *De adquirendo rerum.*—Instit., § 22, *De divisione rerum.*—Pothier, *Propriété*, n° 162.— Anc. Deniz., v° *Alluvion*, n° 4.— 2 Marcadé, p. 421.— 5 Pand. Franç., pp. 137-8.— C. N., 562.

427. Si un fleuve ou une rivière navigable ou flottable abandonne son cours pour s'en former un nouveau, l'ancien lit appartient au souverain. Si la rivière n'est ni navigable ni flottable, les propriétaires des fonds nouvellement occupés prennent, à titre d'indemnité, l'ancien lit abandonné, chacun dans la proportion du terrain qui lui a été enlevé.

Pothier, *Propriété*, n° 161-4.— 2 Henrys, liv. 3, *quest.* 30.—Serres, *Instit.*, liv. 2, tit. 1, § 23.— 2 Bousquet, p. 65.— C. N., 563.

428. Les pigeons, lapins, poissons, qui passent dans un autre colombier, garenne ou étang, deviennent la propriété de celui à qui appartiennent ces étang, garenne ou colombier, pourvu qu'ils n'y aient pas été attirés par fraude et artifice.

ff L. 3, § 2, *De adquirendo rerum.*— Pothier, *Propriété*, 166-7-8 et 278-9.— Inst., lib. 2, tit. 1, §§ 14, 15 et 16.— Lapeyrère, *Lettre Q*, n° 29.— 2 Bousquet, p. 66.— 2 Malleville, p. 43.— Merlin, Rép., v° *Colombier.*— 10 Demolombe, p. 150.— 5 Pand. Franç., 216-7.— 7 Locré, *Esp. du Code*, pp. 189 et 190.—C. N., 564.

SECTION II.

DU DROIT D'ACCESSION RELATIVEMENT AUX CHOSES MOBILIÈRES.

429. Le droit d'accession, quand il a pour objet deux choses mobilières, appartenant à deux maîtres différents, est entièrement subordonné aux principes de l'équité naturelle.

Les règles suivantes, obligatoires dans les cas où elles s'appliquent, servent d'exemple dans les cas non prévus, suivant les circonstances.

Instit., lib. 2, tit. 1, § 27.— 2 Bousquet, p. 67, sur art. 565.— 5 Pand. Franç., pp. 128 et suiv., 217.— 2 Marcadé, pp. 425-6.— 3 Toullier, p. 73.— 2 Malleville, pp. 43-4.— C. N., 565.

430. Lorsque deux choses, appartenant à différents maîtres, ont été réunies de manière à former un tout, lors même qu'elles sont séparables, et que l'une peut subsister sans l'autre, le tout appartient au maître de la chose qui forme la partie principale, à la charge de payer la valeur de la chose unie à celui à qui elle appartenait.

ff L. 26, § 1, *De adquirendo rerum.*— Pothier, *Propriété*, n° 169,170,179 et 180.— 1 Sebire et Carteret, v° *Accession*, p. 104.— 4 Duranton, n° 435.— 7 Locré, p. 193. — 3 Toullier, p. 74.— C. N., 566.

431. Est réputée partie principale celle à laquelle l'autre n'a été unie que pour l'usage, l'ornement ou le complément de la première.

ff L. 26, § 1, *De adquirendo rerum.*— Pothier, *Propriété*, nᵒˢ 173 et 174.— 2 Marcadé, pp. 426-7.— 3 Toullier, p. 74.— 5 Pand. Franç., p. 218.— Sebire et Carteret, vᵒ *Accession*, pp. 103 et suiv.— 4 Duranton, nᵒˢ 436 et suiv.— C. N., 567.

432. Cependant quand la chose unie est beaucoup plus précieuse que la chose principale, et a été employée à l'insu du propriétaire, celui-ci peut demander que la chose unie soit séparée pour lui être rendue, quand même il pourrait en résulter quelque dégradation de la chose à laquelle elle a été jointe.

ff L. 9, § 2, *De adquirendo rerum.*— *Instit.*, lib. 2, §§ 1 et 25, *De divisione r. rum.*— Pothier, *Propriété*, nᵒˢ 177 et 179.— Sebire et Carteret, vᵉ *Accession*, pp. 104-5.— 4 Duranton, nᵒ 439.— 5 Pand. Franç., pp. 218-9.— C. N., 568.

433. Si de deux choses unies pour former un seul tout, l'une ne peut pas être regardée comme l'accessoire de l'autre, est réputée principale celle qui est la plus considérable en valeur, ou en volume, si les valeurs sont à peu près égales.

Pothier, *Propriété*, nᵒ 174.— *ff* L. 27, § 2, *De adquirendo rerum.*— 3 Toullier, p. 75.— 5 Pand. Franç., p. 219.— 4 Duranton, nᵒ 440.— 1 Sebire et Carteret, p. 104. — 1 Demante, nᵒ 573.— C. N., 569.

434. Si un artisan ou une autre personne a employé une matière qui ne lui appartenait pas, à former une chose d'une nouvelle espèce, soit que la matière puisse ou non reprendre sa première forme, celui qui en était le propriétaire a le droit de réclamer la chose qui en a été formée, en remboursant le prix de la main-d'œuvre.

ff L. 7, § 7, L. 26, §§ 1 et 3, *De adquirendo rerum.*— Pothier, *Propriété*, nᵒˢ 186-8 et 191.— 3 Toullier, p. 76.— 5 Pand. Franç., pp. 219 et 220.— C. N., 570.

435. Si cependant la main-d'œuvre est tellement importante qu'elle surpasse de beaucoup la valeur de la matière employée, l'industrie est alors réputée la partie principale, et l'ouvrier a droit de retenir la chose travaillée, en rendant le prix de la matière au propriétaire.

ff L. 9, §§ 1 et 2, *De adquirendo rerum.*— Pothier, *Propriété*, nᵒ 173.— 1 Sebire et Carteret, pp. 104-5.— 5 Pand. Franç., pp. 220-1.— C. N., 571.

436. Lorsqu'une personne a employé en partie la matière qui lui appartenait, et en partie celle qui ne lui appartenait pas, à former une chose d'une nouvelle espèce, sans que ni l'une ni l'autre des deux matières soit entièrement détruite, mais de manière qu'elles ne peuvent pas être séparées sans inconvénient, la chose est commune aux deux propriétaires, en raison, quant à l'un, de la matière qui lui appartient; quant à l'autre, en raison, à la fois, de la matière qui lui appartient, et du prix de la main-d'œuvre.

ff L. 7, §§ 8 et 9, L. 12, § 1, *De adquirendo rerum.*— Pothier, *Propriété*, nᵒ 187.— 3 Toullier, p. 77.— 5 Pand. Franç., p. 157, nᵒˢ 31 et suiv., et p. 221.— C. N., 572.

437. Lorsqu'une chose a été formée par le mélange de plusieurs matières appartenant à différents propriétaires, mais dont aucune ne peut être regardée comme matière principale, si les matières peuvent être séparées, celui à l'insu duquel les matières ont été mélangées peut en demander la division.

Si les matières ne peuvent plus être séparées sans inconvénient, ils en acquièrent en commun la propriété, dans la proportion de la quantité, de la qualité et de la valeur des matières appartenant à chacun.

ff L. 12, § 1, *De adquirendo rerum.*— L. 5, *De rei vindicatione.*— Pothier, *Propriété*, n⁰ˢ 175, 190 et 191.— 3 Toullier, p. 78.— 5 Pand. Franç., pp. 157 et 222.— C. N., 573.

438. Si la matière appartenant à l'un des propriétaires était de beaucoup supérieure par la quantité et le prix, en ce cas, le propriétaire de la matière supérieure en valeur peut réclamer la chose provenue du mélange, en remboursant à l'autre la valeur de sa matière.

ff Arg. ex lege 27, *De adquirendo rerum.*— Pothier, *Propriété*, n° 192.— 3 Toullier, p. 78.— C. N., 574.

439. Lorsque la chose reste en commun entre les propriétaires des matières dont elle est formée, elle doit être licitée au profit commun, si l'un d'eux l'exige.

ff L. 5, *De rei vindicatione.*— *Instit.*, lib. 1, tit. 2, § 28, *De rerum divisione.*— Pothier, *Propriété*, n° 192.— 2 Bousquet, p. 75.— 5 Pand. Franç., pp. 156 et suiv. 2 Marcadé, p. 432.— C. N., 575.

440. Dans tous les cas où le propriétaire, dont la matière a été employée, sans son consentement, à former une chose d'une autre espèce, peut réclamer la propriété de cette chose, il a le choix de demander la restitution de sa matière en même nature, quantité, poids, mesure et bonté, ou sa valeur.

Pothier, *Propriété*, n⁰ˢ 191-2.— 5 Pand. Franç., p. 223.— 2 Bousquet, p. 76.— 2 Marcadé, p. 432, n° 453.— C. N., 576.

441. Celui qui est tenu de restituer un objet mobilier auquel il a fait des améliorations ou augmentations dont il a droit d'être remboursé, peut retenir cet objet jusqu'à ce que le remboursement ait été effectué, sans préjudice à son recours personnel.

442. Ceux qui ont employé des matières appartenant à d'autres et sans leur consentement, peuvent être condamnés à des dommages-intérêts, s'il y a lieu.

C. N., 577.

TITRE TROISIEME.

DE L'USUFRUIT, DE L'USAGE ET DE L'HABITATION.

CHAPITRE PREMIER.

DE L'USUFRUIT.

443. L'usufruit est le droit de jouir des choses dont un autre a la propriété, comme le propriétaire lui-même, mais à la charge d'en conserver la substance.

f L. 1, 2 et 4, *De usufructu et quem.; * L. 28, *De verborum signific.—Instit.*, lib. 2, tit. 4, *in pr.*— Pothier, *Douaire*, nᵒˢ 194, 209, 215 à 218 et 220.— *Ibid., Vente*, nᵒ 548. 2 Bousquet, p. 77.— 2 Marcadé, pp. 444 et suiv.— 2 Malleville, p. 50.— 7 Locré, pp. 218 et suiv.— C. N., 578.

444. L'usufruit est établi par la loi ou par la volonté de l'homme.

f L. 6, § 1, *De usufructu*, etc.— Pothier, *Vente*, nᵒ 548.— Guyot, Rép., vᵒ *Usufruit*, p. 393.— Paris, 230, 314, 249, 255 et 262.— 2 Bousquet, p. 78.— 5 Pand. Franç., pp. 231 et suiv.— 2 Marcadé, p. 447.— 2 Malleville, pp. 50-1.— C. N., 579.

445. L'usufruit peut être établi purement ou à condition, et commencer de suite ou à certain jour.

f L. 4, *De usufructu*, etc.— Lacombe, vᵒ *Usufruit*, nᵒ 8, p. 817.— 5 Pand. Franç., p. 241.— 2 Marcadé, 449.— C. N., 580.

446. Il peut être établi sur toute espèce de biens, meubles ou immeubles.

f L. 3, §§ 1 et 7, *De usufructu*, etc.— Lacombe, vᵒ *Usufruit*, p. 817, nᵒ 4.— 2 Marcadé, pp. 449 et suiv.— C. N., 581.

SECTION I.

DES DROITS DE L'USUFRUITIER.

447. L'usufruitier a droit de jouir de toute espèce de fruits, soit naturels, soit industriels, soit civils, que peut produire l'objet dont il a l'usufruit.

f L. 1, 7, 9, 15, 59 et 68, *De usufructu*, etc.— Pothier, *Douaire*, nᵒˢ 194, 199 et 200. — Pothier, *Propriété*, nᵒ 153.— 3 Toullier, p. 261.— 5 Pand. Franç., p. 242.— C. N., 582.

Amend.— L'acte C. 31 Vict., c. 68, s. 9, § 3 (*Acte des chemins de fer*, 1868), permet aux usufruitiers de vendre les terrains nécessaires à la construction d'un chemin de fer, et la même disposition se retrouve dans l'*Acte des chemins de fer de Québec*, 1869, 32 Vict., c. 51, s. 9, § 3, relativement aux chemins de fer provinciaux.

448. Les fruits naturels sont ceux qui sont le produit spontané de la terre. Le produit et le croît des animaux sont aussi des fruits naturels.

Les fruits industriels d'un fonds sont ceux qu'on obtient par la culture ou l'exploitation.

ff L. 77, *De verborum signif.*— L. 36, § 5, *De hæreditatis petitione.*— Pothier, *Douaire*, n°° 198–9; *Com.*, n° 115.— 3 Toullier, p. ¦262.— 5 Pand. Franç., pp. 161 et 245.— C. N., 583.

449. Les fruits civils sont les loyers des maisons, les intérêts des sommes dues, les arrérages des rentes. Les prix des baux à ferme sont aussi rangés dans la classe des fruits civils.

ff L. 121, *De verborum signif.*— L. 36, *De usuris et fruct.*— L. 62, *De rei vindicatione.* — Pothier, *Douaire*, n°° 203–4; *Com.*, n°° 205 et 221.— 5 Pand. Franç., pp. 161, 245 et suiv.— 2 Hennequin, 366.— 3 Toullier, p. 263.— C. N., 584.

450. Les fruits naturels et industriels pendants par branches ou tenant par racines, au moment où l'usufruit est ouvert, appartiennent à l'usufruitier.

Ceux qui sont dans le même état au moment où finit l'usufruit, appartiennent au propriétaire, sans récompense, de part ni d'autre, des labours et des semences, mais aussi sans préjudice de la portion des fruits qui peut être acquise au colon partiaire, s'il en existe un au commencement ou à la cessation de l'usufruit.

ff L. 27, L. 58, L. 59, *De usufructu*, etc.— L. 13, *Quibus modis usufructus et usu.*— L. 32, L. 42, *De usu et usufructu.*— Paris, 281.— Pothier, *Douaire*, n°° 160, 194, 199, 202, 273 et 275.— *Ibid., Com.*, n°° 206–7–9, 212–3.— *Ibid., Intr. Cout. d'Orl.*, au titre 10.— *Ibid., Mandat*, n° 192.— 3 Toullier, p. 264.— 5 Pand. Franç., pp. 248 et suiv.— N. Deniz., v° *Fruits*, § 3, n° 3.— 3 Du Parc Poullain, pp. 290–1.— C. N., 585.

451. Les fruits civils sont réputés s'acquérir jour par jour, et appartiennent à l'usufruitier à raison de la durée de son usufruit.

Cette règle s'applique aux prix des baux à ferme, comme aux loyers des maisons et aux autres fruits civils.

ff L. 7, *De soluto matrimonio.*— *ff* L. 26, *De usufructu et quem.*— Pothier, *Douair* n°° 160 et 205.— *Ibid., Com.*, n°° 220–1.— C. N., 586.

452. Si l'usufruit comprend des choses dont on ne peut faire usage sans les consommer, comme l'argent, les grains, les liqueurs, l'usufruitier a le droit de s'en servir, mais à la charge d'en rendre de pareille quantité, qualité et valeur, ou leur estimation, à la fin de l'usufruit.

ff L. 7, *De usufructu earum rerum.*— Lacombe, v° *Usufruit*, n° 4, p. 817.— Pothier, *Don entre mari et femme*, n° 215.— 2 Malleville, pp. 55 et 63.— 2 Hennequin, pp. 251 et suiv.— 5 Pand. Franç., p. 251.— 3 Toullier, p. 259.— Merlin, Rép., v° *Usufruit*, § 4, n° 8.— C. N., 587.

453. L'usufruit d'une rente viagère donne aussi à l'usufruitier, pendant la durée de son usufruit, le droit de retenir pour le tout les termes qu'il a reçus comme payables d'avance, sans être tenu à aucune restitution.

Pothier, *Douaire*, n° 25.— *Ibid., Don entre mari et femme*, n° 219.— *Ibid., Com.*, n° 232.— 2 Malleville, p. 55.— 5 Pand. Franç., p. 245.— Lacombe, v° *Usufruit*, n° 4, p. 817.— 2 Hennequin, pp. 248–9.— C. N., 588.

454. Si l'usufruit comprend des choses qui, sans se consommer de suite, se détériorent peu à peu par l'usage, comme du linge, des meubles meublants, l'usufruitier a le droit de s'en servir pour l'usage auquel elles sont destinées, et n'est obligé de les rendre, à la fin de l'usufruit, que dans l'état où elles se trouvent, non détériorées par son dol ou par sa faute.

ƒ L. 15, §§ 1, 2, 3 et 4, *De usufructu, etc.*— L. 9, § 3, *Usufructuarius quemadmod.*— Pothier, *Douaire*, n°ˢ 194, 209, 215–6–7–8 et 220.— *Ibid., Vente*, n° 549.— 2 Malleville, p. 56.— Merlin, vᵒ *Usufruit*, § 2, n° 3, § 4.—5 Pand. Franç., p. 252.— 3 Toullier, pp. 248 et 324.— Proudhon, *Usufruit*, t. 1, n° 67 ; t. 2, n°ˢ 887, 1056, 1061 et 1111 ; tome 3, n° 1726 ; tome 4, n° 2234, et tome 5, n°ˢ 2579 et 2651.— 2 Bousquet, 84–5.— Domat, liv. 1, *Usufruit*, tit. 11, § 3.— C. N., 589.

455. L'usufruitier ne peut abattre les arbres qui croissent sur le fonds soumis à l'usufruit. C'est parmi ceux qui sont renversés accidentellement qu'il doit prendre ce dont il a besoin pour son usage.

Si cependant parmi ces derniers il ne s'en trouve pas en quantité et des qualités convenables pour les réparations dont il est tenu et pour l'entretien et l'exploitation de l'héritage, il lui est loisible d'en abattre autant qu'il en faut pour ces objets, en se conformant à l'usage des lieux ou à la coutume des propriétaires; il peut même en abattre pour le chauffage, s'il s'en trouve de la nature de ceux généralement employés à cet usage dans la localité.

ƒ L. 12, *De usufructu et quem.*— Lacombe, vᵒ *Usufruit*, n° 7, pp. 819 et 823.— Pothier, *Douaire*, n° 197.—5 Pand. Franç., p. 259.— 3 Proudhon, *Usufruit*, p. 55, n° 1194.— N. Deniz., vᵒ *Baliveaux*, § 4.— 3 Toullier, p. 271, note (1).— C. N., 592.

456. Les arbres fruitiers qui meurent, ceux même qui sont arrachés ou brisés par accident, appartiennent à l'usufruitier, mais il est tenu de les remplacer par d'autres, à moins que la plus grande partie n'en ait été ainsi détruite, auquel cas il n'est pas obligé au remplacement.

ƒ L. 12, *De usufructu et quem.*— Pothier, *Douaire*, n°ˢ 210 et 211.— 3 Toullier, p. 271.— 3 Proudhon, n°ˢ 1175 et 1199.— 5 Pand. Franç., 262.— C. N., 594.

457. L'usufruitier peut jouir par lui-même, louer et même vendre son droit ou le céder à titre gratuit.

S'il donne à ferme ou à loyer, le bail expire avec son usufruit; cependant le fermier ou le locataire a droit et peut être contraint de continuer sa jouissance pendant le reste de l'année commencée à l'expiration de l'usufruit, à la charge d'en payer le loyer au propriétaire.

ƒ L. 12, L. 67, *De usufructu et quem.*— L. 9, *Locati conducti.*— Pothier, *Douaire*, n°ˢ 195, 220 et 270 ; *Vente*, n° 549.— *Ibid., Louage*, n° 43.— Lacombe, vᵒ *Usufruit*, n° 15, p. 825.— Loyseau, *Déguerpissement*, liv. 6, c. 1, n° 6.— 3 Toullier, n° 413, p. 273.— 3 Proudhon, *Usufruit*, n°ˢ 1212 et 1215.— 10 Demolombe, n° 349, p. 309.— C. N., 595.

458. L'usufruitier jouit de l'augmentation survenue par alluvion au fonds dont il a l'usufruit.

Mais son droit ne s'étend pas sur l'isle qui se forme, pendant l'usufruit, auprès du fonds qui y est sujet et auquel cette isle appartient.

ƒ L. 9, § 4, *De usufructu, etc.*— Pothier, *Douaire*, n° 68.— 2 Malleville, p. 60.— 5 Pand. Franç., pp. 263–4.— 2 Bousquet, p. 89.— C. N., 596.

459. Il jouit des droits de servitude, de passage et généralement de tous les droits du propriétaire, comme le propriétaire lui-même.

ff L. 12, *Communia prædiorum.*— L. 20, § 1, *Si servitus vindicetur.*— L. 25, *De servit. prædior. rusticor.*— Pothier, *Douaire*, n° 195, 209 et 210.— 2 Malleville, p. 60.— 2 Bousquet, p. 89.— 5 Pand. Franç., pp. 264-5.— 3 Toullier, pp. 262 et 273. Merlin, v° *Usufruit*, § 4, n° 11.— C. N., 597.

460. Les mines et les carrières ne sont pas comprises dans l'usufruit.

L'usufruitier peut cependant en tirer les matériaux nécessaires pour les réparations et entretien des héritages sujets à son droit.

Si cependant ces carrières, avant l'ouverture de l'usufruit, ont été exploitées comme source de revenu, par le propriétaire, l'usufruitier peut continuer cette exploitation de la même manière qu'elle a été commencée.

Pothier, *Douaire*, n° 195 ; *Com.*, n° 97 et 204.— *Ibid.*, intr. au tit. X, *Cout. d'Orl.*, n° 100.— 10 Demolombe, n° 433.— 10 *Ibid.*, n° 430, p. 376.— Projet du code Nap., liv. 2, tit. 3, art. 23, p. 146.— Merlin, Rép., v° *Usufruit*, § 4, n° 3.— 2 Malleville, sur art. 598, *in fine*, p. 62.— C. N., 598.

Jurisp.— Le code civil en ne parlant que des mines, carrières et forêts qui ne tombent pas sous le contrôle de l'usufruitier, n'est pas limitatif du droit commun, mais plutôt explicatif, et une sablière ne tombe pas aussi sous tel contrôle.— Dans l'espèce, l'usufruitier ne pouvait vendre tout le sable qui se trouvait sur la propriété dont il avait l'usufruit, même pour une durée de cinq ans, la vente étant celle d'un droit réel.— Dufresne vs Bulmer, XXI L. C. J., 98.

461. L'usufruitier n'a aucun droit sur le trésor trouvé, pendant la durée de l'usufruit, sur le fonds qui y est sujet.

ff L. 7, § 12, *Soluto matrimonio.*— Serres, *Institutes*, p. 91.— 1 Despeisses, n° 9, p. 553.— Pothier, *Douaire*, n° 196.— 5 Pand. Franç., pp. 266-7.— C. N., 598.

462. Le propriétaire ne peut, par son fait, de quelque manière que ce soit, nuire aux droits de l'usufruitier.

De son côté, l'usufruitier ne peut, à la cessation de l'usufruit, réclamer aucune indemnité pour les améliorations qu'il a faites, encore que la valeur de la chose en soit augmentée.

Il peut cependant enlever les glaces, tableaux et autres ornements qu'il a fait placer, mais à la charge de rétablir les lieux dans leur premier état.

ff L. 15, §§ 6 et 7 ; L. 16, *De usufructu*, etc.— *ff* L. 12, *De usu et usufructu.*— Pothier, *Douaire*, n° 241-2-3 et 271-7-8-9.— *Ibid.*, *Propriété*, n° 12.— Fenet-Pothier, sur art. 524, p. 126.— 2 Malleville, p. 63.— 2 Bousquet, pp. 91-2.— 3 Toullier, pp. 12, 284, 285, 292 et suiv., 306.— 5 Pand. Franç., pp. 267 et suiv., n° 37 et 38.— Proudhon, n° 1108, 1124, 1426 et 1463.— C. N., 599.

SECTION II.

DES OBLIGATIONS DE L'USUFRUITIER.

463. L'usufruitier prend les choses dans l'état où elles sont, mais il ne peut entrer en jouissance qu'après avoir fait dresser, en présence du propriétaire, ou lui dûment appelé, un inventaire des biens meubles et un état des immeubles sujets à son droit, s'il n'en est dispensé par l'acte constitutif de l'usufruit.

ff L. 65, § 1, *De usufructu.*—L. 12, *De usu et usufructu.*—L. 1, *in pr.* et § 4, *usu-fructuarius quemad. caveat.*—Cod., L. 4, § 1, *De usufructu et habitatione.*—Serres, *Instituts,* pp. 148 et 310.— Pothier, *Douaire,* n⁰ˢ 221-8; *Don entre mari et femme,* n⁰ˢ 44, 212, 215 et 240.— 17 Guyot, v⁰ *Usufruit,* p. 393.— Merlin, v⁰ *Usufruit,* § 2, n⁰ 2.— 2 Malleville, pp. 65-6 et 279.— 1 Argou, 202.— 5 Pand. Franç., pp. 271-3.— 10 Demolombe, n⁰ˢ 473- 4.— 3 Toullier, n⁰ˢ 419 et 420.— C. N., 600.

464. Il donne caution de jouir en bon père de famille, si l'acte constitutif ne l'en dispense ; cependant le vendeur ou le donateur, sous réserve d'usufruit, n'est pas tenu de donner caution.

ff L. 2, L. 7, L. 9, § 1, *Usufructuarius quemad.*—Cod., L. 1, *De usufructu et habitatione.*— Pothier, *Douaire,* n⁰ˢ 211 et 221.— Paris, 285.— Lacombe, v⁰ *Usufruit,* pp. 818 et suiv., n⁰ˢ 1 et suiv.— Guyot, Rép., v⁰ *Usufruit,* pp. 393-4.— 1 Argou, p. 204.— 3 Toullier, pp. 279 et 280.— Fenet-Pothier, sur art. 601, p. 154.— 5 Pand. Franç., pp. 275 et suiv., n⁰ˢ 41 et suiv.— 10 Demolombe, n⁰ˢ 480 et suiv.— C. N., 601.

465. Si l'usufruitier ne peut fournir de cautions, les immeubles sont loués, donnés à ferme ou mis en séquestre.

Les sommes comprises dans l'usufruit sont placées ; les denrées et autres objets mobiliers, qui se consomment par l'usage, sont vendus, et le prix en provenant est pareillement placé.

Les intérêts de ces sommes et le prix des baux appartiennent, dans ces cas, à l'usufruitier.

ff L. 5, § 1, *Ut legatorum seu fideicommis.*—Carondas, sur art. 285 de Paris.— Pothier, *Douaire,* n⁰ 227.— 2 Marcadé, pp. 483 et suiv.— Lacombe, v⁰ *Usufruit,* n⁰ 1, p. 819.— Guypape, *Quest.* 250.— 5 Pand. Franç., pp. 281-2.— Ricard, *Don mutuel,* n⁰ 285.— 10 Demolombe, n⁰ˢ 493 et suiv.— 2 Proudhon, *Usufruit,* n⁰ˢ 840 et suiv.— C. N., 602.

466. A défaut de cautions, le propriétaire peut exiger que les effets mobiliers qui dépérissent par l'usage, soient vendus, pour le prix en être placé et perçu comme dit en l'article précédent.

Cependant l'usufruitier peut demander, et les juges peuvent accorder, suivant les circonstances, qu'une partie des meubles nécessaires pour son usage, lui soit laissée sous sa simple caution juratoire, et à la charge de les représenter à l'extinction de l'usufruit.

ff L. 5, § 1, *Ut legatorum seu fideicom.*— Instit., *De satisdationibus,* § 2.— 1 Salviat, 142.— Pothier, *Douaire,* n⁰ 227.— Serres, *Institutes,* pp. 105-6.— Autorités sous l'art. précédent.— C. N., 603.

467. Le retard de donner caution ne prive pas l'usufruitier des fruits auxquels il peut avoir droit ; ils lui sont dus du moment où l'usufruit a été ouvert.

ff L. 10, § 1, *De usufructu earum.*— Institut. § 3, *De fidejussoribus.*— Lacombe, v⁰ *Usufruit,* n⁰ 1, p. 818.— 5 Pand. Franç., p. 283.— 2 Malleville, p. 69.— 10 Demolombe, n⁰ 516, p. 445.— C. N., 604.

468. L'usufruitier n'est tenu qu'aux réparations d'entretien.

Les grosses demeurent à la charge du propriétaire, à moins qu'elles n'aient été occasionnées par le défaut de réparations d'entretien, depuis l'ouverture de l'usufruit, auquel cas l'usufruitier en est aussi tenu.

ff L. 7, § 2, L. 13, *De usufructu et quem.*—Cod., L. 7, *De usufructu.*— Pothier, *Douaire,* n⁰ˢ 238, 239 et 280.— *Ibid.,* *Don entre mari et femme,* 236-7-8.— *Ibid.,* *Bail à rente,* n⁰ 43.— *Ibid.,* *Communauté,* n⁰ 272.— Lacombe, v⁰ *Usufruit,* sect. 2, n⁰ 11.— 5 Pand. Franç., pp. 284-5.— 2 Malleville, p. 69.— C. N., 605.

Jurisp.— 1. L'usufruitier ne peut répéter du propriétaire que les grosses réparations et les réparations nécessaires pour la conservation et l'exploitation des immeubles sujets à l'usufruit. L'usufruitier ne peut réclamer les impenses utiles que jusqu'à concurrence de ce que les immeubles s'en trouvent être de plus grande valeur au moment de l'ouverture de la substitution. Les impenses grosses et nécessaires sont remboursables en entier, quand bien même elles n'existeraient plus au moment de l'ouverture de la substitution, pourvu que l'usufruitier ne soit pas coupable de leur disparition par suite de son manque d'entretien. Les impenses voluptuaires ne sont pas remboursables.— Lafontaine vs Suzor, XI L. C. R., 388.

2. The proprietor of land enjoyed by another in usufruct, has not, by law, any right of action against such usufructuary to compel him to make specific reparations, and do works on such land, or in default thereof to recover damages against such usufructuary during the subsistance of such usufruct.— McGinnis vs Choquet, V L. C. J., 99.

3. Le nu-propriétaire n'a pas d'action en dommages contre l'usufruitier pour le cas où celui-ci ne fait pas les réparations auxquelles il est tenu. L'action doit être pour le faire déclarer déchu de ses droits, ou pour faire séquestrer les biens.— McGinnis vs Choquet, Mont. Cond. Rep., 89.

469. Les grosses réparations sont celles des gros murs et des voûtes, le rétablissement des poutres et des couvertures entières, celui des digues et des murs de soutenement et de clôtures aussi en entier.

Toutes les autres réparations sont d'entretien.

ff L. 7, *De usufructu et quem.*— Paris, 262.— Pothier, *Douaire,* n° 238.— *Ibid., Com.,* n° 272.— 2 Bourjon, p. 34.— Lacombe, v° *Usufruitier,* sect. 2, n° 2.— 2 Malleville, p. 70.—5 Pand. Franç., pp. 287-8.—10 Demolombe, n°s 551 et suiv., 582.— C. N., 606.

470. Ni le propriétaire ni l'usufruitier ne sont tenus de rebâtir ce qui est tombé de vétusté, ou ce qui a été détruit par cas fortuit.

ff L. 7, § 2, L. 46, § 1, L. 65, § 1, *De usufructu, etc.*— Domat, *De l'usufruit,* sect. 5, n° 5.—5 Du Parc Poullain, p. 324, n° 411.— 2 Desgodets, sur art. 202, C. P., pp. 29 et suiv.— Pothier, *Douaire,* n°s 238, 239 et 246.— *Ibid., Don entre mari et femme,* n° 238.— Lacombe, v° *Usufruit,* n° 12, p. 821.—3 Toullier, n°s 443 et suiv., pp. 296 et suiv.— 2 Malleville, p. 71.— 2 Marcadé, pp. 488 et suiv.—5 Pand. Franç., pp. 289 et suiv.—10 Demolombe, n° 707.— Serres, *Institutes,* p. 108.— C. N., 607.

471. L'usufruitier est tenu, pendant sa jouissance, de toutes les charges ordinaires, telles que rentes foncières et autres redevances ou contributions annuelles dont est grevé l'héritage lors de l'ouverture de l'usufruit.

Il est pareillement tenu des charges extraordinaires qui y sont imposées depuis, telles que les répartitions pour l'érection et la réparation des églises, les contributions publiques ou municipales et autres impositions semblables.

ff L. 27, §§ 3 et 4.— L. 7, § 2, L. 52, *De usufructu, etc.*— *ff* L. 28, *De usu et usufructu.* — Paris, 287.— Lacombe, v° *Usufruit,* n° 14.— Carondas, *Pand.,* liv. 2, ch. 12.— Pothier, *Don entre mari et femme,* n°s 236 et 242.— *Ibid., Douaire,* n° 230.—Guyot, Rép., v° *Usufruit,* p. 396.— Fenet-Pothier, sur art. 608, pp. 157 et suiv.— 2 Malleville, p. 71.—5 Pand. Franç., pp. 291 et suiv.—3 Toullier, n° 431.— 2 Marcadé, pp. 493 et suiv.— 2 Hennequin, p. 445.— 2 Demante, n° 451 *bis.*—10 Demolombe, pp. 550 et suiv., n°s 601 et suiv.— C. N., 608 et 609.

Jurisp.— An usufruitier is responsible for the taxes.— The Corporation of Montreal vs Contant, 2 R. C., 482.

472. Le legs fait par un testateur d'une rente viagère ou pension alimentaire, doit être acquitté par le légataire universel de l'usufruit dans son intégrité, ou par le légataire à titre universel de l'usufruit, dans la proportion de sa jouissance, sans aucune répétition de leur part.

Cod., L. ult., § 4, *De bonis quæ liberis.*— Anc. Deniz., v° *Usufruit*, n° 36.— Guyot, Rép., v° *Usufruit*, p. 396.— 2 Malleville, p. 72.— 5 Pand. Franç., p. 294.— 7 Locré, *Esprit du Code*, pp. 299 à 302.— 4 Duranton, n° 636-7.— 2 Boileux, p. 763.— C. N., 610.

473. L'usufruitier à titre particulier, n'est tenu au paiement d'aucune partie des dettes héréditaires, pas même de celles auxquelles est hypothéqué le fonds sujet à l'usufruit.

S'il est forcé, pour conserver sa jouissance, de payer quelques-unes de ces dettes, il a son recours contre le débiteur et contre le propriétaire du fonds.

ƒ L. ult., *De usu et usufructu.*— Lacombe, v° *Legs*, p. 403 ; v° *Usufruit*, n° 15.— Guyot, Rép., v° *Usufruit*, p. 396.— 2 Marcadé, n° 531 et suiv., pp. 501 et suiv.— 2 Boileux, pp. 759 et suiv.— 7 Locré, p. 304.— 5 Pand. Franç., p. 295.— 10 Demolombe, n° 604.— 2 Toullier, n° 432.— 4 Proudhon, *Usufruit*, n° 1829 et 1843.— Dalloz, Dict., v° *Usufruit*, n° 572.— C. N., 611.

474. L'usufruitier, soit universel, soit à titre universel, doit contribuer avec le propriétaire au paiement des dettes comme suit :

On estime la valeur des immeubles et autres objets sujets à l'usufruit, on fixe ensuite la contribution aux dettes à raison de cette valeur.

Si l'usufruitier veut avancer la somme pour laquelle le propriétaire doit contribuer, le capital lui en est restitué à la fin de l'usufruit, sans aucun intérêt.

Si l'usufruitier ne veut pas faire cette avance, le propriétaire a le choix ou de payer la somme, et dans ce cas, l'usufruitier lui tient compte des intérêts pendant la durée de l'usufruit, ou de faire vendre jusqu'à due concurrence une portion des biens soumis à l'usufruit.

Cod., L. 15, *De donationibus.*— Dargentré, sur art. 219, *Cout. de Bretagne.*— Guypape, *Quæst.* 541.— Lapeyrère, lettre V, n° 75.— Lacombe, v° *Dettes*, p. 172, n° 13, et p. 821.— Paris, art. 334 et 335.— 5 Nouv. Deniz., v° *Contrib. aux dettes*, p. 490.— 17 Guyot, Répert., p. 396.— 2 Boileux, pp. 761-2.— 2 Marcadé, p. 500, n° 529.— C. N., 612.

475. L'usufruitier n'est tenu que des frais des procès qui concernent la jouissance, et des autres condamnations auxquelles ces procès peuvent donner lieu.

ƒ L. 60, *De usufructu.*— L. 5, *Si ususfructus.*— Lacombe, v° *Usufruit*, p. 821.— 10 Demolombe, n° 619 et suiv.— 3 Toullier, n° 289.— 2 Boileux, p. 767.— 2 Marcadé, p. 574.— 2 Pand. Franç., p. 299.— C. N., 613.

476. Si pendant la durée de l'usufruit, un tiers commet quelque usurpation sur le fonds, ou attente autrement aux droits du propriétaire, l'usufruitier est tenu de le lui dénoncer, faute de quoi il est responsable de tout le dommage qui peut en résulter pour le propriétaire, comme il le serait de dégradations commises par lui-même.

ƒ L. 15, § 7, *De usufructu.*— L. 1, § 7, L. 2, *Usufructuarius quemad.*— Pothier, *Douaire*, n° 281-2.— Fenet-Pothier, p. 159.— 2 Boileux, p. 768, n° 614.— 2 Marcadé, p. 506, sur art. 614.— C. N., 614.

8

477. Si l'usufruit n'est établi que sur un animal qui vient à périr sans la faute de l'usufruitier, celui-ci n'est pas tenu d'en rendre un autre, ni d'en payer l'estimation.

ff L. 70, § 3, *De usufructu.*— Anc. Denizart, v° *Usufruit*, § 2, n° 6.— 2 **Malleville,** 75.— 3 Toullier, p. 291.— C. N., 615.

478. Si le troupeau, sur lequel un usufruit a été établi, périt entièrement par accident ou par maladie, et sans la faute de l'usufruitier, celui-ci n'est tenu envers le propriétaire que de lui rendre compte des cuirs ou de leur valeur.

Si le troupeau ne périt pas entièrement, l'usufruitier est tenu de remplacer jusqu'à concurrence du croît, les têtes des animaux qui ont péri.

ff L. 68, § 2, L. 69, L. 70, §§ 1, 2, 3, 4 et 5, *De usufructu.*— Instit., *De divisione rerum,* § 38.— 5 Pand. Franç., pp. 302 et suiv.— 2 Toullier, p. 291.— 2 Malleville, p. 76.— 2 Boileux, pp. 765–6.— C. N., 616.

SECTION III.

COMMENT L'USUFRUIT PREND FIN.

479. L'usufruit s'éteint par la mort naturelle et par la mort civile de l'usufruitier, s'il est viager ;

Par l'expiration du temps pour lequel il a été accordé ;

Par la consolidation ou la réunion sur la même tête des deux qualités d'usufruitier et de propriétaire ;

Par le non-usage du droit pendant trente ans, et par la prescription acquise par les tiers ;

Par la perte totale de la chose sur laquelle l'usufruit est établi.

ff L. 3, § ult., L. 17, L. 27, *Quibus modis, etc.*— *ff* L. 8, *De annuis legatis.*— *ff* L. 22, L. 29, *De usu et usufructu.*— *ff* L. 10, *De capite minutis.*— Cod., L. 12, L. 14, L. 16, *De usufructu.*— Instit., *De usufructu,* § 3.— Cod., L. 13, *De servitutibus et aqud.*— L. 3, *De prescriptione,* § 30, *rvl.* 40.— Pothier, *Douaire,* n°' 247, 249, 255, 74, 253 et 268. Pothier, *Don entre mari et femme,* n°' 252 et suiv.— Pothier, *Vente,* n° 549.— Dard, p. 136.— Merlin, v° *Usufruit,* § 5, art. 1, art. 3, n° 3.— Guyot, v° *Usufruit,* pp. 402 et suiv.— Lacombe, v° *Usufruit,* sec. 4, pp. 827 et suiv.— Serres, *Institutes,* pp. 106-7-8.— 5 Pand. Franç., p. 307, n°' 62 à 68.— 2 Boileux, pp. 771 et suiv.— C. N., 617.

Jurisp.— La construction d'une maison sur une propriété sujette à un usufruit, ne cause pas à cette propriété un changement suffisant pour mettre fin à tel usufruit.— Little et Diganard, XII L. C. R., 178.

480. L'usufruit peut aussi cesser par l'abus que l'usufruitier fait de sa jouissance, soit en commettant des dégradations sur le fonds, soit en le laissant dépérir faute d'entretien.

Les créanciers de l'usufruitier peuvent intervenir dans les contestations, pour la conservation de leurs droits; ils peuvent offrir la réparation des dégradations commises et des garanties pour l'avenir.

Les tribunaux peuvent, suivant la gravité des circonstances, ou prononcer l'extinction absolue de l'usufruit, ou n'ordonner la rentrée du propriétaire dans la jouissance de l'objet qui en est grevé, que sous la charge de payer annuellement à l'usufruitier ou à ses ayants cause, une somme déterminée jusqu'à l'instant où l'usufruit devra cesser.

ff L. 38, *De rei vindicatione.*— *Instit.*, *De usufructu*, § 3.— Papon, *Arrêts*, liv. 14, tit. 2, art. 6.— Mornac, sur L. 4, *Cod.*, *De usufructu.*— Favre, *Cod.*, liv. 3, tit. 3, *Définition* 1.— **Maynard**, liv. 8, ch. 7.— Guyot, v° *Usufruit*, § 4, pp. 405 et suiv.— Lacombe, v° *Usufruit*, n° 18, p. 830.— Pothier, *Douaire*, n° 249.— 5 Pand. Franç., pp. 324 et suiv.— C. N., 618.

481. L'usufruit accordé sans terme à une corporation, ne dure que trente ans.

ff L. 68, *Ad legem falcidiam.*— Domat, tit. 11, *De l'usufruit*, p. 310, Edit. in-8.— Dunod, *Prescriptions*, pp. 211-2.— Serres, *Institutes*, p. 107.— Lacombe, v° *Usufruit*, p. 828, n° 7.— Guyot, v° *Usufruit*, p. 403.— 5 Pand. Franç., pp. 327-8.— 2 Malleville, p. 79.— C. N., 619.

482. L'usufruit accordé jusqu'à ce qu'un tiers ait atteint un âge fixe, dure jusqu'à cette époque, encore que le tiers soit mort avant l'âge fixé.

Cod., L. 12, *De usufructu.*— Guyot, v° *Usufruit*, p. 307, § 5.— Merlin, v° *Mort civile*, § 1, art. 3, n° 11.— 3 Toullier, n° 450.— C. N., 620.

483. La vente de la chose sujette à usufruit ne fait aucun changement dans le droit de l'usufruitier; il continue de jouir de son usufruit, s'il n'y a pas formellement renoncé.

ff L. 17, § 2, *De usufructu et quemad.*—ff L. 19, *Quibus modis usufructus.*— 5 Pand. Franç., pp. 315 et 332.— 3 Toullier, pp. 251, 293, 321 et 322.— 2 Malleville, p. 80.— C. N., 621.

484. Les créanciers de l'usufruitier peuvent faire annuler la renonciation qu'il aurait faite à leur préjudice.

ff L. 10, L. 15, *Quæ in fraudem creditorum.*— 2 Malleville, p. 80.— 5 Pand. Franç., p. 332.— 2 Marcadé, 560, p. 528.— C. N., 622.

485. Si une partie seulement de la chose soumise à l'usufruit est détruite, l'usufruit se conserve sur le reste.

ff L. 34, § 2, L. 53, *De usufructu et quemad.*— Serres, p. 108.— Guyot, v° *Usufruit*, p. 404.— Lacombe, v° *Usufruit*, sec. 6, n° 14, p. 829.— 3 Toullier, p. 320.— 5 Pand. Franç., p. 333.— 2 Malleville, p. 81.— C. N., 623.

486. Si l'usufruit n'est établi que sur un bâtiment, et que ce bâtiment soit détruit par un incendie ou autre accident, ou qu'il s'écroule de vétusté, l'usufruitier n'a droit de jouir ni du sol, ni des matériaux.

Si l'usufruit est établi sur un domaine dont le bâtiment détruit faisait partie, l'usufruitier jouit du sol et des matériaux.

ff L. 5, § 2, L. 9, L. 10, *Quibus modis usufructus.*—ff L. 34, § ult., L. 36, *De usufructu et quemad.*— Institutes, *De usufructu*, § 3, *in fine.*— Serres, p. 108.— Lacombe, v° *Usufruit*, p. 829.— 5 Pand. Franç., pp. 318 et 333.— 2 Boileux, p. 783.— Fenet-Pothier, sur art. 624, p. 162.— 10 Demolombe, n°ˢ 704 à 711.— C. N., 624.

CHAPITRE DEUXIÈME.

DE L'USAGE ET DE L'HABITATION.

487. L'usage est le droit de se servir de la chose d'autrui et d'en percevoir les fruits, mais seulement jusqu'à concurrence des besoins de l'usager et de sa famille.

Lorsque le droit d'usage est applicable à une maison, il prend le nom d'habitation.

ff De usu et habitatione, toto titulo.— Lacombe, v° *Usage*, p. 814 ; *Habitation*, p. 326.— Pothier, *Habitation*, n° 1, 2, 3 et suiv.— Guyot, v° *Usage*, p. 378.— Merlin, Rép., v° *Habitation*, p. 191.—5 Proudhon, n° 2739 et suiv.—2 Boileux, pp. 784-5.— 2 Marcadé, p. 534.—5 Pand. Franç., p. 237.

488. Les droits d'usage et d'habitation ne s'établissent que par la volonté de l'homme, par acte entrevifs ou de dernière volonté.

Ils se perdent de la même manière que l'usufruit.

Pothier, *Habitation*, n° 22 et suiv.— Nouv. Deniz, v° *Habitation*, § 4, p. 569.— Merlin, v° *Habitation*.—2 Marcadé, n° 568, p. 535.—2 Boileux, p. 785, note (2). — C. N., 625.

489. On ne peut exercer ces droits sans donner préalablement caution et sans faire des états et inventaires, comme dans le cas de l'usufruit.

ff L. 13, *De usufructu et quam.*— L. 1, *Usufructuarius quemad.*—Cod., *De usufructu et habitatione.*—Pothier, *Habitation*, n° 20.— Merlin, v° *Habitation*, sect. 1, § 2, n° 6, p. 199.— C. N., 626.

490. L'usager et celui qui a un droit d'habitation, doivent jouir en bon père de famille.

Cod., *Arg. ex lege* 4, *De usufructu et habit.*— 7 Locré, p. 337.— C. N., 627.

491. Les droits d'usage et d'habitation se règlent par le titre qui les a établis, et reçoivent, d'après ses dispositions, plus ou moins d'étendue.

Pothier, *Habitation*, n° 17 et 31.— Nouv. Deniz, v° *Habitation*, p. 563.— Proudhon, *Usufruit*, n° 2768.— C. N., 628.

Jurisp.— Un droit d'usage en bois entre particuliers est un droit personnel et non réel.— Ce droit de coupe de bois est purgé par le décret.— Lefebvre vs Gosselin, IX L. C. J., 95.

492. Si le titre ne s'explique pas sur l'étendue de ces droits, ils sont réglés ainsi qu'il suit.

C. N., 629.

493. Celui qui a l'usage d'un fonds ne peut exiger des fruits qu'il produit que la quantité qu'il lui en faut pour ses besoins et ceux de sa famille.

Il peut en exiger pour les besoins même des enfants qui lui sont survenus depuis la concession de l'usage.

ff L. 12, L. 19, *De usu et habitatione.*—2 Boileux, p. 788.—2 Marcadé, p. 537.— Proudhon, n° 2768.—2 Malleville, p. 83.—C. N., 630.

494. L'usager ne peut céder ni louer son droit à un autre.

ƒ L. 2, L. 8, L. 11 *De usu et habitatione.*— 2 Boileux, p. 791.— 2 Marcadé, p. 538. Merlin, v° *Habitation*, sec. 1, § 2, p. 196.— C. N., 631.

495. Celui qui a un droit d'habitation dans une maison peut y demeurer avec sa famille, quand même il n'aurait pas été marié à l'époque où ce droit lui a été donné.

ƒ L. 2, L. 3, L. 4, L. 5, L. 6, L. 7, L. 8, *De usu et habit.*— Pothier, v° *Habitation*, n° 18.— Lamoignon, *Arrêtés*, tit. 35, art. 13, p. 233.— C. N., 632.

496. Le droit d'habitation se restreint à ce qui est nécessaire pour l'habitation de celui à qui ce droit est accordé, et de sa famille.

ƒ, loco citato.— Pothier, *Habitation*, n° 33.— Merlin, v° *Habitation*, sect. 1, § 3, n° 6.— C. N., 633.

497. Le droit d'habitation ne peut être cédé ni loué.

ƒ L. 8, *De usu et habitatione.*— Instit., *De usu et habitatione*, § 5.— Pothier, *Habitation*, n° 18.— Merlin, v° *Habitation*, p. 196.— Proudhon, n° 2345.— C. N., 634.

498. Si l'usager absorbe tous les fruits du fonds, ou s'il occupe la totalité de la maison, il est assujetti aux frais de culture, aux réparations d'entretien et au paiement des contributions comme l'usufruitier.

S'il ne prend qu'une partie des fruits, ou s'il n'occupe qu'une partie de la maison, il contribue au prorata de ce dont il jouit.

ƒ L. 18, *De usu et habitatione.*— Serres, *Institutes*, p. 109.— Pothier, *Habitation*, n°° 21, 22 et 23.— Merlin, v° *Habitation*, p. 200, sec. 1, § 2.— Proudhon, *Usufruit*, n°° 2762, 2786, 2793 et 2823.— 5 Pand. Franç., p. 340.— C. N., 635.

TITRE QUATRIÈME.

DES SERVITUDES RÉELLES.

DISPOSITIONS GÉNÉRALES.

499. La servitude réelle est une charge imposée sur un héritage pour l'utilité d'un autre héritage appartenant à un propriétaire différent.

ƒ L. 15, § 1, *De servitutibus.*— *Ibid., toto titulo*, 8.— *Instit.*, lib. 2, tit. 3.— Pothier, *Intr. au tit.* 13, *Cout. d'Orl.*, n°° 2, 3 et 4.— Merlin, Rép., v° *Servitude*, § 1.— 2 Malleville, pp. 85–6.— 7 Locré, *Esp. du Code*, pp. 348–9 et suiv.— 2 Marcadé, p. 557, n° 558.— C. N., 637.

500. Elle dérive ou de la situation naturelle des lieux, ou de la loi ; ou elle est établie par le fait de l'homme.

ƒ L. 2, *De aquâ et aquæ.*— 1 Prévost de la Jannès, p. 353.— Lalaure, *Servitudes*, p. 14.— 2 Laurière, *sur Paris*, p. 165.— 2 Malleville, p. 86.— Rogron, sur art. 639.— C. N., 639.

CHAPITRE PREMIER.

DES SERVITUDES QUI DÉRIVENT DE LA SITUATION DES LIEUX.

501. Les fonds inférieurs sont assujettis envers ceux qui sont plus élevés à recevoir les eaux qui en découlent naturellement sans que la main de l'homme y ait contribué.

Le propriétaire inférieur ne peut pas élever de digue qui empêche cet écoulement. Le propriétaire supérieur ne peut rien faire qui aggrave la servitude du fonds inférieur.

ff L. 1, §§ 13 et 23; L. 2, § 1, *De aquâ et aquæ.*—Lamoignon, *Arrêtés,* tit. 20, art. 7.— Pothier, *Société,* 235-6-7-9.— Merlin, Rép., v° *Eaux pluviales,* nᵒˢ 2 et 3.— 2 Marcadé, pp. 559 et 560.— 3 Toullier, pp. 356 et suiv.— Lalaure, *Servitudes,* p. 19. — Carondas, *Pandectes,* liv. 4, c. 22, tit. 1.— 2 Bousquet, p. 126.— C. N., 640.

502. Celui qui a une source dans son fonds peut en user et en disposer à sa volonté.

Cod., L. 6, *De servit. et aquâ.—ff* L. 1, § 12; L. 21, L. 26, *De aquâ et aquæ.*— Lamoignon, *Arrêtés,* tit. 20, art. 6.— Dunod, *Prescriptions,* pp. 88, 89.— 2 Henrys, liv. 4, quest. 75.— 2 Favard de Langlade, pp. 221 et suiv.— 2 Malleville, p. 88. 5 Pand. Franç., p. 368.— 7 Locré, pp. 368-9 et suiv.—C. N., 641.

503. Celui dont l'héritage borde une eau courante ne faisant pas partie du domaine public, peut s'en servir à son passage pour l'utilité de cet héritage, mais de manière à ne pas empêcher l'exercice du même droit par ceux à qui il appartient, sauf les dispositions contenues dans le chapitre 51 des Statuts Refondus pour le Bas-Canada, et autres lois spéciales.

Celui dont l'héritage est traversé par cette eau peut en user dans tout l'espace qu'elle parcourt, mais à la charge de la rendre, à la sortie du fonds, à son cours ordinaire.

ff L. 26, *De damno infecto.*—5 N. Den., v° *Cours d'eau,* 561, n° 3.— Dunod, *Presc.,* p. 88.— 2 Henrys, liv. 4, quest. 189.— Ord. 1669, tit. 27, art. 44.— Guyot, Rép., v° *Cours d'eau,* pp. 135-6.— 2 Basnage, *Servitudes,* p. 489.— Merlin, Rép., v° *Cours d'eau,* n° 3.— 1 Demante, n° 661.— 2 Bousquet, pp. 130 et suiv.—2 Marcadé, p. 569.— 2 Malleville, p. 91.—C. N., 644.

Les Statuts Refondus pour le Bas-Canada contiennent à l'endroit cité les dispositions suivantes :

1. Tout propriétaire est autorisé à utiliser et exploiter tout cours d'eau qui borde, longe ou traverse sa propriété, en y construisant et établissant des usines, moulins, manufactures et machines de toute espèce, et pour cette fin, y faire et pratiquer toutes les opérations nécessaires à son fonctionnement, telles que écluses, canaux, murs, chaussées, digues et autres travaux semblables.

2. Les propriétaires ou fermiers des dits établissements resteront garants de tous dommages qui pourront en résulter ou être causés à autrui, soit par la trop grande élévation des écluses ou autrement.

La clause 3ᵉ pourvoit à la manière de constater les dommages et cela au moyen d'experts.

4. A défaut du paiement des dommages et indemnité ainsi fixés, dans les six mois de la date du rapport d'experts, avec l'intérêt légal à compter de la dite date, celui y obligé sera tenu de démolir les travaux qu'il pourra avoir faits, ou iceux le seront à ses frais et dépens sur jugement à cet effet, le tout sans préjudice aux dommages et intérêts encourus jusqu'alors.—19, 20 Vict., c. 104, s. 4.

Jurisp.— 1. A seignior, by his grant from the Crown, acquires a right of property in the soil over which a river, not navigable, flows, but in the running water he has only a right of servitude while it passes through or before the land he retains in his possession, which does not authorize him to divert the stream, or use the water to the prejudice of other proprietors above or below him. An action by a seignior against his co-seignior for the improper use of the common estate, can be maintained.— Gadioux St-Louis vs Gadioux St-Louis, Stuart's Rep., 575.

2. An action in *factum* can be maintained against a neigbouring proprietor for impeding a water course to the plaintiff's prejudice.— Harrower vs Robin, II R. de L., 469.

3. Le propriétaire d'une place de moulin a droit à un jugement qui reconnaisse son droit à l'usage d'un cours d'eau dans son canal naturel, lequel cours d'eau a été détourné par un voisin pour faire mouvoir un moulin sur sa propre terre, quoique, lors de l'institution de l'action, tel propriétaire n'eût point de moulin et ne requit point l'usage de l'eau.— Bussière vs Blais, VII L. C. R., 245.

4. Quand deux propriétaires possèdent sur le même cours d'eau des places de moulins, sur lesquelles l'on ne peut construire des moulins sans que l'un ne fasse tort à l'autre, le premier occupant doit avoir la préférence et a le droit de demander que l'autre soit contraint à démolir sa chaussée.— Dunkerly vs McCarty, VIII L. C. R., 132.

5. Le propriétaire d'un moulin supérieur n'a pas le droit d'obstruer une rivière navigable et flottable et dont on se sert pour descendre des billots, en barrant telle rivière avec un *baume*, et des individus propriétaires de moulins inférieurs, les billots desquels sont retenus par tel *baume*, sont en droit, après avis raisonnable et demande faite pour permission de passer leurs billots, d'ouvrir tel *baume* et d'y passer leurs billots pour descendre la rivière, et ils ne sont pas responsables des dommages causés à la personne obstruant la rivière, les billots de telle personne ayant été emportés par le courant.— Chapman vs Clark, VIII L. C. R., 147.

6. D'après les principes de droit applicables aux eaux courantes, tout propriétaire riverain a droit de se servir de l'eau qui passe sur sa propriété pour des usages ordinaires, par exemple en s'en servant d'une manière raisonnable pour des objets domestiques, et pour ses bestiaux, et ce sans égard à l'effet que tel usage peut avoir, dans le cas d'un manque d'eau, sur les propriétaires inférieurs. Il a de plus le droit de s'en servir pour aucun objet, ou ce qui peut être censé usage extraordinaire, pourvu qu'en ce faisant il n'enfreigne pas les droits des autres propriétaires, soit au-dessus ou au-dessous de lui. Sujet à cette réserve, il peut ériger une écluse pour les objets d'un moulin, ou détourner l'eau pour des fins d'irrigation. Mais il n'a pas le droit d'interrompre le cours régulier de l'eau, si en ce fesant il enfreint les droits qu'ont d'autres propriétaires de se servir de l'eau, et leur fait souffrir un dommage notable. Il semble que par rapport à cette cause, il n'existe aucune distinction matérielle entre le droit français et la loi anglaise.— Minor et Gilmour, IX L. C. R., 115.

7. Un propriétaire n'a pas le droit, sous les dispositions de la 19ᵉ et 20ᵉ Vict., ch. 104, d'ériger sur un cours d'eau, une chaussée aboutissant sur la terre du propriétaire vis-à-vis ; et une chaussée ainsi érigée, sera démolie à la demande de ce dernier.— Joly vs Gagnon, IX L. C. R., 166.

8. Les rivières non-navigables et non-flottables, sont la propriété privée des propriétaires riverains, qui en ont conséquemment le contrôle exclusif. La rivière Jacques-Cartier est une rivière non-navigable et non-flottable, et les propriétaires ont conséquemment le droit exclusif d'y faire la pêche.— Boswell et Denis, X L. C. R., 294.

9. Les parties étaient toutes deux propriétaires riverains séparés par la rivière Beauport. En 1850 le demandeur construisit un quai sur sa propriété. En octobre 1852 le défendeur en fit autant de son côté. Sur quoi, dans le même mois d'octobre, le demandeur porta son action réclamant: 1° des dommages, 2° démolition du quai construit par le défendeur. *Jugé :* 1° Que si, dans l'espèce, la construction du quai du défendeur était de nature à causer au demandeur des dommages, il n'en avait éprouvé aucun lorsqu'il introduisit son action. 2° Que la demande en démolition du quai du défendeur ne pouvait être admise qu'en autant qu'il serait établi que ce quai avait été construit, en tout ou en partie, sur le lit de la rivière. 3° Que tout propriétaire riverain a droit de protéger les rives de son héritage, et de reconquérir par la construction de quais, ou autrement, ce que l'action des eaux lui a enlevé ; pourvu que l'exercice de ce droit n'apporte au cours des eaux aucun changement préjudiciable au voisin.— Brown et Gugy, XI L. C. R., 401.

10. Un *boom* placé sur une rivière ou sur un cours d'eau flottable, est une nuisance publique, à laquelle toute personne peut remédier.— Regina et Patton, XIII L. C. R., 311.

11. Les obstructions aux rivières navigables sont incommodités publiques, et aucune action par un individu ne peut être intentée en raison de telles incommodités, à moins que tel individu ne souffre quelque dommage spécial. Dans l'espèce, l'action en dénonciation de nouvel œuvre ne compétait pas, en autant que telle action ne peut être intentée que par une personne réclamant contre des travaux commencés, et encore en progrès, par lesquels il allègue qu'il souffrira dommage s'ils sont complétés.— Brown et Gugy, XIV L. C. R., 213.

12. Les propriétaires riverains de lots voisins, mais possédant en vertu du même titre original, peuvent faire tels contrats ou stipulations qu'ils jugent à propos quant à ce qui concerne l'usage de l'eau d'une rivière ou d'un cours d'eau coulant le long de leurs propriétés respectives. L'usage ordinaire de l'eau courante, ne peut être restreint, d'après la loi commune, par des moyens artificiels ou par les conventions ou les stipulations des voisins riverains.— Hamel vs Le maire, etc., XVI L. C. R., 129.

13. Dans une action portée par un seigneur, alléguant son titre et son droit de banalité, concession à l'un des défendeurs d'une terre dans sa seigneurie, avec clause dans le contrat qu'aucun moulin ne serait érigé ; les défendeurs, associés, avaient construit un moulin à scie sur une rivière non-navigable avoisinant le terrain concédé, et avaient érigé une chaussée sur la rivière, qui faisait refluer les eaux sur le moulin à scie et le moulin à farine du demandeur qui avaient été en opération pendant plus de trente ans, et qui empêchait le fonctionnement des moulins, et causait de grands dommages. *Conclusion.* Qu'il fût déclaré que les défendeurs n'avaient aucun droit d'ériger un moulin à scie ou aucun autre moulin, que la chaussée fût démolie, et les défendeurs condamnés en dommages. *Jugé :* Que par le statut de la 20e Vict., ch. 104, le demandeur n'avait pas droit à des conclusions en démolition, qu'il n'avait aucun droit à l'usage exclusif des eaux, et que les défendeurs étaient responsables des dommages causés par la hauteur de leur chaussée ou autrement. Expertise ordonnée, afin de constater si la chaussée et autres ouvrages des défendeurs causaient des dommages au demandeur, et pour en estimer le montant si aucun il y avait.— Pangman vs Bricault, III R. L., 278.

14. Par l'acte des Statuts Refondus B. C., chap. 51, un propriétaire a le droit d'utiliser une rivière traversant son immeuble et celui de son voisin, en y construisant chez lui des moulins et chaussées, et de les vendre ensuite à un tiers, qui lui aussi, a encore le droit de les exploiter. Si ces chaussées ont causé, par leur trop grande élévation, des dommages au voisin, il doit les faire constater par des experts à être nommés par lui et le propriétaire de la chaussée, et à défaut par l'un d'eux d'en nommer, par l'un des experts de la municipalité à être désigné par le préfet du comté, lesquels experts, en évaluant ces dommages et fixant une indemnité, peuvent, s'il y a lieu, établir une compensation en tout ou en partie, avec la plus-value qui peut résulter à l'immeuble du voisin, par l'établissement de ces moulins. Cela fait, et à défaut du paiement de ces dommages ainsi constatés et fixés, dans les six mois de la date du rapport des experts, avec l'intérêt légal, à compter de la dite date, le voisin a alors le droit de poursuivre pour le recouvrement du montant déjà fixé de ces dommages avec intérêt, et pour faire démolir la chaussée, ou se faire autoriser à la démolir aux frais et dépens du propriétaire. Le voisin n'a pas droit d'action contre le propriétaire, pour faire constater s'il a ou non souffert des dommages, et s'il y en a, à combien ils se montent, attendu que l'acte sus-mentionné prescrit un mode différent de le faire, et il ne peut demander la démolition de la chaussée qu'en autant qu'il aura été constaté par des experts qu'il a droit à des dommages, que ces dommages auront été évalués, et qu'ils n'auront pas été payés, avec l'intérêt légal, dans les six mois de la date du rapport des experts.— Blais vs Auger, III R. L., 272.

15. Les pouvoirs donnés à une corporation de faire un aqueduc et tous les travaux nécessaires pour introduire l'eau dans une localité, ne lui donnent pas le droit de faire des constructions nuisibles à la navigation sur une rivière navigable. Pour se plaindre de semblables constructions, un simple particulier doit établir qu'il souffre un préjudice direct et immédiat et la cour ne prendra pas en considération de prétendus dommages futurs et éventuels.— Bell vs La corporation de Québec, II Q. L. R., 305.

16. Action for obstructing a navigable river. *Per curiam*, no person can

obstruct a navigable river with impunity, and award plaintiff £50 for injury
done his raft. The removal not ordered, as the obstruction became more
properly the object of public prosecution, and that part of demand dismissed.
—Stein vs Seath, III R. L., p. 457.

504. Tout propriétaire peut obliger son voisin au bornage de
leurs propriétés contiguës.

Les frais de bornage sont communs ; ceux du litige, au cas de
contestation, sont à la discrétion du tribunal.

Cod., L. 5, *Communi dividundo.*— Pothier, *Société*, 231-2-3.— 1 Fournel, *Voisi-
nage*, p. 240.— 3 N. Den., v° *Bornage*, p. 654-5.— 2 Bousquet, pp. 134 et suiv.— 2
Malleville, p. 93.— 5 Pand. Franç., p. 379.— 3 Toullier, n° 180.— 1 Pardessus,
Servitudes, n° 129.— 3 Sebire et Carteret, p. 250.— Millet, *Bornage*, p. 552.— Solon,
Servitudes, p. 87, n° 78.— C. N., 646.

Jurisp.— 1. Evidence of an existing *borne* without further testimony affords
no proof of title of any description.— Thibault vs Rancourt, I R. de L., 354.

2. In *bornage* the defendant may claim and prove title by prescription and
possession *outre son titre ;* but he cannot claim *contre son titre.*—Thériault vs
Leclerc, I R. de L., 354.

3. The action of *bornage* cannot be maintained if the lands of the plaintiff and
defendant are separated by a public highway.— Blanchet vs Jobin, I R. de L.,
354.

4. The defendant in an action of *bornage*, if he holds in right of another, must
set forth the fact by exception, and the name and residence of the person for
whom he holds.— Fortier vs Rhinhart, I R. de L., 354.

5. Il y a lieu à une demande en bornage entre voisins, lorsque les traces d'un
premier bornage et placement de bornes ont disparu, les terrains n'étant divisés
que par une clôture d'embarras.— Lanouette vs Jackson, VII L. C. R., 362.

6. Dans une action en bornage le défendeur ne peut être condamné à contraindre ses voisins à borner avec lui, et un allégué et des conclusions à cet effet
seront renvoyés sur défense au fond en droit.— Fradet vs Labrecque, VIII
L. C. R., 218.

7. In an *action en bornage*, the existence of a fence between the two properties
for upwards of 30 years before action brought, entitles the defendant to claim
such fence as the legal boundary or division line between the properties.—
Although such fence be so constructed as to form an irregular encroachment on
the plaintiff's land, to the depth of about 7 feet by about 48 feet only in length
along a portion of the line of division between the properties, and although the
title deed of the defendant and the title deeds of all his auteurs, show the line
of division between the properties, to be a straight line, throughout its entire
length, and are silent as to the encroachment, and although defendant's possession only dates back a little over 4 years, he nevertheless can avail himself of
the possession up to the fence, of all those from whom he derives title to the
property described in the deeds. Verbal evidence, to the effect that the fence
had been for upwards of 30 years in the same line as it was at the time of the
action, is sufficient, although it be proved that such fence was entirely destroyed
by fire and remained destroyed for upwards of a year, and none of the witnesses
testify to having seen a vestige of the old fence after the fire, or to having
been present when the new fence was built.— Eglaugh & Montreal General
Hospital, XII L. C. J., 39.

8. Une action en bornage alléguant que le défendeur est voisin d'un côté sera
maintenue, même s'il est prouvé que le défendeur n'est voisin que d'un autre
côté de la terre du demandeur. Le défendeur qui, dans une action en bornage,
plaide par une défense en fait, sera condamné aux frais. L'arpenteur n'est pas
tenu dans un rapport sur action en bornage, de constater que les parties ont
signé ou ont été requises de le faire.— Bouffard et Nadeau, VIII R. L., 321.

9. In an *action en bornage*, that where a division fence had existed for upwards
of thirty years between the properties to be *bornées*, and one of the parties had
enjoyed his possession "*franchement, publiquement et sans inquiétation*" for that
period, he had a right to demand that the boundary be drawn according to his
line.— Pattenaude vs Charron, XVII L. C. J., 85.

10. Si les bornes d'un héritage ne sont pas établies, le propriétaire qui se plaint
d'empiètements de la part de son voisin, doit avoir recours à l'action en bornage
et non à l'action au pétitoire.— Graham vs Kempley, II R. C., 106.

505. Tout propriétaire peut obliger son voisin à faire pour moitié ou à frais communs, entre leurs héritages respectifs, une clôture ou autre espèce de séparation suffisante suivant l'usage, les règlements et la situation des lieux.

2 Edits et Ord., pp. 272 et 424.— 13 et 14 Vict., c. 40, sec. 2 à 9.— S. R. B. C., c. 26, sec. 32 et 33.— Paris, art. 209 à 213.— 5 Pand. Franç., pp. 394 et suiv.— 2 Malleville, 93-4.— Pothier, *Cout. d'Orl., Int. au tit.* 5.— 3 Guyot, Rép., v° *Clôture*, pp. 596 et suiv.— 4 N. Den., v° *Clos*, p. 571 et suiv.— C. N., 647 et 648.

Jurisp.—1. The 194th article of the custom enables a proprietor to compel his neighbour to build a *mur mitoyen* between them : Therefore where the plaintiff brought his action *in assumpsit* for money laid out and expended in erecting a *mur mitoyen* with his neighbour's implied consent, it was held that he was entitled to recover.— Latouche vs Latouche, I R. de L., 353.

2. L'art. 8 de la sect. 32 du chap. 26 des S. R. B. C., est encore en force.— L'art. 774 C. M. ne détruit pas les rapports de voisinage, et spécialement l'obligation de clore entre voisins dans le cas prévu par le dit art. 8 ci-dessus mentionné.— Ayet vs Pelland, V R. L., 279.

CHAPITRE DEUXIÈME.

DES SERVITUDES ÉTABLIES PAR LA LOI.

506. Les servitudes établies par la loi ont pour objet l'utilité publique ou celle des particuliers.

C. N., 649.

507. Celles établies pour l'utilité publique ont pour objet le marchepied ou chemin de halage le long des rivières navigables ou flottables, la construction ou réparation des chemins ou autres ouvrages publics.

Tout ce qui concerne cette espèce de servitude est déterminé par des lois ou des règlements particuliers.

C. N., 650.

508. La loi assujettit les propriétaires à différentes obligations l'un à l'égard de l'autre indépendamment de toute convention.

. C. N., 651.

509. Partie de ces obligations est réglée par les lois concernant les municipalités et les chemins.

Les autres sont relatives au mur et au fossé mitoyens ; au cas où il y a lieu à contremur ; aux vues sur la propriété du voisin ; à l'égout des toits et au droit de passage.

SECTION I.

DU MUR ET DU FOSSÉ MITOYEN ET DU DÉCOUVERT.

510. Dans les villes et les campagnes, tout mur servant de séparation entre bâtiments jusqu'à l'héberge, ou entre cours et jardins, et même entre enclos dans les champs, est présumé mitoyen, s'il n'y a titre, marque ou autre preuve légale au contraire.

Paris, 211.— Lamoignon, *Arrêts*, tit. 20, art. 30.— Pothier, *Obl.*, 844 ; *Société*, 201-6; *Orl.*, tit. 13, art. 234.— Merlin, v° *Mitoyenneté*, § 1, n°° 2 à 5.— 2 Malleville, 95-6.— 1 Demante, 361.— 5 Pand. Franç., 404-5-7.— 7 Locré, pp. 410 et suiv.— 2 Marcadé, p. 575.—C. N., 653.

Jurisp.— La mitoyenneté entre propriétés contiguës est une présomption de droit qui impose sur celui qui y objecte la nécessité de la repousser ; l'objection ne peut être établie que par titres ou à défaut de titres par certaines marques.— McKenzie vs Tétu, XII L. C. R., 257.

511. Il y a marque de non-mitoyenneté lorsque la sommité du mur est droite et à plomb de son parement d'un côté, et présente de l'autre un plan incliné ; lors encore qu'il n'y a que d'un côté ou un chaperon ou des filets et corbeaux de pierre qui ont été mis en bâtissant le mur.

Dans ces cas le mur est censé appartenir exclusivement au propriétaire du côté duquel sont l'égout ou les corbeaux et filets.

Paris, 214.— Desgodets, p. 390.— 1 Lepage, pp. 43- 4.— Lamoignon, tit. 20, art. 31.— Pothier, *Société*, n° 205 ; *Orl.*, tit. 73, art. 241.— 5 Pand. Franç., p. 409.— 2 Malleville, pp. 96–7.— 1 Demante, 361.— 2 Marcadé, p. 577.— C. N., 654.

Jurisp.— A right of *mitoyenneté* cannot be established by mere verbal evidence, when there is no title and the marks on the wall do not indicate any such right.— Rodier vs Tait, I L. C. L. J., p. 70.

512. La réparation et la reconstruction du mur mitoyen sont à la charge de tous ceux qui y ont droit, et proportionnellement au droit de chacun.

Paris, 205.— Pothier, *Société*, 219, 220–2.— Desgodets, pp. 278 et suiv.— 3 Toullier, pp. 131 à 133.— Merlin, v° *Mitoyennuté*, § 2, n° 1.— 5 Pand. Franç., pp. 409 et suiv.— C. N., 655.

Jurisp.— An action for money paid and advanced, may be maintained by a proprietor of a *mur mitoyen* against his co-proprietor for his proportion of the sum expended in the repairs of the wall, if the latter has impliedly acquiesced in the making of such repairs.— Latouche vs Bollman, Stuart's Rep., 151.

513. Cependant tout copropriétaire d'un mur mitoyen peut se dispenser de contribuer aux réparations et reconstruction, en abandonnant le droit de mitoyenneté et en renonçant à faire usage de ce mur.

Paris, 210.— Desgodets, p. 377.— Pothier, *Société*, n° 221.— 2 Marcadé, pp. 378-9.— 2 Malleville, p. 97.— 5 Pand. Franç., p. 416.— C. N., 656.

514. Tout copropriétaire peut bâtir contre un mur mitoyen et y placer des poutres ou solives dans toute l'épaisseur du mur (à quatre pouces près), sans préjudice du droit qu'a le voisin de le forcer à réduire la poutre jusqu'à la moitié du mur dans le cas où il voudrait lui-même asseoir des poutres dans le même lieu, ou y adosser des cheminées.

ff L. 52, § 13, *Pro socio*.— L. 12, *Communi dividundo*.— Paris, 198, 207 et 208.— Orléans, 232.— Pothier, *Société*, 207-8-9.— Desgodets, pp. 205 et suiv.— Lamoignon, tit. 20, art. 36-7.— 5 Pand. Franç., 416.— 2 Malleville, 98.— 1 Lepage, 58.— 7 Locré, 421.— C. N., 657.

515. Tout copropriétaire peut faire exhausser à volonté, mais à ses dépens, le mur mitoyen, en payant indemnité pour la charge en résultant et en supportant pour l'avenir les réparations d'entretien au-dessus de l'héberge commune.

L'indemnité ainsi payable est le sixième de la valeur de l'exhaussement.

A ces conditions la partie du mur ainsi exhaussée est propre à celui qui l'a faite, mais quand au droit de vue, elle reste sujette aux règles applicables au mur mitoyen.

. Paris, 195 et 197.— 2 Laurière, 172.— Desgodets, 168 et 194.— Lamoignon, tit. 20, art. 29.— Pothier, *Société*, 200, 212, 213 et 222.— 2 Malleville, 98–9.— 5 Pand. Franç., 418.— 2 Marcadé, 579 et 580.— C. N., 658.

516. Si le mur mitoyen n'est pas en état de supporter l'exhaussement, celui qui veut l'exhausser doit le faire reconstruire en entier à ses frais, et l'excédant d'épaisseur doit se prendre de son côté.

Paris, 195.— Desgodets, p. 174.— 2 Laurière, 173.— Pothier, *Société*, n°° 212, 215, 250 et 252.— 2 Marcadé, p. 580.— 5 Pand. Franç., 419.— C. N., 659.

Jurisp.— No damages can be recovered on account of inconvenience and loss suffered by the taking down and rebuilding of a *mitoyen* wall, when such inconvenience and loss are the necessary consequence of the taking down and rebuilding of the wall, and when all proper precaution have been observed and no unnecessary delay or neglect has taken place. Although the *mitoyen* wall may be sufficient for the existing buildings, yet, if it be insufficient to support a new edifice which one of the two neighbouring proprietors wishes to build, the party so wishing to build has a right to demolish such *mitoyen* wall and rebuild the same, on observing the formalities in that behalf by law required.— Lyman and Peck, VI L. C. J., 214.

517. Le voisin qui n'a pas contribué à l'exhaussement peut en acquérir la mitoyenneté en payant la moitié de la dépense qu'il a coûté et la valeur de la moitié du sol fourni pour l'excédant d'épaisseur, s'il y en a.

Paris, 195.— Orléans, 237.— Pothier, *Société*, 217 et 252.— 5 Pand. Franç., p. 419.— 2 Malleville, 99.— 2 Marcadé, 580.— C. N., 660.

518. Tout propriétaire joignant un mur a de même la faculté de le rendre mitoyen en tout ou en partie, en remboursant au propriétaire la moitié de la valeur de la portion qu'il veut rendre mitoyenne et moitié de la valeur du sol sur lequel le mur est bâti.

Paris, 194.— Pothier, *Société*, 247, 248, 250, 251 et 254.— *Cout. d'Orl.*, tit. 13, art. 235 et 237.— Merlin, v° *Vue*, § 3, n° 8.— 5 Pand. Franç., pp. 420–1.— 2 Marcadé, 581.— C. N., 661.

Jurisp.— An owner of property adjoining a wall cannot make it common. unless he first pays to the proprietor of the wall half the value of the part he wishes to render common, and half the value of the ground on which such wall is built. Demolition of works completed may properly be demanded in a petitory action for the recovery of property and the present action is one in the nature of a petitory action.— Joyce vs Hart, I R. Supreme C., 321.

519. L'un des voisins ne peut pratiquer dans le corps d'un mur mitoyen aucun enfoncement, ni y appliquer ou appuyer aucun ouvrage sans le consentement de l'autre, ou sans avoir, à son refus, fait régler par experts les moyens nécessaires pour que le nouvel ouvrage ne soit pas nuisible aux droits de l'autre.

Paris, 199 et 203.— Orléans, 231.— Pothier, *Société*, n° 218.— Desgodets, 218.— 5 Pand. Franç., 422 et suiv.— 2 Malleville, 99, 100–1.— C. N., 662.

Jurisp.— Le voisin qui construira sur un mur non mitoyen, appartenant à son voisin, sera tenu de démolir la bâtisse qu'il aura érigée sur ce mur, à moins que dans un délai fixé par la cour, il ne prenne les moyens de rendre ce mur mitoyen, et dans tous les cas, il sera condamné à des dommages envers le propriétaire du mur.— Hart et Joyce, VIII R. L., 209.

520. Chacun peut contraindre son voisin, dans les cités et villes incorporées, à contribuer à la construction et réparation du mur de clôture faisant séparation de leurs maisons, cours et jardins situés ès dites cités et villes, jusqu'à la hauteur de dix pieds du sol ou rez-de-chaussée, y compris le chaperon, sur une épaisseur de dix-huit pouces, chacun des voisins devant fournir neuf pouces de terrain ; sauf à celui à qui cette épaisseur ne suffit pas à l'augmenter à ses frais et sur son propre terrain.

Paris, 209.— Orléans, 236.— ff L. 35, L. 36, L. 37, L. 39, *De damno infecto.*— Pothier, *Société*, 192, 223 et 234.— *Cout. d'Orl.*, tit. 13, art. 236.— Desgodets, pp. 209 et 236.— 5 Pand. Franç., p. 432.— 2 Malleville, 101–2.— Perrault, *Extraits de la Prévoté, Québec*, p. 73.— *Ibid., Extraits, Conseil Sup.*, p. 33.— C. N., 663.

Jurisp.— 1. Avant le code, le propriétaire qui voulait bâtir dans la ligne séparant son héritage de celui du voisin avait le droit de prendre la moitié de l'épaisseur de son mur sur le terrain voisin, pourvu que l'épaisseur totale du mur n'excédât pas dix-huit pouces, et cela lors même qu'il existait déjà une clôture en bois séparant les deux héritages.— Prévost et Perrault, 13 L. C. J., 106.

2. Le droit de forcer un voisin à contribuer au mur mitoyen, jusqu'à l'héberge, c'est-à-dire dix pieds de terre, et de fournir neuf pouces de terrain à cet effet, est absolu et non pas soumis à la condition de nécessité, ni restreint par les inconvénients qui peuvent en résulter au voisin.— Prévost vs Perrault, II R. L., 109.

521. [Lorsque les différents étages d'une maison appartiennent à divers propriétaires, si les titres de propriété ne règlent pas le mode de réparation et reconstruction, elles doivent être faites ainsi qu'il suit :

Les gros murs et le toit sont à la charge de tous les propriétaires, chacun en proportion de la valeur de l'étage qui lui appartient.

Le propriétaire de chaque étage fait le plancher sur lequel il marche ;

Le propriétaire du premier étage fait l'escalier qui y conduit ; le propriétaire du second étage fait, à partir du premier, l'escalier qui conduit chez lui, et ainsi de suite.]

Orléans, 257.— Lamoignon, tit. 20, art. 32.— 2 Bousquet, p. 146.— 7 Locré, pp. 442 et 443.— 2 Pand. Franç., 436.— C. N., 664.

522. Lorsqu'on reconstruit un mur mitoyen ou une maison, les servitudes actives et passives se continuent à l'égard du nouveau mur ou de la nouvelle maison, sans toutefois qu'elles puissent être aggravées et pourvu que la reconstruction se fasse avant que la prescription soit acquise.

5 Pand. Franç., p. 440.— 7 Locré, p. 444.— C. N., 665.

523. Tous fossés entre deux héritages sont réputés mitoyens s'il n'y a titre ou marque du contraire.

Pothier, *Société*, 224.— 3 Toullier, p. 154.— 7 Locré, p. 445.— 1 Malleville, 104. —2 Marcadé, 585.— C. N., 666.

524. Il y a marque de non-mitoyenneté, lorsque la levée ou le rejet de la terre se trouve d'un côté seulement du fossé.

Pothier, *Société*, 224.— 2 Bousquet, p. 149.— 5 Pand. Franç., 442.— C. N., 667.

525. Le fossé est censé appartenir exclusivement à celui du côté duquel le rejet se trouve.

Pothier, *Société*, 224.— 3 Toullier, p. 154.— C. N., 668.

526. Le fossé mitoyen doit être entretenu à frais communs.

Pothier, *Société*, 226.— Desgodets, pp. 390 et suiv.— 5 Pand. Franç., 442 et suiv.— 7 Locré, 447.— 2 Malleville, 104.— 2 Marcadé, 585.— C. N., 669.

527. Toute haie qui sépare des héritages est réputée mitoyenne, à moins qu'il n'y ait qu'un seul des héritages en état de clôture, ou s'il n'y a titre ou possession suffisante au contraire.

2 Coquille, *Quest.* 298.— 2 Marcadé, pp. 585 et suiv.— Pothier, *Société*, n°° 235-6. Lamoignon, tit. 20, art. 40.— Desgodets, p. 384.— Merlin, v° *Haie*, n° 3.— 3 Toullier, pp. 154-5-6.— 7 Locré, 445.— 1 Lepage, 219.— C. N., 670.

528. Aucun des voisins ne peut planter ou laisser croître des arbres à haute tige ou autres auprès de la ligne séparative, qu'à la distance prescrite par les règlements ou par les usages constants et reconnus ; et à défaut de tels règlements et usages, cette distance doit être déterminée d'après la nature des arbres et leur situation, de manière à ne pas nuire au voisin.

ff L. 13, *Fin. regund.*— Desgodets, p. 386, note (1).— 1 Guyot, Rép., v° *Arbres*, 561.— Lamoignon, tit. 20, art. 41.— Pothier, *Société*, n° 242.— *Cout. d'Orl.*, tit. 13, art. 259.— 1 Fournel, pp. 134-7-8-9 et 141.— N. Deniz., v° *Arbres*, pp. 247-8.— 1 Lepage, 224-5.— 2 Bousquet, 150.— 5 Pand. Franç., 449 et suiv.— 7 Locré, 449 et suiv.— Perrin, *Code des Constructions*, n°° 781 et suiv.— 1 Sebire et Carteret, v° *Arbres*, p. 3.— 2 Malleville, 104-5.— 2 Marcadé, p. 590.— C. N., 671.

Jurisp.— 1. Le propriétaire d'arbres forestiers croissant sur sa propriété, en existence depuis plus de trente ans et avoisinant son copropriétaire, doit être maintenu dans la possession de ces arbres dans l'état dans lequel ils sont.— Ferguson vs Joseph, X L. C. J., 333.

2. *L'échenillage* n'est pas obligatoire en ce pays. La prescription trentenaire s'applique aux arbres plantés sur l'héritage voisin près de la clôture de division, *Secus* des branches et racines de ces arbres.— Ferguson et Joseph, XII L. C. J., 72.

529. Le voisin peut exiger que les arbres et haies qui sont en contravention à l'article précédent soient arrachés.

Celui sur la propriété duquel s'étendent les branches des arbres du voisin, quoique situés à la distance voulue, peut contraindre ce dernier à couper ces branches.

Si ce sont les racines qui avancent sur son héritage, il a droit de les couper lui-même.

ff L. 1, §§ 1, 6 et 7, *de arbor. cædendis.*— Coquille, *quest.* 274.— Basnage, sur art. 608, *Cout. de Norm.*— Fournel, 134 et suiv.— Pothier, *Société*, n° 243.— 5 Pand. Franç., pp. 453 et suiv.— Merlin, v° *Arbre*, n° 6.— Malleville, 106.— C. N., 672.

530. Les arbres qui se trouvent dans la haie mitoyenne sont mitoyens comme la haie, et chacun des deux voisins a droit de requérir qu'ils soient abattus.

ff L. 13, *Fin. regund.*— L. 2, *de arbor. cædendis.*— Desgodets, 186.— 1 Fournel,
149 à 154.— Pothier, *Société*, n° 226.— 1 Lepage, pp. 228, 231-2.— 3 Toullier, p.
157.— C. N., 673.

531. Tout propriétaire ou occupant d'un terrain en état de culture, adjacent à un qui n'est pas défriché, peut contraindre le propriétaire ou occupant de ce dernier à faire abattre le long de la ligne
séparative tous les arbres qui sont de nature à nuire à l'héritage
cultivé, et ce sur toute la longueur, et sur la largeur, en la manière
et au temps déterminés par la loi, par les règlements qui en ont
force ou par les usages constants et reconnus.

Sont cependant exceptés ceux de ces arbres qui peuvent être conservés dans ou auprès de la ligne, avec ou sans retranchement des
branches et des racines, d'après les trois articles précédents.

Sont également exceptés les arbres fruitiers, les érables et les
planes, lesquels peuvent être conservés dans tous les cas auprès ou
le long de la ligne, mais sont sujets au même retranchement.

L'amende pour contravention n'exempte pas de la condamnation
à donner le découvert, prononcée par un tribunal compétent, ni des
dommages actuellement encourus depuis la mise en demeure.

S. R. B. C., c. 26, s. 17.

SECTION II.

DE LA DISTANCE ET DES OUVRAGES INTERMÉDIAIRES POUR
CERTAINES CONSTRUCTIONS.

532. Les dispositions suivantes sont établies pour les cités et
villes incorporées :

1. Celui qui veut avoir puits auprès du mur mitoyen ou propre au
voisin, doit y faire en maçonnerie un contre-mur d'un pied d'épaisseur.

Paris, 191.— C. N., 674.

2. Celui qui veut avoir fosse d'aisance auprès des dits murs, doit
y faire un contre-mur de même nature de [quinze pouces] d'épaisseur.

Si cependant il y a déjà un puits vis-à-vis sur l'héritage voisin,
l'épaisseur doit être de [vingt-et-un pouces].

Paris, 191.— C. N., 674.

3. [L'on n'est plus obligé de faire ce contre-mur lorsque le puits
ou la fosse d'aisance est éloigné du mur à la distance fixée par les
règlements municipaux et par des usages constants et reconnus.
S'il n'existe pas de tels règlements ou usages, cette distance est de
trois pieds.]

4. Celui qui veut avoir cheminée ou âtre, écurie ou étable, dépôt
de sel ou d'autres matières corrosives, auprès du mur mitoyen ou
propre au voisin, y exhausser le sol ou y amonceler terres jectisses,
est tenu d'y faire un contre-mur ou autres travaux suffisants [déter-
minés par les règlements municipaux, les usages constants ou
reconnus, et à défaut, par les tribunaux dans chaque cas].

5. Celui qui veut avoir four, forge ou fourneau, doit laisser un

espace vide de six pouces entre son propre mur et le mur mitoyen
ou propre au voisin.

Paris, 188, 189 et 192.— C. N., 674.

Jurisp.— Damages allowed for privy being built against *mur mitoyen.*—
Beaudry et Roy, II L. C. L. J., 20.

SECTION III.

DES VUES SUR LA PROPRIÉTÉ DU VOISIN.

533. L'un des voisins ne peut, sans le consentement de l'autre,
pratiquer dans le mur mitoyen aucune fenêtre ou ouverture, en
quelque manière que ce soit, même à verre dormant.

ff L. 10, *De servit. præd. urb.*— L. 28, *Communi divid.*— Cod., L. 8, *De servitut. et
aqud.*— Paris, 199.— Pothier, *Société,* n°s 217 et 240.— Lamoignon, tit. 20, art. 22.
Desgodets, pp. 218 à 224.— Orléans, 231.— Merlin, Rép., v° *Vue,* ? 3, n° 9.— 2
Pand. Franç., pp. 467-8.— 7 Locré, p. 455.— C. N., 675.

534. Le propriétaire d'un mur non mitoyen, joignant immédiatement l'héritage d'autrui, peut pratiquer dans ce mur des jours ou
fenêtres à fer maillé et verre dormant ; c'est-à-dire que ces fenêtres
doivent être garnies d'un treillis de fer dont les mailles n'ont que
quatre pouces au plus d'ouverture, et d'un châssis scellé en plâtre
ou autrement de manière à ce qu'il ne puisse être ouvert.

ff L. 2, *De servit. præd. urb.*— L. 26, *De damno infecto.*— Paris, 200 et 201.—
Orléans, 229.— Lamoignon, tit. 20, art. 23.— Merlin, Rép., v° *Vue,* ? 3, n° 9.—
Desgodets, pp. 225 et 247.— 2 Laurière, p. 175.— 2 Malleville, 109 et suiv.—5
Pand. Franç., 470 et suiv.— C. N., 676.

535. Ces fenêtres ou jours ne peuvent être établis qu'à neuf pieds
au-dessus du plancher ou sol de la chambre que l'on veut éclairer
si c'est au rez-de-chaussée ; et à sept pieds du plancher pour les
étages supérieurs.

Paris, 200.— 2 Laurière, p. 175.— Desgodets, pp. 225 et 242.— 7 Locré, p. 464.—
C. N., 677.

536. On ne peut avoir vues ou fenêtres d'aspect, ni galeries,
balcons ou autres semblables saillies sur l'héritage clos ou non-clos
de son voisin, si ce n'est à la distance de six pieds de cet héritage.

. Paris, 202.— Pothier, *Cout. d'Orl.*, tit. 13, note 2, art. 231.— Desgodets, pp. 247
à 259.— 2 Laurière, 176.— Lamoignon, tit. 20, art. 27.— 2 Malleville, 110-1.— 7
Locré, 467.— C. N., 678.

537. L'on ne peut avoir vues ou baies de côté ou obliques sur
cet héritage, s'il n'y a deux pieds de distance.

Paris, 202.— Desgodets, pp. 247 et suiv.— C. N., 679.

538. Les distances dont il est parlé dans les deux articles précédents se comptent depuis le parement extérieur du mur où l'ouverture se fait, et s'il y a balcon ou autres semblables saillies, depuis
leur ligne extérieure.

Desgodets, pp. 247 et suiv.— Merlin, v° *Vue,* ? 1, n° 7.— 2 Bousquet, 157.—5
Pand. Franç., p. 174.— C. N., 680.

SECTION IV.

DES ÉGOUTS DES TOITS.

539. Les toits doivent être établis de manière à ce que les eaux et les neiges s'écoulent sur le terrain du propriétaire, sans qu'il puisse les faire verser sur le fonds de son voisin.

Pothier, *Société*, n° 240.— Desgodets, pp. 49, 50, 51 et suiv.— Lamoignon, tit. 20, art. 6.— Pocquet, *Des servit.*, liv. 2, tit. 4, art. 26.— 2 Toullier, p. 211.— 7 Locré, p. 473.—5 Pand. Franç., p. 475.— 2 Malleville, 111.— C. N., 681.

Jurisp.— Le propriétaire de l'héritage est tenu du dommage causé par la pluie et la neige qui tombent du toit de ses bâtiments sur l'héritage du voisin.— The Victoria Skating Rink et Beaudry, II R. C., 231.

SECTION V.

DU DROIT DE PASSAGE.

540. Le propriétaire dont le fonds est enclavé, et qui n'a aucune issue sur la voie publique, peut exiger un passage sur ceux de ses voisins pour l'exploitation de son héritage, à la charge d'une indemnité proportionnée au dommage qu'il peut causer.

Pothier, *Vente*, n° 514 et 515 ; *Société*, 246 ; *Douaire*, 210.— Lamoignon, tit. 20, art. 21.— 2 Malleville, p. 112.— 5 Pand. Franç., p. 478.— C. N., 682.

Jurisp.— 1. Le droit de passage sur un héritage pour arriver à une enclave qui n'a pas d'autre voie d'accès, est une servitude légale dont il n'est pas nécessaire de produire un titre par écrit, lorsque la jouissance en a duré plus de trente ans.— Ranger vs Ranger, XIV L. C. R., 134.

2. The road in question, which had been enjoyed as such for thirty years and upwards, by the plaintiff, the defendant and others requiring to use it, was to be deemed a public road, within the meaning of the 18 Vict., c. 100, s. 41, ss. 7. As to wether the proprietor of a *fonds enclavé* (within the meaning of article 540 of the Civil Code), who has enjoyed a right of passage over and adjoining property for 30 years and upwards, is liable to be disturbed in his enjoyment, by reason merely of his being unable to produce a written title, as the basis of his enjoyment. Does the maxim "nulle servitude sans titre," apply to a case such as the present ? — Parent vs Daigle, IV Q. L. R., 154.

541. Le passage doit généralement être pris du côté où le trajet est le plus court du fonds enclavé à la voie publique.

Pothier, *Vente*, 514 et 515.— Lamoignon, tit. 20, art. 21.— 2 Malleville, p. 113. — C. N., 683.

542. Cependant il doit être fixé dans l'endroit le moins dommageable à celui sur le fonds duquel il est accordé.

Domat, *Servitudes*, tit. 12, sec. 3, n° 2, p. 334.— 2 Malleville, 114.— 7 Locré, 478 à 546.— C. N., 684.

543. Si l'héritage ne devient enclavé que par suite d'une vente, d'un partage ou d'un testament, c'est au vendeur, au copartageant ou à l'héritier, et non au propriétaire du fonds qui offre le trajet le plus court, à fournir le passage, lequel est, dans ce cas, dû même sans indemnité.

9

ff L. 22, *De condict. indeb.*— L. 1, §§ 2 et 3, *Si usufructus petitur.*— Graverol sur Laroche, *Lettre S*, liv. 3, tit. 4.— Coquille, *Sur les Cout., quest.* 74, pp. 214 et suiv. — Lapeyrère, *Lettre S*, n° 39.— 2 Fournel, *Voisinage*, pp. 404 et suiv.— 2 Malleville, p. 130.— 5 Pand. Franç., 478.— 1 Pardessus, *Servitudes*, pp. 495–8.— Code Sarde, 619.— C. L., 697 et 698.

544. Si le passage ainsi accordé cesse d'être nécessaire, il peut être supprimé, et, dans ce cas, l'indemnité payée est restituée, ou l'annuité convenue cesse pour l'avenir.

1 Pardessus, *Servitudes*, pp. 502–3.— Code Sarde, 620.— C. Canton de Vaud, 475.

CHAPITRE TROISIÈME.

DES SERVITUDES ÉTABLIES PAR LE FAIT DE L'HOMME.

SECTION I.

DES DIVERSES ESPÈCES DE SERVITUDES QUI PEUVENT ÊTRE ÉTABLIES SUR LES BIENS.

545. Tout propriétaire usant de ses droits et capable de disposer de ses immeubles, peut établir sur ou en faveur de ses immeubles telles servitudes que bon lui semble, pourvu qu'elles n'aient rien de contraire à l'ordre public.

L'usage et l'étendue de ces servitudes se déterminent d'après le titre qui les constitue, ou d'après les règles qui suivent, si le titre ne s'en explique pas.

ff L. 1, L. 6, L. 16, *Communia præd.*; L. 5, *De servitut.*; L. 19, *De usufructu et quemadmodum.*— Pothier, *Intr. au tit.* 13, *Cout. d'Orl.*, n° 5, 6, 9 et 10.— 3 Toullier, pp. 62, 241 à 246, 426 et 446.— 5 Pand. Franç., pp. 484 et suiv.— 1 Domat, *Servitudes*, sec. 1, n° 3 et 14.— 2 Malleville, pp. 131-3.— 7 Locré, 507 et suiv.— 2 Bousquet, 162 et suiv.— C. N., 686.

546. Les servitudes réelles sont établies ou pour l'usage des bâtiments ou pour celui des fonds de terre.

Celles de la première espèce s'appellent urbaines, soit que les bâtiments auxquels elles sont dues soient situés à la ville ou à la campagne.

Celles de la seconde espèce se nomment rurales, sans égard à leur situation.

C'est de l'héritage dominant que les servitudes prennent leur nom, indépendamment de la qualité du fonds servant.

ff L. 1, L. 2, *De servit. præd. rust.*— L. 198, *De verb. signif.*— Pothier, *Intr. au tit.* 13, *Cout. d'Orl.*, n° 2, 3 et 4.— 2 Du Parc Poullain, 294.— 2 Malleville, pp. 116 et suiv.— 7 Locré, 515 et suiv.— 3 Toullier, p. 341.— 2 Bousquet, 164.— 5 Pand. Franç., pp. 345 et suiv., 485 et 486.— C. N., 687.

547. Les servitudes sont ou continues ou discontinues.

Les servitudes continues sont celles dont l'usage peut être continuel sans avoir besoin du fait actuel de l'homme; telles sont les conduits d'eau, les égouts, les vues et autres de cette espèce.

Les servitudes discontinues sont celles qui ont besoin du fait actuel de l'homme pour être exercées ; tels sont les droits de passage, puisage, pacage et autres semblables.

f L. 14, *De servitut.*, L. 1, *De aquâ quotidiand et æstivd.*— 3 Toullier, 413 et 443.— 2 Marcadé, 614.— 5 Pand. Franç., 486-7.— 2 Bousquet, 165.— 1 Demante, 377.— 2 Malleville, 120.— 7 Locré, 515.— C. N., 688.

Jurisp.— 1. L'obligation par une partie en un partage, de laisser un chemin sur sa portion de terre, et d'y faire et macadamiser une voie de trente pieds de largeur, est une servitude et charge réelle, pour l'exécution de laquelle la partie en faveur de qui elle est stipulée, peut se pourvoir par opposition afin de charge sur décret forcé.— Murray vs Macpherson, V L. C. R., 359.

2. Le droit de faire pacager des animaux sur une terre, créé en faveur du propriétaire d'un emplacement, est une servitude réelle.— Dorion vs Rivet, VII L. C. R., 257, ¿ 1.

548. Les servitudes sont apparentes ou non apparentes.

Les servitudes apparentes sont celles qui s'annoncent par des ouvrages extérieurs tels qu'une porte, une fenêtre, un aqueduc, des canaux ou égouts, et autres semblables.

Les servitudes non apparentes sont celles qui n'ont pas de signe extérieur, comme, par exemple, la prohibition de bâtir sur un fonds ou de ne bâtir qu'à une hauteur déterminée.

f L. 20, *De servitut. præd. urb.*— 3 Toullier, p. 443.— 1 Demante, 377.— 7 Locré, pp. 512-3.— 5 Pand. Franç., 487.— 2 Malleville, 115 à 121.— 2 Marcadé, 614.— C. N., 689.

SECTION II.

COMMENT S'ÉTABLISSENT LES SERVITUDES.

549. Nulle servitude ne peut s'établir sans titre ; la possession, même immémoriale, ne suffit pas à cet effet.

Paris, 186.— Pothier, *Intr. au titre* 13, *Cout. d'Orl.*, n° 10 ; *Cout. d'Orl.*, titre 13, art. 225 ; *Prescription*, n°* 164, 286 et 287.— 2 Malleville, p. 122.— C. N., 690-691

Jurisp.— 1. La possession à titre civil d'un héritage en faveur duquel il existe une servitude est un titre suffisant pour jouir de cette servitude.— Monastesve vs Christie, VIII L. C. J., 154, ¿ 1.

2. Pour exercer l'action possessoire dans la jouissance d'une servitude, le demandeur est tenu de faire apparaître du titre de cette servitude.— Cross vs Judah, XV L. C. J., 264.

3. Quiconque est troublé dans la possession d'une servitude dont il a joui pendant un an et un jour, ne peut intenter l'action possessoire sans alléguer et produire son titre ; car pas de servitude sans titre.— Quand le droit de servitude est douteux en vertu du titre, le doute doit être donné en faveur de l'immeuble servant.— Cross vs Judah. I R. C., 242.

4. Where a passage way has been opened and used from time immemorial, no title of servitude is requisite to support an action *confessoria* for encroachments on the same.— Théoret vs Ouimet, IV Q. L. R., 250.

550. Le titre constitutif de la servitude ne peut être remplacé que par un acte recognitif émanant du propriétaire du fonds asservi.

3 Toullier, pp. 446-7.— 2 Bousquet, 170.— 2 Malleville, 127.— 5 Pand. Franç., 491-2.— C. N., 695.

Jurisp.— En matière de servitude le titre constitutif doit être interprété strictement, et le titre recognitif ne peut effectivement relater que la teneur du titre constitutif.— Soriole vs Potvin, II R. L., 570.

551. En fait de servitude, la destination du père de famille vaut titre, mais seulement lorsqu'elle est par écrit, et que la nature, l'étendue et la situation en sont spécifiées.

ff L. 7, *Comm. prœd.* — Paris, 215 et 216. — Serres, *Inst.*, p. 145. — Bourjon, *Servitudes*, sec. 3. — Pothier, *Cout. d'Orl.*, tit. 13, art. 228 et notes. — Lalaure, *Servitudes*, p. 170. — 3 Toullier, 449, 451, 466 et 476. — C. N., 692 et 693.

Jurisp. — La transmission par testament d'un emplacement en faveur duquel existe un droit de servitude discontinue, a l'effet de transporter comme accessoire cette servitude, quoiqu'elle ne fût pas spécialement indiquée. Cette servitude étant de sa nature réelle et ayant été créée avant la passation des lois d'enregistrement, peut subsister quoique l'acte qui l'a constituée n'ait pas été enregistré. — Dorion et Rivet, VII L. C. R., 257.

552. Celui qui établit une servitude est censé accorder tout ce qui est nécessaire pour qu'il en soit fait usage.

Ainsi la servitude de puiser de l'eau à la fontaine d'autrui emporte le droit de passage.

ff L. 11, *Comm. prœd.* — L. 10, *De reg. juris.* — 2 Malleville, p. 127. — 5 Pand. Franç., 494. — C. N., 696.

SECTION III.

DES DROITS DU PROPRIÉTAIRE DU FONDS AUQUEL LA SERVITUDE EST DUE.

553. Celui auquel est due une servitude a droit de faire tous les ouvrages nécessaires pour en user et pour la conserver.

ff L. 20, § 1, *De servit. prœd. urb.* — L. 10, *De servitutibus.* — L. 15, *De servit. prœd. rust.* — L. 11, *Comm. prœd.* — Domat, liv. I, tit. 12, sect. 1, n° 7, sect. 4, n°s 1 et 2, sec. 5, n° 3. — Lalaure, pp. 60, 74 et 300. — 3 Toullier, pp. 240, 241 et 500. — 7 Locré, p. 535. — 2 Malleville, 128. — C. N., 697.

554. Ces ouvrages sont à ses frais et non à ceux du propriétaire du fonds assujetti, à moins que le titre constitutif de la servitude ne dise le contraire.

ff L. 15, *De servitutibus.* — L. 6, § 2, *Si servit. vindic.* — Domat, *loc. cit.* — 1 Malleville, p. 128. — 5 Pand. Franç., pp. 499 et suiv. — C. N., 698.

555. Dans le cas même où le propriétaire du fonds assujetti est chargé par le titre de faire les ouvrages nécessaires pour l'usage et pour la conservation de la servitude, il peut toujours s'affranchir de la charge en abandonnant l'immeuble assujetti au propriétaire de celui auquel la servitude est due.

ff L. 23, § 2, *De servit. prœd. rust.* — L. 12, *Comm. prœd.* — Cod., L. 3, *De servit. et aquâ.* — 1 Domat, *Servitudes*, sec. 4, n° 6. — Favard, *vis Déguerpissement, Servitudes.* — 3 Toullier, pp. 150, 217, 220, 224, 226, 501, 510 et 511. — 2 Malleville, 129. — 7 Locré, 537 et suiv. — C. N., 699.

556. Si l'héritage pour lequel la servitude a été établie, vient à être divisé, la servitude reste due pour chaque portion, sans néanmoins que la condition du fonds assujetti puisse être aggravée.

Ainsi s'il s'agit d'un droit de passage, tous les copropriétaires ont droit de l'exercer, mais sont obligés de le faire par le même endroit.

ff L. 17, *De servitutibus.* — L. 23, *De servit. prœd. rust.* — Domat, *Des servitudes*, sec. 4, n° 7. — 3 Toullier, pp. 494-5. — 2 Bousquet, 172. — 7 Locré, 538-9. — 2 Malleville, 130. — 5 Pand. Franç., 502. — C. N., 700.

Jurisp.— 1. If a right of way is granted without any designation of its precise situation, over a lot held by two joint proprietors in common, and if by a *partage de fait*, the passage is located and used by both for a term of time, each party must abide by it, and an action of *partage* will not be maintained to effect a new location.— Duhamel vs Bélanger, I R. de L., 505.

2. Le droit de faire pacager des animaux sur une terre, créé en faveur du propriétaire d'un emplacement, est une servitude réelle. La transmission de l'emplacement au moyen de dispositions testamentaires a eu l'effet de transporter comme accessoire cette servitude quoiqu'elle ne fût pas spécialement indiquée. Cette servitude étant de sa nature réelle et ayant été créée avant la passation des lois d'enregistrement, peut subsister nonobstant que l'acte qui la constitue n'ait pas été enregistré. Cette servitude peut être divisée, et l'héritage dominant se trouvant partagé, et moitié d'icelui étant échue au propriétaire de la servitude, la prestation peut être exigée pour moitié de celui qui est propriétaire de l'autre moitié de l'héritage servant; et dans l'espèce, la prestation devra se faire par ce dernier un an sur deux.— Dorion et Rivet, VII L. C. R., § 4.

557. Le propriétaire du fonds qui doit la servitude, ne peut rien faire qui tende à en diminuer l'usage ou à le rendre plus incommode.

Ainsi il ne peut changer l'état des lieux, ni transférer l'exercice de la servitude dans un endroit différent de celui où elle a été primitivement assignée.

Cependant si l'assignation primitive était devenue plus onéreuse au propriétaire du fonds assujetti, ou si elle l'empêchait d'y faire des améliorations avantageuses, il peut offrir au propriétaire du fonds dominant un endroit aussi commode pour l'exercice de ses droits, et celui-ci ne peut pas le refuser.

ff L. 9, *Si servit. vindic.*— L. 20, § 3, L. 31, *De servit. præd. urb.*— *Cod.*, L. 5, § 9, *De servitut.*— Pothier, *Intr. au tit.* 13, *Cout. d'Orl.*, n° 7; *Société*, n° 212.— 5 Pand. Franç., p. 503.— 2 Malleville, 131.— 2 Bousquet, 173.— C. N., 701.

Jurisp.— Il n'y a pas lieu à l'action négatoire, quoique l'héritage en faveur duquel une servitude de coupe de bois a été créée, ait été agrandi, s'il n'appert que la servitude soit en conséquence devenue plus onéreuse.— Blais vs Limoneau *et ux.*, VIII L. C. R., 356.

558. De son côté, celui qui a un droit de servitude ne peut en user que suivant son titre, sans pouvoir faire, ni dans le fonds qui doit la servitude, ni dans celui à qui elle est due, de changement qui aggrave la condition du premier.

ff L. 20, § 5, *De servit. præd. urb.*— L. 24, L. 29, *De servit. præd. rust.*— L. 1, §§ 15 et 16, *De aquâ quotid. et æstiv.*— Domat, liv. 1, tit. 12, sec. 1, n° 8.— Pothier, *Société*, n° 236-7-9.— 3 Toullier, pp. 490-2.— 2 Malleville, p. 132.— 2 Bousquet, 175.— 2 Marcadé, 630.— C. N., 702.

Jurisp.— L'obligation de fournir un chemin de communication à pied ou en voiture, ne donne pas le droit d'y passer avec des animaux. En matière de servitude le titre constitutif doit être interprété strictement, et le titre recognitif ne peut effectivement relater que la teneur du titre constitutif.— Soriole vs Potvin, II R. L., 570.

SECTION IV.

COMMENT LES SERVITUDES S'ÉTEIGNENT.

559. Les servitudes cessent lorsque les choses se trouvent en tel état qu'on ne peut plus en user.

Pothier, *Intr.*, *Cout. d'Orl.*, tit. 13, n° 13.— Domat., liv. 1, tit. 12, sec. 6.— 2 Marcadé, p. 630.— 5 Pand. Franç., 507.— C. N., 703.

Jurisp.— L'extinction de la réserve d'une coupe de bois a lieu, lorsqu'elle a été exercée une fois sur toute l'étendue du terrain réservé.— Croteau vs Quintal, I L. C. J., 14.

560. Elles revivent si les choses sont rétablies de manière à ce qu'on puisse en user, même après le temps de la prescription.

ff L. 34, L. 35, *De servit. præd. rust.*— L. 14, *Quemad. servit.*— L. 19, *Si servitus vindic.*— Domat, liv. 1, tit. 12, sec. 6, n° 1.— 8 Proudhon, *Usufruit*, n° 3698.— 3 Toullier, pp. 522, 527, 531-2-3.— 2 Bousquet, p. 174.— 5 Pand. Franç., 507 et suiv. 2 Malleville, 133-4.— C. N., 704.

561. Toute servitude est éteinte, lorsque le fonds à qui elle est due et celui qui la doit sont réunis dans la même main par droit de propriété.

ff L. 10, *Comm. præd.*— L. 30, *De servitut. præd, urb.*— Domat, liv. 1, tit. 12, sec. 6.— Pothier, *Intr. tit.* 13, *Cout. d'Orl.*, n°° 14 et 16.— *Cout. d'Orl.*, art. 226.— 3 Toullier, p. 503.— 2 Malleville, 134.— 7 Locré, 547.— 5 Pand. Franç., 509.— 2 Bousquet, 175.— C. N., 705.

562. La servitude est éteinte par le non usage pendant trente ans, entre âgés et non privilégiés.

Paris, 186.— Domat, liv. 1, tit. 12, sec. 6, n°° 5 à 8.— Pothier, *Intr. au titre* 13, *Cout. d'Orl.*, n°° 17 et 18; *Cout. d'Orl.*, art. 226.— Domat, *Servitudes*, sec. 1, n° 13. — Serres, *Inst.*, p. 147.— 2 Cochin, pp. 236-7.— 3 Toullier, p. 524.— Merlin, *Servitudes*, § 33, n° 11.— C. N., 706.

Jurisp.— Dans la désignation suivante d'une servitude de coupe de bois donnée par un père à son fils, savoir, " la coupe de trois quarts d'arpent de bois de front sur la profondeur du bois à prendre sur la terre des donateurs, au dit lieu du quatrième rang de St-Denis," les caractères essentiels de la servitude, savoir: la nature, l'étendue et la situation, sont suffisamment spécifiés pour constituer la dite coupe, une servitude sur le fonds d'autrui. Une telle servitude est une servitude personnelle, mais n'en constitue pas moins une charge réelle grevant le fonds au profit du propriétaire de la servitude. Telle servitude ne constitue pas un simple engagement personnel de la part du donateur de fournir une coupe de bois au donataire, sujet à la prescription trentenaire des actions mobilières, mais constitue une charge réelle sur le fonds du donateur au profit du donataire. Une servitude de coupe de bois de cette espèce ne peut être prescrite par le laps de trente ans écoulés depuis la date de la donation qui la crée; mais seulement par le non usage pendant trente ans. Dans l'espèce, la preuve démontrant que le demandeur a toujours exploité cette coupe annuellement depuis sa création par le dit acte de donation, qui a été dûment enregistré, cette servitude n'est point prescrite, et le défendeur, tiers détenteur, ne peut prétendre en être libéré.— Archambault vs Archambault, XV L. C. J., 297.

563. Les trente ans commencent à courir pour les servitudes discontinues du jour où l'on cesse d'en jouir, et pour les servitudes continues, du jour où il est fait un acte contraire à leur exercice.

Dunod, *Prescriptions*, 295.— Domat, *Servitudes*, sec. 6, n°° 5 et 8.— Serres, p. 144. — Lamoignon, tit. 20, art. 10.— Pothier, *Intr. tit.* 13, *Cout. d'Orl.*, n°° 18, 19 et 20. — 2 Bousquet, p. 177.— 5 Malleville, 135.— 3 Toullier, 527.— C. N., 707.— C. L., 786.

564. Le mode de la servitude peut se prescrire comme la servitude elle-même et de la même manière.

ff L. 10, L. 14, L. 17, *Quemad. servitut. amitti.*— 2 Malleville, p. 137.— 5 Pand. Franç., 514.— 3 Toullier, 486.— C. N., 708.— C. L., 792.

565. Si l'héritage en faveur duquel la servitude est établie appartient à plusieurs par indivis, la jouissance de l'un empêche la prescription à l'égard de l'autre.

ff L. 5, L. 10, L. 16, *Quemad. servit. amitti.*— Domat, *Servitudes,* sec. 1, n°˙ 19 et 20.—5 Pand. Franç., p. 514.— 2 Malleville, 138–9.— C. N., 709.

566. Si parmi les copropriétaires il s'en trouve un contre lequel la prescription ne peut courir, comme un mineur, il conserve le droit de tous les autres.

ff L. 10, *Quemad. servit. amitti.*— Pothier, *Cout. d'Orl.,* art. 226, note 2.— Domat, *Servitudes,* sec. 1, n° 21.— Serres, pp. 145–6.— 2 Bousquet, 178.— 5 Pand. Franç., 515–6.— 2 Malleville, 138.— C. N., 710.

TITRE CINQUIÈME.

DE L'EMPHYTÉOSE.

SECTION I.

DISPOSITIONS GÉNÉRALES.

567. L'emphytéose ou bail emphytéotique est un contrat par lequel le propriétaire d'un immeuble le cède pour un temps à un autre, à la charge par le preneur d'y faire des améliorations, de payer au bailleur une redevance annuelle, et moyennant les autres charges dont on peut convenir.

Cod., L. 1, L. 2, L. 3, *De jure emphyt.*— Domat, liv. 1, tit. 4, sec. 10, n° 1.—6 Guyot, Rép., v° *Emphytéose,* p. 680.— Anc. Deniz., v° *Emphytéose,* p. 296, n° 1.— 5. Nouv. Deniz., v° *Emphytéose,* p. 238.— 2 Argou, p. 300.— 1 Dict. de droit, p. 784.— Dunod, *Prescription,* p. 338.— 2 Proudhon, *Domaine de propriété,* n° 709.— 1 Proudhon, *Usufruit,* n° 97, p. 98.— Pothier, *Bail à rente,* 1, 55 et 57.

Jurisp.— 1. L'acte par lequel un seigneur donne la jouissance d'une terre, d'un emplacement, d'une place de moulin, du droit de prendre de l'eau d'une rivière pour faire marcher un moulin banal, pour plus de neuf années, moyennant une redevance annuelle de deux cents minots de blé, avec la clause qu'il pourra reprendre le tout à l'expiration du terme, en payant l'estimation des améliorations, est un bail emphytéotique.— Gugy vs Chouinard, III R. de L., 308.

2. Depuis l'abolition du système féodal le bail à cens n'étant plus reconnu, notre loi ne reconnaît comme baux à long terme que le bail à rente et le bail emphytéotique ; et dans l'espèce actuelle le bail à long terme stipulé entre les parties est un bail emphytéotique.— Dufresne vs Lamontagne, VIII L. C. J., 197.

3. Il ne peut y avoir de bail emphytéotique sans rente ou canon emphytéotique.— Blanchet vs Le séminaire de Québec, XV L. C. R., 104.

4. A lease for twelve years, containing also a promise of sale, cannot be regarded as a lease giving rise to the summary proceeding provided for by art. 887 *et seq.* of the code of C. P.— Lepine and P. B. Society, XX L. C. J., 300.

568. La durée de l'emphytéose ne peut excéder quatre-vingt dix-neuf ans, et doit être pour plus de neuf.

S. R. B. C., sec. 1, 2 et 3.— 2 Anc. Deniz, vᵉ *Emphytéose*, p. 296.— 7 Nouv.
Deniz., *cod. verbo*, nᵒ 6, p. 538.— 13 *Ibid.*, p. 280.— 1 Dict. de Droit, p. 783.— 1
Domat, p. 221.— 1 Bourjon, p. 355.— 2 Sebire et Carteret, 221.— Pothier, *Bail à
rente*, 45.

569. L'emphytéose emporte aliénation; tant qu'elle dure, le
preneur jouit de tous les droits attachés à la qualité de propriétaire;
il n'y a que celui qui a la libre disposition de ses biens qui puisse la
constituer.

Domat, liv. 1, tit. 4, sec. 10, nᵒ 5.— 6 Guyot, Rép., vᵉ *Emphytéose*, 682.— 2 Anc.
Deniz, *cod. verbo*, nᵒ 2, p. 296.— 7 Nouv. Deniz, *cod. verbo*, § 2, nᵒ 6, p. 539.— 13
Ibid., p. 280.— 1 Dict. de Droit, p. 784.— 3 Delvincourt, p. 185.— Pothier, 111.

Jurisp.— 1. Le capital de l'indemnité, payé en cour par une compagnie de
chemin de fer sur expropriation d'un terrain tenu à bail emphytéotique, doit
être adjugé au preneur, sur cautionnement, en préférence du bailleur.— Le preneur à titre de bail emphytéotique est propriétaire du terrain baillé, et a droit
de recevoir les argents déposés en cour par une compagnie de chemin de fer
pour valeur du terrain exproprié, et tel preneur ne peut être contraint de recevoir les intérêts seulement.— *Ex parte* Le Grand-Tronc, VI L. C. R., 54.

2. Un immeuble détenu par le preneur emphytéote, après l'expiration du bail,
peut être valablement saisi comme appartenant au bailleur auquel il doit
revenir.— Huot vs Danais, VIII L. C. R., 235.

570. Le preneur qui jouit de ses droits, peut aliéner, transporter et hypothéquer l'immeuble ainsi baillé, sans préjudice aux droits
du bailleur; s'il ne jouit pas de ses droits, il ne le peut faire sans
autorisation et formalités de justice.

Domat, *loc. cit.*, nᵒ 6.— Lacombe, p. 262.— 2 Argou, 304.— 6 Guyot, Rép., 681-2.
— 1 Dict. de Droit, 784.— 7 Nouv. Deniz, 539 et 543.— 1 Duranton, nᵒˢ 76, 77, 78
et 80.— 2 Sebire et Carteret, 681-2.— Félix et Henrion, *Rentes foncières*, p. 24.

571. L'immeuble baillé à emphytéose peut être saisi réellement
par les créanciers du preneur, auxquels il est loisible d'en poursuivre
la vente en suivant les formalités ordinaires du décret.

6 Guyot, Rép., 682.— 1 Dict. de Droit, 785.— 2 Anc. Deniz, p. 297.— 7 Nouv.
Deniz, 542.

Jurisp.— 1. La vente de ce qui reste à courir d'un bail emphytéotique, désigné comme tel dans l'avertissement du shérif, impose à l'adjudicataire l'obligation de payer le canon emphytéotique, quoique cela ne soit pas expressément
dit dans cet avertissement et quoiqu'il n'y ait pas d'opposition à fin de charge à
cet effet; et conséquemment, le créancier, à qui est due cette rente ou canon
emphytéotique, ne peut pas demander à se faire indemniser à même le prix de
l'adjudication, sous le prétexte que sa rente et ses autres droits, résultant du
bail, sont perdus, parce qu'il n'a pas fait d'opposition à fin de charge.— Méthot
vs O'Callaghan, II L. C. R., 331.

2. Un propriétaire qui a laissé vendre sa propriété sur un défendeur qui ne
la détenait qu'à titre de bail emphytéotique, peut demander d'être indemnisé
de la perte de sa propriété sur le prix de l'adjudication.— Murphy vs O'Donovan
et Lampson, II L. C. R., 333.

3. Les droits d'un bailleur emphytéotique peuvent être saisis et décrétés
comme un immeuble par les créanciers du bailleur.— Dans ce cas, le domaine
direct seul est saisi et vendu. Le décret n'affecte pas les droits de l'emphytéote,
et ne change en aucune manière les conditions de l'emphytéose, seulement
l'emphytéote change de créancier et doit payer le canon emphytéotique à
l'adjudicataire au lieu de payer à son bailleur comme avant le décret.— Pré-
courst vs Vidal, I R. L., 42.

4. Sur les deniers provenant de la vente d'un bail emphytéotique, le propriétaire du canon emphytéotique ne peut en réclamer les arrérages au préjudice
d'un créancier de l'emphytéote qui a enregistré sa créance avant lui.— Tétu vs
Martin, VII L. C. R., 42.

5. Un créancier d'une rente emphytéotique peut poursuivre en déclaration d'hypothèque le représentant de l'adjudicataire de l'immeuble hypothéqué pour la sûreté du paiement de cette rente, si la vente du shérif a été faite sujette à cette rente, quoique le contrat de vente du shérif ne fasse pas mention de la rente, et en ce cas le contrat de vente sera déclaré faux.— Carpenter et Déry, VIII R. L., 283.

6. Dans le cas de décret d'un immeuble, s'il est indiqué dans les annonces du shérif que l'immeuble est tenu à bail emphytéotique, en vertu d'un bail consenti au défendeur, l'adjudicataire sera tenu d'acquitter la rente ou canon emphytéotique pour l'avenir. La rente ou canon emphytéotique est l'indice du domaine direct dont la propriété réside dans le bailleur, et pour la conservation duquel il n'est pas besoin de produire une opposition à fin de charge. Du moment qu'il appert que le bail emphytéotique qui est vendu, c'est à celui qui entend se porter adjudicataire de s'enquérir des charges du bail.— Blanchet vs Le séminaire de Québec, XV L. C. R., 104.

572. L'emphytéote est recevable à exercer l'action possessoire contre tous ceux qui le troublent dans sa jouissance et même contre le bailleur.

2 Proudhon, *Dom. de propriété*, p. 325.— 2 Sebire et Carteret, 456.— Pothier, n° 3.

SECTION II.

DES DROITS ET OBLIGATIONS RESPECTIFS DU BAILLEUR ET DU PRENEUR.

573. Le bailleur est tenu de garantir le preneur et de le faire jouir de l'immeuble baillé pendant tout le temps légalement convenu.

Il est également obligé de reprendre cet immeuble et de décharger l'emphytéote de la rente ou redevance stipulée, au cas où ce dernier veut déguerpir, à moins qu'il n'y ait convention au contraire.

Domat, *loc. cit.*, n° 7.— 6 Guyot, Rép., 682-3.— 2 Dict. de droit, 786.— 5 Argou, 300 et suiv.— 7 Nouv. Deniz., 542.— 2 Sebire et Carteret, 455.— Pothier, 32, 121, 123 et suiv.

574. De son côté le preneur est tenu de payer annuellement la rente emphytéotique ; s'il laisse passer trois années sans le faire, il peut être déclaré en justice déchu de l'immeuble, quand même il n'y aurait pas de stipulation à ce sujet.

Cod., L. 2, *De jure emphyt.*— Carondas, liv. 7, rép. 39.— Domat, *loc. cit.*, n° 10.— 1 Dict. de droit, 784.— 7 Nouv. Deniz., p. 542.— 13 Nouv. Deniz., 281.— Pothier, 1, 35, 40 et 38.

Jurisp.— 1. On a *bail emphytéotique*, rent in arrear for three years is a good cause of resiliation.— Samson vs Woolsey, II R. de L., 439.

2. Le droit de commise s'exerce à l'égard d'un bail emphytéotique sans aucune stipulation par le défaut de paiement de la rente ou canon emphytéotique pendant trois années et sans aucune mise en demeure de payer. Le juge a le pouvoir d'accorder un sursis à l'exécution du jugement prononçant la résolution de ce bail, avec faculté au preneur de payer pendant ce délai et de garder possession de l'héritage.— Loranger vs Lamontagne, VIII L. C. J., 197.

575. Cette rente est payable en entier sans que le preneur puisse en réclamer la remise ou la diminution, soit à cause de la stérilité ou des accidents de force majeure qui auraient détruit la récolte ou empêché la jouissance, ni même pour perte partielle du fonds.

Cod., L. 1. *De jure emphyt.*— Domat, *loc. cit.*, n° 8.— 1 Dict. de droit, 784.— 6 Guyot, Rép., 682.— 7 Nouv. Deniz., 543.— 2 Sebire et Carteret, n° 27, p. 456.— Pothier, 14, 15 et 16.

576. L'emphytéote est tenu d'acquitter tous les droits réels et fonciers dont l'héritage est chargé.

6 Guyot, Rép., 682.— Domat, *loc. cit.*, sec. 20.— 7 Nouv. Deniz., 543.— 2 Sebire et Carteret, 456.— Pothier, 66.— *Voir aussi* 110.

Jurisp.— 1. A party holding land within the city of Montreal, under a lease from government for twenty-one years, renewable on certain condition, is an owner of such land, within the meaning of the by-law of the corporation imposing assessments on real property.— Gould vs The Mayor, &c., III L. C. J., 197.

2. Le preneur à bail d'un emplacement et pouvoir d'eau, près le canal Lachine, dans les limites de la cité de Montréal, par bail du Commissaire des Travaux Publics, pour vingt et un ans, avec faculté de le renouveler à perpétuité aux conditions mentionnées dans le bail, acquiert un *jus in re*, et devient responsable, comme propriétaire du fonds baillé, des taxes et cotisations imposées par la cité. Tel bail emporte aliénation du domaine utile, la Couronne ne retenant que le domaine direct.— *Ex parte* Harvey, V L. C. R., 378.

577. Il est tenu de faire les améliorations auxquelles il s'est obligé, ainsi que toutes les réparations, petites et grosses.

Il peut y être contraint, même avant l'expiration du bail, s'il néglige de les faire et que l'héritage en souffre une détérioration notable.

Domat, *loc. cit.*, sec. 10, n° 9.— 6 Guyot, Rép., 682.— 7 Nouv. Deniz., 544.— 2 Sebire et Carteret, 457.— Pothier, 57, 58, 59 et suiv.

Jurisp.— In an action upon a lease *emphytéotique*, upon the plaintiff's demand of re-entry because no house was erected on the lot leased, within a year as stipulated, it was held that the defendant must necessarily be put *en demeure*, before the institution of the action.— Balston vs Pozer, II R. de L., 440.

578. Le preneur n'a pas le droit de détériorer l'immeuble baillé; s'il y commet des dégradations qui en diminuent notablement la valeur, le bailleur peut le faire expulser et condamner à remettre les choses dans leur ancien état.

Domat, *loc. cit.*— Novelle 120, c. 8.— 6 Guyot, Rép., 682.— 7 Nouv. Deniz., 543. Pothier, 42 et suiv.

SECTION III.

COMMENT FINIT L'EMPHYTÉOSE.

579. L'emphytéose n'est pas sujette à la tacite reconduction. Elle prend fin—

1° Par l'expiration du temps pour lequel elle a été contractée, ou après quatre-vingt-dix-neuf ans, au cas où un terme plus long aurait été stipulé;

2° Par la déchéance prononcée en justice pour les causes portées aux articles 574 et 578, ou autres causes de droit;

3° Par la perte totale de l'héritage baillé;

4° Par le déguerpissement.

Domat, *loc. cit.*, n° 7.— 6 Nouv. Deniz., v° *Déguerpissement*, § 2, n° 1 et suiv.— 7 *Ibid.*, p. 542.— 1 Duvergier, n° 181.— Troplong, *Louage*, n° 40.— 2 Sebire et Carteret, *Bail emphyt.*, n° 31 et suiv.— 2 Devilleneuve et Gilbert, *Emphytéose*, n° 37. — Pothier, 53, 121, 116, 114 et 190.

Jurisp.— 1. An action of *résiliation* for the non-performance of the conditions of a lease emphyteotic, cannot be maintained if the defendant has not been put *en demeure*.— Balston vs Pozer *et al.*, II R. de L., 440.

2. The forfeiture of a *bail emphytéotique*, for non-payment of the rent, will not be decreed, if it be proved that before the action was instituted the rent due was tendered and refused.— Burns vs Richards, XI R. de L., 206.

3. Un immeuble détenu par le preneur emphytéote, après l'expiration du bail, peut être valablement saisi comme appartenant au bailleur auquel il doit revenir.— Huot vs Danais, VIII L. C. R., 235.

580. L'emphytéote n'est admis à user du déguerpissement qu'en autant qu'il a satisfait pour le passé à toutes les obligations qui résultent du bail, et notamment qu'il ait payé ou offert tous les arrérages de la redevance, et fait les améliorations convenues.

Paris, 109.— 1 Laurière, 327.— Loyseau, *loc. cit.*, et n° 13.— 6 Nouv. Deniz., 123.— 7 *Ibid.*, 542.— Pothier, 147 et suiv., 185 et suiv.

581. A la fin du bail, de quelque manière qu'elle arrive, l'emphytéote doit remettre en bon état les biens reçus du bailleur, ainsi que les constructions qu'il s'était obligé de faire, mais il n'est pas tenu de réparer les bâtiments qu'il a fait ériger sans y être obligé.

Brodeau sur Louet, E., *som.* 22.— 1 Dict. de Droit, 783–6.— 7 Nouv. Deniz., 543–4.— 2 Sebire et Carteret, 457.— Pothier, 43 et 45.

582. Quant aux améliorations faites par le preneur volontairement et sans y être tenu, le bailleur peut, à son choix, les retenir en payant ce qu'elles ont coûté ou leur valeur actuelle, ou bien permettre à l'emphytéote de les enlever à ses frais, si elles peuvent l'être avec avantage pour lui et sans détériorer le sol ; aux cas contraires, elles restent sans indemnité au bailleur, qui peut néanmoins forcer l'emphytéote à les enlever conformément aux dispositions de l'article 417.

2 Argou, 303–4.— Dict. de Droit, 786.— 7 Nouv. Deniz., 544 et suiv.— 1 Duvergier, n° 174.— 2 Devilleneuve et Gilbert, p. 370.— Pothier, 41.

LIVRE TROISIÈME.

DE L'ACQUISITION ET DE L'EXERCICE DES DROITS DE PROPRIÉTÉ.

———

DISPOSITIONS GÉNÉRALES.

583. La propriété des biens s'acquiert par appréhension ou occupation, par accession, par succession, par testament, par contrat, par prescription, et autrement par l'effet de la loi et des obligations.

Pothier, *Propriété*, nᵒˢ 19 et suiv.— 3 Marcadé, pp. 1, 2 et 3.— 3 Boileux, pp. 4 et suiv.— C. N., 711 et 712.

Jurisp.— Celui qui est à la poursuite d'un animal sauvage est censé en être le premier occupant, tant qu'il est à sa poursuite, et il n'est pas permis à un autre de s'en emparer pendant ce temps, et dans ce cas ce dernier doit en payer la valeur au poursuivant.— Charlebois vs Raymond, XII L. C. J., 55.

584. Les biens qui n'ont pas de maître sont considérés comme appartenant au souverain.

Cod., de bonis vac., L. 1.— *ff De adquirendo rerum.*— *Instit.*, lib. 2, tit. 1, § 12.— Domat, *Dr. public*, liv. 1, tit. 6, sec. 3, nᵒˢ 1, 2, 3 et 4.— Despeisses, vol. 3, p. 150, nᵒ 3.— Code Civil B. C., art. 401.— 4 Toullier, pp. 6, 38, 51 et 320.— C. N., 713.

585. Il est des choses qui n'appartiennent à personne et dont l'usage est commun à tous. Des lois d'ordre public règlent la manière d'en jouir.

ff l. 2, *De divisione rerum.*— Pothier, *Propriété*, nᵒˢ 21, 22, 51 et 60.— 3 Toullier, p. 22.— 3 Marcadé, p. 5.— C. N., 714.

586. La propriété d'un trésor appartient à celui qui le trouve dans son propre fonds ; si le trésor est trouvé dans le fonds d'autrui, il appartient pour moitié à celui qui l'a découvert, et pour l'autre moitié au propriétaire du fonds.

Le trésor est toute chose cachée ou enfouie sur laquelle personne ne peut justifier sa propriété et qui est découverte par l'effet du hasard.

ff l. 31, § 1, *De adquirendo rerum.*— Cod., L. unica, *De thesauris.*— *Instit.*, lib. 2, tit. 1, § 39.— Domat, *Dr. publ.*, liv. 1, tit. 6, sec. 3, nᵒ 7.— 3 Despeisses, p. 144, sec. 4.— Pothier, *Prop.*, nᵒˢ 64, 65 et 66.— Fenet-Pothier, sur art. 716, pp. 186 et suiv.— 3 Marcadé, pp. 6 et 7.— C. N., 716.

587. La faculté de chasser et de pêcher est sujette à des lois spéciales d'ordre public, et aux droits légalement acquis aux particuliers.

ff L. 3, *De adquirendo rerum.*— *Instit.*, lib. 2, tit. 1, §§ 2 et 12.— Ord. 1516, art.
30.— Ord. 1681, liv. 5, p. 356.— Ord. 1669, titres 30 et 31.— S. R. C., c. 62.— S. R.
B. C., c. 29.— Pothier, *Propriété*, nᵒˢ 33, 47, 51, 52, 53 et 56.— 4 Merlin, Rép., vᵒ
Chose, § 2, pp. 129 et suiv.— 3 Marcadé, p. 5.— C. N., 715.

588. Les choses qui sont le produit de la mer, et qui n'ont
appartenu à personne, tirées de son fonds, trouvées sur ses flots ou
jetées sur ses rivages, appartiennent par droit d'occupation à celui
qui les a trouvées et se les est appropriées.

Stephen's Blackstone, liv. 4, pp. 436, 525 et suiv.— Contra, *Ord. de la Marine,*
liv. 4, tit. 9, art. 19 et 20.— C. N., 717.

589. Les choses, auparavant possédées, qui sont trouvées à la
mer ou sur ses rivages, ou le prix si elles ont été vendues, continuent
d'appartenir à leur propriétaire s'il les réclame ; et s'il ne les réclame
pas, elles appartiennent au souverain ; sauf dans tous les cas les
droits de celui qui les a trouvées et conservées, pour leur sauvetage
et leur conservation.

Stat. Imp. 17 et 18 Vict., c. 104.— Blackstone, *loc. cit.*— Ord. de la Marine,
liv. 4, tit. 9, art. 24, et Valin *sur icelui.*— C. N., 717.

590. Ce qui concerne les vaisseaux naufragés et leurs marchandises, et les objets et débris qui en proviennent, la manière d'en
disposer ainsi que du prix produit, et le droit de sauvetage, est
réglé spécialement, d'après les mêmes principes, par le statut impérial intitulé : " *The Merchant Shipping Act,* 1854."

Stat. Imp. 17 et 18 Vict., c. 104, ss. 443 à 500.— C. N., 717.

L'acte C. 32 et 33 Vict., c. 38, contient diverses dispositions sur les enquêtes et
les investigations qui doivent être faites touchant les vaisseaux naufragés.
Voir aussi l'acte C. 36 Vict., c. 55, concernant les naufrages et le sauvetage.
Les clauses du *Merchant Shipping Act,* 1854, qui sont contraires aux dispositions de l'acte C. 36 Vict., c. 128, sont rappelées par ce dernier statut.

591. Les foins croissant sur les grèves du fleuve Saint-Laurent,
qui ne sont pas propriété privée, sont, dans certains lieux, attribués
par des lois spéciales ou par les titres particuliers, au propriétaire
riverain, sous les restrictions imposées par la loi ou les règlements.
Dans les autres cas, s'il n'en a pas été disposé autrement par le
souverain, ils appartiennent, par droit d'occupation, à celui qui les
exploite.

S. R. B. C., c. 27, ss. 1 et 2.

592. Les choses trouvées dans ou sur le fleuve Saint-Laurent ou
la partie navigable de ses tributaires, ou sur leurs rivages, doivent
être dénoncées, et il en est disposé en la manière pourvue par des
lois provinciales particulières.

12 Vict., c. 114, ss. 98 et 99.— 22 Vict., c. 12.
Voir l'acte C. 36 Vict., c. 55, s. 38, concernant les effets trouvés dans le port de
Québec et les avis qu'il faut donner dans ce cas.

Jurisp.— Dans le cas où une ancre a été trouvée dans le St-Laurent, dans le
havre de Montréal, par le capitaine d'un vaisseau, les deux tiers du produit net
de la vente seront, sous les dispositions de la 22ᵉ Vict., c. 12, adjugés au capitaine ; et l'intervention des propriétaires du vaisseau réclamant ces deux tiers
sera renvoyée.— McGuire vs Trinity House of Montreal, XV L. C. R., 411.

593. Les choses trouvées sur terre, sur la voie publique ou ailleurs, même sur la propriété d'autrui, ou qui se trouvent autrement sans propriétaire connu, sont, dans beaucoup de cas, sujettes à des lois spéciales quant aux avis publics à donner, au droit du propriétaire de les réclamer, à l'indemnité de celui qui les a trouvées, à la vente, et à l'appropriation du prix.

A défaut de telles dispositions, le propriétaire qui ne les a pas volontairement abandonnées, peut les réclamer en la manière ordinaire, sauf une indemnité, s'il y a lieu, à celui qui les a trouvées et conservées ; si elles ne sont pas réclamées, elles appartiennent à ce dernier par droit d'occupation.

Les rivières non navigables sont, pour les fins du présent article, considérées comme lieu terrestre.

Domat, liv. 1, tit. 6, sec. 3, n° 6.— Pothier, *Prop.*, n°° 67 et suiv.— C. N., 717.

594. Au nombre des choses sujettes aux dispositions particulières mentionnées en l'article qui précède se trouvent :

1. Les bois et autres objets faisant obstruction sur les grèves et sur les terrains adjacents ;

2. Les effets non réclamés entre les mains des possesseurs de quais et des garde-magasins, et des personnes qui se chargent des transports soit par terre soit par eau ;

3. Ceux restant aux bureaux de poste avec les lettres mortes ;

4. Les effets supposés volés et demeurés entre les mains des officiers de justice ;

5. Les animaux trouvés errants.

S. R. B. C., c. 66 ; c. 104 ; c. 26, ss. 9 et 10 ; c. 28, s. 2.— S. R. C., c. 31, ss. 29, 30 et 31.

595. Quelques-uns des sujets qui tombent sous l'intitulé du présent titre, se trouvent incidemment compris dans les livres précédents.

TITRE PREMIER.

DES SUCCESSIONS.

DISPOSITIONS GÉNÉRALES.

596. La succession est la transmission qui se fait par la loi ou par la volonté de l'homme, à une ou plusieurs personnes des biens, droits et obligations transmissibles d'un défunt.

Dans une autre acception du mot, l'on entend aussi par succession l'universalité des biens ainsi transmis.

Pothier, *Successions*, p. 2.— 4 Toullier, p. 63.— 6 Pand. Franç., pp. 7 et 8.— 1 Rogron, *Code Civil*, p. 610.

597. L'on appelle succession *ab intestat* celle qui est déférée par la loi seule, et succession testamentaire celle qui procède de la volonté de l'homme. Ce n'est qu'à défaut de cette dernière que la première a lieu.

Les donations à cause de mort participent de la nature de la succession testamentaire.

Celui auquel l'une ou l'autre de ces successions est dévolue est désigné sous le nom d'héritier.

Pothier, *Successions*, pp. 1 et 2.—8. R. B. C., c. 34, s. 2.—1 Rogron, p. 610.—11 Merlin, Rép., pp. 152 et suiv.—6 Pand. Franç., pp. 115 et suiv.—C. L., 875.

598. La succession *ab intestat* se subdivise en légitime, qui est celle que la loi défère aux parents, et en succession irrégulière quand, à défaut de parents, elle est dévolue à quelqu'un qui ne l'est pas.

Pothier, *Suc.*, pp. 1 et 2.—6 Pand. Franç., p. 22.—C. L., 873 et 874.—C. N., 756 et 766.

599. [La loi ne considère ni l'origine, ni la nature des biens pour en régler la succession. Tous ensemble ils ne forment qu'une seule et unique hérédité qui se transmet et se partage d'après les mêmes règles, ou suivant qu'en a ordonné le propriétaire.]

6 Pand. Franç., 199 et suiv.—Dard, 161 et 162, note (c).—8. R. B. C., c. 34, s. 2, § 1.—C. N., 732.

CHAPITRE PREMIER.

DE L'OUVERTURE DES SUCCESSIONS ET DE LA SAISINE DES HÉRITIERS.

SECTION I.

DE L'OUVERTURE DES SUCCESSIONS.

600. Le lieu où la succession s'ouvre est déterminé par le domicile.

Cod., *L. unica, Ubi de hæreditate agitur.*—2 Pand. Franç., 408.—1 Toullier, p. 221; 4 *Ibid.*, p. 413.—1 Delvincourt, 46.—C. N., 110.

601. Les successions s'ouvrent par la mort naturelle, et aussi par la mort civile.

Pothier, *Suc.*, c. 3, sec. 1; *Com.*, n° 502; *Intr. aux Cout.*, n° 176; *Orl.*, n° 36.— Paris, 337.—C. C. B. C., art. 35.—Fenet-Pothier, p. 189.—C. N., 718.

602. La succession est ouverte par la mort civile du moment où cette mort est encourue.

ff L. 10, § 1, *De pænis.*—L. 6, *De injusto, rumpto, irrito.*—Rogron, p. 611.—1 Chabot, *Suc.*, pp. 13 et 14.—C. N., 719.

603. Si plusieurs personnes respectivement appelées à la succession l'une de l'autre, périssent dans un même événement sans que l'on puisse établir laquelle est décédée la première, la présomption de survie est déterminée par les circonstances, et, à leur défaut, d'après l'âge et le sexe, conformément aux règles contenues aux articles suivants.

ƒ L. 32, § 14, *De dom. inter virum et uxorem; De rebus dubiis.*— Pothier, *Suc.*, ch. 3, sec. 1, § 1 ; *Intr., tit.* 17, *Orl.,* n° 38.— Merlin, Rép., v° *Mort,* § 2, art. 2.— 6 Pand. Franç., 124 et suiv.— 2 Malleville, 167.— C. N., 720.

604. Si ceux qui ont péri ensemble avaient moins de quinze ans, le plus âgé est présumé avoir survécu.

S'ils étaient tous au-dessus de soixante ans, c'est le moins âgé qui est présumé avoir survécu.

S'ils avaient les uns moins de quinze ans et les autres plus de soixante, les premiers sont présumés avoir survécu.

Si les uns étaient au-dessous de quinze ans ou au-dessus de soixante et les autres dans l'âge intermédiaire, la présomption de survie est en faveur de ces derniers.

ƒ L. 22, L. 23, *De rebus dubiis.*— 4 Poullain du Parc, n° 43, p. 30.— 1 Chabot, *Suc.,* sur art. 722, pp. 30 et suiv.— C. N., 721.

605. Si ceux qui ont ainsi péri étaient tous dans l'âge intermédiaire entre quinze et soixante ans accomplis, l'on suit, s'ils étaient du même sexe, l'ordre de la nature, d'après lequel c'est ordinairement le plus jeune qui survit au plus âgé.

Mais s'ils étaient de sexe différent, le mâle est toujours présumé avoir survécu.●

ƒ *loc. cit.*— 4 Poullain du Parc, *loc. cit.*— 1 Chabot, *Suc.,* sur art. 722.— 2 *Ibid.,* p. 32.— 3 Marcadé, pp. 15 et suiv.— Rogron, sur art. 722.— C. N., 722.

SECTION II.

DE LA SAISINE DES HÉRITIERS.

606. Les successions *ab intestat* sont déférées aux héritiers légitimes dans l'ordre réglé par la loi ; à défaut de tels héritiers elles sont dévolues à l'époux survivant, et s'il n'y en a pas, elles passent au souverain.

ƒ L. unic, *undè vir et uxor.*— *Orl., cod. tit.,* L. 1 ; L. 4, *De bonis vacant.*— Pothier, *Suc.,* ch. 1, sec. 2, art. 3, § 3.— 1 Toullier, p. 66.— 2 Demante, p. 9.— 6 Pand. Franç., pp. 141-2.— C. N., 723.

607. Les héritiers légitimes, lorsqu'ils succèdent, sont saisis de plein droit des biens, droits et actions du défunt, sous l'obligation d'acquitter toutes les charges de la succession ; mais l'époux survivant et le souverain doivent se faire envoyer en possession par justice dans les formes indiquées au code de procédure civile.

Paris, 318.— Pocquet, pp. 195-6.— 3 Laurière, pp. 80 et suiv.— Pothier, *Suc.,* ch. 3, sec. 2 ; *Propriété,* n° 248, 261, 332 et 336 ; *Possession,* n° 57 ; *Orl.,* tit. 17, n° 301.— 4 Toullier, pp. 91, 97, 99, 258 et suiv.— 2 Demante, p. 9, n° 24.— 6 Pand. Franç., pp. 144 et suiv.; p. 155, n° 85 ; p. 163.— 2 Malleville, 170.— C. N., 170.

Jurisp.— Une partie qui se prétend héritière ne peut poursuivre comme créancière, lorsqu'en même temps elle maintient qu'elle est héritière.— Fraser vs Abbott *et al.,* V R. L., 234.

CHAPITRE DEUXIÈME.

DES QUALITÉS REQUISES POUR SUCCÉDER.

608. Pour succéder il faut exister civilement à l'instant de l'ouverture de la succession ; ainsi sont incapables de succéder:
1. Celui qui n'est pas encore conçu ;
2. L'enfant qui n'est pas né viable;
3. Celui qui est mort civilement.

ƒ L. 6, L. 7, *De suis et leg. hæred.*— Paris, 337.— Pocquet, pp. 197-8.— 4 Poullain du Parc, pp. 26 et suiv.— Pothier, *Suc.*, c. 1, sec. 2 ; *Intr.*, tit. 17, *Orl.*, nᵒˢ 6 et 8.— Lamoignon, tit. 41, art. 3, 4 et 5.— 2 Malleville, 173.— 6 Pand. Franç., 165.— Dard, p. 165.— C. N., 725.

609. L'étranger est admis à succéder dans le Bas-Canada, de la même manière que les sujets britanniques.

S. R. C., c. 8, sec. 9.— Pothier, *Pers.*, p. 578 ; *Suc.*, sec. 2.— 6 Pand. Franç., pp. 180 et suiv.— C. N., 726.

610. Sont indignes de succéder et comme tels exclus des successions :
1. Celui qui est convaincu d'avoir donné ou tenté de donner la mort au défunt ;
2. Celui qui a porté contre le défunt une accusation capitale jugée calomnieuse ;
3. L'héritier majeur qui, instruit du meurtre du défunt, ne l'a pas dénoncé à la justice.

ƒ L. 9, *De jure fisci* ; L. 7, § 4, *De bonis damnatorum* ; L. 9, §§ 1 et 2, *De his quæ ut indignis.*— Pocquet, 197.— Lacombe, vᵒ *Indignité*, nᵒˢ 1, 2, 3, 4 et 5.— Pothier, *Suc.*, c. 1, sec. 2, art. 4, § 2 ; *Intr.* tit. 17, *Orl.*, nᵒ 14.— 6 Pand. Franç., 181 et suiv. — 2 Malleville, 174.— 1 Rogron, 623-4.— Fenet-Pothier, 19 et 194.— 1 Chabot, pp. 69 et suiv.— C. N., 727.

611. Le défaut de dénonciation ne peut cependant être opposé aux ascendants et aux descendants du meurtrier, ni à son époux ou à son épouse, ni à ses frères et sœurs, ni à ses oncles et tantes, ni à ses neveux et nièces, ni à ses alliés aux mêmes degrés.

Cod., L. 13, L. 17, *De his qui accusari non possunt.*— 1 Henrys, liv. 4, ch. 6, quest. 101.— Lebrun, *Suc.*, liv. 3, ch. 9, nᵒ 6.— Ord. de 1690, titre *Des Plaintes.*— Louet et Brodeau, C., ch. 25 ; H., ch. 5 ; S., ch., 20.— 1 Furgole, 611 et suiv.— 6 Pand. Franç., 191-3- 4.— 2 Malleville, 176.— 1 Chabot, 83.— 2 Bousquet, 28.— C. N., 728.

612. L'héritier exclu de la succession pour cause d'indignité, est tenu de rendre les fruits et revenus qu'il a perçus depuis l'ouverture de la succession.

1 Furgole, 598.— 6 Pand. Franç., 193.— 4 Toullier, 117.— 2 Malleville, 177.— 2 Bousquet, 29.— C. N., 729.

613. Les enfants de l'indigne ne sont pas exclus de la succession pour la faute de leur père, s'ils y sont appelés de leur chef et sans le secours de la représentation, qui n'a pas lieu dans ce cas.

Lebrun, *Suc.*, liv. 3, c. 9, nᵒ 6.— Pothier, *Suc.*, ch. 1, sec. 2, art. 4, §§ 1 et 2 ; ch. 2, sec. 1, art. 1, § 2.— Lacombe, *eod. verbo*, nᵒ 6.— Fenet-Pothier, 195.— C. N., 730.

10

CHAPITRE TROISIÈME.

DES DIVERS ORDRES DE SUCCESSION.

SECTION I.

DISPOSITIONS GÉNÉRALES.

614. Les successions sont déférées aux enfants et descendants du défunt, à ses ascendants et à ses parents collatéraux, dans l'ordre et suivant les règles ci-après déterminées.

ff L. 7, *De bonis damnatorum.*— Pothier, *Suc.*, p. 40.— *Intr.* tit. 17, *Orl.*, n° 15.— 2 Pand. Franç., 198.— Dard, 161, notes B. C.— C. N., 731.

615. La proximité de parenté s'établit par le nombre de générations; chaque génération forme un degré.

ff L. 10, § 10, *De gradibus et affinibus.*— Pothier, *Mariage*, n° 123; *Suc.*, ch. 1, sec. 2, art. 3.— 4 Toullier, p. 165.— 6 Pand. Franç., 212 et suiv.— C. N., 735.

616. La suite des degrés forme la ligne.

On appelle ligne directe la suite des degrés entre personnes qui descendent l'une de l'autre; ligne collatérale, la suite des degrés entre personnes qui ne descendent pas les unes des autres, mais qui descendent d'un auteur commun.

La directe se divise en ligne directe descendante et en ligne directe ascendante.

La première est celle qui lie le chef avec ceux qui descendent de lui; la deuxième est celle qui lie la personne avec ceux de qui elle descend.

ff L. 1, *De gradibus et affinibus.*— Pothier, *Mar.*, n°s 121-2; *Suc.*, ch. 1, sec. 2, art. 3.— C. N., 736.

617. En ligne directe l'on compte autant de degrés qu'il y a de générations entre les personnes; ainsi le fils est à l'égard du père au premier degré, le petit-fils au second; et réciproquement du père et de l'aïeul à l'égard du fils et du petit-fils.

ff L. 10, § 9, *loc. cit.*— Pothier, *loc. cit.*— 2 Malleville, 183.— C. N., 737.

618. En ligne collatérale les degrés se comptent par les générations depuis l'un des parents jusqu'à et non compris l'auteur commun, et depuis celui-ci jusqu'à l'autre parent.

Ainsi deux frères sont au deuxième degré; l'oncle et le neveu sont au troisième, les cousins germains au quatrième, et ainsi de suite.

ff L. 1, § 1, *loc. cit.*— *Instit.*, *De gratibus et cognat.*, § 7.— Pothier, *Suc..* ch. 1, sec. 2, art. 3.— 4 Toullier, p. 168.— 6 Pand. Franç., 212.— 2 Malleville, 183.— C. N., 738.

SECTION II.

DE LA REPRÉSENTATION.

619. La représentation est une fiction de la loi, dont l'effet est de faire entrer les représentants dans la place, dans le degré et dans les droits du représenté.

Novelle 18, ch. 4.— Pothier, *Suc.*, p. 40; *Intr. tit.* 17, *Orl.*, n° 17.— 4 Poullain du Parc, pp. 26–27.— 2 Malleville, 184.— C. N., 739.

620. La représentation a lieu à l'infini dans la ligne directe descendante.

Elle est admise soit que les enfants du défunt concourent avec les descendants d'un enfant prédécédé, soit que tous les enfants du défunt, étant morts avant lui, les descendants de ces enfants se trouvent entre eux en degrés égaux ou inégaux.

Cod., L. 3, *De nuis et legit.*— *Instit., De hæreditatibus quæ ab intest.*— *Novelles* 118 et 127, ch. 1.— Paris, 319.— Lamoignon, tit. 41, art. 20.— Pothier, *Suc.*, p. 41.— 3 Laurière, 82.— 2 Pand. Franç., 220.— C. N., 740.

Jurisp.— Dans l'espèce les termes *enfants alors vivants*, comprennent les petite-enfants, descendant en ligne directe de la testatrice; et par droit de représentation, les dits petite-enfants tiennent directement de leurs bisaïeule, et non de leur mère, leur droit au legs de la propriété de l'immeuble par eux réclamé.— Glackmeyer vs Le Maire, etc., XI L. C. R., p. 18.

621. La représentation n'a pas lieu en faveur des ascendants; le plus proche dans chaque ligne exclut le plus éloigné.

Novelle 118, ch. 2.— 4 Poullain du Parc, p. 27, n° 36.— Pothier, *Suc.*, 79.— 1 Boucher d'Argis, 11.— Lamoignon, tit. 41, art. 26.— 4 Toullier, 191.— C. N., 741.

622. En ligne collatérale la représentation est admise dans le cas seulement où des neveux et nièces viennent à la succession de leur oncle ou tante concurremment avec les frères et sœurs du défunt.

Paris, 320.— *Novelle* 118, ch. 4.— Pocquet, p. 206.— 1 Laurière, sur art. 320.— Pothier, *Suc.*, pp. 94 et 101.— 6 Pand. Franç., 233.— 2 Malleville, 185.— C. N., 742.

623. Dans tous les cas où la représentation est admise, le partage s'opère par souches; si une même souche a plusieurs branches, la subdivision se fait aussi par souche dans chaque branche, et les membres de la même branche partagent entre eux par tête.

Novelle 118, c. 1.— Paris, 320 et 321.— 3 Laurière, pp. 87 et 93.— 1 Argou, 436. — Pocquet, 206.— Pothier, *Suc.*, 46.— Guyot, Rép., v° *Successions*, p. 575.— Lamoignon, tit. 41, art. 23.— 6 Pand. Franç., 240.— 2 Malleville, 186.— C. N., 743.

624. On ne représente pas les personnes vivantes, mais seulement celles qui sont mortes naturellement ou civilement.

On peut représenter celui à la succession duquel on a renoncé.

Novelle 118, c. 1.— 4 Poullain du Parc, n° 38.— 1 Argou, 437.— Pothier, *Suc.*, ch. 2, sec. 1, art. 1.— *Intr. tit.* 17, *Orl.*, n° 18.— Lamoignon, tit. 41, art. 25.— 6 Pand. Franç., 243.— 2 Malleville, 187.— C. N., 744.

SECTION III.

DES SUCCESSIONS DÉFÉRÉES AUX DESCENDANTS.

625. Les enfants ou leurs descendants succèdent à leurs père et mère, aïeuls et aïeules ou autres ascendants, sans distinction de sexe ni primogéniture, et encore qu'ils soient issus de différents mariages.

Ils succèdent par égales portions et par tête quand ils sont tous au même degré et appelés de leur chef; ils succèdent par souche, lorsqu'ils viennent tous ou en partie par représentation.

Novelle 118, c. 1.— Paris, 302.— 3 Laurière, pp. 11 et 12.— Pothier, *Suc.*, c. 2, sec. 1, art. 1, § 4; sec. 3, § 1.— C. N., 745.

SECTION IV.

DES SUCCESSIONS DÉFÉRÉES AUX ASCENDANTS.

626. [Si quelqu'un décédé sans postérité, laisse son père et sa mère et aussi des frères ou sœurs, ou des neveux ou nièces au premier degré, la succession se divise en deux portions égales dont l'une est déférée au père et à la mère qui la partagent également entre eux, et l'autre aux frères et sœurs, ou neveux et nièces du défunt, d'après les règles prescrites en la section suivante.]

6 Pand. Franç., 248 à 253.— 2 Malleville, 189.— 2 Bousquet, 58.— 2 Marcadé, 76-7.— C. L., 899.— C. N., 748.

Jurisp.— Le père est héritier de son enfant, des biens mobiliers laissés par lui, à son décès, au cas où l'enfant est mort *intestat* et sans enfants, et le père héritera de son dit enfant dans la propriété du legs fait par le testateur en faveur de la mère de l'enfant décédé sans hoirs et *intestat*.— Reid vs Prevost, I L. C. J., p. 320.

627. [Au cas de l'article précédent, si le père ou la mère est prédécédé, la portion qui lui aurait été déférée accroît au survivant.]

6 Pand. Franç., 280.— 2 Malleville, 194-5.— 2 Bousquet, 59 et 61.— 2 Marcadé, 78.— C. L., 900.— C. N., 749.

628. [Si le défunt n'a laissé ni postérité, ni frères ni sœurs, ni neveux ni nièces au premier degré, ni père ni mère, mais seulement d'autres ascendants, ces derniers lui succèdent à l'exclusion de tous autres collatéraux.]

6 Pand. Franç., 249 et suiv.— 2 Malleville, 189.— C. L., 901.— C. N., 746.

629. [Au cas de l'article précédent, la succession est divisée par moitié entre les ascendants de la ligne paternelle et entre ceux de la ligne maternelle.

L'ascendant qui se trouve au degré le plus proche recueille la moitié affectée à sa ligne à l'exclusion de tous autres.

Les ascendants au même degré succèdent par têtes dans la même ligne.]

6 Pand. Franç., pp. 249 et suiv.— 2 Malleville, p. 189.— 2 Marcadé, p. 77.— 2 Bousquet, 55 et suiv.— C. L., 902.— C. N., 746.

630. Les ascendants succèdent, à l'exclusion de tous autres, aux biens par eux donnés à leurs enfants ou autres descendants décédés sans postérité, lorsque les objets donnés se trouvent en nature dans la succession ; et s'ils ont été aliénés, les ascendants en recueillent le prix, s'il est encore dû.

Ils succèdent aussi à l'action en reprise qui pouvait appartenir au donataire sur les biens ainsi donnés.

ƒ L. 6, *De jure dotium.*— *Cod.*, L. 2, *De bonis quæ liberis.*— Paris, 313.— Orl., 315. Lamoignon, tit. 41, art. 35.— Pothier, *Suc.*, c. 2, sec. 2.— 3 Boileux, pp. 82 et suiv.— 1 Rogron, p. 136.— 3 Marcadé, p. 76.— 2 Malleville, pp. 190 et suiv.— 4 *Conférences du Code*, sur art. 747, pp. 29 et suiv.— 2 Bousquet, p. 57.— 6 Pand. Franç., pp. 259 et suiv.— C. L., 904.— C. N., 747.

SECTION V.

DES SUCCESSIONS COLLATÉRALES.

631. [Si le père et la mère de la personne décédée sans postérité ou l'un d'eux lui ont survécu, ses frères et sœurs ainsi que ses neveux ou nièces au premier degré, ont droit à la moitié de sa succession.]

6 Pand. Franç., 288.— 4 Toullier, pp. 205 et suiv.— 2 Malleville, 195 et suiv.— C. L., 907.— C. N., 751.

632. [Si le père et la mère sont tous deux prédécédés, les frères, sœurs, et neveux au premier degré du défunt, lui succèdent à l'exclusion des ascendants et des autres collatéraux.

Ils succèdent ou de leur chef ou par représentation, ainsi qu'il a été réglé en la section deuxième du présent chapitre.]

Novelle 118, c. 2 ; 127, c. 1.— 4 Toullier, 178, 200 à 218.— 6 Pand. Franç., 282 et suiv.

633. [Le partage de la moitié ou de la totalité de la succession dévolue aux frères, sœurs, neveux ou nièces, aux termes des deux articles précédents, s'opère entre eux par égales portions s'ils sont tous du même lit ; s'ils sont de lits différents, la division se fait par moitié entre les deux lignes paternelle et maternelle du défunt, les germains prenant part dans les deux lignes, les utérins ou consanguins chacun dans leur ligne seulement. S'il n'y a de frères ou sœurs, neveux ou nièces, que d'un côté, ils succèdent à la totalité, à l'exclusion de tous autres parents de l'autre ligne.]

6 Pand. Franç., 289.— 2 Marcadé, pp. 78 et 79.— 4 Toullier, 216.— Rogron, 646. — 2 Bousquet, 63.— 3 Boileux, 104.— C. L., 909.— C. N., 752.

634. [Si le défunt, mort sans postérité, sans père ni mère, sans frères, sœurs ni neveux ou nièces au premier degré, laisse des ascendants dans une des lignes seulement, le plus proche de ces ascendants prend la moitié de la succession, dont l'autre moitié est dévolue au plus proche parent collatéral de l'autre ligne.

Si dans le même cas il ne reste aucun ascendant, la succession entière se divise en deux parts égales dont l'une est dévolue au plus proche parent collatéral de la ligne paternelle et l'autre au plus proche parent de la ligne maternelle.]

Entre collatéraux, sauf le cas de la représentation, le plus proche exclut tous les autres ; ceux qui sont au même degré partagent par tête.

6 Pand. Franç., 299.— 4 Toullier, 219.— 2 Malleville, 198.— Rogron, 647.— 3 Marcadé, 80.— C. L., 910.— C. N., 753.

635. Les parents au delà du douzième degré ne succèdent pas.
A défaut de parents au degré successible dans une ligne, les parents de l'autre ligne succèdent pour le tout.

C. N., 755.

SECTION VI.

DES SUCCESSIONS IRRÉGULIÈRES.

636. Lorsque le défunt ne laisse aucuns parents au degré successible, les biens de sa succession appartiennent à son conjoint survivant.

ff L. unic. undè vir et uxor.— Cod., eod. tit.— 3 Poullain du Parc, p. 310.— Pothier, *Intr.* tit. 17, *Ori.,* n° 35.— Loyseau, *Seigneuries,* c. 12, n° 104.— 4 Toullier, n°° 283 et 319.— C. N., 767.

637. A défaut de conjoint survivant, la succession est acquise au souverain.

Cod., L. 1, L. 2, L. 3, L. 4, L. 5, *De bonis vacantibus.*— Paris, 167.— Pothier, *Suc.,* c. 6.— Loyseau, *Seigneuries,* c. 12, n°° 101 et suiv.— 6 Nouv. Deniz., v° *Déshérence,* 323.— Code civil B. C., art. 401.— Dard, *autorités citées sur art.* 768.— C. N., 768.

Jurisp.— 1. Dans le cas où la Couronne demande l'envoi en possession d'une succession en déshérence, en vertu de l'article 637 du code civil, elle doit donner avis de cette demande dans les journaux, et à défaut de ce faire sa demande sera déboutée. Les successions en déshérence appartiennent, d'après l'acte de l'Amérique Britannique du Nord de 1867, au gouvernement fédéral et non aux gouvernements locaux.— Regina vs Caron, I Q. L. R., 177. *Renversé en appel, vid. arrêts*
2. Une femme accusée du meurtre de son mari peut, dans l'époque intermédiaire de l'accusation et de la condamnation juridique, contracter un engagement valable pour se faire défendre de l'accusation.— Un avocat peut réclamer en justice le montant d'obligations à lui consenties par l'accusée pour se faire défendre, lorsqu'aucune preuve de surcharge ou de contrainte morale n'est faite. Les biens de la femme condamnée ayant été confisqués au profit de la Couronne, cette dernière ne peut s'en emparer qu'à la charge de payer l'obligation contractée comme susdit, comme toute autre obligation ; et si la Couronne n'eût pas fait remise des biens confisqués aux enfants de la condamnée, elle aurait été obligée d'acquitter ces obligations. Les enfants ayant eu la remise de ces biens, sont aux droits comme aux obligations de la Couronne et partant chargés de ces obligations.— Gauthier vs Joutras, I R. L., p. 473.

638. Aux cas des deux articles précédents, les biens de la succession dévolue à l'époux survivant ou au souverain, doivent être constatés à leur diligence au moyen d'un inventaire ou autre acte équivalant, avant que l'envoi en possession puisse être demandé.

Pothier, *Suc.,* p. 229.— 6 Nouv. Deniz, 319 et 321.— 4 Toullier, pp. 289, 32 et 535.— 1 Chabot, *Suc.,* p. 592.— 2 Demante, 35 et 36.

Jurisp.— Lorsqu'une succession est réclamée par la Couronne à titre de déshérence ou à titre de bâtardise ; les créanciers de telle succession ont le droit d'établir leurs réclamations par procédures en reddition de compte, contre le curateur de la succession, avant que les biens d'icelle succession soient passés en la possession de la Couronne.— Procureur-Général vs Price, IX L. C. R., 12.

639. Cet envoi en possession se poursuit devant le tribunal supérieur de première instance du district où s'ouvre la succession, et sur cette demande il est procédé et statué de la manière et dans les formes réglées au Code de Procédure Civile.

6 Nouv. Deniz., 323.— Code civil B. C., art. 607.— 4 Toullier, pp. 321 et suiv.— 1 Chabot, 592.— 2 Demante, 37.— C. N., 770.

640. Dans tous les cas où les règles et formalités prescrites n'ont pas été suivies, les héritiers, s'il s'en présente, sont admis à réclamer une indemnité et même des dommages-intérêts, suivant les circonstances, pour les pertes qui en seraient résultées.

1 Chabot, 598 et suiv.— 2 Demante, 38.— C. L., 927.— C. N., 772.

CHAPITRE QUATRIÈME.

DE L'ACCEPTATION ET DE LA RÉPUDIATION DES SUCCESSIONS.

SECTION I.

DE L'ACCEPTATION DES SUCCESSIONS.

641. Nul n'est tenu d'accepter la succession qui lui est déférée.

Cod., L. 16, *De jure deliberandi.*— Paris, 316.— Pothier, *Propriété,* n° 248; *Suc.,* c. 3, sec. 2.— 2 Malleville, p. 260.— C. N., 775.

642. Toute succession peut être acceptée purement et simplement ou sous bénéfice d'inventaire.

ƒ L. 57, *De adquirendâ vel omit. hæreditate.*— *Cod.,* L. 22, *De jure deliberandi.*— Pothier, *Suc.,* c. 2, sec. 3; *Intr. tit.* 17, *Orl.,* n° 44.— 2 Malleville, 259.— C. N., 774, 788, 789 et 793.

643. La femme mariée ne peut accepter valablement une succession sans y être autorisée par son mari ou en justice, suivant les dispositions du chapitre 6 du titre *Du Mariage.*

Les successions échues aux mineurs et aux interdits ne peuvent être valablement acceptées que conformément aux dispositions contenues aux titres relatifs à la minorité et à la majorité.

Code civil B. C., art. 177, 178 et 180.— Pothier, *Puis. marit.,* n° 33; *Suc.,* c. 3, sec. 3, art. 1, § 1; *Intr. tit.* 17, *Orl.,* n° 40.— 6 Pand. Franç., 363.— 2 Malleville, 227.— C. N., 776, 217, 461, 462 et 463.

Jurisp.— La nullité de l'acceptation d'une succession faite par le tuteur pour ses mineurs, sur avis d'un conseil de famille, ne peut être prononcée dans une cause où les mineurs ne sont pas partie.— Rolland vs Michaud, IX R. L., 19.

644. L'effet de l'acceptation remonte au jour de l'ouverture de la succession.

ƒ L. 138, L. 193, *De regulis juris.*— Paris, 318.— Pothier, *Propriété,* n° 248.— C. N., 777.

645. L'acceptation peut être expresse ou tacite ; elle est expresse quand on prend le titre ou la qualité d'héritier dans un acte authentique ou privé ; elle est tacite quand l'héritier fait un acte qui suppose nécessairement son intention d'accepter, et qu'il n'aurait droit de faire qu'en sa qualité d'héritier.

ff L. 20, L. 42, L. 78, L. 86, L. 88, *De adquirendâ vel omit. hæred.— Cod.,* L. 2, L. 10, *De jure deliberandi.—* Paris, 317.— Orl., 334.— Pothier, *Suc.,* c. 3, sec. 3, art. 1. — C. N., 778.

Jurisp.— 1. Un héritier collatéral ne peut faire des actes d'acceptation avant la renonciation d'un héritier en ligne directe. Un héritier collatéral ne sera pas considéré comme ayant fait des actes d'acceptation avant d'avoir eu connaissance de la renonciation de l'héritier plus proche.— Lavoie vs Lefrançois, XV L. C. R., 145.

2. Le créancier d'une succession vacante dont il est aussi l'un des héritiers, mais qui a renoncé, ne fait pas acte d'héritier en s'appropriant le produit d'un chèque qui appartient à la succession, lorsqu'en s'appropriant tel chèque il en avertit le curateur et lui dit qu'il garde cette somme en déduction de ce que la succession lui doit.— Dewar vs Orr, M. C. R., 87.

646. Les actes purement conservatoires, de surveillance et d'administration provisoire ne sont pas des actes d'adition d'hérédité, si on n'a pas pris le titre et la qualité d'héritier.

ff L. 20, L. 78, *De adquirendâ vel omit. hæred.—* Lebrun, *Suc.,* liv. 3, c. 8, sec. 2, n° 4.— Pothier, *Suc.,* c. 3, sec. 3, art. 1.— Serres, p. 318.— Merlin, v° *Héritier,* sec. 2, § 1, n°° 3 et 4 ; v° *Acceptation de success.,* n° 2.— 4 Toullier, p. 348.

647. La donation, vente ou transport que fait de ses droits successifs un des cohéritiers, soit à un étranger, soit à tous ses cohéritiers, soit à quelques-uns d'eux, emporte de sa part acceptation de la succession.

Il en est de même : 1. De la renonciation, même gratuite, faite par un des héritiers au profit d'un ou de plusieurs de ses cohéritiers ; 2. De la renonciation qu'il fait, même au profit de tous ses cohéritiers indistinctement, lorsqu'il reçoit le prix de sa renonciation.

ff L. 24, *De adquirendâ vel omit. hæred. ;* L. 6, *De regulis juris.—* Pothier, *Vente,* n° 530 ; *Suc.,* c. 3 ; c. 5, sec. 3, art. 1.— 6 Pand. Franç., 378.— 2 Malleville, 228.— C. N., 780.

648. Lorsque celui à qui une succession est échue est décédé sans l'avoir répudiée, ou sans l'avoir acceptée expressément ou tacitement, ses héritiers peuvent l'accepter ou la répudier à sa place.

ff L. 86, *De adquirendâ vel omit. hæred.— Cod.,* L. 3, L. 19, *De jure delib.—* Pothier, *Suc.,* c. 3, sec. 2 ; *Intr. tit.* 17, *Orl.,* n°° 41 et 64.— 6 Pand. Franç., 379 et 380.— 2 Malleville, 229.— C. N., 781.

649. [Si ces héritiers ne sont pas d'accord pour accepter ou pour répudier la succession, elle est censée acceptée sous bénéfice d'inventaire.]

C. N., 782.

650. Le majeur ne peut attaquer l'acceptation expresse ou tacite qu'il a faite d'une succession que dans le cas où cette acceptation a été la suite du dol, de la crainte ou de la violence ; il ne peut jamais réclamer sous prétexte de lésion seulement ; il en est autrement dans le cas où la succession se trouverait absorbée ou notablement diminuée par la découverte d'un testament inconnu au moment de l'acceptation.

ƒ L. 22, *De adquærendd vel omit. hæred.*— *Cod.*, L. 4, *De repud. vel abst.*— Lacombe, 576.—16 Guyot, 561-2.—6 Pothier, *Com.*, n° 532 ; *Suc.*, pp. 138-9.—3 Furgole, 413.—6 Pand. Franç., 381.— 2 Malleville, 231.— C. N., 783.

SECTION II.

DE LA RENONCIATION AUX SUCCESSIONS.

651. La renonciation à une succession ne se présume pas ; elle se fait par acte devant notaire ou par une déclaration judiciaire de laquelle il est donné acte.

4 Furgole, 52 et suiv.— Lacombe, 576.— Pothier, *Suc.*, c. 3, sec. 3, § 3 ; *Intr. tit.* 17, *Orl.*, n° 64-5.— Merlin, Rép., v° *Renonciation*, § 1, n° 3.— C. N., 784.

Jurisp.— 1. La renonciation par un enfant mâle à la succession future ne s'étend pas aux legs particuliers. D'ailleurs cette renonciation ne s'applique qu'à la succession *ab intestat*, et non pas à la succession testamentaire.— Fréchette vs Fréchette, VI L. C. J., 319.

2. Aucun acte fait par un héritier après sa renonciation à la succession, ne peut être considéré comme un acte d'héritier, parce qu'il ne peut plus accepter une fois qu'il a renoncé.— Lavoie vs Lefrançois, XV L. C. R., 145.

3. Dans l'espèce, l'héritière présomptive, après avoir perçu des deniers dus au défunt et trouvé dans la succession d'autres deniers qu'elle a gardés par devers elle, ne pouvait légalement renoncer à la succession, et telle renonciation est de nul effet.— Orr vs Fisher, VI L. C. R., 28.

4. Parties sued hypothecarily, in respect of property held by them in virtue of a donation from the debtor, cannot plead the prescription of ten years, if they have become heirs at law of the debtor, by reason of his death since the date of the donation, and have not renounced his succession.— Berthelet vs Dease, XII L. C. J., 336.

652. L'héritier qui renonce est censé n'avoir jamais été héritier.

Pothier, *Suc.*, c. 3, sec. 2, alin. 9 et 10 ; sec. 4, § 4 ; *Propriété*, n° 248 et 261.— C. N., 785.

653. La part du renonçant accroît à ses cohéritiers. S'il est seul, la succession est dévolue pour le tout au degré subséquent.

ƒ L. 13, *De adquirendd vel omit. hæred.*— L. 59, L. 63, L. 66, *De hæred. instit.*— *Cod.*, L. 4, *De repud. vel abstin. hæred.*— Pothier, *Suc.*, ch. 3, sec. 2 et 4, § 4 ; *Propriété*, n° 248 ; *Intr. tit.* 17, *Orl.*, n° 39 et 67 ; *Vente*, n° 546.— 6 Pand. Franç., 385 et suiv.— 4 Toullier, p. 196.— 2 Malleville, 235.— 3 Marcadé, 157 et suiv.— C. N., 786.

654. On ne vient jamais par représentation d'un héritier qui a renoncé ; si le renonçant est seul héritier de son degré, ou si tous ses cohéritiers renoncent, les enfants viennent de leur chef et succèdent par tête.

Brodeau sur Louet, *Let. R*, ch. 17.— Chenu, cent. 1, *quest.* 22.— Leprêtre, cent. 1. ch. 23.— 2 Henrys, liv. 4, *quest.* 4.— 6 Pand. Franç., 392.— C. N., 787.

655. Les créanciers de celui qui renonce au préjudice de leurs droits, peuvent faire rescinder cette renonciation et ensuite accepter eux-mêmes la succession, du chef de leur débiteur, en son lieu et place.

Dans ce cas la renonciation n'est annulée qu'en faveur des créanciers qui l'ont demandée et jusqu'à concurrence seulement de leurs créances. Elle ne l'est pas au profit de l'héritier qui a renoncé.

ff L. 6, *De his quæ in fraudem.*— Pothier, *Suc.*, ch. 3, sec. 3, art. 1, § 2; *Intr. tit.* 17, *Orl.*, n° 4.— 6 Pand. Franç., 394.— C. N., 788.

656. L'héritier est toujours à temps de renoncer à la succession, tant qu'il ne l'a pas acceptée formellement ou tacitement.

Pothier, *Suc.*, p. 163; *Com.*, nos 534, 544 et 556; *Intr. Cout.*, tit. X, n° 93.— Lacombe, p. 577.— 2 Malleville, 238.— C. N., 789.

657. L'héritier qui a répudié une succession peut, nonobstant, la reprendre tant qu'elle n'est pas acceptée par un autre y ayant droit; mais il la reprend dans l'état où elle se trouve alors et sans préjudice aux droits acquis par des tiers sur les biens de cette succession par prescription ou par actes valablement faits pendant qu'elle a été vacante.

Lebrun, *Suc.*, ch. 3, sec. 3, art. 1, p. 136.— Code civil B. C., art. 302.— 2 Malleville, 238.— 6 Pand. Franç., 397.— *Contrà*, Pothier, *Suc.*, p. 136.— C. N., 790.

Jurisp.— Aucun acte fait par un héritier après sa renonciation à la succession, ne peut être considéré comme un acte d'héritier, parce qu'il ne peut plus accepter une fois qu'il a renoncé.— Lavoie vs Lefrançois, XV L. C. R., 145.

658. L'on ne peut renoncer à la succession d'un homme vivant, ni aliéner les droits éventuels qu'on y peut prétendre, si ce n'est par contrat de mariage.

Lacombe, 570 et suiv.— Pothier, *Suc.*, ch. 1, sec. 2, art. 4, §§ 2 et 3; ch. 3, sec. 3, art. 1, § 2.— 2 Malleville, 238.— 2 Bousquet, 116 et suiv.— 3 Marcadé, 167.— Code civil B. C., art. 1061.— C. N., 791.

Jurisp.— Les renonciations des enfants aux successions futures de leurs parents, valables et présumées faites pour l'avantage des héritiers, lient les parties renonçant.— En principe les renonciations aux successions futures de personnes vivantes, sont inefficaces, si ce n'est dans les contrats de mariage.— Crevier vs Rocheleau, XVI L. C. R., 328, §§ 2 et 3.

659. L'héritier qui a diverti ou recélé des effets de la succession est déchu de la faculté d'y renoncer; il demeure héritier pur et simple nonobstant sa renonciation subséquente, sans pouvoir prétendre aucune part dans les objets divertis ou recélés.

ff L. 71, § 4, *De adquir. vel omit. hæred.*— Pothier, *Suc.*, ch. 3, art. 2, § 3; *Com.*, n° 690; *Orl.*, tit. X, note 7, sur art. 204.— Merlin, Rép., v° *Recélé*, n° 2.— C. N., 792.

Jurisp.— 1. L'héritière présomptive, après avoir perçu des deniers dus au défunt et trouvé dans la succession d'autres deniers qu'elle a gardés par devers elle, ne pouvait légalement renoncer à la succession, et telle renonciation est de nul effet.— Orr et Fisher, VI L. C. R., 28.

2. La renonciation faite par une femme à la succession testamentaire de son mari, ne sera pas affectée par le fait que, comme exécutrice du testament, elle aura reçu une somme d'argent qu'elle se serait appropriée, en déduction de son douaire préfix.— Ackerman vs Gauthier, IV R. L., 224.

3. Le créancier d'une succession vacante dont il est aussi un des héritiers, mais qui a renoncé, ne fait pas acte d'héritier en s'appropriant le produit d'un chèque qui appartient à la succession, lorsqu'en s'appropriant tel chèque il en avertit le curateur et lui dit qu'il garde cette somme en déduction de ce que la succession lui doit.— Dewar vs Orr, M. C. R., 87.

SECTION III.

DES FORMALITÉS DE L'ACCEPTATION, DU BÉNÉFICE D'INVENTAIRE, DE SES EFFETS ET DES OBLIGATIONS DE L'HÉRITIER BÉNÉFICIAIRE.

660. Pour être admis au bénéfice d'inventaire, l'héritier est tenu d'en faire la demande par requête présentée au tribunal ou à un des juges du tribunal supérieur de première instance du district où la succession s'est ouverte ; sur cette demande il est procédé et statué en la manière et avec les formalités réglées au code de procédure civile.

Serres, 314.— Rodier, *sur Ord.* 1667, p. 95.— 2 Edits et Ord., Canada, p. 104.— 2 Beaubien, *Lois du B.-C.,* p. 43.

661. [La sentence accordant la demande doit être enregistrée dans le bureau d'enregistrement du lieu de l'ouverture de la succession.]

662. Cette demande doit être précédée ou suivie d'un inventaire fidèle et exact des biens de la succession, fait par-devant notaires, dans les formes et sous les délais réglés par les lois sur la procédure.

Serres, 314.— Rodier, 95.— Pothier, *Suc.,* p. 143 ; *Intr. tit.* 17, *Orl.,* nº 48.— 1 Denix., 305 et suiv.— C. N., 794.

663. L'héritier bénéficiaire est aussi tenu, si la majorité des créanciers ou des autres personnes intéressées l'exige, de donner caution bonne et solvable, au montant de la valeur du mobilier porté en l'inventaire, et des deniers provenant de la vente des immeubles qu'il peut ou pourra avoir entre les mains.

A défaut de fournir cette caution, le tribunal peut, suivant les circonstances, ordonner que l'héritier sera déchu du bénéfice d'inventaire, ou que les meubles seront vendus et le produit ainsi que les autres deniers de la succession qu'il peut avoir entre les mains, déposés en cour pour être employés à en acquitter les charges.

Pothier, *Intr. tit.* 17, *Orl.,* nº 48.— Lamoignon, p. 246.— 2 Bousquet, 144 et suiv. 2 Malleville, 251.— C. N., 807.

664. L'héritier a trois mois pour faire inventaire à compter de l'ouverture de la succession.

Il a de plus, pour délibérer sur son acceptation ou sur sa renonciation, un délai de quarante jours qui commence à courir du jour de l'expiration des trois mois donnés pour l'inventaire, ou du jour de la clôture de l'inventaire, s'il a été terminé avant les trois mois.

f L. 1, L. 2, L. 3, L. 4, *De jure deliberandi.— Cod.,* L. 22, §§ 2 et 3, *De jure deliberandi.*— Ord. 1667, tit. 7, art. 1, 2, 3, 4 et 5.— Pothier, *Suc.,* c. 3, sec. 5 ; *Intr. tit.* 17, *Orl.,* nº 68.— 6 Pand. Franç., 413.— C. N., 795.

665. Si cependant il existe dans la succession des objets susceptibles de dépérir, ou dispendieux à conserver, l'héritier peut faire
vendre ces effets, sans qu'on puisse en induire une acceptation de
sa part ; mais cette vente doit être faite publiquement, et après les
affiches et publications requises par les lois sur la procédure.

ƒƒ L. 5, L. 6, *De jure delib.*— L. 20, *De adquirendâ vel omit. hæred.*— Pothier, *Suc.*,
c. 3, sec. 3, § 5.— C. N., 796.

666. Pendant la durée des délais pour faire inventaire et délibérer, l'héritier ne peut être contraint à prendre qualité, et il ne
peut être obtenu contre lui de condamnation ; s'il renonce, pendant
les délais ou aussitôt qu'ils sont expirés, les frais par lui faits légiti-
mement jusqu'à cette époque sont à la charge de la succession.

ƒƒ L. 22, § 1, *De jure delib.*— Pothier, *Suc.*, c. 3, sec. 5.— *Intr. tit.* 17, *Orl.*, n° 68.
— C. N., 797.

667. Après l'expiration des délais ci-dessus, l'héritier, en cas de
poursuite dirigée contre lui, peut demander un nouveau délai que
le tribunal saisi de la contestation accorde ou refuse suivant les
circonstances.

ƒƒ L. 3, *De jure delib.*— Ord. 1667, tit. 7, art. 4.— Pothier, *Suc.*, c. 3, sec. 5 ; *Intr.
tit.* 17, *Orl.*, n° 70.— C. N., 798.

668. Les frais de poursuite, dans le cas de l'article précédent,
sont à la charge de la succession, si l'héritier justifie ou qu'il n'avait
pas eu connaissance du décès, ou que les délais ont été insuffisants,
soit à raison de la situation des biens, soit à raison des contestations
survenues ; s'il n'en justifie pas, les frais restent à sa charge personnelle.

Pothier, *locis cit.*— 4 Toullier, pp. 353 et 380.— C. N., 799.

Jurisp.— 1. *Abstention* from intermeddling with the affairs of a succession in
the direct line, does not discharge the heirs of succession from the *poursuite* of a
creditor.— But an *acte de renonciation* is required to exonerate them. The
action against an heir, who had not renounced, but who appears and pleads a
renonciation made after action brought, will be dismissed as to him, but with
costs against him. A *renonciation* made before hearing on the merits is in time
to discharge the heirs renouncing.— The M. C. and D. B. Society vs Kerfut, IV
L. C. J., 54.
2. Heirs at law against whom it is sought to make a judgment executory
must pay costs up to the date of renunciation.— Mulholland vs Halpin, XVII
L. C. J., p. 318.

669. L'héritier conserve cependant, après l'expiration des délais
accordés par l'article 664, même de ceux donnés par le juge suivant
l'article 667, la faculté de faire encore inventaire et de se porter
héritier bénéficiaire, s'il n'a pas fait d'ailleurs acte d'héritier, ou s'il
n'existe pas contre lui de jugement passé en force de chose jugée
qui le condamne en qualité d'héritier pur et simple.

ƒƒ L. 10, *De jure delib.*— *Cod.*, L. 19, *eod. tit.*— Pothier, *Suc.*, c. 3, art. 1 et 2 ;
Intr. tit. 17, *Orl.*, n° 46 et 70.— Merlin, Rép., v° *Héritier*, sec. 2 et 3, § 2 ; v° *Suc-
cession*, sec. 1, § 5, n° 4.— 6 Pand. Franç.. 419 et suiv.— 2 Malleville, 284 et suiv.
— C. N., 800.

Jurisp.— Des héritiers poursuivis pour qu'un jugement soit déclaré exécutoire contre eux peuvent renoncer à la succession même le jour fixé pour l'audition, s'ils n'ont pas fait acte d'héritier, mais en ce cas ils paieront les frais.—
Mulholland vs Halpin, V R. L., 184.

670. L'héritier qui s'est rendu coupable de recélé ou qui a omis sciemment et de mauvaise foi de comprendre dans l'inventaire des effets de la succession, est déchu du bénéfice d'inventaire.

Cod., L. 22, §§ 10 et 12, *De jure delib.*— Novelle 1, c. 2, § 2.— Lapeyrère, *let. H*, n° 3.— Pothier, *Suc.*, c. 3, sec. 3, art. 2, § 3.— Furgole, *Testaments*, c. 3, sec. 6, n° 189.—6 Pand. Franç., 287.— C. N., 801.

Jurisp.— A defendant who in the inventory of the effects of a succession, has omitted to include two debts he owed to the estate, will be condemned to add the same to the inventory, but will not be condemned to forfeit his interest therein in the absence of proof of fraud.— Shaw vs Cooper, VI L. C. J., 38.

671. L'effet du bénéfice d'inventaire est de donner à l'héritier l'avantage : 1. De n'être tenu au paiement des dettes de la succession que jusqu'à concurrence de la valeur des biens qu'il a recueillis ; 2. De ne pas confondre ses biens personnels avec ceux de la succession, et de conserver contre elle le droit de réclamer le paiement de ses créances.

§ L. 22, *De jure delib.*— Pothier, *Com.*, n° 739 ; *Obl.*, 642 ; *Suc.*, c. 3, sec. 3, art. 2, §§ 1, 7 et 8 ; *Intr.* tit. 17, *Orl.*, n° 49 et 52.— Merlin, Rép., v° *Bénéfice d'inventaire*, n° 15.— 6 Pand. Franç., 287.— C. N., 802.

672. L'héritier bénéficiaire est chargé d'administrer les biens de la succession et doit rendre compte de son administration aux créanciers et aux légataires. Il ne peut être contraint sur ses biens personnels qu'après avoir été mis en demeure de présenter son compte, et faute d'avoir satisfait à cette obligation.

Après l'apurement du compte, il ne peut être contraint sur ses biens personnels que jusqu'à concurrence seulement des sommes dont il se trouve reliquataire.

Lebrun, *Suc.*, liv. 3, ch. 4, § 85.— Pothier, *Suc.*, c. 3, sec. 3, art. 2, §§ 4 et 6.— *Intr.* tit. 17, *Orl.*, n° 49 et 54.— 6 Pand. Franç., 425.— 2 Malleville, 249.— C. N., 803.

673. Dans son administration des biens de la succession, l'héritier bénéficiaire est tenu d'apporter tous les soins d'un bon père de famille.

Lebrun, *Suc.*, liv. 3, c. 5, n° 85.— Ferrière, G. C., sur art. 342, gl. 1, § 2, n° 24.— Pothier, *Suc.*, tit. 3, c. 3, art. 2, § 4.— Code civil B. C., art. 1070.— 6 Pand. Franç., 429.— C. N., 804.

674. Si l'héritier bénéficiaire fait vendre les meubles de la succession, la vente doit s'en faire publiquement et après les affiches et publications requises par les lois sur la procédure.

S'il les représente en nature, il n'est tenu que de la dépréciation ou de la détérioration causée par sa négligence.

Paris, 344.— Pothier, *Suc.*, c. 3, sec. 4, art. 2, § 5 ; *Orl.*, tit. 17, note 1, sur art. 342.— 2 Bousquet, 142.— 2 Malleville, 250.— C. N., 804.

675. Quant aux immeubles, s'il devient nécessaire de les vendre, l'on procède à cette vente ainsi qu'à la distribution du prix en provenant, de la manière et dans les formes suivies à l'égard des biens appartenant aux successions vacantes, suivant les règles posées en la section suivante.

Cod., L. 22, §§ 4, 5 et 6, *De jure delib.*— Pothier, *Suc., loc. cit. ; Orl.*, art. 343.—
Stat. Ref. B.-C., c. 88, sec. 10.— Merlin, Rép., v° *Bénéfice d'inventaire*, n° 9 *bis.*—4
Toullier, p. 385.— 2 Malleville, 29.— 6 Pand. Franç., 431.— C. N., 808.

676. L'héritier bénéficiaire, avant de disposer des biens de la
succession et après avoir fait inventaire, donne avis de sa qualité en
la manière réglée au code de procédure civile.

Après deux mois à compter du premier avis donné, s'il n'y a pas
de poursuites, saisies ou contestations judiciaires, par ou entre les
créanciers et les légataires, il est loisible à l'héritier bénéficiaire de
payer les créanciers et les légataires à mesure qu'ils se présentent.   •

S'il y a poursuites, saisies ou contestations à lui notifiées judiciairement, il ne peut payer que suivant qu'il est réglé par le tribunal.

Pothier, *Suc.*, c. 3, sec. 3, art. 2, § 6 ; *Orl.*, tit. 17, n° 50.— C. N., 808.

677. L'héritier bénéficiaire peut en tout temps :
1. Renoncer, soit en justice, soit par acte devant notaire, au bénéfice d'inventaire, pour devenir héritier pur et simple, en donnant
les mêmes avis que lors de son acceptation ; 2. Rendre compte final
en justice, en donnant les mêmes avis que lors de son acceptation,
et tous autres avis que le tribunal ordonne, aux fins d'être déchargé
de son administration, soit qu'il ait légalement acquitté, par ordre
de justice ou extra-judiciairement, toutes les dettes de la succession,
soit qu'il les ait dûment payées jusqu'à la concurrence de la pleine
valeur de ce qu'il a reçu.

Moyennant la décharge qu'il obtient du tribunal, il peut retenir
en nature les biens restant entre ses mains faisant partie de l'hérédité.

Extension de l'article précédent.— C. N., 808.

678. L'héritier bénéficiaire peut aussi, de l'agrément de tous les
intéressés, rendre compte à l'amiable et sans formalités de justice.

Pothier, *Suc.*, c. 3, sec. 4, art. 2.— Lamoignon, *Arrêtés*, tit. 43, art. 13.

679. Si la décharge est basée sur ce que l'héritier bénéficiaire a
acquitté toutes les dettes, sans qu'il ait cependant payé jusqu'à concurrence de ce qu'il a reçu, il n'est pas déchargé à l'égard des créanciers qui se présentent dans les trois ans de la décharge en établissant une cause satisfaisante pour ne s'être pas présenté sous les
délais voulus ; mais il est tenu de les satisfaire tant qu'il n'a pas
payé la pleine valeur de ce qu'il a reçu.

Pothier, *Suc.*, p. 146.— C. N., 800.

680. La décharge de l'héritier bénéficiaire ne préjudicie pas au
recours des créanciers non payés, contre le légataire qui a reçu à
leur préjudice, à moins qu'il n'établisse qu'ils eussent pu être payés
en usant de diligence, sans que le légataire fût demeuré obligé
envers d'autres créanciers qui ont été payés au lieu du réclamant.

Pothier, *Suc.*, p. 146 ; *Intr.* tit. 17, *Orl.*, n° 51.— C. N., 809.

681. Les frais de scellé, s'il en a été apposé, d'inventaire et de
compte sont à la charge de la succession.

Cod., L. 22, §§ 4, 5 et 6, *De jure delib.*— Pothier, *Suc.*, c. 3, sec. 3, art. 2, § 6 ;
Intr. tit. 17, *Orl.*, n° 50.

682. La forme et le contenu du compte que doit rendre l'héritier bénéficiaire sont réglés au Code de Procédure Civile.

Pothier, *Suc.*, p. 146.— Code civil B. C., art. 308.

683. [En ligne collatérale, de même qu'en ligne directe, l'héritier qui accepte sous bénéfice d'inventaire n'est pas exclu par celui qui offre de se porter héritier pur et simple.]

SECTION IV.

DES SUCCESSIONS VACANTES.

684. Après l'expiration des délais pour faire inventaire et pour délibérer, s'il ne se présente personne qui réclame la succession, s'il n'y a pas d'héritiers connus, ou s'ils ont renoncé, cette succession est réputée vacante.

Pothier, *Suc.*, p. 248 ; *Intr.* tit. 17, *Orl.*, n° 1.— Guyot, Rép., v° *Curateur*, p. 197. — Merlin, Rép., v° *Curateur*, § 3, n° 1.— 6 Pand. Franç., 438.— 2 Malleville, 209. — C. N., 811.

685. Sur la demande de toute personne intéressée, un curateur est nommé à cette succession vacante par le tribunal ou par un des juges du tribunal de première instance du district où elle s'est ouverte.

Cette nomination se fait en la manière et avec les formalités réglées au Code de Procédure Civile.

ff L. 1, L. 2, *De curatoribus.*— Guyot, Rép., v° *Curateur*, p. 197.— Merlin, Rép., v° *Héritier*, § 2, sec. 2.— 6 Pand. Franç., 438.— 2 Malleville, 254.

686. Ce curateur donne avis de sa qualité, prête serment et fait avant tout procéder à l'inventaire ; il administre les biens de la succession, en exerce et poursuit les droits, répond aux demandes portées contre elle et rend compte de son administration.

ff L. 2, § 1, *De curatoribus.*— Guyot, *loc. cit.*— Merlin, *loc. cit.*— 4 Toullier, pp. 311-3.— 2 Bousquet, pp. 150-1-2.— C. N., 813.

Jurisp.— 1. Un curateur à une succession vacante ne peut pas être poursuivi par un tiers auquel il aurait transporté sa créance contre telle succession, le curateur ne pouvant se poursuivre lui-même, ou se faire poursuivre par son propre cessionnaire.— Tessier vs Tessier, II L. C. R., 63.

2. Un créancier qui a obtenu un jugement contre un curateur à une succession vacante, peut valablement diriger une action personnelle contre tel curateur pour lui faire rendre un compte de sa gestion.— Volleau et Oliver, II L. C. R., 462.

3. Dans une action en reddition de compte, instituée par le demandeur en sa qualité de curateur à une succession vacante contre le défendeur comme étant en possession de la succession, l'on est mal fondé en droit à plaider que la personne défunte est décédée dans l'un des Etats-Unis, et que sa succession est échue à ses héritiers, n'y ayant pas de succession vacante en ce pays, et que le demandeur a été nommé curateur sans aucun avis, sur la requête d'une personne qui n'était ni parente, ni créancière de la personne défunte, ni intéressée dans sa succession, et sur l'avis de personnes n'étant ni parentes, ni créancières, ni intéressées dans la succession, et sans que la nécessité de telle nomination ait été démontrée.— Le défendeur n'a aucun droit ni aucun intérêt à contester la qualité de curateur, pour raison des objections sus-mentionnées.— Sexton vs Boston, VI L. C. R., 180, §§ 1 et 2.

4. Lorsqu'une succession est réclamée par la Couronne à titre de déshérence, ou à titre de bâtardise, les créanciers de telle succession ont le droit d'établir leurs réclamations par procédure en reddition de compte, contre le curateur de la succession, avant que les biens d'icelle succession soient passés en la possession de la Couronne.— Procureur-Général vs Price, IX L. C. R., 12.

687. Après la nomination du curateur, s'il se présente un héritier ou légataire prétendant à la succession, il lui est loisible de faire mettre la curatelle de côté pour l'avenir et d'obtenir la possession, sur action devant le tribunal compétent, en justifiant de ses droits.

Dorion et Denéchaud, n° 857, Québec, 20 fév. 1832.

688. Les dispositions de la section troisième du présent chapitre sur la forme de l'inventaire, sur les avis à donner, sur le mode d'administration et sur les comptes à rendre de la part de l'héritier bénéficiaire, sont applicables aux curateurs aux successions vacantes.

4 Toullier, p. 400.— 2 Delvincourt, p. 36.— 2 Bousquet, p. 151.— C. N., 814.

CHAPITRE CINQUIÈME.

DU PARTAGE ET DES RAPPORTS.

SECTION I.

DE L'ACTION EN PARTAGE ET DE SA FORME.

689. Nul ne peut être contraint à demeurer dans l'indivision ; le partage peut toujours être provoqué nonobstant prohibition et convention contraires.

Il peut cependant être convenu ou ordonné que le partage sera différé pendant un temps limité, s'il existe quelque raison d'utilité qui justifie ce retard.

ff L. 24, *Communi dividundo.*— *Cod.*, L. 5, *eod. tit.*— Pothier, *Suc.*, p. 168 ; *Com.*, n°° 694, 697 et 698 ; *Société*, n°° 162-2-6 et 197 ; *Intr. tit.* 17, *Orl.*, n°° 71-2.— Merlin, *Rép.*, v° *Partage*, § 1, n°° 2 et 3.— C. N., 815.

Jurisp.— 1. If a right of way is granted without any designation of its precise situation, over a lot held by two joint proprietors in common, and if by a partage *de fait*, the passage is located and used by both for a term of time, each party must abide by it, and an action of partage will not be maintained to effect a new location.— Duhamel vs Bélanger, I R. de L., 505.

2. Although an *usufruitier* be in possession, an *action en partage* will lie for the assignment of the portion which belongs to each heir in the property which is so possessed.— Poulain vs Falardeau, I R. de L., 505.

3. Dans l'espèce, la substitution s'ouvrant en faveur d'un des appelés, avant de s'ouvrir pour les autres, cet appelé peut immédiatement demander sa part, sans attendre l'ouverture de la substitution en faveur de ses co-appelés.— Dumont vs Dumont, VII L. C. J., 12.

4. Testamentary quarterly payments to the alimentary beneficiairies of the next annual revenue applicable as *aliments*, are not the legal equivalent of the final partition and distribution of the *corpus* of the estate at the term fixed by the will for its final partition.— Muir & Muir, XVIII L. C. J., 96.

5. Comme il ne s'agissait de partage que quant à l'usufruit, fait entre majeurs, il doit avoir son effet, sans qu'on doive prendre en considération des substitués dont les intérêts sont sauvegardés.— Guy et Guy, XVII L. C. R., 122.

6. L'autorisation donnée par le protonotaire de vendre la part des mineurs dans une propriété, avec l'ordre à tous les copropriétaires d'accéder à telle vente et l'adjudication faite de tel immeuble conformément à cette autorisation, équivaut à la licitation et partage, et doit avoir tous les effets d'un partage vis-à-vis des créanciers de chaque cohéritier qui a pu hypothéquer quelque part indivise du dit immeuble.— L'accession de tous les copropriétaires à telle vente conformément à l'ordre du protonotaire, fait présumer chez ceux-ci l'intention de faire cesser l'indivision et de procéder à partage. L'adjudicataire de l'immeuble ainsi vendu est censé avoir acquis le dit immeuble directement de la personne décédée.— Monette vs Molleur, VI R. L., 561.

690. Le partage peut être demandé même quand l'un des cohéritiers aurait joui séparément de partie des biens de la succession, s'il n'y a eu un acte de partage ou possession suffisante pour acquérir la prescription.

Cod., L. 21, De pactis; L. 4, Communi divid.— Pothier, Soc., n° 166; Com., n° 698; Suc., p. 169; Intr. tit. 17, Orl., n° 72.— Merlin, Rép., v° Prescription, sec. 3, § 3, art. 1, n° 3.— 2 Malleville, 257.— 7 Pand. Franç., 53 et suiv.— C. N., 816.

691. Ni le tuteur au mineur, ni le curateur à l'interdit ou à l'absent, ne peuvent provoquer le partage des immeubles de la succession dévolue à ce mineur, interdit ou absent; mais ils peuvent y être forcés, et alors le partage se fait en justice et avec les formalités requises pour l'aliénation des biens des mineurs.

Il est cependant loisible au tuteur ou curateur de demander le partage définitif des meubles et un partage provisionnel des immeubles de cette succession.

Pothier, Suc., c. 4, art. 1, § 2; Com., n° 695-6; Personnes, tit. 6, sec. 4, art. 3; Soc., n° 164.— Code civil B. C., art. 305, et les art. 87 à 91.— C. N., 817.

692. Le mari peut, sans le concours de sa femme, provoquer le partage des meubles ou des immeubles à elle échus, qui tombent dans la communauté; à l'égard des objets qui en sont exclus, le mari ne peut en provoquer le partage sans le concours de sa femme; il peut seulement, s'il a droit de jouir de ses biens, demander un partage provisionnel.

Les cohéritiers de la femme ne peuvent provoquer le partage définitif qu'en mettant en cause le mari et la femme.

Pothier, Puis. marit., n° 83 et 84; Intr. tit. 17, Orl., n° 154; Suc., c. 4, art. 1, § 2. — 7 Pand. Franç., 63 et suiv.— C. N., 818.

693. Si tous les héritiers sont majeurs, présents et d'accord, le partage peut être fait dans la forme et par tel acte que les parties intéressées jugent convenables.

Si quelques-uns des héritiers sont absents ou opposants, s'il y a parmi eux des mineurs ou des interdits, dans tous ces cas le partage ne peut se faire qu'en justice, et l'on y suit les règles tracées aux articles suivants.

S'il y a plusieurs mineurs représentés par un seul tuteur et qui aient des intérêts opposés dans le partage, il doit être donné à chacun d'eux un tuteur spécial et particulier pour les y représenter.

Pothier, Suc., c. 4, art. 4.— 7 Pand. Franç., 163.— 2 Malleville, 268.— C. N., 819 et 838.

11

694. L'action en partage et les contestations qu'il soulève, sont soumises au tribunal du lieu de l'ouverture de la succession, si elle s'ouvre dans le Bas-Canada, sinon, à celui du lieu où sont situés les biens, ou à celui du domicile du défendeur.

C'est sous l'autorité de ce tribunal que se font les licitations et les procédures qui s'y rattachent.

7 Pand. Franç., 96.—2 Malleville, 261.—S. R. B. C., c. 82, s. 27.—C. N., 822.

695. Sur l'action en partage ainsi que sur les incidents qui en résultent, il est procédé comme sur les poursuites ordinaires, sauf les modifications introduites par le Code de Procédure Civile.

Pothier, *Suc.*, c. 4, art. 4.—C. N., 823.

696. L'estimation des immeubles se fait par experts choisis par les parties intéressées, ou, à leur refus, nommés d'office.

Le procès-verbal des experts doit présenter les bases de l'estimation; il doit indiquer si l'objet estimé peut être commodément partagé, de quelle manière, et fixer, en cas de division, chacune des parts qu'on peut en former et leur valeur.

Pothier, *Vente*, n° 516 ; *Société*, n° 168 ; *Suc.*, c. 4, sec. 4 ; *Intr. tit.* 17, *Orl.*, n° 75. — C. N., 824.

697. Chacun des cohéritiers peut demander sa part en nature des biens meubles et immeubles de la succession; néanmoins, s'il y a des créanciers saisissants ou opposants, ou si la majorité des cohéritiers juge la vente nécessaire pour l'acquit des dettes et charges de la succession, les effets mobiliers sont vendus publiquement en la forme ordinaire.

ƒ L. 26, L. 28, *Familiæ erciac.*— Pothier, *Com.*, n° 700 ; *Société*, n° 168 ; *Suc.*, c. 5, art. 4.—2 Toullier, p. 371.— C. N., 826.

Jurisp.— Dans une action en partage on doit appeler dans l'année du jugement ordonnant le partage, et la cour d'appel ne prendra pas connaissance du dit jugement, mais seulement des procédés subséquents et faits en vertu d'icelui. Dans le partage le demandeur doit avoir du défendeur compensation pour les fruits et revenus, même s'il ne les a pas demandés par son action.— Haggerty et Haggerty, VIII R. L., 446.

698. Si les immeubles ne peuvent se partager commodément, ils doivent être vendus par licitation, devant le tribunal.

Cependant les parties, si elles sont toutes majeures, peuvent consentir que la licitation soit faite devant un notaire sur le choix duquel elles s'accordent.

ƒ L. 20, L. 30, L. 55, *Familiæ erciac.*— Cod., L. 3, *Communi divid.*— Pothier, *Com.*, n°* 707, 708 et 710 ; *Vente*, 516 ; *Cont. Mariage*, 586 ; *Soc.*, 171 ; *Suc.*, c. 4, art. 4.—7 Pand. Franç., pp. 111 et suiv.— C. N., 827.

Jurisp.— The court will not order a sale by licitation if partition can as advantageously be made.— Bédigaré vs Duhamel, II R. de L., 441.

699. Après que les meubles et les immeubles ont été estimés, et vendus s'il y a lieu, le tribunal peut renvoyer les parties devant un notaire dont elles conviennent, ou qui est nommé d'office si elles ne s'accordent pas sur le choix.

On procède devant ce notaire aux comptes que les copartageants peuvent se devoir, à la formation de la masse générale, à la composition des lots et au fournissement à faire à chacun des copartageants.

Pothier, *Soc.*, n°° 167, 168 et 170 ; *Suc.*, c. 4, art. 1, § 3, p. 204, et art. 4 ; *Intr. tit.* 17, *Orl.*, n° 174.— 7 Pand. Franç., 135 et suiv.—C. N., 828.

700. Chaque cohéritier fait rapport à la masse, suivant les règles ci-après établies, des dons qui lui ont été faits et des sommes dont il est débiteur.

Pothier, *Suc.*, c. 4, art. 1, § 3, et art. 4 ; *Intr. tit.* 17, *Orl.*, n° 76.— 7 Pand. Franç., pp. 137-8.— C. N., 829.

701. Si le rapport n'est pas fait en nature, les cohéritiers à qui il est dû, prélèvent une portion égale sur la masse de la succession.
Les prélèvements se font, autant que possible, en objets de même nature, qualité et bonté que les objets non rapportés en nature.

Pothier, *Suc.*, c. 4, art. 2, § 8 ; *Intr. tit.* 17, *Orl.*, n° 94.— 4 Toullier, p. 422.— 2 Malleville, p. 266.— 7 Pand. Franç., 138, 139 et 140.— C. N., 830.

702. Après ces prélèvements, il est procédé, sur ce qui reste dans la masse, à la composition d'autant de lots qu'il y a d'héritiers copartageants ou de souches copartageantes.

Pothier, *Suc.*, c. 4, art. 4.— 2 Malleville, 266.— 7 Pand. Franç., 140 et suiv.— C. N., 831.

703. Dans la formation et la composition des lots, on évite, autant que possible, de morceler les héritages et de diviser les exploitations ; il convient aussi de faire entrer dans chaque lot, s'il se peut, la même quantité de meubles, d'immeubles, de droits ou de créances de même nature et valeur.

ff L. 55, *Familiæ erciscundæ.— Cod.*, L. 7, L. 21, *Communi divid.—* L. 11, *Communia utriusque.—* Pothier, *Com.*, n° 701 ; *Suc.*, c. 4 art. 4 ; *Intr. tit.* 17, *Orl.*, n° 97.— 4 Toullier, p. 426.— 2 Malleville, 267.— 7 Pand. Franç., 141 et suiv.— C. N., 832.

704. L'inégalité des lots en nature, lorsqu'elle ne peut être évitée, se compense par un retour, soit en rente, soit en argent.

ff L. 55, *Familiæ erciscundæ.— Instit., De officio judicis*, § 4.— Pothier, *Com.*, n° 701, 5° *alinéa ; Soc.*, n° 170, 2° *alinéa ; Suc.*, c. 4, art. 4, 17° *alinéa ;* art. 5, § 2, alin. 1, 2 et 3; *Intr. tit.* 17, *Orl.*, n° 97.— 4 Toullier, p. 426.— 7 Pand. Franç., 148.— C. N., 833.

705. Les lots sont faits par l'un des cohéritiers, s'ils peuvent convenir entre eux sur le choix et si celui qui est choisi accepte la charge ; dans le cas contraire, les lots sont faits par un expert désigné par le tribunal. Ces lots ainsi faits sont ensuite tirés au sort.

Lebrun, *Suc.*, liv. 4, c. 1, n° 42.— 1 Despeisses, *Société*, part. 1, sec. 4, dist. 3, n° 8.— Renusson, sur Paris, tit. *des Suc.—* Pothier, *Suc.*, c. 4, art. 4, alin. 5, 19 et 20.— 2 Malleville, 267.— 7 Pand. Franç., 154.— C. N., 834.

706. Avant de procéder au tirage des lots, chaque copartageant est admis à proposer sa réclamation contre leur formation.

4 Toullier, p. 423.— 7 Pand. Franç., 159.— C. N., 835.

707. Les règles établies pour la division des masses à partager sont également observées dans les subdivisions à faire entre les souches copartageantes.

Pothier, *Suc.*, c. 4, art. 1, § 1.— 2 Delvincourt, 48.— 2 Malleville, 268.— 7 Pand. Franç., 159 et 160.— C. N., 836.

708. Si dans les opérations renvoyées devant un notaire, il s'élève des contestations, il doit dresser procès-verbal des difficultés et des dires respectifs des parties, et les soumettre pour décision au tribunal qui l'a commis. Sur ces incidents il est procédé suivant les formes prescrites par les lois sur la procédure.

4 Toullier, p. 422.— 2 Delvincourt, 49.— 7 Pand. Franç., 161.— C. N., 837.

709. Lorsque la licitation a lieu par suite de ce que parmi les cohéritiers il se trouve des absents, des interdits ou des mineurs même émancipés, elle ne peut être faite qu'en justice, avec les formalités prescrites pour l'aliénation des biens des mineurs.

Pothier, *Suc.*, c. 4, art. 4.— Code civil B. C., art. 300, 689 et 691.— 2 Delvincourt, 47.— 7 Pand. Franç., 166.— C. N., 460, 819 et 839.

710. Toute personne, même parente du défunt, qui n'est pas son successible, et à laquelle un cohéritier aurait cédé son droit à la succession, peut être écartée du partage, soit par tous les cohéritiers, soit par un seul, en étant remboursée du prix de la cession.

Cod., L. 22, L. 23, *Mandati vel contrâ.*— Lebrun, *Suc.*, liv. 4, c. 2, sec. 3, n° 66.— Merlin, Rép., *Droits suc.*, n° 8, 9, 9 bis, 11 et 12.— 2 Malleville, 271.— 2 Chabot, *Suc.*, 319.— 2 Bousquet, 181.— 7 Pand. Franç., 170.— C. N., 841.— Benoît, *Retrait successoral*, p. 257, n° 66.— 16 Demolombe, n° 84.— Petit Dalloz, v° *Retrait successoral*, n° 62, 71 et 72.— Sirey, Rec. Gén., 1834, 2, p. 652.— Favard de Langlade, v° *Droits successifs*, n° 11.— Rolland de Villargues, Rép., v° *Retrait*, n° 37.— Merlin, Rép., v° *Droits successifs*, n° 8, 9, 9 bis, 11 et 12.— Mourlon, *Répétitions*, tit. 2, p. 169, n° 362.— Vazeille, *Successions*, sur l'art. 841, n° 16.— Delsol, C. N., tit. 2, p. 138.— 4 Toullier, n° 447.— Sirey, Rec. Gén., Table générale, v° *Retrait successoral*, n° 23.— Arrêt du 9 août 1830, *Journ. du Palais*, tit. 23, p. 744.— Arrêt du 16 mai 1848, ibid., tit. 2 de 1848, p. 113.— C. N., 841.

Jurisp.— 1. L'action en retrait successoral n'a point lieu quand la cession a eu pour objet une part fixe et déterminée dans un immeuble certain.— Leclerc vs Beaudry, X L. C. J., 20.

2. Il y a lieu au retrait successoral en vertu de l'art. 710 du Code civil du Bas-Canada même lorsque la cession a eu lieu après un partage provisoire.— Une cession par un cohéritier à un non-successible, par laquelle le cédant cède une part fixe dans des immeubles déterminés, n'est pas à l'abri du retrait, si ces immeubles déterminés composent toute la succession.— Durocher et Turgeon, XIX L. C. J., 178.

711. Après le partage, remise doit être faite à chacun des copartageants des titres particuliers aux objets qui lui sont échus.

Les titres d'une propriété divisée restent à celui qui en a la plus grande partie, à la charge d'en aider ceux de ses copartageants qui y ont intérêt, quand il en est requis.

Les titres communs à toute l'hérédité sont remis à celui que les héritiers ont choisi pour en être le dépositaire, à la charge d'en aider ses copartageants à toute réquisition.

S'il y a difficulté sur ce choix, il est réglé par le juge.

ff L. 4, L. 5, L. 6, *Familiæ erciac.*; L. ult., *De fide instrument.*— Cod., L. 5, *Com. utriusque.*— Lebrun, *Suc.*, liv. 4, c. 1, n⁰ˢ 44 et 45.— Pothier, *Suc.*, c. 2, sec. 1, art. 2, § 4.— 2 Malleville, 273.— 7 Pand. Franç., 176.— 4 Toullier, pp. 424 et 430.— 2 Bousquet, 183.— C. N., 842.

SECTION II.

DES RAPPORTS.

712. [Tout héritier, même bénéficiaire, venant à une succession, doit rapporter à la masse tout ce qu'il a reçu du défunt par donation entrevifs, directement ou indirectement; il ne peut retenir les dons, ni réclamer les legs à lui faits par le défunt, à moins que les dons et legs ne lui aient été faits expressément par préciput et hors part, ou avec dispense de rapport.]

ff L. 1, *De collatione bonorum.*— Cod., L. 17, L. 20, *De collationibus.*— Paris, 301, 302, 303 et 304.— Lebrun, *Suc.*, liv. 3, c. 6, sec. 1.— Pothier, *Suc.*, c. 3, sec. 3, art. 1, § 4; c. 4, art. 2 et 65; *Intr.* tit. 17, *Orl.*, n⁰ˢ 56, 76 et 77.— Merlin, Rép., v⁰ *Rapport à suc.*, § 3, art. 4, n⁰ 8; § 4, art. 2, n⁰ 11.— 7 Pand. Franç., 224.— C. N., 843.

Jurisp.— 1. Les donations entrevifs sont sujettes à rapport, même sous l'empire de la législation de 1774 et 1801.— Tonnancour et Salvas, XV L. C. J., 113.

2. Les légataires qui acceptent le legs renoncent par le fait à la succession, à moins que le legs ne soit fait hors part.— Richer et Voyer, V R. L., 591.

713. L'héritier peut cependant, en renonçant à la succession, retenir les dons entrevifs ou réclamer les legs qui lui ont été faits.

Cod., L. 17, L. 20, *De collationibus*; L. 25, *Familiæ erciac.*— Novel. 92, c. 1.— Paris, 307.— 3 Laurière, p. 24.— Ord. 1731, art. 34.— Pothier, *Suc.*, c. 4, art. 2, § 1; *Intr.* tit. 17, *Orl.*, n⁰ 76.— 2 Malleville, 275.— 7 Pand. Franç., 235.— C. N., 845.

714. [Le donataire qui n'était pas héritier présomptif lors de la donation, mais qui se trouve successible au jour de l'ouverture de la succession, doit le rapport, à moins que le donateur ne l'en ait dispensé.]

Pothier, *Suc.*, c. 4, art. 3, § 2.— 2 Malleville, 276.— 7 Pand. Franç., 238.— C. N., 846.

715. Les dons et legs faits au fils de celui qui se trouve successible à l'époque de l'ouverture de la succession, sont sujets au rapport.

Le père venant à la succession du donateur ou testateur est tenu de les rapporter.

ff L. 6, *De collationibus.*— Paris, 306.— 3 Laurière, 23.— Orléans, 306.— Lebrun, *Suc.*, liv. 3, ch. 6, sec. 2, n⁰ 45.— Pothier, *Suc.*, c. 4, art. 2, § 4; art. 3, § 2.— 1 Argou, 490.— Lamoignon, *Arrêtés*, tit. 44, art. 4.— Pocquet, 490.— Pand. Franç., 240 et 241.— 2 Malleville, sur art. 847.— C. N., 847.

716. Le petit-fils venant à la succession de son aïeul est tenu de rapporter ce qui a été donné à son père, quand même il renoncerait à la succession de ce dernier.

Cod., L. 19, *De collationibus.*— Paris, 308.— Lebrun, liv. 3, c. 6, sec. 2, n⁰ 46.— Pocquet, règle 12, p. 268.— 1 Argou, 491.— Lamoignon, tit. 44, art. 7, *contrà.*— C. N., 848.

717. L'obligation de rapporter les dons et legs faits pendant le mariage, soit à l'époux successible, soit à son conjoint seul, soit à l'un et à l'autre, dépend de l'intérêt qu'y a l'héritier successible et du profit qu'il en retire, d'après les règles exposées au titre des conventions matrimoniales, quant à l'effet des dons et legs faits aux conjoints pendant le mariage.

Pothier, *Suc.*, c. 4, art. 2, § 4, 6ᵉ à 13ᵉ *alin.* ; art. 3, § 2, 24ᵉ *alin.*— Merlin, Rép., vᵒ *Rapport à suc.*, § 6, nᵒ 4.— 7 Pand. Franç., 248 et suiv.— 2 Malleville, 278.— C. N., 849.

718. Le rapport ne se fait qu'à la succession du donateur ou testateur.

Lebrun, part. 2, p. 130.— Pothier, *Suc.*, c. 4, art. 2, § 4, *alin.* 6 à 13 ; *Intr. tit.* 17, *Orl.*, nᵒ 84.— 2 Malleville, 279.— 7 Pand. Franç., 254.— C. N., 850.

719. Le rapport est dû de ce qui a été employé pour l'établissement d'un des cohéritiers, ou pour le paiement de ses dettes.

Cod., L. 20, *De collationibus.*— Bartol, *Ad leg.* 1, § 15, *De collat.*, nᵒˢ 4 à 6.— Loyseau, *Offices*, c. 6, nᵒˢ 25, 26, 56 et 58.— Lacombe, vᵒ *Rapport*, sec. 3, nᵒ 10.— Pothier, *Suc.*, p. 180.— Lamoignon, tit. 44, art. 13, 14, 15, 16 et 17.— 2 Malleville, 279.— 7 Pand. Franç., 256 et suiv.— 4 *Conf. du Code*, 88.— Chaudon, *Observ. Collations*, 213.— C. N., 851.

720. Les frais de nourriture, d'entretien, d'éducation, d'apprentissage, les frais ordinaires d'équipement, ceux de noces et les présents d'usage, ne sont pas sujets à rapport.

ff L. 1, §§ 15 et 16, *De collat.*—L. 20, § 6, L. 50, *Familiæ ercisc.*— Lacombe, vᵒ *Rapport*, sec. 3.— Pothier, *Suc.*, c. 4, pp. 180 et suiv.— Lamoignon, tit. 44, art. 17. — C. N., 852.

721. Il en est de même des profits que l'héritier a pu retirer de conventions faites avec le défunt, si elles ne présentent aucun avantage indirect, lorsqu'elles sont faites.

ff L. 36, L. 38, *De cont. empt.*— Cod., L. 3, L. 9, *De cont. empt.*— Pothier, *Suc.*, 180 et suiv.— Chopin, sur Anjou, liv. 3, c. 1, tit. 4, nᵒ 5.— 2 Malleville, 281 et suiv.— 7 Pand. Franç., 270 et 275.— C. N., 853.

722. Les fruits et les intérêts des choses sujettes à rapport ne sont dus qu'à compter du jour de l'ouverture de la succession.

ff L. 5, *De dotis collat.*— Cod., L. 20, *De collat.*— Paris, 309.— Pothier, *Suc.*, c. 4, art. 2, § 3.— Pocquet, *Règle* 15, p. 227.— Lamoignon, tit. 44, art. 29.— Merlin, vᵒ *Rapport*, § 4, art. 2, nᵒ 18.— C. N., 856.

723. Le rapport n'est dû que par le cohéritier à son cohéritier ; il n'est pas dû aux légataires ni aux créanciers de la succession.

ff L. 1, *De collat.*— Pothier, *Suc.*, c. 4, art. 2, § 6 ; *Intr. tit.* 17, *Orl.*, nᵒ 88.— Pocquet, *Règle* 9, p. 225.— 7 Pand. Franç., sur art. 857, p. 301.— C. N., 857.

724. Le rapport se fait en nature ou en moins prenant.

Paris, 304 et 305.— 3 Laurière, pp. 20 et 21, *Règle* 16.— Pocquet, *Règle* 10, p. 226.— C. N., 858.

725. C'est en moins prenant que se rapportent toujours les objets mobiliers ; ils ne peuvent être rapportés en nature.

Lebrun, *Suc.*, liv. 3, c. 6, sec. 3.— Ferrière, sur Paris, art. 306.— Duplessis, sur Paris, liv. 3, c. 6, sec. 3.— Pothier, *Suc.*, c. 4, art. 2, § 7 ; *Intr. tit.* 17, *Orl.*, nᵒ 90.

—Basnage, sur Normandie, arrêt 9 déc. 1653.—2 Malleville, 290.—4 Conf. du Code, pp. 101 et suiv.—7 Pand. Franç., 290.—C. N., 868.

726. Le rapport de l'argent reçu se fait aussi en moins prenant dans le numéraire de la succession. En cas d'insuffisance, le donataire ou légataire peut se dispenser de rapporter du numéraire, en abandonnant jusqu'à due concurrence du mobilier ou, à défaut de mobilier, des immeubles de la succession.

Ferrière, sur Paris, art. 305.— Pothier, *Obl.*—Lacombe, 554.— 7 Pand. Franç., 294, n° 476.—2 Chabot, 550.—C. N., 869.

727. L'immeuble donné ou légué, qui a péri par cas fortuit et sans la faute du donataire ou légataire, n'est pas sujet à rapport.

f L. 2, § 2, *De collat.*; L. 40, *De cond. indeb.*; L. 58, *De legatis.*— Lacombe, 555. —Pothier, *Suc.*, c. 4, art. 2, § 7; *Intr.* tit. 17, *Orl.*, n° 91.— Lebrun, *Suc.*, liv. 3, c. 6, sec. 3, n° 40.—2 Malleville, 283.—7 Pand. Franç., 276.—C. N., 855.

728. [En fait d'immeubles le donataire ou légataire peut, à son choix, les rapporter dans tous les cas en nature ou en moins prenant d'après estimation.]

729. Si l'immeuble est rapporté en nature, le donataire ou légataire a droit d'être remboursé des impenses qui y ont été faites; les nécessaires, conformément aux règles établies à l'article 417, les non-nécessaires, suivant l'article 582.

Code civil B. C., art. 417 et 582.— Pothier, *Mariage*, n° 577; *Suc.*, c. 4, art. 2, § 7; *Intr.* tit. 17, *Orl.*, n°° 92 et 97.— Orléans, 306.— Lacombe, 555.—C. N., 861 et 862.

730. D'autre part le donataire ou légataire doit tenir compte des dégradations et détériorations qui ont diminué la valeur de l'immeuble rapporté en nature, si elles résultent de son fait ou de celui de ses ayants cause.

Il en est autrement si elles ont été causées par cas fortuit et sans leur fait.

Pothier, *Mariage*, n° 576; *Suc.*, c. 4, art. 2, § 7; *Intr.* tit. 15, *Orl.*, n° 78; tit. 17, n°° 91.— Lacombe, 555.—C. N., 863.

731. [Lorsque le rapport se fait en nature, si l'immeuble rapporté a été affecté d'hypothèques ou charges, les copartageants ont droit à ce que le donataire ou le légataire les fasse disparaître; s'il ne le fait, il ne peut rapporter qu'en moins prenant.

Les parties peuvent cependant convenir que le rapport aura lieu en nature; ce qui se fait sans préjudice aux créanciers hypothécaires, dont la créance est chargée au rapportant dans le partage de la succession.]

732. Le cohéritier qui fait en nature le rapport d'un immeuble peut en retenir la possession jusqu'au remboursement effectif des sommes qui lui sont dues pour impenses ou améliorations.

Pothier, *Suc.*, c. 4, art. 3, § 7.— Ord. 1667, tit. 27, art. 9.—1 Rogron, p. 811.—C. N., 867.

733. Les immeubles restés dans la succession s'estiment d'après leur état et leur valeur au temps du partage.

Ceux sujets à rapport ou rapportés en nature, soit qu'ils aient été donnés ou légués, s'estiment suivant leur valeur au temps du partage, d'après leur état à l'époque de la donation, ou de l'ouverture de la succession quant au legs, en ayant égard aux dispositions contenues dans les articles qui précèdent.

Pothier, *Suc.*, c. 4, art. 2, sec. 7; *Intr. tit.* 17, *Orl.*, n° 95.— Lacombe, 555.— C. N., 860 et 861.

734. Les biens meubles trouvés dans la succession et ceux rapportés, comme legs, s'estiment également suivant leur état et valeur au temps du partage, et ceux rapportés comme donnés entrevifs, d'après leur état et valeur au temps de la donation.

Pothier, *Suc.*, c. 4, art. 2, § 7; *Intr. tit.* 17, *Orl.*, n° 90.— Lacombe, 555.— 4 *Conf. du Code*, 101.— 2 Malleville, 290.— 7 Pand. Franç., 290.— C. N., 868.

SECTION III.

DU PAIEMENT DES DETTES.

735. L'héritier venant seul à la succession en acquitte toutes les charges et dettes.

Il en est de même du légataire universel.

Le légataire à titre universel contribue en proportion de la part qu'il a dans la succession.

Le légataire particulier n'est tenu qu'au cas d'insuffisance des autres biens, et aussi hypothécairement avec recours contre ceux tenus personnellement.

Cod., L. 2, L. 7, *De hæredit. et action.*; L. 1, L. 2, *Si unus ex pluribus.*— Paris, 332, 333 et 334.— *Orléans*, 360.— 3 Laurière, 141 et suiv.— Pothier, *Suc.*, c. 5, art. 2, alin. 1; *Intr. tit.* 17, *Orl.*, n° 108 et 126; *Don. test.*, c. 2, sec. 1, § 2.— Dard. sur art. 870, p. 194.— C. N., 870 et 871.

Jurisp.—1. An action against a *légataire universel* is good without an averment that he is a sole *légataire*. It is the business of the defendant, if there be another, to plead the fact.— Gagnon vs Pagé, I R. de L., 348.

2. Un légataire universel ne peut se soustraire au paiement des legs particuliers sous prétexte que les meubles sont insuffisants, s'il n'a rendu compte des biens de la succession, ou fait offre de les abandonner; et il doit y être condamné individuellement et en son propre nom.— Lenoir vs Hamelin et *al.*, III L. C. R., 133.

3. Le créancier d'un testateur qui a discuté les biens de la succession, sans avoir été payé, peut poursuivre un légataire particulier d'un immeuble, pour qu'il soit tenu de le rapporter et de le délaisser en justice, si mieux il n'aime payer la créance du demandeur.— En ce cas le défendeur qui a fait des impenses pour lesquelles il a une créance privilégiée sur l'immeuble dont on lui demande le délaissement, n'a pas le droit de retenir l'immeuble jusqu'à ce qu'il ait été payé de ses impenses, mais il peut exercer sa créance privilégiée sur le prix de l'immeuble qui devra être vendu sur un curateur au délaissement, dans le cas où le défendeur ne se prévaudrait pas de l'option qui lui est offerte de payer la créance du demandeur.— Matte vs Laroche, VIII R. L., 517.

4. Universal legatees under a will, who have not renounced, are bound to pay the debts of the testator, notwithstanding he may have appointed executors, whom he vested with all his estate.— Beaudry vs Rolland, XXII L. C. J., 72.

736. S'il y a plusieurs héritiers ou plusieurs légataires universels, ils contribuent à l'acquittement des charges et dettes chacun en proportion de sa part dans la succession.

Mêmes autorités que sous l'article précédent.— C. N., 870 et 871.

Jurisp.— 1. Suit is brought against nine heirs for a debt due by their father, and the question at present raised upon law issues are : 1st as to the sufficiency of the allegation of the declaration, it not being asserted that the heirs had accepted the succession ; and, secondly, as to the correctness of bringing the action against the heirs jointly. *Held*, 1° that it is the duty of the heirs to show non-acceptance, and therefore that it need not be specially alleged in the declaration ; acceptation is the general rule ; 2° that the suit against the heirs jointly is conformable to the practice of the court.— Grange vs McDonald, II R. C., 478.

2. The heirs at law are liable each for his share only of the pew rent due by, and the charges for enterring their parents.— Fabrique of Montreal vs Brault, I L. C. L. J., 66.

737. Le légataire à titre universel, venant en concours avec les héritiers, contribue aux charges et dettes dans la même proportion.

Paris, 334.— Pothier, *Suc.*, c. 5, art. 2 ; *Don. test.*, c. 2, sec. 1, § 2.— C. N., 871.

738. L'obligation résultant des articles précédents est personnelle à l'héritier et aux légataires universels ou à titre universel ; elle donne contre chacun d'eux respectivement une action directe aux légataires particuliers et aux créanciers de la succession.

ƒ L. 80, *De pignor. actione.*— Cod., L. 2, L. 7, *De hæredit. action.*— Pothier, *Suc.*, c. 5, art. 3, § 1 ; *Don. test.*, c. 5, sec. 3, art. 2.— C. N., 873.

739. Outre cette action personnelle, l'héritier et le légataire universel ou à titre universel sont encore tenus hypothécairement pour tout ce qui affecte les immeubles tombés dans leur lot ; sauf recours contre ceux tenus personnellement, pour leur part, suivant les règles applicables à la garantie.

Paris, 333.— 3 Laurière, 144.— Pothier, *Hyp.*, c. 2, sec. 2.— *Intr. aux Cout.*, tit. 16, n° 20.— C. N., 871 et 873.

740. L'héritier ou le légataire universel ou à titre universel qui acquitte, sans en être tenu personnellement, la dette hypothécaire dont est grevé l'immeuble tombé dans son lot, devient subrogé aux droits du créancier contre les autres cohéritiers ou colégataires pour leur part ; la subrogation conventionnelle ne peut en ce cas avoir un effet plus étendu ; sauf les droits de l'héritier bénéficiaire comme créancier.

Cod., L. 22, *De jure deliber.*— Paris, 333.— 3 Laurière, 144.— Pothier, *Suc.*, c. 5, art. 4, alin. 9 et 10.— 2 Malleville, 296.— 7 Pand. Franç., 351-2.— 2 Demante, sur art. 875.— C. N., 875.

741. Le légataire particulier qui acquitte la dette hypothécaire lorsqu'il n'en est pas tenu, pour libérer l'immeuble à lui légué, a son recours contre ceux qui viennent à la succession, chacun pour leur part, avec subrogation comme tout autre acquéreur à titre particulier.

ƒ L. 57, *De legatis.*— Pothier, *Suc.*, c. 5, sec. 5, art. 4, n° 2 ; *Don. test.*, sec. 3, § 3, n° 6.— 2 Malleville, 295.— 7 Pand. Franç., 347 et suiv.— C. N., 874.

742. En cas de recours exercé entre cohéritiers et colégataires à cause de la dette hypothécaire, la part de celui qui est insolvable est répartie sur tous les autres au marc la livre, en proportion de leurs parts respectives.

ff L. 36, L. 39, *De fidejus. et mand.*— L. 76, *De solution.*— 2 Malleville, 296.— 7 Pand. Franç., 353.— 4 Toullier, p. 541.— C. N., 876.

743. Les créanciers du défunt et ses légataires ont droit à la séparation de son patrimoine d'avec celui des héritiers et légataires universels ou à titre universel, à moins qu'il n'y ait novation. Ce droit peut être exercé tant que les biens existent dans les mains de ces derniers ou sur le prix de l'aliénation s'il est encore dû.

ff L. 1, *De separat.*— Cod., L. 2, *De bonis auctorit. jud.*— Pothier, *Suc.*, c. 5, art. 4, alin. 4, 18, 22, 24 et 32; *Intr. tit.* 17, Orl., n° 127.— Merlin, Rép., v° *Séparation de patrim.*, § 5, n° 6.— 2 Malleville, 297-8.— 7 Pand. Franç., 357 à 368 et surtout 361. — C. N., 878, 879 et 880.

Jurisp.— Le droit de séparation de patrimoine, dans le cas d'un seul immeuble légué, se trouve compris dans la demande en remise de ce seul immeuble.— Matte et Laroche, IV Q. L. R., 65.

744. Les créanciers de l'héritier ou du légataire ne sont pas admis à demander la séparation des patrimoines contre les créanciers de la succession, ni à exercer contre eux aucun droit de préférence.

ff L. 1, § 2, *De separatione.*— Lebrun, *Suc.*, liv. 4, c. 2, sec. 1.— Pothier, *Suc.*, c. 5, art. 4, alin. 32 et 34; *Intr. tit.* 17, Orl., n° 130.— 2 Malleville, 298.— 7 Pand. Franç., 366-7.— 2 Chabot, 647.— C. N., 881.

745. Les créanciers de la succession et ceux des copartageants ont droit d'assister au partage, s'ils le requièrent.

Si ce partage est fait en fraude de leurs droits, ils peuvent l'attaquer comme tout autre acte fait à leur préjudice.

Louet, *Lettre R.*, n° 20 et 21.— Lebrun, *Suc.*, liv. 3, c. 8, sec. 2, n° 23 et 28.— C. N., 865 et 882.

SECTION IV.

DES EFFETS DU PARTAGE ET DE LA GARANTIE DES LOTS.

746. Chaque copartageant est censé avoir succédé seul et immédiatement à toutes les choses comprises dans son lot, ou à lui échues sur licitation, et n'avoir jamais eu la propriété des autres biens de la succession.

ff L. 20, L. 44, *Familiæ ercisc.*— Cod., L. 1, *Communia utriusque.*— Pothier, *Obl.*, n° 445; *Com.*, n° 140, 711 et 713; *Vente*, n° 631; *Société*, n° 179; *Suc.*, c. 4, art. 5, § 1.— 2 Malleville, 330.— C. N., 883.

747. Tout acte qui a pour objet de faire cesser l'indivision entre cohéritiers et légataires est réputé partage, encore qu'il soit qualifié de vente, d'échange, de transaction ou de toute autre matière.

Cod., L. 20, *De transaction.*— Ord. d'avril 1560.— 2 *Arrêts de Boniface*, liv. 3, tit. 13, c. 3.— Papon, liv. 35, tit. 7, art. 7.— Pothier, *Société*, n° 174; *Suc.*, c. 5, art. 6, p. 216.— De Lhommeau, liv. 3, maxime 3.— Merlin, Rép., v° *Transaction*, § 5, n° 13.— C. N., 888.

Jurisp.— L'autorisation donnée par le protonotaire de vendre la part des mineurs dans une propriété, avec l'ordre à tous les copropriétaires d'accéder à telle vente, et l'adjudication faite de tel immeuble conformément à cette autorisation, équivaut à la licitation et partage, et doit avoir tous les effets d'un partage vis-à-vis des créanciers de chaque cohéritier qui a pu hypothéquer quelque partie du dit immeuble. L'accession de tous les copropriétaires à telle vente, conformément à l'ordre du protonotaire, fait présumer chez ceux-ci l'intention de faire cesser l'indivision et de procéder au partage.— Monette et Molleur, VI R. L., 561.

748. Les copartageants demeurent respectivement garants les uns envers les autres des troubles et évictions qui procèdent d'une cause antérieure au partage.

La garantie n'a pas lieu si l'espèce d'éviction soufferte se trouve exceptée par quelque disposition de l'acte de partage ; elle cesse si c'est par sa faute que le copartageant souffre l'éviction.

ƒ L. 20, L. 25, L. 33, *Familiæ erciæ.— Cod.,* L. 14, *cod. tit. ;* L. 77, *De eviction.—* Loyseau, *Garanties des rentes,* c. 3, n° 3.— Pothier, *Vente,* n° 633 ; *Société,* n° 178 ; *Com.,* n°ˢ 716, 717, 718, 723 et 724 ; *Intr. tit.* 17, *Orl.,* n°ˢ 98 et 99 ; *Suc.,* c. 4, art. 5, ₰ 3.— 2 Malleville, 300-1-2.— C. N., 884.

749. Chacun des copartageants est personnellement obligé, en proportion de sa part, d'indemniser son copartageant de la perte que lui a causée l'éviction.

Si l'un des copartageants se trouve insolvable, la portion dont il est tenu doit être répartie au marc la livre entre tous les copartageants solvables, d'après leurs parts respectives.

Cod., L. 1, L. 2, *Si tenus ex pluribus.—* Pothier, *Com.,* n° 170, alin. 1 ; *Vente,* n° 635 ; *Intr. tit.* 17, *Orl.,* n°ˢ 98 et 100 ; *Suc.,* c. 4, art. 5, ₰ 3, alin. 22, 23 et 29.— 2 Malleville, 302.— C. N., 885.

750. Il n'y a pas lieu à garantie pour l'insolvabilité du débiteur d'une créance échue à l'un des copartageants, si cette insolvabilité n'est survenue que depuis le partage.

Cependant l'action en garantie subsiste pour le cas d'une rente dont le débiteur est devenu insolvable en quelque temps que ce soit depuis le partage, si la perte ne vient pas de la faute de celui à qui la rente était échue.

L'insolvabilité des débiteurs existante avant le partage donne lieu à la garantie de la même manière que l'éviction.

ƒ L. 74, *De eviction. ;* L. 4, *De hæreditate vel actione venditâ.—* Lebrun, *Suc.,* liv. 4, c. 1, n° 66.— Pothier, *Com.,* n° 723, alin. 3, 5 et 12 ; *Vente,* n° 634 ; *Suc.,* c. 4, art. 5, ₰ 3, alin. 25, 28 et 29.— Lacombe, v° *Partage,* sec. 4, n° 2.— 7 Pand. Franç., 374.— 2 Malleville, 303.— C. N., 886.

SECTION V.

DE LA RESCISION EN MATIÈRE DE PARTAGE.

751. Les partages peuvent être rescindés pour les mêmes causes que les autres contrats.

[La rescision pour lésion n'y a lieu qu'à l'égard des mineurs, d'après les règles portées au titre *Des Obligations.*]

La simple omission d'un objet de la succession ne donne pas ouverture à l'action de rescision, mais seulement à un supplément à l'acte de partage.

Code civil B. C., art. 1001 à 1011.— C. N., 887 et 889.

752. Lorsque l'on a à décider s'il y a eu lésion, c'est la valeur des objets au temps du partage qu'il faut considérer.

Cod., L. 8, *De rescindendâ venditione.*—Lebrun, *Suc.*, liv. 4, c. 1, n° 59.—C. N., 890.

753. Le défendeur à une demande en rescision de partage, peut en arrêter le cours et en empêcher un nouveau, en offrant et en fournissant au demandeur le supplément de sa part dans la succession, soit en numéraire, soit en nature.

Cod., L. 2, *De rescind. vendit.*— Lebrun, *Suc.*, liv. 4, c. 1, n° 62, n° 61.— Dumoulin, sur Paris, art. 33, glose 1, n° 42.— Pothier, *Suc.*, c. 4, art. 6.— 2 Malleville, 307. — 7 Pand. Franç., 378.— C. N., 891.

TITRE DEUXIÈME.

DES DONATIONS ENTREVIFS ET TESTAMENTAIRES.

CHAPITRE PREMIER.

DISPOSITIONS GÉNÉRALES.

754. On ne peut disposer de ses biens à titre gratuit que par donation faite entrevifs ou par testament.

ff L. 1, *De donationibus.*— 1 Ricard, *Don.*, part. 1, n° 43.— Pothier, *Don.*, p. 437, *art. prélim.*— 1 Journal des Aud., 238.— 7 Nouv. Deniz., p. 5.— C. N., 893.

755. La donation entrevifs est un acte par lequel le donateur se dépouille à titre gratuit de la propriété d'une chose, en faveur du donataire, dont l'acceptation est requise et rend le contrat parfait. Cette acceptation la rend irrévocable, sauf les cas prévus par la loi, ou une condition résolutoire valable.

Pothier, *Ib.*—*ff* L. 1; L. 9; L. 19, § 2, *De donat.*; L. 69, *De reg. juris.*— 1 Ricard, part. 1, n° 16.— 2 Bourjon, 77, 105 et 119.— 2 Lamoignon, 351.— Guyot, *Don.*, 164 et 173.— 7 N. Den., 8 et 49.— C. N., 894.

756. Le testament est un acte de donation à cause de mort, au moyen duquel le testateur dispose par libéralité, sans l'intervention de la personne avantagée, du tout ou de partie de ses biens, pour n'avoir effet qu'après son décès, lequel acte il peut toujours révoquer. L'acceptation qu'on en prétendrait faire de son vivant est sans effet.

ff L. 1, *De mortis causâ donat.*; L. 1, *Qui testam.*— 1 Ricard, part. 1, n°° 37, 41 et 82.— Domat, *Test.*, tit. 1, sec. 1, n° 4.— Guyot, *Don.*, 164; *Test.*, 99.— 7 N. Den., 6 et 7.— C. N., 895.

757. Certaines donations peuvent être faites irrévocablement entrevifs dans un contrat de mariage, pour n'avoir cependant effet qu'à cause de mort. Elles participent de la donation entrevifs et du testament. Il en est traité en particulier à la section sixième du chapitre deuxième de ce titre.

Ord. des donations, art. 15.

758. Toute donation faite pour n'avoir effet qu'à cause de mort qui n'est pas valide comme testament ou comme permise en un contrat de mariage, est nulle.

759. Les prohibitions et restrictions quant à la capacité de contracter, d'aliéner ou d'acquérir, établies ailleurs en ce code, s'appliquent aux donations entrevifs et aux testaments avec les modifications contenues au présent titre.

760. Les donations entrevifs ou testamentaires peuvent être conditionnelles.

La condition impossible, ou contraire aux bonnes mœurs, aux lois, ou à l'ordre public, dont dépend une donation entrevifs, est nulle et rend nulle la disposition elle-même comme dans les autres contrats.

Dans un testament une telle condition est considérée comme non écrite et n'annule pas la disposition.

ff l. 7, *De pactis dotatibus;* L. 15, ¿ 1, *Ad leg. falcid.;* L. 1, *De condictione ob turpem;* L. 3, *De condit. et demonst.*— *Cod.*, L. 1, L. 2, L. 3, *De donat. quæ sub modo.* —1 Ricard, part. 1, n° 1044.— Domat, *Test.*, tit. 1, sec. 8, n°° 1 et 18.— Guyot, *Don.*, 173 et 198.—5 N. Den., 113–4–5; 7 do, 9.— Troplong, *Don.*, n°° 212 et suiv. — Pothier, *Obl.*, n° 204; *Test.*, p. 329.— Code civil B. C., art. 1080.— C. N., 900 et 1172.

Jurisp.— 1. A clause in a will, declaring that a legacy shall be forfeited if the legatee should contest the will, held to be comminatory and as having been made *in terrorem.* Where such a penalty is imposed for a contestation, the court will enquire into the facts, and if there were just and probable cause for suspecting the validity of the will, it will exercise a just discretion in giving or not giving effect to the clause of forfeiture. *Quære,* as such a clause void as contrary to the policy of the law, or as interfering with the jurisdiction of the courts.— Evanturel et Evanturel, XVI L. C. J., 258 (Cour d'Appel).

2. The 760th and 831st articles of the Civil Code of Canada must be read together; and by virtue of their provision all conditions in a will, unless according to the plain meaning and intention of the testator they be contrary to law, public order or good morals, are effective, and cannot be regarded as minatory only, or dependent for their application upon the discretion of the court. Such discretion is not conferred upon the courts by the code, and though exercised by the old french parliaments, has been since authoritatively condemned and repudiated. Such a condition as that contained in the said penal clause can only, in practice, be applied where a will has been unsuccessfully contested, and would, therefore, be ineffective to protect an illegal disposition or to render operative an invalid testament. It is not against public order for a testator to protect his estate and representative against unsuccessful attempts to litigate his will.— Evanturel et Evanturel, XX L. C. J., 218 (Conseil Privé).

3. (Confirming the judgment of the court of Review, Quebec, and reversing judgment of the court of Queen's Bench.) That a clause in a will declaring a legacy shall be forfeited, if the legatee should contest the will, is legal and will be enforced.— Evanturel et Evanturel, I Q. L. R., 74.

CHAPITRE DEUXIÈME.

DES DONATIONS ENTREVIFS.

SECTION I.

DE LA CAPACITÉ DE DONNER ET DE RECEVOIR PAR DONATION ENTREVIFS.

761. Toutes personnes capables de disposer librement de leurs biens peuvent le faire par donation entrevifs, sauf les exceptions établies par la loi.

Paris, 272.— Pothier, *Don.*, p. 438.— 1 Ricard, part. I, n° 126.— Guyot, *Don.*, 169.— 7 N. Den., 23.— Troplong, *Don.*, n° 509.— 5 Toullier, n° 52.— C. N., 902.

762. Les donations conçues entrevifs sont nulles comme réputées à cause de mort, lorsqu'elles sont faites pendant la maladie réputée mortelle du donateur, suivie ou non de son décès, si aucunes circonstances n'aident à les valider.

Si le donateur se rétablit et laisse le donataire en possession paisible pendant un temps considérable, le vice disparaît.

Paris, 277.— 1 Ricard, part. 1, n° 87 et suiv.— 2 Bourjon, *Don.*, tit. 4, c. 2, n° 1, 2 et 3.— Pothier, *Don.*, p. 439.— 7 N. Den., 25 et suiv.

Jurisp.— Une donation entrevifs, faite avec toutes les formalités d'un tel acte, quelques jours avant la mort du donateur, lorsque la cause déterminante de la mort ne s'est déclarée que depuis la donation, est valide, ne peut pas être considérée comme une donation à cause de mort et doit être maintenue.— Raiche vs Alie, I R. L., 77.

763. Le mineur ne peut donner entrevifs, même avec l'assistance de son tuteur, si ce n'est par son contrat de mariage, tel que pourvu au titre *Des Obligations*.

Le mineur émancipé peut cependant donner des choses mobilières suivant son état et sa fortune et sans affecter notablement ses capitaux.

Le tuteur, le curateur, et autres qui administrent pour autrui, ne peuvent donner les biens qui leur sont confiés, excepté des choses modiques, dans l'intérêt de leur charge.

La nécessité pour la femme d'être autorisée de son mari s'applique aux donations entrevifs, tant pour donner que pour accepter.

Les corporations publiques, même celles qui ont pouvoir d'aliéner, outre les dispositions spéciales et les formalités qui peuvent les concerner, ne peuvent donner gratuitement qu'avec l'assentiment de l'autorité dont elles dépendent et du corps principal des intéressés ; ceux qui administrent pour les corporations en général peuvent cependant donner seuls dans les limites ci-dessus réglées quant aux tuteurs et curateurs.

Les corporations privées peuvent donner entrevifs comme les particuliers, avec l'assentiment du corps principal des intéressés.

Paris, 272.— Pothier, *Personnes*, 615 ; *Don.*, 438 et 439.— Guyot, *Don.*, 169 et 170.— Bourjon, *Don.*, tit. 1, c. 5, n° 8.— 7 N. Den., 23.— Troplong, *Don.*, n° 586 et suiv., 593.— C. N., 903, 904 et 1095.

764. [Les prohibitions et restrictions des donations et avantages par un futur conjoint dans le cas de secondes noces n'ont plus lieu.]

765. Toutes personnes capables de succéder et d'acquérir peuvent recevoir par donation entrevifs, à moins de quelque exception établie par la loi, et sauf la nécessité de l'acceptation légalement faite par le donataire ou par une personne habile à accepter pour lui.

Pothier, *Don.*, 438, 445 et 456.— Guyot, *Don.*, 169.— 7 N. Den., 33.— Troplong, *Don.*, vº 509.— C. N., 902.

766. Les corporations peuvent acquérir par donations entrevifs comme par autres contrats, dans la limite des biens qu'elles peuvent posséder.

Code civil B. C., art. 352.— C. N., 910.

767. Les mineurs devenus majeurs, et autres qui ont été sous puissance d'autrui, ne peuvent donner entrevifs à leurs anciens tuteurs ou curateurs pendant que leur administration se continue de fait et jusqu'à ce qu'ils aient rendu compte; [ils peuvent cependant donner à leurs propres ascendants qui ont exercé ces charges].

Paris, 276.— Pothier, *Don.*, 450.— 1 Ricard, part. 1, nᵒˢ 457 à 465.—Guyot, *Incapacité*, 108.— 7 N. Den., 34.— C. N., 907.

768. Les donations entrevifs faites par le donateur à celui ou à celle avec qui il a vécu en concubinage, et à ses enfants incestueux ou adultérins, sont limitées à des aliments.

[Cette prohibition ne s'applique pas aux donations faites par contrat de mariage intervenu entre les concubinaires.

Les autres enfants illégitimes peuvent recevoir des donations entrevifs comme toutes autres personnes.]

Jurisp.— 1. An adulterine bastard to whom a gift was made by substitution before the passing of the canadian act removing his inability to receive, will be, as substitute, entitled to receive the substitution opened in his favor after the passing of the said act.— King & Tunstall, VI R. L., 358.

2. The conjoint operation of the Imperial Act (14 Geo. III, c. 83) and of the Canadian Act (41 Geo. III, c. 4), is to abrogate the old law which prohibited gifts by will to adulterine bastards.— King and Tunstall, XX L. C. J., 49.

769. [Les donations entrevifs faites par un donateur au prêtre ou ministre du culte qui exerce auprès de lui la direction spirituelle, aux médecins ou autres qui le soignent en vue de guérison, ou aux avocats et procureurs qui ont pour lui des procès, ne peuvent être mises de côté par la seule présomption de la loi, comme entachées de suggestion et de défaut de consentement. Les présomptions, dans ces cas, s'établissent par les faits comme dans tous autres.]

770. La prohibition aux époux de s'avantager durant le mariage par actes entrevifs, est exposée au titre des conventions matrimoniales.

C. N., 1099.

771. La capacité de donner et de recevoir entrevifs se considère au temps de la donation. Elle doit exister à chaque époque chez le donateur et chez le donataire lorsque le don et son acceptation ont lieu par des actes différents.

Il suffit que le donataire soit conçu lors de la donation, ou lorsqu'elle prend effet en sa faveur, s'il est ensuite né viable.

1 Ricard, part. 1, nᵒˢ 790 et 791.— Pothier, *Don.*, 455-6.— C. N., 906.

772. La faveur des contrats de mariage rend valides les donations qui y sont faites aux enfants à naître du mariage projeté.

Il n'est pas nécessaire que les appelés en substitution existent lors de la donation qui l'établit.

1 Ricard, part. 1, nᵒˢ 869 et 870.—2 Bourjon, 113.— Pothier, *Don.*, 455.— 7 Nouv. Deniz., 34 et 53.

773. La donation entrevifs de la chose d'autrui est nulle; elle est cependant valide si le donateur en devient ensuite propriétaire.

Guyot, *Don.*, 173.— 1 Thév.-Dessaules, *Dict. du Dig.*, 192.— Pothier, *Don.*, 486.

774. La disposition au profit d'un incapable est nulle, soit qu'on la déguise sous la forme d'un contrat onéreux, soit qu'on la fasse sous le nom de personnes interposées.

Sont réputés interposés les ascendants, les descendants, l'héritier présomptif à l'époque de la donation et l'époux de la personne incapable, si aucuns rapports de parenté ou de services ou autres circonstances ne tendent à faire disparaître la présomption.

La nullité a lieu même lorsque la personne interposée a survécu à l'incapable.

1 Ricard, part. 1, nᵒˢ 708 et suiv.— 2 Bourjon, 82 et suiv., 93.— Guyot, *Avantage*, 715.— 2 Nouv. Deniz., 545 et suiv.; 7 do, 34.— 1 Thév.-Des., *Dict. du Dig.*, 200.— C. N., 1099 et 1100.

775. [Les enfants ne peuvent réclamer aucune portion légitimaire à cause des donations entrevifs faites par le défunt.]

Jurisp.— Suivant l'esprit de la législation de 1774 et 1801 sur la liberté illimitée de tester, la demande en légitime n'existe plus en Bas-Canada.— Quintin vs Girard, II L. C. J., 141.

SECTION II.

DE LA FORME DES DONATIONS ET DE LEUR ACCEPTATION.

776. Les actes portant donation entrevifs doivent être notariés et porter minute, à peine de nullité. L'acceptation doit avoir lieu en la même forme.

Cependant la donation de choses mobilières, accompagnée de délivrance, peut être faite et acceptée par acte sous seing privé, ou par convention verbale.

Sont exemptées de la forme notariée les donations validement faites hors du Bas-Canada, ou dans ses limites dans certaines localités pour lesquelles l'exception existe par statut.

Ord. de 1539, art. 133.— Décl. février 1549.—Sallé, Ordon., p. 45.— 3 Ferrière, sur Paris, p. 1089.— Ord. de 1731, art. 1 et 2.— Pothier, Don., sec. 2, art. 4.— 2 Bourjon, 107 et 123.— Guyot, Don., 178.— 7 N. Den., 55.— C. N., 931.

L'exception à laquelle réfère cet article est contenue dans le ch. 38 des S. R. B. C., et a rapport aux donations faites dans le district de Gaspé le 9 mars 1824 et le 1er mai 1840. Ces donations faites devant un juge de paix, ministre, curé, missionnaire, ou devant le protonotaire de la cour provinciale, et deux témoins qui signent, sont déclarées valides et authentiques par la s. 10.

Jurisp.—1. Un acte de donation doit être maintenu, bien que, lors de sa passation, le notaire instrumentant, à cause de l'affaiblissement de sa vue, ne pouvait plus écrire, si ce n'est pour signer son nom.— Raiche vs Alie, I R. L., 77.

2. A donation of moveables without tradition is a nullity. (Mais voir l'art. 795, qui établit une disposition différente.)— Gauvin vs Caron, II R. de L., 276.

3. A written will, duly executed before three witnesses, may be altered, in its bequests, by cheques signed by the testator during his last illness, and left, "as parting gifts," for the parties indicated in them, in the hands of his private secretary. Probate of a written memorandum of such bequests made by the testator's private secretary, at his request, as his "last bequests," will suffice to entitle the legatees to recover, without obtaining probate of the cheques themselves— Colville and Flanagan, VIII L. C. J., 225.

4. La preuve testimoniale des dons manuels accompagnés de livraison, est admissible.— Mahoney vs McCready, I R. C., 237.

5. La preuve du don manuel d'une somme excédant $50 peut se faire par témoins. La possession antérieure de la propriété qui est le sujet du don manuel, équivaut à la livraison lors du don, quoique la possession antérieure soit à un autre titre. Les cours ne doivent reconnaître le don manuel que sur une preuve évidente et conclusive du don.— Richer vs Voyer, V R. L., 591.

6. La donation de meubles, par des parents à leur enfant, suivie de tradition et de possession, est parfaite sans qu'il soit nécessaire d'un acte écrit pour le constater.— Mahoney et McCready, XV L. C. R., 274.

777. Il est de l'essence de la donation faite pour avoir effet entrevifs, que le donateur se dessaisisse actuellement de son droit de propriété à la chose donnée.

[Le consentement des parties suffit comme dans la vente sans qu'il soit besoin de tradition.]

Le donateur peut se réserver l'usufruit ou la possession précaire, et aussi céder l'usufruit à l'un et la nue propriété à l'autre, pourvu qu'il se dessaisisse de son droit à la propriété.

La chose donnée peut être réclamée, comme dans le contrat de vente, contre le donateur qui la retient, et le donateur peut demander que s'il ne l'obtient pas la donation soit résolue, sans préjudice aux dommages-intérêts dans les cas où ils sont exigibles.

[Si sans réserve d'usufruit ou de précaire le donateur reste en possession sans réclamation jusqu'à son décès, la revendication peut avoir lieu contre l'héritier, pourvu que l'acte ait été enregistré du vivant du donateur.]

La donation d'une rente créée par l'acte de donation, ou d'une somme d'argent ou autre chose non déterminée que le donateur promet payer ou livrer, dessaisit le donateur en ce sens qu'il devient débiteur du donataire.

Paris, 273 et 274.

778. L'on ne peut donner que les biens présents par actes entrevifs. Toute donation des biens à venir par les mêmes actes est nulle comme faite à cause de mort. Celle faite à la fois des biens présents et de ceux à venir est nulle quant à ces derniers, mais la disposition cumulative ne rend pas nulle la donation des biens présents.

La prohibition contenue au présent article ne s'applique pas aux donations faites par contrat de mariage.

12

1 Ricard, part. 1, n° 1024, avec restriction.— Pothier, *Don.*, 467-8-9.— *Ord. des don.*, art. 3 et 4 (15 *contrà*).—Sallé, sur id., pp. 35-6.— 7 N. Den., 39 et 50.— *Contrà*, 2.—Bourjon, 119.— C. N., 943.

Jurisp.— Un testament qui ratifie une donation n'est censé la ratifier que pour les dispositions qui sont légales dans une donation entrevifs, et ainsi une donation contenant don de biens présents qui est ratifiée par un testament subséquent ne l'est que quant aux biens présents.— Morency vs Morency, VIII R. L., 634.

779. Le donateur peut stipuler le droit de retour des choses données, soit pour le cas de prédécès du donataire seul, soit pour le cas du prédécès du donataire et de ses descendants.

La condition résolutoire peut dans tous les cas être stipulée soit au profit du donateur lui-même, soit au profit des tiers.

L'exercice du droit de retour ou autre droit résolutoire a lieu en matière de donation de la même manière et avec les mêmes effets que l'exercice du droit de réméré dans le cas de vente.

Cod., L. 2, *De don. que sub modo.*— Paris, 275.— Pothier, *Obl.*, n°° 72 et 73.— *Ord. des Don.*, art. 15.— Code civil B. C., art. 1029.— Merlin, *Quest.*, pp. 368 et 378.— Troplong, *Don.*, n°° 1263 et suiv.— *Contrà*, Archambault vs Archambault, C. S. Montréal.— C. N., 949, 951 et 952.

Jurisp.— A, par donation entrevifs, donne ses biens à son fils B, à titre de constitut et précaire sa vie durant, et en propriété aux enfants de son fils après la mort de ce dernier ; avec la condition qu'à défaut des dits enfants, les biens appartiendraient aux autres héritiers du donateur, qui en jouiraient de la manière que stipulerait le donateur dans son testament. Le donateur avait fait son testament avant la donation. Par ce testament il donnait tous ses biens en usufruit à son fils B, et en propriété aux enfants de B, et autorisait B à partager à sa volonté par son testament les dits biens parmi les petits-enfants du testateur. B survécut à A et mourut sans enfants, laissant un testament par lequel il légua les biens en question aux intimés, deux des petits-enfants de A. *Jugé :* 1° La donation n'avait pas créé une substitution, dans le cas de défaut de progéniture de B, en faveur des autres héritiers du donateur ; 2° le retour conditionnel des biens établi par la donation était légal ; 3° B avait le droit de léguer les biens comme il avait fait.— Herse et Dufaux, XVII L. C. J., 147. (Conseil Privé.)

780. L'on peut donner tous les biens et la donation est alors universelle ; ou l'universalité des biens meubles ou des immeubles, des biens de la communauté matrimoniale, ou autre universalité, ou une quote-part de ces sortes de biens, et la donation dans ces cas est à titre universel ; ou bien la donation est limitée à des choses désignées particulièrement et elle est alors à titre particulier.

I Ricard, part. 1, n° 1656.— 2 Bourjon, 102.— Guyot, *Don.*, 170.— Pothier, *Don.*, 456.— 7 N. Den., 36.

781. La démission ou le partage actuel des biens présents sont considérés comme donations entrevifs et sujets aux règles qui les concernent.

Les mêmes dispositions ne peuvent être faites à cause de mort par actes entrevifs, qu'au moyen d'une donation contenue en un contrat de mariage, dont il est traité en la section sixième du présent chapitre.

Conséquence des articles 754 et 757.— 7 N. Den., p. 81.— C. N., 1075.

782. La donation entrevifs peut être stipulée suspendue, révocable, ou réductible, sous des conditions qui ne dépendent pas uniquement de la volonté du donateur.

Si le donateur s'est réservé la liberté de disposer ou de se ressaisir à sa volonté de quelque effet compris dans la donation ou d'une somme d'argent sur les biens donnés, la donation vaut pour le surplus, mais elle est nulle quant à la partie retenue, qui continue d'appartenir au donateur, excepté dans les donations par contrat de mariage.

Paris, 273 et 274.— *Ord. des Don.*, art. 16.— Pothier, *Don.*, 463-4.— 1 Ricard, part. 1, n⁰⁸ 984 et suiv., 1032, 1033, 1038, 1039, 1044 et suiv.— 1 *Dict. du Dig.*, 199. — 7 N. Den., 49, 81 et suiv.— C. N., 944, 946 et 947.

Jurisp.— 1. La prestation suivante portée dans un acte de donation entre-vifs de père à fils, " que si le donataire venait à vendre, échanger ou donner le dit terrain à des étrangers ou à faire quelqu'autre acte équipollent à vente, il sera tenu et obligé tel qu'il le promet en ces présentes, de bailler et payer aux dits donateurs seulement la somme de deux mille livres ancien cours, le jour de la passation soit des actes de vente, échange, donation et autres actes équi-pollents à vente," n'est pas comminatoire, mais elle est réputée être une charge de la donation, exigible sitôt que la terre a été vendue au défendeur, un étranger. —Cheval vs Morin, VI L. C. J., 229.

2. Le père et la mère du défendeur lui donnèrent par contrat de mariage toutes leurs propriétés, à condition qu'il les supporterait leur vie durant et autres conditions ordinaires à telles donations et aussi sujet à la condition que le donataire (le défendeur) ne pourrait vendre, hypothéquer, ou autrement aliéner la terre donnée (par le dit acte) sans le consentement exprès et par écrit des dits donateurs, et que dans le cas de contravention à cette dernière conven-tion, et dès le moment que la dite terre passerait entre des mains étrangères, la rente et pension viagère ci-dessus mentionnée (au dit contrat de dona-tion) devrait doubler. Le demandeur ayant obtenu jugement contre le défen-deur, les donateurs s'opposèrent à la vente des propriétés à moins qu'ils ne fussent colloqués pour une somme double du montant de la rente viagère convenue en conformité avec la clause ci-dessus. *Jugé :* Le donateur ne pouvait obtenir semblable conclusion et l'opposition fut renvoyée.— Giguère vs Giguère, VI R. L., 32.

783. Toute donation entrevifs stipulée révocable suivant la seule volonté du donateur est nulle.

Cette disposition ne s'applique pas aux donations faites par con-trat de mariage.

Paris, 273 et 274.— 1 Ricard, part. 1, n⁰ 970.

784. La donation entrevifs de biens présents est nulle si elle a été faite sous la condition d'acquitter d'autres dettes ou charges que celles qui existaient à l'époque de la donation, ou que celles à venir dont la nature est exprimée et le montant défini dans l'acte ou dans l'état qui y est annexé.

Cet article ne s'applique pas aux donations par contrat de mariage.

1 Ricard, part. 1, n⁰⁸ 1027 et 1029.— 7 N. Den., 49.— Ord. des Don., art. 16.— Pothier, *Don.*, 463-4.— C. N., 945 et 947.

785. Les nullités et prohibitions contenues aux trois articles qui précèdent et en l'article 778, ont leur effet nonobstant toutes stipu-lations et renonciations par lesquelles on a prétendu y déroger.

1 Ricard, part. 1, n⁰ 1000.— 7 N. Den., 44.

786. [Il n'est pas nécessaire, à moins d'une loi spéciale, que l'acte de donation soit accompagné d'un état des choses mobilières données ; c'est au donataire à faire preuve légale de l'espèce et quantité désignée.]

Guyot, *Don.*, 174.

787. La donation entrevifs n'engage le donateur et ne produit d'effet qu'à compter de l'acceptation. Si le donateur n'a pas été présent à cette acceptation, elle n'a d'effet que du jour où il l'a reconnue, ou de celui où elle lui a été signifiée.

Ricard, *Don.*, part. 1, nᵒˢ 834-5-6.— Guyot, *Don.*, 171.— 1 N. Den., 87.

Jurisp.—1. Une donation peut être légalement et dûment révoquée et annulée avant son acceptation.— Lalonde et Martin, VI L. C. R., 51.

2. A stipulation for the benefit of a third party made in a deed of donation may be revoked by the donor, even without the consent of the donee, if he has no interest in its fulfilment; so long as the person intended to be benefited has not expressed his intention of accepting it.— Grenier vs Leroux, I L. N., 231.

788. [Il n'est pas nécessaire que l'acceptation d'une donation soit en termes exprès. Elle peut s'inférer de l'acte ou des circonstances. La présence du donataire à l'acte et sa signature sont au nombre de celles qui peuvent la faire inférer.]

L'acceptation se présume en un contrat de mariage tant à l'égard des époux que des enfants à naître. Dans la donation de biens meubles, elle se présume aussi de la délivrance.

Jurisp.—1. Un acte de rétrocession d'une donation faite à un mineur et accepté pour lui par un étranger, est une ratification suffisante de la donation, et les obligations contenues dans la dite rétrocession en faveur du donataire doivent être remplies.— Judd et Esty, VI L. C. R., 12.

2. The parties to a marriage contract followed by marriage and the registration of said contract, whereby a sum is payable by the wife to a third party, cannot annul the clause by which said sum is payable to the third party without the consent of the latter.— Charlebois vs Cahill, XX L. C. J., 27.

3. Le donataire chargé du paiement de sommes d'argent à des créanciers du donateur qui, après la résiliation de l'acte de donation, demeurent en possession des immeubles à lui donnés, ne peut se prévaloir de cette résiliation intervenue entre lui et les donateurs, faute d'avoir été suivie d'effet.— Poirier vs Lacroix, VI L. C. J., 302.

789. La donation entrevifs peut être acceptée par le donataire lui-même, autorisé et assisté, s'il y a lieu, comme pour les autres contrats; par le mineur, l'interdit pour prodigalité, et par celui auquel il a été nommé un conseil judiciaire, eux-mêmes, sauf le cas de restitution; et par les tuteurs, curateurs et ascendants pour les mineurs, ainsi qu'il est porté au titre *de la Minorité, de la Tutelle et de l'Emancipation*. Le curateur à l'interdit peut également accepter pour lui.

Ceux qui composent ou administrent les corporations peuvent aussi accepter pour elles.

Ricard, *Don.*, part. 1, nᵒˢ 844-5.— 2 Bourjon, 120-1.— Guyot, *Don.*, 171.— 1 N. Den., 89 et 90.

790. Dans les donations entrevifs aux enfants nés et à naître, dans les cas où elles peuvent être faites, l'acceptation par ceux qui sont nés, ou pour eux par une personne capable d'accepter, vaut pour ceux qui ne sont pas nés, s'ils s'en prévalent.

1 Ricard, part. 1, nᵒ 870.

791. L'acceptation peut être faite postérieurement à l'acte de donation; elle doit l'être cependant du vivant du donateur et pendant qu'il conserve la capacité de donner.

Pothier, *Don.*, 460.— Troplong, *Don.*, nᵒ 1102.— Ricard, *Don.*, part. 1, nᵒ 792.

Jurisp.— L'acceptation subséquente d'une donation, n'a aucun effet rétro-actif.— Roy vs Vacher, IV R. L., 64.

792. [Le mineur et l'interdit ne sont pas restituables contre l'acceptation ou la répudiation en leur nom par une personne capable d'accepter, s'il y a eu autorisation préalable du juge sur avis du conseil de famille. Accompagnée de ces formalités, l'acceptation a le même effet que si elle était faite par un majeur usant de ses droits.]

793. L'acte de donation peut être fait sujet à l'acceptation, sans qu'aucune personne y représente le donataire. L'acceptation prétendue faite par le notaire, ou par une autre personne non autorisée, ne rend pas la donation nulle, mais une telle acceptation est sans effet et la ratification par le donataire ne peut valoir comme acceptation qu'à compter du jour où elle a eu lieu.

1 Ricard, part. 1, n** 866, 878 et 835.— 2 Bourjon, 120.— Ord. des Don., art. 5.— Pothier, *Don., eod. loc.*— Guyot, *Accept.*, 99 ; *Don.*, 171.— Ord. 1539, art. 133.

Jurisp.— L'acceptation subséquente d'une donation, n'a aucun effet rétro-actif.— Roy vs Vacher, XVI L. C. J., 43.

794. La donation ne peut être acceptée après le décès du donataire par ses héritiers ou représentants.

Lemaître, 372.— 2 Bourjon, 123.— Pothier, *Don.*, 457-8 et suiv.

SECTION III.

DE L'EFFET DES DONATIONS.

795. [La donation entrevifs des biens présents dépouille le donateur, au moyen de l'acceptation, de la propriété de la chose donnée, et transfère cette propriété au donataire, comme dans la vente, sans qu'il soit besoin de tradition.]

Jurisp.— 1. Une donation de meubles contenue dans un contrat de mariage ne requiert point de tradition.— White vs Atkins, V L. C. R., p. 420.
2. Madame Selby et son frère firent à leur père une donation de l'usufruit de certains immeubles. *Jugé*, qu'ils ne sont pas pour cela déchargés de l'obligation de payer les taxes de la cité.— Corporation de Montréal vs Donegani, III R. L., 448.

796. La donation ne comporte par l'effet de la loi seule aucune obligation de garantie de la part du donateur, qui n'est censé donner la chose qu'autant qu'elle est à lui.

Néanmoins, si la cause d'éviction provient de la dette du donateur, ou de son fait, il est obligé, quoiqu'il ait agi de bonne foi, de rembourser le donataire qui a payé pour se libérer, à moins que celui-ci ne soit tenu du paiement en vertu de la donation, soit par la loi, soit par la convention.

Rien n'empêche que la garantie ne soit stipulée avec plus ou moins d'étendue dans une donation comme dans tout autre contrat.

2 Bourjon, 106 et 137.— Anc. Den., v* *Garantie*, n° 17.— Pothier, *Don.*, 485-6.— 7 N. Den., 22.— 1 *Dict. du Dig.*, 192.

797. Le donataire universel entrevifs des biens présents est tenu personnellement de la totalité des dettes que le donateur devait lors de la donation.

Le donataire entrevifs de ces biens à titre universel est tenu personnellement des mêmes dettes en proportion de ce qu'il reçoit.

Paris, 334.—1 Ricard, part. 1, n⁰ˢ 1514 et 1063.— Pothier, *Don.*, 487-8-9.— 2 Bourjon, 137.—7 N. Den., 11, 12 et 13.— Troplong, *Don.*, 2415 *in fine.*

798. Cependant le donataire à quelque titre que ce soit, si les choses données sont suffisamment désignées en détail par la donation, ou s'il a fait inventaire, peut se libérer des dettes du donateur en rendant compte et en abandonnant la totalité de ce qu'il a reçu.

S'il est poursuivi hypothécairement seulement, il peut, comme tout autre possesseur, se libérer en abandonnant l'immeuble hypothéqué, sans préjudice aux droits du donateur, envers qui il peut être obligé au paiement.

Pothier, *Don.*, 486.— 2 Bourjon, 137-8.

799. Le donataire entrevifs à titre particulier n'est pas astreint personnellement aux dettes du donateur. Il peut, dans le cas de poursuite hypothécaire, abandonner l'immeuble affecté, comme tout autre acquéreur.

Pothier, *Don.*, 487.— 2 Bourjon, 137-8.

Jurisp.— La donation limitée à des choses désignées particulièrement est une donation à titre particulier.— Le donataire à titre particulier n'est pas tenu personnellement aux dettes du donateur.— Paquin vs Bradley, XIV L. C. J., 208.

800. L'obligation de payer les dettes du donateur peut être modifiée en plus ou en moins par l'acte de donation, pourvu qu'il ne contrevienne pas aux prohibitions de la loi quant aux dettes futures et incertaines.

L'action du créancier en ce cas, contre le donataire personnellement au delà de ce qui est fixé par la loi, se règle d'après ce qui est établi au sujet de la délégation et de l'indication de paiement au titre *Des Obligations.*

1 Ricard, part. 1, n° 1028.— 7 Nouv. Den., p. 12.

Jurisp.— The parties to a marriage contract followed by marriage and the registration of said contract, whereby a sum is payable by the wife to a third party, cannot annul the clause by which said sum is payable to the third party without the consent of the last.— Charlebois vs Cahill, XX L. C. J., 27.

801. L'exception de choses particulières, quels qu'en soient le nombre et la valeur, dans une donation universelle ou à titre universel, ne dispense pas le donataire du paiement des dettes.

7 Nouv. Den., 11.

802. Les créanciers du donateur ont droit à la séparation de son patrimoine d'avec celui du donataire, dans les cas où celui-ci est tenu de la dette, suivant les règles sur la séparation de patrimoines en matière de successions, exposées au titre précédent.

803. Si, au temps de la donation et distraction faite des choses données, le donateur n'était pas solvable, les créanciers antérieurs, hypothécaires ou non, peuvent la faire révoquer quand même l'insolvabilité n'aurait pas été connue du donataire.

Dans le cas de faillite, les donations faites par le failli dans les trois mois qui précèdent la cession ou le bref de saisie en liquidation forcée, sont annulables comme présumées faites en fraude.

1 Ricard, part. 1, nᵒˢ 749 et suiv.— Code civil B. C., art. 1032 et suiv.

SECTION IV.

DE L'ENREGISTREMENT QUANT AUX DONATIONS ENTREVIFS EN PARTICULIER.

804. L'enregistrement des donations entrevifs aux bureaux établis pour l'enregistrement des droits réels, remplace l'insinuation aux greffes des tribunaux, qui est abolie.

Les donations d'immeubles doivent être enregistrées au bureau de leur situation ; celles des choses mobilières doivent l'être au bureau du domicile du donateur, à l'époque de la donation.

Ord. 1539, art. 132.— Ord. 1566, *Moulins*, art. 58.— Ord. des Don., art. 23.— S. R. B. C., c. 37, sec. 28 et 29.

805. Les effets de l'enregistrement des donations entrevifs et du défaut de cet enregistrement, quant aux immeubles et aux droits réels, sont réglés par les lois générales sur l'enregistrement des droits réels.

En outre l'enregistrement des donations est requis particulièrement dans l'intérêt des héritiers et légataires du donateur, de ses créanciers et de tous autres intéressés, d'après les règles qui vont suivre.

Ord. des Don., art. 27.— S. R. B. C., c. 37, sec 1.

806. Toutes donations entrevifs, mobilières ou immobilières, même celles rémunératoires, doivent être enregistrées, sauf les exceptions contenues aux deux articles qui suivent. Le donateur personnellement non plus que le donataire ou ses héritiers, ne sont pas recevables à invoquer le défaut d'enregistrement; ce défaut peut être invoqué par ceux qui y ont droit en vertu des lois générales d'enregistrement, par l'héritier du donateur, par ses légataires universels ou particuliers, par ses créanciers quoique non hypothécaires et même postérieurs, et par tous autres qui ont un intérêt à ce que la donation soit nulle.

Ord. *Moulins*, art. 58.— 1 Ricard, part. 1, nᵒˢ 1231 et suiv.— Ord. des Don., art. 20 et 27.— 2 Bourjon, 128.— Guyot, *Don.*, 187.

Jurisp.— 1. Une donation onéreuse dont les charges excèdent la valeur des biens donnés n'est pas nulle faute d'insinuation.— Rochon vs Duchêne, III L. C. J., p. 183.

2. Un acte de donation entrevifs, dont les obligations en égalent au moins les avantages, n'a pas besoin d'être insinué ni enregistré pour être valable. Le donataire ne peut se prévaloir du défaut d'insinuation ou d'enregistrement.— Poirier vs Lacroix, VI L. C. J., 302.

3. The heirs of a donor can invoke the nullity arising out of the want of insinuation of the deed of donation. Where property has been donated with charges upon it which are equivalent to the value of the property, the deed of

donation need not be registered. *Semble* that the donor himself cannot invoke such nullity as the want of insinuation.— Leroux vs Crevier, VII L. C. J., 336.

4. L'acceptation subséquente d'une donation, n'a aucun effet rétroactif. Le créancier inscrit postérieurement à cette donation non enregistrée doit être payé au préjudice du donataire.— Roy vs Vacher, XVI L. C. J., 43.

5. Dans le cas d'une donation d'immeuble non enregistrée, faite avant la mise en force du code, à la charge d'une rente viagère, le donateur ne peut prétendre avoir acquis sur l'immeuble une hypothèque pour sa rente, par l'enregistrement d'un acte de donation subséquent, par lequel le donataire aurait cédé le même immeuble à un tiers, à la charge de payer au premier donateur la rente stipulée dans le premier acte de donation, si la rente n'est pas détaillée dans le second acte de donation.— Arpin vs Lamoureux, VII R. L., 203.

807. Les donations faites en ligne directe par contrat de mariage ne sont pas affectées faute d'enregistrement, quant à ce qui excède les effets des lois générales d'enregistrement.

Toutes autres donations en contrat de mariage, même entre futurs époux, et même à cause de mort, et aussi toutes autres donations en ligne directe, demeurent sujettes à être enregistrées comme les donations en général.

1 Ricard, part. 1, n°° 1107 et 1123.— 2 Bourjon, 132.— Ord. des Don., art. 19, 22 et 28.

808. Les donations d'effets mobiliers, soit universelles, soit particulières, sont exemptées de l'enregistrement lorsqu'il y a tradition réelle et possession publique par le donataire.

1 Ricard, part. 1, n°° 1151-2.— 2 Bourjon, 134.

Jurisp.— Le défaut d'enregistrement d'une donation mobilière et le défaut de la livraison des effets ainsi donnés, privent le donataire de se prévaloir du droit de propriété qui aurait pu résulter de la donation à l'encontre des créanciers du donateur.— Crossen vs O'Hara, XXI L. C. J., 103.

809. Les donations sont sujettes aux règles concernant l'enregistrement des droits réels contenues au titre dix-huit de ce livre, et ne sont plus soumises aux règles de l'insinuation.

810. Le donateur n'est pas tenu des conséquences du défaut d'enregistrement quoiqu'il se soit obligé à l'effectuer.

La femme mariée, les mineurs et les interdits ne sont pas restituables contre le défaut d'enregistrement de la donation, sauf leur recours contre ceux qui ont négligé de la faire enregistrer.

Le mari, les tuteurs et administrateurs et autres qui sont tenus de veiller à ce que l'enregistrement ait lieu, ne sont pas recevables à en opposer le défaut.

1 Ricard, part. 1, n°° 1172, 1238, 1239 et suiv.— 2 Bourjon, 128–9.— Ord. des Don., art. 18, 30, 31 et 32.— Guyot, *Don.*, 188.

SECTION V.

DE LA RÉVOCATION DES DONATIONS.

811. Les donations entrevifs acceptées sont sujettes à révocation:

1. Pour cause d'ingratitude de la part du donataire;

2. Par l'effet de la condition résolutoire dans les cas où elle peut être validement stipulée;

3. Pour les autres causes de droit qui peuvent faire annuler les contrats, à moins d'une exception particulière applicable.

812. [Dans les donations, la survenance d'enfants au donateur ne forme une condition résolutoire que moyennant la stipulation qui en est faite.]

Jurisp.— 1. Une donation à titre onéreux, dont les charges égalent la valeur de l'immeuble donné, ne peut être annulée pour cause de survenance d'enfant, car dans ce cas, elle équipolle à vente.—Sirois vs Michaud, II L. C. R., 177.

2. An unmarried lady whose estate was equal to about a million dollars, made donations to relatives amounting to $100,000, of which the interest was paid regularly until some years after her marriage. The donations were made before the coming into force of the Code of Lower Canada. One of the donations, of $10,000, was in question in the cause. *Held*, chief justice Dorion and Mr. justice Cross -dissenting, that the donation was not revoked by the donor's marriage and the birth of children.— Cuvillier et Symes, I L. N., 302.

813. La donation peut être révoquée pour cause d'ingratitude, sans qu'il soit besoin de stipulation à cet effet :
1. Si le donataire a attenté à la vie du donateur ;
2. S'il s'est rendu coupable envers lui de sévices, délits majeurs ou injures graves ;
3. S'il lui refuse des aliments, ayant égard à la nature de la donation et aux circonstances des parties.

Les donations par contrat de mariage sont sujettes à cette révocation, ainsi que celles rémunératoires ou onéreuses jusqu'à concurrence de ce qu'elles excèdent le prix des services ou des charges.

Cod., L. 10, *de revocandis donationibus.*— Pothier, *Don.*, 502 et suiv.— 2 Bourjon, 138-9.— Guyot, *Ingratitude*, 228.— C. N., 955 et 956 ; *contrà*, 959.

814. La demande en révocation pour cause d'ingratitude doit être formée dans l'année du délit imputé au donataire, ou dans l'année à compter du jour où ce délit a pu être connu du donateur.

Cette révocation ne peut être demandée par le donateur contre les héritiers du donataire, ni par les héritiers du donateur contre le donataire ou ses héritiers, à moins que l'action n'ait été intentée par le donateur contre le donataire lui-même, ou, dans le second cas, que le donateur ne soit décédé dans l'année qui a suivi la commission ou la connaissance du délit.

Cod., L. 10, *de revocandis donat.*— Ricard, part. I, n° 704 et suiv., 730.— 2 Bourjon, 140.— Pothier, *Don.*, 502 à 509.— C. N., 955, 956 et 957.

815. La révocation pour cause d'ingratitude ne préjudicie ni aux aliénations faites par le donataire, ni aux hypothèques et autres charges par lui imposées, antérieurement à l'enregistrement de la sentence de révocation, lorsque l'acquéreur ou le créancier a agi de bonne foi.

Dans le cas de révocation pour cause d'ingratitude, le donataire est condamné à restituer la chose donnée, s'il en est encore en possession, avec les fruits à compter de la demande en justice ; si le donataire a aliéné la chose depuis la demande en justice, il est condamné à en rendre la valeur eu égard au temps de la demande.

Ricard, *Don.*, part. 3, n° 714 et suiv.— 2 Bourjon, 141.— Guyot, *Révocation*, 702 et suiv.— Pothier, *Don.*, 507-8.— C. N., 955, 956 et 958.

Jurisp.— 1. La révocation d'une donation onéreuse n'entraîne pas l'extinction des hypothèques créées par le donataire sur l'immeuble rétrocédé. Les donations onéreuses n'ont pas besoin d'être insinuées et le donateur ou ses ayants cause n'en peuvent invoquer le défaut à l'égard d'un créancier du donataire.— Lafleur vs Girard, II L. C. J., 90.

2. La résolution d'une donation ne peut être demandée, pour ingratitude, contre le tiers acquéreur, cessionnaire du donataire, quoique ce tiers acquéreur ait assumé le paiement des charges de la donation. Le défaut de paiement des arrérages d'une rente viagère, qui n'est pas une cause de résolution sous le code français, l'est sous notre droit canadien. La résolution d'un acte ne peut être poursuivie, sans mettre en cause toutes les parties à cet acte.— Martin vs Martin, III L. C. J., 307.

816. [La révocation des donations n'a lieu pour cause d'inexécution des obligations contractées par le donataire comme charge ou autrement, que si cette révocation est stipulée en l'acte, et elle est réglée à tous égards comme la résolution de la vente faute de paiement du prix, sans qu'il soit besoin de condamnation préliminaire contre le donataire pour l'accomplissement de ses obligations.]

Les autres conditions résolutoires stipulées, lorsqu'elles peuvent l'être légalement, ont effet dans les donations comme dans les autres contrats.

Jurisp.— 1. A donation may be resiliated for non-payment of an annuity for which the *donatrur* and the *donataire* have stipulated.— Migné vs Migné, II R. de L., 209.

2. Where the *donataire*, by his own act, has rendered it impossible for him to perform a material condition of the donation, it is good cause for resiliation. — Legacé vs Courberon, II R. de L., 209.

3. Constant and habitual intoxication is a good cause for the resiliation of a donation.— Couture vs Begin, II R. de L., 60.

4. La donataire d'un immeuble qui est poursuivi par son donateur, pour la résiliation de la donation, pour défaut d'accomplissement des charges imposées, doit dans cette instance réclamer le prix des améliorations qu'il prétend avoir droit de réclamer, et son défaut de ce faire soulève une présomption légale qu'il n'y a point d'améliorations dont il aurait pu réclamer le prix, ou qu'il a abandonné son droit de les réclamer.— Pearce vs Gibbon, VI R. L., 649.

SECTION VI.

DES DONATIONS PAR CONTRAT DE MARIAGE, TANT DE BIENS PRÉSENTS QU'A CAUSE DE MORT.

817. Les règles concernant les donations entrevifs s'appliquent à celles faites par contrat de mariage, sous les modifications apportées par des dispositions spéciales.

C. N., 1081 et 1092.

Jurisp.— Une donation entrevifs, faite avec toutes les formalités d'un tel acte, quelques jours avant la mort du donateur, lorsque la cause déterminante de la mort ne s'est déclarée que depuis la donation, est valide, ne peut pas être considérée comme une donation à cause de mort et doit être maintenue.— Raiche vs Alie, I R. L., 77.

818. Les père, mère et autres ascendants, les parents en général, et même les étrangers, peuvent en un contrat de mariage faire donation aux futurs époux ou à l'un d'eux, ou aux enfants à naître de leur mariage, même avec substitution, soit de leurs biens présents, soit de ceux qu'ils délaisseront à leur décès, soit des uns et des autres ensemble, en tout ou en partie.

Ricard, part. 1, n° 1027.— 2 Bourjon, 113-6.—Guyot, *Don.*, 212.— Pothier, *Mariage*, n° 2.— Ord. des Don., art. 17.— 7 N. Den., 81 et suiv., 91 et 92.— C. N., 943, 1082, 1084 et 1089.

819. Les futurs époux peuvent également, par leur contrat de mariage, se faire respectivement, ou l'un d'eux à l'autre, ou faire à leurs enfants à naître, pareilles donations de biens tant présents qu'à venir, et sujettes aux mêmes règles, à moins d'exceptions particulières.

Ricard, part. 1, n° 364.— 2 Bourjon, 113 et suiv.— Ord. des Don., art. 17.— 7 N. Den., 81 et suiv.— C. N., 943 et 1091.

820. A cause de la faveur du mariage et de l'intérêt que les futurs époux peuvent avoir aux arrangements faits en faveur des tiers, il est loisible aux parents, aux étrangers et aux futurs époux eux-mêmes, de faire en un contrat de mariage où les futurs époux ou leurs enfants sont avantagés par le même donateur, toutes donations de biens présents à des tiers, parents ou étrangers.

Il est loisible, pour les mêmes motifs, aux ascendants d'un futur époux, de faire dans un contrat de mariage des donations à cause de mort aux frères et sœurs de ce futur époux qui est aussi avantagé par la disposition.   Les autres donations à cause de mort faites en faveur des tiers sont nulles.

Lebrun, *Suc.*, liv. 3, c. 2, n°° 12 et 13.— Ord. des Don., art. 17.— Sallé, sur Ord. des Don., p. 43.— Anouilh, *Instit. contract.*, pp. 38 39.— C. N., 943.

821. Les donations de biens présents par contrat de mariage sont, comme toutes autres, sujettes à l'acceptation entrevifs. L'acceptation se présume néanmoins dans les cas mentionnés en la section deuxième de ce chapitre.   Les tiers donataires qui n'ont pas été présents à l'acte peuvent accepter séparément avant ou après le mariage.

Ricard, part. 1, n°° 869 et 875.— Guyot, *Don.*, 172.— Ord. des Don., art. 10, 12 et 13.— 7 N. Den., 81.— C. N., 1087.

822. La donation des biens présents ou à venir par contrat de mariage, même quant aux tiers, n'est valide que si le mariage a lieu. Si le donateur ou le tiers donataire qui a accepté décèdent avant le mariage, la donation n'est pas nulle, mais sa validité continue d'être suspendue par la condition que le mariage aura lieu.

Cod., L. 24, *de nuptiis.*— Brillon, *Don.*, n° 191.— Pothier, *Com.*, 17.— Troplong, *Don.*, 2471 et suiv.; *Mariage*, 90.— C. N., 1088.

823. Le donateur de biens présents par contrat de mariage ne peut révoquer la donation, même en ce qui concerne les tiers donataires qui n'ont pas encore accepté, si ce n'est pour cause de droit ou par suite d'une condition résolutoire valablement stipulée.

La donation à cause de mort par le même acte est irrévocable en ce sens qu'à moins d'une cause de droit ou d'une condition résolutoire valide, le donateur ne peut la révoquer, ni disposer des biens donnés par donation entrevifs ni par testament, si ce n'est pour sommes modiques, à titre de récompense ou autrement. Il demeure cependant propriétaire aux autres égards, et libre d'aliéner à titre onéreux et pour son propre avantage, les biens ainsi donnés.   Même

si la donation à cause de mort est universelle, il peut acquérir et
posséder des biens et en disposer sous les restrictions qui précèdent,
et contracter autrement qu'à titre gratuit des obligations affectant
les biens donnés.

Pothier, *Don.*, 469.— Guyot, *Inst. contract.*, 393 et suiv.— 7 N. Den., 85 et suiv.
—Troplong, *Don.*, 2348 et suiv.— C. N., 1083.

Jurisp.— La donation dans un contrat de mariage de tous les meubles que
le donateur laissera à son décès dans une maison y désignée, devient caduque
si le donateur vend les meubles avant son décès.—Cahill et Hachette, VII R. L.,
513.

824. La donation, soit des biens présents, soit à cause de mort
faite en un contrat de mariage, peut être stipulée suspendue, révocable ou réductible, ou sujette à des reprises et réserves non fixes ni
déterminées, quoique l'effet de la disposition dépende de la volonté
du donateur. Si dans le cas de reprises et réserves le donateur
n'exerce pas le droit qu'il s'est conservé, le donataire garde en entier
l'avantage à l'exclusion de l'héritier.

Ricard, part. 1, n° 1015.— 7 N. Den., 82.—Ord. des Don., art. 17 et 18.— Pothier,
Don., 469.— C. N., 944, 946, 1086, 1089 et 1093.

825. La donation par contrat de mariage peut être faite à la
charge de payer les dettes que le donateur aura à son décès, déterminées ou non.

Dans la donation universelle ou à titre universel faite des biens à
venir, ou cumulativement des biens présents et à venir, cette charge,
quoique non stipulée, incombe au donataire pour le tout ou en proportion de ce qu'il reçoit.

Ord. des Don., art. 17.— Pothier, *Don. test.*, p. 469.— 7 N. Den., 91 et suiv.— C.
N., 947 et 1084.

826. Il peut cependant après le décès du donateur dans la
donation faite seulement à cause de mort, tant qu'il n'a pas fait
d'autre acte d'acceptation, se libérer des dettes en renonçant à la
donation après inventaire fait et compte rendu, et en rapportant les
biens du donateur qu'il possède, ou dont il a disposé ou fait confusion avec les siens.

Pothier, *loc. cit.*— Ord. des Don., *loc. cit.*

827. Dans la donation cumulative des biens présents et à venir,
le donataire peut aussi, après le décès du donateur et tant qu'il n'a
pas autrement accepté la donation à cause de mort, se décharger
des dettes du donateur autres que celles dont il est tenu à cause de
la donation entrevifs, en renonçant de même à la donation à cause
de mort, pour s'en tenir aux biens donnés comme présents.

Mêmes autorités que sous les deux articles précédents.

828. Le donataire peut renoncer aussi en même temps quant
aux biens présents, et se décharger de toutes les dettes, en faisant
inventaire, rendant compte et rapportant, ainsi qu'il est pourvu
quant à l'effet des donations en général.

Code civil B. C., art. 798.

829. Nonobstant la règle qui exclut la représentation en matière de legs, la donation à cause de mort faite au profit des futurs époux ou de l'un d'eux par les ascendants, les autres parents, ou les étrangers, est toujours, dans le cas où le donateur survit à l'époux donataire, présumée faite au profit des enfants à naître du mariage, s'il n'y a disposition contraire.

La donation devient caduque si lors du décès du donateur les époux ou l'époux avantagés sont décédés et s'il n'y a pas d'enfants.

Lebrun, *Suc.*, liv. 3, c. 2, n°° 33, 34, 35 et 36.— Lacombe, v° *Donation*, sec. 7.— 7 N. Den., 85–6.— 4 Marcadé, n°° 282 à 285.— C. N., 1082.

830. Les donations à cause de mort par contrat de mariage peuvent être énoncées en termes de donation, d'institution d'héritier, de constitution de dot ou de douaire, de legs, ou sous tous autres termes qui manifestent la volonté du donateur.

5 Nouv. Den., 544.

———

CHAPITRE TROISIÈME.

DES TESTAMENTS.

———

SECTION I.

DE LA CAPACITÉ DE DONNER ET DE RECEVOIR PAR TESTAMENT.

831. Tout majeur sain d'esprit et capable d'aliéner ses biens peut en disposer librement par testament sans distinction de leur origine ou de leur nature, soit en faveur de son conjoint en mariage, ou de l'un ou de plusieurs de ses enfants, soit de toute autre personne capable d'acquérir et de posséder, sans réserve, restriction, ni limitation, sauf les prohibitions, restrictions et autres causes de nullité contenues en ce code, et les dispositions ou conditions contraires à l'ordre public ou aux bonnes mœurs.

Paris, 292.—S. R. B. C., c. 34, s. 2.—C. N., 901.

Jurisp.— 1. A testator at the time of his decease, possessed of property belonging to the succession of his wife deceased, by an holograph will bequeath all the property of which he might die seized to his heirs and legatees, who were also his wife's heirs, under the penalty, if any of them contested his will, that their share in his succession should be forfeited. He names two executors or trustees, and the survivor of them, for the administration of all his property until a partition. In the making of such partition he directs his executors to act for some of the legatees who where minors and for another who was married, — without the authority of her husband for that purpose being requisite,— and whose share they should administer during the husband's life, paying her the rents, etc.— *Held*, that the will is valid, but that its dispositions can be carried into effect only so far as they affect the succession of the testator, and that they could not in any manner apply to the succession of the testator's wife of which his legatees were the heirs, and of which they were in law seized from the day of her death.— Viger et Pothier, Stuart's Rep., 394.

2. La clause d'un testament qu'un usufruit légué par un testateur à sa femme cessera par son convol, n'est pas contre les bonnes mœurs.— Forsyth vs William, 1 L. C. R., 102.

3. En succession testamentaire, le droit d'aînesse, en partage de biens nobles, n'a lieu qu'en vertu d'une disposition expresse.— Dans l'espèce, la disposition

du testateur, que le surplus de ses biens nobles soit partagé entre ses deux enfants de manière à donner à l'aîné deux tiers suivant la loi des fiefs, mais en les chargeant du paiement des dettes au *pro rata* de leurs héritages, le tout à charge de substitution, ne contient pas le legs d'un droit d'aînesse, et ne peut donner lieu à ce droit dans aucun des degrés de la substitution.— Globenski et Laviolette, IV L. C. R., 384.

4. When a person is once plainly proved to have been insane, the existence of a lucid interval requires the most conclusive testimony to establish it; and the validity of a will made during an alleged lucid interval will not be presumed in the absence of such testimony.— Close vs Dixon, XVII I. C. J., 59.

5. A will made before a notary and two witnesses under circumstances which rendered it improbable that the testator was in the possession of his faculties, or that the will was dictated by him, cannot be maintained.— Brunet et Brunet, I L. C. L. J., 60.

6. Un testateur peut, en léguant une somme de deniers à ses filles, donner à telle somme le caractère de propre.— Leprohon et Vallée, III L. C. L. J., 931.

7. Un testateur lègue à Tourangeau un immeuble avec défense de l'aliéner ou hypothéquer avant 20 ans du décès du testateur. Cependant Tourangeau hypothèque cette propriété à Renaud, qui la fait saisir et mettre en vente. Opposition par Tourangeau alléguant nullité de la saisie et exemption de la propriété du paiement des dettes avant l'époque ci-dessus mentionnée.— *Jugé* par le juge Taschereau que la clause du testament prohibant aliénation est nulle d'après la loi du pays et que l'immeuble saisi devait être vendu pour satisfaire l'hypothèque. (Confirmé par le Conseil Privé).— Renaud vs Tourangeau, IV L. C. L. J., 11.

8. *Aliments*, whether by disposition of the law or of man are favored and *inaisissables* by law, and therefore a testamentary allowance by a father to his children, until the term fixed by his will for the final partition of his estate, is valid.— Muir & Muir, XVIII L. C. J., 96 (Cons. Privé).

9. The action *ab irato* cannot be brought in this province, and the aversion to be a proof of insanity must be an aversion without cause.— Phillips and Anderson, M. C. R., 71.

10. Un testament fait par une personne qui a perdu la mémoire des mots, mais qui a conservé une parfaite intelligence des choses, sera maintenu par la cour.— Canac et Canac, I Q. L. R., 50.

11. A clause in a will, declaring that a legacy shall be forfeited if the legatee should contest the will, held to be comminatory, and as having been made *in terrorem*.—When such a penalty is imposed for a contestation, the Court will enquire into the facts and if there were just and probable cause for suspecting the validity of the will, it will exercise a just discretion in giving or not giving effect to the clause of forfeiture. *Quære*, is such a clause void, as contrary to the policy of the law, or as interfering with the jurisdiction of the Court?—Evanturel & Evanturel, XVI L. C. J., 258.

12. The 760th and 831st articles of the Civil Code of Canada must be read together, and by virtue of their provisions all conditions in a will, unless according to the plain meaning and intention of the testator they be contrary to law, public order or good morals, are effective, and cannot be regarded as minatory only, or dependent for their application upon the discretion of the Court. Such discretion is not conferred upon the Courts by the Code, and though exercised by the old French Parliament, has been since authoritatively condemned and repudiated.— Such a condition as that contained in the said penal clause, can only in practice, be applied where a will has been unsuccessfully contested, and would, therefore, be ineffective to protect an illegal disposition, or to render operative an invalid testament. It is not against public order for a testator to protect his estate and representative against unsuccessful attempts to litigate his will.— Evanturel and Evanturel, XX L. C. J., 218. (Conseil Privé).

13. A will made while the testator was laboring under the effects of *delirium tremens*, of which he died a few days afterwards, held invalid.— Chapleau & Chapleau, I L. N., 474.

832. La capacité de la femme mariée de disposer par testament est établie au premier livre de ce code, au titre *Du Mariage*.

Code civil B. C., art. 184.

833. Le mineur (même âgé de vingt ans et plus), émancipé ou non, est incapable de tester d'aucune partie de ses biens.

Paris, 296.— S. R. B. C., c. 34, sec. 2.

Jurisp.— 1. A minor of the age of twenty, can bequeath personal property to a tutor.— Durocher and Beaubien, Stuart's Rep., 307.

2. Une mineure de 20 ans ne peut disposer par testament de ses immeubles. Loranger et Boudreau, IX L. C. R., 385, § 4.

834. Les tuteurs et curateurs ne peuvent tester pour ceux qu'ils ont sous leur puissance, ni seuls, ni conjointement avec ces derniers.

L'interdit pour imbécillité, démence ou fureur, ne peut disposer par testament ; le testament postérieur à l'interdiction du prodigue peut être confirmé ou non, d'après la nature des dispositions et les circonstances.

Celui auquel il a été seulement nommé un conseil judiciaire, soit à sa propre demande, soit sur provocation pour interdiction, le peut valablement.

Guyot, Rép., v° *Conseil judiciaire* ; Ibid., v° *Prodigue* ; Ibid., *Interdiction*, p. 703. — Anc. Den., *Test.*, 713.— *Novel.* 39, de l'Emp. Léon.— *Contrà*, Pothier, *Test.*, 335.

835. La capacité du testateur se considère au temps de son testament ; néanmoins le testament fait antérieurement à la sentence de condamnation emportant mort civile est sans effet si le testateur décède sous l'effet de cette sentence.

Ricard, part. 1, n°ˢ 797–9.— Guyot, *Test.*, 123.— Pothier, *Test.*, 332.

836. Les corporations et mainmortes ne peuvent recevoir par testament que dans la limite des biens qu'elles peuvent posséder.

S. R. B. C., c. 34, s. 3.

Jurisp.— Voir le jugement *in re* Abbott et Fraser sous l'art. 869.

837. Les mineurs, les interdits, les insensés, quoiqu'incapables de tester, peuvent recevoir par testament.

Ricard, part. 1, n° 126.— 2 Bourjon, 156 et 298.— Pothier, *Test.*, 337.— Guyot, *Légataire*, 45.

838. La capacité de recevoir par testament se considère au temps du décès du testateur ; dans les legs dont l'effet demeure suspendu après ce décès, soit par suite d'une condition, soit dans les cas de legs à des enfants à naître et de substitution, cette capacité se considère au temps où le droit est ouvert.

Il n'est pas nécessaire que la personne avantagée par testament existe lorsque cet acte est fait, ni qu'elle y soit désignée et identifiée d'une manière absolue. Il suffit qu'elle existe au décès du testateur ou qu'elle soit alors conçue et naisse ensuite viable, et qu'elle soit clairement reconnue à cette époque pour celle qui était dans l'intention du testateur. Même dans les legs qui demeurent suspendus, tel qu'il est mentionné précédemment au présent article, il suffit que le légataire existe ou soit conçu, avec la condition qu'il naîtra viable, et qu'il se trouve être la personne indiquée, au temps où le legs prend effet en sa faveur.

2 Ricard, *Don.*, 102.— 2 Bourjon, 299.— Guyot, *Légataire*, 44–5–6 et 53.

Jurisp.— 1. A devise made to a *bâtard adultérin* not competent by the french law, when the will was made or when the deviser died, to accept such bequest, is good and valid, if it be a conditional one as a *substitution*, and if at the period when the entail took effect, à *l'ouverture de la substitution*, the disqualification of the devisee has been removed (41 Geo. III, c. 4).— Hamilton vs Plenderleath, II R. de L., 1.

2. Under the old law, derived .from the Roman law, and subsequently incorporated into the Canadian Code, wherever there is a limitation by way of substitution, the time when the substitution opens is the time with reference to which the capacity of the substitute to take is to be determined.— King and Tunstall, XX L. C. J., 49.

3. H. F. par son testament laissa la plus grande partie de sa succession à des syndics en fidéicommis, "pour établir à Montréal une institution qui serait "nommée *The Fraser Institute*." Ce legs ayant été contesté par les héritiers, il fut jugé par le Conseil Privé :— That it ought to be sustained. It was a disposition for a lawful purpose within the meaning of art. 869 C. C.; while as to the bequest in favour of a corporation to be thereafter formed, there was no restriction against it to be found in the Code; and as to the devise, the prohibitions contained in art. 366 and 836 of the Code relate to the acquisition of immoveable property by corporations already formed. A devise by which property is given, not to trustees with power of perpetual succession, but simply to trustees directed to convey to a corporation only in the event of its being lawfully created with permission to possess it, is not within the scope of the said articles. The gift not having been made to a society not in existence at the testator's death, but to intermediate fiduciary legatees whose appointment is permitted by art. 869 of the Code, did not lapse. Under article 838 the capacity of the substituted society to receive is to be considered relatively to the time when the right to receive comes into effect.— Abbott & Fraser, XX L. C. J., 197.

839. Les présomptions légales de suggestion et de défaut de volonté dans les dispositions testamentaires, à cause seulement des relations de prêtre ou ministre, médecin, avocat ou procureur, qui existent chez le légataire à l'égard du testateur, ont disparu par l'introduction de la liberté absolue de tester. Les présomptions dans ces cas ne s'établissent que comme dans tous autres.

S. R. B. C., c. 34, s. 1.

Jurisp.— 1. Un confesseur peut recevoir un legs de son pénitent.— Toutes restrictions qui ont pu exister à l'égard du confesseur en pareil cas, sous le régime du droit français, ont été levées par l'acte de la 41ᵉ Geo. III, chap. 4. — Harper vs Bilodeau, XI L. C. R., 119.

2. The fact of a legatee being aware that the testator has altered his will in favor of such legatee, is no ground for supposing that undue influence was exerted to induce such alteration.—Where the testator was not interdicted at the time the will was made, and where there is no proof of hallucination. the presumption is that he was of sound and disposing mind.—There is nothing unreasonable or calculated to excite suspicion in the bequest by a testator of *une part d'enfant* to two nieces, who had laboriously tended and nursed him and his wife for several years prior to their decease.— Lacombe vs Dambourgès, III L. C. L. J., 10.

3. La preuve ayant démontré qu'une contrainte avait été exercée sur la testatrice par son mari, lorsqu'elle fit son testament, celui-ci est annulé.— Dorion et Dorion, IX R. L., 97.

SECTION II.

DE LA FORME DES TESTAMENTS.

840. Les dispositions à cause de mort soit de tous biens soit de partie des biens, faites en forme légale par testament ou codicille, et soit en termes d'institution d'héritier, de don, ou de legs, soit en d'autres termes propres à exprimer la volonté du testateur, ont leur effet suivant les règles ci-après établies, comme legs universel ou à titre universel ou comme legs particulier.

Pothier, *Test.*, 314-5.—C. N., 967 et 1002.

841. Un testament ne peut être fait dans le même acte par deux ou plusieurs personnes, soit au profit d'un tiers, soit à titre de disposition réciproque et mutuelle.

Ord. des Test., art. 77.—Merlin, Rép., vᵉ *Test.*, sec. 1, § 1, art. 1.— C. N., 968.— *Contrà*, Ricard, p. 345.— 2 Bourjon, 311.— 17 Guyot, 135.

842. Le testament peut être fait :
1. Suivant la forme notariée ou authentique ;
2. Suivant les formes requises pour le testament olographe ;
3. Par écrit et devant témoins, d'après le mode dérivé de la loi d'Angleterre.

S. R. B. C., c. 34, s. 3.— Ricard, part. 1, nᵒˢ 1482-3-4.— Guyot, *Test.*, 141.— Acte du Canada, 14 Geo. III, c. 3, sec. 10.— C. N., 969.

843. [Le testament en forme notariée ou authentique est reçu devant deux notaires, ou devant un notaire et deux témoins ; le testateur en leur présence et avec eux signe le testament ou déclare ne le pouvoir faire après que lecture lui en a été faite par l'un des notaires en présence de l'autre, ou par le notaire en présence des témoins. Il est fait mention à l'acte de l'accomplissement des formalités.]

Amend.— *L'acte Q.* 38 *Vict., c.* 23, *ss.* 1 *et* 2, *contient ce qui suit :*
1. Tout testament authentique reçu devant un notaire et deux témoins dont un seulement savait signer, depuis la mise en force du code civil du Bas-Canada à venir à la mise en force du présent acte, sera considéré comme valide et fera preuve de son contenu, nonobstant ce défaut de forme, de la même manière que si ce défaut n'existait pas, pourvu qu'il ne contienne aucune autre cause de nullité que ce défaut de forme.
2. Tout testament authentique reçu devant deux notaires ou un notaire et deux témoins, sans qu'il soit fait mention à l'acte que le testateur a signé en la présence des notaires ou du notaire et des témoins, et avec eux, ou a déclaré ne pouvoir le faire après que lecture lui a été faite par l'un des notaires en présence de l'autre, ou par le notaire en présence des témoins, à venir à la mise en force du présent acte, sera considéré comme authentique et valide, nonobstant ce défaut de mention, de la même manière que si cette mention eût été faite à l'acte, pourvu toutefois que les formalités dont on aurait dû mentionner l'accomplissement aient été de fait accomplies.

Jurisp.— 1. Le certificat d'un notaire, quant à l'état mental d'une personne à l'instant où elle fait son testament, qu'elle était saine d'entendement, est purement de style, et cet énoncé peut être contredit par témoignage verbal. Le notaire qui exécute un testament n'est pas tenu d'écrire l'original ou la minute de tel testament de sa propre main.— Clarke vs Clarke, II L. C. R., 11.
2. La testatrice ayant fait préparer son testament par un notaire, d'après des instructions verbales fournies par elle-même, et ayant par après répété tout le contenu du testament en présence du notaire qui l'avait préparé, et du second notaire appelé pour être présent à l'exécution du testament ; et ayant sous tous autres rapports observé les formalités prescrites par l'article 289 de la coutume de Paris.— *Jugé :* Que le testament était valablement dicté et nommé tel que voulu par la coutume, et était un testament valide ; et que d'après la coutume de Paris il n'est pas nécessaire qu'un testament par acte public, testament solennel, soit écrit en présence de la testatrice et des notaires qui reçoivent le testament.— Evanturel et Evanturel, XV L. C. R., 321.
3. Un testament préparé et dressé en grande partie par le notaire instrumen-

13

tant, hors de la présence du testateur, et du second notaire appelé pour le recevoir, et qui n'a pas été lu deux fois ou lu et relu au testateur en présence du second notaire, tel que requis par la loi, est faux et de nul effet.— Bourassa et Bourassa, XVII L. C. R., 299.

4. Le notaire qui reçoit un testament solennel n'est point tenu en Canada de faire mention qu'il a écrit le testament.— Bourassa vs Bédard, III L. C. J., 48.

5. A will, made in solemn form, by a person who could not write or sign his name and who was wholly ignorant of any other language than gaelic, before a notary who only spoke and understood the french language, and two witnesses, one of whom was wholly ignorant of the french language (in which the will was written) and the other spoke English, French and Gaelic, and acted as interpreter all round, was valid.— Dewar vs McLennan, XI L. C. J., 196.

6. Dans un testament solennel il faut que le notaire et les témoins instrumentaires entendent la langue du testateur et celle dans laquelle le testament est rédigé.— En conséquence, un testament rédigé en français par un notaire qui n'entendait pas le testateur qui ne parlait et n'entendait que le gaélique, en présence de deux témoins dont l'un entendait le gaélique, mais n'entendait pas le français et l'autre servait d'interprète, doit être déclaré faux et nul.— McLennan et Dewar, XIII L. C. J., 102.

7. L'absence de la signature de l'un des témoins instrumentaires n'invalide pas le testament s'il est dit au testament pourquoi il n'a pas signé.— Vaillancourt vs Lapierre, V R. L., 262.

8. Le défaut de mention expresse de la présence des témoins lors de la lecture du testament au testateur, n'entraîne pas la nullité du testament, si d'ailleurs cela appert par équipollence des termes.— Dubé vs Charron, V L. C. J., 255.

844. Le testament authentique doit être fait en minute. Les témoins y doivent être nommés et désignés. Ils doivent être du sexe masculin, majeurs, non morts civilement, ni condamnés à une peine infamante. [Les aubains peuvent y être témoins.] Les clercs et serviteurs des notaires ne le peuvent. La date et le lieu doivent être mentionnés dans le testament.

Jurisp.— Avant le Code, dans un testament solennel, un témoin de vingt ans est compétent; l'absence de la signature de l'un des témoins instrumentaires n'invalide pas le testament s'il est dit au testament pourquoi il n'a pas signé.— Vaillancourt vs Lapierre, V R. L., 262.

845. [Un testament ne peut être reçu par des notaires parents ou alliés du testateur, ou entre eux, en ligne directe ou au degré de frère, oncle ou neveu. Rien n'empêche que les témoins ne soient parents ou alliés du testateur, ou entre eux ou avec le notaire.]

Jurisp.— 1. La parenté du notaire en second à l'une des parties contractantes n'entraîne pas la nullité de l'acte sous l'empire de notre code civil.— Guévremont vs Cardin, XVI L. C. R., 257.

2. Un notaire peut recevoir le testament de son cousin germain. Un testament n'est pas nul, par le seul fait que le notaire qui l'a reçu, était le cousin germain de la légataire universelle.— Vaillancourt et Lapierre, V R. L., 262.

846. [Les legs faits aux notaires ou aux témoins, ou à la femme de tel notaire ou témoins, ou à quelqu'un de leurs parents au premier degré, sont nuls, mais ne rendent pas nulles les autres dispositions du testament.]

L'exécuteur testamentaire qui n'est gratifié ni rémunéré par le testament y peut servir de témoin.

C. Canton de Vaud, 655.— *Autorités du droit anglais à l'art.* 853.

847. Le testament sous forme authentique ne peut être dicté par signes.

Ricard, part. 1, nᵒˢ 141, 1503 et 1530.— 2 Bourjon, 296 et 305.— Guyot, *Test.,* 104.

[Le sourd-muet et toute personne qui ne peut tester de vive voix, s'ils sont suffisamment instruits, le peuvent au moyen d'instructions écrites de leur propre main, remises au notaire avant ou lors de la confection du testament.

Le sourd-muet et celui qui ne peut entendre la lecture du testament, doivent le lire eux-mêmes, et à haute voix quant à celui qui est sourd seulement.

La déclaration par écrit que l'acte contient la volonté du testateur et a été préparé d'après ses instructions, supplée à la même déclaration de vive voix lorsqu'elle est nécessaire.

Mention doit être faite de l'accomplissement de ces formalités exceptionnelles et de leur cause.

Si le sourd-muet ou autres sont dans l'impossibilité de se prévaloir des dispositions du présent article, ils ne peuvent tester sous la forme authentique.]

848. Des dispositions additionnelles et particulières existent quant au district de Gaspé, pour y obvier au manque de notaires dans la réception des testaments comme des autres actes.

[Sauf ces dispositions d'une nature locale, les ministres du culte ne peuvent remplacer les notaires dans la réception des testaments. Ils ne peuvent non plus y servir que comme témoins ordinaires.]

Amend.— Le ch. 38 des Statuts Refondus B. C., s. 10, déclare que tout testament fait dans le district de Gaspé, durant les trois années après le 9 mars 1824, devant un juge de paix, ministre, curé ou missionnaire ou deux témoins qui signent, ou devant le protonotaire de la cour.provinciale du district et deux témoins, sera, de même que toute copie dûment certifiée d'icelui, considéré comme authentique, de la même manière que s'il eût été passé devant notaires. La s. 12 statue que tout testament fait au même endroit entre le 9 mars 1824 et le 1er mai 1840, en la manière prescrite ci-dessus, a le même effet que s'il eût été reçu devant notaires et sera, de même que toute copie certifiée, considéré comme authentique. La s. 13 déclare que tout testament fait au même lieu après le 1er mai 1840, en la manière prescrite dans la s. 10, sera aussi considéré comme authentique de même que toute copie d'icelui dûment certifiée ; pourvu qu'à l'époque où tel testament a été fait il n'y avait pas deux notaires résidant dans le comté.

849. Les testaments des militaires en service actif hors des garnisons, faits dans le Bas-Canada ou ailleurs, et ceux des marins faits en voyage à bord des vaisseaux ou dans les hôpitaux, qui seraient valides en Angleterre quant à leur forme, sont également valides dans le Bas-Canada.

Stat. Imp., 1 Vict., c. 26, ss. 10 et 11 ; 29 Chs II, c. 3 ; 1 Guill. IV, c. 20, s. 48.— Parsons, *on Wills*, 24 à 30.

850. Le testament olographe doit être écrit en entier et signé de la main du testateur, sans qu'il soit besoin de notaires ni de témoins. Il n'est assujetti à aucune forme particulière.

Le sourd-muet qui est suffisamment instruit peut faire un testament olographe comme toute autre personne qui sait écrire.

2 Bourjon, 303— Pothier, *Don. test.*, 297-8.— Guyot, Rép., v° *Test.*, 137-8.— 1 Greenleaf, *Evid.*, § 366.

Jurisp.—1. It is essential to the validity of a devise of real estate that the holograph will, in which it is contained, should be entirely written by the testator, and closed by his signature.—Caldwell vs The Attorney General, Stuart's Rep., 327.

2. A written will duly executed before three witnesses, may be altered, in its
bequests, by cheques signed by the testator during his last illness, and left, " as
parting gifts," for the parties indicated in them, in the hands of his private
secretary.— Probate of a written memorandum of such bequests made by the
testator's private secretary, at his request, as his " last bequests," will suffice to
entitle the legatees to recover, without obtaining probate of the cheques themselves.— Colville and Flanagan, VIII L. C. J., 225.

3. A holograph will, on the face of which appear certain over-writings, changes and alterations of an immaterial character, will not be set aside, and specially so in the absence of satisfactory proof that they were made by some
person other than the testator.— Darling and Templeton, XIX L. C. J., 85.

4. On a petition to compel a notary to deliver up a will:— Held, that if the
paper writing contained in a sealed envelope, purporting to contain a holograph
will, be opened by a notary public, and retained by him, after the decease of
the testator, such notary cannot keep it on record in his office, but must produce the same before a judge, that probate may be made, and the will is then
to remain deposited with the Court of King's Bench, the notary having no
authority to unseal such a will, unless in the presence of or by order of the
judge.— Grant vs Greenshields, Q. L. D., 1322, n° 70.

851. Le testament suivant la forme dérivée de la loi d'Angleterre, [soit qu'il affecte les biens meubles ou les immeubles,] doit
être rédigé par écrit et signé, à la fin, de son nom ou de sa marque
par le testateur, ou par une autre personne pour lui en sa présence
et d'après sa direction expresse, [laquelle signature est alors ou ensuite reconnue par le testateur comme apposée à son testament alors
produit, devant au moins deux témoins idoines présents en même
temps et qui attestent et signent de suite le testament en présence
et à la réquisition du testateur].

[Les personnes du sexe féminin peuvent y servir de témoins et
les règles qui concernent la capacité des témoins sont aux autres
égards les mêmes que pour le testament en forme authentique.]

Stat. Imp., 7 Guill. IV.— 1 Vict., c. 26.— 15 et 16 Vict., c. 24.

Jurisp.— Dans un testament fait en 1852 sous la forme anglaise (avant le
Code), jugé :— Que la marque du testateur est suffisante ;— Que la marque d'un
des témoins, au lieu de sa signature, ne peut faire invalider le testament ;— Que
ce testament n'est pas nul, parce qu'un des témoins était cousin germain du
testateur et de la légataire universelle ;— Que ces témoins peuvent être âgés de
moins de vingt ans.— Vaillancourt vs Lapierre, V R. L., 262.

852. Le sourd-muet en état de connaître la portée d'un testament et le mode de le faire, et toute autre personne lettrée ou non,
que son infirmité n'empêche pas d'avoir la même connaissance et de
manifester sa volonté, peuvent tester suivant la forme dérivée de la
loi d'Angleterre, pourvu que leur intention et la reconnaissance de
leur signature ou marque soient manifestées en présence des témoins.

Greenleaf, *Evid., loc. cit.*

853. Dans les testaments faits suivant la même forme, les legs
faits aux témoins, à leur conjoint ou à quelqu'un de leurs parents
[au premier degré], sont nuls, mais ne rendent pas nulles les autres
dispositions du testament.

La capacité de l'exécuteur testamentaire de servir comme témoin
suit les mêmes règles que dans le testament sous la forme authentique.

Stat. Imp., 25 Geo. II, c. 6.— 1 Stephen, 575.— Alnutt, *Practice of Wills*, 93 et
170.— 1 Jarman, *on Wills*, 65 et suiv.— Christie, *Precedents of Wills*, 153, 171 et
173.— Parsons, *on Wills*, 19.

854. Dans le testament olographe et dans celui fait suivant la forme dérivée de la loi d'Angleterre, ce qui se trouve après la signature du testateur est regardé comme un nouvel acte qui doit être également écrit et signé par le testateur dans le premier cas, ou signé seulement dans le second. Dans ce dernier cas l'attestation des témoins doit être après chaque signature du testateur ou après la dernière comme attestant en entier le testament qui précède.

Dans le testament suivant l'une ou l'autre des formes mentionnées au commencement du présent article, la mention de la date et du lieu n'est pas requise à peine de nullité. C'est aux juges et aux tribunaux à décider dans chaque cas s'il résulte de son absence quelque présomption contre le testament ou qui en rendent les dispositions particulières incertaines.

Il n'est pas nécessaire que le testament soit signé à chaque page.

Ricard, part. 1, n° 1491.— 2 Bourjon, 304.— Pothier, *Don. test.*, 299.— Guyot, *Test.*, 167, 169 et 170.— Parsons, *on Wills*, 13 et 60.— 1 Jarman, 78 et 160.

855. Les formalités auxquelles les testaments sont assujettis par les dispositions de la présente section doivent être observées à peine de nullité, à moins d'une exception à ce sujet.

Néanmoins le testament fait apparemment sous une forme et nul comme tel à cause de l'inobservation de quelque formalité, peut être valide comme fait sous une autre forme, s'il contient tout ce qu'exige cette dernière.

1 Ricard, part. 1, n° 1617.— C. N., 1001.

Jurisp.— 1. The Quebec Act having provided, that every owner of lands, goods or credits, who has a right to alienate the said lands, goods or chattels in his or her life time, may devise or bequeath the same, at his or her death, by his or her last will and testament, such will being executed either according to the laws of Canada, or according to the forms prescribed by the laws of England ; *Held*, that a will, invalid according to the french law, and not executed according to the provisions of the Statute of Frauds, so as to pass freehold lands in England, will not pass lands in Canada, although it would pass copyhold or leasehold property in England.— Meilklejohn vs The Attorney General, Stuart's Rep., 581.

2. Un testament reçu par un notaire en présence de deux témoins, ne peut valoir comme testament solennel, si l'un des témoins n'avait pas l'âge de vingt ans accomplis, mais peut valoir suivant les dispositions des lois d'Angleterre, suivies à cet égard dans le Bas-Canada, le notaire et les deux témoins étant considérés dans ce cas comme suffisants, pour attester l'exécution de ce testament. — Le jugement du tribunal de première instance est confirmé.— Lambert et Gauvreau, VII L. C. R., 277.

3. Une disposition dictée par le testateur à un notaire, en la présence de deux témoins, pour être écrite et exécutée comme testament authentique, mais non terminée par le notaire, ni signée par le testateur, en conséquence de sa mort soudaine pendant qu'on écrivait le testament, est nulle, et ne peut valoir comme testament nuncupatif ou verbal, suivant la forme anglaise.— Malo vs Migneault, II R. L., 186.

4. Un testament verbal ou nuncupatif fait en la province de Québec, conformément aux dispositions du statut des Fraudes, 28 Chs II, chap. 3, avant la promulgation du code civil du Bas-Canada, quant aux meubles du testateur, est valable en loi, en vertu de l'acte de Québec.— Migneault et Malo, III R. L., 606.

5. Un testament commencé sous une forme et nul comme tel, à cause de quelques défauts de formalité, peut valoir comme fait sous une autre forme, s'il a les qualités requises pour cette dernière.— Migneault et Malo, III R. L., 606.

6. Un testament déclaré nul comme testament authentique peut être invoqué et déclaré valable comme testament suivant les lois anglaises.— Canac et Canac, I Q. L. R., 50.

SECTION III.

DE LA VÉRIFICATION ET DE LA PREUVE DES TESTAMENTS.

856. Les minutes et les copies légalement certifiées des testaments faits suivant la forme authentique font preuve de la même manière que les autres écrits authentiques.

Code civil B. C., art. 1205.

857. Le testament olographe et celui fait suivant la forme dérivée de la loi d'Angleterre sont présentés pour vérification au tribunal ayant juridiction supérieure de première instance dans le district où le défunt avait son domicile, et, à défaut de domicile, dans celui où il est décédé, ou à l'un des juges de ce tribunal, ou au protonotaire du district. Le tribunal, le juge ou le protonotaire reçoit les déclarations par écrit et sous serment de témoins compétents à rendre témoignage, lesquelles demeurent annexées à l'original du testament, ainsi que le jugement, s'il a été rendu hors de cour, ou une copie certifiée, s'il a été rendu par le tribunal. Il peut ensuite être délivré aux intéressés des copies certifiées du testament, de la preuve et du jugement, lesquelles sont authentiques, et font donner effet au testament, jusqu'à ce qu'il soit infirmé sur contestation.

Si le testament se trouve déposé en original chez un notaire, le tribunal, le juge ou le protonotaire se fait remettre cet original.

Alnutt, *on Wills*, 618.— 41 Geo. III, c. 4, s. 2.— S. R. B. C., c. 34, s. 3.— Weatherly, *Guide to probate*, 323.— Pothier, *Don. test.*, 300.— 8 *Encycl. méthod.*, 26.— 6 Brillon, p. 661, n° 176.— 2 Stephen, 193.— Lovelass, *on Wills*, 391 et 417.— *Dorion et Dorion*, Jugt *en appel*, 1861.

Jurisp.— 1. If a paper writing, contained in a sealed envelope, purporting to contain an holograph will, be opened by a notary public and retained by him after the decease of the testator; such notary cannot keep it on record in his office, but must produce the same before a judge, that probate may be made, and the will is then to remain deposited with the records of the Court of King's Bench. A notary public has no authority to unseal an holograph will unless in the presence and by the order of a judge. An holograph will of personal and moveable property is valid, by the law of England, and probate may be made thereof according to the Prov. Stat. 41 Geo. III, c. 4.— *Ex parte* Grant, Stuart's Rep., 60.

2. Quoiqu'un testament olographe soit écrit avec une orthographe excessivement vicieuse et soit presqu'inintelligible, cependant il pourra être vérifié et prouvé du moment qu'il y a une possibilité absolue de le lire et de le comprendre.— Robert et Dorion, Jugt en appel, Montréal, 8 juin 1861. Cette cause n'est pas rapportée, mais le testament en question est publié dans III L. C. J., 21.

3. Le mode et la preuve d'un testament verbal ou nuncupatif anglais, n'est pas régi par les lois françaises, ni quant à sa confection, ni quant à la preuve ou vérification (*probate*) qui doit en être faite.— Migneault vs Malo, III R. L., 606.

4. Un juge de la cour supérieure pour le Bas-Canada, à Montréal, n'a aucune juridiction pour recevoir l'affidavit des témoins à un testament, ou d'en accorder le *probate*, le testateur étant décédé dans le district de Beauharnois. Pour cet objet l'on doit s'adresser à un juge ou au protonotaire de la cour dans les limites du district de Beauharnois.— *Ex parte* Sweet, X L. C. R., 451.

5. Dans une action contre des exécuteurs testamentaires, il apparaissait que le défunt, le 4 septembre 1860, étant alors sur son lit de mort, et ayant fait son testament dans le mois de mars auparavant, entr'autres choses, dit à son secrétaire, qu'il se mourait, et le requit de remplir certains *chèques* payables à certaines personnes auxquelles il désirait marquer son amitié, lesquels *chèques* il signa et remit à son secrétaire pour les garder jusqu'après son décès. Une action fut

portée par le demandeur, un ministre de l'église épiscopale, dans la paroisse où le défunt résidait, pour le recouvrement du montant d'un de ces *chèques*, fait en sa faveur pour $1,000.— *Jugé :* Dans la cour d'appel, que le demandeur n'avait pas droit de recouvrer comme pour un don manuel, mais que le *chèque* était valide et bon comme legs en disposition testamentaire.— Colville vs Flanagan, XIV L. C. R., 328.

858. Il n'est pas nécessaire que l'héritier du défunt soit appelé à la vérification ainsi faite d'un testament, à moins qu'il n'en soit ainsi ordonné dans des cas particuliers.

L'autorité qui procède à cette vérification prend connaissance de tout ce qui concerne le testament.

La vérification ainsi faite d'un testament n'en empêche pas la contestation par ceux qui y ont intérêt.

Alnutt, *loc. cit.*— Weatherly, 1.— 1 Jarman, 22-3.— 1 Greenleaf, ₹ 518 ; 2 *do*, ₹₹ 691, 692 et 344.

Jurisp.— By the uninterrupted practice and usage of the canadian courts since 1801, the grant of probate is not of that binding and conclusive character which attaches to it in England, and does not prevent the heirs from impugning the validity of a will in their defence to an action brought by a legatee under the will.— A testamentary paper unfinished and unexecuted, but proved to contain the testator's intentions, will be held valid, if it be shown satisfactorily that the fact of its not being completed was due to some cause other than the testator's abandonment of his intentions, as for instance, his sudden death while the paper was being written from dictation.— The law which introduced into Canada the English law as to wills must be considered as having introduced it with all its incidents, and therefore with the admissibility of oral evidence.— Migneault vs Malo, XVI L. C. J., 288. (Cons. Privé.)

859. La reconnaissance du testament par l'héritier ou quelque partie intéressée a ses effets contre eux, quant à la faculté de contester ultérieurement sa validité, mais n'empêche pas la vérification et le dépôt au greffe en la manière requise quant aux autres intéressés.

S. R. B. C., c. 37, s. 25, ₹ 2.— Lovelass, *on Wills*, 418.

860. Lorsque la minute ou l'original d'un testament ont été perdus ou détruits par cas fortuit après le décès du testateur, ou sont détenus sans collusion par la partie adverse ou par un tiers, la preuve de ce testament peut être faite en la manière réglée pour le cas quant aux autres actes et écrits au titre *Des Obligations.*

Si le testament a été détruit ou perdu avant le décès du testateur et qu'il n'ait pas connu le fait, la preuve peut également s'en faire comme si l'accident n'était arrivé qu'après son décès.

Si le testateur a connu la destruction ou la perte du testament et s'il n'y a pas suppléé, il est censé l'avoir révoqué, à moins d'une manifestation postérieure de la volonté d'en maintenir les dispositions.

Code civil B. C., art. 27, 1217, 1218, 1219 et 1233.— Troplong, n° 2108.— Lovelass, *on Wills*, 342 et 350.— S. R. B. C, c. 37, sec. 25, ₹ 2.

861. Dans les cas où l'on peut, conformément à l'article qui précède, faire la preuve judiciaire d'un testament qui n'est pas représenté, il peut aussi en être fait une vérification sur requête à cet effet, sur preuve non équivoque des faits qui justifient cette procédure, ainsi que du contenu du testament. En ce cas le testament est censé vérifié tel que compris dans la preuve trouvée suffisante, et avec les modifications qui peuvent être contenues au jugement.

Weatherly, 86-7-8.— Alnutt, 136.— 2 Greenleaf, §§ 688 (a) et 693.— 1 Jarman, 136.

862. La suffisance d'un seul témoin s'étend à la vérification et à la preuve des testaments, même de ceux détruits ou perdus, si le tribunal ou le juge sont satisfaits.

Alnutt, 170.— 2 Greenleaf, § 694.

SECTION IV.

DES LEGS.

—

§ 1.— *Des legs en général.*

863. La disposition qu'une personne fait de ses biens par testament constitue un legs universel, ou à titre universel, ou un legs à titre particulier.

Domat, *Legs*, sec. 1, n° 1.— Guyot, *Legs*, 401.— Pothier, *Test.*, 315.— Code civil B. C., art. 840.— C. N., 1002 et 1004.

864. Les biens que le testateur laisse sans en avoir disposé, ou au sujet desquels les dispositions manquent absolument d'avoir effet, demeurent dans sa succession *ab intestat* et vont à ses héritiers légaux.

Domat, *Test.*, tit. 1, sec. 9, n° 15 ; *Legs*, tit. 2.— Guyot, *loc. cit.*— Lovelass, 394.

865. Lorsqu'un legs chargé d'un autre legs devient caduc pour une cause qui se rattache au légataire, le legs imposé comme charge ne devient pas pour cela caduc, mais est réputé former une disposition distincte, à la charge de l'héritier ou du légataire qui recueille ce qui faisait l'objet du legs atteint de caducité.

2 Bourjon, 328, *et autorités par lui citées.*— Pothier, *Test.*, 375-6.— Guyot, *Légataire*, 75-6.

866. Le legs peut toujours être répudié par le légataire tant qu'il ne l'a pas accepté. L'acceptation est formelle ou présumée. La présomption d'acceptation s'établit par les mêmes actes que dans la succession *ab intestat*. Le droit d'accepter le legs non répudié passe aux héritiers ou autres représentants légaux du légataire, de même que les droits successifs qui découlent de la loi seule.

2 Bourjon, 326-7.— Pothier, *Don. Test.*, 397.— Guyot, *Légataire*, 55, 56 et 60.

867. Les tuteurs et curateurs peuvent accepter les legs sous les mêmes modifications que dans le cas des successions *ab intestat*.

La capacité du mineur et de l'interdit pour prodigalité d'accepter eux-mêmes les legs, suit les mêmes règles que pour l'acceptation d'une succession.

Guyot, *Légataire*, 57.

868. Il y a lieu à accroissement au profit des légataires en cas de caducité, lorsque le legs est fait à plusieurs conjointement.

Il est réputé tel lorsqu'il est fait par une seule et même disposition et que le testateur n'a pas assigné la part de chacun des colégataires dans la chose léguée. L'indication de quote-part égale dans le partage de la chose donnée par disposition conjointe n'empêche pas l'accroissement.

Le legs est encore réputé fait conjointement quand une chose qui n'est pas susceptible d'être divisée sans détérioration a été léguée par le même acte à plusieurs personnes séparément.

Le droit d'accroissement s'applique aussi aux donations entrevifs faites à plusieurs par disposition conjointe et qui ont failli d'être acceptées quant à tous les donataires.

Domat, *Test.*, tit. 1, sec. 9.— 2 Bourjon, 339 et suiv.— Pothier, *Don. test.*, 406.— Troplong, *Don.*, n° 1789.— C. N., 1044 et 1045.

869. Un testateur peut établir des légataires seulement fiduciaires ou simples ministres pour des fins de bienfaisance ou autres fins permises et dans les limites voulues par les lois ; il peut aussi remettre les biens pour les mêmes fins à ses exécuteurs testamentaires, ou y donner effet comme charge imposée à ses héritiers et légataires.

2 Ricard, *Subst.*, part. 1, n° 753, *et conséquence de la liberté illimitée de tester.*

Jurisp.— 1. The bequest of a sum of money to trustees, for the benefit of a corporation not *in esse* but in apparent expectancy, is not to be considered a lapsed legacy.— In a similar bequest, to be applied towards defraying the expense to be incurred in the erection and establishment of a university or college upon condition that the same be erected and established within ten years from the testator's decease, such condition is accomplished if a corporate and political existence be given to such university or college by letters patent emanating from the Crown, although a building applied to the purpose of such university or college may not have been erected within that period of time.— Desrivières & Richardson, Stuart's Rep., 218.

2. A devise of real estate being made to a corporation upon condition that it should, within the period of ten years, erect and establish, or cause to be erected and established, upon the said estate, an university or college :— *Held*, that the words erect or establish, etc., extend only to the erection or establishment of the corporation or body politic, forming the university or college, and not to the erection of a building in which the university or college is to be established. —The condition of a devise to the Royal Institution for the advancement of learning, that it should, within ten years, cause to be erected and established an university or college, bearing the testator's name, is accomplished, if an university of royal and not of private foundation, be erected and established within that period.— The Royal Institution vs Desrivières, Stuart's Rep., 224.

3. Un legs fiduciaire est valide dans le Bas-Canada.— Freligh & Seymour, V L. C. R., 492.

4. Neither the cession of Canada, nor the introduction of enlarged power of bequest into Lower-Canada by 41 George III, abrogated the declaration of december 1743.— Under article 869 of the Civil Code, taken in connection with chap. 72 of the Consolidated Statutes of Canada, a testator may will his property to fiduciary legatees, or trustees, to be by them applied to the establishment of a public library and museum under the administration of a corporation to be formed for that purpose.— Fraser vs Abbott, XV L. C. J., 147.

5. Ce jugement fut renversé par la Cour du Banc de la Reine (24 juin 1873, *vide* 20 L. C. J., 197) ; mais le 26 nov. 1874 le Conseil Privé renversa le jugement de ce dernier tribunal et confirma le jugement de la Cour Supérieure, déclarant : 1° Que le testament de M. Fraser doit être maintenu. Il contient une disposition pour un but légal dans le sens de l'art. 869 ; tandis que quant au legs en faveur d'une corporation à être formée par après, le code ne contient aucune

prohibition, et les prohibitions contenues aux art. 366 et 836 du code ont rapport à l'acquisition d'immeubles par des corporations actuellement en existence. Une disposition par laquelle une propriété est léguée non à des syndics avec droit de succession perpétuelle, mais seulement à des syndics chargés de transmettre la propriété à une corporation seulement dans le cas où elle serait légalement constituée avec droit de la posséder, n'est pas prohibée par ces articles. 2° Le don n'ayant pas été fait à une société qui n'existait pas lors de la mort du testateur, mais à des légataires fiduciaires intermédiaires, dont la nomination est permise par l'art. 869, est valide. Sous l'art. 838 la capacité de la société substituée qui doit recevoir, doit être considérée au temps que le droit de recevoir prend effet. 3° Le 2° art. de l'édit de 1743 est aboli par le C. C. du B. C. Mais de plus le don étant fait à une condition implicite dont l'accomplissement le rendrait valide, n'est pas illégal comme un don en mainmorte.— Abbott & Fraser, XX L. C. J., 197.

870. Le paiement fait de bonne foi à l'héritier apparent ou au légataire qui est en possession de la succession, est validement fait à l'encontre des héritiers ou légataires qui se présentent plus tard, sauf le recours de ceux-ci contre celui qui a reçu sans y avoir droit.

Code civil B. C., art. 1145.— Dargentré, sur 410 Bretagne, glos. 3, n° 1.— Pothier, *Obl.*, 503.— 7 Toul., n° 26 et 29.

871. Les fruits et intérêts de la chose léguée courent au profit du légataire à compter du décès, lorsque le testateur a expressément déclaré sa volonté à cet égard dans le testament. La rente viagère ou pension léguée à titre d'aliments court également du jour du décès. Dans les autres cas les fruits et intérêts ne courent que de la demande en justice [ou de la mise en demeure].

Jurisp.— Dans le cas d'un legs particulier d'une somme d'argent, l'intérêt ne court que lorsqu'il y a demande en justice, et du jour de la demande.— Torrance vs Torrance, M. C. R., 95.

872. Les règles qui concernent les legs et les présomptions de la volonté du testateur, ainsi que le sens attribué à certains termes, cèdent devant l'expression formelle ou autrement suffisante de cette volonté dans un autre sens et pour avoir un effet différent. Le testateur peut déroger à ces règles en tout ce qui n'est pas contraire à l'ordre public, aux bonnes mœurs, à quelque loi prohibitive ou établissant autrement des nullités applicables, ou aux droits des créanciers et des tiers.

Ricard, *Don.*, part. 2, n° 129.— 2 Bourjon, 353.— Domat, *Test.*, tit. 1, sec. 6, n° 2.

Jurisp.—1. La clause d'un testament qu'un usufruit légué par un testateur à sa femme, cessera par son convol, n'est pas contre les bonnes mœurs.— Forsyth vs Williams, I L. C. R., 102.

2. Le premier devoir des cours en interprétant un testament est de rechercher et de donner effet à l'intention du testateur, telle qu'elle appert de l'ensemble du testament, et non d'un mot ou d'une expression particulière qui peut s'y trouver.— Martin et Lee, XI L. C. R., 84.

3. When two wills, exact copies of each other, and made at the same time, by husband and wife, contain the same legacy, the legacy is only payable once.— Clément vs Leduc, I L. C. L. J., 99.

4. La condition imposée par un testateur à sa libéralité, dans le but de rendre les immeubles par lui légués insaisissables par les créanciers du légataire, n'est ni impossible, ni prohibée par la loi, ni contraire aux mœurs. La condition d'un legs que le légataire ne pourra, en aucune manière, engager, affecter, hypothéquer, vendre, échanger ou autrement aliéner les immeubles légués qu'après vingt ans, à compter du jour du décès du testateur, sous peine de nullité de tous les actes que le légataire ferait, contraires à la dite intention du testateur, n'est

rien autre chose qu'une mesure sage et prudente; et la prohibition d'aliéner doit être réputée équivaloir à une clause d'insaisissabilité temporaire.— Guillet et Renaud, VII L. C. J., 238.

5. *Held :*—(Reversing judgment of the Queen's Bench) that a condition attached by a testator to a legacy, with the view of rendering it not seizable by the creditors of the legatee, is not valid either by the old law of France or the general principles of jurisprudence.— Renaud & Guillet, XII L. C. J., 90. (Cons. Privé.)

6. A bequest of a farm with all the stock and implements upon it is a special legacy; To charge the legatee under such a bequest with the debts of the deceased, the burden of proof that the testator had no other estate or effects is upon the plaintiff; In the absence of such proof, parol evidence of a promise by the legatee to pay a debt due by the testator is inadmissible.— McMartin vs Gareau, I L. C. J., 286.

§ 2.— *Des legs universels et à titre universel.*

873. Le legs universel est la disposition testamentaire par laquelle le testateur donne à une ou à plusieurs personnes l'universalité des biens qu'il laissera à son décès.

Le legs est seulement à titre universel lorsque le testateur lègue une quote-part de ses biens, comme la moitié, le tiers, ou une universalité de biens, comme l'universalité de ses meubles ou immeubles, ou encore l'universalité des propres exclus de la communauté matrimoniale, ou une quote-part de telles universalités.

Tout autre legs n'est qu'à titre particulier.

L'exception de choses particulières, quels qu'en soient le nombre et la valeur, n'enlève pas son caractère au legs universel ou à titre universel.

Domat, *Legs,* tit. 2.— Guyot, *Légataire,* 42-3.— Pothier, *Test.,* 315.— Proudhon, *Usuf.,* nᵒˢ 1025, 1844 et 1845.— Code civil B. C., art. 780 et 801.— 1 Ricard, part. 4, nᵒ 1527.—C. N., 1003 et 1010.

Jurisp.— Par l'institution, en vertu d'un testament, d'une personne comme légataire résiduaire, telle légataire est saisie de la succession du testateur après le décès de ses exécuteurs, et a le droit de recouvrer des actions de banque tenues aux noms des exécuteurs décédés, ainsi que les dividendes sur telles actions.— The Bank of Montreal vs McDonell, XIV L. C. R., 482.

874. Le légataire a les mêmes délais que l'héritier pour faire inventaire et pour délibérer. S'il n'a pas pris qualité dans les délais et s'il est ensuite poursuivi à cause des dettes et charges qui incombent à son legs, sa renonciation ne l'exempte pas des frais non plus que l'héritier.

Conséquence de l'assimilation du légataire à l'héritier.

Jurisp.— Des héritiers poursuivis pour qu'un jugement soit déclaré exécutoire contre eux peuvent renoncer à la succession, même le jour fixé pour l'audition, s'il n'ont pas fait acte d'héritier, mais en ce cas ils paieront les frais.— Mulholland vs Halpin, V R. L., 184.

875. La manière dont le légataire, tant universel ou à titre universel qu'à titre particulier, est tenu des dettes et hypothèques, se trouve exposée au titre *Des Successions,* et aussi à certains égards en la section présente, et au titre *De l'Usufruit.*

876. Le légataire de l'usufruit donné comme legs universel ou à titre universel est tenu personnellement envers le créancier des dettes de la succession, même des capitaux, en proportion de ce qu'il reçoit, et aussi hypothécairement pour tout ce qui affecte les

immeubles tombés dans son lot, le tout comme tout autre légataire
aux mêmes titres et sauf les mêmes recours. L'estimation se fait
proportionnellement entre lui et le nu-propriétaire en la manière et
d'après les règles contenues en l'article 474.

ff *L. ult., De usu. et usuf.*— Lacombe, v° *Usufruit*, sec. 2, n° 15.— Guyot, Rép., v°
Usufruit, 396.— *Contrà*, quant aux capitaux, les commentateurs sous le nouveau
droit français. Voyez en particulier 10 Demolombe, n° 523, 543 et 604.— Proudhon, *Usufruit*, n° 475, 1859 et 1889.

877. Le testateur peut changer entre ses héritiers et légataires
le mode et les proportions d'après lesquels la loi les rend responsables du paiement des dettes et des legs, sans préjudice au droit des
créanciers d'agir personnellement ou hypothécairement contre ceux
qui sont en loi sujets au droit réclamé et sauf le recours de ces derniers contre ceux que le testateur a chargés de l'obligation.

1 Ricard, part. 2, n° 18, 52 et 306.— Guyot, v° *Légataire*, p. 100.— 2 Ricard,
Disp. condit., n° 214.

878. [Les légataires universels ou à titre universel ne peuvent,
après acceptation, se décharger personnellement des dettes et legs
qui leur sont imposés par la loi ou par le testament, sans avoir obtenu le bénéfice d'inventaire ; ils sont à cet égard et en tout ce qui
concerne leur gestion, leur reddition de compte et leur décharge,
sujets aux mêmes règles que l'héritier, ainsi qu'à l'enregistrement.
    Le légataire à titre particulier auquel le testament impose des
dettes et charges dont l'étendue est incertaine, peut, comme l'héritier et le légataire universel, n'accepter que sous bénéfice d'inventaire.]

879. Les créanciers d'une succession ont droit contre le légataire
tenu de la dette, de même que contre l'héritier, pour la proportion
à laquelle il est tenu, à la séparation des patrimoines.

S. R. B. C., c. 37, s. 27, § 3.— *Et conséquence de la saisine du légataire*, art. 891.

§ 3.— *Des legs à titre particulier.*

880. Les dettes du testateur sont dans tous les cas préférées au
paiement des legs.
    Les legs particuliers sont payés par les héritiers et légataires uni-
versels ou à titre universel chacun pour la part dont il est tenu
comme pour la contribution aux dettes, et avec droit en faveur du
légataire à la séparation des patrimoines.
    Si le legs est imposé en particulier à quelqu'un des héritiers ou
légataires, l'action personnelle du légataire particulier ne s'étend
pas aux autres.
    Le droit au legs n'est pas accompagné d'hypothèque sur les biens
de la succession, mais le testateur peut l'assurer par hypothèque
spéciale, sous quelque forme que soit le testament, sujette, quant
aux droits des tiers, à l'enregistrement du testament.

Pothier, *Don.*, 353, 370-3.— 2 Voët, liv. 20, n° 27.— Brillon, v° *Legs*, n° 112.— S.
R. B. C., c. 37, ss. 1 et 25.— Troplong, *Don.*, n° 1793 et notes, 1928-9.— 2 Bourjon,
323, 325.— C. N., 1017.

881. [Le legs que fait un testateur de ce qui ne lui appartient

pas, soit qu'il connût ou non le droit d'autrui, est nul, même lorsque
la chose appartient à l'héritier ou au légataire obligé au paiement.
        Le legs est cependant valide et équivaut à la charge de procurer
la chose ou d'en payer la valeur, s'il paraît que telle a été l'intention
du testateur.   Dans ce cas, si la chose léguée appartient à l'héritier
ou au légataire obligé au paiement, soit que le fait fût ou non connu
du testateur, le légataire particulier est saisi de la propriété de son
legs.]

882. [Si la chose léguée n'appartenait au testateur que pour
partie, il est présumé n'avoir légué que la part qu'il y avait, même
dans le cas où le surplus appartient à l'héritier ou au légataire principal, à moins que son intention au contraire ne soit apparente.]
        La même règle s'applique au legs fait par l'un des époux d'un
effet de la communauté ; sauf le droit du légataire à la totalité de
la chose léguée, sous les circonstances énumérées au titre des conventions matrimoniales, et généralement dans le cas de l'article qui
suit.

Jurisp.— Les legs par le mari de la part de communauté afférente à sa
femme, à la charge de payer certaine rente à cette dernière, est valable, si la
femme accepte la rente imposée à tel legs.— Roy et Gagnon, III L. C. R., 45.

883. [Si le testateur est devenu depuis le testament, pour le tout
ou pour partie, propriétaire de la chose léguée, le legs est valide
pour tout ce qui se retrouve dans sa succession, nonobstant la disposition contenue en l'article qui précède, excepté dans le cas où la
chose ne reste dans la succession que parce que l'aliénation faite
ensuite volontairement par le testateur s'est trouvée nulle.]

884. Lorsqu'un legs à titre particulier comprend une universalité d'actif et de passif, comme par exemple une certaine succession,
le légataire de cette universalité est tenu seul et personnellement
des dettes qui s'y rattachent, sauf les droits des créanciers contre les
héritiers et les légataires universels ou à titre universel, qui ont leur
recours contre le légataire particulier.

Proudhon, *Usufruit*, nᵒˢ 1025 et suiv., 1845 et suiv.

885. En cas d'insuffisance des biens de la succession ou de l'héritier ou légataire tenu au paiement, les legs qui ont la préférence
sont payés d'abord, et ensuite le partage se fait entre les autres légataires au marc la livre en proportion de la valeur de chaque legs.
Les légataires d'une chose certaine et déterminée la prennent sans
être tenus de contribuer à remplir les autres legs qui ne sont pas
préférés au leur.

Ricard, part. 3, nᵒ 1530.— 2 Bourjon, 322-3-4-5.— Pothier, *Don. test.*, 352 et
suiv.— Guyot, *Légataire*, 85, 96 et 100.

886. Pour faire opérer la réduction des legs particuliers, le créancier doit avoir discuté l'héritier ou le légataire tenu personnellement,
et s'être prévalu à temps du droit de séparation des patrimoines.
        Le créancier n'exerce la réduction contre chacun des légataires
particuliers que pour une partie proportionnelle à la valeur de son
legs, mais les légataires particuliers peuvent se libérer en rendant
le legs ou sa valeur.

Autorités sous l'article précédent.

Jurisp.— Le créancier d'un testateur qui a discuté les biens de la succession, sans avoir été payé, peut poursuivre un légataire particulier d'un immeuble, pour qu'il soit tenu de le rapporter et de le délaisser en justice, si mieux il n'aime payer la créance du demandeur.— En ce cas le défendeur qui a fait des impenses pour lesquelles il a une créance privilégiée sur l'immeuble dont on lui demande le délaissement, n'a pas le droit de retenir l'immeuble jusqu'à ce qu'il ait été payé de ses impenses, mais il peut exercer sa créance privilégiée sur le prix de l'immeuble qui devra être vendu sur un curateur au délaissement, dans le cas où le défendeur ne se prévaudrait pas de l'option qui lui est offerte de payer la créance du demandeur.— Matte et Laroche, VIII R. L., 517.

887. Le créancier de la succession a, dans le cas de réduction du legs particulier, un droit de préférence sur la chose léguée, à l'encontre des créanciers du légataire, comme dans la séparation des patrimoines.

Le légataire particulier préjudicié par la réduction, a son recours contre les héritiers ou légataires tenus personnellement, avec subrogation légale à tous les droits du créancier payé.

Guyot, *Légataire*, 97.— 2 Bourjon, 323, 232-3.

888. Lorsqu'un immeuble légué a été augmenté par des acquisitions, ces acquisitions fussent-elles contiguës, ne sont censées faire partie du legs que si, d'après leur destination et les circonstances, l'on peut présumer de l'intention du testateur de n'en faire qu'une dépendance constituant avec la partie léguée un seul et même corps de propriété.

Les constructions, embellissements et améliorations sont censés adjoints à la chose léguée.

Pothier, *Don. test.*, 379.— 2 Bourjon, 338.— 1 Thév.-Dess., *Dict. du Dig.*, 494.— C. N., 1019.

889. [Si avant le testament ou depuis, l'immeuble légué a été hypothéqué pour une dette restée due, ou même s'il se trouve hypothéqué pour la dette d'un tiers, connue ou non du testateur, l'héritier ou le légataire universel ou à titre universel n'est pas tenu de l'hypothèque, à moins qu'il n'en soit chargé en vertu du testament.]

L'usufruit constitué sur la chose léguée est aussi supporté sans recours par le légataire particulier. Il en est de même des servitudes.

Si cependant l'hypothèque pour une dette étrangère inconnue au testateur affecte en même temps le legs particulier et les biens demeurés dans la succession, rien n'empêche que le bénéfice de division ait lieu réciproquement.

ff. L. 57, L. 69, § 3, *de legatis et fidei.*, lib. 1.— 2 Bourjon, 332.— Pothier, *Don. test.*, 377.— Guyot, *Légat.*, 97.— C. N., 1020.

890. Le legs fait au créancier n'est pas censé en compensation de sa créance, ni le legs fait au domestique en compensation de ses gages.

ff. L. 28, L. 29, *de legatis et fidei.*— Ricard, part. 2, n° 168.— 2 Bourjon, 360.— Guyot, *Légataire*, 102-3.— C. N., 1023.

Jurisp.— 1. Le legs en usufruit par un mari à sa femme n'éteint pas le recours qu'avait cette dernière contre son mari ou ses héritiers pour reprises matrimoniales, et il n'y a pas confusion en ce cas.— Ménéclier et Gauthier, XVI L. C. R., 181.

2. When a creditor leaves a legacy to a debtor, the presumption is that he intends the amount of the bequest to be paid without deduction of the debt.— MacBean & Dalrymple, I L. C. L. J., 62.

3. Le légataire d'une somme annuelle, de la nature d'aliments, qui doit lui être payable jusqu'au partage définitif de la succession, peut refuser de compenser cette somme annuelle avec ce qu'il doit à la succession.— En tel cas, le rapport de ce qu'il doit à la succession ne doit se faire que lors du partage définitif de cette succession.— Muir vs Muir, V R. L., 637

§ 4.— De la saisine du légataire.

891. Le légataire à quelque titre que ce soit est, par le décès du testateur ou par l'événement qui donne effet au legs, saisi du droit à la chose léguée dans l'état où elle se trouve, et des accessoires nécessaires qui en forment partie, ou du droit d'obtenir le paiement et d'exercer les actions qui résultent de son legs, sans être obligé d'obtenir la délivrance légale.

S. R. B. C., c. 34, s. 2.

Jurisp.—1. An executor, after the expiration of his executorship and account rendered, cannot be sued *en délivrance de legs.*— Gatien vs Corrivaux, I R. de L., 379.

2. When the testator by his will disposes of the whole of his estate and succession and leaves legacies to his heirs, it is not necessary for them to renounce his succession; and their action *en délivrance* must be brought against the executor of the will, whose duty it is, if there be other heirs, to call them into the suit.— Gesseron vs Canac, I R. de L., 379.

3. Le débiteur, poursuivi par l'héritier du créancier, ne peut opposer de son propre chef à cette demande, le testament de ce créancier léguant cette créance à un tiers, nonobstant l'avis donné au défendeur par l'exécuteur testamentaire qu'il demanderait ce legs.— Dans ce cas et en l'absence de délivrance de legs, l'héritier peut recevoir le montant de la créance et en donner quittance et décharge valable.— Deneau vs Frothingham, III L. C. R., 145.

4. Depuis la passation de l'acte de la 41ᵉ Geo. III, chap. 4, la délivrance de legs voulue par le droit français, sous l'empire de la coutume de Paris, n'est plus nécessaire.— Blanchet vs Blanchet, XI L. C. R., 204.

5. L'effet d'un legs universel est tel qu'aucune demande en délivrance de legs n'est nécessaire.— Robert vs Dorion, III L. C. J., 12.

6. Aucune action en délivrance de legs contre les héritiers d'un testateur ne peut être portée, ou est nécessaire, si le testateur a disposé de toutes ses propriétés par testament.— Webb vs Hale, XVI L. C. J., 172.

SECTION V.

DE LA RÉVOCATION DES TESTAMENTS ET DES LEGS ET DE LEUR CADUCITÉ.

892. Les testaments et les legs ne peuvent être révoqués par le testateur, que:

1. Par un testament postérieur qui les révoque expressément, ou par la nature de ses dispositions;

2. Par un acte devant notaire ou autre acte par écrit, par lequel le changement de volonté est expressément constaté;

3. Par la destruction, la lacération ou la rature du testament olographe ou de celui en la forme dérivée de la loi d'Angleterre, faites délibérément par le testateur ou par son ordre, avec intention de révocation; et en certains cas par la destruction ou la perte du testament par cas fortuit parvenu à la connaissance du testateur, ainsi qu'il est exposé en la section troisième du présent chapitre;

4. Par l'aliénation que le testateur fait de la chose léguée.

ff. L. 3, § 11 ; L. 15; L. 16, *de adimendis vel transf.*—Pothier, *Test.*, 386 à 391.—
Ricard, part. 3, n°° 121-6, 134, 239, 262, 273, 274 et suiv.— 2 Bourjon, 381-6, 397-8.
—Troplong, *Don.*, n°° 2048, 2107 et suiv.— C. N., 1035.

Jurisp.— A testator may revoke his will by any writing signed by him.
Such writing need not be written by him, nor possess the formalities of a will.—
Fisher vs Fisher, I L. C. J., 88.

893. La demande en révocation d'un testament ou d'un legs
peut aussi être admise, pour la participation du légataire à la mort
du testateur, ou pour cause d'injure grave faite à sa mémoire, de la
même manière que dans le cas de succession légitime ; ou encore si
le légataire a gêné le testateur quant à la révocation ou à la modification du testament ; par suite de la condition résolutoire ;—
Sans préjudice aux causes pour lesquelles le testament ou le legs
peuvent être attaqués dans leur validité.
La survenance d'enfants au testateur n'opère pas la révocation.
[L'inimitié survenue entre lui et le légataire ne la fait pas non
plus présumer.]

Ricard, part. 3, n°° 688 et suiv.— 2 Bourjon, 396, 403-4.— Pothier, *Test.*, 388 à
396 ; *contrà en partie*, 387.—S. R. B. C., c. 34, s. 2.— C. N., 1046 et 1047.

Jurisp.— The birth of a posthumous child revokes the will of its father
partially.— Hanna vs Hanna, Stuart's Rep., 103.

894. Les testaments postérieurs qui ne révoquent pas les précédents d'une manière expresse, n'y annulent que les dispositions incompatibles avec les nouvelles ou qui y sont contraires.

. Ricard, part. 3, n°° 148-9.— 2 Bourjon, 312, 358-9, 385 et 395.— Pothier, *Test.*,
386, 390, 404 et suiv.= C. N., 1036.

895. La révocation faite dans un testament postérieur conserve
tout son effet, quoique ce nouvel acte reste sans exécution par l'incapacité du légataire ou son refus de recueillir.
La révocation contenue dans un testament nul par défaut de forme
est nulle.

Ricard, part. 3, n°° 168-9.— 2 Bourjon, 393.— Pothier, *Test.*, 388, 389 et 390.—
C. N., 1037.

896. A défaut de disposition expresse, c'est par les circonstances
et les indices de l'intention du testateur qu'il est décidé si la révocation du testament qui en révoque un autre, est destinée à faire revivre le testament antérieur.

2 Bourjon, 390.— Troplong, *Don.*, 2065.— *Contrà*, Ricard, *Don.*, part. 3, n° 178.

Jurisp.— La révocation d'un second testament n'a pas l'effet de faire revivre un testament précédent, si l'acte de révocation n'en contient pas une disposition expresse ou que cela ne résulte pas des circonstances sous lesquelles cette
révocation a eu lieu.— Dupuis vs Dupuis, XIV L. C. J., 243.

897. [Toute aliénation, même en cas de nécessité ou opérée forcément, du droit de propriété à la chose léguée, celle même avec
faculté de rachat, ou par échange, que fait le testateur, s'il n'y a lui-
même pourvu autrement, emporte la révocation du testament ou du
legs pour tout ce qui a été aliéné, même quoique l'aliénation soit
nulle, lorsqu'elle a été volontaire.]
La révocation subsiste quoique la chose soit rentrée depuis dans
la main du testateur, [s'il n'apparaît de son intention au contraire].

898. Personne ne peut, si ce n'est quant à l'effet de la donation à cause de mort par contrat de mariage, abdiquer la faculté de tester ou de disposer à cause de mort, ou de révoquer ses dispositions testamentaires. Personne ne peut non plus soumettre la validité du testament qu'il fera, à des formalités, expressions ou signes que la loi n'y requiert pas, ni à d'autres clauses dérogatoires.

Pothier, *Test.*, 392-3.— Ord. des Test. art. 76.— Henrys, liv. 5, c. 2, quest. 13.— Ricard, *Don.*, part. 3, nᵒˢ 74 et suiv.— 2 Bourjon, 380.— *Contrà*, Papon, liv. 20, tit. 1, art. 4-5.— Observations sur Henrys, *loc. cit.*, nᵒˢ 8 et suiv.— Arrêts cités par Ricard, *loc. cit.*

899. [Personne ne peut exclure son héritier de sa succession, si l'acte qui contient l'exclusion n'est revêtu des formes d'un testament.]

900. Toute disposition testamentaire est caduque, si celui en faveur de qui elle est faite n'a pas survécu au testateur.

Ricard, part. 2, nᵒ 56.— 2 Bourjon, 393-4.— Pothier, *Test.*, 394.— C. N., 1039.

901. Toute disposition testamentaire faite sous une condition dépendant d'un événement incertain, est caduque si le légataire décède avant l'accomplissement de la condition.

Pothier, *Test.*, 394 et 395.— 2 Bourjon, 394.— C. N., 1040.

902. La condition qui, dans l'intention du testateur, ne fait que suspendre l'exécution de la disposition, n'empêche pas le légataire d'avoir un droit acquis et transmissible à ses héritiers.

Pothier, *Test.*, 368.— 2 Bourjon, 371.— Code civil B. C., art. 1089.— C. N., 1041.

903. Le legs est caduc si la chose léguée a totalement péri pendant la vie du testateur.

La perte de la chose léguée survenue après la mort du testateur a lieu pour le légataire, sauf les cas où l'héritier ou autre détenteur peut en être responsable d'après les règles applicables généralement à la chose qui fait le sujet d'une obligation.

Ricard, part. 3, nᵒˢ 314 et suiv.— 2 Bourjon, 399, 400 et 402.— Pothier, *Test.*, 397 et suiv.— Lacombe, *Legs*, sec. 16.— Code civil B. C., art. 1049, 1050, 1063, 1064, 1065, 1067 et 1068.— C. N., 1042.

904. La disposition testamentaire est caduque lorsque le légataire la répudie ou se trouve incapable de la recueillir.

Ricard, part. 3, nᵒ 416.— 2 Bourjon, 339.— Pothier, *Test.*, 387, 395 et 396.— C. N., 1043.

SECTION VI.

DES EXÉCUTEURS TESTAMENTAIRES.

905. Le testateur peut nommer un ou plusieurs exécuteurs testamentaires [ou pourvoir au mode de leur nomination ; il peut également pourvoir à leur remplacement successif].

Rien n'empêche que l'héritier ou le légataire ne soient nommés exécuteurs testamentaires.

14

Les créanciers de la succession peuvent l'être sans perdre leur créance.

Les femmes non mariées ou veuves peuvent aussi être chargées de l'exécution des testaments.

Les tribunaux ou les juges ne peuvent nommer ni remplacer les exécuteurs testamentaires, [si ce n'est dans les cas spécifiés dans l'article 924].

S'il n'y a pas d'exécuteurs testamentaires, et qu'il n'en soit pas nommé de la manière dont ils peuvent l'être, l'exécution du testament demeure entièrement à la charge de l'héritier ou du légataire qui recueille la succession.

Ricard, *Don.*, part. 2, n⁰ˢ 63, 64 et 67.— Guyot, vᵉ *Exéc. test.*, p. 158.— Pothier, *Test.*, p. 359.—2 Bourjon, 373-4.— *Cas de la succession Normandeau, à Montréal, quant à la nomination par la cour ; contrà, le très-ancien droit français.— Contrà, quant aux créanciers sous la loi anglaise :* Parsons, on *Wills,* 87.— C. N., 1025.

906. La femme mariée ne peut accepter l'exécution testamentaire qu'avec le consentement de son mari.

Si l'exécutrice testamentaire, fille ou veuve, se marie en possession de sa charge, elle ne la perd pas de plein droit, même quoiqu'elle soit commune en biens avec son mari ; mais elle a besoin du consentement de ce dernier pour continuer à la remplir.

L'exécutrice testamentaire séparée de biens soit par contrat de mariage, soit par jugement, à laquelle son mari refuse le consentement nécessaire pour accepter ou exercer sa charge, peut être autorisée en justice, comme dans les cas prévus en l'article 178.

Ricard, *Don.*, part. 2, n° 67.— Pothier, *Test.*, p. 359.—Guyot, Rép., *loc. cit.*—2 Bourjon, 373.— Brillon, vᵉ *Exéc. test.*, n° 13.— C. N., 1029.

907. Le mineur ne peut agir comme exécuteur testamentaire, même avec l'autorisation de son tuteur.

Néanmoins le mineur émancipé le peut, si l'objet de l'exécution testamentaire est peu considérable eu égard à ses moyens.

Pothier, *Test.*, 360.—C. N., 1030.

908. L'incapacité des corporations d'être chargées de l'exécution d'un testament se trouve portée au livre premier.

Rien n'empêche que les personnes qui composent une corporation, ou ces personnes et leurs successeurs, ne soient nommées pour exécuter un testament en leur qualité purement personnelle et n'agissent à cette fin, si telle paraît avoir été l'intention du testateur, quoiqu'il ne les ait désignées que sous l'appellation à elles attribuée en leur qualité corporative.

Il en est de même des personnes désignées par la charge ou la position qu'elles occupent, et de leurs successeurs.

Ricard, *Don.*, part. 2, n⁰ˢ 69 et 70.— Pothier, *Test.*, 368.

909. Sauf les dispositions qui précèdent, celui qui ne peut s'obliger ne peut pas être exécuteur testamentaire.

Ricard, *Don.*, part. 2, n° 68.— Pothier, *Test.*, 359.—Guyot, Rép., vᵉ *Exéc. test.*, 158.— C. N., 1028.

910. Personne ne peut être forcé d'accepter la charge d'exécuteur testamentaire.

Elle est gratuite à moins que le testateur n'ait pourvu à sa rémunération.

Si le legs fait à l'exécuteur testamentaire n'a que cette rémunération pour cause, et si l'exécuteur n'accepte pas la charge, le legs est caduc par défaut de la condition.

S'il accepte le legs ainsi fait, il est réputé avoir accepté la charge.

L'exécuteur testamentaire n'est pas tenu de prêter serment, ni de donner caution, à moins qu'il n'ait accepté avec cette charge.

Il n'est pas assujetti à la contrainte par corps.

Cod., L. 3, *de condition. insert.*— Ricard, *Don.*, part. 2, n° 95.— Bacquet, *Bâtardie*, c. 7, n° 14.— 4 Furgole, *Test.*, 156.— Pothier, *Test.*, 359 et 366.— Guyot, Rép., v° *Exéc. test.*, 159.— Lacombe, *eod. verbo*, n° 13.— Merlin, Rép., v° *Cont. par corps*, § 5, *in fine.*— *Contrà*, quant à *la contrainte par corps*, Papon, liv. 20, tit. 9, n° 10, note ; *mais en tout cas abrogé par* Ord. 1667, tit. 34, art. 1.

Jurisp.—1. The administration of a testamentary executor is a mandate of a private character, which can only be delegated by the testator, and is not a trust of a public nature, which can be imposed by a judge.— Gugy & Gilmour, I R. de L., 169.

2. L'hypothèque n'a lieu sur les biens d'un exécuteur testamentaire, que du jour de son acceptation par un acte authentique établissant cette exécution. Cette acceptation doit être enregistrée pour donner à un créancier, en vertu du testament, un droit de priorité ou de préférence sur un autre créancier dont l'hypothèque a été dûment enregistrée.— David vs Hays et Hays et al., III L. C. R., 440.

3. No *hypothèque* attaches to the property of an executor, by reason of the registration of the will under which he is appointed.— Lamothe vs Ross, II L. C. J., 278.

4. L'hypothèque sur les biens d'un exécuteur ne remonte pas à l'époque de l'enregistrement du testament, mais seulement à l'époque de l'enregistrement d'un acte authentique constatant que l'exécuteur a accepté la charge.— Lamothe vs Hutchins, IX L. C. R., 7.

911. L'exécuteur testamentaire qui a accepté ne peut renoncer à sa charge [qu'avec l'autorisation du tribunal ou du juge, laquelle peut être accordée pour des causes suffisantes, les héritiers et légataires, et les autres exécuteurs testamentaires, s'il y en a, étant présents ou dûment appelés.

La divergence de vues sur l'exécution du testament entre quelqu'un d'eux et la majorité de ses co-exécuteurs, peut constituer une cause suffisante.]

Parsons, *on Wills*, 102 et suiv.

Jurisp.—1. The testamentary executor who has accepted the office, can renounce it on the authorization of a judge for sufficient cause; the heirs and legatees, and other executors, being present or duly called.— Yule vs Braith- *see onote about* waite, XII L. C. J., 207.

2. Des exécuteurs testamentaires peuvent renoncer à leur charge avant l'an et jour du consentement des légataires, et alors ceux-ci peuvent porter une action réelle. L'article 911 n'est que dans l'intérêt des légataires.— Lamontagne et Dufresne, M., 15 juin 1874.

912. S'il a été nommé plusieurs exécuteurs testamentaires et que quelques-uns seuls, ou même l'un d'eux seulement, aient accepté, ceux-ci ou celui-ci peuvent agir seuls, à moins que le testateur ne l'ait réglé autrement.

Pareillement si plusieurs ont accepté et que quelques-uns ou l'un d'eux seulement survivent ou conservent leur charge, ces derniers

ou ce dernier peuvent agir seuls jusqu'au remplacement, s'il y a
lieu, à moins de prohibition de la part du testateur.

Bacquet, *Bâtardise*, c. 7, n° 9.— Ricard, part. 2, n° 65.— 2 Bourjon, 374.

Jurisp.— Un testateur établit et nomme deux exécuteurs testamentaires ou
syndics, et le survivant d'entre eux, pour administrer tous ses biens jusqu'au
partage : — *Jugé*, que l'un des exécuteurs ayant renoncé à l'exécution du testament, l'autre avait saisine de la succession du testateur pour mettre son testament à effet.— Viger et Pothier, Stuart's Rep., 394.

913. Si plusieurs exécuteurs testamentaires existent conjointement avec les mêmes attributions, ils ont tous un pouvoir égal, et
doivent agir ensemble, à moins que le testateur ne l'ait réglé autrement.

[Cependant, au cas d'absence de quelqu'un d'entr'eux, ceux qui
se trouvent sur les lieux peuvent agir seuls pour les actes conservatoires et autres qui demandent célérité.] Les exécuteurs peuvent
aussi agir généralement comme procureurs les uns des autres, à
moins que l'intention du testateur n'apparaisse au contraire, et sauf
la responsabilité de celui qui a donné la procuration. Les exécuteurs ne peuvent déléguer généralement l'exécution du testament à
d'autres qu'à leurs co-exécuteurs, mais ils peuvent se faire représenter par procureurs pour des actes déterminés.

Les exécuteurs qui exercent ces pouvoirs conjoints sont tenus
solidairement de rendre un seul et même compte, à moins que le
testateur n'ait divisé leurs fonctions et que chacun d'eux ne se soit
renfermé dans celles qui lui sont attribuées.

Ils ne sont responsables que chacun pour leur part des biens dont
ils ont pris possession en leur qualité conjointe, et du paiement du
reliquat de compte, sauf la responsabilité distincte de ceux autorisés
à agir séparément.

Chopin sur Paris, liv. 2, tit. 7, n° 4.— Guyot, Rép., v° *Exéc. test.*, 169.— Lacombe,
v° *Exéc. test.*, n° 15.— Parsons, *on Wills*, 91 et 95.— N. Den., *Exécut.*, 234.— *Contrà*,
2 Bourjon, 378, et Mornac *par lui cité*.— C. N., 1033.

Jurisp.— 1. All joint executors (who have acted) must in an action of account
against them, be made parties to the suit and be jointly summoned.— Dame vs
Gray, 1 R. de L., 352.

2. Il n'est pas loisible à l'un des deux exécuteurs conjoints de porter une
action sans le consentement de son co-exécuteur ; dans le cas où tel exécuteur
procéderait sans le consentement de son exécuteur conjoint, il doit ainsi procéder
en son nom seul.— Clément vs Geer, IV L. C. R., 103.

3. Executors are not liable, jointly and severally, for the payment of the
balance of moneys collected by them, but are only liable each for the share of
which he had possession.— Executors are not liable to pay more than six per
cent interest on the moneys collected by them, after their account has been
demanded, in the absence of proof that they realised a greater rate of interest
by the use of such moneys.— Darling & Brown, XXI L. C. J., 125.

4. Action by appellant against defendant Hagar to recover amount of note
payable to his own order and endorsed by him to late Clark Fitts. Two of the
executors of Fitts entervened and contested the demand alledging Mr. Fitts
had never transfered the note to appellant who had obtained it by fraud.— On
this contestation the action was dismissed. The question that arises is : can
two out of three executors intervene and contest the action when the third
refuses to do so ? *Held* in the affirmative by S. C. Judgment reversed but on
other grounds.— Jacquays & Hagar, M., 17 mars 1875.

914. Les frais faits par l'exécuteur testamentaire en accomplissement de sa charge sont supportés par la succession.

Pothier, *Test.*, 366.— Ricard, part. 2, n° 96.— 2 Bourjon, 878.— N. Den., *Exécut.*, 223 et 233.— C. N., 1034.

915. L'exécuteur testamentaire peut, avant la vérification du testament, procéder aux actes conservatoires et autres qui demandent célérité, sauf à faire faire cette vérification sans délai, et à en produire la preuve où elle est requise.

Parsons, *on Wills*, 88.— 2 Bourjon, 379.— 8 N. Den., 222.

916. Le testateur peut limiter l'obligation qu'a l'exécuteur testamentaire de faire inventaire et de rendre un compte de l'exercice de sa charge, ou même l'en dispenser entièrement.

Cette décharge n'emporte pas celle de payer ce qui lui reste entre les mains, à moins que le testateur n'ait voulu lui remettre la disposition des biens sans responsabilité, le constituer légataire, ou que les termes du testament ne comportent autrement la décharge de payer.

Ricard, *Don.*, part. 1, n°° 589 et 765 ; part. 2, n°° 70, 90, 91 et 92.— Bacquet, *Bâtard.*, c. 7, n° 18.— Pothier, *Test.*, 365, *paraît être contre la dispense de faire inventaire, mais notre loi actuelle des testaments enlève le doute.*

917. [Si, ayant accepté, l'exécuteur testamentaire refuse ou néglige d'agir, s'il dissipe ou dilapide les biens ou exerce autrement ses fonctions de manière à autoriser la destitution dans le cas d'un tuteur, ou s'il est devenu incapable de remplir sa charge, il peut être destitué par le tribunal compétent.]

8 N. Den., 213.

Jurisp.— 1. Un exécuteur testamentaire, dont les pouvoirs sont prolongés au delà de l'an et jour, qui est devenu insolvable, et qui dissipe les biens de la succession, peut être déchu par la cour de l'exécution testamentaire et de l'administration des biens délaissés ; mais la cour dans ce cas n'a pas le pouvoir de nommer un séquestre.— McIntosh vs Dease, II L. C. R., 71.

2. Respondent brought this action as tutor appointed at Quebec to his minor children residing in England. Appellant alleging the fact that the minors never had a domicile in the Province of Quebec, the respondent's appointment as tutor was null and he could not bring this action. To this plea the respondent demurred. This action was for the purpose of removing the appellants from the executorship of the last will of the late John Brooke for incompetency ; and the declaration, amongst other reasons, alleged that appellant John Brooke resided in England and could not administer here. Appellant demurred to this allegation. The Court below maintained respondent's demurrer and dismissed the one filed by appellant. Judgement confirmed.— Brooke & Bloomfield, M., 15 sept. 1874.

3. The appellants are executors under the will of the late John Brooke. Respondent is tutor to his minor children who are appellants, universal legatees of John Brooke, appellants each for ⅓ and minors B. for another third. Respondent instituted this action to remove appellants from executorship for misconduct and for neglecting to make an inventory of estate. On 1st Oct. 1874, judge Mondelet ordered the appointment of a sequestrator, and Mr. Court was appointed; appellants moved to cancel the appointment. Motion dismissed. Appeal dismissed and judgment confirmed.— Brooke & Bloomfield, M., 15 déc. 1875.

918. L'exécuteur testamentaire est saisi comme dépositaire légal, pour les fins de l'exécution du testament, des biens meubles de la succession, et peut en revendiquer la possession même contre l'héritier ou le légataire.

Cette saisine dure pendant l'an et jour à compter du décès du testateur, ou du temps où l'exécuteur a cessé d'être empêché de se mettre en possession.

Lorsque ses fonctions ont cessé, l'exécuteur testamentaire doit rendre compte à l'héritier ou au légataire qui recueillent la succession, et leur payer ce qui lui reste entre les mains.

Ricard, *Don.*, part. 2, n°ˢ 71, 72, 74 et 76.— Pothier, *Test.*, 360 à 366.— 2 Bourjon, 374-7-78.— N. Den., 211-3-4 et 230.— C. N., 1026 et 1031.

Jurisp.—1. An executor after the expiration of his executorship and account rendered, cannot be sued *en délivrance de legs.*— Gotron vs Corrivaux, I R. de L., 379.

2. An action directed against an executor, to recover moneys received by him on account of the estate, must be in the form of an action to account, even though the plaintiff claims but one sum as due to the estate.— McPhee vs Woodbridge, I L. C. L. J., 86.

3. Sur requête pour aliments durant une instance en reddition de compte contre un exécuteur testamentaire, la cour peut accorder tels aliments, nonobstant la déclaration de l'exécuteur qu'il n'a aucun fonds entre ses mains.— Hart vs Molson, IV L. C. R., 127.

4. Dans une action par un curateur à la succession vacante d'un testateur, contre les représentants de l'un de trois exécuteurs conjoints pour le montant de certains intérêts reçus par tel exécuteur: *Jugé :*— Que l'action devait être renvoyée par la raison que si les représentants légaux du testateur avaient aucune réclamation, icelle devait être exercée contre les tiers exécuteurs ou leurs représentants en raison de leur administration de la succession généralement, et non pour un montant donné.— McPhee et Woodbridge, XVI L. C. R., 157.

5. Un héritier institue une action contre des exécuteurs testamentaires pour reddition de compte. Ceux-ci plaident que toute l'hérédité mobilière et immobilière a été léguée à I. en usufruit, que l'héritier a été présent à la délivrance du legs et l'a approuvé, et ils refusent de rendre compte. La Cour Supérieure condamna les exécuteurs à rendre compte ; mais la Cour d'Appel fut unanimement d'opinion que l'article de notre Code ne s'applique pas au cas actuel, et que les exécuteurs testamentaires ne sont pas tenus de rendre compte à l'héritier.— Bossé et Hamel, III R. C., 43.

6. Des exécuteurs testamentaires peuvent renoncer à leur charge avant l'an et jour du consentement des légataires, et alors ceux-ci peuvent porter une action réelle. L'article 911 n'est que dans l'intérêt des légataires.— Lamontagne et Dufresne, M., 15 juin 1874.

7. L'action contre des exécuteurs testamentaires pour reddition de compte ne se prescrit que par trente ans.— Darling et Brown, I C. S. C. Rep., 360.

919. L'exécuteur testamentaire fait faire inventaire, en y appelant les héritiers et légataires et autres intéressés. Il peut cependant faire de suite tous actes conservatoires et autres qui demandent célérité.

Il veille aux funérailles du défunt.

Il procède à faire vérifier le testament, et le fait enregistrer, dans les cas requis.

S'il y a contestation sur la validité du testament, il peut se rendre partie pour la soutenir.

Il paie les dettes et acquitte les legs particuliers, du consentement de l'héritier ou du légataire qui recueillent la succession, ou, iceux appelés, avec l'autorisation du tribunal.

En cas d'insuffisance de deniers pour l'exécution du testament, il peut, avec le même consentement ou la même autorisation, faire vendre jusqu'à concurrence le mobilier de la succession. L'héritier ou le légataire peuvent cependant empêcher cette vente en offrant de remettre les sommes nécessaires pour accomplir le testament.

L'exécuteur testamentaire peut recevoir le montant des créances et en poursuivre le paiement.

Il peut être poursuivi pour ce qui tombe dans les devoirs de sa charge, sauf son droit de mettre en cause l'héritier ou le légataire.

Ricard, part. 2, nᵒˢ 79, 80, 81, 86, 87, 88 et 94.— Pothier, *loc. cit.*— 2 Bourjon, 376.— 8 N. Den., 228.— C. N., 1031.

Voir les dispositions de l'acte Q. 33 Vict., c. 19, ss. 1, 2 et 3, sous l'art. 294.

Jurisp.—1. If a testator directs his executor to pay his debts, an action may be maintained against him by a creditor of the estate.— Bernier vs Bossé, I R. de L., 349.

2. An action can be maintained by the creditor of a testator deceased against his executor for a debt, if by his will, the executor is charged with the payment of the debts of the testator.— Iffland vs Wilson, I R. de L., 350.

3. The executors of a testator have no quality to make a *reprise d'instance*, if such instance relates to real property.— Hamilton vs Plenderleath, II R. de L., 1.

4. An executor, if he sells an estate of the testator, may warrant the title in his own name.— Baley vs Measam, II R. de L., 337.

5. Une action pour une dette mobilière ne peut être portée contre un exécuteur testamentaire seul, mais les héritiers ou autres représentants du testateur doivent être mis en cause, quoique l'exécuteur soit, par le testament, chargé de payer les dettes, et quoique l'action soit commencée dans l'an du décès du testateur.— La défense de l'exécuteur, " qu'il n'a aucune partie de la succession du testateur entre ses mains," sera maintenue, quoique l'action soit portée dans les trois mois en suivant le décès du testateur.— Caspar vs Hunter, XIV L. C. R., 198.

6. Un créancier qui obtient jugement contre un légataire universel, exécuteur testamentaire conjoint, ne peut plus tard poursuivre l'autre exécuteur testamentaire pour la même dette, lors même qu'il n'aurait pas été payé par le légataire universel, s'il n'allègue pas l'insolvabilité de ce dernier.— Hossack vs Young, XV L. C. R., 500.

7. Une action contre des exécuteurs et légataires universels pour contraindre l'exécution d'une disposition testamentaire faite dans les termes suivants: " Mon désir est aussi que l'hypothèque subsistant contre la propriété de Mᵐᵉ " Hanley (la demanderesse) soit payée sur les argents maintenant en banque à " mon avoir," sera maintenue; et un jugement sera prononcé, condamnant les défendeurs à payer le montant de telle hypothèque à la demanderesse, qui avait été elle-même obligée de la payer au créancier.— Jones vs Penn, XV L.C. R., 92.

8. L'exécuteur testamentaire peut être poursuivi seul pour le recouvrement des dettes mobilières dues par le testateur.— Le devoir de l'exécuteur testamentaire ainsi poursuivi, est de dénoncer la demande à l'héritier, s'il y a doute, afin qu'il l'admette ou la conteste.— De Léry vs Campbell, XVI L. C. R., 54.

9. The executors only, and not the usufructuary under the will, can take proceedings to support the rights of the estate.— Johnson vs Aylmer, I L. C. L. J., 67.

10. Des exécuteurs testamentaires autorisés à agir au delà de l'an et jour et jusqu'à ce que les dispositions du testament soient exécutées, ne peuvent demander à ce que les légataires, soit usufruitiers ou en propriété, soient mis en cause avec eux.— Gray et Dubuc, II Q. L. R., 234.

11. Des exécuteurs testamentaires nommés dans la province d'Ontario et autorisés à vendre les propriétés immobilières situées dans cette province, peuvent-ils vendre des immeubles situés dans la province de Québec? La Cour d'Appel a répondu affirmativement sur une question soumise par la Cour du Banc de la Reine d'Ontario sous l'acte impérial 22–23 Vict., ch. 63.— Stuart et Baldwin, M., 22 septembre 1876.

12. Des exécuteurs testamentaires peuvent-ils intenter une action qui aurait dû être portée au nom des héritiers? La jurisprudence est constante pour permettre à des exécuteurs administrateurs, de porter toutes les actions qui compètent à la succession.— Lapointe et Gibb, Q., 2 juin 1876.

13. Quoique le testateur ait nommé des exécuteurs administrateurs, cependant les légataires universels sont tenus des dettes et peuvent être poursuivis pour les payer.— Beaudry vs Rolland, XXII L. C. J., 72. *confirmé en appel 11 May 1878.*

920. Les pouvoirs de l'exécuteur testamentaire ne passent point par l'effet de la loi à ses héritiers ou autres successeurs, qui sont cependant tenus de rendre compte de sa gestion, ainsi que de ce qu'ils peuvent eux-mêmes avoir géré de fait.

Pothier, *Test.*, 367-8.—8 Nouv. Den., p. 220, n° 10.—2 Bourjon, 374.—Code civil B. C., art. 1043 et suivants.

921. Le testateur peut modifier, restreindre, ou étendre les pouvoirs, les obligations et la saisine de l'exécuteur testamentaire, et la durée de sa charge. Il peut constituer l'exécuteur testamentaire administrateur des biens en tout ou en partie, et même lui donner pouvoir de les aliéner, avec ou sans l'intervention de l'héritier ou du légataire, en la manière et pour les fins par lui établies.

Pothier, *Test.*, 385, *paraît contraire à l'extension des pouvoirs en grande partie, mais l'introduction de la liberté absolue de tester, et son interprétation pratique paraissent avoir aboli le doute.*—*Voyez d'ailleurs* Nouv. Den., pp. 215 et suiv., *où le cas est très-applicable.*—4 Furgole, 147.—Guyot, Rép., v° *Exéc. test.*, 161.—*Voyez aussi les nouveaux auteurs en général, et en particulier* Delvincourt, vol. 2, p. 373, *note.*

922. Un testateur ne peut nommer de tuteurs aux mineurs, ni de curateurs à ceux qui sont dans le cas d'en être pourvus, ou à une substitution.

Si le testateur a prétendu nommer à ces charges, les pouvoirs spécifiques donnés aux personnes ainsi appelées et qu'il eût pu leur conférer sans cette désignation, peuvent cependant être exercés par elles comme exécuteurs et administrateurs testamentaires.

Le testateur peut obliger l'héritier ou le légataire à prendre l'avis ou à obtenir l'assentiment des exécuteurs testamentaires ou d'autres personnes dans certains cas.

(*L'article ci-dessus est en conciliation du droit coutumier, où toutes les tutelles sont datives, avec l'extension de la liberté de tester.*)

923. Le testateur peut pourvoir au remplacement des exécuteurs et administrateurs testamentaires par d'autres, même successivement, et pour tout le temps que durera l'exécution du testament, soit en les nommant ou désignant lui-même directement, soit en leur donnant pouvoir de se remplacer, ou en indiquant autrement un mode à suivre non contraire à la loi.

Autorités à l'art. 921.

924. [Si le testateur a voulu que la nomination ou le remplacement fussent faits par les tribunaux ou les juges, les pouvoirs à ces fins peuvent être exercés judiciairement en appelant les héritiers et légataires intéressés.

Lorsque des exécuteurs et administrateurs testamentaires ont été nommés par le testament, et que par leur refus d'accepter, ou la cessation de leurs pouvoirs sans remplacement, ou par des circonstances imprévues, il ne s'en trouve aucun, sans qu'il soit possible de pourvoir au remplacement d'après les termes du testament, les juges et les tribunaux peuvent également exercer les pouvoirs requis à cet effet, pourvu qu'il apparaisse de l'intention du testateur de faire continuer l'exécution et l'administration indépendamment du légataire ou de l'héritier.]

Jurisp.—Les dispositions de l'article 924 du Code civil, au sujet de la nomination d'un administrateur testamentaire pour remplacer ceux qui ont cessé d'exercer leurs pouvoirs, ne s'appliquent pas aux cas qui peuvent se présenter sous les dispositions d'un testament fait antérieurement à la promulgation du Code civil.—Chalut vs Persillier, XVII L. C. J., 44.

CHAPITRE QUATRIÈME.

DES SUBSTITUTIONS.

SECTION I.

RÈGLES SUR LA NATURE ET LA FORME DES SUBSTITUTIONS.

925. Il y a deux sortes de substitutions.

La substitution vulgaire est celle par laquelle une personne est appelée à la disposition, pour le cas où elle est sans effet quant à la personne avantagée en premier lieu.

La substitution fidéicommissaire est celle où celui qui reçoit est chargé de rendre la chose, soit à son décès, soit à un autre terme.

La substitution a son effet en vertu de la loi, à l'époque fixée, sans qu'il soit besoin d'aucune tradition ou autre acte de la part de celui qui est chargé de rendre.

Thévenot-d'Essaules, *Substit.*, n⁰⁰ 7, 10, 11, 31, 190, 502, 612, 613 et 614.— 2 Bourjon, 153-4.— Pothier, *Substit.*, 485-6.— Guyot, *Substit.*, 453.

Jurisp.— 1. A. légua certaines propriétés à B. avec substitution au décès de B. en faveur de son fils aîné ; ce fils aîné mourut sans enfant avant B. lui-même. — *Jugé :* 1⁰ Qu'un fils de B. survivant, quoique puîné, avait droit de réclamer en vertu de la substitution comme fils aîné. 2⁰ Qu'une vente des propriétés en question par B. et son fils aîné décédé, était nulle en autant qu'il s'agissait de la réclamation du fils survivant de B. en vertu de la substitution; cette substitution ne prenant effet qu'à la mort de B.— McCarthy vs Hart, IX L. C. R., 23.

2. Dans l'espèce du testament de M⁰⁰ Castonguay, l'intention de la testatrice était de créer une substitution fidéicommissaire ; non de créer un simple usufruit en faveur de la donataire, avec donation de la nue propriété à d'autres.— Joseph et Castonguay, I R. L., 200.

926. La substitution fidéicommissaire comprend la vulgaire sans qu'il soit besoin de l'exprimer.

Lorsque la vulgaire est adjointe en termes exprès à la fidéicommissaire pour régler des cas particuliers, la substitution est aussi appelée compendieuse.

Lorsque le terme de *substitution* est employé seul, il s'applique à la fidéicommissaire, avec la vulgaire qui y est comprise ou s'y rattache ; à moins que la nature ou les termes de la disposition n'indiquent la vulgaire seule.

Thév.-d'Ess., n⁰⁰ 1234 et suiv.— Ord. des Substit., tit. 1, art. 27.— 2 Bourjon, 174.— Pothier, *Subst.*, 485-6.— Guyot, *Subst.*, 507.

927. Celui qui est chargé de rendre se nomme le grevé, et celui qui a droit de recueillir postérieurement se nomme l'appelé. Lorsqu'il y a plusieurs degrés dans la substitution, l'appelé qui recueille à la charge de rendre devient à son tour grevé par rapport à l'appelé subséquent.

2 Bourjon, 155-9.— Pothier, *Subst.*, 486.— Guyot, *Subst.*, 475-6.

928. Une substitution peut exister quoique le terme d'*usufruit* ait été employé pour exprimer le droit du grevé. En général, c'est d'après l'ensemble de l'acte et l'intention qui s'y trouve suffisamment manifestée, plutôt que d'après l'acception ordinaire de certaines expressions, qu'il est décidé s'il y a ou non substitution..

Thév.-d'Ess., n°⁸ 259, 263 et 269.— Pothier, *Subst.*, 497 et 508.— Guyot, *Subst.*, 491.

Jurisp.— 1. The words "*jouissance*," "*usufruit*," used in a donation as describing the rights intended to be conveyed to a donee, may be construed to mean the rights to be enjoyed by a person *grevé de substitution*, if the general purport of the deed of donation indicates the intention of the donor to create a substitution, and not merely to transfer to one person the *usufruit* and to another the *nue propriété*.— Joseph & Castonguay, VIII L. C. J., 62.

2. La disposition testamentaire en question contient non pas une substitution, mais une donation d'usufruit en faveur des enfants de la testatrice, et de la propriété des immeubles en faveur des petits-enfants vivant au jour du décès de la dernière des usufruitières. Dans le cas du décès de l'une des usufruitières, sa part d'usufruit accroît à l'usufruitière survivant. A compter du jour du décès de la testatrice jusqu'à celui de la dernière usufruitière, la nue propriété des dits immeubles résidait sur la tête des héritiers en loi de la testatrice. Les seuls petits-enfants vivant au jour du décès de la dernière usufruitière sont légataires en propriété par têtes ou parts égales, sans égard aux souches. Les arrière-petits-enfants, vivant au jour du décès de la dernière usufruitière, viennent au partage par représentation au cas du prédécès des petits-enfants, leur père ou mère.— Roy vs Gauvin, III R. L., 443.

3. F.-X. Desève lègue à Marg. Lenoir, son épouse, tous ses biens à titre de constitut et précaire pour en jouir sa vie durant en usufruit, la dispensant de faire inventaire; et arrivant son décès, il lègue à F. Desève, un de ses fils, sa terre des Tanneries pour en jouir sa vie durant, et *après son décès* il lègue cet immeuble aux enfants du dit F. Desève en propriété. Quant à ses autres biens le testateur les léguait en usufruit seulement à F.-X. Desève, prêtre, Elie Desève et Alex. Desève; et au décès de ses trois fils, il donnait ses biens en toute propriété à leurs enfants et, à défaut d'enfants, à leurs plus proches héritiers. Les appelants sont les enfants d'Elie Desève décédé. F.-X. Desève est décédé sans enfants.— *Jugé :* 1° que ce testament contient une substitution et non un legs d'usufruit et legs de propriété; 2° que la substitution s'est ouverte à la mort de chaque enfant et qu'il n'y a pas eu d'accroissement en faveur du survivant; 3° que le partage doit se faire par souches et non par têtes.— Desève et Desève, M., 17 juin 1875.

929. L'on peut créer une substitution par donation entrevifs en un contrat de mariage ou autrement, par donation à cause de mort en un contrat de mariage, ou par testament.

La capacité des personnes suit dans chaque cas la nature de l'acte.

La disposition qui substitue peut être conditionnelle comme toute autre donation ou legs.

La substitution peut être attachée à une disposition soit universelle, ou à titre universel, ou à titre particulier.

Il n'est pas nécessaire que l'appelé ait été présent à la donation entrevifs qui substitue en sa faveur ; il peut même n'avoir été ni né ni conçu lors de l'acte.

Ricard, *Subst.*, part. 1, n°⁸ 110 et 115.—Pothier, *Subst.*, 486-7-8 et 523-4-5-9.— Guyot, *Subst.*, 482, 496 et 497.—Thév.-d'Ess., *Subst.*, n°⁸ 4 et 162-3-6.

Jurisp.— Un acte de donation contenait la stipulation, qu'après le décès du donateur, son fils aurait l'usufruit et les enfants de son fils la propriété de certains immeubles, et qu'à défaut de telle postérité, la propriété d'iceux appartiendrait aux autres héritiers du donateur, qui en jouiraient et disposeraient ainsi qu'en ordonnerait par son testament le donateur.— *Jugé :* 1° Que cette stipulation n'avait pas l'effet de créer une substitution, mais un droit conditionnel de retour de la propriété, en faveur du donateur et de ses héritiers. 2° Qu'attendu que le droit ainsi réservé formait partie de sa propriété de son vivant, et de sa succession à sa mort et était passé par son testament à son fils, ce dernier mourant sans enfant avait le droit, en vertu du testament de son père, de disposer par son propre testament de la dite propriété comme il lui plairait.—Dufaux vs Herse, XVII L. C. R., 246.

930. La substitution par contrat de mariage participe de l'irrévocabilité des donations ainsi faites.

Les substitutions par autres donations entrevifs demeurent révocables par le donateur nonobstant l'acceptation du grevé pour lui-même, [tant que l'ouverture n'a pas eu lieu, à moins que l'acceptation de la substitution n'ait eu lieu par l'appelé ou pour lui, soit formellement, soit d'une manière équivalente, comme dans les donations en général].

L'acceptation pour eux-mêmes par les pères et mères grevés, même étrangers au donateur, rend aussi irrévocable la substitution en faveur de leurs enfants nés et à naître.

La révocation de la substitution, lorsqu'elle peut avoir lieu, ne peut préjudicier au grevé, ni à ses héritiers, en les privant de l'avantage de la caducité éventuelle ou autrement. Au contraire, et quoique l'appelé eût pu recueillir sans la révocation, cette révocation est au profit du grevé et non du substituant, à moins que ce dernier n'en ait fait la réserve dans l'acte qui substitue.

La substitution par testament demeure révocable comme toute autre disposition testamentaire.

Ricard, *Don.*, part. 1, n° 850 ; *Substit.*, part. 1, n°° 137 et 140.— Thév.-d'Ess., n°° 1134-5-6-7-8 et notes p. 448.— Ord. Don., art. 11 et 12.— Code civil B.-C., art. 772. — *Contrà pour l'irrévocabilité dans tous les cas.*— Ord. des Substs., tit. 1, art. 11 et 12.— Pothier, *Subst.*, 489.

931. Les biens meubles peuvent, comme les immeubles, être l'objet des substitutions. A moins que les meubles corporels ne soient assujettis à une disposition différente, ils doivent être vendus publiquement et le prix être employé aux fins de la substitution.

Il doit être fait emploi aux mêmes fins des deniers trouvés comptant.

L'emploi doit dans tous les cas être fait au nom de la substitution.

Thév.-d'Ess., n° 69.— *Contrà en partie quant à la vente et à l'emploi.*— Ord. des Subst., tit. 1, art. 3.— *Vide* Blanchet vs Blanchet.—2 Bourjon, 158.— Pothier, *Subst.*, 529 et 554 ; et 490-1, *quant à l'emploi de rigueur introduit par l'ordonnance.* — Voir les dispositions de l'acte Q. 33 Vict., c. 19, ss. 1, 2 et 3, sous l'art. 294.

932. [La substitution créée par un testament ou dans une donation entrevifs ne peut s'étendre à plus de deux degrés outre l'institué.]

933. Les règles qui concernent les legs en général ont leur effet en matière de substitution, à moins d'exception, en autant qu'elles peuvent être appliquées.

Les substitutions par donation entrevifs sont, comme celles faites par testament, assujetties aux règles des legs quant à l'ouverture et après qu'elle a eu lieu. Ce qui concerne la forme de l'acte, ainsi que l'acceptation et l'appréhension des biens par le premier donataire, demeure sujet aux règles des donations entrevifs.

L'acceptation par le premier donataire grevé suffit pour les appelés, s'ils se prévalent de la disposition et si elle n'a été validement révoquée.

Si la donation entrevifs devient caduque par répudiation ou par défaut d'acceptation de la part du premier donataire, il n'y a pas lieu à la substitution fidéicommissaire, ni à la vulgaire à moins que le donataire ne l'ait ainsi réglé.

Thév.-d'Ess., nᵒˢ 69, 76, 142, 143, 144, 159, 161, 162, 163, 170, 171, 172, 528, 529 et 612.— Ricard, *Subst.*, c. 10, nᵒ 130.— 2 Bourjon, 155-8.— Guyot, *Subst.*, 482.— Pothier, *Subst.*, 488, 490 et 514.— 3 L. C. Jurist, 141, Joseph vs Castonguay.

Jurisp.— 1. Lorsqu'un usufruit est constitué par acte de donation en faveur de plusieurs personnes conjointement et qu'il y a substitution de la propriété, les appelés ne peuvent recueillir qu'après la mort de tous les usufruitiers; y ayant lieu ou droit d'*accroissement* en faveur des survivants jusqu'au dernier.— Joseph & Castonguay, I R. L., 200.

2. Dans le cas d'une donation par une mère à un de ses fils, à la condition que si le donataire meurt avant ses frères et sœurs, les biens donnés retourneront à *leurs enfants légitimes par souches*, les enfants d'un frère du donataire décédé avant la donation auront droit à une part, comme ceux des frères et sœurs décédés après la donation.— Leclère vs Beaudry, V R. L., 626.

934. Le testateur peut charger de substitution soit le donataire ou le légataire qu'il avantage, soit son héritier à cause de ce qu'il lui laisse à ce titre.

Pothier, *Subst.*, 525.— Guyot, *Subst.*, 477.

935. Un donateur par acte entrevifs ne peut substituer postérieurement les biens par lui donnés, même en faveur des enfants du donataire.

Il ne peut non plus s'en réserver le droit, si ce n'est dans la donation par contrat de mariage. Cependant le substituant peut se réserver, dans tous les cas, le droit de déterminer les proportions entre les appelés.

Néanmoins le disposant peut, dans une nouvelle donation entrevifs faite d'autres biens à la même personne, ou par testament, substituer les biens qu'il lui a donnés purement et simplement dans la première ; cette substitution n'a d'effet qu'au moyen de l'acceptation de la disposition postérieure dont elle est une condition, et sans préjudice aux droits acquis aux tiers.

Ord. des Subst., tit. 1, art. 13 et 15.— Thév.-d'Ess., nᵒˢ 123 et 127.— Code civil B. C., art. 827.— Pothier, *Subst.*, 527.

936. Les enfants qui ne sont point appelés à la substitution, mais qui sont seulement mis dans la condition sans être chargés de restituer à d'autres, ne sont pas regardés comme étant dans la disposition.

Ricard, *Subst.*, part. 1, nᵒ 501.— 2 Bourjon, 167.— Pothier, *Subst.*, 504-5-6-7.— Ord. des Subst., tit. 1, art. 19.— Thév.-d'Ess., *Subst.*, nᵒˢ 939 et suiv.

937. La représentation n'a pas lieu dans les substitutions non plus que dans les autres legs, à moins que le testateur n'ait ordonné que les biens seraient déférés suivant l'ordre des successions légitimes, ou que son intention au même effet ne soit autrement manifestée.

Ord. des Subst., tit. 1, art. 21.— Thév.-d'Ess., nᵒ 64.— Ricard, *Subst.*, part. 1, nᵒˢ 663 et suiv., *avec modification*.

Jurisp.— 1. Dans l'espèce, une substitution fidéicommissaire étant faite en terme collectif, les biens substitués doivent se partager entre les appelés par souches et non par têtes, ou la transmission des biens laissés à deux enfants à charge de substitution graduelle en faveur de leurs descendants, se fait par souches. Dans l'espèce, la substitution s'ouvrant en faveur d'un des appelés, avant de s'ouvrir pour les autres, cet appelé peut immédiatement demander sa part sans attendre l'ouverture de la substitution en faveur de ses co-appelés.— Dumont vs Dumont, VII L. C. J., 12.

2. Dans les substitutions, il n'y a pas lieu au droit de *représentation*, à moins que le donateur n'ait manifesté clairement son intention de déférer les biens suivant l'ordre des successions légitimes. La mort d'un des appelés, savoir, un des petits-enfants de la donatrice, avant l'ouverture de la substitution, n'a pas produit un droit de *représentation* en faveur des demanderesses, arrière-petits-enfants de la donatrice et enfants de l'*appelé* décédé avant l'ouverture de la substitution, mais a produit un droit d'*accroissement* en faveur des *appelés* vivant lors de l'ouverture de la substitution.— Castonguay vs J. L. Beaudry, I R. L., 93.

3. La représentation en ligne directe a lieu en matière de substitution.— Brunette vs Péloquin, III R. L., 52.

SECTION II.

DE L'ENREGISTREMENT DES SUBSTITUTIONS.

938. Outre les effets de l'enregistrement et du défaut d'icelui quant aux donations et aux testaments respectivement comme tels, ceux de ces actes qui portent substitution fidéicommissaire, soit de biens meubles, soit d'immeubles, doivent être enregistrés dans l'intérêt des appelés et dans celui des tiers.

Les substitutions en ligne directe par contrat de mariage et celles de meubles corporels avec tradition réelle au premier donataire ne sont pas exemptées de l'enregistrement.

Le défaut d'enregistrement de la substitution opère en faveur des tiers au préjudice des appelés, même mineurs, interdits ou non-nés, et même contre la femme mariée, sans qu'il y ait lieu à restitution, sauf leur recours contre ceux qui étaient tenus de la faire enregistrer.

S. R. B. C., c. 37, s. 29.— Ord. de Moulins, art. 47.— Ricard, *Subst.*, part. 2, n° 120.— 2 Bourjon, 178, 179 et 180.— Pothier, *Subst.*, 491 et suiv.

Jurisp.— Registration of substitution only became law in 1855, 18 Vict., cap. 101, and previous registration will not avail.— McIntosh vs Bell, XII L. C. J., 121.

939. La substitution peut être attaquée à cause du défaut d'enregistrement par tous ceux qui y ont intérêt, à moins d'une exception qui les concerne.

2 Ricard, *Subst.*, part. 2, n° 120.— Pothier, *Subst.*, pp. 495-6.— C. N., 941.

940. Le substituant, le grevé, non plus que leurs héritiers et légataires universels, ne peuvent se prévaloir du défaut d'enregistrement; ceux qui ont acquis d'eux de bonne foi à titre particulier soit onéreux soit gratuit, et leurs créanciers, le peuvent.

Pothier, *Subst.*, 495-6.— Ord. des Subst., tit. 2, art. 34.— C. N., 941, 1070 et 1072

Jurisp.— L'enregistrement tardif d'un testament portant substitution a tout son effet excepté à l'égard de ceux qui auraient acquis quelque droit sur l'immeuble avant tel enregistrement.— Dufresne vs Bulmer, XXI L. C. J., 98.

941. L'enregistrement des actes portant substitution remplace leur insinuation au greffe des tribunaux et leur publication en justice, formalités qui sont abolies.

L'enregistrement se fait dans les six mois à compter de la date de la donation entrevifs ou du décès du testateur. L'effet de l'enregistrement, dans ces délais, des donations entrevifs, à l'égard des tiers dont les droits sont enregistrés, est exposé au titre de l'enregistrement des droits réels ; quant à tous autres et quant aux substitutions par testament, l'enregistrement effectué dans ces délais, opère avec rétroactivité au temps de la donation ou à celui du décès. S'il a lieu postérieurement, il n'a d'effet qu'à compter de sa date.

Néanmoins, les délais particuliers établis quant aux testaments, pour le cas où le testateur décède hors du Canada, et pour le cas de recélé de l'acte, s'appliquent également avec rétroactivité aux substitutions qui y sont contenues.

La substitution qui affecte les immeubles doit être enregistrée au bureau pour la circonscription dans laquelle ils sont situés, et en outre, si elle est faite par donation à cause de mort ou par testament, au bureau du domicile du substituant.

Si elle affecte les biens meubles, elle doit être enregistrée au bureau du domicile du donateur lors de la donation, ou du testateur lors de son décès.

S. R. B. C., c. 37, ss. 28 et 29.— Pothier, *Subst.*, 494-5.— Ord. des Substit., tit. 2, art. 27, 28 et 29.— Code civil B. C., art. 804.

942. Sont tenues de faire effectuer l'enregistrement des substitutions, lorsqu'elles en connaissent l'existence, les personnes suivantes, savoir :

1. Le grevé qui accepte le don ou le legs ;
2. L'appelé majeur qui est lui-même chargé de rendre ;
3. Les tuteurs ou curateurs au grevé ou aux appelés, et le curateur à la substitution ;
4. Le mari pour sa femme obligée.

Ceux qui sont tenus de faire effectuer l'enregistrement de la substitution et leurs héritiers et légataires universels ou à titre universel ne peuvent se prévaloir de son défaut.

Le grevé qui a négligé de faire enregistrer est en outre passible de la perte des fruits, comme pour la négligence de faire inventaire.

Ricard, *Subst.*, part. 2, n° 130.— 2 Bourjon, 178.— Ord. des Subst., tit. 2, art. 23 et 30.— Pothier, *Subst.*, 494, 496 et 553.— C. N., 941, 1069, 1070, 1072 et 1073.

943. Les actes et déclarations d'emploi des deniers affectés à la substitution doivent aussi être enregistrés dans les six mois de leur date.

Autorités à l'article précédent.

SECTION III.

DE LA SUBSTITUTION AVANT L'OUVERTURE.

944. Le grevé possède pour lui-même à titre de propriétaire, à la charge de rendre et sans préjudice aux droits de l'appelé.

Ricard, *Subst.*, part. 1, n° 100.— 2 Bourjon, 186.— Pothier, *Subst.*, 541, 543 et 559.— Guyot, *Subst.*, 522-3.— Thév.-d'Ess., *Subst.*, n°° 11, 631-2-3.

Jurisp.— 1. La défense d'aliéner et l'insaisissabilité portées à un acte de donation, ne peuvent être invoquées dans le cas de réparations nécessaires faites pour augmenter la valeur et le revenu de la chose donnée; le bail pour neuf années ne comporte pas une aliénation; le vice d'anticipation ne peut être invoqué que par le nu propriétaire, l'appelé à la substitution, le pupille ou la femme, excepté dans le cas de fraude.— Valois vs Gareau, II R. L., 131.

2. The *grevés de substitution* sold to the appellants all the sand they could take from the property for five years.— *Held*, that the sale was illegal, and that the purchaser might be sued by the substitute for the value of the sand so taken.— Bulmer & Dufresne, I L. N., 303.

945. Si tous les appelés ne sont pas nés, il est du devoir du grevé de faire nommer en justice, en la manière établie pour la nomination des tuteurs, un curateur à la substitution pour représenter les appelés non-nés et veiller à leur intérêt en tous inventaires et partages, et dans les autres cas auxquels son intervention est requise ou peut avoir lieu.

Le grevé qui néglige cette obligation peut être déclaré au profit des appelés déchu du bénéfice de la disposition.

Toute personne qui aurait qualité pour provoquer la nomination d'un tuteur à un mineur de la même famille, peut aussi provoquer celle d'un curateur à la substitution.

Les appelés nés et incapables sont représentés comme dans les cas ordinaires.

2 Bourjon, 160.— Guyot, *Tuteur à Subst.*, 339.— 2 Pigeau, 313.— Thév.-d'Ess., *Subst.*, c. 88.

Amend.— *Le Statut de Q. 38 Vict., c. 13, amende l'art. 945 en la manière suivante :*

Tous les appelés, nés et à naître, sont représentés en tous inventaires et partages par un curateur à la substitution nommé en la manière établie pour la nomination des tuteurs. Ce curateur à la substitution veille aux intérêts des appelés en tous tels inventaires et partages, et les représente dans tous les cas auxquels son intervention est requise ou peut avoir lieu.

Le grevé qui néglige de provoquer cette nomination peut être déclaré, au profit des appelés, déchu du bénéfice de la disposition.

Toute personne qui aurait qualité pour provoquer la nomination d'un tuteur à un mineur de la même famille, peut aussi provoquer celle d'un curateur à la substitution.

Jurisp.— 1. An action does not lie in favor of a tutor elected *en justice* to a substitution under a will, to have the enjoyment of the usufructuary declared forfeited, *en déchéance d'usufruit.*— Gauthier vs Boudreau, III L. C. J., 54.

2. Le tuteur à une substitution, poursuivi en cette capacité, représente tous les appelés à la substitution dans le cas où tels appelés ne sont pas mentionnés nommément dans l'acte contenant la substitution.— Castonguay vs Castonguay, XIV L. C. R., 308.

3. La substitution n'étant pas ouverte, le curateur à la substitution n'a aucun droit ni intérêt à formuler une opposition afin d'annuler la saisie d'un immeuble substitué.— Wilson vs Leblanc, XIII L. C. J., 201.

4. La vente par licitation d'un bien substitué, autorisée par justice, sans que les appelés nés fussent représentés, est nulle.— Benoît vs Benoît, M., 31 mars 1874. (L'art. a été amendé depuis.)

946. Le grevé est tenu de procéder, à ses propres frais, dans les trois mois, à l'inventaire des biens substitués et à la prisée des effets mobiliers, s'ils ne sont compris comme tels et avec semblable prisée dans l'inventaire général fait par d'autres des biens de la succession. Les intéressés doivent être présents ou avoir été dûment appelés.

Au défaut du grevé, les appelés, leurs tuteurs ou curateurs, et le curateur à la substitution, ont droit, et ils sont tenus, à l'exception

de l'appelé lorsqu'il n'est pas lui-même chargé de rendre, de faire
procéder à cet inventaire aux frais du grevé en l'y appelant ainsi
que les autres intéressés.

Faute par le grevé d'avoir fait procéder à l'inventaire et à la prisée,
il doit être privé des fruits jusqu'à ce qu'il ait satisfait à cette obligation.

2 Bourjon, 160.— Pothier, *Subst.*, 522-3.— 2 Pigeau, 313.— Guyot, *Tuteur à
Subst.*, 339.— Ord. des Subst., tit. 2, art. 1, 2, 4 et 5.

947. Le grevé fait tous les actes nécessaires à la conservation
des biens.

Il est tenu pour son propre compte des droits, rentes, redevances
et arrérages échus de son temps.

Il fait les paiements, reçoit les créances et remboursements, fait
l'emploi des capitaux et exerce en justice les droits nécessaires à ces
fins.

Il fait à ces mêmes fins les avances pour frais de procès et autres
déboursés extraordinaires requis, dont le montant est remis à lui ou
à ses héritiers en tout ou en partie, ainsi qu'il est trouvé juste lors
de la restitution.

S'il a racheté des rentes ou payé des dettes en capital, sans en
avoir été chargé, il a le droit, ou ses héritiers, d'en être remboursé,
sans intérêt, à la même époque.

Si le rachat ou le paiement a, sans cause suffisante, été fait par
anticipation et n'eût pas encore été exigible lors de l'ouverture, l'appelé peut se borner, jusqu'à l'époque où fût arrivée cette exigibilité,
à servir la rente ou payer les intérêts.

2 Bourjon, 160-1-2-3.— Pothier, *Subst.*, 541-2.— Guyot, *Subst.*, 522 et suiv.—
Voir les dispositions de l'acte Q. 33 Vict., c. 19, sous l'art. 294.

Jurisp.— Un témoin sommé pour rendre témoignage dans une cause dans
laquelle le défendeur était partie, en sa qualité de tuteur à une substitution, ne
peut recouvrer le montant de sa taxe dans une action portée contre le tuteur
personnellement.— Dagenais vs Gauthier, XI L. C. R., 281.

948. Les règles qui concernent l'indivis exposées au titre *Des
Successions* s'appliquent également aux substitutions, sauf la nature
provisoire du partage pendant leur durée.

Dans le cas de vente forcée des immeubles, ou autre aliénation
des biens substitués, lorsqu'elle peut avoir lieu, et dans celui du
remboursement des rentes et capitaux, le grevé ou les exécuteurs
testamentaires qui ont pouvoir d'administrer en son lieu, sont tenus
de faire emploi du prix dans l'intérêt des appelés avec le consentement des intéressés, ou à leur refus, suivant autorisation en justice,
après les avoir dûment appelés.

2 Bourjon, 160.— Pothier, *Subst.*, 542, 543 et 552. —Guyot, *Subst.*, 527.

Jurisp.— Land purchased by the *grevé de substitution*, with monies arising
out of the redemption of a constituted rent which belongs to the substitution,
takes the place in all respects of the constituted rent, so much so, that the *appelés* to the substitution have a right to the land or its value, and not merely to
the value of the constituted rent.— Guy et Guy, XXII L. C. J., 213.

949. L'obligation de rendre les biens substitués dans leur intégrité, et la nullité des actes du grevé au contraire, ne l'empêchent

pas de les hypothéquer, et de les aliéner sans préjudice aux droits de l'appelé qui les reprend libres de toute hypothèque, charge ou servitude, et même de la continuation du bail, à moins que son droit ne soit prescrit conformément aux règles contenues au titre *De la Prescription*, ou que le tiers n'ait droit de se prévaloir du défaut d'enregistrement de la substitution.

Autorités sous l'art. 951.

Jurisp.— 1. La vente d'un immeuble substitué ne peut pas être opposée tant que la substitution n'est pas ouverte.— Cie de Prêt vs Vadeboncœur, IV L. C. J., 358.

2. La prohibition d'engager ou d'hypothéquer des biens substitués, légués comme aliments, n'empêche pas le grevé de les engager ou hypothéquer dans le but de les protéger contre une aggression tendant à en dépouiller le grevé, et la validité de l'hypothèque consentie par le grevé, pour cet objet, n'est pas affectée par l'insuccès des mesures adoptées pour empêcher la vente qui menace d'en dépouiller le grevé. En d'autres termes :—*Jugé :* Que l'avocat qui représente le propriétaire d'un bien déclaré alimentaire, inaliénable et insaisissable, pour tenter de le conserver au légataire, acquiert contre ce dernier une créance alimentaire pour la répétition de ses déboursés et honoraires. (Art. 558, C. P. C.) — Les admissions du propriétaire de biens déclarés alimentaires, si elles ne sont pas entachées de collusion, font preuve contre lui du caractère alimentaire de la créance, au paiement de laquelle on oppose la prohibition d'hypothéquer ou aliéner contenue dans un testament.— La dette hypothécaire due par le curateur à la substitution et née de la défense des biens de la substitution, n'est pas contestable par le grevé sur le motif que les biens lui ont été légués en usufruit et ont été déclarés inaliénables et insaisissables, pour lui assurer des aliments.— Doutre et Leblanc, XVI L. C. J., p. 197.

3. Un grevé de substitution auquel des biens (déclarés inaliénables et insaisissables) ont été légués en usufruit à titre d'aliments, peut valablement hypothéquer ces mêmes biens, envers des personnes qui deviennent des cautions judiciaires, à sa demande, pour poursuivre l'appel d'un jugement dont l'exécution entraînerait la vente des dits biens, et par conséquent la perte de l'usufruit et des aliments ; et la validité de cette hypothèque n'est pas affectée par l'insuccès de l'appel.— Larose et Leblanc, XVI L. C. J., 207.

4. Le pouvoir accordé au grevé de vendre les immeubles substitués peut être cédé. Le pouvoir accordé au grevé de vendre les immeubles substitués, *si par experts et gens à ce connaissants, c'est jugé avantageux*, n'oblige pas le grevé à recourir au tribunal pour la nomination des experts et pour obtenir un jugement lui permettant de vendre, mais il est seulement tenu de faire nommer un curateur à la substitution pour la nomination d'un expert.— Leclère vs Beaudry, V R. L., 626.

5. Les grevés de substitution sont propriétaires. Ils ne peuvent lier les appelés, mais ils peuvent aliéner, et leurs actes d'aliénation sont valables tant que la substitution dont ils sont grevés n'est pas ouverte.— Pouliot vs Frazer & Frazer, III Q. L. R., 349.

950. La vente forcée en justice ou par licitation est également résolue en faveur de l'appelé, par l'ouverture, si la substitution a été enregistrée, à moins que cette vente n'ait lieu dans quelqu'un des cas mentionnés en l'article 953.

Autorités sous l'article 951.

951. Le grevé ne peut non plus transiger sur la propriété des biens de manière à obliger l'appelé, si ce n'est dans les cas de nécessité où l'intérêt de ce dernier est concerné, et après y avoir été autorisé en justice comme pour la vente des biens de mineurs.

Ricard, *Subst.*, part. 2, n° 90.— Pothier, *Subst.*, 543.— Guyot, *Transaction*, 236.— Ord. des Subst., tit. 2, art. 53.— Thév. d'Ess., *Subst.*, 788, 857 et suiv.

952. Le substituant peut indéfiniment permettre l'aliénation des biens substitués; la substitution n'a d'effet en ce cas que si l'aliénation n'a pas eu lieu.

Ricard, *Subst.*, part. 2, n° 76.— Pothier, *Subst.*, 537.— Guyot, *Subst.*, 507.— Thév. d'Ess., *Subst.*, n° 787.

Jurisp.— 1. La clause dans la donation permettant l'aliénation des fonds à constitution de rente, dans le cas où il serait, sur expertise, trouvé avantageux aux enfants du donataire de vendre, sera mise à exécution par la cour sur rapport d'experts, dans une action par le donataire concluant à être autorisé à vendre, quoiqu'il n'eût aucun enfant et qu'il ne fût pas probable qu'il en aurait.— Castonguay vs Castonguay, XIV L. C. R., 308.

2. The autority contained in the deed of donation recited in the pleadings, to sell the property therein described if experts should deem it advantageous to do so, could be legally acted on, on experts so reporting, without the necessity of any subsequent judicial proceedings.— Leclère vs Beaudry, XVII L. C. J., 178.

3. Le pouvoir accordé au grevé de vendre les immeubles substitués peut être cédé. Le pouvoir accordé au grevé de vendre les immeubles substitués, *si par experts et gens à ce connaissans c'est jugé avantageux*, n'oblige pas le grevé à recourir au tribunal pour la nomination des experts, et pour obtenir un jugement lui permettant de vendre; mais il est seulement tenu de faire nommer un curateur à la substitution pour la nomination d'un expert.— Leclère et Beaudry, V R. L., 626.

953. L'aliénation finale des biens substitués peut en outre avoir lieu validement pendant la substitution :

1. Par suite du droit d'expropriation pour cause d'utilité publique, ou d'après quelque loi spéciale ;

2. Par voie forcée en justice pour la dette du substituant ou pour hypothèques antérieures à sa possession. L'obligation du grevé d'acquitter la dette ou la charge n'empêche pas en ce cas la vente d'être valide à l'encontre de la substitution, mais le grevé demeure passible de tous dommages envers l'appelé ;

3. Du consentement de tous les appelés, lorsqu'ils ont l'exercice de leurs droits. Si quelques-uns d'eux seulement ont consenti, l'aliénation vaut pour ce qui les concerne, sans préjudice aux autres ;

4. Lorsque l'appelé, comme héritier ou légataire du grevé, est tenu de l'éviction envers l'acquéreur ;

5. Quant aux choses mobilières vendues conformément à la section première du présent chapitre.

Ricard, *Subst.*, c. 6, n° 258 ; c. 13, n°* 99 et suiv.— 2 Bourjon, 160, 179, 189 et suiv. — Pothier, *Subst.*, 531, 533, 534 et 548.— Guyot, *Subst.*, 527 et suiv.— Héricourt, *Vente des immeubles*, 49.

Amend.— *L'acte C. 31 Vict., ch. 68, s. 9, § 3 (Acte des chemins de fer, 1868), contient ce qui suit :*

Toutes corporations et personnes quelconques, usufruitiers, grevés de substitutions, gardiens, curateurs, exécuteurs, administrateurs et autres ayant cause non-seulement pour eux-mêmes, leurs héritiers et successeurs, mais aussi pour et au nom de ceux qu'ils représentent, soit qu'ils soient enfants nés ou à naître, aliénés, idiots, femmes sans puissance de mari, ou autre personne ou personnes saisies ou en possession de terrains, ou qui y ont des intérêts, pourront contracter, vendre et transporter à la compagnie les dits terrains ou terres, en tout ou en partie.

L'acte Q. 33 Vict., c. 32, s. 42, contient ce qui suit :

Nonobstant toutes les dispositions du Code civil à ce contraires et notamment les articles 297, 298, 343 et 953, il sera loisible à toutes corporations agrégées ou formées d'une seule personne, communautés, grevés de substitutions, tuteurs, curateurs, exécuteurs, administrateurs et autres ayants cause, ou personnes quelconques non-seulement pour eux-mêmes, leurs héritiers ou leurs successeurs, mais aussi pour et de la part de ceux qu'ils représentent, soit qu'ils soient nés ou à naître, aliénés ou idiots, femmes sans puissance de mari, ou autre personne ou personnes qui sont ou seront saisies, ou en possession ou intéressées dans la terre ou terrain dont la dite compagnie aura besoin pour les fins du dit chemin, de contracter pour et de vendre et transporter à la dite compagnie les dites terres ou terrains en tout ou en partie, dont la dite compagnie a besoin comme susdit pour les dites fins; et tous contrats, marchés, ventes, transports, garanties à être ainsi faits, seront valides et valables en loi à toutes fins et intentions quelconques, nonobstant toute loi, statut, usage ou coutume à ce contraire; et toutes telles corporations ou communautés, ou toutes personnes quelconques, faisant tels transports comme susdit, sont par le présent justifiés de tout ce qu'ils pourront faire eux ou aucun d'eux respectivement en vertu et en conformité du présent acte.

L'acte des chemins de fer de Québec, 1869, *s. 9, § 3, contient une disposition semblable à celle de l'acte fédéral.*

Jurisp.—1. An authorisation to the curator to a substitution to sell real property affected by the substitution, unaccompanied by a similar authorisation to a tutor *ad hoc* to such of the substitutes as are living but incapable of acting, is insufficient.— Benoît vs Benoît, XVIII L. C. J., 286.

2. The sale made of a substituted property for debts created by the author of the substitution, or for other debts or charges anterior to the substitution, is a valid sale, and purges the substitution.— The institute can't legally become purchaser of the property *délaissé* by him for the debts of his *auteur*.— McIntosh vs Bell, XII L. C. J., 121.

954. [La femme du grevé n'a pas de recours subsidiaire sur les biens substitués pour la sûreté de son douaire ou de sa dot.]

955. Le grevé qui dégrade, dilapide ou dissipe, peut être assujetti à donner caution ou à souffrir l'envoi en possession de l'appelé à titre de séquestre.

Ricard, *Subst.*, c. 10, nᵒˢ 25 et 26.— 2 Bourjon, 160.— Pothier, *Subst.*, 552.— Guyot, *Subst.*, 536.— Thév. d'Ess., *Subst.*, nᵒˢ 780 781 et 782.

Jurisp.— An action does not lie in favor of a tutor, elected *en justice* to a substitution under a will, to have the enjoyment of the usufructuary declared forfeited, *en déchéance d'usufruit*.— Gauthier vs Boudreau, III L. C. J., 54.

956. L'appelé peut, durant la substitution, disposer par acte entrevifs ou par testament, de son droit éventuel aux biens substitués, sujet au manque d'effet par caducité, et aussi sujet aux effets ultérieurs de la substitution lorsqu'elle continue après lui.

L'appelé et ceux qui le représentent peuvent faire avant l'ouverture tous les actes conservatoires qui se rapportent à son droit éventuel, soit contre le grevé, soit contre les tiers.

Ricard, *Subst.*, c. 13, nᵒ 89.— Pothier, *Subst.*, 551-2.— Thév. d'Ess., *Subst.*, nᵒ 757, *contrà, ainsi que les anciens auteurs qui ne reconnaissent aucun droit avant l'ouverture et même avant l'acceptation ou la délivrance.*

957. L'appelé qui décède avant l'ouverture en sa faveur, ou à l'égard duquel le droit à la substitution est autrement devenu caduc, ne transmet pas ce droit à ses héritiers non plus que dans le cas de tout autre legs non ouvert.

2 Bourjon, 173.— Pothier, *Subst.*, 550.— Thév. d'Ess., *Subst.*, nᵒˢ 510 et suiv.; 556 et suiv.

Jurisp.— Jugé : Que dans le cas d'une donation par une mère à ses fils, à la condition que si le donataire meurt avant ses frères et sœurs, les biens donnés retourneront à *leurs enfants légitimes par souches*, les enfants d'un frère du donataire décédé avant la donation auront droit à une part, comme ceux des frères et sœurs décédés après la donation.— Leclère vs Beaudry, V R. L., 626.

958. Quant aux réparations dont le grevé est tenu et aux répétitions qu'il peut exercer, ou ses héritiers, pour les améliorations qu'il a faites, les règles sont les mêmes que celles exposées par rapport à l'emphytéote aux articles 581 et 582.

Pothier, *Subst.*, p. 534.

959. Les jugements intervenus en faveur des tiers contre le grevé ne peuvent être attaqués par les appelés sur le motif de la substitution, si on les a mis en cause, ou leurs tuteurs ou curateurs, ou le curateur à la substitution, et en outre les exécuteurs et administrateurs testamentaires, s'il y en avait en exercice.

Si les appelés ou ceux qui doivent l'être pour eux n'ont pas été mis en cause, ces jugements peuvent être attaqués soit que le grevé ait défendu ou non à la poursuite contre lui.

Décl. du 22 mars 1732.—1 Edits et Ord., 533.— Guyot, *Subst.*, 545.—Thév. d'Ess., *Subst.*, n° 1258.— 2 Pigeau, 407.

960. Le grevé peut faire la remise des biens par anticipation, à moins que le délai n'ait été établi pour l'avantage de l'appelé, sans préjudice aux créanciers du grevé.

Question douteuse dans l'ancien droit.— Ord. des Subst., tit. 1, art. 42.— Thév. d'Ess., *Subst.*, n°° 1044 et suiv.— *Contrà*, Ricard, *Subst.*, part. 2, n°° 27, 40 et 48.— 2 Bourjon, 171.— Pothier, *Subst.*, 556-7.— Guyot, *Subst.*, 537.

SECTION IV.

DE L'OUVERTURE DE LA SUBSTITUTION ET DE LA RESTITUTION DES BIENS.

961. Lorsqu'aucune autre époque n'est assignée pour l'ouverture de la substitution et la restitution des biens, elles ont lieu au décès du grevé.

Ricard, *Subst.*, part. 2, n° 27.— 2 Bourjon, 171.— Pothier, *Subst.*, 555.

Jurisp.— En vertu des clauses d'un testament portant substitution et qui sont en substance comme suit: " pour par un tel en jouir en usufruit, sa vie durant seulement, la propriété sera et appartiendra à l'enfant mâle aîné issu en légitime mariage de B. H., et au cas que B. H. décéderait sans enfant mâle né ou à naître en légitime mariage, le testateur veut et ordonne que la propriété soit transmise à l'enfant mâle né en légitime mariage de B. H., etc., etc." ; il suffit que celui des enfants de B. H. qui doit recueillir soit un enfant mâle vivant à son décès, et c'est alors que la substitution doit s'ouvrir au profit de cet enfant ; que cet enfant ait eu un frère aîné prédécédé ou n'en ait pas eu.— McCarthy vs Hart, III L. C. J., 29.

962. L'appelé reçoit les biens directement du substituant et non du grevé.

L'appelé est, par l'ouverture de la substitution à son profit, saisi de suite de la propriété des biens, de la même manière que tout autre légataire ; il peut en disposer absolument et il les transmet dans sa succession, s'il n'y a prohibition ou substitution ultérieure.

Conséquence de l'assimilation des fidéicommis aux legs.— 2 Bourjon, 172.— Guyot, *Subst.*, 558.— Pothier, *Subst.*, 559.

Jurisp.— Dans l'espèce, une substitution fidéicommissaire étant faite en terme collectif, les biens substitués doivent se partager entre les appelés par souches et non par têtes, ou la transmission des biens laissés à deux enfants à charge de substitution graduelle en faveur de leurs descendants, se fait par souches.— Dumont vs Dumont, VII L. C. J., 12.

963. Si par suite d'une condition pendante ou autre disposition du testament, l'ouverture de la substitution n'a pas lieu immédiatement au décès du grevé, ses héritiers et légataires continuent jusqu'à l'ouverture à exercer ses droits et demeurent chargés de ses obligations.

Pothier, *Subst.*, 563.— Thév. d'Ess., *Subst.*, c. 30.

964. Le légataire qui est chargé comme simple ministre d'administrer les biens et de les employer ou restituer pour les fins du testament, bien que dans les termes sa qualité paraisse réellement être celle de propriétaire grevé et non simplement d'exécuteur et administrateur, ne conserve pas les biens dans le cas de caducité de la disposition ultérieure ou de l'impossibilité de les appliquer aux fins voulues, à moins que le testateur n'ait manifesté son intention à ce sujet. Ces biens passent en ce cas à l'héritier ou au légataire qui recueille la succession.

Ricard, *Subst.*, part. 1, nᵒˢ 752-3-4.— Thév. d'Ess., *Subst.*, nᵒˢ 536 et 539.

965. Le grevé ou ses héritiers restituent les biens avec leurs accessoires ; ils rendent les fruits et intérêts échus depuis l'ouverture, s'ils les ont perçus, à moins que l'appelé mis en demeure d'accepter ou de répudier son legs n'ait manqué de prendre qualité.

Pothier, *Subst.*, 560.— Guyot, *Subst.*, 539.— Thév. d'Ess., *Subst.*, c. 69.

966. [Si le grevé était débiteur ou créancier du substituant, et a, par son acceptation en qualité d'héritier ou de légataire universel ou à titre universel, fait confusion en sa personne de sa dette ou de sa créance, cette dette ou cette créance revivent entre l'appelé et le grevé ou ses héritiers, lors de la restitution des biens substitués, nonobstant cette confusion, considérée comme temporaire, sauf les intérêts jusqu'à l'ouverture, pour lesquels la confusion subsiste.

Le grevé ou ses héritiers ont droit à la séparation des patrimoines dans l'exercice de leur créance, et ils peuvent retenir les biens jusqu'au paiement.]

Guyot, *Subst.*, 540.— Thév. d'Ess., *Subst.*, c. 53, 54, 55 et 56 ; *contrà quant à la créance.*— Ricard, *Subst.*, c. 12, nᵒ 71.— 2 Bourjon, 161.

967. Le grevé mineur, interdit, ou non-né, et la femme grevée sous puissance de mari, ne peuvent se faire restituer contre l'omission des obligations que cette section et la précédente leur imposent, ou au mari, au tuteur, ou au curateur pour eux, sauf recours.

2 Ricard, *Subst.*, part. 2, nᵒˢ 133-4.— Pothier, *Subst.*, p. 496.— C. N., 1074.

SECTION V.

DE LA PROHIBITION D'ALIÉNER.

968. La prohibition d'aliéner contenue dans un acte peut, en certains cas, se rattacher à une substitution et même en constituer une.

Elle peut aussi être faite pour des motifs autres que celui de substituer.

Elle peut être en termes exprès, ou résulter des conditions et des circonstances de l'acte.

Elle comprend la prohibition d'hypothéquer.

Dans les donations entrevifs l'engagement de ne pas aliéner pris par celui qui reçoit a les mêmes effets que la prohibition.

ff L. 134, *de legatis.*, 1 ; L. 38, *ibid.*, 3.— Cod., L. 4, *de condict. ob causam.*— Ricard, *Subst.*, part. 1, n° 333 et suiv. ; 369.— 3 Henrys, liv. 5, c. 4, *quest.* 49.— 2 Bourjon, 164.— Domat, *Subst.*, tit. 3, sec. 2, n° 5, et préambule du liv. 5 ; *Legs*, tit. 2, sec. 1, n° 3.— N. Den., *Défense d'aliéner*, § 1.— Pothier, *Subst.*, 499.

Jurisp.— 1. Dans une donation, la défense d'aliéner dans les termes suivants : " Cette donation faite à cette condition très-expresse, que les terres données " sortiront nature de propre au donataire, et aux siens de son côté et estoc, sans " pouvoir ni les hypothéquer ni les vendre," est obligatoire ; et en conséquence les hypothèques données par le donataire sont nulles.— Fafard vs Bélanger, IV L. C. R., 215.

2. Un donateur peut valablement imposer, comme condition d'une donation d'immeubles qu'il fait, la clause que le donataire ne pourra les aliéner du vivant du donateur et de sa femme ; et le legs de tels immeubles, par le donataire, décédé du vivant du donateur et sans enfants, en faveur de sa femme, est nul et de nul effet.— Bourassa vs Bédard, XIII L. C. R., 251.

3. Une défense d'aliéner contenue dans un testament, par laquelle il est dit que les légataires, enfants du testateur, ne pourraient en aucune manière engager, affecter, hypothéquer, vendre, échanger ou autrement aliéner les biens immeubles à eux légués, qu'après vingt ans à compter du jour du décès du testateur, est valable, et n'est ni impossible, ni prohibée par la loi, ni contre les mœurs.— Guillet et Renaud, XIII L. C. R., 278.

4. Un testateur lègue à Tourangeau un immeuble avec défense de l'aliéner ou hypothéquer avant 20 ans du décès du testateur. Cependant Tourangeau hypothèque cette propriété à Renaud, qui la fait saisir et mett.e en vente. Opposition par Tourangeau alléguant nullité de la saisie et exemption de la propriété du paiement des dettes avant l'époque ci-dessus mentionnée.— *Jugé* par le juge Taschereau que la clause du testament prohibant aliénation est nulle d'après la loi du pays et que l'immeuble saisi devait être vendu pour satisfaire l'hypothèque. Deux jugements de la Cour d'Appel du Bas-Canada, maintenant l'efficacité de cette clause, sont renversés, et le jugement de la Cour Supérieure à Québec maintenu par le Conseil Privé.— Renaud vs Tourangeau, XVII L. C. R., 451.

5. *Held :*— (Reversing the judgment of the Queen's Bench) that a condition attached by a testator to a legacy, with the view of rendering it not seizable by the creditors of the legatee, is not valid either by the old law of France or the general principles of jurisprudence.— Renaud & Guillet, XII L. C. J., 90. (Cons. Privé.)

6. La défense d'aliéner et l'insaisissabilité portées à un acte de donation, ne peuvent être invoquées dans le cas de réparations nécessaires faites pour augmenter la valeur et le revenu de la chose donnée. Le bail pour neuf années ne comporte pas une aliénation.— Valois vs Gareau, II R. L., 131.

7. Le légataire peut disposer des choses qui lui ont été léguées à titre d'aliments, à la condition de ne pouvoir être saisies, sans cependant qu'il y ait défense de les aliéner.— Armstrong vs Dufresnay, III R. L., 366.

969. La prohibition d'aliéner peut avoir pour cause ou considération l'intérêt soit du disposant, soit de celui qui reçoit, ou encore celui des appelés à la substitution ou des tiers.

Voyez sur le sujet de cette section quant au droit Romain, Pothier, *Pandectes*, vol. 12, pp. 245 à 252.— Ricard, *Subst.*, part. 1, n° 333 ; *Donations*, part. 1, n° 1044.

970. La prohibition d'aliéner la chose vendue ou cédée à titre purement onéreux est nulle.

N. Den., *Défense d'aliéner*, § 1, n° 1.

Jurisp.— 1. Une vente d'immeuble à la charge d'une rente viagère est susceptible des mêmes modalités qu'une donation onéreuse.— Dans une telle vente, la prohibition d'aliéner peut être valablement imposée à l'acquéreur, avec clause résolutoire en cas de contravention.— Une telle vente ou donation onéreuse peut être résolue du consentement mutuel du vendeur ou donateur et de l'acquéreur, à l'encontre des intérêts des tiers. Cette résolution volontaire est valable, à l'encontre des tiers, lors même qu'elle ne paraît pas avoir été causée par l'événement prévu par la clause résolutoire.— Une rétrocession de la part de l'acquéreur ou donataire, pour bonne et valable considération, a le même effet, à l'égard des tiers, qu'une résolution prononcée en justice.— *Specialiter :* L'hypothèque créée en faveur d'un des tiers par l'acquéreur ou donataire, pendant sa possession, est anéantie par cette résolution volontaire, quoique non causée par l'événement résolutoire, et quoique faite sous forme de rétrocession, pour bonne et valable considération.— Lynch et Hainault, V L. C. J., 306.

2. La prohibition d'aliéner portée dans un acte de donation à la charge d'une rente viagère n'est valide que pour la partie constatée par experts être à titre gratuit, et une expertise sera ordonnée pour établir la partie gratuite et la partie onéreuse de la donation.— Peltier vs Debusat, V R. L., 57.

971. La prohibition d'aliéner peut être simplement confirmative d'une substitution.

Elle en constitue une, quoique les termes à cet effet ne soient pas exprès, suivant les règles ci-après exposées.

972. [Quoique le motif de la prohibition d'aliéner ne soit pas exprimé, et quoiqu'elle ne soit pas en termes de nullité ou sous quelque autre peine, la volonté du disposant suffit pour y donner effet, à moins que les expressions ne se bornent évidemment à un simple conseil.

Lorsque la prohibition n'est pas faite pour d'autre motif, elle est interprétée comme constituant un droit de retour en faveur du disposant et de ses héritiers.]

973. Si la prohibition d'aliéner est faite en faveur de quelques personnes désignées ou que l'on puisse connaître et qui doivent recevoir la chose après le donataire, l'héritier ou le légataire, il y a substitution en faveur de ces personnes quoiqu'elle ne se trouve pas énoncée en termes exprès.

Pothier, *Subst.*, 499, 517 et 518.

974. Lorsque la prohibition d'aliéner est graduelle, et qu'elle est en même temps interprétée comme comportant une substitution, ceux à qui cette prohibition est adressée subséquemment au premier qui reçoit, sont successivement appelés à cette substitution comme s'ils étaient l'objet d'une disposition expresse.

2 Ricard, *Subst.*, part. 1, n° 397.

975. La prohibition d'aliéner peut être limitée aux actes entrevifs ou à ceux à cause de mort, ou s'étendre aux uns et aux autres, ou encore être autrement modifiée suivant la volonté du disposant. L'étendue en est déterminée d'après le but que le disposant avait en vue, et d'après les autres circonstances.

S'il n'y a pas de limitation, la prohibition est censée s'étendre à toutes sortes d'actes.

2 Ricard, *Subst.*, part. 1, n⁰ˢ 340 et suiv.

Jurisp.—1. Un donateur peut valablement imposer, comme condition d'une donation d'immeubles qu'il fait, la clause que le donataire ne pourra les aliéner du vivant du donateur et de sa femme ; et le legs de tels immeubles, par le donataire décédé du vivant du donateur et sans enfants, en faveur de sa femme, est nul et de nul effet.— Bourassa & Bédard, XIII L. C. R., 251.

2. La prohibition d'engager ou d'hypothéquer des biens substitués, légués comme aliments, n'empêche pas le grevé de les engager ou hypothéquer dans le but de les protéger contre une aggression tendant à en dépouiller le grevé, et la validité de l'hypothèque consentie par le grevé pour cet objet, n'est pas affectée par l'insuccès des mesures adoptées pour empêcher la vente qui menace d'en dépouiller le grevé. En d'autres termes : *Jugé* que l'avocat qui représente le propriétaire d'un bien déclaré alimentaire, inaliénable et insaisissable, pour tenter de le conserver au légataire, acquiert contre ce dernier une créance alimentaire pour la répétition de ses déboursés et honoraires ;— les admissions du propriétaire de biens déclarés alimentaires, si elles ne sont pas entachées de collusion, font preuve contre lui du caractère alimentaire de la créance, au paiement de laquelle on oppose la prohibition d'hypothéquer ou aliéner, contenue dans un testament ;— la dette hypothécaire due par le curateur à la substitution et née de la défense des biens de la substitution, n'est pas contestable par le grevé, sur le motif que les biens lui ont été légués en usufruit et ont été déclarés inaliénables et insaisissables, pour lui sauver des aliments.— Wilson vs Leblanc, XVI L. C. R., 197.

3. Par la loi du pays, le donateur a le droit de prohiber au donataire, *du vivant du donateur,* l'aliénation des biens donnés, sous peine de nullité, et telle prohibition comprend et embrasse l'aliénation par acte de dernières volontés.— Bourassa et Bédard, VII L. C. J., 158.

4. La prohibition d'aliéner, portée dans un acte de donation à la charge d'une rente viagère, n'est valide que pour la partie constatée par experts être à titre gratuit et une expertise sera ordonnée pour établir la partie gratuite et la partie onéreuse de la donation.— Peltier vs Debusat, V R. L., 67.

976. La simple défense de tester, sans autre condition ni indication, comporte une substitution en faveur des héritiers naturels du donataire, ou de ceux de l'héritier ou du légataire, quant à ce qui restera des biens à son décès.

Pothier, *Subst.*, 518.

977. La prohibition d'aliéner hors de la famille, soit du disposant ou de celui qui reçoit, ou de toute autre famille, ne s'étend, à moins d'expressions qui indiquent la gradualité, qu'à ceux auxquels elle est adressée ; ceux de la famille qui recueillent après eux n'y sont pas assujettis.

Si cette prohibition d'aliéner n'est adressée à personne en particulier, elle est, à moins de semblables expressions, réputée adressée seulement à celui qui est gratifié le premier.

La substitution faite dans la famille s'interprète dans tous les cas d'après les mêmes règles.

Ricard, *Subst.*, part. 1, n⁰ˢ 488, 493 et 516.— Thév. d'Ess., *Subst.*, n⁰ˢ 356, 357, 358 et suiv., 363 et suiv., 953 à 959.— *Contrà, le droit romain qui admettait plus facilement le fidéicommis par conjecture.*

978. La prohibition d'aliéner hors de la famille, lorsque aucune disposition n'astreint à suivre l'ordre des successions légitimes, ou tout autre ordre, n'empêche pas l'aliénation à titre gratuit ou onéreux en faveur de ceux de la famille qui sont en degré plus éloigné.

Thév. d'Ess., *loc. cit.*

979. Le terme *famille* non limité s'applique à tous les parents en ligne directe ou collatérale qui sont de la famille, venant successivement en degré suivant la loi ou dans l'ordre indiqué, sans qu'il y ait lieu néanmoins à la représentation autrement que comme dans le cas des legs.

Ord. des Subst., tit. 1, art. 21 et 22.— Pothier, *Subst.*, 512, 513 et 514.

980. Dans la prohibition d'aliéner comme dans la substitution, et dans les donations et les legs en général, le terme *enfants* ou *petits-enfants* employé seul soit dans la disposition, soit dans la condition, s'applique à tous les descendants avec ou sans gradualité suivant la nature de l'acte.

Ricard, *Subst.*, part. 1, nᵒˢ 503 et suiv.— Thév. d'Ess., *Subst.*, nᵒˢ 367 et suiv.— Pothier, *Subst.*, p. 509.— 7 Décisions des Tribunaux, p. 351 ; 9 do, p. 376 ; 11 do, p. 84 ; *Martin et Lee.*— 6 Guyot, *Rép.*, 718 et suiv.

Jurisp.— 1. Jugé par la Cour d'Appel :— Un legs par lequel une testatrice lègue " à tous ses enfants, vivant lors de son décès," comprend ses petits-enfants, issus de l'un de ses enfants décédé avant l'exécution du testament.— Martin et Lee, IX L. C. R., 376.

2. Jugé par le Conseil Privé :— Dans l'espère, un legs par lequel une testatrice légua " à tous ses enfants, vivant lors de son décès," ne comprend pas ses petits-enfants, issus de l'un de ses enfants décédé avant l'exécution du testament.— *Il semble* qu'une signification plus étendue est fréquemment donnée par l'ancien droit français, qui est en force en Canada, au mot " enfants " que n'est généralement donné par la loi anglaise au mot " children."— Martin et Lee, XI L. C. R., 84.

3. Le mot *enfant*, employé en matière de succession testamentaire et de substitution en ligne descendante, comprend, par sa propre énergie, non-seulement les enfants de l'instituant ou de l'institué, suivant le cas, mais encore leurs descendants dans tous les degrés, sur la défaillance du degré indiqué dans la disposition, le degré le plus prochain devant néanmoins exclure les autres.— Brunette vs Péloquin, III R. L., 52.

981. [Les prohibitions d'aliéner, quoique non accompagnées de substitution, doivent être enregistrées, même quant aux biens meubles, comme les substitutions elles-mêmes.

Celui auquel la prohibition est faite et son tuteur ou curateur, et le mari pour sa femme obligée, sont tenus de faire effectuer cet enregistrement.]

TITRE TROISIÈME.

DES OBLIGATIONS.

DISPOSITIONS GÉNÉRALES.

982. Il est de l'essence d'une obligation qu'il y ait une cause d'où elle naisse, des personnes entre qui elle existe, et qu'elle ait un objet.

Pothier, *Obligations*, n° 1.

Jurisp.— Les promesses de mariage, formant de véritables obligations de faire, produisent tous les effets des obligations de faire ordinaires, et sont soumises aux mêmes règles. Elles ont effet aussi bien contre une fille majeure, qui a fait une telle promesse que contre un garçon, quand elles sont discontinuées sans causes légitimes.— Les dommages résultant de la non-exécution d'une promesse de mariage, ne sont pas seulement les dommages réels, mais peuvent être même les dommages exemplaires, suivant le cas. Ceux qui sans causes, dans un but malicieux ou par fraude ou dol, conseillent à des fiancés de briser leur promesse, sont aussi passibles des dommages résultant de cette inexécution.— Mathieu vs Laflamme, IV R. L., 371.

983. Les obligations procèdent des contrats, des quasi-contrats, des délits, des quasi-délits, ou de la loi seule.

Instit., lib. 3, tit. 14, §§ 1 et 2.— Pothier, *Oblig.*, 2.

CHAPITRE PREMIER.

DES CONTRATS.

SECTION I.

DE CE QUI EST NÉCESSAIRE POUR LA VALIDITÉ DES CONTRATS.

984. Quatre choses sont nécessaires pour la validité d'un contrat :

Des parties ayant la capacité légale de contracter ;
Leur consentement donné légalement ;
Quelque chose qui soit l'objet du contrat ;
Une cause ou considération licite.

ƒ L. 1, §§ 2 et 3, L. 7, § 4, *De pactis.*— Pothier, *Oblig.*, 8.— Domat, liv. 1, tit. 1, sect. 1, §§ 3, 4, 5 et suiv.— C. N., 1108.— C. L., 1772.— 3 Revue Critique, 162.

Jurisp.— Lorsqu'il existe un contrat entre les parties, le défendeur qui plaide des moyens tendant à faire rescinder le contrat, ne peut conclure simplement au débouté de l'action, mais doit demander la résolution du contrat.— Frigon vs Bussel, V R. L., 559.

§ 1.—*De la capacité légale pour contracter.*

985. Toute personne est capable de contracter, si elle n'en est pas expressément déclarée incapable par la loi.

Domat, liv. 1, tit. 1, sect. 2, § 1.—*ff* L. 1, *De pactis.*— C. N., 1103.

986. Sont incapables de contracter :

Les mineurs, dans les cas et suivant les dispositions contenues dans ce code ;

Pothier, *Oblig.*, 50.— Domat, liv. 1, tit. 1, sec. 5, n°° 4 et suiv. et notes.—4 Boileux, pp. 374-6.

Les interdits ;

ff L. 40, *De reg. jur.*— Pothier, *Oblig.*, 50.— Domat, liv. 1, tit. 2, sec. 2, § 10.

Les femmes mariées, excepté dans les cas spécifiés par la loi ;

Pothier, *Oblig.*, 50.— *Cout. de Paris*, art. 223 et 234.

Ceux à qui des dispositions spéciales de la loi défendent de contracter à raison de leurs relations ensemble, ou de l'objet du contrat ;

Les personnes aliénées ou souffrant d'une aberration temporaire causée par maladie, accident, ivresse ou autre cause, ou qui, à raison de la faiblesse de leur esprit, sont incapables de donner un consentement valable ;

Domat, liv. 1, tit. 2, sec. 1, § 11.— Pothier, *Oblig.*, 51 et 49.—*ff* L. 40, *De reg. jur.*— *Furiosus nullum negotium contrahere potest.*

Ceux qui sont morts civilement.

Domat, liv. prélimin., tit. 2, sec. 1, §§ 12 et 13.— C. N., 112.,— 3 Savigny, *Droit Romain*, p. 90.

Jurisp.—1. The contract of a minor is not *nul de plein droit.*— Casgrain vs Chapais, II R. de L., 206.

2. Un acte notarié consenti dans un état d'ivresse causé par le dol pratiqué par l'autre partie contractante, est sujet à rescision.— Verdon vs Verdon, XIII L. C. J., 223.

3. Un défendeur, poursuivi sur un billet qu'il a consenti étant encore mineur, ne peut faire renvoyer l'action en plaidant le seul fait qu'il était mineur lorsqu'il a consenti le billet, mais pour réussir il doit encore demander par sa défense à être relevé de l'obligation qu'il a contractée durant sa minorité, en alléguant qu'il a été lésé et de quelle manière il a été lésé.— Cartier vs Pelletier, I R. L., 46.

4. C'est au demandeur qui veut recouvrer de l'argent prêté à un mineur à prouver l'emploi utile de l'argent.— Miller vs Demeule, XVIII L. C. J., 12.

5. Un mineur est toujours responsable pour sa pension.— Reinhart vs Valade, C. C. Montréal, 5 oct. 1877, Torrance J.

6. A plea alleging minority without alleging lesion, is bad.— Bluteau vs Gauthier, I Q. L. R., 187.

7. Il ne suffit pas de plaider minorité à une action sur billet promissoire consenti par un mineur, mais il faut aussi plaider lésion.— Boucher vs Girard, XX L. C. J., 134.

8. Une obligation consentie par un mineur émancipé, en vertu d'un autorisation judiciaire, n'est pas nulle par le fait que le mineur aurait stipulé dans l'acte que le montant du capital deviendrait exigible si l'intérêt n'était pas payé tous les six mois, lorsque l'autorisation judiciaire ne fait pas mention de telle stipulation, mais au contraire autorise le prêt pour 18 mois. L'intérêt au taux de dix par cent l'an payable par un mineur, peut n'être pas exorbitant suivant les circonstances.—Wates vs Paquette, IX R. L., 253.

987. L'incapacité des mineurs et des interdits pour prodigalité est établie en leur faveur.

Ceux qui sont capables de contracter ne peuvent opposer l'incapacité des mineurs ou des interdits avec qui ils ont contracté.

Domat, liv. 1, tit. 1, sec. 5, § 7.— Domat, liv. 1, tit. 1, sec. 2, n° 10.—ƒƒ L. 13, § 19, *De act. empt. et vend.*—ƒƒ L. 6, L. 7, L. 44, *De minoribus.*— Pothier, *Oblig.*, 50.— Meslé, c. 14, n° 18.—ƒƒ L. 5, § 1, L. 9, *in principio, De auctoritate et consensu tutorum.* — C. N., 1125.

Jurisp.— 1. La nullité qui frappe les obligations des mineurs ou de leurs tuteurs agissant sans l'autorisation du conseil de famille, n'est qu'une nullité relative, bien qu'elle puisse être demandée de plein droit par le mineur, c'est-à-dire sous preuve de lésion. Elle est relative en ce sens que le mineur seul peut la demander, et non les parties avec lesquelles lui ou son tuteur ont contracté. Ces obligations sont susceptibles d'être cautionnées, pourvu qu'elles ne soient pas atteintes d'un vice radical réprouvé par la morale ou le droit public.— Vernier vs Lortie, I Q. L. R., 234.

2. The maker of a promissory note, though a minor, may be sued upon a note, the consideration of which was goods purchased by him for use in his trade.— The City Bank vs Lafleur, XX L. C. J., 131.

3. A mortgage given by a minor is not radically null, but is merely subject to be annulled in case of *lésion.*—Béliveau vs Duchesneau, XXII L. C. J., 168.

§ 2.— *Du consentement.*

988. Le consentement est ou exprès ou implicite. Il est invalidé par les causes énoncées dans la section deuxième de ce chapitre.

Pothier, *Oblig.*, 16 et 17.— 3 Revue Critique, 162.

§ 3.— *De la cause ou considération des contrats.*

989. Le contrat sans considération, ou fondé sur une considération illégale, est sans effet ; mais il n'est pas moins valable quoique la considération n'en soit pas exprimée ou soit exprimée incorrectement dans l'écrit qui le constate.

ƒƒ L. 7, §§ 4 et 7, L. 27, § 4, *De pactis.*— Pothier, *Oblig.*, 42, 43 et 753.— Domat, liv. 1, tit. 1, sect. 5, n° 13.— Domat, liv. 1, tit. 1, sect. 1, n° 5 et 6.— 6 Toullier, n° 175, 176 et 177.— 4 Marcadé, n° 456.— C. N., 1131 et 1132.

Jurisp.— 1. A promissory note or any consideration given by an insolvent debtor to a creditor, in contemplation of a deed of composition, and as a preference to such creditor, without the knowledge of the other creditors, is null and void, and will be declared so even as against the compounding debtor himself.— Greenshields vs Plamondon, III L. C. J., 240.

2. A promissory note made as an indemnity for assuming liability for a third party at the request of the maker, is valid as such indemnity. The party indemnified may sue as soon as troubled, and before paying the debt for which he has become liable.— Perry vs Milne, V L. C. J., 121.

3. Un billet promissoire, donné pour payer une gageure touchant le résultat de l'élection alors prochaine d'un député, est illégal et nul, en autant que la considération est illégale.— Dufresne vs Guevremont, V L. C. J., 278.

4. A deed of donation being valid, a promise therein contained to ratify the same at a certain time is obligatory and cannot be avoided on the ground of there being no consideration for such promise.— Easton vs Easton, VII L. C. J., 138.

5. Des stipulations faites de bonne foi dans un contrat de mariage en faveur d'une femme sont valables, le mariage lui-même étant une considération valable. — Barbour vs Fairchild, VI L. C. R., 113.

6. Un contrat n'en est pas moins valide de ce que la considération y est exprimée incorrectement.— O'Brien vs Molson, XXI L. C. J., 287.

990. La considération est illégale quand elle est prohibée par la loi, ou contraire aux bonnes mœurs ou à l'ordre public.

ff L. 7, § 7, *De pactis.*— Pothier, 43.— C. N., 1133.

Jurisp.—1. A promissory note to a creditor for the balance of his claim, in consideration of his having signed a deed of composition, is void.— Blackwood vs Chinic, II R. de L., 27.

2. An action against a tutor for the non-performance of a contract by which he undertook to marry his ward to the plaintiff cannot be maintained.— Chabot vs Morisset, II R. de L., 79.

3. Une action fondée sur un billet promissoire ne peut être maintenue, s'il est prouvé que le billet a été donné, et le produit d'icelui envoyé pour corrompre les électeurs d'un comté. Jugement de la Cour Supérieure infirmé.— Gugy et Larkin, VII L. C. R., 11.

4. No rent can be recovered by an action at law, for premises leased for the purpose of keeping a house of ill-fame.— Garish vs Duval, VII L. C. J., 127.

5. Un billet à ordre consenti pour dette de jeu est nul, quoique transporté à un tiers de bonne foi et avant échéance.— Biroleau vs Derouin, VII L. C. J., 128.

6. The giving of a promissory note by an insolvent to one of his creditors, for the purpose of inducing him to sign a deed of composition, is a fraud upon the other creditors, and such note cannot be made the ground of an action against the insolvent.— Sainclair & Henderson, I L. C. L. J., 54.

7. Une promesse faite par un enchérisseur à un autre enchérisseur, à une vente judiciaire, de lui payer une certaine somme pour lui faire cesser ses enchères, constitue une obligation illicite, et la somme ainsi promise ne peut être recouvrée en justice.— Perrault vs Couture, XVI L. C. J., 251.

8. The supply of refreshments to a gang of men collected during an election of a representative to the Commons of Canada, to be used in case of an emergency, gives rise to no action at law for payment of the refreshments.— Johnson vs Drummond, XVII L. C. J., 176.

9. A note of a third party, given by an insolvent to a creditor, to obtain the creditor's consent to the discharge of the insolvent, is null and void.— Doyle & Prévost, XVII L. C. J., 307.

10. The note of a third party, given by an insolvent to a creditor, to obtain the creditor's consent to the discharge of the insolvent, is null and void.— Prévost & Pickel, XVII L. C. J., 314.

11. A note given to a creditor to induce him to sign a deed of composition, or the note given in renewal of such note, is null, and the nullity may be pleaded by the maker to an action by the creditor.— McDonald vs Senez, XXI L. C. J., 290.

12. A note given either by an insolvent or by a creditor to induce the payee to consent to the insolvent's discharge is null.— Decelles vs Bertrand, XXI L. C. J., 291.

13. *Held :*— (By Dorion, Ch. J., Monk, J., Sanborn, J.,) that the costs of an election feast, after an election (in 1867) had been closed, are not recoverable.— Guevremont & Tunstall, XXI L. C. J., 293.

14. La convention entre deux personnes, que l'une d'elles enchérira sur une propriété devant être vendue par le shérif, jusqu'à un certain montant et ensuite la revendra à l'autre, est parfaitement licite et ne peut invalider le décret.— Grenier vs Leroux, XXII L. C. J., 68.

15. Where a debtor settling with his creditors for 50c. secured, privately gave some of them unsecured notes for the balance to obtain their assent to the composition, held, that the endorser of the composition notes was freed from liability.— Arpin & Poulin, I L. N., 290.

§ 4.— *De l'objet des contrats.*

Voir chap. V.— De l'objet des obligations.

SECTION II.

DES CAUSES DE NULLITÉ DES CONTRATS.

991. L'erreur, la fraude, la violence ou la crainte et la lésion sont des causes de nullité des contrats, sujettes aux restrictions et règles contenues en ce code.

Jurisp.— Un billet promissoire ou cédule sous seing privé, daté un dimanche, et donné en paiement pour un cheval acheté le même jour, est nul et de nul effet, suivant les dispositions de la 45ᵉ George III, chap. 10, et 18 Vict., chap. 117.— Côté vs Lemieux, IX L. C. R., 221.

§ 1.— *De l'erreur.*

992. L'erreur n'est une cause de nullité que lorsqu'elle tombe sur la nature même du contrat, sur la substance de la chose qui en fait l'objet, ou sur quelque chose qui soit une considération principale qui ait engagé à le faire.

Pothier, *Oblig.*, 17 et 18.— *ff* L. 116, § 2, *De reg. jur.*, *Non videntur qui errant consentire.*— L. 57, *De obligation. et action.*— C. N., 1110.

Jurisp.— 1. The amount voluntarily paid on a protested bill of exchange, by the drawer, cannot be recovered on the ground of an error in the payment, in point of law.— Caldwell vs Patterson, II R. de L., 27.

2. L'erreur de droit qui donne à une partie le droit d'être relevée de son acte, est une erreur telle qu'elle lui fait faire une chose parce qu'il croit qu'elle est obligée de la faire, quand en réalité elle ne l'est pas.— Boston vs Lériger, M. C. R., 91.

3. Il n'y a pas d'acquiescement lorsque l'offre du montant d'un jugement a été accepté par erreur.— Jones vs Warmington, II R. L., 188.

4. Le droit de demander la rescision d'un acte de vente, pour cause d'erreur, se prescrit par dix ans.— Wainwright vs Ville de Sorel, V R. L., 668.

§ 2.— *De la fraude.*

993. La fraude ou le dol est une cause de nullité lorsque les manœuvres pratiquées par l'une des parties ou à sa connaissance sont telles que, sans cela, l'autre partie n'aurait pas contracté.

Il ne se présume pas et doit être prouvé.

Pothier, *Oblig.*, 29, 31 et 3.— Domat, liv. 1, tit. 18, sec. 3, nᵒˢ 1 et 3.— *Id.*, tit. 1, sec. 6, nᵒ 8.— *ff* L. 7, § 9, *dolo.*— C. N., 1116.

Jurisp.— 1. A donation made by a weak and aged person for a small annuity, not exceeding half of the annual income of the property given, may be set aside for fraud, if the inference of fraud be not rebutted by evidence of circumstances which plainly show that it ought not to prevail.— Bernier vs Boiceau, II R. de L., 209.

2. A title to moveables taken with knowledge of one previously given to another party by the same vendor is of no avail, but fraudulent.— Russell vs Guertin, X L. C. J., 133.

3. Lorsqu'il existe un contrat entre les parties, le défendeur qui plaide des moyens tendant à faire rescinder le contrat, ne peut conclure simplement au débouté de l'action, mais doit demander la résolution du contrat.— Frigon vs Bussel, V R. L., 559.

4. Il ne peut y avoir lieu à la rescision d'un contrat, pour cause de dol ou fraude, si les défauts dont se plaint la partie lésée, étaient ouverts et faciles à constater, et si ses objections ne portent que sur des incidents ou accessoires, ou des éventualités probables, et non sur la substance même de la chose.— Frigon vs Bussel, V R. L., 559.

5. L'engagement pris par un adjudicataire envers un créancier de lui payer sa créance à condition qu'il n'enchérisse pas, ne constitue pas le dol prévu par l'art. 714 C. P. C.— Lépine et Barrette, V R. L., 703.

6. The employment of one or more puffers at an auction sale renders it void, and the vendors cannot enforce the execution of the contract. An alleged custom of employing puffers, even if it existed, could not affect the case.— Jetté vs McNaughton, XIX L. C. J., 153.

7. By the majority of the Court (Monk, Ramsay and Tessier, J J.) :— A single false bid on any lot sold destroys the consent of the purchaser of such lot and renders the sale null and void, even without proof of fraud and damage. The presence of false bidders who bid on some of the lots offered, does not annul the sale of a lot on which there was no false or by-bidding, unless the purchaser of such lot alleges and proves fraud on the part of the vendor, and damage to himself by the enhancement of the price above the current value. By the minority (Dorion, C. J., and Sanborn, J.) :— Such by-bidding is a cause of nullity only where the purchaser shows that he has suffered damage therefrom. In this case, if there was by-bidding on any of the lots sold to the defendant, it caused him no damage, and therefore the sale should be enforced. By Ramsay, J.:— By-bidding, where extensively practised at an auction sale, is a fraudulent breach of the contract implied in a sale by auction, and therefore annuls the adjudications even of lots on which there was no by-bidding, unless the vendor clearly establishes that the purchaser was in no respect injured by the by-bidding at the sale generally.— Jetté and McNaughton, XX L. C. J., 255.

§ 3.— De la violence et de la crainte.

994. La violence ou la crainte est une cause de nullité, soit qu'elle soit exercée ou produite par la partie au profit de laquelle le contrat est fait, ou par toute autre personne.

Domat, liv. 4, tit. 6, sec. 3, n° 1.— *ff* L. 1, 2, 3 et 21, § 5, *Quod metûs causâ.*— L. 116, *in principio.*— *De reg. jur.*— Domat, liv. 1, tit. 1, sec. 5, n° 10.— Pothier, *Oblig.*, 21, 22 et 23.— C. N., 1109 et 1111.

Jurisp.— 1. An action *condictio indebiti* lies to recover back money which has been paid, but under protest in satisfaction of a prescribed debt, when illegal coercion has been employed to obtain the payment.— The Corporation of Quebec vs Caron, X L. C. J., 317.

2. A signature to a note having been obtained from an old woman by threats, that if she did not sign her son would be arrested for stealing money, an action *en garantie* will lie against the person who used threats and extorted the note, to protect the signer from a judgment obtained by a third innocent *bona fide* holder.— Macfarlane and Dewey, XV L. C. J., 85.

3. A son having acknowledged to have stolen $25 from M., the latter, threatening to have the son arrested, induced the mother and son to sign a note in his favor for $400. *Held :*— The note under the circumstances being signed by the mother, under the influence of fear for her son, that there was violence and no consent or legal consideration, and the mother could not be held liable. — Macfarlane and Dewey, XV L. C. J., 85.

995. La crainte produite par violence ou autrement doit être une crainte raisonnable et présente d'un mal sérieux. On a égard, en cette matière, à l'âge, au sexe, au caractère et à la condition des personnes.

ff L. 5, *Quod Metûs caud.*— L. 6, L. 9, *metus non vani hominis.*—*ff* L. 184, *De reg. jur.*— Pothier, *Oblig.*, 25.— 4 Marcadé, n° 411.— C. N., 1112.

996. La crainte que subit le contractant est une cause de nullité, soit que le mal appréhendé se rapporte à lui-même, ou à sa femme, ou à ses enfants, ou à quelqu'un de ses proches, et dans quelques cas même à des étrangers, suivant les circonstances.

L. 8, § 3.— *ff Quod metûs caud.*— Pothier, *Oblig.*, 25.— 4 Marcadé, n° 413.— 10 Duranton, n° 152.— C. N., 1113.

997. La seule crainte révérentielle envers le père, la mère ou autre ascendant, sans aucune menace, ou sans l'exercice d'aucune violence, ne suffit point pour faire annuler le contrat.

Pothier, *Oblig.*, 27.— C. N., 1114.

998. Si la violence n'est qu'une contrainte légale, ou si la crainte n'est que celle produite par quelqu'un dans l'exercice d'un droit qui lui appartient, il n'y a pas cause de nullité ; mais cette cause existe si on emploie les formalités de la loi, ou si on menace de les employer, pour une cause injuste et illégale, afin d'extorquer un consentement.

Pothier, *Oblig.*, 26.—*ff* L. 3, § 1, *Quod metûs caud.*— C. L., 1850 et 1851.

999. Un contrat ayant pour objet de soustraire celui qui le fait, sa femme, son mari, ou quelqu'un de ses proches à la violence, ou à la menace de quelque mal, n'est pas nul par suite de telle violence ou menace, pourvu que la personne en faveur de qui ce contrat est fait soit de bonne foi et n'ait pas colludé avec la partie coupable.

ff L. 9, § 1, *Quod metûs caud.*— Pothier, *Oblig.*, 24.— C. L., 1852.— 4 Marcadé, n° 415.

1000. L'erreur, le dol, la violence ou la crainte ne sont pas cause de nullité absolue. Elles donnent seulement un droit d'action, ou une exception pour faire annuler ou rescinder les contrats qui en sont entachés.

Pothier, *Oblig.*, 29.— Autorités sous l'art. 993.— C. N., 1117.

Jurisp.—1. Des souscriptions à un fonds social ou stock, obtenues par surprise, fraude et par de faux états des affaires de la compagnie faits par ses officiers et ses directeurs, sont nulles et ne produisent aucune obligation. Les actionnaires ainsi trompés peuvent même recouvrer ce qu'ils ont payé en à-compte de leurs parts.— The Glen Brick Co. vs Shackwell, I R. C., 121.

2. G. et O., deux des principaux officiers de la demanderesse, souscrivent au capital-action de cette dernière, le premier pour $20,000, et le second pour $30,000. Subséquemment ils altèrent leur souscription et la réduisent, le premier, à $10,000 et le second à $5,000, sans le consentement des souscripteurs. Subséquemment la compagnie acquiesce à telle réduction et ne fait appel de versements que sur les souscriptions ainsi réduites.— *Jugé :* Que telle réduction ne pouvait pas être faite légalement sans le consentement des souscripteurs subséquents. Et le défendeur ayant souscrit à des actions dans le capital de la demanderesse sans avoir jamais consenti aux altérations et réductions de souscriptions ci-dessus

mentionnées, *jugé :* Que la demanderesse n'avait pas d'action contre lui pour le forcer à payer des versements sur sa souscription.— National *Ins.* Co. vs Hatton, C. S., M., 8 juillet 1878.

§ 4.—*De la lésion.*

1001. La lésion n'est une cause de nullité des contrats que dans certains cas et à l'égard de certaines personnes, tel qu'expliqué dans cette section.

C. N., 1118.

Jurisp.— L'acheteur ne possède point l'action rescisoire pour faire rescinder le contrat de vente pour cause de lésion d'outre-moitié du juste prix.— Chapleau et Debien, XIII J. C. J., 194.

1002. La simple lésion est une cause de nullité, en faveur du mineur non émancipé, contre toutes espèces d'actes, lorsqu'il n'est pas assisté de son tuteur, et lorsqu'il l'est, contre toutes espèces d'actes autres que ceux d'administration ; et en faveur du mineur émancipé, contre tous les contrats qui excèdent les bornes de sa capacité légale, telle qu'établie au titre *De la Minorité, de la Tutelle et de l'Emancipation ;* sauf les exceptions spécialement énoncées dans ce code.

Pothier, *Oblig.,* 40.— Domat, liv. 4, tit. 6, sec. 2, n° 19, 23 et 24.— *Id.,* liv. 2, tit. 1, sec. 3, n° 16.— Cod., L. 2, *Si tut. vel. cur. interv.*—*ff* L. 7, §§ 3, 5 et 7, L. 29, L. 34, § 1.— L. 49, *De minoribus.*— Meslé, *Des minorités,* ch. 14, n° 27.— C. N., 1305.

Jurisp.— 1. Pour se faire relever d'un acte passé durant la minorité, il ne suffit pas d'alléguer lésion; mais il faut la prouver.— Métrisse vs Brault, IV L. C. J., 60.

2. La preuve de la lésion, pour le mineur, peut être déduite, sans être positivement prouvée.— Le fait que le mineur aurait géré une partie considérable de ses affaires, pendant sa minorité, n'est pas une excuse pour repousser la rescision. — Les fruits et revenus sont dus au mineur depuis la date de la transaction attaquée par voie de rescision, si le défendeur ne prouve pas autrement sa bonne foi que par le fait que ce mineur avait fait des affaires durant sa minorité.— Le mineur obtenant rescision, n'est tenu de rembourser que les impenses *nécessaires.* Larivière vs Arsenault, V L. C. J., 220.

3. C'est au demandeur qui veut recouvrer de l'argent prêté à un mineur à prouver l'emploi utile de l'argent.— Miller vs Demeule, XVIII L. C. J., 12.

4. Il ne suffit pas de plaider minorité à une action sur billet promissoire consenti par un mineur, mais il faut aussi plaider lésion.— Boucher vs Girard, XX L. C. J., 134.

5. A plea alleging minority, without lesion, is bad.— Bluteau vs Gauthier, I Q. L. R., 187.

1003. La simple déclaration faite par un mineur qu'il a atteint l'âge de majorité n'empêche pas la rescision pour cause de lésion.

Domat, liv. 4, tit. 6, sec. 2, n° 7.— Meslé, ch. 14, n° 55, pp. 410 et 411.— Cod., L. 1, *Si minor se majorem dixerit.*— C. N., 1307.

1004. Le mineur n'est pas restituable pour cause de lésion, lorsqu'elle ne résulte que d'un événement casuel et imprévu.

ff L. 11, § 4, *De minoribus.*— Meslé, p. 391 et p. 14, n° 18.— Domat, liv. 4, tit. 6, sec. 2, n° 15.— C. N., 1306.

1005. Le mineur banquier, commerçant ou artisan, n'est pas

16

restituable pour cause de lésion contre les engagements qu'il a pris à raison de son commerce ou de son art ou métier.

Meslé, p. 14, n° 53.— Rép. jurisp., v° *Mineurs*, p. 528.— Ord. de 1673, tit. 1, art. 6.— C. N., 1308.

1006. [Le mineur n'est pas restituable contre les conventions portées en son contrat de mariage, lorsqu'elles ont été faites avec le consentement et l'assistance de ceux dont le consentement est requis pour la validité de son mariage.]

C. N., 1309.

1007. Il n'est point restituable contre les obligations résultant de ses délits et quasi-délits.

ff L. 37, § prel.— ff L. 9, *De minoribus.*— Cod., L. 1, *Si adversus delictum.*— Meslé, ch. 14, n° 54.— Domat, liv. 4, tit. 6, sec. 2, n° 5 et 6.— C. N., 1310.

1008. Nul n'est restituable contre le contrat qu'il a fait durant sa minorité, lorsqu'il l'a ratifié en majorité.

Meslé, p. 14, n° 56.— Le droit romain et les arrêts cités par lui.— Domat, liv. 4, tit. 6, sec. 2, n° 31 et 32.— C. N., 1311.

Jurisp.— No action is maintainable against a person for a promise made to pay a commercial debt contracted while a minor, unless such promise be in writing.— Mann vs Wilson, III L. C. J., 337.

1009. Les contrats faits par les mineurs pour aliéner ou grever leurs propriétés immobilières, avec ou sans l'intervention de leurs tuteurs ou curateurs, sans observer les formalités requises par la loi, peuvent être annulés, sans qu'il soit nécessaire de prouver la lésion.

Cod., L. 11, *de prædiis et aliis rebus.*— Pothier, *Vente,* n° 14, 168 et 516.— Domat, liv. 4, tit. 6, sec. 2, n° 26.

Jurisp.— 1. Toute aliénation et hypothèque des biens immobiliers d'un mineur, non précédée d'une autorisation judiciaire obtenue suivant les formalités ordinaires, est nulle de nullité radicale qui peut être demandée par tous tiers intéressés.— Béliveau et Barthe, VII R. L., 453.
2. A mortgage given by a minor is not radically null, but is merely subject to be annulled in a case of *lésion.*— Béliveau & Duchesneau, XXII L. C. J., 87.

1010. [Lorsque toutes les formalités requises à l'égard des mineurs ou des interdits, soit pour l'aliénation d'immeubles, soit pour un partage de succession, ont été remplies, tels contrats ou actes ont la même force et le même effet que s'ils étaient faits par des majeurs non interdits.]

C. N., 1314.— C. L., 1862.— 4 Marcadé, sur l'art. 1314.

1011. Lorsque les mineurs, les interdits ou les femmes mariées, sont admis, en ces qualités, à se faire restituer contre leurs contrats, le remboursement de ce qui a été, en conséquence de ces engagements, payé pendant la minorité, l'interdiction ou le mariage, n'en peut être exigé, à moins qu'il ne soit prouvé que ce qui a été ainsi payé a tourné à leur profit.

Meslé, p. 14, n° 25, et les arrêts cités par lui.— 7 Toullier, n° 580.— C. N., 1312.

Jurisp.— L'indemnité due au mineur, pour lésion, ne souffre pas réduction du montant qu'il a reçu et il n'est pas obligé de rembourser ce qu'il a reçu, à moins qu'il ne soit plaidé et prouvé que ce qu'il a reçu lui a profité.— Larivière vs Arsenault, V L. C. J., 220.

1012. [Les majeurs ne peuvent être restitués contre leurs contrats pour cause de lésion seulement.]

Jurisp.— 1. A deed of sale cannot be rescinded on the ground of *lésion*, where the amount of the consideration, and the actual value of the property at the time of the execution of the deed, are not fully established.— Lemoine vs Lionais, II L. C. L. J., 163.

2. Dans la vente, la valeur de l'objet vendu n'est qu'une qualité accidentelle du sujet de la vente.— Rosenheim et Martin, VI R. L., 258.

SECTION III.

DE L'INTERPRÉTATION DES CONTRATS.

1013. Lorsque la commune intention des parties dans un contrat est douteuse, elle doit être déterminée par interprétation plutôt que par le sens littéral des termes du contrat.

ff L. 219, *De verb. signif.*— Pothier, *Oblig.*, 91.— Domat, liv. 1, tit. 1, sec. 9, n° 8.— C. N., 1156.

1014. Lorsqu'une clause est susceptible de deux sens, on doit plutôt l'entendre dans celui avec lequel elle peut avoir quelqu'effet, que dans le sens avec lequel elle n'en pourrait avoir aucun.

ff L. 80, *De verb. oblig.*— Pothier, 92.— C. L., 1946.— C. N., 1157.

1015. Les termes susceptibles de deux sens doivent être pris dans le sens qui convient le plus à la matière du contrat.

ff L. 67, *De reg. jur.*— Pothier, 93.— C. L., 1947.— C. N., 1158.

1016. Ce qui est ambigu s'interprète par ce qui est d'usage dans le pays où le contrat est passé.

ff L. 34, *De reg. jur.*— Pothier, 94.— Domat, liv. 1, tit. 1, sec. 2, n° 9.— C. L., 1948.— C. N., 1159.

1017. On doit suppléer dans le contrat les clauses qui y sont d'usage, quoiqu'elles n'y soient pas exprimées.

ff L. 31, § 20, *De ædilitio edicto.*— Pothier, 95.— C. L., 1949.— C. N., 1160.

1018. Toutes les clauses d'un contrat s'interprètent les unes par les autres, en donnant à chacune le sens qui résulte de l'acte entier.

ff L. 24, *De legibus.*— L. 126, *De verb. signif.*— Pothier, 96.— Domat, liv. 1, tit. 1, sec. 2, n° 10.— C. L., 1950.-- C. N., 1161.

1019. Dans le doute le contrat s'interprète contre celui qui a stipulé, et en faveur de celui qui a contracté l'obligation.

ff L. 38, § 18, *De verb. oblig.*— L. 99.—*ff* L. 26, *De rebus dubiis.*— Pothier, 97.— Domat, liv. 1, tit. 1, sec. 2, n° 13.— C. L., 1952.— C. N., 1162.

1020. Quelque généraux que soient les termes dans lesquels un contrat est exprimé, ils ne comprennent que les choses sur lesquelles il paraît que les parties se sont proposé de contracter.

ƒƒ L. 3, § 2, L. 5, L. 9, § 3, L. 12, *De transactionibus.*— Pothier, 98 et 99.— Domat, liv. 1, tit. 1, sec. 2, n° 21.— C. L., 1954.— C. N., 1163.

1021. Lorsque les parties, pour écarter le doute si un cas particulier serait compris dans le contrat, ont fait des dispositions pour tel cas, les termes généraux du contrat ne sont pas pour cette raison restreints au seul cas ainsi exprimé.

ƒƒ L. 81, *De reg. jur.*— L. 56, *Mand. vel contrà.*— Pothier, 100.— C. L., 1957.— C. N., 1164.

SECTION IV.

DE L'EFFET DES CONTRATS.

1022. Les contrats produisent des obligations et quelquefois ont pour effet de libérer de quelque autre contrat, ou de le modifier.

Ils ont aussi, en certains cas, l'effet de transférer le droit de propriété.

Ils ne peuvent être résolus que du consentement des parties, ou pour les causes que la loi reconnaît.

Pothier, *Oblig.*, 85.— ƒƒ, lib. 1, tit. 1, sec. 3, n° 12, sec. 2, n° 7.— C. N., 1134.

1023. Les contrats n'ont d'effet qu'entre les parties contractantes ; ils n'en ont point quant aux tiers, excepté dans les cas auxquels il est pourvu dans la cinquième section de ce chapitre.

ƒƒ *De pactis*, L. 27, § 4.— Pothier, *Oblig.*, 85, 87, 88 et 89.— C. N., 1165.

1024. Les obligations d'un contrat s'étendent non-seulement à ce qui y est exprimé, mais encore à toutes les conséquences qui en découlent, d'après sa nature, et suivant l'équité, l'usage ou la loi.

ƒƒ L. 2, § 2, *De oblig. et action.*— L. 35, *De reg. jur.*— Cod., lib. 4, tit. 10, 4, *De oblig. et action.*— Domat, *loc. cit.*— C. N., 1135.

1025. [Le contrat d'aliénation d'une chose certaine et déterminée rend l'acquéreur propriétaire de la chose par le seul consentement des parties, quoique la tradition actuelle n'en ait pas lieu.

La règle qui précède est sujette aux dispositions spéciales contenues en ce code, concernant la cession et l'enregistrement des vaisseaux.

La conservation et le risque de la chose avant sa livraison sont sujets aux règles générales contenues dans les chapitres de ce titre, *De l'effet des obligations et De l'extinction des obligations.*]

ƒƒ L. 35, § 5, *De contrahendâ emptione.*— Pothier, *Vente*, 308 et 309.— 6 Toullier, n° 202 et 204.— 7 Toullier, n° 34, 231 et 460.— *Cout. d'Orléans*, art. 278.— C. L., 1903.— C. N., 1583.

Jurisp.— Des matériaux pour bâtir, délivrés dans une rue en face de la bâtisse pour laquelle ils sont destinés, et qui ont été payés par le propriétaire de la bâtisse, deviennent sa propriété absolue, sans être actuellement incorporés dans la bâtisse.— McGauvran vs Johnson, IV R. L., 680.

1026. Si la chose qui doit être livrée est incertaine ou indéterminée, le créancier n'en devient propriétaire que lorsqu'elle est devenue certaine et déterminée, et qu'il en a été légalement notifié.

Pothier, *Vente*, 309 et 310.— 7 Toullier, n° 460.— 6 Touiller, n° 202, note.— C. L., 1903.

1027. [Les règles contenues dans les deux articles qui précèdent, s'appliquent aussi bien aux tiers qu'aux parties contractantes, sauf dans les contrats pour le transport d'immeubles, les dispositions particulières contenues dans ce code quant à l'enregistrement des droits réels.

Mais si une partie s'oblige successivement envers deux personnes à livrer à chacune d'elles une chose purement mobilière, celle des deux qui en aura été mise en possession actuelle a la préférence et en demeure propriétaire, quoique son titre soit de date postérieure, pourvu toujours que sa possession soit de bonne foi.]

Cod., L. 15, *De rei vindicatione*.— Quoties, etc.— Pothier, *Oblig.*, 151 et 153; *Vente*, 318 et 319.— 6 Toullier, n° 204 et 205.— C. L., 1914 et 1916.— C. N., 1141.

L'acte C. 29 Vict., ch. 41, cédule, § 5, qui a mis en force certains amendements suggérés par les codificateurs, donne la rédaction suivante au § 1er de l'art. 1027:
"Les règles contenues dans les deux articles qui précèdent, s'appliquent aussi bien aux tiers qu'aux parties contractantes dans les contrats pour le transport d'immeubles, *sauf* les dispositions particulières contenues dans ce code quant à l'enregistrement des droits réels."— On a remarqué la transposition du mot *sauf* dans le texte du code, où il vient après les mots *parties contractantes*. Cette variante entre le statut qui a amendé l'ancienne loi du pays et le texte du Code, a attiré l'attention de la Cour du Banc de la Reine. En rendant jugement dans Dupuy et Cushing (XXII L. C. J., 206), Sir A. A. Dorion, juge en chef, a fait les observations suivantes: "L'art. 46 suggéré par les commissaires, a été adopté sans amendement par la législature. (Voir 29 Vict., ch. 41, Cédule, Résolution 5°.) Cependant par la transposition du mot "*sauf*" dans le texte officiel du Code, l'on a donné au premier paragraphe de l'art. 1027 un sens différent de celui qu'il avait dans le projet des commissaires sanctionné par acte du parlement. Ce premier paragraphe se lit maintenant comme suit: "1027. Les règles contenues, etc." Dans le projet le consentement ne transférait la propriété à l'acquéreur sans tradition à l'égard des tiers que dans les aliénations d'immeubles. Maintenant cette propriété est transférée même à l'égard des tiers, soit qu'il s'agisse de l'aliénation de meubles ou d'immeubles. Nous ne pouvons supposer qu'un changement qui, à première vue, paraît si important, soit dû à une erreur cléricale, d'autant plus que nous trouvons la même transposition du mot "*subject*" dans la version anglaise. Nous croyons, au contraire, qu'il a été fait par les commissaires en coordonnant les différentes dispositions touchant le sujet auquel il réfère, et qu'il a été fait après mûre délibération. Et comme les commissaires ne pouvaient faire dans les amendements adoptés par la législature que des changements de forme ou d'expression sans en altérer l'effet ou la substance (29 Vict., ch. 41, sec. 2), nous croyons que les commissaires n'ont fait que corriger un vice de rédaction, sans aucunement altérer le sens ni la partie du principe que la législature avait consacré."

Jurisp.— 1. Le demandeur dans une action pétitoire ne peut obtenir jugement en sa faveur sur un acte de vente à lui consenti subséquemment à l'occupation par le défendeur du terrain en litige, l'auteur du demandeur n'ayant pas été en possession du dit terrain à ou avant l'époque de la passation de tel acte.— Gibson vs Weare, XII L. C. R., 98.

2. Le demandeur dans une action pétitoire ne peut obtenir jugement sur un acte de vente de date subséquente à l'occupation et possession paisible du terrain en litige par le défendeur, l'auteur du demandeur n'ayant pas été en possession du dit terrain avant l'époque de la passation de tel acte.— Foisy vs Demers, XII L. C. R., 210.

3. Where a party sells a moveable to two different persons, the one of the two

who has been put in actual possession is preferred, and remains owner of the thing, although his title be posterior in date, provided he be in good faith.— Maguire vs Dackus, XV L. C. J., 20.

4. The possession of an assignee under a writ of attachment under the insolvent act of 1875, of moveables found by him in the possession of the insolvent, but which had been previously sold without actual tradition to the purchaser, renders the title of the assignee to such moveables superior to that of such purchaser.— Dupuy vs Cushing, XX L. C. J., 201.

5. In the case of the sale of a moveable to two different persons, the purchaser who has obtained actual possession and is in good faith shall be preferred, as respects the ownership of the moveable, although his title be posterior to that of the other purchaser.— Stoniforth vs McNeely, XXII L. C. J., 50.

6. When a party has obliged himself successively to two persons to deliver to each of them a moveable article, that one of the two who, in good faith on his part, has been put in actual possession, is preferred and remains owner of the thing, although the purchase by the other was anterior in date.— Dupuis vs Racine, I L. N., 486.

SECTION V.

DE L'EFFET DES CONTRATS A L'ÉGARD DES TIERS.

1028. On ne peut, par un contrat en son propre nom, engager d'autre que soi-même et ses héritiers et représentants légaux; mais on peut en son propre nom promettre qu'un autre remplira une obligation, et dans ce cas on est responsable des dommages, si le tiers indiqué ne remplit pas cette obligation.

Instit., lib. 3, tit. 19, §§ 19 et 20.—ƒ L. 73, § 4, De reg. jur.—ƒ L. 81, De verb. oblig.; L. 38, § 2.— Pothier, 53 et 56.— C. N., 1119 et 1120.

1029. On peut pareillement stipuler au profit d'un tiers, lorsque telle est la condition d'un contrat que l'on fait pour soi-même, ou d'une donation que l'on fait à un autre. Celui qui fait cette stipulation ne peut plus la révoquer si le tiers a signifié sa volonté d'en profiter.

ƒ L. 38, §§ 20, 21 et 23, De verb. oblig.— Pothier, 70 et 73.— C. N., 1121.

Jurisp.— I. One in whose favor a stipulation is made by another may bring an action to enforce it, though not a party to the contract.— Brisbin vs Campeau, XXI L. C. J., 16.

2. La stipulation faite au profit d'un tiers dans un acte de donation, peut être révoquée par le stipulant, même sans le consentement du donataire, s'il n'a pas d'intérêt à l'accomplissement de la stipulation, tant que celui au profit duquel la libéralité est faite, n'a pas manifesté l'intention de l'accepter.— Grenier vs Leroux, XXII L. C. J., 68.

1030. On est censé avoir stipulé pour soi et pour ses héritiers et représentants légaux, à moins que le contraire ne soit exprimé, ou ne résulte de la nature du contrat.

ƒ L. 143, De regul. jur.—ƒ L. 56, § 1 et L. 38, § 14, De verb. oblig.— Pothier, 63 à 70.— C. N., 1122.

1031. Les créanciers peuvent exercer les droits et actions de leur débiteur, à l'exception de ceux qui sont exclusivement attachés à sa personne, lorsque, à leur préjudice, il refuse ou néglige de le faire.

ƒ L. 134, De reg. jur.— L. 6, Quæ in fraudem.— Lebrun, Successions, liv. 2, ch. 2, sec. 2, nᵒˢ 42 et 43, p. 214.— 6 Toullier, nᵒˢ 369 et 370.— Domat, liv. 2, tit. 10; Introd., s 1, n° 8.— C. N., 1166.

SECTION VI.

1032. Les créanciers peuvent, en leur propre nom, attaquer les actes faits par leur débiteur en fraude de leurs droits, conformément aux règles prescrites dans cette section.

ff L. 1, §§ 1 et 2, *Quæ in fraudem credit.*— Nouv. Den., v° *Fraude relativement aux créanciers,* § 2, n° 2.— 6 Toullier, n° 343 et suiv., 354 et 366.— Ord. du Com., 1673, tit. 11, art. 4.— Règlement de Lyon de 1667.— Déclaration de 1702.— 2 Conférences de Bornier, p. 698.— Edit de Henri IV, 1609.— C. N., 1167.

Jurisp.— Lorsque des parties contractantes ont fait ensemble un contrat avec intention de frauder des tiers, le contrat sera néanmoins maintenu comme valide quant aux parties contractantes.— Jeffrey et Shaw, X L. C. R., 340.

1033. Un contrat ne peut être annulé à moins qu'il ne soit fait par le débiteur avec l'intention de frauder, et qu'il n'ait l'effet de nuire au créancier.

ff L. 15, *Quæ in fraudem credit.*— Domat, liv. 2, tit. 10, sec. 1, n° 6.— 6 Toullier, n° 348 à 352.— C. L., 1973.

1034. Un contrat à titre gratuit est réputé fait avec intention de frauder, si, au temps où il est fait, le débiteur est insolvable.

ff L. 6, § 2, *loc. cit.*— Domat, n° 2.— Nouv. Den., v° cit., § 1, n° 10.— Pothier, 153. — 6 Toullier, n° 353 et 354.— C. L., 1975.

Jurisp.— 1. Une cession, sans considération, n'est rien autre chose qu'une donation ; et la fraude du débiteur est suffisante pour faire déposséder le donataire.— Barbour vs Fairchild, VI L. C. R., 113.

2. Dans l'espèce, une donation d'immeubles entrevifs, par un père à ses enfants mineurs, était entachée de fraude envers les créanciers du donateur, et conséquemment sans effet.— Marion vs Perrin, VI L. C. R., 404.

3. Un failli, acquérant un immeuble des syndics de sa faillite, après l'observation des formalités prescrites, ne peut faire revivre une hypothèque dont était grevé l'immeuble, et qui avait été purgée par la vente judiciaire ainsi faite. Un subséquent acquéreur troublé hypothécairement à raison de semblable hypothèque, peut opposer, par exception, tout dol ou fraude qui peut se rencontrer dans cette créance ainsi ravivée.— Dans l'espèce, une donation de prétendus arrérages de rente aux enfants mineurs du failli, débiteur de ces arrérages, ce dernier acceptant pour ses enfants, après obtention de son certificat de décharge, et la vente judiciaire de ses immeubles, ne peut avoir d'effet à l'égard d'un tiers acquéreur, et la dite donation est déclarée frauduleuse, quoique les mineurs ne fussent pas personnellement participant à cette fraude.— Cadieux vs Pinet, VI L. C. R., 446.

4. Dans l'espèce, la donation de meubles portée dans un contrat de mariage, par le futur, en faveur de la future, encore mineure, avec stipulation de séparation de biens, est une fraude à l'égard d'une personne ayant à réclamer contre le futur, pour cause de séduction ; et la femme ne peut demander mainlevée de la saisie de ces meubles faite sur le mari, pour satisfaction de la créance susdite. — Chaput vs Berry, XII L. C. R., 172.

5. A deed of donation of real estate will not be considered fraudulent because the donor had a chirographary creditor, who obtained judgment against him eighteen months after the donation, which was made for good consideration ; and the seizure and sale of the land donated in the donee's possession at the instance of the chirographary creditor will be set aside.— Tessier vs Bienjonetti, I L. C. L. J., 68.

6. Une donation d'immeubles non enregistrée par une sœur à son frère, après jugement rendu contre la donatrice, est évidemment faite en fraude du créancier.— McGillivray vs McCullen, V R. L., 456,

7. Un acte de donation entre proches parents passé au moment où le donateur vient d'être assigné pour dette, en l'absence de preuve de bonne foi, est présumé frauduleux.— Lortie vs Dionne, IV Q. L. R., 299.

8. En février 1863, Brown père fit à Brown fils une donation de sa propriété, à la charge de supporter le donateur et sa famille, le donateur se réservant de plus la jouissance de la propriété. L'acte disait que $1189 avaient été payés et que $500, la balance de la considération, avaient été reçus subséquemment. Pas de preuve que Brown fils eût payé quoi que ce soit. Le demandeur ayant fait saisir cette propriété sur Brown père, Brown fils fit une opposition fondée sur cette donation. La Cour Supérieure d'Iberville a rejeté cette opposition, et ce jugement doit être confirmé.— Ward vs Brown, I L. C. L. J., 95.

1085. Un contrat à titre onéreux fait par un débiteur insolvable avec une personne qui connaît cette insolvabilité, est réputé fait avec l'intention de frauder.

ff L. 1, L. 6, ‡ 8, *Quæ in fraudem credit.*— Domat, *loc. cit.*, nᵒ 4.— Nouv. Den., *loc. cit.*, nᵒˢ 12 et 15.— 6 Toullier, nᵒˢ 342 à 366.

Jurisp.— 1. Un débiteur insolvable ne peut ni céder ou transporter son fonds de commerce à deux de ses créanciers en fidéicommis pour l'avantage de tous tels créanciers, sans leur consentement.— Lorsque un tel transport est fait sans le consentement de tous les créanciers, et que les cessionnaires, ayant obtenu du débiteur, le cédant, la clé du magasin, mettent tel magasin sous clé, et annoncent les marchandises en vente par encan pour l'avantage des créanciers généralement, tel des créanciers qui n'aura pas consenti au transport pourra, nonobstant icelui, saisir les effets comme étant encore en la possession du débiteur cédant, en autant qu'il n'y a pas eu de cession légale, ou livraison suffisante, pour transporter la propriété ou la possession aux cessionnaires.— Withall vs Young, X L. C. R., 149.

2. Tous les biens d'un débiteur insolvable deviennent et sont le gage commun des créanciers, et ils ne peuvent être soustraits au contrôle d'aucun d'eux par les actes du débiteur.— Tout transport fait par le débiteur insolvable de ses biens pour les soustraire à l'action de ses créanciers ou d'aucun d'eux, est absolument nul, suivant les dispositions de l'Edit du mois de mai 1609.— Dans l'espèce, le titre invoqué par les intimés était un acte entaché des vices ci-dessus. De plus, cet acte, qui était une cession *omnium bonorum*, de tous les biens du défendeur insolvable aux opposants, n'a pas été suivi d'une tradition légale ou d'un déplacement, de manière à faire passer les biens cédés aux opposants.— Cummings et Smith, X L. C. R., 122.

3. *Question :*— Ce qui constitue une preuve suffisante d'un transport frauduleux par un créancier insolvable.— Sharing et Meunier, VII L. C. R., 250.

4. Pour faire annuler un transport comme entaché de fraude, il faut alléguer et prouver l'insolvabilité du cédant.— Bernier vs Vachon, VIII L. C. R., 286.

5. Une donation par le père et la mère aux fils de toutes leurs propriétés, sera annulée comme faite en fraude des créanciers, nonobstant que la donation soit sujette à l'entretien des donateurs leur vie durant.— Lavallée vs Laplante, X L. C. R., 224.

6. A direct action will lie to have a sale of moveables set aside for fraud; and this though a judicial sale has been resorted to.— Ouimet vs Senécal, IV L. C. J., 133.

7. Une vente d'immeuble faite par le fils à son père, sera déclarée simulée et frauduleuse, et sera mise à néant, à la demande des créanciers, nonobstant la preuve de numération du prix, s'il y a preuve suffisante du défaut de moyens pécuniaires du père.— McGrath et O'Connor, XIV L. C. R., 393.

8. Une opposition à la vente de meubles allégués avoir été acquis à une vente par le shérif sera renvoyée comme entachée de fraude, en autant qu'il était constaté qu'aucune considération n'avait été payée pour les effets; que le défendeur était insolvable; et que l'opposant et la partie à la poursuite de laquelle les effets avaient été judiciairement vendus étaient tous deux frères du défendeur.— Brough et McDonnell, XV L. C. R., 492.

9. One of the circumstances which throws ordinarily most light on the bad faith of third parties, is the notoriety of the distress of the debtor. Whoever makes with him an agreement prejudicial to his creditors, will have difficulty in maintaining his exception of good faith. At any rate the presumption will

be against him until he has proved that the notoriety had not reached him. It is an indication of fraud in the alienation of property by a debtor, that the employment of the price of the alienation does not appear. When the books of a trader do not show any entries of a transaction in question, or payments on account thereof, there is a legal presumption against its truth. A deed of sale by a debtor to his brother-in-law, and another by his brother-in-law to his wife will be set aside at the suit of a creditor as simulated and fraudulent where there is no valid consideration for such sale.— Rimmer vs Bouchard, VII L. C. J., 219.

10. L'hypothèque acquise sur les biens d'un individu *non-négociant* en état de déconfiture, est valable en loi s'il n'y a fraude.— McConnell vs Dixon, XI L. C. J., 300.

11. Mere insolvency is not of itself a sufficient cause for setting aside a mortgage granted whilst the debtor was in that state, without proof either that such insolvency was notorious or that there was really fraudulent collusion between the debtor and creditor.— Warren & Shaw, XII L. C. J., 309.

12. The defendant five days before judgment was obtained against him, sold his farm and farm stock to the opposant, who leased the property back to him two days after judgment.— *Held:* That the transaction was fraudulent, and that there was no tradition of the property, Monk, J., differing as to the latter point.— Desjardins vs Pagé, I L. C. L. J., 115.

13. Une vente faite par un failli, après l'émanation d'un bref en liquidation forcée et la publication des avis de faillite, est radicalement nulle, et dans le cas de telle vente, l'acquéreur ne peut invoquer sa bonne foi, et demander le remboursement du prix d'achat, en vertu de l'article 1480 du Code civil.— Mallette vs White, I R. L., 711.

15. La vente d'effets mobiliers, entre parents, non suivie de déplacement et de tradition réelle, est présumée frauduleuse vis-à-vis des tiers créanciers et doit être annulée.— Davis et Shaw, I R. C., 120.

16. Le fait d'entrer en marché de vendre et de vendre en effet tous ses meubles de ménage et surtout tous les outils de son métier est un avertissement suffisant que le vendeur donne à l'acheteur de son insolvabilité et de son intention de frauder ses créanciers.— Trahan vs Gadbois, V R. L., 690.

17. En 1859, A. P. et Cⁱᵉ ont obtenu jugement contre L. M., pour £7768-3-11. En 1874, exécution émanée pour $17,000, balance de ce jugement, et les immeubles de M. sont saisis. Les appelants, L. M., déf. originaire et L. N. M., font une opposition afin d'annuler, alléguant que le 1ᵉʳ juillet 1870, ils ont formé une société, et que le 8 juillet de la même année, le dit L. M. a apporté dans la société les immeubles saisis, qui appartiennent à la société. La Cour Inférieure a jugé que cet acte était simulé et frauduleux, qu'il avait été fait pour mettre ces propriétés à l'abri des poursuites des créanciers de L. M., qui en était toujours demeuré propriétaire et en possession. Ce jugement est confirmé.— Miller et Denholm, Q., 8 mars 1876.

18. Une vente faite par un débiteur à un tiers, sera annulée sur la poursuite d'un créancier, quant à lui ; — (a) Si le vendeur était insolvable, ou s'est par l'effet de cette vente, mis sciemment et frauduleusement hors de l'atteinte du créancier ; — (b) Si l'acheteur connaissait l'existence de la dette due au créancier ; — (c) Si l'acheteur connaissait, lors de la vente, l'état d'insolvabilité du vendeur, ou du moins que par cette vente, ce dernier se mettait hors de l'atteinte des poursuites du créancier ; — (d) Si le contrat a eu l'effet de nuire au créancier.— Clément vs Catafard, VIII R. L., 624.

19. Lortie devait à Clarke $177.71. A la veille d'être poursuivi, il vend sa maison à Allard, son gendre, lequel connaissait l'existence de la dette.— *Jugé :* Que la vente en question est frauduleuse.— Clarke vs Lortie, IV Q. L. R., 293.

20. Une cession faite par un débiteur de partie de ses biens à un créancier, en considération d'une dette antérieure, est frauduleuse et constitue un acte de faillite, si elle est faite volontairement et en vue de faillite, ou si elle a de quelque manière l'effet de retarder le paiement des autres créanciers ou de leur faire perdre leur recours. Si telle cession ne laisse pas assez au cédant pour payer ses autres créanciers, il doit être considéré comme insolvable au moment de la cession.— Bell et Rickaby, Cour Suprême, janvier 1878.

21. Un acte frauduleux et simulé peut être attaqué de nullité sur la contestation d'une opposition, et il n'est pas essentiel que cela se fasse par action directe. — McKorkill & Knight, M., 22 déc. 1877.

22. A deed of donation may be set aside on contestation of the opposition filed by the donee invoking such deed.— Marin vs Bissonnette, I L. N., 242.

23. The circumstances of this case do not disclose fraud, concealment or collusion or any attempt whatever by plaintiff to obtain a preference over other creditors. There is no principle of common law, statutory provision or rule of public policy sanctioned by jurisprudence, requiring that all creditors being parties to a deed of composition should, irrespective of the existence of good or bad faith, detriment, injustice or inducement, or otherwise, be in perfectly the same position to the extent of invalidating security given to one or more creditors, because others had not received it.—Bank of Montreal vs Audette, IV Q. L. R., 254.

1036. Tout paiement fait par un débiteur insolvable à un créancier qui connaît cette insolvabilité, est réputé fait avec intention de frauder, et le créancier peut être contraint de remettre le montant ou la chose reçue, ou sa valeur, pour le bénéfice des créanciers suivant leurs droits respectifs.

ff loc. cit., L. 10, § 12.— Nouv. Den., *loc. cit.*, 2° col.— L. 6, § 6, *ff Quæ in fraudem credit.*— Jousse, *Ord.* 1673, tit. 11, art. 4, n° 1.— Savary, *Parère* 39, pp. 312, 319 et 320.— 6 Toullier, tel que cité ci-dessus.— Bornier, *Ord. du Com.*, tit. 11, art. 4, p. 698 (673 dans la dernière édition).— Toubeau, liv. 3, tit. 12, ch. 3, p. 730, *contrà.* Code Com., art. 446 et 447, et notes par Devilleneuve, Dictionnaire du Contentieux Com., pp. 744 et 745, et par Rogron, pp. 878, 879 et suiv.— C. L., 1983.

1037. Des dispositions plus étendues sur la présomption de fraude et la nullité des actes faits en vue de la faillite sont contenues en "l'Acte concernant la faillite, 1864."

L'acte cité dans cet article est maintenant remplacé par *l'Acte de faillite* 1875, tel qu'amendé par les statuts C. 39 Vict., c. 30 et C. 40 Vict., c. 41.— Voir spécialement les clauses 130 et suivantes.

1038. Un contrat à titre onéreux fait avec l'intention de frauder de la part du débiteur, mais de bonne foi de la part de la personne avec qui il contracte, ne peut être annulé, sauf les dispositions particulières au cas de faillite.

L. 6, § 8, *loc. cit.*, art. 54 (59.)— Pothier, 153.— Domat, n° 3, *loc. cit.*— N. Den., *loc. cit.*, n° 11.— 6 Toullier, n° 352.— C. L., 1974.

1039. La nullité d'un contrat ou d'un paiement ne peut être demandée par un créancier postérieur en vertu de quelque disposition contenue en cette section, à moins qu'il ne soit subrogé aux droits d'un créancier antérieur, sauf néanmoins l'exception contenue en " l'Acte concernant la faillite, 1864."

L. 10, § 1, *ff Quæ in fraudem credit.*— N. Den., v° cit., § 3, n° 1, 2 et 3, v° 9, pp. 84 et 85.— Domat, *loc. cit.*, n° 6.— 6 Toullier, n° 351.— C. L., 1988.

1040. [Aucun contrat ou paiement ne peut être déclaré nul, en vertu de quelqu'une des dispositions contenues dans cette section, à la poursuite d'un créancier individuellement, à moins que telle poursuite ne soit commencée avant l'expiration d'un an à compter du jour qu'il en a eu connaissance.

Si la poursuite est faite par des syndics ou autres représentants des créanciers collectivement, elle devra être commencée dans l'année à compter du jour de leur nomination.]

Amend.— *L'acte Q.* 37 *Vict.*, c. 15, s. 19, *contient ce qui suit :*

La période de temps comprise entre le premier jour de février de l'année mil huit cent soixante et treize et le premier jour de septembre mil huit cent soixante et quatorze, en autant qu'il s'agit de procédure et d'affaires devant la Cour du Banc de la Reine, la Cour Supérieure et la Cour de Circuit dans le district de Québec, qui se rapportent aux dossiers partiellement ou totalement détruits par le dit incendie, est exclue de l'opération des articles 1040, 1550, 1998, 1999, 2242, 2243, 2250, 2251, 2252, 2258, 2259, 2260, 2261, 2262, 2263, 2267 et 2268 du Code civil du Bas-Canada et des articles 454, 483, 506, 947, 1118 et et 1119 du Code de procédure civile ; et relativement aux dits articles du Code civil et du Code de procédure civile, le premier jour de septembre prochain sera considéré comme le jour venant immédiatement après le premier jour de février de l'année mil huit cent soixante et treize.

CHAPITRE DEUXIÈME.

DES QUASI-CONTRATS.

1041. Une personne capable de contracter peut, par son acte volontaire et licite, s'obliger envers une autre, et quelquefois obliger une autre envers elle, sans qu'il intervienne entre elles aucun contrat.

Instit., lib. 3, tit. 27.— Pothier, 113, 114 et 115.—5 Marcadé, p. 249.— C. N., 1371.

1042. Une personne incapable de contracter peut, par le quasi-contrat résultant de l'acte d'une autre, être obligée envers cette dernière.

Pothier, *Oblig.*, 115 et 128.— 5 Marcadé, p. 249.

SECTION I.

DU QUASI-CONTRAT " NEGOTIORUM GESTIO."

1043. Celui qui volontairement assume la gestion de l'affaire d'un autre, sans la connaissance de ce dernier, est tenu de continuer la gestion qu'il a commencée, jusqu'à ce que l'affaire soit terminée, ou que la personne pour laquelle il agit soit en état d'y pourvoir elle-même ; il doit également se charger des accessoires de cette même affaire.

Il se soumet à toutes les obligations qui résultent d'un mandat exprès.

Instit., lib. 3, tit. 27, § 1.—ff lib. 3, tit. 5.— L. 2, 3, 6 et 32.— Pothier, *Oblig.*, 115. — Pothier, *Mandat*, 29, 180 et 201 — Domat, liv. 2, tit. 4, sec. 1, n° 1 et 2.— Troplong, *Mandat*, 70, 71 et 72.— 5 Marcadé, p. 250, sur l'art. 1372.— 11 Toullier, n° 25 et suiv.— C. N., 1372.

1044. Il est obligé de continuer sa gestion, encore que la personne pour laquelle il agit meure avant que l'affaire soit terminée, jusqu'à ce que l'héritier ou autre représentant légal soit en état d'en prendre la direction.

ff tit. cit., L. 21.— Pothier, *Mandat*, 201.— C. N., 1373.

1045. Il est tenu d'apporter à la gestion de l'affaire tous les soins d'un bon père de famille.

Néanmoins le tribunal peut modérer les dommages résultant de sa négligence ou de sa faute, selon les circonstances dans lesquelles le gestion a été assumée.

ff tit. cit., L. 11, L. 3, § 9.— Pothier, *Mandat*, 208 et 211.— Domat, liv. 2, tit. 4, sec. 1, n⁰⁰ 2 et 12.— C. N., 1374.

1046. Celui dont l'affaire a été bien administrée doit remplir les obligations que la personne qui agissait pour lui a contractées en son nom, l'indemniser de tous les engagements personnels qu'elle a pris et lui rembourser toutes dépenses nécessaires ou utiles.

Pothier, *Oblig.*, 113, 115, 221, 223, 224 et 228.— Domat, liv. 2, tit. 4, sec. 2, n⁰⁰ 2, 3 et 4.— C. N., 1375.

SECTION II.

DU QUASI-CONTRAT RÉSULTANT DE LA RÉCEPTION D'UNE CHOSE NON DUE.

1047. Celui qui reçoit par erreur de droit ou de fait, ce qui ne lui est pas dû, est obligé de le restituer; et s'il ne peut le restituer en nature, d'en payer la valeur.

[Si la personne qui reçoit est de bonne foi, elle n'est pas obligée de restituer les profits qu'elle a perçus de la chose.]

Instit., lib. 3, tit. 7, L. 6, § 7, *ff* § 3, L. 5, *De oblig. et action.*— L. 1 et 2, § 1.— L. 7, 37 et 54, *De condict. indeb.*— L. 9, § 5, *De jure et facti ignorantiâ.*— Cod., L. 10, *eodem tit.*— Pothier, *Condict. indeb.*, 132, 140, 165 et 168.— Domat, liv. 2, tit. 7, sec. 1, n° 5 et n° 1, sec. 3, n⁰⁰ 3 et 4, note, vol. 2, p. 469.— C. N., 1376.

Jurisp.— L'action en restitution de l'indû ne se prescrit que par 30 ans, alors même que son exercice suppose l'annulation préalable d'un contrat dont la rescision se prescrit par un temps plus court.— Ursulines des Trois-Rivières vs Commissaires d'écoles, III Q. L. R., 323.

1048. Celui qui paie une dette s'en croyant erronément le débiteur, a droit de répétition contre le créancier.

Néanmoins ce droit cesse lorsque le titre a été de bonne foi anéanti ou est devenu sans effet par suite du paiement; sauf le recours de celui qui a payé contre le véritable débiteur.

ff L. 65, *fin.*, *Cond. indeb.*— Pothier, *Oblig.*, 113.— Pothier, *Condic. indeb.*, 153.— Domat, liv. 2, tit. 7, sec. 1, n° 2.— C. N., 1377.

Jurisp.— 1. The amount voluntarily paid on a protested Bill of Exchange, by the drawer cannot be recovered on the ground of an error in the payment, in point of Law.—Caldwell & Patterson, II R. de L., 27.

2. L'erreur de droit peut donner ouverture à l'action en restitution.— Un citoyen qui a volontairement payé une taxe imposée par un règlement de la corporation municipale que la cour déclare nul, a droit au remboursement de ce qu'il a ainsi payé.— Leprohon et le Maire, etc., de Montréal, II L. C. R., 180.

3. Le protonotaire n'a pas droit de demander aucun honoraire sur la contestation du certificat d'un régistrateur produit suivant la loi. Le protonotaire ayant demandé et reçu tel honoraire, la partie qui en a fait le paiement a droit de s'en faire rembourser, et la cour sur motion ordonnera au protonotaire de rendre le montant ainsi reçu.— Langlois vs Walton, XII L. C. R., 236.

4. Jugé qu'il y a lieu à l'action *condictio indebiti* pour recouvrer une somme d'argent payée sous protêt, en satisfaction d'une dette prescrite, quand une coercition illégale a été employée pour forcer le paiement.— Corporation de Québec et Caron, X L. C. J., 317.

5. Le règlement d'un conseil municipal ordonnant le prélèvement d'une somme de deniers " pour payer les dettes de la corporation et les dépenses du conseil municipal, pour l'année 1869," sans indiquer, d'une manière précise et déterminée, ces dépenses et ces dettes, est contraire à la lettre et à l'esprit de la loi municipale, et doit être déclaré nul et illégal.— Tout contribuable qui a payé des taxes en vertu de tel règlement, peut, en invoquant la nullité, la répéter de la corporation.— Dubois vs La Corporation du village d'Acton Vale, II R. L., 565.

6. La femme séparée de biens qui, s'étant rendue caution pour son mari, acquitte son cautionnement, a droit de répéter ce qu'elle a ainsi payé.— Buckley et Brunelle, XXI L. C. J., 133.

7. A person who pays money for assessment under an assessment roll made by commissioners after the time appointed for them to report, and when they were *functi officio*, is entitled to restitution.—Wilson vs City, I L. N., 242.

8. Celui qui a payé à une corporation municipale une taxe imposée par un règlement nul, a droit d'en être remboursé même avant que ce règlement soit déclaré nul et sans qu'il soit tenu préalablement de poursuivre la nullité du règlement.— Corporation de Rimouski vs Ringuet, Q., 4 mars 1878.

9. Les intimés ont payé à l'appelante des taxes que celle-ci n'avait pas le droit d'imposer et qu'elle n'avait pas imposées d'après les termes du règlement. Ils ont poursuivi par l'action *condictio indebiti* et ont obtenu jugement.— Jugt confirmé.— La Corporation de la Ville de St-Jean et Bertrand, M., 17 juin 1875.

1049. S'il y a mauvaise foi de la part de celui qui a reçu, il est tenu de restituer la somme payée ou la chose reçue, avec les intérêts ou les profits qu'elle aurait dû produire du jour qu'elle a été reçue, ou que la mauvaise foi a commencé.

ff L. 65, § 5.— L. 15, *De condic. indeb.*— Pothier, *Condic. indeb.*, 168.— Domat, liv. 3, tit. 5, sec. 3, n° 4, et liv. 2, tit. 7, sec. 3, n° 1.— C. N., 1378.

Jurisp.— Dans une action en répétition, *condictio indebiti*, par une femme séparée de biens, par suite de la nullité de son cautionnement, les intérêts ne lui seront accordés, lorsque le débiteur des deniers réclamés est de bonne foi, que du jour de l'assignation.— Buckley vs Brunelle, XXI L. C. J., 133.

1050. Si la chose indûment reçue est une chose certaine et qu'elle ait péri, ait été détériorée, ou ne puisse plus être restituée en nature, par la faute de celui qui l'a reçue et lorsqu'il était en mauvaise foi, il est obligé d'en restituer la valeur.

Si, étant en mauvaise foi, il a reçu la chose, ou la retient après avoir été mis en demeure, il est responsable de la perte de la chose par cas fortuit; à moins qu'elle n'eût également péri, ou n'eût été détériorée en la possession du propriétaire.

ff L. 62, in pr., § 1.— L. 15, § 3, *De rei vindic.*— L. 31, § 3, *De hæred. petitione.*— Pothier, *Condic. indeb.*, 172 et 174.— Domat, liv. 2, tit. 7, sec. 3, n° 2.— Marcadé, pp. 258 et 259.— C. N., 1379.

1051. Si celui qui a indûment reçu la chose la vend, étant dans la bonne foi, il ne doit restituer que le prix de vente.

Pothier, 173.— Domat, liv. 2, tit. 7, sec. 3, n° 5.— C. N., 1380.

1052. Celui auquel la chose est restituée doit rembourser au possesseur, même de mauvaise foi, les dépenses qu'il a encourues pour sa conservation.

ff L. 13, § 1, L. 14, *De condic. indeb.*—*ff* L. 6, § 3, *De negot. gestis.*—*ff* L. 38, *De hæred. petit.*— Pothier, *Propriété*, 343, 344 et 345.— Domat, liv. 2, tit. 7, sec. 4.— 4 Marcadé, p. 262.— C. N., 1381.

CHAPITRE TROISIÈME.

DES DÉLITS ET QUASI-DÉLITS.

1053. Toute personne capable de discerner le bien du mal, est responsable du dommage causé par sa faute à autrui, soit par son fait, soit par imprudence, négligence ou inhabileté.

ff L. 1, *De injuriis*, L. 5, § 1, L. 9, § *ult.*, L. 10, *Ad leg. Aquil.*— Domat, liv. 3, tit. 5, sec. 2, n° 9, L. 2, tit. 8, sec. 4.— 11 Toullier, 319 et suiv.—5 Marcadé, pp. 264, 265 et 266.—Zachariæ, vol. 4, § 624, note ; § 625, note 14 et §§ 626, 627 et 628.— C. N., 1382 et 1383.

Jurisp.—1. The contents of a confidential letter is not the subject of an *action d'injure.*— Smith vs Binet, I R. de L., 504.

2. Every proprietor is answerable in damages to his neighbour for an injury which he occasions to the property of the latter by the improper use of his own, and for such injury an action in *factum* will lie.— D'Estimauville vs Tétu, XI R. de L., 469.

3. An action in *factum* can also be maintained where a building erected on the property of another is a nuisance to his neighbour, where it be occasioned by the building itself, or by the use to which it is applied.— Côté vs Measam, II R. de L., 469.

4. Il y a lieu au recours en dommages-intérêts pour toutes paroles ou insinuations tendant à nuire au caractère du plaignant. Dans l'espèce, sur une semblable action, le demandeur n'était pas tenu de prouver la fausseté des imputations faites contre lui, et avait droit à un jugement sur le rapport du jury lui octroyant des dommages.—Bélanger vs Papineau, VI L. C. R., 415.

5. Les propriétaires d'un papier-nouvelles sont responsables en dommage, envers une femme non mariée, pour avoir inséré dans leur papier un avis de la naissance d'enfants de la demanderesse, la désignant comme la femme d'un individu nommé, quoiqu'il n'y ait aucune preuve de malice ou de connaissance de la part des défendeurs que la nouvelle fût fausse, et quoiqu'une apologie, hors la connaissance de la demanderesse, ait été faite, et une récompense offerte pour découvrir la personne qui avait envoyé tel avis.— Starnes vs Kinnear, VI L. C. R., 410.

6. The power granted to school commissioners to remove masters for misconduct or incapacity, after mature deliberation, does not relieve them from liability to damages if such removal take place without sufficient cause.— Brown vs The School Commissioners of Laprairie, I L. C. J., 40.

7. La présence des défendeurs, au sein d'une assemblée tumultueuse, résultat d'un complot, les rend responsables des dommages causés par cette assemblée, lors même qu'ils n'auraient pas activement participé dans les voies de fait.— Nianentsiasa et Akwirente, IV L. C. J., 367.

8. In an action of damages arising from a railway accident, which resulted in the death of a party and the destruction of a horse and waggon in which he was drawn, without specific proof of the pecuniary value of the party's life, damages may be assessed by the jury and be recovered, beyond the mere value of the horse and waggon, as a *solation* to the widow and next of kin for their bereavement.— Ravary and Grand Trunk, VI L. C. J., 49.

9. Le prêtre qui marie une mineure sans le consentement de ses parents, est passible de dommages en faveur des parents dont on a méconnu l'autorité ; et telle action procède valablement sans au préalable poursuivre la nullité du mariage.— Larocque vs Michon, VIII L. C. R., 222.

10. Un régistrateur est responsable des dommages ou de la perte causée par sa négligence d'enregistrer une hypothèque, ou par un certificat fourni par lui dans lequel il y a une omission, en conséquence de laquelle un acquéreur de bonne foi est troublé dans sa possession.—Montizambert vs Talbot, X L. C. R., 269.

11. Une personne qui met le feu sur sa terre dans une saison qui n'est pas convenable, est par ce seul fait responsable de la perte d'un moulin à battre qui avait été mis sur sa terre pour y battre son grain.— Hynes vs McFarlane, X L. C. R., 502.

12. Lorsqu'une collision est arrivée sans qu'il y ait faute qui puisse être attribuée à l'une ou à l'autre des parties, les dommages doivent être supportés par la partie qui les aura soufferts.— The Margaret, X L. C. R., 113.

13. Ni par le droit maritime, ni par le droit commun, est-il loisible à un vaisseau ou à une voiture de ne pas prendre toute précaution contre une collision, par la raison qu'un autre vaisseau ou une autre voiture n'est pas à l'endroit ou du côté du chemin où il devrait être, ou était en aucune manière en contravention à une règle maritime ou de police.— The Martha Sophia, X L. C. R., 3.

14. Une compagnie de chemin de fer est responsable des dommages soufferts par un individu, en raison de ce que par la construction de son chemin, la compagnie a coupé certains fossés de ligne qui servaient auparavant à l'écoulement des eaux dans un cours d'eau sur la terre du demandeur, laquelle, par l'insuffisance de tel cours d'eau à porter le surplus de ces eaux, a été inondée.— En pareil cas, la règle de droit qui dit que: "Celui qui, faisant une nouvelle "œuvre sur sa propriété, use de son droit sans blesser ni loi, ni usage, ni titre, "ni possession contraire, n'est pas tenu du dommage qui pourra arriver," n'est pas applicable.— The Grand Trunk vs Niville, XIV L. C. R., 469.

15. In Lower Canada, claims arising from *torts* are considered debts as well as those arising from contracts, and this in conformity to the French and Roman Law.— Redpath vs Giddings, IX L. C. J., 225.

16. In action for verbal slander of this nature, the slanderous words themselves are not to be chiefly considered, but the motive and intention of the utterer and the occasion of their utterance.— The truth of the imputation is not the issue, but the rightfulness of the occasion and the integrity of the motive, *bond fide*, of its utterance.— If words were spoken *bond fide*, is for the court; if *bona fides* existed, is for the jury, and should be so submitted.— Answers of slander to inquire in the interests of the slandered, are privileged communications, and in this case, the answers should have been withdrawn from jury.— Communications made in pursuance of some duty, legal or moral, by the alleged slanderer, or with fair and reasonable purpose of protecting his interest, are privileged and beyond the legal implication of malice.— Implied malice cannot co-exist with privileged communication, and to support action, affirmative actual malice must be proved and found.— Malice in law is not simply ill will, but means a wrongful act done intentionally with some other than a lawful object, and to gratify passions of slanderer.— Poitevin vs Morgan, X L. C. J., 93.

17. Dans l'espèce, sur action en dommages pour inexécution de promesse de mariage et en déclaration de paternité, il y avait preuve suffisante de la promesse, mais l'inconduite subséquente de la demanderesse justifiait le défendeur dans son refus d'accomplir telle promesse, et la preuve était suffisante pour prononcer la déclaration de paternité.— *Quid* du droit d'une fille majeure d'obtenir des dommages-intérêts pour séduction?— Poissant vs Barrette, XV L. C. R., 51.

18. Un père peut maintenir une action en dommages en son propre nom pour torts faits à son enfant mineur, sa servante, s'il est en conséquence privé de ses services, et souffre autrement des dommages.— Neill vs Taylor, XV L. C. R., 102.

19. Il faut que celui qui réclame des dommages causés par la faute grossière ou par la négligence du défendeur, soit lui-même à l'abri d'une imputation de négligence ou manque de soin ordinaire; et dans le cas où le tort serait le résultat d'une faute commune, et plus particulièrement dans l'absence d'aucune voie de fait ou tort prémédité, il n'y a pas d'action.— Pour maintenir une action en dommages causés par la négligence du défendeur, l'*onus probandi* quant à telle négligence incombe sur le demandeur qui, en outre, sera tenu de prouver qu'il n'y a pas eu manque de soin de sa part, ou s'il y a eu négligence de sa part, que telle négligence n'a nullement contribué au tort dont on se plaint.— Il faut produire preuve affirmative de précautions suffisantes à l'époque de l'accident.— Quand le dommage est causé par une personne dans l'exercice de ses droits légaux, il faut que le demandeur établisse qu'il n'y a pas eu faute de sa part et qu'il y a eu négligence de la part du défendeur.— Dans le cas où le défendeur est coupable de négligence grossière causant le dommage, si le demandeur a montré un manque de soins ordinaires et a ainsi essentiellement contribué au tort, il n'a pas droit d'action.— Moffette vs Le Grand-Tronc, XVI L. C. R., 231.

20. Les juges de paix sont responsables en dommages pour emprisonnement illégal et malicieux, ordonné sans l'examen préalable de témoins en la présence de l'accusé.— Lacombe vs Ste-Marie, XV L. C. J., 276.

21. An action for libel may be brought by one corporation against another corporation.— Institut Canadien vs *Le Nouveau-Monde*, XVII L. C. J., 297.

22. An action of damages will lie against the proprietor of an establishment such as a hamcuring factory, for the diminution of rent sustained by an adjacent proprietor, in consequence of offensive odours from the factory and the general character of unhealthiness which was attached to his property; and this notwithstanding the fact that the factory was established prior to the construction of the houses injured.— St-Charles and Doutre, XVIII L. C. J., 253.

23. Une corporation peut être recherchée en dommages pour saisie illégale des meubles d'un contribuable.— Blain vs Corp. de Granby, V R. L., 180.

24. A corporation is liable for damages for neglect of duty, though the damages proved appear to have been sustained by plaintiff in consequence of his own negligence.— Lecours vs Corporation of St. Laurent, I L. C. L. J., p. 106.

25. A person is liable in damages for the slightest negligence in respect to a child of tender years, the want of capacity in the latter rendering extreme care and watchfulness necessary.— Beauchamp vs Cloran, I L. C. L. J., p. 121.

26. Railway Company held not liable for animals killed, the accident having occurred when the fences were down during the winter.— Montreal C. R. Co. vs Perras, II L. C. L. J., 17.

27. An action for damages will not lie, where the injury is the result of pure accident, and where no negligence can be imputed to the defendants.— Montreal C. P. R. Co. vs Bignon, II L. C. L. J., 21.

28. L'employé qui s'engage comme ouvrier capable pour travailler et faire des ouvrages à l'entreprise dans une manufacture, est responsable des dommages faits aux matériaux ou à partie des matériaux, et il doit payer la valeur des dits matériaux, lorsque tels dommages proviennent de sa faute ou de son incapacité. — Les offres, par les défendeurs, des chaussures endommagées dans tels cas, avec ensemble un équivalent en argent, pour le montant du salaire gagné sont des offres suffisantes et l'acceptation d'icelles sont une admission et une reconnaissance par l'employé des vices de son ouvrage et du paiement de son travail.— Dansereau vs James, IV R. L., 387.

29. Quoiqu'en général un homme ait le droit de refuser de transiger avec un autre ou avec une classe particulière d'hommes, et qu'en général un nombre d'hommes puissent s'obliger ensemble de ne pas travailler pour une personne en particulier, ou pour une certaine classe d'hommes, ou suivant un certain prix, il n'est pas permis que ces combinaisons ou arrangements s'étendent jusqu'à troubler ces personnes ou classes de personnes dans leurs propres affaires, et il est expressément défendu de les menacer au moyen d'amendes ou autres impositions, dans le cas où ces personnes ou classes de personnes ne se plieraient pas aux exigences de ces combinaisons ou arrangements.— Perrault vs Bertrand, V R. L., 152.

30. Celui qui diffame une des parties par des écritures au dossier, sans cause probable, sera passible de dommages.— Pacaud et Price, XV L. C. J., 281.

31. Le mari a une action en dommages contre le séducteur de sa femme.— Laferrière vs Bibardy, V R. L., 742.

32. Le défendeur dans le but de faire de la terre neuve met le feu à des souches sur sa propriété: un vent violent s'éleva tout à coup et propagea le feu sur la propriété de son voisin, le demandeur.— Jugé: Que le défendeur était responsable des dommages causés à la propriété du demandeur, bien que le feu y eût été communiqué par force majeure.— Fordyce vs Kearns, I R. C., 120.

33. The occupant of premises who invites persons to enter therein through a passage having a trap-door, is liable in damages to such persons who, ignorant of the trap, fall into it and are injured.— Lussier vs Anderson, XX L. C. J., 279.

34. La douleur physique et morale peut aussi donner ouverture à l'action en réparations civiles résultant d'une blessure corporelle.— Pelletier vs Bornier, III Q. L. R., 94.

35. The plaintiff, a carter, went to load wood at a wharf, in the port of Montreal, where a steamer was in the act of mooring, and a cable having snapped the plaintiff was seriously injured by the recoil. There was evidence that the plaintiff was aware of the danger.— Held, that there was contributory negligence on his part, and he could not recover damages.— Periam vs Dompierre, I L. N., 5.

36. A body incorporated for educational purposes is liable for the negligence of its members in the performance of their trust.— Les Clercs de St-Viateur et Labelle, M., 4 février 1879.

37. The plaintiff sustained damage through the bad state of a temporary road used during the obstruction of the turnpike road by works over which the

trustees of the road had no control.— *Held*, that the trustees having collected toll from the plaintiff were directly liable to him.— Montreal Turnpike Road vs Daoust, I L. N., 506.

1054. Elle est responsable non-seulement du dommage qu'elle cause par sa propre faute, mais encore de celui causé par la faute de ceux dont elle a le contrôle, et par les choses qu'elle a sous sa garde ;

Le père, et après son décès, la mère, sont responsables du dommage causé par leurs enfants mineurs ;

Les tuteurs sont également responsables pour leurs pupilles ;

Les curateurs ou autres ayant légalement la garde des insensés, pour le dommage causé par ces derniers ;

L'instituteur et l'artisan, pour le dommage causé par ses élèves ou apprentis, pendant qu'ils sont sous sa surveillance ;

La responsabilité ci-dessus a lieu seulement lorsque la personne qui y est assujettie ne peut prouver qu'elle n'a pu empêcher le fait qui a causé le dommage ;

Les maîtres et les commettants sont responsables du dommage causé par leurs domestiques et ouvriers, dans l'exécution des fonctions auxquelles ces derniers sont employés.

ff L. 1, § *Si familia furtum fecisse dicatur.*— 7 et 6, lib. 47, tit. 6, L. 5.— Pothier, *Oblig.*, 121 et 122.— Nouv. Den., v° *Délit*, § 1, n° 5.— 4 Zacharie, p. 24, note 8.— 11 Toullier, 260 et suiv. jusqu'à 278, aussi 282 et suiv.— C. N., 1384.

Amend.— *L'acte C. 31 Vict., c. 58, s. 12, contient ce qui suit :*

Les propriétaires d'un bâtiment canadien, anglais ou étranger, si les accidents suivants, ou l'un d'eux, arrivent sans leur faute réelle ou leur participation, savoir :

1° S'il y a perte de vie ou blessure, à bord du bâtiment ;

2° Si des effets, marchandises, ou autres articles que ce soit, sont endommagés ou perdus à bord du dit bâtiment ;

3° Si, par suite de la mauvaise manœuvre du bâtiment, une personne est tuée ou blessée sur un autre bâtiment ou bateau ;

4° Si, par suite de la mauvaise manœuvre du bâtiment, un autre bâtiment ou bateau, ou des effets, marchandises, ou autres articles à bord d'un autre bâtiment ou bateau, sont perdus ou endommagés, ne seront pas passibles de dommages, à raison de perte de vie ou de blessure, accompagnée ou non de perte ou avarie de bâtiment, bateaux, effets et marchandises ou autres choses, ni à raison de perte ou avarie de navires, effets, marchandises ou autres choses, soit qu'il y ait eu en outre perte de vie, blessure ou non, au delà du montant collectif de trente-huit piastres et quatre-vingt-douze centins par tonneau du tonnage du bâtiment ; ce tonnage sera celui enregistré, s'il s'agit de bâtiments à voiles ; et, s'il s'agit de bâtiments à vapeur, sera le tonnage brut, sans déduction pour la chambre de la machine.

Jurisp.— 1. La corporation de Montréal n'est pas responsable dans une action portée par un individu qui a été battu dans une rixe, pour le recouvrement de dommages pour injures personnelles, et pour pertes des vêtements qu'il portait dans le temps.— Drolet vs The Mayor, etc., I L. C. R., 408.

2. Les défendeurs sont responsables de dommages causés aux marchandises du demandeur, déposées dans sa cave, par l'eau qui s'était répandue par une ouverture pratiquée pour introduire, pendant que les défendeurs faisaient des réparations à la rue.— Béliveau vs Corp. de Montréal, VI L. C. R., 487.

3. A proprietor is not responsible for damages caused to a neighbouring proprietor by explosions in quarrying carried on on his property by his tenant.— Vannier vs Larchevêque, II L. C. J., 220.

4. An employee of a Railway Company has no action against the Company for damages, where the injury is caused by the negligence of a fellow-servant, while both are acting in pursuance of a common employment.— Bourdeau vs Grand Trunk Co., II L. C. L. J., 186.

5. A city corporation is liable for damage caused by the overflowing of their drains, where those drains have become obstructed ; and where packages of

bottled porter and ale are rendered unmerchantable, damages may be claimed, although the contents of the bottles are not damaged.— Kingan vs The Mayor, etc., of Montreal, II L. C. J., 78.

6. A contractor for the erection of a building is liable to a person passing through a public street for damages for injuries sustained by the falling upon him of a beam from such building.— The *onus probandi* is upon the contractor, that such injuries were not caused by negligence. The builder is liable for the acts of his workmen and other persons under his control in and about the building.— Holmes vs McNevin, V L. C. J., 271.

7. La corporation de la cité de Montréal n'est pas responsable en dommages envers une personne qui est tombée dans la cave d'une maison brûlée, qui n'avait pas été reconstruite et dont l'emplacement, nonobstant le règlement de la corporation à cet effet, n'était pas enclos; la cause de tels dommages étant trop éloignée.— Bélanger vs The Mayor, etc., of Montreal, VIII L. C. R., 228.

8. A party is responsible for the negligence of his contractor, where he himself retains control over the contractor and over the mode of work. The relationship between them is then similar to that of master and servant.— Harold vs Corporation of Montreal, III L. C. L. J., 88.

9. La corporation de la cité de Montréal est responsable pour dommages causés par l'entrée d'un attroupement dans la maison du demandeur, et y brisant tous les châssis et les meubles, et répandant des boissons.— Carson vs The Mayor, etc., of Montreal, IX L. C. R., 463.

10. La corporation de la cité de Montréal est responsable de pertes occasionnées par l'incendie de propriétés dans la cité par des personnes assemblées tumultueusement en icelle.— Watson vs The Mayor, etc., of Montreal, X L. C. R., 426.

11. La corporation de la cité de Montréal est responsable pour dommage causé à des effets emmagasinés dans une cave formant partie des lieux loués aux demandeurs, en conséquence de l'engorgement d'un puits dans un des canaux publics aux soins de la corporation, les eaux en conséquence, refluant dans la cave par le canal privé. Les frais de louage d'autres lieux pour l'emmagasinage des effets, seront inclus dans les dommages accordés, ces dommages n'étant pas le résultat d'une cause trop éloignée.— The Mayor, etc., of Montreal vs Mitchell, XIV L. C. R., 437.

12. For injuries sustained in a street encumbered with building materials, an action of damages lies directly against the corporation of the city, in which such street is situated, irrespective of the negligence of the contractors.— Humphries vs Corp. of Montreal, IX L. C. J., 75.

13. L'inondation d'une maison causée par le débordement des eaux provenant de pluies torrentielles qui ne peuvent s'écouler par l'égout public, rend les défendeurs responsables des dommages.— Boucher vs Le Maire, etc., de Montréal, XV L. C. J., 272.

14. Une corporation municipale est tenue d'indemniser pour tous les dommages résultant du mauvais état de ses chemins.— Gaudet vs La Corporation du Township de Chester-Ouest, I R. L., 75.

15. The corporation of a city is liable in damages for an accident which occurred in consequence of part of a street being incumbered with building materials to more than half its extent, and not protected by a light at night.— Humphries vs Corporation of Montreal, I L. C. L. J., p. 65.

16. A servant has no action of damages against his employer for any injury he may sustain through the negligence of his servants.— Fuller vs Grand Trunk Co., I L. C. L. J., 68.

17. Les corporations municipales sont responsables des actes illégaux commis par leurs hommes de police.— La Cité de Montréal et Doolan, III R. L., 433.

18. Le fait de prêter un masque à un enfant et de lui fournir un accoutrement grotesque ne rend pas la personne qui a prêté ce masque responsable des dommages causés par cet enfant en entrant dans un hôtel et y causant une grande frayeur à une femme qui s'y trouvait.— Lamoureux et Lamoureux, IV R. L., 539.

19. Une personne qui, par curiosité, assiste à un incendie et qui y reçoit une blessure grave par un cheval que les pompiers ont laissé sans gardien, a une action en dommages contre la corporation à qui ce cheval appartient.— Guimond vs Corporation de Montréal, IV R. L., 285.

20. A post master is responsible for a registered letter lost through his neglect or that of his minor son, employed by him as his assistant, in leaving it in an

exposed place in his office, contrary to the regulations of the Post Office Department.— Delaporte vs Modden, XVII L. C. J., 29.

21. A city corporation is liable in damages for assaults committed by its servants, such as policemen, when the assaults are approved and attempted to be justified by the corporation.— The Corporation vs Doolan, XVIII L. C. J., 124.

22. Une personne se blesse en tombant sur un pavé couvert de glace. Elle poursuit la corporation de Montréal en dommages. L'action est déboutée par la cour inférieure pour la raison que la corporation avait passé un règlement obligeant les propriétaires à nettoyer leurs trottoirs et à les tenir en bon ordre, et que la corporation n'avait pas été notifiée que le trottoir était en mauvais ordre.— En appel, jugement infirmé et $200 de dommages accordés.— Grenier et le Maire, etc., de Montréal, XXI L. C. J., 296.

23. A corporation is not responsible for the negligence of others in leaving obstructions in the street, when it appears that the driver might have avoided the obstructions.— Maguire vs The Corporation of Montreal, I R. C., 475.

24. The plaintiff's wife proceeding over a market place in the city of Quebec, stepped on a plank, forming part of a planking of the market, which broke and struck her in the face, inflicting injuries for which the present action was brought. It appeared that the clerk in charge walked over the market every day, generally several times, to verify its condition, and no apparent defect existed at the place in question, but an after examination shewed the plank to have been decayed from underneath.— Held, that the defect complained of was a latent defect due to the silent, unobservable effect of time and circumstances of which the defendants had no notice, actual or constructive ;— the occurrence was plainly an accident for which the defendants were not liable, no negligence having been proved against them, and the action could not be maintained.— Kelly vs Corporation of Quebec, III Q. L. R., 379.

25. Les appelants, en construisant leur maison, ont été obligés d'élever la cheminée de la maison voisine appartenant à l'intimé. Avant la fin des travaux, le vent renversa le toit de la maison des appelants et la cheminée de l'intimé, lui causant un dommage considérable. La Cour inférieure a condamné les appelants à $800 de dommage. Jugement confirmé.— Robichon et Caron, Q., 8 septembre 1876.

26. Les parties avec plusieurs autres personnes marchaient ensemble dans le chemin public. Quatre avaient des armes à feu.— Pelletier en était un.— Bernier marchait derrière et n'avait pas de fusil.— Pelletier ayant armé son fusil pour tirer sur du gibier, se retourna ayant son fusil sur la hanche et la détente étant partie, le coup se déchargea dans la jambe gauche de l'intimé qui est resté infirme. Celui-ci a été plusieurs mois malade et même en danger de perdre la vie. Il porte son action et le jugement a été rendu contre l'appelant pour $435.00. Jugement confirmé.— Pelletier et Bernier, Q., 6 mars 1877.

27. Le 1er oct. 1875, l'intimé se rendant chez lui, passait sur le trottoir près de la maison de M. Gravel, coin des rues Craig et St-Laurent, lorsqu'il reçut sur la tête, venant du toit de la maison, un fer à souder. Ce fer était tombé des mains d'un couvreur à l'emploi de l'appelant. L'intimé réclama une somme de $5.000 de dommages et la Cour inférieure lui en accorda $200. L'appelant prétend qu'il n'est pas responsable du fait de son employé, et en second lieu qu'il n'y a pas eu de négligence ; que l'ouvrier a laissé tomber le fer pour ne pas tomber lui-même. L'appelant a tort sur les deux points. Il est responsable et il y a eu négligence suivant l'article 1054 C. C.— DeBlois et Glass, M., 16 mars 1877.

28. Dans les mois d'octobre 1873 et janvier 1874, l'égout de la rue Ste-Elisabeth s'est trouvé obstrué, et trois maisons dont l'intimé était propriétaire ont été inondées, ce qui a causé des dommages aux maisons et aux meubles qui y étaient.— De là action pour $2.000 et jugement pour $172.20. Jugement confirmé.— La Cité de Montréal et Bourgoin, M., 19 mars 1877.

1055. Le propriétaire d'un animal est responsable du dommage que l'animal a causé, soit qu'il fût sous sa garde ou sous celle de ses domestiques, soit qu'il fût égaré ou échappé.

Celui qui se sert de l'animal en est également responsable pendant qu'il en fait usage.

ff L. 1, §§ 4 et 7.— L. 5, *Si quadrupes pauperiem.*— Domat, liv. 2, tit. 8, sec. 2, *in principio*, et n°° 4 et 5, et n°° 8 et suiv. jusqu'à 12.— C. N., 1385.

Le propriétaire d'un bâtiment est responsable du dommage causé par sa ruine, lorsqu'elle est arrivée par suite du défaut d'entretien ou par vice de construction.

ff L. 1, 2 et 7, *De damno inf.*—Domat, liv. 2, tit. 8, sec. 3, nᵒˢ 1 et suiv.—C. N., 1386.

Jurisp.—1. An *action d'injure* lies for exciting a dog to bite the plaintiff's horse, whereby the horse was injured and his cart broken.— Davidson vs Cole, I R. de L., 504.

2. Le propriétaire d'un essaim d'abeilles est responsable de la mort d'un cheval causée par les piqûres de ces abeilles.— Tellier vs Pelland, V R. L., 61.

3. Le propriétaire d'un cheval est responsable des dommages qu'il a causés par suite de l'imprudence de celui qui le conduisait.— Martineau vs Béliveau, XV L. C. J., 59.

4. Mais en appel, il a été jugé que le propriétaire d'un animal loué à une personne qui n'est pas son domestique, son agent ou préposé et qui conduit seul tel animal, n'est pas responsable du dommage que cet animal cause, s'il n'est prouvé que c'est par le mauvais caractère de cet animal que le dommage a été causé. La personne qui a ainsi loué un animal est seule responsable du dommage causé par lui, si cet animal est doux et tranquille, et si le dommage causé l'a été sans la faute ou la négligence du propriétaire ou des employés, et si l'animal n'était pas sous la garde du propriétaire ou de ses domestiques.— Béliveau et Martineau, IV R. L., 691.

5. In an action for damages in consequence of plaintiff's child being severely bitten by defendant's dog which was trained and kept as a fighting dog and suffered to run unmuzzled, exemplary damages will be awarded.— Falardeau vs Couture, II L. C. J., 96.

1056. Dans tous les cas où la partie contre qui le délit ou quasi-délit a été commis, décède en conséquence, sans avoir obtenu indemnité ou satisfaction, son conjoint, ses père, mère et enfants ont, pendant l'année seulement à compter du décès, droit de poursuivre celui qui en est l'auteur ou ses représentants, pour les dommages-intérêts résultant de tel décès.

Au cas de duel cette action peut se porter de la même manière non-seulement contre l'auteur immédiat du décès, mais aussi contre tous ceux qui ont pris part au duel, soit comme seconds, soit comme témoins. En tous cas, il ne peut être porté qu'une seule et même action pour tous ceux qui ont droit à l'indemnité et le jugement fixe la proportion de chacun dans l'indemnité.

Ces poursuites sont indépendantes de celles dont les parties peuvent être passibles au criminel, et sans préjudice à ces dernières.

Jurisp.—1. In an action by a tutrix to minors for damages, in consequence of the death of their father through the negligence of the defendant, the demand is subject to the prescription of one year.— Filiatrault vs Grand Trunk, II L. C. J., 97.

2. The claim for damages for the death of a person resulting from a quasi-offence, forms no part of his succession, and by article 1056 C. C., under which alone an action for such a claim will lie, the brothers and sisters of deceased have no right of action.— Ruest vs Grand Trunk Railway Co., IV Q. L. R., 181.

3. Action par l'intimée, veuve de feu Pierre Cauchon, réclamant des dommages pour la mort de son mari tué à la traverse du chemin de fer du Grand-Tronc, à Lévis, par un convoi, le 24 janvier 1874. La Cour Supérieure a accordé $2.000 de dommages. Les appelants demandent un nouveau procès pour diverses raisons, entre autres, parce que l'action aurait dû être prise par l'intimée pour elle-même et pour ses enfants de manière que les dommages accordés fussent distribués conformément à l'article 1056. La Cour d'appel a repoussé cette demande et a déclaré que la distribution des dommages requis par l'article 1056 n'a lieu que lorsqu'il y a plusieurs réclamants. Ici il n'y en a qu'un. Jugement confirmé.— Le Grand-Tronc et Godbout, Q., 6 sept. 1877.

CHAPITRE QUATRIÈME.

DES OBLIGATIONS QUI RÉSULTENT DE L'OPÉRATION DE LA LOI SEULE.

1057. Les obligations naissent, en certains cas, de l'opération seule et directe de la loi, sans qu'il intervienne aucun acte, et indépendamment de la volonté de la personne obligée, ou de celle en faveur de qui l'obligation est imposée ;

Telles sont les obligations des tuteurs et autres administrateurs qui ne peuvent refuser la charge qui leur est imposée ;

L'obligation des enfants de fournir à leurs parents indigents les nécessités de la vie ;

Certaines obligations des propriétaires de terrains adjacents ;

Les obligations qui, en certaines circonstances, naissent de cas fortuits ;

Et autres semblables.

Domat, liv. 2, tit. 9.— Pothier, *Oblig.*, 123.— 5 Marcadé, p. 238 ou art. 1370.— 11 Toullier, 308, 309 et 310.— C. N., 1370.

CHAPITRE CINQUIÈME.

DE L'OBJET DES OBLIGATIONS.

1058. Toute obligation doit avoir pour objet quelque chose qu'une personne est obligée de donner, de faire ou de ne pas faire.

ff L. 3, *in pr.*, *De obligat. et action.*— Pothier, *Oblig.*, 53 et 129.— C. N., 1126.

1059. Il n'y a que les choses qui sont dans le commerce qui puissent être l'objet d'une obligation.

ff L. 83, § 5, *De verb. oblig.*— Pothier, *Oblig.*, 135.— C. N., 1128.

1060. Il faut que l'obligation ait pour objet une chose déterminée au moins quant à son espèce.

La quotité de la chose peut être incertaine, pourvu qu'elle puisse être déterminée.

ff loc. cit., L. 94 et 95.— Pothier, n° 131.— C. N., 1129.

1061. Les choses futures peuvent être l'objet d'une obligation.

On ne peut cependant renoncer à une succession non-ouverte, ni faire aucune stipulation sur une pareille succession, même avec le consentement de celui de la succession duquel il s'agit, excepté par contrat de mariage.

Cod., L. 15, *De pactis.*— Dig., loc. cit., L. 61.— Pothier, 132.— C. N., 1130.

1062. L'objet d'une obligation doit être une chose possible, qui ne soit ni prohibée par la loi, ni contraire aux bonnes mœurs.

ff L. 1, 85, *De reg. jur. Impossibilium nulla obligatio est.*— Pothier, 136 et 137.

Jurisp.—A subscription note given to a municipal corporation, to aid in the erection of a public market, is not a contract or agreement contrary to good morals.—Such contract or agreement is one that the parties might lawfully make, and is not beyond the powers of a corporation body.— The Corporation of the Village of Waterloo vs Girard, XVI L. C. J., 106.

CHAPITRE SIXIÈME.

DE L'EFFET DES OBLIGATIONS.

SECTION I.

DISPOSITIONS GÉNÉRALES.

1063. L'obligation de donner comporte celle de livrer la chose et de la conserver jusqu'à la livraison.

ff L. 11, §§ 1 et 2, *De action. empti et venditi.*—Pothier, *Oblig.*, 142.—C. N., 1136.

1064. [L'obligation de conserver la chose oblige celui qui en est chargé d'y apporter tous les soins d'un bon père de famille.]

1065. Toute obligation rend le débiteur passible de dommages en cas de contravention de sa part ; dans les cas qui le permettent, le créancier peut aussi demander l'exécution de l'obligation même, et l'autorisation de la faire exécuter aux dépens du débiteur, ou la résolution du contrat d'où naît l'obligation ; sauf les exceptions contenues dans ce code et sans préjudice à son recours pour les dommages-intérêts dans tous les cas.

ff L. 75, § 7, *De verb. oblig., ff* L. 13, *in fine, De re judicatâ.*—Pothier, 148, 157 et 158.—Domat, liv. 1, tit. 2, sec. 2, nᵒˢ 19 et 20.—C. N., 1142 et 1144.

1066. Le créancier peut aussi, sans préjudice des dommages-intérêts, demander que ce qui a été fait en contravention à l'obligation soit détruit, s'il y a lieu ; et le tribunal peut ordonner que cela soit fait par ses officiers, ou autoriser la partie lésée à le faire aux dépens de l'autre.

Autorités sous l'article précédent.— C. N., 1143.

SECTION II.

DE LA DEMEURE.

1067. Le débiteur peut être constitué en demeure soit par les termes mêmes du contrat, lorsqu'il contient une stipulation que le seul écoulement du temps pour l'accomplir aura cet effet; soit par l'effet seul de la loi ; soit par une interpellation en justice, ou une demande qui doit être par écrit, à moins que le contrat lui-même ne soit verbal.

ff L. 23, *De verb. oblig.*— Cod., L. 12, *De contrahendâ et committendâ stipulatione.*— Pothier, *Oblig.*, 144, 145 et 147.— 6 Toullier, n⁰ˢ 248, 249, 250, 251, 252 et 253.— 10 Duranton, n⁰ˢ 441 et suiv.— Lacombe, Jurisp. civile, p. 124, v⁰ *Retardement.*— C. N., 1139.

Jurisp.— 1. La prestation suivante portée dans un acte de donation, " de nourrir le donateur à son pot et feu, de le chauffer et éclairer," n'est pas productive d'arrérages ; et une mise en demeure légale doit être faite à la partie obligée pour la contraindre au service de cette prestation, le défendeur ayant toujours été prêt à se conformer à son obligation.— Chénier vs Coutlée, VII L. C. J., 201.

2. In the case, which was in ejectment upon a verbal lease, the court was of opinion that the *motif* of the judgment could not be sustained. The *motif* was that the plaintiff had made no legal proof of a *mise en demeure*. The question was as to occupation of a farm under a verbal agreement and whether at the expiration of the year the defendant had sufficient notice to leave and quit the property. The judgment was grounded upon the *motif* that there was no *mise en demeure*. Now the Court of Review was of opinion that the notice was sufficient. It was found that a verbal notice was given, and that fact was admitted by the defendant. The judgment must be reversed.— Molleur vs Favreau, I L. C. L. J., 28.

3. The plaintiff, lessee, sued his lessor to compel him to fulfil one of the conditions of the lease, under which he was bound to provide materials for keeping the fences in good order. The action was instituted four days after notice in writing had been served upon the lessor calling upon him to do the work. The judgment condemned the defendant to provide the materials within fifteen days from date of judgment; in default of his so doing, the plaintiff was authorized to provide the materials at the defendant's expense.— *Held*, that the notice four days before suit was sufficient.— Prévost vs Brien dit Desrochers, II L. C. L. J., 82.

4. La demande de paiement faite de la part d'un créancier par l'entremise d'une personne inconnue au débiteur, et non munie d'une procuration, n'est pas une mise en demeure, quand le débiteur ne nie pas devoir, mais refuse seulement de payer à cette personne.— Gagnon vs Robitaille, IV Q. L. R., 186.

5. Le débiteur d'une obligation hypothécaire enregistrée ne peut poursuivre son créancier pour se faire donner un certificat ou acte notarié prouvant l'acquittement de l'hypothèque qu'après avoir mis le créancier en demeure de lui donner tel certificat. Il faut avant l'action que le débiteur ait demandé au créancier tel certificat et que le créancier l'ait refusé.— Gagnon et Cloutier, III R. C., 50.

1068. Le débiteur est encore en demeure, lorsque la chose qu'il s'est obligé à donner ou à faire, ne pouvait être donnée ou faite que dans un temps qu'il a laissé écouler.

Pothier, 143 et 147.— Autorités *suprà.*— C. N., 1146.

Jurisp.— Where time was of the essence of the contract, as in this case, a protest or default is unnecessary.— Beaudry vs Tate, III L. C. L. J., 143. (S. C.)

1069. [Dans tout contrat d'une nature commerciale, où un terme est fixé pour l'accomplir, le débiteur est en demeure par le seul laps du temps.]

Cod. L. 12, *De contrahendâ et committendâ stipulatione.*— 6 Toullier, n⁰ 246.

SECTION III.

DES DOMMAGES-INTÉRÊTS RÉSULTANT DE L'INEXÉCUTION DES OBLIGATIONS.

1070. Les dommages-intérêts ne sont dus pour l'inexécution d'une obligation, que lorsque le débiteur est en demeure conformément à quelqu'une des dispositions contenues dans les articles de la précédente section; à moins que l'obligation ne consiste à ne point faire quelque chose, auquel cas le contrevenant est responsable des dommages-intérêts par le seul fait de la contravention.

C. N., 1145 et 1146.

Jurisp.— 1. An action of *résiliation* for the non-performance of the conditions of a lease emphyteotic, cannot be maintained if the defendant has not been put *en demeure*.— Balston vs Pozer, I R. de L., 348.

2. A promise to pay on demand £200 " with interest " is a promise to pay interest from the date of the note.— Baxter vs Robinson, II R. de L., 439.

3. Une partie peut réclamer par une action ordinaire le remboursement d'une somme d'argent payée par elle en avancement d'un transport que le défendeur devait lui consentir, mais dont l'exécution est devenue impossible.— Bougie vs Leduc, V R. L., 548.

1071. Le débiteur est tenu des dommages-intérêts, toutes les fois qu'il ne justifie pas que l'inexécution de l'obligation provient d'une cause qui ne peut lui être imputée, encore qu'il n'y ait aucune mauvaise foi de sa part.

ff L. 5, *De rebus creditis*.— Cod., *De actionibus empti et venditi*, L. 4.— Pothier, 159, 164 et 169.— Domat, liv. 3, tit. 5, sec. 2, n° 10.— Domat, liv. 1, tit. 2, sec. 2, n°° 16 et 17.— 6 Toullier, 280 et 281.— C. N., 1147.

1072. Le débiteur n'est pas tenu de payer les dommages-intérêts lorsque l'inexécution de l'obligation est causée par cas fortuit ou force majeure, sans aucune faute de sa part, à moins qu'il ne s'y soit obligé spécialement par le contrat.

ff L. 23, *De reg. jur. in fine*.— Pothier, *Oblig.*, 142, 143, 149 et 660 à 668.— Domat, liv. 1, tit. 1, sec. 3, n° 9.— 6 Toullier, n°° 227, 228 et 282.— C. N., 1148.

Jurisp.— 1. Where a third person promises to one of the parties to a contract that he will assume it, that promise can only be binding upon him as to the person to whom the promise was made; and a contract to deliver to certain persons during a fixed period all the malt that they may require for their brewery, can only be binding as long as malt may be required for the brewery; and therefore the insolvency of such persons and their ceasing to employ the brewery terminates the contract, and no damages can be claimed upon the ground of subsequent non-performance.— Oakley vs Morrogh, Pyke's Reports, 74.

2. Dans le cas de la non-exécution d'un contrat de vente d'un objet spécifique et déterminé, détruit par force majeure, sans la faute du vendeur, et qui ne peut être remplacé, une action peut être maintenue pour la restitution des deniers payés en avance sur le contrat, mais ne peut être maintenue pour dommage résultant de la non-exécution du contrat.— Russell et Levey, II L. C. R., 457.

3. Where the plaintiff by an agreement in writing transferred to the defendant a barge to use it and take possession of it at once, but subject to the express condition that such use and possession would give the defendant no right of property in the barge until he should have completed delivery of 500 tons of coal to plaintiff, according as the latter would require it, and the barge was lost by *force majeure* without fault of the defendant before the coal was all delivered, though after the time mentioned in the agreement within which it was deliverable: — *Held*, that these circumstances did not take the case out of the ordinary rule *res perit domino ;* that the loss of the barge fell on the plaintiff as owner, and the defendant was not bound to complete delivery of the coal.— Beaudry vs Jakes, XV L. C. J., 118.

4. Le vol d'une montre mise en gage par le demandeur chez le défendeur, qui a été lui-même victime d'un vol plus considérable, sans qu'il y ait eu de sa part ni faute ni négligence, constitue un cas fortuit dont le défendeur ne peut être tenu responsable.— Soulier vs Lazarus, XXI L. C. J., 104.

1073. Les dommages-intérêts dus au créancier sont, en général, le montant de la perte qu'il a faite et du gain dont il a été privé;

sauf les exceptions et modifications contenues dans les articles de cette section qui suivent.

ff L. 13, *Ratam rem haberi.*— Pothier, *Oblig.*, 159 et 160 ; *Vente*, 74.— Domat, liv. 1, tit. 1, sec. 2, n°° 17 et 18.— 6 Toullier, 283.— C. N., 1149.

Jurisp.— Celui qui vend son fonds de commerce et d'affaires, et s'oblige de ne pas faire le même commerce au même endroit, peut être condamné à des dommages au cas d'infraction à cet engagement de sa part, et en ce cas les dommages peuvent être évalués par la Cour.— Moss vs Silverman, VI R. L., 675.

1074. Le débiteur n'est tenu que des dommages-intérêts qui ont été prévus ou qu'on a pu prévoir au temps où l'obligation a été contractée, lorsque ce n'est point par son dol qu'elle n'est point exécutée.

Cod., L. 1, *De sententiis quæ pro eo.*— Pothier, *Oblig.*, 161, 162, 163, 164 et 165 ; *Vente*, 72 et 73.— Domat, *loc. cit.*— 6 Toullier, 284 et suiv.— C. N., 1150.

1075. Dans le cas même où l'inexécution de l'obligation résulte du dol du débiteur, les dommages-intérêts ne comprennent que ce qui est une suite immédiate et directe de cette inexécution.

ff L. 13, *De actione empti.*— Cod., lib. 7, *Leg. inexecut.*— Pothier, *Oblig.*, 166 et 167.— C. N., 1151.

1076. [Lorsque la convention porte qu'une certaine somme sera payée comme dommages-intérêts pour l'inexécution de l'obligation, cette somme seule, et nulle autre plus forte ou moindre, est accordée au créancier pour ses dommages-intérêts.

Mais si l'obligation a été exécutée en partie au profit du créancier, et que le temps pour l'entière exécution soit de peu d'importance, la somme stipulée peut être réduite, à moins que le contraire ne soit stipulé.]

C. L., 198.— 6 Toullier, n°° 809, 810, 811, 812 et 813.— C. N., 1231.

Jurisp.— La stipulation dans une obligation qu'à défaut du paiement des intérêts, dans les trente jours de l'époque où tels intérêts deviendront dus, le principal avec les intérêts deviendront immédiatement exigibles, n'est pas comminatoire; et sur tel défaut, jugement sera rendu pour le principal et les intérêts.— McNevin vs La Chambre des Arts et Manufactures, XII L. C. R., 335.

1077. Dans les obligations pour le paiement d'une somme d'argent, les dommages-intérêts résultant du retard ne consistent que dans l'intérêt au taux légalement convenu entre les parties, ou en l'absence de telle convention, au taux fixé par la loi.

Ces dommages-intérêts sont dus sans que le créancier soit tenu de prouver aucune perte. Ils ne sont dus que du jour de la mise en demeure, excepté dans les cas où la loi les fait courir plus tôt, à raison de la nature même de l'obligation.

Le présent article n'affecte point les règles spéciales applicables aux lettres de change et aux cautionnements.

Pothier, 170 et 171.— Domat, liv. 3, tit. 5, sect. 1, n°° 2 et 14.— C. N., 1153.

Jurisp.— 1. A promise to pay on demand £200 " with interest " is a promise to pay interest from the date of the note.— Baxter vs Robinson, II R. de L., 439.

2. Dans une obligation de payer une somme à terme fixe, sans intérêt jusqu'à l'échéance, l'intérêt est exigible après cette échéance sans qu'il soit nécessaire d'une mise en demeure.— Rice et Ahern, XII L. C. R., 280, § 1.

3. Des deniers dotaux portent intérêt de plein droit.— Poirier vs Lacroix, VI L. C. J., 302.

4. L'intérêt sur une somme dotale ne court que du jour de la demande judiciaire.— Gauthier vs Dagenais, VII L. C. J., 51.

5. An action containing an undertaking to pay sums of money "and without interest from date till the payments become due," implies an undertaking to pay interest on the sums due from the day the payments become due.— Rice vs Ahern, VI L. C. J., 201.

6. In an action upon a foreign judgment " assessing the damages of the plaintiff on occasion of the not performing of the promises within mentioned, over and above his costs and charges by him about his suit in this behalf expended to £26.7.2 damages," proof aliunde of such promises is required and interest will be given from the date of such judgment.— Chapman vs Gordon, VIII L. C. J., 196.

1078. Les intérêts échus des capitaux produisent aussi des intérêts :

1. Lorsqu'il existe une convention spéciale à cet effet ;

2. Lorsque dans une action ces nouveaux intérêts sont spécialement demandés ;

3. Lorsqu'un tuteur a reçu ou dû recevoir des intérêts sur les deniers de son pupille et a manqué de les employer dans le temps fixé par la loi.

ƒ L. 29, De usuris et fructibus.— 6 Toullier, 271.— 10 Duranton, 498-9.— C. N., 1154.

CHAPITRE SEPTIÈME.

DES DIVERSES ESPÈCES D'OBLIGATIONS.

SECTION I.

DES OBLIGATIONS CONDITIONNELLES.

1079. L'obligation est conditionnelle lorsqu'on la fait dépendre d'un événement futur et incertain, soit en la suspendant jusqu'à ce que l'événement arrive, soit en la résiliant, selon que l'événement arrive ou n'arrive pas.

Lorsqu'une obligation dépend d'un événement qui est déjà arrivé, mais qui est inconnu des parties, elle n'est pas conditionnelle. Elle a son effet, ou est nulle du moment qu'elle a été contractée.

ƒ L. 100, De verb. oblig., 37, 38 et 39, Si certum petat.— Pothier, 199 et 202.— C. N., 1168.

Jurisp.— 1. Aucun versement ne peut être demandé sur des actions dans une compagnie incorporée, à moins que les conditions préalables à telle demande n'aient été remplies.—The Massawippi Valley R. R. Co. vs Walker, III R. L., 450.

2. Where a cheque was given to the plaintiffs on the defendants, a building society, for the payment of certain doors and windows, and the plaintiffs before accepting the cheque had gone to the defendants' office and been told that there was money still due to the maker of the cheque, and that it would be paid if the house for which the maker of the cheque had the contract were built, and defendants afterwards paid the maker of the cheque all that was due him and

refused to pay the plaintiff, and the plaintiff brought action, the action was dismissed on demurrer on the ground that the promise to pay the cheque was conditional, and the fulfilment of the condition had not been alleged.— Dufresne vs La Société de Construction Jacques-Cartier, V R. L., 235.

3. A clause in a deed of sale of an immoveable, to the effect that such of the vendors as sign bind themselves to obtain the ratification of the deed by an absentee, is a condition precedent, and no action can be brought to recover any portion of the purchase money until such ratification has been effected.— Lenoir vs Desmarais, XVII L. C. J., 308.

1080. La condition contraire à la loi ou aux bonnes mœurs est nulle et rend nulle l'obligation qui en dépend.

L'obligation qu'on fait dépendre de l'exécution ou de l'accomplissement d'une chose impossible est également nulle.

ff L. 7 et 137, § 6, *De verb. signif.*—*ff* L. 1, §§ 9 et 11 ; L. 31, *De oblig. et action.*— Pothier, 204.— C. N., 1172.

1081. Toute obligation est nulle lorsqu'elle est contractée sous une condition purement facultative de la part de celui qui s'oblige ; mais si la condition consiste à faire ou à ne pas faire un acte déterminé, quoique cet acte dépende de sa volonté, l'obligation est valable.

ff L. 8, *De oblig. et action.*—*ff* L. 108, § 1, *De verb. oblig.*— " *Nulla promissio potest consistere quæ ex voluntate promittentis statum capit.*"— Pothier, 47, 48 et 205.— C. N., 1174.

1082. S'il n'y a pas de temps fixé pour l'accomplissement de la condition, elle peut toujours être accomplie, et elle n'est censée défaillie que lorsqu'il est devenu certain qu'elle ne sera pas accomplie.

Pothier, 209, 210 et 211.— 6 Toullier, 623, 624 et suiv.— C. N., 1178.

1083. Lorsqu'une obligation est contractée sous la condition qu'un événement n'arrivera pas dans un temps fixe, cette condition est accomplie lorsque ce temps est expiré sans que l'événement soit arrivé ; elle l'est également si, avant le terme, il est certain que l'événement n'arrivera pas. S'il n'y a pas de temps déterminé, elle n'est censée accomplie que lorsqu'il est certain que l'événement n'arrivera pas.

Autorités sous l'article précédent.— C. N., 1177.

1084. L'obligation conditionnelle a tout son effet, lorsque le débiteur obligé sous telle condition en empêche l'accomplissement.

ff L. 81, § 1, *De condition. et demonstrat.*—*ff* L. 85, § 7, *De verb. oblig.*—*ff* L. 24 et 39, *De reg. jur.*— Pothier, 212.— Domat, liv. 1, tit. 1, sec. 4, n° 17.— C. N., 1178.

1085. La condition accomplie a un effet rétroactif au jour auquel l'obligation a été contractée. Si le créancier est mort avant l'accomplissement de la condition, ses droits passent à ses héritiers ou représentants légaux.

ff L. 18 et 144, *De reg. jur.*— *Argumentum ex Lege 26, De conditionibus institutionum,*— Pothier, 220.— Domat, liv. 1, tit. 1, sec. 4, n°° 7 et 13.— C. N., 1179.

1086. Le créancier peut, avant l'accomplissement de la condition, exercer tous les actes conservatoires de ses droits.

Pothier, 222.— C. N., 1180.

Jurisp.— Un créancier éventuel ou conditionnel a droit de faire tous les actes conservatoires nécessaires pour s'assurer le paiement de sa dette.— Pour cela il peut refuser de payer et garder entre ses mains toute somme d'argent qu'il doit à celui dont il est le créancier éventuel, si celui-ci est insolvable.— Rousselle et Primeau, I R. L., 703.

1087. Lorsque l'obligation est contractée sous une condition suspensive, le débiteur est obligé de livrer la chose qui en est l'objet aussitôt que la condition est accomplie.

Si la chose est entièrement périe, ou ne peut plus être livrée, sans la faute du débiteur, il n'y a plus d'obligation.

Si la chose s'est détériorée sans la faute du débiteur, le créancier doit la recevoir dans l'état où elle se trouve, sans diminution de prix.

Si la chose s'est détériorée par la faute du débiteur, le créancier a le droit ou d'exiger la chose en l'état où elle se trouve, ou de demander la résolution du contrat, avec dommages-intérêts dans l'un et l'autre cas.

ff L. 8 et 10, *De periculo et commodo rei venditæ.*— Cod., lib. 4, tit. 4, L. 5.— Pothier, 218 et 219.— Domat, liv. 1, tit. 1, sec. 4, n° 10.— C. N., 1182.

1088. La condition résolutoire, lorsqu'elle est accomplie, opère de plein droit la résolution du contrat. Elle oblige chacune des parties à rendre ce qu'elle a reçu et remet les choses au même état que si le contrat n'avait pas existé ; en observant néanmoins les règles établies dans l'article qui précède relativement aux choses qui ont péri ou ont été détériorées.

Cod., lib. 8, tit. 38, L. 12.— *Argumentum ex leg.* 1 et 4, *ff De lege commis.*— Pothier, 224 et 672.— 6 Toullier, 550 et 551.— C. N., 1183.

Jurisp.— 1. A legacy by a father to a daughter, conditional upon her not doing certain things, is forfeited by her doing such things.— Freligh vs Seymour, II L. C. J., 91.

2. Celui qui vend un chaland sans passer de titre, et qui reçoit un à-compte sur le prix, n'a pas le droit de reprendre le dit chaland sans forme de procès, et s'il le reprend, il sera condamné à en payer la valeur, déduction faite de ce qui lui est encore dû sur le prix.— Beaupré et Labelle, VII R. L., 589.

SECTION II.

DES OBLIGATIONS A TERME.

1089. Le terme diffère de la condition suspensive, en ce qu'il ne suspend point l'obligation, mais en retarde seulement l'exécution.

ff L. 41, § 1, L. 46, *De verb. oblig.*— Pothier, 230.— C. N., 1185.

1090. Ce qui n'est dû qu'à terme ne peut être exigé avant l'échéance ; mais ce qui a été volontairement et sans erreur ou fraude payé d'avance, ne peut être répété.

ff L. 1, § 1, *De condit. et demonst.*—*ff* L. 46, *loc. cit., in art. suprâ.*— Pothier, 230, 231 et 547.— Domat, liv. 1, tit. 1, sec. 3, n° 7; liv. 4, tit. 1, sec. 1, n° 5.— 4 Marcadé, n°° 572-3-4 ; p. 469.—11 Duranton, 113.—3 Zach., 385, n° 6.— 11 Toullier, 59 et 60.— C. N., 1186.

1091. Le terme est toujours présumé stipulé en faveur du débiteur, à moins qu'il ne résulte de la stipulation ou des circonstances qu'il a été aussi convenu en faveur du créancier.

L. 41, *in fine, ff loc. cit., in art. suprâ.*— Pothier, 833.— C. N., 1187.

1092. Le débiteur ne peut plus réclamer le bénéfice du terme, lorsqu'il est devenu insolvable ou en faillite, ou lorsque par son fait il a diminué les sûretés qu'il avait données par le contrat à son créancier.

Pothier, 234 et 235.— C. N., 1188.

Jurisp.—A promissory note *à terme* in case of insolvency, is immediately exigible.— Lovell vs Meikle, II L. C. J., 69.

SECTION III.

DES OBLIGATIONS ALTERNATIVES.

1093. Le débiteur d'une obligation alternative est libéré en donnant ou en faisant une des deux choses qui forment l'objet de l'obligation ; mais il ne peut pas forcer le créancier à recevoir une partie de l'une et une partie de l'autre.

ff L. 78, § ult., *De condit. et demonst.*—*ff* L. 8, § 1, *De legatis,* 1°.— Pothier, 245, 246 et 247.— C. N., 1189 et 1191.

1094. Le choix appartient au débiteur, s'il n'a pas été expressément accordé au créancier.

ff L. 2, § 3, *De eo quod certo loco.*—*ff* L. 25, *De contrahendâ emptione.*—Pothier, 247, 248 et 283.— Domat, liv. 1, tit. 1, sec. 2, n° 15.—C. N., 1190.

1095. L'obligation est pure et simple quoique contractée d'une manière alternative, si l'une des deux choses promises ne pouvait être l'objet de l'obligation.

ff L. 72, § 4, *De solutionibus.*— Pothier, 249.— C. N., 1192.

1096. L'obligation alternative devient pure et simple si l'une des choses promises périt, ou ne peut plus être livrée, même par la faute du débiteur. Le prix de cette chose ne peut pas être offert à sa place.

Si les deux choses sont péries ou ne peuvent plus être livrées, et que le débiteur soit en faute à l'égard de l'une d'elles, il doit payer la valeur de celle qui est restée la dernière.

ff L. 34, § 6, *De contrahendâ emptione.*—*ff* L. 115, *De verb. oblig.*—*ff* L. 2, § 3, *De eo quod certo loco.*—*ff* 3, L. 95, *De solutionibus.*— Pothier, *Oblig.,* 250, 251 et 252 ; *Vente,* 312.— *Contrà,* L. 47, § 3, *De legat.,* 1°.— Et Rousseau de Lacombe, v° *Alternative,* n° 2.— C. N., 1193.

Jurisp.— La caution judiciaire fournie conformément à l'article 869 C. P. C., et qui s'était, aux termes du cautionnement, obligée de remettre les effets

saisis-revendiqués ou d'en payer la valeur qui serait constatée par jugement
rendu dans la cause, demeure tenue, aux termes de l'article 1096 C. C., de l'obligation pure et simple de rendre les effets saisis-revendiqués, lorsque le jugement
est devenu impossible, faute du rapport du bref. En ce cas le délai d'un an
depuis le congé-défaut à la date de l'institution de l'action contre la caution,
sans avis à cette dernière, ne la libère pas.— Poulin vs Hudon, VI R. L., 314.

1097. Lorsque, dans les cas prévus par l'article précédent, le
choix a été déféré par la convention au créancier :

Ou bien l'une des deux choses a péri ou ne peut plus être livrée :
et alors, si c'est sans la faute du débiteur, le créancier aura celle qui
reste ; mais si le débiteur est en faute, le créancier peut demander
la chose qui reste, ou la valeur de celle qui est périe ;

Ou les deux choses ont péri ou ne peuvent plus être livrées : et
alors, si le débiteur est en faute à l'égard des deux, ou même à
l'égard de l'une d'elles seulement, le créancier peut demander la
valeur de l'une ou de l'autre à son choix.

ff L. 95, *De solutionibus.*— Pothier, 253.— C. N., 1194.

1098. Si les deux choses ont péri, l'obligation est éteinte dans
les cas et sous les conditions prévus en l'article 1200.

C. N., 1195.

1099. Les règles contenues dans les articles de cette section
s'appliquent aux cas où il y a plus de deux choses comprises dans
l'obligation alternative, ou lorsqu'elle a pour objet de faire ou de ne
pas faire quelque chose.

C. N., 1196.

SECTION IV.

DES OBLIGATIONS SOLIDAIRES.

—

§ 1.— *De la solidarité entre les créanciers.*

1100. La solidarité entre les créanciers donne à chacun d'eux le
droit d'exiger l'exécution de l'obligation en entier et d'en donner
quittance au débiteur.

Cod., *De duobus reis stipul. et promit.*— *ff* L. 2, *De duobus reis constituendis.*—
Pothier, 258, 259 et 260.— Domat, liv. 3, tit. 3, sec. 2, n°s 1, 2 et 6.— Introduction
à ce titre, p. 247, édit. in-folio.— C. N., 1197.

1101. Il est au choix du débiteur de payer à l'un ou à l'autre des
créanciers solidaires, tant qu'il n'a pas été prévenu par les poursuites
de l'un d'eux.

[Néanmoins si l'un des créanciers fait remise de la dette, le débiteur n'en est libéré que pour la part de ce créancier. La même règle
s'applique à tous les cas où la dette est éteinte autrement que par le
paiement réel, sauf les règles applicables aux sociétés de commerce.]

Dig., L. 2 et 16, *De duobus reis.*— Pothier, 260.— Domat, *loc. cit.* et n° 3.— C. N.,
1198.

1102. Les règles qui concernent l'interruption de la prescription à l'égard des créanciers solidaires sont énoncées au titre *De la Prescription.*

Cod., L. 5, *De duobus reis stipulandi.*— Pothier, 260, 2°.— Domat, *loc. cit.*, n° 5.— C. N., 1199.

§ 2.— *De la solidarité de la part des débiteurs.*

1103. Il y a solidarité de la part des débiteurs, lorsqu'ils sont obligés à une même chose, de manière que chacun d'eux puisse être séparément contraint à l'exécution de l'obligation entière, et que l'exécution par l'un libère les autres envers le créancier.

ff L. 2, L. 3, § 1, L. 11, § 1, *De duobus reis constituendis.*— Cod., L. 3, *De duobus reis stipulandi.*— Pothier, 261, 263 et 274.— Domat, liv. 3, tit. 3, sec. 1, n° 1.— Code de la Louis., 2086.— C. N., 1200.

1104. L'obligation peut être solidaire quoique l'un des codébiteurs soit obligé différemment des autres à l'accomplissement de la même chose ; par exemple, si l'un est obligé conditionnellement, tandis que l'engagement de l'autre est pur et simple ; ou s'il est donné à l'un un terme qui n'est pas accordé à l'autre.

ff L. 7, L. 9, § 2, *De duobus reis constituendis.*— Pothier, 263.— Domat, liv. 3, tit. 3, sec. 1, n° 5.— C. L., 2087.— C. N., 1201.

1105. La solidarité ne se présume pas ; il faut qu'elle soit expressément stipulée.

Cette règle cesse dans les cas où la solidarité a lieu de plein droit en vertu d'une disposition de la loi.

Elle ne s'applique pas non plus aux affaires de commerce, dans lesquelles l'obligation est présumée solidaire, excepté dans les cas régis différemment par des lois spéciales.

ff L. 6, L. 8, L. 11, § 2, *De duobus reis constit.*— Novel. 99, c. 1, *ff* L. 43, *De re judic. et effectu sententiæ.*—Cod., L. 3, *De duobus reis.*— Pothier, 265 et 266.— Boutaric, *Instit.*, p. 444.— 2 Bornier, pp. 491 et 492, tit. 4, art. 7, Ord. 1673.— Domat, liv. 3, tit. 3, sec. 1, n° 2.— C. N., 1202.

Jurisp.— 1. If the party contesting an election and the sitting member join in applying for the appointment of a commissioner, they are liable jointly and severally for the fees of such commissioner.— McCord vs Bellingham, II L. C. J., 42.

2. L'expert nommé par une partie, ou nommé par la cour, sur le choix de la partie, n'a de recours, pour le paiement de ses frais, honoraires ou émoluments, que contre telle partie, l'autre partie, ou les autres parties en litige n'étant pas tenues et obligées solidairement envers tel expert.— Brown et Wallace, V L. C. J., 60.

3. Les enfants qui sont tenus par la loi de fournir des aliments à leurs parents doivent y être condamnés solidairement.— Les parents peuvent s'adresser à celui des enfants qu'ils jugent à propos pour lui demander des aliments.— Lauzon vs Connaissant, V L. C. J., 99.

4. Des débiteurs solidaires, assignés par une même action, peuvent permettre à l'un d'eux, qui est insolvable, de faire à leur créancier commun de faux frais, dans cette même action, sans en être responsables eux-mêmes.— Les endosseurs d'un billet promissoire, poursuivis avec le tireur par une action et comparaissant tous, tireur et endosseurs, par le même avocat et plaidant tous aussi (mais séparément) par le même avocat, ne sont pas considérés comme ayant une connaissance légale des moyens de défense employés par le tireur, leur co-défendeur, et ne sont pas censés connaître légalement les incidents, procédés et juge-

ments, ni appels intervenus sur les moyens de défense du tireur,— et il faut, pour rendre les endosseurs responsables des faux frais occasionnés par le tireur, leur dénoncer les incidents intervenus sur la défense du tireur, et spécialement les appels auxquels cette défense donne lieu.— La signification de l'appel interjeté, par le porteur du billet, du jugement rendu sur la défense du tireur, quoique faite au procureur commun du tireur et des endosseurs, n'est pas une dénonciation suffisante de l'appel aux endosseurs, pour les rendre responsables des frais encourus sur cet appel.— Boucher et Latour, VI L. C. J., 260.

5. Un homme et sa mère achètent ensemble des meubles de ménage, et sont poursuivis comme tenus conjointement et solidairement : — *Jugé*, qu'ils sont obligés conjointement, mais non pas solidairement.— Laberge vs Delorimier, M. C. R., 87.

6. The petitioners in the case of a contested election are jointly, *not* severally, liable to the sitting member for their half of the commissioner's fees paid by the sitting member.— Lamère vs Guévremont, I L. C. L. J., 59.

7. Un mari et une femme séparés de biens sont conjointement et solidairement tenus au paiement de choses nécessaires à la vie, bien qu'elles aient été achetées pendant la communauté.— Paquette vs Limoges, VII L. C. J., 30.

8. Where necessaries are supplied by a trader to a husband and wife separated as to property, and delivered at their domicile for the use of their household, the husband and wife are jointly and severally liable for such necessaries.— St-Amand vs Bourret, VII L. C. J., 32.

9. Both husband and wife *séparés de biens* are jointly and severally liable for a joint note made in the course of a business in which they were both jointly interested.— Girouard vs Lachapelle, VII L. C. J., 289.

10. Plusieurs débiteurs non solidaires peuvent être poursuivis par la même demande, et condamnés à payer diverses sommes de deniers individuellement, mais solidairement aux frais de l'action.— Perkins vs Leclaire, VII L. C. J., 78.

11. Sur action personnelle pour arrérages de rente constituée contre des heritiers possédant par indivis, la condamnation ne peut être solidaire; et dans l'espèce, il y a lieu à l'action personnelle, sur obligation par des donataires de payer une rente constituée en faveur de l'auteur duquel le donateur avait acquis l'immeuble.— Pappans vs Turcotte, XV L. C. R., 153.

12. Il n'existe aucune solidarité entre plusieurs parties signataires de la pièce de procédure, par laquelle commencent les vacations de l'avocat, pour le paiement des honoraires de cet avocat.— L'avocat est lié par les conventions particulières intervenues entre tels signataires, relativement aux frais à faire, quoique cet avocat soit étranger à ces conventions et même les ignore, et si, par telles conventions, l'un des signataires est exonéré des frais par ses co-signataires, l'avocat n'a aucune action contre celui-là.— Doutre vs Dempsey, IX L. C. J., 176.

13. Plusieurs seigneurs s'associèrent dans le but de prendre les moyens de sauvegarder leurs intérêts, tant devant les tribunaux que dans le parlement. Un comité qu'ils avaient nommé, a fait imprimer plusieurs factums, documents, etc.— *Jugé :* Que les membres du comité étaient responsables envers l'imprimeur, conjointement et non solidairement pour le prix des impressions.— Lovell vs Campbell, XI L. C. J., 317.

14. In january 1848, Croteau executed a deed of obligation for £50 and interest, in favor of Arcand's *auteur* and mortgaged thereby a certain piece of land, which in june, 1855, he sold to Blanchet, who by the deed of sale, bound and obliged himself to pay the said debt, and who the same day executed another deed of obligation, without novation for £75 and interest, being the principal and interest accrued on the original debt in favor of the Plaintiff's *auteur.* Action against Blanchet and Croteau, for joint and several condemnation for amount due under the said deeds. Action dismissed on demurrer. No action for a joint and several condemnation lies.— Arcand vs Blanchet, II R. L., 626.

15. Deux cultivateurs qui ont signé un billet promissoire ne sont pas obligés solidairement, et la solidarité n'existe que dans le cas où les faiseurs d'un billet sont commerçants.— Malhiot vs Tessier, I R. C., 121.

16. Several seigniors agreed to take measures to protect their interests before the Court and in Parliament. A committee named by them caused several factums, documents, etc., to be printed.— *Held :* That the members of the committee were jointly responsible to the printer for the price of the documents printed.— *Semble :* The committee might even have been condemned, jointly and severally.— Papineau & Lovell, XIV L. C. J., 238.

17. Professional attornies who carry on business under a firm name, are liable as partners for monies collected by the firm.— Ouimet vs Bergevin, XXII L. C. J., 265. (Confirmé en appel.)

18. The obligation of children to support an indigent parent, is not joint and several, but each child is condemned to contribute in proportion to his means. — Leblanc vs Leblanc, I L. N., 618.

1106. L'obligation résultant d'un délit ou quasi-délit commis par deux personnes ou plus est solidaire.

Pothier, *Oblig.*, 264.

Jurisp.— La réparation faite par l'un des auteurs du libelle, ne libère pas son complice, quoiqu'elle puisse atténuer les dommages.— La solidarité, dans ce genre de délit, résulte de la suggestion des écrits diffamatoires, sans participation dans le fait matériel de leur rédaction.— McMillan vs Boucher, XII L. C. J., 319.

1107. Le créancier d'une obligation solidaire peut s'adresser, pour en obtenir le paiement, à celui des codébiteurs qu'il veut choisir, sans que celui-ci puisse lui opposer le bénéfice de division.

ff L. 3, ? 1, *De duobus reis.*— ff L. 47, *Locati conducti.*— Secùs, *Novel.* 99, c. 1.— Pothier, 270.— 4 Bretonnier sur Henrys, p. 419.— *Contrà*, Domat, liv. 3, tit. 3, sec. 1, n° 3.— C. L., 2089.— C. N., 1203.

1108. Les poursuites faites contre l'un des codébiteurs n'empêchent pas le créancier d'en exercer de pareilles contre les autres.

Cod., L. 28, *De fidejuss. et mandat.*, 8 et 41.— Pothier, 271.— Domat, *loc. cit.*, suprà, n° 7.— C. L., 2090.— C. N., 1204.

1109. Si la chose due est périe ou ne peut plus être livrée par la faute ou pendant la demeure de l'un ou de plusieurs des débiteurs solidaires, les autres codébiteurs ne sont pas déchargés de l'obligation de payer le prix de la chose, mais ils ne sont point tenus des dommages-intérêts.

Le créancier peut seulement répéter les dommages-intérêts contre les codébiteurs par la faute desquels la chose est périe ou ne peut plus être livrée, et contre ceux qui étaient en demeure.

ff L. 18, *De duobus reis constituendis.*— L. 32, ? 4, *De usuris et fructibus.*— L. 173, ? 2, *De div. reg. juris.*— Dumoulin, *Tract. de dividuo et individuo*, part. 3, n°° 126-7. — Pothier, 273.— C. L., 2091.— C. N., 1205.

1110. Les règles qui concernent l'interruption de la prescription à l'égard des débiteurs solidaires sont énoncées au titre *De la Prescription.*

Cod., L. 5, *De duobus reis, etc.*— Pothier, 272.— Dumoulin, *loc cit.*, suprà, n° 9.— C. L., 2092.— C. N., 1206.

1111. La demande d'intérêts formée contre l'un des débiteurs solidaires fait courir l'intérêt à l'égard de tous.

Cod., *Arg. ex. leg.* 5, *De duobus reis.*— Pothier, 272.— 6 Toullier, n° 729.— 4 Marcadé, n° 611.— C. L., 2093.— C. N., 1207.

1112. Le débiteur solidaire, poursuivi par le créancier, peut opposer toutes les exceptions qui lui sont personnelles, ainsi que celles qui sont communes à tous les codébiteurs.

18

Il ne peut opposer les exceptions qui sont purement personnelles à l'un ou à plusieurs des autres codébiteurs.

ff L. 10 et 19, *De duobus reis.*— Pothier, 274.— Domat, *loc. cit., suprà*, n° 8.— C. L., 2094.— C. N., 1208.

Jurisp.— La caution qui ne requiert point sur les premières poursuites dirigées contre elle le bénéfice de discussion doit être condamnée au paiement de la créance dans la même poursuite avec le débiteur principal.— Sargent vs Johnston, XIII L. C. J., 298.

1113. Lorsque l'un des codébiteurs devient héritier ou représentant légal du créancier, ou lorsque le créancier devient l'héritier ou représentant légal de l'un des codébiteurs, la confusion n'éteint la créance solidaire que pour la part et portion de tel codébiteur.

ff L. 95, § 2, *De solut. et liberat.*— *ff* L. 50, *ibid.*— Pothier, 276.— Domat, *loc. cit., suprà.*— C. L., 2095.— C. N., 1209.

1114. Le créancier qui consent à la division de la dette à l'égard de l'un des codébiteurs, conserve son recours solidaire contre les autres pour le tout.

Pothier, *Oblig.*, 277 ; *Rente*, 194 et 195.— C. L., 2096.— C. N., 1210.

1115. Le créancier qui reçoit divisément la part de l'un des codébiteurs, en la spécifiant ainsi dans la quittance, sans réserve de ses droits, ne renonce au recours solidaire qu'à l'égard de ce codébiteur.

Le créancier n'est pas censé remettre la solidarité au codébiteur lorsqu'il reçoit de lui une somme égale à la part dont ce dernier est tenu, si la quittance ne porte pas que c'est pour sa part.

Il en est de même de la demande formée contre l'un des codébiteurs pour sa part, si celui-ci n'a pas acquiescé à la demande, ou s'il n'est pas intervenu un jugement de condamnation.

Cod., L. 18, *De pactis.*— Pothier, 277, 278 et 611.— Bacquet, *Droits de justice*, ch. 21, n° 245.— C. L., 2097.— C. N., 1211.

Jurisp.— Le porteur d'un billet à ordre protesté, qui a reçu une somme à-compte du signataire du billet, et un nouveau billet payable à trois mois de sa date en retenant le premier billet pour sûreté du second, ne perd pas par là son recours contre les endosseurs du premier billet, qui ont consenti à cette transaction, nonobstant la déconfiture du signataire du premier billet.— Woodbury vs Garth, IX L. C. R., 438.

1116. Le créancier qui reçoit divisément et sans réserve la portion de l'un des codébiteurs dans les arrérages ou intérêts de la dette, ne perd son recours solidaire que pour les arrérages ou intérêts échus, et non pour ceux à échoir, ni pour le capital, à moins que le paiement divisé n'ait été continué pendant [dix] ans consécutifs.

Bacquet, *Droits de justice*, n° 246.— Pothier, 279.— C. L., 2098.— C. N., 1212.

1117. L'obligation contractée solidairement envers le créancier, se divise de plein droit entre les codébiteurs, qui n'en sont tenus entr'eux que chacun pour sa part.

Cod., L. 2, *De duobus reis stipulandi et promitt.*— Pothier, 264.— Domat, liv. 3, tit. 3, sec. 1, n° 6.— C. L., 2099.— C. N., 1213.

1118. Le codébiteur d'une dette solidaire qui l'a payée en entier, ne peut répéter contre les autres que les parts et portions de chacun d'eux, encore qu'il soit spécialemet subrogé aux droits du créancier.

Si l'un d'eux se trouve insolvable, la perte qu'occasionne son insolvabilité se répartit par contribution entre tous les autres codébiteurs solvables et celui qui a fait le paiement.

ff 4, L. 36 et 39, *De fidejuss. et mand.—ff* L. 46, *De solutionibus.—*Pothier, 264, 281 et 282.— Domat, *loc. cit. suprà.—* C. N., 1214.

Jurisp.— A *fidéjusseur* has his action against a *cofidéjusseur* for his proportion of the sum which he has paid for their common principal, but if there be no convention to the contrary in the deed by which he became security, his action is only for money paid, and consequently, he can have no mortgage upon the property of the *cofidéjusseur* until he has obtained a judgment, and then only from the date of that judgment.— Jones vs Long, Stuart's Rep., 125.

1119. Dans le cas où le créancier a renoncé à l'action solidaire contre l'un des débiteurs, si l'un ou plusieurs des autres codébiteurs deviennent insolvables, les portions des insolvables sont réparties contributoirement entre tous les autres codébiteurs, excepté celui qui a été libéré dont la part contributoire est supportée par le créancier.

Pothier, 278 et 281.— C. N., 1215.—6 Toul., n° 739.— 4 Marc., sur l'art. 1215.— Delv., p. 144, n° 6.— 11 Dur., n° 231.— 3 Zachariæ, p. 361, n° 21.

1120. Si l'affaire pour laquelle la dette a été contractée solidairement ne concerne que l'un des codébiteurs, celui-ci est tenu de toute la dette vis-à-vis des autres codébiteurs, qui ne sont considérés par rapport à lui que comme ses cautions.

Pothier, 264, 282 et 495.—C. N., 1216.

SECTION V.

DES OBLIGATIONS DIVISIBLES ET INDIVISIBLES.

1121. Une obligation est divisible lorsqu'elle a pour objet une chose qui, dans sa livraison ou dans son exécution, est susceptible de division soit matérielle ou intellectuelle.

ff L. 2, § 1, *De verb. oblig.—ff* L. 9, § 1, *De solutione.—* Dumoulin, *Tract. de divid. et indiv.*, partie 1re, n° 5 ; partie 2me, n°* 200 et 201.— Pothier, *Oblig.*, 288 et 289 ; *Success.*, c. 5, art. 3, § 5.— C. N., 1217.

1122. L'obligation divisible doit être exécutée entre le créancier et le débiteur, comme si elle était indivisible. La divisibilité n'a d'effet qu'à l'égard de leurs héritiers ou représentants légaux, qui, d'un côté, ne peuvent exiger l'exécution de l'obligation, et de l'autre, n'y peuvent être tenus, au delà de leurs parts respectives comme représentant le créancier ou le débiteur.

Cod., L. 2, *De hæreditariis action.—ff* L. 33, *De legatis,* 2°.— Pothier, *Oblig.*, 399, 498, 811, 316 et 317 ; *Rente*, ch. 7, art. 3.— C. N., 1220.

Jurisp.— 1. Les propriétaires par indivis de l'héritage hypothéqué au paiement des arrérages d'une rente, ne sont pas tenus solidairement au paiement de ces arrérages.— Pappans et Turcotte, VIII L. C. J., 152.

2. A creditor cannot divide his claim so as to subject the debtor to several actions on one contract.— Légaré vs The Queen Ins. Comp., XVIII L. C. J., 134.

1123. La règle établie dans l'article précédent reçoit exception à l'égard des héritiers et représentants légaux du débiteur, et l'obligation doit être exécutée comme si elle était indivisible, dans les trois cas suivants:

1. Lorsque l'objet de l'obligation est un corps certain dont l'un d'eux est en possession;

2. Lorsque l'un d'eux est seul chargé par le titre de l'exécution de l'obligation;

3. Lorsqu'il résulte, soit de la nature du contrat, soit de la chose qui en est l'objet, soit de la fin qu'on s'y est proposée, que l'intention des parties a été que l'obligation ne pût s'exécuter par parties;

[Dans le premier cas, celui qui est en possession de la chose due, dans le second cas, celui qui est seul chargé, et dans le troisième cas, chacun des cohéritiers ou représentants légaux, peut être poursuivi pour la totalité de la chose due, sauf, dans tous les cas, le recours de celui qui est poursuivi contre les autres.]

1124. L'obligation est indivisible:

1. Lorsqu'elle a pour objet quelque chose qui par sa nature n'est pas susceptible de division soit matérielle ou intellectuelle;

2. Lorsque l'objet, quoique divisible de sa nature, ne peut cependant être susceptible de division ou d'exécution par parties, à raison du caractère qui lui est donné par le contrat.

Voir les citations sous l'article 1122.— Pothier, 241, 242, 293, 294 et 295.— 4 Marcadé, pp. 627 à 635.— Rodière, *loc. cit.*— C. N., 1217 et 1218.

1125. La solidarité stipulée ne donne point à l'obligation le caractère d'indivisibilité.

Dumoulin, *De dividuo et individuo*, part. 2, n° 222.— Pothier, 287, 323 et 324.— C. N., 1219.— C. L., 2106.

1126. Chacun de ceux qui ont contracté conjointement une dette indivisible en est tenu pour le total, encore que l'obligation n'ait pas été contractée solidairement.

ff L. 2, §§ 1, 2 et 4, *De verb. oblig.*— Pothier, 322 et 323.— C. N., 1222.— C. L., 2109.

1127. La règle établie dans l'article qui précède s'applique aussi aux héritiers et représentants légaux de celui qui a contracté une obligation indivisible.

ff L. 192, *De reg. jur.*—*ff* L. 80 et 1, *Ad legem Falcidiam.*—*ff* L. 2, § 2, *De verb. oblig.*— Pothier, *Oblig.*, 322; *Success.*, ch. 5, art. 3, § 5.— C. N., 1223.— C. L., 2110.

1128. L'obligation de payer des dommages-intérêts résultant de l'inexécution d'une obligation indivisible est divisible.

Mais si l'inexécution provient de la faute de l'un des codébiteurs ou de l'un des cohéritiers ou représentants légaux, la totalité des dommages-intérêts peut être exigée de tel codébiteur, héritier ou représentant légal.

ff L. 85, § 5, L. 139, *De verb. oblig.*— Pothier, *Oblig.*, 304, 305, 324 et 334 ; *Success.*, ch. 5, art. 3, § 5.

1129. Chaque cohéritier ou représentant légal du créancier peut exiger en totalité l'exécution de l'obligation indivisible.

Il ne peut faire seul la remise de la totalité de la dette, ou recevoir la valeur au lieu de la chose. Si l'un des cohéritiers ou représentants légaux a seul remis la dette ou reçu la valeur de la chose, les autres ne peuvent demander la chose indivisible qu'en tenant compte de la portion de celui qui a fait la remise ou qui a reçu la valeur.

ff L. 25, § 9, *Familiæ erciscundæ.*— *ff* L. 2, *De verb. oblig.*— *ff* L. 13, § 12, *De accep-tilationibus.*— Pothier, 326-7-8-9.— 4 Marcadé, 497-8.— C. N., 1224.— C. L., 2111.

1130. L'héritier ou représentant légal du débiteur assigné pour la totalité de l'obligation indivisible, peut demander un délai pour mettre en cause les cohéritiers ou autres représentants légaux, à moins que la dette ne soit de nature à ne pouvoir être acquittée que par l'héritier assigné, qui peut alors être condamné seul, sauf son recours en indemnité contre les autres.

ff L. 11, § 23, *De legatis*, 3°.— Dumoulin, *De divid. et indiv.*, part. 3, nos 90, 100, 104 et 107, part. 2, nos 175 et 469.— Pothier, 330, 331, 333, 334 et 335.— C. N., 1225.

SECTION VI.

DES OBLIGATIONS AVEC CLAUSE PÉNALE.

1131. La clause pénale est une obligation secondaire par laquelle une personne, pour assurer l'exécution de l'obligation principale, se soumet à une peine en cas d'inexécution.

ff L. 71 et 137, § 7, *De verb. oblig.*— *ff* L. 44, § 5, *De oblig. et action.*— *ff* L. 13, § 2, *De rebus dubiis.*— *ff* L. 41 et 42, *Pro sociis.*— *ff* L. 28, *De actione empti et venditi.* — Pothier, 184, 337 et 342.— Domat, liv. 1, tit. 1, sec. 4, n° 18.— C. N., 1226.

Jurisp.—1. In an action of damages for the non-performance of a specific agreement, in which a penalty is stipulated to be paid by the party failing, the penalty is not to be considered as stipulated damages, and therefore whatever loss is proved to have been sustained, whether beyond, below, or equal to the value of the penalty, the plaintiff will have judgment for.— Mure vs Wileys, Pyke's Reports, 61 (1810).

2. A sum fixed by way of penalty in case of non-performance of a contract, cannot be considered as preliquidated damages, if it be not distinctly stated to be so.— Patterson vs Farran, II R. de L., 124.

3. A penalty in a contract is not held to be stipulated damages, unless, upon the face of the contract, it is declared to be so.— Mure vs Wileys, II R. de L., 207.

4. Une partie qui a soumis un litige à des arbitres, ne peut pas, après que les arbitres ont fait leur rapport, porter sa demande devant les tribunaux ordinaires, sans payer en premier lieu le montant de la pénalité stipulée dans le compromis, à moins que le rapport des arbitres ne soit absolument nul. Un rapport des arbitres n'est pas absolument nul, quoique les témoins examinés par eux n'aient pas été légalement examinés.— Tremblay vs Tremblay, III L. C. R., 482.

5. La stipulation dans une obligation qu'à défaut du paiement des intérêts, dans les trente jours de l'époque où tels intérêts deviendront dus, le principal avec les intérêts deviendront immédiatement exigibles, n'est pas comminatoire ; et, sur tel défaut, jugement sera rendu pour le principal et les intérêts.— McNevin vs The Board of Arts, XII L. C. R., 335.

6. La prestation suivante portée dans un acte de donation entrevifs de père à fils, "que si le donataire venait à vendre, échanger ou donner le dit terrain à des étrangers ou à faire quelqu'autre acte équipollent à vente, il sera tenu et obligé tel qu'il le promet en ces présentes, de bailler et payer aux dits donateurs seulement la somme de deux mille livres ancien cours, le jour de la passation, soit des actes de vente, échange, donation et autres actes équipollents à vente," n'est pas comminatoire, mais elle est réputée être une charge de la donation, exigible sitôt que la terre a été vendue au défendeur, un étranger.—Cheval vs Morin, VI L. C. J., 229.

7. C'est par exception péremptoire en droit temporaire, et non par exception dilatoire, que le défendeur doit invoquer le moyen résultant du non-paiement avant l'institution de l'action, de la peine compromissoire.—Allard vs Benoît, XVI L. C. J., 79.

1132. La nullité de l'obligation principale, pour toute autre cause que celle du défaut d'intérêt, entraîne la nullité de la clause pénale. La nullité de cette dernière n'entraîne pas celle de l'obligation principale.

ff L. 97, *in pr.*— L. 126, § 3, *De verb. oblig.*— Pothier, 339 et 340.— 6 Toullier, 815. —C. N., 1227.

1133. Le créancier peut, s'il le veut, poursuivre l'exécution de l'obligation principale au lieu de demander la peine stipulée.

Mais il ne peut demander en même temps les deux, à moins que la peine n'ait été stipulée pour le simple retard dans l'exécution de l'obligation principale.

ff L. 10, § 1, *De pactis.*—*ff* L. 132, § 2, *De verb. oblig.*—*ff* L. 28, *De actione empti et venditi.*— Pothier, 343 et 344.— C. N., 1228 et 1229.

1134. La peine n'est encourue que lorsque le débiteur est en demeure d'exécuter l'obligation principale, ou lorsqu'il fait ce qu'il s'était obligé de ne pas faire.

C. N., 1230.

1135. [Le montant de la peine ne peut être réduit par le tribunal.

Mais si l'obligation principale a été exécutée en partie à l'avantage du créancier, et que le temps fixé pour l'exécution complète soit de peu d'importance, la peine peut être réduite, à moins qu'il n'y ait une convention spéciale au contraire.]

6 Toullier, 809, 810, 811, 812 et 813.— 4 Marcadé, pp. 654, 526 et 527.— C. N., 1152.— C. L., 2123.— Autorités citées par Pothier, 345.

Jurisp.— Malgré une clause pénale, en cas de retard de la part d'un propriétaire, à livrer une maison louée, il est loisible au tribunal de réduire cette peine, s'il appert que le locataire n'a souffert aucun dommage de ce retard, même quand l'obligation principale n'aurait pas été exécutée en partie.— C. C., Montréal, 8 juin 1872, IV R. L., 411.

1136. Lorsque l'obligation principale contractée avec une clause pénale est indivisible, la peine est encourue par la contravention d'un seul des héritiers ou autres représentants légaux du débiteur, et elle peut être demandée, soit en totalité contre celui qui a contrevenu, soit contre chacun d'eux pour sa part et portion, et hypothécairement pour le tout; sauf leur recours contre celui qui a fait encourir la peine.

ff L. 5, ⸹ 1, L. 84, ⸹ 3, *De verb. oblig.*—Dumoulin, part. 3, nᵒˢ 173 et 174.— Pothier, 355 et 366.—C. N., 1232.—Sedgwick *On measure of damages*, pp. 421 et suiv.

1187. Lorsque l'obligation principale contractée sous une peine est divisible, la peine n'est encourue que par celui des héritiers ou autres représentants légaux du débiteur qui contrevient à l'obligation, et pour la part seulement dont il est tenu dans l'obligation principale, sans qu'il y ait d'action contre ceux qui l'ont exécutée.

Cette règle reçoit exception lorsque la clause pénale ayant été ajoutée dans l'intention que le paiement ne pût se faire partiellement, un des cohéritiers ou autres représentants légaux a empêché l'exécution de l'obligation pour la totalité ; en ce cas la peine entière peut être exigée de lui, et des autres pour leur portion seulement, sauf leur recours contre lui.

ff L. 2, ⸹⸹ 5 et 6 ; L. 72, *De verb. oblig.*— Pothier, 306, 359, 360 et 361.— Dumoulin, part. 3, nᵒ 412.—6 Toullier, nᵒˢ 842, 843, 844 et 845.—C. N., 1218 et 1233.

CHAPITRE HUITIÈME.

DE L'EXTINCTION DES OBLIGATIONS.

SECTION I.

DISPOSITIONS GÉNÉRALES.

1138. L'obligation s'éteint :
Par le paiement ;
Par la novation ;
Par la remise ;
Par la compensation ;
Par la confusion ;
Par l'impossibilité de l'exécuter ;
Par le jugement d'annulation ou de rescision ;
Par l'effet de la condition résolutoire qui a été expliquée au chapitre qui précède ;
Par la prescription ;
Par l'expiration du terme fixé par la loi ou par les parties, pour sa durée ;
Par la mort du créancier ou du débiteur en certains cas ;
Par des causes spéciales applicables à certains contrats, et qui sont expliquées en leurs lieux respectifs.

C. N., 1234.

SECTION II.

DU PAIEMENT.

—

§ 1.— *Dispositions générales.*

1139. Par paiement on entend non-seulement la livraison d'une somme d'argent pour acquitter une obligation, mais l'exécution de toute chose à laquelle les parties sont respectivement obligées.

Domat, liv. 4, tit. 1, sec. 1, n°s 1 et 3.— Pothier, 458 à 495.— C. L., 2127.

Jurisp.— Under a general plea of payment, the defendant cannot prove that he bought a note due by the plaintiff to a third party and that the plaintiff agreed that the defendant's debt should be considered settled, by reason of the plaintiff's note so purchased by the defendant.— Bruneau vs Gagnon, I Q. L. R., 195.

1140. Tout paiement suppose une dette ; ce qui a été payé sans qu'il existe une dette est sujet à répétition.

La répétition n'est pas admise à l'égard des obligations naturelles qui ont été volontairement acquittées.

ff Leg. 1, 10, 13, 14, 16, 17 et 18, *De condict. indeb.*—*ff* L. 176, *De verb. signif.*— Pothier, 192, 195 et 218.— Domat, liv. 2, tit. 7, sec. 1, n°s 1, 4 et 5.— Domat, liv. 4, tit. 1, sec. 1, n°s 4 et 5.— C. L., 2129.— C. N., 1235.

Jurisp.— L'erreur de droit peut donner ouverture à l'action en restitution. Un citoyen qui a volontairement payé une taxe imposée par un règlement de la corporation municipale que la cour déclare nul, a droit au remboursement de ce qu'il a ainsi payé.— Leprohon et le Maire, etc., de Montréal, II L. C. R., 180.

1141. Le paiement peut être fait par toute personne quelconque, lors même qu'elle serait étrangère à l'obligation ; et le créancier peut être mis en demeure par l'offre d'un étranger d'exécuter l'obligation pour le débiteur, et sans la connaissance de ce dernier ; mais il faut que ce soit pour l'avantage du débiteur et non dans le seul but de changer le créancier que cette offre soit faite.

ff L. 23, 31, 40 et 53, *De solutionibus.*— Domat, liv. 4, tit. 1, sec. 1, n° 7, sec. 3, n° 2, et sec. 2, n° 10.— Pothier, 499, 500 et 598.— C. N., 1236 et 1237.

1142. L'obligation de faire ne peut être acquittée par un tiers, contre le gré du créancier, lorsque ce dernier a intérêt qu'elle soit remplie par le débiteur lui-même.

ff L. 72, § 2, *De solution.*— Pothier, 500.— 6 Toullier, n° 11.— Ord. 1673, tit. 5, art. 3.— C. L., 2131.

1143. Pour payer valablement il faut avoir dans la chose payée un droit qui autorise à la donner en paiement.

Néanmoins le paiement d'une somme en argent ou autre chose qui se consomme par l'usage, ne peut être répété contre le créancier qui a consommé la chose de bonne foi, quoique ce paiement ait été fait par quelqu'un qui n'en était pas propriétaire ou qui n'était pas capable de l'aliéner.

ff L. 54, *De reg. jur.*—L. 14, § *fin.*, L. 94, *De solut.*—Pothier, 495, 496, 497, 498, 504 et 540.—C. N., 1238.—6 Toullier, n° 6, p. 14.—4 Marc., sur l'art. 1238.

1144. Le paiement doit être fait au créancier, ou à quelqu'un ayant pouvoir de lui, ou autorisé par la justice ou par la loi à recevoir pour lui.

Le paiement fait à celui qui n'a pas pouvoir de recevoir pour le créancier est valable, si celui-ci le ratifie, ou s'il en a profité.

ff L. 180, *De reg. jur.*—L. 12, *in prin.*, § 4, L. 49, L. 15, *De solution. et liberation.*—Pothier, 242 et 501.—C. L., 2136.—C. N., 1239.

1145. Le paiement fait de bonne foi à celui qui est en possession de la créance est valable, encore que subséquemment il soit établi qu'il n'est pas le véritable créancier.

Pothier, 503.—C. L., 2141.—C. N., 1240.

1146. Le paiement fait au créancier n'est point valable, s'il était incapable de le recevoir, à moins que le débiteur ne prouve que la chose payée a tourné au profit de ce créancier.

ff L. 15, L. 47, *De solut. et liberat.*—Pothier, 504 et 509.—C. L., 2143.—C. N., 1241.

1147. Le paiement fait par le débiteur à son créancier, au préjudice d'une saisie ou arrêt, n'est pas valable à l'égard des créanciers saisissants ou arrêtants, qui peuvent, selon leurs droits, contraindre le débiteur à payer de nouveau ; sauf, en ce cas, son recours seulement contre le créancier qu'il a ainsi payé.

Pothier, *Oblig.*, 505 ; *Const. de rente*, 87.—C. L., 2145.—C. N., 1242.

1148. Le créancier ne peut être contraint de recevoir une chose autre que celle qui lui est due, quoique la chose offerte soit d'une plus grande valeur.

ff L. 2, § 1, *De rebus creditis.*—Domat, liv. 4, tit. 1, sec. 2, n° 9.—Pothier, 243 et 465.—C. N., 1243.

1149. Le débiteur ne peut point forcer le créancier à recevoir en partie le paiement d'une dette, même divisible.

ff 1, L. 21, *De rebus creditis.*—*ff* L. 41, § 1, *De usuris.*—C. N., 1244.

[Et le tribunal ne peut non plus, dans aucun cas, ordonner, par son jugement, qu'une dette actuellement exigible soit payée par versements, sans le consentement du créancier.]

1150. Le débiteur d'un corps certain et déterminé est libéré par la remise de la chose en l'état où elle se trouve au temps de la livraison, pourvu que les détériorations qu'elle a subies ne résultent pas d'un fait ou d'une faute dont il soit responsable, et qu'avant ces détériorations il ne fût pas en demeure.

ff L. 23, 33, 37 et 51, *De verb. oblig.*—*ff* L. 33, *De solution.*—Pothier, 544.—C. L., 2151.—C. N., 1245.

1151. Si l'objet de l'obligation est une chose qui ne soit déterminée que par son espèce, le débiteur n'est pas tenu, pour être libéré, de la donner de la meilleure espèce; mais il ne pourra l'offrir de la plus mauvaise.

La chose doit être de qualité marchande.

ff L. 33, *De solut. et liberat.*—Pothier, 283-4.—C. L., 2152.—C. N., 1246.

Jurisp.—La convention de fournir une quantité *du meilleur blé qui poussera sur la terre donnée*, oblige le donataire à fournir du bon blé: si celui que la terre a produit n'est pas bon, le donataire devra en acheter.—Lalonde vs Cholette, I R. L., 700.

1152. Le paiement doit être fait dans le lieu désigné expressément ou implicitement par l'obligation.

Si le lieu n'y est pas indiqué, le paiement, lorsqu'il s'agit d'un corps certain et déterminé, doit être fait dans le lieu où il était au temps où l'obligation a été contractée.

Dans tous les autres cas le paiement doit être fait au domicile du débiteur; sauf les règles contenues aux titres relatifs à des contrats particuliers.

ff L. 9, *De eo quod certo loco.*—*ff* L. 21, *De oblig. et action.*—Pothier, 238, 239, 240, ou 548 et 549.—C. L., 2153.—C. N., 1247.

Jurisp.—1. Une promesse de payer à un endroit indiqué, n'est pas une promesse de payer généralement, et il n'y a aucune obligation de la part du faiseur d'un billet, payable à tel endroit indiqué, à moins qu'il ne soit constaté qu'il y a eu présentation et demande de paiement à l'endroit indiqué, et défaut de payer le montant dû.— O'Brien et Stevenson, XV L. C. R., 265.

2. Lorsque le lieu de paiement n'est pas indiqué dans l'obligation, il doit se faire au domicile du débiteur, même si le débiteur et son créancier restent dans la même ville.—Rodrigue vs Grondin, VI R. L., 643.

3. *Jugé :* — Que le loyer est quérable.— Hubert vs Dorion, XVI L. C. **R**, 53.

4. Where money is payable at the domicile of the debtor, demand of payment must be made there before interest can accrue thereon.— A payment of the capital so due to a party indicated by the creditor, although after the date at which it fell due, is sufficient to prevent the accruing of the interest thereon.— O'Halloran vs Kennedy, XVIII L. C. J., 284.

5. Un débiteur qui veut se prévaloir du défaut de demande préalable à son domicile, lorsque la dette est payable chez lui, doit consigner en cour le montant de sa dette.—Smallwood vs Allaire, XXI L. C. J., 106.

6. Where a debt is payable at the debtor's domicile, he cannot, when sued for the debt, simply ask the dismissal of the action, on the ground that no previous demand of payment was made at his domicile.— Mallette vs Hudon, XXII L. C. J., 101.

7. Un défendeur dont la créance est payable à son bureau, ou domicile, qui aurait été poursuivi, et qui aurait déposé en cour le montant réclamé de lui, alléguant qu'aucune demande de paiement ne lui avait été faite avant l'institution de l'action, sera cependant condamné à lui payer le montant déposé, mais sans frais.— Crebassa vs La C*ie* du chemin de fer du Sud-Est, VIII R. L., 722.

8. Un créancier en vertu d'une obligation, doit demander paiement au débiteur avant de le poursuivre. S'il ne le fait pas il aura jugement pour sa dette, mais sans frais, si le débiteur offre le montant dû avec son plaidoyer.— Rodrigue et Grondin, Q., déc. 1876.— Autre décision dans le même sens, dans Desrosiers et Brouillard, M., février 1876.

9. Un billet promissoire, payable généralement, doit être présenté pour paiement, au domicile du faiseur, avant la demande judiciaire, pour que le demandeur ait ses frais contre le défendeur, au cas où ce dernier, avec sa défense, offre le montant réclamé.— Mineault vs Lajoie, IX R. L., 383.

10. Jugé que lorsque par le bail, domicile a été élu par le locataire aux lieux loués, le loyer est payable là; et si aucune demande de paiement n'a été faite, avant l'institution de l'action, à tel domicile, l'action sera déboutée, pourvu que le défendeur montre qu'il était prêt à payer son loyer à tel domicile, et qu'il dépose l'argent en cour.— Hearn vs McGolrick, III Q. L. R., 368.

11. Where a person made a note *en brevet*, payable at his domicile, *held*, that the creditor was bound to make demand of payment at the place specified, and an application by the debtor for an extension of time was not a waiver of his right to pay at such places.— Dorion vs Benoît, L. N., 350.

12. Action par l'appelante pour le montant d'une obligation en capital et intérêt.— L'intimé offre le montant et demande à ce que l'appelante soit condamnée aux frais dans le cas où elle contesterait ses offres.— Réponse générale.— Jugement déclarant les offres valables et condamnant l'appelante aux frais.— Jugement confirmé.— Deguire et Brouillard, M., déc. 1875.

13. L'intimé, poursuivi pour le montant d'une obligation, plaide qu'on ne lui en a pas fait la demande et offre le montant sans frais. Le demandeur, appelant, conteste et réclame les frais. Sa prétention est renvoyée avec dépens.— Jugement confirmé.— Rodrigue et Grondin, M., déc. 1876.

1153. Les frais de paiement sont à la charge du débiteur.

Pothier, 550.— Nouv. Ferrière, v° *Paiement*, n° 493.— C. N., 1248.

§ 2.— *Du paiement avec subrogation.*

1154. La subrogation dans les droits du créancier au profit d'une tierce personne qui le paie, est ou conventionnelle ou légale.

Renusson, *Subrogation*, ch. 2, xxii.— C. N., 1249.

1155. La subrogation est conventionnelle :

1. Lorsque le créancier en recevant son paiement d'une tierce personne, la subroge dans tous ses droits contre le débiteur. Cette subrogation doit être expresse et faite en même temps que le paiement.

2. Lorsque le débiteur emprunte une somme à l'effet de payer sa dette et de subroger le prêteur dans les droits du créancier. Il faut, pour que la subrogation en ce cas soit valable, que l'acte d'emprunt et la quittance soient notariés, [ou faits en présence de deux témoins qui signent] ; que, dans l'acte d'emprunt, il soit déclaré que la somme est empruntée pour payer la dette, et que, dans la quittance, il soit déclaré que le paiement est fait des deniers fournis à cet effet par le nouveau créancier. Cette subrogation s'opère sans le consentement du créancier.

[La subrogation n'a d'effet contre les tiers dans les cas où l'acte d'emprunt et la quittance sont faits devant témoins, que du jour de leur enregistrement, qui doit se faire en la manière et suivant les règles prescrites pour l'enregistrement des hypothèques.]

Jurisp.— 1. Un acte, dans lequel le débiteur déclare payer des deniers d'un tiers, tels deniers empruntés à la condition de fournir à ce tiers une subrogation aux droits du créancier, et que cette déclaration est faite aux fins d'opérer telle subrogation [ce tiers n'étant pas présent à l'acte], n'opère pas une subrogation par le créancier, par défaut d'acceptation de la part du tiers, et ne peut non plus opérer une subrogation par la convention avec le débiteur, par défaut d'un acte authentique, constatant le prêt, antérieur au paiement ; encore que l'allégué, dans une opposition d'une convention verbale antérieure au paiement, que les deniers ont été prêtés au débiteur par un tiers, à la condition de lui obtenir la subrogation aux droits du créancier, ne peut être considéré comme admis, quoique telle opposition ne soit pas contestée, sur le principe qu'il faut preuve de telle convention par acte authentique qui puisse rendre certaine la date du prêt ; et enfin, l'acceptation, faite après coup par le prêteur, de la cession des droits du créancier, est de nul effet pour lui obtenir la subrogation, sur le principe que la dette a été complétement éteinte à l'instant du paiement.— Filmer and Bell, II L. C. R., 130.

2. Une personne qui paie une dette pour laquelle elle était tenue avec d'autres, et en obtenant une subrogation sous seing privé, peut poursuivre ses codébiteurs pour leurs parts de la dette au nom du créancier originaire.— Berthelet vs Dease, XII L. C. J., 336.

3. The subrogation in the hypothecary rights of a creditor granted to the universal legatee of the debtor who pays his share of the hypothecary debt, cannot avail against the hypothecary rights of a subsequent hypothecary creditor whose hypothec has been duly registered.— Lafleur et Bertrand, XX L. C. J., 1.

1156. La subrogation a lieu par le seul effet de la loi et sans demande :

1. Au profit de celui qui, étant lui-même créancier, paie un autre créancier qui lui est préférable à raison de ses priviléges ou hypothèques ;

2. [Au profit de l'acquéreur d'un immeuble qui paie un créancier auquel cet immeuble est hypothéqué ;]

3. [Au profit de celui qui paie une dette à laquelle il est tenu avec d'autres ou pour d'autres, et qu'il a intérêt d'acquitter ;]

4. Au profit de l'héritier bénéficiaire qui paie de ses propres deniers une dette de la succession ;

5. Lorsqu'une rente ou dette due par l'un des époux a été rachetée ou payée des deniers de la communauté ; en ce cas, l'autre conjoint est subrogé jusqu'à concurrence de sa part de communauté, aux droits du créancier.

Jurisp.— 1. If one of two *codonataires* pay the whole of an annuity to the *donateur*, he can mantain an action for one half of the sum paid against the other.— Patris vs Bégin, I R. de L., 346.

2. One of several *codébiteurs* who has paid the debt for which they were all bound, without a subrogation from the creditor, can mantain an action *negotiorum gestorum*, for money paid and advanced, against each of his codebtors, and recover from each his *portion virile;* viz: one third of the sum which he has paid.— Audy vs Ritchie, II R. de L., 31.

3. Les assureurs contre le feu ont droit, en payant la perte couverte par leur police, d'être subrogés aux droits et actions de l'assuré, contre ceux qui ont causé le feu et la perte. Un marguillier en charge qui a pouvoir de recevoir des assureurs le montant de l'assurance effectuée sur la propriété de la fabrique, et d'en donner quittance, peut aussi subroger les assureurs aux droits et actions de la fabrique contre ceux qui ont causé le feu et la perte, quoiqu'il ne puisse transporter, au moyen d'une vente, tels droits et actions sans une autorisation spéciale. Les assureurs subrogés au moyen du paiement de la perte, aux droits et actions de l'assuré pour une partie de la perte seulement, ont pour telle partie une action contre ceux qui ont causé le feu et la perte en question.— The Quebec Fire Assurance Company vs John Molson, I L. C. R., 222.

4. Voir la décision dans la cause de Filmer vs Bell, sous l'art. précédent.

5. Sur un jugement rendu solidairement contre deux associés, pour une dette personnelle à l'un d'eux, le paiement fait par le débiteur personnel libère son co-associé, et celui qui a payé ne peut alors se faire subroger aux droits du demandeur, mais doit, s'il a des réclamations contre son associé, procéder directement par une action *pro socio.*— Leduc vs Turcot, V L. C. J., 96.

6. Une dette payée par une femme commune en biens avec son mari, est payée pour le compte de la communauté, qui en devient créancière, si c'était la dette d'un tiers. Celui qui paie pour un tiers a droit de recouvrer du débiteur le montant ainsi payé. La mention dans l'acte de quittance, que l'argent avait été payé par la femme quelques mois auparavant rend-elle nulle la subrogation accordée par le créancier dans ses droits d'hypothèques ? — Gaudry vs Bergevin, II R. L., 115.

7. The endorser of a promissory note, tendering the amount to the payee, does not require and cannot demand any special subrogation, besides the surrender of the note. Further, the endorser cannot throw upon the payee refusing tender of the amount the liability for the maker's insolvency, unless he has renewed the tender *en justice.*— Bone vs McDonald, I L. C. L. J., 55.

8. Avant le Code, la subrogation légale, sans demande, était accordée à l'acquéreur qui employait son prix au paiement des créanciers auxquels cet héritage était hypothéqué, et qui était ensuite évincé pour cause non dérivant de lui, et ce quand même il aurait été chargé par son acte d'acquisition de payer tels créanciers. La revente volontaire par le premier acquéreur, après avoir ainsi payé les créanciers inscrits, l'éviction par vente judiciaire sur le second acquéreur, à la demande de créanciers hypothécaires antérieurs à l'acquisition du premier acheteur, n'ont pas eu pour conséquence de nullifier la subrogation.— Lavallée vs Tétreau, XVII L. C. J., 248.

9. Subrogation cannot be allowed under article 1156 of the Civil Code, unless it appears that the person who claims the subrogation paid the debt in relation to which he claims such subrogation.— Chinic vs Canada Steel Co., III Q. L. R., 1.

1157. La subrogation énoncée dans les articles précédents a effet tant contre les cautions que contre le débiteur principal. Elle ne peut préjudicier aux droits du créancier lorsqu'il n'a reçu qu'une partie de sa créance ; il peut, en ce cas, exercer ses droits pour tout ce qui lui reste dû, de préférence à celui dont il n'a reçu que partie de sa créance.

Pothier, *Cout. d'Orl.*, Introd. au tit. 20, n°s 83, 84 et 87.— Pothier, *Oblig.*, 280 et 556 ; *Hypoth.*, ch. 2, sec. 3.— Journal des Audiences, Arrêt du 6 juin 1712.— Renusson, ch. 15 et 16 et add.— C. N., 1252.

§ 3.— *De l'imputation des paiements.*

1158. Le débiteur de plusieurs dettes a le droit de déclarer, lorsqu'il paie, quelle dette il entend acquitter.

ff L. 1, *De solut. et liberat.*— Cod., L. 1, *eod. tit.*— Pothier, 539.— Domat, liv. 4, tit. 1, sec. 4, n° 1.— C. L., 2159.— C. N., 1253.

Jurisp.— 1. L'imputation faite dans une action non contestée, et sur laquelle est intervenu un jugement *ex parte*, doit être maintenue à l'encontre du débiteur qui aurait dû la contester alors, s'il y avait lieu.— Dufresne vs Hamilton, VIII L. C. J., 197.

2. A person receiving money in payment of a certain debt, cannot retain therefrom, without the debtor's consent, the amount of a pre-existing debt.— Bryant vs Fitzgerald, IV Q. L. R., 6.

3. The defendant Kershaw, a broker, bought two cargoes of wheat for and on behalf of S., the second cargo being purchased from Kirkpatrick & Co., the plaintiffs. S. received separate invoices for the cargoes. The broker having sent his clerk to request payment, S. paid him $8,000, which was acknowledged by the clerk on the invoice of the second cargo. The defendant, subsequently, tried to get the payment imputed to the first cargo, but S. refused to alter the memorandum.— *Held :* That the debtor had a right to appropriate the payment, and a receipt having been given effectuating his intention, the appropriation could not be changed by the person receiving the money, and moreover, such alleged change should have been specially pleaded.— Kershaw & Kirkpatrick, XXII L. C. J., 92.

1159. Le débiteur d'une dette qui porte intérêt ou produit des arrérages, ne peut point, sans le consentement du créancier, imputer le paiement qu'il fait sur le capital de préférence aux arrérages ou intérêts ; le paiement fait sur le capital et intérêts, mais qui n'est point intégral, s'impute d'abord sur les intérêts.

ff L. 5 et 99, *De solut. et liberat.*— Pothier, 570.— Domat, liv. 4, tit. 1, sec. 4, n°s 7 et 8.— C. L., 2160.— C. N., 1254.

Jurisp.—1. Jugé que si les parties n'ont pas fait l'imputation des paiements, ils sont censés faits d'abord en déduction des intérêts.— Q. B. R. Stevenson vs Gugy, décision contraire.— Dumouchelle et Moffatt, II R. de L., 258.

2. Judgment was rendered in this cause by the Chief Justice and Mr. Justice Pyke, maintaining the principle that application should be made of payments on account of principal and not on account of interest till after the principal was paid. J. Rolland, dissenting, 20 april, 1831.— Symard vs Lynch, III R. L., 460.

3. If there be two hypothecary debts of different dates due by the same debtor to the same creditor, both payable by instalments, but with the privilege of acquitting the most ancient before it become due; and payments be made by the debtor to the creditor, without any application whatever; such payments will be imputed, firstly, in extinction of the interest due on the most ancient debt; secondly on the principal of that debt whether due or not; thirdly on the interest of the most recent debt; and lastly on the principal of it.— Casson vs Thompson, I L. C. J., 156.

4. Les paiements faits sans imputation exprimée, doivent être imputés préférablement sur la créance qui est cautionnée et qui porte intérêt.— Brooks vs Clegg, XII L. C. R., 461.

5. Les paiements partiels sont imputables d'abord sur les intérêts échus, et ensuite sur le capital.— Rice et Ahern, XII L. C. R., 280.

6. Payment on account of a promissory note within five years, interrupts the statutory prescription, notwithstanding no action brought within that period.— Where there was a book account, and also a promissory note, and accounts stated had been rendered including both and charging interest, the court will not strike off the interest, where the defendant had not pleaded an imputation of his payments as against the note.— Torrance vs Philbin, IV L. C. J., 287.

1160. Lorsque le débiteur de plusieurs dettes a accepté une quittance par laquelle le créancier a imputé ce qu'il a reçu sur l'une de ces dettes spécialement, le débiteur ne peut plus demander l'imputation sur une dette différente, à moins qu'il ne se rencontre quelqu'une des causes qui annulent les contrats.

ff Arg. ex lege L. 1, 2 et 3, *De solut. et liberat.*— Pothier, 566.— C. L., 2161.— C. N., 1255.

1161. Lorsque la quittance ne comporte aucune imputation, le paiement doit être imputé sur la dette que le débiteur avait pour lors le plus d'intérêt d'acquitter entre celles qui étaient pareillement échues; si de plusieurs dettes une seule est exigible, le paiement s'impute sur la dette échue, quoique moins onéreuse que celles qui ne sont pas encore échues.

Si les dettes sont de même nature et également onéreuses, l'imputation se fait sur la plus ancienne.

Toutes choses égales, elle se fait proportionnellement.

ff L. 1, 2, 3, 4, 5, 7, 8 et 108, *De solut. et liberat.*— Pothier, 530, 531 et 532.— Domat, liv. 4, tit. 1, sec. 4, nos 3, 4 et 7.— C. L., 2162.— C. N., 1256.

Jurisp.—1. Where no application is made by the parties of payments the court will apply them to the most onerous debt.— Walton vs Dodds, I L. C. J., 66.

2. Parties holders of accommodation paper, even with knowledge of the fact, can recover thereon. The holders of such paper duly endorsed to them may rank upon the estate of and discharge the endorsers and even knowing the same to be still accommodation paper thereafter, recover thereon from the maker thereof. The imputation of payment made by the creditor, of monies paid by the endorser and not declared to be incorrect upon an account furnished, will operate as a valid imputation even against the accommodation maker.— Lyman vs Dion, XIII L. C. J., 160.

3. Payments made by the debtor of two debts, both due, but one of which is

secured by a collateral obligation, must be applied upon the debt secured, although at the time the payments were made the collateral obligation was not due.— Doyle & Gaudette, XX L. C. J., 134.

§ 4.— *Des offres et de la consignation.*

1162. Lorsque le créancier refuse de recevoir son paiement, le débiteur peut lui faire des offres réelles de la somme de deniers, ou de la chose due ; et dans toute poursuite qui pourrait être intentée subséquemment pour en obtenir le recouvrement, il peut plaider et renouveler ses offres, et si la chose due est une somme de deniers, il peut la consigner ; et telles offres, ou offres avec consignation, si la chose due est une somme de deniers, équivalent, quant au débiteur, à un paiement fait le jour des premières offres ; pourvu que depuis ces premières offres le débiteur ait toujours été prêt et disposé à livrer la chose, ou à payer la somme due.

Pothier, *Oblig.*, n°° 572, 573 et 580.— Pothier, *Constit. de rente*, n° 203.— Pothier, *Dépôt*, 199.— Domat, liv. 4, tit. 1, sec. 2, n° 8.— Rousseau de Lacombe, v° *Consignation* et v° *Offres.*— 1 Pigeau, *Proc. civ.*, pp. 430 à 486.— C. N., 1257.

Jurisp.— Des offres sans consignation ne suspendent pas le cours de l'intérêt.— Dumont vs Laforge, I Q. L. R. 159.

1163. Pour que les offres réelles soient valables, il faut :
1. Qu'elles soient faites au créancier ayant la capacité de recevoir, ou à quelqu'un qui ait pouvoir de recevoir pour lui ;
2. Qu'elles soient faites par une personne capable de payer ;
3. Qu'elles soient de la totalité de la somme exigible, des arrérages ou intérêts dus, des frais liquidés, et d'une somme pour les frais non liquidés, sauf à les parfaire ;
4. Qu'elles soient faites en monnaies courantes et en espèces réglées par la loi, s'il s'agit d'une somme d'argent ;
5. Que le terme soit échu, s'il a été stipulé en faveur du créancier ;
6. Que la condition sous laquelle la dette a été contractée soit arrivée ;
7. Que les offres soient faites au lieu où, suivant les termes de l'obligation ou suivant la loi, le paiement doit être fait.

Pothier, 538 à 544.— C. N., 1258.

Le paragraphe 4 de cet article exige que les offres soient faites en monnaies courantes et en espèces réglées par la loi ; mais en vertu des statuts C. 29-30 Vict., c. 10, s. 1, et C. 31 Vict., c. 46, s. 8, le papier-monnaie émis par l'ancienne province du Canada et par la Puissance du Canada, peut servir aux offres réelles. Ce papier-monnaie est constitué *legal tender.*

Jurisp.— 1. L'acte d'offres réelles doit spécifier l'énumération des diverses pièces de monnaie qui sont offertes. Le défaut d'énonciation du cours des espèces offertes entraîne la nullité des offres.— Porras vs Beaudin, VI L. C. J., 241.

2. It is not necessary for a person when offering a builder the balance due him under a contract to reserve his rights of action against the builder in respect to defects in the building.—But if such reserve be made the builder cannot on this account refuse to accept the balance tendered him.— Filiatrault vs McNaughton, I L. C. L. J., 63.

3. Le porteur d'un billet promissoire est seulement tenu de livrer tel billet à une caution sur offre par telle caution du montant dû, et n'est pas tenu de faire

une subrogation formelle.   Dans une action contre les faiseurs et la caution, ce dernier était tenu de renouveler ses offres en Cour.— Bone vs McDonald, XVI L. C. R., 191.

4. L'offre de la chose vendue doit être faite à une heure du dernier jour convenable pour que l'acheteur ait le temps de la peser et de l'examiner.— Franchère et Gordon, II R. L., 187.

5. Where a tender is refused simply on account of more being alleged to be due, it is not necessary that the amount tendered should be tendered in court.— British Lion — Mams, II S. L. C. A., 114.

1164. [Si par les termes de l'obligation ou par la loi, le paiement doit être fait au domicile du débiteur, l'avis par écrit donné par lui au créancier qu'il est prêt à faire le paiement, a le même effet que les offres réelles, pourvu que, sur toute action ensuite instituée, le débiteur prouve qu'il avait, à l'effet du paiement, la somme ou la chose due prête au temps et au lieu où elle était payable.]

1165. Si le corps certain et déterminé est livrable au lieu où il se trouve, le débiteur doit, par ses offres, requérir le créancier de venir l'y prendre.

Si la chose n'est pas livrable ainsi, et est de sa nature difficile à transporter, le débiteur doit, par ses offres, indiquer le lieu où elle se trouve, et le jour et l'heure auxquels il sera prêt à la livrer au lieu où le paiement doit en être fait.

Si le créancier, dans le premier cas, n'enlève pas la chose, et dans le second cas, ne signifie pas sa volonté de la recevoir, le débiteur peut, s'il le juge à propos, la mettre en sûreté dans tout autre lieu, au risque du créancier.

Rousseau de Lacombe, v° *Offres.*— Pothier, *Oblig.*, 577.— 2 Kent's Com., pp. 506 à 509.— 2 Story, *on Contracts*, n° 1005 a.— 2 Greenleaf, *Evidence*, n° 610.— 4 Marcadé, n°° 742 et 743.— C. N., 1264.

1166. Tant que les offres et la consignation n'ont pas été acceptées par le créancier, le débiteur peut les retirer avec la permission du tribunal, en la manière établie au Code de procédure civile, et s'il le fait, ni ses codébiteurs ni ses cautions ne sont déchargés.

Pothier, 580.— C. N., 1261.

1167. Lorsque les offres et la consignation ont été déclarées valables par le tribunal, le débiteur ne peut plus les retirer, pas même du consentement du créancier, au préjudice de ses codébiteurs, de ses cautions, ou des tiers.

Pothier, *ibid.*— C. N., 1262 et 1263.

1168. La manière de faire les offres et la consignation est réglée par le Code de procédure civile.

SECTION III.

DE LA NOVATION.

1169. La novation s'opère :

1. Lorsque le débiteur contracte envers son créancier une nouvelle dette qui est substituée à l'ancienne, laquelle est éteinte ;

2. Lorsqu'un nouveau débiteur est substitué à l'ancien qui est déchargé par le créancier;

3. Lorsque, par l'effet d'un nouveau contrat, un nouveau créancier est substitué à l'ancien, envers lequel le débiteur se trouve déchargé.

ff L. 1, 2 et 11, *De novation. et delegation.*— Cod., L. 1 et 3, *eod. tit.*— Pothier, 582, 583, 584, 597 et 605.— Domat, liv. 4, tit. 3, sec. 1, n° 1, tit. 4, sec. 1, n° 1.— 7 Toullier, n° 274.— 3 Zachariæ, p. 448, note 15.— 2 Delvincourt, p. 172, sur l'art. 1271.—C. N., 1271.

Jurisp.— 1. A notarial act of obligation for money, can be novated by an *acte sous sring privé*, and the mortgage thereby created can by the same means be destroyed.— Nadeau vs Robichaud, I R. de L., 508.

2. Un billet promissoire, donné en paiement de loyer, n'opère pas novation.— Jones vs Lemesurier, II R. de L., 317.

3. S'il n'y a pas mention expresse dans un acte qu'il y a novation, le créancier peut fonder son action sur la créance originaire, s'il le juge à propos.— Macfarlane vs Patton, I L. C. R., 250.

4. Une action fondée sur un billet promissoire, qui contient des allégués généraux pour marchandises vendues et livrées, ne doit pas être déboutée sur un plaidoyer de prescription de cinq ans, si, sur les allégués généraux, la cause originaire du billet est prouvée, et dans tel cas, un billet promissoire non payé n'est pas véritablement un paiement.— Beaudoin vs Dalmasse, VII L. C. R., 47.

5. Pour opérer novation, il faut qu'il y ait une différence entre le nouveau et l'ancien contrat; et un billet promissoire n'opérera pas comme novation d'un autre billet précédemment donné.— Brown vs Mailloux, IX L. C. R., 252.

6. Un débiteur ne peut se défendre d'une demande pour effets vendus et livrés, sous prétexte d'un billet promissoire à longue échéance qu'il a remis à son créancier, sans prouver que ce dernier l'a accepté.— Lavoie et Crevier, IX L. C. R., 418.

7. L'acceptation d'un billet, en renouvellement d'un billet antérieur, n'est pas une novation, à moins qu'il n'y ait intention expresse d'effectuer telle novation.— Noad vs Bouchard, X L. C. R., 476.

8. The taking of a note made by B., for goods sold and delivered to A., does not operate a novation so as to discharge A., for the price of the goods, without an express agreement to make a novation.— McGarvey vs Auger, VII L. C. J., 338.

9. An agreement in the following terms effects a novation of the original debt :— " We the undersigned creditors, hereby agree to take 2s. 6d. in the £, for our respective claims set forth in the annexed statement, and on payment thereof within six weeks from date, we hereby undertake to grant him a discharge in full."— Tees vs McCulloch, II L. C. L. J., 135.

10. Des billets promissoires signés par le débiteur et payables à l'ordre du créancier, n'opèrent pas, s'ils ne sont payés à l'échéance, une novation de la dette en paiement de laquelle ils ont été donnés, si l'intention de faire novation n'est clairement exprimée par le créancier, lors de leur réception.— Noad vs Lampson, XI L. C. R., 29.

11. L'acceptation d'un billet promissoire, par un créancier, des mains de son débiteur, n'opère pas une novation de sa créance, et il peut toujours porter une action sur la dette originaire.— Dassylva vs Dufour, XVI L. C. R., 294.

12. A settlement of accounts, between the creditor and the principal debtor, and the taking by the creditor of a note payable on demand for the balance due by the debtor, does not operate a novation of the debt, so as to discharge a surety to the original obligation.— Rogers vs Morris, XIII L. C. J., 20.

13. Where to an action for goods sold, a plea of payment was set up, and the action asked to be dismissed.— *Held*, that as the only proof of payment was an acknowledgment of $10 on account, and a statement signed by the plaintiff, and that the balance should be settled by note, the plea was bad, and the judgment went for plaintiff.— Mercier vs Bousquet, V R. L., 352.

14. A company was incorporated under the statute 13th and 14th Vict., chap. 28, the incorporation having commenced on the 22th july 1854, and completed on the 24th february 1855. The company gave promissory notes, during the period, between july 1854 and february 1855, for goods sold and delivered by the plaintiffs, which notes were renewed by notes of the company, after the completion of the incorporation, the old notes being surrendered and given up to the

19

company.— *Held*, that the notes given during such period were together with the original debt for the goods, novated and paid. In the absence of fraud, in effecting the exchange of notes as above, the shareholders who paid up their stock in full, and caused the fact to be duly registered, were free from all liability to pay said notes, or the original price of said goods.— Brewster vs Chapman, XIX L. C. J., 301.

15. L'acceptation de billets promissoires par le créancier, n'opère pas novation de sa créance établie par jugement; mais il doit remettre les billets qu'il a acceptés avant de faire exécuter son jugement, et donner crédit au défendeur, en déduction de sa créance en capital, intérêts et frais, en vertu du dit jugement, au montant des billets payés et de ceux que, quoique non payés, le demandeur, pour quelque cause que ce soit, ne peut produire.— Dawson vs Desfossés, VI R. L., 334.

16. Le fait du propriétaire, d'avoir reçu plusieurs termes de loyer du sous-locataire, n'a pas l'effet d'opérer novation et de décharger le principal locataire.— Boyer vs McIver, XXI L. C. J., 160.

17. Jugé que l'intimé qui a reçu des billets en paiement du montant d'un jugement, lesquels billets devaient être endossés par un tiers, mais ne l'ont pas été, ne peut exécuter son jugement, sans au préalable offrir de remettre ces billets. — Jugé également que les billets n'ayant jamais été endossés, il n'y a pas eu de novation.— Dawson et Desfossés, Q., déc. 1876.

18. In an action on an obligation, the defendant pleaded that he had given the plaintiff, two promissory notes for £60 each, in deduction of the amount due, which he had paid, and also, another note for £60, which was still in the plaintiff's hands. The plaintiff answered that the amount of the first notes had been received, and that the two last notes were given on an agreement, that the defendant should pay twelve per cent interest on the obligation.— *Held*, the amount of the second note must be deducted from the amount of the principal and interest, at six per cent, and the third note did not operate as a novation, and must be given back to defendant.— Beaudry vs Proulx, Q L. D., 808, n° 44.

19. L'intervention d'un donateur, créancier d'une rente viagère affectant un immeuble, à un acte de vente du dit immeuble (acte par lequel il aurait accepté le paiement des intérêts du prix de vente, à la place des articles de sa rente) n'opère pas novation de sa créance.— Bernier et Carrier, IV Q. L. R., 45.

1170. La novation ne peut s'opérer qu'entre personnes capables de contracter.

ff L. 3, *De novat. et deleg.*— L. 20, § 1, *cod. tit.*— Pothier, 590,591 et 592.— Domat, liv. 4, tit. 3, sec. 2, n° 1.—C. N., 1272.

1171. La novation ne se présume point; l'intention de l'opérer doit être évidente.

ff L 2, *De novat. et deleg.*— Domat, liv. 4, tit. 3, sec. 1, n° 1.— Pothier, 594.— C. N., 1273.

Jurisp.— 1. S'il n'y a pas mention expresse dans un acte qu'il y a novation, le créancier peut fonder son action sur la créance originaire, s'il le juge à propos. — Macfarlane vs Patton, I L. C. R., 250.

2. Le porteur d'un billet à ordre protesté, qui a reçu une somme à-compte du signataire du billet, et un nouveau billet payable à trois mois de sa date en retenant le premier billet pour sûreté du second, ne perd pas par là son recours contre les endosseurs du premier billet, qui ont consenti à cette transaction, nonobstant la déconfiture du signataire du premier billet.—Woodbury et Garth, IX L. C. R., 438.

3. Des billets promissoires signés par le débiteur, et payables à l'ordre du créancier, n'opèrent pas, s'ils ne sont pas payés à l'échéance, une novation de la dette en paiement de laquelle ils ont été donnés, si l'intention de faire novation n'est clairement exprimée par le créancier lors de leur réception.— Noad et Lampson, X L. C. R., 29.

1172. La novation par la substitution d'un nouveau débiteur peut s'opérer sans le concours du premier.

Cod., L. 1, *De novat. et deleg.*— *ff* L. 8, § 5, *De novation.*— Pothier, 598.— Domat, liv. 4, tit. 3, sec. 1, n° 2.— C. N., 1274.

1173. La délégation par laquelle un débiteur donne à son créancier un nouveau débiteur qui s'oblige envers le créancier, n'opère point de novation, à moins qu'il ne soit évident que le créancier entend décharger le débiteur qui fait la délégation.

ff L. 11, *De novation. et delegation.*— Pothier, 600 et 603.— Domat, *loc. cit.*— C. N., 1275.

Jurisp.— 1. L'indication de paiement dans un acte devient délégation parfaite par l'enregistrement au long de cet acte suivant la 8° Vict., c. 22, s. 6.— Patenaude et Lérigé, VII L. C. R., 66.

2. Pour rendre une délégation parfaite, il suffit que la volonté du créancier d'accepter le nouveau débiteur au lieu et place de l'ancien, apparaisse de quelque manière, soit par quelque acte ou autrement. Des paiements antérieurs, faits par le délégué en son propre nom et à son propre acquit et ainsi acceptés et reçus par le créancier, constituent une acceptation suffisante de la délégation. Le débiteur en vertu d'une telle délégation ne peut en être libéré sans le consentement du créancier.— Poirier vs Lacroix, VI L. C. J., 302.

3. A. intervened in a deed and agreed to pay a debt due to B., not a party to the document. B. brings his action for the amount against A., without previous acceptance of the delegation.— *Held*, that B. had no right of action.— Proulx vs Dorion, I R. C., 476.

1174. La simple indication faite par le débiteur d'une personne qui doit payer à sa place, ou la simple indication par le créancier d'une personne qui doit recevoir à sa place, ou le transport d'une dette avec ou sans l'acceptation du débiteur, n'opère pas novation.

ff L. 20, 21 et 25, *De novat. et deleg.*— Pothier, *Oblig.*, 605 ; *Vente*, 551 et 553.— 7 Toullier, 274.— 3 Zacharie, p. 448, note 15.— C. N., 1277.

Jurisp.— 1. Une action par une personne indiquée dans un contrat de vente comme celle à laquelle le prix de vente d'un immeuble sera payé, sera renvoyée sur plaidoyer de compensation par le défendeur, en possession de billets promissoires faits par le vendeur, l'indication de paiement n'ayant pas été acceptée par le demandeur, et l'enregistrement de l'acte de vente par le demandeur n'affecte pas les droits du défendeur en pareil cas.— Leaver vs Nye, VIII L. C. R., 221.

2. On ne peut maintenir une action sur une indication de paiement qui n'a pas été acceptée.— Lainé vs Toulouse, III R. L., 445.

3. A *délégation imparfaite* in a deed of sale is not a personal undertaking on the part of the purchaser to pay the amount so delegated.— Dubuc vs Charon, IX L. C. J., 79.

4. La stipulation faite dans un acte de vente par l'acquéreur qu'il paiera à l'acquit du vendeur avec la réserve de déguerpir et de délaisser la propriété acquise par lui au cas où il jugerait à propos ou à son avantage de le faire, ne le rend pas responsable personnellement au paiement de la dette, quoique cette indication ait été ensuite acceptée par le créancier et signifiée par l'acquéreur.— La Société, etc., vs Larose, XVII L. C. J., 87.

5. The vendor of real property has a right to sue the purchaser for the price, notwithstanding that by the deed of sale the payment of such price was delegated in favor of a third party, so long as the delegation be not accepted.— Mallette vs Hudon, XXI L. C. J., 199.

6. A delegation of payment contained in a registered deed of sale of real property, unaccepted by the creditor, is no bar to an action by the creditor who has created such delegation against his debtor.— Mallette vs Hudon, XXII L. C. J., 101.

7. A clause in a deed of sale providing that the purchaser shall pay all hypothecary creditors, is not equivalent to an *indication de paiement*.— Roy vs Dion, IV Q. L. R., 245.

1175. Le créancier qui a déchargé le débiteur par qui a été faite

la délégation, n'a point de recours contre ce débiteur, si le délégué
devient insolvable, à moins qu'il n'y en ait une réserve expresse.

Cod., L. 3, *De novat. et delegat.*— *ff* L. 30, *eod. tit.*— Pothier, 604.— Domat, liv.
4, tit. 4, sec. 1, n° 8.— C. N., 1276.

1176. Les priviléges et hypothèques de l'ancienne créance ne
passent point à celle qui lui est substituée, à moins que le créancier
ne les ait expressément réservés.

ff L. 18, *De novat. et deleg.*— L. 12, § 5, *Qui potior in pignore.*— Pothier, 599.—
Domat, liv. 4, tit. 4, sec. 1, n° 8, tit. 3, s. 1, n° 6.— C. N., 1278.

1177. Lorsque la novation s'opère par la substitution d'un nouveau débiteur, les priviléges et les hypothèques primitifs de la
créance ne peuvent point passer sur les biens du nouveau débiteur ;
et ils ne peuvent point non plus être réservés sur les biens de l'ancien
débiteur sans son consentement.

ff L. 30, *eod. tit.*— Pothier, 599.— Domat, *loc. cit. suprà.*— C. N., 1279.

1178. Lorsque la novation s'opère entre le créancier et l'un des
débiteurs solidaires, les priviléges et hypothèques de l'ancienne
créance ne peuvent être réservés que sur les biens du codébiteur qui
contracte la nouvelle dette.

Pothier, 599.— C. N., 1280.

1179. Par la novation faite entre le créancier et l'un des débiteurs
solidaires, les codébiteurs sont libérés.

La novation opérée à l'égard du débiteur principal libère les
cautions.

Néanmoins, si le créancier a stipulé, dans le premier cas, l'accession des codébiteurs, ou, dans le second cas, celle des cautions,
l'ancienne créance subsiste, si les codébiteurs ou les cautions refusent
d'accéder au nouveau contrat.

Cod., L. 4, *De fidejussor. et mandator.*— Pothier, 599.— C. N., 1281.

Jurisp.— A settlement of accounts between the creditor and the principal
debtor, and the taking by the creditor of a note payable on demand for the
balance due by the debtor, does not operate a novation of the debt, so as to
discharge a surety to the original obligation.— Rogers vs Morris, XIII L. C. J.,
20.

1180. Le débiteur qui consent à être délégué ne peut opposer au
nouveau créancier les exceptions qu'il aurait pu faire valoir contre
la personne qui l'a délégué, quand même, au temps de la délégation,
il aurait ignoré l'existence de ces exceptions.

Cette règle n'a pas lieu si, au temps de la délégation, il n'est rien
dû au nouveau créancier, et elle ne préjudicie pas au recours du
débiteur délégué contre le déléguant.

ff L. 12 et L. 19, *De novat. et delegat.*— Pothier, 602.— 3 Maleville sur l'art.
1281, p. 99.

SECTION IV.

DE LA REMISE.

1181. La remise d'une obligation peut être faite soit expressément, soit tacitement, par des personnes qui ont la capacité légale d'aliéner.

Elle est faite tacitement lorsque le créancier rend volontairement à son débiteur le titre original de l'obligation, à moins qu'il n'y ait preuve d'une intention contraire.

ff L. 2, § 1, *De pactis.*— Pothier, 608, 609, 619 et 847.— C. N., 1282.

Jurisp.— 1. Dans un contrat contenant une espèce de remise, il n'est pas nécessaire que la considération soit exprimée, et par rapport à tel contrat les formalités de droit quant aux donations ne sont pas obligatoires à peine de nullité.— Robertson vs Jones, VIII L. C. R., 364.

2. La remise d'un billet promissoire au débiteur n'établit qu'une présomption de paiement, présomption qui peut être détruite par une preuve contraire. Lorsqu'il s'agit d'une affaire commerciale, cette preuve peut être faite par témoins.— Grenier vs Pothier, III Q. L. R., 377.

3. Action pour recouvrer le montant d'un billet de £50 par Ol. Delisle, endossé par l'appelant. L'appelant plaide que ce billet a été payé par Delisle, et le produit. Réponse que le 27 septembre 1875, l'intimé avait poursuivi Delisle pour ce billet et porté une autre action pour le billet de $50.— Delisle serait venu régler le billet de $50 et M. Paquin, l'avocat de l'intimé, lui aurait remis le billet de £50 au lieu de celui de $50.— Delisle interrogé a juré qu'il avait payé le billet de £50. M. Paquin a expliqué l'erreur et son témoignage est corroboré par des circonstances concluantes et par le témoignage de son clerc. C'est une affaire commerciale dans laquelle la preuve testimoniale est admissible. La remise du billet n'est qu'une présomption de paiement qui peut être détruite.— Grenier et Pothier, Q., 7 décembre 1877.

1182. La remise de la chose donnée en nantissement ne crée pas une présomption de la remise de la dette pour laquelle elle a été donnée en nantissement.

ff L. 3, *De pactis.*— Code, L. 2, *De remissione pignoris.*— Pothier, 610.— C. N., 1286.

1183. La remise du titre original de l'obligation à l'un des débiteurs solidaires a le même effet au profit de ses codébiteurs.

ff Arg. ex lege 2, *De duobus reis constituendis.*— Pothier, 608 et 616.

1184. La remise expresse accordée à l'un des débiteurs solidaires ne libère point les autres ; mais le créancier doit déduire de sa créance la part de celui qu'il a déchargé.

ff L. 16, *De acceptilat.*— L. 34, § 11, *De solut. et liberat.*— Pothier, 275, 556, 617 et 621.— C. N., 1285.

1185. La remise expresse accordée au débiteur principal libère les cautions.

Celle accordée à la caution ne libère pas le débiteur principal.

Celle accordée à l'une des cautions ne libère pas les autres, excepté dans le cas où ces derniers auraient un recours contre la caution libérée, et jusqu'à concurrence de tel recours.

ff L. 60 et 68, § 2, *De fidejussor. et mandat. ; ff* L. 23, *De pactis.*— Pothier, 616 et 617. IV Marcadé, pp. 611 et 612.— C. N., 1287.

1186. [Ce que le créancier reçoit d'une caution, pour la libérer de son cautionnement, ne doit pas être imputé à la décharge du débiteur principal, ou des autres cautions, excepté, quant à ces derniers, dans les cas où ils ont un recours contre la caution libérée et jusqu'à concurrence de tel recours.]

SECTION V.

DE LA COMPENSATION.

1187. Lorsque deux personnes se trouvent mutuellement débitrices et créancières l'une de l'autre, les deux dettes sont éteintes par la compensation qui s'en fait dans les cas et de la manière ci-après exprimés.

ff L. 1, 2 et 3, *De compensatione.*— Pothier, 623.— Domat, liv. 4, tit. 2, sec. 1, n°° 1 et suiv.

Jurisp.— 1. A partner has no right to dispose of partnership property for his private benefit ; the agreement pleaded was illegal and null.— Poston vs Watters, I R. C., 245.

2. The defendant bought wood from one of the partners in a firm, in ignorance of the existence of the partnership. This partner owed him money, but the wood was the property of the partnership.— *Held*, that the defendant could not set off the amount of his purchase against the debt due him by the partner from whom he bought, although the latter managed the affairs of the partnership.— Rolland & St-Denis, II L. C. L. J., 110.

1188. La compensation s'opère de plein droit entre deux dettes également liquides et exigibles, et ayant pour objet une somme de deniers ou une quantité de choses indéterminées de même nature et qualité.

Aussitôt que les deux dettes existent simultanément, elles s'éteignent mutuellement jusqu'à concurrence de leurs montants respectifs.

ff L. 10, 11, 12, 7 et 22, *De compensationibus ; ff* L. 7, *De solutionibus.*— Cout. de Paris, art. 105.— Domat, liv. 4, tit. 2, sec. 1, n°° 3 et 4.— *Ibid.*, liv. 4, tit. 2, sec. 2, n°° 2 et 4.— Pothier, 538, 624, 626, 627, 628, 635, 637 et 638.— C. N., 1290 et 1291.

Jurisp.— 1. Upon a note not payable to order, but assigned by a notarial *acte* at a time when a much larger sum than the amount of the note was due and owing by the payer to the maker, an action cannot be supported, for at the time of the assignment both claims were mutually compensated.— Gibsone vs Lee, I R. de L., 347.

2. A debt due by an auctioneer to the purchaser at auction, who knows that the seller is an agent for another and not the principal, cannot be set off in the way of compensation against the price of the goods so bought.— Melvin vs Bélanger, II R. de L., 76.

3. One judgment may be set off against another by compensation, and by an opposition *afin d'annuler*, for payment, *pro tanto.*— Froste vs Esson, III R. de L., 475.

4. Dans une action sur une obligation notariée, il ne sera pas permis au défendeur de plaider compensation au moyen de dommages non liquidés.— Chapedelaine vs Morrison, VI L. C. R., 491.

5. Dans une action sur un billet promissoire, un plaidoyer alléguant qu'à l'échéance du billet les demandeurs avaient entre les mains des effets appartenant aux défendeurs de la valeur du billet, et que la dette était en conséquence compensée, ne vaut, et la valeur d'effets et de marchandises ne peut être opposée en compensation à une demande pour une somme d'argent.— Ryan vs Hunt, X L. C. R., 474.

6. Dans une action portée par l'héritier d'un débiteur insolvable décédé pour recouvrement d'une dette contractée avec ses exécuteurs, une dette due par le défunt au défendeur peut être offerte en compensation.— Moss vs Brown, XII L. C. R., 202.

7. La compensation d'une dette claire et liquide ne peut être admise à l'encontre d'une demande pour dommages non constatés, à l'époque de l'enfilure des plaidoyers.— Jordeson vs McAdams, XIII L. C. R., 229.

8. An account for board, where the debt is easily proved, is a debt *claire et liquide*, and such as may be offered in compensation to a debt under an obligation.— Desjardins vs Tassé, II L. C. L. J., 88.

9. To an action on a note, Thomas, one of the endorsers, pleaded payment. It appeared that he had furnished the plaintiff with groceries, the accounts for which were stated in the pass book to have been "settled," but it did not appear that any money passed. The plaintiff having given unsatisfactory replies when examined as to his payments, it was *held* that the price of the goods must be deducted from the note.— Angers vs Ermatinger, II L. C. L. J., 158.

10. Compensation takes place *pleno jure* of the debt due (unpaid stock) by a shareholder in the Montreal and Bytown Railway Company, incorporated by 14 and 15 Vict., cap. 51, with a debt due by the company to the shareholder for arrears of salary as president of the company.— Delisle vs Ryland, IV L. C. L. J., 61.

11. Par suite d'un jugement de séparation de corps et de biens, sur la contestation des droits et reprises matrimoniales de la femme, elle devra rembourser à son mari ou à ses créanciers le montant des dettes par lui acquittées sur un propre de sa femme, et compensation aura lieu d'autant quant à ses reprises matrimoniales.— Leduc vs Fortier, VII L. C. J., 275.

12. Le défendeur à une action sur billet promissoire plaida en compensation une dette alléguée comme due par le demandeur et formant partie d'une somme d'argent empruntée d'un tiers par le demandeur, le transport de laquelle dette avait été signifié au demandeur après l'institution de l'action : — Jugé que cette dette n'était pas *claire et liquide* suivant l'art. 1188, et ne pouvait pas être offerte en compensation à l'encontre d'une action sur billet.— Parsons vs Graham, XV L. C. J., 41.

13. Damages given for illegal and unwarranted attachment, *saisie-arrêt*, may be compensated by debt due upon which *saisie-arrêt* issued.— Belleisle vs Lyman, XV L. C. J., 305.

14. Une dette due au défendeur par une société dont le demandeur faisait partie ne peut pas être offerte en compensation de la créance personnelle du demandeur.— Batten vs Desbarats, M. C. R., 4.

15. An auctioneer receiving the goods of an insolvent party, cannot offset the proceeds against a debt due to himself, but is liable to account to the creditors of the insolvent party.— Fisher vs Draycott, M. C. R., 44.

16. La compensation n'a lieu qu'entre des dettes également claires et liquides. Le défendeur rencontra une action sur un billet promissoire, en offrant en compensation une égale somme qu'il disait lui être due pour sa part de la récolte d'une terre dans laquelle les parties avaient un intérêt commun, et dont le demandeur refusait de lui rendre compte.— Jugé, par Berthelot et Mackay, que cette dette n'est pas également claire et liquide.— Mondelet, J., diss.— Perrault vs Herdman, III R. L., 440.

17. Le commerçant qui reçoit une consignation d'effets a le droit d'appliquer le produit de la vente de ces effets en déduction d'un compte que celui qui a consigné lui devait.— Stabb vs Lord, V R. L., 181.

18. A party acquiring a claim under the circumstances and for the purpose mentioned in sec. 91 of the insolvent act of 1869, cannot oppose said claim in compensation.— The transfer of such debt is null and void as against the insolvent's estate.— In the present case the compensation could not be acquired under articles n°ˢ 1188 and 1196, Civil Code.— Riddell vs Reay, XVIII L. C. J., 130.

19. Il n'est pas nécessaire que les réclamations alléguées en compensation soient claires et liquides, mais il suffit qu'elles soient susceptibles d'une liquidation aisée.— Ross vs Brunet, V R. L., 229.

20. Une dette qui n'est pas absolument claire et liquide, peut être offerte en

compensation, pourvu qu'elle soit facile à prouver ; conséquemment un compte pour marchandises vendues et livrées peut être opposé à une dette due en vertu d'un acte passé devant notaires : *dissentiente* Sir L. H. LaFontaine, B¹.— Jugement de la C. S. infirmé.— Hall vs Beaudet, VI L. C. R., 75.

21. Un débiteur poursuivi pour le montant de deux billets promissoires, et qui prouve que le demandeur lui est endetté en un plus fort montant, et plaide compensation, pourra faire débouter l'action du demandeur, même si ce dernier par ses répliques allègue une créance, autre que celle pour laquelle il a poursuivi, suffisante pour compenser la créance du défendeur, outre le montant de l'action, et prouve cette créance.— Gilbert vs Lionais, VII R. L., 339.

22. The right to compensate an amount paid in error or without legal cause arises the moment the payment is made, and not merely at the date of the action *en répétition* for such amount.— Brunelle vs Buckley, XIX L. C. J., 98.

1189. Le terme de grâce accordé pour le paiement de l'une des dettes n'est point un obstacle à la compensation.

ff L. 16, ¿ 1, *De compensationibus.*— Pothier, 232 et 627.— Cout. de Paris, art. 105.— 1 Comment. Ferrière (petit), p. 227.— Arrêtés de Lamoignon, tit. 28, art. 5.— C. N., 1292.

1190. La compensation a lieu quelle que soit la cause ou considération des dettes, ou de l'une ou de l'autre, excepté dans les cas:

1. De la demande en restitution d'une chose dont le propriétaire a été injustement dépouillé ;

2. De la demande en restitution d'un dépôt ;

3. D'une dette qui a pour objet des aliments insaisissables.

Cod., L. 3, L. 14, *De compensat.*— *ff* L. 24, L. 25, ¿ 1, L. 26, ¿ 1, *Depositi.*— Cod., L. 11, *Depositi.*— *ff* L. 4, *De agnoscendis et alendis liberis, etc.*— Arrêtés de Lamoignon, tit. 28, art. 7.— Pothier, 625.— Domat, liv. 1, tit. 7, sec. 3, n° 14, liv. 4, tit. 2, sec. 2, n° 6.— C. N., 1293.

Jurisp.—1. *Aliments* whether by disposition of the law or of man are favored, and *insaisissables* by law, and therefore a testamentary allowance by a father to his children, until the time fixed by his will for the final partition of his estate, is valid.— The testamentary condition attached to the alimentary allowance in a will against seizure, mortgage or anticipation by the alimentary beneficiaries and against its subjection, seizure, or other contingencies to which personal or other property is subject, frees it from compensation as respects debts due to the testator or his estate by alimentary debtor.— Muir vs Muir, XVIII L. C. J., 98.

2. Le légataire d'une somme annuelle, de la nature d'aliments, qui doit lui être payable jusqu'au partage définitif de la succession, peut refuser de compenser cette somme annuelle avec ce qu'il doit à la succession.— En tel cas, le rapport de ce qu'il doit à la succession, ne doit se faire que lors du partage définitif de cette succession.— Muir et Muir, V R. L., 637. (Conseil Privé.)

1191. La caution peut opposer la compensation de ce que le créancier doit au débiteur principal.

Mais le débiteur principal ne peut opposer la compensation de ce que le créancier doit à la caution.

Le débiteur solidaire ne peut opposer la compensation de ce que le créancier doit à son codébiteur, excepté pour la part de ce dernier dans la dette solidaire.

ff L. 4 et 5, *De compens.*— L. 23, *eod. tit.*— *ff* L. 10, *De duobus reis constituendis.*— Cod., L. 9 et L. 18, ¿ 1, *De compensat.*— Arrêtés de Lamoignon, tit. 27, art. 9.— Domat, liv. 3, tit. 3, sec. 1, art. 8.— Pothier, 274 et 631.— 7 Toullier, 377.— C. N., 1294.

1192. Le débiteur qui accepte purement et simplement la cession qu'a faite le créancier à un tiers, ne peut plus opposer au cessionnaire la compensation qu'il pouvait opposer au cédant avant son acceptation.

Le transport non accepté par le débiteur, mais qui lui a été signifié, n'empêche que la compensation des dettes du cédant postérieures à cette signification.

Arrêt du Parl. de Paris, 13 août 1591.— Pothier, *Oblig.*, 632 ; *Vente*, 558.— C. N., 1295.

1193. Lorsque les deux dettes ne sont pas payables au même lieu, on n'en peut opposer la compensation qu'en faisant raison des frais de remise.

ff L. 15, *De compensat.*— Pothier, 633.— Domat, liv. 4, tit. 2, sec. 2, n° 8.— C. N., 1296.

1194. Lorsque la compensation de plein droit est arrêtée par quelqu'une des causes mentionnées en cette section, ou autres de même nature, celui en faveur de qui seul la cause d'objection existe, peut demander la compensation par le moyen d'une exception, et, dans ce cas, la compensation n'a lieu que du moment que l'exception est plaidée.

Pothier, 626 et 636.— 7 Toullier, 396.— 4 Marcadé, p. 640.

1195. Lorsqu'il y a plusieurs dettes compensables dues par la même personne, on suit pour la compensation les règles établies pour l'imputation des paiements.

ff L. 1, L. 5, § 1, L. 102, § 1, L. 3 et 94, § *fin.*—*ff* L. 4, 7, 97 et 103, *eod. tit.*— Pothier, 638.— C. N., 1297.

1196. La compensation n'a pas lieu au préjudice des droits acquis à un tiers.

7 Toullier, 381 et 394.— 12 Duranton, 442 et 443.— C. N., 1298.

Jurisp.— A party acquiring a claim under the circumstances and for the purpose mentioned in sec. 91 of the insolvent act of 1869, cannot oppose said claim in compensation. The transfer of such debt is null and void as against the insolvent's estate. In the present case the compensation could not be acquired under articles n° 1188 and 1196 of the Civil Code.— Riddell vs Reay, XVIII L. C. J., 130.

1197. Celui qui paie une dette qui est, de droit, éteinte par la compensation, ne peut plus, en exerçant la créance dont il n'a point opposé la compensation, se prévaloir au préjudice des tiers, des priviléges et hypothèques attachés à cette créance, à moins qu'il n'ait eu justes causes d'en ignorer l'existence au temps du paiement.

ff L. 10, § 1, *De compensationibus.*— Cod., L. 1, *De condict. indeb.*— Pothier, 639 et 640.— C. N., 1299.

SECTION VI.

DE LA CONFUSION.

1198. Lorsque les qualités de créancier et de bébiteur se réunissent dans la même personne, il se fait une confusion qui éteint l'obligation. Néanmoins dans certains cas lorsque la confusion cesse d'exister, ses effets cessent aussi.

ff L. 50, *De fidejussor. et mandator.—ff* L. 95, ₰ 2, *De solut. et liberat.—* Cod., L. 6, *De hæreditariis actionibus.—* Pothier, 639 et 640.—C. N., 1300.

Jurisp.— 1. La clause du testament du mari, par lequel il institua son épouse sa légataire universelle en usufruit, à la charge "de payer et acquitter les dettes du testateur," n'a pas eu l'effet dans l'espèce actuelle, d'opérer aucune confusion en la personne de son épouse survivante quant à ses reprises matrimoniales, par son acceptation de ce legs.— Gauthier vs Morochond, VII L. C. J., 320.

2. Le legs en usufruit par un mari à sa femme n'éteint pas le recours qu'avait cette dernière contre son mari ou ses héritiers pour reprises matrimoniales, et il n'y a pas confusion en ce cas.— Menéclier et Gauthier, XVI L. C. R., 181.

3. Un donateur appelé par la loi à la succession de son fils, ne peut, sans renoncer à la succession, repousser les obligations qu'entraine sa qualité d'héritier, et réclamer de la veuve du défunt en sa qualité d'usufruitière de ses biens une dette à lui due par son fils sur ses propres, et il y a, en ce cas, confusion des qualités de créancier et de débiteur. Il ne peut pas même réclamer de la veuve usufruitière les intérêts des capitaux qui lui étaient dus par son fils.— Desautels vs Larue, I R. L., 485.

1199. La confusion qui s'opère par le concours des qualités de créancier et de débiteur principal en la même personne, profite aux cautions.

Celle qui s'opère par le concours des qualités de caution et de créancier, ou de caution et de débiteur principal, n'éteint pas l'obligation principale.

ff L. 38, ₰ 1, *De fidejussor. et mandator.—ff* L. 34, ₰ 8, *De solution.—ff* L. 129, ₰ 1, *De reg. jur.—* Pothier, 340, 644 et 645.—C. N., 1301.

SECTION VII.

DE L'IMPOSSIBILITÉ D'EXÉCUTER L'OBLIGATION.

1200. Lorsque le corps certain et déterminé qui est l'objet de l'obligation périt, ou que, pour quelqu'autre cause, la livraison en devient impossible, sans le fait ou la faute du débiteur, et avant qu'il soit en demeure, l'obligation est éteinte; elle est également éteinte, lors même que le débiteur est en demeure, dans le cas où la chose serait également périe en la possession du créancier; à moins que, dans l'un et l'autre de ces deux cas, le débiteur ne se soit expressément chargé des cas fortuits.

Le débiteur est tenu de prouver le cas fortuit qu'il allègue.

La destruction de la chose volée, ou l'impossibilité de la livrer, ne décharge pas celui qui l'a volée, ou celui qui sciemment l'a reçue, de l'obligation d'en payer la valeur.

ff L. 33, 37 et 51, L. 82, § 1, L. 136, *De verb. oblig.*— *ff* L. 47, § 6, *De legatis.*— *ff* L. 15, § 3, *De rei vindicatione.*— *ff* L. 7, § 2, L. 12, *De condict. furtivd.*— Pothier, 649, 650, 656, 657, 660 et suiv. jusqu'à 668.— Ibid., *Vente*, 56, 57 et 58.— C. N., 1302.

Jurisp.— 1. Le vol d'une montre mise en gage par le demandeur chez le défendeur, qui a été lui-même victime d'un vol plus considérable, sans qu'il y ait eu de sa part ni faute ni négligence, constitue un cas fortuit dont le défendeur ne peut être tenu responsable.— Soulier vs Lazarus, XXI L. C. J., 104.

2. A pawnbroker is not liable for articles pledged with him which have been stolen from his premises without any negligence on his part.— Delany vs Lazarus, XXII L. C. J., 131.

3. An employee of the Grand Trunk Raiway left a sum of $22,000 in an open bag in his room while he went to lunch. He had a desk with locked drawers and a strong metal box in the room appropriated for his use. There was also a safe vault in the building. The money disappeared while he was at lunch.— *Held*, that it was for the defendants to prove that the money had been stolen, and even if such proof had been made, there was fault and negligence on the employee's part, in failing to lock up the money, sufficient to bring the loss within the terms of the guarantee bond cited below, and his employers were entitled to recover.— Grand Trunk vs The Citizens Ins. Co., I L. N., 485.

4. The obligation of the vendor of an indeterminate thing who has undertaken to deliver it at a future time and at a certain place, v. g., " to deliver a certain quantity of glass, to be imported from Germany, the then next spring, in the port of Montreal," is not extinguished by the loss of the thing *in transitu*, even by *vis major*. The vendor in such case is liable in damages to the purchaser, viz., for the profit which the purchaser would have made, deducting the ordinary risk of re-sale.— Thomson vs Geling, I Q. L. R.,67.

1201. Lorsque l'exécution de l'obligation est devenue impossible sans le fait ou la faute du débiteur, il est tenu de transporter au créancier tous droits d'indemnité qu'il peut avoir par rapport à cette obligation.

Pothier, 669 et 670; *Vente*, 56, 57 et 59.— C. N., 1303.

1202. Lorsque l'exécution d'une obligation de faire une chose est devenue impossible sans le fait ou la faute du débiteur, et avant qu'il soit en demeure, l'obligation est éteinte, et les deux parties sont libérées ; mais si l'obligation a été exécutée en partie au profit du créancier, ce dernier est obligé jusqu'à concurrence du profit qu'il en reçoit.

4 Marcadé, p. 650, sur l'art. 1302.— 7 Toullier, 642.

CHAPITRE NEUVIÈME.

DE LA PREUVE.

SECTION I.

DISPOSITIONS GÉNÉRALES.

1203. Celui qui réclame l'exécution d'une obligation doit la prouver.

Réciproquement, celui qui en oppose la nullité ou l'extinction doit justifier les faits sur lesquels est fondée sa contestation ; sauf les règles spéciales établies au présent chapitre.

Cod., L. 1, L. 4, *De probationibus.*—*ff* L. 19, 21, 22 et 23, *De probationibus.*—*ff* L. 1, *De exception.* 44 et 1.— Pothier, *Oblig.,* n° 729.— Ibid., *Constitut. de rente,* n° 155. — 1 Domat, liv. 3, tit. 6, sec. 1, n°° 4 et 5.— C. N., 1315.

1204. La preuve offerte doit être la meilleure dont le cas, par sa nature, soit susceptible.

Une preuve secondaire ou inférieure ne peut être reçue, à moins qu'au préalable il n'apparaisse que la preuve originaire ou la meilleure ne peut être fournie.

Greenleaf, *Erid.,* n°° 82 et 84, et généralement ch. 4, liv. 2.

Jurisp.— 1. The verbal testimony of the secretary of a railway company, chartered under the provisions of "The Railway Clause Consolidation Act," to the effect that it appeared by the books of the company that the shares originally in the name of the defendant had been transferred before the institution of plaintiff's action, who sues as a creditor of the company to recover the amount unpaid on such shares, is insufficient to establish the fact of such transfer.— Cockburn vs Beaudry, II L. C. J., 283.

2. Parol testimony of age will not be admitted until the non-existence of baptismal registers has been proved.— Hartigan vs The Intern. Life Ass. S., VIII L. C. J., 203.

1205. La preuve peut être faite par écrit, par témoins, par présomptions, par l'aveu de la partie ou par son serment, suivant les règles énoncées dans ce chapitre et en la manière indiquée dans le Code de procédure civile.

C. N., 1316.

1206. Les règles contenues dans ce chapitre s'appliquent aux matières commerciales comme aux autres, à moins qu'elles ne soient restreintes expressément ou par leur nature.

En l'absence de dispositions dans ce code quant à la preuve de matières commerciales, on doit avoir recours aux règles sur la preuve prescrites par les lois d'Angleterre.

S. R. B. C., c. 82, sect. 17, p. 698.

SECTION II.

DE LA PREUVE LITTÉRALE.

—

§ 1.— *Des écrits authentiques.*

1207. Les écrits suivants, faits ou attestés avec les formalités requises par un officier public ayant pouvoir de les faire ou attester dans le lieu où il agit, sont authentiques et font preuve de leur contenu, sans qu'il soit nécessaire d'en prouver la signature, non plus que le sceau qui y est attaché, ni le caractère de tel officier, savoir :

Les copies des actes du parlement impérial et du parlement de cette province, et les copies des Edits et Ordonnances et des Ordonnances de la province de Québec, et des Statuts et Ordonnances de la province du Bas-Canada, et des Statuts du Haut-Canada, imprimés par l'imprimeur dûment autorisé par Sa Majesté la Reine ou par ses prédécesseurs :

S. R. C., c. 80.—S. R. C., c. 5, sec. 6, n° 27, sec. 14, n°° 1 et 2.

Les lettres-patentes, commissions, proclamations et autres documents émanant de Sa Majesté la Reine, ou du gouvernement exécutif de la province ;

Pothier, *Oblig.*, 730 et 731.— Rép. Guyot, v° *Authentique*, n°ˢ 34, 35 et 36.— 8 Toullier, n°ˢ 34-5-6.— 1 Greenleaf, *Evid.*, n°ˢ 470, 479 et 480.— 1 Taylor, *Evid.*, § 1368.

Les annonces officielles dans la *Gazette du Canada*, publiée par autorité ;

1 Greenleaf, *Evid.*, n° 492.

Les archives, registres, journaux et documents publics des divers départements du gouvernement exécutif et du parlement de cette province ;

1 Greenleaf, *Evid.*, 480-3.— 22 Vict., c. 80, sec. 5.

Les archives et registres des cours de justice et de procédure judiciaire dans le Bas-Canada ;

S. R. C., c. 80, sec. 5.

Tous livres et registres d'un caractère public dont la loi requiert la tenue par des officiers publics dans le Bas-Canada ;

Ibid.

Les livres, registres, règlements, archives et autres documents et papiers des corporations municipales, et autres corps ayant un caractère public en cette province ;

Acte concernant les municipalités, etc., 1860, sect. 20, n°ˢ 3 et 4.— S. R. C., c. 80, sec. 5 et 6.— 1 Greenleaf, *Evid.*, 484.

Les copies et extraits officiels des livres et écrits ci-dessus mentionnés, les certificats et autres écrits faits ou attestés dans le Bas-Canada qui peuvent être compris dans le sens légal du présent article, quoique non énumérés.

S. R. C., c. 80, sect. 5.

Amend.— *L'acte Q. 32 Vict., c. 10, contient ce qui suit :*
I. Les écrits suivants, faits ou attestés, avec les formalités requises, par un officier public ayant pouvoir de les faire ou attester, dans le lieu où il agit sont authentiques, et font preuve de leur contenu, sans qu'il soit nécessaire d'en prouver la signature, non plus que le sceau qui y est attaché, ni le caractère de tel officier, savoir :
1. Les lettres-patentes, commissions, proclamations, ordres en conseil, et autres documents émanant du gouvernement exécutif de cette province ;
2. Les archives, registres, journaux et documents publics des divers départements du gouvernement exécutif, et de la législature de cette province ;
3. Les copies et extraits officiels des livres, documents et écrits ci-dessus mentionnés, les certificats, et tous les autres écrits qui peuvent être compris dans le sens légal de la présente section, quoique non énumérés.
II. La signature du député du greffier du conseil exécutif, nommé par le lieutenant-gouverneur en conseil, ou du premier clerc du bureau du conseil exécutif, aura le même effet, sous l'autorité du présent acte, qu'aurait en la signature du greffier du conseil exécutif.

Jurisp.— 1. La copie certifiée par un régistrateur d'un acte authentique enregistré au long, ne fait pas preuve.— St-Pierre vs Ross, II R. de L., 58.

2. A copy taken from the enregistered copy of a donation, is not evidence.— Beaudet vs Beaudet, XI R. de L., 279.

3. The *Gazette of Quebec* is authentic evidence of the publication of proceedings in the courts of the province, such as orders to call in creditors, sales by sheriff, &c.— Huppé vs Dionne, XI R. de L., 333.

4. La copie, faite par un régistrateur, d'un acte de vente d'immeuble, enregistré dans son bureau, ne fait pas preuve de telle vente dans une action hypothécaire contre l'acquéreur de cet immeuble.— Nye et Colville, III L. C. R., 97.

5. Un exploit d'huissier est un acte authentique, qui fait foi jusqu'à inscription en faux.— Trust & Loan et MacKay, IX L. C. R., 465.

6. Le rôle d'évaluation est un document authentique qui fait preuve complète de la valeur réelle et annuelle des biens immeubles d'une municipalité, pour les fins électorales.— Gratton vs Village de Ste-Scholastique, VII R. L., 356.

1208. [Un acte notarié reçu devant un notaire est authentique s'il est signé par toutes les parties.

Si les parties ou l'une d'elles est incapable de signer, il est nécessaire, pour que l'acte soit authentique, qu'il soit reçu par un notaire en la présence actuelle d'un autre notaire ou d'un témoin qui y signe.

Les témoins doivent être mâles, âgés d'au moins vingt et un ans, sains d'esprit, n'être parents d'aucune des parties jusqu'au degré de cousin germain inclusivement, ni intéressés dans l'acte, ni morts civilement, ni réputés infâmes en loi. Les aubains peuvent servir de témoins aux actes notariés.]

Cet article est sujet aux dispositions contenues dans l'article qui suit et à celles qui ont rapport aux testaments. Il ne s'applique pas aux cas mentionnés en l'article 2380, où un seul notaire suffit.

Amend.— *L'acte Q. 33 Vict., c. 23, ss. 1 et 2, contient ce qui suit :*

1. Toutes les minutes d'actes notariés, excepté des testaments et codicilles, qui n'étaient point contresignées lors de la mise en force du Code civil, ou qui ne l'ont pas été, seront, à compter de la passation du présent acte, considérées comme valides et authentiques, comme si elles eussent été contresignées par le notaire en second, et les témoins instrumentaires y dénommés ; pourvu toutefois que la validité ou l'authenticité des dits actes ne soit pas affectée par aucune autre cause que celle mentionnée dans la présente section.

2. Toutes expéditions de tels actes qui ont été délivrées et tout enregistrement d'icelles fait ou qui sera fait, seront valides et feront foi des dits actes et de leur enregistrement, nonobstant que le nom d'un notaire en second ou de témoins instrumentaires se trouve mentionné sur telles expéditions enregistrées ou non enregistrées.

Jurisp.—1. Actes passés par les notaires du Bas-Canada, s'intitulant notaires du Canada, frappés de nullité.— Beaudry vs Smart, I R. de L., 45.

2. A notary can pass an act for his relations, especially if the act he passes be contrary to their interest ; but cases of this description depend altogether on their merits. Whether they induce a presumption of fraud or otherwise is the question.— Fournier vs Kirouac, I R. de L., 508.

3. A copy of a paper, signed before one notary only, cannot be received in evidence as an *acte authentique*.— Mivile vs Roy, II R. de L., 278.

4. The ordonnance of 1731 is no part of the law of Canada ; if there be but two witnesses therefore to a notarial *acte* who do not write, this does not vitiate it, if it be executed in a country parish, for the 166th art. of the *ordonnance de Blois* requires written signatures by witnesses only "*ès gros bourgs et villes*," and they are not even there required "*à peine de nullité*."— Ruel vs Dumas, II R. de L., 333.

5. Jugé qu'une convention sur des sommes exprimées à l'acte, en chiffres seulement, est nulle.— IV L. C. R., 88. Macfarlane vs Aimbault.

6. Dans le Bas-Canada, une loi peut être abrogée par désuétude ; et les provisions de l'ordonnance de 1498, et de l'ordonnance de Blois (1579), en autant qu'elles requièrent la présence du second notaire à l'exécution d'un acte notarié, ont été ainsi abrogées, et en conséquence, un acte notarié n'est ni faux ni

nul, parce que la minute n'a été contresignée que plusieurs années après son exécution, la minute ayant été d'ailleurs signée des parties; le tout fait sans fraude, et la minute présentée au second notaire par le notaire instrumentaire lui-même.— Desforges et Dufaux, XIII L. C. R., 179.

7. Les notaires peuvent instrumenter pour leurs parents lorsqu'il n'existe aucune fraude; les dispositions du Code civil, sur cette matière, ne décrètent point la peine de nullité.— Lynch vs McArdle, XVI L. C. R., 108.

8. Les clercs et serviteurs du notaire qui reçoit un acte authentique, consenti par des parties qui ne savent pas signer leur nom, peuvent servir de témoins à tel acte; la prohibition d'appeler comme témoins à un acte les clercs et serviteurs du notaire instrumentaire, ne s'applique qu'aux testaments, conformément à l'article 844 du Code civil, et ne peut être étendue aux actes authentiques ordinaires, en vertu de la dernière partie de l'article 1208.— Crébassa vs Crépeau, I R. L., 667.

9. Une donation entrevifs, faite avec toutes les formalités d'un tel acte, quelques jours avant la mort du donateur, lorsque la cause déterminante de la mort ne s'est déclarée que depuis la donation, est valide, ne peut pas être considérée comme une donation à cause de mort et doit être maintenue.— Raiche vs Alie, I R. L., 77.

10. Lorsqu'un acte passé par un notaire, a été rédigé et lu par ce dernier, dans une langue étrangère à une des parties contractantes, et que ne comprenait pas cette partie contractante, il y a lieu pour cette dernière de faire preuve par témoins que l'acte en question ne renferme pas la convention des parties, et dans ce cas, il n'est pas nécessaire de recourir à l'inscription de faux pour faire annuler l'acte.— Noble vs Lahaie, I R. L., 197.

11. L'acte reçu par un notaire parent à l'une des parties, est valable en loi, à moins d'une preuve de fraude; le Code civil ne défend pas aux notaires de recevoir des actes dans lesquels leurs parents sont parties.— Lynch vs McArdle, III R. L., 372.

12. La parenté du notaire en second à l'une des parties contractantes, n'entraîne pas la nullité de l'acte sous l'empire de notre Code civil.— Guévremont vs Cardin, XVI L. C. J., 257.

13. *Jugé:* Par la Cour de Révision (Meredith, Ch. J., Stuart et Taschereau): Qu'il n'est pas nécessaire pour qu'un acte de vente soit authentique, qu'il soit écrit et rédigé en présence des parties contractantes; il suffit que lecture soit faite lors de la perfection de l'acte, et qu'il y soit fait mention de cette lecture; — que dans un acte de vente, la fausseté de l'énonciation qu'une partie notable du prix de vente (£500.0.0, v. g.) a été payée par l'acheteur au vendeur, lors de la passation de l'acte, est un *faux* suffisant pour faire déclarer cet acte nul en entier (Taschereau, J., *dissentiente*); —qu'un acte de vente passé en langue anglaise entre les parties dont l'une ignore entièrement cette langue, mais traduit oralement par le notaire instrumentant, ne peut être déclaré faux et nul, la lecture du dit acte ayant été, dans ce cas, faite suivant la loi (Taschereau, J., *dissentiente*); — que la traduction orale de cet acte par le notaire instrumentant, sans qu'il en soit fait une copie écrite et annexée à la minute et comme en faisant partie, est équivalente à la lecture prescrite par la loi et peut la remplacer (Taschereau, J., *dissentiente*).— McAvoy vs Huot, I Q. L. R., 97.

14. The testimony of the notaries, before whom a deed has been executed, to the effect that essential formalities, which on the face of the deed appear to have been accomplished, were not so, if alone and uncorroborated, is insufficient to establish that the deed is *faux*.— Larochelle et Proulx, I Q. L. C. R., 142.

1209. Les notifications, protêts et significations, peuvent être faits par un seul notaire, soit que la partie au nom de laquelle ils sont faits l'ait ou non accompagné, ou ait ou non signé l'acte.

Ces instruments sont authentiques et font preuve de leur contenu jusqu'à ce qu'ils soient contredits ou désavoués.

Mais rien de ce qui est inséré dans un tel acte, comme étant la réponse de la personne à qui il est signifié, ne fait preuve contre elle, à moins qu'elle ne l'ait signé.

1210. L'acte authentique fait preuve complète entre les parties, leurs héritiers et représentants légaux :

1. De l'obligation qui y est exprimée ;

2. De tout ce qui y est exprimé en termes énonciatifs, pourvu que l'énonciation ait un rapport direct à telle obligation ou à l'objet qu'avaient en vue les parties en passant l'acte. L'énonciation étrangère à l'obligation ou à l'objet qu'avaient en vue les parties en passant l'acte ne peut servir que comme commencement de preuve.

Pothier, *Oblig.*, 735, 736 et 737.— Dumoulin, *Cout. de Paris*, 558, § 8, *glose* 1, n° 10.— C. N., 1319 et 1320.

1211. L'acte authentique peut être contredit et mis au néant comme faux, en tout ou en partie, sur inscription de faux, en la manière prescrite au Code de Procédure Civile et non autrement.

1212. Les contre-lettres n'ont leur effet qu'entre les parties contractantes ; elles ne font point preuve contre les tiers.

ff L. 27, § 5, *De pactis*.— Cod., L. 2, *Plus alere quod agitur*.— Domat, liv. 3, tit. 6, sec. 2, n°⁸ 14 et 15.— 8 Toullier, 182 et suiv.— 2 Chardon, *Dol*, n° 51.— C. N., 1321.

Jurisp.— Where the sale is made by husband and wife, a *contre-lettre*, passed after the sale between the purchaser and the husband only, which does not contain anything injurious to the interests of the wife, is not illegal.— Lemoine vs Lionais, II L. C. L. J., 163.

1213. Les actes récognitifs ne font point preuve du titre primordial, à moins que sa substance ne soit spécialement relatée dans ces actes récognitifs.

Tout ce qu'ils contiennent de plus que le titre primordial, ou qui en diffère, ne fait aucune preuve à l'encontre.

Novelle 119, cap. 3.— Pothier, *Oblig.*, 777 et 779.— Pothier, *Rente*, 147, 148, 149 et 153.— C. N., 1337.

1214. L'acte de ratification ou confirmation d'une obligation annulable ne fait aucune preuve, à moins qu'il n'exprime la substance de l'obligation, la cause d'annulation et l'intention de la couvrir.

C. N., 1338.

§ 2.— *Des copies des titres.*

1215. Les copies des actes notariés, certifiées vraies copies de la minute par le notaire ou autre officier public dépositaire légal de telle minute, sont authentiques et font preuve de ce qui est contenu dans la minute.

Pothier, *Oblig.*, 765 et suiv.— S. R. B. C., ch. 73, sec. 31, n° 8.— C. N., 1334.

Jurisp.— A copy of a notarial act duly certified is evidence in Canada, under the law of England, in cases in which the rule of that law obtains in evidence.— Moses vs Henderson, XI R. de L., 278.

1216. Les extraits dûment certifiés et expédiés par les notaires ou par les protonotaires de la Cour Supérieure, des minutes d'actes authentiques dont ils sont légalement les dépositaires, sont authentiques et font preuve de leur contenu, pourvu que tels extraits contiennent la date de l'acte, le lieu où il a été passé, la nature de l'acte, les nom et désignation des parties, le nom du notaire qui a reçu l'acte, et textuellement les clauses ou parties des clauses dont l'extrait est requis, et enfin le jour où l'extrait est expédié, dont mention doit être également faite sur la minute.

S. R. B. C., c. 73, sec. 28.

1217. Lorsque la minute d'un acte notarié a été perdue par cas imprévu, la copie d'une copie authentique de telle minute fait preuve du contenu de cette dernière, pourvu que cette copie soit attestée par le notaire ou autre officier public, entre les mains duquel la copie authentique a été déposée par autorité judiciaire, dans le but d'en donner des copies, tel que réglé par le Code de Procédure Civile.

Pothier, *Oblig.*, 766 à 775.— Imbert, *Pratique Judiciaire*, liv. 1, ch. 47, n° 4, p. 321.

Jurisp.—1. The content of a lost document can be proved by verbal testimony after the loss has been established by affidavit, which is the regular way of proving such loss.— Russell vs Guertin, X L. C. J., 133.
2. A witness shall not be interrogated about a copy of a statement until the non production of the original is accounted for.— Glen Brick Company vs Shackell, XIV L. C. J., 238.
3. Lorsque la minute d'un acte est perdue ou égarée, une copie certifiée du dit acte peut servir à prouver le contenu de la dite minute.—Lamontagne vs Contant, VI R. L., 607.

1218. La copie des actes notariés et extraits d'iceux, de tous actes authentiques judiciaires ou autres, des pièces déposées et de tous documents et autres écrits, même sous seing privé ou faits devant témoins, légalement enregistrés au long, lorsque telle copie est revêtue du certificat du régistrateur, est une preuve authentique de tel document si les originaux en sont détruits par le feu ou autre accident, ou sont autrement perdus.

1219. Si dans les mêmes cas, le document originaire est en la possession de la partie adverse, ou d'un tiers, sans la collusion de la partie qui l'invoque, et ne peut être produit, la copie certifiée comme en l'article qui précède fait preuve également.

§ 3.— *De certains écrits faits hors du Bas-Canada.*

1220. Le certificat du secrétaire d'un Etat étranger ou du gouvernement exécutif de cet Etat, et les documents originaux et les copies de documents ci-près énumérés, faits hors du Bas-Canada, font preuve *primâ facie* de leur contenu, sans qu'il soit nécessaire de prouver le sceau ou la signature apposée par l'officier à tel original ou copie, ou l'autorité de cet officier, savoir :

S. R. B. C., c. 90, sec. 4.

1. Les copies de tous jugements ou autres procédures judiciaires de toute cour hors du Bas-Canada, revêtues du sceau de telle cour ou de la signature de l'officier ayant la garde légale du dossier de tel jugement ou autre procédure judiciaire ;

Ibid., sec. 5.

2. Les copies de tout testament fait hors du Bas-Canada, revêtues du sceau de la cour où l'original du testament est déposé, ou de la

signature du juge ou autre officier ayant la garde légale de tel
testament, et la vérification de ce testament sous le sceau de cette
cour;

Ibid., sec. 6.

3. Les copies tirées sur une copie de testament et de sa vérification,
certifiées par le protonotaire de toute cour dans le Bas-Canada, dans
le bureau duquel la copie du testament et vérification a été déposée
à la demande d'une partie intéressée, et par ordre d'un juge de cette
cour, et cette vérification est aussi reçue comme preuve du décès du
testateur;

Ibid., sec. 5.

4. Les certificats de mariage, de naissance, de baptême et de
sépulture de personnes hors du Bas-Canada, sous la signature de
l'ecclésiastique ou officier public qui a officié, et les extraits des
registres de tel mariage, baptême ou naissance, et sépulture, certifiés
par l'ecclésiastique ou officier public qui en est légalement le
dépositaire;

Ibid., sec. 3.

5. Les copies délivrées par notaire de toute procuration faite hors
du Bas-Canada, en présence d'un ou de plusieurs témoins et authen-
tiquées par le maire du lieu ou autre officier public du pays d'où
elles sont datées, et dont l'original a été déposé chez le notaire public
dans le Bas-Canada qui en expédie telles copies;

Ibid., sec. 8.

6. La copie faite par un protonotaire ou par le greffier d'une Cour
de Circuit dans le Bas-Canada, d'une procuration faite hors du Bas-
Canada, en présence d'un ou de plusieurs témoins, et authentiquée
par le maire ou autre officier public du pays d'où elle est datée, telle
copie étant prise dans une cause où l'original est produit par un
témoin qui rufuse de s'en dessaisir, et étant certifiée et produite dans
cette même cause;

Ibid., sec. 11.

L'original des procurations mentionnées dans les paragraphes cinq
et six ci-dessus, est réputé dûment prouvé; mais la vérité des copies,
vérifications, certificats ou extraits mentionnés en cet article ainsi
que des originaux eux-mêmes de telles procurations, peut être
contestée, et la preuve peut en être exigée en la manière prescrite au
Code de Procédure Civile.

Ibid, ss. 7, 9 et 12.

Amend.— *L'acte Q.* 31 *Vict., c.* 18, *ss.* 1 *et* 2, *contient ce qui suit:*
1. Toutes copies d'actes de la législature d'aucune des provinces formant la
Puissance du Canada, ou d'aucune colonie, province ou territoire admis à l'avenir
dans l'union constituant la dite puissance, imprimées par un imprimeur de la
reine, ou aure imprimeur par autorité, pour le gouvernement d'aucune des dites
provinces, colonies ou territoire, seront une preuve concluante en cette province
de tels actes et de leur contenu; et toute copie paraissant être ainsi imprimée
sera réputée l'être, jusqu'à ce que le contraire soit prouvé.
2. Toutes copies de documents officiels, proclamations ou annonces, imprimées
par un imprimeur de la reine ou autre imprimeur par autorité, pour le gouvernement d'aucune des dites provinces, colonies ou territoire, seront une preuve

concluante, en cette province, de tels documents, proclamations ou annonces et de leur contenu ; et toute copie paraissant être ainsi imprimée, sera réputée l'être jusqu'à ce que le contraire soit prouvé.

Jurisp.— 1. Action will lie on a foreign judgment notwithstanding anything in the ordonnance of 1629 to the contrary.— King vs Demers, XV L. C. J., 129.

2. In a suit upon a foreign judgment, if the exemplification shows no cause of action, or that the defendant was duly summoned and regularly condemned, the action must be dismissed.— May vs Richie, XVI L. C. J., 81.

3. In an action on a foreign judgment and the usual assumpsit counts, when the plaintiff only fyles a copy of the judgment which does not reveal the cause of indebtedness, he will be ordered to fyle an account.— Holmes vs Cassils, XXI L. C. J., 28.

§ 4.— Des écritures privées.

1221. L'acte qui n'est pas authentique à cause de quelque défaut de forme, ou de l'incompétence de l'officier qui le reçoit, sert comme un acte sous seing privé, s'il est signé par toutes les parties, sauf les dispositions contenues dans l'article 895.

1222. Les écritures privées reconnues par celui à qui on les oppose, ou légalement tenues pour reconnues ou prouvées, font preuve entre ceux qui y sont parties, et entre leurs héritiers et représentants légaux, de même que des actes authentiques.

Pothier, *Oblig.*, 742-3.— S. R. B. C., ch. 83, § 2, sec. 86.— C. N., 1322.

Jurisp.— 1. A receipt in full given by a clerk only empowered to give receipts for money which he receives, is not conclusive evidence.— Munroe vs Heggins, II R. de L., 279.

2. Une convention sous seing privé n'est pas nulle, parce que l'écrit n'est pas fait en double.— Schaw vs McConnell, IV L. C. R., 176.

3. Un document sous seing privé, contenant les stipulations d'un contrat synallagmatique est valide, et sa production, pour constater les engagements réciproques des parties, est suffisante, quoiqu'il ne soit pas exécuté en double, ni allégué avoir été ainsi exécuté.— Lampson vs McConnell, XIV L. C., 44.

4. Entries in a merchant's books make complete proof against him.— Darling & Brown, I R. S. C., 361.

1223. Si la personne à laquelle on oppose un écrit d'une nature privée ne désavoue pas formellement son écriture ou sa signature, en la manière réglée par le Code de Procédure civile, cet écrit est tenu pour reconnu. Ses héritiers ou représentants légaux sont obligés seulement de déclarer qu'ils ne connaissent pas son écriture ou sa signature.

S. R. B. C., c. 83, a. 86.— C. N., 1324.

Jurisp.— If a defendant by exception admits his signature to a note of hand and pleads a term for payment, it is not necessary for the plaintiff to prove the signature, even if the exception be dismissed and there is a *défense en fait.*— Vallières vs Roy, II R. de L., 335.

1224. Dans le cas où la partie dénie son écriture ou sa signature, ou dans le cas où ses héritiers et représentants légaux déclarent ne les point connaître, la vérification en est faite en la manière prescrite au Code de Procédure Civile.

C. N., 1324.

1225. Les écritures privées n'ont de date contre les tiers que du

jour où elles ont été enregistrées, ou du jour de la mort de l'une des
parties ou de l'un des témoins qui les ont souscrites, ou du jour où
leur substance est constatée dans un acte authentique.

La date peut néanmoins en être établie contre les tiers par une
preuve légale.

Pothier, *Oblig.*, 750.— Acte concernant l'enregistrement, etc.— 8. R. B. C., pp.
349-50.— 5 Marcadé, pp. 56, 57 et 58.— 10 Pand. Franç., p. 345.— C. N., 1328.

Jurisp.— A deed of sale or cession of *droits de succession* duly enregistered,
does not require signification, an *acte sous seing privé* subsequently passed between
the parties, purporting to annul and set aside the deed of cession, but which *acte
sous seing privé* has been neither registered nor signified, does not give the *cédant*
a right of action.— Sauvé vs Sauvé, I The Legal News, 546.

1226. La règle contenue dans l'article qui précède ne s'applique
pas aux écrits d'une nature commerciale. Ces écrits sont présumés
avoir été faits au jour de leur date, sauf preuve contraire.

1 Taylor, *Evid.*, 153, n° 137.— 3 Décisions des Tribunaux du B. C., Hays et
David.— 1 Nouguier, p. 82.

1227. Les registres et papiers domestiques ne font point foi en
faveur de celui qui les a écrits. Ils font preuve contre lui :

1. Dans tous les cas où ils énoncent formellement un paiement
reçu ;

2. Lorsqu'ils contiennent la mention expresse que la note est faite
pour suppléer au défaut de titre en faveur de celui au profit duquel
ils énoncent une obligation.

Cod., L. 7, *De probat.*— Pothier, *Oblig.*, 758 et 759.— Boisceau, part. 2, ch. 8, n°
14.— C. N., 1331.

1228. L'écriture mise par le créancier au dos ou sur aucune
autre partie d'un titre qui est toujours resté en sa possession, quoique
non signée ni datée par lui, fait preuve contre lui lorsqu'elle tend à
établir la libération du débiteur.

Il en est de même de l'écriture mise par le créancier au dos ou sur
quelqu'autre partie du double d'un titre ou d'une quittance, pourvu
que ce double soit entre les mains du débiteur.

Pothier, *Oblig.*, 760 et 761.— C. N., 1332.

1229. Nul endossement ou mémoire d'un paiement écrit sur un
billet promissoire, lettre de change ou autre écrit par celui à qui tel
paiement a été fait, ou de sa part, n'est reçu comme preuve de tel
paiement, de manière à soustraire la dette à l'effet de la loi relative
à la prescription des actions.

S. R. C., ch. 67, sec. 4.

Jurisp.— The endorsement of payments on a promissory note is not an
interruption of prescription. The limitation of five years operates as a statute
of repose which extinguishes the debt, and nothing less than a new promise in
writing can suffice to found an action upon. Any endorsement of interest or
part payment of principal should be written by the debtor and signed by both
parties.— Caron vs Cloutier, III Q. L. R., 230.

SECTION III.

DE LA PREUVE TESTIMONIALE.

1230. Le témoignage d'un seul témoin est suffisant dans tous les cas où la preuve testimoniale est admise.

S. R. B. C., c. 82, sec. 16, p. 698.

1231. Toutes personnes sont témoins compétents, excepté :
1. Celles qui sont dépourvues d'intelligence par défaut d'âge, démence ou autre cause ;
2. Celles qui ignorent où méconnaissent l'obligation religieuse du serment ;
3. Celles qui sont mortes civilement ;
4. Celles qui par la loi sont réputées infâmes ;
5. Le mari et la femme, l'un pour ou contre l'autre.

Pothier, 823.—S. R. B. C., *ibid.*, sec. 14.—1 Greenleaf, *Ev.*, 365, 368 et 572.— Taylor, *Ev.*, p. 1091.

Amend.— *Le § 5 de l'article ci-dessus est amendé en la manière suivante par l'acte de faillite de 1875, sec. 26 :*
La cour ou le juge, sur la demande d'un syndic, des inspecteurs ou de quelque créancier, pourra aussi ordonner à toute autre personne, y compris le mari ou la femme du failli, de comparaître devant la cour ou le juge, ou devant le syndic, à l'effet de répondre à toute question qui pourra lui être posée relativement aux affaires du failli, ainsi qu'à sa conduite dans la gestion de ses biens ; et dans le cas de refus de sa part de comparaître et de répondre aux questions qui lui seront posées, telle personne pourra être incarcérée et punie par la cour ou le juge comme pour mépris de cour.

Jurisp.— 1. *Jugé* : Qu'un notaire ou des notaires qui ont reçu, ou les témoins instrumentaires qui étaient présents lors de l'exécution d'un testament ou autre acte authentique, sont témoins compétents sur une inscription de faux attaquant la validité de tel testament ou autre acte authentique.— Welling vs Parant, VI L. C. R., 228.
2. Sous les dispositions des 14ᵐᵉ et 15ᵐᵉ sec. des Stat. Ref. du B. C., ch. 82, un défendeur poursuivi personnellement, et comme autorisant sa femme, défenderesse à l'action avec lui, peut être examiné comme témoin de la part du demandeur.— Dillon vs Harrison, XIV L. C. R., 96.
3. Where a wife *séparée de biens* from her husband, carries on trade and commerce through her husband, authorized as her agent to that effect, under power of attorney, the said husband may be examined as a witness against his wife.— Ireland vs Maume, X L. C. J., 28.
4. Notwithstanding sec. 10 of insolvent act of 1864, sub-sec. 4, which authorizes the examination of any person upon oath respecting the estate of the insolvent, the wife of an insolvent cannot legally be examined concerning his estate.— John Feron and John Whyte, X L. C. J., 111.
5. A husband cannot be examined as a witness in a cause for or against his wife, even though she is a *marchande publique*, carrying on business through him her duly authorized agent to that effect under power of attorney.— A husband of a party in a cause merely brought into it for the purpose of authorising his wife, is not a party in a cause within the meaning of Con. Stat. of L. C., p. 698, sec. 15, and cannot as such be examined as a witness for or against his wife who is a party in the cause.— Ireland & Duchesnay XI L. C. J., 51. Q.B.
6. The husband of a *marchande publique séparée de biens* by marriage contract, who is merely brought into the cause to authorize his wife, is not a "party in a cause" within the meaning of C. S. L. C., c. 82, sec. 15, and cannot be examined as a witness for or against his wife.— Ireland & Duchesnay XI L. C. L. J., 227.
7. Under the Quebec act, 35 Victoria, chap. 6, sec. 9, the right to examine a

consort as a witness is conferred upon the adverse party only.—Bush vs Stephens, XVII L. C. J., 140.

8. Un mari sera entendu comme témoin dans une cause où son épouse est demanderesse, lorsque celle-ci a déclaré dans sa déposition que *c'est* son mari qui gère ses affaires et administre ses biens.— Johnson vs Martin, V R. L., 336.

9. La section 9 du chapitre VI des Statuts de Québec de 1871, 35 Victoria, décrétant que si les époux sont séparés de biens, et que l'un d'eux, comme agent, a administré les propriétés de l'autre, l'époux qui a ainsi administré pourrait être examiné comme témoin sur tous les faits qui ont concerné telle administration, doit s'entendre que l'époux pourra être examiné comme témoin de la partie adverse seulement, et non comme le témoin de l'autre époux.— Fourquin vs McGreevy, IX R. L., 383.

1232. Le témoignage donné par l'une des parties dans l'instance ne peut être invoqué en sa faveur.

Un témoin n'est pas inadmissible à rendre témoignage à cause de parenté ou d'intérêt ; mais sa crédibilité en peut être affectée.

Greenleaf, *Evid.*, nᵒˢ 365 et suiv., et en général le ch. 4, part. 2, et ch. 2, part. 3, S. R. B. C.; *ibid.*, sec. 14 et 16.

Jurisp.— 1. Le faiseur d'un billet promissoire payable à l'ordre du défendeur, et endossé par ce dernier en faveur des demandeurs, est témoin compétent pour le défendeur.—Le faiseur d'un billet promissoire n'est pas tenu au paiement des frais d'une action contre un endosseur.— McDonald vs Seymour, VI L. C. R., 102.

2. Dans une action contre un défendeur comme ayant été associé dans une société dissoute et insolvable, le témoignage de l'un des associés pour prouver que le défendeur était un des membres de cette société est inadmissible.— Chapman vs Masson, VIII L. C. R., 225.

3. Une fille mineure est témoin compétent pour son père pour établir des actes de violence faits à sa personne tandis qu'elle était membre de sa famille.— Neill vs Taylor, XV L. C. R., 102.

4. Dans une action en revendication, s'il y a défaut, l'affidavit sur lequel le bref émane fait preuve *primâ facie* contre le défendeur, et le tribunal peut condamner ce dernier sans autre preuve, bien que l'action soit basée sur une convention spéciale qui lui donnait la possession des objets revendiqués.— Bergevin vs Vermillon, III Q. L. R., 134.

1233. La preuve testimoniale est admise :

1. De tout fait relatif à des matières commerciales ;

2. Dans toute matière où le principal de la somme ou la valeur demandée n'excède pas [cinquante piastres] ;

3. Dans les cas où des biens-fonds sont occupés avec la permission du propriétaire et sans bail, tel que pourvu au titre *Du Louage ;*

4. Dans les cas de dépôt nécessaire ou de dépôts faits par des voyageurs dans une hôtellerie, et autres cas de même nature ;

5. Dans le cas d'obligations résultant des quasi-contrats, délits et quasi-délits, et dans tout autre cas où la partie réclamante n'a pu se procurer une preuve écrite ;

6. Dans les cas où la preuve écrite a été perdue par cas imprévu, ou se trouve en la possession de la partie adverse, ou d'un tiers, sans collusion de la part de la partie réclamante, et ne peut être produite ;

7. Lorsqu'il y a un commencement de preuve par écrit.

Dans tous les autres cas la preuve doit se faire au moyen d'écrits ou par le serment de la partie adverse.

Le tout néanmoins sujet aux exceptions et restrictions spécialement énoncées dans cette section et aux dispositions contenues dans l'article 1690.

S. R. B. C., pp. 698, 699 et 400.— Ord. de Moulins (1566), art. 54.— Ord. de 1667, tit. 20, art. 2, 3 et 4.— 9 Toullier, nᵒˢ 20 et 26.— 3 Zacharie, § 596, p. 517, note 1.

— Bornier, n° 99.— 5 Marcadé, 1341, p. 100.— Pothier, *Oblig.*, 772, 801, 809 à 814 et 815.— Merlin, Rép., v° *Preuve*, sec. 2, § 3, art. 1, n° 16.— Serpillon sur Ord. 1667, pp. 317 et 318.— Greenleaf, *Evid.*, sec. 558 et sec. 84, n° 2.— C. N., 1341.

Jurisp.— 1. Action pour inexécution de promesse de mariage exige un commencement de preuve par écrit.— Asselin vs Belleau, I R de L., 46.

2. Du consentement des parties, des arbitres et amiables compositeurs furent nommés avec pouvoir, " après avoir été dûment assermentés," d'entendre les parties et leurs témoins, " les dits témoins étant d'abord dûment assermentés devant un commissaire de la cour supérieure." Les arbitres firent un rapport dans lequel ils dirent " qu'après avoir été dûment assermentés," avoir entendu les parties et les témoins, dûment assermentés devant un commissaire, ils étaient de l'opinion énoncée par eux. Aucune copie de la formule du serment administré ou aucun certificat ne furent produits. Sur motion du demandeur que les arbitres n'étaient pas tenus de produire leurs notes des témoignages et les papiers produits devant eux; et sur motion du défendeur pour l'homologation du rapport, il fut ordonné que le rapport serait renvoyé aux arbitres pour production de la preuve qu'ils avaient été assermentés.— Joseph vs Ostell, II L. C. R., 499.

3. Un contrat d'assurance contre le feu peut être fait et prouvé sans écrit à cet effet. Un transport, même notarié, d'une hypothèque en raison de laquelle on a effectué une assurance, ne détruit pas l'assurance existant alors; une contre-lettre du cessionnaire, sous seing privé, constatant que le transport n'était pas nominal. Une clause dans les actes incorporant une compagnie d'assurance qui statue " que toutes les polices d'assurance, qu'elles soient faites en vertu du présent acte ou de l'ordonnance susdite, qui seront signées par trois directeurs de la dite corporation, et contresignées par le secrétaire et les régisseurs et revêtues du sceau de la dite corporation, quoique non signées en présence du conseil des syndics, pourvu que ces polices soient faites et signées conformément aux règles et règlements de la corporation," n'empêche pas la preuve par d'autres moyens d'un contrat d'assurance consenti par telle compagnie.— The Montreal Ass. Comp. et McGillivray, VIII L. C. R., 401.

4. Dans l'espèce, entre commerçants, le commis qui a donné un reçu pour son préposé, est un témoin admissible pour prouver les circonstances et l'erreur sous lesquelles tel reçu a été donné.— Whitney & Clark, IX L. C. R., 339.

5. Le signataire d'un billet promissoire poursuivi avec l'endosseur peut être témoin en faveur de cet endosseur.— Woodbury & Garth, IX L. C. R., 438.

6. Une action peut être intentée par les faiseurs d'un billet contre les exécuteurs du porteur pour recouvrer la possession du billet, payé par l'un d'eux pour partie au porteur du billet, en son vivant, et pour le reste aux dits exécuteurs. Dans telle action le témoignage doit être réglé d'après le droit anglais, et le témoignage verbal de tel paiement sera réputé légal.— Carden & Finley, X L. C. R., 255.

7. Une quittance sous croix faite en présence de témoins, pour une somme excédant cent francs, est valable.— Neveu & DeBleury, XII L. C. R., 117.

8. La promesse d'un endosseur de payer le montant d'un billet qui n'a pas été protesté est valable, si telle promesse est faite avec connaissance qu'il n'y a pas eu de protêt. Telle promesse peut être prouvée par témoignage verbal. La promesse faite à un agent autorisé à recevoir le montant du billet a le même effet que si elle était faite au créancier lui-même.— Johnson vs Geoffrion, XIII L. C. R., 161.

9. Dans une affaire de commerce on peut produire des témoins pour expliquer une convention qui n'est pas clairement définie dans un reçu qui a été accordé et qui est produit.— Garth vs Woodbury, I L. C. J., 43.

10. In the case of a special legacy, the legatee cannot be held to pay the debts of the deceased, unless it be proved that the testator had left no other estate or effects and burden of proof of this fact rests on the creditor. In the absence of such proof, parol evidence of a promise by the legatee to pay a debt due by the testator is inadmissible.— McMartin vs Gareau, I L. C. J., 286.

11. Il y a lieu à une action pour le recouvrement d'un billet promissoire perdu, et la perte est suffisamment prouvée par le serment de la partie, mais le créancier doit donner caution de garantir le débiteur contre toute autre réclamation ou poursuite sur tel billet. Dans l'espèce, le billet était suffisamment allégué, quoiqu'un des termes de paiement ne fût pas correctement énoncé.— Carden vs Ruiter, XV L. C. R., 237.

12. L'une des parties à une action ne peut être examinée comme témoin, pour

contredire un acte notarié, sans un commencement de preuve par écrit obtenu par l'examen de telle partie sur interrogatoire sur faits et articles.— Foley vs Charles, XV L. C. R., 248.

13. Les registres de baptêmes, mariages et sépultures ne forment qu'une preuve *primâ facie* de la vérité des déclarations en dehors de la célébration, et ces déclarations peuvent être réfutées par une preuve contraire.— Sykes et Shaw, XV L. C. R., 304.

14. Un contrat d'une nature exécutoire ne peut pas être prouvé par témoins même sous l'empire de la jurisprudence française, sans un commencement de preuve par écrit.—Trudeau vs Ménard, III L. C. J., 52.

15. The owner of a trunk, which has been lost by the negligence of a common carrier, may in a suit against the carrier prove by his own oath (*ex necessitate rei*) the contents and value of the articles therein contained.— Robson vs Hooker, III L. C. J., 86.

16. Lorsque le défendeur dans une action pour dîmes a plaidé qu'il n'appartenait pas à l'Eglise catholique romaine, mais qu'il était protestant, et avait donné avis de ce fait au curé, le demandeur dans la cause, tel avis ne pourra être prouvé par témoignage verbal.— Proulx vs Dupuis, XVI L. C. R., 172.

17. Quoiqu'en exerçant la photographie l'on fasse acte de commerce, néanmoins, on ne peut pas considérer comme acte de commerce l'engagement d'un employé auquel le photographe paie un salaire, tout en lui enseignant l'art de la photographie; et par conséquent, pour être admis à prouver tel marché ou contrat d'engagement par témoins, il faut un commencement de preuve par écrit.— Jones vs Jones, XVI L. C. R., 296.

18. In an action for rent where the lessee by his plea or otherwise admits the existence of a verbal lease and occupation, the lessor may prove by witnesses the value and duration of the occupation. The lessee, by one of his pleas, having admitted that he had to pay £180 of rent, and assessments, the court which maintains the demand of the lessor for £250 of rent, will not also allow him for the assessments which are only admitted or proved by such plea; in a word, the court will not divide the admission in the plea. The defendant having admitted by one of his pleas, the existence of a verbal lease, the admission of this plea will be taken against him, although the defendant have also pleaded the general issue.— Viger vs Béliveau, VII L. C. J., 199.

19. To prove the payment of a promissory note, recourse must be had to the laws of England. The payment of such note may be proved by parol testimony. —Carden & Finley, VIII L. C. J., 139.

20. An agreement to release the maker of a negotiable promissory note, made after the signing and before the maturing of the note, may be proved by parol evidence.— Gole vs Cockburn, VIII L. C. J., 341.

21. Jugé qu'une lettre missive de A. conçue dans les termes suivants:— " Je " prends la liberté de vous transmettre sous ce pli, deux transports de créance à " moi faits par A. H. Leclaire, écr, marchand de notre village, et " qu'il m'a " demandé " de placer entre vos mains pour collection; à cette fin je vous inclus " la procuration nécessaire. Je désire que vous donniez l'avis nécessaire aux " différents débiteurs du transport qui m'a été fait de leur créance, etc., etc. " M. Leclaire m'a dit qu'il s'était entendu avec vous au sujet de la rémunération " de vos services en cette affaire, etc."; peut constituer un commencement de preuve par écrit, de manière à autoriser A. à produire une preuve testimoniale pour établir l'existence d'une convention entre le notaire et Leclaire, le cédant d'A., que le notaire devait être payé par Leclaire de ses honoraires.—Thomas et Archambault, IX L. C. J., 203.

22. The observance of the required formalities preliminary to a sale of land belonging to minors, as, for example, that the required publications of such sale were duly made, cannot be established by verbal testimony.—Rustic vs McGregor, IX L. C. J., 332.

23. Le contenu d'un document perdu peut être prouvé par preuve testimoniale après que la perte en a été établie par affidavit, ce qui est le mode régulier de prouver telle perte.— Russell vs Guertin, X L. C. J., 133.

24. En matière de commerce, le créancier d'une obligation et d'un compte courant postérieur à la date de l'obligation, devrait être admis à faire preuve par témoins d'une convention verbale par laquelle il avait été stipulé que les paiements à être faits seraient d'abord imputés sur le compte courant.— Lalonde vs Rolland, X L. C. J., 321.

25. La possession en fait de meubles équivaut à un commencement de preuve

par écrit, suffisant pour permettre au possesseur d'expliquer sa possession par une preuve testimoniale.— Lefebvre vs Bruneau, XIV L. C. J., 268.

26. Une donation de choses mobilières d'une valeur excédant $50, ne peut pas être prouvée par témoins.— Richer et Voyer, XV L. C. J., 122.

27. La preuve orale à l'effet de prouver des documents sous la marque d'une croix, est légale.— Blackburn vs Decelles, XV L. C. J., 260.

28. La preuve testimoniale d'un avis verbal de la continuation du bail, est valable dans les circonstances de la présente cause, le demandeur ayant reconnu devant témoins avoir reçu le dit avis et que le défendeur devait continuer à être son locataire pendant trois années de plus.— Saunders vs Déom, XV L. C. J., 265.

29. On ne peut prouver par témoins une soumission de la part d'un entrepreneur, pour la construction d'une chapelle et sacristie, lorsque le prix de l'entreprise excède $50. On ne peut prouver par témoins l'acceptation d'une telle soumission par les syndics, vu que le prix de l'entreprise excède $50, et que d'ailleurs les syndics formant une corporation, ils ne peuvent s'obliger que par écrit.— Chevrefils vs les syndics de la paroisse de Ste-Hélène, II R. L., 161.

30. Un défendeur contre lequel un jugement a été rendu, pour une somme excédant $25, en 1859, pour délit d'élection, qui établit par témoins qu'un écrit fut donné par le demandeur au défendeur concernant le jugement, et que note fut enregistrée par un des témoins dans ses livres de compte d'un prêt d'une somme au défendeur pour s'acquitter, sera admis à jurer qu'il a perdu cet écrit et les circonstances de cette perte, et en ce cas la preuve testimoniale peut être admise.— Guévremont vs Girouard, III R. L., 36.

31. Le notaire peut être examiné comme témoin pour établir la vérité des faits contenus dans l'acte argué de faux.— Taillefer vs Taillefer, M. C. R., 32.

32. Les témoins instrumentaires à un acte contre lequel une inscription en faux est formée, ne suffisent pas pour établir le faux.— Meunier vs Cardinal, M. C. R., 28.

33. Le curé est témoin compétent sur une inscription de faux contre un registre de mariage.— Languedoc vs Laviolette, M. C. R., 63.

34. La preuve testimoniale des dons manuels accompagnés de livraison, est admissible.— Mahoney vs McCready, I R. C., 237.

35. In an action for the recovery of property lost by the plaintiff and found by the defendant, the only proof of the finding was the admission of the defendant. *Held*, that verbal evidence thereof could he adduced without a " *commencement de preuve par écrit.*— Talbot et Blanchet, II R. C., 238.

36. A party having a *bond fide* equitable interest in a property of which the legal title appears to be in another, but of which he is in actual possession, may prove such equitable interest by verbal testimony.—Whyte vs The Home Insurance Company, XIV L. C. J., 301.

37. L'aveu du défendeur, dans son plaidoyer, qu'il y a eu délivrance de 122 bottes n'est pas suffisant pour autoriser une preuve verbale de la vente de 800 bottes de foin à $11.50, mais il faut que le demandeur prouve cette vente par écrit. Pour pouvoir prouver une vente au-dessus de $50.00 il ne faut pas être seulement commerçant, mais faire commerce des ojets qui sont en contestation. — Guernon vs Lacombe, IV R. L., 385.

38. Dans les causes pour affaires commerciales, le procureur en loi peut être entendu comme témoin des parties qu'il représentait.— Mélançon vs Beaupré, VI R. L., 509.

39. The question in this case was whether an amount of 768 livres, amount of a transfer dated some twelve years back, had been included in an obligation subsequently given and which had been paid. The decision of this question depended upon the further question— whether there was a *commencement de preuve par écrit*, so as to render parol evidence admissible. The court below, although admitting that there were strong grounds for believing that the money had been paid, was yet of opinion, that there was no *commencement de preuve par écrit*, and rejecting the parol testimony of payment, condemned the defendant to pay the amount.— Lavoie vs Gagnon, I L. C. L. J., 35.

40. A verbal evidence is inadmissible to prove payment of a debt due under a judgment, although the debt were originally of a commercial nature.— Miller vs Kemp, XIV L. C. J., 74.

41. Where an action was brought for the price of a horse sold and delivered, and the defendant being examined, stated that the horse was received by him on trial, even if the transaction were treated as a non-commercial one, this answer made a *commencement de preuve par écrit*, and oral evidence was admissi-

ble on the part of the plaintiff to prove the sale.—Cox vs Patton, XVIII L. C. J., 316.

42. A mandat to an attorney *ad litem* to file an opposition to a seizure cannot be proved by verbal evidence without a *commencement de preuve par écrit*.—Longpré vs Pattenaude, XX L. C. J., 28.

43. Dans une action pour le recouvrement du montant d'une police d'assurance émanée sur une application qui contient des ratures et des allégués contradictoires quant à la somme à assurer, la preuve testimoniale sera admise pour prouver le montant de l'assurance.—The Ætna L. I. Co. & Brodie, VIII R. L., 91.

44. Where in a case of *séparation de corps et de biens*, a witness was called to prove the contents of a letter which has been destroyed.—*Held*, on a motion to reverse the ruling at *enquête* that parole evidence of the contents of said letter was admissible.—Q. L. D., p. 509, n° 427.

45. Voir sous l'art. 1181 la décision dans la cause de Grenier et Pothier, Q., 7 déc. 1877.

46. Une obligation consentie par une femme mariée, séparée de biens, pour une dette de son mari, sera déclarée nulle, à la réquisition d'un tiers, partie à la cause. Pour pouvoir être admis à faire preuve du contenu d'une telle obligation, il faut qu'il y ait commencement de preuve par écrit.—Fuchs vs Talbot, XIII L. C. R., 494.

1284. Dans aucun cas la preuve testimoniale ne peut être admise pour contredire ou changer les termes d'un écrit valablement fait.

Cod., L. 1, *De testibus*.—Domat, liv. 2, tit. 6, sec. 2, n° 7.—Pothier, *Oblig.*, 793. —Ord. de 1667, tit. 20, art. 2.— 1 Greenleaf, *Ev.*, n°° 275 et suiv.—C. N., 1341.

Jurisp.—1. Sur exceptions par une femme séparée des biens, alléguant que l'obligation sur laquelle elle est poursuivie a été consentie par elle pour dettes contractées par son mari en violation de l'ordonnance de la 4ᵐᵉ Vict., ch. 30, sec. 36, il y a lieu à la preuve orale contre l'acte notarié.—Mercille & Fournier, IX L. C. R., 300.

2. Le porteur d'un billet à ordre protesté, qui a reçu une somme à-compte du signataire du billet, et un nouveau billet payable à trois mois de sa date en retenant le premier billet pour sûreté du second, ne perd pas par là son recours contre les endosseurs du premier billet, qui ont consenti à cette transaction, nonobstant la déconfiture du signataire du premier billet.— En semblable matière la preuve orale peut être reçue pour expliquer un reçu et les circonstances qui s'y rattachent.— Woodbury & Garth, IX L. C. R., 438.

3. Dans une action par un locateur contre un locataire, pour loyers sur bail exécuté par-devant notaires, il est loisible au locataire de plaider qu'il n'a pas obtenu possession des lieux loués à l'époque mentionné dans le dit bail ; et qu'en conséquence il a souffert des dommages ; lesquels dommages il sera permis au locataire de déduire des loyers payables par lui au locateur.—Belleau vs Regina, XII L. C. R., 40.

4. A bill of lading, as between the parties thereto, may be explained by parol testimony. The vendor of merchandise, who is named the consignor in the bill of lading, is nevertheless not liable for the freight of said merchandise which he had delivered to vendee's agent before shipment according to contract and to the knowledge of the ships agent.— Fowler vs Sterling, III L. C. J., 103.

5. Une des parties à une action ne peut être examinée comme témoin, pour contredire un acte notarié, sans un commencement de preuve par écrit obtenu par l'examen de telle partie sur interrogatoire sur faits et articles.—Foley & Charles, XV L. C. R., 248.

6. Aucun témoignage verbal ne sera admis pour contrôler, changer ou varier le reçu allégué dans la cause, lequel doit être assimilé à un contrat par écrit, et conséquemment non sujet à être changé par preuve orale.— West vs Fleck, XV L. C. R., 422.

7. Dans une action contre le faiseur et l'endosseur d'un billet promissoire endossé en blanc, le défendeur plaida l'insuffisance de la présentation et du protêt. Lorsque le défendeur prit le billet, il fut convenu que le défendeur serait libéré de toute responsabilité et que le défendeur endosserait le billet seulement pour le transporter au demandeur.— Quoique le protêt à sa face fût irrégulier, le défendeur ne pouvait tirer aucun avantage de cette irrégularité, ayant omis de

produire l'affidavit requis par le 20ᵐᵉ Vict., chap. 44, sec. 87.— Le témoignage oral ne pouvait être produit pour prouver la convention que le défendeur n'encourrait aucune responsabilité en raison de son endossement du billet en autant que tel témoignage aurait l'effet de détruire un contrat par écrit.— Le jugement de la cour inférieure étant fondé sur l'irrégularité du protêt et sur tel témoignage oral, devait être infirmé.— Chamberlin vs Ball, 11 L. C. R., 50. *V. L.C.J. 88.*

8. Parol testimony was received to prove a verbal agreement extending the terms of a written contract filed in the cause, affecting a sum above $50.00.— Easman vs Roland, II L. C. L. J., 216.

9. Lorsqu'un acte passé par un notaire a été rédigé et lu par ce dernier dans une langue étrangère à une des parties contractantes, et que ne comprenait pas cette partie contractante, il y a lieu pour cette dernière de faire preuve par témoins que l'acte en question ne renferme pas la convention des parties et que dans ce cas, il n'est pas nécessaire de recourir à l'inscription de faux pour faire annuler l'acte.— Noble vs Lahaie, I R. L., 197.

10. Un tiers peut prouver outre et contrairement à un acte auquel il n'était pas partie.— Girard vs Bradstreet, IV R. L., 376.

11. La femme séparée de biens peut s'obliger conjointement et solidairement avec son mari, et son obligation sera jugée valable, s'il est prouvé qu'elle a profité de la transaction. Pour se faire relever de son obligation, elle doit prouver que le créancier savait, au moment du contrat, qu'elle ne s'obligeait que comme caution de son mari.— Nonobstant toute déclaration contraire dans un acte authentique, il est loisible à la femme de faire la preuve testimoniale des faits propres à démontrer qu'elle n'est intervenue que comme caution de son mari. Dans l'espèce actuelle, nulle preuve n'a été faite que le créancier ait participé en aucune façon quelconque à la fraude que l'intimé allègue avoir été pratiqués à son égard, tandis qu'au contraire il est établi que le prêt a été fait à elle-même et qu'il a servi à payer des dettes personnelles.— Malhiot et Brunelle, XV L. C. J., 197.

12. Un témoin peut être interrogé sur la considération d'un acte d'obligation produit en sa faveur, quoique cet acte constate que l'obligation a été consentie pour valeur reçue par argent prêté et que la partie qui interroge le témoin s'appuie sur cet acte.— Johnson vs Martin, V R. L., 336.

13. Dans une poursuite par un commis contre son patron, en vertu d'un engagement par écrit, le défendeur ne sera pas admis à prouver d'autres conventions que celles portées dans l'écrit.— Lemontais vs Amos, V R. L., 353.

14. It is not competent, either for the notary who receives an award of arbitrators or for one of the arbitrators, to give evidence explanatory of certain expressions in such award.— Colson vs Ash, XVIII L. C. J., 191.

15. In commercial cases, parol evidence may be adduced to establish an alleged error in a written contract.— The Ætna Life Insurance Co. & Brodie, XX L. C. J., 286.

16. The testimony of the notaries, before whom a deed has been executed, to the effect that essential formalities which on the face of the deed appear to have been accomplished, were not so, if alone and uncorroborated, is insufficient to establish that the deed is *faux.*— Larochelle & Proulx, I Q. L. R., 142.

17. En matières commerciales on peut expliquer par témoins le sens d'un reçu sous seing privé.— Price et Mercier, Q., 7 sept. 1875.

18. L'appelant paya au commis d'Arnton $1268.62 partie en billets de banque et partie par un chèque et obtint un reçu.— En faisant son bilan une heure ou deux après, il s'aperçut qu'il lui manquait $250. L'intimé porta son action pour recouvrer cette somme et obtint jugement en cour inférieure le 30 novembre 1874.— Bell a nié l'erreur— Harman l'a affirmée.— Il n'y a pas d'autre preuve et le reçu doit prévaloir.— Jugement infirmé avec dépens.— Bell & Arnton, M., 21 déc. 1875.

1235. Dans les matières commerciales où la somme de deniers ou la valeur dont il s'agit excède [cinquante piastres], aucune action ou exception ne peut être maintenue contre une personne ou ses représentants sans un écrit signé par elle dans les cas suivants :

1. De toute promesse ou reconnaissance à l'effet de soustraire une dette aux dispositions de la loi relatives à la prescription des actions ;

2. De toute promesse ou ratification par un majeur d'obligations par lui contractées pendant sa minorité ;

3. De toute représentation, garantie ou assurance en faveur d'une personne dans le but de lui faire obtenir du crédit, de l'argent ou des effets ;

4. De tout contrat pour la vente d'effets, à moins que l'acheteur n'en ait accepté ou reçu une partie ou n'ait donné des arrhes.

La règle qui précède a lieu lors même que les effets ne doivent être livrés qu'à une époque future, ou ne sont pas, au temps du contrat, prêts à être livrés.

Jurisp.—1. No action is maintainable against a person for a promise made to pay a commercial debt contracted while a minor, unless such promise be in writing.— Mann vs Wilson, III L. C. J., 337.

2. Le statut des fraudes ne s'applique qu'aux ventes commerciales pures et simples et non aux contrats d'ouvrages pour objets non encore confectionnés. L'article 1235 du Code civil ne s'applique qu'aux cas où le marchand qui trafique sur un article de commerce qu'il ne confectionne pas lui-même, le fait confectionner ou l'achète de l'ouvrier ou d'autres négociants pour le revendre. Dans l'espèce actuelle le contrat a été pour objet particulier en dehors du commerce ordinaire de l'Intimé, et n'est pas une vente pure et simple, mais un louage d'ouvrage qui ne tombe pas sous le statut des fraudes.— Donegani et Molinelli, XIV L. C. J., 108.

3. La reconnaissance de la dette et la promesse de payer doivent être faites par écrit.— Mann vs Wilson, C. S. Montréal, Berthelot, J., 1859.

4. Les mots du §4 de l'art. 1235 du C. C. B. C.: " *De tout contrat pour la vente d'effets*," comprennent la vente de billets, etc., promissoires. Partant la vente de tels billets pour un montant d'au delà de $50, ne peut être prouvée par témoins sans un écrit signé par celui qui les a achetés.— *Semble :* Que les mots de l'art. 1235 : *sans un écrit signé par elle*, s'appliquent à un *commencement de preuve par écrit.*— Truteau vs Leblanc, IV R. L., 560.

5. The writing required by art. 1235 of the Civil Code to be signed by the party sought to be bound, is held to be signed, in the case of a contract of bargain and sale of goods, evidenced by the bought and sold notes, signed by the broker who negociates the sale. The broker may prove, by parol evidence, his authority to act for the parties, and that the retention by the parties of the contract notes so signed is evidence of the authority of the broker to find them in the form therein stated.— Lusk vs Hope, XVII L. C. J., 19.

6. La preuve testimoniale est inadmissible pour prouver une nouvelle vente entre les parties, à moins qu'il n'y ait un écrit, ou livraison préalable.— Beard vs McLaren, XVIII L. C. J., 76.

7. Interrogatories *sur faits et articles* may be taken *pro confessis*, without any motion to that effect. Interrogatories so taken *pro confessis*, when they furnish sufficient *commencement de preuve par écrit* may supply the want of the memorandum in writing required by art. 1235 of our Civil Code.— Douglass vs Ritchie, XVIII L. C. J., 274.

8. (Confirming judgment of Superior Court.) A clause in a deed of sale of a ship between J. and M. to which G. was no party, to the effect that J. who was to complete the ship, should buy the timber required therefor from G., for which timber M. promised to accept and pay drafts drawn at six months, is a sufficient writing with art. 1235 C. C., and G. having acted thereon, with the knowledge and consent of M. (at whose instance the deed of sale had been verbally notified to him,) had a direct action against M. for the price of the timber so sold, the draft drawn for which he had refused to accept and pay.— Michon vs Gauvreau, I Q. L. R., 27.

9. Action by Resp. against Appt. for $625.45, being bal. of price of goods sold and delivered. Appt. tenders $52.25, and denies purchase of the remainder. Those last goods were sent by Grand Trunk Ry. to Appt. at Chatham, Ont., and by him returned to Respt. who refused to take them. No writing to prove sale according to art. 1235 of C. C. But there is a letter wherein Appt. says he declines to take the goods because they are charged too high. Is this a *commencement de preuve par écrit* entitling Respt. to complete by verbal evidence ? *Held* it is.— Lamont vs Ronayne & Brown, M., 15 sept. 1874.

1236. La preuve testimoniale ne peut être admise sur la demande d'une somme n'excédant pas [cinquante piastres], si cette somme est la balance ou fait partie d'une créance en vertu d'un contrat qui ne peut être prouvé par témoins.

Le créancier peut néanmoins prouver par témoins la promesse du débiteur de payer telle balance si elle n'excède pas [cinquante piastres].

C. N., 1344.

1287. [Si dans la même instance une partie fait plusieurs demandes qui réunies forment une somme qui excède cinquante piastres, la preuve par témoins peut être admise, si ces créances procèdent de différentes causes ou ont été contractées à des époques différentes et étaient originairement chacune d'une somme moindre que cinquante piastres.]

SECTION IV.

DES PRÉSOMPTIONS.

1288. Les présomptions sont établies par la loi, ou résultent de faits qui sont laissés à l'appréciation du tribunal.

Cujas *in paratit. ad Tit. III*, Lib. XXII.— *Digestorum*, T. I, p. 678.— Pothier, *Oblig.*, 840.— Menochius, *Tr. de præs.*, *lib.* 1, Qu. 3.— C. N., 1349.

Jurisp.— No presumption can arise that a fire has been caused by the negligence of A. B., or his servants, from the mere fact that he occupied a portion of the building destroyed, the remainder of which was occupied by C. D., the proprietor of the building. The proof of negligence in such case must be direct and positive.— Foster & Allis, XVI L. C. J., 113.

1289. Les présomptions légales sont celles qui sont spécialement attachées par la loi à certains faits. Elles dispensent de toute autre preuve celui en faveur de qui elles existent; quelques-unes peuvent être repoussées par une preuve contraire; d'autres sont présomptions *juris et de jure* et aucune preuve ne peut leur être opposée.

Cujas, *loc. cit. suprà.*— Cujas *ad Tit. XXIII, De præsumpt.*, T. 6, p. 869.— Menochius, Lib. 1, Qu. III, 1.— Pothier, *Oblig.*, 481-3.— C. N., 1352.

Jurisp.— 1. In proving interruption of prescription of note, a letter mentioning a note, will be presumed in the absence of evidence to the contrary, to refer to the note alleged to be prescribed.— Thompson vs McLead, I L. C. J., 155.

2. Le fait du paiement peut se présumer par le laps de temps ou par toute autre circonstance qui rend le fait probable.— Allard vs Legault, XIII L. C. J., 80.

1240. Nulle preuve n'est admise contre une présomption légale, lorsque, à raison de telle présomption, la loi annule certains actes ou refuse l'action en justice, à moins que la loi n'ait réservé la preuve contraire, et sauf ce qui est réglé relativement aux serments et à l'aveu judiciaire de la partie.

Menochius, Lib. 1, Qu. III, 18.— Pothier, *Oblig.*, 841-3 et 886-8.— Toullier, T. X, p. 50.— C. N., partie de 1352.

1241. L'autorité de la chose jugée (*res judicata*) est une présomption *juris et de jure*; elle n'a lieu qu'à l'égard de ce qui a fait l'objet du jugement, et lorsque la demande est fondée sur la même cause, est entre les mêmes parties agissant dans les mêmes qualités, et pour la même chose que dans l'instance jugée.

ff De exceptione rei judicatæ.— Pothier, *Oblig.*, 61, 888 et 897.— Toullier, T. X., p. 88.— C. N., 1351.

Jurisp.— 1. An interlocutory judgment adopting without opposition, the account of a succession prepared by its order, passes *in rem judicatam*, and it is not competent to the representatives of a minor, who was legally a party to the suit, to revive the proceedings and contest any particular item in the account. The Court, however, may rectify any error of calculation.— Plenderleath & McGillivray, Stuart's Rep., 470.

2. Une sentence déboutant une action hypothécaire, faute de preuve de la possession du défendeur de l'immeuble hypothéqué, ne peut soutenir une exception de chose jugée, opposée à une nouvelle demande fondée sur la possession actuelle du demandeur, la possession étant un fait qui se renouvelle de jour en jour.— Nye et Colvile, V L. C. R., 408.

3. Un jugement rendu dans une demande en déclaration d'hypothèque condamnant le défendeur à délaisser et dont il a interjeté appel, n'est pas passé en force de chose jugée.— Métrissé et Brault, II L. C. J., 303.

4. Un jugement rendu contre un débiteur principal sur une contestation élevée par lui, a force de chose jugée contre la caution, qui n'était pas partie à l'action originaire.— Brush vs Wilson, II L. C. R., 249.

5. Un jugement susceptible d'appel ne constitue pas chose jugée.— Bourgoin vs La Cie du chemin de fer, C. S. Montréal, 28 déc. 1877.

6. Jugé que la prescription créée par les articles 2260 et 2267 du Code civil, n'étant pas seulement une présomption de paiement, mais une déchéance contre le créancier retardataire, et étant une présomption *juris et de jure* de l'extinction de la dette, elle n'admet pas de preuve contraire, et ne peut être infirmée par l'offre du serment décisoire. Mais dans les affaires commerciales, où la somme ou valeur dont il s'agit n'excède pas $50, on peut déférer le serment à la partie qui oppose la prescription sur l'existence d'une promesse ou reconnaissance verbale ou d'autre interruption ou renonciation qui ne lui permet pas de l'invoquer. *Aliter* où la somme ou valeur excède $50.— Fuchs vs Légaré, III Q. L. R., 11.

1242. Les présomptions qui ne sont pas établies par la loi sont abandonnées à la discrétion et au jugement du tribunal.

Menochius, *Lib.* 1, XLIV.— Pothier, *Oblig.*, 849.— Toullier, T. X, p. 29.— C. N., 1353.

Jurisp.— 1. Bien qu'une obligation fût consentie pour £53.6s., défaut de considération pour partie de l'obligation doit être inféré, du fait que les livres et comptes du créancier ne comportaient, lors de la passation de l'obligation, qu'une balance en sa faveur de £34. 18s. 9d., et qu'il n'avait pas prouvé avoir vendu d'autres marchandises au débiteur pour compléter le montant de la dite obligation, et qu'en conséquence il devrait être condamné à donner quittance au débiteur s'il était prouvé que le montant de cette obligation avait été payé jusqu'à concurrence de cette somme de £34. 18s. 9d.— Lalonde vs Rolland, X L. C. J., 321.

2. Le fait du paiement peut se présumer par le laps de temps, ou par toute autre circonstance qui rend le fait probable.— Legault & E. Coutra, I R. L., 85.

SECTION V.

DE L'AVEU.

1243. L'aveu est extra-judiciaire ou judiciaire. Il ne peut être divisé contre celui qui le fait.

Cujas, T. IX, C. 1013.— D. Toullier, T. X, p. 383.— C. N., 1354.

Jurisp.— Judicial admissions cannot be divided against the party making them.— O'Brien vs Molson, XXI L. C. J., 287.

1244. L'aveu extra-judiaire doit être prouvé par écrit ou par le serment de la partie contre laquelle il est invoqué, excepté dans les cas où, suivant les règles contenues dans ce chapitre, la preuve par témoins est admissible.

Pothier, *Oblig.*, 834.— Toullier, T. IX, p. 396.— Ibid., T. X, p. 406.— C. N., 1355.

1245. L'aveu judiciaire fait pleine foi contre celui qui l'a fait.
Il ne peut être révoqué à moins qu'on ne prouve qu'il a été la suite d'une erreur de fait.

ff L. 1, 2 et 4, *De confessis.*— *ff* L. 25, *De probationibus.*— Menochius, *præs.* 51, Lib. 2, Qn. 49.— Pothier, *Oblig.*, 833.— Toullier, X, p. 383.— Ibid., XI, p. 79.— C. N., 1356.

Jurisp.— 1. The admission on *faits et articles* of the existence of co-partnership by one of the alleged partners is not sufficient to make proof against the other.— Bowker vs Chandler, M. C. R., 12.

SECTION VI.

DU SERMENT DES PARTIES.

1246. Une partie peut être examinée sous serment soit de la même manière qu'un témoin, ou par interrogatoires sur faits et articles, ou sous serment décisoire. Et le tribunal, dans sa discrétion, peut examiner sous serment l'une ou l'autre des parties pour compléter une preuve imparfaite.

S. R. B. C., c. 82, sec. 15, 19 et 20.— *ff De jurejurando.*— Cod., *De rebus creditis.*— Pothier, *Oblig.*, 911 et 912.— Toullier, X, p. 474.— C. N., 1357.

§ 1.— *Du serment décisoire.*

1247. Le serment décisoire peut être déféré par l'une ou l'autre des parties à son adversaire dans toute instance sur laquelle les parties pourraient s'engager par leurs aveux ou par compromis et sans aucun commencement de preuve.

ff L. 34, § 6, *De jurejurando.*— Cod., L. 12, *De rebus creditis.*— Cujas, *Observatio* 22, n° 28, tome III, col. 607.— C. N., 1358 et 1360.

1248. Il ne peut être déféré que sur un fait qui soit personnel à la partie à laquelle on le défère, ou dont elle ait une connaissance personnelle.

ff L. 34, § 3, *De jurejurando.*— Pothier, *Oblig.*, 912 et 914.— C. N., 1359.

1249. Celui auquel le serment décisoire est déféré, qui le refuse et ne le réfère pas à son adversaire, ou l'adversaire à qui il a été référé et qui le refuse, doit succomber dans sa demande ou dans son exception.

ff L. 34, §§ 6 et 7, L. 38, *De jurejurando.*— Pothier, *Oblig.*, 916.— C. N., 1361.

1250. Le serment ne peut être référé lorsque le fait qui en est l'objet 'n'est pas personnel aux deux parties ou personnellement connu des deux, mais est personnel à celle à laquelle le serment est déféré, ou connu d'elle seule.

ff L. 34, §§ 1 et 3, *De jurejurando.*—Pothier, *Oblig.*, 916.— C. N., 1362.

1251. Lorsque la partie à qui le serment décisoire a été déféré ou référé, a fait sa déclaration sous serment, l'adversaire n'est pas recevable à en prouver la fausseté.

ff L. 5, § 2, L. 9, § 1, *De jurejurando.*— *ff* L. 15, *De exceptionibus.*— Pothier, *Oblig.*, 915.— C. N., 1363.

1252. La partie qui a déféré ou référé le serment décisoire ne peut plus s'en rétracter, lorsque l'adversaire a déclaré qu'il est prêt à faire ce serment.

Cod., *De rebus creditis*, *ff* L. 11.— Pothier, *Oblig.*, 915.— C. N., 1364.

Jurisp.— La partie qui a déféré le serment décisoire ne peut revenir contre cette référence, lorsque la partie à qui il est déféré se présente, et se déclare prête à répondre.— O'Farrell vs O'Neill, XVII L. C. R., 80.

1253. Le serment décisoire ne peut affecter le droit des tiers, et il ne s'étend qu'aux choses à l'égard desquelles il a été déféré ou référé.

[S'il est déféré par un des créanciers solidaires au débiteur, il ne profite à celui-ci que pour la part de ce créancier ; sauf, néanmoins, les règles spéciales aux sociétés commerciales.]

S'il est déféré au débiteur principal, il profite à ses cautions ;

S'il est déféré à l'un des débiteurs solidaires, il profite à ses codébiteurs ;

S'il est déféré à la caution, il profite au débiteur principal.

Dans ces deux derniers cas, le serment du codébiteur ou de la caution ne profite aux autres codébiteurs ou au débiteur principal, que lorsqu'il a été ainsi déféré sur le fait de la dette même et non pas sur le seul fait de la solidarité ou du cautionnement.

ff L. 10, *De jurejurando.*— *ff* L. 27, *ff* L. 28, *De jurejurando.*— Pothier, *Oblig.*, 917 et 918.— 10 Toullier, 504-5.— C. N., 1365.

§ 2.— *Du serment déféré d'office.*

1254. Le tribunal peut, dans sa discrétion, examiner sous serment l'une ou l'autre des parties pour compléter la preuve nécessaire soit pour la décision de la cause, soit pour déterminer le montant de la condamnation, mais seulement dans les cas où il a été fait quelque preuve de la demande ou de l'exception.

ff L. 1, *De jurejurando.*— Cod., L. 3, *De rebus creditis.*— Vinnius, *Quæst. select.*, lib. 1, ch. 44.— Pothier, *Oblig.*, 922.— C. N., 1367.

Jurisp.— 1. Dans une action contre un voiturier, *common carrier*, pour la valeur d'effets perdus, sur son refus d'en établir la valeur, dans ses réponses aux interrogatoires sur faits et articles, la cour réfère le serment au demandeur.— Hobbs vs Sénécal, I L. C. J., 93.

2. Un marchand qui prouve qu'une personne achetait régulièrement chez lui et le fait de la fourniture d'un grand nombre des articles portés dans un compte, et que le principal commis du temps est parti pour les États-Unis, et que certains

effets mentionnés au compte par lui produit avec le bref de sommation ont servi à cette personne ou à sa famille, établit une présomption en sa faveur suffisante pour l'admettre au serment supplétoire, lorsque le défendeur base principalement ses défenses sur l'injonction qu'il a faite au demandeur de ne pas rendre ce service à aucun membre de sa famille.— Bonnier vs Bonnier, III R. L., 35.

1255. Le serment déféré d'office par le tribunal à l'une des parties ne peut être par elle référé à l'autre.

Vinnius, lib. 1, ch. 43.— Pothier, *Oblig.*, 929, d'où on peut inférer cette règle.— C. N., 1368.

1256. Le serment sur la valeur de la chose demandée ne peut être référé par le tribunal à la partie qui fait la demande, que lorsqu'il est impossible d'établir autrement cette valeur.

C. N., 1369.

TITRE QUATRIÈME.

DES CONVENTIONS MATRIMONIALES ET DE L'EFFET DU MARIAGE SUR LES BIENS DES ÉPOUX.

CHAPITRE PREMIER.

DISPOSITIONS GÉNÉRALES.

1257. Il est permis de faire dans les contrats de mariage, toutes sortes de conventions, même celles qui seraient nulles dans tout autre acte entrevifs ; telles sont: la renonciation à une succession non-ouverte, la donation de biens futurs, l'institution contractuelle et autres dispositions à cause de mort.

Lebrun, *Com.*, liv. 1, c. 3, n° 4.— Renusson, *Com.*, part. 1, c. 4, n° 1.— Pothier, *Com., Intr.*, n°° 1, 4 et 6 ; *Orl., Intr.*, tit. 10, n° 34.— 11 Pand. Franç., 222 et suiv.— C. N., 1387.

1258. Sont cependant exceptées de cette règle toutes conventions contraires à l'ordre public ou aux bonnes mœurs, ou interdites par quelque loi prohibitive.

Mêmes autorités que sous l'article ci-dessus.— 11 Pand. Franç., 224 et suiv.— C. N., 1387.

1259. Ainsi les époux ne peuvent déroger ni aux droits résultant de la puissance maritale sur la personne de la femme et des enfants, ou appartenant au mari comme chef de l'association conjugale, ni aux droits conférés aux époux par le titre *De la Puissance Paternelle*, et par le titre *De la Minorité, de la Tutelle et de l'Emancipation* au présent code.

ff L. 28, L. 38, *De pactis ;* L. 5, § 7, *De administ. et pericul. tut. ; Orl., L. 5, L. 6, De pactis dotalibus.*—Pothier, *Com., Intr.*, n°° 4, 5, 6 et 7,; *Orl., Intr.*, tit. 10, n° 34.— Merlin, Rép., v° *Renonciation,* § 1, n° 3 ; v° *Séparation de biens,* sec. II, § 5, n° 8.— 11 Pand. Franç., 225 et suiv.— C. N., 1388.

21

1260. A défaut de conventions ou en l'absence de stipulations contraires, les époux sont présumés vouloir se soumettre aux lois et coutumes générales du pays, et notamment qu'il y ait entre eux communauté légale de biens et douaire coutumier ou légal en faveur de la femme et des enfants à naître.

Le mariage une fois célébré, ces conventions présumées font irrévocablement loi entre les parties et ne peuvent plus être révoquées ni changées.

Pothier, *Com., Intr.*, n° 18, 2° alin.; *Com.*, n° 4, 6, 7, 10 et 21; *Obl.*, n° 844; *Mariage*, n° 47 et 393; *Orl., Intr. tit.* 10, n° 32.—C. N., 1393.

Jurisp.—1. A *communauté de biens* is by law presumed, until the contrary is shown, if the parties were married in Canada.— Roy vs Yon, II R. de L., 78.

2. Les droits des conjoints dans le cas où le mari résidant à Abbitibbi, un poste dans les territoires de la Cie de la Baie d'Hudson, vient dans le Bas-Canada où il se marie avec une personne y domiciliée et retourne avec elle à Abbitibbi, doivent être réglés par la loi du domicile des parties et non par la loi du lieu où sont situés des immeubles acquis après le mariage; et en conséquence, dans le cas ci-dessus, il n'y a pas de communauté de biens entre les époux.— Ainsi jugé en C. S. par Smith, Vanfelson et Mondelet, dans McTavish et Pyke, III L. C. R., 101.

3. La loi présume des meubles en possession de personnes mariées, propriété commune, à moins qu'il ne soit indubitablement prouvé qu'ils sont la propriété individuelle de la femme.— Barbeau vs Fairchild, VI L. C. R., 113.

4. Un mariage célébré aux États-Unis entre deux personnes ayant leur domicile dans le Bas-Canada, et dont l'une (la femme) était mineure et n'avait pas le consentement de son tuteur, est valable, et comporte communauté de biens. Un contrat de mariage subséquent, fait dans le Bas-Canada, du consentement et en la présence du tuteur, stipulant pour sa mineure séparation de biens, et suivi d'une célébration en face de l'église, ne peut avoir d'effet; et cette nullité peut être invoquée par le tuteur lui-même sur une action en reddition de compte portée contre lui par la mineure comme séparée de biens d'avec son mari, ce dernier étant débiteur personnel du dit tuteur.— Languedoc et Laviolette, VIII L. C. R., 257.

5. Un jugement en séparation de biens peut être rendu dans une cause où les parties se sont mariées dans le Haut-Canada, où il n'existe aucune communauté de biens, et aucun contrat de mariage n'étant intervenu entre les parties.— Sweetapple vs Guilt, XIII L. C. R., 117.

6. There is no community of property, according to the custom of Paris, between parties married in England, their then domicile, without any ante-nuptial contract, who have afterwards changed their domicile and settled and died in Lower Canada.— Rogers vs Rogers, III L. C. J., 64.

7. Communauté de biens existe, quant aux biens situés dans le Bas-Canada, entre deux époux dont l'union a été formée dans un pays sauvage où il n'y avait ni prêtre, ni magistrat, ni pouvoir civil ou religieux, ni registres d'état civil, mais laquelle union est cependant considérée par les tribunaux comme formant un mariage valide, en autant qu'elle a été formée suivant les usages *loci contractus*.— Connolly vs Woolrich & Johnson, XI L. C. J., 197.

8. *Held* by the S. C. that real estate acquired in this Province by consorts domiciled here but who had contracted marriage in a foreign country, falls under the operation of our law governing community of property between man and wife.— *Held* in review, reversing the judgment of the S. C.: That according to the well established jurisprudence of the Parliament of Paris, for more than two centuries before that tribunal was abolished, a community of property was held not to exist between persons who having been domiciled and having married without contract, in a place where the law of community did not exist, afterwards established their domicile and acquired property in a country where the law of community did exist; and the same jurisprudence founded upon a doctrine approved by the most esteemed commentators on the Code Napoléon, has been invariably observed by the courts of the Province of Quebec, the law of community being considered rather as a *statut personnel* than as a *statut réel*.— Astillgoir vs Hallée, IV Q. L. R., 120.

1261. Au cas de l'article précédent la communauté se forme et se régit d'après les règles exposées au chapitre deuxième, et celles du douaire se trouvent au chapitre troisième du présent titre.

1262. Cette communauté de biens, dont les époux sont libres de stipuler l'exclusion, peut être changée et modifiée à volonté par leur contrat de mariage, et se nomme, dans ce cas, communauté conventionnelle dont les règles principales sont exposées dans la section deuxième du deuxième chapitre de ce titre.

1263. Le douaire coutumier ou légal, qu'il est également permis aux parties d'exclure, peut aussi être changé et modifié à volonté par le contrat de mariage, et dans ce cas, il se nomme douaire préfix ou conventionnel, dont les règles les plus ordinaires se trouvent énoncées en la section première du chapitre troisième de ce titre.

1264. Toutes conventions matrimoniales doivent être rédigées en forme notariée, et avant la célébration du mariage, à laquelle elles sont toujours subordonnées.

Sont exemptés de la forme notariée les contrats de mariage faits dans certaines localités pour lesquelles l'exception à cet égard existe en vertu de lois particulières.

Orléans, art. 202.— Pothier, *Mariage*, nᵒˢ 48 et 396 ; *Com., Intr.*, nᵒˢ 11 et 12 ; *Orl., Intr.*, *tit.* 10, nᵒˢ 32 et 33.— Merlin, Rép., vᵒ *Donation*, sec. 2, § 8 ; *Testament*, sec. 2, § 1, art. 4.— C. N., 1394.— S. R. R. C., c. 38, s. 13.

Jurisp.— A marriage contract may, in Canada, be valid under certain circumstances, although it is not regularly executed as a notarial act, and in fact is no more than an *acte sous seing privé* signed by the contracting parties in the presence of a notary and left in his custody and keeping.— Hausseman vs Perrault, II R de L, 79.

1265. Après le mariage il ne peut être fait aux conventions matrimoniales contenues au contrat, aucun changement, [pas même par don mutuel d'usufruit, lequel est aboli].

Les époux ne peuvent non plus s'avantager entrevifs si ce n'est conformément aux dispositions contenues dans l'acte de la 29e Vict., c. 17, qui permettent au mari, sous les restrictions et conditions y déclarées, d'assurer sa vie pour le bénéfice de sa femme et de ses enfants.

Amend.— L'acte 29 Vict., c. 17, mentionné dans cet article, a été subséquemment modifié par les statuts de Québec, 32 Vict., c. 39, et 33 Vict., c. 21. Par l'acte Q, 41-42 Vict., c. 13, tous ces statuts ont été abrogés, sauf quant à ce qui concerne les transports faits ou les droits acquis antérieurement, et les actions pendantes. Des nouvelles dispositions introduites par ce statut, nous ne donnerons que les principales, et nous référons au statut pour les autres :

Il sera loisible à tout mari d'assurer sa vie pour le bénéfice de sa femme ; ou pour le bénéfice de sa femme et de leurs enfants généralement ; ou pour le bénéfice de sa femme et de ses enfants à lui, des enfants à elle et de ses enfants généralement ; ou pour le bénéfice de sa femme et des enfants à lui, ou des enfants à elle généralement ; ou pour le bénéfice de sa femme et d'un ou de plusieurs des enfants à lui, ou a elle, ou de leurs enfants ; et à tout père et mère d'assurer sa vie pour le bénéfice des enfants à lui ou enfants à elle ou de l'un ou de plusieurs de leurs dits enfants.

Telle assurance pourra être effectuée, soit pour toute la vie de la personne dont la vie sera assurée, soit pour une autre période de temps définie ; et le montant de l'assurance pourra être fait payable à la mort de la dite personne, ou à l'expiration d'une période de temps stipulée de pas moins de dix ans si elle y survit.

La prime de telle assurance pourra être payable durant toute la vie de la personne dont la vie est assurée ou durant une période de pas moins de dix ans, pourra être payée par paiements annuels, semi-annuels, trimestriels ou mensuels.

Il sera aussi loisible à tout mari, d'approprier toute police d'assurance sur sa vie, dont il sera porteur, pour le bénéfice de sa femme; ou pour le bénéfice de sa femme et de leurs enfants généralement; ou pour le bénéfice de sa femme et des enfants à lui, des enfants à elle et de leurs enfants généralement; ou pour le bénéfice de sa femme et des enfants à lui ou des enfants à elle généralement; ou pour le bénéfice de sa femme et d'un ou de plusieurs des enfants à lui ou à elle ou de leurs enfants ; et à tout père ou mère, d'approprier toute police d'assurance sur sa vie, dont il ou elle sera porteur, pour le bénéfice des enfants à lui ou des enfants à elle, ou de l'un ou de plusieurs de leurs dits enfants.

Telle assurance pourra être effectuée et telle déclaration d'appropriation pourra être faite par une femme mariée, sans l'autorisation de son mari.

Les clauses suivantes pourvoient aux cas où l'assuré distribue ou ne distribue pas le montant de l'assurance, et à diverses éventualités qu'il serait trop long de rapporter ici, et pour tous ces détails nous référons au statut. Nous ne citerons que la dernière clause :—

Rien de contenu dans le présent acte ne sera considéré, ni interprété, de manière à restreindre ou affecter aucun droit appartenant autrement, par la loi, à aucune personne, d'effectuer ou transporter une police d'assurance pour le bénéfice d'une femme ou des enfants, ni ne s'appliquera à une police d'assurance effectuée ou transportée en faveur d'une femme en vertu de son contrat de mariage.

Jurisp.—1. The provisions contained in the act 29 Vict., c. 17, whereby insurances upon the lives of husbands may be effected or indorsed in favor of their wives and children, are in the nature of *aliments*, and the insurance money due under policies made under said act is free from the claims of the creditors of both the husband and wife.— Vilbon vs Marsouin, XVIII L. C. J., 249.

2. Lorsque dans un contrat de mariage il y a stipulation qu'il n'y aura pas de communauté de biens, que la femme aura la libre administration de ses biens, et que le mari sera seul tenu à la pension et habillement de sa femme et des frais de leur famille, la femme peut, après le décès du mari, réclamer d'un tiers détenteur cinq années et l'année courante d'arrérages de rente annuelle et viagère à elle dus sur un immeuble acquis par le mari pendant le mariage, quoiqu'elle n'ait jamais rien exigé de sa rente de son défunt mari.— Filion vs Guénette, VII R. L., 438.

1266. Les changements faits aux conventions matrimoniales avant la célébration du mariage doivent, à peine de nullité, être constatés par actes notariés, en présence et avec le consentement de toutes les personnes présentes au premier contrat, qui y ont intérêt.

Paris, 258.—Orl., 223.—Brodeau sur Louet, *lettre* C, ch. 28.—Pothier, *Com., Intr.,* n° 13, 14 et 16 ; Orl., tit. 12, art. 223.—Lamoignon, *Arrêtés,* tit. 32, art. 5 et 6.— C. N., 1396 et 1397.

1267. [Le mineur, habile à contracter mariage, peut valablement consentir en faveur de son futur conjoint et des enfants à naître, toutes conventions et donations dont ce contrat est susceptible, pourvu qu'il y soit assisté de son tuteur, s'il en a un, et des autres personnes dont le consentement est nécessaire pour la validité du mariage ; les avantages qu'il y fait à des tiers suivent les règles applicables aux mineurs en général.]

ff L. 8, *De partis dotalibus ;* L. 61, L. 73, *De jure dotium.*— Brodeau sur Louet, *lettre* M, c. 9.— Bacquet, *Droits de justice,* c. 21, n° 390.— Pothier, *Com.,* N° 103 et 306 ; Orl., *Intr.* tit. 10, n° 51.—C. N., 1398.

CHAPITRE DEUXIÈME.

DE LA COMMUNAUTÉ DE BIENS.

1268. Il y a deux sortes de communauté de biens, la communauté légale dont les règles sont posées dans la section première de ce chapitre, et la communauté conventionnelle dont les conditions principales et les plus ordinaires se trouvent exposées dans la section seconde de ce même chapitre.

Pothier, *Com.*, 4, 9, 10 et suiv.

1269. [La communauté, soit légale, soit conventionnelle, commence du jour de la célébration du mariage ; on ne peut stipuler qu'elle commencera à une autre époque.]

SECTION I.

DE LA COMMUNAUTÉ LÉGALE.

1270. La communauté légale est celle que la loi, à défaut de stipulations contraires, établit entre les époux, par le seul fait du mariage, quant à certaines espèces de leurs biens qu'ils sont censés avoir voulu y faire entrer.

Pothier, *Com.*, 10.

1271. La communauté légale s'établit par la simple déclaration faite au contrat que l'on entend qu'elle existe. Elle s'établit aussi lorsqu'il n'en est fait aucune mention, qu'elle n'y est pas spécialement ou implicitement exclue, et aussi à défaut de contrat. Dans tous les cas elle est soumise aux règles expliquées aux articles qui suivent.

Pothier, *Com.*, 279.— 3 Delvincourt, p. 9.— C. N., 1400.

Jurisp.—1. A *communauté de biens* is by law presumed, until the contrary is shown, if the parties were married in Canada.— Roy vs Yon, II R. de L., 78.
2. Dans le cas d'un mariage contracté dans un pays sauvage, d'après les usages du lieu, sans l'intervention d'aucun prêtre ou magistrat, dans une contrée où il n'existe pas de corps de droit, lequel mariage fut suivi de cohabitation prolongée ; il y avait communauté de biens entre les époux quant aux biens situés dans le Bas-Canada.—Connolly vs Woolrich, XI L. C. J., 197.

§ 1.— *De ce qui compose la communauté légale, tant en actif qu'en passif.*

1272. La communauté se compose activement:
1. De tout le mobilier que les époux possèdent le jour de la célébration du mariage, et aussi de tout le mobilier qu'ils acquièrent, ou qui leur échoit pendant le mariage, à titre de succession ou de donation, si le donateur ou testateur n'a exprimé le contraire ;
2. De tous les fruits, revenus, intérêts et arrérages, de quelque nature qu'ils soient, échus ou perçus pendant le mariage, provenant

des biens qui appartiennent aux époux lors de la célébration, ou de ceux qui leur sont échus pendant le mariage à quelque titre que ce soit ;

3. De tous les immeubles qu'ils acquièrent pendant le mariage.

Paris, 220.— Lebrun, *Com.*, liv. 1, c. 5, dist., nᵒˢ 1, 2 et 3.— Pothier, *Com.*, 25, 26, 100, 102, 105, 182, 204, 206, 208, 232, 264, 265 à 268 ; *Intr. tit.* 10, Orl., 6, 7, 8 et 23 ; *Puis. marit.*, 90.— Merlin, *Com.*, § 1, nᵒ 4, § 4, nᵒ 2.— 11 Pand. Franç., pp. 263 et suiv.— Fenet-Pothier, pp. 227-8.— Troplong, *Mariage*, nᵒ 605.— C. N., 1401.

Jurisp.— 1. The *communauté* enjoys the benefit of the issues and profits of the *propres* on either side, and consequently is bound to pay and discharge the *rentes* with which they are burthened during its continuance.— Girard vs Lemieux, II R. de L., 78.

2. In the liquidation of the rights of husband and wife domiciliated in a township, under a judgment of *séparation de corps et de biens*, both parties being alive, real estate acquired during the marriage by purchase, and held in free and common soccage, will be considered as forming a part of the community.— Magreen vs Aubert, II L. C. J., 70.

1273. Tout immeuble est réputé conquêt de communauté, s'il n'est établi que l'un des époux en avait la propriété ou la possession légale antérieurement au mariage, ou qu'il lui est échu depuis par succession ou à titre équipollent.

ſ L. 51, *De don. inter vir. et ux.*— Paris, 278.— Lebrun, *Com.*, liv. 1, c. 5, dist. 3, nᵒ 2.— Bourjon, liv. 3, tit. 10, part. 2, c. 10.— Pothier, *Com.*, 106, 107, 113, 121, 122, 123, 130 et 203.— 11 Pand. Franç., 289.— C. N., 1402.

1274. Les mines et les carrières sont, quant à la communauté, soumises aux règles posées à leur égard, au titre *De l'Usufruit, de l'Usage et de l'Habitation.*

Le produit de celles qui ne sont ouvertes sur l'héritage propre de l'un des conjoints, que pendant le mariage, ne tombe pas dans la communauté ; mais quant à celles qui étaient ouvertes et exploitées antérieurement, l'exploitation peut en être continuée au profit de la communauté.

ſ L. 9, *De usufructu et quemad.* ; L. 7, *De soluto matrim.* ; L. 18, *De fundo dotali.*— Lebrun, *Com.*, liv. 1, c. 5, sec. 2, dist. 2.— Pothier, *Com.*, 97, 98, 204, 207, 210 et 640 ; *Intr.* Orl., 100 et 123.— 11 Pand. Franç., 290 et suiv.— Code civil du B.-C., art. 460.— C. N., 1403.

1275. Les immeubles que les époux possèdent au jour de la célébration du mariage ou qui leur échoient pendant sa durée, par succession ou à titre équipollent, n'entrent point en communauté.

Néanmoins, si un des époux avait acquis un immeuble depuis le contrat de mariage contenant stipulation de communauté, et avant la célébration du mariage, l'immeuble acquis dans cet intervalle entre dans la communauté, à moins que l'acquisition n'ait été faite en exécution de quelque clause du contrat, auquel cas, elle est réglée suivant la convention.

ſ L. 9, L. 73, *Pro socio* ; L. 45, *De adquirendâ vel omit. hæred.*— Paris, 246.— Lebrun, liv. 1, c. 4, nᵒ 9.— 2 Laurière sur Paris, 247 et suiv.— Pothier, *Com.*, 140, 141, 157, 185, 197, 281, 603 et 604 ; *Intr. tit.* 10, Orl., nᵒˢ 9 et 112.— Renusson, c. 3, nᵒ 2.— 3 Maleville, 191.— 11 Pand. Franç., 240 et suiv.— C. N., 1404.

Jurisp.— Une donation par un père à sa fille et à son mari est un propre, et ne tombe pas en communauté de biens entre mari et femme.— Pollico vs Elvidge, XIII L. C. J., 333.

1276. A l'égard des immeubles, les donations par contrat de mariage, y compris celles à cause de mort, celles faites durant le mariage, et les legs faits par les ascendants de l'un des époux, soit à celui d'entre eux qui est leur successible, soit à l'autre, à moins de déclaration explicite au contraire, ne sont censés faits qu'à l'époux successible, et lui demeurent propres comme équipollents à succession.

La même règle a lieu lors même que la donation ou le legs sont faits, dans leurs termes, aux deux époux conjointement.

Toutes autres donations et legs ainsi faits par d'autres, aux époux conjointement ou à l'un d'eux, suivent la règle contraire et entrent dans la communauté, à moins qu'ils n'en aient été exclus spécialement.

Paris, 246.— Orl., 211.— Pothier, *Com.*, 137, 149, 158, 168, 169 et 170.— 8 Maleville, 192.— 11 Pand. Franç., 814 et suiv.— Troplong, *Mariage*, 602-3.— C. N., 1405, *contrà*.

Jurisp.—1. Dans le cas d'un contrat de mariage avec stipulation d'ameublissement, et cependant clause de réalisation au cas de renonciation par la femme à la communauté, la femme séparée de biens ne peut réclamer comme reprise la jouissance du prix d'aliénation d'un immeuble donné pendant la communauté par la mère à une fille adoptée et à son époux, avec condition d'insaisissabilité et pour servir d'aliments.— Jarry vs Trust and Loan, XI L. C. R., 7.

2. Dans le legs d'une universalité de biens fait en faveur d'un mari et de sa femme "pour appartenir (les dits biens) à la communauté de biens qui règne entr'eux et être considérés comme conquêts d'icelle," il y a lieu au droit d'accroissement en faveur du survivant des légataires, pour la part du prédécédé, si le prédécès a lieu du vivant du testateur.— Dupuy vs Surprenant, IV L. C. J., 128.

1277. L'immeuble abandonné ou cédé par père, mère ou autre ascendant, à l'un des conjoints, soit pour le remplir de ce qu'il lui doit, soit à la charge de payer les dettes du donateur à des étrangers, n'entre pas en communauté ; sauf récompense ou indemnité.

Pothier, *Com.*, 130, 131, 132, 134, 136, 139, 168, 171, 172 et 627.— 11 Pand. Franç., 324.— C. N., 1406.

1278. L'immeuble acquis pendant le mariage à titre d'échange contre l'immeuble appartenant à l'un des époux, n'entre pas en communauté et est subrogé aux lieu et place de celui qui a été aliéné, sauf la récompense s'il y a soulte.

ƒ L. 26, L. 27, *De jure dotium*.— Lebrun, *Com.*, liv. 2, c. 5, dist. 2, nº 12.— Pothier, *Com.*, 197.— Dargentré, sur *Cout. de Bretagne*, 418.— 2 Maleville, 193.— 11 Pand. Franç., 326.— C. N., 1407.

1279. L'acquisition faite pendant le mariage, à titre de licitation ou autrement, de portion d'un immeuble dont l'un des époux était propriétaire par indivis, ne forme pas un conquêt, sauf à indemniser la communauté de la somme qui en a été tirée pour cette acquisition.

Dans le cas où le mari devient seul et en son nom personnel, acquéreur ou adjudicataire de portion ou de la totalité d'un immeuble appartenant par indivis à la femme, celle-ci, lors de la dissolution de la communauté, a le choix ou d'abandonner l'immeuble à la communauté, laquelle devient alors débitrice envers la femme, de la portion appartenant à cette dernière dans le prix, ou de retirer l'immeuble en remboursant à la communauté le prix de l'acquisition.

ff De jure dotium.— Pothier, *Com.*, 140, 145, 146, 150, 151, 152, 153, 156 et 629.
— 2 Maleville, 194.— 11 Pand. Franç., 327 et suiv.— C. N., 1408.

1280. La communauté se compose passivement:

1. De toutes les dettes mobilières dont les époux sont grevés au jour de la célébration du mariage, ou dont se trouvent chargées les successions qui leur échoient pendant sa durée, sauf récompense pour celles relatives aux immeubles propres à l'un ou à l'autre des époux ;

2. Des dettes, tant en capitaux qu'arrérages ou intérêts, contractées par le mari pendant la communauté, ou par la femme du consentement du mari, sauf récompense dans les cas où elle a lieu ;

3. Des arrérages et intérêts seulement des rentes ou dettes passives qui sont personnelles aux deux époux;

4. Des réparations usufructuaires des immeubles qui n'entrent point en communauté;

5. Des aliments des époux, de l'éducation et entretien des enfants et de toute autre charge du mariage.

Paris, 221.— Orléans, 187.— Lebrun, liv. 2, ch. 3.— 2 Laurière, sur art. 221, p. 189.— Pothier, *Com.*, 233, 237, 239, 241, 243, 247, 248, 254, 270 et 271 ; Intr. tit. 10, *Orl.*, n⁰ˢ 24, 25, 27, 28 et 113.— 3 Maleville, 195.— 12 Toullier, pp. 329 à 348, 354 à 365.— 11 Pand. Franç., 331 et suiv.— C. N., 1409.

Jurisp.—1. The *communauté* enjoys the benefit of the issues and profits of the *propres* on either side and consequently is bound to pay and discharge the *rentes* with which they are burthened during its continuance.— Girard vs Lemieux, II R. de L., 77.

2. Un jugement rendu contre une femme commune en biens, assistée en cause par son mari, ne peut faire la base d'une demande afin de rendre ce jugement exécutoire contre ce mari; mais ce jugement peut être invoqué comme une reconnaissance authentique de la dette, la demande contenant des conclusions pour faire condamner personnellement ce mari au paiement de cette dette, comme chef de la communauté.— Berthelet et Turcotte, VI L. C. R., 152.

3. Dans une action en séparation de corps et de biens, un compte de médecin pour soins donnés à la demanderesse était régulièrement porté parmi les dettes de la communauté.— Jannot vs Allard, VI L. C. R., 474.

4. Le mari, dans le cas de communauté légale, n'est pas responsable des dettes contractées par la femme pour le maintien d'un établissement séparé de celui de son mari, si elle s'est volontairement absentée de son domicile sans cause légale. — Morkill vs Jackson, XIV L. C. R., 181.

5. Un mari qui épouse une mineure sous le régime de la communauté s'engage à payer toutes les dettes de sa femme, et la communauté en est responsable.— Reinhart vs Valade, C. C., Montréal, 5 oct. 1877, Torrance, J.

6. A claim for medical attendance, though in its nature a debt of the community, may be recovered from the personal heirs of the wife deceased, notwithstanding their renunciation of the *communauté de biens.*— Perrault vs Etienne, I L. N., 471.

1281. La communauté n'est tenue des dettes mobilières contractées avant le mariage par la femme qu'autant qu'elles sont constatées par acte authentique antérieur au mariage, ou ayant acquis avant la même époque une date certaine, soit par l'enregistrement, soit par le décès d'un ou de plusieurs signataires au dit acte, ou par quelqu'autre preuve satisfaisante, excepté dans les matières commerciales, dans lesquelles la preuve peut se faire suivant les dispositions des articles 1233, 1234 et 1235.

Le créancier de la femme, en vertu d'un acte dont la date n'est pas constatée tel que ci-dessus, ne peut en poursuivre contre elle le paiement avant la dissolution de la communauté.

Le mari qui prétend avoir payé pour sa femme une dette de cette nature, n'en peut demander récompense ni à sa femme, ni à ses héritiers.

Paris, 222.— Pothier, *Com.*, 242 et 259.— Nouv. Den.— 3 Maleville, 196.— 11 Pand. Franç., 340 et suiv.— 12 Toullier, 332.— 3 Delvincourt, p. 14.— Troplong, *Mariage*, 772-3.— Code civil B. C., art. 1225.— C. N., 1410.

1282. Les dettes des successions purement mobilières qui sont échues aux époux pendant le mariage, sont pour le tout à la charge de la communauté.

Paris, 221.— Orl., 187.— Pothier, *Com.*, 261-2-3; *Success.*, c. 5, art. 2, § 2, alin. 6 et 7; *Int. tit.* 17, *Orl.*, n° 112.— 3 Maleville, 196.— 11 Pand. Franç., 345.— 12 Toullier, p. 409.— C. N., 1411.

1283. Les dettes d'une succession purement immobilière qui échoit à l'un des époux pendant le mariage, ne sont point à la charge de la communauté; sauf le droit qu'ont les créanciers de poursuivre leur paiement sur les immeubles de la succession.

Néanmoins, si cette succession est échue au mari, les créanciers peuvent poursuivre leur paiement, soit sur tous les biens propres au mari, soit même sur ceux de la communauté, sauf, dans ce second cas, la récompense due à la femme ou à ses héritiers.

Renusson, *Com.*, part. 1, c. 12, n° 29.— Lamoignon, *Arrêtés*, tit. 32, art. 22.— Pothier, *Com.*, 260, 261, 263; *Intr.*, tit. 10, *Orl.*, n° 29.— 11 Pand. Franç., 345.— 3 Delvincourt, p. 15.— 12 Toullier, p. 411.— C. N., 1412.

1284. Si une succession purement immobilière est échue à la femme, et que celle-ci l'ait acceptée du consentement de son mari, les créanciers peuvent poursuivre leur paiement sur tous les biens de la femme; mais si la succession n'a été acceptée par la femme que comme autorisée en justice au refus du mari, les créanciers, en cas d'insuffisance des biens de la succession, ne peuvent se pourvoir sur les autres biens de la femme avant la dissolution de la communauté.

Lebrun, *Com.*, liv. 2, c. 3, sec. 2, dist. 3, n° 7, 15 et 16.— Chopin sur Paris, liv. 2, tit. 1, n° 15.— Renusson, *Com.*, part. 1, c. 12, n° 20, 24 et 25.— Pothier, *Intr.*, tit. 10, *Orl.*, n° 29.— 3 Maleville, 197.— 11 Pand. Franç., 347.— 12 Toullier, p. 412.— C. N., 1413.

1285. Lorsque la succession échue à l'un des époux est en partie mobilière et en partie immobilière, les dettes dont elle est grevée ne sont à la charge de la communauté que jusqu'à concurrence de la portion contributoire du mobilier dans les dettes, eu égard à la valeur de ce mobilier comparée à celle des immeubles.

Cette portion contributoire se règle d'après l'inventaire auquel le mari doit faire procéder, soit de son chef, si la succession le concerne personnellement, soit comme dirigeant et autorisant les actions de sa femme, s'il s'agit d'une succession à elle échue.

Lebrun, *Com.*, liv. 2, c. 3, sec. 2; dist. 3, n° 4, 6, 7 et 11.— Duplessis sur Paris, *Com.*, liv. 1, c. 5, sec. 3.— Renusson, *Com.*, part. 1, c. 12, n° 11.— Pothier, *Suc.*, c. 5, art. 2, § 2, alin. 8; *Com.*, 264 à 267; *Intr.* tit. 10, *Orl.*, n° 29 et 264.— 3 Maleville, 198-9.— 11 Pand. Franç., 349 et suiv.— C. N., 1414.

1286. A défaut d'inventaire et dans tous les cas où ce défaut préjudicie à la femme, elle ou ses héritiers peuvent, lors de la dissolution de la communauté, poursuivre les récompenses de droit, et même faire preuve tant par titres et papiers domestiques que par témoins, et au besoin par la commune renommée, de la consistance et valeur du mobilier non-inventorié.

Blois, art. 183.— Bretagne, 584.— Catellan, liv. 8, c. 3.— Lapeyrère, vᵒ *Inventaire*, 186.— 3 Maleville, 190 et suiv.— 11 Pand. Franç., 351.— 3 Delvincourt, p. 16.— 12 Toullier, p. 425.— C. N., 1415.

1287. Les dispositions de l'article 1285 ne font point obstacle à ce que les créanciers d'une succession en partie mobilière et en partie immobilière poursuivent leur paiement sur les biens de la communauté, soit que la succession soit échue au mari, soit qu'elle soit échue à la femme lorsque celle-ci l'a acceptée du consentement de son mari ; le tout sauf les récompenses respectives.

Il en est de même si la succession n'a été acceptée par la femme que comme autorisée en justice, et que néanmoins le mobilier en ait été confondu dans celui de la communauté, sans un inventaire préalable.

Lamoignon, *Arrêtés*, tit. 32, art. 22 et 23.— Renusson, *Com.*, part. 1, c. 12, nᵒˢ 20, 24 et 25.— Pothier, *Suc.*, c. 5, art. 2, § 2, alin. 6.— 3 Maleville, 200.— 11 Pand. Franç., 354 et suiv.— 12 Toullier, p. 426.— 3 Delvincourt, 16.— C. N., 1416.

1288. Si la succession n'a été acceptée par la femme que comme autorisée en justice au refus du mari, et s'il y a eu inventaire, les créanciers ne peuvent poursuivre leur paiement que sur les biens tant mobiliers qu'immobiliers de cette succession, et, en cas d'insuffisance, ils doivent attendre, pour le reste, la dissolution de la communauté.

Renusson, *Com.*, part. 1, c. 12, nᵒˢ 20, 24 et 25.— Orléans, 201.— Pothier, *Com.*, 261-2 ; *Suc.*, c. 5, art. 2, § 2, alin. 6 ; *Intr. tit.* 10, *Orl.*, nᵒ 10 ; *Intr. tit.* 17, nᵒ 112.— Lamoignon, tit. 32, art. 24.— 11 Pand. Franç., 354.— 3 Delvincourt, pp. 15 et 17.— 12 Toullier, pp. 427 à 431.— Code civil B. C., art. 1281.— C. N., 1417.

1289. Les règles établies par les articles 1282 et suivants, régissent les dettes dépendant d'une donation comme celles résultant d'une succession.

11 Pand. Franç., 355.— 3 Delvincourt, 17.— 12 Toullier, p. 431.— C. N., 1418.

1290. Les créanciers peuvent poursuivre le paiement des dettes que la femme a contractées avec le consentement du mari, tant sur les biens de la communauté que sur ceux du mari ou de la femme ; sauf la récompense due à la communauté, ou l'indemnité due au mari.

Orléans, tit. 10, art. 186.— Pothier, *Intr. tit.* 10, *Orl.*, nᵒˢ 27 et 28 ; *Com.*, 248 et 254.— 3 Maleville, 201.— 11 Pand. Franç., 355.— 3 Delvincourt, pp. 14, 19, 22 et 23.— 12 Toullier, pp. 367, 387, 415 à 421.— C. N., 1419 et 1426.

Jurisp.— A married woman may be sued with her husband pending the community for a debt contracted by the husband and wife jointly, and judgment obtained against her thereon.— Langevin vs Galarneau, II R. C., 237.

1291. Toute dette qui n'est contractée par la femme qu'en vertu de la procuration générale ou spéciale du mari, est à la charge de la communauté; et le créancier n'en peut poursuivre le paiement ni contre la femme ni sur ses biens personnels.

¶ *Arg. ex lege* 20, *Mandati.*— Duplessis sur Paris, *Com.,* liv. 1, c. 5, sec. 1.— 3 Maleville, 202.— 11 Pand. Franç., 356-7.— 3 Delvincourt, 22.— 12 Toullier, p. 432.

§ 2.— *De l'administration de la communauté, et de l'effet des actes de l'un et de l'autre époux relativement à la société conjugale.*

1292. Le mari administre seul les biens de la communauté. Il peut les vendre, aliéner et hypothéquer sans le concours de sa femme.

Il peut même seul en disposer par donation ou autre disposition entrevifs, pourvu que ce soit en faveur de personne capable et sans fraude.

Paris, 225 et 233.— Orléans, 123.— Pothier, *Com.,* n⁰⁵ 3, 467, 468 et 471 ; *Puis. marit.,* 82 ; *Intr. tit.* 10, *Orl.,* n° 58.— 3 Maleville, 202.— *Contrà,* Lamoignon, tit. 32, art. 65.— 11 Pand. Franç., 355, 356, 357 et 358.— Merlin, *Com.,* § 5, n° 5.— C. N., 1421 et 1422.

Jurisp.— 1. Quand la propriété d'une femme a été vendue par le mari, ni l'acheteur, ni le cessionnaire de telle propriété, ne peuvent porter une action pour faire annuler cette vente et obtenir le remboursement du prix de vente, parce qu'ils sont troublés dans leur possession.— Molleur vs Dejadon, VI R. L., 105.

2. Pendant la communauté entre mari et femme, le mari seul peut être poursuivi pour les dettes de cette communauté.— Frigon vs Coté, I Q. L. R., 152.

1293. L'un des époux ne peut, au préjudice de l'autre, léguer plus que sa part dans la communauté.

Le legs d'un effet de la communauté suit les règles applicables au cas du legs de la chose dont le testateur n'est propriétaire que pour partie.

Si la chose est tombée dans le lot du testateur et qu'elle se retrouve dans sa succession, le légataire a droit de la prendre en entier.

Paris, 296.— Pothier, *Com.,* 276, 475 et 479 ; *Intr. tit.* 10, *Orl.,* n° 158.— 3 Maleville, 203.— 11 Pand. Franç., 365.— S. R. B. C., c. 34, s. 2, § 2.— Code civil B. C., art. 882.— C. N., 1423.

Jurisp.— Les legs par le mari de la part de communauté afférente à sa femme, à la charge de payer certaine rente à cette dernière, est valable, si la femme accepte la rente imposée à tel legs.— Roy et Gagnon, III L. C. R., 45.

1294. Les condamnations pécuniaires encourues par le mari pour crime ou délit, peuvent se poursuivre sur les biens de la communauté. Celles encourues par la femme ne peuvent s'exécuter que sur ses biens et après la dissolution de la communauté.

Louet et Brodeau, lettre C., c. 35 et 52.— 1 Journal des Aud., liv. 1, ch. 28.— Leprestre, *cent.* 2, ch. 98.— Lebrun, *Com.,* liv. 2, c. 2, sec. 3.— Renusson, *Com.,* part. 1, c. 6, n⁰⁵ 46 et 51.— Pothier, *Com.,* 248, 249 et 257 ; *Puis. marit.,* 56 et 66.— Orléans, 200.— 3 Maleville, 202-3-4.— 12 Toullier, n⁰⁵ 221-2.— 11 Pand. Franç., 365. — Troplong, *Mariage,* 915.— C. N., 1424.

Jurisp.— 1. Though a husband is not responsible in damages for the *délit* of his wife *commune en biens* with him unless he has personally participated in the *délit*, yet if he joins with her in a defence to the action, and the defence is overruled, he will be condemned jointly and severally with her.— Rocheleau vs Rocheleau, XIV L. C. J., 194.

2. Une condamnation contre la femme pour dommages ne peut s'exécuter que sur les biens personnels de celle-ci et après la dissolution de la communauté.— Bonneau vs Laterreur, I Q. L. R., 351.

1295. Les condamnations prononcées contre l'un des deux époux pour crime emportant la mort civile, ne frappent que sa part de la communauté et de ses biens personnels.

Papon, liv. 5, tit. 10, n° 7.—Louet et Brodeau, lettre C, c. 35, 52.— Pothier, *Com.*, 249 et 474.—11 Pand. Franç., 368.— 12 Toullier, pp. 250 et suiv., 223 et suiv.— C. N., 1425.

1296. Les actes faits par la femme sans le consentement du mari, même avec l'autorisation de la justice, n'engagent les biens de la communauté que jusqu'à concurrence de ce qu'elle en profite, à moins que la femme n'ait contracté comme marchande publique et pour le fait de son commerce.

Paris, 234 et 236.— Pothier, *Com.*, 255-6-7, 500; *Puis. marit.*, 13; *Intr. tit.* 10, *Orl.*, n° 201.— C. N., 1426.

Jurisp.—The defendant cohabited for many years with a woman, whom he held out to the world as his wife, and in a deed of lease he described himself and her as *communs en biens.* The woman carried on business as a milliner, and the defendant, her husband, as a repairer of hats in the same premises, but all the receipts of both went into the millinery account. He also ordered goods and made payments in her name. After her decease, the plaintiffs creditors, having subjected his estate to compulsory liquidation for a debt of the community, the defendant alledged *inter alia*, that he was not married to the woman, and, therefore, not liable for her debts. *Held*, that under the circumstances, the defendant was liable for the debts of the deceased, whether married or not married, in as much as he had held her out to the world as his wife, or she was presumed to act for him.— Morgan & Gauvreau, II L. C. L. J., 248.

1297. [La femme ne peut s'obliger ni engager les biens de la communauté, même pour tirer son mari de prison, ou pour l'établissement de leurs enfants communs en cas d'absence du mari, sans y être autorisée par justice.]

C. N., 1427.

Jurisp.—1. Un mari et une femme, communs en biens, entreprirent par obligation notariée de payer au demandeur une somme d'argent reconnue leur avoir été prêtée. Il n'était rien dit quant à la solidarité entr'eux, et pour assurer la dette une hypothèque fut créée sur certain immeuble propre de la femme.— Dans une action contre le mari et la femme, la femme ayant subséquemment obtenu une séparation de biens d'avec son mari, et dûment exécuté le jugement, jugé qu'elle était libérée de l'obligation, et l'immeuble déchargé de l'hypothèque et ce en raison de tel jugement, et de la clause de l'ordonnance des enregistrements 4 Vic., cap. 30, sec. 36.—Byrnes vs Trudeau, XIV L. C. R., 17.

2. La femme mariée et commune en biens ne peut être autorisée en justice à retirer des deniers qui sont le produit de meubles qui lui sont réservés propres par son contrat de mariage, ou qui sont les biens de la communauté.— Demers vs Foubert, VI R. L., 98.

1298. Le mari a l'administration de tous les biens personnels de la femme.

Il peut exercer seul toutes les actions mobilières et possessoires qui appartiennent à sa femme.

Il ne peut aliéner les immeubles personnels de sa femme sans son consentement.

Il est responsable de tout dépérissement des biens personnels de sa femme causé par défaut d'actes conservatoires.

Paris, 226, 228 et 233.— Orléans, 195.— Coquille, *Quest.* 107.—Lamoignon, tit. 32, art. 67 et 68.— Pothier, *Puis. marit.*, 84, 91 et 96; *Com.*, 253 et 473; *Intr., tit.* 10, *Orl.*, 114, 153 et 157.— 11 Pand. Franç., 371.—C. N., 1428.

Jurisp.— The husband and wife, common as to property, may sue together for a debt due the community.— Bertrand vs Pouliot, IV Q. L. R., 8.

1299. Les baux que le mari fait seul des biens de sa femme ne peuvent excéder neuf ans; elle n'est pas obligée, après la dissolution de la communauté, d'entretenir ceux qui ont été faits pour un plus long temps.

Paris, 227.— Lamoignon, tit. 32, art. 69.— Pothier, *Puis. marit.*, 92, 93, 94 et 95.— *Intr. tit.* 10, *Orl.*, n° 156; *Louage*, n° 44.— 2 Maleville, 206.— 12 Pand. Franç., 375 et suiv.— Merlin, Rép., v° *Communauté*, § 3, n° 6.— 2 Toullier, pp. 580 à 588.—C. N., 1429.

1300. Les baux de neuf ans et au-dessous, que le mari seul a passés ou renouvelés des biens de sa femme, plus d'un an avant l'expiration du bail courant, ne lient pas la femme, à moins que leur exécution n'ait commencé avant la dissolution de la communauté.

Arrêt Parl. Paris, 26 fév. 1672.— Louet et Brodeau, lettre B, c. 5.— Pothier, *Louage*, n° 44; *Puis. marit.*, 94; *Intr. tit.* 10, *Orl.*, n° 156.— Lamoignon, tit. 32, art. 70.— 11 Pand. Franç., 380.— 12 Toullier, p. 588.— C. N., 1430.

1301. La femme ne peut s'obliger avec ou pour son mari, qu'en qualité de commune; toute obligation qu'elle contracte ainsi en autre qualité est nulle et sans effet.

S. R. B. C., c. 37, sec. 55.— C. N., 1431.

Jurisp.— 1. The wife who undertakes with her husband, such husband being a trader, becomes the *caution solidaire* of a trader, in so far as such undertaking concerns his trade, and without the necessity that the instrument by which she so binds herself should express the *solidité* or the fact that she is authorized by her husband.— Pozer vs Green, I R. de L., 186

2. Une femme ne peut s'obliger avec son mari que comme commune, et dans l'espèce un cautionnement par une femme, conjointement avec son mari, est nul d'après les dispositions de l'ordon. 4 Vict., c. 30.— Jodoin & Dufresne, III L. C. R., 189.

3. Le billet promissoire d'une femme mariée, séparée de biens de son mari, donné pour provisions et effets nécessaires à l'usage de la famille, en faveur du mari, et par lui endossé, est valable sans preuve d'autorité expresse à la femme de signer tel billet.— Cholet vs Duplessis, XII L. C. R., 303.

4. Une femme séparée de biens d'avec son mari, ne peut affecter ses propriétés immobilières pour une dette due par son mari, et pour le paiement de laquelle elle ne pourrait s'obliger personnellement.— Little & Diganard, XII L. C. R., 178.

5. Un mari et une femme, communs en biens, entreprirent par obligation notariée de payer au demandeur une somme d'argent reconnue leur avoir été prêtée; il n'était rien dit quant à la solidarité entre eux, et pour assurer la dette une hypothèque fut créée sur certain immeuble, propre de la femme.— *Jugé:* Dans une action contre le mari et la femme, que la femme ayant subséquemment obtenu une séparation de biens d'avec son mari, et dûment exécuté le jugement, elle était libérée de l'obligation, et l'immeuble déchargé de l'hypothèque, et ce en raison de tel jugement, et de la clause de l'ordonnance des enregistrements, 4 Vic., c. 30, sec. 36.— Byrnes vs Trudeau, XIV L. C. R., 17.

6. Un billet promissoire d'une femme séparée de biens, signé conjointement et solidairement avec son mari, dans le but de se rendre caution pour lui, est nul quant à elle, en vertu de la section 36° de l'ordonnance des hypothèques, 4 Vict., c. 30.— *Semble* que si elle était marchande publique, et si la dette avait été

contractée pour le fait de son commerce, elle serait obligée au paiement, quoique le mari l'eût contractée et que la femme fût séparée de biens.—Shearer vs Compain, V L. C. J., 47.

7. La 4ᵉ Vict., ch. 30, statuant que "nulle femme mariée ne pourra se porter caution, ni encourir de responsabilité en aucune autre qualité que comme commune en biens avec son mari, pour les dettes, obligations ou engagements contractés par le mari avant leur mariage, ou pendant la durée du mariage, et tous engagements et obligations contractés par une femme mariée, en violation de cette disposition, seront absolument nuls et de nul effet;"—tout en rendant nuls les engagements de la femme pour son mari, au point de la soustraire à toute action résultant de tels engagements, ne l'empêche pas néanmoins de renoncer à l'exercice de ses droits hypothécaires, pour reprises matrimoniales, sur les biens aliénés par son mari.— La renonciation de la femme à l'exercice de tels droits n'a pas besoin d'être stipulée, et elle peut être inférée du fait qu'elle ratifie et garantit l'aliénation faite par son mari.— Boudria et McLean, VI L. C. J., 65.

8. Both husband and wife *séparés de biens* are jointly and severally liable for a joint note made in the course of a business in which they were both jointly interested.— Girouard vs Lachapelle, VII L. C. J., 289.

9. Un mari et une femme séparés de biens sont conjointement et solidairement tenus au paiement de choses nécessaires à la vie, bien qu'elles aient été achetées pendant la communauté.— Paquette vs Limoges, VII L. C. J., 30.

10. La renonciation de la femme à l'exercice de ses droits et reprises, en faveur d'un créancier de son mari, n'est pas un cautionnement, et en conséquence, telle renonciation est valable.—Armstrong vs Rolston, IX L. C. J., 16.

11. Dans l'espèce actuelle, la vente faite au défendeur, par la demanderesse séparée de biens, de certains immeubles qui lui sont propres, doit être rescindée sur le principe qu'aucune valeur n'a été prouvée lui avoir été payée.— De plus, par la cour inférieure, les engagements contractés à cette vente par la demanderesse, l'ayant été pour les dettes de son mari, sont nuls en vertu de la 55ᵉ section du ch. 37 des S. R. B. C.—Walker vs Créhassa, IX L. C. J., 53.

12. By the effect of a judgment of *séparation de biens* duly executed, the wife is exempted from any liability by her previously incurred as security, *caution* for her husband.— Bélair vs Dubé, IX L. C. J., 76.

13. Une vente de ses propres faite à un tiers par une femme commune en biens, pour une prétendue considération de $400, mais dont la considération réelle était un louage de meubles par ce tiers, au mari de la femme, sera mise de côté comme faite en contravention de l'art. 1301 C. C.— Bélanger et Brown, XIV L. C. J., 259.

14. La femme mariée et séparée de biens ne peut s'engager en aucune manière pour les affaires de son mari, et, si elle le fait, son engagement sera cassé et annulé comme fait en fraude et en violation des lois d'ordre public.— Pour savoir si l'obligation contractée au nom de la femme seule, l'a été pour les affaires de son mari, il convient de s'enquérir de toutes les circonstances dans lesquelles l'obligation a été contractée et avoir égard aux présomptions qui découlent des faits prouvés.— La Société, etc., vs Brunelle, I R. L., 557.

15. Une dette payée par une femme commune en biens avec son mari, est payée pour le compte de la communauté, qui en devient créancière, si c'était la dette d'un tiers.— Gaudry vs Bergevin, II R. L., 115.

16. La femme séparée de biens peut s'obliger conjointement et solidairement avec son mari, et son obligation sera jugée valable, s'il est prouvé qu'elle a profité de la transaction.— Pour se faire relever de son obligation, elle doit prouver que le créancier savait, au moment du contrat, qu'elle ne s'obligeait que comme caution de son mari.— Malhiot vs Brunelle, XV L. C. J., 197.

17. La femme séparée de biens, qui s'étant rendue caution pour son mari, acquitte son cautionnement, a droit de répéter ce qu'elle a ainsi payé.—Buckley & Brunelle, XXI L. C. J., 133.

18. La 4ᵉ Vict., ch. 30, sect. 36, statuant que "nulle femme mariée ne pourra, etc.," tout en rendant nuls les engagements de la femme pour son mari au point de la soustraire à toute action résultant de tels engagements, ne l'empêche pas néanmoins de renoncer à l'exercice de ses droits hypothécaires pour reprises matrimoniales sur les biens aliénés par son mari.— De La Gorgendière et Thibaudeau, II Q. L. R., 163.

19. A married woman can legally renounce in favor of a creditor of her husband, her hypothecary rights on the property of her husband and of the

community ; and this notwithstanding the provision of the registry ordinance declaring that " no married woman, etc., ".— Hamel vs Panet, III Q. L. R., 173.

20. Although, under the provisions of the registry ordinance, reproduced by article 1301 of the Civil Code, a wife connot bind herself with or for her husband otherwise than as being common as to property, she may nevertheless legally renounce her hypothecary right upon the property of her husband in favor of a creditor of her husband.— Thibaudeau vs Perrault, III Q. L. R., 71.

21. Un prêt fait à une femme séparée comme principale obligée, le mari apparaissant à l'acte comme caution, est valide, quoiqu'il soit prouvé que ce prêt a été employé à payer des dettes du mari, si l'acte dit que l'emprunt est fait pour l'usage et avantage de la femme.— Martel & Prince, VIII R. L., 138.

22. An obligation made by a wife to repay money advanced for her husband's use is an absolute nullity, and even a representation by the wife to the lender, that the money was for herself, does not affect the case.— Rhéaume vs Caille, I L. N., 340.

1302. Le mari qui s'oblige pour les affaire propres de sa femme a, sur les biens de cette dernière, un recours pour se faire indemniser de ce qu'il est appelé à payer par suite des obligations qu'il a ainsi contractées.

3 Maleville, 206.—11 Pand. Franç., 382.— C. N., 1432.

1303. S'il est vendu un immeuble ou autre objet propre à l'un des époux, et que le prix en soit versé dans la communauté, sans qu'il en soit fait emploi, ou si elle reçoit quelqu'autre chose appartenant exclusivement à l'un d'eux, il y a lieu, en faveur de l'époux propriétaire, au prélèvement du prix de l'objet ou de la valeur de la chose ainsi tombée dans la communauté.

Paris, 232.— Pothier, *Com.*, 497, 583, 593, 607 et 608 ; *Intr.*, *tit.* 10, *Orl.*, n° 192.— C. N., 1433.

1304. Si, au contraire, l'on a tiré de la communauté des deniers qui ont servi à améliorer ou libérer de charges réelles l'immeuble appartenant à l'un des conjoints, ou qui ont été employés au paiement des dettes personnelles ou pour l'avantage exclusif de l'un d'eux, l'autre a droit de prélever, à titre de récompense, sur les biens de la communauté, une somme égale à celles ainsi employées.

Paris, 232.— Orléans, 100.— Pothier, *Com.*, 197, 585, 593, 607, 608 et 594-5-7-8.— 3 Maleville, 207-8.—11 Pand. Franç., 383.— C. N., 1433.

Jurisp.— Un jugement en séparation de biens, qui détermine les reprises matrimoniales de la femme, n'est qu'un jugement d'expédience, que les tiers peuvent attaquer. La saisie-arrêt, entre les mains de la femme séparée, est une voie régulière de faire rendre à la femme ce qu'un tel jugement lui accorde illégalement. Une expertise n'est pas nécessaire pour constater ce que la femme reçoit illégalement par un tel jugement, quand la preuve est faite autrement d'une manière suffisante.— Doutre vs Trudeau, VIII L. C. J., 135.

1305. Le remploi est parfait à l'égard du mari toutes les fois que, lors de l'acquisition, il a déclaré qu'il la faisait des deniers provenus de l'aliénation de l'immeuble qui lui était propre, ou pour lui tenir lieu de remploi.

Lebrun, *Com.*, liv. 3, c. 2, sec. 1, dist. 2, n°° 69 et 70.— Pothier, *Com.*, 198.— 11 Pand. Franç., 387 et 388.— 11 Toullier, p. 515.— C. N., 1434.

1306. La déclaration du mari que l'acquisition est faite des deniers provenus de l'immeuble vendu par la femme et pour lui

servir de remploi, ne suffit pas, si ce remploi n'a été formellement
accepté par la femme, soit par l'acte d'acquisition même, soit par
tout acte subséquent fait avant la dissolution de la communauté.

Cod., L. 12, *De jure dotium.*— Lebrun, *Com.,* liv. 1, c. 5, dist. 3, n° 8; liv. 3, sec.
1, dist. 2, n° 72.— Pothier, *Com.,* 199 et 200.— 3 Maleville, 208.— 11 Pand. Franç.,
389 et suiv.— 3 Delvincourt, 17.— 12 Toullier, pp. 516 à 536.— C. N., 1435.

1807. La récompense du prix de l'immeuble appartenant au
mari ne s'exerce que sur la masse de la communauté ; celle du prix
de l'immeuble de la femme s'exerce sur les biens personnels du mari,
en cas d'insuffisance des biens de la communauté.

Dans tous les cas, cette récompense consiste dans le prix même
qu'a rapporté la vente et non dans la valeur réelle ou convenue de
l'immeuble vendu.

Paris, 232.— Lebrun, *Com.,* liv. 3, c. 2, sec. 1, dist. 2.— Pothier, *Com.,* 586, 588
et 610 ; *Intr. tit.* 10, *Orl.,* n° 100 et 101.— 11 Pand. Franç., 393.— C. N., 1436.

1808. Si les époux ont conjointement avantagé l'enfant commun,
sans exprimer la proportion pour laquelle ils entendaient contribuer, ils sont censés avoir voulu le faire également, soit que l'objet
ait été fourni ou promis en effets de la communauté, soit qu'il l'ait
été en biens personnels à l'un des époux ; au dernier cas, cet époux
a sur les biens de l'autre une action en indemnité pour la moitié de
ce qu'il a ainsi fourni, eu égard à la valeur de l'effet donné au temps
de la donation.

Lebrun, *Com.,* liv. 3, c. 2, sec. 1, dist. 6.— Renusson, *Com.,* part. 2, c. 3, n° 15.—
Pothier, *Com.,* 649 à 655 ; *Suc.,* c. 4, art. 2, § 5 ; *Intr. tit.* 10, *Orl.,* n° 85, 86 et 131.
— 11 Pand. Franç., 401-2.— 12 Toullier, pp. 486 à 497.— C. N., 1438.

Jurisp.—A wife who with her husband makes a donation of a sum of money
to one of their children, whilst *en communauté* with her husband, remains liable
for one half of the donation, notwithstanding she be subsequently separated
judicially from her husband as to property and renounce to the community.—
Vincent vs Benoît, XXI L. C. J., 218.

1809. L'avantage fait par le mari seul à l'enfant commun est à
la charge de la communauté, et dans le cas d'acceptation, la femme
doit en supporter la moitié, à moins que le mari n'ait déclaré expressément qu'il se chargeait de cet avantage pour le tout ou pour une
portion plus forte que la moitié.

Renusson, *Com.,* part. 1, c. 6, n° 12 ; c. 13, n° 15.— 2 Argou, liv. 3, c. 8.— Pothier,
Com., 647, 648, 656 et 657 ; *Suc.,* c. 4, art. 2, § 5 ; *Intr. tit.* 10, *Orl.,* n° 87.— 3 Maleville, 212.— 11 Pand. Franç., 402.— C. N., 1439.

§ 3.— *De la dissolution de la communauté et de sa continuation dans certains cas.*

I.— *De la dissolution de la communauté.*

1810. La communauté se dissout: 1. Par la mort naturelle ; 2.
Par la mort civile ; 3. Par la séparation de corps ; 4. Par la séparation de biens ; 5. Par l'absence de l'un des époux dans les cas et
sous les restrictions exposés aux articles 109 et 110.

ff L. 59, L. 63, *Pro socio, § in hæred.*— Pocquet, *Com.*, règle XL, p. 382.— Pothier, *Com.*, 503-4-6; *Mariage*, 522; *Intr. tit.* 10, *Orl.*, n°° 87 et 88.— 3 Toullier, pp. 23 et 24.— Code civil B. C., art. 109 et 110.

Jurisp.— Si la femme n'a pas considéré sa communauté dissoute par la mort civile de son mari, dans les rapports subséquents qui ont eu lieu entre eux sur leurs droits, la cour n'en peut pas prendre connaissance.— Cartier vs Béchard, I L. C. J., 44.

1311. La séparation de biens ne peut être poursuivie qu'en justice, devant le tribunal du domicile, par la femme dont les intérêts sont mis en péril, et lorsque le désordre des affaires du mari donne lieu de craindre que les biens de celui-ci ne soient pas suffisants pour remplir les droits et reprises de la femme.

Toute séparation volontaire est nulle.

Cod., L. 29, L. 50, *De jure dotium.*— Novelle 97, c. 6.— Lamoignon, tit. 32, art. 85.— Pothier, *Com.*, 510-2-4-7; *Intr. tit.* 10, *Orl.*, n° 89.— 3 Maleville, 214.— 11 Pand. Franç., 212.— Merlin, Rép., v° *Séparation de biens*, sec. 2, § 2, n° 3.— C. N., 1443.

Jurisp.— 1. A wife, in case of her husband's insolvency, can not sue by her tutor for what she brought in marriage. Her remedy is an action in *séparation de biens* in her own name.— Melvin vs Ireland, I R. de L., 350.

2. Jugé dans une action par une femme contre son mari, en séparation de biens, qu'il y avait erreur dans le jugement de la Cour Inférieure en prenant pour avérés certains interrogatoires sur faits et articles signifiés au mari, l'aveu ou consentement étant inadmissible.— Maloney et Quinny, X L. C. R., 454.

3. Although there is no community of property, according to the Custom of Paris, between parties married in Upper Canada, their then domicile, without any ante-nuptial contract, yet, an action *en séparation de biens* will be maintained in favor of the wife, by reason of the insolvency of the husband, since their removal to Lower Canada.— Sweetapple vs Gwilt, VII L. C. J., 106.

4. Le jugement en séparation de biens obtenu dans un district autre que celui du domicile du mari, est d'une nullité radicale et absolue, et n'a pu avoir l'effet légal de dissoudre la communauté de biens existant entre les conjoints.— Molleur et Dejadon, VI R. L., 105.

1312. La séparation de biens quoique prononcée en justice est sans effet tant qu'elle n'a pas été exécutée soit par le paiement réel, constaté par acte authentique, des droits et reprises de la femme, soit au moins par des procédures aux fins d'obtenir ce paiement.

Pothier, *Com.*, 518 et 523; *Puis. marit.*, 18; *Orléans*, art. 198, note 5.— Lacombe, v° *Séparation*, n° 6, p. 639.— Lamoignon, tit. 32, art. 85.— 2 Pigeau, 195 et suiv.— Merlin, Rép., v° *Séparation des biens*, sec. 2, § 3, art. 2, n° 6.— C. N., 1444.

Jurisp.— 1. La renonciation à la communauté dûment insinuée, est une exécution valable de la sentence en séparation de biens.— Senécal et Labelle, I L. C. J., 273.

2. Lorsqu'un jugement en séparation de biens est rendu en faveur de la femme et que cette dernière accepte la communauté, ce jugement peut être exécuté volontairement par les parties, sans qu'il soit besoin de la nomination d'un praticien pour procéder à l'inventaire. En ce cas, et aussitôt que fidèle inventaire aura été fait des biens de la communauté, le jugement de séparation sera valablement exécuté, par le paiement réel fait à la femme, de sa part en communauté, telle que constatée par acte authentique du partage des biens qui la composaient. Cet acte de partage, sur motion à cet effet, pourra être homologué par la cour.— Holland et Caughlan, XVI L. C. J., 105.

1313. [Tout jugement en séparation de biens est inscrit sans délai par le protonotaire sur un tableau tenu à cet effet, et affiché dans le greffe du tribunal qui a rendu ce jugement; et de cette ins-

22

cription ainsi que de sa date il est fait mention à la suite du jugement dans le registre où il est entré.

La séparation n'a d'effet contre les tiers que du jour où ces formalités ont été remplies.]

Orléans, 198.— Ord. 1673, tit. 8, art. 1 et 2.— Pothier, *Com.*, 517 et 521.— 2 Pigeau, 195.— Code civil B. C., art. 333.— 2 Maleville, 215.— 11 Pand. Franç., 415.
— C. N., 1445.

Des formalités particulières sont requises pour l'obtention des
jugements en séparation contre les commerçants, ainsi qu'il est
porté en l'*Acte concernant la faillite*, 1864.

Voir maintenant l'*Acte de faillite de* 1875.

1314. Le jugement qui prononce la séparation de biens remonte,
quant à ses effets, au jour de la demande.

Pothier, *Com.*, 521.— Lacombe, p. 639.— 11 Pand. Franç., 415.— C. N., 1445.

1315. La séparation ne peut se demander que par la femme elle-
même ; ses créanciers ne le peuvent faire, même avec son consentement.

Néanmoins, au cas de la déconfiture du mari, ils peuvent exercer
les droits de leur débitrice jusqu'à concurrence de leurs créances.

Lamoignon, tit. 32, art. 87.— 3 Delvincourt, 25.— 11 Pand. Franç., 416.— C. N.,
1446.

1316. Les créanciers du mari peuvent se pourvoir contre la séparation de biens prononcée et même exécutée en fraude de leurs
droits ; ils peuvent même intervenir dans l'instance sur la demande
en séparation pour la contester.

ff *Toto titulo, quæ in fraudem credit.*— 3 Delvincourt, 26.— 3 Maleville, 216.— 11
Pand. Franç., 417.— C. N., 1447.

Jurisp.— Un créancier du mari ne peut contester la demande en séparation
de biens portée par la femme, et ne peut intervenir sur cette demande que pour
la conservation de ses droits.— Marchand et Lamirande, X L. C. R., 375.

1317. La femme qui a obtenu la séparation de biens doit contribuer, proportionnellement à ses facultés et à celles de son mari,
tant aux frais du ménage qu'à ceux d'éducation des enfants communs. Elle doit supporter entièrement ces frais s'il ne reste rien au
mari.

Cod., L. 29, *De jure dotium.*— Pothier, *Com.*, nos 464 et 522.— 11 Pand. Franç.,
419.— Merlin, v° *Séparation de biens*, sec. 2, § 5, n° 8.— C. N., 1448.

Jurisp.— If the husband is without means, the creditor may claim from
the wife payment of household debts for necessaries supplied after the
husband's insolvency.— McGibbon vs Morse, XXI L. C. J., 311.

1318. La femme séparée soit de corps et de biens, soit de biens
seulement, en reprend la libre administration. Elle peut disposer
de son mobilier et l'aliéner. Elle ne peut aliéner ses immeubles
sans le consentement du mari ou sans être autorisée en justice à son
refus.

Cod., L. 29, *De jure dotium.*— Lebrun, *Com.*, liv. 3, c. 2, sec. 1.— Bourjon, liv. 1,

part. 4, c. 4, sec. 4, art. 15 et 17.— Pothier, *Com.*, 464 et 522.— Code civil B. C.,
art. 177, 178, 206 et suiv.— 11 Pand. Franç., 420.— C. N., 217, 219 et 1449.

1319. Le mari n'est pas responsable du défaut d'emploi ou de
remploi du prix de l'immeuble que la femme a aliéné sous l'autorisation de la justice, à moins qu'il n'ait concouru au contrat ou qu'il
ne soit prouvé que les deniers ont été reçus par lui, ou ont tourné à
son profit.

Il est garant du défaut d'emploi ou de remploi, si la vente a été
faite en sa présence et de son consentement.

Lebrun, *Com.*, liv. 3, c. 2, sec. 1, dist. 2, n° 34.— 3 Maleville, 218.— 11 Pand.
Franç., 421.— 3 Delvincourt, 26.— S. R. B. C., c. 37, s. 51.— C. N., 1450.

1320. La communauté dissoute par la séparation soit de corps
et de biens, soit de biens seulement, peut être rétablie du consentement des parties. Au premier cas, le retour de la femme dans la
maison du mari effectue de plein droit ce rétablissement ; au second
cas, il n'a lieu que par un acte passé devant notaire avec minute
dont une expédition est déposée au greffe du tribunal qui a rendu le
jugement en séparation et jointe au dossier de la cause ; duquel
dépôt mention est faite dans le registre à la suite de ce jugement,
ainsi que sur le tableau où est inscrite la séparation, au désir de
l'article 1313.

Lebrun, *Com.*, liv. 3, c. 1, n°˚ 25 et suiv.—Pothier, *Com.*, 523 à 529 ; *Orléans*, tit.
10, art. 199 ; *Mariage*, 524.— Code civil B. C., art. 217.— 3 Maleville, 219.— 11 Pand.
Franç., 423.— Troplong, *Mariage*, 1466.— C. N., 1451.

Jurisp.— Si la femme n'a pas considéré sa communauté dissoute par la mort
civile de son mari, dans les rapports subséquents qui ont eu lieu entr'eux sur
leurs droits, la cour n'en peut pas prendre connaissance.— Cartier vs Béchard,
1 L. C. J., 44.

1321. Au cas de l'article précédent, la communauté rétablie
reprend son effet du jour du mariage ; les choses sont remises au
même état que s'il n'y eût pas eu de séparation, sans préjudice
néanmoins de l'exécution des actes qui, dans cet intervalle, ont pu
être faits par la femme en conformité de l'article 1318.

Toute convention par laquelle les époux rétablissent leur communauté sous des conditions différentes de celles qui la réglaient antérieurement est nulle.

Lebrun, *Com.*, liv. 3, c. 11, n° 25.— Pothier, *Com.*, 465, 523, 526 à 529.— 11 Pand.
Franç., 423 et suiv.— C. N., 1451.

1322. La dissolution de la communauté opérée par la séparation
soit de corps et de biens, soit de biens seulement, ne donne pas
ouverture aux droits de survie de la femme, à moins que le contraire
n'ait été spécialement stipulé par le contrat de mariage.

Louet et Brodeau, lettre C, n° 26 ; D, n° 36.— Renusson, part. 1, c. 9, n° 23.—
Pothier, *Com.*, 519.— Code civil B. C., art. 36, § 8, art. 208.— C. N., 1452.

II.— *De la continuation de la communauté.*

1323. Si, lors de la mort naturelle ou civile de l'un des époux,
il se trouve des enfants mineurs issus de leur mariage et que le

survivant manque de faire procéder à l'inventaire des biens communs, la communauté se continue en faveur de ces enfants, s'ils le jugent convenable.

Paris, 240 et 241.— Louet et Brodeau, C, c. 30.— Pocquet, *Com.*, règle 1, p. 391. Pothier, *Com.*, 769, 770 et 786.— Lamoignon, tit. 33, art. 1.— 3 Maleville, 213 et 214.— 11 Pand. Franç., 407.— C. N., 1442.

Jurisp.— La veuve étant saisie de tous les biens de la communauté, peut et doit procéder à l'inventaire, et une action par elle à cette fin est absolument inutile. Dans une demande en partage de la communauté par la veuve, les mineurs issus du mariage doivent être représentés par un tuteur *ad hoc*, nommé spécialement pour répondre à la demande en partage. Quelle loi doit régler les droits des conjoints dans le cas où le mari résidant à Abbitibbi, un poste dans les territoires de la Baie d'Hudson, vient dans le Canada, qu'il se marie avec une personne y domiciliée, et retourne avec elle à Abbitibbi ?— McTavish & Pyke, III L. C. R., 101.

1824. L'inventaire requis pour empêcher la continuation de la communauté doit être authentique, fait dans les trois mois de la dissolution, avec un légitime contradicteur, et clos en justice dans les trois mois qui ont suivi sa confection.

Paris, 240 et 241.— Pothier, *Com.*, 771 et suiv.— 2 Prevot de la Janès, 105.— Lamoignon, tit. 33, art. 1 et 2.

Jurisp.— In an action for the recovery of fees by a notary for the passing of deeds, the notarial copies of such deeds will be sufficient evidence. The costs of an inventory and copy thereof must be borne by the surviving *conjoint* for one half, and by the representatives of the deceased *conjoint* for the other half.— Trudeau vs Lanaudière, VII L. C. J., 118.

1825. La continuation de la communauté, si elle est demandée par les mineurs, profite également aux enfants majeurs issus du même mariage, s'ils veulent s'en prévaloir.

Renusson, *Com.*, c. 2, n°° 36 et 37.— Lacombe, *Com.*, 116.— Pocquet, *Com.*, art. 5.— Pothier, *Com.*, 800, 813 et suiv.— Lamoignon, tit. 33, art. 22.

1826. Le survivant des époux ne succède pas à ses enfants qui décèdent pendant la continuation de la communauté, dans les biens qui en dépendent ; la part des enfants ainsi décédés accroît à ceux qui survivent.

Paris, 243.— 2 Laurière, 235 et suiv.— Lamoignon, tit. 33, art. 30 et 31.

1827. La communauté continuée se partage par moitié entre le survivant et ses enfants.

Si ce survivant se remarie, le partage se fait par tiers ; le mari et la femme y ayant chacun un tiers, et les enfants du premier lit l'autre tiers.

Si chacun des époux avait des enfants mineurs nés d'un précédent mariage, la communauté se continue par quarts et se multiplie ainsi d'après le nombre de lits ; les enfants de chaque lit ne formant qu'une seule tête.

Paris, 242.— Pocquet, *Com.*, art. 9.— Lamoignon, tit. 33, art. 36, 37, 38 et 39.— 2 Laurière, 234-5.— 2 Prevot de la Janès, 109.

Jurisp.— 1. Un homme qui convole en secondes noces, ne peut par son contrat de mariage avec sa seconde femme, disposer en sa faveur d'aucune portion des conquêts de la première communauté, ou d'une plus grande portion des acquêts que la part afférente à l'enfant le moins prenant.—Keith vs Bigelow, II L. C. R., 175.

2. A tripartite community of property is dissolved by the death of the second wife who dies without leaving any minor children, and, therefore, the third share of the second wife in an immoveable purchased during the existence of such tripartite community is a *propre* of the issue of such second marriage.— The surviving husband has no power to alienate such immoveable after the death of the second wife.— The purchaser of the rights of said issue, of age at the death of the mother, has a right to claim a *partage* of said immoveable.— Francœur & Mathieu, XXI L. C. J., 288.

1828. La continuation de la communauté ne peut être divisée, acceptée pour partie du temps qu'elle a duré et répudiée pour le reste ; elle doit être acceptée ou répudiée pour le total.

2 Prevot de la Janès, p. 115.—2 Argou, 47.—Pocquet, *Com.*, règle X.— Lamoignon, tit. 33, art. 40.

1829. Tous les biens mobiliers ainsi que les fruits des immeubles qui faisaient partie de la première communauté restent dans la continuation ; mais les immeubles qui la composaient en sont tirés et deviennent propres au survivant pour une moitié et aux enfants pour l'autre.

Lebrun, *Com.*, liv. 3, c. 3, § 2, nᵒˢ 1 et suiv.—2 Argou, 53.—2 Prevot de la Janès, 106.— Lacombe, *Com.*, p. 116.— Renusson, *Com.*, c. 3, nᵒˢ 8 et 10.— Pothier, *Com.*, 818 et suiv.— Lamoignon, tit. 33, art. 32 et 33.

Jurisp.—The husband has no power to hypothecate an immoveable *conquêt* of the community after the dissolution of the community, and a hypothec given by him at that time can only affect his half of the property.—The heirs at law of the deceased wife are seized, by operation of law, of her share in such immoveable.— Although art. 2098 of the C. C. obliges the heirs to register their title, the only penalty attached to their failure to do so is that all conveyances, transfers or real rights granted by them are without effect.— Dallaire et Gravel, XXII L. C. J., 286.

1830. Tous les biens qui adviennent au survivant des époux après la dissolution du mariage et qui seraient tombés dans la communauté, si elle eût eté encore subsistante, tombent également dans la continuation.

Lebrun, *Com.*, liv. 3, c. 3, sec. 2, nᵒˢ 10 et suiv.—2 Prevot de la Janès, 106.— Pocquet, règle XI.— Renusson, *Com.*, liv. 3, c. 3, sec. 3, dist. 1, nᵒ 7.— Pothier, *Com.*, 824 et suiv.— Lacombe, *Com.*, 116, nᵒ 9.

1831. Il n'en est pas de même quant aux enfants ; tout ce qu'ils acquièrent d'ailleurs que de la première communauté, pendant la continuation, à quelque titre que ce soit, n'y tombe ni pour les fonds ni pour les revenus.

Lebrun, *Com.*, c. 3, sec. 3, dist. 1, nᵒ 7.— Prevot de la Janès, 106-7.— Pocquet, règles 11 et 12, pp. 397-8.— Renusson, *Com.*, c. 3, nᵒˢ 21 et 33.— Lacombe, 116 et 117.— Pothier, *Com.*, 829 et suiv.

1832. Les charges de la continuation de communauté sont :
1. Les dettes mobilières de la première communauté, y compris les reprises et remplois dus à l'un ou à l'autre des conjoints, ainsi que le préciput du survivant ;

2. Les arrérages et la continuation des rentes dues par la première communauté;

3. Les dettes que contracte le survivant pour les affaires de la continuation, mais non celles qui lui sont étrangères.

Lebrun, *Com.*, liv. 3, c. 3, sec. 4.— Renusson, part. 4, c. 1.— Prevot de la Janès, 107 et 108.— Pocquet, règle XIII, p. 399.— Lacombe, 117.— Pothier, *Com.*, 837 et suiv.

Jurisp.— Une veuve condamnée comme commune en biens à payer une dette de la communauté, peut réclamer son douaire, au préjudice des créanciers de la communauté, encore qu'elle n'ait point renoncé, sur le principe qu'elle n'est tenue des dettes que jusqu'à concurrence de ce qu'elle amende de la communauté.— Delisle vs Richard, VI L. C. R., 37.

1333. Le survivant est le chef et l'administrateur de la continuation, et comme tel peut disposer de tout ce qui la compose, pourvu que ce soit à titre non gratuit et sans fraude.

Paris, 225.— 2 Prevot de la Janès, 109 et 111.— 2 Argou, 56.— Pocquet, règle XIII, p. 399.— Lacombe, *Com.*, n° 12, p. 117.— Pothier, *Com.*, 859.— Lamoignon, tit. 33, art. 4.

Jurisp.— 1. Tant qu'il n'y a pas eu de partage de la communauté et continuation de communauté, le mari survivant peut valablement hypothéquer, tant comme chef de la communauté que comme lui étant un bien propre, un immeuble qu'il n'avait ameubli que pour les fins de cette communauté.— Lalonde vs Parent, XIII L. C. J., 231.

2. Le mari survivant ne peut pas hypothéquer, durant la continuation de sa communauté qui n'est pas demandée par les enfants mineurs, leur part afférente dans un immeuble ameubli par son contrat de mariage, vu que cette part devient propre naissant des enfants qui y succèdent.— Parent et Lalonde, XV L. C. J., 37.

3. The husband cannot hypothecate more than his own half of an immoveable of the community which existed between him and his deceased wife; and the heirs at law of the wife, though they have failed to register their title as required by C. C. 2098, may claim the wife's share in preference to the mortgage whose hypothec is duly registered.— Dallaire vs Gravel, II L. N., 15.

1334. Le survivant et ses enfants sont nourris et entretenus à même la continuation de la communauté, sans qu'il soit dû récompense de part ni d'autre, quand même les dépenses seraient inégales.

Pocquet, p. 400.— Renusson, *Com.*, part. 3, cc. 3 et 6.— Bacquet, *Droits de Justice*, c. 15, n° 26.

1335. La continuation de communauté se dissout par la mort naturelle ou civile du survivant, ou par celle de tous les enfants décédés sans enfants.

Elle peut aussi se dissoudre en tout temps à la demande de l'une ou de l'autre des parties, quand même quelques-uns des enfants seraient encore mineurs.

Paris, 242.— 2 Argou, 52-4.— Lebrun, *Com.*, c. 3, sec. 3, n° 1.— Renusson, part. 2, n° 18.— 2 Prevot de la Janès, 112-3.— Lacombe, 118, n° 17.— Pothier, *Com.*, 854 et suiv.

Jurisp.— Le décès de la seconde femme, lorsqu'elle ne laisse qu'un enfant majeur issu de ce second mariage, à qui elle lègue tous les biens, et sans enfants mineurs, a l'effet de dissoudre la communauté de biens tripartite qui existait entre elle et son époux et les enfants du premier mariage de ce dernier, sans toutefois dissoudre la communauté entre le survivant et les enfants de son premier mariage qui continue entre eux comme elle existait avant le second mariage.— Francœur vs Mathieu, VIII R. L., 665.

1336. Si la dissolution est demandée par le survivant et que quelques-uns des enfants soient encore mineurs, sa demande doit être précédée d'un inventaire qu'il doit faire dans les formes de celui requis pour empêcher la continuation, et à cette fin il est nommé aux mineurs un tuteur *ad hoc* pour les représenter et servir de légitime contradicteur.

2 Prevot de la Janès, 113.— Pothier, *Com.*, 854 et suiv.

Amend.— *Le statut de Québec,* 38 *Vict., c.* 13, *amende l'art.* 1336 *de manière à se lire comme suit :*
Si la dissolution est demandée par le survivant, et que quelques-uns des enfants soient encore mineurs, sa demande doit être précédée d'un inventaire qu'il doit faire dans les formes de celui requis pour empêcher la continuation de communauté, et à cette fin le subrogé-tuteur représente les mineurs et agit comme légitime contradicteur.
L'acte Q. 36 *Vict., c.* 23, *s.* 1, *contient ce qui suit :*
Attendu que depuis la promulgation du code civil, un grand nombre d'inventaires dissolutifs de continuation de communauté de biens, ont été faits sans qu'au préalable il ait, conformément à l'article 1336 du dit code, été nommé aux mineurs intéressés dans ces inventaires des tuteurs *ad hoc*, pour le représenter et servir de légitimes contradicteurs, ce qui peut être une cause de ruine pour un grand nombre de familles ; Sa Majesté, etc., décrète ce qui suit :
1. Tout inventaire dissolutif d'une continuation de communauté, fait depuis la promulgation du code civil, jusqu'à la mise en force du présent acte, sera valide et considéré comme tel à toutes fins que de droit, nonobstant l'inobservation de cette partie de l'article 1336 du dit code, qui ordonne la nomination d'un tuteur *ad hoc*, pour représenter les mineurs et servir de légitime contradicteur ; pourvu toutefois que le subrogé-tuteur des mineurs ait assisté à cet inventaire, et pourvu aussi, que toutes les autres formalités prescrites par la loi, pour la validité des inventaires, aient été observées, et que la clôture ait eu lieu dans le temps et de la manière voulus.
L'acte Q. 38 *Vict., c.* 23, *s.* 4, *contient ce qui suit :*
Tous inventaires faits depuis la mise en force du code civil en présence du tuteur et du subrogé-tuteur, mais sans la présence d'un tuteur *ad hoc* suivant l'article 1336 du code civil, seront réputés bons et valides, sans préjudice aux causes pendantes.

1337. Si cette dissolution est demandée par les enfants, ils peuvent, soit en leur propre nom s'ils sont tous majeurs, soit au nom du tuteur, pour ceux qui sont mineurs, contraindre le survivant à faire procéder à l'inventaire et à leur rendre compte.

Paris, 242.— 2 Prevot de la Janès, 113.— Pothier, *Com.*, 854, 855 et suiv.

§ 4.— *De l'acceptation de la communauté et de la renonciation qui peut y être faite, avec les conditions qui y sont relatives.*

1338. Après la dissolution de la communauté, la femme ou ses héritiers et représentants légaux, ont la faculté de l'accepter ou d'y renoncer ; toute convention contraire est nulle.

Paris, 257.— Bourjon, liv. 3, part. 4, c. 5, sec. 1, n° 2.— Orléans, 204.— Pothier, *Intr. à Com.*, n° 9 ; *Com.*, 243, 531, 535, 547, 549, 550 et 551.—3 Maleville, 220.— 11 Pand. Franç., 425.— C. N., 1453.

1889. La femme qui s'est immiscée dans les biens de la communauté ne peut y renoncer.

Les actes purement administratifs ou conservatoires n'emportent pas immixtion.

Cod., L. 1, *De repud. vel abstin. hæred.*; L. 2, *De jure deliberandi.*—Paris, 237.—Orléans, 204.— Pothier, *Com.*, 538, 539 et 540; *Orl.*, sur art. 204; *Intr. tit.* 10, *Orl.*, tit. 91.— Renusson, *Com.*, part. 2, c. 1, n° 9.—C. N., 1454.

1840. La femme majeure qui a une fois pris la qualité de commune, ne peut plus y renoncer, ni se faire restituer contre cette qualité, à moins qu'il n'y ait eu dol de la part des héritiers du mari.

Bourjon, liv. 3, part. 4, c. 5, dist. 3, n° 93.—Coquille, *Quest.* 115.— 3 Maleville, 221.— 11 Pand. Franç., 426.—Pothier, *Com.*, 532, 536 et 538; *Intr. tit.* 10, *Orl.*, n° 93.— Merlin, Rép., v° *Renonciation à Com.*, n° 6.— C. N., 1455.

1841. [Si la femme est mineure, elle ne peut accepter la communauté qu'avec l'assistance de son curateur, et l'autorisation du juge, sur avis du conseil de famille; accompagnée de ces formalités, l'acceptation est irrévocable et a le même effet que si la femme eût été majeure.]

Code civil B. C., art. 166, 1001 et suiv.

1842. La femme survivante doit, dans les trois mois du jour du décès du mari, faire faire un inventaire fidèle et exact de tous les biens de la communauté, contradictoirement avec les héritiers du mari, ou eux dûment appelés.

Paris, 237.— Bourjon, liv. 3, part. 4, c. 5, dist. 2, n° 28.— Pocquet, *Com.*, règles 48 et 337.— Pothier, *Com.*, 560, 561, 563 à 566 et 681-2-7; *Cout. d'Orl.*, art. 204, notes 6 et 7.— Ord. 1667, tit. 7, art. 5.— Merlin, Rép., v° *Inventaire*, § 5, n° 3.

[Cet inventaire doit être fait en forme notariée, en minute et clos en justice de la manière requise par l'article 1324 pour empêcher la continuation de communauté.]

C. N., 1456.

Jurisp.—1. La veuve étant saisie de tous les biens de la communauté, peut et doit procéder à l'inventaire, et une action par elle à cette fin est absolument inutile.— McTavish & Pyke, III L. C. R., 101.

2. La donataire universelle en usufruit par contrat de mariage, est tenue d'avancer les frais d'inventaire des biens sujets à son usufruit.— Les honoraires d'un notaire employé par les héritiers du défunt, qui agit à la confection de tel inventaire concurremment avec le notaire choisi par l'usufruitière, forment partie de ces frais.— Prévost vs Forget, XII L. C. J., 54.

1843. La femme peut cependant renoncer à la communauté sans faire inventaire dans les cas suivants : quand la dissolution a eu lieu du vivant du mari; quand les héritiers de ce dernier sont en possession de tous les effets; s'il a été fait un inventaire à leur requête, ou s'il y en a eu un peu de temps avant le décès du mari; s'il y a eu récemment saisie et vente générales des biens de la communauté, ou s'il est justifié par un procès-verbal de carence, qu'il n'y en avait aucuns.

Pothier, *Com.*, 561, 563, 564 et 565; *Cout. d'Orl.*, art. 204, notes 6 et 7.

1844. Outre les trois mois accordés à la femme pour faire inventaire elle a, pour délibérer sur son acceptation óu répudiation, un délai de quarante jours, qui commence à courir à l'expiration des trois mois ou de la clôture de l'inventaire s'il a été terminé avant les trois mois.

Ord. 1667, tit. 7, art. 1 et 2.—Pothier, *Com.*, 552-3; *Intr. tit.* 10, *Orl.*, nᵒ 92.—Code civil B. C., art. 664.—C. N., 735 et 1457.

1845. Dans ces délais de trois mois et de quarante jours, la femme doit faire sa renonciation, laquelle se fait par acte notarié ou par une déclaration judiciaire, dont il est donné acte par le tribunal.

Pothier, *Com.*, 552 et 553; *Intr. tit.* 10, *Orl.*, nᵒ 92.— Code civil B. C., art. 651.— C. N., 1457.

1846. La veuve poursuivie comme commune peut cependant, suivant les circonstances, obtenir du tribunal la prorogation des délais fixés par les articles précédents.

Ord. 1667, tit. 7, art. 4 et 5.— Code civil B. C., art. 667.—C. N., 1458.

1847. La femme qui n'a ni procédé à l'inventaire, ni renoncé dans les délais prescrits ou accordés, n'est pas pour cela privée de la faculté de le faire; elle y est au contraire admise tant qu'elle ne s'est pas immiscée et qu'elle n'a pas fait acte de commune; elle peut seulement être poursuivie comme telle jusqu'à ce qu'elle ait renoncé, et elle doit les frais faits contre elle jusqu'à sa renonciation.

Pothier, *Com.*, 534, 544, 556 et 557; *Intr. tit.* 10, *Orl.*, nᵒ 93.— Renusson, *Com.*, part. 2, c. 1, nᵒ 28.—3 Maleville, 222.— Code civil B. C., art. 656.—C. N., 1459.

1848. La veuve qui a diverti ou recélé quelques effets de la communauté, est déclarée commune, nonobstant sa renonciation; il en est de même à l'égard de ses héritiers.

Lebrun, *Com.*, liv. 3, c. 2, dist. 2.— Pocquet, p. 389.— Renusson, *Com.*, part. 2, c. 2.— Pothier, *Com.*, 690; *Cout. d'Orl.*, art. 204.—11 Pand. Franç., 429.— C. N., 1460.

1849. Si la femme meurt avant l'expiration des trois mois sans avoir fait ou terminé l'inventaire, les héritiers ont pour le faire et terminer un nouveau délai de trois mois, à compter du décès de la veuve, et de quarante jours pour délibérer, après la clôture de l'inventaire.

Si la veuve meurt ayant terminé l'inventaire, ses héritiers ont pour délibérer un nouveau délai de quarante jours après son décès.

Ils peuvent au surplus dans tous les cas renoncer à la communauté dans les formes établies à l'égard de la femme, et les articles 1346 et 1347 en ce titre leur sont applicables.

3 Delvincourt, 30.— Favard de Langlade, *Rég. dotal*, § 2, nᵒ 10.— 5 Marcadé, p. 601.— C. N., 1461.

Jurisp.— Une réclamation, quoique de sa nature dette de la communauté, peut être également exercée contre les héritiers personnels de la femme, nonobstant la renonciation par ces derniers à la communauté de biens.— Perrault vs Etienne, XXII L. C. J., 210.

1850. Les dispositions des articles 1342 et suivants sont applicables aux femmes des individus morts civilement, à partir du moment où la mort civile a commencé.

Code civil B. C., art. 36, §§ 7 et 8.— 11 Pand. Franç., 430.— C. N., 1462.

1351. Les créanciers de la femme peuvent attaquer la renonciation qui aurait été faite par elle ou par ses héritiers en fraude de leurs droits, et accepter la communauté de leur chef.

Dans ce cas, la renonciation n'est annulée qu'en faveur des créanciers et jusqu'à concurrence de leurs créances. Elle ne l'est pas au profit de la femme ou de ses héritiers qui ont renoncé.

ff Arg. ex titulo : Quæ in fraudem credit.— Pothier, *Com.*, 533 et 559.—Code civil B. C., art. 655 et 1031.— 11 Pand. Franç., 432.— C. N., 1464.

1352. La veuve, soit qu'elle accepte, soit qu'elle renonce, a droit, pendant les délais prescrits ou qui lui sont accordés pour faire inventaire et délibérer, de vivre avec ses domestiques sur les provisions existantes, et à défaut, par emprunt au compte de la communauté, à la charge d'en user modérément.

Elle ne doit aucun loyer à raison de l'habitation qu'elle a faite, pendant les délais, dans la maison où elle est restée après le décès de son mari, soit que cette maison appartienne à la communauté, soit qu'elle appartienne aux héritiers du mari, ou qu'elle soit tenue à titre de loyer; dans ce dernier cas, la femme, pendant les délais, ne contribue pas au paiement du loyer, lequel est pris sur la masse.

Pothier, *Com.*, 542, 770 et 771.— 3 Maleville, 224-5.— 11 Pand. Franç., 433.— 3 Delvin., 31.— 5 Proudhon, *Usufruit*, n° 2799.— C. N., 1465.

1353. Lorsque la communauté est dissoute par le prédécès de la femme, ses héritiers peuvent y renoncer dans le délai et dans les formes que prescrit la loi à l'égard de la femme survivante, sauf qu'ils ne sont pas tenus pour cela de faire inventaire.

Pothier, *Com.*, 559 et 562.— 11 Pand. Franç., 433-4.— C. N., 1466.

§ 5.— *Du partage de la communauté.*

1354. Après l'acceptation de la communauté par la femme ou ses héritiers, l'actif se partage et le passif est supporté en la manière ci-après déterminée.

Pothier, *Com.*, 548 et 582 ; *Cout. d'Orl.*, art. 186.— C. N., 1467.

Jurisp.—Sur une défense en droit à une action demandant une somme spécifique comme étant la part d'une communauté entre le demandeur et son épouse décédée, l'action aurait dû être une action en partage: action déboutée.— Dupuis vs Dupuis, VI L. C. R., 475.

I.— *Du partage de l'actif.*

1355. Les époux ou leurs héritiers rapportent à la masse des biens communs tout ce dont ils sont débiteurs envers la communauté à titre de récompense ou d'indemnité, d'après les règles ci-dessus prescrites au paragraphe deuxième de la présente section.

Pothier, *Com.*, 582, 583 et 612.—3 Maleville, 225.—11 Pand. Franç., 435.— C. N., 1468.

1856. Chaque époux ou son héritier rapporte également les sommes qui ont été tirées de la communauté, ou la valeur des biens que l'époux y a pris pour doter un enfant d'un autre lit, ou pour doter personnellement l'enfant commun.

Renusson, *Com.*, part. 2, c. 3, n° 16.—Pothier, *Com.*, 641; *Intr. tit.* 10, *Orl.*, n°° 130-1.— C. N., 1469.

1857. Sur la masse des biens chaque époux ou son héritier prélève :
1. Ses biens personnels qui ne sont pas entrés dans la communauté, s'ils existent en nature, ou ceux qui ont été acquis en remploi;
2. Le prix de ses immeubles qui ont été aliénés pendant la communauté, et dont il n'a pas été fait remploi;
3. Les indemnités qui lui sont dues par la communauté.

Paris, 232.—Orléans, 192.— Louet et Brodeau, R, c. 30.— Lebrun, *Com.*, liv. 3, c. 2, sec. 6.— Pothier, *Com.*, 9, 100, 112, 116, 584, 607, 609 et 701; *Intr. tit.* 10, *Orl.*, n°° 99 et 112.— C. N., 1470.

1858. Les prélèvements de la femme s'exercent avant ceux du mari. Ils s'exercent pour les biens qui n'existent plus en nature, d'abord sur l'argent comptant, ensuite sur le mobilier, et subsidiairement, sur les immeubles de la communauté; dans ce dernier cas, le choix des immeubles est déféré à la femme et à ses héritiers.

Pothier, *Com.*, 701; *Intr. Cout. d'Orl.*, n°° 98 et 117.—3 Maleville, 226.— 11 Pand. Franç., 437.—12 Toullier, 513.— C. N., 1471.

1859. Le mari ne peut exercer ses reprises que sur les biens de la communauté.
La femme et ses héritiers, en cas d'insuffisance de la communauté, les exercent sur les biens personnels du mari.

Pothier, *Com.*, 610; *Intr. tit.* 10, *Orl.*, n° 117.— 11 Pand. Franç., 437.— 3 Delvincourt, 36.— C. N., 1472.

Jurisp.—Par les dispositions de la 29° clause du ch. 30 de la 4° Vict., aucune hypothèque légale ou tacite ne subsiste sur les propriétés du mari pour le remploi des propres de la femme aliénés durant le mariage. 8. R. B. C., ch. 37, sec. 51.— Armstrong vs Rolston, IX L. C. J., 16.

1860. Les remplois et récompenses dus par la communauté aux époux, et les récompenses et indemnités par eux dues à la communauté, emportent les intérêts de plein droit du jour de sa dissolution.

Pothier, *Com.*, 589 et 702; *Intr. tit.* 10, *Orl.*, n° 134.— 3 Maleville, 227.— 11 Pand. Franç., 438.— C. N., 1473.

1861. Après les prélèvements faits et les dettes payées sur la masse, le surplus se partage par moitié entre les époux ou ceux qui les représentent.

Pothier, *Com.*, 530, 577, 701 et 702.— 11 Pand. Franç., 438.— 3 Delvincourt, 36.— C. N., 1474.

1862. Si les héritiers de la femme sont divisés, de sorte que l'un ait accepté la communauté, à laquelle les autres ont renoncé, celui qui a accepté ne peut prendre dans les biens qui échéent au lot de la femme que la portion qu'il y aurait eue si tous eussent accepté.

Le surplus reste au mari, qui demeure chargé envers les héritiers renonçants des droits que la femme aurait pu exercer en cas de renonciation ; mais jusqu'à concurrence seulement de la portion héréditaire de chacun de ces renonçants.

Pothier, *Com.*, 578 et 579 ; *Intr. tit.* 10, *Orl.*, n° 95.— 11 Pand. Franç., 439.— C. N., 1475.

1363. Le partage de la communauté, pour tout ce qui regarde ses formes, la licitation des immeubles, quand il y a lieu, les effets du partage, la garantie qui en résulte et les soultes, sont soumis aux règles qui sont établies au titre *Des Successions*, pour les partages entre cohéritiers.

Code civil B. C., art. 689 et suiv.— 3 Delvincourt, 36.— C. N., 1476.

1364. Celui des époux qui aurait diverti ou recélé quelques effets de la communauté, est privé de sa portion dans ces effets.

Lebrun, *Com.*, liv. 3, c. 2, sec. 2, n° 31.— Louet et Brodeau, R, n° 1.— Pothier, *Com.*, 690 et 691.— 3 Maleville, 227 et 228.— 11 Pand. Franç., 440 et 441.— C. N., 1477.

1365. Après le partage consommé, si l'un des époux est créancier personnel de l'autre, comme lorsque le prix de son bien a été employé à payer une dette personnelle de l'autre époux, ou pour toute autre cause, il exerce sa créance sur la part qui est échue à celui-ci dans la communauté ou sur ses biens personnels.

Pothier, *Com.*, 676 et 680.— 11 Pand. Franç., 441.— C. N., 1478.

1366. Les créances personnelles que les époux ont à exercer l'un contre l'autre ne portent intérêt que suivant les règles ordinaires.

ƒƒ *Arg. ex lege* 17, § 3, *De usuris;* L. 127, *De verb. oblig.*— Merlin, Rép., v° *Gains nuptiaux*, § 5, n° 3.— 11 Pand. Franç., 441 et 442.— C. N., 1479.

1367. Les donations que l'un des époux a faites à l'autre ne s'exécutent pas sur la communauté, mais seulement sur la part qu'y a l'époux donateur, ou sur ses biens personnels.

Pothier, *Com.*, 679.— 11 Pand. Franç., 442.— 3 Delvincourt, 38.— C. N., 1480.

1368. Le deuil de la femme est aux frais des héritiers du mari prédécédé.

La valeur de ce deuil est réglée selon la fortune du mari.

Il en est dû même à la femme qui renonce à la communauté.

Cod., L. 22, § 9, *De jure deliberandi;* L. 13, *De negotiis gestis.*— Renusson, *Com.*, part. 2, c. 3, n° 28.— Pothier, *Com.*, 275 et 678.— 11 Pand. Franç., 243.— 3 Delvincourt, 31.— C. N., 1481.

II.— *Du passif de la communauté et de la contribution aux dettes.*

1369. Les dettes de la communauté sont pour moitié à la charge de chacun des époux ou de leurs héritiers.

Les frais de scellés, inventaires, ventes de mobilier, liquidation, licitation et partage, font partie de ces dettes.

Pothier, *Com.*, 274, 275, 498, 548, 576, 726 et 733.— Bourjon, liv. 3, part. 6, c. 6, sec. 4, art. 19.— Pothier, *Intr. tit.* 10, *Orl.*, 135.— C. N., 1482.

1870. La femme n'est tenue des dettes de la communauté, même en l'acceptant, soit à l'égard du mari, soit à l'égard des créanciers, que jusqu'à concurrence de son émolument; pourvu qu'il y ait eu bon et fidèle inventaire, et en rendant compte, tant du contenu de cet inventaire, que de ce qui lui est échu par le partage.

Paris, 221 et 228.— Renusson, *Com.*, part. 2, c. 6, n° 5.— Pothier, *Com.*, 727, 729, 759, 703, 726, 733, 735 et suiv., 740 et 745 ; *Obl.*, 84 ; *Intr. tit.* 10, *Orl.*, n° 187.— 3 Maleville, 230.— 11 Pand. Franç., 445.— C. N., 1483.

Jurisp.— Une veuve, condamnée comme commune en biens à payer une dette de la communauté, peut réclamer son douaire, au préjudice des créanciers de la communauté, encore qu'elle n'ait point renoncé, sur le principe qu'elle n'est tenue des dettes que jusqu'à concurrence de ce qu'elle amende de la communauté.— Delisle vs Richard, VI L. C. R., 37.

1871. Le mari est tenu envers les créanciers pour la totalité des dettes de la communauté par lui contractées ; sauf son recours contre la femme ou ses héritiers, s'ils acceptent, pour la moitié des dites dettes ou jusqu'à concurrence de leur émolument.

Lebrun, *Com.*, liv. 2, c. 3.— Renusson, *Com.*, part. 2, c. 6, n° 5.— Pothier, *Com.*, 227, 229 et 759 ; *Intr. tit.* 10, *Orl.*, n° 135 et 136.— 3 Maleville, 230.— 11 Pand. Franç., 455.— C. N., 1484.

1872. Il n'est tenu que pour moitié de celles personnelles à la femme et qui sont tombées à la charge de la communauté, à moins que la part afférente à la femme ne suffise pas pour acquitter sa moitié.

Lebrun, *Com.*, liv. 2, c. 3, sec. 1, n° 18.— Pothier, *Com.*, 730 ; *Intr. tit.* 10, *Orl.*, n° 137 et 138.— 3 Maleville, 230 et 231.— 11 Pand. Franç., 455 et suiv.— C. N., 1485.

1873. La femme peut être poursuivie pour la totalité des dettes qui procèdent de son chef et qui sont entrées dans la communauté ; sauf son recours contre le mari ou son héritier pour la moitié de ces dettes, si elle accepte, et pour la totalité, si elle renonce.

Renusson, *Com.*, part. 2, c. 6, n° 12 et 13.— Pothier, *Com.*, 731, 739 et 759 ; *Intr. tit.* 10, *Orl.*, n° 138.— 11 Pand. Franç., 456.— C. N., 1486.

1874. La femme qui, pendant la communauté, s'oblige avec son mari, même solidairement, est censée ne le faire qu'en qualité de commune ; en acceptant, elle n'est tenue personnellement que pour moitié de la dette ainsi contractée, et ne l'est aucunement si elle renonce.

S. R. B. C., c. 37, s. 55.— C. N., 1487.

1875. La femme qui a payé une dette de la communauté au delà de sa moitié, n'a pas de répétition pour l'excédant, à moins que la quittance n'exprime que ce qu'elle a payé était pour sa moitié.
Mais elle a un recours contre son mari ou ses héritiers.

ff L. 19, L. 44, L. 65, *De condictione indeb.*— Pothier, *Com.*, 736 et 738 ; *Intr. tit.* 10, *Orl.*, art. 187, note 4.— 3 Maleville, 231.— 11 Pand. Franç., 457.— 3 Delvincourt, 37.— C. N., 1488.

1376. Celui des deux époux qui, par l'effet de l'hypothèque exercée sur l'immeuble à lui échu en partage, se trouve poursuivi pour la totalité d'une dette de communauté, a, de droit, son recours pour la moitié de cette dette contre l'autre époux ou ses héritiers.

Pothier, *Com.*, 751 et 759 ; *Intr. tit.* 10, *Orl.*, n°° 104 et 140.— 11 Pand. Franç., 457 et 458.— C. N., 1489.

1377. Les dispositions précédentes ne font pas obstacle à ce que, par le partage, l'un ou l'autre des copartageants soit chargé de payer une quotité de dettes autre que la moitié, même de les acquitter entièrement.

Pothier, *Com.*, 759 ; *Intr. tit.* 10, *Orl.*, n° 140.— 11 Pand. Franç., 458 et 459.— C. N., 1490.

1378. Tout ce qui est dit ci-dessus à l'égard du mari ou de la femme, a lieu à l'égard des héritiers de l'un et de l'autre, et ces héritiers exercent les mêmes droits et sont soumis aux mêmes actions que le conjoint qu'ils représentent.

ff L. 24, *De verb. signif.* ; L. 119, *De adquirendâ vel omit. hæred.*— Pothier, *Com.*, 730, 733, 737, 741, 744 et 750.— C. N., 1491.

§ 6.— *De la renonciation à la communauté et de ses effets.*

1379. La femme qui renonce ne peut prétendre aucune part dans les biens de la communauté, pas même dans le mobilier qui y est entré de son chef.

1380. [Elle peut cependant retenir les hardes et linges à son usage personnel, sans y comprendre d'autres bijoux que les gages et dons nuptiaux.]

Pothier, *Com.*, 549, 568, 569 et 572.— 3 Maleville, 232.— 11 Pand. Franç., 460.— 3 Delvincourt, 39.— Merlin, Rép., v° *Accroissement.*— C. N., 1492.

1381. La femme renonçante a droit de reprendre :

1. Les immeubles à elle appartenant, s'ils existent en nature, ou l'immeuble qui a été acquis en remploi ;

2. Le prix de ses immeubles aliénés dont le remploi n'a pas été fait et accepté comme il est dit ci-dessus en l'article 1306 ;

3. Les indemnités qui peuvent lui être dues par la communauté.

Paris, 232.— Orléans, 192.— Lebrun, *Com.*, liv. 3, c. 2, sec. 6, dist. 1, n° 1.— Pothier, *Com.*, 99, 100, 585, 595, 602 à 609 ; *Intr. tit.* 10, *Orl.*, n°° 99, 100, 112 et 116.— 11 Pand. Franç., 461.— C. N., 1493.

Jurisp.— La renonciation de la femme à l'exercice de ses droits et reprises, en faveur d'un créancier de son mari, n'est pas un cautionnement, et en conséquence, telle renonciation est valable.— Armstrong vs Rolston, IX L. C. J., 16.

1382. La femme renonçante est déchargée de toute contribution aux dettes de la communauté, tant à l'égard du mari qu'à l'égard des créanciers, même de ceux envers qui elle s'est obligée conjointement avec son mari.

Elle reste cependant tenue de la dette qui, provenant originairement de son chef, est tombée dans la communauté ; sauf, dans ce cas, son recours contre le mari ou ses héritiers.

Rennsson, *Com.*, part. 2, c. 6, n° 15.— Pothier, *Com.*, 573, 574, 575, 731 et 732 ; *Intr. tit.* 10, *Orl.*, n° 14.— Orléans, 205.—S. R. B. C., c. 37, sec. 55.— 3 Maleville, 233.— 11 Pand. Franç., 462.— C. N., 1494.

1883. Elle peut exercer toutes les actions et reprises ci-dessus détaillées, tant sur les biens de la communauté que sur les biens personnels du mari.

Ses héritiers le peuvent de même, sauf en ce qui concerne le prélèvement des linges et hardes, ainsi que le logement et la nourriture pendant les délais donnés pour faire inventaire et délibérer, lesquels droits sont purement personnels à la femme survivante.

Pothier, *Com.*, 572, 583 et 680.— 11 Pand. Franç., 463.— 3 Delvincourt, 21 et 40.— C. N., 1495.

SECTION II.

DE LA COMMUNAUTÉ CONVENTIONNELLE, ET DES CONDITIONS LES PLUS ORDINAIRES QUI PEUVENT MODIFIER OU MÊME EXCLURE LA COMMUNAUTÉ LÉGALE.

1884. Les époux peuvent modifier la communauté légale par toute espèce de conventions non contraires aux articles 1258 et 1259.

Les principales modifications sont celles qui ont lieu en stipulant :

1. Que le mobilier présent ou futur n'entrera pas en communauté, ou n'y entrera que pour partie, par voie de réalisation ;

2. Qu'on y comprendra la totalité ou partie des immeubles présents ou futurs, par voie d'ameublissement ;

3. Que les époux paieront séparément leurs dettes antérieures au mariage ;

4. Qu'en cas de renonciation, la femme pourra reprendre ses apports francs et quittes ;

5. Que le survivant aura un préciput ;

6. Que les époux auront des parts inégales ;

7. Qu'il y aura entre eux communauté universelle ou à titre universel.

Pothier, *Com.*, 272 et 466.— 12 Pand. Franç., pp. 5 et suiv.— 2 Rogron, *Code civil*, p. 1819.— C. N., 1497.

§ 1.— *De la clause de réalisation.*

1885. Par la clause de réalisation les parties excluent de la communauté, pour le tout ou pour partie, leur mobilier qui sans cela y tomberait.

Lorsqu'elles stipulent qu'elles en mettront réciproquement dans la communauté jusqu'à concurrence d'une certaine somme ou d'une valeur déterminée, elles sont, par cela seul, censées se réserver le surplus.

Pothier, *Com.*, 287, 301, 315, 316, 317, 318 et 331.—11 Pand. Franç., 15 et suiv.—2 Rogron, C. C., p. 1829.—C. N., 1500.

1386. Cette clause rend l'époux débiteur envers la communauté de la somme qu'il a promis d'y mettre, et l'oblige à justifier cet apport.

Pothier, *Com.*, 287, 288, 289, 290, 296 et 302; *Intr. tit.* 10, *Orl.*, n°° 40 et 45.—3 Maleville, 238 et suiv.— 11 Pand. Franç., 26 et suiv.— 2 Rogron, C. C., p. 1830.—C. N., 1501.

1387. L'apport est suffisamment justifié, quant au mari, par la déclaration portée au contrat de mariage, que son mobilier est de telle valeur.

Il est suffisamment justifié, à l'égard de la femme, par la quittance que le mari donne, soit à elle, soit à ceux qui lui ont fait l'avantage.

Si l'apport n'est pas exigé, dans les dix ans, la femme est censée l'avoir fait, sauf preuve contraire.

Pothier, *Com.*, 297, 298 et 300; *Intr. tit.* 10, *Orl.*, n° 45.— Lebrun, *Com.*, liv. 3, tit. 2, sec. 1, dist. 3, n° 42.— 1 Bourjon, p. 650.— 3 Maleville, 239 et 240.— 11 Pand. Franç., 33 et suiv.— 2 Rogron, C. C., p. 1830.— C. N., 1502.

1388. Chaque époux a le droit de reprendre et prélever sur les biens de la communauté, lors de sa dissolution, la valeur du mobilier qu'il y a apporté lors du mariage ou qui lui est échu depuis, en sus de ce qu'il s'est obligé d'y faire entrer.

Pothier, *Com.*, 319 et 325.— 3 Maleville, 239 et 240.— 12 Pand. Franç., 36.— 3 Delvincourt, 43.— 2 Rogron, C. C., 1830.— C. N., 1503.

1389. [Dans le cas de l'article précédent, le mobilier qui échoit à chacun des conjoints pendant le mariage doit être constaté par un inventaire ou autre titre équivalent.

Au cas du mari, le défaut de tel inventaire ou titre le rend non recevable à exercer la reprise du mobilier qui lui est échu pendant le mariage.

Si, au contraire, il s'agit de la femme, il lui est loisible ainsi qu'à ses héritiers de faire, en pareil cas, preuve soit par titre, soit par témoins et même par commune renommée, du mobilier qui lui est ainsi échu.]

Pothier, *Com.*, 300.— 3 Maleville, p. 240.— 12 Pand. Franç., 39 et 40.— 2 Rogron, C. C., 1832.—C. N., 1504.

§ 2.— *De la clause d'ameublissement.*

1390. La clause d'ameublissement est celle par laquelle les époux ou l'un d'eux, font entrer en communauté tout ou partie de leurs immeubles présents ou futurs.

Renusson, *Propres*, c. 6, sec. 1, 3 et 8.— Pothier, *Com.*, 303; *Intr. tit.* 10, *Orl.*, n°° 53 et 56.— C. N., 1505.

Jurisp.— 1. La donation par un ascendant d'un des conjoints, en un contrat de mariage, d'un immeuble pour entrer en la communauté, est un ameublissement aux termes de la loi; tel ameublissement n'a d'effet que pour la communauté et vis-à-vis des conjoints ; cet immeuble conserve sa qualité de propre jusqu'au partage. L'autre conjoint étant décédé, et l'enfant issu du mariage, décédant ensuite sans hoirs de son corps, et avant partage, l'ameublissement n'a plus d'effet, et les héritiers collatéraux du conjoint en faveur duquel l'ameublissement a été stipulé, ne peuvent rien réclamer dans cet immeuble.—Charlebois & Headley, II L. C. R., 213.

2. L'ameublissement général stipulé par les père et mère de la mineure, en un contrat de mariage, est valable.— Tout ce qui échoit à la femme de la succession de ses père et mère, et tout ce qui est donné par eux pour être conquêt de la communauté, est entièrement à la disposition du mari, qui peut le vendre ou l'hypothéquer légalement.— Sur dissolution de la communauté, et en vertu d'une stipulation de reprise d'apport, la femme ne peut reprendre ce qui a pu lui advenir de ses père et mère par succession ou donation, qu'à la charge des hypothèques que le mari y a imposées comme chef de la communauté.— David vs Gagnon, XIV L. C. R., 110.

1391. L'ameublissement est général ou particulier.

Il est général, quand les époux déclarent vouloir être communs en tous biens, ou que toutes les successions qui leur adviendront seront communes.

Il est particulier, lorsqu'ils ont promis seulement d'apporter à la communauté quelques immeubles déterminés.

Pothier, *Com.*, 304 et 305 ; *Intr. tit.* 10, *Orl.*, n°° 52 et 53.

Jurisp.—La stipulation dans un contrat de mariage, que " les futurs époux se prennent avec leurs biens et droits à chacun d'eux appartenant, et tels qu'ils pourront leur échoir ci-après à quelque titre que ce soit, lesquels dits biens meubles ou immeubles entreront dans la dite communauté," est un ameublissement général de tous les biens des conjoints,—nonobstant clause de réalisation subséquente ; et le donaire coutumier ne peut conséquemment être réclamé sur les propres du mari.— Moreau vs Mathews, IV L. C. R., 436.

1392. L'ameublissement peut être déterminé ou indéterminé.

Il est déterminé, quand l'époux a déclaré ameublir et mettre en communauté un tel immeuble en tout ou jusqu'à concurrence d'une certaine somme. Il est indéterminé, quand l'époux a simplement déclaré avoir apporté en communauté ses immeubles jusqu'à concurrence d'une certaine somme.

Pothier, *Com.*, 305 ; *Intr. tit.* 10, *Orl.*, n°° 53 et 55.— Lebrun, *Com.*, liv. 1, c. 5, dist. 2, n° 7.— C. N., 1506.

1393. L'effet de l'ameublissement déterminé est de rendre l'immeuble ou les immeubles qui en sont frappés biens de communauté, comme les meubles mêmes.

Lorsque l'immeuble ou les immeubles de la femme sont ameublis en totalité, le mari en peut disposer comme des autres effets de la communauté et les aliéner totalement.

Si l'immeuble n'est ameubli que pour une certaine somme, le mari ne peut l'aliéner qu'avec le consentement de sa femme ; il peut l'hypothéquer sans ce consentement, mais jusqu'à concurrence seulement de la portion ameublie.

Lebrun, *Com.*, liv. 1, c. 5, dist. 7.— Pothier, *Com.*, 307, 309 et 311 ; *Intr. tit.* 10, *Orl.*, n°° 53 et 55.—11 Pand. Franç., 44-5.— C. N., 1507.

Jurisp.—1. Le mari survivant ne peut pas hypothéquer, durant la continuation de sa communauté qui n'est pas demandée par les enfants mineurs, leur part afférente dans un immeuble ameubli par son contrat de mariage, vu que cette part devient propre naissant des enfants qui y succèdent.— Parent et Lalande, XV L. C. J., 37.

23

2. A stipulation of mobilization in a marriage contract excludes legal or customary dower.— Robinson vs McCormich, Q. L. D., 446.

3. Un *propre ameubli* de la femme peut, pendant la communauté, être validement hypothéqué par le mari ;—et la femme, même si elle a la clause de reprise en sa faveur, et quoiqu'elle renonce à la communauté, ne peut faire annuler cette hypothèque.— Hamel et Panet, III Q. L. R., 173.

1894. L'ameublissement indéterminé ne rend pas la communauté propriétaire des immeubles qui en sont frappés ; son effet se réduit à obliger l'époux qui l'a consenti à comprendre dans la masse, lors de la dissolution, quelques-uns de ses immeubles jusqu'à concurrence de la somme qu'il a promise.

Le mari ne peut aliéner en tout ou en partie, sans le consentement de sa femme, les immeubles sur lesquels est établi l'ameublissement indéterminé, mais il peut les hypothéquer jusqu'à concurrence de cet ameublissement.

Pothier, *Com.*, 313 ; *Intr. tit.* 10, *Orl.*, n° 55.— 3 Maleville, 242-3.— 11 Pand. Franç., 49.— 3 Delvincourt, 45.— 2 Rogron, C. C., pp. 1834 et suiv.— C. N., 1508.

Jurisp.— 1. Dans le cas d'un contrat de mariage avec stipulation d'ameublissement et cependant clause de réalisation, au cas de renonciation par la femme à la communauté, la femme séparée de biens ne peut réclamer comme reprise la jouissance du prix d'aliénation d'un immeuble donné pendant la communauté par la mère à une fille adoptée et à son époux avec condition d'insaisissabilité et pour servir d'aliments. Telle donation ne forme pas un propre à sa femme.— Le rapport de praticien qui en a accordé la reprise à la femme et le jugement homologuant ce rapport ne lient aucunement les tiers, qui peuvent contester la réclamation de la femme.— Jarry vs Trust and Loan, II L. C. R., 7.

2. Tout ce qui échoit à la femme de la succession de ses père et mère, et tout ce qui est donné par eux pour être conquêt de la communauté, est entièrement à la disposition du mari qui peut le vendre ou hypothéquer légalement.— Sur dissolution de la communauté, et en vertu d'une stipulation de reprise d'apport, la femme ne peut reprendre ce qui a pu lui advenir de ses père et mère par succession ou donation, qu'à la charge des hypothèques que le mari y a imposées comme chef de la communauté.— David vs Gagnon, XIV L. C. R., 110.

1895. L'époux qui a ameubli un héritage a, lors du partage, la faculté de le retenir, en le précomptant sur sa part pour le prix qu'il vaut alors, et ses héritiers ont le même droit.

Pothier, *Com.*, 310 et 712.— 12 Pand. Franç., 52.— 3 Maleville, 243.— 5 Proudhon, *Usufruit*, n° 2664.— C. N., 1509.

Jurisp.— 1. Une femme mariée peut réclamer la valeur d'un immeuble vendu sur la succession de son mari, qui serait advenu à la femme pendant la communauté, nonobstant la clause d'ameublissement, si la femme a stipulé, qu'arrivant la dissolution de communauté, elle pourrait reprendre ce qu'elle justifierait avoir apporté, et nonobstant que son contrat de mariage, antérieur à l'ordonnance de la 4° Vict., ch. 30, n'ait pas été enregistré, la réclamation de la femme en pareil cas étant plutôt de la nature d'un droit de propriété que d'un droit d'hypothèque.— Labrecque vs Boucher, I L. C. R., 47.

2. Le donation par un ascendant d'un des conjoints, en un contrat de mariage, d'un immeuble pour entrer en la communauté, est un ameublissement aux termes de la loi ; tel ameublissement n'a d'effet que pour la communauté et vis-à-vis des conjoints ; cet immeuble conserve sa qualité de propre jusqu'au partage ; l'autre conjoint étant décédé, et l'enfant issu du mariage, décédant ensuite sans hoirs de son corps, et avant partage, l'ameublissement n'a plus d'effet et les héritiers collatéraux du conjoint en faveur duquel l'ameublissement a été stipulé, ne peuvent rien réclamer dans cet immeuble.— Charlebois vs Headley, II L. C. R., 213.

3. Jugé que pour la conservation des droits de propriété, il n'est pas nécessaire d'enregistrer les contrats de mariage dont ils résultent, et conséquemment, des

enfants représentant leur mère, peuvent réclamer la valeur de la moitié d'un propre ameubli, à titre de commun, lequel ils auraient laissé vendre.— Nadeau vs Dumond, II L. C. R., 196.

§ 3.— De la clause de séparation de dettes.

1896. La clause par laquelle les époux stipulent qu'ils paieront séparément leurs dettes personnelles, les oblige à se faire, lors de la dissolution de la communauté, respectivement raison des dettes qui sont justifiées avoir été acquittées par la communauté, à la décharge de celui des époux qui en était débiteur.

Cette obligation est la même, soit qu'il y ait eu inventaire ou non ; mais si le mobilier apporté par les époux n'a pas été constaté par un inventaire ou état authentique antérieur au mariage, les créanciers de l'un et de l'autre époux peuvent, sans avoir égard à aucune des distinctions qui sont réclamées, poursuivre leur paiement sur le mobilier non inventorié, comme sur tous les autres biens de la communauté.

Les créanciers ont le même droit sur le mobilier qui serait échu aux époux pendant la communauté, s'il n'a pas été pareillement constaté par un inventaire ou état authentique.

Paris, 222.— Orléans, 212.— Lebrun, *Com.*, liv. 2, c. 3, sec. 4.— Renusson, *Com.*, part. 1, c. 11.— Pothier, *Com.*, 351, 353, 361, 363, 370, 371 et 615 ; *Cout d'Orl.*, art. 212.— 3 Maleville, 244.— 12 Pand. Franç., 53 et suiv.— 3 Delvincourt, 46.— C. N., 1510.

Jurisp.— La clause de séparation de dettes stipulée entre conjoints qui sont communs en biens par leur contrat de mariage, n'est d'aucun effet vis-à-vis des créanciers de la femme, si cette clause n'est pas suivie d'un inventaire des biens que la femme possédait au jour du mariage.— McBean vs Debartzch, V L. C. J., 150.

1897. Lorsque les époux apportent dans la communauté une somme certaine ou un corps déterminé, un tel apport emporte la convention tacite qu'il n'est point grevé de dettes antérieures au mariage, et il doit être fait raison par l'époux débiteur à l'autre de toutes celles qui diminueraient l'apport promis.

Pothier, *Com.*, 352 ; *Intr. tit.* 10, *Orl.*, n° 65.— 3 Maleville, 246.— 12 Pand. Franç., 61.— 3 Delvincourt, 45.— C. N., 1511.

1898. La clause de séparation de dettes n'empêche pas que la communauté ne soit chargée des intérêts et arrérages qui ont couru depuis le mariage.

Lebrun, *Com.*, liv. 2, c. 3, sec. 4, n° 10.— Pothier, *Com.*, 360 et 375.— 3 Maleville, 246 et 247.— 12 Pand. Franç., 62.— C. N., 1512.

1899. Lorsque la communauté est poursuivie pour les dettes de l'un des époux, déclaré par contrat franc et quitte de toutes dettes antérieures au mariage, le conjoint a droit à une indemnité, qui se prend soit sur la part de communauté revenant à l'époux débiteur, soit sur ses biens personnels ; et en cas d'insuffisance, cette indemnité peut être poursuivie par voie de garantie contre ceux qui ont fait la déclaration de franc et quitte.

Cette garantie peut même être exercée par le mari durant la

communauté, si la dette provient du chef de la femme ; sauf en ce cas le remboursement dû par la femme ou ses héritiers au garant, après la dissolution de la communauté.

Lebrun, *Com.*, liv. 2, c. 3, sec. 3, n⁰⁸ 41 et 42.— Renusson, *Com.*, part. 1, c. 2, n° 36.— Pothier, *Com.*, 365 à 378 ; *Intr. tit.* 10, *Ord.*, n⁰⁸ 84-5-6.—Lacombe, *Com.*, part. 2, sec. 7.— 3 Maleville, 247.— 12 Pand. Franç., 64 à 72.— C. N., 1513.

§ 4.— *De la faculté accordée à la femme de reprendre son apport franc et quitte.*

1400. La femme peut stipuler qu'en cas de renonciation à la communauté, elle reprendra tout ou partie de ce qu'elle y aura apporté soit lors du mariage, soit depuis ; mais cette stipulation ne peut s'étendre au delà des choses formellement exprimées, ni au profit de personnes autres que celles désignées.

Ainsi la faculté de reprendre le mobilier que la femme a apporté lors du mariage, ne s'étend point à celui qui serait échu pendant le mariage.

Ainsi la faculté accordée à la femme ne s'étend point aux enfants ; celle accordée à la femme et aux enfants ne s'étend point aux héritiers ascendants ou collatéraux.

Dans tous les cas, les apports ne peuvent être repris que déduction faite des dettes personnelles à la femme et que la communauté aurait acquittées.

Pothier, *Oblig.*, 63 ; *Com.*, 379 à 391, 393 à 395, 399, 400-1-2 et 407 à 411 ; *Intr. tit.* 10, *Ord.*, n⁰⁸ 68, 70, 71 et 75.—3 Maleville, 250.— 12 Pand. Franç., 73 et suiv.— Merlin, *Rép.*, v° *Renonciation à la com.*, n° 14.— C. N., 1514.

Jurisp.— Une femme mariée peut réclamer la valeur d'un immeuble vendu sur la succession de son mari, qui serait advenu à la femme pendant la communauté, nonobstant la clause d'ameublissement ; si la femme a stipulé, qu'arrivant la dissolution de communauté, elle pourrait reprendre ce qu'elle justifierait avoir apporté, et nonobstant que son contrat de mariage soit antérieur à l'ordonnance de la 4ᵉ Vict., la réclamation de la femme en pareil cas étant plutôt de la nature d'un droit de propriété que d'un droit d'hypothèque.— Labrèque et Fleury, I L. C. R., 47.

§ 5.— *Du préciput conventionnel.*

1401. La clause par laquelle l'époux survivant est autorisé à prélever, avant tout partage, une certaine somme ou une certaine quantité d'effets mobiliers en nature, ne donne droit à ce prélèvement, au profit de la femme survivante, que lorsqu'elle accepte la communauté ; à moins que le contrat de mariage ne lui ait réservé ce droit même en renonçant.

Hors le cas de cette réserve, le préciput ne s'exerce que sur la masse partageable, et non sur les biens personnels de l'époux prédécédé.

Pothier, *Com.*, 413, 440, 441, 442, 447, 448 et 568 ; *Intr. tit.* 10, *Ord.*, n⁰⁸ 77 et 79. —3 Maleville, 251-2.— 12 Pand. Franç., 94.—3 Delvincourt, 48 et 49.— 2 Rogron, C. C., p. 1839.— Dard, p. 356, note (a).— C. N., 1515.

1402. Le préciput n'est point regardé comme un avantage sujet aux formalités des donations, mais comme une convention de mariage.

Décl. 25 juin 1727.— Ord. 1731, art. 21.— Pothier, *Com.*, 442.— 12 Pand. Franç., 105.— 2 Rogron, C. C., p. 1840.— C. N., 1516.

1403. La mort naturelle donne, de plein droit, ouverture au préciput.

Il n'est ouvert par suite de la mort civile, que lorsque cet effet résulte des termes du contrat de mariage ; et s'il n'y est rien stipulé, il demeure en suspens entre les mains des représentants du mort civilement.

Pothier, *Com.*, 443 ; *Intr. tit.* 10, *Orl.*, n° 78.— Code civil B. C., art. 36, § 8.— 3 Maleville, 252.— 12 Pand. Franç., 106 et suiv.— 3 Delvincourt, p. 48.— *Contrà*, C. N., 1517.

1404. Lorsque la communauté est dissoute du vivant des époux par suite de la séparation soit de corps et de biens, soit de biens seulement, cette dissolution, à moins de stipulation contraire, ne donne ouverture au préciput ni en faveur de l'un ni en faveur de l'autre des époux. Le droit demeure en suspens jusqu'à la mort du prédécédant.

Dans l'intervalle la somme ou la chose qui constitue le préciput reste provisoirement au mari, contre la succession duquel la femme peut le réclamer au cas de survie.

Pothier, *Com.*, 445 et 519.— 12 Pand. Franç., 108 et suiv.— 3 Delvincourt, 48.— Merlin, Rép., v° *Préciput conventionnel*, § 1, n° 1.— 2 Rogron, C. C., p. 1841.— C. N., 1518.

1405. Les créanciers de la communauté ont toujours le droit de faire vendre les effets compris dans le préciput, sauf le recours de l'époux, conformément à l'article 1401.

3 Maleville, 252-3.— 12 Pand. Franç., 113.— 3 Delvincourt, 49.— C. N., 1519.

§ 6.— *Des clauses par lesquelles on assigne à chacun des époux des parts inégales dans la communauté.*

1406. Les époux peuvent déroger au partage égal établi par la loi, soit en ne donnant à l'époux survivant ou à ses héritiers, dans la communauté, qu'une part moindre que la moitié ; soit en ne lui donnant qu'une somme fixe pour tout droit de communauté ; soit en stipulant que la communauté entière, en certain cas, appartiendra à l'époux survivant, ou à l'un d'eux seulement.

Pothier, *Com.*, 449, 450 et 460 ; *Intr. tit.* 10, *Orl.*, n° 80.— 3 Maleville, 253.— 12 Pand. Franç., 114 et 115.— 3 Delvincourt, 49.— 2 Rogron, C. C., p. 1843.— C. N., 1520.

1407. Lorsqu'il est stipulé que l'époux ou ses héritiers n'auront qu'une certaine part dans la communauté, comme le tiers, le quart, l'époux ainsi réduit, ou ses héritiers, ne supportent les dettes de la communauté que proportionnellement à la part qu'ils prennent dans l'actif.

La convention est nulle si elle oblige l'époux ainsi réduit ou ses héritiers à supporter une plus forte part, ou si elle dispense de supporter une part dans les dettes égale à celle qu'ils prennent dans l'actif.

Pothier, *Com.*, 449.—3 Maleville, 254.—12 Pand. Franç., 116 et suiv.—3 Delvincourt, 50.— C. N., 1521.

1408. Lorsqu'il est stipulé que l'un des époux ou ses héritiers ne pourront prétendre qu'une certaine somme, pour tout droit de communauté, la clause est un forfait qui oblige l'autre époux, ou ses héritiers, à payer la somme convenue, soit que la communauté soit bonne ou mauvaise, suffisante ou non pour acquitter la somme.

ff Arg. ex lege 10, *De reg. juris.*— Brodeau sur Lonet, c. 4.— D'Argentré sur art. 22, *Bretagne*, gloss 4.— Pothier, *Com.*, 450 à 452 ; *Intr. tit.* 10, *Orl.*, n° 80.— Merlin, v° *Com.*, § 4, n° 7.— Bourjon, *Com.*, p. 513.—3 Maleville, 254.— 2 Rogron, C. C., p. 1844.—C. N., 1522.

Jurisp.— Par suite de la stipulation d'une hypothèque spéciale jusqu'à concurrence d'une somme fixe et certaine, consentie par le mari et son épouse pour ses droits mentionnés dans leur contrat de mariage qui a été enregistré ; elle ne peut réclamer hypothécairement au delà de telle somme ainsi stipulée.— Demers vs Larocque, VIII L. C. J., 178.

1409. Si la clause établit le forfait à l'égard des héritiers seulement de l'un des époux, celui-ci, dans le cas où il survit, a droit au partage légal par moitié.

Pothier, *Com.*, 453.—3 Maleville, 254.— 3 Delvincourt, 50.— 12 Pand. Franç., 119 et suiv.— 2 Rogron, C. C., p. 1844.— C. N., 1523.

1410. Le mari ou ses héritiers, qui retiennent, en vertu de la clause énoncée en l'article 1406, la totalité de la communauté, sont obligés d'en acquitter toutes les dettes. Les créanciers n'ont, en ce cas, aucune action contre la femme ni contre ses héritiers.

Si c'est la femme survivante qui a, moyennant une somme convenue, le droit de retenir toute la communauté contre les héritiers du mari, elle a le choix ou de leur payer cette somme en demeurant obligée à toutes les dettes, ou de renoncer à la communauté et d'en abandonner aux héritiers du mari les biens et les charges.

Pothier, *Com.*, 55, 57, 58 et 60 ; *Intr. tit.* 10, *Orléans*, n° 82.— 3 Delvincourt, 50.— 3 Maleville, 255.—12 Pand. Franç., 119 à 127.— 2 Rogron, C. C., p. 1844.— C. N., 1524.

1411. Lorsque les époux stipulent que la totalité de la communauté appartiendra au survivant ou à l'un d'eux seulement, les héritiers de l'autre ont droit de faire reprise des apports tombés dans la communauté du chef de leur auteur.

Cette stipulation n'est qu'une simple convention de mariage et non une donation sujette aux règles et formalités applicables à cette espèce d'acte.

3 Maleville, 256.—12 Pand. Franç., 128 à 131.— 2 Rogron, C. C., pp. 1845 à 1847.— C. N., 1525.

§ 7.— *De la communauté à titre universel.*

1412. Les époux peuvent établir par leur contrat de mariage une communauté universelle de leurs biens, tant meubles qu'immeubles, présents et à venir, ou de tous leurs biens présents seulement, ou de tous leurs biens à venir seulement.

ff L. 3, L. 7, *Pro socio.*— 3 Maleville, 256.—12 Pand. Franç., 132 à 139.— 2 Rogron, p. 1848.—C. N., 1526.

Dispositions communes aux articles de cette section.

1413. Ce qui est dit aux articles ci-dessus ne limite pas à leurs dispositions précises les stipulations dont est susceptible la communauté conventionnelle.

Les époux peuvent faire toutes autres conventions, ainsi qu'il est dit aux articles 1257 et 1384.

12 Pand. Franç., 140–1.— Merlin, Rép., v° *Noces* (Secondes), § 7, art. 2, n° 4.— C. N., 1527.

1414. La communauté conventionnelle reste soumise aux règles de la communauté légale, pour tous les cas où il n'y a pas été dérogé implicitement ou explicitement par le contrat.

5 Toullier, p. 817.—12 Pand. Franç., 141.—3 Delvincourt, 9 et 40.—C. N., 1528.

§ 8.— *Des conventions exclusives de la communauté.*

1415. Lorsque les époux déclarent qu'ils se marient sans communauté, ou qu'ils seront séparés de biens, les effets de ces stipulations sont comme il suit.

Pothier, *Com.*, 461 et 464 ; *Intr. tit.* 10, *Orl.*, n° 83.— 3 Maleville, 258.— 12 Pand. Franç., 142–3.— 3 Delvincourt, 51.— C. N., 1529.

I.— *De la clause portant que les époux se marient sans communauté.*

1416. La clause portant que les époux se marient sans communauté ne donne point à la femme le droit d'administrer ses biens, ni d'en percevoir les fruits, lesquels sont censés apportés au mari pour soutenir les charges du mariage.

Renusson, *Com.*, part. 1, c. 4, n° 6.— Pothier, *Com.*, 461 et 482 ; *Intr. tit.* 10, *Orl.*, n° 83 ; *Puiss. du mari,* 87.— 3 Maleville, 257, 258 et 259.— 12 Pand. Franç., 144 et suiv.— 3 Delvincourt, 52.— 2 Rogron, C. C., p. 1849.— 2 N., 1530.

Jurisp.— 1. La seule clause d'exclusion de communauté dans un contrat de mariage, ne donne pas à une femme mariée les mêmes droits qu'une séparation de biens contractuelle ; et une opposition afin de distraire faite par une femme sous de telles circonstances, ne peut avoir l'effet d'empêcher la vente de ses meubles saisis pour une dette contractée par son mari durant le mariage.— Vézina vs Denis, XIV L. C. R., 415.

2. Lorsque, dans un contrat de mariage, il y a stipulation qu'il n'y aura pas de communauté de biens, que la femme aura la libre administration de ses biens, et que le mari sera seul tenu à la pension et habillement de sa femme et des frais de leur famille, la femme peut, après le décès de son mari, réclamer d'un tiers détenteur cinq années et l'année courante d'arrérages de rente annuelle et viagère à elle due sur un immeuble acquis par le mari pendant le mariage, quoiqu'elle n'ait jamais rien exigé de sa rente de son défunt mari.— Filion vs Guénette.— VII R. L., 438.

1417. Le mari conserve l'administration des biens meubles et immeubles de la femme, et par suite, le droit de percevoir tout le mobilier qu'elle apporte en mariage, où qui lui échoit pendant sa durée ; sauf la restitution qu'il en doit faire après sa dissolution, ou après la séparation de biens qui serait prononcée en justice.

Pothier, *Com.*, 463 ; *Puiss. du mari*, 97.— 12 Pand. Franç., 147.— 3 Delvincourt, 52.— C. N., 1531.

1418. Si dans le mobilier apporté par la femme en mariage, ou qui lui échoit pendant sa durée, il y a des choses dont on ne peut faire usage sans les consommer, il en doit être joint un état estimatif au contrat de mariage, ou il doit en être fait inventaire lors de l'échéance, et le mari en doit rendre le prix d'après l'estimation.

ff L. 42, *De jure dotium.*— 12 Toullier, pp. 553 et suiv.— 3 Maleville, 259.— 12 Pand. Franç., 147.— 3 Delvincourt, 52.— 2 Rogron, C. C., p. 1850.— C. N., 1532.

1419. Le mari a, à l'égard de ces biens, tous les droits et est tenu à toutes les obligations de l'usufruitier.

ff L. 13, L. 15, L. 16, *De impensis in res dot. ;* L. 28, § 1, *De donat. inter vir.*— 3 Maleville, 260.— 12 Pand. Franç., 148.— 3 Delvincourt, 52.— 12 Toullier, pp. 553 et suiv.— 2 Rogron, C. C., p. 1851.— C. N., 1533.

1420. La clause portant que les époux se marient sans communauté, ne fait point obstacle à ce qu'il soit convenu que la femme touchera sur ses seules quittances, ses revenus en tout ou en partie, pour son entretien et ses besoins personnels.

Bourjon, *Com.*, part. 1, c. 2, s. 1, dist. 1, n° 2.— Pothier, *Com.*, n° 466.— 3 Maleville, 260.— 12 Pand. Franç., 149 et suiv.— C. N., 1534.

1421. Les immeubles de la femme exclus de la communauté dans les cas des articles précédents, ne sont point inaliénables.

Néanmoins ils ne peuvent être aliénés sans le consentement du mari, et à son refus, sans l'autorisation de la justice.

3 Maleville, 260.— 12 Pand. Franç., 150-1.— 3 Delvincourt, 52.— 2 Rogron, C. C., p. 1851.— C. N., 1535.

II.—*De la clause de séparation de biens.*

1422. Lorsque les époux ont stipulé, par leur contrat de mariage, qu'ils seront séparés de biens, la femme conserve l'entière administration de ses biens meubles et immeubles et la libre jouissance de ses revenus.

Lebrun, *Com.*, liv. 3, c. 2, sec. 1, dist. 2, n° 30.— Bourjon, liv. 1, part. 4, c. 4, sec. 4, art. 15 et 16.— Pothier, *Com.*, 464 et 465 ; *Puiss. du mari*, 15 et 98.— 3 Maleville, 260-1.— 12 Pand. Franç., 152-3.— 3 Delvincourt, 53.— 2 Rogron, C. C., p. 1852.— C. N., 1536.

Jurisp.— 1. Il n'est pas nécessaire que le contrat de mariage soit enregistré pour autoriser la femme séparée de biens à jouir, à part, des biens meubles qui lui appartiennent.— McDonald et Harwood, IV R. L., 284.

2. Pour établir la séparation de biens contractuelle, la femme doit stipuler en sa faveur par son contrat de mariage la gestion et administration de ses biens. — Wilson vs Pariseau, I L. C. J., 164.

1423. Chacun des époux contribue aux charges du mariage, suivant les conventions contenues en leur contrat, et s'il n'en existe point et que les parties ne puissent s'entendre à cet égard, le tribunal détermine la proportion contributoire de chacune d'elles, d'après leurs facultés et circonstances respectives.

Pothier, *Com.*, 464.— 12 Pand. Franç., 158-9.— 3 Delvincourt, 53.— C. N., 1537.

Jurisp.— 1. Lorsque des épiceries ont été achetées par un mari, séparé de biens d'avec sa femme, un jugement sera rendu contre le mari et la femme solidairement, sur preuve que les effets ont été consommés au domicile commun, tels effets étant des effets de nécessité.— St-Amand vs Bourret, XIII L. C. R., 238.

2. A promissory note made by a wife, separated as to property from her husband, in favor of her husband, and endorsed by him, for groceries and other necessaries of family use purchased by her, is valid.— Cholet vs Duplessis, VI L. C. J., 81.

3. Un mari et une femme judiciairement séparés de biens sont conjointement et solidairement tenus au paiement de choses nécessaires à la vie, bien qu'elles aient été achetées pendant la communauté.— Paquette vs Limoges, VII L. C. J., 30.

4. A married woman is not liable for the price of goods, not being necessaries of life, bought by her without the authorization of her husband.— Danziger & Ritchie, VIII L. C. J., 103.

5. La femme séparée de biens est tenue au paiement des articles nécessaires et indispensables à l'existence et à l'entretien de sa famille, et qui lui ont été fournis à sa demande.— Robert vs Rombert, XIV L. C. J., 162.

6. A wife *séparée de biens* is liable not only for the groceries used by the family, but (*semble*) for small sums lent to the husband, and expended by him by marketing for the family. Further she is liable for spirituous liquors used in the house for entertaining friends, as well as for wine and porter ; but she is not liable for a sum loaned to her husband, not used by him for subsistence.— Elliott vs Grenier, I L. C. L. J., 91.

7. Une femme séparée de biens d'avec son mari, n'est pas responsable du prix de la viande achetée chez un boucher, pour son usage et celui de sa famille.— Rousson vs Gauvin.— I R. L., 86.

8. Un marchand épicier qui a vendu des effets de groceries à une personne insolvable, pour l'usage de sa famille, peut en poursuivre le recouvrement contre la femme séparée de biens.— Courcelles vs Dubois, IV R. L., 284.

9. The wife *séparée de biens* will be held jointly and severally liable with her husband for the price of goods obtained by her, notwithstanding that the same were charged to the husband and his note taken in settlement ; such goods being necessaries.— Léger vs Lang, I Q. L. R., 223.

10. La femme *séparée de biens* n'est pas responsable *solidairement* avec son mari, d'aucune partie du prix d'effets achetés d'un épicier, bien que *nécessaires à la vie*, si ces effets n'ont pas été achetés par elle-même, en son propre nom et s'ils sont portés au nom seul du mari, dans les livres du marchand.— Larose vs Michaud, XXI L. C. J., 167.

11. A wife's property will not be made liable for necessaries supplied for the family without proof of the insolvency of her husband. *Semble :*— That such liability should not be declared on an opposition by the wife to a seizure of her moveables in execution of a judgment against her husband.— Laframboise vs Lajoie, XXI L. C. J., 233.

12. If the husband is without means, the creditors may claim from the wife payment of household debts for necessaries supplied after the husband's insolvency.— McGibbon vs Morse, XXI L. C. J., 311.

13. Question de la responsabilité de la femme séparée.— La règle, dit Sir A. A. Dorion, est bien simple. Une femme séparée peut acheter des marchandises et s'obliger à l'égard de tel achat. Mais si le fournisseur vend au mari et que c'est à lui qu'il donne crédit, la femme n'est pas responsable. La question est donc : à qui l'avance a-t-elle été faite ? Au mari, à la femme, ou aux deux ? Dans le cas actuel, l'avance fut certainement faite au mari et c'est à lui que le crédit fut donné. En conséquence, la femme séparée quant aux biens n'est pas tenue, quoique les marchandises aient nécessairement été consommées par la famille.— Hudon et Marceau, Cour d'appel, Montréal, 14 déc. 1878.

14. La femme qui a stipulé dans un contrat de mariage qu'elle ne contribuerait pas aux charges du mariage, sera cependant condamnée à payer des effets

de groceries achetés par elle-même pour la famille, et lorsqu'il est prouvé qu'elle a souvent promis payer le prix de ces groceries. Une femme séparée de biens n'a pas besoin de l'autorisation de son mari pour acheter des provisions pour la famille.— Garrigan vs Garrigan, IX R. L., 510.

1424. Dans aucun cas, ni à la faveur d'aucune stipulation, la femme ne peut aliéner ses immeubles sans le consentement spécial de son mari, ou, à son refus, sans être autorisée par justice.

Toute autorisation générale d'aliéner les immeubles, donnée à la femme, soit par contrat de mariage, soit depuis, est nulle.

Paris, 223.— 1 Soefve, cent. 4, c. 5.— Lapeyrère, cent. 1, c. 67.— Lebrun, *Com.*, liv. 2, c. 1, sec. 4, n° 8.— Pothier, *Com.*, 464; *Puiss. du mari*, n° 98.— 3 Maleville, 262-3-4.— 12 Pand. Franç., 155.— C. N., 1538.

1425. Lorsque la femme séparée a laissé la jouissance de ses biens à son mari, celui-ci n'est tenu, soit sur la demande que sa femme peut lui faire, soit à la dissolution du mariage, qu'à la représentation des fruits existants, et il n'est point comptable de ceux qui ont été consommés jusqu'alors.

Cod., L. 11, *De pactis conventis*.— 3 Maleville, 264.— 12 Pand. Franç., 155 et suiv.— 2 Rogron, C. C., p. 1853.— C. N., 1539.

Jurisp.— Lorsque dans un contrat de mariage, il y a stipulation qu'il n'y aura pas de communauté de biens, que la femme aura la libre administration de ses biens, et que le mari sera seul tenu à la pension et habillement de sa femme et des frais de leur famille, la femme peut, après le décès du mari, réclamer d'un tiers détenteur cinq années et l'année courante d'arrérages de rente annuelle et viagère à elle dus sur un immeuble acquis par le mari pendant le mariage, quoiqu'elle n'ait jamais rien exigé de sa rente de son défunt mari.— Filion vs Guénette, VII R. L., 438.

CHAPITRE TROISIÈME.

DES DOUAIRES.

SECTION I.

DISPOSITIONS GÉNÉRALES.

1426. Il y a deux espèces de douaire, celui de la femme et celui des enfants.

Chacun de ces douaires est soit légal ou coutumier, soit préfix ou conventionnel.

2 Laurière sur Paris, 251 et suiv.— 2 Argou, 126.— Pothier, *Douaire*, 1 et 2.

1427. Le douaire légal ou coutumier est celui que la loi, indépendamment de toute convention, constitue par le simple fait du mariage, sur les biens du mari, au profit de la femme en usufruit, et des enfants en propriété.

Paris, 247 et 263.— 2 Argou, 129.— Pothier, *Douaire*, 2 et 291.— 12 Pand. Franç., 165 et 166.

Jurisp.—1. La clause d'ameublissement dans un contrat de mariage exclut le douaire coutumier.— Toussaint vs Leblanc, I L. C. R., 25.

2. Dower stipulated in a marriage contract to be " such as is established by the laws of Lower Canada," is legal and customary dower and not *douaire préfix*. —Sims vs Evans, IV L. C. J., 311.

1428. Le douaire préfix ou conventionnel est celui dont les parties sont convenues par le contrat de mariage.

Paris, 255.— 2 Laurière, 272 et suiv.— 2 Prevot de la Janès, 134.— Pothier, *Douaire*, 2.

1429. Le douaire préfix exclut le coutumier ; cependant, il est permis de stipuler que la femme et les enfants auront droit de prendre l'un ou l'autre à leur choix.

Paris, 261.— 2 Laurière, 285.— 2 Prevot de la Janès, 126.— 2 Argou, 128 et 142. — Pothier, *Douaire*, 138.

1430. L'option faite par la femme, après l'ouverture du douaire, lie les enfants, lesquels sont tenus de se contenter de celui des deux douaires qu'elle a choisi.

Si elle meurt sans avoir fait ce choix, la faculté de le faire passe aux enfants.

Paris, 261.— 2 Laurière, 286.— 2 Argou, 142.— Pothier, *Douaire*, 321.

1431. A défaut de contrat de mariage, ou si dans celui qui existe, les parties ne s'en sont pas expliquées, le douaire coutumier a lieu de plein droit.

Mais il est permis de stipuler qu'il n'y aura aucun douaire, et cette stipulation s'étend aux enfants comme à la femme.

Paris, 247.— 2 Prevot de la Janès, 127.— Renusson, *Douaire*, c. 4, n° 12.— Pothier, *Douaire*, n° 3, 5 et 151.

1432. Le douaire coutumier ou préfix n'est pas regardé comme un avantage sujet aux formalités des donations, mais comme une simple convention de mariage.

Pothier, *Douaire*, 292 et suiv.— 12 Pand. Franç., 163.

1433. Le droit au douaire préfix court de la date du contrat de mariage, et celui au douaire coutumier à compter de la célébration, ou de la date du contrat, s'il y en a un, et que le douaire y ait été stipulé.

Loysel, *Douaire*, règle 20.— 2 Laurière, 256.— Renusson, *Douaire*.— Pocquet, 224.— Pothier, *Douaire*, 147.— 12 Pand. Franç., 164.

1434. Le douaire coutumier consiste dans l'usufruit pour la femme, et dans la propriété pour les enfants, de la moitié des biens immeubles dont le mari est propriétaire lors du mariage et de ceux qui lui échoient de ses père et mère et autres ascendants pendant sa durée.

Paris, 248.— 2 Prevot de la Janès, 122-3.— 2 Laurière, 255 et suiv.— 2 Argou, 130.— Pothier, *Douaire*, 12.

Jurisp.—1. Un acquêt dont le prix a été payé par la communauté, ne cesse pas d'être sujet au douaire coutumier ; et la douairière n'est pas tenue au coût des améliorations faites sur cet immeuble par la communauté.— Martigny vs Archambault, II R. de L., 200.

2. En vertu de la 37ᵉ sec. de la 4ᵉ Vic., chap. 30, le douaire des enfants se prend : 1° Sur les terres, propriétés, etc., en la possession du père à l'époque de son décès ; 2° sur les terres, propriétés, etc., qui ont été dans la possession du père, et par rapport auxquelles la mère n'a pas déchargé ou éteint son douaire, en vertu des dispositions de la 35ᵉ section du statut ci-dessus cité.— Adam vs O'Connell, XI L. C. R., 36.

3. L'insolvabilité du mari, au jour des épousailles, n'empêche pas les immeubles qu'il possédait alors de devenir sujets au douaire coutumier.— Filion vs De Beaujeu, V L. C. J., 128.

1435. Les héritages que le mari a ameublis, suivant la clause d'ameublissement, pour les faire entrer dans la communauté, ne sont pas sujets au douaire coutumier.

N'y sont également pas sujets les immeubles fictifs se composant d'objets mobiliers que le mari s'est réservés propres par la clause de réalisation, pour les exclure de la communauté.

2 Prevot de la Janès, 127.— Pocquet, règle 18, p. 223.— Renusson, *Douaire*, c. 3, nᵒˢ 9 et 106.— Lacombe, vᵉ *Douaire*, sec. 2, nᵒ 7 et 22.— Lebrun, *Suc.*, liv. 2, c. 5, dist. 1, nᵒ 21.

Jurisp.— 1. La stipulation dans un contrat de mariage que " les futurs époux se prennent avec leurs biens et droits à chacun d'eux appartenant, et tels qu'ils pourront leur échoir ci-après, à quelque titre que ce soit, lesquels dits biens meubles ou immeubles entreront dans la dite communauté," est un ameublissement général de tous les biens des conjoints, nonobstant clause de réalisation subséquente, et le douaire coutumier ne peut conséquemment être réclamé sur les propres du mari.—Moreau vs Mathews, V L. C. R., 325.

2. La clause d'ameublissement dans un contrat de mariage exclut le douaire coutumier.— Toussaint vs Leblanc, I L. C. R., 25.

1436. Le douaire coutumier résultant d'un second mariage, lorsqu'il y a des enfants nés du premier, consiste dans la moitié des immeubles appartenant au mari, lors du second mariage, non affectés au douaire antérieur, ou qui lui échoient de ses père et mère et autres ascendants pendant sa durée.

Il en est ainsi pour tous les mariages ultérieurs qu'il peut contracter, ayant des enfants de mariages précédents.

Paris, 253 et 254.— 2 Argou, 136.— Renusson, *Douaire*, c. 11, nᵒˢ 1 et suiv.— Pothier, *Douaire*, 4 et 5.

Jurisp.— Le douaire des enfants d'un second mariage ne doit consister que dans le *quart* des immeubles acquis pendant la première communauté, quoique par l'effet du partage de la première communauté fait après le second mariage, le mari soit devenu propriétaire de la totalité de l'immeuble grevé du douaire : dans ce cas le partage n'aura pas un effet rétroactif de manière à changer la quotité du douaire. L'article 279 la Cout. de Paris ne s'applique pas au douaire coutumier d'une seconde femme et des enfants d'un second mariage.— Filion vs De Beaujeu, V L. C. J., 128.

1437. Le douaire préfix, à défaut de convention contraire, consiste aussi dans l'usufruit pour la femme et dans la propriété pour les enfants, de la portion des biens meubles ou immeubles qui le constitue d'après le contrat de mariage.

Il est cependant permis de modifier ce douaire à volonté, de stipuler par exemple qu'il appartiendra à la femme en pleine propriété, à l'exclusion des enfants, et sans retour, ou que le douaire de ces derniers sera différent de celui de la mère.

2 Prevot de la Janès, 134.— 2 Argou, 127 et 128.— Renusson, *Douaire*, c. 4, n°°
1 et suiv.— 12 Pand. Franç., 165 et 166.

Jurisp.— Jugé que la convention dans un contrat de mariage que, " au lieu
de douaire, la femme en cas de survie à son mari, recevra pendant sa vie les
intérêts de .... dont leurs enfants auront la propriété et à défaut les héritiers
du mari," participe de la nature d'un douaire préfix, et est régi par les mêmes
lois.— Morisson et Sauvageau, IV R. L., 455.

1438. Le douaire coutumier ou le préfix est un gain de survie
qui est ouvert par la mort naturelle du mari.

Rien n'empêche cependant que le douaire ne soit ouvert et rendu
exigible par la mort civile du mari, ou par la séparation soit de corps
et de biens, soit de biens seulement, lorsque cet effet résulte des
termes du contrat de mariage.

Il peut également être exigé, au cas de l'absence du mari, sous les
circonstances et conditions exprimées aux articles 109 et 110.

Paris, 163.— 2 Prevot de la Janès, 124.— Brodeau et Louet, D, c. 35.— Montho-
lon, *Arrêt* 63.— 1 Despeisses, part. 1, tit. 13, sec. 5.— 2 Bretonnier sur Henrys, liv.
4, quest. 1.— Renusson, *Douaire*, c. 5, n°° 40 et suiv.— 3 Argou, 129 et 130.— Lacombe, v° *Douaire*, art. 9, n°° 1 et 2.— Lamoignon, tit 34, art. 4.— 12 Pand. Franç.,
167.— Code civil B. C., art. 36, § 8, 1403.

Jurisp.— 1. Le prédécès seul du mari donne lieu à l'ouverture du douaire
de la femme, à moins d'une stipulation très-formelle et une renonciation très-
expresse aux dispositions de la Coutume de Paris.— Mercier vs Blanchet, I R.
de L., 122.

2. L'immeuble du défendeur avait été saisi à la poursuite des demandeurs. Il
était affecté au douaire coutumier non encore ouvert en faveur des enfants nés
du mariage du défendeur avec feue Clémence Racicot. François Perrin, comme
tuteur des enfants, forma opposition afin de charge du droit au douaire coutumier.
L'opposition ne fut pas contestée. Mais par jugement du 19 octobre 1838, la
Cour du Banc du Roi de Montréal la débouta sur le principe que le douaire
n'était pas encore ouvert.— Robertson vs Perrin, I R. de L., 288.

3. An *adjudicataire* may, under some circumstances, be permitted to retain
the capital of a dower *non encore ouvert*.— Roberts vs Lavaux, II R. de L., 278.

4. Le douaire préfix a lieu et la femme peut le réclamer lorsque la communauté de biens se dissout par la séparation judiciaire, et qu'il a été stipulé par le
contrat de mariage que le douaire aurait lieu et que la femme aurait le droit de
le réclamer," arrivant la dissolution de la communauté par mort ou autrement."
— Parent vs Tonnancour, I R. L., 50.

5. Sous la section 57 de l'acte concernant la faillite 1869, la maxime, " jamais
mari ne paya douaire," n'a pas d'application en cas de faillite du mari. Le
douaire comme tous les gains et donations de survie sont des causes valables
d'une réclamation conditionnelle ou éventuelle, et partant la femme peut demander à être colloquée au marc la livre, pour le montant auquel le syndic
estimera la valeur de la donation éventuelle ou éventuelle stipulée au con-
trat de mariage.— Morrison vs Simpson, I R. C., 243.— Mais cette décision a été
renversée par la Cour de Révision, laquelle a rendu la décision suivante.

6. La femme du failli n'a pas le droit de réclamer une somme stipulée en sa
faveur, par son contrat de mariage, de la nature d'un douaire et d'un gain de
survie, sur la masse des biens de son mari en faillite.— Morrison et Simpson, III
R. L., 422.

7. Patrick Leslie, par son contrat de mariage avec Marie Elmire Delisle, lui
donna au lieu et place de douaire, une somme de $16,000, pour lui être payée
aussitôt après le décès du donateur. Celui-ci tombe en faillite et ses meubles
étant décrétés, son épouse fait opposition afin de conserver pour sa réclamation
de $16,000, à moins que les créanciers ne donnassent cautionnement qu'à la mort
de Leslie on lui paierait cette somme. Jugé que la demande de la femme ne
peut être maintenue suivant la maxime, "*jamais mari ne paya douaire.*"— Masson
vs Leslie, X L. C. J., 233.

8. Jugé que le droit à un douaire préfix est soumis à la condition de survie
absolument et ne peut être réclamé du vivant du mari, même en cas de faillite

de celui-ci. Que les lois françaises qui régissent le douaire ou matières y participant, ne peuvent être changées par les lois passées par le parlement fédéral
et particulièrement par les lois de faillite.— Morrison et Sauvageau, IV R. L., 455.

1439. Si la femme est vivante lors de l'ouverture du douaire,
elle entre de suite en jouissance de son usufruit ; ce n'est qu'à son
décès que les enfants peuvent prendre possession de la propriété.

Si la femme prédécède, les enfants jouissent du douaire en propriété dès l'instant de son ouverture.

Au cas du prédécès de la femme, si, au décès du mari, il n'y a
aucuns enfants ou petits-enfants vivants, nés du mariage, le douaire
est éteint et reste dans la succession du mari.

Paris, 263 et 265.— 2 Laurière, 272, 287 et suiv.— Pocquet, *Douaire*, règle 8, p.
219.— Loysel, *Douaire*, règle 6.— 2 Argou, 130, 142, 145 et 146.— Lamoignon,
Douaire, art. 32 et 34.— 12 Pand. Franç., 174.

1440. Le douaire préfix se prend sur les biens du mari seul.

Paris, 257 et 260.— 2 Laurière, 281.— 2 Prevot de la Janès, 135.— 2 Argou, 140.
— Lamoignon, *Douaire*, art. 35.

Jurisp.— Un légataire universel ne peut réclamer du légataire particulier
un douaire attaché sur l'immeuble qui fait l'objet du legs particulier.— Kirby
vs Ross, V R. L., 453.

1441. La femme et les enfants sont saisis de leur droit respectif
dans le douaire à compter de son ouverture, sans qu'il soit besoin
d'en faire demande en justice ; cependant cette demande est nécessaire contre les tiers acquéreurs pour faire courir à leur égard les
fruits des immeubles et les intérêts des capitaux qu'ils ont acquis de
bonne foi, sujets ou affectés au douaire.

Paris, 251, 252 et 256.— 2 Laurière, 280.— Pocquet, règle 10, p. 220.— 2 Argou,
132-3.— Loysel, *Douaire*, règle 10.— Pothier, *Douaire*, 189 et 332.— Lamoignon,
Douaire, art. 9.

Jurisp.— La renonciation faite par une femme à la succession testamentaire de son mari, ne sera pas affectée par le fait que, comme exécutrice du
testament, elle aura reçu une somme d'argent qu'elle se serait appropriée, en
déduction de son douaire préfix.— Ackerman vs Gauthier, IV R. L., 224.

1442. Le douaire coutumier, ainsi que le préfix qui consiste en
immeubles, est un droit réel, qui se règle d'après les lois du lieu où
sont situés les immeubles qui y sont sujets.

Paris, 249.— 2 Prevot de la Janès, 128 et 129.— 2 Laurière, 260.— 2 Argou, 133.

1443. L'aliénation faite par le mari, de l'immeuble sujet ou
affecté au douaire, non plus que les charges et hypothèques dont il
peut le grever, avec ou sans le consentement de sa femme, n'altèrent
aucunement le droit de cette dernière ni celui de ses enfants, à
moins qu'il n'y ait renonciation expresse conformément à l'article
qui suit.

Sont également sans effet à l'égard de l'une et des autres, sous la
même exception, l'aliénation ainsi faite et les charges ainsi imposées
même au nom et avec le consentement de la femme, quoique autorisée de son mari.

Paris, 249 et 250.— 2 Laurière, 260.— 2 Prevot de la Janès, 130.— 2 Argou, 145.
— Pocquet, 225.— Lamoignon, *Douaire*, art. 5.— Code civil B. C., art. 1301.

Jurisp.— 1. L'action hypothécaire pour douaire préfix ne peut pas être repoussée par une exception alléguant que le demandeur est tenu de s'adresser d'abord au dernier acquéreur et ainsi de suite, en remontant jusqu'au premier. Cette exception ne peut être invoquée qu'à l'égard du douaire coutumier.— Benoît vs Tanguay, I L. C. J., 168.

2. Dans une action pour douaire coutumier des enfants, intentée contre un tiers détenteur, s'il n'a pas été allégué par les demandeurs que leur père n'a pas laissé dans sa succession d'héritages de valeur suffisante pour leur fournir leur douaire, le défendeur ne peut faire rejeter la demande des douairiers, en se fondant sur cette simple omission; il faut qu'il allègue par exception et prouve que le père a laissé dans sa succession des biens sujets au douaire d'une valeur suffisante pour y satisfaire. Cette insuffisance des allégués de la déclaration doit être attaquée par exception péremptoire; on ne peut s'en prévaloir efficacement par une simple défense en droit, ni *de plano*, lors de l'audition.— Lepage vs Chartier, II L. C. J., 29.

1444. Il est cependant loisible à la femme majeure de renoncer au droit qu'elle peut avoir, à titre de douaire coutumier ou préfix, sur les immeubles que son mari vend, aliène ou hypothèque.

Cette renonciation se fait, soit dans l'acte par lequel le mari vend, aliène ou hypothèque l'immeuble, soit par un acte différent et postérieur.

S. R. B. C., ch. 37, sec. 52, § 1; sec. 54.— 25 Victoria (1862), ch. 11, sec. 8.

Jurisp.— 1. Une femme mariée encore mineure peut avec la seule autorisation de son mari, ratifier un acte d'échange consenti par le mari d'un immeuble affecté aux douaire préfix et reprises matrimoniales de cette femme, tels droits de la femme étant des droits purement mobiliers.—Il y a autorisation suffisante du mari dans cet acte de ratification où la femme se déclare "dûment assistée, et d'abondant autorisée," sans dire par qui, le mari paraissant à l'acte pour déclarer qu'il ne sait signer, après lecture faite.— Sur un acte d'échange il ne peut y avoir, en cas semblable, lésion pour la femme, l'hypothèque pour ses reprises et droits matrimoniaux étant transportée d'un immeuble sur un autre.— Métrissé et Brault, XI L. C. R., 157.

2. The 4th Vic., c. 3, s. 36, does not prohibit a wife from renouncing to the exercise of her hypothec for matrimonial rights in property sold by her husband, and such renunciation is valid and binding though subsequently she obtains a *séparation de biens* from her husband.—Gorgendière vs Thibaudeau, I R. C., 478.

3. A wife may legally renounce to dower, under authority of a judge, when her husband is interdicted for insanity.— Dufresnay vs Armstrong, XIV L. C. J., 253.

1445. Cette renonciation a l'effet de décharger l'immeuble affecté au douaire de toute réclamation que la femme peut y avoir à ce titre, sans que ni elle ni ses héritiers puissent exercer, sur les autres biens du mari, aucun recours d'indemnité ou de récompense, en compensation du droit ainsi abandonné, nonobstant les dispositions du présent titre et toutes autres de ce code relatives aux remplois, indemnités et récompenses que se doivent les époux ou autres parties, au cas de partage.

S. R. B. C., ch. 37, sec. 52, § 2.— Code civil B. C., art. 1303.

Jurisp.— 1. La femme qui obtient une séparation de biens, ne peut exercer l'hypothèque pour ses reprises matrimoniales sur les biens aliénés par son mari, lorsqu'elle a, pendant la communauté, approuvé et ratifié cet acte d'aliénation.— Boudria vs McLean, XII L. C. R., 135.

2. A general renunciation for consideration by a wife *séparée de biens* in 1828, of all rights she might have in a property sold by her husband, and which at the time was hypothecated for the payment to her of a *douaire préfix*, did not operate as a bar to her children's claim to be paid such dower, when the same became open. A sale of the property, under the bankruptcy laws in force in 1845, did not purge the property from the dower, not then open.— Massue et Morley, XIV L. C. J., 308.

1446. Quant au douaire des enfants, il ne peut s'exercer que sur les immeubles qui, assujettis au douaire de la mère, n'ont été, pendant le mariage, ni aliénés, ni hypothéqués par leur père, avec la renonciation de la mère faite en la manière énoncée en l'article 1444.

S. R. B. C., ch. 37, sec. 53.

Après la mort de la femme, l'enfant majeur peut renoncer au douaire, dans les cas où sa mère eût pu le faire, et de la même manière et aux mêmes fins.

Jurisp.—1. Une réunion au domaine ou rétrocession volontaire faite pour cause d'inexécution des clauses du contrat de concession originaire, n'a pas l'effet de purger l'immeuble ainsi réuni au domaine ou rétrocédé, du douaire coutumier dont il était grevé.— Filion vs DeBeaujeu, V L. C. J., 128.

2. En vertu de la 37ᵉ sec. de la 4ᵉ Vic., chap. 30, le douaire des enfants se prend : 1° Sur les terres, propriétés, etc., en la possession du père à l'époque de son décès ; 2° sur les terres, propriétés, etc., qui ont été dans la possession du père et par rapport auxquelles la mère n'a pas déchargé ou éteint son douaire en vertu des dispositions de la 35ᵉ section du statut ci-dessus cité.— Adams vs O'Connell, XI L. C. R., 365.

1447. Le décret, le jugement en ratification de titre, et l'adjudication sur licitation forcée, qui ont lieu avant l'ouverture du douaire coutumier, soit que ce douaire résulte de la loi seule, ou qu'il ait été stipulé, n'affectent pas les immeubles qui le constituent.

Néanmoins, si le décret a été poursuivi par un créancier dont le droit est antérieur et préférable au douaire, ou si un tel créancier est colloqué sur ces procédures, l'aliénation ou la ratification est valide et l'immeuble est libéré. Les créanciers postérieurs en droit qui en ce cas reçoivent le surplus du prix sont tenus de rapporter si douaire a lieu, et ne peuvent toucher les deniers qu'en donnant caution si le douaire est apparent.

Lorsque suivant le premier cas du présent article le douaire n'est pas purgé par la vente ou le jugement de ratification, l'adjudicataire ou l'obtenteur du jugement qui est évincé à cause du douaire peut également faire rapporter les créanciers qui ont reçu le prix, et si le douaire apparaît sur les procédures, les créanciers ne sont colloqués qu'en donnant caution de rapporter ce qu'ils ont reçu du douaire. Si les créanciers ne veulent pas donner caution, l'adjudicataire garde ou reprend le montant qui y était sujet en donnant lui-même caution de rapporter.

Le douaire coutumier ouvert ne tombe pas sous les règles du présent article.

S. R. B. C., ch. 37, ss. 1 et suiv.— S. R. B. C., 25 Vict., ch. 11, ss. 2, 3 et 4.— Loysel, *Douaire*, art. 7 et 8.— 2 Argou, 146 et 147.— Brodeau et Louet, D, n° 20.— Renusson, ch. 10, n° 1 et suiv.— Bacquet, *Droits de Justice*, c. 15, n° 72.— Lacombe, v° *Décret*, 153 et 154.— Lamoignon, *Douaire*, art. 20, 21, 22 et 23.

Jurisp.—1. Il n'est pas nécessaire qu'un contrat de mariage contenant la stipulation d'un douaire coutumier, soit enregistré pour donner à la douairière réclamant le douaire coutumier, un droit de préférence sur les créanciers postérieurs qui ont enregistré leurs titres de créance.— Sims vs Evans, X L. C. R., 301.

2. The *douaire coutumier* does not affect a mere undivided interest or share in real property, where such property is sold by *licitation forcée*, the effect of the licitation being to convert the right of dower on the land to a claim on the moneys resulting from the sale of the property ; and this even in the case of a *tiers acquéreur*.— Denis vs Crawford, VII L. C. J., 251.

3. A wife *séparée de biens* may legally renounce to the customary dower of herself and children after the property affected with the dower has been sold *par décret*.— Dufresnay vs Armstrong, XIV L. C. J., 253.

1448. Lorsque le douaire non ouvert est préfix, soit qu'il consiste en un immeuble, ou en une créance hypothécaire, il est sujet à l'effet des lois d'enregistrement, et est purgé par le décret et les autres procédures mentionnées en l'article qui précède, comme dans les cas ordinaires, sauf aux intéressés à exercer leurs droits et recours, et sauf les cautionnements qui doivent leur être donnés.

Le douaire préfix ouvert est sujet aux règles ordinaires.

S. R. B. C., ch. 37, ss. 1 et suiv.— S. R. C., 25 Vict., ch. 11, ss. 2, 3 et 4.— 3 Revue de Jurisp., p. 478, *ex parte* Gibb, comme inférence *à fortiori* quant aux contrats de mariage postérieurs aux lois d'enregistrement, quoique quant aux anciens il y ait contrariété avec la décision qui précède.

Jurisp.— 1. Une femme mariée n'a pas perdu son hypothèque sur les biens de son mari, quoique son contrat de mariage, antérieur à l'ordonnance des bureaux d'enregistrement, n'ait pas été enregistré avant le 1er nov. 1844, mais ne l'ait été que le 7 déc. 1846.— *Ex parte* Gibb, III R. de L., 478.

2. L'acquéreur de bonne foi pour valable considération, en vertu d'un acte passé avant l'ordonnance d'enregistrement, et enregistré avant le premier novembre 1844, n'est pas tenu hypothécairement au paiement d'un douaire préfix stipulé par contrat de mariage par-devant notaires en 1817, et qui n'a été enregistré que le 14 février 1853 ; bien que le décès de l'époux de la demanderesse n'ait eu lieu qu'en octobre 1852.— Forbes vs Legault, VI L. C. R., 100.

1449. L'acquéreur de l'immeuble sujet ou hypothéqué au douaire ne prescrit ni contre la femme, ni contre les enfants, tant que ce douaire n'est pas ouvert.

La prescription court contre les enfants majeurs, du vivant de la mère, à compter de l'ouverture du douaire.

Renusson, *Douaire*, c. 15.— 2 Argou, 148 et 149.— Lacombe, v° *Douaire*, 244.— Pothier, *Douaire*, n° 86.— Paris, 117.— Lamoignon, *Douaire*, art. 16.

Jurisp.— L'héritier à titre universel de la personne qui avait acquis un héritage grevé de douaire coutumier, d'un mari et d'une femme durant leur mariage, acquiert la prescription de dix ans à compter du décès des père et mère des douairiers.— Le paiement fait en vertu d'un jugement obtenu en faveur de l'un des douairiers par les possesseurs de l'héritage grevé du douaire, n'interrompt pas la prescription quant aux autres parties du douaire non réclamées, et tel paiement n'équivaut pas à une renonciation à la prescription qui aurait déjà été acquise.— Bisson vs Michaud, XII L. C. R., 214.

SECTION III.

DISPOSITIONS PARTICULIÈRES AU DOUAIRE DE LA FEMME.

1450. Le douaire préfix de la femme n'est pas incompatible avec la donation d'usufruit qui lui est faite par le mari ; elle jouit, en vertu de cette donation, des biens y contenus, et prend son douaire sur le surplus, sans diminution ni confusion.

Paris, 257.— 1 Laurière, 192.— 2 Laurière, 231.— Loysel, *Douaire*, règle 15.— Pocquet, 221.— Ricard, sur art. 261 de Paris.— 2 Argou, 140.— Pothier, *Douaire*, 264 et suiv.— Lamoignon, *Douaire*, art. 35.

1451. Si le douaire de la femme consiste en deniers ou en rentes, la femme a contre les héritiers ou représentants de son mari, pour s'en faire payer, tous les droits et actions appartenant aux autres créanciers de la succession.

Pothier, *Douaire*, 194.— Lamoignon, *Douaire*, art. 15.

24

1452. Si le douaire consiste dans la jouissance d'une certaine portion des biens du mari, il doit se faire entre elle et les héritiers de ce dernier, un partage par lequel on livre à celle-ci la portion dont elle a droit de jouir.

La veuve et les héritiers ont réciproquement une action pour obtenir ce partage, au cas de refus de part ou d'autre.

Loysel, *Douaire*, règle 21.— Pocquet, règle 20, p. 224.— Pothier, *Douaire*, 174 et suiv.— 12 Pand. Franç., 169.

Jurisp.— An action *en délivrance de douaire coutumier* is an action of *partage*, and all the co-heirs must therefore be parties to the suit.— Turcot vs Drouin, II R. de L., 278.

1453. La douairière, comme les autres usufruitiers, prend les fruits naturels et industriels pendant par branches ou tenant par racines sur l'immeuble sujet au douaire, lors de l'ouverture, sans être tenue de rembourser les frais faits par le mari pour les produire.

Il en est de même à l'égard de ceux qui entrent en jouissance de la propriété de cet immeuble, après l'extinction de l'usufruit.

Pothier, *Douaire*, 201, 272 et 273.— Lamoignon, *Douaire*, art. 14.— Code civil B. C., art. 450.

1454. La douairière jouit du douaire coutumier ou préfix à sa caution juratoire, tant qu'elle reste en viduité; mais si elle passe à un autre mariage, elle devient tenue de donner caution, comme tout autre usufruitier.

Paris, 264.— 2 Argou, 132.— Pothier, *Douaire*, 221.— Lamoignon, *Douaire*, art. 36.

Jurisp.— An action for dower may be maintained by a widow after her second marriage, but she is bound to give security as required by the 264 article of the custom.— Elot vs Touchette, II R. de L., 277.

1455. Si la femme qui se remarie ne peut fournir la caution requise, son usufruit devient assujetti aux dispositions des articles 465, 466 et 467.

Pothier, *Douaire*, 227.— Lamoignon, *Douaire*, art. 36, 37 et 38.— Code civil B. C., art. 465, 466 et 467.

1456. La douairière est obligée d'entretenir les baux à ferme ou à loyer faits par son mari des héritages sujets à son douaire, pourvu qu'il n'y ait ni fraude ni anticipation excessive.

Pocquet, règle 25, p. 227.— Renusson, *Douaire*, c. 14.— Coquille, quest. 156.— Pothier, *Douaire*, 229.— Lamoignon, *Douaire*, 45.— Code civil B. C., art 457.

1457. Ceux qu'elle a faits pendant sa jouissance expirent avec son usufruit; cependant le fermier ou le locataire a droit et peut être contraint de continuer son occupation pendant le reste de l'année commencée à l'expiration de l'usufruit, à la charge d'en payer le loyer au propriétaire.

Renusson, *Douaire*, c. 14. — Pocquet, 227.— Coquille, quest. 156.— Pothier, *Douaire*, 229 et 279.— Lamoignon, *Douaire*, art. 45.— Code civil B. C., art. 457.

1458. La douairière, comme tout autre usufruitier, est tenue de toutes les charges ordinaires et extraordinaires dont est grevé l'immeuble sujet au douaire, ou qui peuvent y être imposées pendant sa jouissance, ainsi qu'exposé au titre *De l'Usufruit, de l'Usage et de l'Habitation.*

Renusson, *Douaire*, c. 8, n° 8.— Loysel, *Douaire*, règle 18.— 2 Prevot de la Janès, 136.— Pocquet, règle 26, p. 227.— Lacombe, vᵉ *Douaire*, 224.— Pothier, *Douaire*, 230 et suiv.— Lamoignon, *Douaire*, art. 42.

Jurisp.— Les charges annuelles municipales et autres sont des charges de la jouissance et possession de l'immeuble, et le détenteur ne peut demander le remboursement des arrérages qu'il en a payés et qui se sont accrus pendant sa jouissance.— Filion vs De Beaujeu, V L. C. J., 128.

1459. Elle n'est tenue que des réparations d'entretien ; les grosses demeurent à la charge du propriétaire, à moins qu'elles n'aient été occasionnées par la faute ou la négligence de la douairière.

Paris, 262.— Pocquet, règle 23, p. 228.— Loysel, *Douaire*, règle 18.— 2 Prevot de la Janès, 136 et 138.— Lacombe, vᵉ *Douaire*, n° 45.— Pothier, *Douaire*, 237.— Lamoignon, *Douaire*, art. 45.— Code civil B. C., art. 468 et 469.

1460. La femme douairière, comme tout autre usufruitier, prend les choses sujettes au douaire dans l'état où elles se trouvent lors de l'ouverture.

Il en est de même des enfants douairiers quant à la propriété, dans le cas où l'usufruit de la femme n'a pas lieu.

S'ils ne la prennent qu'après l'usufruit expiré, ou si alors il n'y a pas d'enfants douairiers, la succession de la femme est tenue, au premier cas envers les douairiers, et au second cas envers les héritiers du mari, d'après les règles qui concernent la jouissance et les obligations de l'usufruitier à titre particulier.

ff L. 65, *De usufructu* ; L. 12, *De usu et usufructu.*— 2 Prevot de la Janès, 138.— 2 Argou, 202.— Lacombe, *Douaire*, sec. 5, pp. 239 et 244.— Guyot, Rép., vᵉ *Usufruit*, p. 393.— Merlin, *Usufruit*, ? 2, n° 2.— Code civil B. C., art. 455 à 476.

1461. Si néanmoins, pendant le mariage, des augmentations notables ont été faites à la chose, la femme n'en profite qu'en rapportant la plus-value, si son douaire est en propriété, et l'intérêt de cette plus-value, s'il est en usufruit.

Elle a droit toutefois de demander que ces augmentations soient enlevées, si elles peuvent l'être avec avantage et sans détérioration à la chose.

Si elles ne peuvent être ainsi enlevées, la femme peut, aux fins du rapport, obtenir la licitation.

Les enfants douairiers qui prennent la propriété sans que la mère ait eu l'usufruit, sont dans la même position qu'elle quant aux augmentations.

Si, pendant le mariage, des détériorations ont eu lieu sur la chose affectée au douaire, au profit du mari ou de la communauté, il est dû récompense à la femme et aux enfants qui se portent douairiers.

Lebrun, *Suc.*, p. 383.— Renusson, *Douaire*, 30-1.— 3 Gr. Cout., 906.— Duplessis, *Douaire*, 249.— Lemaistre, *Douaire*, 307.— Pothier, *Douaire*, 238-9.— 7 Nouv. Den., 199.— Lamoignon, *Douaire*, art. 11, 12 et 13.— Code civil B. C., art. 384 et 582.

1462. Le douaire de la femme s'éteint comme tout autre usufruit, par les causes énumérées en l'article 479.

2 Prevot de la Janès, 140.— Pothier, *Douaire*, 247, 248, 249, 253, 254 et 255.

1463. La femme peut être privée de son douaire pour cause d'adultère ou de désertion.

Dans l'un comme dans l'autre cas, il faut que le mari se soit plaint de son vivant, sans qu'il y ait eu depuis réconciliation ; les héritiers ne peuvent que continuer, en ces cas, l'action commencée et non abandonnée.

2 Prevot de la Janès, 141.— Pocquet, règles 29, 30 et 31.— Loysel, *Douaire*, règle 39.— Coquille, quest. 147.— Pothier, *Douaire*, 256 et suiv.— Lamoignon, *Douaire*, art. 47, 48 et 49.— Code civil B. C., art. 187 et 211.— 1 Revue de Lég., 450.

Jurisp.— 1. Une veuve coupable d'incontinence pendant la première année de sa viduité, peut être privée de son douaire, mais un jugement à cet effet, en autant qu'il s'agit des fruits et revenus de tel douaire, n'aura pas un effet rétroactif.— J. vs R., VII L. C. R., 391.

2. L'adultère de la femme, durant le mariage, ne peut être l'objet d'une fin de non-recevoir de la part de l'héritier, pour lui faire perdre ses droits de communauté ; — cette fin de non-recevoir ne peut être plaidée que par le mari ; — si le mari ne s'est pas pourvu contre elle durant son vivant pour la faire déclarer déchue de ses droits matrimoniaux, l'héritier est non recevable à le faire.— L'absence de la femme du domicile conjugal et son défaut de collaboration durant le mariage, pour *cause légitime*, ne la privent pas de ses droits matrimoniaux après le décès de son mari ; — entr'autres causes légitimes de cette nature, le fait que le mari a vécu en concubinage dans sa propre maison, est suffisant pour autoriser sa femme à vivre séparée de lui ; dans un tel cas l'abandon du mari à son lit de mort, par sa femme, est justifiable.— Gadbois vs Bonnier, V L. C. J., 257.

1464. La femme peut aussi être déclarée déchue de son douaire pour l'abus qu'elle fait de sa jouissance, dans les circonstances et sous les modifications énoncées en l'article 480.

Renusson, *Douaire*, c. 12, nos 21 et 22.— Pocquet, règle 28, p. 228.— Pothier, *Douaire*, 262 et 263.— Code civil B. C., art. 480.

1465. Si la femme est déclarée déchue de son usufruit pour quelques-unes des causes énoncées ci-dessus, ou si, après que le douaire est ouvert, elle y renonce purement et simplement, les enfants douairiers prennent la propriété à compter de la renonciation, ou de la déchéance, si elle a lieu après l'ouverture.

Lamoignon, *Douaire*, art. 65.

SECTION III.

DISPOSITIONS PARTICULIÈRES AU DOUAIRE DES ENFANTS.

1466. Les enfants auxquels le douaire est dû sont ceux issus du mariage pour lequel il a été constitué.

Sont réputés tels ceux qui, quoique nés des époux avant le mariage, ont été légitimés par son effet ; ceux qui, conçus lors du décès du père, sont nés depuis, et aussi les petits-enfants dont le père, venant du mariage, est décédé avant l'ouverture du douaire.

Les enfants habiles à succéder à leur père, lors de son décès, sont les seuls qui ont le droit de prétendre au douaire.

Pothier, *Douaire*, 344 et suiv., 392.— Lamoignon, *Douaire*, art. 56 et 63.— 12 Pand. Franç., 374.

1467. L'enfant qui se porte héritier de son père, même par bénéfice d'inventaire, ne peut prendre part au douaire.

Paris, 250, 251 et 254.— 2 Laurière, 266 et suiv.— Pothier, *Douaire*, 350.— Contrà, 2 Argou, 143.— 2 Prevot de la Janès, 143.— Pothier, *Douaire*, 351.

Jurisp.— Trois des demandeurs ayant fait acte d'héritiers de leur père, leur renonciation subséquente sera annulée et ils ne pourront réclamer leur part du douaire coutumier créé par leur père.— Filion vs De Beaujeu, V L. C. J., 128.

1468. Pour pouvoir se porter douairier, l'enfant est tenu de rapporter à la succession de son père tous les avantages qu'il en a reçus, en mariage ou autrement, ou moins prendre dans le douaire.

Paris, 252.— 2 Laurière, 269.— 2 Prevot de la Janès, 144.— 2 Argou, 145 et 146. — Pothier, *Douaire*, 352 et suiv.— Lamoignon, *Douaire*, art. 62.

1469. Les enfants douairiers ne sont pas tenus de payer les dettes contractées par leur père depuis le mariage ; quant à celles contractées avant, ils n'en peuvent être tenus qu'hypothécairement, avec recours sur les autres biens du mari.

Paris, 250.— 2 Laurière, 262.— 2 Argou, 255.— Lamoignon, *Douaire*, art. 62.

1470. Le douaire préfix qui consiste dans une somme de deniers à une fois payer, est à toutes fins réputé mobilier.

Paris, 259.— 2 Laurière, 284.

1471. Après l'ouverture du douaire et l'extinction de l'usufruit de la femme, les biens composant le douaire se partagent entre les enfants et petits-enfants y ayant droit, de même que si ces biens leur étaient échus par succession.

Les parts de ceux qui renoncent restent dans la succession et n'augmentent pas celles des autres enfants qui s'en tiennent au douaire.

Paris, 250.— 2 Prevot de la Janès, 143.— 2 Argou, 141, 143 et 144.— Pothier, *Douaire*, 393, 394 et 395.— Lamoignon, art. 61.— 12 Pand. Franç., 176.

Jurisp.— Les parts des douairiers qui renoncent au douaire restent dans la succession de leur père et n'augmentent pas celles des autres enfants qui s'en tiennent au douaire.— Lepage vs Chartier, XI L. C. J., 29.

TITRE CINQUIÈME.

DE LA VENTE.

CHAPITRE PREMIER.

DISPOSITIONS GÉNÉRALES.

1472. [La vente est un contrat par lequel une personne donne une chose à une autre, moyennant un prix en argent, que la dernière s'oblige de payer.

Elle est parfaite par le seul consentement des parties, quoique la chose ne soit pas encore livrée ; sujette néanmoins aux dispositions contenues en l'article 1027, et aux règles spéciales concernant la cession des vaisseaux enregistrés.]

Domat, liv. 1, tit. 2, sec. 1, n°° 1 et 2.— Troplong, *Vente*, n°° 4, 37 et suiv.—6 Marcadé, pp. 142 et suiv.— Code civil B. C., art. 1022, 1026 et 1027.— C. N., 1582 et 1583.

Jurisp.— 1. Pour pouvoir porter l'action pétitoire de la part d'un nouvel acquéreur, il n'est pas nécessaire qu'il ait en soi la possession ou la tradition réelle de l'immeuble revendiqué, pourvu que son vendeur fût en possession de l'immeuble lors de la vente.— Bilodeau et Lefrançois, XII L. C. R., 25.

2. Les défendeurs ayant acheté de la fleur, livrable aux magasins des demandeurs, de temps à autre, à la demande des acheteurs, la vente est parfaite quoiqu'il n'y ait pas tradition au moment du contrat, et la fleur demeurée aux dits magasins est la propriété des acheteurs et à leurs risques et périls.— Boyer et Prieur, VII L. C. J., 52.

3. A transfer of goods may be validly made to a banking institution by the delivery of a warehouse receipt without endorsement.— Molsons Bank vs Janes, IX L. C. J., 81.

4. In a sale of timber growing, with the right to cut the same, the only tradition that the vendor can make at the time is to point out to the purchaser the trees to be cut.— Russell vs Guertin, X L. C. J., 133.

5. The acceptance by a third party or middle-man of a delivery order granted by a vendor in favor of a vendee, for goods to be manufactured by the third party or middle-man, and the setting apart these goods as subject to the vendee's orders by the third party or middle-man, as they are manufactured, is a complete delivery, even though they should still be entered in the vendor's name in the books of the third party or middle-man.— Brotler & Hall, X L. C. J., 205.

6. La vente est parfaite par le seul consentement des parties, lorsqu'elle est d'un corps certain et déterminé. Dans ce cas, l'acheteur a droit de saisir-revendiquer l'objet vendu.— Kelly vs Merville, I R. L., 194.

7. Avant la promulgation du Code civil, art. 1472, le vendeur n'était pas tenu de transférer la propriété.— Armstrong et Dufresnay, III R. L., 366.

1473. Le contrat de vente est assujetti aux règles générales concernant les contrats, les effets et l'extinction des obligations, énoncées dans le titre *Des Obligations*, à moins qu'il n'y soit pourvu autrement d'une manière spéciale dans ce code.

C. N., 1584.

Jurisp.— 1. Lorsqu'une vente absolue est faite, et, simultanément avec telle vente, un autre contrat est exécuté par lequel l'acquéreur s'oblige de rétrocéder au vendeur les effets qui lui ont été transportés par l'acte de vente, lorsqu'une certaine condition aura été remplie, et que cette condition n'est pas exécutée ; l'acte de vente demeure en pleine force, et l'acquéreur devient propriétaire absolu des effets à lui transportés par tel acte.— Jeffrey et Shaw, X L. C. R., 340.

2. A lease of moveable property containing at the same time a promise of sale, dependent on the payment of certain instalments is a conditional sale, and therefore on non-payment of the balance of the same, the vendor cannot proceed by *saisie-revendication* against the lessee. The action should be for resiliation of the sale.— Caron, Badgley, Monk & Drummond, J. J. Dissenting ; Duval, C. J. Messrs. J. J. Caron, Badgley & Drummond would not, however, dismiss plaintiff's demand for a condemnation against the purchaser to pay the instalments due. Action maintained *pro tanto*, but *saisie-revendication* set aside. Mr. Justice Monk, with the Court of Review, thought that in a *saisie-revendication*, no such condemnation could be made.— Brown et Lemieux, I R. C., 476.

3. L'absence de sceau sur un acte de vente d'une propriété acquise par la demanderesse en cette cause, lorsqu'elle a été mise en possession et a payé le prix de vente, n'est pas une cause de nullité de la vente.— St. Patrick's Hall Association vs Moore, V R. L., 294.

1474. Lorsque des choses mobilières sont vendues au poids, au compte ou à la mesure, et non en bloc, la vente n'est parfaite que lorsqu'elles ont été pesées, comptées ou mesurées ; mais l'acheteur peut en demander la délivrance ou des dommages-intérêts, suivant les circonstances.

ff L. 8, *De periculo et comm. rei venditæ.*— L. 35, § 5, *De contr. empt.*— Pothier, *Vente*, n° 308.— 6 Marcadé, p. 149.— Troplong, *Vente*, n°* 86 et 87.— 14 Fenet, pp. 4, 21, 85, 153, 182 et 183.— C. N., 1585.

Jurisp.— 1. Upon the sale of goods by admensuration, which may happen to be destroyed before measurement, the loss is cast upon the seller. Stipulations of admeasurement and delivery at a particular place and time renders the sale conditional and incomplete until the occurrence of those events, and in the mean-time the risk, *periculum rei venditæ* must be borne by the seller.—Le Mesurier vs Hart, I R. de L., 176.

2. Lorsque trois chaînes sont jointes ensemble pour être ainsi délivrées, ces chaînes n'en font qu'une, et livraison ne sera censée complète que lorsque les trois chaînes auront été livrées.— McMaster vs Walker, VIII L. C. R., 171.

3. Dans le cas de la non-exécution d'un contrat de vente d'un objet spécifique et déterminé, détruit par force majeure, sans la faute du vendeur, et qui ne peut être remplacé, une action peut être maintenue pour la restitution des deniers payés en avance sur le contrat, mais ne peut être maintenue pour dommages résultant de la non-exécution du contrat.— Jugement de la Cour Supérieure en conséquence confirmé quant à la restitution, et infirmé quant aux dommages accordés.— Levey & Russell, II L. C. R., 457.

4. *Jugé en C. S.*:— Un acheteur qui a reçu partie d'une quantité de farine vendue à l'échantillon, a droit, lorsqu'il est poursuivi pour le prix, à une réduction égale à la moins-value de la farine reçue, telle farine étant inférieure à l'échantillon. L'acheteur est tenu sur réception de la farine de la faire examiner sans délai et d'offrir de la remettre, et une offre et un protêt notarié du 21 juillet étaient tardifs, la vente et livraison ayant été faites le 19 juin 1860, quoiqu'avis verbal de la mauvaise qualité de la farine eût été donné aux courtiers le 27 juin.— L'acheteur ayant vendu une partie de la farine, n'avait pas le droit de faire rescinder la vente pour le résidu de la farine reçue. *Jugé en appel*:— Les offres de remettre cette partie de la farine qui restait entre les mains de l'acheteur, étaient des offres valables; et la confession de jugement offerte dans l'un des plaidoyers pour la balance du prix était suffisante, et aurait dû être acceptée. L'acheteur était en droit de déduire comme partie de ses dommages, les frais de transport à ses pratiques à la campagne auxquelles partie de la farine avait été envoyée, et aussi la réduction faite sur le prix de la vente à ses dites pratiques.— Leduc et Shaw, XIII L. C. R., 438.

5. In the case of a sale of a given quantity of seed by sample, where the bulk proves inferior to sample, the purchaser is not bound to accept the part which is equal to sample, but may repudiate the whole purchase.— Desmarteau vs Harvey, XVII L. C. J., 244.

6. La vente d'objets dont le prix doit être payé à tant la mesure, ne peut être parfaite que par la livraison. Dans ce cas, l'acheteur n'a pas d'autre action que celle pour demander la livraison des effets vendus, et des dommages, le cas échéant. Dans le dernier cas, si l'acheteur institue une action en revendication comme propriétaire, son action sera déboutée sur *demurrer ;* cependant il pourrait avoir droit à une saisie conservatoire des objets vendus.— Kelly vs Merville, I R. L., 194.

7. Une partie qui se fait mesurer et couper des marchandises et qui offre ensuite un à-compte, a droit, sur le refus du marchand de livrer toutes les marchandises, de choisir parmi les effets achetés pour la valeur de cet à-compte ou de se faire rembourser le montant payé. Le marchand ne peut retenir le montant payé, sous prétexte de l'insolvabilité de l'acheteur, et sur le motif qu'il représente la valeur des marchandises coupées, malgré qu'il offre de les remettre. —Walsh et Bernard, IV R. L., 659.

8. By a writing *sous seing privé* L. purchased from D. 2,265 cords of wood " as now corded at Port Lewis," for the sum of $4,520, and by the same writing acknowledged receipt of the wood, declared himself satisfied therewith, and discharged the vendor "*de toute garantie ultérieure.*" The purchaser having measured the wood, found it 423 cords short, and a portion of it rotten. Suit for value of wood not delivered and of the part that was rotten. *Held,* that by the terms of the agreement the sale was *en bloc* and not by the cord, and the purchaser could not recover.— Lalonde & Drolet, I L. N., 29.

1475. La vente d'une chose à l'essai est présumée faite sous une condition suspensive, lorsqu'il n'appert pas d'une intention contraire des parties.

ff L. 3, L. 34, § 5, *De contr. empt.* L. 31, § 32, *De ædilitio edicto.*— Domat, liv. 1, tit. 2, *Du contrat de vente*, sec. 4, n° 8.— Pothier, *Vente*, n°° 264-5-6.— Marcadé, vol. 6, p. 156.— Troplong, *Vente*, n°° 106 et 107.— C. N., 1588.

Jurisp.— 1. In the case of a sale of rags by sample, the purchaser may claim the resiliation of the sale, on the ground that the rags delivered were not according to sample, within a reasonable delay after delivery. The mere reception of the rags at the railway depot where they were delivered, without special examination and comparison with the samples, and the payment of a sum to account on the supposition that all was right, will not operate as a bar to the vendee's repudiating the sale after discovery that the rags were not according to sample.— Buntin & Hibbard, X L. C. J., 1.

2. When the article sold turns out to be something entirely different, the sale is null, though made by sample.— Perry & Sewell, I L. C. L. J., p. 62.

1476. La simple promesse de vente n'équivaut pas à vente; mais le créancier peut demander que le débiteur lui passe un titre de vente suivant les conditions de la promesse, et qu'à défaut par lui de ce faire, le jugement équivaille à tel titre et en ait tous les effets légaux ; ou bien il peut recouvrer des dommages-intérêts suivant les dispositions contenues au titre *Des Obligations.*

Pothier, *Vente*, 479.— Bardet, Arrêt 2 mars 1627.— Journal des Aud., Arrêt 28 mai 1658.— C. N., 1589.

Jurisp.— 1. A naked promise to sell without a price being named, and without any promise on the part of the vendee to buy, to pay for or to accept the land, is a *nudum pactum.*— Bélair vs Pélisson, II R. de L., 79.

2. Voir 3 R. de L., 261, la cause de Gaulin et Pichette, dans laquelle se présente un cas remarquable de promesse de vente et de vente verbale d'immeubles.

3. Dans une action pour contraindre à passer un contrat de vente, le demandeur n'est pas tenu d'offrir par son action, et de produire en cour avec icelle, son prix d'acquisition, surtout si le défendeur plaide qu'il ne peut exécuter l'acte demandé.— Perrault vs Arcand, IV L. C. R., 449.

4. Sur action en résiliation d'une promesse de vente verbale d'un héritage, telle promesse admise par le défendeur avec des conditions différentes de celles alléguées par le demandeur, ce dernier qui n'a fait aucune preuve, a droit à un jugement suivant les conditions et offres admises par le défendeur.— Lacroix et Lambert, XII L. C. R., 229.

5. Pour donner droit d'action en dommages pour non-exécution d'une promesse de vente, la promesse doit avoir été rédigée par écrit, ou le défendeur doit l'admettre formellement.— Gagnon vs Fecteau, XV L. C. R., 89.

6. Une promesse de vente consentie à la condition que l'acquéreur remplisse certaines obligations, sera annulée si l'acquéreur manque à l'exécution de ses dites obligations.— Charlebois et St-Germain, VIII R. L., 306.

7. On ne peut prouver une promesse de vente d'immeubles par preuve testimoniale, lorsqu'il n'y a pas commencement de preuve par écrit.— McLellan et McLellan, M., 22 mars 1875.

1477. Si la promesse de vente est accompagnée d'arrhes, chacun des contractants est maître de s'en départir, celui qui les a données en les perdant, et celui qui les a reçues en payant le double.— C. N., 1590.

Pothier, *Vente*, 500 et suiv.— C. L., 2438.— C. Cant. Vaud, 1122.— C. N., 1590.

1478. La promesse de vente avec tradition et possession actuelle équivaut à vente.

Jurisp.— 1. Une vente verbale d'un immeuble avec promesse de passer contrat n'est pas une vente obligatoire et ne constitue pas un contrat absolu et parfait. La vente d'immeubles, tant qu'elle n'est pas suivie de la confection de l'acte, n'est rien autre chose qu'un pourparler dont chacune des parties peut se désister ; — en d'autres termes, la vente verbale d'immeubles n'est pas obligatoire.— Gaulin et Pichette, III R. de L., 261. (Cette décision est critiquée *loco citato.*)

2. Un acte portant être une promesse de vente, mais contenant saisine en faveur de l'acquéreur, et dépossession du vendeur, est une véritable vente nonobstant la condition de passer titre après paiement du premier *instalment.*— Kerr et Livingston, I L. C. R., 275.

3. Une promesse de vente accompagnée de prise de possession équivaut à une vente, et donne lieu à l'action pour lods et ventes.— Séminaire de Québec vs McGuire, IX L. C. R., 272.

4. Une promesse de vente suivie de possession, est équivalente à une vente absolue ; et une créance hypothécaire contre le vendeur, créée subséquemment à telle promesse de vente, est de nul effet quant à la propriété vendue. Dans le cas où l'acquéreur porte une action contre un tiers, auquel il a revendu une portion de la propriété, tant comme propriétaire que comme procureur de son vendeur en vertu de telle promesse de vente, jugement sera rendu en sa faveur ; et le fait d'avoir vendu comme procureur de son vendeur, ne pourra affecter son droit de réclamer comme propriétaire.— Gosselin et le Grand-Tronc, IX L. C. R., 315.

5. La promesse de vente (qui vaut vente), quoique verbale, est obligatoire.— Pinsonneault vs Dubé, III L. C. J., 176.

6. Par ces mots : " Promesse de vente avec tradition et possession actuelle équivaut à vente," il faut entendre qu'une telle promesse, tout en liant celui qui promet assez énergiquement pour que la vente s'ensuive forcément si l'autre partie remplit les conditions du contrat, ne signifie pas néanmoins que telle promesse de vente est, en droit, la même chose qu'une vente ; telle promesse n'a pas l'effet de transporter le droit de propriété en la personne du stipulant, lorsqu'il appert par les termes du contrat que telle n'a pas été l'intention des parties, mais qu'au contraire elles ont voulu réserver cet effet à un acte postérieur et conserver le droit de propriété en la personne du promettant. Le droit de demander la résolution de la vente, faute de paiement du prix, appartient au vendeur, malgré qu'il ait stipulé comme remède à l'inexécution des conditions de la part de celui qui a promis d'acheter, la revente ou reprise des biens vendus, surtout s'il a stipulé ce remède sans préjudice à tout autre droit. La clause par laquelle le vendeur se réserve le droit de " se faire remettre, reprendre et revendiquer," n'est rien autre que le pacte commissoire. La position du prometteur n'est sous ce rapport nullement changée par la faillite de celui à qui il a promis de vendre.— Renaud vs Arcand, XIV L. C. J., 102. .

7. Where the plaintiff by an agreement in writing transferred to the defendant a barge to use it and take possession of it at once, but subject to the express condition that such use and possession would give the defendant no right of property in the barge until he should have completed delivery of 500 tons of coal to plaintiff, according as the latter would require it, and the barge was lost by *force majeure* without fault of the defendant before the coal was all delivered, though after the time mentioned in the agreement within which it was deliverable : these circumstances did not take the case out of the ordinary rule *res peril domino ;* the loss of the barge fell on the plaintiff as owner, and the defendant was not bound to complete delivery of the coal.— Beaudry vs Janes, XV L. C. J., 118.

8. In the case of an agreement (before our Civil Code) by A. B. to purchase from C. D. a lot of land for a specified sum, to be paid by instalments, followed by a bond from C. D. in a penal sum, to the effect that, on the purchase money being fully paid, C. D. would execute a deed of sale in due form, and followed also by actual and uninterrupted possession, by A. B. ; the right of property of C. D. in the lot of land was unaffected, so long as any portion of the purchase money remained unpaid and, therefore, C. D. had a right to be collocated for such unpaid purchase money, in the distribution of the proceeds of a sale of the lot by the sheriff, in preference to duly registered judgments obtained by creditors of A. B. against him, while in possession of the lot,— and this, without any registration either of the agreement or of the bond.— Thomas & Aylen, XVI L. C. J., 309.

9. L'appelant ayant obtenu une promesse de vente de l'agent publiquement reconnu d'une compagnie faisant le commerce de propriétés immobilières, et ayant pris possession du terrain, ne peut être dépossédé par cette compagnie, sans aucune raison valable.— Dubrule vs Lafontaine, I R. L., 709.

10. A condition in a promise of sale, that although followed by possession, it should not be equivalent to a sale, held valid.— Noël vs Lavardière, IV Q. L. R., 247.

1479. Les frais d'actes et autres accessoires à la vente sont à la charge de l'acheteur, à moins d'une stipulation contraire.

C. L., 2441.— C. C. Vaud, 1123.— C. N., 1593.

1480. Les articles de ce titre, en autant qu'ils affectent les droits des tiers, sont sujets aux modifications et restrictions spéciales contenues au titre *De l'Enregistrement des Droits Réels.*

Jurisp.— Une vente faite par un failli, après l'émanation d'un bref en liquidation forcée et la publication des avis de faillite, est radicalement nulle, et dans le cas de telle vente l'acquéreur ne peut invoquer sa bonne foi, et demander le remboursement du prix d'achat en vertu de l'article 1480 du Code civil.— Mallette vs White, I R. L., 711.

1481. Les cabaretiers et autres qui vendent des liqueurs enivrantes pour être bues sur le lieu, à d'autres que des voyageurs, n'ont pas d'action pour le prix de ces liqueurs.

Cout. de Paris, art. 128.— Guyot, Rép., v° *Cabaretier,* p. 575.— Cout. d'Orl., art. 267.— N. Denisart, v° *Cabaret,* n° 16 ; v° *Aubergiste,* n° 4.

Jurisp.— 1. La valeur des boissons vendues aux voyageurs qui séjournent dans un hôtel est recouvrable en justice.— Mercier vs Brillon, V L. C. J., 337.
2. Il n'y a pas d'action pour le prix des liqueurs enivrantes, vendues par des cabaretiers pour être bues sur le lieu, à d'autres qu'à des voyageurs, même lorsque le débiteur a reconnu la dette dont la nature n'est pas changée par la reconnaissance.— Bergeron vs Fleury, VII R. L., 183.
3. The supply of refreshments to a gang of men collected during an election of a representative to the Commons of Canada, to be used in case of an emergency, gives rise to no action at law for payment of the refreshments.— Johnson & Drummond, XVII L. C. J., 176.

CHAPITRE DEUXIÈME.

DE LA CAPACITÉ D'ACHETER OU DE VENDRE.

1482. La capacité d'acheter ou de vendre est déterminée par les règles générales concernant la capacité de contracter contenues dans le premier chapitre du titre *Des Obligations.*

C. N., 1594.

Amend.— L'acte des chemins de fer de Québec, 1869, (32 Vict., c. 51, s. 9, §§ 3, 4 et 9), confère le droit de vendre à certaines personnes qui, dans le cours ordinaire de la loi, ne possèdent pas ce pouvoir :
3. " Toutes corporations et personnes quelconques, usufruitiers, grevés de substitutions, gardiens, curateurs, exécuteurs, administrateurs et autres ayants-cause, non-seulement pour eux-mêmes, leurs héritiers et successeurs, mais aussi pour et au nom de ceux qu'ils représentent, soit qu'ils soient enfants nés ou à naître, aliénés, idiots, femmes sous puissance de mari, ou autres personne ou personnes saisies ou en possession de terrains, ou qui y ont des intérêts, pourront contracter, vendre et transporter à la compagnie les dits terrains ou terres, en tout ou en partie ;
4. " Mais les pouvoirs conférés par le paragraphe précédent aux corporations

ecclésiastiques et autres, aux. syndics de terres affectées aux églises ou aux écoles, ou aux uns ou aux autres, aux exécuteurs nommés par des testaments par lesquels ils ne sont revêtus d'aucun contrôle sur les immeubles du testateur, des administrateurs, de personnes décédées *ab intestat*, mais saisies à leur décès de biens immeubles, ne s'appliqueront et ne pourront être exercés qu'à l'égard des terrains réellement requis pour l'usage et occupation de toute compagnie de chemin de fer;

9. " Lorsqu'un terrain appartient à plusieurs personnes comme propriétaires conjoints ou en commun, ou par indivis, tout contrat ou accord fait de bonne foi avec une partie ou des parties qui sont propriétaire ou propriétaires communs d'un tiers ou plus du terrain, relativement au montant de la compensation accordée pour ce terrain ou pour les dommages y causés, sera également obligatoire pour les autres propriétaire ou propriétaires conjoints, ou en commun ou par indivis ; et le propriétaire ou les propriétaires qui ont fait cet accord pourront remettre la possession du terrain ou autoriser à y entrer, suivant le cas. "

L'acte des chemins de fer, 1868, et l'acte Q., 33 Vict., c. 32, concernant l'empierrement des chemins, contiennent des clauses analogues à celles ci-dessus citées.

1483. Le contrat de vente ne peut avoir lieu entre le mari et la femme.

Pothier, *Don. entre mari et femme*, n° 78.— Dumoulin, sur l'art. 156.— C. P., n° 5.— 12 Toullier, n° 41, p. 62.— 6 Marcadé, sur l'art. 1595, p. 185.— C. C. Vaud, 1125.— C. P. C., 282.— 2 Pigeau, 197.— C. N., 1595.

Jurisp.— 1. Un acte authentique passé entre les époux et fait de bonne foi et pour valable considération, en paiement des reprises matrimoniales dues à la femme en vertu d'un jugement en séparation, est un acte valide et légal.— Legault et Bourque, XV L. C. J., 72.

2. Under the circumstances, the husband mortgaged his own property through his wife as mandatory, and he cannot plead his own fraud to deprive his mandate of effect.—Under the circumstances, the lender did not require to bring an action to set aside the fraudulent deeds by which the husband, through a third person, conveyed his property into the name of his wife, as the husband and wife by another set of deeds had reconveyed the property back into the name of the husband, and a direct action against the husband will lie on the deed of mortgage passed by the wife while she held the property, and husband and wife so conspiring fraudulently to obtain money will be jointly and severally condemned to pay back the amount, and the mortgage will be held good as against the property of the husband.— Buchanan vs McMillan, XX L. C. J., 105.

1484. Ne peuvent se rendre acquéreurs, ni par eux-mêmes ni par parties interposées, les personnes suivantes, savoir:

Les tuteurs et curateurs, des biens de ceux dont ils ont la tutelle ou la curatelle, excepté dans le cas de vente par autorité judiciaire;

Les mandataires, des biens qu'ils sont chargés de vendre ;

Les administrateurs ou syndics, des biens qui leur sont confiés, soit que ces biens appartiennent à des corps publics ou à des particuliers ;

Les officiers publics, des biens nationaux dont la vente se fait par leur ministère.

L'incapacité énoncée dans cet article ne peut être invoquée par l'acheteur; elle n'existe qu'en faveur du propriétaire ou autre partie ayant un intérêt dans la chose vendue.

ff L. 34, § 7 ; L. 46, *De contr. empt.*—Cod., L. 5, *De contr. empt.*— Lamoignon, *Arrêt.*, tit. 4, art. 96 ; tit. 22, art. 27, p. 143.— Ord. 1524, art. 23.— Ord. Orl., art. 54. — Ord. 1629, art. 94.— Domat, liv. 1, tit. 2, sec. 8. *Introd.*, §§ et n°° 1 et 2.—Pothier, *Vente*, 13.— 6 Marcadé, 190 à 193.— 1 Troplong, *Vente*, n°° 187 et suiv.— C. L., 2421 et 2422.— C. C. Vaud, 1126 et 1127.— C. N., 1596 et 1597.

Jurisp.— 1. A person in his capacity as curator, cannot purchase from himself individually, and in his own right, a debt, and cannot indirectly, with the assistance of a *prête-nom*, do an act which he cannot do directly in his own name.— Mackenzie & Taylor, IX L. C. J., 113.

2. The sale made of a substituted property for debts created by the author of the substitution, or for other debts or charges anterior to the substitution, is a valid sale, and purges the substitution.— The institute can legally become purchaser of the property *délaissé* by him for the debts of his *auteur*.— MacIntosh vs Bell, XII L. C. J., 121.

3. The provisions of the Civil Code prohibiting agents and others from becoming buyers of the property, which they are charged with the sale of, apply to subordinates.— Wicksteed vs The Corporation of North Ham, XV L. C. J., 249.

4. A une vente faite par un secrétaire-trésorier, sous l'acte municipal, il n'a pas le droit d'acheter pour lui-même. Vente annulée.—Wicksteed vs Corporation de North Ham, III R. L., 447.

5. Un curateur à une substitution ne peut, par personne interposée, se porter adjudicataire des immeubles de la substitution, vendus par autorité de justice.— Benoît et Benoît, VIII R. L., 425.

1485. Les juges, les avocats et procureurs, les greffiers, shérifs, huissiers et autres officiers attachés aux tribunaux ne peuvent devenir acquéreurs des droits litigieux qui sont de la compétence du tribunal dans le ressort duquel ils exercent leurs fonctions.

Jurisp.— Le fait qu'un shérif se serait porté adjudicataire d'un immeuble par personnes interposées, ne rend pas le décret nul de plein droit, mais annulable.— Armstrong et Barrette, II R. L., 98.

CHAPITRE TROISIÈME.

DES CHOSES QUI PEUVENT ÊTRE VENDUES.

1486. Peut être vendue toute chose qui n'est pas hors du commerce, soit par sa nature ou sa destination, soit par une dispositions spéciale de la loi.

Code civil B. C., *Titre des Oblig.*, ch. 5.— Pothier, *Vente*, 10 et 11.— C. N., 1598.

Jurisp.— 1. La dot consistant en une somme d'argent est aliénable par la femme séparée de biens de son mari et de lui dûment autorisée à céder cette somme à un tiers.— Gauthier vs Dagenais, VII L. C. J., 51.

2. Une créance contre le gouvernement résultant du *Rebellion losses act* est susceptible d'être vendue, quoiqu'il n'y ait pas d'action en justice pour en opérer le recouvrement.— Pacaud vs Bourdages, Mont. Cond. Rep., 102.

3. Une rente annuelle léguée à titre d'aliments et déclarée insaisissable par le testateur, peut être cédée par le légataire.— Le légataire est non-recevable à demander la rescision de cette cession, sur le principe que l'insaisissabilité et la nature alimentaire de cette rente comportent son incessibilité.— Berlinguet vs Prevost, XVI L. C. J., 55.

1487. [La vente de la chose qui n'appartient pas au vendeur est nulle, sauf les exceptions contenues dans les trois articles qui suivent. L'acheteur peut recouvrer des dommages-intérêts du vendeur, s'il ignorait que la chose n'appartenait pas à ce dernier.]

1 Troplong, *Vente*, nºˢ 230, 231 et 236.— 6 Marcadé, p. 208, sur l'art 1599.— Cadrès, pp. 196-7.— C. L., 2427.— C. C. Vaud, 1130.— C. N., 1599.

Jurisp.— 1. Le locataire d'un piano le vendit à un tiers, qui le revendit au défendeur. Sur une action en revendication, portée contre ce nouvel acquéreur, *Jugé* que le défendeur ne pouvait invoquer une possession de quelques mois et sa bonne foi, comme titre contre les demandeurs, mais que pour prescrire des meubles, il faut une possession de trois ans, de bonne foi.— Gould vs Cowan, XVII L. C. R., 46.

2. Where a moveable has been leased by the owner and the lessee had sold it to a third party, an action *en revendication* by the lessor to recover it back will be maintained, although the possessor may have purchased in good faith.— Mathews vs Senécal, VII L. C. J., 222.

3. After the advertisement of writ of attachment in insolvency, the public is bound to know the incapacity of an insolvent to sell any of his property.— This incapacity continues and the public is bound to know it, during the pendency of an appeal from a judgment which quashed the attachment.— A sale made by insolvent of property, even when not seized under the attachment, in consequence of its being then secreted, is absolutely null and not annulable only.— The guardian to the attachment under the writ can revendicate in the hands of the purchaser such property when so sold.— The purchaser cannot claim to be reimbursed the price paid to insolvent.— Mallette & Whyte, XII L. C. J.

4. A person who has leased a piano belonging to him, has a right to revendicate it after it has been sold by a third party to cover advances made by such third party to the lessee.— Nordheimer vs Fraser, I L. C. L. J., 92.

5. The plaintiffs revendicated a piano-forte which had been purchased by the defendants at a judicial sale of the goods of a party to whom the plaintiffs had leased the instrument. This sale was made by the bailiff in a different district from that in which the instrument was seized :— *Held*, that the sale was null and void, and could not convey any right of property as against the proprietors.— Nordheimer & Duplessis, II L. C. L. J., 105.

6. La vente par laquelle une personne a par erreur vendu à un acheteur un immeuble qu'elle croyait lui appartenir, mais qui en réalité ne lui appartenait pas, est une vente nulle, et le vendeur ne pourra pas recouvrer le prix de vente.— Roy et Dion, VIII L. L., 259.

1488. [La vente est valide s'il s'agit d'une affaire commerciale, ou si le vendeur devient ensuite propriétaire de la chose.]

Troplong, *Vente*, n° 236.— 6 Marcadé, p. 208.— Cadrès, *loc. cit.*

1489. Si une chose perdue ou volée est achetée de bonne foi dans une foire, marché, ou à une vente publique, ou d'un commerçant trafiquant en semblables matières, le propriétaire ne peut la revendiquer sans rembourser à l'acheteur le prix qu'il en a payé.

C. N., 2280.— Lamoignon, *Arrêtés*, tit. 21, art. 96.— Pothier, *Cheptels*, n° 45, 48 et 50.— Troplong, *Vente*, n° 42.— Merlin, Rép., v° *Vol*, sec. 4, § 1, n° 2.— C. C. Vaud, 1682.— Code civil B. C., art. 2268.

Jurisp.— 1. Possession of moveables presumes title or right of property therein, and therefore, (except in cases of theft, violence, and perhaps accidental loss,) the purchaser of moveables, *bona fide*, in the usual course of trade, acquires a right of property in them, although they may have been sold by one who was not the owner thereof.— Fawcett & Thompson, VI L. C. J., 139.

2. The purchaser of a lost horse, *bona fide*, in the usual course of trade, in a hotel yard in Montreal, where horse dealers are in the habit of congregating and selling daily a large number of horses, acquires no right of property therein as against the owner who lost it ; and, although the purchaser be a resident of the United States and in possession there of the horse claimed, he may nevertheless be sued in Montreal for the value of the horse, on being personally served with process there.— Hughes vs Reed, VI L. C. J., 294.

3. Une cour d'hôtellerie où se font des encans de chevaux n'est pas considérée comme foire ou marché dont il est parlé en l'article 1489 C. C.— Pour que l'acheteur de bonne foi, dans une de ces cours, d'un objet volé, ait droit de réclamer le prix d'achat sur le propriétaire qui le revendique, il faut que cette vente ait eu lieu par vente publique et non privément.— Guy vs Booth, IV R. L., 565.

4. Where a horse was stolen and sold at public auction, the purchaser at auction in good faith has no right or title to the horse, but must restore the same to the original owner, his only recourse being against the seller for recovery of the purchase money.—Langevin vs McMillan, IX L. C. J., 105.

5. Notwithstanding anything contained in articles 1488 and 2268 of the Civil Code of Lower Canada, a valid sale or pledge cannot be made of stolen goods, except in the cases mentioned in article 1489, so as to divest the real owner of his right to reclaim them from the purchaser or pledgee without reimbursing the price paid for or advances made on such goods, although the purchaser or pledgee may have bought or made advances on the stolen goods *bona fide*, in the ordinary course of his business.—The words " nor in commercial matters generally " in article 2268 do not protect a trader acquiring stolen goods in any commercial transaction, whether from a trader dealing in similar articles or not, but apply, apparently, to cases where the possession of the goods is obtained in a commercial transaction, whether by sale or otherwise, but under the same circumstances by which a sale would be protected under article 1489.—Cassils & Crawford, XXI L. C. J., 1.

1490. Si la chose perdue ou volée a été vendue sous l'autorité de la loi, elle ne peut être revendiquée.

S. R. B. C., c. 66.— C. L., 3474.

CHAPITRE QUATRIÈME.

DES OBLIGATIONS DU VENDEUR.

SECTION I.

DISPOSITIONS GÉNÉRALES.

1491. Les principales obligations du vendeur sont : 1. La délivrance, et 2. La garantie de la chose vendue.

Pothier, *Vente*, 41 et 42.— C. N., 1603.

SECTION II.

DE LA DÉLIVRANCE.

1492. La délivrance est la translation de la chose vendue en la puissance et possession de l'acheteur.

Domat, liv. 1, tit. 2, sec. 2, n° 5.— C. N., 1604.

Jurisp.— 1. La possession actuelle par l'acheteur d'une certaine quantité de bois constitue une tradition en loi, quoique le bois n'ait pas été mesuré ni compté. — Levey vs Turnbull, I L. C. R., 21.

2. Dans le cas de vente privée de terres non défrichées et en bois debout, la tradition est nécessaire pour transmettre la propriété.— A défaut de prise de possession par l'acquéreur par titre privé, ces terres peuvent être légalement saisies et décrétées sur le vendeur.— Le décret saisit l'adjudicataire dans ce cas, au préjudice de l'acquéreur qui n'a pas pris possession de fait.—Mallony & Hart, II L. C. R., 345.

3. L'acquéreur d'un immeuble, qui n'a eu ni la tradition ni la possession, ne peut porter l'action pétitoire.—Brochu vs Fitsback, II L. C. R., 7.

4. Une vente de meubles par acte devant notaires, portant que tradition a été faite du tout par la livraison d'une table et d'une chaise, ne transmet pas la propriété à l'acheteur, et un créancier du vendeur (même postérieur à la vente) peut faire saisir et vendre ces meubles sur le vendeur.— Bonacina & Seed, III L. C. R., 446.

5. Le défaut de possession et le défaut de considération sont des indices considérables de fraude; la livraison et la possession ne sont qu'une présomption de bonne foi, mais le défaut de livraison est une forte présomption de fraude.— Un créancier subséquent peut obtenir la simulation d'un acte antérieur concernant des biens qui ne sont jamais sortis des mains de son débiteur.— Barbour vs Fairchild, VI L. C. R., 113.

6. L'adjudication sur décret opère tradition réelle, et l'acquéreur est bien saisi et peut transmettre la possession.— Loranger et Boudreau, IX L. C. R., 385.

7. To entitle opposants, who claimed as proprietors by purchase, to withdraw machinery from sale and execution, the same having been seized as belonging to the defendants, an actual *déplacement* and delivery must be proved, which not having been done, their pretentions could not be upheld.— Ash vs Willett, IV L. C. J., 301.

8. Les défendeurs ayant acheté de la fleur, livrable aux magasins des demandeurs de temps à autre, à la demande des acheteurs, la vente est parfaite, quoiqu'il n'y ait pas tradition au moment du contrat, et la fleur demeurée aux dits magasins est la propriété des acheteurs et à leurs risques et périls.— Boyer vs Prieur, VII L. C. J., 52.

9. The delivery contemplated by the 12th sec. of the insolvent act of 1864, is an actual, complete, and final one, and consequently the delivery of goods to a purchaser's shipping agent in England, for transmission to purchaser in Canada, and the entering of the goods in bond here, by the purchaser's custom house broker, is not such a delivery as will defeat the vendor's remedy, under the 176th and 177th articles of the custom of Paris.— Hawksworth vs Elliot, X L. C. J., 197.

10. The delivery of goods sold in England to a shipping agent there, employed by the vendees, who forward them to the vendees carrying on business in Montreal, is not such a delivery as is contemplated by the 12th section of the insolvent act of 1864, and such goods may be legally revendicated by the unpaid vendors in the hands of the Grand Trunk Railway here, although more than fifteen days have elapsed since such delivery to the shipping agent.— Bank of Toronto vs Hingston, XII L. C. J., 216.

11. La réception ici de marchandises achetées en Angleterre, par leur dépôt dans une maison d'entrepôt, sur une entrée du courtier de douane de l'acheteur, est une livraison qui privera le vendeur de son privilége en vertu des articles 176 et 177 de la Coutume de Paris, s'il n'est pas exercé dans les 15 jours de telle livraison.— Brown vs Hawksworth, II R. L., 182.

12. Le vendeur d'une terre avec garantie de ses faits et promesses, est tenu de donner la possession à l'acheteur avant de pouvoir recouvrer le prix de vente.— Foulds vs Laforce, V R. L., 186.

1498. [L'obligation de délivrer est remplie de la part du vendeur, lorsqu'il met l'acheteur en possession actuelle de la chose, ou consent qu'il en prenne possession, tous obstacles en étant écartés.]

6 Marcadé, pp. 221-2.— 5 Boileux, 643.— 1 Troplong, *Vente*, nᵒˢ 675-6-7-8.— C. L., 2455.— C. C. Vaud, 1136.

Jurisp.— 1. Advances on goods, under a written agreement, are made by A, a merchant in Upper Canada, to enable B, a contractor for lumber, to cut, and convey to the Quebec market, a quantity of timber upon the conditions, that as soon as dressed it should be considered as belonging and delivered to A, but conveyed to market at the risk and expense of B. A should have the sale of the timber, and account to B for any balance remaining, after a deduction of his disbursements and advances, including 10 per cent upon the latter, with a commission of 2½ per cent upon the sale :— *Held*, that after delivery to A, before it reaches the market without fraud or collusion with B, the timber could not be attached at the suit of B's creditors in payment of his debts, but the balance if any, after a sale by A, can alone be arrested in his hands, under the process of the Court.— Koughnet & Maitland, Stuart's Rep., 357.

2. A avait acheté de B des marchandises qui avaient été pesées et mesurées, et en avait payé le prix ; il avait été convenu que ces marchandises resteraient dans le magasin de B jusqu'à ce que A les envoyât quérir. Ces marchandises ayant été saisies par les créanciers de B tandis qu'elles étaient encore chez lui, *Jugé* que les créanciers avaient valablement saisi ces effets comme appartenant à B, attendu qu'il n'y avait pas eu de livraison de ces marchandises à A, de manière à lui en transmettre la propriété ; et que pour lui en assurer la propriété, il lui fallait une tradition réelle.— Nesbitt et Banque de Montréal, IX L. C. R., 193.

3. The constructive delivery contained in the following words, " said timber " to be delivered at Ottawa, where the same shall be manufactured, and to be " considered as delivered when the same is sawed, and then to belong to and to " be the property of the parties of the second part," is not valid as regards a third party, without notice and actual delivery.— White vs Bank of Montreal, XII L. C. J., 188.

4. Des matériaux pour bâtir, délivrés dans une rue en face de la bâtisse pour laquelle ils sont destinés et qui ont été payés par le propriétaire de la bâtisse, deviennent sa propriété absolue, sans être actuellement incorporés dans la bâtisse.— McGauvran et Johnson, IV R. L., 681.

5. In a sale of timber growing, with the right to cut the same, the only tradition that the vendor can make at the time is to point out to the purchaser the trees to be cut.— Russell vs Guertin, X L. C. J., 133.

6. Held that the acceptance by a third party or middle-man of a delivery order granted by a vendor in favor of a vendee, for goods to be manufactured by the third party or middle-man, and the setting apart these goods as subject to the vendee's orders by the third party or middle-man, as they are manufactured, is a complete delivery, even though they should still be entered in the vendor's name in the books of the third party or middle-man.—Broster & Hall, X L. C. J., 205.

1494. La délivrance des choses incorporelles se fait, ou par la remise des titres, ou par l'usage que l'acquéreur en fait du consentement du vendeur.

Domat, liv. 1, tit. 2, sec. 2, nº 7.— Pothier, *Vente*, nº 316.—C. L., 2547.—C. N., 1607.— Code civil B. C., art. 1564.

Jurisp.— 1. La tradition réelle n'est pas absolument nécessaire, suivant l'ancien droit français, pour faire passer la propriété du vendeur à l'acquéreur, et la tradition feinte ou symbolique, comme la remise de titres, de lettres patentes, plans, etc., etc., peut suffire, et en conséquence, la vente faite par John Robertson à Patrick Robertson et autres, en 1804, de l'étendue de terrain à lui concédé en 1799 par lettres patentes, a eu son effet par la tradition symbolique résultant de la remise des titres et des plans d'icelui.— Stuart & Bowman, III L. C. R., 309.

2. Des marchandises vendues en Angleterre et par les vendeurs transmises à l'agent de l'acheteur à Liverpool, et par ce dernier transmises à ses mandants à Montréal, où elles furent déposées à la douane, les acheteurs dans le même temps ayant fait faillite, peuvent être revendiquées si elles ne sont pas payées.— Darling vs Greenwood, IX R. L., 379.

1495. Les frais de la délivrance sont à la charge du vendeur, et ceux de l'enlèvement à la charge de l'acheteur, s'il n'y a stipulation contraire.

Pothier, *Vente*, nºˢ 42 et suiv.— C. L., 2459.— C. N., 1608.

1496. Le vendeur n'est pas tenu de délivrer la chose, si l'acheteur n'en paie pas le prix, à moins que le vendeur ne lui ait accordé un délai pour le paiement.

ff L. 13, § 8, *De act. empti.*— Domat, liv. 1, tit. 2, sec. 3, nº 3.— Pothier, *Vente*, 60, 63 et 65.— C. L., 2463.— C. N., 1612.

Jurisp.— Une personne qui se fait mesurer et couper des marchandises et qui offre ensuite un à-compte, a droit, sur le refus du marchand de livrer toutes les marchandises, de choisir parmi les effets achetés pour la valeur de cet à-compte ou de se faire rembourser le montant payé.— Le marchand ne peut retenir le montant payé, sous prétexte de l'insolvabilité de l'acheteur, et sur le motif qu'il représente la valeur des marchandises coupées, malgré qu'il offre de les remettre. — Walsh et Bernard, IV R. L., 659.

1497. Le vendeur n'est pas non plus obligé à la délivrance quand même il aurait accordé un délai pour le paiement, si depuis la vente l'acheteur est devenu insolvable, en sorte que le vendeur se trouve en danger imminent de perdre le prix ; à moins que l'acheteur ne lui donne caution de payer au terme.

Pothier, *Vente*, 67.— Domat, liv. 1, tit. 1, sec. 2, n° 22.— C. L., 2464.— C. N., 1613.

1498. La chose doit être délivrée en l'état où elle se trouve au moment de la vente, sujette aux règles concernant la détérioration, contenues au titre *Des Obligations.*

A compter du moment de la vente, tous les fruits de la chose appartiennent à l'acheteur.

Autorités sous l'art. 1150 du Code civil B. C.— Pothier, *Vente*, n° 47 ; *Bail à rente*, n° 48.— C. L., 2465.— C. C. Vaud, 1145.— C. N., 1614.

Jurisp.— If a property after a sale perfected, is burnt by accident, before delivery, the loss falls on the purchaser.— McDonall vs Fraser, Stuart's Rep., 101.

1499. L'obligation de délivrer la chose comprend ses accessoires et tout ce qui a été destiné à son usage perpétuel.

ff L. 17, § 7, *De act. empti.*— Pothier, *Vente*, 47 ; *Intr. générale aux Cout.*, 47 et 48.— Code civil B. C., art. 1024.— C. L., 2466.— C. N., 1615.

Jurisp.— La vente d'une maison, avec ses circonstances et dépendances, comprend les tuyaux à l'eau et au gaz qui sont fixés pour demeure, à moins de réserves spéciales de la part du vendeur.— Atkinson vs Noad, XIV L. C. R., 159.

1500. Le vendeur est tenu de délivrer la contenance telle qu'elle est portée au contrat, sous les modifications ci-après exprimées.

ff L. 51, *De contr. empt.* ; L. 7, § 1, *De periculo et com. rei vend.*— Pothier, *Vente*, 250-1-2.— C. N., 1616.

Jurisp.— Si, dans un acte translatif de propriété, la description de la partie de terre dont la vente était projetée, est énoncée en termes si ambigus qu'il y ait des doutes quant aux limites de ce qui a été vendu, et si les termes de la description sont susceptibles de deux interprétations différentes, dont l'une correspond avec la quantité de terrain mentionnée en l'acte de vente, et dont l'autre donnerait une quantité tout à fait différente, la première interprétation doit prévaloir.— Herrick et Sixby, XVII L. C. R., 146.

1501. [Si un immeuble est vendu avec indication de sa contenance superficielle, quels qu'en soient les termes, soit à tant la mesure, ou moyennant un seul prix pour le tout, le vendeur est obligé de délivrer toute la quantité spécifiée au contrat ; si cette délivrance n'est pas possible, l'acheteur peut obtenir une diminution du prix, suivant la valeur de la quantité qui n'est pas délivrée.

Si la contenance superficielle excède la quantité spécifiée, l'acheteur doit payer pour tel excédant ; ou il peut, à son choix, le remettre au vendeur.]

25

Domat, liv. 1, tit. 2, sec. 11, n° 15.— Pothier, *Vente*, 250-8.— C. N., 1617.— Voet, *Ad pandect., De contr. empt.*, n° 7.— Pothier, *Vente*, 254-5.— Merlin, Rép., v° *Vente*, § 1, n° 10.— 6 Marcadé, p. 235.— 1 Troplong, *Vente*, n° 336, note 2.— C. N., 1618.— Pothier, *Vente*, 254.— 1 Bourjon, p. 482.— 2 Henrys, p. 548, liv. 4, ch. 6, quest. 85, n° 1 et 2.— 1 Despeisses, p. 46, n° 15.— Lapeyrère, lettre G, n° 6.— 13 Pand. Franç., p. 81.— 1 Troplong, *Vente*, n° 338 et suiv.— 5 Boileux, p. 655, note 2.— C. N., 1619.

Jurisp.—1. A vend à B un lot de terre et le décrit comme ayant 131 pieds sur la rue Hope. En mesurant on trouva qu'il n'avait que 100 pieds sur cette rue, mais que le lot s'étendait à 175 pieds en arrière et qu'il contenait même plus de terrain que l'on avait en intention de vendre. L'acte de vente contenait une description complète des bornes de chaque côté, commençant à un point particulier et allant tout autour du terrain jusqu'à ce point. Action en dommages pour déficit dans le terrain vendu. Jugé en appel (juin 1830, Bowen, Sewell, etc.) que cette vente était une vente *ad mensuram* et que le demandeur devait réussir. — Patterson vs Usborne, III R. L., 458.

2. Le défaut de contenance, dans un immeuble vendu par décret, donne droit à l'adjudicataire de demander diminution du prix d'achat et du déficit.— Paradis vs Alain, II L. C. R., 194.

3. Un acheteur qui a obtenu jugement contre un vendeur en diminution du prix de vente pour défaut de contenance, peut diriger une demande en déclaration de jugement commun contre un cessionnaire d'une balance du prix de vente, qui lui aurait signifié son transport.— Ryan vs Idler, VII L. C. R., 385.

4. L'adjudicataire, ayant par erreur quant à la contenance de la propriété, payé le montant en entier de son adjudication, et la banque, opposante dans la cause, l'ayant reçu, celle-ci était tenue de rembourser l'excédant.— Desjardins et La Banque du Peuple, X L. C. R., 325.

5. L'acquéreur d'un immeuble dans la contenance duquel il y avait déficit, pourrait réclamer du cessionnaire du prix de vente, une diminution sur le prix cédé proportionnelle au défaut de contenance.— L'acceptation du transport ne rendait pas le débiteur non-recevable à opposer au cessionnaire les exceptions qu'il aurait pu opposer au créancier cédant.— Masson vs Corbeille, II L. C. J., 140.

6. An *adjudicataire* who buys at a sheriff's sale a fief described in the sheriff's advertisement as containing 400 arpents, whereas it only contained 188 arpents, has an action against the plaintiff, to whom the proceeds of the sale went as mortgage creditor to recover from the latter the excess of the price.— Desjardins and La Banque du Peuple, VIII L. C. J., 106.

7. Where land sold is found to be less than the alleged extent, the consideration money will be proportionably reduced.—Walton vs Dodds, I L. C. L. J., 66.

8. Un terrain fut vendu par un acte et désigné comme contenant 40 arpents en superficie, plus ou moins, sans garantie de mesure précise, mais avec indication des différentes limites ou bornes de ce terrain. L'acheteur trouva en mesurant que le terrain ne contenait que 30 arpents.— Jugé que cette vente était une vente d'un terrain *ad aversionem* et non *ad mensuram*.— Munro vs Lalonde, XIII L. C. J., 128.

9. L'adjudicataire à une vente par le shérif d'un terrain de 49 acres, qui n'a pas la quantité déterminée, a droit à une réduction *pro rata* du prix d'adjudication. *Semble* qu'il en serait autrement de la vente d'un corps certain. *Per* Duval, Monk et Loranger,— *contrà* Caron et Badgley.— Doutre vs Elvidge, I R. C., 120.

10. An *adjudicataire* at sheriff's sale of real estate, sold under the provisions of the Code of Civil Procedure of L. C., cannot legally claim to be refunded by way of collocation on the proceeds of the sale, a portion of the price paid, on the ground that the property proved to be of considerably less extent than advertised, in consequence of an adjoining property having been erroneously included in the description.— Under any circumstances the knowledge by the *adjudicataire*, at the time he bid, that the adjoining property did not belong to the defendants, and was included in the description by error, would be a complete bar to such claim.— Melançon & Hamilton, XVI L. C. J., 57.

11. An action *quanto minoris* does not lie, in the case of a purchase of a lot described as containing 100 acres, more or less, on the ground that a portion of the lot is traversed by a railway, which reduces the contents to the extent of the

property of such railway, when the existence of such railway prior to the sale was known to the purchaser.— Derby & Herrick, XIX L. C. J., 24.

12. The remedy of a purchaser of real estate in case of deficiency of quantity in the land sold is not in damages, but to claim either a diminution of the price or the revocation of the sale.—Doutney vs Bruyère, XXI L. C. J., 95.

13. Depuis le Code de procédure l'adjudication d'un immeuble est toujours sans garantie de contenance, et l'adjudicataire ne peut, par opposition afin de conserver sur les deniers de la vente, réclamer la valeur d'un déficit dans cette contenance. — Pelletier vs Chassé, II Q. L. R., 65.

14. By law the adjudication of an immoveable at a sheriff's sale is without any warranty as to contents, and the *adjudicataire* purchases *per aversionem* and not *per mensuram.*— Douglas vs Douglas & Séminaire de Québec, III Q. L. R., 197.

15. Le défaut de contenance dans un immeuble vendu par le syndic sous l'acte de faillite donne droit à l'adjudicataire de demander la diminution du prix, dans les proportions d'achat et de déficit.—L'adjudicataire ayant par erreur quant à la contenance de la propriété, payé le montant entier de son adjudication, est bien fondé à demander la réduction du prix d'adjudication.— Pour que ces principes puissent être appliqués, il faut démontrer que l'adjudicataire a été trompé lorsqu'il a payé le plein montant et que le paiement qu'il a fait est un paiement fondé sur l'erreur.— Thomas vs Murphy, VIII R. L., 231.

1502. [Dans l'un et l'autre des cas exprimés dans l'article qui précède, si le déficit ou l'excédant de quantité est si considérable eu égard à la quantité spécifiée, qu'il y ait à présumer que l'acheteur n'aurait pas acheté s'il l'avait su, il peut se désister de la vente et recouvrer du vendeur le prix, s'il a été payé, et les frais du contrat, sans préjudice dans tous les cas à son recours en dommages-intérêts.]

16 Duranton, n° 223.— 3 Delv., p. 138, note.— 1 Duvergier, n° 286.— 4 Zachariæ, p. 289, n° 29 et 30.— 6 Marcadé, p. 238.— Code civil B. C., titre *Des Oblig.*, ch. 6. — C. N., 1618, 1619 et 1620.— *Contrà*, Troplong, *Vente*, n° 330 et 331.

1503. [Les règles contenues dans les deux derniers articles ne s'appliquent pas lorsqu'il est évident, par la description de l'héritage et les termes du contrat, que la vente est faite d'une chose certaine et déterminée, sans égard à la contenance, soit que cette contenance soit mentionnée ou non.]

Jurisp.— 1. L'hypothèque sur un terrain décrit par ses tenants et aboutissants, est une hypothèque d'un corps certain, quoique la contenance donnée soit moindre que celle qui existe véritablement; et l'hypothèque grève le terrain dans sa totalité.—Labadie et Trudeau, III L. C. R., 155.

2. A sale of land by given boundaries, for a fixed sum, although a quantity is stated in the description, is a sale *en bloc* or *per aversionem*, and not by measurement.— The vendor by such a sale conveys all the property within the specified limits, and cannot reclaim any part of it, under pretence of there being a surplus, unless it had been obtained from him by the fraud of the purchaser.— In such a case the law gives the surplus to the vendee, in this respect differing from the Code Napoleon which has established a new rule.— In a conflict of titles between two proprietors of different portions of a lot of land derived from a common *auteur*, the one who traces back his title to the common source, particularly when it appears or is to be presumed he was the first purchaser, will have the preference over the one who only shows a more recent deed; and in determining the contest, the question will be as if it had arisen between the original vendee and the original vendor, bound to make good the description by which he sold. For determining the extent of the thing sold specific boundaries are to be preferred to an indication of quantity.— Herrick & Sixby, VIII L. C. J., 324.

1504. L'action en supplément de prix, de la part du vendeur, et celle en diminution de prix, ou en rescision du contrat, de la part de l'acheteur, sont sujettes aux règles générales de la prescription.

C. N., 1622.

1505. S'il a été vendu deux fonds par le même contrat, et pour un seul et même prix, avec désignation de la mesure de chacun, et qu'il se trouve moins de contenance en l'un et plus dans l'autre, on fait compensation jusqu'à due concurrence, et l'action du vendeur et de l'acheteur est modifiée en conséquence.

ff L. 42, *De contr. empt.*—Pothier, *Vente*, 256.—C. N., 1623.

Jurisp.—Jugé en Cour supérieure, que dans une vente de plusieurs lots de terre pour un seul prix en bloc, le défaut de livraison d'un lot ne donne lieu qu'à une diminution du prix proportionnelle au nombre des lots vendus, sans égard à la plus-value du lot non livré, à défaut de preuve de mauvaise foi ou de faute de la part du vendeur. *Jugé* en appel que, dans l'espèce, l'acquéreur a droit à une diminution du prix de vente équivalan à la valeur du lot qui n'a pas été livré.— McVeigh et Lussier, XIII L. C. R., 269.

SECTION III.

DE LA GARANTIE.

<hr>

DISPOSITIONS GÉNÉRALES.

1506. La garantie que le vendeur doit à l'acquéreur, est ou légale ou conventionnelle. Elle a deux objets:
1. L'éviction de la chose en tout ou en partie ;
2. Les défauts cachés de la chose.

ff L. 3. *De act. empt.*— L. 21 ; L. 38, *De ædilitio edicto.*— Pothier, *Vente*, nᵒˢ 81, 82, 181 et 202.—C. L., 2450 et 2451.— C. N., 1625.

1507. La garantie légale est suppléée de droit sans stipulation dans le contrat de vente.

Les parties peuvent néanmoins, par des conventions particulières, ajouter aux obligations de la garantie légale, en diminuer les effets, ou l'exclure entièrement.

ff L. 21, *De ædil. edicto.*— Pothier, *Vente*, nᵒˢ 202, 210, 229 et 230.— Domat, liv. 1, tit. 2, sec. 10, nᵒˢ 6 et 7.— C. N., 1627.

Jurisp.—1. One who binds himself with a vendor *solidairement* to defend the purchaser against all claimants is necessarily a *garant formel.*— Peltier vs Puize, II R. de L., 207.

2. Le shérif n'est pas garant envers l'adjudicataire qui n'a pu obtenir possession d'un bien à lui adjugé par le shérif en sa qualité de shérif. L'adjudicataire a son recours contre ceux qui ont reçu l'argent.—Lachance vs Sewell, M.C.R., 78.

3. La garantie conventionnelle fait cesser la garantie légale.— Chaudière, etc. Co. vs Desbarats, IV R. L., 645.

§ 1.—*De la garantie contre l'éviction.*

1508. Le vendeur est obligé de droit à garantir l'acheteur de l'éviction de la totalité ou de partie de la chose vendue, à raison de quelque acte du vendeur, ou de quelque droit existant au temps de la vente, et aussi à raison des charges non déclarées ni apparentes au temps de la vente.

ff L. 1, *De evictione.*— L. 11, §§ 8 et 11, *De act. empti.*—Cod., L. 6, *De eviction.*— Pothier, *Vente*, n°° 86 et 200.— Domat, *loc. cit.*, n°° 2, 3 et 5.— Guyot, Rép., v° *Garantie*, 726.— 6 Marcadé, p. 252, sec. 2.—C. N., 1626.

Jurisp.—1. The obligation of the *garant formel* is not extinguished by a *décret*, which does not purge the *charge*, even where the *acquéreur* becomes *adjudicataire* under the *décret.*— Soulard & Letourneau, XIX L. C. J., 40.

2. La garantie est divisible entre covendeurs qui vendent ensemble des parts indivises, mais déterminées, qu'ils possèdent dans l'immeuble vendu, sans stipulation de solidarité.— Marteau vs Tétreau, I L. C. J., 245.

3. In the case of a donation of an immoveable, creating a substitution, followed by another donation of the same property, by the same donor to the same donee, without mention of any substitution, but without any express revocation of the former donation, the *adjudicataire* of such immoveable at sheriff's sale is justified in claiming to be relieved from the sale, on the ground of fear of trouble in his possession, and he is entitled to claim to be so relieved in an answer to a rule against him for *folle enchère.*— Jobin & Shuter, XXI L. C. J., 67.

1509. Quoiqu'il soit stipulé que le vendeur n'est soumis à aucune garantie, il demeure cependant obligé à la garantie de ses faits personnels. Toute convention contraire est nulle.

Pothier, *Vente*, 183–4.— Domat, loc. cit , n° 8.— C. N., 1628.

Jurisp.— 1. Le vendeur d'une terre avec garantie de ses faits et promesses, est tenu de donner possession à l'acheteur avant de pouvoir recouvrer le prix de vente.— Foulds vs Laforce, V R. L., 186.

2. Il semble que par le droit du Bas-Canada, dans l'espèce d'une vente sans garantie, le vendeur serait responsable envers l'acheteur, s'il vendait sachant qu'il n'avait aucun titre.— Macfarland et Leclaire, XII L. C. R., 374.

1510. Dans le même cas de stipulation de non garantie, le vendeur, au cas d'éviction, est tenu à la restitution du prix de la chose vendue, à moins que l'acheteur n'ait connu, lors de la vente, le danger de l'éviction, ou qu'il n'ait acheté à ses risques et périls.

ff L. 11, § 18, *De action. empti.*— Pothier, *Vente*, 185–6.— C. N., 1629.

Jurisp.—Un défendeur condamné à payer au demandeur le prix d'une quantité de cordes d'écorces de pruches qu'il avait vendues au demandeur et que ce dernier prétend ne lui avoir pas été livrées, ne pourra recouvrer du demandeur le montant qu'il aura été condamné à lui payer, s'il découvre après le jugement que ces cordes de pruches sont restées dans le bois et ont ensuite été vendues par le demandeur à son profit, s'il avait pu découvrir ce fait avant le jugement.— Lainesse vs Labonté, VIII Revue Légale, 354.

1511. Soit que la garantie soit légale ou conventionnelle, l'acheteur, au cas d'éviction, a droit de réclamer du vendeur :

1. La restitution du prix ;

2. Celle des fruits, lorsqu'il est obligé de les rendre à la personne qui l'évince ;

3. Les frais faits tant sur la demande en garantie contre le vendeur que sur la demande originaire ;

4. Les dommages, les intérêts et les frais du contrat :

Sauf, néanmoins, les dispositions contenues dans l'article qui suit.

ff L. 60 ; L. 70, *De evict.*— Pothier, *Vente*, 118, 123, 128 et 130.— Domat, *loc. cit.*, n°° 12 et 13.— C. N., 1630.

Jurisp.— Le droit à la restitution du prix de vente est indépendant de la garantie et n'a d'existence qu'entre les parties immédiates à la vente.—Chaudière, etc. Co. et Desbarats, IV R. L., 645.

1512. Dans le cas de garantie, si l'acheteur avait connaissance, lors du contrat, des causes d'éviction, et qu'il n'y ait eu aucune stipulation à cet égard, il ne peut alors réclamer que le prix de la chose vendue.

Pothier, *Vente*, nᵒˢ 187-8-9 et 190, et les autorités citées par lui.— 2 Delvincourt, p. 154.

1513. Le vendeur est obligé de restituer la totalité du prix de la chose vendue, lors même qu'à l'époque de l'éviction la chose se trouve diminuée de valeur ou détériorée, soit par la négligence de l'acheteur ou par cas fortuit; à moins que l'acheteur n'ait tiré profit des dégradations par lui faites, auquel cas le vendeur a droit de déduire sur le prix une somme égale à ce profit.

ff L. 43, *De act. empti.*— Dumoulin, *Tractatus de eo quod interest*, nᵒˢ 68 et 69.— Pothier, *Vente*, 69 et 118.— 1 Troplong, *Vente*, nᵒ 488.—C. N., 1631 et 1632.— *Contrà*, Domat, *loc. cit.*, nᵒ 14.

Jurisp.— Neither party can rescind a contract, without replacing the other in the same position in respect to the goods as he occupied before the delivery of the article, nor without rescinding *in toto*.— Lewis vs Jeffrey, XVIII L. C. J., 132.

1514. Si la chose vendue se trouve augmentée de valeur lors de l'éviction, indépendamment même du fait de l'acheteur, le vendeur est obligé de lui payer ce qu'elle vaut au-dessus du prix de la vente.

ff L. 66, § 3, *De evict.*— Cod., L. 9; L. 16; L. 45, *De evict.*— Domat, *loc. cit.*, nᵒˢ 15 et 16.— Pothier, *Vente*, 71 et 132.— C. N., 1633.

1515. Le vendeur est tenu de rembourser ou de faire rembourser à l'acheteur toutes les réparations et améliorations utiles qu'il a faites sur la chose vendue, suivant leur valeur.

Pothier, *Vente*, 134.— Troplong, *Vente*, 510.— C. N., 1634.— *Contrà*, Domat, *loc. cit.*, nᵒˢ 17 et 18.

1516. Si le vendeur a vendu de mauvaise foi la propriété d'autrui, il est obligé de rembourser à l'acheteur toutes les dépenses que ce dernier y a faites.

ff L. 45, § 1, *in finè, De act. empti.*— Domat, *loc. cit.*, nᵒ 19.— Pothier, *Vente*, 137. — C. N., 1635.— Code civil B. C., art. 417.

1517. Si l'acheteur n'est évincé que d'une partie de la chose ou de deux ou plusieurs choses vendues en bloc, et que cette partie soit néanmoins de telle conséquence relativement au tout qu'il n'eût point acheté sans cette partie, il peut faire rescinder la vente.

ff L. 1, *De evict.*— Pothier, *Vente*, 144.— C. L., 2487.— C. N., 1636.

1518. Si, dans le cas d'éviction de partie de la chose, ou des choses vendues en bloc, la vente n'est pas rescindée, l'acheteur a droit de réclamer du vendeur la valeur de la partie dont il est évincé proportionnellement au prix total, et aussi les dommages-intérêts à être évalués suivant l'accroissement de valeur de la chose à l'époque de l'éviction.

ff L. 13, *De evict.*— Dumoulin, *Tract. de eo quod interest*, nᵒˢ 67-8-9.— Pothier, *Vente*, 142 et 143.— 1 Troplong, *Vente*, nᵒ 517.— 16 Duranton, nᵒ 300.— 3 Delvincourt, p. 149, nota.— C. N., 1637.

Jurisp.— In a deed of sale it was stipulated that the purchaser should have the right at any time to keep in his hands the whole or any part of the balance payable to the vendor, until such time as the vendor should have furnished a registered certificate showing the property sold to be " free and clear of all mortgages, dowers or other encumbrances whatsoever." It appeared that part of a small island, which was included in the property sold, did not belong to the vendor, and there also existed a right of passage over the rest of this island. The island was of small value. *Held*, that the purchaser was not entitled, under the above cited clause of the deed, to retain an instalment of the purchase money sued for, there remaining unpaid another instalment which was much more than sufficient to cover the proved value of the island and the right of passage.— McDonnell & Goundry, I L. N., 50.

1519. [Si l'héritage vendu se trouve grevé, sans qu'il en ait été fait déclaration, de servitudes non apparentes, et qu'elles soient de telle importance qu'il y ait lieu de présumer que l'acheteur n'aurait pas acheté s'il en avait été instruit, il peut demander l'annulation de la vente ou une indemnité à son choix, et dans l'un et l'autre cas, il peut intenter son action aussitôt qu'il est informé de l'existence de la servitude.]

Jurisp.— La stipulation, de la part d'un acquéreur, " de souffrir les servitudes de toute nature qui pourraient exister sur la dite terre ou en sa faveur, lesquelles tourneront au profit ou à la perte de l'acquéreur, sauf à lui de se défendre de ce qui lui porterait préjudice et à profiter de ce qui lui serait utile à ses risques et périls, sans aucun recours contre le vendeur, le dit vendeur déclarant néanmoins ne connaître aucune servitude de l'une ou de l'autre espèce *qu'un droit de passage à pied ou en voiture* sur la dite terre en faveur de Pierre Monastesse, que le dit acquéreur sera obligé de souffrir comme susdit," n'empêche pas cet acquéreur de demander la rescision de la vente ou une diminution du prix de vente, si ce droit de passage est accompagné de la charge de l'entretien, à la connaissance du vendeur, mais non de l'acquéreur.— Christie vs Malhiot, X L. C. J., 78.

1520. La garantie pour cause d'éviction cesse lorsque l'acheteur n'appelle pas en garantie son vendeur dans les délais prescrits au Code de Procédure Civile, si celui-ci prouve qu'il existait des moyens suffisants pour faire rejeter la demande en éviction.

Domat, liv. 1, tit. 2, sec. 10, nᵒˢ 21 et 22.— Pothier, *Vente*, nᵒˢ 108-9.— C. N., 1640.

1521. L'acheteur peut se prévaloir de l'obligation de garantie lorsque, sans l'intervention d'un jugement, il délaisse la chose vendue ou admet les charges sur cette chose, s'il établit que ce délaissement ou cette admission est faite à raison d'un droit qui existait au temps de la vente.

Pothier, *Vente*, 94 et 95.

§ 2.— *De la garantie des défauts cachés.*

1522. Le vendeur est tenu de garantir l'acheteur à raison des défauts cachés de la chose vendue et de ses accessoires, qui la rendent impropre à l'usage auquel on la destine, ou qui diminuent tellement son utilité que l'acquéreur ne l'aurait pas achetée, ou n'en aurait pas donné si haut prix, s'il les avait connus.

ff L. 1, ¿ 1, *De ædil. edicto.*— Domat, liv. 1, tit. 2, sec. 11, n⁰⁰ 1 et 3.— Pothier, *Vente*, n⁰⁰ 202, 203 et 232.— Merlin, Rép., v⁰ *Garantie*, ¿ 8, n⁰ 2.— C. N., 1641.

Jurisp.— 1. In an action of damages, based on the allegation that the defendant knowing a horse to be unsound, falsely and fraudulently represented the animal to be sound, and that the plaintiff purchased the horse from defendant, on the faith of the truth of such representation, it must be established beyond doubt that these facts are true, to entitle plaintiff to recover.— Teasel & Pryor, XII L. C. J., 108.

2. An imperfect wooden drain, connecting the closet and sinks of a house with the common sewer in the street of a city, is a latent defect against which the seller is obliged by law to warrant the buyer, where, from the character of the house, the buyer had reason to believe that the drains were constructed in a proper manner.— Ibbotson & Ouimet, XXI L. C. J., 53.

1523. Le vendeur n'est pas tenu des vices apparents et dont l'acheteur a pu lui-même connaître l'existence.

ff L. 48, ¿ 4, *De ædil. edicto.*— Domat, *loc. cit.*, et n⁰⁰ 10 et 11.— Pothier, *Vente*, n⁰⁰ 207–9.— C. N., 1642.

Jurisp.— 1. The bad quality of goods purchased and delivered is not a *défense* to an action for the price, if the defendant, when they were purchased, had it in his power to examine them.— Marquis vs Poulin, I R. de L., 347.

2. Il ne peut y avoir lieu à la rescision d'un contrat, pour cause de dol ou fraude, si les défauts dont se plaint la partie lésée étaient ouverts et faciles à constater, et si ces objections ne portent que sur des incidents ou accessoires, ou des éventualités probables, et non sur la substance même de la chose.— Frigon vs Bussel, V R. L., 559.

1524. Le vendeur est tenu des vices cachés, quand même il ne les aurait pas connus, à moins qu'il n'ait stipulé qu'il ne serait obligé à aucune garantie.

ff L. 1, ¿ 2, *De ædil. edicto.*— Domat, *loc. cit.*, n⁰ 5.— Pothier, *Vente*, n⁰ 210.— C. N., 1643.

1525. Lorsque plusieurs choses principales sont vendues ensemble comme un tout, de manière que l'acquéreur n'en aurait pas acheté une sans les autres, les défauts cachés de l'une lui donnent droit de demander l'annulation de la vente pour le tout.

ff L. 34, ¿ 1 ; L. 35 ; L. 38, *De ædil. edicto.*— Pothier, *Vente*, 227–8.— Domat, *loc. cit.*, n⁰ 16.— C. L., 2518.

1526. L'acheteur a le choix de rendre la chose et de se faire restituer le prix, ou de garder la chose et se faire rendre une partie du prix suivant évaluation.

ff L. 21 ; L. 23, ¿ 7, *loc. cit.*— Domat, *loc. cit.*, n⁰ 2.— Pothier, *Vente*, 202, 217 et 232.— C. N., 1644.

1527. Si le vendeur connaissait les vices de la chose, il est tenu, outre la restitution du prix, de tous les dommages-intérêts soufferts par l'acheteur.

Il est tenu de la même manière dans tous les cas où il est légalement présumé connaître les vices de la chose.

ff L. 13, *De action. empti.*— Domat, *loc. cit.*, n⁰ 7.— Pothier, *Vente*, 213 ; *Obl.*, 163.— C. N., 1645.

1528. Si le vendeur ignorait les vices de la chose, ou n'est pas légalement présumé les avoir connus, il n'est tenu envers l'acheteur qu'au remboursement du prix et des frais occasionnés par la vente.

ff L. 1, § 1, *De act. empti.*— Domat, *loc. cit.*, n° 6.— Pothier, *loc. cit.*— C. N., 1646.

1529. Si la chose périt par suite de vices cachés qui existaient lors de la vente, la perte tombe sur le vendeur qui est tenu envers l'acheteur à la restitution du prix et aux autres dédommagements, tel que réglé dans les deux articles qui précèdent.

Si elle périt par la faute de l'acheteur, ou par cas fortuit, l'acheteur doit en déduire la valeur dans l'état où elle se trouvait lors de la perte, sur sa réclamation contre le vendeur.

ff L. 31, § 11; L. 47, § 1, *De ædil. edicto.*— Pothier, *Vente,* 220-1.— Domat, *loc. cit.*, n° 9.— 3 Delvincourt, p. 152, n° 9.— 16 Duranton, n° 326.— 1 Duvergier, n° 414.— 4 Zachariæ, p. 304, n° 11.— 6 Marcadé, p. 285.— 2 Troplong, *Vente,* n° 568, p. 30.— C. N., 1647.

Jurisp.— Celui qui achète du blé pour semence n'est pas tenu d'en payer le prix, si ce blé ne germe et ne lève pas, pour raison de quelque vice caché et dont il était affecté lors de la vente, et en ce cas le vendeur qui ignorait ce vice en est responsable.— Meloche et Bruyère, V R. L., 395.

1530. L'action rédhibitoire résultant de l'obligation de garantie à raison des vices cachés, doit être intentée avec diligence raisonnable, suivant la nature du vice et suivant l'usage du lieu où la vente s'est faite.

Pothier, *Vente,* 231.— Domat, *loc. cit.*, n° 18.— C. N., 1648.

Jurisp.— 1. As soon as the purchaser ascertains that the merchandize delivered do not answer the order given, he must return them to the vendor or give him notice to take them back; and if he neither returns them, or give the vendor notice, he cannot afterwards rest his defence upon the ground that the goods were quite unfit for the purpose for which he intended to use them.— Wurtele vs Boswell, III R. de L., 193.

2. No damages can be claimed by a vendor, who has neglected to tender back the article bought, so soon as he discovered the defects thereof.— Clément vs Pagé, I L. C. J., 87.

3. When there is a sale by sample, and the goods do not agree with it, the vendor must make known the defect within reasonable delay; he could not claim to rescind the sale and return the goods after a delay of six months.— Joseph vs Morrow, IV L. C. J., 288.

4. Par suite des délais écoulés depuis l'échange des parties entre les parties, la garantie stipulée de la part du demandeur n'entraîne pas la résolution, mais donne lieu seulement à une diminution du prix.— Durocher vs Bone, VIII L. C. J., 168.

5. No action *pour vice rédhibitoire* will be maintained unless brought within eight days after the sale of the horse.— Darte vs Kennedy, XV L. C. J., 280.

6. L'action rédhibitoire doit être instituée à bref délai, mais c'est au défendeur à s'en plaindre et la cour ne peut suppléer ce plaidoyer qui est un plaidoyer de prescription.— Danis vs Taillefer, V R. L., 404.

7. Une partie ayant reçu en paiement d'objets vendus un billet promissoire dont les faiseurs étaient insolvables (circonstance ignorée de cette partie), intenta une action rédhibitoire, offrant le billet aux acheteurs, mais cela seulement environ trois mois après la vente.— *Jugé* que l'action n'avait pas été intentée avec une diligence raisonnable.— Lewis vs Jeffrey, V R. L., 462.

8. Where the parties resided within 20 miles of one another, a redhibitory action instituted six weeks after the sale will not be considered to have been brought "with reasonable diligence" and will be dismissed.— Bégin vs Dubois, I Q. L. R., 381.

9. It is not competent for a party sued on a note given as boot on an exchange of horses to plead non-liability on the ground of a redhibitory vice in the horse received by him, and without bringing any action to set aside the exchange,

especially when such plea is filed several months after the defendant knew of the vice and had tendered back the animal.— Véroneau vs Poupart, XXI L. C. J., 326.

1531. L'obligation de garantie à raison des vices cachés n'a pas lieu dans les ventes sur exécution forcée.

ff L. 1, § 3, *De ædil. edicto.*— Domat, *loc. cit.*, n° 17.— C. N., 1649.

————

CHAPITRE CINQUIÈME.

DES OBLIGATIONS DE L'ACHETEUR.

1532. La principale obligation de l'acheteur est de payer le prix de la chose vendue.

Domat, liv. 1, tit. 2, sec. 3, n° 1.— Pothier, *Vente*, 278.— C. N., 1650.

Jurisp.— 1. Le paiement fait par la compagnie d'assurance au vendeur, sur une perte faite après la vente, d'une somme excédant la balance du prix d'achat restant due, profite à l'acquéreur, comme paiement de la balance.— Leclaire vs Crapser, V L. C. R., 487.
2. Dans la vente, la valeur de l'objet vendu n'est qu'une qualité accidentelle du sujet de la vente.— Rosenheim et Martin, VI R. L., 258.

1533. Si le temps et le lieu du paiement ne sont pas fixés par la convention, l'acheteur doit payer au temps et au lieu de la livraison de la chose.

ff L. 41, § 1, *De verb. oblig.*— L. 14, *De regulis juris.*— Domat, *loc. cit.*, n° 2.— Pothier, *Vente*, 279.— C. N., 1651.

Jurisp.— 1. Un huissier n'a point d'action pour le recouvrement du prix d'effets saisis et vendus en justice, contre un adjudicataire auquel il a livré ces effets sans se faire payer.— Pelletier vs Lajoie, V L. C. R., 394.
2. It is not competent for the vendor of goods, bargained and sold for cash and not delivered in consequence of the non-payment of the purchase money, to sue for the price.— Gordon vs Henry, III L. C. J., 166.

1534. L'acheteur doit l'intérêt du prix de vente dans les cas suivants :
1. Dans le cas de convention spéciale, à compter du temps fixé par cette convention ;
2. Si la chose vendue est de nature à produire des fruits ou autres revenus, à compter du moment de la prise de possession ; mais si un terme est stipulé pour le paiement du prix, l'intérêt n'est dû qu'à compter de l'échéance de ce terme ;
3. Si la chose n'est pas de nature à produire des fruits ou revenus, à compter de la mise en demeure.

ff L. 13, § 20 et 21, *De act. empti.*— Pothier, *Vente*, 283-4-5-6.— Domat, *loc. cit.*, n° 6.— Code civil B. C., art. 1067, 1070 et 1077.— C. N., 1652.

Jurisp.— 1. Un acquéreur en possession de la propriété acquise et jouissant des fruits et revenus d'icelle, et retenant le prix d'acquisition jusqu'à ce que son vendeur se soit conformé à un jugement ordonnant de faire disparaître certaines oppositions filées à une demande pour lettres de ratification, est tenu de payer à son vendeur l'intérêt sur le prix d'acquisition, à son échéance, nonobstant que ce dernier ait fait défaut de faire disparaître les oppositions ainsi qu'il lui était enjoint par le jugement.—Dinning et Douglass, IX L. C. R., 310.

2. Un prix de vente stipulé payable par *instalment*, à de certains termes d'échéance *sans intérêt*, n'en portera pas moins intérêt de *plein droit*, *ex naturâ rei*, à compter de l'échéance de chaque *instalment*, si l'*instalment* n'est pas alors payé.— Arpin vs Lamoureux, VII R. L., 196.

1535. Si l'acheteur est troublé, ou a juste sujet de craindre d'être troublé par une action hypothécaire ou en revendication, il peut différer le paiement du prix jusqu'à ce que le vendeur fasse cesser ce trouble, ou lui fournisse caution, à moins d'une stipulation contraire.

S. R. B. C., ch. 36, sec. 31.— C. C. Vaud, 1185.— C. L., 2535.— C. N., 1653.

Jurisp.— 1. Une action ne peut être maintenue par un vendeur contre un acquéreur pour le recouvrement d'un *instalment* dû sur un prix de vente, l'acte contenant une clause qui oblige le vendeur de fournir à l'acquéreur, avant le paiement de l'*instalment*, un certificat du régistrateur du comté dans lequel l'immeuble est situé, qu'il n'existe aucune charge ou hypothèque sur la propriété, s'il n'est prouvé que tel certificat a été produit, et quoiqu'il soit prouvé par une quittance notariée, non enregistrée, antérieure à la vente, produite avec les réponses du demandeur aux défenses du défendeur, que l'hypothèque ou privilège de bailleur de fonds alléguée par les plaidoyers du défendeur exister sur l'immeuble, est éteinte.— Banker vs Carter et Richardson, V L. C. R., 291.

2. Une exception péremptoire en droit temporaire, alléguant l'existence d'hypothèques sur un immeuble vendu, et qu'une opposition a été faite dans une procédure pour lettres de ratification, peut être plaidée à une action pour recouvrement du prix de vente.— O'Sullivan vs Murphy, VII L. C. R., 424.

3. Un acquéreur en possession de la propriété acquise et jouissant des fruits et revenus d'icelle, et retenant le prix d'acquisition jusqu'à ce que son vendeur se soit conformé à un jugement ordonnant de faire disparaître certaines oppositions filées à une demande pour lettres de ratification, est tenu de payer à son vendeur l'intérêt sur le prix d'acquisition, à son échéance, nonobstant que ce dernier ait fait défaut de faire disparaître les oppositions ainsi qu'il le lui était enjoint par le jugement.—Dinning et Douglass, IX L. C. R., 310.

4. L'acheteur d'un héritage qui a accepté le transport de son prix d'achat, ne peut opposer, à l'encontre de la réclamation du cessionnaire, la demande en délaissement portée contre lui, tant qu'il n'y a pas dépouillement judiciaire et éviction complète.— Lacombe et Fletcher, XI L. C. R., 38.

5. Sur motion, il sera permis à un demandeur de substituer et produire dans une cause un acte notarié de cautionnement avec une nouvelle caution au lieu de celui produit avec l'action, la première caution, ainsi qu'allégué, s'étant désistée. — Mongeau vs Dubuc, XII L. C. R., 94.

6. Celui qui vend avec la *clause de franc et quitte*, obtiendra jugement avec dépens contre l'acheteur qui aura plaidé et prouvé l'existence d'une hypothèque, pourvu qu'en déduisant du prix de vente le paiement réclamé par l'action, il reste une somme suffisante, entre les mains de l'acheteur, pour le garantir.— Paquet vs Milette, IV L. C. J., 310.

7. Lorsqu'il existe des hypothèques sur un bien vendu, il sera sursis à l'exécution du jugement, jusqu'à ce que le vendeur donne caution.— Perras vs Beaudin, VI L. C. J., 241.

8. When the purchaser is in danger of being troubled by reason of mortgages, in the possession of a property sold *franc et quitte*, he may retain the payment of the purchase money until such mortgages are removed by the vendor or unless security be given by the latter; according to the provisions of chapter 36 of the C. S. of L. C.— Bruneau vs Robert, VI L. C. J., 247.

9. *Jugé* que lorsqu'il existe des hypothèques et charges sur un bien vendu, il sera sursis à l'exécution du jugement, jusqu'à ce que le vendeur donne caution *sous hypothèque de biens immeubles* que l'acheteur ne sera jamais troublé ni inquiété ; que le vendeur n'ayant pas offert telle caution dans le cours de l'instance, doit payer les frais de l'action.— Bernesse vs Madon, VII L. C. J., 32.

10. L'acquéreur de biens immeubles par contrat antérieur au statut 23 Victoria, chap. 59, peut, s'il est troublé ou a de fortes raisons de craindre d'être troublé,

par action hypothécaire ou en revendication, retarder le paiement du prix d'achat, jusqu'à ce que le vendeur ait fait cesser ce trouble, tout comme s'il était acquéreur en vertu d'un contrat postérieur à cette loi.— Merrill vs Halary, VIII L. C. J., 38.

11. L'acquéreur de biens immeubles qui a de fortes raisons de craindre qu'il sera troublé par quelqu'action hypothécaire ou en revendication, a droit de retenir les intérêts de son prix de vente, de même que le capital.— Dorion vs Hyde, X L. C. J., 327.

12. L'acquéreur d'une pièce de terre, poursuivi pour la balance du prix de vente, allégua et prouva que la terre avait été originairement concédée par lettres patentes à A et B, et autres, et subséquemment vendue au demandeur sans garantie, excepté quant à ses faits et promesses, par un individu qui n'avait pu établir aucune connexité par titres entre lui et les concessionnaires originaires, ou entre aucunes autres personnes : — *Jugé* qu'un acquéreur ainsi poursuivi n'a pas droit d'obtenir du demandeur le cautionnement pourvu par la 23e Vict., ch. 59, sec. 18.— Hase vs Messier, XIV L. C. R., 320.

13. L'acquéreur d'un immeuble dont une moitié n'était possédée par le vendeur qu'à titre d'usufruit, peut refuser d'en payer le prix, et peut demander la résiliation de la vente, s'il est menacé d'éviction, sans être tenu d'accepter les cautions offertes par le vendeur.— Monjeau et Dubuc, XIV L. C. R., 344.

14. Dans une action par un bailleur de fonds contre un acquéreur pour recouvrer $1,216.66, le prix d'un immeuble, le demandeur allégua dans sa déclaration que deux hypothèques au montant de $766.66 existaient,affectant la propriété vendue, et offrit de fournir bonnes et suffisantes cautions avec hypothèque que le défendeur ne serait pas troublé en raison des dites hypothèques.— Le défendeur plaida par exception l'existence des dites hypothèques, et son droit, en vertu de la 31e section des Stat. Cons. du B. C., chap. 36, de retenir entre ses mains le principal et les intérêts, et concluant qu'à moins que le demandeur ne donnât caution dans un délai à être fixé par la cour, que son action fût renvoyée avec dépens, et le défendeur déclaré avoir droit de retenir les sommes réclamées.— Le demandeur avec sa réponse à ce plaidoyer, produisit des quittances dûment enregistrées de ces deux hypothèques : — *Jugé*, dans la Cour Supérieure, que le demandeur avait droit d'obtenir jugement pour le montant dû, avec les frais de l'action et de la contestation contre le défendeur.— Dans la Cour de Révision : — Que le jugement était bien fondé.— Tétreau vs Bouvier, XV L. C. R., 76.

15. Lorsque dans une action pour balance du prix de vente d'un immeuble, en vertu d'un acte de vente par le demandeur au défendeur, exécuté en 1861, le défendeur ayant plaidé en vertu des Stat. Cons. du B. C., ch. 36, sec. 31, comme trouble, qu'il y avait des arrérages de cens et rentes pour dix-neuf ans depuis la date d'un acte consenti par la mère du demandeur au défendeur, daté en 1842 ; la cour présumera que le défendeur était en possession de l'immeuble depuis la date du dit acte de 1842, invoqué par lui, jusqu'à la date du second acte.— Comme tel détenteur, les cens et rentes étaient dus par lui, et il ne sera pas ordonné que cautionnement soit donné pour le garantir de tels cens et rentes.— Le demandeur a droit en pareil cas aux frais contre le défendeur, nonobstant que par le jugement il lui soit ordonné de donner caution, contre une réclamation de propriété de la part du vendeur antérieur, et sans qu'il ait été offert de cautionnement avant ou par son action.— Thompson vs Thompson, XV L. C. R., 80.

16. L'acquéreur de propriétés immobilières qui devient partie à un transport de portion du prix de vente, et déclare qu'il est content et satisfait d'icelui et se le tient pour dûment signifié, s'obligeant envers le cessionnaire au paiement de la somme transportée, de la manière énoncée en son acte d'acquisition du cédant, a néanmoins le droit d'obtenir caution, lorsqu'il est poursuivi par le cessionnaire, contre une hypothèque existant sur la propriété antérieure à la vente qui lui a été faite.— Il sera ordonné qu'il soit donné caution pour tout le montant de telle hypothèque, quoique ce montant dépasse de beaucoup la somme réclamée par l'action.— Le défendeur, dans l'espèce, sera condamné à payer les offres jusqu'au jour de ses offres, qui avaient été faites deux jours après l'institution de l'action et le demandeur condamné à payer les frais subséquents à cette époque.— Quentin et Butterfield, XV L. C. R., 488.

17. Dans une action pour un prix de vente, où le défendeur allègue un trouble en raison d'hypothèques enregistrées contre l'immeuble, quelques-unes desquelles avaient été radiées après l'enfilure du plaidoyer ; le demandeur obtiendra jugement pour le montant dû, avec dépens jusqu'à la production de tel plaidoyer,

et les dépens subséquents à telle enfilure seront accordés au défendeur.—Collette vs Dansereau, XV L. C. R., 83.

18. Dans une action portée pour contraindre l'exécution d'une vente par un encanteur de certain immeuble suivant promesse d'acquisition signée par le défendeur, et concluant à ce que le défendeur prît titre et fût condamné à payer le versement qui devait échoir lors de la passation de l'acte, et de donner une hypothèque et d'assurer la propriété pour le montant de la balance du prix de vente, dans un délai à être fixé par la cour, à défaut de quoi le jugement vaudrait titre aux conditions énoncées en la promesse ; le défendeur plaida qu'il avait juste droit de craindre un trouble en raison d'une substitution créée par le testament du père des demandeurs, en faveur des enfants des demandeurs, et que le titre du shérif invoqué par les demandeurs, et obtenu sur délaissement fait par eux dans une action portée par leur mère, veuve du testateur, n'était pas valable, en raison de ce qu'il avait été obtenu dans le but de se débarrasser de la substitution : — *Jugé* que le défendeur avait juste cause de craindre un trouble en raison des matières alléguées dans le plaidoyer ;— qu'en autant que les demandeurs concluaient à une condamnation immédiate pour le versement payable lors de l'exécution de l'acte et n'avaient offert aucune garantie, ni le défendeur demandé telle garantie, la cour ne pouvait ordonner qu'icelle fût fournie ; — que par conséquent et en autant que le défendeur ne pouvait être condamné à payer sans garantie, l'action devait être renvoyée avec dépens.— McIntosh vs Bell, XVI L. C. R., 348.

19. Where the defendant pleads *trouble* to an action for instalments of purchase money, and offers to pay on security being given, the plaintiff should be condemned to pay the costs of the contestation.— McDonald vs Molleur, I L. C. L. J., 108.

20. Quand l'acheteur, poursuivi pour le prix de vente, allègue et prouve qu'il a de justes raisons de craindre d'être troublé, à raison d'un droit de pâturage et de rente annuelle hypothéqué en faveur d'un tiers sur l'immeuble vendu, le demandeur *est mal fondé* à prétendre qu'en laissant entre ses mains une portion du prix représentant le montant de l'hypothèque dont l'immeuble est grevé, pour garantie de la prestation de tel droit de pâturage et paiement de telle rente, il a fourni au défendeur l'équivalent du cautionnement requis par la loi.— Le vendeur ne peut s'exempter de rapporter des hypothèques dont l'acheteur se plaint, ou de donner caution, et il ne peut laisser ès mains de ce dernier, le montant de telles hypothèques que quand elles sont pour des sommes fixes, précises, déterminées et payables absolument et en argent.—Il ne suffit pas pour l'acheteur de dénoncer purement et simplement, préalablement à l'action, au vendeur les causes de troubles, pour être renvoyé indemne des frais ; il faut de plus lui offrir réellement la portion du prix exigible.— Dans l'espèce, le défendeur n'ayant point fait d'offres réelles avant l'action, mais s'étant contenté de dénoncer les causes de trouble, tant avant l'action que par ses défenses, doit être condamné aux frais jusqu'à l'enfilure du plaidoyer. Le défendeur ayant contesté le droit réclamé par le demandeur au cautionnement ou à la purge, doit être condamné aux frais de contestation.— Chabotte vs Charby, II R. L., 698.

21. Mais dans la même cause la Cour de Révision a jugé comme suit : L'acquéreur d'un immeuble hypothéqué jusqu'à concurrence de $50, en faveur de tiers " pour aider ces derniers à se faire payer d'une rente viagère de $6 par an et d'un droit de pâturage," sans stipulation à l'acte constitutif de telle annuité, que tel droit de pâturage devra s'exercer sur tel immeuble, est mal fondé à demander caution ou purge, si le demandeur (son vendeur) a offert de lui laisser entre les mains la dite somme de $50, par l'action même.— Le défendeur, en tel cas, peut se libérer et purger son héritage, envers les tiers créanciers de la rente et du droit de pâturage en leur payant, une fois pour toutes, la dite somme de $50, montant de leur garantie hypothécaire.— Chabotte vs Charby, III R. L., 392.

22. Un acquéreur d'immeuble grevé d'hypothèques qui sont prescrites, ne peut plaider crainte de trouble à cause de ces hypothèques.—Adams vs McCready, III R. L., 448.

23. L'acquéreur d'un immeuble qui a joui pendant dix ans à titre de propriétaire d'un immeuble grevé d'hypothèques par son vendeur, ne peut refuser le paiement d'aucune partie du prix de vente pour cause de crainte de trouble résultant de l'existence de ces hypothèques, la prescription les ayant éteintes quant à lui.— Adams vs McCready, I R. C., 243.

24. Un défendeur ne peut, sous l'article 1535 C. C., exiger une garantie égale à

la valeur de la propriété ; mais lorsqu'il a payé partie du principal du prix de vente, il peut retenir la balance et les intérêts sur icelle pouvant égaler ce qu'il a en partie payé, à moins que le demandeur ne donne caution pour le prix entier de la vente, mais sans intérêt sur icelui.— Farrell vs Cassin, III R. L., 32.

25. (Par Routhier, J.)— L'acquéreur poursuivi pour le paiement du prix de vente, et qui prétend être troublé, ne peut invoquer le bénéfice de l'article 1535 du Code civil, que par une exception dilatoire, et il ne peut le faire par une exception péremptoire en droit temporaire. (Contrà par Loranger, J.)— L'acquéreur d'un immeuble qui a été troublé par une action pétitoire intentée contre lui, plus de dix ans avant la poursuite pour le paiement du prix de vente, et qui n'a pas dénoncé ce trouble à son vendeur, mais a plaidé à l'action pétitoire, n'est pas pour cela privé du droit de plaider trouble, et de demander avant de payer que ce trouble cesse ou caution, et ce droit n'est pas éteint par la prescription.— Wainwright vs Ville de Sorel, V R. L., 668.

26. Le trouble ou la crainte de trouble mentionnés dans l'article 1535 du Code civil, doivent être plaidés par une exception péremptoire en droit temporaire, et non par une exception dilatoire.— Lorsque le défendeur a plaidé crainte de trouble, le demandeur peut produire avec ses réponses les quittances des hypothèques mentionnées dans les exceptions du défendeur. Si, lors de l'institution de l'action, l'immeuble dont le demandeur réclame le prix est hypothéqué à des tiers, mais que ces hypothèques soient radiées avant la production des défenses du défendeur, qui, avant la production de ces défenses, avait eu connaissance de la dite radiation, le défendeur, pour se libérer des frais de la demande, doit, avant l'institution de l'action du demandeur, le notifier de son intention de se prévaloir de l'article 1535 du Code civil, à raison des dites hypothèques, et faire offres réelles.— Le demandeur a le droit de plaider et produire, en réponse à l'exception du défendeur alléguant trouble, des documents établissant la radiation et extinction (même postérieure à la date de l'institution de l'action) des hypothèques dont se plaint le défendeur, et le demandeur n'est nullement obligé en ce cas de se désister de sa demande en tout ou en partie.— Mathieu vs Vigneau, VI R. L., 514.

27. La cour peut d'office suppléer aux conclusions prises par le tiers poursuivi pour son prix de vente ; et la cour ne pouvant rescinder l'acte d'acquisition de ce tiers pour les raisons mentionnées dans sa défense, ordonnera pour ces mêmes raisons que jugement aille contre l'acheteur suivant que demandé, mais qu'il soit sursis à l'exécution du jugement, jusqu'à ce que le demandeur lui ait fourni cautionnement suivant la loi, à l'effet de le garantir contre tous troubles qu'il pourrait souffrir plus tard relativement à la revendication de ce propre par la femme.— Molleur vs Dejadon, VI R. L., 105.

28. Un vendeur qui poursuit pour le recouvrement du prix de vente d'un immeuble grevé d'hypothèques, obtiendra jugement pour le montant du prix, mais sera condamné à donner caution.— Deguire vs Bourgeois, VI R. L., 718.

29. Un adjudicataire peut se refuser de payer le prix de son adjudication et en demander la nullité, s'il prouve qu'il est exposé à un trouble imminent, et il n'est pas tenu de prouver qu'il est exposé à une éviction certaine, et la cour, si elle est d'opinion que l'adjudicataire a juste sujet de craindre d'être troublé, déclarera l'adjudication nulle, sans se prononcer sur la validité de la crainte de trouble.— Jobin vs Shuter, VII R. L., 705.

30. Il suffit à l'acheteur poursuivi pour paiement du prix de vente et des intérêts sur icelui, d'avoir dénoncé les hypothèques dont la propriété vendue est chargée sans faire d'offres réelles pour se garantir des frais d'action.— L'acheteur d'une propriété vendue avec la clause de franc et quitte, mais grevée d'hypothèque, peut retenir les intérêts stipulés au contrat de vente, tout en jouissant des fruits et revenus de la propriété vendue, si partie du prix de vente a été payée par l'acheteur, et ce indéfiniment, jusqu'à ce que le vendeur donne caution ou fasse disparaître les hypothèques qui grèvent la propriété.— Dorion et Hyde, XII L. C. J., 80.

31. *Held*, when a party is sued for the price of land, which is burdened with hypothecs beyond the price claimed, and the party sued has demanded before action that such hypothecs should be discharged, or good and sufficient security given against all possible trouble arising from such hypothecs, and the plaintiff has failed to cause the hypothecs to be discharged or the required security to be given, his action ought to be dismissed purely and simply.— Mere personal security in such a case is insufficient.— Dorion & Hyde, XII L. C. J., 49.

32. In the case of a donation of an immoveable, creating a substitution, followed

by another donation of the same property, by the same donor to the same donee, without mention of any substitution, but without any express revocation of the former donation, the *adjudicataire* of such immoveable at sheriff's sale is justified in claiming to be relieved from the sale on the ground of fear of trouble in his possession, and he is entitled to claim to be so relieved in an answer to a rule against him for *folle enchère.*— Jobin & Shuter, XXI L. C. J., 67.

33. L'acquéreur qui a payé son prix de vente ou une partie d'icelui n'a pas le droit de demander à être remboursé de ce qu'il a payé ou à avoir un cautionnement, sous prétexte qu'il est exposé à être troublé.— L'acquéreur peut encore moins, dans un semblable cas, retenir les intérêts dus sur le capital ou sur la balance du prix de vente, tout en jouissant des fruits et revenus de la propriété vendue.— Hogan vs Bernier, XXI L. C. J., 101.

34. The production of a registrar's certificate, showing that mortgages are registered against the property purchased, which mortgages do not appear to have been discharged, is sufficient to support a plea of fear of *trouble*, under art. 1535 C. C.— In such case the balance of purchase money which the buyer has yet to pay on the property is the only amount for which he can claim security.— Parker & Felton, XXI L. C. J., 253.

35. Notwithstanding a clause in a deed of sale of land, that the purchaser might at any time keep the whole or any part of the purchase money in his hands until the vendor should furnish him with a registrar's certificate showing the property to be free and clear of all mortgages and incumbrances whatsoever, the purchaser, in an action for the recovery of a portion of the purchase money, will be condemned to pay in the absence of such a certificate, when it is shown that he has in his hands a sufficient balance of the purchase money to meet any possible disturbance or trouble in his possession of the land sold.— McDonell vs Goundry, XXII L. C. J., 221.

36. The purchaser of a property with warranty against " every description of trouble or eviction which may arise from whatsoever source," but whose title does not contain the clause " free from all debts and hypothecs," cannot demand a resiliation of the sale in default of a removal of certain hypothecs which may afterwards appear to be a charge upon the property.— The difference between the ordinary covenant of warranty and the clause *franc et quitte*, considered.— Talbot vs Béliveau, IV Q. L. R., 104.

1536. [Le vendeur d'un immeuble ne peut demander la résolution de la vente, faute par l'acheteur d'en payer le prix, à moins d'une stipulation spéciale à cet effet.]

ƒƒ *Lib.* 18, tit. 3, *De lege. com.*— Cod., L. 8, *De contr. empti. et vend. ;* L. 1 ; L. 3, *De pactis in emp. et vend.*— Pothier, *Vente*, n° 458.— 1 Despeisses, p. 48, n° 19.— 2 Troplong, *Vente*, n° 621, p. 96.

Jurisp.—1. Un vendeur de biens-fonds a l'action résolutoire faute de paiement du prix stipulé avec ou sans terme.— Un bailleur de fonds non enregistré a droit à la résolution de l'acte de vente, faute de paiement du prix, à l'encontre d'un sous-acquéreur qui s'était chargé de le payer, et qui avait fait transcrire son titre en entier.— Patenaude et Lérigé, VII L. C. R., 66.

2. L'action en résolution de vente par un vendeur, faute de paiement du prix de vente, n'est pas affectée par le défaut de l'inscription de l'acte, ou par le fait que le vendeur s'est porté opposant à une procédure pour lettres de ratification d'une vente faite par son acquéreur immédiat.— David vs Girard, XII L. C. R., 79.

3. Dans une action portée par le vendeur d'un immeuble contre l'acquéreur, et contre un tiers auquel la propriété avait été revendue, demandant la rescision des deux actes de vente en conséquence du non-paiement de la balance du prix d'acquisition due en vertu du premier acte : — *Jugé* que l'action ne pouvait être maintenue qu'en autant qu'il n'y avait pas d'offre par le demandeur de rembourser au second acquéreur certaines sommes à-compte d'une dette indiquée dans les deux actes comme due au seigneur, et aussi une certaine somme payée à-compte d'une obligation solidaire par l'acquéreur et le demandeur, pour le paiement de laquelle la propriété en question avait été hypothéquée par le premier acquéreur.— Surprenant vs Surprenant, XII L. C. R., 397.

4. Une action en résiliation de vente peut être portée par le vendeur d'un immeuble non payé, contre son acquéreur, en aucun temps avant l'expiration de

trente ans (*dix ans, depuis le code*) de la date de l'acte, dans le cas où il resterait une balance du prix de vente encore due ; et le jugement sera déclaré commun à un codéfendeur (acheteur de l'acquéreur) qui sera condamné à remettre la propriété, s'il n'aime mieux payer la balance du prix avec intérêts et dépens.— Poirier vs Tassé, XIII L. C. R., 459.

5. Le vendeur non payé qui n'a pas vendu sans jour et sans terme, n'a que l'action en résolution et non l'action en revendication comme en droit romain ; encore qu'il se soit réservé son droit de propriété jusqu'à parfait paiement et le droit de reprendre sa chose, en cas de non-paiement, même sans procédés judiciaires.— Brown vs Lemieux, III R. L., 361.

6. A vendor of immoveables, (before the passing of the code,) who has assigned portion of the purchase money, can, nevertheless, bring a resolutory action by reason of the default of the vendee to pay any portion of the purchase money ; the intervention in such action by the assignees, containing a declaration of acquiescence in such action, places the plaintiff's right of action beyond question.— The sale of government timber limits is a sale of an immoveable.— *Semble :* That the resolutory action would lie, even if such last mentioned sale were really a sale of moveables.— Watson & Perkins, XVIII L. C. J., 261.

7. Dans le ressort de la coutume de Paris le cessionnaire pur et simple d'un prix de vente sans autre stipulation, pouvait exercer l'action en résolution de vente pour défaut de paiement soit total, soit partiel du prix. La demande en résolution pouvait aussi être formée pour défaut de prestation d'une rente constituée, prix d'un immeuble — même par le vendeur qui avait poursuivi le paiement du prix.— St-Cyr vs Millette, III Q. L. R., 369.

8. Par ces mots : " Promesse de vente avec tradition et possession actuelle équivaut à vente," il faut entendre qu'une telle promesse, tout en liant celui qui promet assez énergiquement pour que la vente s'ensuive forcément si l'autre partie remplit les conditions du contrat, ne signifie pas néanmoins que telle promesse de vente est, en droit, la même chose qu'une vente ; telle promesse n'a pas l'effet de transporter le droit de propriété en la personne du stipulant, lorsqu'il appert par les termes du contrat que telle n'a pas été l'intention des parties, mais qu'au contraire elles ont voulu réserver cet effet à un acte postérieur et conserver le droit de propriété en la personne du promettant. Le droit de demander la résolution de la vente, faute de paiement du prix, appartient au vendeur, malgré qu'il ait stipulé comme remède à l'inexécution des conditions de la part de celui qui a promis d'acheter, la revente ou reprise des biens vendus, surtout s'il a stipulé ce remède sans préjudice à tout autre droit. La clause par laquelle le vendeur se réserve le droit de " se faire remettre, reprendre et revendiquer," n'est rien autre que le pacte commissoire. La position du prometteur n'est sous ce rapport nullement changée par la faillite de celui à qui il a promis de vendre.— Renaud vs Arcand, XIV L. C. J., 102.

1537. [La stipulation et le droit de résolution d'une vente d'immeuble faute de paiement du prix, sont sujets aux règles concernant le droit de réméré énoncées dans les articles 1547, 1548, 1549, 1550, 1551 et 1552.

Ce droit ne peut, en aucun cas, être exercé après l'expiration de dix ans à compter du temps de la vente.]

Loyseau, *Déguerpissement*, liv. 6, ch. 3, n° 90.— 2 Troplong, *Vente*, n° 651.— 2 Troplong, *Hypothèque*, n° 466, p. 160.

Jurisp.— 1. Dans le cas d'une vente moyennant une rente viagère, la rétrocession par l'acquéreur au vendeur en raison du pacte commissoire ne peut être considérée comme une vente faite au vendeur originaire, de manière à donner préférence sur lui à des créanciers hypothécaires intermédiaires ; pourvu que cette rétrocession soit faite sans fraude, et que les biens rétrocédés soient dans le même état et de la même valeur qu'à l'époque de la vente originaire : — et dans tel cas il n'est pas nécessaire que le pacte commissoire soit décrété par sentence d'une cour de justice.— Evans vs Sprowls, XIII L. C. R., 288.

2. L'action en résolution de vente par un vendeur, faute de paiement du prix de vente, n'est pas affectée par le défaut de l'inscription de l'acte, ou par le fait que le vendeur s'est porté opposant à une procédure pour lettres de ratification d'une vente faite par son acquéreur immédiat.— David vs Girard, XII L. C. R., 79.

3. The unpaid vendor of an immoveable, who has instituted an *action résolutoire*, for non-payment of the price, before the *décret* of the property, (although the judgment be not rendered until some months after) has a right to be paid by preference even to a mortgagee, whose hypothec has been registered two years before the registration of the deed of sale by the vendor.—Gauthier vs Valois, XVIII L. C. J., 26.

1538. [Le jugement de résolution de la vente faute de paiement du prix est prononcé de suite, sans accorder aucun délai ultérieur pour le paiement; néanmoins, l'acheteur peut payer le prix avec les intérêts et les frais de poursuite en tout temps avant que le jugement soit prononcé.]

Pothier, *Vente*, n° 459, 3° al., n° 461, 2° al.

1539. Le vendeur ne peut rentrer en possession de la chose vendue, sur résolution de la vente faute de paiement du prix, avant d'avoir remboursé à l'acheteur ce qu'il a reçu de lui sur le prix, avec les frais de toutes les réparations nécessaires et des améliorations qui ont augmenté la valeur de la chose, et jusqu'à concurrence de cette valeur. Si ces améliorations sont de nature à être enlevées, il a le choix de les laisser enlever par l'acheteur.

Pothier, *Vente*, n°° 469 et 470.

Jurisp.—Les fruits et revenus de la propriété à compter de la date de la vente seront déclarés avoir été compensés, et seront compensés, par aucune somme payée au demandeur, ou sur son compte, par l'acquéreur immédiat.— Poirier vs Tassé, XIII L. C. R., 459.

1540. L'acheteur est tenu de restituer la chose avec les fruits et revenus qu'il en a perçus, ou telle partie de ces fruits et revenus qui corresponde à la partie du prix qui reste due.

Il est aussi tenu envers le vendeur de toutes les détériorations de la chose survenues par sa faute.

Pothier, *Vente*, n°° 465, 466 et 468.

1541. Le vendeur est censé avoir abandonné son droit de recouvrer le prix, lorsqu'il a porté sa demande en résolution de la vente, faute de paiement.

ff L. 4, § 2, *De leg. com.*— Pothier, *Vente*, n° 461.—1 Despeisses, p. 73.

Jurisp.—Dans le ressort de la coutume de Paris le cessionnaire pur et simple d'un prix de vente, sans autre stipulation, pouvait exercer l'action en résolution de vente pour défaut de paiement, soit total, soit partiel du prix. La demande en résolution pouvait aussi être formée pour défaut de prestation d'une rente constituée, prix d'un immeuble, même par le vendeur qui avait poursuivi le paiement du prix.— St-Cyr vs Milette, III Q. L. R., 369.

1542. [La demande du prix par une action ou autre procédé judiciaire ne prive pas le vendeur de son droit d'obtenir la résolution de la vente faute de paiement.]

1 Tropl., *Priv. et Hyp.*, n° 224 *bis*.—1 Duvergier, n°° 444 et suiv.— Merlin, Quest. v° *Option*, § 1, n° 10; Rép., v° *Résolution*.—16 Duranton, n° 239.— *Contrà ff* L. 7, *dict. tit.*—1 Despeisses, p. 73, n°° 3 et 4.— Pothier, *Vente*, n° 462.

1543. Dans les ventes de meubles le droit de résolution faute de paiement du prix ne peut être exercé qu'autant que la chose reste

26

en la possession de l'acheteur, sans préjudice au droit de revendication du vendeur, tel que réglé au titre *Des Priviléges et Hypothèques*.

Cout. de Paris, 170.— 1 Bourjon, p. 145, sec. 1 et 2.— Troplong, *Vente*, p. 531, add. à l'art. 1654.— Troplong, *Priv. et Hyp.*, n° 395.— C. C. V., 1187.

Jurisp.—The unpaid vendor of moveables has a right, under art. 1543 of the Civil Code, to demand the resolution of the sale, under the circumstances stated in that article, even after the expiration of the eight days allowed for revendication by art. 1999.— In an action claiming such resolution the plaintiff has a right to attach the moveables by a *saisie conservatoire*, and, although his attachment may be in the nature of a *saisie-revendication*, it will nevertheless avail to him as a *saisie conservatoire*.— Henderson & Tremblay, XXI L. C. J., 24.

1544. Dans la vente de choses mobilières, l'acheteur est tenu de les enlever au temps et au lieu où elles sont livrables. [Si le prix n'en a pas été payé, la résolution de la vente a lieu de plein droit en faveur du vendeur, sans qu'il soit besoin d'une poursuite, après l'expiration du terme convenu pour l'enlèvement, et s'il n'y a pas de stipulation à cet égard, après que l'acheteur a été mis en demeure, en la manière portée au titre *Des Obligations*] ; sans préjudice au droit du vendeur de réclamer les dommages-intérêts.

2 Troplong, *Vente*, 677 et suiv.— 1 Duvergier, 474.— 4 Zach., p. 305, notes 1 et 2 ; p. 306, notes 3 et 4.— C. N., 1657.— 6 Marc., p. 296.— 16 Duranton, 87.— Code civil B. C., art. 1067, 1068, 1069 et 1152.

CHAPITRE SIXIÈME.

DE LA RÉSOLUTION ET DE L'ANNULATION DU CONTRAT DE VENTE.

1545. Outre les causes de résolution et d'annulation ci-dessus énoncées dans ce titre, et celles qui sont communes aux contrats, le contrat de vente peut être résolu par l'exercice de la faculté de réméré.

Domat, liv. 1, tit. 2, sec. 12, *Intr.*, art. et n° 6.— Pothier, *Vente*, n°° 330 et 385.— C. N., 1658.

SECTION I.

DU DROIT DE RÉMÉRÉ.

1546. La faculté de réméré stipulée par le vendeur lui donne le droit de reprendre la chose en en restituant le prix et en remboursant à l'acheteur les frais de la vente, ceux des réparations nécessaires, et des améliorations qui ont augmenté la valeur de la chose jusqu'à concurrence de cette augmentation.

Le vendeur ne peut entrer en possession de la chose qu'après avoir satisfait à toutes ces obligations.

Domat, *loc. cit.*, n° 6.— Pothier, *Vente*, 385, 411, 421-3-4-6.— 2 Troplong, *Vente*, 762.— 6 Marc., pp. 307-8.— C. N., 1659 et 1673.

Jurisp.— Dans une vente à réméré, la loi n'exige pas des offres réelles et une consignation préalable pour que le vendeur puisse exercer la faculté de réméré.— Des offres irrégulières ou verbales sont suffisantes.— Dorion & St-Germain, XV L. C. J., 316.

1547. Lorsque le vendeur rentre dans son héritage par la faculté de réméré, il le reprend exempt de toutes les charges dont l'acheteur a pu le grever.

Domat, *loc. cit.*, n° 7.— Pothier, *Vente*, 430.— C. N., 1673.

Jurisp.— Dans le cas d'une vente moyennant une rente viagère, la rétrocession par l'acquéreur au vendeur en raison du pacte commissoire ne peut être considérée comme une vente faite au vendeur originaire, de manière à donner préférence sur lui à des créanciers hypothécaires intermédiaires; pourvu que cette rétrocession soit faite sans fraude, et que les biens rétrocédés soient dans le même état et de la même valeur qu'à l'époque de la vente originaire;—et dans tel cas il n'est pas nécessaire que le pacte commissoire soit décrété par sentence d'une cour de justice.— Evans & Sprowls, XIII L. C. R., 288.

1548. [La faculté de réméré ne peut être stipulée pour un terme excédant dix ans. Si elle est stipulée pour un plus long terme, elle est réduite à dix ans.]

C. L., 2546.— C. N., 1660.

1549. [Le terme stipulé est de rigueur. Il ne peut être prolongé par le tribunal.]

C. L., 2547.— C. N., 1661.

Jurisp.—The action *en réméré* must be returned into court before the expiration of the stipulated delay, and not merely served within that time, and must be accompanied by *offres réelles.*— Walker vs Sheppard, XIX L. C. J., 103.

1550. [Faute par le vendeur d'avoir exercé son action de réméré dans le terme prescrit, l'acheteur demeure propriétaire irrévocable de la chose vendue.]

C. L., 2548.— C. N., 1662.— Voir sous l'art. 1040 certaines dispositions introduites par l'acte 37 Vict., c. 15, s. 19, et qui affectent l'art. 1550.

1551. [Le délai court contre toutes personnes, même contre les mineurs et autres déclarés incapables par la loi, sauf tel recours auquel ils peuvent avoir droit.]

C. L., 2549.— C. N., 1663.

1552. Le vendeur d'immeubles peut exercer cette faculté de réméré contre un second acquéreur, quand même elle n'aurait pas été déclarée dans la seconde vente.

Pothier, *Vente*, 396-8, 428.— Tropl., *Vente*, 728-9.— C. N., 1664.

1553. L'acheteur d'une chose sujette à la faculté de réméré exerce tous les droits qu'avait le vendeur dans la chose. Il peut prescrire aussi bien contre le vrai propriétaire que contre ceux qui ont des droits ou hypothèques sur la chose vendue.

Pothier, *Vente*, 385 et 402 *in fine.*— C. L., 2551.— C. N., 1665.

1554. Il peut opposer le bénéfice de discussion aux créanciers de son vendeur.

C. L., 2552.— C. N., 1666.

1555. Si l'acheteur d'une partie indivise d'un héritage sujet au droit de réméré se rend ensuite acquéreur de la totalité, sur une licitation provoquée contre lui, et que ce droit ne soit pas purgé, il peut obliger le vendeur qui veut l'exercer de retirer l'héritage en entier.

2 Troplong, *Vente*, 744-5.— 6 Marc., p. 304.— 16 Duranton, n° 413.— 8. R. B. C., c. 48, s. 5.— C. N., 1667.

1556. Si plusieurs ont vendu conjointement et par un seul contrat, un héritage commun entre eux, avec faculté de réméré, chacun d'eux ne peut exercer cette faculté que pour la part qu'il y avait.

Dumoulin, *Tract. de divid. et indiv.*, n°° 582 et suiv.— Pothier, *Vente*, 397.— 2 Tropl., *Vente*, 746 et suiv.— Code civil B. C., *Oblig.*, c. 7, sec. 5.— C. N., 1668.

1557. La règle contenue en l'article précédent a également lieu si le vendeur d'un immeuble laisse plusieurs héritiers ; chacun d'eux ne peut exercer le droit de réméré que pour la part qu'il a dans la succession du vendeur.

Dumoulin, Pothier, Tropl., *locis citatis.*— C. N., 1669.

1558. Dans le cas des deux articles précédents, l'acheteur peut, à son gré, exiger que le covendeur ou le cohéritier reprenne la totalité de l'immeuble vendu avec droit de réméré, et à défaut par lui de ce faire, il peut faire renvoyer la demande de tel covendeur ou cohéritier pour une portion seulement de l'immeuble.

Dum., Poth., Tropl., *locis cit.*— C. N., 1670.

1559. Si la vente d'un héritage appartenant à plusieurs n'a pas été faite conjointement de tout l'héritage ensemble, mais par chacun d'eux de sa part seulement, chacun peut exercer séparément la faculté de réméré pour la part qui lui appartenait, et l'acheteur ne peut l'obliger à reprendre le tout.

Pothier, *Vente*, 396.— Troplong, *Vente*, 754 et 755.— 6 Marcadé, p. 306, et les auteurs cités par lui.— C. N., 1171.

1560. Si un héritage a été vendu à plusieurs acheteurs ou à un acheteur qui laisse plusieurs héritiers, la faculté de réméré ne peut être exercée contre chacun d'eux que pour sa part ; mais s'il y a eu partage entre les cohéritiers, la faculté de réméré peut être exercée pour le tout contre celui d'entre eux auquel l'héritage est échu.

Dumoulin, Pothier, *loc. cit.*— 2 Troplong, *Vente*, 756 et suiv., et Dumoulin & Tiraqueau, cités par cet auteur.— C. N., 1672.

SECTION II.

DE LA RESCISION DE LA VENTE POUR CAUSE DE LÉSION.

1561. Les règles concernant la rescision des contrats pour cause de lésion sont exposées au titre *Des Obligations*.

Code civil B. C., art. 1012.— C. N., 1674.

CHAPITRE SEPTIÈME.

DE LA LICITATION.

1562. Si une chose mobilière ou immobilière commune à plusieurs propriétaires ne peut être partagée convenablement et sans perte ; ou si, dans un partage fait de gré à gré de biens communs, il s'en trouve quelques-uns qu'aucun des copartageants ne puisse ou ne veuille prendre, la vente s'en fait publiquement au plus haut enchérisseur, et le prix en est partagé entre les copropriétaires.

Les étrangers sont admis à enchérir à telle vente.

Pothier, *Vente*, 515.— S. R. B. C., c. 48, ss. 3 et 5.— Code civil B. C., art. 300.— C. N., 1686.

1563. Le mode et les formalités à observer pour la licitation sont expliqués au Code de Procédure Civile.

C. N., 1688.

CHAPITRE HUITIÈME.

DE LA VENTE AUX ENCHÈRES.

1564. Les ventes par encan ou enchères publiques sont ou forcées ou volontaires.

Les règles concernant les ventes forcées sont énoncées aux chapitres septième et onzième de ce titre et au Code de Procédure Civile.

1565. Nulle vente volontaire à l'encan de marchandises et effets ne peut être faite par une personne autre qu'un encanteur licencié, sauf les exceptions ci-après :

1. La vente d'effets appartenant à la Couronne, ou saisis par un officier public en vertu d'un jugement ou ordre d'un tribunal, ou confisqués ;

2. La vente des biens et effets d'une personne décédée, ou appartenant à une communauté de biens dissoute, ou à quelque église ;

3. La vente faite par des habitants, dans les campagnes, sans but commercial, de leur mobilier, grains, bestiaux et effets autres que des marchandises et fonds de commerce, soit qu'ils changent de résidence ou qu'ils disposent de leur établissement d'une manière définitive ;

4. Les ventes par encan pour taxes municipales en vertu du statut concernant les municipalités.

S. R. B. C., c. 5, ss. 1, 2 et 7.

1566. La vente par encan, faite contrairement aux dispositions contenues dans le dernier article ci-dessus, n'est pas nulle ; elle soumet seulement les contrevenants aux pénalités imposées par la loi.

1567. L'adjudication d'une chose à une personne sur son enchère, et l'entrée de son nom sur le livre de vente de l'encanteur, complètent la vente, et elle devient propriétaire de la chose aux conditions publiées par l'encanteur, nonobstant la règle contenue en l'article 1235. Le contrat, à dater de ce moment, est régi par les dispositions applicables au contrat de vente.

Smith, *Merc. Law,* (*Edit.* 1859), pp. 496 et 507.— Chitty, *On Contracts,* (*Ed. Am.* 1865), p. 308, note 2 ; p. 389, note 1.— Kent's Com. (5ᵉ *Ed.*), 539 et 540.— 1 Sugden, V. et P., c. 3, s. 3, p. 130.— C. L., 2586 et 2587.

Jurisp.—1. An auctioneer who sells a ship without naming his principal, cannot maintain an action for the sum offered by the last bidder, without a tender of a valid bill of sale.— Burns vs Hart, II R. de L., 77.

2. An auctioneer who sells, without naming his principal, is liable in damages for the non-execution of his contract.— Hart vs Burns, II R. de L., 79.

3. L'entrée du nom de l'adjudicataire, sur le livre de vente de l'encanteur, accompagnée de sa signature mise au-dessous de l'indication de l'objet vendu, forme la preuve du contrat intervenu entre le propriétaire et l'adjudicataire.— Frigon vs Bussel, V R. L., 559.

4. Where a vendor seeks to enforce the sale of a lot of land, and tenders a deed to the purchaser differing in several unimportant particulars from the acknowledged conditions of sale, the court may vary and reduce the conditions sought to be imposed, and may order a deed to be executed, pursuant to the precise condition of sale.— An adjudication at auction on condition signed by the purchaser completes the sale as between the parties ; and where there is a stipulation that a deed shall be executed within ten days after a sale by auction, the failure of the vendor to tender a deed before the expiration of the delay does not *ipso facto* resolve the sale.— A stipulation in the condition of sale by auction that the vendor shall be entitled to proceed to *folle enchère* if the purchaser makes default, does not rescrit the vendor's recourse to that remedy or exclude other action.— Liggett & Tracey, XX L. C. J., 313.

5. La vente de terrain en lots à un encan public est régie par les lois françaises.— Chaque adjudication d'un lot constitue un contrat distinct.— Jetté et McNaughton, XX L. C. J., 255.

6. By the majority of the court (Monk, Ramsay and Tessier, JJ.) :— A single false bid on any lot sold destroys the consent of the purchaser of such lot and renders the sale null and void, even without proof of fraud and damage.— The presence of false bidders who bid on some of the lots offered does not annul the sale of a lot on which there was no false or by-bidding, unless the purchaser of such lot alleges and proves fraud on the part of the vendor, and damage to himself by the enhancement of the price above the current value.— By the minority (Dorion, C. J., and Sanborn, J.) such by-bidding is a cause of nullity only where the purchaser shows that he has suffered damage therefrom. In this case if there was by-bidding on any of the lots sold to the defendant, it caused him no damage, and therefore the sale should be enforced.— By Ramsay, J. :— That by-bidding where extensively practised at an auction sale is a fraudulent breach of the contract implied in a sale by auction, and therefore annuls the adjudication even of lots on which there was no by-bidding, unless the vendor clearly establishes that the purchaser was in no respect injured by the by-bidding at the sale generally.— Jetté & McNaughton, XX L. C. J., 255.

1568. Si l'acheteur ne paie pas le prix auquel la chose lui a été adjugée, conformément aux conditions de la vente, le vendeur peut, après en avoir donné avis suffisant et selon l'usage, remettre la chose en vente à l'enchère, et si la revente de la chose rapporte un prix moindre que celui pour lequel elle avait été adjugée au premier acheteur, le vendeur a droit de répéter de lui la différence ainsi que tous les frais de la vente. Mais si la revente rapporte un prix plus élevé, le premier acheteur n'en retire aucun profit au delà des frais de le revente, et il ne lui est pas permis d'y enchérir.

Chitty, *On Contracts,* (*Edit. Am.* 1865), p. 430, notes 2 et 4, *pour les cas cités.*— 2 Kent's Com. (5ᵉ *Edit.*), p. 504.— Ruston vs Perry, n° 2155, 24 juillet 1848, Montréal.

— C. L., 2589 et 2590.— Anc. Den., v° *Folle Enchère*, n° 3.— 1 Pardessus, *Dr. Com.*, n° 131, p. 258.— Pothier, *Proc. civ.*, p. 254.

Jurisp.— 1. Voici les détails de la cause citée parmi les autorités des codificateurs : le 29 juin 1847, Perrin et al., achetèrent de Ruston et al., par l'intermédiaire d'un courtier, 1000 barils de farine payables comptant et livrables sous trois jours. Perrin et al. refusèrent de prendre la farine et de payer. Les demandeurs mirent les défendeurs en demeure de remplir leurs obligations. Et sur le défaut de ces derniers la farine fut revendue, ce qui entraîna une perte d'au delà de £500. De là, action par les demandeurs contre les défendeurs pour cette perte. Dans leur plaidoyer, les défendeurs nièrent aux demandeurs qu'ils eussent telle action.

2. Where a purchaser at an auction refuses to pay in compliance with the conditions of sale, the goods after notice to him may be resold and an action will lie against him for the difference between the price of the first and second sale together with all the costs and charges thereby incurred.— Maxham vs Stafford, V L. C. J., 105.

CHAPITRE NEUVIÈME.

DE LA VENTE DES VAISSEAUX ENREGISTRÉS.

1569. Ce qui concerne spécialement la vente des vaisseaux et bâtiments enregistrés se trouve dans le quatrième livre de ce code, au titre *Des Bâtiments Marchands*.

Jurisp.— An auctioneer who sells a ship without naming his principal, cannot maintain an action for the sum offered by the last bidder, without a tender of a valid bill of sale.— Burns vs Hart, II R. de L., 77.

CHAPITRE DIXIÈME.

DE LA VENTE DES CRÉANCES ET AUTRES CHOSES INCORPORELLES.

SECTION I.

DE LA VENTE DES CRÉANCES ET DROITS D'ACTION.

1570. [La vente des créances et droits d'action contre des tiers est parfaite entre le vendeur et l'acheteur, par l'exécution du titre, s'il est authentique, ou sa délivrance, s'il est sous seing privé.]

C. N., 1689.

Jurisp.— Un transport de créance accepté par le notaire au nom du cessionnaire, est suffisamment ratifié et parfait par la signification qui en est faite au nom du cessionnaire, et sort son effet du jour de cette signification.— Perrault et la Banque Ontario, XIV L. C. R., 3.

1571. L'acheteur n'a pas de possession utile à l'encontre des tiers, tant que l'acte de vente n'a pas été signifié et qu'il n'en a pas été délivré copie au débiteur. Il peut cependant être mis en possession par l'acceptation du transport que fait le débiteur : sauf les dispositions contenues en l'article 2127.

Paris, 108.— Pothier, *Obl.*, 502 ; *Vente*, 554.— Lacombe, v° *Transport*, n° 17.— 3 Maleville, p. 366.— C. N., 1690.

Amend.— *L'acte Q.* 35 *Vict., c.* 6, *ss.* 3, 4 *et* 5, *contient ce qui suit :*

3. Lorsque dans le cas de la vente d'une dette ou d'un droit d'action contre un tiers, le débiteur a quitté la province ou n'y a jamais eu son domicile, la signification de l'acte de vente, requise par l'article 1571 du Code civil, pourra se faire en publiant en la forme donnée dans la cédule du présent acte ou toute autre forme équivalente, un avis de la dite vente, deux fois en langue française, dans un journal publié en langue française, et deux fois en langue anglaise, dans un journal publié en langue anglaise dans le district où la dette a été contractée ou dans le district où l'action peut être intentée; et en l'absence de tous tels journaux dans tel district, cet avis sera publié dans de pareils journaux publiés dans l'endroit le plus voisin du dit district.

La délivrance d'une copie de l'acte de vente requise par le dit article 1571 pourra se faire, dans l'un et l'autre cas mentionnés dans cette section, en laissant cette copie pour le débiteur, dans les mains du protonotaire du district dans lequel la signification a été publiée.

4. Lorsque dans l'un ou l'autre des cas mentionnés dans la section précédente, une action a été intentée contre le débiteur, la signification de l'action, de la manière prescrite par l'article 68 du Code de Procédure Civile, sera une signification suffisante de l'acte de vente, si dans l'ordre publié en vertu du dit article, il est fait mention et description de la vente; et la production d'une copie de l'acte de vente avec le retour de l'action sera une délivrance suffisante d'icelle au débiteur.

5. Lorsqu'une universalité de rentes a été vendue, soit que cette vente ait eu lieu avant, soit qu'elle ait eu lieu après la mise en force de cet acte, la signification de la vente requise par l'article 1571 du Code civil pourra se faire en publiant l'acte de vente, de la manière prescrite par la troisième section de cet acte, et la délivrance d'une copie requise par le dit article pourra être faite, en déposant une copie du contrat de vente dans le bureau du protonotaire du district dans lequel la succession a été ouverte, ou dans lequel sont situées les propriétés qui sont grevées des dites dettes, ou du district dans lequel est ou était le principal siége des affaires du créancier originaire. Et tels publication et dépôt, une fois faits, seront une signification et délivrance suffisantes à l'égard de chaque débiteur individuellement.

L'acte de faillite de 1875, s. 69, *amende cet article quant aux ventes faites par les syndics :*

La personne qui achètera une créance du syndic pourra en poursuivre le recouvrement en son propre nom, aussi efficacement que le failli l'aurait pu faire et que le syndic est par le présent autorisé à le faire; et un acte de vente (formule M.), signé et à elle délivré par le syndic, fera foi *prima facie* de cet achat, sans qu'il soit besoin de prouver la signature du syndic, et cet acte de vente dans la province de Québec, en conférera la propriété à l'acquéreur, sans signification au débiteur; et nulle garantie excepté quant à la bonne foi du syndic ne sera créée par cette vente et transport, pas même la garantie que la créance est due.

Jurisp.— 1. Le délai accordé par le cédant à son débiteur par un acte subséquent à l'acte constitutif de la créance, mais antérieur au transport, peut être plaidé par exception à une action par le cessionnaire.— Langlois vs Verret, II R. de L., 177.

2. Dans Dubord et Lafranche (n° 304 de 1847, Québec), la Cour d'Appel a jugé qu'une action sur transport non signifié peut être maintenue contre le débiteur originaire.

3. Un cessionnaire peut intenter son action avant d'avoir fait signifier son transport, et l'assignation équivaut à une signification de transport.— Martin et Côté, I L. C. R., 239.

4. Le certificat de l'huissier n'est pas une preuve authentique de la signification d'un transport fait devant notaires.— St. John vs Delisle, II L. C. R., 150.

5. Un cessionnaire peut poursuivre sans avoir au préalable signifié son transport au débiteur.— Quinn vs Atcheson, IV L. C. R., 379.

6. Dans le cas de l'institution d'une action par un cessionnaire pour le recouvrement d'une créance à lui cédée, sans signification de transport préalable, il ne lui sera accordé aucun frais, et il sera condamné aux dépens du défendeur si ce dernier offre de payer le montant dû, et fait suivre cette offre de consignation.— Paré vs Dérouselle, VI L. C. R., 411.

7. Un acheteur qui a obtenu jugement contre un vendeur en diminution du prix de vente pour défaut de contenance, peut diriger une demande en déclaration de jugement commun contre un cessionnaire d'une balance du prix de vente, qui lui aurait signifié son transport.— Ryan vs Idler, VII L. C. R., 385.

8. L'acceptation du transport ne rend pas le débiteur non recevable à opposer au cessionnaire les exceptions qu'il aurait pu opposer au créancier cédant.— Masson vs Corbeille, II L. C. J., 140.

9. Un transport fait par un débiteur à des syndics pour le profit de ses créanciers, ayant été depuis résilié à la suite du paiement des dettes, ce débiteur est rentré en pleine possession de tout ce qui pouvait rester des biens par lui transportés, soit en nature, soit en deniers réalisés ou en créances en provenant : *Jugé* qu'il peut en obtenir le recouvrement en justice, même contre les tiers, sans avoir signifié le jugement de rétrocession, sauf la question des frais sur cette demande.— Hagan & Wright, XI L. C. R., 92.

10. A une action par un vendeur pour balance du prix d'une métairie par lui vendue au défendeur, le défendeur plaida certains paiements faits, avant l'institution de l'action, à des cessionnaires du demandeur, en vertu de cessions non signifiées ; le demandeur répliqua, demandant acte de ce qu'il était prêt à déduire les sommes payées, et à donner caution contre aucune demande pour la balance réclamée. *Jugé* que nonobstant les faits ci-dessus mentionnés, et l'admission du défendeur que les cessionnaires avaient laissé la province avant l'institution de l'action, l'exception devait être maintenue et l'action renvoyée. — Orr vs Hébert, XII L. C. R., 401.

11. Dans une action hypothécaire portée par un demandeur, cessionnaire d'une dette, la signification de l'action au défendeur, tiers détenteur, ne peut être considérée comme signification du transport au débiteur principal.— Par la jurisprudence du Bas-Canada, le cessionnaire d'une dette peut porter son action contre le débiteur sans signification préalable de l'acte de transport.— Aylwin & Judah, XIV L. C. R., 421.

12. Une action portée par le cessionnaire d'une créance sans signification du transport ou sans acceptation par le débiteur, sera renvoyée avec dépens sur une défense en droit.— Mignot vs Reeds, IX L. C. J., 27.

13. The article C. C. 1571, does not apply to an action founded on a transfer without signification, when the only plea is that the defendant is not proprietor. — Gibeau vs Dupuis, XVIII L. C. J., 101.

14. While an action upon a transfer not signified may be maintained against the original debtor, an hypothecary action against a *tiers détenteur* upon such transfer, cannot be maintained without previous signification of the transfer upon the debtor. Partial payment by a debtor, on account of a debt tranferred, or papers *sous seing privé*, showing that the debtor had a knowledge of the transfer, are equivalent to a transfer only as between the *cessionnaire* and the debtor, and not as between the *cessionnaire* and a third party.— Aylwin & Judah, IX L. C. J., 179.

15. In a joint demand by two creditors under s. 3, § 2 of the Insolvent Act of 1864, against a debtor to make an assignment under the act, the claims of one of the two creditors being based upon a transfer made to him by a third party, which was only signified upon the debtor several days after the demand of an assignment, cannot avail in support of the demand.— Turgeon vs Taillon, XIII L. C. J.

16. Un transport n'est pas nul par le fait que le cessionnaire ne l'a pas accepté personnellement, ni par un procureur spécialement autorisé à cette fin ; et l'acceptation du notaire pour le cessionnaire est valable, pourvu que ce dernier ratifie telle acceptation par des actes subséquents ; l'enregistrement du transport, à la réquisition du cessionnaire, est une ratification suffisante de l'acceptation faite par le notaire.— Le transport d'une créance enregistrée est parfait par l'acceptation du débiteur et l'enregistrement subséquent à l'acceptation ; et il n'est pas nécessaire, lorsqu'il y a acceptation du débiteur, de lui fournir un double du certificat de l'enregistrement.— Crébassa vs Crépeau, I R. L., 667.

17. Un transport n'est parfait et le cessionnaire n'est saisi de la créance transportée et ne peut poursuivre en justice le recouvrement de telle créance, que

lorsque le transport a été dûment signifié en en laissant copie au débiteur, ou que ce dernier l'a accepté.— Charlebois et Forsyth, I R. L., 606.

18. Le débiteur qui a accepté la signification d'un transport n'est plus recevable à plaider erreur quant au montant dû par lui au cédant.— Macdonald vs Goyette, II R. L., 185.

19. Senécal, to whose insolvent estate Sauvageau was assignee on the 10th August 1866, transferred to Gauthier certain sums of money owing to him, a year before he become insolvent and made an assignment, and the transfers above mentioned were only served on the debtors a few days prior thereto. On action by Gauthier against debtors, Sauvageau intervened, and Gauthier's action was dismissed in the court below (Arthabaska).· Judgment reversed by C. Q. B., who held that the creditors of the vendor are not in the absence of fraud or simulation, *tiers*, in the sense of the art. 1571 C. C., that the notification of the transfer under the circumstances was valid, and would have been valid even had the transfers been served " *après la faillite notoirement connue et déclarée*." — Gauthier & Sauvageau, I R. C., 248.

20. Le défaut de signification du transport ne peut rendre le cessionnaire non recevable à produire opposition afin de conserver pour recevoir le montant transporté.— Lamothe & Fontaine, VII L. C. R., 49.

21. Il est nécessaire de signifier au débiteur copie de l'acte de signification en même temps que la copie de l'acte de transport.— McLennan vs Martin, III R. L., 31.

22. Une quittance sous seing privé donnée par un cédant à son débiteur, est une exception valable et une réponse suffisante à l'action d'un cessionnaire qui n'a pas signifié son transport, s'il n'y a pas eu fraude.— M. C. R., 78.

23. C'est au créancier qu'il appartient de faire signifier le transport.— Dorion & Doutre, III L. C. L. J., 119.

24. Le cessionnaire d'une créance, par transport non signifié peut poursuivre ce dernier, et la signification de l'action équivaut à la signification du transport.— Lamoureux vs Renaud, III R. L., 39.

25. Il n'y a pas lieu à l'action hypothécaire, sur un transport qui n'a pas été signifié au débiteur originaire.— Pacaud vs Provencher, III R. L., 454.

26. Le transport d'une créance hypothécaire donne au cessionnaire la possession utile de la dette, par l'enregistrement du transport avec signification d'une copie enregistrée au tiers détenteur.— Pacaud et Beauchêne, XVII L. C. J., 70.

27. A memorandum *sous seing privé* by which a printing corporation authorized W. (its president) to collect a debt due to the corporation, the memorandum stating that such account had been transferred to him for value received, could not be considered a transfer to a banking corporation of which W. was also president, though the course of dealing indicated that such was the intention of the parties. Even if such memorandum could be considered a transfer to the banking corporation, the latter, not having used diligence to collect the debt, and there having been no signification upon the debtor, had no claim against a subsequent transferee buying in ignorance of such alleged previous transfer, by notarial deed duly signified, and acted upon by the debtor by payment of the debt to such subsequent transferee.— Bank of Montreal & White, XVII L. C. J., 335.

28. Le requérant en nullité de décret, cessionnaire d'un créancier, doit avant de faire sa requête, faire signifier son transport au défendeur ou le lui faire accepter, pour créer un lien de droit entre lui et le défendeur; mais il n'est pas nécessaire que ce transport soit signifié aux adjudicataires.— Lépine vs Barrette, V R. L., 703.

29. The article C. C. 1571, does not apply to an action founded on a transfer without signification, where the only plea is that the defendant is not proprietor (C. C. P., 144).— Gibeau vs Dupuis, XVIII L. C. J., 101.

30. Dans une action personnelle par un cessionnaire, sur son transport, il ne lui est pas nécessaire d'alléguer qu'il a signifié au défendeur un double de l'enregistrement requis par l'article 2127 du Code civil, et l'allégation de la signification requise par l'article 1571 C. C., lui est suffisante.— Dumont vs Laforge, I Q. L. R., 159.

31. Non-signification of transfer of the claim sued on must be pleaded; and therefore where the defendant allowed judgment to be obtained *ex parte* it was held that he could not raise the question of non-signification in appeal.— Stanley & Fowlon, XXI L. C. J., 75.

32. The transfer, by a deed of dissolution of co-partnership, of the partnership estate and debts to two of the former co-partners, who continue the business,

does not require to be signified before action brought against third parties indebted to the former co-partnership.— Tate vs Torrance, XXII L. C. J., 48.

33. Le créancier n'a pas droit d'action contre son débiteur pour une créance qui se trouve transportée par un jugement sur tiers-saisie.— Théberge vs Fournier, VIII R. L., 390.

34. The plaintiff brought action for a debt due to a firm of Tate & Co., of which he had been a partner. By the deed of dissolution it was agreed that the business of the firm should be carried on by plaintiff and Charles Tate, to whom the retiring partner, Grant, transferred his rights. Charles Tate died and his rights were represented by the plaintiff.— *Held*, that it was not necessary that the deed of dissolution by which Grant transferred his rights to the other partners, should be signified to defendants before suit, such deed of dissolution of partnership and transfer not falling within the category of transfers or sales of debts or rights of action, which must be signified before action brought against third parties.— Tate vs Torrance, I L. N., 52.

35. Although an heir has sold all his rights in the succession of his father to a third party, and has caused the deed of sale to be duly registered, but the transfer has not been signified, he must sue afterwards in his own name in the interest of the third party who has acquired such rights, such third party having no action in his own name.— Sauvé vs Sauvé, I L. N., 387.

36. A *cédant*, although his transfer has not been served on the debtor, has no action, the *cessionnaire* only having the right to sue and recover the amount of the transfer.— Berthelet vs Théoret, I L. N., 387.

37. A deed of sale or cession of *droit de succession* duly enregistered, does not require signification, an *acte sous seing privé* subsequently passed between the parties, purporting to annul and set aside the deed of cession, but which *acte sous seing privé* has been neither registered nor signified, does not give the *cédant* a right of action.— Sauvé vs Sauvé, I The Legal News, 546.

1572. Si, avant la signification de l'acte par l'une des parties au débiteur, ce dernier paie au vendeur, il est libéré.

Pothier, *Vente*, 555.— 2 Troplong, *Vente*, 901.— C. N., 1691.

1573. Les deux derniers articles qui précèdent ne s'appliquent pas aux lettres de change, billets, chèques ou mandats sur banquier, payables à ordre ou au porteur, dont la cession ne requiert pas de signification; non plus qu'aux *débentures* pour le paiement de sommes d'argent; ni au transport des actions dans les fonds de compagnies incorporées, qui est réglé par les actes d'incorporation ou les règlements respectifs de ces compagnies.

Les billets pour deniers ou pour la livraison de grains ou autres choses, payables à ordre ou au porteur, peuvent être transportés par endossement ou délivrance, sans signification, soit qu'ils soient faits d'une manière absolue ou sous condition.

Jurisp.— A., the holder of a receipt, by which B. declared he held in trust for A. two hundred tons of coal and would sell the same accounting for the proceeds and acknowledging himself to be bailee of said coal for A., cannot transfer the said receipt without endorsement.— Baile vs Whyte, XIII L. C. J., 130.

1574. La vente d'une créance ou autre droit, en comprend les accessoires, tels que cautionnements, priviléges et hypothèques.

Code civil B. C., art. 1024 et 1498.— C. N., 1692 et 1615.

Jurisp.— 1. Le cessionnaire a droit de se servir du nom de son cédant et de porter son action au nom de tel cédant.— Crémazie vs Cauchon, XVI L. C. R., 482.

2. Un cessionnaire d'une créance a droit d'intervenir sur la saisie immobilière faite au nom des cédants, avant la signification du transport, pour le profit du cessionnaire; et aussi d'être déclaré propriétaire de la créance et maître de la

procédure. Les cédants sont mal fondés à contester semblable demande, et à prétendre au remboursement préalable des frais encourus tant sur l'action que sur la saisie.—Berthelet & Guy, VIII L. C. R., 305.

1575. Les arrérages d'intérêts accrus avant la vente ne sont pas compris comme accessoires de la dette.

Ancien Den., v° *Accessoires,* n° 4.— Guyot, Rép., v° *Accessoires,* p. 108.— *Contrà* Troplong, *Vente,* n° 915.— 6 Duranton, n° 507.— Duvergier, n° 221.— 6 Marcadé, p. 634.

1576. Celui qui vend une créance ou autre droit, doit garantir qu'elle existe et lui est due, quoique la vente soit faite sans garantie : sauf, néanmoins, l'exception contenue en l'article 1510.

ff L. 6, *De evict.*— Pothier, *Vente,* 559.—Tropl., *Vente,* 931-5-6.— Loyseau, *Garantie des rentes,* c. 3, n° 11 *in fine.*— 1 Bourjon, 467, n°° 19 et 20.— C. N., 1693.

Jurisp.—La garantie de faits et promesses stipulée dans un transport, entraîne la garantie de l'existence de la dette prescrite dès avant la date du transport.— Donegani & Choquette, II R. de L., 301.

1577. Lorsque le vendeur, par une simple clause de garantie, répond de la solvabilité du débiteur, cette garantie ne s'applique qu'à la solvabilité au temps de la vente et jusqu'à concurrence seulement du prix que l'acheteur a payé.

ff L. 74, *De evict.*— Loyseau, *loc. cit.,* c. 7, n°° 7 et 8.— Pothier, *Vente,* 570.— 1 Bourjon, p. 467, n°° 21 et suiv.— Lamoignon, tit. 22, art. 10 et suiv.— 2 Tropl., *Vente,* 938 et suiv., 948.— C. N., 1694 et 1695.

Jurisp.— 1. A *simple garantie de fait* in a *transport* is a warranty of the debtor's solvency at the time of the assignment.— Bélanger vs Binet, II R. de L., 206.
2. Under the clause of *garantir, fournir et faire valoir* in a deed of transfer of a debt, the assignee cannot sue the assignor, without previously discussing the debtor and establishing his insolvency.—Homier vs Brosseau, XXII L. C. J., 135.

1578. Les articles précédents de ce chapitre s'appliquent également aux transports de créances et droits d'action contre des tiers par contrats autres que celui de vente, excepté les donations auxquelles l'article 1576 ne s'applique pas.

Lacombe, v° *Eviction,* n° 26.— Loyseau, *Rentes,* c. 1, n° 14.— Ricard, *Donations,* 1re part., n° 954.

SECTION II.

DE LA VENTE DES DROITS SUCCESSIFS.

1579. [Celui qui vend quelque droit successif sans spécifier en détail les biens dont il se compose, n'est tenu de garantir que sa qualité d'héritier.]

C. N., 1696.

1580. Si le vendeur a reçu des fruits ou revenus de quelque fonds, ou le montant de quelque créance, ou vendu quelque chose formant partie de la succession, il est tenu de les rembourser à l'acquéreur, s'il ne les a expressément réservés.

ff L. 2, §§ 1 et 3, *De hæred. vend.*— Cod., L. 5, *De hæred. vend.*— Pothier, *Vente,* n°° 530, 531, 532, 534, 536 et 537.— 2 Troplong, 963.— C. N., 1697.

1581. Outre les obligations communes aux contrats de vente, l'acheteur est tenu de rembourser au vendeur toutes les dettes et frais de la succession payés par ce dernier ; lui faire raison de tout ce que la succession lui doit, et acquitter toutes les dettes et obligations de la succession dont le vendeur peut être tenu ; à moins d'une stipulation contraire.

ƒ L. 2, §§ 16, 17 et 18, *De hæred. vend.*— Pothier, *Vente*, 540-1-2 ; *Succes.*, c. 5, art. 2, § 2.— 2 Troplong, *Vente*, 976-7.— C. N., 1698.

SECTION III.

DE LA VENTE DES DROITS LITIGIEUX.

1582. Lorsqu'une vente de droits litigieux a lieu, celui de qui ils sont réclamés en est entièrement déchargé en remboursant à l'acheteur le prix de vente avec les frais et loyaux coûts et les intérêts sur le prix à compter du jour que le paiement en a été fait.

Cod., L. 22 ; L. 23 ; L. 24, *Mandati vel contrà.*— Pothier, *Vente*, 590.— N. Den., *Cession de droits litigieux.*— 2 Troplong, *Vente*, 985.— C. N., 1699.

1583. Un droit est réputé litigieux lorsqu'il est incertain, disputé ou disputable par le débiteur, soit que la demande en soit intentée en justice, ou qu'il y ait lieu de présumer qu'elle sera nécessaire.

Cod., L. 1, *In authent. de litigiosis.*— Pothier, *Vente*, 583.— N. Den., *loc. cit.*— 2 Troplong, *Vente*, n° 986.— 6 Marcadé, p. 351.— *Contrà*, 2 Duvergier, n° 350, pp. 444-5.— C. N., 1700.

Jurisp.— Un droit ne peut être considéré comme litigieux que quand il y a procès mû.— Leclerc vs Beaudry, X L. C. J., 20.

1584. Les dispositions contenues en l'article 1582 ne s'appliquent pas :

1. Dans le cas où la vente a été faite à un cohéritier ou copropriétaire du droit vendu ;

2. Lorsqu'elle est faite à un créancier en paiement de ce qui lui est dû ;

3. Lorsqu'elle est faite au possesseur de l'héritage sujet au droit litigieux ;

4. Lorsqu'il a été rendu par le tribunal un jugement maintenant le droit en question ; ou lorsque le droit a été établi et que le litige est en état d'être jugé.

Cod., L. 22 ; L. 23 ; L. 24, *loc. cit.*— Pothier, *Vente*, 593-7.— Lebrun, *Succes.*, liv. 4, ch. 2, sec. 5, n° 68.— N. Den., *loc. cit.*, § 2, n° 4.— 2 Troplong, *Vente*, 998-9, 1005 et suiv.— 6 Marcadé, 355-6, n° 3.— 2 Duvergier, 377-8.— C. N., 1701.

CHAPITRE ONZIÈME.

DES VENTES FORCÉES ET DES CESSIONS RESSEMBLANT A LA VENTE.

SECTION I.

DES VENTES FORCÉES.

1585. Le créancier qui a obtenu jugement contre son débiteur peut faire saisir et vendre, pour satisfaire à tel jugement, les biens meubles et immeubles de son débiteur, à l'exception seulement des choses qui en sont exemptées spécialement par la loi ; sauf les règles et formalités prescrites au Code de Procédure Civile.

S. R. B. C., c. 85, ss. 1, 2 et 3.

1586. Dans les ventes judiciaires sur exécution, l'acheteur, au cas d'éviction, peut recouvrer du débiteur le prix qu'il a payé avec les intérêts et les frais du titre ; il peut aussi recouvrer ce prix avec intérêt des créanciers qui l'ont touché, sauf leur exception aux fins de discuter les biens du débiteur.

ff L. 74, § 1, *De erict.*— 2 Pigeau, 254.— 13 Duranton, n° 686.— 16 *Ibid.*, n° 265.— Voet *ad Pand., De erict.*, n° 5.— Pothier, *Procéd.*, p. 254.— Troplong, *Vente*, 432 et 522.— 6 Marcadé, p. 256.— C. L., 2599.

Jurisp.— 1. En novembre 1853, le demandeur se porta adjudicataire, pour £1100, d'un fief vendu par décret à la poursuite de la Banque du Peuple vs Donegani ; par jugement de distribution, il fut ordonné que le produit de la vente serait payé à la banque, opposante dans la cause. Par arpentage fait par l'adjudicataire, le 15 janvier 1857, il fut constaté que la propriété désignée comme contenant 400 arpents, n'en contenait que 188. Le 15 septembre 1857, l'adjudicataire porta son action contre la banque pour £583, étant la réduction sur le prix, en proportion au défaut de contenance.— *Jugé* que l'action avait été instituée dans un délai raisonnable, nonobstant l'insolvabilité de Donegani, et que la banque avait le 27 mars 1857, reçu de Quesnel, cessionnaire de Donegani, £4053.13, balance de ce qui était dû par Donegani à la banque, et sur ce reconnu et accepté un transport de 392 actions de la dite banque, au nom de Donegani, lesquelles actions, aux termes de son acte d'incorporation, Donegani, comme actionnaire, n'avait pu transporter sans s'acquitter d'abord de ce qu'il devait à la banque. Il n'était pas nécessaire de mettre le défendeur dans la première action, Donegani, en cause. L'adjudicataire ayant par erreur quant à la contenance de la propriété, payé le montant en entier de son adjudication, et la banque, opposante dans la cause, l'ayant reçu, était tenue de remettre l'excédant.— Desjardins et La Banque du Peuple, X L. C. R., 325.

2. An *adjudicataire* at sheriff's sale of real estate sold under the provisions of the Code of Civil Procedure of L. C., cannot legally claim to be refunded, by way of collocation on the proceeds of the sale, a portion of the price paid, on the ground that the property proved to be of considerably less extent than advertised, in consequence of an adjoining property having been erroneously included in the description.— Under any circumstances the knowledge by the *adjudicataire*, at the time he bid, that the adjoining property did not belong to the defendants, and was included in the description by error, would be a complete bar to such claim.— Melançon vs Hamilton, XVI L. C. J., 57.

3. The obligation of the *garant formel* is not extinguished by a *décret*, which does not purge the *charge*, even where the *acquéreur* becomes *adjudicataire* under the *décret*.— Soulard & Letourneau, XIX L. C. J., 40.

1587. Le dernier article qui précède est sans préjudice au recours que l'adjudicataire peut avoir contre le créancier poursuivant à raison des informalités de la saisie ou de ce qu'elle a été faite d'une chose qui n'appartenait pas ostensiblement au débiteur.

1588. Les règles générales concernant l'effet des ventes judiciaires forcées, quant à l'extinction des hypothèques et des autres droits et charges, sont énoncées au titre *Des Privilèges et Hypothèques* et au Code de Procédure Civile.

1589. Dans le cas où des biens-fonds sont requis pour un objet d'utilité publique, le propriétaire peut être contraint de les vendre, ou en être exproprié sous l'autorité de la loi, en la manière et suivant les règles prescrites par des lois spéciales.

Pothier, *Vente*, 511-2-5-4.— Ord. de 1303.— Louet et Brodeau, lettre E, art. 1 et 2.— C. L., 2604 et suiv.— S. R. B. C., c. 70, s. 26 et suiv., ss. 42 et 43 ; c. 24, s. 50.

1590. Dans le cas de vente ou d'expropriation pour cause d'utilité publique, l'acquéreur de la propriété n'en peut être évincé. Les hypothèques et autres charges sont éteintes, sauf aux créanciers leur recours sur le prix et sans préjudice aux lois spéciales concernant cette matière.

Pothier, *Vente*, 513.— S. R. B. C., *ibid.*, sec. 43.

1591. Les règles concernant les formalités et la procédure en matière de ventes judiciaires ou autres ventes forcées, et sur expropriation, sont contenues dans le Code de Procédure Civile et dans les actes relatifs aux municipalités et compagnies incorporées ; ces ventes et expropriations sont sujettes aux règles applicables généralement au contrat de vente, lorsque ces règles ne sont pas incompatibles avec les lois spéciales, ou quelque article de ce Code.

SECTION II.

DE LA DATION EN PAIEMENT.

1592. La dation d'une chose en paiement équivaut à vente et rend celui qui la donne ainsi sujet à la même garantie.

La dation en paiement n'est cependant parfaite que par la délivrance de la chose. Elle est assujettie aux dispositions relatives à l'annulation des contrats et paiements contenues dans le titre *Des Obligations.*

Code civil B. C., *Oblig.*, c. 2, s. 6.— Cod., L. 4, *De evict.*— Pothier, *Vente*, 600 et suiv., 604 et 605.— 1 Troplong, *Vente*, n° 7.— 1 Duvergier, n° 45.— Championnière et Rigaud, Droits d'Enreg., v° *Dation.*— 1 Pardessus, *Droit Com.*, n° 203.— C. L., 2625 et suiv.

SECTION III.

DU BAIL A RENTE.

1593. L'aliénation d'immeubles à perpétuité par bail à rente équivaut à vente. Elle est soumise aux mêmes règles que le contrat de vente, en autant qu'elles peuvent y être applicables.

Pothier, *Bail à Rente*, ch. 1.

1594. La rente peut être payable en argent ou en effets. La nature de cette rente et les règles auxquelles elle est assujettie sont énoncées dans les articles relatifs aux rentes contenus dans le deuxième chapitre du titre premier du livre deuxième.

Pothier, *Bail à Rente*, n° 13.—S. R. B. C., c. 51, sec. 5.

1595. L'obligation de payer la rente est une obligation personnelle. L'acheteur n'en est pas libéré par le déguerpissement de l'héritage, non plus que par la destruction de la propriété par cas fortuit ou force majeure.

S. R. B. C., c. 51.

Jurisp.— Il n'est pas loisible à un preneur à bail à rente foncière non rachetable, de se libérer du paiement de cette rente en déguerpissant l'immeuble.— La stipulation de payer la rente à toujours et à perpétuité équivaut à l'obligation de fournir et faire valoir.— Hall vs Dubois, VIII L. C. R., 361.

TITRE SIXIÈME.

DE L'ÉCHANGE.

1596. L'échange est un contrat par lequel les parties se donnent respectivement une chose pour une autre.

[Il s'opère par le seul consentement, comme la vente.]

ff L. 1, *De contr. empt.*— L. 1, §§ 1 et 2, *De rerum permut.*— Pothier, *Vente*, 617 et 621.—C. N., 1702 et 1703.

Jurisp.— La garantie résultant d'un acte d'échange ne confère aucun droit d'hypothèque s'il n'y a eu une somme stipulée pour déterminer le montant de telle garantie.— Casavant vs Lemieux, II L. C. J., 139.

1597. Si l'une des parties, même après avoir reçu la chose qui lui est donnée en échange, prouve que l'autre n'en était pas propriétaire, elle ne peut être forcée à livrer celle qu'elle a promise en contre-change, mais seulement à rendre celle qu'elle a reçue.

ff L. 1, §§ 1 et 2, *De rerum permutatione.*— Pothier, *Vente*, 621.—C. N., 1704.

1598. La partie qui est évincée de la chose qu'elle a reçue en échange a le choix de réclamer des dommages-intérêts ou de répéter celle qu'elle a donnée.

ff loc. cit., §§ 3 et 4.— Pothier, *Vente*, 623.—C. N., 1705.

1599. Les règles contenues au titre *De la Vente* s'appliquent également à l'échange, lorsqu'elles ne sont pas incompatibles avec les articles du présent titre.

Pothier, *Vente*, 624.— C. N., 1707.

TITRE SEPTIÈME.

DU LOUAGE.

CHAPITRE PREMIER.

DISPOSITIONS GÉNÉRALES.

1600. Le contrat de louage a pour objet soit les choses, soit l'ouvrage, ou les choses et l'ouvrage tout à la fois.

ff L. 22, § 1, *Loc. cond.*—Voet, *ad Instit.*, liv. 3, tit. 25, § 1.— Cujac., *Paratit in cod. tit.*— Pothier, *Louage in pr.*, p. 193, (éd. 1773.)— 1 Troplong, *Louage*, n° 1, p. 54.— C. N., 1708.

1601. Le louage des choses est un contrat par lequel l'une des parties, appelée locateur, accorde à l'autre appelée locataire, la jouissance d'une chose pendant un certain temps, moyennant un loyer ou prix que celle-ci s'oblige de lui payer.

Cujac., *loc. cit.*— Domat, liv. 1, tit. 4, sec. 1, n° 1 et 2.— Pothier, *Louage*, n° 1, 27, 39 et 40.— C. N., 1709.

1602. Le louage d'ouvrage est un contrat par lequel l'une des parties, appelée locateur, s'engage à faire quelque chose pour l'autre qui est appelée locataire, moyennant un prix que cette dernière s'oblige de payer.

ff loc. cit.— Cujac., *loc. cit.*— Rousseaud de Lacombe, v° *Louage*, § 1.—Troplong, *Louage*, n° 64.— 6 Marcadé, pp. 419 à 424, sec. 3 et page 570.— C. N., 1710.

1603. Le bail à cheptel est un contrat de louage mêlé à un contrat de société.

Domat, liv. 1, tit 4, sec. 1, n° 5.— Pothier, *Cheptels*, n° 2, 3 et 4.— Guyot, Rép., v° *Cheptel*, p. 374, col. 1.— C. N., 1804 et 1818.

1604. La capacité de contracter le louage est soumise aux règles générales relatives à la capacité pour contracter contenues dans le chapitre premier du titre *Des Obligations.*

CHAPITRE DEUXIÈME.

DU LOUAGE DES CHOSES.

SECTION I.

DISPOSITIONS GÉNÉRALES.

1605. On peut louer toutes sortes de choses corporelles, excepté celles qui sont exclues du louage par leur destination spéciale, ainsi

27

que celles qui se consomment nécessairement par l'usage qu'on en fait.

ff L. 34, § 1, *De cont. emp.*— Domat, liv. 1, tit. 4, sec. 1, n° 4.— Pothier, *Louage*, n°° 9, 10, 11 et suiv.— Troplong, *Louage*, n° 81, note 1 et n° 83.— Code civil B. C., art. 1060 et suiv.— C. L., 2648.— C. N., 1713.

1606. Les choses incorporelles peuvent aussi être louées, excepté celles qui sont attachées à la personne et n'en peuvent être séparées. Si elles sont attachées à une chose corporelle, tel qu'un droit de servitude, elles ne peuvent être louées qu'avec cette chose.

ff L. 44, *Loc. cond.*— Pothier, *Louage*, n°° 18 et 19.— Tropl., *Louage*, n°° 88 et 89.— Code civil B. C., art. 1060 et suiv.— C. L., 2649 et 2650.— C. N., 631 et 634.

1607. Le bail à loyer des maisons et le bail à ferme sont soumis aux règles communes aux contrats de louage, et aussi à certaines règles particulières à l'un ou à l'autre de ces baux.

Domat, liv. 1, tit. 4, *in pr.*

1608. Ceux qui occupent des héritages par simple tolérance du propriétaire, sans bail, sont réputés locataires et tenus de payer la valeur annuelle de tels héritages.

Cette occupation est considérée comme un bail annuel expirant au premier jour de mai de chaque année, si la propriété est une maison, [et au premier jour d'octobre si c'est une métairie ou fonds rural].

Elle est sujette à la tacite reconduction et à toutes les règles concernant les baux.

Ceux qui occupent à ce titre sont passibles d'expulsion, faute de paiement du loyer pour un terme excédant trois mois, et pour toute autre cause pour laquelle le bail peut être résilié.

Jurisp.— 1. Le jugement de la Cour Supérieure qui a jugé :— " Que le loca- " teur a un privilége pour le quartier dû le premier août, et pour les trois quar- " tiers qui deviendraient dus le premier mai suivant ; en d'autres termes, que " le privilége du propriétaire, dans la ville de Québec, s'étend à toute l'année cou- " rante," est confirmé en appel.— Tyre et Boisseau, IV L. C. R., 486.

2. In an action for rent where the lessee by his plea or otherwise admits the existence of a verbal lease and occupation, the lessor may prove by witnesses the value and duration of the occupation. In an action taken out under the lessors and lessees act, where a portion of the demand is for rent payable for a house and another portion is for rent payable for moveables, the demand for rent is maintainable under the act as an accessory.— Viger et Béliveau, VII L. C. J., 199.

3. On an opposition claiming a privilege for rent, the court held that the opposant could only have a *lien* by verbal lease for three terms expired and the current one.— Ricard vs St-Denis, III R. L., 456.

4. Lorsque le bail est verbal, l'expulsion ou la résiliation du dit bail ne peut être demandée, faute par le locataire de payer le loyer, qu'au cas où il y a trois termes d'échus.— Pelletier vs Lapierre, VII R. L., 241.

1609. Si le locataire reste en possession plus de huit jours après l'expiration du bail sans opposition ou avis de la part du locateur, la tacite reconduction a lieu pour une autre année, ou pour le laps de temps pour lequel le bail était fait, lorsque ce terme est de moins d'un an, et le locataire ne peut ensuite quitter les lieux ou en être expulsé sans un congé donné dans le délai prescrit par la loi.

ff L. 13, *Loc. cond.*— Domat, liv. 1, tit. 4, sec. 4, n° 7.— Pothier, *Louage*, n°' 40, 342 et 344.— C. N., 1738 et 1739.

Jurisp.—1. Une stipulation contenant antichrèse, faite sous l'opération de l'acte de 1853, ch. 85, sec. 1, doit être maintenue, et dans l'espèce, cette stipulation devant avoir effet comme bail, jusqu'au remboursement du principal, il n'y avait pas lieu à la tacite reconduction d'année en année, de manière à faire présumer un délai pour le paiement du principal.— *King* vs *Conway*, XVI L. C. R., 401.

2. When a lease of moveables is continued by *tacite reconduction*, the lessor can terminate said lease whenever he pleases and can at any time institute an action to revendicate moveables so leased.— *Laurent* vs *Labelle*, V L. C. J., 333.

3. La convention par laquelle le locateur réduit d'une certaine somme le loyer d'un précédent bail, comprend tacitement la continuation des autres conditions du précédent bail. Le locataire qui, par le précédent bail, était chargé des taxes, doit l'être par le nouveau bail, qui ne réduit que le prix du loyer.— *Tremblay* vs *Filteau*, IV R. L., 384.

4. Where a lease has been continued for one year by *tacite reconduction*, no notice is necessary to terminate the lease thus continued, and the same legally expires at the end of the year.— *Laflamme* vs *Fennell*, XI L. C. J., 288.

5. Mais dans une autre cause il a été jugé :— Where a lease has been continued by *tacite reconduction*, a notice of three months is necessary to terminate such lease.— *Webster* & *Lamontagne*, XIX L. C. J., 106.

6. En fait de louage de meubles, il n'y a pas de tacite reconduction.— The Canada Paper Co. vs *Cary*, IV Q. L. R., 323.

1610. Après congé donné, le locataire ne peut, quoiqu'il ait continué sa jouissance, invoquer la tacite reconduction.

ff L. 14, *Loc. cond.*— Domat, liv. 1, tit. 4, sec. 4, n° 8.— Pothier, *Louage*, n° 344.— C. N., 1739.

1611. La caution donnée pour le bail ne s'étend pas aux obligations résultant de sa prolongation par tacite reconduction.

ff L. 2, §§ 1 et 3,*De hæred. vend.*—Cod., L. 5. *De hæred. vend.*— Pothier, *Vente*, n°' 530, 531, 532, 534, 536 et 537.— 2 Troplong, 963.— C. N., 1697.

SECTION II.

DES OBLIGATIONS ET DES DROITS DU LOCATEUR.

1612. Le locateur est obligé, par la nature du contrat :
1. De délivrer au locataire la chose louée ;
2. D'entretenir cette chose en état de servir à l'usage pour lequel elle a été louée ;
3. De procurer la jouissance paisible de la chose pendant la durée du bail.

ff L. 15, § 1 ; L. 25, §§ 1 et 2, *Loc. cond.*— Domat, liv. 1, tit. 4, sec. 3, n° 1.— Pothier, *Louage*, n°' 53, 54, 80 et 106.— C. N., 1719.

Jurisp.—1. L'allégué que le locateur n'a pu livrer les lieux loués, à cause de la détention injuste et violente d'un locataire dont le bail est expiré, n'est pas une défense à l'action en dommages d'un second locataire dont la jouissance devrait commencer.— *Swanson* vs *Defoy*, II R. de L., 167.

2. A casual inundation of the premises is not a cause for the resiliation of a lease.— *Motz* vs *Houston*, II R. de L., 440.

3. Dans une action par un locateur contre son locataire, pour loyers sur bail exécuté par-devant notaire, il est loisible au locataire de plaider qu'il n'a pas obtenu possession des lieux loués à l'époque mentionnée dans le dit bail ; et

qu'en conséquence il a souffert des dommages ; lesquels dommages il sera permis au locataire de déduire des loyers payables par lui au locateur.— Bellean & Regina, XII L. C. R., 40.

4. A raison de l'état nuisible, dangereux même des lieux loués, le locataire est non-seulement justifiable de laisser les lieux, mais il a acquis le droit de faire résilier le bail, par exception, sur une demande pour loyer.— Boucher & Brault, XV L. C. J., 117.

5. Pour qu'un propriétaire puisse réclamer une indemnité, par suite du nivelage des rues, il faut que ce nivelage ait été fait sur la devanture de sa propriété. Le nivelage sur le front du voisin n'est pas suffisant. D'ailleurs, dans l'espèce, il ne paraît pas que le nivelage, chez le voisin, ait été fait avec l'autorisation de la Corporation.— Mercantile Library Association vs Corp. de Montréal, III R. L., 441.

1613. La chose doit être délivrée en bon état de réparations de toute espèce, et le locateur, pendant la durée du bail, est tenu d'y faire toutes les réparations nécessaires, autres que celles dont le locataire est tenu, tel qu'énoncé ci-après.

ff L. 19, § 2, *Loc. cond.*— Domat, *loc. cit.*— Pothier, *Louage*, n°° 106 et 107.— C. N., 1720.

Jurisp.— 1. Une personne qui est devenue propriétaire d'une maison durant un bail fait par un autre propriétaire avant lui, peut être condamnée à faire des réparations, quoiqu'elle ne fût pas le locateur.— Sache & Courville, XI L. C. J., 119.

2. Un locataire n'a pas le droit de faire des réparations à la propriété louée, à moins d'obtenir de la cour par le moyen d'une action la permission de les faire aux dépens du locateur.— Spelman vs Muldoon, XIV L. C. J., 306.

3. The surety for an absent tenant has no right of action for the resiliation of the lease on the ground that the premises are out of repair, and cannot bring any such action in the name of the absent tenant.— O'Donahue vs Moison, I L. C. L. J., 92.

4. The lessee of a house brought an action against a person who had become proprietor during the existence of the lease, to compel him to make repairs.— *Held*, that the action was rightly brought against the defendant, though he was not the immediate lessor.— Sache & Courville, II L. C. L. J., 251.

1614. Le locateur est tenu de garantie envers le locataire à raison de tous les vices et défauts de la chose louée qui en empêchent ou diminuent l'usage, soit que le locateur les connaisse ou non.

ff L. 19, § 1 ; L. 60, § 7, *Loc. cond.*— Domat, liv. 1, tit. 4, sec. 3, n°° 8 et 10.— Pothier, *Louage*, n°° 109 et suiv.— C. N., 1721.

Jurisp.— 1. Un bail peut être rescindé faute par le locateur d'avoir pourvu de lieux d'aisance la maison louée, quand par suite de cette absence, les prémisses sont devenues insalubres.— Lambert vs Lefrançois, XI L. C. R., 16.

2. The respondent, a tenant, asked for the resiliation of a lease on the ground that the house was damp and not habitable on account of water in the cellar.— *Held*, that this was not good ground for resiliating the lease, inasmuch as the tenant was aware that there was water in the cellar at the time he entered into possession, and nine months subsequently he gave notice that he would keep the house another year.— Doutre & Walsh, I L. C. L. J., 56.

3. Lessee cannot quietly enjoy lease until rent is demanded of him, and then complain of some damage caused by landlord as reason for non-payment of rent.— Loranger vs Perreault, M. C. R., 30 ?.

4. Le locataire d'une maison inhabitable et malsaine a le droit de l'abandonner et par là même de résilier le bail, sans action, ni mettre en demeure son propriétaire, et cela quand bien même la nuisance aurait pu être enlevée à peu de frais et sous peu de temps.— Tylee vs Donegani, II R. C., 107. Revue 671.

5. Un locataire, après avoir fait protester son locateur que la maison louée est inhabitable, peut laisser cette maison, sans avoir fait résilier le bail, et une saisie-gagerie par droit de suite pratiquée par ce locateur est mal fondée, si le locataire prouve qu'en réalité la maison était inhabitable.— Boucher vs Brault, II R. L., 625.

6. The first case is an action by a tenant against his landlord for damages done to tenant's goods by the bursting of insufficient water pipes. The second is an action *en garantie* by the landlord against another tenant on the ground that it was through his neglect that damages occurred.— It being proved that pipes had burst on account of their bad quality, first action was maintained and second dismissed.— Both judgments confirmed.— Mann & Munro, et Mann & Field, M., 16 sept. 1875.

1615. Le locateur ne peut, pendant la durée du bail, changer la forme de la chose louée.

Pothier, *Louage*, n° 75.— Guyot, v° *Bail*, p. 18, col. 2.— C. N., 1723.

Jurisp.— Un locateur qui souffre qu'un de ses locataires change la destination des lieux loués, en y exerçant une industrie qui rend inhabitables des lieux loués par ce même locateur aux locataires voisins, est censé avoir permis ce changement de destination, et sa responsabilité est la même que s'il l'eût spécialement autorisé par un bail. Si les stipulations du bail s'y opposent, le locateur seul peut les invoquer et en poursuivre la fidèle exécution ou la résiliation.— Procureur-Général vs Côté, III Q. L. R., 235.

1616. Le locateur n'est pas tenu de garantir le locataire du trouble que des tiers apportent à sa jouissance par simple voie de fait sans prétendre aucun droit sur la chose louée ; sauf au locataire son droit aux dommages-intérêts contre ces tiers, et sujet aux exceptions énoncées en l'article qui suit.

ff L. 55, *Loc. cond.*— Cod., L. 1 ; L. 12, *De loc. et cond.*— Pothier, *Louage*, n°° 81 et 287.— Troplong, *Louage*, n° 257.— C. L., 2673.— C. N., 1725.

Jurisp.—1. A tenant cannot maintain an action against his landlord for damages done to the premises leased by a third person.— Hamilton vs Wilson, II R. de L., 441.

2. Jugé que, dans l'espèce, l'appelant, locataire de M., était en droit de porter une action pour voie de fait contre l'intimé, propriétaire voisin des lieux occupés par l'appelant ; l'intimé ayant depuis plusieurs années permis l'accumulation de décombres contre le mur de séparation entre sa propriété et celle occupée par l'appelant, cette accumulation ayant causé la chute du mur sur les lieux occupés par l'appelant.— Gallagher vs Allsopp, VIII L. C. R., 156.

3. Le propriétaire d'une maison louée à plusieurs locataires, n'est pas responsable des dommages que l'un de ses locataires peut souffrir des actes ou voies de fait d'un autre des dits locataires.— Boily vs Vézina, XIV L. C. R., 325.

1617. Si le droit d'action du locataire contre ces tiers est inefficace à raison de leur insolvabilité, ou parce qu'ils sont inconnus, son recours contre le locateur est déterminé suivant les dispositions contenues en l'article 1660.

Pothier, *loc. cit.*— Troplong, *loc. cit.*— Duvergier, *Louage*, n° 315.

1618. Si le trouble est causé par suite d'une action concernant la propriété ou tout autre droit dans ou sur la chose louée, le locateur est obligé de souffrir une réduction du loyer proportionnée à la diminution dans la jouissance de la chose, et de payer des dommages-intérêts suivant les circonstances, pourvu que le trouble ait été dénoncé par le locataire au locateur ; et le locataire, sur une action portée contre lui à raison de tel droit réclamé, peut demander congé de la demande en faisant connaître au poursuivant le nom de son locateur.

ff L. 9, *Loc. cond.*— Domat, liv. 1, tit. 4, sec. 3, n° 2.— Pothier, *Louage*, n°° 82 et suiv., 86, 88, 91, 286 et 287.— C. L., 2674.— C. N., 1726 et 1727.

Jurisp.—1. Dans une action par un locataire contre son locateur pour dommages allégués avoir été soufferts en raison de la démolition d'un mur entre les prémisses louées et la propriété voisine, telle démolition étant alléguée par la déclaration avoir été faite du consentement du locataire ; — *Jugé* que le locataire a droit à une diminution des loyers proportionnée à la diminution de sa jouissance des prémisses louées, mais que nulle telle diminution ne pouvait être accordée dans l'espèce, icelle n'ayant pas été demandée.— Les propriétaires voisins ayant exercé, d'une manière légale, leur droit de démolir le mur mitoyen qui était incapable de soutenir des magasins qu'ils étaient sur le point d'ériger, ni l'une ni l'autre des parties ne pouvaient réclamer de dommages contre eux.— Peck & Harris, XII L. C. R., 355.

2. Dans une action par un locataire contre son locateur pour dommages allégués avoir été causés en conséquence de ce que le locateur avait illégalement démoli un mur de division entre les prémisses louées et la propriété voisine, aucune action en garantie ne compète au locateur contre le propriétaire voisin qui a démoli le mur, soit que les allégations de l'action principale soient vraies ou fausses.— En autant que le mur était mitoyen et incapable de supporter les magasins que l'on se proposait d'ériger, que les propriétaires avaient pris toutes les précautions nécessaires, et qu'en démolissant et en reconstruisant le mur ils avaient exercé un droit d'une manière légale ; il ne pouvait exister aucune réclamation contre eux, soit de la part du locateur, ou de la part de son locataire.— Lyman & Peck, XII L. C. R., 368.

3. Des travaux faits par la corporation de la cité de Québec, en baissant ou changeant le niveau d'une rue, constituent pour les propriétaires riverains une expropriation partielle qui donne droit aux locataires d'obtenir une diminution de loyer ou une résiliation de leurs baux. Les locataires ont aussi dans ce cas un recours direct en dommages contre la corporation, mais dans l'espèce actuelle les défendeurs n'ayant demandé ni une diminution de loyer ni la résiliation de leurs baux, et ayant, subséquemment aux travaux faits, donné au demandeur un billet promissoire pour le montant entier de leur loyer, doivent être condamnés à le payer.— Motz vs Hollwell, I Q. L. R., 64.

1619. Le locateur a, pour le paiement de son loyer et des autres obligations résultant du bail, un droit privilégié sur les effets mobiliers qui se trouvent sur la propriété louée.

ff L. 7 ; L. 3 ; L. 4, *in. pr.* et ₤ 1, *In quib. caus. pign. vel hyp.* ; L. 4, *De pactis.*— Paris, art. 161 et 171.— Domat, liv. 1, tit. 4, sec. 2, n° 12.— Pothier, *Louage*, n°⁵ 228, 233 et 234.— C. L., 2675.— C. N., 2102.

Jurisp.—1. On peut saisir pour paiement du loyer d'un quai les effets et marchandises mis sur ce quai.— Jones & Lemesurier, II R. de L., 317.

2. If a defendant, pending a *saisie-gagerie* of his furniture removes what is so seized for rent to other lodgings, the new landlord acquires no privilege to the prejudice of the former landlord.— Gagnon vs McLeish, II R. de L., 440.

3. Les briques et foyers déposés sur un quai et saisis sur le défendeur pour le loyer d'icelui, avaient été légalement saisis-gagés, pour garantir le paiement des loyers dus pour l'usage du dit quai ; et les briques et foyers étaient sujets par la loi au privilège du locateur, *super invectis et illatis*, comme marchandises emmagasinées, déposées et mises en vente sur le quai, par l'agent et facteur du propriétaire, lequel en vertu du statut de la 10ᵉ et 11ᵉ Vict., chap. 10, avait le pouvoir de mettre en gage les effets de son commettant.— Jones & Anderson, 11 L. C. R., 154.

4. Par l'ancien droit français qui est la loi du pays, et par la jurisprudence des tribunaux, un bailleur a le droit de faire saisir-arrêter, par voie de saisie-gagerie, ou de saisie-gagerie en mains tierces, par droit de suite, les meubles et effets sur lesquels il a acquis un gage ou privilège et qui ont été enlevés des lieux loués ; et ce, aussi bien pour les loyers dus, quand il y en a d'échus, que pour loyers à échoir, quand il n'y en a pas de dus.— Aylwin et Gilloran, IV L. C. R., 360.

5. Un locateur qui a pris une saisie-gagerie contre les effets de son locataire, tandis qu'ils étaient encore dans sa maison, conserve son privilège au préjudice d'un second locateur, lors même que ce dernier n'aurait point été notifié de la saisie.— Bonner vs Hamilton, VI L. C. R., 42.

6. La procédure en saisie-gagerie et expulsion sous l'acte 18 Vict., ch. 108, sec.

16, ne peut avoir lieu, à moins qu'il n'apparaisse d'un bail quelconque, ou de l'occupation avec consentement et permission de celui qui est réputé propriétaire. — Dubeau vs Dubeau, VIII L. C. R., 217.

7. Quoique le locateur ait un privilége pour ses loyers sur les effets garnissant les lieux loués, il ne peut exercer ce privilége par lui-même ; il faut qu'il obtienne l'autorité de la cour.— Gagnon vs Hayes, XV L. C. R., 170.

8. On an opposition claiming a privilege for rent, the Court held that the opposant could only have a *lien* by verbal lease for three terms expired and the current one.— Ricard vs St-Denis, I R. C., 481.

9. No responsibility attaches to the exercise of an absolute right of a lessor to proceed at will by way of *saisie-gagerie* against his tenant, and the exercise of such right cannot in law give rise to an action of damages, whatever may be the motive by which the landlord is prompted and however rigorously such right may be exercised.— David vs Thomas, I L. C. J., 69.

10. Jugé qu'un gage spécial donné par un locataire à son locateur pour sûreté de son loyer, ne fait pas perdre à ce dernier son privilége sur les autres meubles du locataire.— Terroux vs Gareau, X L. C. J., 203.

11. Quand il y a dans un bail défense de sous-louer, le sous-locataire ne peut réclamer le bénéfice de l'art. 1621 C. C.; mais en vertu de l'art. 1619, ses meubles seront tenus pour tout le loyer dû par le principal locataire au propriétaire.— Les Sœurs de la Charité vs Yuile, XX L. C. J., 249.

1620. Dans les baux de maisons le privilége s'étend sur les meubles meublants et effets mobiliers du locataire ; si c'est un magasin, boutique ou fabrique, le privilége s'étend sur les marchandises qui y sont contenues. Dans les baux à ferme le privilége s'étend sur tout ce qui sert à l'exploitation de la ferme ainsi que sur les meubles meublants et effets mobiliers qui se trouvent dans la maison et ses dépendances et sur les fruits produits pendant le bail.

ƒ *loc. cit.*— Domat, *loc. cit.*— Pothier, *Louage*, n°° 228, 233, 234, 249, 252 et 253. — C. N., 2102.

Jurisp.—The privilege granted to the lessor by the 161st article of the Custom of Paris over moveables, *meubles*, found in the premises leased by them, was founded on the presumption that such moveables were the property of the lessee. The privilege did not extend to such goods as the lessor must have known not to belong to the lessee.— Easty & les Curé et Marg. de M., XII L. C. J., 11.

1621. Ce droit s'étend aussi aux effets des sous-locataires jusqu'à concurrence de ce qu'ils doivent au locataire.

ƒ L. 11, ₵ 5, *De pignorat. art.*— Paris, art. 162.— Pothier, *Louage*, n° 235.— Argou, vol. 2, p. 288.— C. L., 2676.— C. N., 1753.— C. P., 820.

Jurisp.— 1. Le privilége du locateur s'étend aux meubles du sous-locataire, de la même manière qu'aux meubles du locataire lui-même, s'il y a défense de sous-louer dans le bail entre le propriétaire et le principal locataire. Lorsqu'il y a telle défense de sous-louer, le sous-locataire est vis-à-vis du propriétaire dans la position d'un tiers dont les effets auraient été déposés sur la propriété louée avec son consentement. En pareil cas, l'intervention du sous-locataire dans une saisie-gagerie en vertu de laquelle ses meubles auraient été saisis pour tout le loyer dû au propriétaire, sera renvoyée.— Arnoldi vs Grimard, V R. L., 748.

2. If there be a prohibition in a lease as to sub-letting, a sub-tenant cannot claim the benefit of article 1621 of the Civil Code of Lower Canada, but under article 1619, his effects will be liable for the whole rent due by the original tenant to the landlord.— Les Sœurs de la Charité & Yuile, XX L. C. J., 249.

3. Le propriétaire peut exercer simultanément son action contre son locataire pour le loyer et son privilége sur les meubles qui garnissent les lieux louées et qui appartiennent à un sous-locataire non reconnu du propriétaire, lors même que ce sous-locataire serait en faillite et que le syndic aurait pris possession des dits meubles.— Boyer vs McIver, XXI L. C. J., 160.

4. A lessor is not debarred from seizing by writ of *saisie-gagerie*, in a direct

action against his tenant, the effects found in the leased premises, notwithstanding that such effects are under seizure under a writ of attachment in insolvency issued against a sub-tenant of the lessee to whose estate the effects seized belong, and notwithstanding that the lessor may have previously received payment of portions of his rent from such sub-tenant.—Boyer vs McIver, XXII L. C. J., 104.

1622. Il s'étend aussi aux effets mobiliers appartenant à des tiers, lorsqu'ils sont sur les lieux avec leur consentement exprès ou implicite. Il en est autrement si ces effets ne s'y trouvent qu'en passant ou accidentellement, tel que les effets d'un voyageur dans l'hôtel, les articles envoyés chez un ouvrier pour être réparés, ou chez un encanteur pour y être vendus.

ff L. 7, § 1, *In quib. causis pign.*— Paris, art. 161.— Pothier, *Louage,* nᵒˢ 241-5.— C. L., 2677 et 2678.

Jurisp.— 1. *Jugé* en appel :— Que les briques et foyers déposés sur un quai et saisis par le défendeur pour le loyer d'icelui, avaient été légalement saisis-gagés, pour garantir le paiement des loyers dus pour l'usage du dit quai ; et que les briques et foyers étaient sujets par la loi au privilége du locateur, *super invectis et illatis*, comme marchandises emmagasinées, déposées et mises en vente sur le quai, par l'agent et facteur du propriétaire, lequel en vertu du statut de la 10ᵉ et 11ᵉ Vict., chap. 10, avait le pouvoir de mettre en gage les effets de son commettant.— Jones & Anderson et Cair, II L. C. R., 154.

2. Un hôtelier n'a aucun droit de gage ou privilége sur un piano pour le loyer d'un local loué pour une soirée pour y donner un concert, par une personne qui avait loué ou emprunté le piano du propriétaire d'icelui, et était partie sans payer le loyer ; et le propriétaire du piano a droit de revendiquer et d'obtenir des dommages de l'hôtelier pour la détention de tel piano.— Brown vs Hogan, IV L. C. R., 414.

3. A hotel-keeper has no *lien* on a piano brought into the hotel by a permanent boarder, as against the owner of the piano, for the board of the boarder.— Nordheimer vs Hogan, II L. C. J., 281.

4. The lessor of a concert room has no *lien* on a piano temporarily placed there for an evening concert, for the rent of the room, as against the proprietor of the piano, who is not the lessee of the room.—Pearce vs The Mayor, III L. C. J., 122.

5. Par l'article 161 de la Coutume de Paris, le privilége accordé au propriétaire sur les meubles trouvés dans les lieux loués, est fondé sur la présomption que ces meubles sont la propriété du locataire ; et ce privilége ne s'étend pas aux meubles que le propriétaire a dû savoir ne pas appartenir au locataire.— Des marchandises mises en entrepôt dans cette partie du magasin, pour répondre des droits de douane, ne sont pas assujetties au privilége du propriétaire.— Jugement de la cour inférieure renversé. Il semble que des marchandises livrées à un voiturier pour être transportées, ou à une autre personne exerçant un emploi ou trafic public, pour en prendre soin ou en disposer suivant la ligne de ce commerce, ne sont pas responsables pour le privilége du propriétaire pour loyer ; en d'autres termes, les marchandises d'un principal pendant qu'elles sont entre les mains de son facteur, ou aux mains des courtiers, encanteurs ou marchands à commission, ne sont pas responsables pour tel privilége.— Easty et la Fabrique de Montréal, XVII L. C. R., 418.

6. The goods seized in this cause in the warehouse owned by the respondent, were at the time of the seizure the property of the appellants, and had been by them placed therein for temporary storage, under an agreement, at a certain rate therefor by the appellants with the tenants of the respondent, in occupation of the warehouse, for the purposes of such storage. *Held,* that the privilege of the landlord of the warehouse, for rent accrued due to him and unpaid by his tenants at the time of the said seizure, did not affect the said goods, except for the amount of such storage rate as might be legally due by the owner of the goods stored to the tenant.—Renaud & Hood, XII L. C. J., 197.

7. L'adjudicataire de meubles saisis, loués depuis leur vente judiciaire, ne peut les soustraire au privilége du locateur lorsqu'ils ont toujours garni la maison louée.— Léveillé vs Labelle, XVI L. C. J., 54.

8. The articles enumerated in the art. 1622 C. C. L. C., as exempted from the

landlord's privilege are only illustrative of the description of effects which are exempted. A piano stored with a piano dealer by a third party is only transiently on the premises, and, therefore, is not subject to the landlord's privilege for rent.— Ireland & Henry, XX L. C. J., 327.

9. Deals manufactured from sow-logs sent to a mill to be sown are not subject to the landlord's privilege for rent, but come within the exceptions declared by art. 1622 of the Civil Code.— Price & Hall, II Q. L. R., 88.

10. Respondent leased a mill to one Taylor, and sued out a writ of *saisie-gagerie* for rent due, under which a quantity of timber was seized. The appellants intervened in the cause and claimed the timber seized as being theirs. The court below dismissed their intervention. Appellants say this timber was only transiently and accidentally on the premises leased for the purposes of being sawed and not liable to rent under art. 1620 and 1622. Their pretention is well founded, the judgment must be reversed and appellants declared proprietors of lumber seized, less what belongs to Taylor.— Price & Hall, Q., 22nd March, 1876.

11. Côté purchased an agricultural implement from Gingras, a dealer in such things, with the understanding that it should be removed without delay. Shortly after the sale Côté went for it, but in consequence of snow having fallen and ice formed about the instrument, it was feared that it might be injured by the cutting of it out, and it was allowed to remain until the spring— some months— when it was seized for rent due by Gingras.— *Held*, that under the circumstances it was transiently and accidentally on the premises and not subject to the landlord's privilege.—McGreevy vs Gingras & Côté, Q. L. R., 196.

1623. Dans l'exercice de ce droit le locateur peut faire saisir les effets qui y sont sujets et qui sont sur les lieux, ou dans les huit jours qui suivent leur enlèvement ; si ces choses consistent en marchandises, elles ne peuvent être saisies qu'autant qu'elles continuent d'être la propriété du locataire.

Paris, art. 171.— Brodeau, art. 161, n° 1.— Pothier, *Louage*, n°⁴ 257 et 261 ; *Pro. Civ.*, p. 193.— Inst. sur les Convent., pp. 203-4.— C. L., 2179.— C. N., 2102.

Jurisp.— 1. Sur action contre un locataire qui a abandonné la maison à lui louée pour plusieurs années en vertu d'un bail notarié, sous prétexte du mauvais état de la maison, le locataire est tenu du loyer pour tout le terme du bail, et une saisie-gagerie par droit de suite déclarée valable quoiqu'aucun loyer ne fût dû au temps de l'abandon de la maison.— Boulanget vs Doutre, IV L. C. R., 170.

2. Par l'ancien droit français qui est la loi du pays, et par la jurisprudence des tribunaux, un bailleur a le droit de faire saisir-arrêter, par voie de saisie-gagerie en mains tierces, par droit de suite, les meubles et effets sur lesquels il a acquis un gage ou privilége, et qui ont été enlevés des lieux loués ; et ce, aussi bien pour les loyers dus, quand il y en a d'échus, que pour loyers à échoir, quand il n'y en a pas de dus.—Aylwin & Gilloran, IV L. C. R., 360.

3. En août 1853, Bonner prit une saisie-gagerie contre les meubles et effets de Hamilton, alors son locataire; en septembre 1854, il obtint un jugement qui ne fut pas exécuté dans le temps; en mai 1855, ces meubles et effets furent transportés dans une maison de Johnson ; Bonner ne prit point de saisie-gagerie dans les huit jours; mais quelque temps après il prit un *renditioni exponas*, au moyen duquel, après plusieurs contestations, les dits meubles et effets furent vendus. *Jugé* que Bonner avait perdu son privilége comme locateur, et que Johnston avait acquis un privilége.— Johnston & Bonner, VII L. C. R., 80.

4. La saisie par droit de suite peut être exercée après les huit jours.—Mondelet vs Power, I L. C. J., 276.

5. A lessor, like an hypothecary creditor, can pursue a third party who held property subject to his claim for rent, without bringing into court at the same time his debtor.— A piano belonging to a third party, but proved to have been in the lessee's house as a *meuble meublant*, may be *revendicated* by the landlord, in the hands of the proprietor of the *piano-forte*, by *saisie-gagerie par droit de suite* within eight days after its removal from the house.— If the article sought to be revendicated cannot be found, the defendant into whose possession it has been traced, will be ordered to restore it to the house from which it has been taken, or to pay the value to the landlord.—Auld & Laurent, VIII L. C. J., 146.

6. La saisie-gagerie par droit de suite peut être exercée après les huit jours, et ce, même après l'expiration du bail.—Beaudry vs Rodier, X L. C. J., 202.

7. Le bailleur qui a exercé une saisie-gagerie par droit de suite, pour du loyer non échu, est tenu de prouver que les lieux loués ne sont plus suffisamment garnis de meubles pour assurer le paiement du loyer.— Tracey vs Lazure, X L. C. J., 256.

8. As between landlord and tenant the *saisie-gagerie par droit de suite* may be made after eight days from the removal of the goods from the leased premises. —Serrurier vs Lagarde, XIII L. C. J., 252.

9. A landlord's *gage* on the effects in the premises leased, will not prevent the sale of the effects to a third party, even when rent is due, unless the landlord seizes and prosecutes the seizure to judgment.— Archibald vs Shaw, XIV L. C. J., 277.

10. Par la loi du pays et la jurisprudence des tribunaux, un bailleur a le droit de faire saisir-arrêter, par voie de saisie-gagerie par droit de suite, les meubles et effets de son locataire qui ont été enlevés des lieux loués, et ce, aussi bien pour les loyers à échoir quand il n'y en a pas de dus, que pour ceux déjà dus et échus. Ces meubles et effets sont affectés au droit de gage et privilége du bailleur, pour le paiement des loyers dus et à devenir dus en vertu du bail ou de la convention. Le fait seul de la part du locataire d'avoir enlevé les meubles qui garnissaient les lieux loués pour sûreté du paiement des loyers, et de les avoir transportés ailleurs, donne, en faveur du bailleur, ouverture au droit d'action, non-seulement pour les loyers alors échus, mais de plus pour le recouvrement de ceux à échoir en vertu du bail ou de la convention.— Houle vs Godère, XVIII L. C. J., 151.

1624. Le locateur a droit d'action suivant le cours ordinaire de la loi, ou par procédure sommaire, tel que réglé au Code de Procédure Civile :

1. Pour résilier le bail : Premièrement : Lorsque le locataire ne garnit pas les lieux loués, si c'est une maison, de meubles meublants ou effets mobiliers suffisants, et, si c'est une ferme, d'un fond de bétail et d'ustensiles suffisants pour garantir le loyer tel que requis par la loi, à moins qu'il ne soit donné d'autres sûretés ; Deuxièmement : Lorsque le locataire détériore les lieux loués ; Troisièmement : Lorsque le locataire emploie les lieux loués pour des fins illégales ou contraires à la destination pour laquelle ils avaient évidemment été loués ;

2. Pour rentrer en possession des lieux loués, dans tous les cas où il y a cause de résiliation, et lorsque le locataire continue de les occuper contre le gré du locateur, plus de trois jours après l'expiration du bail, ou sans payer le loyer suivant les stipulations du bail, s'il y en a un, ou suivant l'article 1608 lorsqu'il n'y en a point.

3. Pour le recouvrement de dommages-intérêts à raison d'infractions aux obligations résultant du bail ou des relations entre locateur et locataire.

Il a aussi droit de joindre à une action pour les fins ci-dessus spécifiées une demande pour le loyer avec ou sans saisie-gagerie, ainsi que l'exercice du droit de suite, lorsqu'il en est besoin.

ƒ L. 61 ; L. 54, *Loc. cond.;* Cod. L. 3, *De loc. et cond.*— Domat, liv. 1, tit. 4, sec. 2, nᵒˢ 15 et 16.— Pothier, *Louage,* nᵒˢ 318, 322 et 323.— 2 Bourjon, p. 54, nᵒˢ 16 et 18; p. 55, nᵒ 26 ; p. 56, nᵒˢ 27 et suiv.— C. N., 1752, 1766 et 1729.

Jurisp.— 1. Waste is a sufficient cause for the resiliation of a lease, especially where the parties have covenanted that the tenant shall not commit waste.— Denis vs Burray, I R. de L., 505.

2. La clause dans un bail d'un banc dans une église, par laquelle clause il est stipulé qu'à défaut du paiement du loyer aux termes et époques fixées, dès lors et à l'expiration des dits termes le dit bail sera et demeurera nul et résolu de plein droit, et que le bailleur rentrera en possession du dit banc, et pourra pro-

céder à une nouvelle adjudication d'icelui, sans être tenu de donner aucun avis ou assignation au preneur, n'est pas une clause qui doit être réputée comminatoire, mais qui doit avoir son effet.—Richard & Fabrique de Québec, V L. C. R., 3.

3. Des créanciers ne peuvent saisir et vendre le terme non expiré du bail de leur débiteur ; ce droit n'existant qu'en faveur du propriétaire en vertu de la 16° Vict., chap. 200, sec. 11, qui est une exception au droit commun.— Hobbs vs Jackson, X L. C. R., 197.

4. Sous l'acte des locateurs et locataires, S. R. B. C., ch. 40, la cour n'a aucune autorité pour rescinder un bail fait aux demandeurs par les défendeurs, en raison d'un changement dans la destination de la propriété voisine avant l'époque où le bail du demandeur deviendrait en force ; et l'action fondée sur dommages supposés résulter du louage des propriétés avoisinantes pour des casernes militaires était prématurée, icelle ayant été instituée en février, tandis que le bail au demandeur ne devait commencer que le 1er mai 1862.— Crathern vs Les Sœurs de l'Hôtel-Dieu, XII L. C. R., 497.

5. La demanderesse a une action par le statut provincial, 18 Vict., ch. 108, pour réclamer simplement des dommages résultant de la violation d'une clause du bail, quoique ce bail soit expiré.— Bédard vs Dorion, III L. C. J., 253.

6. Une action pour la simple rescision d'un bail, sans aucune demande pour arrérages de loyers ou pour dommages, peut être portée en vertu de l'acte des locateurs et locataires ; et alors la juridiction de la cour sera déterminée par le montant du loyer annuel des lieux.— Guy vs Goudreault, XIV L. C. R., 202.

7. Le défaut seul du locataire de payer le loyer stipulé, est suffisant pour autoriser le locateur à obtenir la rescision du contrat selon les dispositions de l'acte qui concerne les locateurs et locataires, et il n'est pas nécessaire d'alléguer et prouver que le locataire n'a pas garni les lieux de meubles suffisants pour répondre du loyer.— Cary & Johnston, XV L. C. R., 260.

8. Un propriétaire peut maintenir une action pour recouvrer l'usage et occupation de sa terre par le défendeur, sans preuve d'aucun bail.— Hanover & Wilkie, XV L. C. R., 427.

9. An action of ejectment cannot be brought under the Act, C. S. L. C., cap. 40, respecting lessors and lessees, unless there be a lease, or a holding by permission of the proprietor without lease, i. e., unless the relation of landlord and tenant exists between the parties.— Where the plaintiff alleges that there is no lease or holding by his permission, the defect cannot be cured or supplied by the allegation of the defendant, in his plea to the merits, that there was a lease. — Doran vs Duggan, II L. C. J., 127.

10. No action lies against an assignee under the insolvent act, to resiliate a lease made to the insolvent prior to his insolvency, on the ground that the premises are not garnished with sufficient moveables to secure the rent.— Anderson vs Wurtele, II R. C., 111.

11. No saisie-arrêt, nor capias, can issue at the suit of a landlord for future rents against his tenant on the ground of diminution of the meubles meublants.— O'Brien vs Lajeunesse, II R. C., 482.

12. The defendant was a kept mistress and living as such in a house belonging to the plaintiff, but without it being proved to be to his knowledge ; and in the same house was an other kept woman living with the defendant. Held, to be a cause of resiliation of lease.— Beaudry vs Champagne, XII L. C. J., 283.

13. Un locataire n'est tenu d'avoir dans la maison louée que les meubles suffisants pour répondre d'un terme de sa location.— Gareau vs Paquet, XIV L. C. J., 267.

14. L'action en résiliation de bail existe pour d'autres causes que pour celles mentionnées dans l'article 1624 du Code.— Cairns vs Poulette, VI R. L., 3.

15. The writ in an ejectment case need not be specially styled as such ; and an order to appear on the return day is sufficient without saying " at noon" on such day.— An action in ejectment lies against an insolvent and his assignee to obtain possession of premises, the lease for which expired before the assignment ; and the Superior Court is properly seized of such a case by writ of summons, notwithstanding section 50 of the Insolvent Act of 1869.— An action under the Lessor and Lessee Act lies in a case, where the lessee after the expiration of his lease and before giving up the premises makes an assignment in insolvency and the assignee takes possession of the premises.—The Fraser Institute vs Moore, XIX L. C. J., 133.

16. Pour obtenir la rescision du bail il doit être prouvé que les meubles exploitables ne sont pas suffisants pour répondre des termes dus et à échoir du

loyer de l'année courante, et le propriétaire ne peut exiger que cette valeur corresponde en outre aux termes du loyer de l'année qui ont déjà été payés; c'est-à-dire il n'est pas nécessaire que cette valeur soit égale au loyer de toute l'année si une partie de ce loyer a déjà été payée.— L'intérêt ne court pas *ex lege* sur les cotisations payées par le propriétaire pour le compte du locataire.— Desloriers vs Lambert, XII L. R., 365.

1625. Le jugement qui résilie le bail à défaut de paiement du loyer est rendu de suite sans qu'il soit accordé aucun délai pour le paiement. Néanmoins le locataire peut, en tout temps avant la prononciation du jugement, payer le loyer avec l'intérêt et les frais de poursuite, et éviter ainsi la résiliation.

Jurisp.—White, syndic à la faillite de McFarlane & Co., vend le bail des faillis à Gault qui l'achète en son nom sans dire que c'était pour la maison de Skelton, Tooke & Co., dans laquelle il avait un intérêt. Poursuivi par le propriétaire en résiliation de bail, pour cause de violation d'icelui, Gault plaide que c'est pour S. T. & Co., qu'il a loué, et il offre de payer pour ces derniers. La question était de savoir si c'était Gault personnellement qui était locataire ou si c'était S. T. & Co. La Cour a jugé que c'était Gault et que des offres au nom de S. T. & Co., ne valaient pas; mais lui a permis de payer en son propre nom, c'est-à-dire en se reconnaissant locataire; et cela n'a pas été jugé en contradition de l'art. 1625.— Gault et Evans, M., 22 déc. 1874.

SECTION III.

DES OBLIGATIONS ET DES DROITS DU LOCATAIRE.

1626. Les principales obligations du locataire sont :
1. D'user de la chose louée en bon père de famille pour les fins seulement auxquelles elle est destinée, suivant les conditions et la destination du bail ;
2. De payer le loyer de la chose louée.

ff L. 25, § 3; L. 11, § 1, *Loc. cond.*— Cod., L. 17, *De loc. et cond.*— Domat, liv. 1, tit. 4, sec. 2, n° 1.— Pothier, *Louage*, n° 22, 23 et 24.— 2 Bourjon, p. 43, n° 1 et 2; p. 46, n° 26.— C. N., 1728.

Jurisp.— 1. Un locataire qui a payé ses loyers d'avance à son locateur, sera obligé de payer une seconde fois à l'adjudicataire, si avant l'expiration du bail et pendant sa jouissance, la propriété est vendue en justice.—Hart vs Bourgette, II R. de L., 33.
2. A lessee, in an action for rent, cannot put the plaintiff's title in issue.— Hullet vs Wright, II R. de L., 59.
3. Un locataire qui est tenu de payer "les cotisations" est tenu de fournir la taxe spéciale imposée sous la 22° Vict., ch. 15.— Berthelet vs Muir, XI L. C. R., 482.
4. La stipulation dans un bail notarié que le locataire paiera les cotisations sur les lieux loués, astreint tel locataire au paiement de cinq cents par piastre, prélevés en vertu des dispositions de la 22° Vict., chap. 15.— Pinsonnault vs Ramsay, XII L. C. R., 82.
5. *Jugé* que le loyer est quérable.— Hubert vs Dorion, III R. L., 438.
6. Where under a lease providing for the payment of the rent quarterly in advance, the landlord has been in the habit of accepting the tenant's promissory note on the first day of each quarter, payable on the last day, and under a renewal of such lease the rent has been made payable in advance as before, and the landlord has continued to accept promissory notes as usual, he cannot at the beginning of any quarter claim payment in money and make an attachment for rent; and when the tenant tenders the note, as usual, an action so instituted will be dismissed with costs.— Gugy vs Escudier, II Q. L. R., 157.

1627. Le locataire répond des dégradations et des pertes qui arrivent à la chose louée, pendant sa jouissance, à moins qu'il ne prouve qu'elles ont eu lieu sans sa faute.

ff L. 11, §§ 2 et 3, *Loc. cond.*; L. 23, *De reg. juris.*— Cod., L. 28, *De loc. et cond.*— Domat, liv. 1, tit. 4, sec. 2, n° 4.— Pothier, *Louage*, n°⁸ 195, 197, 199 et 200.— C. N., 1732.

1628. Il est aussi tenu des dégradations et des pertes qui arrivent par le fait des personnes de sa maison, ou de ses sous-locataires.

ff L. 11, L. 25, § 7; L. 60, § 7; L. 30, § 4, *Loc. cond.*— Domat, liv. 1, tit. 4, sec. 2, n° 5.— Pothier, *Louage*, n°⁸ 193 et 194.— 2 Bourjon, p. 46, n° 31.— C. N., 1735.

1629. Lorsqu'il arrive un incendie dans les lieux loués, il y a présomption légale en faveur du locateur, qu'il a été causé par la faute du locataire ou des personnes dont il est responsable; et à moins qu'il ne prouve le contraire, il répond envers le propriétaire de la perte soufferte.

ff L. 9, § 3, *Loc. cond.*— Pothier, *Louage*, n° 194.—Bourjon, vol. 2, p. 47, n°⁸ 33 et 37.— Guyot, Rép., v° *Incendie*, p. 122, col. 1-2.— Argou, liv. 3, ch. 27, p. 281.— C. N., 1733.

Jurisp.— 1. A tenant is responsible for the destruction by fire of the leased premises, through the negligence of his servants.— The *onus probandi* is on the tenant to prove that the fire was not the result of negligence on the part of his servants, when the premises are burnt whilst in their occupation.— Prior to the Code no prescription short of thirty years existed against the landlord's right of action.— Allis vs Foster, XV L. C. J., 13.

2. No presumption can arise that a fire has been caused by the negligence of A. B., or his servants, from the mere fact that he occupied a portion of the building destroyed, the remainder of which was occupied by C. D., the proprietor of the building.— The proof of negligence in such a case, must be direct and positive.— Foster & Allis, XVI L. C. R., 113.

3. Conformément aux dispositions de l'article 1629 du Code civil, la présomption légale doit disposer la cour à déclarer qu'un incendie arrivé dans les lieux loués a été causé par la faute du locataire, à moins qu'il ne prouve le contraire.— Rapin vs McKinnon, XVII L. C. J., 54.

4. A tenant, in order to free himself from the responsibility for the burning of the leased premises, must show satisfactorily that the fire was not caused by his fault or the fault of those for whom he is answerable.— Bélanger vs McCarthy, XIX L. C. J., 181.

5. In order to destroy the presumption declared in article 1629 of the Civil Code, it is not sufficient for a tenant to show that he acted with the care of a prudent administrator, and that the fire which destroyed the premises leased could not be accounted for; he must show how the fire originated, and that it originated without his fault.— Séminaire de Québec vs Poitras, I Q. L. R., 185.

6. L'appelant a loué de l'intimé une boulangerie, et le premier jour qu'il a fait du feu dans le four, le feu a pris à la sole qui était en bois et a consumé tout le four.— Il poursuit pour faire résilier le bail; son action a été déboutée pour la raison qu'il n'a pas prouvé que l'accident n'était pas arrivé par sa faute.— C. C., art. 1629.— Il est évident par la preuve que la cause de l'incendie est la mauvaise construction du four et comme l'intimé a refusé de le rétablir, l'action de l'appelant était bien fondée.— Jugement infirmé et bail résilié.— Girard & Gareau, M., 15 février 1875.

1630. La présomption contre le locataire énoncée dans l'article qui précède, n'a lieu qu'en faveur du locateur et non en faveur du propriétaire d'un héritage voisin qui souffre d'un incendie qui a pris naissance dans la propriété occupée par ce locataire.

Guyot, Rép., *loc. cit.*— 11 Toullier, p. 172.— 6 Marcadé, p. 468.

Jurisp.—Appellant sued for damages caused by the fire alledging respondent, who was his tenant, was responsible.— Respondent was tenant of an adjoining house to St. James Hotel. The fire began in the house and was communicated to the hotel. Respondent having proved this fact was not responsible as tenant under art. 1629 and 1630, and it was for appelant to prove the fire had originated by the fault or negligence of respondent. There is no such evidence and the action was dismissed as to those damages.— The judgment must be confirmed. — Pinsonnault & Geriken, M., 17 juin 1875.

1631. S'il y a deux ou plusieurs locataires de différentes parties de la même propriété, chacun est responsable de l'incendie dans la proportion de son loyer relativement au loyer de la totalité de la propriété ; à moins qu'il ne soit établi que l'incendie a commencé dans l'habitation de l'un d'eux, auquel cas celui-ci en est seul tenu ; ou que quelques-uns d'eux ne prouvent que l'incendie n'a pu commencer chez eux, auquel cas ils n'en sont pas tenus.

Guyot, v° *Incendie*, p. 125, col. 2.—Toullier, vol. 11, n° 170.— Troplong, *Louage*, n° 376.— *Contrà*, Pothier, *Louage*, n° 194.

1632. S'il a été fait un état des lieux entre le locateur et le locataire, celui-ci doit rendre la chose dans la même condition qu'elle paraît lui avoir été délivrée par cet état, sauf les changements causés par vétusté ou force majeure.

ff L. 30, § 4, *Loc. cond.*— 2 Bourjon, p. 46, n° 30 ; p. 48, n°⁰ 42 et 43.— Troplong, *Louage*, n° 341.— C. N., 1730.

1633. S'il n'a pas été fait d'état des lieux, ainsi que mentionné dans l'article qui précède, le locataire est présumé les avoir reçus en bon état de réparations et il doit les rendre dans la même condition ; sauf la preuve contraire.

ff L. 11, § 2, *Loc. cond.*—Bourjon, *loc. cit.*— Pothier, *Louage*, 197 et 221.— C. N., 1731.

1634. Si, pendant la durée du bail, la chose louée requiert des réparations urgentes qui ne puissent être remises, le locataire est obligé de les souffrir, quelqu'incommodité qu'elles lui causent, et quoique, pendant qu'elles se font, il soit privé de la jouissance de partie de la chose.

Si ces réparations étaient devenues nécessaires avant le bail, il a droit à une diminution du loyer, suivant le temps et les circonstances, et, dans tous les cas, s'il s'écoule plus de quarante jours dans l'exécution de ces réparations, le loyer doit être réduit à proportion de ce temps et de la partie de la chose louée dont le locataire a été privé.

Si les réparations sont de nature à rendre la propriété inhabitable pour le locataire et sa famille, il peut faire résilier le bail.

ff L. 30, L. 27, *Loc. cond.*— Pothier, *Louage*, n°⁰ 77, 78, 79, 140, 141 et 150 ; *Int. à la Cout. d'Orl.*, n° 17.— Bourjon, vol. 2, p. 41, sec. 4.— Nouv. Den., v° *Bail à ferme et à loyer*, § 4, n° 8.— Guyot, Rép., v° *Bail*, p. 18, col. 2.— Troplong, *Louage*, n°⁰ 246 et suiv.— C. L., 2670.— C. N., 1724.

Jurisp.—1. If a tenant quits the premises for lawful cause, v. g., because for want of repairs they are no longer habitable, he is answerable only for the rent accrued during his occupation.—Wurtele vs Brazier, II R. de L., 440.

2. If a landlord by necessary repairs of his leased premises disturb his tenant in the use of them, no action of damages can on that account be maintained by

the tenant. But the landlord cannot recover rent for the time occupied in making the repairs.— Graves vs Scott, II R. de L., 440.

3. Dans une action par un locataire contre son locateur pour dommages allégués avoir été soufferts en raison de la démolition d'un mur entre les prémisses louées et la propriété voisine, telle démolition étant alléguée par la déclaration avoir été faite du consentement du locataire.— *Jugé:* 1° que le locataire a droit à une diminution des loyers proportionnée à la diminution de sa jouissance des prémisses louées, mais que nulle telle diminution ne pouvait être accordée dans l'espèce, icelle n'ayant pas été demandée ; — 2° que les propriétaires voisins ayant exercé d'une manière légale, leur droit de démolir le mur mitoyen qui était incapable de soutenir des magasins qu'ils étaient sur le point d'ériger, ni l'une ni l'autre des parties ne pouvaient réclamer de dommages contre eux ; — 3° que les inconvénients et les dommages occasionnés au locataire, en autant qu'ils ne découlaient pas nécessairement de la démolition et de la reconstruction du mur, étaient, dans l'espèce, attribuables à la conduite du locataire lui-même et à ses demandes et menaces, et qu'en conséquence, aucuns dommages n'auraient dû lui être accordés par le tribunal de première instance.— Peck & Harris, XII L. C. R., 355.

4. Dans une action par un locataire contre son locateur pour dommages allégués avoir été causés en conséquence de ce que le locateur avait illégalement démoli un mur de division entre les prémisses louées et la propriété voisine, aucune action en garantie ne compète au locateur contre le propriétaire voisin qui a démoli le mur, que les allégations de l'action principale soient vraies ou fausses. En autant que le mur était mitoyen et incapable de supporter les magasins que l'on se proposait d'ériger, et que les propriétaires avaient pris toutes les précautions nécessaires, et en démolissant et reconstruisant le mur avaient exercé un droit d'une manière légale, il ne pouvait exister aucune réclamation contre eux, soit de la part du locateur, ou de la part de son locataire.— Lyman & Peck, XII L. C. R., 368.

5. A tenant became insolvent, and the leased premises, which were vacant, subsequently becoming uninhabitable, the landlord proceeded to execute certain repairs. *Held,* that in default of a demand by the lessee, or his representative the assignee, to rescind the lease, it continued to subsist, and the lessor was entitled to rent, less the time occupied in making the repairs.— Rolland vs Tiffin, XXII L. C. J., 164.

1635. Le locataire est tenu des menues réparations qui deviennent nécessaires à la maison ou à ses dépendances pendant sa jouissance. Ces réparations, si elles ne sont pas spécifiées dans le bail, sont réglées par l'usage des lieux. Sont réputées locatives les réparations qui suivent, savoir, les réparations à faire :

Aux âtres, contre-cœurs, chambranles, tablettes et grilles des cheminées ;

Aux enduits intérieurs et plafonds ;

Aux planchers, lorsqu'ils sont en partie brisés, mais non pas lorsque c'est par suite de vétusté ;

Aux vitres, à moins qu'elles ne soient brisées par la grêle ou autres accidents inévitables dont le locataire ne peut être tenu ;

Aux portes, croisées, volets, persiennes, cloisons, gonds, serrures, targettes et autres fermetures.

2 Bourjon, p. 43, n° 5 ; p. 47, n° 39 ; p. 48, n° 40 et suiv.— Pothier, *Louage*, n° 219, 220, 222 et 224 ; *Int. au tit. 19, Cout. d'Orl.*, n° 24.— Desgodets, *Lois des B.*, 466, n° 10.— Instr. fac. sur les Conv., p. 217.— Troplong, *Louage*, n° 551 et suiv. — C. N., 1754.— Code civil B. C., art. 468 et 469.

Jurisp.— Un locataire qui est tenu par son bail de faire toutes les réparations lui-même, n'est pas obligé de réparer les lieux loués s'ils sont considérablement endommagés par un incendie.— Samuels & Rodier, II L. C. L. J., 272.

1636. Le locataire n'est pas tenu aux réparations réputées locatives lorsqu'elles ne sont devenues nécessaires que par vétusté ou force majeure.

Argum. ex. ff L. 9, § 4, *Loc. cond.* — Cod., L. 28, *De loc. et cond.* — Pothier, *Louage*, nᵒˢ 219, 220 et 221.— Bourjon, vol. 2, p. 47, nᵒ 38 ; p. 48, nᵒ 40.— C. N., 1755.

1637. Au cas d'expulsion, ou de résiliation du bail pour quelque faute du locataire, il est tenu de payer le loyer jusqu'à l'évacuation des lieux, et aussi les dommages-intérêts tant à raison de la perte des loyers pendant le temps nécessaire à la relocation, que pour toute autre perte résultant de l'abus du locataire.

ff L. 55, § 2, *Loc. cond.* — Domat, liv. 1, tit. 4, sec. 2, nᵒ 8.— 6 Marcadé, sur l'art. 1760, p. 494.— C. N., 1760.

Jurisp.— Under the facts in the present case, no contract of lease existed between plaintiff and defendant *ès qualité.*— The money asked in this case, by the name of rent, is not due, and plaintiff's recourse is for money as damages, or for what else plaintiff may be advised as to law and justice under the facts may appertain.— Delisle vs Sauvageau, XV L. C. J., 256.

1638. Le locataire a droit de sous-louer ou de céder son bail, à moins d'une stipulation contraire.

S'il y a telle stipulation, elle peut être pour la totalité ou pour partie seulement de la chose louée, et dans l'un et l'autre cas, elle doit être suivie à la rigueur, sauf les dispositions contenues en *l'Acte concernant la faillite*, 1864.

ff L. 60, *Loc. cond.* — Cod., L. 6, *De loc. et cond.* — Domat, liv. 1, tit. 4, sec. 1, nᵒ 8. — Pothier, *Louage*, nᵒˢ 43 et 280.— Bourjon, vol. 2, p. 41, nᵒ 17.— C. N., 1717.

Jurisp.— 1. La clause que le locataire ne pourra sous-louer sans la permission du bailleur, n'est pas une clause comminatoire, et sa violation donne lieu à la résiliation du bail.— Hunt vs Joseph, II R. de L., 52.

2. Quand dans le bail du propriétaire, il y a une clause à l'effet que le locataire ne pourra sous-louer sans le consentement du propriétaire, telle clause doit être exécutée strictement, et le sous-locataire sera censé connaître telle clause et ne pourra en conséquence prétendre que les effets garnissant les lieux loués ne sont pas responsables des loyers.— Lampson vs Nesbitt, XIII L. C. R., 365.

3. Dans le cas d'un bail de certains magasins et dépendances avec condition que le locataire ne cédera pas son droit au dit bail, sans le consentement par écrit du bailleur, le bail de partie des prémisses avec réserve de deux chambres par le sous-bailleur, n'est pas une violation de la condition qui peut donner lieu à la résiliation du bail principal. Lorsque le sous-bail est à la connaissance du locateur principal, qui a reçu les loyers de son locataire, sans objection au sous-bail, le consentement du locateur à tel sous-bail sera présumé, et l'action en résiliation sera renvoyée.— Persillier vs Moretti, XIV L. C. R., 29.

4. L'infraction de la condition dans un bail, prohibant la sous-location des lieux loués sans le consentement par écrit du locateur, est une raison suffisante pour demander la résiliation du bail.— Foley & Charles, XV L. C. R., 248.

5. La clause que le locataire ne pourra céder et transporter ses intérêts dans le bail, sans le consentement par écrit du bailleur, n'est pas une clause comminatoire, et sa violation donne lieu à la résiliation du bail.— Le jugement en expulsion est déclaré commun aux cessionnaires du bail.— Moreau vs Owler, X L. C. J., 112.

6. Une simple clause dans un bail, défendant de sous-louer sans le consentement du bailleur, ne donne pas droit à la résiliation immédiate du bail ; la cour accordera d'abord au défendeur un délai pour remettre les choses dans le même état qu'avant le sous-bail. Dans cette cause, le sous-locataire avait déguerpi avant la reddition du jugement, et le défendeur n'a été condamné qu'à payer les frais.— Vallée & Kennedy, III R. L., 450.

7. In the case of a lease by one deed of two separate premises, subject to the condition that the tenant should " not make over his interest in the present " lease without the consent of the said lessors being first obtained in writing for " that purpose," a sub-lease of one of such premises, without the written consent of the landlord, was legal and valid.— Dorion vs Baltzley, XIV L. C. J., 305.

8. Plaintiff leased a house with a clause prohibiting sub-letting without his express consent in writing.— *Held* that the verbal consent of plaintiff's agent to a sub-lease and the plaintiff's acquiescence in such sub-lease during its entire term, was equivalent to a consent in writing.—Cordner & Mitchell, I L. C. L. J., 58.

9. L'acheteur peut exercer l'action en rescision de bail à raison de la sous-location faite par le locataire, contrairement aux dispositions du bail.— Cette demande en rescision sera accordée, sans la mise en cause du sous-locataire.— Eeciot vs Lavigne, IV R. L., 69.

10. Le syndic à une faillite vend le bail d'un failli sous l'autorité de l'acte de faillite. Le bail contenait un prohibition de sous-louer.— *Jugé* que la vente faite par le syndic n'est pas contraire à cette prohibition.—Gault & Evans, M., 22 déc. 1874.

11. If there be a prohibition in a lease as to sub-letting, a sub-tenant cannot claim the benefit of article 1621 of the Civil Code of Lower Canada, but under article 1619 his effects will be liable for the whole rent due by the original tenant to the landlord.—Les Sœurs de la Charité & Yuile, XX L. C. L., 329.

1639. Le sous-locataire n'est tenu envers le locateur principal que jusqu'à concurrence du prix de la sous-location dont il peut être débiteur au moment de la saisie ; il ne peut opposer les paiements faits par anticipation.

Le paiement fait par le sous-locataire, soit en vertu d'une stipulation portée en son bail, ou conformément à l'usage des lieux, n'est pas réputé fait par anticipation.

ff L. 11, § 5, *De pignorat. act.*— Paris, art. 162.— Pothier, *Pandectes*, liv. 20, t. 2, n° 8.— Troplong, *Louage*, n°ˢ 538 et 540.— C. N., 1753.

Jurisp.— 1. Aux termes de l'article 162 de la Coutume de Paris, les effets des sous-locataires garnissant les lieux, sont responsables envers le propriétaire pour le montant de ses loyers, quand bien même ils les auraient payés de bonne foi à leur locateur immédiat.— Quand un locataire sous-loue tous les lieux pour un loyer moindre que celui qu'il s'est obligé de payer, les effets du sous-locataire sont responsables pour tout le montant des loyers.— Lampson et Dinning, XIII L. C. R., 365.

2. Le sous-locataire ne peut obtenir main-levée de ses meubles saisis-gagés,qu'en payant le terme courant.— Senécal vs Trigg, X L. C. J., 202.

3. Le privilége du locateur s'étend aux meubles du sous-locataire, de la même manière qu'aux meubles du locataire lui-même, s'il y a défense de sous-louer dans le bail entre le propriétaire et le principal locataire.— Lorsqu'il y a telle défense de sous-louer, le sous-locataire est vis-à-vis du propriétaire dans la position d'un tiers dont les effets auraient été déposés sur la propriété avec son consentement.— En pareil cas l'intervention du sous-locataire dans une saisie-gagerie, en vertu de laquelle ses meubles auraient été saisis pour tout loyer dû au propriétaire, sera renvoyée.— Grimard vs Bolay, V R. L., 748.

4. Un sous-locataire n'a pas droit au bénéfice du privilége dont il est fait mention dans le 162ᵉ article de la Coutume de Paris, à moins que les paiements n'aient été faits de bonne foi à son bailleur immédiat, avant l'exécution d'un bref de saisie-gagerie à la poursuite du bailleur principal.— Le sous-locataire ne peut non plus invoquer ce privilége lorsqu'il a obtenu la cession entière de tous les droits du locataire principal ; ce privilége étant restreint au cas de paiements faits de bonne foi en vertu d'une sous-location partielle.—Wilson vs Pariseau, VI L. C. R., 196.

5. Le fait du propriétaire d'avoir reçu plusieurs termes de loyer du sous-locataire, n'a pas l'effet d'opérer novation et de décharger le principal locataire.— Boyer vs McIver, XXI L. C. J., 160.

1640. Le locataire a droit d'enlever, avant l'expiration du bail, les améliorations et additions qu'il a faites à la chose louée, pourvu qu'il la laisse dans l'état dans lequel il l'a reçue ; néanmoins si ces améliorations et additions sont attachées à la chose louée, par clous, mortier ou ciment, le locateur peut les retenir en en payant la valeur.

ff L. 19, § 4, *Loc. cond.*— Pothier, *Louage*, n° 131.— Bourjon, vol. 2, p. 50, n° 9.— C. L., 2694.— Code civil B. C., art. 380, 413 et 417.

Jurisp.—1. Les tuyaux à l'eau et au gaz sont des *fixtures*, mais peuvent être emportés par le locataire qui les a posés, à l'expiration de son bail.—Atkinson vs Noad, XIV L. C. R., 159.

2. Un locataire, malgré une clause de son bail portant que les améliorations et additions qu'il fera resteront au propriétaire, peut emporter les châssis doubles qu'il a mis à une maison.— Plamondon vs Lefebvre, III Q. L. R., 288.

1641. Le locataire a droit d'action, suivant le cours ordinaire de la loi ou par procédure sommaire, tel que réglé au Code de Procédure Civile :

1. Pour contraindre le locateur à faire les réparations et améliorations stipulées par le bail, ou auxquelles il est tenu par la loi, ou pour obtenir l'autorisation de les faire aux frais du locateur; ou, si le locataire déclare que tel est son choix, pour obtenir la résiliation du bail à défaut d'exécution de telles réparations ou améliorations ;

2. Pour résilier le bail, à défaut par le locateur de remplir toute autre obligation résultant du bail, ou à lui imposée par la loi ;

3. Pour le recouvrement de dommages-intérêts à raison d'infractions aux obligations résultant du bail ou des rapports entre locateur et locataire.

ff L. 25, § 2, *Loc. cond.*— Domat, liv. 1, tit. 4, sec. 3, n° 1.— Pothier, *Louage*, n°° 67, 68, 72, 73, 108 et 325.—2 Bourjon, p. 53, n° 7.—S. R. B. C., ch. 40, sec. 2.

Jurisp.—1. Il doit y avoir demande judiciaire de la part d'un locataire contre son bailleur, ou un ordre obtenu par tel locataire contre tel bailleur, pour autoriser le locataire à demander la rescision du bail entre les parties, en raison de l'insuffisance des prémisses louées et en raison de ce que telles prémisses sont en mauvais état et non habitables.— Boulanget vs Doutre, I L. C. R., 393.

2. Lorsqu'un locataire est poursuivi par son sous-locataire pour dommages résultant de ce que les lieux loués ne sont pas clos et couverts, le locataire a droit d'action en garantie contre le locateur, quoiqu'il y ait clause dans le bail entr'eux que le locataire ne sous-louera pas sans le consentement du locateur, et quoique le locataire ait fait sous-bail sans tel consentement, le locateur cependant plus tard recevant de lui l'extra premium d'assurance résultant de tel sous-bail, le sous-locataire étant un aubergiste.— Théberge vs Hunt, XI L. C. R., 179.

3. Sur action contre un locataire qui a abandonné la maison à lui louée pour plusieurs années en vertu d'un bail notarié, sous prétexte du mauvais état de la maison, le locataire est tenu du loyer pour tout le terme du bail, et une saisie-gagerie par droit de suite est déclarée valable quoiqu'aucun loyer ne fut dû au temps de l'abandon de la maison.— Boulanget vs Doutre, IV L. C. R., 170.

4. Si un locataire ne livre pas les lieux loués à l'époque déterminée dans le bail, il sera condamné à des dommages.—Girard & Lepage, Montréal, décembre 1874.

SECTION IV.

RÈGLES PARTICULIÈRES AU BAIL DE MAISONS.

1642. Le bail d'une maison ou de partie d'une maison, lorsque la durée n'en est pas fixée, est censé fait à l'année, finissant au premier jour de mai de chaque année, lorsque le loyer est de tant par an ;

Pour un mois, lorsque le loyer est de tant par mois ;

Pour un jour, lorsque le loyer est de tant par jour.

Si rien ne constate un montant de loyer pour un terme fixe, la durée du bail est réglée par l'usage du lieu.

Pothier, *Louage*, n° 30.— Guyot, Rép., v° *Bail*, p. 16, col. 1.— Troplong, *Louage*, n°° 604 et 605.— C. N., 1758.— Code civil B. C., art. 1608.

1643. Le bail de meubles fournis pour garnir une maison ou des appartements, lorsque la durée n'en est pas fixée, est réglé par les règles contenues dans l'article qui précède ; et lorsque ces règles ne s'appliquent pas, il est censé fait pour la durée ordinaire des baux de maison ou d'appartement, suivant l'usage des lieux.

Pothier, *Louage*, n° 30.— Guyot, Rép., v° *Bail*, p. 16, col. 1.— Troplong, *Louage*, n°° 604 et 605.— C. N., 1757.

1644. Le curement des puits et celui des fosses d'aisance sont à la charge du locateur, s'il n'y a convention contraire.

Pothier, *Louage*, n° 222.— Guyot, Rép., v° *Bail*, p. 28, col. 2.— Troplong, *Louage*, n° 574.— C. N., 1756.

1645. Les règles contenues dans ce chapitre relatives aux maisons, s'étendent aussi aux magasins, échoppes et fabriques, et aussi à tout bien-fonds autre que les terres et fonds ruraux, en autant que ces règles peuvent s'y appliquer.

SECTION V.

RÈGLES PARTICULIÈRES AU BAIL DES TERRES ET PROPRIÉTÉS RURALES.

1646. Celui qui cultive sous la condition d'un partage de fruits avec le locateur, ne peut ni sous-louer, ni céder son bail, si la faculté ne lui en a été expressément accordée par le bail.

S'il sous-loue ou cède son bail sans telle stipulation, le locateur peut le faire expulser et le faire condamner aux dommages-intérêts résultant de cette infraction du bail.

Arg. ex ff L. 19 et L. 20, *Pro socio ;* L. 47, ½ *ult. De reg. juris.*— Troplong, *Louage*, n° 643.— Hudon vs Hudon et al., 2 Décis. des Trib. B. C., p. 30, et les autorités qui y sont citées.— Code civil B. C., art. 1624.— C. N., 1763 et 1764.

Jurisp.— Un bail d'affermage partiaire, imposant au preneur certaines obligations qu'il doit accomplir en personne, n'est pas cessible. La cession de tel bail donne droit au bailleur d'en demander l'annulation. La résiliation de telle cession, les choses n'étant plus entières, et la demande en rescision portée, ne peut priver le bailleur de son droit absolu de faire annuler tel bail.— Hudon vs Hudon, II L. C. R., 30.

1647. Le fermier est tenu de garnir l'héritage des bestiaux et ustensiles nécessaires à son exploitation, et de le cultiver avec le soin et l'habileté raisonnables.

ff L. 25, ½ 3, *Loc. cond.*— Pothier, *Louage*, n°° 190 et 204.— 2 Bourjon, p. 43, n°° 1, 2 et 3.— C. N., 1766.

1648. Si l'héritage se trouve contenir une quantité de terre plus grande ou moins grande que celle spécifiée dans le bail, le droit des parties à une augmentation ou à une diminution du loyer est régi par les règles sur ce sujet contenues dans le titre *De la Vente.*

ff L. 2, *Loc. cond.*— Inst., liv. 3, tit. 24, *in pr.*— Pothier, *Louage*, n° 132.— Troplong, *Louage*, n° 652.— Code civil B. C., art. 1501, 1502 et 1503.— C. N., 1765.

1649. Le fermier ou locataire d'un fonds rural est tenu, sous

peine de tous dommages et frais, d'avertir le locateur, avec toute
diligence raisonnable, des usurpations qui peuvent y être commises.

Arg. ex ff L. 11, § 2, *Loc. cond.*—Pothier, *Louage*, n° 191.— Code civil B. C., art.
476.— C. N., 1768.

1650. Si le bail n'est que pour une année et que, durant cette
année, la récolte soit perdue en totalité ou en grande partie, par cas
fortuit ou par force majeure, le locataire est déchargé d'une partie
proportionnelle du prix de la location.

ff L. 15, §§ 2, 4 et 5, *Loc. cond.*— Domat, liv. 1, tit. 4, sec. 5, n°° 4 et 6.— Pothier,
Louage, n° 153.— 2 Bourjon, p. 44, n°° 8 et 9.— C. C. V., 1256.— C. N., 1770.

Jurisp.— Le bail d'un moulin ne peut être assimilé au bail à ferme de biens
ruraux, par rapport auquel la loi sanctionne une réduction du prix du bail en
cas de manque de récolte par un accident extraordinaire ou imprévu.—Corri-
veau vs Pouliot, I R. de L., 184.

1651. [Si le bail est fait pour deux années ou plus, le locataire
ne peut demander aucune diminution du loyer dans le cas de l'article qui précède.]

An. Denisart, v° *Bail*, n° 100.— Troplong, *Louage*, n° 698.— C. C. V., 1257.

1652. Lorsque la perte arrive après que les récoltes sont séparées de la terre, le fermier n'a droit à aucune réduction du loyer
payable en argent. Si le loyer consiste dans une part des récoltes,
le locateur doit supporter sa proportion de la perte, à moins que
cette perte n'ait été occasionnée par la faute du locataire, ou qu'il ne
soit en demeure de délivrer telle part.

ff loc. cit.— Pothier, *Louage*, n° 155.—Guyot, Rép., v° *Bail*, p. 34, col. 1.— C. N.,
1771.

1653. Le bail d'une ferme ou d'un fonds rural, à défaut de
terme préfix, est présumé bail annuel finissant au premier jour d'octobre de chaque année, sauf la signification de congé tel que réglé
ci-après.

Arg. ex ff L. 13, § 11, *Loc. cond.*— Pothier, *Louage*, n° 28.— C. N., 1774.

1654. Le locataire d'une ferme ou d'un fonds rural, doit laisser
à la fin de son bail, les fumiers, pailles et autres matières destinées à
faire des engrais, s'il en a reçu lors de son entrée en jouissance. S'il
n'en a pas reçu, le propriétaire peut néanmoins les retenir en en
payant la valeur.

Pothier, *Louage*, n° 190.— Bourjon, vol. 2, p. 43, n° 4.— Guyot, Rép., v° *Bail*, pp.
24 et 25.— C. C. V., 1263.— Code civil B. C., art. 379.— C. N., 1778.

Jurisp.— Les fumiers sur une terre, lors de la vente de telle terre, deviennent la propriété de l'acquéreur.— Les fumiers faits subséquemment deviennent
aussi la propriété de l'acquéreur, le vendeur ne se justifiant soit par titre ou autrement, mais plaidant seulement par dénégation à une action pour le recouvrement de dommages résultant de l'enlèvement de fumiers sans la permission
de l'acquéreur.— Wyman et Edson, X L. C. R., 17.

SECTION VI.

COMMENT SE TERMINE LE CONTRAT DE LOUAGE DES CHOSES.

1655. Le contrat de louage des choses se termine de la manière commune aux obligations, tel que déclaré dans le huitième chapitre du titre *Des Obligations*, en autant que les règles y contenues peuvent s'y appliquer, et sauf les dispositions contenues dans ce titre.

Jurisp.— A writing signed by the lessor, not accepted by the lessee, promising that a new lease should be entered into after a certain date, did not constitute a new contract of lease which could be pleaded in defence to an action to rescind the original lease.— Loranger vs Clément, I L. N., 326.

1656. Il se termine aussi par la résiliation, de la manière et pour les causes énoncées aux articles 1624 et 1641, et aussi, dans le cas de faillite, tel que porté en l'*Acte concernant la faillite*, 1864.

Amend.— Si le failli, dit le statut C., 38 Vict., ch. 16, ss. 70, 71, 72 et 73, possède, en vertu d'un bail, une propriété ayant une valeur plus élevée que le montant du loyer payable en vertu du bail, le syndic en fera rapport au juge, donnant son estimation de la valeur des droits et intérêts dans la propriété louée en sus du loyer, et alors le juge pourra ordonner la vente des droits du failli aux lieux loués, séparément ou en même temps que la vente de tout ou partie des biens du failli, après tel avis public de cette vente qu'il jugera à propos; et à l'époque et au lieu fixés, le bail sera vendu aux conditions, quant à la garantie à fournir au locateur, que le juge pourra exiger; et cette vente sera sujette au paiement du loyer, à toutes les conditions et clauses contenues au bail, et à toutes les obligations légales résultant de ce bail; et ces conditions, clauses et obligations obligeront le locateur et l'acquéreur, comme si ce dernier avait été lui-même locataire et partie au bail avec le locateur.

71. Si le failli possède, en vertu d'un bail, pour plus de l'année courante d'après les termes du bail à l'époque de sa faillite, une propriété qui n'est pas sujette aux dispositions de la dernière section ci-dessus, ou à l'égard de laquelle le juge n'a pas ordonné la vente ainsi qu'il a été statué, ou qui n'est pas vendue en vertu de cet ordre, les créanciers décideront, à toute assemblée qu'ils pourront tenir plus de trois mois avant l'expiration du terme annuel du bail courant à l'époque de cette assemblée, si la propriété ainsi louée doit être retenue au profit de la masse, jusqu'à la fin seulement du terme annuel alors courant, ou, si les conditions du bail le permettent, jusqu'à la fin du terme annuel alors suivant, et leur décision sera finale.

72. A partir de l'époque à laquelle la propriété louée doit être retenue au profit de la masse, le bail sera annulé et sans effet pour l'avenir; et aussitôt que la résolution des créanciers relative à la question de retenir la propriété sera passée, cette résolution sera notifiée au locateur, et si ce dernier prétend qu'il éprouvera des dommages par l'expiration du bail, en vertu de cette décision, il pourra faire une réclamation pour ces dommages, en en spécifiant le montant sous serment, de la même manière que pour les réclamations ordinaires contre la masse; et cette réclamation pourra être contestée de la même manière et après la même investigation, et avec le même droit d'appel qu'il est statué dans le cas de réclamations ou de dividendes contestés.

73. En faisant cette réclamation, et dans toute sentence à ce sujet, la mesure des dommages sera la différence entre la valeur des lieux loués au moment de l'expiration du bail, en vertu de la résolution des créanciers, et le loyer que le failli était convenu par le bail de payer durant le temps de ce bail; et les chances de louer ou de ne pas louer de nouveau les lieux pour le même loyer n'entreront pas dans l'estimation des dommages; et si la réclamation n'est pas contestée, ou si, étant contestée, il est finalement accordé des dommages au locateur, il sera colloqué pour ce montant sur les biens comme un créancier ordinaire.

Jurisp.— 1. An action in ejectment lies against an insolvent and his assignee to obtain possession of premises the lease for which expired before the assignment; and the Superior Court is properly seized of such a case by writ of summons, notwithstanding section 50 of the Insolvent Act of 1869.— An action under the lessor and lessee act lies in a case, where the lessee, after the expiration of his lease and before giving up the premises makes an assignment in insolvency, and the assignee takes possession of the premises.— The Fraser Institute vs Moore, XIX L. C. J., 133.

2. An action to rescind a lease may be brought against a lessee who has become insolvent during the term of the lease.— Loranger vs Clément, L. N., 326.

1657. Lorsque le terme du bail est incertain, verbal, ou présumé, tel que réglé en l'article 1608, aucune des parties n'y peut mettre fin sans en signifier congé à l'autre avec un délai de trois mois, si le loyer est payable par termes de trois mois ou plus; si le loyer est payable à des termes plus rapprochés que trois mois, le délai du congé est réglé suivant l'article 1642.

Le tout néanmoins sujet aux dispositions de ce dernier article et des articles 1608 et 1653.

Pothier, *Louage*, n° 29.— Guyot, Rép., v° *Bail*, p. 15.— C. N., 1736.

Jurisp.—1. Where the duration of a written or verbal lease is certain, a *congé* is unnecessary to maintain an action by the landlord to eject the tenant.— Lamontagne vs Webster, XVIII L. C. J., 152.

2. Where a lease has been continued by *tacite reconduction*, a notice of three months is necessary to terminate such lease.— Webster & Lamontagne, 19 L. C. J., 106.

3. Where a lease has been continued by *tacite reconduction*, it can only be terminated by either party giving to the other party three months' notice.— Lake vs Wickliffe, XXII L. C. J., 41. *Renew.*

4. Dans le cas du louage d'un banc d'église sans terme spécifié, mais dont le loyer était payable annuellement, le locataire ne pouvait être expulsé du banc sans avis préalable de trois mois.— Johnson & The Minister and Trustees, etc., I R. Supreme C., 235.

5. A person who is surety for a tenant holding under a lease terminable on giving six months' notice, cannot exercise the right stipulated in favor of the tenant, if the latter fails to exercise it.— Léonard vs Lemieux, I L. N., 614.

1658. Le bail cesse de plein droit et sans congé à l'expiration du terme fixé, lorsqu'il est par écrit.

Cod., L. 11, *De loc. et cond.*— Domat, liv. 1, tit. 4, sec. 2, n° 11.— Pothier, *Louage*, n°* 29 et 308.— 2 Bourjon, p. 43, n° 6.— C. L., 2596.— C. N., 1737.

Jurisp.—1. The minister and trustees of a voluntary organization such as the St. Andrew's Church, Montreal, exercising corporate powers under certain regulations, have a right to refuse to renew the lease of a pew in the church, on the expiration of the term for which it was leased; and such refusal, unless it appear to be a mere cloak for malice, gives the dispossessed tenant no claim for damages.— Johnson vs The Minister and Trustees of St. Andrew's Church, Montreal, XVIII L. C. J., 113.

2. Un bail verbal se termine à l'expiration du temps pour lequel il a été fait, et sans congé de déloger.— Huot vs Garneau, II Q. L. R., 87.

1659. Le contrat de louage des choses se termine par la perte de la chose louée.

ff L. 25, § 2; L. 9, § 1, *Loc. cond.*— Pothier, *Louage*, n° 65.— 2 Bourjon, p. 52, n° 1.— C. N., 1741.

1660. Si, pendant la durée du bail, la chose est entièrement détruite par force majeure ou cas fortuit, ou expropriée pour cause d'utilité publique, le bail est dissous de plein droit. Si la chose n'est détruite ou expropriée qu'en partie, le locataire peut, suivant les circonstances, obtenir une diminution du loyer ou la résiliation du bail; mais dans l'un ou l'autre cas, il ne peut réclamer des dommages-intérêts du locateur.

ff L. 19, § 6; L. 30, § 1; L. 15, § 7; L. 33, *Loc. cond.*; L. 23, *De reg. juris.*— Domat, liv. 1, tit. 4, sec. 3, n° 3.— Pothier, *Louage*, n°² 139 et suiv.— C. L., 2667.— C. N., 1722.

Jurisp.— 1. Where a fire, occurring during the lease, renders the premises leased temporarily uninhabitable, but does not totally destroy them, the tenant is entitled to hold possession, and to resume occupation of the premises as soon as repaired.— Samuels & Rodier, II L. C. L. J., 272.

2. Under the provisions of the Quebec Railway Act, the lessees for five years of a stone quarry and right to renew lease for other five years, are occupiers of such land, and parties interested therein, entitled to compensation for damages caused by expropriation of the property for railway purposes, within the meaning of the act.— During the pendency of an action in the nature of an *action négatoire*, by such lessees against the railway company, in consequence of the company and the arbitrators appointed under the act to determine the compensation to be paid in consequence of the expropriation of the leased property, refusing to admit the right of said lessees to be indemnified under the act, the plaintiffs are entitled to a writ of injunction against the railway company, in consequence of the company persisting in exercising their right of expropriation, without paying or offering to pay indemnity to the lessees.— Bourgouin & The Montreal Northern Colonization Railway, XIX L. C. J., 57.

3. Appellant was lessee of St. James Hotel, when it was destroyed by fire, as far as the upper stories, part only of the lower flat being still tenantable. He at once removed what furniture he had and notified respondent his landlord. Two sub-tenants continued to occupy part of lower flat till first May, more than one month.— Respondent sued for three months' rent; appellant tendered rent accrued till the fire. He was condemned to pay the three months' rent and he appeals. Judgment confirmed, Dorion & Sanborn, dissenting.— Geriken & Pinsonnault, M., 17th June, 1875.

1661. Le contrat de louage des choses n'est pas résolu par la mort du locateur ni par celle du locataire.

ff L. 60, § 1; L. 19, § 8, *Loc. cond.*— Cod., L. 10, *De loc. et cond.*—Pothier, *Louage*, n° 59.— 2 Bourjon, p. 41, n° 16.— C. N., 1742.

1662. Le locateur ne peut mettre fin au bail dans le but d'occuper lui-même les lieux loués, à moins que ce droit n'ait été expressément stipulé; [et dans ce cas le locateur doit donner congé au locataire suivant les règles contenues en l'article 1657 et dans les articles auxquels cet article renvoie; à moins qu'il n'en soit autrement convenu].

1663. [Le locataire ne peut, à raison de l'aliénation de la chose louée, être expulsé avant l'expiration du bail, par une personne qui devient propriétaire de la chose louée en vertu d'un titre consenti par le locateur, à moins que le bail ne contienne une stipulation spéciale à cet effet et n'ait été enregistré.

En ce cas avis doit être donné au locataire suivant les règles contenues en l'article 1657 et dans les articles auxquels il renvoie, à moins d'une stipulation contraire.]

C. N., 1743.

Jurisp.— 1. Celui qui a acquis un immeuble sujet à la faculté de réméré, ne peut évincer le locataire dont le bail n'est pas expiré.— Russell vs Jenkins, III L. C. R., 417.

2. L'acquéreur d'une terre louée n'a pas le droit de revendiquer le foin récolté

sur la terre par le locataire qui était en possession de la terre comme locataire lors de la vente, et partant en possession du foin comme propriétaire, son bail n'étant pas expiré.— Brody vs Rendall, IX R. L., 512.

1664. [Le locataire, qui est expulsé en vertu d'une stipulation à cet effet n'a pas droit de recouvrer des dommages-intérêts, à moins que ce droit n'ait été expressément réservé dans le bail.]

1665. Lorsqu'un héritage vendu avec faculté de réméré, est repris par le vendeur dans l'exercice de cette faculté, le bail qu'en a fait l'acheteur est par là dissous, et le locataire n'a de recours en dommages-intérêts que contre lui.

Troplong, *Louage*, n°s 776 et 777, et Tiraqueau, cité par lui.

CHAPITRE TROISIÈME.

DU LOUAGE D'OUVRAGE.

SECTION I.

DISPOSITIONS GÉNÉRALES.

1666. Les principales espèces d'ouvrage qui peuvent être louées, sont :
1. Le service personnel des ouvriers, domestiques et autres ;
2. Le service des voituriers, tant par terre que par eau, lorsqu'ils se chargent du transport des personnes et des choses ;
3. Celui des constructeurs et autres entrepreneurs de travaux suivant devis et marchés.

C. N., 1779.

SECTION II.

DU LOUAGE DU SERVICE PERSONNEL DES OUVRIERS, DOMESTIQUES ET AUTRES.

1667. Le contrat de louage de service personnel ne peut être que pour un temps limité, ou pour une entreprise déterminée.
Il peut être continué par tacite reconduction.

ff L. 71, §§ 1 et 2, *De cond. et demons.*— Despeisses, *Louage*, sec. 2, n° 6.— Pothier, *Louage*, 372.— Troplong, 881.— C. N., 1780.

1668. Il se termine par le décès de la partie engagée, ou lorsque, sans sa faute, elle devient incapable de remplir le service convenu.
Il se termine aussi, en certains cas, par le décès du locataire, suivant les circonstances.

Ortolan, *Instit.*, vol. 2, p. 271.— Pothier, *Louage*, n°s 165-6-8 et 171-4-5.

Jurisp.— Le mariage de la servante, durant le service, justifie le maître de la renvoyer.— Mawson vs Burstall, I Q. L. R., 317.

1669. Dans toute action pour salaire par les domestiques ou serviteurs de ferme, le maître peut, à défaut de preuve écrite, offrir son serment quant aux conditions de l'engagement et aussi sur le fait du paiement, en l'accompagnant d'un état détaillé.

Si le serment n'est pas offert par le maître, il peut lui être déféré; et il est de nature décisoire quant aux matières auxquelles il est restreint.

Paris, 127.— Pothier, *Louage*, n° 175.— Guyot, Rép., v° *Domestique*, p. 102, col. 1.— N. Denisart, v° *Gages*, § 3, p. 143.— C. N., 1780.

Amend.— *L'acte de Q.* 41-42 *Vict., ch.* 12, *contient ce qui suit :*
" L'article 1669 du Code civil du Bas-Canada, est amendé de manière à se lire comme suit :
" Dans toute action pour salaire par les domestiques ou serviteurs de ferme, le maître peut, à défaut de preuve écrite, offrir son serment quant aux conditions de l'engagement et sur le fait du paiement, en l'accompagnant d'un état détaillé ; mais ce serment peut être contredit comme tout autre témoignage.

Jurisp.— 1. Les héritiers du maître doivent être reçus à leur serment tant sur la quotité du salaire que sur les paiements, tant pour les arrérages que pour la dernière année.— Lussier et Glouteney, IX L. C. R., 433.
2. Dans une action pour gages par un domestique contre son maître, ce dernier ne peut être examiné comme témoin pour prouver un allégué d'insubordination et de négligence de la part du domestique.— La déclaration du maître sous serment doit être restreinte à la preuve des conditions de l'engagement, et des gages payés, ou des avances faites au domestique, soit en argent ou autrement.— Stuart & Sleeth, X L. C. R., 278.
3. L'article 1669 du C. C., ne faisant aucune distinction entre les employés de ferme, engagés à la journée, et ceux engagés pour un long temps, les termes de cet article doivent s'appliquer aux premiers comme aux derniers.— Molleur vs Boucher, V R. L., 568.
4. Dans une action pour salaire par un domestique, la cour peut prendre la déclaration du maître et se déterminer par les circonstances.— Cyr vs Cadieux, XVII L. C. J., 173.
5. Dans l'action pour gages par garçon charretier, le maître n'est pas cru à son serment quant à l'engagement, ni quant au paiement.— Denis vs Poitras, III Q. L. R., 162.

1670. Les droits et obligations résultant du bail de service personnel sont assujettis aux règles communes aux contrats. Ils sont aussi, dans les campagnes, sous certains rapports, régis par une loi spéciale; et, dans les villes et villages, par les règlements des Conseils Municipaux.

S. R. B. C., c. 27 ; c. 24, sec. 28, § 20.

Jurisp.— 1. Un serviteur qui a laissé le service de son maître, avant l'expiration de son terme d'engagement, ne perd pas pour cela le salaire qui lui est dû pour le temps qu'il a fait.— Bilodeau vs Sylvain, IV L. C. R., 26.
2. Dans un contrat de louage d'ouvrage, les mots " votre rémunération sera au taux de £300 par an," ne constituent pas un engagement pour un an, et un contrat de cette espèce cesse au gré de l'une et de l'autre des parties.— Lennan vs The St. Lawrence and Atlantic Railroad Company, IV L. C. R., 91.
3. In an action for salary on the ground of wrongful dismissal, where the defendant pleaded that plaintiff had been guilty of *disobedience of orders*, and *prevarication and defalcation* in his accounts, although neither had been proved, yet as the court considered that there had been manifest neglect of duty and *errors and irregularities* in the plaintiff's accounts, his discharge was nevertheless justifiable, and he was not entitled to wages *beyond the date of dismissal.*— Webster vs The Grand Trunk R. C. of C., I L. C. J., 223.
4. A servant refusing to obey a lawful order of his master and discharged in consequence, can only recover wages to date of discharge, notwithstanding proof of previous uniform good conduct.— Hastie vs Morland, II L. C. J., 277.

5. A merchant is justified in dismissing his clerk before the termination of his engagement for a breach of duty or discipline, such as absence without leave; and the clerk cannot in such case recover salary accrued subsequent to his dismissal and prior to the termination of the agreement.— Charbonneau vs Benjamin, II L. C. J., 103.

6. Le commis qui a été congédié sans cause suffisante, peut poursuivre le marchand qui l'a engagé à l'année, pour son salaire accru durant le temps qu'il a été sans emploi, au lieu de le poursuivre en dommages-intérêts.—Ouellet vs Fournier, VI L. C. J., 118.

7. Un employé au mois qui quitte le service avant la fin de son mois, sans cause légitime, n'a pas droit à ses gages de partie du mois commencé.— Un maître peut plaider compensation du salaire d'un mois terminé par son employé, sans qu'il soit nécessaire de faire une demande incidente, pour les dommages causés par son dit employé en quittant subitement le service, parce que ces dommages découlent d'une même source par laquelle il demande le paiement de son salaire. — Un juge peut accorder des dommages, quoique le montant n'en soit pas prouvé, quand, d'après la preuve, il voit qu'il y en a eu réellement de soufferts, ce qui est laissé à sa discrétion.— Mondor vs Pesant, IV R. L., 382.

8. L'employé renvoyé par le patron, avant la fin de son engagement, n'a pas d'action pour réclamer du salaire non échu au temps de son renvoi; mais il a droit seulement à une action pour dommages résultant de l'inexécution de la convention.— L'employé, dans ce cas, est tenu de prouver qu'il a souffert des dommages par la faute du patron, qu'il n'a pu obtenir une autre situation et que son renvoi a eu lieu sans cause.— Sait vs·Nield, VII R. L., 224. (Ce jugement paraît contraire aux dispositions des S. R. B. C., ch. 27, s. 5, § 2.)

9. A servant cannot recover for a portion of a month's wages, when she has left before the end of the month, without the employer's consent, and without the usual notice.— Berlinguette vs Judah, XVII L. C. J., 18.

10. Le domestique qui abandonne son service avant la fin du mois forfait ses gages pour la partie du mois pendant laquelle il a rempli ses engagements.— Bernier vs Roy, I Q. L. R., 380.

11. Un commis renvoyé injustement par son maître peut poursuivre ce dernier pour le salaire restant dû d'après l'engagement, et n'est pas obligé de prendre une action en dommages sur le principe qu'il a cessé de donner ses services.— Rice & Boscovitz, M., déc. 1876.

12. A servant, discharged without sufficient cause before the expiration of his term of hire, cannot, if he sues for wages, claim for more than the portion of the term which has expired at the date of the institution of the action; but, *semble*, he may bring an action of damages for breach of contract, and then the length of the unexpired portion of the term may be taken into consideration in estimating the damages.— Beauchemin & Simon, I L. N., 40.

1671. Le louage des matelots est réglé par certaines dispositions spéciales contenues dans l'acte du Parlement Impérial, intitulé: *The Merchant Shipping Act*, 1854, et par un acte du Parlement du Canada, intitulé: *Acte relatif à l'engagement des matelots*, et celui des bateliers communément appelés *voyageurs* est réglé par les dispositions d'un acte intitulé: *Acte concernant les voyageurs.*

La référence au *Merchant Shipping Act*, contenue dans cet article, ne saurait maintenant indiquer complètement la loi en force sans une mention des statuts qui ont amendé cet acte: 18-19 Vict., ch. 91; — 25-26 Vict., ch. 63; et 30-31 Vict., ch. 124.—S. R. B. C., ch. 55; ch. 58.— Statuts Impériaux, 17 et 18 Vict., ch. 104; 18 et 19 Vict., ch. 91; 25 et 26 Vic., ch. 63.

SECTION III.

DES VOITURIERS.

1672. Les voituriers par terre et par eau sont assujettis, pour la garde et conservation des choses qui leur sont confiées, aux mêmes obligations que les aubergistes, au titre *Du Dépôt.*

¶ L. 1, In pr. et §§ 1, 2, 8 et 4, Naut. caup. stab.—Domat, liv. 1, tit. 4, sec. 8, n° 5.—
C. N., 1782.—Voir III Revue Critique, p. 234, un article bien fait sur la question :
" *Are proprietors of tug steamers, common carriers ?*"

Jurisp.—1. Un voiturier est responsable de la valeur de marchandises
livrées par erreur à l'acheteur après avis donné par le vendeur de n'en pas faire
la livraison.— Le droit d'arrêter telles marchandises *in transitu*, n'est pas affecté
en conséquence de ce que le vendeur, lors de la vente, a pris un billet promissoire pour la valeur des marchandises.— Campbell vs Jones, IX L. C. R., 10.

2. A clause in a bill of lading granting the carrier the option to tranship at
Quebec and forward goods to Montreal, at ship's expense and *merchant's risk*, does
not relieve the carrier from liability arising from negligence and want of care in
the handling and landing of the goods at Montreal.— Samuel vs Edmondstone, I
L. C. J., 89.

3. A carrier is not liable for the loss or theft of an overcoat, carried by a
passenger in a steamboat and placed by the passenger on a sofa in the eating
saloon, where he was taking supper.—Torrance vs Richelieu Company, X L. C. J.,
335.

4. Though the liability of a company as common carriers had ceased, by the
arrival of the goods, the company was still liable for damage as warehousemen
and carters for hire ; but in this cause the evidence did not show any negligence
on the part of the railway company.— Duval, C. J., Monk and Stuart (*ad hoc*) JJ.
Contrà, Badgley and Drummond, who held that by law negligence was presumed
if damage shewn, and the *onus* of proof of care was on the company, who had
made no proof whatever to rebut the presumption against the company.— Grand
Trunk Railway vs Gutman, I R. C., 477.

5. Common carriers are responsible for damage caused by fire breaking out
upon board of a steamboat, unless such fire was not attributable to their negligence ; and the *onus probandi* is upon the carriers to account for the fire, and
prove that it did not arise from their fault.— Canadian Navigation Company &
Hayes, XIX L. C. J., 269.

6. A passenger by railway did not call for his trunk on arriving at the end of
his journey, at 10 o'clock in the forenoon, but, for his own convenience, left it all
day and over night in the baggage-room, without any arrangement, and it was
destroyed by fire early the next morning by the accidental burning of the
station :— *Held*, the company was not responsible.— Hogan vs The Grand Trunk,
II Q. L. R., 142.

1673. Ils sont tenus de recevoir et transporter aux temps marqués dans les avis publics toute personne qui demande passage, si le
transport des voyageurs fait partie de leur trafic accoutumé, et tous
effets qu'on leur offre à transporter ; à moins que dans l'un ou l'autre
cas il n'y ait cause raisonnable et suffisante de refus.

S. R. C., ch. 66, sec. 96, 97, 98, 119 et 120.— Guyot, Rép., v° *Voiturier*, p. 634.—
Villeneuve, Dict. du cont., v° *Voiture*, n° 3.— Smith, *Com. law*, p. 288.— Story
Bailments, § 508.— Bacon, Abr., v° *Carriers*, B.

Jurisp.—1. Une compagnie de chemin de fer n'est pas obligée par la loi de
transporter toutes sortes d'objets, mais seulement ceux qu'elle a habitude de
transporter à la connaissance du public.—Rutherford vs Grand Trunk Railway
Co. of Canada, V R. L., 483.

2. Un voiturier est responsable pour la mauvaise conduite volontaire de son
serviteur envers son passager.— Un passager qui est assailli et grossièrement
insulté dans un char, par un garde-frein employé sur le convoi, a, pour ce, recours
contre la compagnie.— Si un garde-frein, employé sur un convoi de passagers,
assaille et insulte grossièrement un passager sur ce convoi, et que la compagnie
retienne à son service ce serviteur délinquant, après qu'elle a connu sa mauvaise
conduite, elle sera sujette à des dommages exemplaires.— Godard vs Le Grand-
Tronc, III R. L., 10.

3. Railway companies subject to the provision of the act respecting railways,
are bound to carry all goods that are offered at any of their stations to any other
station on their line of railway, unless some valid reason be assigned for refusing
to do so. The Canadian railway act is compulsory and not permissive only.
Under it railway companies are made common carriers, and it is not in their

power to limit their obligations by a notice stating that they have ceased to carry any particular class of goods, without assigning a sufficient reason for such refusal.— Rotherford & The G. T. Railway Co., XX L. C. J., 11.

1674. Ils répondent non-seulement de ce qu'ils ont déjà reçu dans leur voiture ou bâtiment, mais encore de ce qui leur a été remis sur le port ou dans l'entrepôt, pour être placé dans leur voiture ou bâtiment.

ff L. 1, ¿ 8, *Naut. caup.*— Domat, *loc. cit.*— C. N., 1783.

Jurisp.— La livraison de bagage à un homme de police employé par la compagnie, à un de ses dépôts, plusieurs heures avant le départ du convoi et en l'absence du gardien du bagage, est suffisante pour obliger la compagnie, lorsqu'il n'est pas prouvé que le demandeur avait connaissance du règlement de la compagnie, qu'elle ne serait responsable du bagage que lorsqu'il serait *checked.*— Tessier vs Le Grand-Tronc, III R. L, 31.

1675. Ils sont responsables de la perte et des avaries des choses qui leur sont confiées, à moins qu'ils ne prouvent que la perte ou les avaries ont été causées par cas fortuit ou force majeure, ou proviennent des défauts de la chose elle-même.

Merlin, Rép., v° *Messageries,* ¿ II, n° 2, où des arrêts sont cités.— Code civil B. C., art. 1071 et 1072.— C. N., 1784.— C. Com., 103.

Jurisp.— 1. If merchandise in good order is intrusted to a carrier, and arrives at its destination in a damaged state, where he holds it subject to freight, he is liable for the value, and if he pretends that fraud or concealment has been practised, the *onus* of proof lies upon him.— Hart & Jones, Stuart's Rep., 589.

2. A *voiturier par eau* is answerable for the consequences of his own negligence. If therefore he carelessly quits his ship, and she is lost during his absence, he must be answerable for the cargo.— Borne vs Perrault, II R. de L, 75.

3. If goods are put on shore by the master of a ship and are lost, he is not answerable for the loss unless it appears that the loss was occasioned by some neglect, on his part, of the regular and common duty of shipmaster.— Rivers vs Duncan, II R. de L, 75.

4. Lorsqu'un vapeur faisant le service de la remorque entre Québec et Montréal, prend la place d'un bateau pour le transport de passagers, le propriétaire de tel vapeur assume les devoirs et la responsabilité d'un commissionnaire ordinaire par rapport aux effets des passagers.— Dans le cas où un passager sur tel vapeur laisse ses effets sur le pont, en dehors de la porte de sa chambre, sur ce qui lui est dit par un employé à bord que ses effets sont en sûreté dans tel endroit, le propriétaire du vaisseau devient responsable pour la valeur d'iceux, dans le cas où ils sont emportés et perdus.—Bonker vs Wilson, V L. C. R., 203.

5. A common carrier is liable for all loss or damage, except that occasioned by the Act of God and by the King's enemies and by inevitable accident and *vis major.* Proof to the effect that the goods placed by the plaintiff in the custody of the defendant were destroyed by a fire, which could not be accounted for otherwise than by the presumption that it was the result of spontaneous combustion, does not constitute inevitable accident or *vis major.*— Huston vs The Grand Trunk Railway Company of Canada, III L. C. J., 269.

6. Une compagnie de chemin de fer n'est pas responsable pour la perte des effets ou marchandises qu'elle a entrepris de transporter, lorsque ces effets ou marchandises ont été égarés sur un parcours étranger à sa ligne et hors les limites de sa dernière station.— Chartier vs La Comp. du Grand-Tronc, XVII L. C. J., 26.

7. A passenger in a steamboat belonging to the defendants placed his overcoat on a sofa in the eating saloon, before going to supper. He had been told by a waiter that it would be safe if left on a table close by the sofa. The overcoat was stolen while he was at supper. *Held,* that the liability of common carriers does not extent to articles of wearing apparel such as an overcoat, which may be thrown off and laid aside, unless specially deposited in the charge of

the carriers' servants; and that the defendants in this case were not liable, because no such deposit was made.— Torrance vs Richelieu Company, II L. C. L. J., 133.

8. Le voiturier est tenu de délivrer toute la cargaison reçue, à moins qu'il ne prouve que la diminution est due à une cause qui lui est étrangère.— L'échauffement de l'avoine, durant le transport, accélère son évaporation naturelle, et est une raison suffisante de la diminution des grains dans une proportion de trois par cent.— Seymour vs Sincennes, I R. L., 716.

9. Lorsqu'un voiturier prouve qu'une perte a été causée par quelque *vis major*, comme la marée, il est exonéré sans prouver qu'il n'était coupable d'aucune négligence.— Railroad vs Reeves, 10 Wall., III R. L., 27.

10. The Grand Trunk Railway Company are responsible for damages to the goods caused by their negligence, and cannot invoke the conditions of the Ocean Steamship Company's bill of lading.— To establish that goods were damaged when in a carrier's custody, it is sufficient to shew that the company received the goods in apparent good order and delivered them in bad order.— Negligence on the part of the carrier will be held proved, if it be established in evidence that the goods carried could not have been broken in the way that they were by any ordinary handling in the usual course of transportation.— Grand Trunk & Atwater, XVIII L. C. J., 53.

11. Common carriers are responsible for damage caused by fire breaking out upon board of a steamboat, unless such fire was not attributable to their negligence; and the *onus probandi* is upon the carriers to account for the fire and prove that it did not arise from their fault.— The Canadian Navigation Co. & Hays, XIX L. C. J., 269.

12. In appeal from a judgment dismissing appellant's action to recover from defendant the value of three crates of earthenware, *Held*, reversing the decision of the court below, that if merchandise in good order is intrusted to a carrier and arrives at its destination in a damaged state, where he holds it subject to freight, he is liable for the value, and if he pretends that fraud or concealment have been practised, the burden of proof is on him.— Hart vs Jones, Stephen's Digest, 207.

13. Dans l'espèce, la responsabilité des voituriers à l'égard de la garde et la conservation du bagage de voyageurs à eux confié cesse au moment où le propriétaire arrive à sa destination, et sans un nouveau contrat intervenu après entre le voyageur et la compagnie de voitures pour prolonger la responsabilité de cette dernière, la compagnie n'est pas tenue de la perte du bagage, cette perte devant alors être attribuée à la négligence seule du voyageur.— Kellert vs Le Grand-Tronc, XXII L. C. J., 257.

14. A steamboat company is liable for the value of passengers' baggage destroyed by a fire on the steamer, unless it be clearly proved that the fire occurred from some cause over which the company had no control.—The Canadian Navigation Co. & McConkey, I L. N., 23.

1676. Les avis par les voituriers de conditions spéciales limitant leur responsabilité, ne lient que les personnes qui en ont connaissance; et nonobstant tels avis et la connaissance qu'on peut en avoir, les voituriers sont responsables lorsqu'il est prouvé que le dommage a été causé par leur faute ou celle de ceux dont ils sont responsables.

2 Troplong, *Louage*, n° 942.— 2 Pardessus, *Droit Com.*, n° 542, p. 449.—Story, *Bailments*, § 554 et n° 3.— 1 Bell, *Comm.*, § 104, 4° éd.— Smith, *Merc. Law*, pp. 489 et 490.

Jurisp.— 1. A clause in a bill of lading granting the carrier the option to tranship at Quebec and forward goods to Montreal, at ship's expense and merchant's risk, does not relieve the carrier from liability arising from negligence and want of care in the handling and landing of the goods at Montreal.— Samuel vs Edmonstone, I L. C. J., 89.

2. Proof to the effect that the defendant had, previous to and at the time of the fire, posted up in all the company's stations with other printed conditions, a notice that the company would not be responsible " for damages occasioned by delays from storms, accidents or unavoidable causes, or from damages from

fire, heat, &c."; that a similar notification and similar conditions were printed on the back of the company's advice notes to consignees as to the arrival of goods, and that the plaintiff had been seen on a previous occasion reading such condition and notification, does not constitute an agreement between plaintiff and defendant that the goods in question were to be carried on those terms, particularly in the face of a simple unconditional receipt given by the company for the goods, as in the present case. A common carrier cannot be exempted from liability even where such agreement is proved, if he be guilty of negligence.— Huston vs The Grand Trunk Railway of Canada, III L. C. J., 269.

3. A clause in a bill of lading that carrier is "not liable for leakage, breaking and rust," does not relieve the carrier from liability arising from negligence.— Harris vs Edmonstone, IV L. C. J., 40.

4. In case of damage to cargo, the carrier is bound to prove that the cause of the damage was within the exceptions of the bill of lading.— Gaherty vs Torrance, IV L. C. J., 371.

5. A common carrier, in the case of goods placed in his custody and destroyed by a fire which could not be accounted for otherwise than by the presumption that it was the result of spontaneous combustion, caused by waste kept by the carrier in the building where he temporarily stored the goods, is liable for the loss, although he may have previously notified the public that he would not be responsible "for damages occasioned by delays from storms, accidents, or unavoidable causes, or from damages from fire, heat, etc."— Grand Trunk & Mountain, VI L. C. J., 173.

6. A common carrier can limit his liability by condition inserted in the bill of lading.— A common carrier, who receives goods for England on board his lighter, is not liable for losses arising from a delay in transhipment, owing to the ocean ship being already full, when the bill of lading contained a clause that, if from any cause the goods did not go forward on the ship, the same should be forwarded by the next steamer of the same line.— Torrance & Allan, VIII L. C. J., 57.

7. Une lettre de voiture, sur le dos de laquelle se trouve une clause conditionnelle, limitant la responsabilité d'une compagnie de chemin de fer, dans les termes suivants: "The Co. will not be responsible for any goods mis-sent, unless they are consigned to a station on their railway;" a pour effet de lier l'expéditeur si ce dernier a signé sans réserve la lettre de voiture.— Chartier vs Grand-Tronc, XVII L. C. J., 26.

8. Notwithstanding notice of special conditions given by common carriers, limiting their liability and their knowledge thereof, they are responsible for the damage caused by their fault or the fault of those for whom they are responsible.— Campbell vs The Grand Trunk, I R. C., 475.

9. Voir sous l'article 1674 la décision dans la cause de Tessier vs Le Grand-Tronc, III R. L., 31.

10. A condition printed on the back of a passenger's ticket, exempting the carrier from responsibility for safe keeping of baggage during the voyage, does not relieve him from liability for loss. The fact that a trunk, when opened by a passenger towards the close of the voyage, bore traces of the lock having been tampered with, raised a presumption that goods, afterwards discovered to be missing, had then been abstracted, though no examination was made by the passenger at the time.— Allan & Woodward, 1 L. N., 458.

11. Un avis de l'arrivée de marchandises étant donné par la compagnie aux propriétaires ou consignataires "qu'elles restaient ici entièrement aux risques du propriétaire, et que cette compagnie ne sera responsable des dommages causés par le feu, l'acte de Dieu, les troubles civils, la vermine ou la détérioration en quantité ou en qualité, par emmagasinage ou autrement, mais si emmagasinées, qu'un certain taux d'emmagasinage serait chargé, pour l'emmagasinage des marchandises," lequel fut payé à la compagnie par les propriétaires. Jugé que, quoique la responsabilité de la compagnie ait cessé par l'arrivée des marchandises, elle était encore responsable des dommages comme magasiniers ou dépositaires à gages; mais que dans cette cause la preuve n'a dévoilé aucune négligence de la part de la compagnie du chemin de fer.— Grand-Tronc & Gutman, III R. L., 452.

1677. Ils ne répondent pas des sommes considérables en deniers, billets ou autres valeurs, ni de l'or, de l'argent, des pierres précieuses et autres articles d'une valeur extraordinaire contenus dans des pa-

quets reçus pour être transportés, à moins qu'on ne leur ait déclaré
que le paquet contenait tel argent ou autre objet.

Cette règle néanmoins ne s'applique pas au bagage personnel des
voyageurs, lorsque la somme ou les effets perdus sont d'une valeur
modérée et convenable à la condition du voyageur, et le voyageur
doit être pris à son serment sur la valeur des choses composant tel
bagage.

Ferrière, Dict. de Droit, vᵉ *Aubergiste*, p. 144.— 1 Augeard, p. 562, éd. 1756.— N.
Denisart, vᵉ *Aubergiste*, § 3, nᵒ 3.— 6 Marcadé, p. 532.— 6 Boileux, pp. 173-4-5.— 11
Toullier, nᵒ 255.— 2 Duvergier, 329.— Story, *Bailments*, § 530.— Smith, *Merc. Law*,
p. 489–90.— McDougall vs Allan, 12 Décis. des Trib. B. C., p. 321.

Amend.— *Le statut de Q., 39 Vict., c. 23, s. 2, contient ce qui suit :*

Nul aubergiste, après la sanction du présent acte, ne sera tenu d'indemniser
aucun de ses hôtes pour toute perte ou pour tout dommage aux biens et effets
apportés à son auberge, qui ne sera pas un cheval ou autre animal vivant, ou
tout harnais lui appartenant, ou une voiture, d'un montant plus considérable
que la somme de $200.00, excepté dans les cas suivants, savoir:

1. Dans le cas où tels biens ou effets auront été volés, perdus ou endommagés
par la volonté, la faute ou la négligence de tel aubergiste ou de tout serviteur à
son emploi ;

2. Dans le cas où tels biens ou effets auront été déposés chez lui expressément
pour être confiés à la garde de tel aubergiste ;

Pourvu toutefois, que dans le cas de tel dépôt le dit aubergiste pourra, s'il le
juge à propos, poser comme condition de sa responsabilité, que ces biens ou effets
seront déposés dans une boîte ou autre réceptacle fermé et scellé par les personnes qui les auront déposés.

Jurisp. — 1. Les commissionnaires sont responsables pour les sommes
d'argent pour dépenses de voyage, jusqu'à un montant raisonnable et tel qu'une
personne prudente jugerait à propos de déposer dans sa malle de voyage.— Les
commissionnaires seront déclarés responsables dans le cas d'un voyageur, maître
de vaisseau, pour une boîte à toilette et pour une longue-vue ou téléscope, sur la
présomption qu'il peut avoir cru que ces effets lui seraient utiles pendant le cours
de son passage sur l'Atlantique.— Le serment d'un voyageur sera reçu, pour
constater la valeur du contenu d'une malle qui a été perdue, par la raison qu'il
est probable qu'il n'y a que lui qui en connaisse le contenu.— Les commissionnaires ne sont pas responsables pour des effets de joaillerie, attendu que ces effets
ne peuvent être considérés comme faisant partie du bagage d'un individu.—
Cadwallader vs Grand-Tronc, IX L. C. R., 169.

2. The owner of a trunk, which has been lost by the negligence of a common
carrier, may in a suit against the carrier prove by his own oath, *ex necessitate rei*,
the contents and value of the articles therein contained.— Robson vs Hooker,
III L. C. J., 86.

3. In an action against a carrier, a passengers's own oath will be received as
to the contents of a trunk, which had been broken open.— The captain of a ship
is liable for a lady's jewellery, stolen out of one of her trunks during the voyage.
— McDougall vs Torrance, IV L. C. J., 132.

4. A une action portée par une personne voyageant à bord d'un vaisseau
faisant le trajet entre Glasgow et Montréal, contre les propriétaires, pour la
valeur de bijoux contenus dans une malle déposée dans la cale du vaisseau et
non délivrés à Montréal, les défendeurs plaidèrent que la perte était arrivée sans
faute ou participation de leur part, mais en raison de vol, détournement ou recèlement d'iceux ; que la demanderesse n'avait pas inséré dans le connaissement,
ou autrement déclaré par écrit au maître du bâtiment, la véritable nature et la
valeur des effets. *Jugé*, sur défense au fond en droit au plaidoyer, par la
demanderesse, fondée sur ce qu'elle était passagère et qu'elle avait droit d'emporter tels effets ; que comme propriétaire de vaisseaux d'outre-mer et comme
commissionnaires, les défendeurs étaient responsables, et aussi en raison de ce
que la 503ᵉ sec. de l'acte de la marine marchande de 1854, n'était pas applicable
aux effets de passagers, que le plaidoyer ne pouvait être rejeté comme insuffisant en droit.— McDougall vs Allan, XII L. C. R., 321.

5. In an action for damages for the loss of a trunk, in which action the value
of the time lost by plaintiff in making inquiries thereafter was also claimed :—

Held, that the value of the property lost was the measure of the damages.— Breton vs Grand Trunk, II R. C., 237.

6. The respondent was not responsible for the loss of a trunk said to contain a large sum of money, which the appellant left in charge of the baggage keeper, contrary to the advice and instructions of the captain of the steamer, who indicated the office as the proper place of deposit ; the appellant stating at the time, in answer to the captain, that he would take care of the trunk himself.— Senécal & The Richelieu Co., XV L. C. J., 1.

7. An inn-keeper is responsible for the effects stolen from a traveller while lodging in his house, where it is not proved that the theft was committed by a stranger and was due to the negligence of the traveller.— The oath of the traveller is sufficient to prove the loss, as well as the value of the things stolen.— Geriken & Grannis, XXI L. C. J., 265.

1678. Si, par suite d'un cas fortuit ou de force majeure, le transport de la chose et sa délivrance, dans le temps stipulé, n'ont pas lieu, le voiturier n'est pas responsable des dommages résultant du retard.

ff L. 58, § 1, *Loc. cond.*—Domat, liv. 1, tit. 4, sec. 9, n° 5.—C. Com., 104.

1679. Le voiturier a droit de retenir la chose transportée jusqu'au paiement du voiturage ou de fret.

ff L. 6, §§ 1 et 2, *Qui pot.*— Domat, liv. 1, tit. 4, sec. 5, n° 11.— Smith, *Mer. law*, 568–9.—C. N., 2102.

Jurisp.— 1. Goods on freight, when landed on a wharf, are delivered, but they cannot be removed from thence without the master's consent until the freight be paid, for he has a *lien* for his freight upon the whole of his cargo.— Patterson vs Davidson, II R. de L., 77.

2. If part of a cargo be delivered and accepted, an action for freight *pro tanto* will lie. But damages for non-performance of the residue of the contract can only be demanded, on the part of the freighter, by an incidental cross demand, or a distinct action.— Oldfield vs Hutton, III R. de L., 200.

3. Il y a un droit de rétention sur l'ensemble des marchandises transportées par eau, pour le paiement du fret dû par le propriétaire ou consignataire de ces marchandises, et l'offre faite par le propriétaire de payer le fret de chaque charge de voiture, au fur et à mesure qu'elles sont enlevées, est insuffisante.—Brewster vs Hooker, VII L. C. R., 55.

4. The payment of freight and the delivery of the cargo are concomitant acts, which neither party is bound to perform without the other being ready to perform the correlative act, and therefore, the master of a vessel cannot insist on payment in full of his freight of a cargo of coals, before delivering any portion thereof.— Beard vs Brown, XV L. C. J., 136.

5. Un homme de cage n'est pas un dernier équipeur de la cage qu'il a fabriquée, conservée et voiturée.— Il n'a sur cette cage aucun privilége lui donnant droit de rétention pour le prix de ses gages dus pour la frabrication, la conservation et le voiturage de cette cage.— Il peut avoir un privilége, sans droit de rétention, mais la loi ne pourvoit pas au moyen de lui conserver son droit.— *Semble*, d'après l'hon. juge Drummond, que rendu au terme du voyage, un homme de cage peut avoir un droit de rétention, et la saisie conservatoire pour exercer ce droit contre qui veut l'en déposséder par force.— Graham & Côté, IV R. L., 3.

6. En vertu du connaissement de la défenderesse, un lien lui est acquis sur les effets transportés, tant pour le retard dans le déchargement que pour le fret.— Murray vs Grand Trunk, V R. L., 746.

7. Celui qui transporte des bois dans une rivière et les rend à destination ou au terme du voyage, est dernier équipeur suivant l'usage du pays.— Il a droit de gage sur ces bois, et par suite, droit, suivant l'article 834 C. P. C., de les faire saisir et arrêter pour le paiement de ses frais et prix ou valeur de leur transport seulement, mais non pour dommages.— Il est aussi voiturier, et a droit comme tel de retenir les bois qu'il transporte jusqu'au paiement du voiturage, et de les faire saisir et arrêter si on s'en empare malgré lui.— Trudel vs Trahan, VII R. L., 177.

1680. La réception de la chose transportée accompagnée du paiement des frais de transport, sans protestation, éteint tout droit d'action contre le voiturier, à moins que la perte ou l'avarie ne soit telle qu'elle ne pût alors être connue, auquel cas la réclamation doit être faite sans délai après que la perte ou le dommage a été connu du réclamant.

2 Pardessus, *Droit Com.*, nᵒˢ 547 et 554.— C. Com., 105.

Jurisp.—1. Several packages of goods were shipped from London to a merchant at Quebec, where upon the arrival of the vessel and after delivery of the packages, it was ascertained that some of the goods were missing from one of the packages. Notice not having been given until several months afterwards, it was thereupon *held* that the master was not responsible for the deficiency.— Swinburne & Massue, Stuart's Rep., 569.

2. In general, a consignee who complains of short delivery or damage of goods ought at once to protest, in order that the disputed facts may be investigated.— In general, a survey ought to be had without delay, upon goods delivered in a damaged state, and this after notice to the parties interested, especially in cases where the consignee intends to retain the goods.— Gaherty & Torrance, VI L. C. J., 313.

3. Where under a bill of lading goods " were to be delivered from the ship's " deck where the ship's responsibility shall cease, at Montreal, unto the Grand " Trunk Railway Co., and by them to be forwarded thence by railway to Toronto " and there delivered" to plaintiff; the provision " no damage that can be in- " sured against will be paid for, nor will any claim whatever be admitted, un- " less made before the goods are removed," held to apply to the removal from the ship at Montreal, and to be strictly binding on the consignees. And such a condition is not an unreasonable one and covers all damage, latent as well as apparent. And if any limitation of the condition could be implied, it could not reasonably go further than to exclude such damage only as could not have been discovered on an examination of the goods, conducted with proper care and skill at the place of removal. But a delay of several weeks in making a claim for damage done to goods on the ship would not of itself, and apart from the above stated condition, be a sufficient answer to the action.— Moore & Harris, II Q. L. R., 147.

1681. Le transport des personnes et des choses sur les chemins de fer, est sujet à des règles spéciales énoncées dans l'*Acte concernant les Chemins de Fer.*

S. R. C., ch. 66, ss. 96 à 102 et ss. 119 et 120.

L'acte concernant les chemins de fer est maintenant remplacé, pour les chemins de fer fédéraux, par l'acte C. 31 Vict., c. 68, intitulé "*Acte des chemins de fer,* 1868"; et quant aux chemins de fer de la province de Québec, par l'acte de Q. 32 Vict., c. 51, intitulé "*Acte des chemins de fer de Québec,* 1869."

1682. Les règles spéciales relatives au contrat de fret et au transport des passagers par bâtiment marchand sont énoncées dans le quatrième livre.

SECTION IV.

DE L'OUVRAGE PAR DEVIS ET MARCHÉS.

1683. Lorsque quelqu'un entreprend la construction d'une bâtisse ou autre ouvrage par devis et marché, il peut être convenu ou qu'il fournira son travail et son industrie seulement, ou qu'il fournira aussi les matériaux.

Domat, liv. 1, tit. 4, sec. 7, nᵒ 2.— Pothier, *Louage,* nᵒˢ 393 et 394.— C. L., 2728. — C. N., 1787.

29

Jurisp.— Un architecte ne peut être employé par le propriétaire et le constructeur en même temps et recevoir rémunération des deux ; et le fait que l'architecte est entré en convention de recevoir une rémunération du constructeur, est suffisant pour libérer le propriétaire.— Fahrland & Rodier, XVI L. C. R., 473.

1684. Si l'ouvrier fournit la matière et se charge de faire tout l'ouvrage et le rendre parfait pour un prix fixé, la perte, de quelque manière qu'elle arrive avant la délivrance, tombe sur lui, à moins que cette perte ne soit causée par le propriétaire ou qu'il ne soit en demeure de recevoir la chose.

ff L. 2, ¿ 1 ; L. 36, *Loc. cond.* ; L. 20 ; L. 65, *De cont. empt.*— Domat, liv. 1, tit. 4, sec. 8, n° 8, 9 et 10.— Pothier, *Louage*, n° 425, 426, 436, 394, et part. VII, ch. 3, al. 4, 5.— Guyot, Rép., v° *Louage*, p. 47.—6 Marcadé, 355 et 356.—Troplong, *Louage*, n° 976, 977 et suiv.—19 Duvergier, 336 et 337.— C. N., 1788.

1685. Dans le cas où l'ouvrier fournit seulement son travail et son industrie, la perte de le chose avant sa délivrance ne tombe pas sur lui, à moins qu'elle ne provienne de sa faute.

ff L. 13, ¿ 5, L. 62, *Loc. cond.*— Domat, liv. 1, tit. 4, sec. 8, n° 4.— Pothier, *Louage*, n° 428, 434, 435 et 500.— C. L., 2730.— C. N., 1789.

1686. Si, dans le cas de l'article précédent, l'ouvrage doit être fait en entier et rendu parfait, et que la chose vienne à périr avant que l'ouvrage ait été reçu et sans que le maître soit en demeure de le recevoir, l'ouvrier n'a point de salaire à réclamer quoiqu'il n'y ait aucune faute de sa part, à moins que la chose n'ait péri par le vice de la matière, ou par la faute du maître.

ff L. 61, ¿ 1 ; L. 38, *in pr.* et ¿ 1, *Loc. cond.*— Domat, liv. 1, tit. 4. sec. 3, n° 4.— Pothier, *Louage*, n° 433 et 434.— Troplong, *Louage*, n° 971 à 978.— 6 Marcadé, p. 537.— C. C. V., 1275.— C. N., 1790.

1687. S'il s'agit d'un ouvrage à plusieurs pièces ou à la mesure, il peut être reçu par parties. Il est présumé avoir été ainsi reçu pour toutes les parties payées, si le maître paie l'ouvrier en proportion de l'ouvrage fait.

Pothier, *Louage*, n° 436 et 437.— C. L., 2732.— C. N., 1791.— C. C. V., 1276. Autorités citées sous les trois articles précédents.

1688. Si l'édifice périt en tout ou en partie dans les dix ans, par le vice de la construction ou même par le vice du sol, l'architecte qui surveille l'ouvrage et l'entrepreneur sont responsables de la perte conjointement et solidairement.

Cod., L. 8, *De oper. pub.*— Pothier, *Louage*, n° 424 et 426 ; *Oblig.*, n° 163.— Ferrière, sur l'art. 113, C. de P.— Bourjon, liv. 6, tit. 2, ch. 9, n° 8.—Code civil B. C., art. 2259.— C. N., 1792 et 2270.

Jurisp.— 1. Un contracteur qui a bâti sept maisons, dont trois se sont écroulées ou ont dû être démolies, est responsable des vices du sol, nonobstant que les excavations aient été faites suivant les plans et devis et sous la direction d'un architecte employé par le propriétaire.— Brown vs Laurie, I L. C. R., 343.
2. Le constructeur est responsable des vices du sol, nonobstant qu'il se soit engagé à suivre certains plans et devis sous la direction d'un architecte employé par le propriétaire.— Brown & Laurie, V L. C. R. 65.
3. L'intimé employa des architectes pour faire un plan de certains changements à des magasins dans la cité de Montréal et pour en surveiller l'exécution ;

les appelants entreprirent la menuiserie; les planchers calèrent d'un à deux pouces après les ouvrages complétés et que les appelants eurent été payés. D'après les plans des architectes les soliveaux étaient insuffisants pour porter les planchers. — *Jugé* que les architectes et menuisiers étaient responsables, *in solido*, et pouvaient être poursuivis dans une même action pour les dommages réclamés par l'intimé, en raison de l'insuffisance des soliveaux.— McDonald & David, XIV L. C. R., 31.

4. Jugé sur l'autorité de la cause de Brown vs Laurie, que même avant le code les architectes et entrepreneurs répondaient des vices du sol. — Wardle vs Bethune, II R. C., 229.

5. A builder contracted prior to the passage of the Code to build Christ Church Cathedral in Montreal, according to plans furnished by an architect and upon a foundation laid by a previous contractor, and approved by an architect having charge of the work. Before the cathedral was finished the tower sank and damaged the building. The sinking was caused by defects in the nature of the soil under the foundation.— *Held*, that the builder was responsible for the sinking, and the damage it caused.— Wardle & Bethune, IV R. L., 637.

6. An architect is responsible for defect in a building erected by him, though the plans were made by another architect before he assumed charge.— Scott vs Christ Church Cathedral, I L. C. L. J., 63.

7. The iron founder who manufactures and places in position the girders and other iron supports of a roof, under a contract in which it is stipulated that he is not responsible for the design, and who executes his work according to the plans and specifications furnished him by the architect employed by the proprietor, is not liable for any damage caused by the falling of the roof in consequence of the insufficiency of the design, plans and specifications of such girders and other iron supports.— St. Patrick's Hall Association & Gilbert, XXIII L. C. J., 1.

8. A builder is liable for damage occasioned to his work by frost, if he agreed to execute the work at a season when it was liable to injury from that cause.— St. Louis vs Shaw, I L. N., 65.

1689. Si, dans le cas de l'article précédent, l'architecte ne surveille pas l'ouvrage, il n'est responsable que de la perte occasionnée par les défauts ou erreurs du plan qu'il a fourni.

19 Duvergier, n° 354.

Jurisp.—A builder is responsible for the sinking of a building erected by him, on foundations built by an other, but assumed by him in his tender and contract without protest or objection, although such sinking be attributable to the insufficiency of the foundations and of the soil on which they are built, and is liable to make good at his own expense the damage thereby occasioned to his own work.— Wardle & Bethune, XVI L. C. J., 85.

1690. [Lorsqu'un architecte ou un entrepreneur se charge de construire à forfait un édifice ou autre ouvrage par marché suivant plan et devis, il ne peut demander aucune augmentation de prix, ni sous le prétexte de changement dans les plans et devis, ni sous celui d'augmentation de la main-d'œuvre ou des matériaux, à moins que ces changements ou augmentations ne soient autorisés par écrit, et le prix arrêté avec le propriétaire.]

Pothier, *Louage*, n°° 407 et 408.— N. Denisart, v° *Devis et marché*, p. 364.— Troplong, *Louage*, n°° 1016, 1017, 1018 et 1019.— 9 Marcadé, p. 542.— 6 Boileux, p. 193 et les arrêts cités.— 19 Duvergier, 366.— C. N., 1793.

Jurisp.— 1. A carpenter cannot maintain an action of general *indebitatus assumpsit*, as for a *quantum meruit*, for work and labour performed, and materials found by him, if such work and labour and materials were for extra work to be valued under an express authentic written agreement, or specialty, according to a specified standard, viz, the contract price. In other words, the law does not permit an action of *indebitatus assumpsit* to be brought on a specialty or deed ; nor on any special agreement in execution of which any thing remains to be done.— Stuart vs Trépannier, 1 R. de L., 297.

2. L'entrepreneur d'une maison par marché suivant plan et devis ne peut demander aucune augmentation de prix, pour des extra qu'il prétend avoir faits, à moins que ces extra ne soient autorisés par écrit, et il ne peut suppléer à cet écrit par le serment du défendeur.—Beckham vs Farmer, VII R. L., 623.

3. Poursuite par un entrepreneur pour la valeur d'ouvrages extra faits à une bâtisse de F. À l'enquête le défendeur F. admet tels ouvrages extra et leur valeur jusqu'à un certain montant ; il n'y a pas lieu à cause de telles admissions d'appliquer aux ouvrages extra ainsi admis la règle contenue à l'art. 1690 C. C.— Beckham & Farmer, I L. N., 115.

1691. Le maître peut résilier, par sa seule volonté, le marché à forfait pour la construction d'un édifice ou autre ouvrage, quoique l'ouvrage soit déjà commencé, en dédommageant l'entrepreneur de ses dépenses actuelles et de ses travaux et lui payant des dommages-intérêts suivant les circonstances.

Pothier, *Louage*, nᵒˢ 440, 441, 442 et 444.—Guyot, Rép., vᵉ *Louage*, p. 48.—C. L., 2736.— C. N., 1794.

1692. Le contrat de louage d'ouvrage par devis et marché n'est pas terminé par la mort de l'ouvrier ; ses représentants légaux sont tenus de l'exécuter.

Mais dans les cas où l'industrie et l'habileté de l'ouvrier étaient un motif qui ait engagé à contracter avec lui, arrivant son décès, celui qui l'avait engagé peut demander la résolution du contrat.

Pothier, *Louage*, nᵒˢ 423, 453, 454 et 455.—Guyot, Rép., vᵉ *Louage*, p. 48.—C. L., 2736.— C. N., 1795, *contrà*.

1693. Au dernier cas mentionné en l'article qui précède, le maître est tenu de payer aux représentants légaux de l'ouvrier, en proportion du prix porté par la convention, la valeur de l'ouvrage fait et des matériaux fournis, lorsque ces travaux ou ces matériaux peuvent lui être utiles.

Pothier, *Louage*, nᵒ 456.— C. N., 1796.

1694. Le contrat n'est pas dissous par le décès du locataire, à moins que l'exécution du travail ne soit par là devenue impossible.

Pothier, *Louage*, nᵒ 444.

1695. Les architectes, constructeurs et autres ouvriers ont un privilège sur les édifices et autres ouvrages par eux construits, pour le paiement de leur ouvrage et matériaux, sujet aux règles contenues au titre *Des Priviléges et Hypothèques* et au titre *De l'Enregistrement des Droits Réels.*

S. R. B. C., ch. 37, s. 26, § 4.— C. N., 2103.

Jurisp.—Un architecte nommé dans un bail d'ouvrage pour la construction de maisons, a droit de recouvrer du propriétaire une rémunération pour ses services, non à titre de commission, mais comme *quantum meruit.*—Footner & Joseph, XI L. C. R., 94.

1696. Les maçons, charpentiers et autres ouvriers qui se chargent de quelque ouvrage par marché pour un prix fixe sont soumis aux règles contenues dans cette section. Ils sont considérés comme entrepreneurs relativement à ces ouvrages.

Troplong, *Louage*, nᵒ 1053.— Fenet, vol. 4, p. 212.— C. L., 2742.— C. C. V., 1283.— C. N., 1799.

1697. Les ouvriers qui sont employés par un entrepreneur à la construction d'un édifice ou autre ouvrage, n'ont aucune action directe contre le propriétaire.

Guyot, Rép., vᵉ *Ouvrier*, p. 470.— C. N., 1798.

Jurisp.— Le conducteur d'ouvrage ne peut être tenu envers les tiers qui fournissent des matériaux au locateur, avec lequel il a contracté, à moins qu'il ne soit établi et prouvé que la vente et livraison de ces matériaux ont été faites à ce conducteur lui-même.— Bridgman & Ostell, IX L. C. R., 445.

CHAPITRE QUATRIÈME.

DU BAIL A CHEPTEL.

1698. Le bail à cheptel est un contrat par lequel l'une des parties donne à l'autre un fonds de bétail pour le garder, le nourrir et le soigner sous certaines conditions quant au partage des profits entr'eux.

Cod., L. 8, *De pactis.*— Pothier, *Cheptels*, nᵒ 6.—Argou, vol. 2, p. 296.— C. N., 1800.

1699. Toute espèce d'animaux susceptible de croît ou de profit pour l'agriculture ou le commerce peut être l'objet de ce bail.

Domat, liv. 1, tit. 4, sec. 1, nᵒ 2.— Pothier, *Cheptels*, nᵒˢ 21, 22 et 23.— C. N., 1802.

1700. A défaut de conventions particulières, ce contrat se règle par l'usage du lieu où le bétail est tenu.

C. N., 1803, *contrà.*

TITRE HUITIÈME.

DU MANDAT.

CHAPITRE PREMIER.

DISPOSITIONS GÉNÉRALES.

1701. Le mandat est un contrat par lequel une personne qu'on appelle le mandant, confie la gestion d'une affaire licite à une autre personne qu'on appelle mandataire, et qui, par le fait de son acceptation, s'oblige à l'exécuter.

L'acceptation peut s'inférer des actes du mandataire, et même de son silence en certains cas.

ƒƒ L. 1, *De procuratoribus ;* L. 1, *Mandati.*— Pothier, *Mandat*, nᵒˢ 1, 31, 32 et 33.— Domat, liv. 1, tit. 15, sec. 1, §§ 1, 2 et 3.— Troplong, *Mandat*, nᵒˢ 5 et suiv., et nᵒˢ 146, 148 et 149.— Halifax, *Analysis of Civil Law*, 70.— Story, *Bailments*, 137.— C. L., 2968.— C. N., 1794 et 1795.

Jurisp.— A *mandataire* who does not execute the *mandat* committed to him, must notify the *mandant* of his inexecution of the trust.— In an action of account by a creditor, who was a party to a deed of trust for the benefit of creditors from insolvent debtors to the defendants, the mandataries who plead that they had sold the trust estate to one of the insolvents who had undertaken to pay the creditors, are not thereby absolved from liability to account.— The court will order an account, reserving the question of the liability of the defendants for the whole or a part of the creditors' demand till a later stage of the cause.— Torrance vs Chapman, VI L. C. J., 32.

1702. Le mandat est gratuit s'il n'y a une convention ou un usage reconnu au contraire.

ff L. 1, § 4 ; L. 6, *Mandati.*— Inst., 13, *De mandato.*—Pothier, *Mandat*, n°° 22, 23 et 26.— Domat, *loc. cit.*, § 9, et sec. 3, §§ 8 et 9.— Troplong, *Mandat*, n°° 249, 250 et 251.— C. N., 1986.

Jurisp.— An election agent has no action against his principal to recover a sum of money as the value of his services, as such agent, without a special undertaking by the principal to pay.— Girouard vs Beaudry, III L. C. J., 1.

1703. Le mandat peut être soit spécial pour une affaire particulière, ou général pour toutes les affaires du mandant.

Le mandat conçu en termes généraux n'embrasse que les actes d'administration.

S'il s'agit d'aliéner ou hypothéquer, ou de tout acte quelconque de propriété autre que les actes d'administration, le mandat doit être exprès.

ff L. 1, § 1, *De procuratoribus ;* L. 16 ; L. 60; L. 63 ; tit. eod.— Pothier, *Mandat*, n°° 123, 144, 159 et 160.— Domat, *loc. cit.*, sec. 1, §§ 6, 7 et 8 ; sec. 3, §§ 3 et 10.— Troplong, *Mandat*, n°° 276, 278 et 286.— C. N., 1987 et 1988.

Jurisp.— 1. Un agent ne peut obliger son principal en signant et escomptant, comme tel agent, un billet promissoire, quoique autorisé par procuration écrite à gérer, administrer, vendre, échanger et concéder les biens meubles et immeubles de son principal, et de recouvrer toutes dettes et réclamations, et de faire tout compromis et arbitrage, avec clause générale l'autorisant "à faire tous actes, matières ou choses quelconques, relativement aux propriétés, biens et affaires du principal, aussi amplement et effectivement, à toutes fins quelconques, que l'aurait pu faire le principal lui-même, si la dite procuration n'eût pas été exécutée."— Un mandataire revêtu des pouvoirs ci-dessus mentionnés est un *administrator omnium bonorum*, qui ne peut faire d'emprunt, si ce n'est pour des objets relatifs à son administration.— Castle vs Baby, V L. C. R., 411.

2. Although the subject upon which a power in a *mandat* is to be exercised be general, the special reference of the power may be fixed by the facts proved, and it then becomes what our law recognises as a *"mandat exprès par le fait."*— If a *mandat* in general terms authorizes the mandatory to sell, transfer and dispose of her immoveable property, and if it be proved that at the time of the granting of the *mandat* the mandatory only owned one immoveable property conveyed by the mandator at the time when the *mandat* was granted, then the power is rendered special by that fact, and is a *"mandat exprès par le fait,"* applying to that property only.— Our law recognises a tacit express *mandat* as of equal authority to a written express *mandat.*— All facts denoting approbation and even silence upon the part of the mandator knowing the acts of the mandatory, involve ratification, and are equivalent to express ratification. Ratification is retroactive, and covers all that has been done by the mandatory. The power to " sell, transfer and dispose of " includes the power to mortgage.—Buchanan vs McMillan, XX L. C. J., 105.

1704. Le mandataire ne peut rien faire au delà de ce qui est porté dans son mandat ou peut s'en inférer.

Il peut faire tout acte qui découle de cette autorité et qui est nécessaire à l'exécution du mandat.

ƒ L. 56, *De procurat.*— Domat, *loc cit.*, sec. 3, §§ 3 et 10.— Troplong, *Mandat*, pp. 285 et 319.— C. N., 1989.

Jurisp.— 1. An agent who insures for another with his authority may sue for the sum assured in his own name.— Provincial Ins. Co. & Leduc, XIX L. C. J., 281.

2. The special power to publish advertisements is inherent in the office of an agent appointed to take risks and receive premiums ; such an authority is to be presumed ; advertising was intended to promote the appellant's business and the proof of custom, usage or sanction of the appellants was not necessary.— Commercial Union Insurance Company & Foote, III R. C., 40.

3. A notarial power of attorney to manage and administer the affairs of the constituent generally, and in so doing to hypothecate the contituent's property, is not an authority to sign promissory notes in the name of the constituent.— The statements made by the agent, to the effect that he had full authority to sign notes for his principal, cannot make evidence against the principal; his power being governed by the terms of the written power of attorney.— Serre & The Metropolitan Bank, XXI L. C. J., 207.

1705. Les pouvoirs que l'on donne à des personnes qui exercent certaines professions ou fonctions de faire quelque chose dans le cours ordinaire des affaires dont elles s'occupent, n'ont pas besoin d'être spécifiés, mais s'infèrent de la nature de telle profession ou fonction.

Story, *Agency*, §§ 127 à 133 et 228.— Paley, *Agency*, pp. 194, 200 et 201.— C. L., 2969.

1706. Un agent employé pour acheter ou vendre quelque chose ne peut en être l'acheteur ou le vendeur pour son compte.

ƒ L. 34, § 7, *De contr. emp.*— Story, *Agency*, n° 213.— Smith, *Merc. law*, 121.— Code civil B. C., art. 1484.

1707. Les mineurs émancipés peuvent être mandataires ; mais le mandant n'a dans ces cas d'action contre le mandataire mineur que d'après les règles générales relatives aux obligations des mineurs.

ƒ L. 3, § 11 ; L. 4, *De minoribus.*— Troplong, *Mandat*, n°° 330, 332 à 335.— C. N., 1990.

1708. La femme mariée qui exécute le mandat qui lui est confié oblige son mandant ; mais il ne peut y avoir d'action contre elle que suivant les dispositions contenues au titre *Du Mariage.*

Pothier, *Puissance du mari*, n° 49.— Troplong, *Mandat*, n°° 330, 332 à 335.— Code civil B. C., art. 183.

CHAPITRE DEUXIÈME.

DES OBLIGATIONS DU MANDATAIRE.

SECTION I.

DES OBLIGATIONS DU MANDATAIRE ENVERS LE MANDANT.

1709. Le mandataire est tenu d'accomplir le mandat qu'il a accepté, et répond des dommages-intérêts qui pourraient résulter de son inexécution, tant que ses pouvoirs subsistent.

Après l'extinction du mandat, il est tenu de faire tout ce qui est une suite des actes faits antérieurement, et il est obligé, si l'extinction du mandat provient du décès du mandant, de terminer l'affaire si elle est urgente et ne peut être différée sans risque de perte ou de dommage.

ff L. 22, § 11; L. 5; L. 8, § 10, *Mandati.*— Instit., § 11, *De mandat.*— Pothier, *Mandat*, n°° 38 et 107.— Erskine, *Institutes*, liv. 3, tit. 3, n° 41, p. 704.— Story, *Bailments*, n° 204.— Troplong, *Mandat*, n°° 382 et 383.— C. L., 2971.— C. N., 1991.

Jurisp.— Un commissionnaire est responsable de la valeur de marchandises livrées par erreur à l'acheteur après avis donné par le vendeur de n'en pas faire la livraison. Le droit d'arrêter telles marchandises *in transitu*, n'est pas affecté en conséquence de ce que le vendeur, lors de la vente, a pris un billet promissoire pour la valeur des dites marchandises.—Campbell vs Jones, IX L. C. J., 16.

1710. Le mandataire, dans l'exécution du mandat, doit agir avec l'habileté convenable et tous les soins d'un bon père de famille. Néanmoins, si le mandat est gratuit, le tribunal peut mitiger la rigueur de la responsabilité résultant de la négligence ou de la faute du mandataire, suivant les circonstances.

ff L. 10; L. 12, § 10, *Mandati.*— Cod., L. 13, *Mandati.*— Pothier, *Mandat*, n° 46.— Code civil B. C., art. 1045.— Domat, liv. 1, tit. 15, sec. 3, §§ 4 et 5.— Troplong, *Mandat*, n° 393.— Jones, *Bailments*, pp. 61, 62 et 114.— Paley, *Prin. and Ag.*, p. 6.— Erskine, *Inst.*, liv. 3, tit. 3, § 36, p. 899.— C. L., 2972.— C. N., 1992.

Jurisp.— A *mandataire*, who does not execute the *mandat* committed to him, must notify the *mandant* of his inexecution of the trust.—Torrance vs Chapman, VI L. C. J., 32.

1711. Le mandataire répond de celui qu'il s'est substitué dans l'exécution du mandat, lorsqu'il n'est pas autorisé à ce faire; et le mandant peut, s'il est lésé par suite de cette substitution, répudier les actes du substitué.

Le mandataire est également responsable, lorsqu'il a le pouvoir de substituer sans désignation de la personne substituée; s'il se substitue une personne notoirement incapable.

Dans tous ces cas le mandant a une action directe contre la personne que le mandataire s'est substituée.

ff L. 8, § 3, *Mandati ;* L. 21, § 3, *De neg. gest.*— Pothier, *Mandat*, n° 99.— Lacombe, v° *Procureur*, p. 521.— Troplong, *Mandat*, n°° 447, 448 et 449.— C. L., 2296, 2977 et 2978.— C. N., 1994.

1712. Lorsqu'il y a plusieurs mandataires établis ensemble pour la même affaire, ils sont responsables solidairement des actes d'administration les uns des autres, à moins d'une stipulation contraire.

ff L. 60, § 2, *Mandati.*—Domat, liv. 1, tit. 15, sec. 3, n° 13.— Pothier, *Mandat*, n° 63.— Erskine, *Instit.*, livre 3, tit. 3, § 34.— Story, *Agency*, § 44 ; *Bailments*, § 195.— Jones, *Bailments*, 51 et 52.— *Contrà*, C. N., 1995, Troplong sur cet article, n°° 489 à 497.

1713. Le mandataire est tenu de rendre compte de sa gestion, et de remettre et payer au mandant tout ce qu'il a reçu sous l'autorité de son mandat, même si ce qu'il a reçu n'était pas dû au mandant ; sauf néanmoins son droit de déduire du montant, ses déboursés et son dû à raison de l'exécution du mandat. Si ce qu'il a reçu est une chose déterminée, il a droit de la retenir jusqu'au remboursement.

ff L. 20; L. 10, § 8, *Mandati*.— Pothier, *Mandat*, nᵒˢ 51, 58 et 59.— Domat, *loc. cit.*, nᵒ 8.— Troplong. *Mandat*, nᵒˢ 698, 699 et suiv.— Paley, *Prin. and Ag.*, pp. 124, 125 et 127.— Story, *Bailments*, § 193.—C. N., 1993.— Code civil B. C., art. 1723.

Jurisp.—1. A principal may sue his agent in account or for monies had, etc. at his election.— Dubord vs Roy, I R. de L., 352.

2. The mandator has a direct action against his mandatory for monies collected and not paid over, and the mandator is not obliged to resort to the *actio mandati*. In the absence of any allegation or proof to the contrary, the act of a mandatory in collecting money for his principal will be held to be a non-commercial act. The prescription of thirty years applies to the above case where a mandatory collected monies for his mandator.— Joseph & Phillips, XIX L. C. J., 162.

3. A *mandataire* who does not execute the *mandat* committed to him, must notify the *mandant* of his inexecution of the trust.— In an action of account by a creditor, who was a party to a deed of trust for the benefit of creditors from insolvent debtors to the defendants, the mandataries who plead that they had sold the trust estate to one of the insolvents who had undertaken to pay the creditors, are not thereby absolved from liability to account.— The court will order an account, reserving the question of the liability of the defendants for the whole or a part of the creditors' demand till a later stage of the cause.— Torrance vs Chapman, VI L. C. J., 32.

4. An auctioneer is bound to deliver to his principal the notes he may have received for the goods he had sold, whether he garantees the sales or not.— If he sells goods for his principal on purchasers' notes, he has no right to accept from the purchaser a note in which the price of goods belonging to another party is combined.— The most reasonable interpretation of an agreement to garantee sales, where notes are given, is the garantor's liability to indorse them.— Sinclair & Leeming, V L. C. J., 247.

1714. Il doit l'intérêt sur les deniers du mandant qu'il emploie à son usage, à dater de cet emploi, et aussi sur le reliquat de compte à compter du jour qu'il est mis en demeure.

ff L. 10, § 3, *Mandati*.— Pothier, *Mandat*, nᵒˢ 51 et 56.— C. N., 1996.

Jurisp.—1. The appellant, some twenty years ago, received money from an insolvent estate as agent for the respondent. He was condemned to refund the same with interest from date of receipt. He appeals on the ground that he should not have been condemned to pay interest. He never notified his principals he had received the money and the judgment must be confirmed.— Joseph & Phillips, M., 22nd March, 1875.

2. In a case of *mandat* under the civil law, the only prescription that can apply is that of 30 years, unless the defendant shew by his pleas that some exception exists in his favour.— Phillips vs Joseph, XVI L. C. J., 104.

SECTION II.

DES OBLIGATIONS DU MANDATAIRE ENVERS LES TIERS.

1715. Le mandataire agissant au nom du mandant et dans les limites de son mandat n'est pas responsable personnellement envers les tiers avec qui il contracte, excepté dans le cas du facteur ci-après spécifié en l'article 1738, et dans le cas de contrats faits par le maître pour l'usage de son bâtiment.

ff L. 20, *De instit. act.*— Pothier, *Mandat*, nᵒ 87.— Domat, liv. 1, tit. 16, sec. 3, nᵒ 8.— Troplong, *Mandat*, nᵒ 510.— Story, *Agency*, 263.— Paley, *Prin. and Ag.*, 368. — Code civil B. C., art. 1737 et 1738.— C. N., 1997.

1716. Le mandataire qui agit en son propre nom est responsable envers les tiers avec qui il contracte, sans préjudice aux droits de ces derniers contre le mandant.

Pothier, *Mandat*, n° 88.— Paley, *Prin. and Ag.*, 371 et 372.— Story, *Agency*, 266, 163 et 269.— Troplong, *Mandat*, n° 522 et suiv.; *contrà*, quant à la dernière clause.

Jurisp.— Four persons, assuming to act as representatives of the seigniors of Lower Canada, ordered certain work to be executed for them. The names of their principals, individually, were unknown, and the agents did not act under a power of attorney.— *Held*, that the agents were personally liable in as much as they did not disclose the names of their principals, by producing and acting under a power of attorney; but that they were not liable *in solido*.— Lovell vs Campbell, II L. C. L. J., 131.

1717. Il est responsable de la même manière, lorsqu'il excède les pouvoirs contenus dans son mandat; à moins qu'il n'en ait donné une connaissance suffisante à ceux avec qui il a contracté.

C. L., 2981.— Story, *Agency*, 264 et 265.— Troplong, *Mandat*, 591 et 592.— C. N., 1997.

Jurisp.— Where several persons, trustees of an insolvent estate under a deed of composition, which gave them no power to draw or accept bills, signed promissory notes with the words "trustees to estate C. D. Edwards" after their signatures, *held* that they were personally liable.— Brown vs Archibald, XXII L. C. J., 126.

1718. Il n'est pas censé avoir excédé les bornes de son mandat, lorsqu'il l'a rempli d'une manière plus avantageuse au mandant que celle qui était indiquée par ce dernier.

ff L. 5, ₹ 5, *Mandati*.— Pothier, *Mandat*, n° 92.— Troplong, *Mandat*, n° 403.— C. L., 2980.

1719. Il est censé avoir excédé les bornes de son mandat lorsqu'il fait seul quelque chose qu'il n'était chargé de faire que conjointement avec un autre.

ff L. 5, *Mandati*; L. 11, ₹ 5, *De instit. act.*— Pothier, *Mandat*, n° 99.— Domat, liv. 1, tit. 15, sec. 3, n° 14.— Story, *Agency*, ₹₹ 42 et 43.

CHAPITRE TROISIÈME.

DES OBLIGATIONS DU MANDANT.

SECTION I.

DES OBLIGATIONS DU MANDANT ENVERS LE MANDATAIRE.

1720. Le mandant est tenu d'indemniser le mandataire pour toutes les obligations que ce dernier a contractées avec les tiers, dans les limites de son mandat, ainsi que pour tous les actes qui excèdent telles limites, lorsqu'ils ont été ratifiés expressément ou tacitement.

ff L. 45, *in pr. et* ₹ 5, *Mandati*.— Domat, liv. 1, tit. 15, sec. 2, n° 1.— Pothier, *Mandat*, n° 80, 81 et 82.— Story, *Bailments*, ₹₹ 196 et 198.— C. N., 1998.

Jurisp.— 1. Les demandeurs firent des impressions pour l'élection du défendeur, pour un montant de près de $1000, à la demande et sur l'ordre du comité d'élection du défendeur. Leur compte fut transmis à l'agent électoral de ce dernier dans le temps fixé par la s. 100 de l'acte des élections contestées de 1874 ; mais ce dernier refusa de le payer. Là-dessus action par les demandeurs. Ils obtinrent jugement en C. S., et ce jugement fut confirmé par la Cour d'appel, qui a tenu le candidat responsable pour les actes de son comité d'élection.— Workman & Montreal Herald Co., XXI L. C. J., 268.

2. Bien que le mandat en matière commerciale soit de sa nature onéreux, une partie ne sera point reçue à réclamer une commission, si elle s'est engagée à exécuter le mandat par un contrat synallagmatique, quand il est présumable que cette commission a été considérée comme partie de la considération de ce contrat.— Renaud & Walker, XIII L. C. J., 180.

1721. Le mandant ou ses représentants légaux sont obligés d'indemniser le mandataire pour tous les actes faits par ce dernier dans les limites de son mandat après qu'il est expiré par cause de mort ou autre, lorsque le mandataire ignorait cette extinction.

Pothier, *Mandat*, n° 106.— Code civil B. C., art. 1728 et 1760.

1722. Le mandant doit rembourser au mandataire les avances et frais que celui-ci a faits pour exécuter le mandat, et lui payer le salaire ou autre compensation à laquelle il peut avoir droit.

S'il n'y a aucune faute imputable au mandataire, le mandant ne peut se dispenser de faire ce remboursement et ce paiement lors même que l'affaire n'aurait pas réussi. Il ne peut non plus faire réduire le montant du remboursement sous le prétexte que les avances et frais auraient pu être moindres, s'ils eussent été faits par lui.

ff L. 12, § 9 ; L. 27, § 4 ; L. 56, § 4, *Mandati.*— Pothier, *Mandat*, n°° 68, 69, 78 et 79.— Domat, liv. 1, tit. 15, sec. 2, n°° 2 et 3.— 2 Pardessus, *Dr. Com.*, n°° 489 et 571.— C. Com., 93 et 94.— C. N., 1999.

1723. Le mandataire a un privilège et un droit de préférence pour le paiement de ses avances et frais mentionnés en l'article précédent, sur les choses mises entre ses mains et sur le produit de leur vente ou placement.

Code civil B. C., art. 1713.

Jurisp.— Le commerçant qui reçoit une consignation d'effets a le droit d'appliquer le produit de la vente de ces effets en déduction d'un compte que celui qui a consigné lui devait.— Stabb vs Lord, V R. L., 181.

1724. Le mandant est obligé de payer les intérêts sur les deniers avancés par le mandataire dans l'exécution de son mandat.

Ces intérêts sont calculés du jour que les deniers ont été avancés.

ff L. 2, § 9, *Mandati.*— Domat, *loc. cit.*, n° 4.— Troplong, *Mandat*, n°° 274, 275 et suiv.— C. N., 2001.

1725. Le mandant est obligé d'indemniser le mandataire qui n'est pas en faute, des pertes que celui-ci a essuyées en exécutant le mandat.

ff L. 20 ; L. 29, § 6, *Mandati.*— Pothier, *Mandat*, 75 et 76.— Domat, liv. 1, tit. 15, sec. 2, n° 6.— Story, *Bailments*, §§ 200 et 201 ; *Agency*, 341.— *Contrà*, C. N., 2000 ; Troplong, *Mandat*, 655 et suiv.

1726. Si le mandat a été donné par plusieurs personnes, leur obligation à l'égard du mandataire est solidaire.

ff L. 59, § 3, *Mandati.*— Pothier, *Mandat,* n° 82.— Domat, *loc. cit.,* n° 5.— Erskine, *Instit.,* liv. 3, tit. 3, § 38.— C. N., 2002.

Jurisp.— Il n'existe aucune solidarité entre plusieurs parties signataires de la pièce de procédure par laquelle commencent les vacations de l'avocat, pour le paiement des honoraires de cet avocat.— L'avocat est lié par les conventions particulières intervenues entre tels signataires, relativement aux frais à faire, quoique cet avocat soit étranger à ces conventions et même les ignore ; et si, par telles conventions, l'un des signataires est exonéré des frais par ses cosignataires, l'avocat n'a aucune action contre celui-là.— Doutre vs Dempsey, IX L. C. J., 176.

SECTION II.

DES OBLIGATIONS DU MANDANT ENVERS LES TIERS.

1727. Le mandant est responsable envers les tiers pour tous les actes de son mandataire faits dans l'exécution et les limites du mandat ; excepté dans le cas de l'article 1738, et dans les cas où, par la convention ou les usages du commerce, le mandataire en est seul responsable.

Le mandant est aussi responsable des actes qui excèdent les limites du mandat, lorsqu'il les a ratifiés expressément ou tacitement.

Pothier, *Oblig.*, n°ˢ 75, 77 et suiv., 447 et 448 ; *Mandat,* n°ˢ 87, 88 et 89.— Domat, liv. 1, tit. 15, sec. 2, n° 1.— 18 Duranton, 260 et 261.— Troplong, *Mandat,* n°ˢ 511 et suiv., 516 et 517 ; contrà, *lorsque le mandataire agit en son propre nom, sans faire connaître le mandant,* 522, 535 et 536.— Story, *Agency,* §§ 442, 444, 445, 446 et 448. —1 Bell, *Comm.*, § 418, pp. 396 et 399.— Paley, *Prin. and Ag.*, 247 et 248.— C. N., 1998.

Jurisp.—1. A principal is not liable for money paid to his agent by mistake, in excess of an amount actually due, unless it be shown that he received or otherwise benefited by such payment.— The City Bank vs Harbor Commissioners, I L. C. J., 288.

2. The special power to publish advertisements is inherent in the office of an agent appointed to take risks and receive premiums ; such an authority is to be presumed ; advertising was intended to promote the appellant's business and the proof of custom, usage or sanction of the appellants was not necessary.— Commercial Union Insurance Company & Foote, III R. C., 40.

3. Where the owners of goods passed at the custom house had benefited by an undervaluation of such goods on false invoices by taking possession of part of the goods.— *Held,* that they could not set up ignorance or want of authority in the party entering them.—Lyman & Bouthillier, VII L. C. J., 169.

4. Checks fraudulently initialed as accepted by the manager of a bank, and for which the drawer has given in exchange to the manager certain securities which the bank retains, cannot be repudiated by the bank, when the checks are held by a *" bona fide "* holder for value.— La Banque Nationale & City Bank, XVI L. C. J., 197.

1728. Le mandant ou ses représentants légaux sont responsables envers les tiers pour tous les actes faits par le mandataire dans l'exécution et les limites du mandat après qu'il a cessé, si cette cessation était inconnue des tiers.

Pothier, *Mandat,* 106.— Domat, liv. 1, tit. 15, sec. 4, n°ˢ 1 et 7.— Erskine, *Instit.,* livre 3, tit. 3, § 41.— C. N., 2009.

1729. Le mandant ou ses représentants légaux sont responsables pour les actes faits par le mandataire dans l'exécution et les limites du mandat, après son extinction, lorsque ces actes sont une suite nécessaire d'une affaire déjà commencée.

Ils sont également responsables pour les actes du mandataire faits pour terminer une affaire après l'expiration du mandat par la mort ou la cessation d'autorité du mandant, lorsque le retard aurait pu entraîner quelque perte ou dommage.

Pothier, *Mandat*, 106, 107, 111 et 121.— Domat, *loc. cit.*, n° 7.— Erskine, *Instit.*, *loc. cit.*— 1 Bell, *Comm.*, ₴ 413, p. 396.— Code civil B. C., art. 1709.

1730. Le mandant est responsable envers les tiers qui contractent de bonne foi avec une personne qu'ils croient son mandataire, tandis qu'elle ne l'est pas, si le mandant a donné des motifs raisonnables de le croire.

1 Bell, *Comm.*, 411 et 412.— Paley, *Prin. and Ag.*, 165 et suiv.— Story, *Agency*, p. 443.

Jurisp.— Les appelants poursuivent l'intimée pour effets vendus et livrés à A. D., qui était leur principal agent et tenait un bureau pour eux à Montréal. Ces effets consistaient en livres et papiers qui ont été employés pour les affaires de la compagnie et dont elle a profité.— La compagnie produit un écrit par lequel A. D. s'est obligé de fournir tout ce qui serait nécessaire pour le bureau et ce, moyennant une commission sur les affaires qu'il ferait pour la Cie. Elle prétend que D. était autorisé à faire des affaires d'assurance et n'était pas autorisé à acheter à son nom.— Sur cette défense l'action a été déboutée.— Le jugement doit être infirmé.— La Cie a laissé D. s'annoncer comme le seul agent et gérant de la Cie pour la province de Québec ; elle a profité des livres et papiers vendus qui ont été employés à ses affaires. Elle a payé un compte semblable à Starke & Co. ; elle a donné raison aux appelants de croire que D. était autorisé et d'après l'art. 1730 du C. C. elle doit être condamnée.— Morton & The Niagara District Mutual Fire Ins. Co., M., 13 mars 1878.

1731. Il est responsable des dommages causés par la faute du mandataire, conformément aux règles énoncées en l'article 1054.

Pothier, *Oblig.*, n° 453.— 1 Bell, *Comm.*, ₴ 418, p. 400.—Story, *Agency*, ₴ 452.

————

CHAPITRE QUATRIÈME.

DES AVOCATS, PROCUREURS ET NOTAIRES.

1732. Les avocats, les procureurs et les notaires sont sujets aux règles générales contenues dans ce titre, en autant qu'elles peuvent s'appliquer. La profession d'avocat et procureur est réglée par les dispositions contenues dans l'acte intitulé : *Acte concernant le barreau du Bas-Canada*, et celle des notaires par un acte intitulé : *Acte concernant le notariat.*

S. R. B. C., ch. 72.— *Ibid*, ch. 73.— S. R. C., ch. 75.

L'acte concernant le barreau du Bas-Canada, mentionné dans cet article, a été rappelé et remplacé par l'acte C. 29-30 Vict., ch. 27, lequel a été amendé par l'acte Q., 32 Vict., ch. 27. Ce dernier statut a été ensuite amendé par l'acte Q., 36 Vict., ch. 28.

L'acte concernant le notariat a aussi été rappelé et remplacé par l'acte de Q., 33 Vict., ch. 28. Cet acte a été amendé par les actes 34 Vict., ch. 13 ; — 37 Vict., ch. 13 ; — 38 Vict., ch. 33, ss. 5, 6 et 7. Subséquemment tous ces statuts ont été amendés et refondus par l'acte 39 Vict., c. 33. Enfin ce dernier statut a aussi été amendé par l'acte 40 Vict., ch. 24 et par l'acte 40 Vict., ch. 27, s. 7.

Jurisp.—1. Un procureur *ad lites* n'est pas responsable des salaires des témoins qu'il a fait assigner à la requête de son client.— Laroche vs Holt, III L. C. R., 109.

2. Le désistement fait personnellement par une partie en l'absence et sans la participation du procureur *ad lites* qui la représente, est valable, lors même que ce procureur aurait demandé distraction de ses dépens.— Ryan & Ward, VI L. C. R., 201.

3. Un demandeur n'a pas droit de révoquer en doute l'autorité d'un procureur qui comparaît pour un défendeur auquel le bref et la déclaration n'ont pas été signifiés, le rapport constatant que le service a été fait au dernier domicile du défendeur qui a laissé la province et n'y a aucun domicile.— Telle comparution étant de record, il ne peut être fait aucune procédure pour appeler le défendeur dans les journaux ou afin de procéder *ex parte*.— McKercher & Simpson, VI L. C. R., 311.

4. Le procureur *ad litem* est responsable envers le shérif pour ses frais et déboursés sur les brefs d'exécution émanés sur le *fiat* de tel procureur.— Boston vs Taylor, VII L. C. R., 329.

5. Il n'existe aucune solidarité entre plusieurs parties signataires de la pièce de procédure par laquelle commencent les vocations de l'avocat, pour le paiement des honoraires de cet avocat.— L'avocat est lié par les conventions particulières intervenues entre tels signataires, relativement aux frais à faire, quoique cet avocat soit étranger à ces conventions et même les ignore; et si, par telles conventions, l'un des signataires est exonéré des frais par ses cosignataires, l'avocat n'a aucune action contre celui-là.— Doutre vs Dempsey, IX L. C. J., 176.

6. Proceedings *en désaveu* are in the nature of a *procès* between client and attorney and the matter to be adjudged is, " had the attorney a right or authority to act "?— The attorney, (*officier*) *porteur de pièce*, is not required to justify or prove his authority, but the presumption is that he has a general mandate from the party for whom he acts.—A party, plaintiff *en désaveu*, is bound to prove all the allegations of his *désaveu*, and particularly that no authority or power to act was conferred by him upon the attorney.— Moss vs Ross, IX L. C. J., 328.

7. Un procureur ne représentant aucune partie dans la cause, à l'époque de la production d'un factum signé par lui, peut néanmoins produire tel factum. — Bell vs Stephens, XVI L. C. R., 141.

8. Un procureur qui conduit sa propre cause, et dont le nom apparaît sur les pièces du dossier comme procureur de la cause, revêt les responsabilités et les devoirs qui incombent aux procureurs vis-à-vis leurs clients ordinaires, et a droit à ses honoraires pour ses services rendus en qualité de procureur dans la dite cause.— Gugy & Brown, XVII L. C. R., 33.

9. L'avocat et procureur *ad litem* n'est pas tenu de produire son mandat, même lorsqu'il plaide pour une corporation.— Il n'est pas nécessaire de produire une résolution du conseil d'une corporation autorisant à prendre une poursuite ou un appel, la question de l'existence de cette résolution ne pouvant se soulever qu'entre la corporation et le procureur *ad litem* qui l'a représentée.— Duvernay vs Corporation de St-Barthélemy, I R. L., 414.

10. A *mandat* to an attorney *ad litem* to fyle an opposition to a seizure cannot be proved by verbal evidence without a *commencement de preuve par écrit*.— Longpré vs Patenaude, XX L. C. J., 28.

11. Le procureur d'une partie dans une cause ne peut pas, comme tel, se désister de tout ou partie d'un jugement rendu en faveur de son client, mais tel désistement, pour être valable, doit être signé par la partie elle-même ou par son procureur *ad hoc*.— Préfontaine & Brown, I Q. L. R., 60.

12. L'huissier n'est pas responsable envers le gardien qu'il a nommé, et qui a accepté volontairement cette charge, des frais de garde du gardien; et l'avocat n'est pas tenu, non plus, d'indemniser l'huissier.— Plante vs Cazeau, I Q. L. R., 203.

13. On peut par un bref de prohibition arrêter l'exécution d'un décret du conseil d'une section du barreau suspendant un avocat dans l'exercice de sa profession, si le conseil a excédé sa juridiction.— La cour a le droit, en ce cas, de dire si les actes reprochés à l'avocat et pour lesquels il a été suspendu, sont ou ne sont pas attentatoires à la dignité et à l'honneur du barreau.— L'acte d'avoir agi volontairement comme constable dans une poursuite où il est le procureur du plaignant et l'acte d'accompagner un huissier chargé

d'opérer une arrestation, ne sont pas des actes attentatoires à la dignité et à l'honneur du barreau.—O'Farrell vs Brossard, I Q. L. R., 225.

14. Un avocat n'est pas tenu de restituer les frais qu'il a reçus au moyen de la distraction qui lui en a été accordée, lors même que l'arrêt en vertu duquel il les aurait reçus serait ensuite rétracté par la Cour d'appel.— Holton vs Andrews, III Q. L. R., 19.

15. In the absence of special authority, the plaintiff's counsel and attorney had not, by reason of his being " *avocat* " and " *avoué*," any power to bind his client by a compromise. An *avoué* can, however, bind his client until *désaveu* by any proceeding in the cause, though taken without his client's authority, or even in defiance of his prohibition.— King & Pinsonneault, XXII L. C. J., 58.

16. Professional attornies who carry on business under a firm name are liable as partners for monies collected by the firm.— Ouimet vs Bergevin, XXII L. C. J., 265.

17. An attorney *ad litem* has a right to continue the suit for the recovery of his costs, though his client has agreed to discontinue the case without costs, more particularly in a suit by a wife against her husband, when the settlement was obviously made by the defendant with the intention of depriving the attorney of his costs.—Williams vs Montrait, L. N., 339.

1733. Les règles particulières relatives aux devoirs et aux droits des avocats et procureurs dans l'exercice de leurs fonctions auprès des tribunaux du Bas-Canada, sont contenues dans le Code de Procédure Civile et dans les règles de pratique de ces tribunaux.

Jurisp.— 1. A practising attorney is well sued by petition without writ.— Perrault vs Plamondon, II R. de L., 470.

2. An attorney guilty of contempt in the face of the court may be immediately interdicted.— *Ex parte* Binet, II R. de L., 438.

3. No action lies to recover back a fee paid to counsel; it is a voluntary donation.— Bergeron vs Panet, II R. de L., 205.

4. No action can be maintained to recover back a fee paid to a barrister.— Bergeron vs Panet, II R. de L., 471.

5. Le procureur *ad litem*, pour recouvrer ses honoraires et déboursés de son client, n'a pas besoin de produire un mémoire de frais taxé.— Cherrier & Titus, I L. C. R., 402.

6. Si les parties demanderesse et défenderesse règlent un procès entre elles, de manière à priver par fraude le procureur de la partie demanderesse de ses frais, l'action sera déboutée, en par la partie défenderesse payant les frais.— Richards vs Ritchie, VI L. C. R., 98.

7. Des pièces de procédure signées par l'un des deux procureurs associés, en son propre nom, après que son coassocié a cessé de pratiquer, ne seront en aucun cas rejetées du record, à moins qu'il ne soit immédiatement fait motion à cet effet.— Tidmarsh vs Stephens, VI L. C. R., 194.

8. Lorsque deux procureurs sont associés, et que l'un d'eux est nommé au Banc, comme juge-assistant, signification sur l'autre associé est suffisante, quoiqu'aucune substitution n'ait eu lieu.— McCarthy & Hart, IX L. C. R., 395.

9. *Semble*, que lorsqu'un procureur, dans le cours d'un procès, fait des remarques sur le caractère d'un témoin en conséquence d'instructions reçues de son client, sa défense dans une action pour injures sera favorablement reçue.— Lavoie & Gagnon, X L. C. R., 185.

10. An advocate may recover, by action on the *quantum meruit*, fees for professional services which are of a nature sufficiently defined to come under a general and regular rule of charges, but not for services of an indefinite kind, such as consultations, for which the rate of charge is arbitrary.— Devlin vs Tumblety, II L. C. J., 182.

11. Lorsqu'un procureur, partie dans une cause, comparaît en personne, il a droit à ses honoraires contre son adversaire, sur jugement rendu en sa faveur.— Brown vs Gugy, XI L. C. R., 483.

12. Le procureur a droit d'inclure dans son mémoire l'allocation aux témoins de sa partie, lorsqu'il a obtenu distraction de dépens, de s'en faire payer par la partie condamnée aux dépens, et même de prendre exécution en son nom pour cette allocation.— Beauchêne vs Pacaud, XV L. C. R., 193.

13. Le paiement de dépens à un procureur *ad litem*, qui n'avait pas obtenu

distraction de dépehs et qui n'avait aucune autorité spéciale pour les recevoir, est néanmoins valable.—Young vs Baldwin, XVI L. C. R., 70.

14. Un avocat à qui son client a promis une retenue, en considération de services qu'il attend de lui dans la cause qu'il a intentée, n'a pas le droit de recouvrer en justice le montant de cette retenue, en sus de ses honoraires, si l'action est réglée avant retour.— Mousseau vs Picard, V R. L., 480.

15. A client supplied his attorney *ad litem* with money for carrying on a suit. The attorney was paid his bill of costs in the suit taxed against the other party who was condemned to pay the costs by the judgment of the court. The client brought an action against his attorney to recover back the money so supplied :— *Held*, that the attorney had a right to offset against the demand of the client the value of his services, rendered to the client in the case over and above the taxed costs paid to the attorney by the other side.— An attorney is not liable in damages to his client except for gross negligence ; and allowing an action to become *périmée* does not of itself constitute such negligence.— *Semble*, that the declaration of a client that he will be liberal and that he wishes his case to be carried on with *diligence, coûte que coûte*, and that he will pay all necessary expenses, gives to his attorney a right to a retainer, the value of which can be proved by witnesses.— Beaudry vs Ouimet, IX L. C. J., 158.

16. An advocate has a right of action for a retainer, but he cannot recover from his client more than the fees fixed by the tariff, unless he can prove an agreement with his client that more than the taxable fees should he paid :— *Held*, (per Badgley, J.,) that there is no right of action in Lower Canada for a retainer.— Grimard & Burroughs, III L. C. L. J., 84.

17. Dans la province de Québec, les avocats ont droit d'action contre leurs clients pour recouvrer des honoraires, soit d'après un contrat explicite, soit d'après un contrat présumé, suivant le *quantum meruit*.—Dans l'espèce actuelle, le demandeur ayant occupé pour assister un confrère, il y a présomption que ses services ont été fournis gratuitement.—Amyot vs Gugy, II Q. L. R., 201.

18. An attorney *ad litem* cannot recover from a client his costs in suits which are still pending and undecided.— Molony vs Fitzgerald, III Q. L. R., 381.

19. Un avocat peut comparaître pour Sa Majesté sur un bref d'erreur, et il est faux de prétendre que Sa Majesté ne peut comparaître que par le procureur-général ou le solliciteur-général.— Dougall & Regina, Montréal, 16 juin 1875.

20. La formalité d'un jugement déclarant une cause terminée n'est pas nécessaire pour donner droit à un procureur au recouvrement de ses justes honoraires et déboursés contre son client, si la preuve et les circonstances constatent qu'il y a eu règlement hors de cour et que le litige a pris fin.— O'Farrell vs Reciprocity Mining Co., IV Q. L. R., 198.

21. Les avocats n'ont pas d'action pour réclamer une retenue de leur client, en autant qu'une retenue est toujours payée d'avance ; mais un avocat a une action en justice pour tout honoraire additionnel qui est prouvé être en proportion des services rendus. Dans la cause actuelle, l'avocat avait dit à son client que sa cause offrait des difficultés particulières et le client le pria de lui continuer ses services, en disant qu'il le rémunérerait en proportion du trouble extra qu'il se donnerait. Le client dit qu'il avait cru que $50 seraient une rémunération suffisante ; mais il est prouvé que les services de l'avocat valaient $200 et il doit avoir jugement pour ce chiffre.— Larue vs Loranger, C. S. en Rév., M., 30 avril 1879.

1784. Les règles de la prescription, en ce qui concerne les avocats et procureurs, et les notaires, sont exposées dans l'article 2260.

CHAPITRE CINQUIÈME.

DES COURTIERS, FACTEURS ET AUTRES AGENTS DE COMMERCE.

1785. Le courtier est celui qui exerce le commerce ou la profession de négocier entre les parties les achats et ventes ou autres opérations licites.

Il peut être le mandataire des deux parties et par ses actes les obliger toutes deux relativement à l'affaire pour laquelle elles l'emploient.

ff L. 3, *De proxeneticis.*— Domat, liv. 1, tit. 17, sec. 1, n° 1.— C, Com., 74.— C. L., 2985.— Story, *Agency*, § 28.— Smith, *Merc. Law*, 507 et 508.

Jurisp.— 1. Where a broker, in both bought and sold notes, assumes to be the mutual agent of the parties interested, the mere fact of his being a broker will raise no legal presumption of his being such mutual agent; and in the absence of sufficient evidence of his being authorised by both parties to sign bought and sold notes, they will constitute a valid memorandum in writing within the statute of frauds.— Syme vs Heward, I L. C. J., 19.

2. Dans les ventes faites par des courtiers, il leur est nécessaire de donner un avis écrit, *bought and sold notes*, tant au vendeur qu'à l'acheteur, de la transaction qu'ils ont effectuée pour en établir la validité en loi.— Tourville vs Essex, VIII L. C. J., 314.

1736. Un facteur ou marchand à commission, est un agent employé à acheter ou à vendre des marchandises pour un autre, soit en son propre nom ou au nom du principal, de qui il reçoit une rétribution communément appelée *commission.*

3 Chitty, *Com. Law*, 193 et 194,— Story, *Agency*, § 33.— 2 Pardessus, 404 à 413, — 1 Bell, *Com.*, 408 et 409,— Erskine, *Instit.*, liv. 3, tit. 3, § 34.

Jurisp.— When a broker has been employed by a principal to effect a sale of timber which he does not succeed in doing and the timber is sold in the following spring without his agency, the words used in a letter to the broker by the principal: "I shall renew the transaction next spring, if the timber should not be sold sooner, by returning you the specifications for its sale," form a mere unaccepted promise and do not entitle the broker to claim damages for breach of contract.— A broker employed to sell cannot claim brokerage unless he has effected a sale and has no action unless contract perfected.— Stubbs vs Conroy, II Q. L. R., 53.

1737. Les courtiers et les facteurs sont assujettis aux règles générales énoncées dans ce titre, lorsqu'elles ne sont pas incompatibles avec les articles de ce chapitre.

1738. Le facteur qui a son principal dans un autre pays est responsable personnellement envers les tiers avec qui il contracte, soit que le nom du principal soit connu ou ne le soit pas. Le principal n'est pas responsable envers les tiers sur semblables contrats, à moins qu'il ne soit établi que le crédit a été donné également au principal comme au facteur, ou au principal seul.

Paley, *Prin. and Ag.*, 246, 273 et 282.— Story, *Agency*, §§ 268, 290 et 448.— 2 Pardessus, *Dr. Com.*, 404.— Smith, *Merc. Law*, 66.

Jurisp.— 1. Des courtiers qui font affaires pour des personnes étrangères et qui donnent le nom de leur principal, lors d'une transaction, sont responsables personnellement conformément à l'article 1738 de notre Code.— Nolan vs Crane, IV R. L., 657.

2. Des personnes faisant affaires généralement comme courtiers et marchands à commission, vendirent de la farine à venir de Chicago, pour un mandant qui y résidait. Le nom du mandant fut mentionné dans l'avis de vente et les agents signèrent comme agents à commission.— Jugé que les agents n'ayant pas la marchandise en leur possession ou sous leur contrôle, ne pouvaient pas être considérés *facteurs*, sous l'art. 1738 C. C., mais étaient seulement *courtiers.*— Le terme *agent à commission* n'est pas synonyme de *facteur.*— Les définitions de *courtier* et de *facteur*, aux art. 1735 et 1736 C. C., ne sont pas absolues, mais doivent être interprétées suivant la distinction ordinairement faite entre ces deux classes d'agents.— La possession ou contrôle des marchandises du principal

30

par le facteur le distingue du courtier.— Quoique **la responsabilité personnelle** du *facteur* ou *commissionnaire* soit présumée par la loi quand il agit pour un principal étranger, cependant il peut toujours se décharger de cette responsabilité par les termes du contrat, ou par les circonstances qui l'ont accompagné.— Crane & Nolan, XIX L. C. J., 309.

1739. Toute personne peut contracter, pour l'achat de marchandises, avec le facteur qui les a en sa possession, ou à qui elles ont été consignées, et peut les recevoir de lui et lui en payer le prix ; et tel contrat et paiement lient le propriétaire des marchandises, lors même que l'acheteur sait qu'il ne contracte qu'avec un facteur.

S. R. C., ch. 59, sec. 1.

Jurisp.—1. An agent (a horse dealer), in possession of horses, gives a good title to a purchaser in good faith as against his principal the proprietor, under the C. S. of C., c. 59.— Davis & Beaudry, VI L. C. J., 163.

2. The proprietor of goods cannot claim them by revendication as his property, while they are in the hands of a party having a *lien* upon them for advances made to a third party from whom the party in possession had received them.— A *lien* for advances is good as against the owner of goods under the statute 10 and 11 Vict., ch. 10, s. 4, when made for the pledgor's own private purposes, or to carry out a contract between pledgor and pledgee, although the pledgee knows of the ownership not being in the pledgor, so long as the pledgor has not notice from the owner that the pledgor has no authority to pledge.— Under 10 and 11 Vict., c. 10, s. 4, knowledge by the pledgee that the pledgor was not the owner, does not make him *mala fide* as regards the owner in advances made on the goods by pledgee to pledgor for private purposes of the pledgor, or to carry out a contract between pledgee and pledgor, so long as the pledgee is without notice that the pledgor had no authority from the owner to pledge the goods.— The *lien* is not extinguished by the pledgee transferring to a third party for value, negociable notes which he had taken for the advances, if the notes came back again into the pledgee's hands in consequence of not being paid at maturity.— Johnson & Lomer, VI L. C. J., 77.

1740. Tout facteur à qui on a confié des effets et marchandises ou des documents qui en forment le titre, en est réputé propriétaire pour les fins suivantes, savoir :

1. Pour en consentir la vente ou un contrat tel que mentionné en l'article qui précède ;

2. Pour conférer au consignataire des marchandises consignées par ce facteur, un privilége sur ces marchandises pour toute somme de deniers ou valeur négociable avancée ou donnée par ce consignataire à tel facteur pour son usage, ou reçue par le facteur pour l'usage de tel consignataire, de la même manière que si ce facteur était le véritable propriétaire de ces marchandises ;

3. Pour rendre valable tout contrat ou convention de nantissement, privilége ou sûreté, fait de bonne foi avec ce facteur, tant pour prêt primitif, avances ou paiement faits sur le nantissement de telles marchandises ou titres, que pour tout autre renouvellement d'avances à cet égard ; et

4. Pour rendre tels contrats obligatoires à l'égard du propriétaire des marchandises et de toutes autres personnes qui y sont intéressées, nonobstant la connaissance que celui qui réclame le droit de gage ou privilége peut avoir qu'il ne contracte qu'avec un facteur.

S. R. C., ch. 59, sec. 2.

Jurisp.—1. A person who insures as agent for another, cannot sue for indemnity in his own name as principal.— And if a consignee sues for indemnity under a policy affected in his own name, upon goods belonging to another and consigned to him, he must show an insurable interest in such goods to entitle him to recover, and he can only recover the amount in which he shows himself to be so interested.—The possession of the bill of lading is *primâ facie* evidence of proprietorship; but it is insufficient to constitute an insurable interest in the consignee, if it be shown *aliunde* that he is not the proprietor of the goods.— To entitle a consignee of goods lost or damaged *in transitu*, to recover under a policy taken out upon them in his own name, he must show pecuniary and appreciable interest in such goods, arising from a *lien* upon them; which *lien* may be for advances in respect of them for a general balance, or otherwise. But however it may be created, it must attach specifically upon the goods covered by the policy.— Cusack vs Mutual I. C., VI L. C. J., 97.

2. Le commerçant qui reçoit une consignation d'effets a le droit d'appliquer le produit de la vente de ces effets en déduction d'un compte que celui qui a consigné lui devait.— Stabb vs Lord, V R. L., 181.

3. A warehouse receipt given by a warehouseman, when the goods in question are not in his possession, is null and void.— Williamson & Rhind, XXII L. C. J., 166.

4. In the month of august, 1870, Rutherford Brothers, of New Foundland, shipped a cargo of fish which they consigned to respondents at Montreal, in the name of Ridley & Sons. Before ship, who was bearer of the bill of lading, arrived at Montreal, Ridley & Sons failed and Rutherford & Brothers notified the respondents not to pay them the proceeds of cargo, but to hold the same for them, Rutherford & Brothers. This letter was acknowledged by respondents without objections taken to request. The ship arrived at Montreal and an agreement was made that respondents should sell the cargo, and proceeds to abide decision of court on question whether respondents were entitled to retain proceeds for a balance of $12,000 due them by Ridley & Sons. Court below recognized lien. Judgment reversed in appeal: *Held*, Ridley & Sons had no title or right of property in the cargo. They were mere agents to receive proceeds for Rutherford Bros. Latter could revoke power of attorney, as no advances were made on this cargo, no lien for general balance to Ridley & Sons.— Stabb & Lord, M., 22nd March, 1875. (Monk & Ramsay, dissenting.)

5. Le 4 juin 1867, Ths Ruston, nanti de deux certificats d'emmagasinage signés par Wm. Middleton & Co., de la quantité de 310 quarts d'huile de charbon, transporta cette huile aux appelants comme sûreté additionnelle de billets promissoires au montant de $4,000. Les appelants firent assurer cette huile au bureau de l'intimée pour trois mois. Le 18 août 1867, les magasins de Middleton brûlèrent et l'huile fut consumée. Action sur *short risk receipt* pour $2,158, valeur de l'huile assurée. Défense : 1° les appelants avaient assuré comme propriétaires lorsqu'ils n'avaient qu'un intérêt précaire; 2° ils n'avaient pas fourni d'état détaillé de leurs pertes; 3° assurance nulle, parce que les *warehouse receipts* étaient faux, plusieurs reçus ayant été donnés pour la même huile. L'action fut déboutée sur ce que les appelants n'avaient pas déclaré quel intérêt ils avaient dans l'huile. Le jugement doit être infirmé. La loi qui autorise des prêts sur *warehouse receipts*, déclare ceux qui en sont porteurs, propriétaires des objets y mentionnés.— Wilson & The Citizens I. & I. Co., M., 15 février 1875.

1741. Dans le cas où une personne qui a un droit de gage ou privilége sur des marchandises ou documents qui en forment le titre, ou autres valeurs négociables, pour des avances antérieures sur un contrat avec le facteur, lui en fait remise en considération d'un droit de gage ou privilége sur d'autres marchandises, titres ou valeurs qui lui sont donnés en échange par ce facteur, pour remplacer le gage des marchandises, titres ou valeurs ainsi remis, alors ce nouveau contrat, s'il est fait de bonne foi, est réputé valable et fait en considération d'avances actuelles en argent, suivant les dispositions contenues en ce chapitre ; mais le gage acquis par ce nouveau contrat, non plus que les marchandises, titres ou valeurs donnés en échange ne peuvent excéder la valeur de ceux qui ont été libérés par l'échange.

S. B. C., ch. 59, sec. 3.

1742. Ne sont valides que les contrats mentionnés en ce chapitre, et les prêts, avances et échanges faits de bonne foi et sans avis que le facteur qui les contracte n'a pas d'autorité pour ce faire, ou qu'il agit de mauvaise foi à l'égard du propriétaire des marchandises.

S. R. C., ch. 59, sec. 4.

1743. Les prêts, avances et échanges de bonne foi, quoique faits avec la connaissance que le facteur n'est pas le propriétaire, mais sans avis qu'il agit sans autorité, lient le propriétaire et toutes autres personnes intéressées dans les marchandises, titres ou valeurs, suivant le cas.

S. R. C., ch. 59, sec. 6.

1744. Les dettes antérieures dues par le facteur à qui on a confié des marchandises ou documents qui en forment les titres, ne peuvent justifier l'octroi d'un privilége ou droit de gage sur telles marchandises ou titres à icelles; et tel agent ne peut se départir des ordres formels ou des pouvoirs qu'il a reçus de son principal en ce qui concerne telles marchandises.

S. R. C., ch. 59, sec. 5.

1745. Tout connaissement, reçu ou ordre d'un garde-magasin ou garde-quai pour la délivrance d'effets, tout certificat d'inspection de potasse ou de perlasse, et tout document en usage dans le cours ordinaire des affaires comme faisant preuve de la possession ou droit de disposer de quelques marchandises, ou comportant une autorisation, par le moyen de l'endossement ou de la livraison, au possesseur de tel document de céder ou recevoir les marchandises représentées par tel document, est réputé un titre dans le sens des dispositions contenues en ce chapitre.

S. R. C., ch. 59, sec. 7.

Jurisp.—A document in the form following was a warehouse receipt, and not a mere delivery order. "Received from Ritchie, Cregg, Gillespie & Co., on storage, in yard Grey Nun Street, the following merchandise, viz: (300) three hundred tons No. 1 Clyde pig iron, storage free till opening of navigation, deliverable only on the surrender of this receipt properly endorsed. Montreal, 5th March, 1873. Thomas Robertson & Co."—*Held*, that the parties signing the above warehouse receipt, unpaid vendors of the iron, could not pretend that it was not a warehouse receipt, in as much as they were not warehousemen as against a holder of such receipt in good faith;—That such warehouse receipt may be transferred by endorsement as collateral security for a debt contracted at the time, in good faith, the pledgee having no notice that the pledgor is not authorized to pledge, the proof of such knowledge being on the party signing the receipt;—That an obligation contracted at the time may be made to cover future advances, but not past indebtedness.— Robertson vs Lajoie, XXII L. C. J., 169.

1746. Tout facteur porteur d'un semblable titre, soit qu'il le tienne immédiatement du propriétaire des effets ou qu'il l'ait obtenu à raison de la possession qui lui a été confiée des marchandises ou titres à icelles, est réputé saisi de la possession des marchandises représentées par tels titres.

S. R. C., ch. 59, sec. 8.

Jurisp.— A transfer of goods may be validly made to a banking institution by the delivery of a warehouse receipt without endorsement.— Molsons Bank vs Jones, IX L. C. J., 81.

1747. Tout contrat conférant un droit de gage ou privilége sur un document formant titre est réputé nantissement, ou constitution de privilége sur les marchandises auxquelles le titre se rapporte, et le facteur est réputé possesseur des marchandises ou titres, soit qu'ils soient actuellement sous sa garde ou qu'ils soient entre les mains d'une autre personne agissant pour lui et sujette à son contrôle.

S. R. C., ch. 59, sec. 9.

1748. Lorsqu'un prêt ou des avances sont faits de bonne foi à un facteur nanti et en possession de marchandises ou titres, sur la foi d'un contrat par écrit pour la consignation, le dépôt, le transport ou la délivrance de telles marchandises ou titres, qui sont de fait reçus par la personne qui fait le prêt ou les avances soit au temps même du contrat ou à une époque subséquente, sans avis que le facteur n'est pas autorisé à consentir de gage ou nantissement, tels prêt ou avances sont censés faits sur le nantissement de ces marchandises ou titres, dans le sens des dispositions du présent chapitre.

S. R. C., ch. 59, sec. 10.

1749. Tout contrat fait soit directement avec le facteur, ou avec son commis ou autre personne de sa part, est censé un contrat fait avec tel facteur.

S. R. C., ch. 59, sec. 11.

1750. Tout paiement fait soit en argent, en lettres de change ou autres valeurs négociables, est censé une avance dans le sens de ce chapitre.

S. R. C., ch. 59, sec. 12.

1751. Tout facteur en possession de marchandises ou titres, ainsi qu'il est dit ci-dessus, est, pour les fins de ce chapitre, censé en avoir été chargé par le propriétaire, à moins de preuve contraire.

S. R. C., ch. 59, sec. 13.

1752. Rien de contenu dans ce chapitre ne diminue ni n'affecte la responsabilité civile du facteur pour contravention à ses obligations, ou inexécution des ordres ou des pouvoirs qu'il a reçus.

S. R. C., ch. 59, sec. 14.

1753. Nonobstant ce qui est contenu dans les articles qui précèdent, le propriétaire peut en tout temps, avant qu'ils soient vendus, racheter les marchandises ou titres mis en gage comme il vient d'être dit, en remboursant le montant ou en restituant les valeurs pour lesquelles ils sont engagés, et en payant au facteur les deniers pour sûreté desquels ce facteur a droit de retenir les marchandises et titres par privilége à l'encontre du propriétaire; ou bien, il peut recouvrer de la personne à qui les marchandises ou titres ont été donnés en gage ou qui y a un privilége tout reliquat de deniers restant entre ses mains sur le produit des marchandises, déduction faite du montant assuré par le contrat.

S. R. C., ch. 59, sec. 20.

1754. Dans le cas de faillite du facteur, et dans le cas du rachat des marchandises par le propriétaire, ce dernier est censé, quant aux deniers qu'il a payés pour le compte du facteur sur ce rachat, les avoir payés pour le compte de ce facteur avant sa faillite; ou, si les marchandises n'ont pas été ainsi rachetées, le propriétaire est considéré comme un créancier du facteur pour la valeur des marchandises ainsi données en gage, du jour du nantissement; et dans l'un ou l'autre cas, il peut faire valoir ou opposer en compensation, la somme ainsi payée, ou la valeur des marchandises, suivant le cas.

S. R. C., ch. 59, sec. 21.

CHAPITRE SIXIÈME.

DE L'EXTINCTION DU MANDAT.

1755. Le mandat se termine :
1. Par la révocation;
2. Par la renonciation du mandataire;
3. Par la mort naturelle ou civile du mandant ou du mandataire;
4. Par l'interdiction, la faillite ou autre changement d'état par suite duquel la capacité civile de l'une ou l'autre des parties est affectée;
5. Par l'extinction du pouvoir dans le mandant;
6. Par l'accomplissement de l'affaire, ou l'expiration du temps pour lequel le mandat a été donné;
7. Par autres causes d'extinction communes aux obligations.

ƒ L. 12, ƚ 16; L. 22, ƚ 11; L. 27, ƚ 3; L. 26, *in pr. Mandati.*— Cod., L. 15, *Mandati.*— Pothier, *Mandat,* nᵒˢ 38 et suiv., 101, 103, 111, 112, 113 et 120.— Domat, liv. 1, tit. 15, sec. 4.— Troplong, *Mandat,* 744 et suiv.— Story, *Bailments,* ƚƚ 202 à 211.— Clamageran, 300 et suiv., 332 et suiv.— Code civil B. C., art. 1138.— C. N., 2003.

1756. Le mandant peut en tout temps révoquer son mandat et obliger le mandataire à lui remettre la procuration si elle ne porte pas minute.

ƒ L. 12, ƚ 16, *Mandati.*— Pothier, *Mandat, loc. cit.*— Troplong, *Mandat,* 764 et suiv.— C. L., 2997.— C. N., 2004.

1757. La constitution d'un nouveau mandataire pour la même affaire vaut révocation du premier à compter du jour où elle lui a été notifiée.

L. 31, ƚ fin., *De procurat.*— Pothier, *Mandat,* 114 et suiv.— Domat, *loc. cit.,* nᵒ 2, — C. L., 2999.— Story, *Bailments,* ƚ 208.— C. N., 2006.

1558. Si l'avis de la révocation n'a été donné qu'au mandataire, elle ne peut affecter les tiers qui, dans l'ignorance de cette révocation, ont traité avec lui, sauf au mandant son recours contre celui-ci.

Pothier, *Mandat,* 121.— Code civil B. C., art. 1728.— C. L., 2998.— C. N., 2005.

1759. Le mandataire peut renoncer au mandat qu'il a accepté en en donnant dûment avis au mandant. Néanmoins, si cette renonciation préjudicie au mandant, le mandataire est responsable des dommages, à moins qu'il n'y ait un motif raisonnable pour cette renonciation. Si le mandat est salarié le mandataire est responsable, conformément aux règles générales relatives à l'inexécution des obligations.

ff L. 22, § 11 ; L. 5, § 1 ; L. 23 ; L. 24 ; L. 25, *Mandati.*— Pothier, *Mandat*, nᵒˢ 88, 89 et suiv.— Domat, *loc. cit.*, nᵒˢ 3, 4 et 5.— Troplong, *Mandat*, 806 et 382.— Story, *Agency*, § 478.— Code civil B. C., *Oblig.*, ch. 6.— C. N., 2007.

1760. Les actes du mandataire, faits dans l'ignorance du décès du mandant ou de toute autre cause qui pouvait mettre fin au mandat, sont valides.

ff L. 26, *Mandati.*— Pothier, *Mandat*, 106.—Domat, *loc. cit.*, nᵒ 7.—Troplong, *Mandat*, 811 et suiv.— Story, *Bailments*, §§ 204 et 205.— C. N., 2008.— Code civil B. C., art. 1720 et 1728.

1761. Les représentants légaux du mandataire qui connaissent le mandat, et qui ne sont pas dans l'impossibilité d'agir par cause de minorité ou autrement, sont tenus de notifier son décès au mandant et de faire dans les affaires commencées tout ce qui est immédiatement nécessaire pour prévenir les pertes auxquelles le mandant pourrait être exposé.

ff Arg. ex leg. 40, *Pro socio.*— Pothier, *Mandat*, nᵒ 101.— Troplong, *Mandat*, 830, 835, 836 et 837.—Story, *Bailments*, 202.— C. N., 2010.

TITRE NEUVIÈME.

DU PRÊT.

DISPOSITIONS GÉNÉRALES.

1762. Il y a deux sortes de prêts : 1ᵒ Le prêt des choses dont on peut user sans les détruire, appelé *prêt à usage* ou *commodat ;* 2ᵒ Le prêt des choses qui se consomment par l'usage qu'on en fait, appelé *prêt de consommation.*

ff L. 2, *De rebus creditis.*—Jones, *Bailments*, 74.— Story, *Bailments*, §§ 219 et suiv.—C. L., 2862.—C. N., 1874.

CHAPITRE PREMIER.

DU PRÊT A USAGE OU COMMODAT.

SECTION I.

DISPOSITIONS GÉNÉRALES.

1763. Le prêt à usage est un contrat par lequel l'une des parties, appelée le prêteur, livre une chose à une autre personne appelée l'emprunteur, pour s'en servir gratuitement pendant un temps et ensuite la rendre au prêteur.

ff L. 1, § 1 ; L. 3, § 4 ; L. 5, § *commodati.*—Instit., liv. 3, tit. 15, § 2, *in fin.*—Pothier, *Prêt à usage*, Introd. et ch. 1, sec. 1, art. 1.— Troplong, *Prêt*, 13 et suiv.—Jones, *loc. cit.*—Story, *loc. cit.*—C. L., 2864.—C. N., 1875 et 1876.

1764. Le prêteur demeure propriétaire de la chose prêtée.

ff L. 8 ; L. 9, *Commodati.*—Pothier, *Prêt à usage*, 4 (2e alin.)—Troplong, *Prêt*, 16. — C. L., 2866.—C. N., 1877.

1765. Tout ce qui peut être l'objet du contrat de louage peut l'être du prêt à usage.

Code civil B. C., art. 1605 et 1606.—Pothier, *Pr. à us.*, 11.—C. N., 1878.

SECTION II.

DES OBLIGATIONS DE L'EMPRUNTEUR.

1766. [L'emprunteur est tenu de veiller en bon père de famille à la garde et à la conservation de la chose prêtée.]
Il ne peut s'en servir qu'à l'usage pour lequel elle est destinée par sa nature ou par la convention.

Instit., liv. 3, tit. 15, § 2.—*ff* L. 1, § 4, *De oblig. et act.* ; L. 5, §§ 2, 5, 7 et 8 ; L. 18, *Commodati.*— Pothier, *Pr. à us.*, 48.— C. N., 1880.

1767. Si l'emprunteur emploie la chose à un autre usage que celui auquel elle est destinée ou pour un temps plus long qu'il ne le devait, il est tenu de la perte arrivée même par cas fortuit.

Autorités citées sous l'article précédent.— Pothier, *Pr. à us.*, 58 et 60.—C. N., 1881.

1768. Si la chose prêtée périt par un cas fortuit dont l'emprunteur pouvait la garantir en employant la sienne propre, ou si, ne pouvant conserver que l'une des deux, il a préféré sauver la sienne, il est tenu de la perte.

ff L. 5, § 4, *Commodati.*— Cod., L. 1, *De commodato.*— Pothier, *Pr. à us.*, 56.— Story, *Bailments*, §§ 246 à 251.— C. N., 1882.

1769. Si la chose se détériore par le seul effet de l'usage pour lequel elle est prêtée, et sans la faute de l'emprunteur, il n'est pas tenu de la détérioration.

ff L. 10, *in pr.* ; L. 25, *Commodati.*— Pothier, *Prêt à us.*, 38, 39, 55 et 69.—C. N., 1884.

1770. L'emprunteur ne peut pas retenir la chose pour ce que le prêteur lui doit, à moins que la dette ne soit pour dépense nécessaire encourue pour la conservation de la chose.

ff L. 18, § 2, *Commodati.*— Cod., L. 4, *De commodato.*— Pothier, *Pr. à us.*, 43, 44 et 82.— Troplong, *Prêt*, 128.— Vinnius, *Quæst. selectæ*, liv. 1, c. 5.— C. N., 1885.

1771. Si pour pouvoir se servir de la chose l'emprunteur a fait quelque dépense, il n'a pas droit de la répéter.

ff L. 18, § 2, *Commodati.*— Pothier, *Pr. à usage*, 165.— C. N., 1886.

1772. Si plusieurs ont emprunté conjointement la même chose, ils en sont solidairement responsables envers le prêteur.

ƒƒ L. 5, § 15 ; L. 21, § 1, *Commodati.*— Pothier, *Prêt à usage*, 65.— C. N., 1887.

SECTION III.

DES OBLIGATIONS DU PRÊTEUR.

1773. Le prêteur ne peut retirer la chose, ou troubler l'emprunteur dans l'usage convenable qu'il en fait, qu'après le terme convenu, ou, à défaut de convention, qu'après qu'elle a servi à l'usage pour lequel elle a été empruntée, sauf néanmoins l'exception contenue en l'article qui suit.

ƒƒ L. 17, § 3, *Commodati.*— Pothier, *Prêt à usage*, 20, 24, 76 et 78.— C. N., 1888.

1774. Si pendant ce terme, ou, dans le cas où il n'y a pas de terme fixé, avant que l'emprunteur ait cessé d'en avoir besoin, il survient au prêteur un besoin pressant et imprévu de la chose, le tribunal peut suivant les circonstances obliger l'emprunteur à la lui rendre.

Pothier, *Prêt à usage*, 25 et 77.— Troplong, *Prêt*, 151.— C. N., 1889.

1775. Si pendant la durée du prêt, l'emprunteur a été obligé, pour la conservation de la chose prêtée, de faire quelque dépense extraordinaire, nécessaire et tellement urgente qu'il n'a pu en prévenir le prêteur, celui-ci est tenu de la lui rembourser.

ƒƒ L. 18, § 2, *Commodati.*— Pothier, *Prêt à usage*, 81.— C. N., 1890.

1776. Lorsque la chose prêtée a de tels défauts qu'elle cause du préjudice à celui qui s'en sert, le prêteur est responsable, s'il connaissait les défauts et n'en a pas averti l'emprunteur.

ƒƒ L. 18, § 3 ; L. 22, *Commodati.*— Pothier, *Prêt à usage*, 84.— C. N., 1891.

CHAPITRE DEUXIÈME.

DU PRÊT DE CONSOMMATION.

SECTION I.

DISPOSITIONS GÉNÉRALES.

1777. Le prêt de consommation est un contrat par lequel le prêteur livre à l'emprunteur une certaine quantité de choses qui se consomment par l'usage, à la charge par ce dernier de lui en rendre autant de même espèce et qualité.

ƒƒ L. 22, §§ 1 et 2, *De rebus creditis.*— Pothier, *Prêt de consomption*, 1.— C. N., 1892.

1778. Par le prêt de consommation l'emprunteur devient le propriétaire de la chose prêtée, et la perte en retombe sur lui.

ƒ L. 2, § 2, *De reb. cred.* ; L. 1, § 4, *De oblig. et act.*— Pothier, *Prêt de consomption*, nᵒˢ 1, 4, 5 et 50.— Prevot de la Janès, nᵒ 537.— C. N., 1893.

1779. L'obligation qui résulte d'un prêt en argent n'est toujours que de la somme numérique reçue.

S'il y a augmentation ou diminution dans la valeur des espèces avant l'époque du paiement, l'emprunteur est obligé de rendre la somme numérique prêtée, et ne doit rendre que cette somme en espèces ayant cours au temps du paiement.

Pothier, *Prêt de consomption*, 35, 36 et 37.— C. N., 1895 et 1896.

1780. Si le prêt a été fait en lingots ou en denrées, l'emprunteur doit toujours rendre la même quantité et qualité qu'il a reçues et rien de plus, quelle que soit l'augmentation ou la diminution de leur prix.

ƒ L. 2 ; L. 3, *De reb. cred.*— Pothier, *Prêt de consomption*, 15.— C. N., 1897.

SECTION II.

DES OBLIGATIONS DU PRÊTEUR.

1781. Pour le prêt de consommation le prêteur doit avoir le droit d'aliéner la chose prêtée, et il est sujet à la responsabilité établie dans l'article 1776 relatif au prêt à usage.

ƒ L. 18, *Commodati* ; L. 2, §§ 2 et 4, *De reb. cred.*— Domat, liv. 1, tit. 6, sec. 2, nᵒˢ 2 et 3.— Pothier, *Prêt de consomption*, 51 et 52.— Troplong, *Prêt*, 186 et 187.— C. N., 1898.

SECTION III.

DES OBLIGATIONS DE L'EMPRUNTEUR.

1782. L'emprunteur est tenu de rendre les choses prêtées en même quantité et qualité, et au terme convenu.

ƒ L. 2 ; L. 3, *De reb. cred.*— Domat, *loc. cit.*, sec. 3, nᵒ 1.— Pothier, *Prêt de consomption*, 13, 14, 30, 40 et 47.—C. N., 1899 et 1902.

1783. S'il n'y a pas de convention par laquelle on puisse déterminer le terme, il est fixé par le tribunal suivant les circonstances.

Pothier, *Prêt de consomption*, nᵒ 48.—C. N., 1900 et 1901.

1784. Si l'emprunteur est en demeure de satisfaire à l'obligation de rendre la chose prêtée, il est tenu, au choix du prêteur, d'en payer la valeur au temps et au lieu où la chose devait être rendue d'après la convention ;

Si ce temps et ce lieu n'ont pas été réglés, le paiement se fait au prix du temps et du lieu où l'emprunteur a été mis en demeure ;

Avec intérêt dans les deux cas à compter de la mise en demeure.

ff L. 22, *De reb. cred.* ; L. 4, *De condict. tritic.*— Pothier, *Prêt de consomption*, 40 et 41.— Domat, *loc. cit.*, n° 5.— Code civil B. C., *Oblig.*, ch. 6.— Troplong, *Prêt*, pp. 288, 289 et 293.— 2 Prevot de la Janès, n° 538.— C. N., 1903 et 1904.

CHAPITRE TROISIÈME.

DU PRÊT A INTÉRÊT.

1785. L'intérêt sur prêt est ou légal ou conventionnel.

Le taux de l'intérêt légal est fixé par la loi à six pour cent par année.

Le taux de l'intérêt conventionnel peut être fixé par convention entre les parties, excepté :

1. Quant à certaines corporations mentionnées en l'acte intitulé : *Acte concernant l'intérêt*, qui ne peuvent recevoir plus que le taux légal de six pour cent ;

2. Quant à quelques autres corporations qui par des statuts spéciaux sont limitées à certains taux d'intérêt ;

3. Quant aux banques qui ne peuvent recevoir plus de sept pour cent.

S. R. C., ch. 58, sec. 3, 4, 5 et 8.— C. N., 1907.

Jurisp.— Une rente constituée en viager et à fonds perdu ne peut pas être considérée comme un contrat usuraire quelqu'exorbitante qu'en soit la prestation.— Mogé vs Latraverse, VII L. C. J., 128.

1786. La quittance du capital fait présumer le paiement des intérêts, à moins qu'il n'en soit fait réserve.

C. L., 2896.— C. N., 1908.

CHAPITRE QUATRIÈME.

DE LA CONSTITUTION DE RENTE.

1787. La constitution de rente est un contrat par lequel les parties conviennent du paiement par l'une d'elles de l'intérêt annuel sur une somme d'argent due à l'autre ou par elle comptée, pour demeurer permanemment entre les mains de la première comme un capital qui ne doit pas être demandé par la partie qui l'a fourni, excepté dans les cas ci-après mentionnés.

Elle est assujettie quant au taux de la rente aux mêmes règles que les prêts à intérêt.

Pothier, *Constitution de rente*, 1, 4, 9 et 43.— 2 Prevot de la Janès, n° 540, pp. 268 et suiv.— Troplong, *Prêt*, 421, 463 et suiv.— C. N., 1909.— Code civil B. C., article 1790.

Jurisp.—1. Sur action personnelle pour arrérages d'une rente constituée contre des héritiers possédant par indivis, la condamnation ne peut être solidaire.— Pappans & Turcotte, XV L. C. R., 153.

2. The amount of a constituted rent established by the schedule of a seigniory

cannot be contested after its completion.—The schedule proves not only the
amount of the constituted rent, but also, in the absence of other proof, the
amount of the *cens et rentes* which it replaces.—Rientord vs Ginnis, IX L. C. J.,
109.

1788. La constitution de rente peut aussi se faire par donation
et par testament.

Autorités sous l'article précédent.

1789. La rente peut être constituée en perpétuel ou à terme;
lorsqu'elle est en perpétuel, elle est essentiellement rachetable par
le débiteur, sujette néanmoins aux dispositions contenues aux articles 390, 391 et 392.

Ordce Charles VI, 1441, art. 18.— Pothier, *Constit. de rente*, 51 et 52; *Cout.
d'Orl.*, pp. 19 et 427.— 1 Bourjon, p. 324, § 12.— C. N., 1910 et 1911.

Jurisp.— Il n'est pas loisible à un preneur à bail à rente foncière non rachetable, de se libérer du paiement de cette rente en déguerpissant l'immeuble.—
La stipulation de payer la rente à toujours et à perpétuité équivaut à l'obligation de fournir et faire valoir.— Hall & Dubois, VIII L. C. R., 361.

1790. Le principal de la rente constituée en perpétuel peut être
réclamé:
  1. Si le débiteur ne fournit et ne continue les sûretés auxquelles
il s'est obligé par le contrat;
  2. Si le débiteur devient insolvable ou en faillite;
  3. Dans les cas spécifiés aux articles 390, 391 et 392.

Pothier, *Constit. de rente*, 48, 49, 66, 67, 71, 72 et 73.— 1 Bourjon, p. 325, sec. 4.
— 2 Prevot de la Janès, n° 542, p. 271.— C. N., 1912 et 1913.

Jurisp.—1. Where an *héritage* is sold by *décret*, the proprietor of a *constitution
de rente perpétuelle*, secured by mortgage upon it, can demand the capital of his
rente; but of a *rente viagère* the proprietor can only demand what will purchase
an annuity of equal value.— Thibaudeau vs Raymond, III R. de L., 477.
  2. Si une licitation forcée est conduite de manière à ne porter atteinte à aucun
des droits hypothécaires du propriétaire d'une rente constituée, il ne sera pas
permis à tel propriétaire de réclamer le principal de telle rente.— Montizambert
& Murphy, XIII L. C. R., 97.
  3. L'aliénation forcée, pour cause d'utilité publique, de partie d'un héritage
hypothéqué à une rente constituée, ne donne pas ouverture au remboursement
total du principal de la rente, mais seulement à une proportion du principal de
la rente équivalant à la portion aliénée de l'héritage.—Seers & La Banque du
Peuple, I L. C. R., 125.
  4. Le créancier d'une rente constituée qui a été portée, sans son consentement
et hors sa connaissance, au cahier de charges sujet auxquelles un immeuble a
été vendu par licitation, ne peut maintenir une opposition afin de conserver
pour le paiement du principal sur les deniers provenant de la vente de tel
immeuble.— Murphy vs Hall, XII L. C. R., 194.
  5. Le créancier d'une rente constituée ne peut en demander le remboursement,
à raison de ce qu'une autre rente constituée, qui lui est hypothéquée, est remboursée à son débiteur par suite du décret forcé de la propriété sur laquelle est
assise cette dernière rente, s'il a d'ailleurs d'autres hypothèques suffisantes pour
assurer la prestation de sa rente.— Laframboise vs Berthelet, IX L. C. J., 89.

1791. Les règles concernant la prescription des arrérages des
rentes constituées sont contenues dans le titre des prescriptions.

Jurisp.— Par la loi qui existait avant la mise en opération de la 4ᵉ Vict.,
ch. 30, il n'y avait pas de prescription de cinq ans contre les arrérages de rente
constituée pour prix de vente d'héritage, mais seulement une prescription de
trente ans.— Dans une distribution de deniers, produit de la vente d'immeu-

bles, le vendeur, bailleur de fonds, la réclamation duquel est fondée sur un acte antérieur à la mise en force de la 4ᵉ Vict., ch. 30, a droit d'être colloqué pour tous les arrérages d'intérêts dus avec le principal, nonobstant qu'aucun sommaire de tels intérêts n'ait été enregistré.— La 7ᵉ Vict., ch. 22, ne peut être interprétée de manière à lui donner un effet rétroactif, et conséquemment, cet acte n'affecte pas les rentes constituées, créées avant sa mise en force.— Brown vs Clarke, X L. C. R., 379.

1792. Le créancier d'une rente assurée par privilége et hypothèque de vendeur, a droit de demander que la vente par décret de l'immeuble affecté à tel privilége et hypothèque, soit faite à la charge de la rente ainsi constituée.

S. R. B. C., ch. 50, sec. 7.

1793. Les règles relatives aux rentes viagères sont contenues dans le titre: *Des Rentes Viagères.*

TITRE DIXIÈME.

DU DÉPÔT.

1794. Il y a deux espèces de dépôt, le dépôt simple et le séquestre.

Pothier, *Dépôt,* nᵒ 1.— C. N., 1916.

CHAPITRE PREMIER.

DU DÉPÔT SIMPLE.

SECTION I.

DISPOSITIONS GÉNÉRALES.

1795. Il est de l'essence du dépôt simple qu'il soit gratuit.

ff L. 1, § 8, *Depositi.*— Pothier, *Dépôt,* nᵒˢ 1 et 9.— Domat, liv. 1, tit. 7, sec. 1, nᵒ 2.— Troplong, *Dépôt,* 11 à 15.— C. N., 1917.

1796. Les choses mobilières seules peuvent être l'objet du dépôt simple.

Pothier, *Dépôt,* nᵒ 3.— Domat, *loc. cit.,* nᵒ 3.— Troplong, *Dépôt,* 17, 18 et 19.— C. N., 1918.

1797. La délivrance est essentielle pour la perfection du contrat de dépôt.

La délivrance est suffisante lorsque le dépositaire se trouve déjà

en possession, à quelque autre titre que ce soit, de la chose qui est
l'objet du dépôt.

ff L. 1, § 5, *De oblig. et act.* ; L. 1, § 14, *Depositi* ; L. 8, *Mandati* ; L. 18, § 1, *De
reb. cred.*— Pothier, *Dépôt*, 7 et 8.—Troplong, *Dépôt*, 20, 21 et 22.— C. N., 1919.

1798. Le dépôt simple est volontaire ou nécessaire.

C. N., 1920.

SECTION II.

DU DÉPÔT VOLONTAIRE.

1799. Le dépôt volontaire est celui qui se fait du consentement
réciproque de la personne qui le fait et de celle qui le reçoit.

ff L. 1, § 5, *Depositi.*— Pothier, *Dépôt*, 14 et 15.— C. N., 1921.

1800. Le dépôt volontaire ne peut avoir lieu qu'entre personnes
capables de contracter.

Néanmoins si une personne capable de contracter accepte le dépôt
fait par une personne incapable, elle est tenue de toutes les obligations d'un dépositaire, et pour l'exécution de ces obligations elle
peut être poursuivie par le tuteur ou autre administrateur de la personne qui a fait le dépôt.

Instit., lib. 1, tit. 21, *in pr.*— Pothier, *Dépôt*, 5 et 6.— Troplong, *Dépôt*, 60.—
C. L., 2906.— C. N., 1925.

1801. Si le dépôt a été fait à une personne incapable de contracter, la personne qui l'a fait a droit de revendiquer la chose déposée
tant qu'elle demeure entre les mains de la première, et ensuite, elle
a droit de demander la valeur de la chose jusqu'à concurrence de ce
qui a tourné au profit du dépositaire.

ff L. 9, § 2, *De minoribus.*— Pothier, *Dépôt*, 6.— Troplong, *Dépôt*, 55 et 56.—
C. N., 1926.

SECTION III.

DES OBLIGATIONS DU DÉPOSITAIRE.

1802. [Le dépositaire doit apporter à la garde de la chose déposée le soin d'un bon père de famille.]

Jurisp.— Un dépositaire salarié de marchandises déposées sous sa garde
est responsable de la faute légère.— Si tel dépositaire prétend que son magasin
a été défoncé, et que les marchandises ainsi remises sous sa garde en ont em-
portées et volées, l'*onus probandi* incombera sur lui, et il sera tenu d'établir le vol
d'une manière claire et satisfaisante.— Il est du devoir d'un dépositaire salarié,
immédiatement après le vol, de constater la quantité des effets volés, et de
prendre les moyens nécessaires pour les recouvrer, ou d'informer du vol le propriétaire de la marchandise, afin de lui donner l'occasion de faire les démarches
convenables pour le recouvrement des effets ainsi volés.— Roche vs Fraser, VII
L. C. R., 472.

1803. Le dépositaire ne peut se servir de la chose déposée sans
la permission de celui qui a fait le dépôt.

Instit., lib. 4, tit. 1, § 6, ƒƒ L. 25, § 1 ; L. 29, *Depositi.*— Domat, *loc. cit.*, n° 16 ; sec. 1, n° 15.— Pothier, *Dépôt*, 34, 35, 36 et 37.— C. N., 1930.

1804. Le dépositaire doit rendre identiquement la chose qu'il a reçue en dépôt.

Si la chose lui a été enlevée par force majeure et s'il a reçu quelque chose à la place, il doit rendre ce qu'il a ainsi reçu en échange.

Instit., lib. 3, tit. 15, § 3 ; ƒƒ L. 17, § 1 ; L. 1, § 21, *Depositi.*— Domat, *loc. cit.*, sec. 3, n° 6.— Pothier, *Dépôt*, 40 et 45.— C. N., 1932 et 1934.

Jurisp.—1. Un voyageur demande, comme une faveur, à un hôtelier la permission de placer sa valise en dedans du comptoir, et l'y ayant déposée, il s'en va. Il ne revient pas loger dans l'hôtel, et, à son retour le lendemain, il ne retrouve pas sa valise, qui est disparue sans qu'il y ait mauvaise foi de la part du défendeur ou de ses employés.—*Jugé* qu'il n'a pas droit d'action contre l'hôtelier pour la perte, et que ce dépôt est un dépôt volontaire.— Holmes vs Moore, XVII L. C. R., 143.

2. A clerk who had been intrusted with a sum of money by his employers to purchase goods for them, and who alleged that the money was stolen from him while on his way to execute the commission, must prove that the money was stolen and without fault or negligence on his part, in order to be relieved from liability to account for the same.— Gravel & Martin, XXII L. C. J., 272. (Cons. Privé).

1805. Le dépositaire n'est tenu de rendre la chose déposée ou ce qui en reste, que dans l'état où elle se trouve au moment de la restitution ; les détériorations qui ne sont pas survenues par son fait sont à la charge de celui qui a fait le dépôt.

Domat, *loc. cit.*— Pothier, *Dépôt*, 41.— Code civil B. C., art. 1150.— C. N., 1933.

Jurisp.— A passenger by railway did not call for his trunk on arriving at the end of his journey, at 10 o'clock in the forenoon ; but, for his own convenience, left it all day and over night in the baggage-room, without any arrangement, and it was destroyed by fire early the next morning by the accidental burning of the station.—*Held* that the company was not responsible.— Hogan vs Grand Trunk, II Q. L. R., 142.

1806. L'héritier ou autre représentant légal du dépositaire, qui vend de bonne foi la chose dont il ignorait le dépôt, n'est tenu de rendre que le prix qu'il a reçu, ou de céder son droit contre l'acheteur si le prix n'a pas été payé.

ƒƒ L. 1, § 47 ; L. 2 ; L. 3 ; L. 4, *Depositi.*— Domat, *loc. cit.*, n° 13.— Pothier, *Dépôt*, 45 et 46.— C. N., 1935.

1807. Le dépositaire est tenu de restituer les fruits qu'il a perçus de la chose déposée.

Il n'est tenu de payer l'intérêt sur les deniers déposés que lorsqu'il est en demeure de les restituer.

ƒƒ L. 1, §§ 23 et 24, *Depositi ;* L. 38, § 10, *De usuris.*— Cod., L. 2, *Depositi.*— Pothier, *Dépôt*, 47 et 48.— C. N., 1936.

1808. Le dépositaire ne peut pas exiger de la personne qui a fait le dépôt la preuve qu'elle est propriétaire de la chose déposée.

ƒƒ L. 31, § 1, *Depositi.*— Pothier, *Dépôt*, 51.— C. N., 1938.

Jurisp.— A bailee of moveables cannot question the title of the person who placed such moveables in his care.— Tourigny vs Bouchard, IV Q. L. R., 243.

1809. La restitution de la chose déposée doit être faite au lieu convenu et les frais pour l'y transporter sont à la charge de celui qui a fait le dépôt.

S'il n'y a pas de lieu convenu pour la restitution, elle doit se faire au lieu où se trouve la chose.

ff L. 12, *Depositi.*— Domat, *loc. cit.*, sec. 2, n° 3.— Pothier, *Dépôt,* 56 et 57.— Troplong, *Dépôt,* 168 et 169.— C. N., 1942 et 1943.

1810. Le dépositaire est tenu de remettre la chose au propriétaire aussitôt que ce dernier la réclame, lors même que le contrat aurait fixé un délai déterminé pour la restitution ; à moins qu'il n'en soit empêché par une saisie-arrêt, opposition ou autre empêchement légal, ou qu'il n'ait un droit de rétention sur la chose, tel que spécifié en l'article 1812.

ff L. 1, § 45, *Depositi.*— Pothier, *Dépôt,* 58 et 59.— C. N., 1944.

1811. Toutes les obligations du dépositaire cessent s'il établit qu'il est lui-même propriétaire de la chose déposée.

Pothier, *Dépôt,* n°° 4 et 67.— C. N., 1946.

SECTION IV.

DES OBLIGATIONS DE CELUI QUI FAIT LE DÉPÔT.

1812. Celui qui a fait le dépôt est tenu de rembourser au dépositaire les dépenses faites par ce dernier pour la conservation et le soin de la chose, et de l'indemniser de toutes les pertes que le dépôt peut lui avoir occasionnées.

Le dépositaire a droit de retenir la chose jusqu'à tel remboursement.

ff L. 8, § 23, *Depositi.*— Domat, *loc. cit.*, n°° 1, 2 et 3.— Pothier, *Dépôt,* 59, 69, 70 et 74.— C. N., 1947 et 1948.

Jurisp.—Action was brought to revandicate a large quantity of wheat seized in the possession of the defendant. The wheat had arrived in Montreal from Cleveland, and was to be delivered on board another vessel lying in the harbor of Montreal, but the lighter not having been ready to receive it, the carriers stored it with defendant, when it was seized. The judgment of the court below condemned defendant, but recognized his *lien* for storage, and also that of the carriers for freight, holding that they were justified in storing under the circumstances, and the judgment was confirmed.—Watt vs Gould, Q. L. D., 213.

SECTION V.

DU DÉPÔT NÉCESSAIRE.

1813. Le dépôt nécessaire est celui qui a lieu par une nécessité imprévue et pressante provenant d'un accident ou de force majeure, comme dans le cas d'incendie, naufrage, pillage ou autre calamité soudaine. Il est d'ailleurs sujet aux mêmes règles que le dépôt volontaire, sauf quant au mode de le prouver.

ff L. 1, §§ 1 et 12, *Depositi.*— Domat, *loc. cit.*, sec. 7, n°° 1 et 2.— Pothier, *Dépôt,* 75.— Story, *Bailments,* §§ 44, 59 et 60.— Code civil B. C., art. 1233.— C. N., 1949 et 1950.

1814. Ceux qui tiennent auberge, maison de pension et hôtellerie, sont responsables, comme dépositaires, des effets apportés par les voyageurs qui logent chez eux.

Le dépôt de ces effets est regardé comme un dépôt nécessaire.

ff L. 1, *in pr.*, §§ 1 et 2 ; L. 3, § 1 ; L. 5, *Nautæ, caupones, stab.*— Danty, *Preuve par tém.*, ch. 3, n° 21, p. 112.— Pothier, *Dépôt*, 79 et 80.— Troplong, *Dépôt*, 217, 218, 228 et 229.— C. N., 1952.

Jurisp.— An inn-keeper is responsible for the effects stolen from a traveller while lodging in his house, where it is not proved that the theft was committed by a stranger and was due to the negligence of the traveller.— Geriken & Grannis, XXI L. C. J., 265.

1815. Les personnes mentionnées dans l'article précédent sont responsables du vol ou dommage des effets du voyageur par leurs domestiques ou agents, ou par des étrangers allant et venant dans la maison.

Mais elles ne sont pas responsables des vols commis avec force armée ou des dommages résultant de force majeure.

Elles ne sont pas non plus responsables s'il est prouvé que la perte ou le dommage est causé par un étranger et est arrivé par la négligence ou l'incurie de la personne qui en réclame le montant.

ff L. 1, § 8; L. 2; L. 3, *Naut., caup., stab.* ; L. 1, *Furti adversus nautas*, etc.— Danty, *loc. cit.*, n° 26, p. 114.— Leprestre, *Cent.* 1, ch. 19.— Pothier, *Dépôt*, 78.— C. L., 2938.— C. N., 1953 et 1954.

Jurisp.—1. Un particulier recevant des chevaux dans ses étables est responsable des dommages causés en conséquence de ce que la queue et la crinière d'un cheval dans telles étables ont été coupées, et sans preuve du contraire, tels dommages seront présumés avoir été occasionnés par ses serviteurs ou par sa ou leur négligence.— Durocher vs Meunier, IX L. C. R., 8.

2. Un hôtelier est responsable envers un individu allant à un bal à son hôtel, qui remet sa redingote ou paletot à un serviteur de l'hôtel, et qui reçoit un billet ou numéro pour icelui, la redingote n'ayant pas été remise sur présentation du billet, et nulle preuve produite de négligence de la part du demandeur.— Bourgouin vs Hogan, XV L. C. R., 424.

3. Un voiturier n'est pas responsable de la perte ou du vol d'un paletot apporté par un voyageur dans un bateau à vapeur et déposé par ce dernier sur un sofa dans la salle à dîner, pendant qu'il prenait son souper.— Torrance vs Richelieu Company, X L. C. J., 335.

1816. Les règles contenues en l'article 1677, s'appliquent également à la responsabilité des personnes qui tiennent auberge, maison de pension et hôtellerie, ainsi qu'au serment à déférer.

Autorités sous l'art. 1677.

Amend.— *Le statut de Q.*, 39 Vict., c. 23, *ss.* 2 *et suiv.*, *contient ce qui suit :*

2. Nul aubergiste, après la sanction du présent acte, ne sera tenu d'indemniser aucun de ses hôtes pour toute perte de ou pour tout dommage aux biens ou effets apportés à son auberge, qui ne sera pas un cheval, ou autre animal vivant, ou tout harnais lui appartenant, ou une voiture, d'un montant plus considérable que la somme de $200.00, excepté dans les cas suivants, savoir:

1. Dans le cas où tels biens ou effets auront été volés, perdus ou endommagés, par la volonté, la faute ou la négligence de tel aubergiste ou de tout serviteur à son emploi.

2. Dans le cas où tels biens ou effets auront été déposés chez lui expressément pour être confiés à la garde de tel aubergiste.

Pourvu toutefois, que dans le cas de tel dépôt le dit aubergiste pourra, s'il le juge à propos, poser comme condition de sa responsabilité, que ces biens ou effets seront déposés dans une boîte ou autre réceptacle fermé et scellé par les personnes qui les auront déposés.

3. Si un aubergiste refuse de recevoir pour mettre en sûreté, tel que ci-dessus mentionné, des biens ou effets appartenant à son hôte, ou si tel hôte par la faute de tel aubergiste, est incapable de déposer tels biens ou effets comme susdit, le dit aubergiste n'aura pas droit de bénéficier du présent acte, quant à ce qui concerne tels biens ou effets.

4. Tout aubergiste fera afficher, en vue dans le bureau, les salles publiques, et toutes les chambres à coucher de son auberge, une copie de la seconde section du présent acte, imprimée en caractères lisibles ; et ne pourra bénéficier des dispositions de la dite section qui concernent tels biens ou effets qui auront été apportés à son auberge, pendant que telle copie sera ainsi affichée.

5. Dans l'interprétation du présent acte, le mot "auberge" comprend un hôtel, une auberge, une taverne, une maison d'entretien public ou autre place de rafraîchissement, dont le maître est maintenant, d'après la loi, responsable des biens ou effets de ses hôtes ; et le mot "aubergiste" signifie la personne qui tient tout tel endroit.

6. L'article 1816 du Code civil est par le présent amendé aux fins particulières ci-dessus mentionnées.

––––––

CHAPITRE DEUXIÈME.

DU SÉQUESTRE.

1817. Le séquestre est ou conventionnel ou judiciaire.

Pothier, *Dépôt*, 84.— C. N., 1955.

SECTION I.

DU SÉQUESTRE CONVENTIONNEL.

1818. Le séquestre conventionnel est le dépôt fait par deux ou plusieurs personnes d'une chose qu'elles se disputent, entre les mains d'un tiers qui s'oblige de la rendre, après la contestation terminée, à la personne à qui elle sera adjugée.

ff L. 6 ; L. 17, *Depositi.*— Domat, *loc. cit.*, sec. 4, n° 1.— Pothier, *Dépôt*, 1 et 84.— C. N., 1956.

1819. Le séquestre n'est pas essentiellement gratuit ; il est d'ailleurs sujet aux règles applicables au contrat de dépôt simple en autant qu'elles ne sont pas incompatibles avec les articles de ce chapitre.

Domat, *loc. cit.*, n° 3.— Pothier, 89 et 90.— C. N., 1957 et 1958.

1820. Le séquestre peut avoir pour objet les biens immeubles de même que les biens meubles.

Domat, *loc. cit.*, n° 1.— Pothier, *Dépôt*, 87.— C. N., 1959.

1821. Le dépositaire chargé de séquestre ne peut être déchargé avant la contestation terminée que du consentement de toutes les parties intéressées, ou par le tribunal pour une cause suffisante.

ff L. 5, § 2, *Depositi.*— Domat, *loc. cit.*, n° 6.— Pothier, *Dépôt*, 88.— C. N., 1960.

1822. Lorsque le séquestre n'est pas gratuit, il est assimilé au contrat de louage, et l'obligation du dépositaire, quant à la garde de la chose séquestrée, est la même que celle du locataire.

Domat, *loc. cit.*, n° 3.— Pothier, *Dépôt*, 90.

SECTION II.

DU SÉQUESTRE JUDICIAIRE.

1823. Le séquestre ou dépôt peut être ordonné par l'autorité judiciaire :

1. Des biens meubles saisis par arrêt simple ou en exécution d'un jugement ;

2. Des deniers ou autres choses qu'un débiteur offre et consigne dans une instance pendante ;

3. Le tribunal, sur la demande de la partie intéressée, peut, suivant les circonstances, ordonner le séquestre d'une chose mobilière ou d'un immeuble dont la propriété ou la possession est en litige entre deux ou plusieurs personnes.

1 Couchot, 123.— Ordce 1667, tit. 19, art. 12.— Guyot, v° *Revendication*, 621.— Imbert, *Euchiridion*, pp. 195-6.— Pothier, *Dépôt*, art. 2, ch. 4, n°° 91, 92, 95, 98 et 99 ; *Procédure cir.*, ch. 3, art. 2.— 1 Pigeau, *Procéd. cir.*, 114, 115, 117, 170, 172, 387 et 388.— Troplong, *Dépôt*, n°° 287 et suiv., 293.— C. N., 1961.

Jurisp.— 1. The Court has not power to appoint a *séquestre* or receiver to the Grand Trunk Railway.— The law regarding sequestration of property does not extend to the judicial sequestration of the property of bodies corporate.— Morrison vs Grand Trunk, V L. C. J., 313.

2. Pending the proceedings in an action to compel the execution of a deed of sale of an immoveable, the plaintiff may obtain the appointment of a *séquestre* to receive the rents of the property, although the pleadings and evidence establish that the defendant had sold the property to another party prior to the service of the action, and was no longer in possession of the property, where there is reason to suspect that the sale to such other party was simulated.— Farmer vs O'Neill, XX L. C. J., 185.

1824. Le séquestre peut aussi avoir lieu sous l'autorité judiciaire dans les cas suivants spécifiés en ce code :

1. Lorsque l'usufruitier ne peut fournir le cautionnement mentionné en l'article 465 ;

2. Lorsque le substitué est mis en possession sous l'autorité de l'article 955.

Jurisp.— Une requête pour séquestre doit contenir les moyens sur lesquels est fondée la demande en séquestre, et il n'est pas suffisant d'alléguer que le requérant a intérêt à ce que les propriétés soient séquestrées.— St. Bridget's Asylum vs Fernay, III R. L., 32.

1825. Le gardien ou séquestre nommé en justice doit apporter pour la conservation des choses saisies ou séquestrées les soins d'un bon père de famille.

Il doit les représenter soit pour être vendues suivant le cours de la loi, soit pour être restituées à la partie qui y a droit en vertu du jugement du tribunal.

Il doit aussi rendre compte de sa gestion lorsque le jugement a été rendu dans l'instance, et chaque fois que le tribunal l'ordonne pendant l'instance.

Il a droit d'exiger de la partie saisissante le paiement de l'indemnité fixée par la loi ou par le tribunal, à moins qu'il n'ait été présenté par la partie sur laquelle la saisie a été faite.

Pothier, *Dépôt*, 91, 92, 95 et 96.— C. N., 1962.

Jurisp.— 1. Le gardien judiciaire qui a perdu la possession des objets mis sous sa garde, peut les réclamer par voie de saisie-revendication.— Moisan & Roche, IV Q. L. R., 47.

2. The revendication will lie by a judicial guardian to recover possession of property placed in his charge, of which he has been dispossessed.— Gilbert & Coindet, I L. N., 42.

1826. La chose séquestrée ne peut être prise à loyer directement ni indirectement par aucune des parties à la contestation y relative.

Ordonnance de 1667, tit. 19, art. 18.

1827. Celui qui est chargé de séquestre par l'autorité judiciaire et à qui les effets ont été délivrés est soumis à toutes les obligations qui résultent du séquestre conventionnel.

Pothier, *Dépôt*, 98.— C. N., 1963.

1828. Le séquestre judiciaire peut obtenir sa décharge après le laps de trois ans, à moins que le tribunal, pour des raisons particulières, ne l'ait continué au delà de ce terme.

Il peut aussi être déchargé avant l'expiration de ce terme par le tribunal en connaissance de cause.

Ordonnance de 1667, tit. 19, art. 21.

1829. Les règles spéciales relatives au séquestre judiciaire ou à la consignation sont énoncées dans le Code de Procédure Civile.

TITRE ONZIÈME.

DE LA SOCIÉTÉ.

CHAPITRE PREMIER.

DISPOSITIONS GÉNÉRALES.

1830. Il est de l'essence du contrat de société qu'elle soit pour le bénéfice commun des associés et que chacun d'eux y contribue en y apportant des biens, son crédit, son habileté ou son industrie.

ff L. 5 ; L. 29 ; L. 52, *Pro socio.*— Vinnius, *Com.*, liv. 3, tit. 26, sec. 1.— Domat, liv. 1, tit. 8, sec. 1, n° 1, 2 et suiv.— Pothier, *Société*, n°° 8, 11 et 12.— Troplong, *Société*, n° 318.— Collyer, *Partnership*, p. 2.— C. N., 1832 et 1833.

Jurisp.— Dans le cas où trois personnes entreprennent conjointement un certain contrat, elles deviennent à toute fin quelconque sociétaires, en autant qu'il s'agit de tel contrat, et doivent procéder conjointement, et ne peuvent porter séparément une action pour leur part de la perte résultant de l'inexécution du dit contrat.— Bosquet vs McGreevy, IX L. C. R., 266.

1831. La participation dans les profits d'une société entraîne avec elle l'obligation de partager dans les pertes.

Toute convention par laquelle l'un des associés est exclu de la participation dans les profits est nulle.

La convention qui exempte quelqu'un des associés de participer dans les pertes est nulle quant aux tiers seulement.

ff L. 29, § 2; L. 30, *Pro socio.*— Domat, *loc. cit.*, n° 10.— Pothier, *Société*, n° 20, 21, 25 et 75.— Troplong, *Société*, n° 654 et suiv.— C. L., 2784 et 2785.— Gow, *Partnership* (3e éd.), pp. 9, 153 et 154.— Kent, *Comm.*, pp. 24 à 29.— Collyar, *Partnership*, p. 9.— C. N., 1855.

Jurisp.— Un associé principal n'est pas témoin compétent pour établir la responsabilité d'un tiers comme associé anonyme.— Un associé anonyme ne pourrait, tout au plus, être responsable des dettes de la société, qu'en autant seulement qu'il aurait profité de la société.— Chapman & Masson, IX L. C. R., 422.

1832. La société commence à l'instant même du contrat, si une autre époque n'y est indiquée.

Pothier, *Société*, n° 64.— Collyer, *Partnership*, p. 113.— C. N., 1843.

1833. Si la durée n'en est pas déterminée, la société est censée contractée pour la vie des associés, sous les modifications contenues dans le cinquième chapitre de ce titre.

ff L. 65, § 10, *Pro socio.*— Pothier, *Société*, n° 65.— 2 Bell, *Comm.*, p. 640, § 1227.— Story, *Partnership*, § 84.— C. N., 1844.— Code civil B. C., art. 1892 et 1895.

1834. Dans les sociétés formées pour des fins de commerce, pour l'exploitation de fabriques, d'arts ou de métiers, ou pour la construction de chemins, écluses ou ponts, ou pour la colonisation, le défrichement ou le trafic des terres, les associés sont tenus de remettre au protonotaire de la Cour Supérieure de chaque district et au régistrateur de chaque comté dans lequel le commerce ou l'affaire doit être fait, une déclaration par écrit en la forme et suivant les règles prescrites dans le statut intitulé : *Acte concernant les Sociétés.*

L'omission de la remise de cette déclaration ne rend pas la société nulle ; elle assujettit les parties qui y contreviennent aux pénalités et obligations imposées par ce statut.

S. R. B. C., ch. 65, sec. 1 et 3.

Jurisp.— 1. La déclaration de tous les membres d'une société commerciale, requise par l'acte 12 Vict., ch. 45, doit-elle être faite partout où la société fait quelqu'acte de commerce, ou suffit-il de la faire au greffe de la Cour Supérieure et du bureau d'enregistrement du lieu où la société a son comptoir et où est le siége de ses affaires ? — *Jugé* que la déclaration au lieu où la société a son comptoir suffit.— Senécal vs Chenevert, IV L. C. J., 239.

2. Dans une action dans la Cour de Circuit, Montréal, pour une pénalité de £50 pour n'avoir pas enregistré au bureau du protonotaire à Montréal, un acte de société de la Compagnie de navigation de Trois-Rivières, fait à Trois-Rivières, le défendeur ayant son domicile à Trois-Rivières, et ayant été cité là, pour comparaître devant la Cour de Circuit à Montréal :— *Jugé* en cour inférieure, sur exception déclinatoire, que la compagnie ayant le siége principal de ses affaires à Trois-Rivières, n'était pas tenue d'enregistrer à Montréal.— Confirmé en appel. — Senécal vs Chenevert, XII L. C. R., 145.

3. Un contrat fait par deux personnes, par lequel elles s'obligent de fournir à une compagnie de chemin de fer une certaine quantité de traverses, pour un prix convenu de tant par mille traverses, à être partagé entr'elles, constitue entre ces deux personnes une société commerciale dans le sens des S. R. B. C., ch. 65,

et de l'article 1834 du Code civil, requérant l'enregistrement d'une déclaration de la formation de telle société aux endroits désignés par la loi. Une telle société n'est tenue d'enregistrer une déclaration de la formation d'icelle qu'au bureau d'enregistrement des comtés, et au bureau du protonotaire des districts où elle a des bureaux d'affaires et des maisons ou établissements de commerce, et elle n'est pas obligée de faire tel enregistrement dans les comtés ou districts où elle ne fait que des actes isolés de commerce.— Larose vs Patton, XVII L. C. J., 52.

4. Une personne qui commerce pour son propre compte, mais sous le nom d'une société, n'est pas tenue d'enregistrer la déclaration exigée dans le cas des sociétés.— Dussault vs Radway, IV R. L., 479.

1835. Les allégations contenues dans la déclaration mentionnée en l'article qui précède ne peuvent être mises en question par aucun de ceux qui l'ont signée ; elles ne peuvent pas l'être davantage à l'encontre de quelqu'un qui n'est pas associé par une personne qui ne l'a pas signée et qui était vraiment un des associés à l'époque où elle a été faite ; et aucun des associés, soit qu'il ait signé ou non la déclaration, n'est censé avoir cessé de l'être, à moins qu'il n'ait été fait et produit en la même manière une nouvelle déclaration énonçant le changement dans la société.

Ibid., sec. 2.

Jurisp.— 1. Partners who have filed a certificate of partnership continue liable after a dissolution, if they have omitted to file under the partnership act a certificate of dissolution.— Murphy vs Page, V L. C. J., 335.

2. If one of several partners die, the surviving partners may be sued without the representatives of the deceased partner being made parties to the suit.— Stadacona Bank vs Knight, II L. R., 193.

1836. Tout associé, quoique non mentionné dans la déclaration, peut être poursuivi conjointement et solidairement avec les associés qui y sont dénommés ; ou bien ces derniers peuvent être poursuivis seuls, et si jugement est rendu contre eux, tout autre associé peut ensuite être poursuivi sur la cause d'action primitive sur laquelle le jugement a été ainsi rendu.

Ibid., sec. 2, § 2.

1837. Lorsque des individus dans le Bas-Canada sont associés pour quelqu'une des fins mentionnées en l'article 1834, et qu'il n'a pas été déposé de déclaration tel que requis ci-dessus, toute action qui peut être intentée contre tous les membres de la société, peut aussi l'être contre un ou plusieurs d'entre eux, comme faisant ou ayant fait commerce conjointement avec d'autres, (sans nommer ces derniers dans le bref ou la demande), sous les nom et raison de leur société ; et si jugement est rendu contre lui ou contre eux, tous autres associés peuvent être ensuite poursuivis conjointement ou séparément, sur la cause primitive d'action sur laquelle jugement a été rendu.

Mais si telle action est fondée sur une obligation ou un document par écrit dans lequel sont nommés tous les membres obligés, ou quelqu'un d'eux, alors tous les associés y dénommés doivent être parties à l'action.

Ibid., sec. 4, §§ 1 et 2.

Jurisp.— H. being sued jointly with B., as the firm of B. and H. pleaded that the firm was composed of himself and B.'s wife. The partnership was not regis-

tered until after action was brought and credit was given to B. and H., the
reputed firm.—*Held*, that under the circumstance H. was liable.—Tourville vs
Bell, II L. C. L. J., 41.

1838. L'assignation ou poursuite sur réclamation ou demande
pour une dette d'une société existante, au bureau ou lieu d'affaire
de telle société dans la province du Canada, a le même effet que
l'assignation donnée aux membres de telle société personnellement;
et tout jugement rendu contre un membre d'une telle société existante, pour une dette ou obligation de la société, est exécutoire contre les biens et effets de la société, de la même manière que si le
jugement eût eté rendu contre la société.

Ibid., sec. 4, § 3 ; S. R. B. C., ch. 83, § 63.

Jurisp.—It is not competent for the payee of notes signed with the name of
a copartnership firm, to bring an action against one of the partners alone, for the
amount of said notes, unless it is especially alleged in the plaintiff's declaration
that said copartnership had been dissolved previous to the institution of the
action.— Where notes are signed with the name of the copartnership firm and
an action is brought against one of the partners individually, for the whole
amount, the statement made in plaintiff's declaration, "that at the periods
when the notes were made, one of the partners who some weeks ago left Canada
to go to the United States and the defendant were in copartnership," is not a
sufficient allegation of the dissolution of the copartnership.—The plaintiff will
be allowed to amend his declaration by stating that the copartnership had
been dissolved previous to the institution of the action on payment of thirty
shillings costs.—Cassant vs Perry, VII L. C. J., 108.

CHAPITRE DEUXIÈME.

DES OBLIGATIONS ET DES DROITS DES ASSOCIÉS ENTRE EUX.

1839. Chaque associé est débiteur envers la société de tout ce
qu'il a promis d'y apporter.

Lorsque cet apport consiste en un corps certain et que la société
en est évincée, l'associé en est garant de la même manière que le
vendeur l'est envers l'acheteur.

Pothier, *Société*, nᵒˢ 109, 110 et 113.— C. N., 1845.

1840. L'associé qui manque de verser dans la société une somme
qu'il a promis d'y apporter devient débiteur des intérêts sur cette
somme à compter du jour qu'elle devait être payée.

Il est également débiteur des intérêts sur toutes les sommes prises
dans la caisse de la société pour son profit particulier, à compter du
jour où il les en a tirées.

ff L. 60, *Pro socio ;* L. 1, § 1; L. 3, § 9, *De unviris.*— Pothier, *Société*, nᵒ 116.—
Story, *Partnership*, § 173.— C. N., 1846.

1841. Les dispositions contenues dans les deux articles qui précèdent sont sans préjudice au recours des autres associés pour dommages contre l'associé en défaut, et pour obtenir la dissolution de la
société suivant les règles énoncées au titre *Des Obligations* et dans
l'article 1896.

Code civil B. C., *Oblig.*, ch. 6.

Jurisp.—The vendor of a *créance* with promise to *garantir, fournir et faire valoir*, is surety for the solvency of his debtor only, and is not *obligé direct* for the payment of the debt transferred. And therefore the *cessionnaire* can exercise his recourse *en garantie* only after discussion of the property of the debtor and establishing his insolvency.— Homier vs Brousseau, I L. N., 62.

1842. Un associé ne peut en son nom particulier faire aucune affaire ou commerce d'aventure qui prive la société de l'habileté, de l'industrie ou des capitaux qu'il est tenu d'y employer. S'il le fait, il doit compter à la société des bénéfices de ce négoce.

Pothier, *Société*, n°ˢ 59, 32 et 120.— 2 Boulay-Paty, *Dr. Comm.*, p. 94.— Story, *Partnership*, §§ 177 et 178.— C. N., 1847.

1843. Lorsque l'un des associés est, pour son compte particulier, créancier d'une personne qui est aussi débitrice envers la société, et que les dettes sont également exigibles, l'imputation de ce qu'il reçoit de ce débiteur doit se faire sur les deux créances dans la proportion de leur montant respectif, encore qu'il ait, par sa quittance. fait l'imputation seulement sur sa créance particulière ; mais si, par sa quittance, il a tout imputé sur la créance de la société, cette imputation doit être maintenue.

Pothier, *Société*, n° 121.— Collyer, *Partnership* (1ʳᵉ éd.), p. 381.— C. N., 1848.

1844. Lorsque l'un des associés a reçu sa part entière d'une créance de la société et que le débiteur devient insolvable, cet associé est tenu de rapporter à la masse commune ce qu'il a reçu, encore qu'il ait spécialement donné quittance pour sa part.

ff L. 63, § 5, *Pro socio.*— Pothier, *Société*, n° 122.— Collyer, 380.— C. N., 1849.

1845. Chaque associé est tenu envers la société des dommages qu'il lui a causés par sa faute. Il ne peut compenser ces dommages avec les profits que la société a retirés de son industrie dans d'autres affaires.

ff L. 23, § 1 ; L. 25 ; L. 26, *Pro socio.*— Pothier, *Société*, n°ˢ 124 et 125.— Domat, *loc. cit.*, sec. 4, §§ 7 et 8.— Story, *Partnership*, §§ 170 et 171.— C. N., 1850.

Jurisp.—Dans un contrat entre plusieurs individus pour l'exploitation d'une traverse, avec liberté à chacun d'eux de vendre ou céder ses droits, il n'est pas loisible aux cessionnaires d'une des parties d'agir de manière à nuire à l'entreprise; les autres sociétaires ont une action personnelle et directe contre ces cessionnaires, tant pour les dommages résultant de leur infraction au contrat primitif, que pour faire rescinder le contrat pour l'avenir.— Lalouette vs Delisle, VIII L. C. R., 174.

1846. Les corps certains et déterminés qui ne se consomment pas par l'usage et dont la jouissance seule est mise dans la société, sont au risque de l'associé qui en est propriétaire.

Les choses qui se consomment ou qui se détériorent en les gardant, ou qui sont destinées à être vendues, ou qui ont été mises dans la société par l'associé sur estimation arrêtée, sont au risque de la société.

ff L. 58, *Pro socio.*— Pothier, *Société*, n°ˢ 54, 125 et 126.— 2 Bell, *Comm.*, 615.— C. N., 1851.

1847. Un associé a action contre la société non-seulement pour le recouvrement des deniers qu'il a déboursés pour elle, mais encore pour être indemnisé à raison des obligations qu'il a contractées de bonne foi pour les affaires de la société, et des risques inséparables de sa gestion.

ff L. 52, § 15 ; L. 60 ; L. 67, *Pro socio.*— Pothier, *Société*, n°s 127 et 128.— Domat, *loc. cit.*, §§ 11 et 12.— C. N., 1852.

Jurisp.— Sur un jugement rendu solidairement contre deux associés, pour une dette personnelle à l'un d'eux, le paiement fait par le débiteur personnel, libère son coassocié, et celui qui a payé ne peut alors se faire subroger aux droits du demandeur, mais doit, s'il a des réclamations contre son associé, procéder directement par une action *pro socio.*— Leduc vs Turcot, V L. C. J., 96.

1848. [Lorsqu'il n'y a pas de stipulation relativement à la part de chaque associé dans les bénéfices et les pertes de la société, ils se partagent également.]

Guyot, v° *Société*, p. 331.

1849. L'associé chargé de l'administration de la société par une clause spéciale du contrat, peut faire, nonobstant l'opposition des autres associés, tous les actes qui dépendent de son administration, pourvu que ce soit sans fraude.

Ce pouvoir d'administrer ne peut être révoqué sans cause suffisante, tant que la société dure ; mais s'il n'a été donné que par un acte postérieur au contrat il est révocable comme un simple mandat.

Pothier, *Société*, n° 71.— 1 Stair, *Instit.*, p. 157.— Collyer, *Partnership* (2° éd.), pp. 253 à 759.— Story, *Partnership*, § 204.—C. L., 2838.— C. N., 1856.

1850. Lorsque plusieurs des associés sont chargés de l'administration des affaires de la société généralement, sans stipulation que l'un ne pourra agir sans les autres, chacun d'eux peut agir séparément ; mais si cette stipulation existe, l'un d'eux ne peut agir en l'absence des autres, lors même qu'il est impossible à ces derniers de concourir à l'acte.

ff Arg. ex. L. 1, §§ 13 et 14, *De exercit. act.*— Pothier, *Société*, n° 72.— Watson, *Partnership*, pp. 81 et suiv.— 2 Bell, *Comm.*, 615.— 3 Kent, *Comm.*, p. 44.—C. N., 1857 et 1858.

Jurip.— 1. An agreement between partners, carrying on business as iron founders, that no contract for the purchase or sale of material exceeding $100 was to be made without the consent of both, did not exempt the partnership from liability to the third party, under a contract of sale of pig iron exceeding $100, made by one partner in the firm's name, such sale being within the scope of the partnership business, and the purchaser buying in good faith.— Cuvillier & Gilbert, XVIII L. C. J., 22.

2. A guaranty to a certain sum given for a third person, signed by one partner in the name of the firm, is valid and binding.—Martin & Gault, XV L. C. J., 237.

1851. A défaut de stipulations spéciales sur le mode d'administration de la société, l'on suit les règles suivantes :

1. Les associés sont censés s'être donné réciproquement le pouvoir d'administrer l'un pour l'autre, et ce que chacun fait oblige les autres, sauf le droit de ces derniers, soit ensemble, soit séparément, de s'opposer à l'opération avant qu'elle soit conclue.

2. Chaque associé peut se servir des choses appartenant à la société, pourvu qu'il les emploie à leur destination accoutumée, et

qu'il ne s'en serve pas contre l'intérêt de la société, ou de manière à
empêcher ses associés d'en user selon leurs droits.

3. Chaque associé peut obliger ses coassociés à faire avec lui les
dépenses qui sont nécessaires pour la conservation des choses de la
société ;

4. L'un des associés ne peut changer l'état des immeubles de la
société sans le consentement des autres, quand même il établirait
que les changements sont avantageux.

ff L. 12 ; L. 28, *De communi divid.* ; L. 27, § 1, *De serv. urb. præd.* ; L. 11, *Si
servitus vindicetur.*— Pothier, *Société*, n°* 84, 86, 87 et 90.— 3 Kent, *Comm.*, p. 45.—
4 Pardessus, *Dr. Comm.*, n° 1021.— Collyer, *Partnership* (2° éd.), pp. 128, 129, 259
et 282.— Story, *Partnership*, § 102, pp. 150 et 151, n° 1, §§ 123 et 125.— C. N., 1859.

Jurisp.—1. Where one of two copartners purchases in the way of trade, it
must *primâ facie* be presumed that he buys for the copartnership ; if he says
nothing to the contrary he tacitly holds out the assurance of their joint responsibility.— Ross vs Melvine, II R. de L., 235.

2. M., a member of the commercial firm P. and M., plaintiffs, being indebted
to the defendant, sold to him goods, the property of the firm, with the condition
that their price should be imputed in part payment of defendant's account
against him. On action by the firm for the price of these goods, the defendant
pleaded the agreement aforesaid and compensation.—*Held* that a partner has
no right to dispose of partnership property for his private benefit and that the
agreement pleaded was illegal and null.— Poston vs Walters, I R. C., 245.

3. Un demandeur ne peut empêcher la réception d'une procédure produite
par un procureur au nom d'une société, lorsque l'un des associés a comparu seul
par son procureur.— Le seul moyen pour cet associé d'empêcher qu'il ne soit lié
comme associé par la procédure ainsi faite au nom de la société, est un désaveu.
— Beckett vs Plinguet, IV R. L., 544.

1852. L'associé qui n'a pas le droit d'administrer ne peut aliéner
ni autrement engager les choses qui appartiennent à la société, sauf
les droits des tiers, tel qu'énoncé ci-après.

ff L. 68, *Pro socio.*— Pothier, *Société*, n° 89.— C. N., 1860.

1853. Chaque associé peut, sans le consentement de ses coassociés, s'associer un tierce personne relativement à la part qu'il a dans
la société. Il ne peut pas, sans ce consentement, l'associer à la
société.

ff L. 19, *Pro socio* ; L. 21 ; L. 22 ; L. 47, § *ult., De regulis juris.*— Pothier, *Société*,
n° 91.— Collyer, *Partnership*, p. 103.— 2 Bell, *Comm.*, p. 636.— C. N., 1861.

Jurisp.—1. When two separate copartnership concerns associate themselves together as a composite firm, it is not in the power of one member of
such composite firm to retire and substitute another in his place, without the
consent of each individual copartner ; and a judgment rendered against the
composite firm under such circumstances is null, *quoad* the non-assenting
copartners.— Mullins vs Miller, I L. C. J., 121.

2. A promise signed by one partner in the name of his firm, but without
authority from his partners, undertaking to receive a stranger into that firm, is
not binding upon the members of it ; and, *semble*, even silence or inaction on
the part of the other members of the firm, would not be an implied sanction of
such promise, although such sanction might be inferred from circumstances.—
An agreement to take a person into partnership after the lapse of a specified
time, " upon terms that shall be mutually satisfactory," but specifying no conditions as to duration, shares, and the like, is not such an agreement as will
afford any basis for the assessment of damages, in the event of a breach of it.—
Semble, that immoral conduct, by keeping a mistress, or frequenting brothels,
is a sufficient justification for a refusal to fulfil an agreement to receive the
person guilty of it as a partner.— Higginson vs Lyman, IV L. C. J., 329.

CHAPITRE TROISIÈME.

DES OBLIGATIONS DES ASSOCIÉS ENVERS LES TIERS.

1854. Les associés ne sont pas tenus solidairement des dettes sociales. Ils sont tenus envers le créancier chacun pour une part égale, encore que leurs parts dans la société soient inégales.

Cet article ne s'applique pas aux sociétés commerciales.

Pothier, *Société*, n°s 96, 103, 104 et 106.—C. N., 1862 et 1863.

Jurisp.—1. La Cour d'Appel maintient que des avocats et procureurs pratiquant en société sont solidairement responsables des sommes qu'ils reçoivent pour leurs clients.— Un avocat qui a mis son nom dans une société ne peut pas prétendre qu'il n'est pas associé.— Ouimet & Bergevin, Montréal, 29 janvier 1879.

2. Une dette contractée par les membres d'une société individuellement, n'est pas due par la société elle-même.— Un associé ne peut offrir en compensation une dette de la société dont il est membre.— Howard vs Stuart, VI L. C. J., 256.

1855. La stipulation que l'obligation est contractée pour la société ne lie que l'associé contractant, lorsqu'il agit sans l'autorité expresse ou implicite de ses coassociés ; à moins que la société n'ait profité de tel acte, et dans ce cas tous les associés en sont tenus.

Pothier, *Société*, n° 105.— Code civil B. C., art. 1866.— C. N., 1864.

1856. La responsabilité des associés à raison des actes les uns des autres est sujette aux règles contenues au titre *Du Mandat*, lorsqu'elle n'est pas réglée par quelque article du présent titre.

Code civil B. C., *Mandat*, c. 3, s. 2.

Jurisp.—A conviction will lie against any one partner upon an information for selling liquors without a licence.— Mullins & Bellemare, VII L. C. J., 228.

———

CHAPITRE QUATRIÈME.

DES DIVERSES ESPÈCES DE SOCIÉTÉS.

1857. Les sociétés sont universelles ou particulières ; elles sont aussi ou civiles ou commerciales.

ff L. 5, *in pr.*, *Pro socio.*— Pothier, *Société*, ch. 2, *in pr.*— Domat, liv. 1, tit. 8, s. 3.—Troplong, *Société*, 317 et suiv.— Story, *Partnership*, §§ 72 et suiv.—C. N., 1835.

SECTION I.

DES SOCIÉTÉS UNIVERSELLES.

1858. La société universelle peut être de tous les biens ou de tous les gains des associés.

ff L. 3, § 1, *Pro socio.*— Pothier, *Société*, n° 28.— C. N., 1836.

1859. Dans la société universelle de tous biens, tout ce que les associés possèdent en biens meubles ou immeubles, et tous leurs gains présents et futurs sont mis en commun.

ff L. 1, § 1; L. 3, *Pro socio.*— Pothier, *Société*, nᵒˢ 29 et 43.— Domat, liv. 1, tit. 8, sec. 3, nᵒ 4.— Story, *Partnership*, §§ 72 et 73.— C. N., 1837.

1860. Les parties qui contractent une société universelle sont présumées n'avoir intention que de faire une société pour les gains, à moins que le contraire ne soit expressément stipulé.

ff L. 7, *Pro socio.*— Pothier, *loc. cit.*— C. N., 1839.

1861. Dans une société universelle des gains, est compris tout ce que les associés acquièrent par leur industrie, dans quelque occupation qu'ils soient engagés, pendant le cours de la société. Les biens meubles et la jouissance des immeubles que chacun des associés possède au temps du contrat y sont compris, mais les immeubles eux-mêmes n'y entrent pas.

ff L. 7, *Pro socio.*— Vinn., *Ad Instit.*, liv. 3, tit. 20, *Introd.*— Pothier, *Société*, nᵒˢ 43, 44, 45.— Domat, *loc. cit.*, nᵒ 3.— Story, *Partnership*, § 73.— C. N., 1838.

SECTION II.

DES SOCIÉTÉS PARTICULIÈRES.

1862. Les sociétés particulières sont celles qui ne s'appliquent qu'à certaines choses déterminées. La société contractée pour une entreprise désignée, ou pour l'exercice de quelque métier ou profession est aussi une société particulière.

ff L. 5, *in pr.*; L. 71, *Pro socio.*— Pothier, *Société*, nᵒˢ 54, 55 et 56.— Domat, *loc. cit.*, § 1.— C. N., 1841 et 1842.

SECTION III.

DES SOCIÉTÉS COMMERCIALES.

1863. Les sociétés commerciales sont celles qui sont contractées pour quelque trafic, fabrication ou autre affaire d'une nature commerciale, soit qu'elle soit générale, ou limitée à une branche ou aventure spéciale. Toute autre société est civile.

Troplong, *Société*, 317.— Story, *Partnership*, § 75.— C. L., 2795, 2796 et 2797.

Jurisp.—1. Un contrat fait par deux personnes, par lequel elles s'obligent de fournir à une compagnie de chemin de fer une certaine quantité de *ties* ou liens, pour un prix convenu de tant par mille *ties*, à être partagé entr'elles, constitue entre ces deux personnes une société commerciale dans le sens des S. R. B. C., ch. 65, et de l'article 1834 du Code civil, requérant l'enregistrement d'une déclaration de la formation de telle société, aux endroits désignés par la loi.— Larose vs Patton, XVII L. C. J., 52.

2. Une société entre un shérif, un avocat et un marchand, pour l'exploitation d'un moulin à scie, est une société commerciale.— Couturier vs Brossard, XVIII L. C. J., 8.

3. An association of persons, formed for the purpose of trafficking in real estate, is not a commercial partnership.— Girard & Trudel, XXI L. C. J., 295.

1864. Les sociétés commerciales se divisent en :
1. Sociétés en nom collectif ;
2. Sociétés anonymes ;
3. Sociétés en commandite ;
4. Sociétés par actions.

Elles sont régies par les règles communes aux autres sociétés lorsque ces règles ne sont pas incompatibles avec celles qui sont contenues dans cette section et avec les lois et usages applicables spécialement aux matières de commerce.

Pothier, *Société*, n⁰ˢ 56, 57, 60, 61 et 82.— Ordca 1673, tit. 4, art. 1.— C. Comm., 19.— Troplong, *Société*, sur art. 1841 et 1842.— C. N., n⁰ˢ 317, 358, 359 et 444.— Story, *Partnership*, §§ 78 et 79.— 2 Bell, *Comm.*, liv. 7, ch. 2.— C. N., 1873.

§ 1.— *Des sociétés en nom collectif.*

1865. Les sociétés en nom collectif sont celles qui sont formées sous un nom collectif ou raison sociale, consistant ordinairement dans le nom des associés ou de l'un ou de plusieurs d'entre eux, et dans lesquelles tous les associés sont conjointement et solidairement • tenus des obligations de la société.

Pothier, *loc. cit.*— C. Comm., 20, 21 et 22.— Troplong, *Société*, 359 et 360.— Story, *Partnership*, *loc. cit.*— Bécane, *Quest. sur le Dr. Comm.*, *note sur la définition de l'art.* 20, C. Comm., p. 40.— Bell, *loc. cit.*

Jurisp.— 1. If it appears at the *enquête*, in evidence, that the plaintiff has a copartner who is not a party to the suit, the court will dismiss the action *quant à présent.*— Roger vs Chapman, III R. de L., 352.

2. A creditor of a copartnership may sue any one of the copartners without having previously brought his action against the copartnership.— Tator & McDonald, M. C. R., 68.

3. If one of several partners die, the surviving partners may be sued without the representatives of the deceased partner being made parties to the suit.— The Stadacona Bank vs Knight, I Q. L. R., 193.

1866. Les associés peuvent faire entre eux telles stipulations qu'ils jugent convenables quant à leurs pouvoirs respectifs dans l'administration des affaires de la société ; mais à l'égard des tiers qui contractent avec eux de bonne foi, chacun des associés a implicitement le pouvoir de lier la société pour toutes les obligations contractées en son nom dans le cours ordinaire des affaires.

Pothier, *Oblig.*, n⁰ˢ 83 et 89 ; *Société*, n⁰ˢ 90 à 100.— 4 Pardessus, *Dr. Comm.*, 1024.— Story, *Partnership*, § 109, n⁰ 2.— 2 Bell, *Comm.*, 615 et 616.— Autorités citées sous l'art. 1851.

Jurisp.— 1. An agreement between partners, carrying on business as iron founders, that no contract for the purchase or sale of material exceeding $100 was to be made without the consent of both, did not exempt the partnership from liability to a third party, under a contract of sale of pig iron exceeding $100, made by one partner in the firm's name, such sale being within the scope of the partnership business, and the purchaser buying in good faith.— Cuvillier & Gilbert, XVIII L. C. J., 22.

2. A guaranty to a certain sum given for a third person, signed by one partner in the name of the firm, is valid and binding.— Martin & Gault, XV L. C. J. 237.

494   SOCIÉTÉ.

1867. Les associés ne sont responsables de l'obligation contractée par l'un d'eux en son nom propre, que lorsque cette obligation est contractée pour des choses qui sont dans le cours des affaires et négociations de la société, ou qui sont employées à son usage.

3 Kent, *Comm.*, p. 41.— 4 Pardessus, *Dr. Comm.*, 1025 et 1049.

Jurisp.— 1. Partnership property is not liable for the debts of any of the partners individually.— Montgomery & Gerrard, Stuart's Rep., 437.

2. Un individu qui vend à un associé individuellement, et sur sa responsabilité personnelle et son propre crédit, a néanmoins droit d'action contre la société dont l'acheteur est sociétaire, si la société a tiré avantage de l'achat, et nonobstant que le vendeur ne connût pas l'existence de la société lors de la vente.— En pareil cas, les réponses aux interrogatoires sur faits et articles de l'associé faisant l'achat, comportant que les effets achetés avaient été employés au profit de la société, sont non-seulement admissibles, mais forment une preuve complète contre la société.— Maguire & Scott, VII L. C. R., 451.

3. Lorsque des effets achetés par un individu dans l'intention de les revendre à des personnes sur le point d'entrer en société pour en faire le commerce et que la société les a obtenus par achats de l'acquéreur, il n'y a aucune obligation de la part de la société de payer au vendeur le prix de tels effets en autant qu'il n'y a aucun contrat entre eux.— Ducasse vs Beaugie, XIII L. C. R., 13.

4. La présente action est portée contre le défendeur, pour avoir le huit mars dernier, laissé dans une des rues de la ville de Lévis, une certaine quantité de bois, courbes et madriers, constituant une obstruction, aux termes du règlement de la dite ville.— Le défendeur répond par un plaidoyer de " non coupable," et sous forme d'exception, allègue qu'il est membre d'une société commerciale, et que partant l'action aurait dû être dirigée contre la société elle-même, et non contre le défendeur, agissant pour et au nom de la dite société comme son agent et son mandataire.— *Jugé* que le défendeur était personnellement responsable de l'infraction aux règlements de la corporation par lui commise, malgré sa qualité de secrétaire ou agent de la société dont il faisait partie. Le défendeur est condamné à $1.00 et les frais, ou 8 jours de prison.— Corporation de la ville de Lévis vs Carrier, V R. L., 335.

5. The creditor of an insolvent cannot claim upon the partnership of which the insolvent was a member for the price of goods sold to the insolvent before his partnership, upon the ground that the partnership afterwards got the benefit of the purchase.— Simmons & Fulton, XX L. C. J., 296.

1868. Les associés en participation ou inconnus sont, pendant la continuation de la société, sujets aux mêmes obligations envers les tiers que les associés ordinaires en nom collectif.

S. R. B. C., ch. 65, sec. 3 et 4.— Maguire & Scott, 7 Décis. des Trib. B. C., p. 451. — 3 Pardessus, *Dr. Comm.*, 1049.— Story, *Partnership*, ₰ 80.— 3 Kent, *Comm.*, pp. 31 et 32.— Collyer, *Partnership*, pp. 212, 221 et suiv.

Jurisp.— 1. Un associé principal n'est pas témoin compétent pour établir la responsabilité d'un tiers comme associé anonyme.— Un associé anonyme ne pourrait, tout au plus, être responsable des dettes de la société, qu'en autant seulement qu'il aurait profité de la société.— Chapman & Masson, IX L. C. R., 422.

1869. Les associés nominaux et autres personnes qui donnent cause suffisante de croire qu'elles sont associées, quoiqu'elles ne le soient pas réellement, sont responsables comme associés envers les tiers qui contractent de bonne foi dans cette croyance.

4 Pardessus, *Dr. Comm.*, 1009, pp. 83 et 84.— Collyer, *Partnership*, p. 50.— 2 Bell, *Comm.*, 626.— Parsons, *Merc. Law*, p. 167 et n° 3.— Kent, *loc. cit.*

Jurisp.—The dissolution of a partnership without particular notice to persons with whom it has been in the habit of dealing, and general notice in the gazette to all with whom it has not, does not exonerate the several members of the partnership from payment of the debts due to third persons not notified and who contracted with any of them, in the name of the firm, either before or after the dissolution.—Symes & Sutherland, Stuart's Rep., 49.

§ 2.— *Des sociétés anonymes.*

1870. Dans les sociétés qui n'ont pas un nom ou une raison sociale, soit qu'elles soient générales ou limitées à un seul objet ou à une seule négociation, les associés sont sujets aux mêmes obligations en faveur des tiers que dans les sociétés ordinaires en nom collectif.

Maguire & Scott, *loc. cit.*— 2 Bell, *Comm.*, 630.— Collyer, *Partnership*, 26 et 221. — *Contrà*, Pothier, *Société*, 61, 62 et 63.

§ 3.— *Des sociétés en commandite.*

1871. Les sociétés en commandite pour l'exercice de quelque métier ou fabrication, ou pour faire un négoce autre que le commerce de banque ou d'assurance, peuvent se former sous le statut intitulé : *Acte concernant les sociétés en commandite.*

S. R. C., c. 60, sec. 1.

1872. Ces sociétés se composent d'une ou plusieurs personnes appelées gérants, et d'une ou plusieurs personnes qui fournissent en deniers comptants une somme spécifiée ou un capital au fonds commun, et qu'on appelle commanditaires.

Ibid., sec. 2.

1873. Les gérants sont responsables conjointement et solidairement de la même manière que les associés ordinaires ; mais les associés commanditaires ne sont pas obligés aux dettes de la société au delà du montant pour lequel ils contribuent au fonds social.

Ibid., sec. 3.

1874. Les gérants seuls sont autorisés à gérer les affaires de la société, à signer pour elle et à l'obliger.

Ibid., sec. 4.

1875. Les personnes qui contractent une société en commandite sont tenues de faire et de signer individuellement un certificat contenant :
1. Le nom ou la raison sociale ;
2. La nature générale des affaires dont elle entend s'occuper ;
2. Les noms de tous les gérants et de tous les commanditaires, en distinguant les premiers des derniers, et le lieu ordinaire de leur résidence ;
4. Le montant que chaque associé commanditaire apporte au fonds social ;
5. L'époque à laquelle la société commence et celle où elle doit se terminer.

Ce certificat doit être fait, déposé et enregistré en la forme et manière prescrite par le statut énoncé en l'article 1871.

Ibid., sec. 5, 6 et 7.

1876. La société n'est réputée formée qu'après que le certificat a été fait, produit et enregistré, tel que prescrit dans l'article qui précède.

Ibid., sec. 8.

1877. Si le certificat contient quelque déclaration fausse, tous ceux qui sont intéressés dans la société deviennent responsables de toutes ses obligations de la même manière que des associés en nom collectif.

Ibid., sec. 8.

1878. Dans le cas de renouvellement ou de continuation de la société au delà du terme primitivement fixé pour sa durée, il en doit être fait, déposé et enregistré un certificat, de la manière requise quant à sa formation primitive. Toute société renouvelée ou continuée d'une autre manière est réputée société en nom collectif.

Ibid., sec. 9.

1879. Tout changement fait dans les noms [des gérants], dans la nature des affaires, ou dans le capital ou les actions de la société, ou dans toute autre matière indiquée dans la déclaration primitive [excepté les noms des commanditaires], est considéré comme une dissolution de la société. Et si la société est continuée après tel changement, elle est réputée société en nom collectif, à moins qu'elle ne soit renouvelée comme société en commandite, de la manière indiquée dans l'article qui précède.

1880. Les affaires de la société doivent être gérées sous un nom ou une raison sociale, dans laquelle on n'emploie que les noms des gérants, ou de plusieurs ou de quelqu'un d'eux; et si le nom de quelqu'un des associés commanditaires est employé avec sa participation dans la raison sociale, il est réputé associé gérant.

Ibid., sec. 11.

1881. Les poursuites relatives aux affaires de la société peuvent être portées par ou contre les gérants, de même que s'il n'y avait pas d'associés commanditaires.

Ibid., sec. 12.

1882. L'associé commanditaire ne peut retirer aucune partie de la somme qu'il a apportée au fonds capital, et elle ne peut lui être payée, ni attribuée par forme de dividendes, profits ou autrement, pendant la durée de la société; mais il peut recevoir annuellement l'intérêt légitime de la somme qu'il a ainsi apportée, si le paiement de cet intérêt n'entame pas le capital primitif; il peut aussi recevoir sa part de profits.

Ibid., sec. 13.

1883. Si le paiement de l'intérêt ou des profits supposés entame le capital primitif, l'associé qui le reçoit est tenu de remettre le montant nécessaire pour compléter sa part du déficit, avec intérêt.

Ibid., sec. 14.

1884. L'associé commanditaire a droit d'examiner de temps à autre l'état et les progrès des affaires de la société et donner des avis concernant leur administration ; mais il ne peut négocier aucune affaire pour le compte de la société, ni être employé pour elle comme agent, procureur ou autrement ; s'il agit contrairement aux dispositions du présent article, il est réputé gérant.

Ibid., sec. 15.

1885. Les gérants sont tenus de se rendre compte réciproquement, ainsi qu'aux associés commanditaires, de l'administration de la société de la même manière que les associés ordinaires en nom collectif.

Ibid., sec. 16.

1886. Dans le cas d'insolvabilité ou de faillite de la société, l'associé commanditaire ne peut, sous aucune circonstance, réclamer comme créancier, qu'après que tous les autres créanciers de la société ont été satisfaits.

Ibid., sec. 17.

1887. La dissolution de la société par le fait des parties, avant l'époque spécifiée dans le certificat de sa formation ou de son renouvellement, ne peut avoir effet qu'après qu'avis en a été déposé et publié en la manière prescrite par l'acte mentionné en l'article 1871.

Ibid., sec. 18.

1888. Les associations pour le commerce de banque sont régies par des actes particuliers d'incorporation, et par les actes intitulés : *Acte concernant les banques incorporées*, et *Acte concernant les banques et le libre commerce des banques.*

S. R. C., ch. 54 ; ch. 55 ; ch. 21 ; ch. 56.

Les deux actes cités dans cet article ont été momentanément remplacés par l'acte C. 31 Vict., c. 11, lequel a été amendé par l'acte C. 31 Vict., c. 46. En 1870, l'acte intitulé : " *Acte concernant les banques et le commerce de banque*" (C. 33 Vict., c. 11), a été adopté, et ensuite remplacé par l'acte C. 34 Vict., c. 5; lequel a été amendé par l'acte 35 Vict., c. 8, et ensuite par l'acte C. 36 Vict., c. 43, et subséquemment par l'acte C. 38 Vict., c. 17.

§ 4.— *Des sociétés par actions.*

1889. Les sociétés par actions sont formées soit sous l'autorité d'une charte royale ou en vertu d'un acte de la législature, et sont régies par ses dispositions ; ou bien elles sont formées sans cette autorisation, et alors elles sont sujettes aux mêmes règles générales que les sociétés en nom collectif.

2 Bell, *Comm.*, 622.— Collyer, *Partnership* (2ᵉ édit.), 400, 401 et 402.— Gow, *Partnership*, 237 et 238.— 2 Kent, *Comm.*, 26.— Story, *Partnership*, § 164.

Jurisp.—1. Des souscriptions à un fonds social ou *stock*, obtenues par surprise, fraude et par de faux états des affaires de la compagnie faits par ses officiers et ses directeurs, sont nulles et ne produisent aucune obligation. Les actionnaires ainsi trompés peuvent même recouvrer ce qu'ils ont payé en à-compte de leurs parts.— The Glen Brick Co. vs Shackwell, I R. C., 121.

2. In an action against a shareholder for unpaid calls, where the defendant denied that he had subscribed for stock in the company plaintiff (Windsor Hotel Co.), and in the subscription book produced, the name "Windsor" had been substituted for "Royal," the action could not be maintained in the absence of evidence that the change of name had been made before the defendant subscribed.— The Windsor Hotel Co. vs Laframboise, XXII L. C. J., 144.

3. G. et O., deux des principaux officiers de la demanderesse, souscrivent au capital-actions de cette dernière, le premier pour $20,000 et le second pour $30,000. Subséquemment G. altère sa souscription et la réduit à $10,000 et O. à $5,000, sans le consentement des souscripteurs. Subséquemment la compagnie acquiesça à telle réduction et ne fit appel de versement que sur les souscriptions telles que réduites.— *Jugé* que telle réduction ne pouvait pas être faite légalement sans le consentement des souscripteurs subséquents.— Et le défendeur ayant souscrit à des actions dans le capital de la demanderesse sans avoir jamais consenti aux altérations et réductions de souscription ci-dessus mentionnées, *jugé* que la demanderesse n'avait pas d'action contre lui pour le forcer à payer des versements sur sa souscription.— National Ins. Co. vs Hatton, C. S., Montréal, 8 juillet 1878.

4. A subscription of shares in a company to be formed is not binding.—Rascony & The Union Navigation Co., I L. N., 494.

1890. Les noms des associés ou actionnaires ne paraissent pas dans les sociétés par actions qui sont généralement connues sous une dénomination qui indique l'objet de leur formation.

Les affaires en sont conduites par des directeurs ou autres mandataires choisis de temps à autre suivant les règles établies pour la régie de telles compagnies respectivement.

Bell, *loc. cit.*

1891. Il est loisible à sept personnes ou plus de former semblables associations pour l'exercice de toutes manufactures, trafic et affaires autres que celles de banques, assurances, mines, minerais et carrières, en se conformant aux dispositions contenues dans l'acte de 1865, intitulé : *Acte pour autoriser la formation de compagnies et associations en coopération pour faire quelque trafic ou commerce en commun*, et jouir ainsi des bénéfices attribués aux corporations et en subir les règles. La formation et la régie des compagnies par actions et corporations pour des objets particuliers, sont réglées par des statuts spéciaux.

Les sociétés de construction sont formées sous l'autorité des Statuts Refondus B. C., ch. 69, tel qu'amendé par l'acte Q. 39 Vict., ch. 61 et par l'acte Q. 41 Vict., ch. 20. Les lois relatives aux sociétés de construction soumises à la législature fédérale ont été refondues par l'acte C. 40 Vict., ch. 50.

Le statut cité dans l'article ci-dessus a été remplacé dans la province de Québec, pour les compagnies soumises à la juridiction de la législature de cette province, par le statut Q. 31 Vict., ch. 25, tel qu'expliqué par le statut Q. 31 Vict., ch. 24. Ce statut a été amendé par l'acte Q. 32 Vict., ch. 42 ; — Q. 36 Vict., ch. 25 ; — Q. 38 Vict., ch. 39 ; — Q. 40 Vict., ch. 15 ; — Q. 41 Vict., ch. 22.

Quant aux corporations placées sous la juridiction du parlement du Canada, le statut cité dans l'article ci-dessus est maintenant remplacé par l'acte C. 40 Vict., ch. 43.

Jurisp.—1. Une déclaration filée en conformité à la 12ᵉ Vict., ch. 57, sec. 1, signée des parties, mais à laquelle il n'a pas été apposé de sceau, est néanmoins suffisante, et répond à l'objet du statut, qui est de faire connaître les noms des personnes qui ont d'abord composé la société.— L'existence légale d'une corporation ne peut être révoquée en doute par une procédure incidente, telle qu'une exception, mais doit être attaquée au moyen d'une procédure en vertu de la 12ᵉ Vict., ch. 41.—The Union Building Society vs Russell, VIII L. C. R., 276.

2. Dans la cause de la Cie des Villas du Cap Gibraltar vs McShane, il a été jugé que l'absence du sceau aux signatures des personnes signant la déclaration voulue par le ch. 69 des S. R. B. C., ne vicie pas cette déclaration, et que la Compagnie demanderesse a été dûment incorporée en vertu des dispositions du dit statut, nonobstant que les signataires de la déclaration n'aient pas apposé leurs sceaux à côté de leurs noms.—C. S., Montréal, n° 2407, 28 février 1877.

CHAPITRE CINQUIÈME.

DE LA DISSOLUTION DE LA SOCIÉTÉ.

1892. La société finit :

1. Par l'expiration du terme ;
2. Par l'extinction ou la perte des biens appartenant à la société ;
3. Par la consommation de l'affaire pour laquelle la société a été formée ;
4. Par la faillite ;
5. Par la mort naturelle de quelqu'un des associés ;
6. Par la mort civile, l'interdiction ou la faillite de quelqu'un des associés ;
7. Par la volonté qu'un seul ou plusieurs des associés expriment de n'être plus en société, suivant les dispositions des articles 1895 et 1896 ;
8. Lorsque l'objet de la société devient impossible ou illégal.

Les sociétés en commandite se terminent aussi par les causes énoncées en l'article 1879, auquel article les causes de dissolution énoncées aux paragraphes 5 et 6 ci-dessus sont subordonnées.

Les causes de dissolution énoncées dans les paragraphes 5, 6 et 7, ne s'appliquent pas aux sociétés par actions formées sous l'autorité d'une charte royale ou de quelque acte de la législature.

ff L. 4, § 1 ; L. 63, § 10 ; L. 65, §§ 1, 3, 9, 10 et 12 ; L. 35 ; L. 52, § 9, *Pro socio.*— Domat, liv. 1, tit. 8, sec. 5.— Pothier, *Société*, nᵒˢ 138 et suiv.— 2 Bell, *Comm.*, ch. 3, pp. 639 et suiv.— Story, *Partnership*, §§ 267, 269 et 274.— Collyer, *Partnership*, liv. 1, ch. 2, sec. 2.—4 Pardessus, *Dr. Comm.*, tit. 3, ch. 1, 2, 3, 1051 et suiv. — Story, *Partnership*, § 200 et n° 4.— 3 Kent, *Comm.*, 54.— C. N., 1865.

Amend.— *L'acte C. 38 Vict., ch. 16, sec. 40, contient ce qui suit :*

Si un associé, dans une compagnie ou société de commerce non incorporée, devient insolvable dans le sens du présent acte, et qu'un syndic soit nommé aux biens du failli, cette société de commerce sera par là même réputée dissoute ; et le syndic aura tous les droits d'action et recours contre les autres associés de cette compagnie ou société, que le dit associé en faillite pourrait avoir ou exercer en loi ou en équité contre ses coassociés après la dissolution de la société ; et il pourra se prévaloir de ses droits d'action et recours, comme si cette société ou compagnie eût expiré par le laps de temps.

Jurisp.— 1. A copartnership is dissolvable by the marriage of a female partner, and the action *pro socio* lies against her and her husband.— Antoine vs Dallaire, II R. de L., 74.

2. L'action en reddition de compte ne compète pas à un individu réclamant une part dans une société, en vertu d'une convention en raison de laquelle il devait recevoir une certaine partie des profits de la société pour lui tenir lieu de salaire pour ses services, dans le cas où il a violé cette convention en se retirant de la société avant l'époque fixée par telle convention et avant que les affaires de la société n'aient été réglées.— Miller & Smith, X L. C. R., 304.

3. Une société formée pour l'usage et exploitation privée d'un moulin à battre, est dissoute par la mort d'un des associés, et les représentants du défunt ont droit d'en demander la vente, ou que les autres associés leur paient la valeur de la part qu'y avait l'associé décédé.— Aubry vs Denis, XIV L. C. R., 97.

4. An assignment made by a copartnership vests in the assignee the separate estates of the partners, as well as the copartnership estate; and the removal of the assignee at a meeting of the creditors, (called under section 11, subsection 3) has the effect of removing him with respect to the separate estates as well as the copartnership estate.— Macfarlane & Court, XII L. C. J., 239.

5. Two partners of a partnership of three are without power to make a voluntary assignment of the partnership to an interim assignee.—Lusk & Foote, XVII L. C. J., 47.

6. An assignment under the Insolvent Act by one member only of a copartnership cannot operate as an assignment of the partnership estate.— Cournoyer vs Tranchemontagne, XVIII L. C. J., 335.

7. The plaintiff and another entered into a partnership with the two defendants to tender for some dredging and harbor works. Their tender and supplementary tender were not accepted, and the defendants subsequently took a sub-contract from another person whose tender (supplementary tenders having been asked for) had been accepted.— *Held*, that the rejection of the tender put an end to the partnership interest of the parties making it, there being no evidence that the rejection was improperly brought about by the defendants; and the latter were not precluded from taking a sub-contract for their individual benefit for the same work.— Kane vs Wright, I L. N., 482.

1893. Lorsqu'un associé a promis d'apporter à la société la propriété d'une chose, la perte de cette chose avant que son apport ait été effectué, met fin à la société à l'égard de tous les associés.

La société est également dissoute par la perte de la chose lorsque la jouissance seule en a été mise en commun et que la propriété en est restée dans les mains de l'associé.

Mais la société n'est pas dissoute par la perte de la chose dont la propriété a déjà été mise dans la société, à moins que cette chose n'en constitue seule le fonds capital, ou n'en soit une partie si importante que sans elle les affaires de la société ne puissent être continuées.

ff L. 63, § 10, *Pro socio.*— Domat, liv. 1, tit. 8, sec. 5, n** 11 et 12.— Pothier, *Société*, nº 141.— Troplong, *Société*, 925 et suiv.— C. N., 1867.

1894. Il est permis de stipuler que dans le cas de décès de l'un des associés, la société continuera avec ses représentants légaux, ou entre les associés survivants. Dans le second cas les représentants de l'associé défunt ont droit au partage des biens de la société seulement telle qu'elle existait au moment du décès de cet associé. Ils ne peuvent réclamer le bénéfice des opérations subséquentes, à moins qu'elles ne soient la suite nécessaire de quelque chose faite avant le décès.

Domat, liv. 1, tit. 8, sec. 5, nº 14, et sec. 6, nº 2.— Pothier, *Société*, n** 144 et 145.— Troplong, *Société*, 949 et suiv.— C. N., 1868.— *Contrà*, *ff* L. 35; L. 50; L. 52, § 9; L. 59, *Pro socio.*

Jurisp.— If one of several partners die, the surviving partners may be sued without the representatives of the deceased partner being made parties to the suit.— Stadacona Bank vs Knight, I Q. L. R., 193.

1895. La société dont la durée n'est pas fixée est la seule qui puisse être dissoute au gré de l'un des associés, et cela en donnant à tous les autres avis de sa renonciation. Mais cette renonciation doit être faite de bonne foi et non dans un temps préjudiciable à la société.

¶ L. 63, §§ 3, 4, 5 et 6, *Pro socio.*—Pothier, *Société*, n⁰ˢ 149, 150 et 151.— Troplong, *Société*, 965 et 977.— Collyer, ch. 2, sec. 2, pp. 58 et 59.— 2 Bell, *Comm.*, 641 et 642. — C. L., 2855, 2856 et 2857.— C. N., 1869.

1896. La dissolution d'une société dont la durée est limitée peut être demandée par un associé avant l'expiration du temps stipulé, pour une cause légitime; ou lorsqu'un autre associé manque à l'accomplissement de ses obligations, ou se rend coupable d'inconduite flagrante, ou par suite d'une infirmité chronique ou d'une impossibilité physique devient inhabile aux affaires de la société; ou lorsque sa condition et son état sont essentiellement changés, et autres cas semblables.

¶ L. 14; L. 15, *Pro socio.*—Pothier, *Société*, n⁰ 152.— Troplong, *Société*, 983 et suiv., 992, 993, 994 et 995.— Collyer, *loc. cit.*— 2 Bell, *Comm.*, 642 et 644.— Story, *Partnership*, §§ 288 et 294.— C. N., 1871.

CHAPITRE SIXIÈME.

DES EFFETS DE LA DISSOLUTION.

1897. Le mandat et les pouvoirs des associés d'agir pour la société cessent par la dissolution, excepté à l'égard des actes qui sont une suite nécessaire des opérations commencées. Néanmoins, tout ce qui est fait dans le cours ordinaire des affaires de la société, par un associé qui agit de bonne foi et dans l'ignorance de la dissolution, lie les autres associés de même que si la société subsistait.

¶ L. 65, § 10, *Pro socio.*—Pothier, *Société*, n⁰ˢ 155 et 156.— 2 Bell, *Comm.*, 646 et 653.— 4 Pardessus, *Dr. Comm.*, 1070.— Troplong, *Société*, 996.— 3 Kent, *Comm.*, 62 et 63.—Story, *Partnership*, 332 et 333.— Code civil B. C., art. 1720, 1728 et 1729.— Collyer, *Partnership*, p. 75 (2ᵉ éd.).— Gow, *Partnership* (3ᵉ éd.), 227 et 228.

Jurisp.— 1. Quant à la liquidation des affaires d'une société après sa dissolution, les coassociés peuvent être traités comme si la société existait encore et peuvent être poursuivis comme tels, sans qu'il soit nécessaire de les désigner comme ayant été en société.— The City of Glasgow Bank vs Arbuckle, I R. C., 120.

2. Although a commercial firm be dissolved, the members thereof are still partners for the liquidation of the affairs of the old partnership, and a writ of attachment in compulsory liquidation against them as copartners is well founded.— In any case, under the above circumstances, upon the principle that interest is the measure of actions, a creditor of one of the individual partners has no right, as against the creditors of the dissolved firm, to oppose the attachment.— The City of Glasgow Bank & Arbuckle, XVI L. C. J., 218.

3. A direct action can be maintained at the instance of a partner for setting aside a judgment rendered upon the confession of his copartner made after the dissolution of the partnership.— Moore vs O'Leary, IX L. C. J., 164.

1898. Lors de la dissolution de la société, chacun des associés ou ses représentants légaux peut exiger de ses coassociés un compte et un partage des biens de la société; et ce partage doit se faire suivant les règles concernant le partage des successions en tant qu'elles peuvent être applicables.

Néanmoins, dans les sociétés de commerce, ces règles ne reçoivent d'application que lorsqu'elles sont compatibles avec les lois et usages particuliers aux matières de commerce.

Domat, liv. 1, tit. 8, sec. 5, n° 19.— Pothier, *Société*, 161, 162 et suiv.— 4 Pardessus, *Dr. Comm.*, 1071.— Troplong, *Société*, 996, 998, 1057 et suiv.— C. N., 1872.

Jurisp.—1. When between copartners a balance has been struck, an action of *assumpsit* or of debt will lie for the amount; but if no balance has been so struck, the action must be in account.— Robinson vs Reffenstain, I R. de L., 352.

2. Si après la dissolution de la société, quelque partie des effets d'icelle tombe entre les mains de l'un des associés, et qu'il soit sur le point de les convertir à son propre usage, l'autre associé ne pourra pas néanmoins réclamer, par voie de saisie-revendication, sa part indivise des dits effets.— Maguire vs Bradley, I R. de L., 367.

3. Quand il est allégué dans une action *pro socio* que les demandeurs ont annuellement rendu compte aux défendeurs de cette partie des affaires de la société qui était sous leur contrôle, il n'est pas nécessaire d'offrir et produire avec telle déclaration un compte de la dite partie des affaires de la société; mais pour pouvoir maintenir l'action, il sera nécessaire de prouver l'allégué que tel compte a été rendu par les demandeurs aux défendeurs.— McDonald vs Miller, VIII L. C. R., 214.

4. L'action en reddition de compte ne compète pas à un individu réclamant une part dans une société, en vertu d'une convention en raison de laquelle il devait recevoir une certaine partie des profits de la société pour lui tenir lieu de salaire pour ses services, dans le cas où il a violé cette convention en se retirant de la société avant l'époque fixée par telle convention, et avant que les affaires de la société n'aient été réglées.— Miller & Smith, X L. C. R., 304.

5. La seule action qu'un associé peut exercer contre son coassocié, après la dissolution de leur société, pour les fins de cette société, est l'action *pro socio*, et non pas une action en dommages basée sur le prétexte qu'il s'est emparé des biens de la société.— Bouthillier vs Turcotte, I L. C. J., 170.

6. One copartner cannot, after the dissolution of the firm, sue another copartner to render an account without himself offering and tendering an account.— Pepin vs Christin, III L. C. J., 119.

7. Un associé n'a pas d'action d'*assumpsit* contre son ci-devant coassocié, pour dettes prétendues être dues ou argent retiré du fonds social, lorsqu'il y a eu dissolution de société entr'eux.— Thurber vs Pilon, IV L. C. J., 37.

8. Les parties, ci-devant en société, avaient fait un arrêté de leur compte social, par lequel le défendeur se reconnut endetté envers le demandeur en la somme de $232. L'action intentée était l'*assumpsit* de la procédure anglaise, pour marchandises vendues et livrées, argents prêtés, matériaux fournis, *account stated.*— *Jugé* que l'action doit être l'action *pro socio* et non pas l'*assumpsit*, qui n'existe pas et ne peut être toléré dans notre système de procédure.— Marcoux vs Morris, III R. L., 441, (C. S. en Rév., mais renversé en Cour d'Appel, mars 1873.)

9. In an action *pro socio* brought by a surviving partner against the executors of the deceased partner, the heirs and universal legaties must be called into the cause and made parties thereto, to account for the business of the partnership.— The court ought to make such an order, instead of dismissing the action on that ground.— Doak vs Smith, XV L. C. J., 58.

10. Le 15 juillet 1864 les parties ont formé une société comme boulangers. Cette société a été dissoute le 28 juin 1867. L'appelant devait tenir les livres et l'intimé conduire la boutique.— Après la dissolution, l'appelant a poursuivi en reddition de compte de société. L'intimé a nié la société et a été condamné à rendre compte. Il a produit un compte tiré du *ledger*, faisant voir purement et simplement le montant des ventes de la société et le montant dû à la société sur ces ventes. D'après les livres tenus par l'appelant il lui est impossible de rendre un autre compte. La cour a ordonné que les dettes dues à la société appartiendraient par moitié à chaque associé, chaque partie payant ses frais. Il n'y a aucune autre preuve que des livres mal tenus, et la cour ne pouvait donner un autre jugement à moins de débouter l'appelant. Il ne peut se plaindre que de la manière dont il a tenu les livres, s'il souffre quelque dommage.— Jugement confirmé.— Powell & Robb, M., 16 juin 1876.

1899. Les biens de la société doivent être employés au paiement des créanciers de la société de préférence aux créanciers particuliers de chaque associé; et si ces biens se trouvent insuffisants pour cet objet, les biens particuliers de chacun des associés sont aussi affectés au paiement des dettes de la société, mais seulement après le paiement des créanciers particuliers de tels associés séparément.

S. R. B. C., c. 65, sec. 6.— 4 Pardessus, *Dr. Comm.*, 1089.

Jurisp.— 1. Partnership property is not liable for the debts of any of the partners individually.— Montgomery & Gerrard, Stuart's Rep., 437.

2. Where no fraud is proved, a judgment against an individual partner cannot be executed against property of the firm in which he is a partner.— Richarson vs Thompson, IX L. C. J., 26.

3. Although a commercial firm be dissolved, the members thereof are still partners for the liquidation of the affairs of the old partnership, and a writ of attachment in compulsory liquidation against them as copartners is well founded. In any case, under the above circumstances, upon the principle that interest is the measure of actions, a creditor of one of the individual partners has no right, as against the creditors of the dissolved firm, to oppose the attachment.— The City of Glascow Bank & Arbuckle, XVI L. C. J., 218.

4. On the contestation of a report of collocation,—*Held* that the effects of copartners sold under execution are not liable to the creditors of one of the partners individually, until after payment of the partnership creditors.— Moody vs Vincent, V L. C. R., 388.

5. If one of several partners die, the surviving partners may be sued, without the representatives of the deceased partner being made parties to the suit.—The allegations contained in a declaration of partnership duly registered cannot be controverted by any one who was a member of the partnership, at the time such declaration was made.— Stadacona Bank vs Knight, I Q. L. R., 193.

1900. La dissolution de la société aux termes du contrat, ou par l'acte volontaire des associés, ou par le laps de temps, ou par le décès ou la retraite d'un associé, n'affecte pas les droits des tiers qui contractent subséquemment avec quelqu'un des associés pour le compte de la société, excepté dans les cas suivants :

1. Lorsqu'avis en est donné conformément à la loi ou aux usages du commerce ;

2. Lorsque la société est limitée à une entreprise ou aventure particulière qui est terminée avant que l'opération ait lieu ;

3. Lorsque l'opération n'est pas dans le cours ordinaire des affaires de la société ;

4. Lorsque l'opération est de mauvaise foi, illégale ou autrement entachée de nullité ;

5. Lorsque celui qu'on veut tenir responsable est un associé en participation ou inconnu, à qui on n'a pas entendu faire crédit et qui s'est retiré avant que l'opération eût lieu.

Pothier, *Société*, n° 157.— Troplong, *Société*, 903, 904, 908 et 910.— 4 Pardessus, *Dr. Comm.*, 1088.— Story, *Partnership*, 334.—3 Kent, *Comm.*, 65 et 66.— 2 Bell, *Comm.*, 649 et suiv.— Collyer, *Partnership* (2ᵉ éd.), liv. 1, ch. 2 ; liv. 3, ch. 3, §§ 2 et 3.— Gow, *Partnership* (3ᵉ éd.), 20, 240, 248 et suiv.

Jurisp.—1. The dissolution of a partnership, without particular notice to the persons in the habit of dealing with it and general notice in the Gazette to all with whom it has not dealt, does not exonerate the several members of the partnership from payment of the debts due third parties not notified, and who contracted with any of them in the name of the firm either before or after the dissolution.— Symes & Sutherland, Stuart's Rep., 49.

2. When partners have fyled a certificate of the formation of a partnership, one partner is liable for debts contracted by the other, after a dissolution by a deed executed before a notary, if no certificate of such dissolution has been fyled in the registry office for the county, and in the prothonotary's office.— In an attachment under the 177th art. *Coutume de Paris*, when the insolvency of a defendant is alleged, the affidavit of the plaintiff is sufficient proof of such insolvency, unless it is denied by the defendant in a special plea.— Jackson vs Pagé, VI L. C. J., 105.

3. Des personnes, ci-devant en société, ne peuvent être poursuivies comme associées quoique leur responsabilité n'ait pas été changée par la dissolution de la société, et leur droit d'être poursuivies dans leurs qualités propres est insuffisant pour faire débouter l'action, sur une exception à la forme.—Talioreti vs Dorion, VIII L. C. J., 93.

4. Partners who have fyled a certificate of partnership continue liable after a dissolution, if they have omitted to fyle under the partnership act a certificate of dissolution.— Murphy vs Page, V L. C. J., 335.

TITRE DOUZIÈME.

DES RENTES VIAGÈRES.

CHAPITRE PREMIER.

DISPOSITIONS GÉNÉRALES.

1901. La rente viagère peut être constituée à titre onéreux ; ou à titre gratuit, par donation entrevifs ou par testament.

Pothier, *Const. de rente,* n° 15.— Troplong, *Cont. aléat.,* 213 et 214.— C. N., 1968 et 1969.

Jurisp.—1. Une rente constituée en viager et à fonds perdu ne peut pas être considérée comme un contrat usuraire quelqu'exorbitante qu'en soit la prestation.— Mogé vs Latraverse, VII L. C. J., 128.

2. La convention dans un acte créant une rente viagère, de fournir une quantité du *meilleur blé* qui poussera sur la terre donnée, oblige le donataire à fournir du bon blé ; si celui que la terre a produit n'est pas bon, le donataire devra en acheter.— Lalonde vs Cholette, I R. L., 700.

1902. La rente peut être soit sur la tête de la personne qui la constitue ou qui la reçoit, ou sur la tête d'un tiers qui n'a aucun droit d'en jouir.

Pothier, *eod. loco,* n° 223 et 226.— C. N., 1971.

1903. Elle peut être constituée sur une ou plusieurs têtes.
Mais si elle l'est pour plus de quatre-vingt-dix-neuf ans, ou trois vies successives, et qu'elle affecte des immeubles, elle est éteinte après ce terme, suivant les dispositions contenues en l'article 390.

Pothier, *eod. loco,* n° 215, 223 et 225.— S. R. B. C., ch. 50, sec. 6.— C. N., 1972.

1904. Elle peut être constituée au profit d'une personne autre que celle qui en fournit le prix.

Pothier, *eod. loco,* n° 241.— Code civil B. C., art. 1029.— C. N., 1973.

1905. Le contrat de rente viagère créée sur la tête d'une personne qui était morte au jour du contrat ne produit aucun effet et le prix peut en être répété.

Pothier, *eod. loco,* n° 224.— C. N., 1974.

1906. [La règle énoncée dans l'article qui précède s'applique également lorsque la personne sur la tête de laquelle la rente est constituée, est, à l'insu des parties, attaquée d'une maladie dangereuse, dont elle meurt dans les vingt jours de la date du contrat.]

C. N., 1975.

CHAPITRE DEUXIÈME.

DES EFFETS DU CONTRAT.

1907. Le seul défaut de paiement des arrérages de la rente n'est pas une cause suffisante pour demander le remboursement du prix ou autre valeur donnée pour sa création.

Pothier, *eod. loco*, nᵒˢ 227 et 231.—C. N., 1978.

Jurisp.— Le défaut de paiement des arrérages d'une rente viagère, qui n'est pas une cause de résolution sous le code français, l'est sous notre droit canadien. — Martin vs Martin, III L. C. J., 307.

1908. Le créancier d'une rente viagère assurée par privilége et hypothèque de vendeur sur un immeuble subséquemment saisi-exécuté, a droit de demander que l'immeuble soit vendu à la charge de cette rente.

S. R. B. C., ch. 50, sec. 7.

Jurisp.—1. Les propriétaires par indivis de l'héritage hypothéqué au paiement des arrérages d'une rente, ne sont pas tenus *solidairement* au paiement de ces arrérages.— Pappans & Turcotte, VIII L. C. J., 152.
2. Un immeuble ne peut pas être vendu en justice à la charge d'une rente viagère.— Campagna vs Hébert, I L. C. R., 24.

1909. Le débiteur de la rente ne peut se libérer du paiement de cette rente en offrant de rembourser le capital et en renonçant à la répétition des arrérages payés.

Pothier, *eod. loco*, nᵒˢ 233 et 255.—C. N., 1979.

1910. La rente n'est due au créancier que dans la proportion du nombre de jours qu'a vécu la personne sur la tête de laquelle elle est constituée ; à moins qu'on ne l'ait stipulée payable d'avance.

Pothier, *eod. loco*, nᵒˢ 248 et 255.—Troplong, *Cont. aléat.*, 330, 331, 332 et 334.— C. N., 1980.

1911. La rente viagère ne peut être stipulée insaisissable que lorsqu'elle est constituée à titre gratuit.

Pothier, *eod. loco*, nᵒ 252.— C. N., 1981.

1912. L'obligation de payer la rente ne s'éteint pas par la mort civile de la personne sur la tête de laquelle elle est constituée. Elle continue pendant sa vie naturelle.

Pothier, *eod. loco*, nᵒ 256.— C. N., 1982.

1913. Le créancier d'une rente viagère n'en peut demander le paiement qu'en justifiant de l'existence de la personne sur la tête de laquelle la rente est constituée jusqu'à l'expiration du temps pour lequel il réclame les arrérages.

Pothier, *eod. loco*, n° 257.— C. N., 1983.

1914. [Lorsqu'un immeuble hypothéqué au paiement d'une rente viagère est vendu par décret forcé, ou autre procédure ayant le même effet, ou par acte volontaire suivi d'une confirmation de titre, les créanciers postérieurs ont droit de recevoir les deniers provenant de la vente en fournissant cautions suffisantes que la rente continuera d'être payée ; et à défaut de telles cautions le crédit-rentier a droit de toucher, suivant l'ordre de son hypothèque, une somme égale à la valeur de la rente au temps de telle collocation.]

Jurisp.— 1. Un failli, acquérant un immeuble des syndics de sa faillite après l'observation des formalités prescrites, ne peut faire revivre une hypothèque dont était grevé l'immeuble, et qui avait été purgée par la vente judiciaire ainsi faite. Un subséquent acquéreur troublé hypothécairement à raison de semblable hypothèque, peut opposer, par exception, tout dol ou fraude qui peut se rencontrer dans cette créance ainsi ravivée. Une donation de prétendus arrérages de rente aux enfants mineurs du failli, débiteur de ces arrérages, ce dernier acceptant pour ses enfants, après obtention de son certificat de décharge et la vente judiciaire de ses immeubles, ne peut avoir d'effet à l'égard d'un tiers acquéreur, et cette donation est déclarée frauduleuse quoique les mineurs ne fussent pas personnellement participant à cette fraude.— Cadieux & Panet, VI L. C. R., 446.

2. L'acquéreur d'un immeuble, hypothéqué jusqu'à concurrence de $50.00 en faveur de tiers, " pour aider ces derniers à se faire payer d'une rente viagère de $6.00 par an et d'un droit de pâturage," sans stipulation à l'acte constitutif de telle annuité, que tel droit de pâturage devra s'exercer sur tel immeuble, est mal fondé à demander caution ou purge, si le demandeur (son vendeur) a offert de lui laisser entre les mains la dite somme de $50.00, par l'action même. Le défendeur, en tel cas, peut se libérer et purger son héritage, envers les tiers créanciers, de la rente et du droit de pâturage, en leur payant une fois pour toutes la dite somme de $50.00, montant de leur garantie hypothécaire.— Chabotte vs Charby, III R. L., 392.

1915. [La valeur de la rente viagère est estimée à un montant qui soit suffisant, au temps de la collocation, pour acquérir d'une compagnie d'assurance sur la vie, une rente viagère de pareille somme.]

Jurisp.— La valeur d'une rente viagère ne doit pas être capitalisée en la multipliant par 10 ans, mais doit être réglée sur la valeur de la vie du donateur. — Cette évaluation sera faite par la cour sur les calculs des compagnies d'assurance sur la vie et sans expertise.— Par suite de cette réduction de la créance de l'opposant, il sera condamné aux frais.— Collette vs Lefebvre, VIII L. C. J., 128.

1916. Si le prix de l'immeuble se trouve au-dessous de la valeur estimée de cette rente viagère, le crédit-rentier a droit de toucher le prix, suivant l'ordre de son hypothèque, ou d'exiger que les créanciers postérieurs donnent cautions pour la prestation de sa rente jusqu'à concurrence des deniers qu'ils toucheront et des intérêts.

Dalloz, *Hypothèques*, 29, 2, 258, 259 et 7.— 3 Delvincourt, p. 419.— 2 Rogron, p. 2552.— 5 Bioche, *Dic. de proc.*, p. 313, n° 275 et arrêts cités.— *Contrà*, Troplong, *Hypothèques*, n° 949 *quater*, p. 205.— 1 Grenier, n° 185.

1917. L'évaluation et le paiement de la rente viagère, dans tous les cas où le créancier a droit d'en toucher la valeur, sont sujets aux règles contenues dans les articles qui précèdent, en autant qu'elles peuvent s'y appliquer.

TITRE TREIZIÈME.

DES TRANSACTIONS.

1918. La transaction est un contrat par lequel les parties terminent un procès déjà commencé, ou préviennent une contestation à naître, au moyen de concessions ou de réserves faites par l'une des parties ou par toutes deux.

ff L. 1, *De transact.*— Cod., L. 2 ; L. ult., *eod. tit.*— Domat, liv. 1, tit. 13, sec. 1, n° 1.— 1 Pigeau, p. 8.— Troplong, *Transac.*, n° 4.— Duranton, 391.— 5 Zachariæ, p. 83.— C. C. Vaud, 1525.— C. L., 3038.— C. N., 2044.

Jurisp.— 1. L'article 1346 du Code de procédure civile n'empêche pas les parties de stipuler dans un compromis que les amiables compositeurs devront entendre les dites parties et leur preuve respective, ou les constituer en défaut.— Ces conditions du compromis obligent les amiables compositeurs à peine de nullité.— Breakey vs Carter, IV Q. L. R., 332.

2. Les corporations municipales peuvent transiger sur toutes réclamations en dommages ou autres, contre elles ; elles sont liées par telles transactions et n'en peuvent être relevées que pour les mêmes raisons que peut invoquer tout majeur en possession de l'universalité de ses droits civils.— Bachand vs La Corporation de St-Théodore d'Acton, II R. C., 325.

3. A party in a cause has the right at any time prior to the rendering of a final judgment to settle, compromise or transact with respect to all matters in dispute in the cause, including the costs.— The Quebec Bank vs Paquet, XIII L. C. J., 122.

1919. Ceux-là seuls qui ont la capacité légale de disposer des objets compris dans la transaction peuvent en transiger.

ff L. 9, § 3, *De transact.*— Cod., L. 36, *eod. tit.*— Guyot, Rép., v° *Transaction*, § 1.— Brodeau sur Louet, C, n° 4.— 18 Duranton, 407 et suiv.— C. L., 3039.— C. N., 2045.

1920. La transaction a, entre les parties, l'autorité de la chose jugée en dernier ressort.

Cod., L. 2 ; L. 20, *De transact.*— Domat, *loc. cit.*, n° 9.— C. N., 2052.

1921. L'erreur de droit n'est pas une cause de rescision des transactions. Sauf cette exception les transactions peuvent être annulées pour les mêmes causes que les contrats en général, sujettes néanmoins aux dispositions des articles qui suivent.

ff L. 9, § 2, *De transact.*— Cod., L. 19, *eod. tit.*— Domat, *loc. cit.*, s. 2, n°° 1 et suiv.— Guyot, *loc. cit.*, pp. 243 et 244.— C. N., 2053.

Jurisp.— 1. Dans le cas du contrat connu au droit français sous le nom de "*transaction*," et appelé en anglais "*compromise*," pour régler à l'amiable tous différends qui peuvent s'être élevés entre les parties, la considération que chaque partie reçoit est le règlement du différend, non le sacrifice d'un droit, mais l'abandon d'une réclamation.— L'on ne peut objecter à la validité d'une telle transaction que le droit n'existait réellement que dans l'une des parties.— La question d'erreur dans le motif déterminant de la transaction doit être décidée exclusivement par le droit français relativement aux transactions.— La règle en pareil cas est que si l'erreur dont on se plaint est une erreur de fait, et que le fait ne soit pas compris dans la transaction, et soit de nature qu'il doive être considéré comme le motif déterminant de l'une ou de l'autre des parties à la transaction, son existence est considérée comme condition implicite, quoique non exprimée ; et alors, si le fait n'existe pas, la base de la transaction manque. — Quand la transaction comprend toutes les matières en litige entre les parties, alors la règle de droit est différente, parce qu'il n'est pas constaté que la transaction n'aurait pas eu lieu, quoique les parties sussent qu'il n'y avait aucun doute quant à l'un des faits.— Trigge & Lavallée, XIII-L. C. R., 132.

2. An agreement of compromise, like any other agreement, may be set aside for what the old french law terms " *dol*," or want of good faith in either of the contracting parties only.— An agreement of compromise may be set aside on the ground of what the old french law terms " *erreur*," if the " *erreur* " relied on be in the compromise, and of such a character, that it must be considered the determining motive of either of the parties in entering into the agreement ; its existence is regarded as a condition implied, though not expressed ; and then, if the fact fails, the foundation of the agreement fails.— Trigge & Lavallée, VII L. C. J., 85.

3. Une transaction ne saurait être annulée pour cause d'erreur de droit.— Trigge vs Lavallée, Mont. Cond. Rep., 87.

4. Where, after defendant had been foreclosed from pleading, a " *transaction* " was made between him and the plaintiff's counsel and attorney, to the effect that the cause was stayed on certain terms of payment, which " *transaction* " the defendant revoked, and then pleaded to the action, and the plaintiff subsequently brought an other action to enforce the compromise, the pendency of the first action was not a bar to the institution of the second ; nor was the discontinuance of the first a condition precedent to bringing the second. The proper mode of enforcing the " *transaction* " was by a separate action.— King & Pinsonneault, XXII L. C. J., 58. (Cons. Privé.)

1922. Il y a également lieu à l'action en rescision contre une transaction lorsqu'elle a été faite en exécution d'un titre nul, à moins que les parties n'aient expressément traité sur la nullité.

Lacombe, v° *Transaction*, n° 7.— Carondas, liv. 10, rép. 32.— Code civil B. C., art. 1212.— 6 Toullier, pp. 71 à 73.— C. N., 2054.

1923. [La transaction sur pièces qui depuis ont été reconnues fausses est entièrement nulle.]

C. N., 2055.

1924. La transaction sur un procès terminé par un jugement passé en force de chose jugée dont les parties ou l'une d'elles n'avaient point connaissance est nulle. Mais si le jugement est susceptible d'appel, la transaction est valable.

ff L. 7 ; L. 11, *De transact.*— Cod., L. 32, *eod. tit.*— Domat, *loc. cit.*, n° 7.— Guyot, *loc. cit.*, § 2, pp. 236, 237, et arrêts cités par lui.— C. N., 2056.

1925. Lorsque les parties ont transigé généralement sur toutes les affaires qu'elles pouvaient avoir ensemble, la découverte subséquente de documents qui leur étaient alors inconnus ne leur donne pas cause de rescision de la transaction, à moins qu'ils n'aient été retenus par le fait de l'une des parties.

Mais la transaction est nulle si elle n'a qu'un objet sur lequel les pièces nouvellement découvertes établissent que l'une des parties n'avait aucun droit.

Cod., L. 19 ; L. 29, *De transact.*— Domat, *loc. cit.*, n° 3.— Lacombe, *loc. cit.*, n° 3. — 18 Duranton, 433.— C. N., 2057.

1926. L'erreur de calcul dans une transaction peut être réparée.

Cod., L. unic., *De errore calculi.*— C. N., 2058.

TITRE QUATORZIÈME.

DU JEU ET DU PARI.

1927. Il n'y a pas d'action pour le recouvrement de deniers ou autres choses réclamées en vertu d'un contrat de jeu ou d'un pari ; mais si les deniers ou les choses ont été payés par la partie qui a perdu, ils ne peuvent être répétés, à moins qu'il n'y ait preuve de fraude.

ff L. 2, fin., *De aleat.*— Pothier, *Jeu*, n°° 49, 50 et 53.— Troplong, *Cont. aléat.*, sur art. 1965 et 1966.— Smith, *Contracts*, p. 188.— Oliphant, *On racing and gaming contracts*, p. 212.— McKenna vs Robinson, 3 M. et W., 441.— C. N., 1965 et 1967.

Jurisp.— 1. Une gageure touchant le résultat d'une élection alors prochaine d'un membre du parlement, est illicite, illégale et nulle.— Un billet donné pour une telle cause est illégal et nul.— Dufresne vs Guévremont, V L. C. J., 278.

2. L'article 1927 du Code civil qui refuse le droit d'action pour le recouvrement de deniers réclamés en vertu d'en pari, ne déclare pas ces contrats illégaux.— Le dépôt des deniers, avant la décision du pari, entre les mains du porteur du gage (*stake-holder*), équivaut au paiement en vue par l'article 1927, et dans ce cas la partie perdante n'a aucun droit d'action pour recouvrer le montant déposé par elle, pourvu qu'il n'y ait pas de fraude.— McShane vs Jordan, I R. L., 89.

3. A building society distributed its lots of land by a *tirage au sort*, which was a secondary or subordinate element in its constitution.—*Held*, that it did not constitute a lottery prohibited by C. S. Canada, cap. 95, and that it did not come under the operation of C. C. 1927.— La Société de Construction, etc. vs Villeneuve, XXI L. C. J., 309.

4. Le tirage au sort des lots ou emplacements, tel que prévu par les règlements de la compagnie demanderesse, ne constitue pas un contrat illégal de loterie, *gambling*, et tels règlements et tirage au sort sont valables en loi.— La Cie des villas du Cap Gibraltar vs McShane, n° 2407, C. S., Montréal, 28 février 1877.

1928. Le déni d'action contenu dans l'article qui précède est sujet à exception à l'égard des exercices propres au développement de l'habileté dans l'usage des armes, ainsi qu'à l'égard des courses à cheval ou à pied, ou autres jeux licites qui tiennent à l'adresse et à l'exercice du corps.

Néanmoins le tribunal peut, dans sa discrétion, rejeter la demande quand la somme réclamée lui paraît excessive.

Autorités sous l'article précédent.— C. N., 1966.

Jurisp.—1. Une gageure sur une course de chevaux par les propriétaires d'iceux, n'est pas illégale et peut être le sujet d'une action devant les tribunaux. — Rickaby vs Sutliffe, XIII L. C. R., 320.

2. No action lies in law for the recovery of a bet made on *bateau* races. These do not come within the exception mentioned in our Civil Code art. 1928.— Wagner vs L'Hostie, III Q. L. R., 373.

TITRE QUINZIÈME.

DU CAUTIONNEMENT.

CHAPITRE PREMIER.

DE LA NATURE, DE LA DIVISION ET DE L'ÉTENDUE DU CAUTIONNEMENT.

1929. Le cautionnement est l'acte par lequel une personne s'engage à remplir l'obligation d'une autre pour le cas où celle-ci ne la remplirait pas.

L'on nomme caution celui qui contracte cet engagement.

Pothier, *Oblig.*, n° 365.— 18 Duranton, n° 295, p. 289.— Guyot, Rép., v° *Caution*, p. 764.— 4 Nouv. Denis., v° *Cautionnement*, p. 318.

1930. Le cautionnement est conventionnel, légal ou judiciaire. Le premier résulte de la volonté des parties; le second est ordonné par la loi, et le dernier par jugement.

Pothier, *Oblig.*, n° 386.— 3 Demante, n° 763, p. 364.

1931. La caution n'est tenue de satisfaire à l'obligation du débiteur que dans le cas où ce dernier n'y satisfait pas lui-même.

C. N., 2011.— Instit., lib. 13, tit. 22.— ƒƒ L. 1, § 8, *De oblig. et actionibus.*— Pothier, *Oblig.*, n°° 366, 368 et 387.— 14 Pand. Franç., pp. 269 et suiv.

1932. Le cautionnement ne peut exister que sur une obligation valable.

On peut cependant cautionner l'obligation purement naturelle ainsi que celle dont le débiteur principal peut se faire décharger par une exception qui lui est purement personnelle, par exemple, dans le cas de minorité.

ƒƒ L. 78, *De reg. juris.*— L. 29, *De fidejussor.*—Pothier, *Oblig.*, 194, 367, 377 et 396. — C. L., 3005.— C. N., 2012.

Jurisp.— 1. Le cautionnement donné par une partie, pour une dette qui n'existe pas encore, ne peut profiter au prêteur subséquent, s'il n'est constaté que le prêt a été fait sur la foi du cautionnement, et que telle convention est intervenue directement entre les parties.— Dérousset vs Baudet, I L. C. R., 41.

2. Les obligations contractées par des mineurs et frappées d'une nullité relative, sont susceptibles d'être cautionnées, pourvu qu'elles ne soient pas atteintes d'un vice radical réprouvé par la morale ou le droit public.— Venner vs Lortie, I Q. L. R., 234.

1933. Le cautionnement ne peut excéder ce qui est dû par le débiteur, ni être contracté sous des conditions plus onéreuses.

Il peut être contracté pour une partie de la dette seulement, et sous des conditions moins onéreuses.

Le cautionnement qui excède la dette, ou qui est contracté sous des conditions plus onéreuses, n'est point nul ; il est seulement réductible à la mesure de l'obligation principale.

ff L. 8, *De fid. et mandat.*— Cod., L. 22 et 70, *eod. tit.*— Pothier, *Oblig.*, 369, 371, 374, 375 et 376.— C. L., 3006.— C. N., 2013.

1934. On peut se rendre caution sans ordre de celui pour lequel on s'oblige, et même à son insu.

On peut se rendre caution non-seulement du débiteur principal, mais même de celui qui l'a cautionné.

ff L. 30, *De fidejussoribus et mandat.*— Lamoignon, *Arrêtés*, tit. 23, art. 8.— II Rogron, *Code Civil*, p. 2622.— Pothier, *Oblig.*, 366, 394, 399 et 404.— 4 Bousquet, 578–9.— C. L., 2015.— C. N., 2015.

Jurisp.—A., an architect, wrote a letter to B., bricklayer, in terms following : " C. has contracted for the brickwork of D.'s house, and the bricks he will require will be paid for as may be required by you. "—*Held :* the above letter contained an undertaking upon the part of A. to pay for the bricks if C. did not do so.— Bulmer vs Browne, XVIII L. C. J., 136.

1935. Le cautionnement ne se présume pas ; il doit être exprès, et ne peut être étendu au delà des limites dans lesquelles il a été contracté.

Pothier, *Oblig.*, 401-3-5.— Cod., L. 6, *De fid. et mand.*— 4 Bousquet, p. 579.— 2 Rogron, p. 2623.— C. L., 3008.— C. N., 2015.

Jurisp.—1. L'obligation contractée en vertu d'un cautionnement donné au shérif sur un *cap. ad resp.*, est pour le montant porté au dos du bref, et pas davantage. Dans l'espèce, où le shérif a pris le cautionnement pour le double du montant mentionné en l'affidavit, et où le demandeur a obtenu jugement pour une plus forte somme, l'obligation de la caution ne peut excéder le montant mentionné dans l'affidavit et endossé sur le writ de *capias.*— Torrance vs Gilmour, II L. C. R., 231.

2. The recital in a deed of warranty, indicating the motive which prompted the execution of the deed, will not control the engagement, when such engagement is general and more extensive than the limited object for which it is supposed to be given, and therefore, a deed of warranty, stating that Maurice Cuvillier proposes to carry on business in Montreal and elsewhere ; and that to enable him to do so, and to meet the engagements of a firm in liquidation of which he has been a partner, he would require bank accommodation ; and that the sureties were willing to become his security, with a view of making the bank perfectly secure with respect to any debts then due, or which might thereafter become due by him ; and then containing an agreement by the sureties to become liable for all the present and future liabilities of the said Maurice Cuvillier, whether as maker, endorser, or acceptor of negotiable paper, or otherwise howsoever ; will make the sureties liable for debts contracted by the said Maurice Cuvillier, by endorsing, or procuring the discount of negotiable paper in his own name, for the benefit of a firm of which he became a member subsequent to the execution of the deed of warranty.— Bank & Cuvillier, V L. C. J., 57.

1936. Le cautionnement indéfini d'une obligation principale, s'étend à tous les accessoires de la dette, même aux frais de la première demande et à tous ceux postérieurs à la dénonciation qui en est faite à la caution.

Pothier, *Oblig.*, nᵒˢ 404-5-6.— Merlin, *Caution*, § 1, nᵒ 3.— *ff* L. 52 et 58, *De fid. et mand.*— Serres, *Instit.*, 485, *in fine.*— 2 Rogron, p. 2624.— Maleville, pp. 93-4.— 4 Bousquet, p. 580.— Ord. 1667, tit. *Des garants*, art. 14.— C. L., 3009.— C. N., 2016.

Jurisp.—1. Des débiteurs solidaires, assignés par une même action, peuvent permettre à l'un d'eux, qui est insolvable, de faire à leur créancier commun de faux frais, dans cette même action, sans en être responsables eux-mêmes.—Boucher & Latour, VI L. C. J., 269.

2. La caution solidaire répond à toutes les obligations du débiteur envers le créancier sans que ce dernier soit tenu de veiller à ses intérêts.— Quinn vs Edson, IX L. C. J., 101.

1937. Les engagements des cautions passent à leurs héritiers, à l'exception de la contrainte par corps, si l'engagement était tel que la caution y fût obligée.

Inst., lib. 3, tit. 21, § 2.—*ff* L. 4 et 5, *De fid. et mand.*; Cod., *eod. tit.*— 2 Rogron, p. 2624.— 4 Maleville, p. 94.— 4 Bousquet, p. 581.—C. N., 2017.

1938. Le débiteur obligé à fournir une caution, doit en présenter une qui ait la capacité de contracter, qui ait dans le Bas-Canada des biens suffisants pour répondre de l'objet de l'obligation et dont le domicile soit dans les limites du Canada.

ff L. 3, *De fid. et mand.*—2 Rogron, 2625.— Lamoignon, *Arrêtés*, tit. 23, art. 5.—Pothier, *Oblig.*, nᵒˢ 338 et 391.— 4 Bousquet, 581-2-3.— 4 Maleville, p. 94.— 14 Pand. Franç., 281 et suiv.—Rodier, sur 1667, p. 578.— Bornier, sur *dito*, tit. 28, art. 3.— C. L., 3011.— C. N., 2018.

Jurisp.--1. A minor cannot be *caution*; and if he does become bail for another and is sued as such and pleads his minority, the action must be dismissed.— Déroussel vs Binet, II R. de L., 32.

2. Un cautionnement dans un cas d'appel de la Cour de Circuit, en vertu de la 12ᵉ Vict., ch. 38, sect. 54, est valable lorsqu'il a été donné par deux cautions, lesquelles ont justifié sur des propriétés immobilières, sans les désigner.— Lynch vs Blanchet, VI L. C. R., 149.

3. En vertu de la 12ᵉ Vict., c. 38, sect. 54, la propriété immobilière de la caution, dans une cause en appel de la Cour de Circuit, doit être décrite.—Hitchcock vs Monnette, VI L. C. R., 150.

4. Sur un appel de la Cour de Circuit, le cautionnement d'un seul individu, avec justification sur un immeuble spécialement décrit, est suffisant.— Hilaire & Lisotte, VI L. C. R., 150.

5. Sur appel de la Cour de Circuit, le cautionnement sera déclaré insuffisant si tel cautionnement, étant donné par une seule caution qui déclare qu'elle est propriétaire de biens immeubles de la valeur de £50 au-dessus de toutes charges, ne contient pas une description de tels biens, et l'appel sera renvoyé sous la 20ᵉ Vict., ch. 44, sec. 61 et 62.— Charest vs Rompré, X L. C. R., 1939.

6. Lorsque le cautionnement est donné par deux cautions, sur appel de la Cour de Circuit à la Cour du Banc de la Reine, il n'est pas nécessaire que l'une ou l'autre déclare qu'elle est propriétaire de biens immeubles de la valeur de £50 au-dessus de toutes charges, et cela devient nécessaire seulement dans le cas où le cautionnement est donné par une seule caution, en vertu de la 20ᵉ Vict., ch. 44, sec. 61 et 62.— Hearn vs Lampson, X L. C. R., 400.

7. Un cautionnement sur appel de la Cour de Circuit, sera déclaré insuffisant, et l'appel renvoyé avec dépens, si le cautionnement n'est signé que par une caution, et ne contient pas une désignation de ses propriétés immobilières.—Beaudet & Proctor, XIII L. C. R., 450.

8. Pour rencontrer les exigences du cautionnement ordinaire requis pour les frais, il n'est pas nécessaire que la caution soit propriétaire de biens immeubles.— Utley vs McLaren, XVII L. C. R., 267.

9. Si le titre de propriété d'une caution sur un appel n'a pas été enregistré, le cautionnement n'est pas valable.— Prince vs Morin, XVIII L. C. J., 208.

10. *Jugé* que si le cautionnement en appel n'est donné que par une caution. cette caution doit justifier sur propriété immobilière.— Dawson & Desfossés, I Q. L. R., 121.

11. Une seule caution hypothécaire suffit.— Fiola & Hamel, IV Q. L. R., 52.

1939. La solvabilité d'une caution ne s'estime qu'eu égard à ses propriétés foncières, excepté en matière de commerce ou lorsque la dette est modique et dans les cas où il en est disposé autrement par quelque loi particulière.

On n'a pas égard aux immeubles litigieux.

ff L. 25, *De reg. juris.*— Pothier, *Oblig.*, 388 et 391.— 4 Bousquet, p. 583.— Fenet, sur Pothier, p. 530.— Serres, *Inst.*, p. 484.— 4 Maleville, pp. 94, 95 et suiv.— C. N., 2019.

Jurisp.— Motion pour rejeter l'appel parce que le cautionnement est insuffisant. L'intimé produit certificat d'enregistrement pour établir que les cautions n'ont pas d'immeubles d'une valeur suffisante au-dessus des hypothèques.— *Jugé* que les art. 1939 et 1962 C. C. ne s'appliquent pas et qu'en vertu des art. 1143 et 1145 C. de P., lorsqu'il y a deux cautions il n'est pas nécessaire qu'elles possèdent des immeubles, pourvu qu'elles soient solvables.—Lainesse & Labonté, Q., déc. 1875.

1940. Lorsque la caution, reçue par le créancier volontairement, ou en justice, devient ensuite insolvable, il doit en être donné une autre.

Cette règle reçoit exception dans le cas seulement où la caution n'a été donnée qu'en vertu d'une convention par laquelle le créancier a exigé une telle personne pour caution.

ff L. 3, *De fidejus. et mand. ;* L. 10, *Qui satisdare cogantur.*— Pothier, *Oblig.*, 392. — 14 Pand. Franç., 285 et suiv.— 4 Maleville, 95 et suiv.— 4 Bousquet, 584 et suiv.— 2 Rogron, oc. 2626 et suiv.— C. L., 3012.— C. N., 2020.

Jurisp.— An appellant will not be ordered to give new security, because one of his securities admits and declares that he was really insolvent at the time he signed the bond, although he then declared he was solvent.— Riddell & McArthur, XXII L. C. J., 78.

CHAPITRE DEUXIEME.

DE L'EFFET DU CAUTIONNEMENT.

SECTION I.

DE L'EFFET DU CAUTIONNEMENT ENTRE LE CRÉANCIER ET LA CAUTION.

1941. La caution n'est tenue à l'exécution de l'obligation qu'à défaut du débiteur qui doit être préalablement discuté dans ses biens, à moins que la caution n'ait renoncé au bénéfice de discussion, ou à moins qu'elle ne soit obligée solidairement avec le débiteur, auquel cas l'effet de son engagement se règle par les principes établis pour les dettes solidaires.

Novelle 4, ch. I, II.— 1 Cochin, 649 et suiv.— Lamoignon, *Arrêtés*, tit. 23, art. 17.— 4 Bousquet, 585 et suiv.— Pothier, *Oblig.*, 407-8-9, 413 et 417.— C. L., 3014. — C. N., 2021.

Jurisp.— 1. La caution simple n'est pas tenue au paiement des dépens d'une première action portée contre le débiteur principal et de ceux faits pour la discussion des biens de ce dernier, si cette caution n'a pas été notifiée au préalable de cette poursuite.— Dansereau vs Fontaine, X L. C. J., 142.

2. Jugé par la Cour de Révision, Montréal, qu'une clause, dans un transport, conçue en ces termes : " Il est convenu que, dans le cas où les dits débiteurs ne

33

paieraient pas les dites sommes sus-transportées, au temps de l'échéance de chaque terme, alors le dit cessionnaire pourra les recouvrer, ou recouvrer toute partie qui ne serait pas payée, comme susdit, de la dite dame cédante, avec intérêt au taux de douze par cent l'an, à compter de la date de l'échéance jusqu'au paiement, sans pour cela être tenu de discuter les biens des dits débiteurs, ou d'aucun d'eux,"— n'est pas suffisant pour autoriser le cessionnaire à poursuivre la cédante, lors de l'échéance des paiements, sans en avoir, au préalable, fait la demande aux débiteurs principaux.— Labelle vs Walker, V R. L., 255.

3. Jugé par le juge Routhier,— que la clause suivante insérée dans un transport: " Si le cessionnaire ne retire pas la dite somme du dit débiteur dans un an, le cédant sera tenu de rembourser au cessionnaire, sur simple demande, et sans que le cessionnaire soit tenu de discuter les biens du dit débiteur,"—autorise le cessionnaire à poursuivre contre le cédant le recouvrement de la somme transportée, sans être tenu de demander le paiement au débiteur principal.— Labelle vs Walker, VI R. L., 219.

4. Le débiteur qui a donné caution qu'il ne laisserait pas les limites de la province, ne cesse pas d'être sous détention ; il n'a qu'élargi les limites du lieu où il est détenu et changé de gardien en substituant les cautions au shérif. L'absence même temporaire du débiteur, des limites de la province, constitue une contravention à l'obligation, et donne au créancier son recours contre les cautions.— Thompson vs Lacroix, IV Q. L. R., 312.

5. The vendor of a *créance* with promise to *garantir, fournir et faire valoir*, is surety for the solvency of his debtor only, and is not *obligé direct* for the payment of the debt transferred. And therefore the *cessionnaire* can exercise his recourse *en garantie*, only after discussion of the property of the debtor and establishing his insolvency.— Homier vs Brousseau, I L. N., 62.

1942. Le créancier n'est obligé de discuter le débiteur principal que lorsque la caution le requiert sur les premières poursuites dirigées contre elle.

D'Olive, liv. 4, c. 22.— Serres, 483.— Pothier, *Oblig.*, 411.— Merlin, Rép., v° *Caution*, § 4, n° 1.— 2 Rogron, 2628 et suiv.— Dard, p. 457, sur art. 2022.— C. L., 3015.— C. N., 2022.

Jurisp.— La caution qui ne requiert point sur les premières poursuites dirigées contre elle le bénéfice de discussion, doit être condamnée au paiement de la créance dans la même poursuite avec le débiteur principal.— Sargent vs Johnston, I R. L., 438.

1943. La caution qui requiert la discussion doit indiquer au créancier les biens du débiteur principal, et avancer les deniers suffisants pour faire la discussion.

Elle ne doit indiquer ni des biens du débiteur principal situés hors du Bas-Canada, ni des biens litigieux, ni ceux hypothéqués à la dette qui ne sont plus en la possession du débiteur.

Novelle 4, ch. 2.— Pothier, *Oblig.*, 412-3-4 ; *Hyp.*, ch. 2, sec. 1, art. 2, § 3.— Lamoignon, *Arrêtés*, tit. 24, art. 9.— 2 Rogron, p. 2630.— 4 Bousquet, 588 et suiv. — C. L., 3016.— C. N., 2023.

Jurisp.— 1. An exception of discussion which fails to indicate the property to be discussed or to allege even the existence of property liable to discussion, and which also fails to contain an offer to defray the expense of discussion, and to be accompanied by the actual deposit of the necessary funds to that end, is bad in law and will be dismissed on demurrer.— Panton vs Woods, XI L. C. J., 168.

2. Par acte de cautionnement les défendeurs ont promis payer la dette d'un tiers après discussion. Les défendeurs étant poursuivis plaident par exception temporaire qu'ils ne peuvent être poursuivis qu'après discussion.— Exception rejetée parce que les défendeurs n'ont pas offert les frais de discussion.— Motion pour appel accordée sans préjuger la question.—Martel & Prince, Q., 1er décembre 1874.

3. Athanase Beaudet et sa femme ont consenti une obligation en faveur de

l'intimé pour $2,000, pour laquelle somme l'appelant s'est porté caution à la condition expresse qu'il ne pourrait être poursuivi qu'après discussion des débiteurs principaux.— Ayant été poursuivi pour cette dette, l'appelant a opposé une exception dilatoire fondée sur la stipulation de discussion.—Exception renvoyée comme non fondée en droit.— L'appelant ayant obtenu permission d'appeler, a soutenu son exception et a prétendu qu'en autant qu'elle était fondée sur une convention, il n'était pas tenu d'offrir les frais de discussion, ni d'indiquer les biens à discuter, aux termes des art. 1941, 1942 et 1943.— Cette raison est péremptoire et le jugement doit être infirmé.— Richard & Martel, Q., 8 mars 1875.

1944. Toutes les fois que la caution a fait l'indication de biens prescrite en l'article précédent, et qu'elle a fourni les deniers suffisants pour la discussion, le créancier est, jusqu'à concurrence des biens indiqués, responsable, à l'égard de la caution, de l'insolvabilité du débiteur principal survenue après le défaut de poursuite.

Cout. Bretagne, 192.— 2 Henrys, ch. 4, *Quest.* 34.— Pothier, *Oblig.*, 415.— 2 Rogron, 2630 et suiv.— 4 Maleville, 99 et 100.— 4 Bousquet, 591-2.— Fenet, sur Pothier, 632-3.— 14 Pand. Franç., 289.— Dard, p. 458, sur art. 2024.— C. L., 3017. — C. N., 2024.

1945. Lorsque plusieurs personnes se sont rendues cautions d'un même débiteur pour une même dette, elles sont obligées chacune à toute la dette.

ff L. 11, *De duobus reis const.*— Cod., L. 3, *De fidejus. et mand.*— *Institut.*, lib. III, tit. 21, § 4.— Vinnius, lib. XI, ch. 40.— Serres, 482.— Pothier, *Oblig.*, 416 et 535.— 4 Bousquet, 592.—- C. L., 3018.— C. N., 2021.

Jurisp.— La caution solidaire répond à toutes les obligations du débiteur envers le créancier, sans que ce dernier soit tenu de veiller à ses intérêts.— Quinn vs Edson, IX L. C. J., 101.

1946. Néanmoins chacune d'elles peut, à moins qu'elle n'ait renoncé au bénéfice de division, exiger que le créancier divise son action et la réduise à la part et portion de chaque caution.

Lorsque dans le temps où une des cautions a fait prononcer la division, il y en avait d'insolvables, cette caution est tenue proportionnellement de ces insolvabilités; mais elle ne peut plus être recherchée à raison des insolvabilités survenues depuis la division.

ff L. 10, *De fidejus.*, Instit., liv. 3, tit. 21.— Pothier, *Oblig.*, 416, 417, 425, 426 et 535.— 2 Rogron, 2631.— 4 Maleville, 101.— 4 Bousquet, 593 et suiv.— C. L., 3018 et 3019.— C. N., 2026.

1947. Si le créancier a divisé lui-même et volontairement son action, il ne peut revenir contre cette division, quoiqu'il y eût, même antérieurement au temps où il l'a ainsi consentie, des cautions insolvables.

Cod., L. 16, *De fidejussor.*— Pothier, *Oblig.*, 421 et 427.— 4 Maleville, 101-2.— 4 Bousquet, 596.— 14 Pand. Franç., 294 (note I).— C. L., 3019.— C. N., 2027.

SECTION II.

DE L'EFFET DU CAUTIONNEMENT ENTRE LE DÉBITEUR ET LA CAUTION.

1948. La caution qui s'est obligée avec le consentement du débiteur, a son recours pour ce qu'elle a payé pour lui, en principal, intérêts et frais, et aussi pour les frais faits contre elle, et ceux par elle légalement encourus pour et depuis la dénonciation.

Elle a aussi recours pour les dommages s'il y a lieu.

ff L. 10, L. 11, *Mandati.*— Cod., L. 18, *Mandati.*— Pothier, *Oblig.*, 365, 429 à 433, 437, 440-1-2-3.— Merlin, v° *Intérêt,* § 2, n° 10.— 4 Maleville, 102.— 4 Bousquet, 597.— C. L., 3021.— C. N., 2028.

Jurisp.— Une caution qui, en vertu d'une clause contenue dans un acte d'atermoiement, a payé des argents par anticipation à l'un des créanciers, en à-compte d'*installments* non échus, ne peut demander d'être colloquée sur le produit des biens du défendeur, en préférence aux autres créanciers, parties au dit acte d'atermoiement.— Whitney vs Craig, VII L. C. R., 272.

1949. La caution qui s'est obligée sans le consentement du débiteur n'a droit, en payant, de recouvrer que ce que ce dernier aurait été tenu de payer si tel cautionnement n'avait pas eu lieu, sauf les frais subséquents à la dénonciation du paiement fait, qui sont à la charge du débiteur.

Elle a aussi recours pour les dommages auxquels le débiteur aurait été tenu sans ce cautionnement.

1950. La caution qui a payé la dette est subrogée à tous les droits qu'avait le créancier contre le débiteur.

ff L. 17, *De fidejussor.* ; L. 95, *De solut.*— *Contrà, ff* L. 39, *De fidejussor.*— Pothier, *Oblig.*, 428 et 430.— Maynard, liv. 2, c. 49.— D'Olive, liv. 4, c. 31.— Catalan, liv. 5, c. 49.— 2 Vinnius, *Instit.*, p. 733.— Laroche, *Arrêts,* liv. 6, tit. 20, art. 4, p. 333. — Merlin, v° *Subrogation de personnes,* sec. 2, § 5, n° 1.— 14 Pand. Franç., 295.— Fenet, sur Pothier, 634.— 2 Rogron, 2632.— 4 Maleville, 102-3.— 4 Bousquet, 598 et suiv.— Code civil B. C., art. 1156.— C. L., 3022.— C. N., 2029.

Jurisp.— Le porteur d'un billet promissoire est seulement tenu de livrer tel billet à une caution sur offre par telle caution du montant dû, et n'est pas tenu de faire une subrogation formelle.— Bore & McDonald, XVI L. C. R., 191.

1951. Lorsqu'il y a plusieurs débiteurs principaux solidaires d'une même dette, la caution qui les a tous cautionnés a, contre chacun d'eux, recours pour la répétition du total de ce qu'elle a payé.

Pothier, *Oblig.*, 441.— 4 Bousquet, 599 et suiv.— 3 Delvincourt, 144.— 14 Pand. Franç., 295.— Dard, p. 459, sur art. 2030 (note *a*).— C. L., 3023.— C. N., 2030.

1952. La caution qui a payé une première fois n'a point de recours contre le débiteur principal qui a payé une seconde fois, lorsqu'elle ne l'a pas averti du paiement par elle fait, sauf son action en répétition contre le créancier.

Lorsque la caution a payé sans être poursuivie et sans avertir le débiteur principal, elle n'a point de recours contre lui dans le cas où, au moment du paiement, ce débiteur aurait eu des moyens pour faire déclarer la dette éteinte ; sauf son action en répétition contre le créancier.

ff L. 29, § 3 ; L. 10, § 2, *Mandati.*— Pothier, *Oblig.*, 433 à 439.— 4 Maleville, 103. — 4 Bousquet, 602.— 3 Delvincourt, 145.— C. L., 3024 et 3025.— C. N., 2031.

1953. La caution qui s'est obligée du consentement du débiteur peut agir contre lui, même avant d'avoir payé, pour en être indemnisée :

1. Lorsqu'elle est poursuivie en justice pour le paiement ;
2. Lorsque le débiteur a fait faillite ou est en déconfiture ;

3. Lorsque le débiteur s'est obligé de lui rapporter sa quittance dans un certain temps ;

4. Lorsque la dette est devenue exigible par l'échéance du terme sous lequel elle avait été contractée, sans avoir égard au délai accordé par le créancier au débiteur sans le consentement de la caution ;

5. Au bout de dix ans, lorsque l'obligation principale n'a point de terme fixe d'échéance ; à moins que l'obligation principale, telle qu'une tutelle, ne soit de nature à ne pouvoir être éteinte avant un terme déterminé.

ff L. 18, *Mandati.*— Basnage, part. 2, c. 5.— Pothier, *Oblig.*, 429 et 442.— 4 Bousquet, 602 et suiv.— 4 Maleville, 104-5.— 3 Delvincourt, 145.— Serres, 482.— C. L., 3026.— C. N., 2032.

Jurisp.— 1. A promissory note made as an indemnity for assuming liability for a third party at the request of the maker, is valid as such indemnity. The party indemnified may sue as soon as troubled, and before paying the debt for which he has become liable.— Perry vs Milne, V L. C. J., 121.

2. A surety has, after expiration of time of payment, a good action against the principal debtor to compel him to produce receipts from the creditor, or pay him, the surety, the amount for which such surety is responsible to the creditor.— McKinnon vs Cowan, IX L. C. J., 175.

1954. La règle contenue au dernier paragraphe du précédent article ne s'applique pas aux cautions que fournissent les officiers publics ou autres employés pour la garantie de l'exécution des devoirs de leurs charges ; ces cautions ayant droit en tout temps de se libérer pour l'avenir de leur cautionnement, en donnant avis préalable suffisant, à moins qu'il n'en ait été autrement convenu.

Amend.— *L'acte Q. 32 Vict., c. 9, s. 8, contient ce qui suit :*
Nonobstant et sans préjudice à l'article 1954 du Code civil, toute caution d'un officier public pourra se libérer, ainsi que les biens-fonds, deniers, débentures, actions ou parts qu'elle aura donnés en garantie, de toute obligation future résultant de son cautionnement, en donnant au trésorier avis préalable à cet effet d'au moins trois mois.

SECTION III.

DE L'EFFET DU CAUTIONNEMENT ENTRE LES COFIDÉJUSSEURS.

1955. Lorsque plusieurs personnes ont cautionné un même débiteur pour une même dette, la caution qui a acquitté la dette a recours contre les autres cautions chacune pour sa part et portion.

Mais ce recours n'a lieu que lorsque la caution a payé dans l'un des cas énoncés en l'article 1953.

Dargentré, sur art. 203.— Cout. Bretagne, art. 194.— Serres, 484.— Pothier, *Oblig.*, 446.— 3 Delvincourt, 139 et 140.— 4 Maleville, 105-6.— 4 Bousquet, 605-6.— 14 Pand. Franç., 297-8.— 2 Rogron, 2635.— Dard, sur art. 2033.— C. L., 3027.— C. N., 2033.

Jurisp.— A *fidéjusseur* has his action against his *cofidéjusseurs* for his portion of a sum which he has paid for their common principal.— Jones vs Laing & Hébert, I R. de L., 348.

CHAPITRE TROISIÈME.

DE L'EXTINCTION DU CAUTIONNEMENT.

1956. L'obligation qui résulte du cautionnement s'éteint par les mêmes causes que les autres obligations.

Cod., L. 4, *De fidejussor.*— Pothier, *Oblig.*, 378 à 380 et 407.— 4 Maleville, 106.— 4 Bousquet, 607-8.— 3 Delvincourt, 146.— 2 Rogron, 2635.— C. L., 3028.— C. N., 2034.

Jurisp.—1. Le cautionnement pour l'exécution des devoirs d'un officier de banque, est mis au néant par la réduction du salaire stipulé, en faveur de cet officier, dans l'acte qui contenait tel cautionnement, et cette réduction de salaire sans la participation des cautions, a l'effet d'une novation.— Banque de la Cité vs Brown, II L. C. R., 246.

2. A surety or bailsman cannot withdraw from liability under a bail bond even upon giving notice to the parties.— Stephen & Stephen, XIII L. C. J., 140.

3. Un cautionnement par *lettre de garantie*, pour des avances à faire par une maison de commerce à un marchand, cesse d'avoir effet du jour qu'un membre de la maison de commerce qui fait les avances se retire de la société, quand même ce membre consentirait à figurer dans la raison sociale.— Les reçus donnés au débiteur après cette époque au nom de l'ancienne maison de commerce, qui est encore celui de la nouvelle, ne s'imputeront pas sur les avances faites par celle-ci, mais sur celles garanties par le cautionnement.— Hénault & Thomas, I R. L., 706.

4. Dans le cas du cautionnement d'un shérif, la loi n'ayant pas pourvu à la distribution en justice du montant de tels cautionnements après appel des créanciers, la caution est en droit de satisfaire aux jugements rendus contre elle, et le paiement qu'elle fait de ces jugements, doit aller en déduction du montant de son cautionnement. La caution du shérif qui a ainsi payé le montant entier de son cautionnement à des créanciers du shérif ayant obtenu jugement contre elle, est libérée vis-à-vis de tous autres créanciers du dit shérif.— Ouimet vs Marchand, V R. L., 361.

5. Le 3 août 1859, Ths Foley s'est rendu caution de Jas Foley & Co. envers John Cross & Sons, au montant de £3,000 stg, pour toutes traites ou autres papiers négociables que leur devraient les dits Jas F. & Co. au 1er mai 1865. Dans le mois d'avril 1865, Jas Foley fit un arrangement avec John Cross & Sons. Ceux-ci lui firent une réduction considérable, lui remirent ses traites et stipulèrent que si les paiements de la balance n'étaient pas faits régulièrement, la créance entière revivrait. Deux questions se présentent : 1° Est-il prouvé que la dette reconnue par Jas Foley soit pour traites, etc., et qu'elle tombe sous le cautionnement donné par Ths Foley ? 2° Y a-t-il eu novation par l'acte d'avril 1865, de manière à décharger la caution qui n'y était pas partie ? La Cour Supérieure a jugé en négative sur les deux questions. Ce jugement doit être infirmé quant à Wm Ths et Ch. Th. Foley, et confirmé quant à James Foley qui était partie à l'acte du 7 avril 1865.— Foley & Cross, M., 22 mars 1876.

6. Action sur billet de $200.—L'Int. plaide qu'il n'a endossé ce billet, dont Lippé était le prometteur, que comme caution de pareille somme que l'Appt fournissait au dit Lippé et que celui-ci devait rembourser par autant d'ouvrages sur une maison qu'il construisait pour l'Appt ; que Lippé a fait pour plus que $200 d'ouvrages pour l'Appt depuis la date du billet, qui est par conséquent éteint. Cette défense a été maintenue par la cour inférieure. Ce jugement doit être confirmé.— Jeannotte & Racette, M., 15 février 1875.

1957. La confusion qui s'opère dans la personne du débiteur principal et de sa caution, lorsque l'un devient héritier de l'autre, n'éteint point l'action du créancier contre celui qui s'est rendu caution de la caution.

ff L. 38, L. 93, *De solut. et liberat.*— Cod., L. 28, *eod. tit.*— Pothier, *Oblig.*, 384 et 407.— 4 Bousquet, 608 et suiv.— 3 Delvincourt, 146.— C. L., 3028.— C. N., 2035.

1958. La caution peut opposer au créancier toutes les exceptions qui appartiennent au débiteur principal, et qui sont inhérentes à la dette ; mais elle ne peut opposer les exceptions qui sont purement personnelles au débiteur.

ƒƒ L. 32, *De fidejussor.* ; L. 7, L. 19, *De exceptionibus.*— Cod., L. 11, *eod. tit.*— Institut., liv. 4, tit. 14, ≬ 4.— Pothier, *Oblig.*, 381-2-3.— Merlin, vᵉ *Autorisation maritale*, sec. 3, ≬ 2 ; vᵉ *Caution*, ≬ 4, nᵒ 3.— 4 Maleville, 106-7.— Fenet, sur Pothier, 637-8.— 4 Bousquet, 608-9.— 14 Pand. Franç., 299.— C. L., 3029.— C. N., 2036.

1959. La caution est déchargée lorsque la subrogation aux droits, hypothèques et priviléges du créancier ne peut plus, par le fait de ce créancier, s'opérer en faveur de la caution.

ƒƒ *Arg. ex lege* 95, ≬ 11, *De solut. et liberat.*— Pothier, *Oblig.*, 407 et 557.— 4 Maleville, 107.— 4 Bousquet, 612.— 3 Delvincourt, 146.— 14 Pand. Franç., 300.— C. L., 3030.— C. N., 2037.

Jurisp.—1. La caution solidaire profite, comme la caution simple, de l'article 2037 du Code Napoléon, qui n'est qu'une reproduction de l'ancien droit. Le créancier ne devant pas, par son fait, laisser diminuer ou éteindre les sûretés et hypothèques auxquelles la caution a droit d'être subrogée. Le fait du créancier est aussi bien *in omittendo* que *in committendo.*— Béliveau vs Morelle, XVI L. C. R., 460.

2. Si le créancier d'une dette garantie par une caution et à lui transportée, néglige de faire signifier le transport et par là perd son recours contre le débiteur et se met ainsi dans l'impossibilité de céder ses droits et actions à la caution, cette dernière sera déchargée du cautionnement.— Dorion & Doutre, III L. C. L. J., 119.

3. The endorser of a composition note given by a debtor to his creditor in carrying out a settlement (not under the Insolvent Act), for fifty cents in the dollar, was not liable for the amount of such note where it appeared that the debtor, for whom he endorsed the note as surety, and from whom he had taken a transfer of his estate as collateral security, had secretly given the plaintiff (the creditor) his own notes for the balance of his claim, in order to obtain his assent to the composition, and the creditor had already received 50 cents on his claim.— Arpin & Poulin, XXII L. C. J., 331.

1960. L'acceptation volontaire que le créancier a faite d'un immeuble ou d'un effet quelconque en paiement de la dette principale, décharge la caution, encore que le créancier vienne à en être évincé.

ƒƒ *Arg. ex lege* 54, *De solut.* ; L. 54, *eod. tit.* ; L. 47, *De verborum signif.* ; L. 62, *De pactis.*— Pothier, *Oblig.*, 407.— 4 Maleville, 107-8.— 4 Bousquet, 613.— 3 Delvincourt, 147.— 14 Pand. Franç., 300 (note 2).— 2 Rogron, 2648 et suiv.— Dard, p. 462 (note *a*).— C. L., 3031.— C. N., 2038.

Jurisp.— A settlement of accounts between the creditor and the principal debtor, and the taking by the creditor of a note payable on demand for the balance due by the debtor, does not operate a novation of the debt, so as to discharge a surety to the original obligation.— Rogers vs Morris, XIII L. C. J., 20.

1961. La simple prorogation de terme accordée par le créancier au débiteur principal ne décharge point la caution ; celle qui s'est obligée du consentement du débiteur peut, en ce cas, poursuivre le débiteur pour le forcer au paiement.

Vinnius, *Quest.* 11 et 12.— Pothier, *Oblig.*, 407.— Lamoignon, *Arrêtés*, tit. 23, art. 13.— Merlin, Rép., vᵉ *Novation*, ≬ 6.— I Despeisses, 608, nᵒ 8.— 4 Maleville, 108.— 4 Bousquet, 613.— 3 Delvincourt, 145-7.— Dard, p. 462 (note *b*).— 3 Revue de Légis., 286.— C. L., 3032.— C. N., 2039.

Jurisp.— 1. A simple neglect, on the part of the creditor, to recover his debt from his principal debtor does not discharge his sureties.— Berthelot vs Aylwin, II R. de L., 31.

2. Dans la cause de St-Aubin contre Fortin, C. B. R., Québec, avril 1848, la majorité de la cour a jugé que l'extension de délai accordée au débiteur principal par le créancier opère novation quant à la caution et la libère. Mais la minorité de la cour a soutenu que la simple prolongation du délai n'opérait aucune novation quelconque, par conséquent ne libérait point la caution.— St-Aubin vs Fortin, III R. de L., 293.

3. A surety has, after expiration of time of payment, a good action against the principal debtor to compel him to produce receipts from the creditor, or pay him the surety, the amount for which such surety is responsible to the creditor.— McKinnon vs Cowan, IX L. C. J., 175.

4. Le délai accordé au débiteur principal pour acquitter son obligation, sans le consentement de sa caution, ne libère pas la caution.— Smith vs Porteous, VIII L. C. J., 116.

CHAPITRE QUATRIÈME.

DE LA CAUTION LÉGALE ET DE LA CAUTION JUDICIAIRE.

1962. Toutes les fois qu'une personne est obligée par la loi ou par une condamnation à fournir caution, elle doit remplir les conditions prescrites par les articles 1938, 1939 et 1940.

Lorsqu'il s'agit d'une caution judiciaire, la personne offerte comme caution doit en outre être susceptible de la contrainte par corps.

Louet, F, ch. 23.— Serres, 483.— Pothier, *Oblig.*, 377, 387, 391 et 408.— Bornier, sur ord. 1667, tit. 28, art. 4.— Bornier, sur ord. 1669, tit. 6, art. 11.— Rodier, 271. — Merlin, v° *Caution*, § 1, n° 8.— 4 Maleville, 108.— Serres, 483.— 4 Bousquet, 614 et 615.— 3 Delvincourt, 141.—14 Pand. Franç., 301.— C. L., 3033.—C. N., 2040.

Jurisp.— 1. Celui qui a donné au shérif son cautionnement pour un défendeur arrêté en vertu d'un *capias ad respondendum*, est une caution judiciaire passible de la contrainte par corps.— Belle vs Côté, XIII L. C. J., 26.

2. The bails under art. 829 C. P. C., for a defendant arrested under *capias ad respondendum*, are *cautions judiciaires*, and liable to *contrainte par corps* to compel payment of a judgment against them on their bond.— Winning vs Leblanc, XIV L. C. J., 298.

3. Les cautions données de poursuivre effectivement l'appel, en vertu des articles 1124 et 1125 du Code de Procédure civile sur les appels de la Cour Supérieure, sont des cautions judiciaires sujettes à la contrainte par corps.— Dumont vs Dorion, III R. L., 360.

4. Le cautionnement donné en faveur d'un huissier est un cautionnement judiciaire.— Ouimet vs Lafond, V R. L., 184.

1963. Celui qui ne peut pas trouver de caution est reçu à donner à la place, en nantissement, un gage suffisant.

ff Arg. ex lege 58, § 6, *Mandati vel contrà ; L.* 25, *De regulis juris.*— Lamoignon, *Arrêtés*, tit. 23, art. 17.— Pothier, *Oblig.*, 393.— 2 Proudhon, n° 848.— 4 Bousquet, 141.— 3 Delvincourt, 141.— C. L., 3034.— C. N., 2041.

Jurisp.—Motion pour appel de trois jugements interlocutoires rejetée.—*Jugé* que, en vertu de l'art. 1963, au lieu de donner caution les demandeurs ont pu déposer une somme de deniers pour sûreté des frais ; que ce dépot peut se faire avant qu'il soit demandé.— 33 Vict., c. 17, sec. 3, Québec.—Canada Tanning Extract Co. & Foley, M., 14 déc. 1875.

1964. La caution judiciaire ne peut point demander la discussion du débiteur principal.

ff L. 1, *Judicatum solvi*.— Cod., L. 3, *De usuris rei judicatæ*.— Lebret, *Plaid.* 42.—
Basnage, *Hyp.*, c. 4, art. 17.— Serres, 83.— Lapeyrère, D, n° 38.— Lacombe, *Caution*,
sec. 2, n° 1.— Pothier, *Oblig.*, 409 et 417.— 4 Bousquet, 615-6.— 4 Maleville, 109.—
3 Delvincourt, 143.— Lamoignon, *Arrêtés*, tit. 23, art. 77.— C. L., 3035.— C. N.,
2042.

Jurisp.— Les cautions pour la poursuite d'un appel sont tenus au paiement
des frais, sans pouvoir exiger la discussion préalable.— Larose & Wilson, IV
R. L., 62.

1965. Celui qui a simplement cautionné la caution judiciaire
ne peut demander la discussion du débiteur principal, ni de la
caution.

Serres, 83.— Lapeyrère, D, n° 38.— Lacombe, v° *Caution*, sec. 2, n° 1.— 4
Maleville, 109.— 4 Bousquet, 616.— Ord. 1667, tit. 17.— 2 Rogron, 2653.— C. L.,
3036.— C. N., 2043.

TITRE SEIZIÈME.

DU CONTRAT DE NANTISSEMENT.

1966. Le nantissement est un contrat par lequel une chose est
mise entre les mains du créancier, ou, étant déjà entre ses mains,
est par lui retenue, du consentement du propriétaire, pour sûreté de
la dette.

La chose peut être donnée soit par le débiteur ou par un tiers en
sa faveur.

Domat, liv. 3, tit. 1, sec. 1, n° 1.— Pothier, *Nantissement*, art. prélim.— Story,
Bailments, n° 286.— C. N., 2071 et 2077.

CHAPITRE PREMIER.

DU NANTISSEMENT DES IMMEUBLES.

1967. Les immeubles peuvent être donnés en nantissement aux
termes et conditions convenus entre les parties. En l'absence de
conventions spéciales, les fruits s'imputent d'abord en paiement des
intérêts de la dette et ensuite sur le principal. Si la dette ne porte
pas intérêt, l'imputation se fait en entier sur le principal.

Le nantissement des immeubles est sujet aux règles contenues
dans le chapitre qui suit, en autant que ces règles peuvent y être
applicables.

ff L. 33 ; L. 39, *De pig. act.* ; L. 11, ⅓ 1, *De pignor. et hyp.* ; L. 50, ⅔ 1, *De jure
dot. et passim*.— Cod., L. 2 ; L. 3, *De pig. act.*— Pothier, *Nantiss.*, ch. 1, art. 1, ⅔ 1.
— Troplong, *Nantiss.*, 497 et 513.— 4 Champ. & Rig., 3120.

CHAPITRE DEUXIÈME.

DU GAGE.

1968. Le nantissement d'une chose mobilière prend le nom de *gage*.

1969. Le gage confère au créancier le droit de se faire payer sur la chose qui en est l'objet par privilége et préférence aux autres créanciers.

Pothier, *Nantiss.*, n° 26.— C. N., 2073.

Jurisp.—1. The proprietor of goods cannot claim them by revendication as his property, while they are in the hands of a party having a *lien* upon them for advances made to a third party from whom the party in possession had received them.—A *lien* for advances is good as against the owner of goods under the statute 10 and 11 Vict., c. 10, s. 4, when made for the pledgor's own private purposes, as to carry out a contract between pledgor and pledgee, although the pledgee knows of the ownership not being in the pledgor, so long as the pledgor has not notice from the owner that the pledgor has no authority to pledge.— Under 10 and 11 Vict., c. 10, s. 4, knowledge by the pledgee that the pledgor was not the owner, does not make him *malâ fide* as regards the owner in advances made on the goods by pledgee to pledgor for private purposes of the pledgor, or to carry out a contract between pledgee and pledgor, so long as the pledgee is without notice that the pledgor had no authority from the owner to pledge the goods. The *lien* is not extinguished by the pledgee transferring to a third party for value, negotiable notes which he had taken for the advances, if the notes came back again into the pledgee's hands in consequence of not being paid at maturity.—Johnson vs Lomer, VI L. C. J., 77.

2. Un gage spécial donné par un débiteur à son créancier pour sûreté de sa dette, ne fait pas perdre à ce dernier son privilége sur les autres meubles du débiteur.—Terroux vs Gareau, X L. C. J., 203.

3. Le défendeur vendit aux demandeurs un matériel d'imprimerie pour bonne et valable considération reçue avant l'acte; il obtint à la même date un bail du dit matériel pour 18 mois et consentit une obligation aux demandeurs pour certaines sommes payables par termes. Le même jour les demandeurs reconnurent dans une contre-lettre notariée que l'acte de vente à eux consentie par le défendeur n'était que pour assurer leur créance, et s'obligèrent de lui remettre les effets vendus aussitôt qu'il aurait payé sa dette avec intérêts. Saisie-revendication de la part des demandeurs, le défendeur n'ayant pas payé. Ces actes et cette vente, (s'ils ne rendent pas les demandeurs propriétaires du matériel d'imprimerie,) constatent du moins une promesse par le défendeur aux demandeurs d'un nantissement qui devait recevoir son exécution par la remise comme gage du dit matériel, à l'expiration du susdit bail, si les dettes que ce nantissement devait garantir n'étaient pas alors payées et acquittées. Le contrat de nantissement peut affecter la forme d'une vente.—The Canada Paper Co. vs Carey, IV Q. L. R., 323.

1970. Le privilége ne subsiste qu'autant que le gage reste en la possession du créancier ou d'un tiers convenu entre les parties.

Pothier, *Nantiss.*, n° 17 et 26.— C. N., 2076.

1971. Le créancier ne peut, à défaut de paiement de la dette, disposer du gage. Il peut le faire saisir et vendre suivant le cours ordinaire de la loi en vertu du jugement d'un tribunal compétent et être payé par préférence sur les deniers prélevés.

Néanmoins cette disposition ne s'étend pas aux banques relativement aux bois qui leur sont donnés en gage conformément aux dispositions de l'acte de la 29ᵐᵉ Vict., ch. 19.

[Le créancier peut aussi stipuler qu'à défaut de paiement il aura droit de garder le gage.]

Pothier, *Nantiss.*, n°° 19 et 24.— C. N., 2078.

Les dispositions de l'acte 29 Vict., ch. 19, ont été insérées dans l'acte C. 34 Vict., ch. 5, intitulé : " Acte concernant les banques et le commerce de banque," aux sections 46, 47, 48, 49 et 50 ; lesquelles ont été amendées par l'acte 35 Vict., ch. 8, s. 5.

Jurisp.—1. Where a party who had advanced $200 on a piano proved to be worth $500, the person pledging having only the use of the piano at so much per month,— *Held*, that the piano having been sold by the pledgee without public notice or advertisement, no property in the piano was transferred by the sale, and the owner had a right to revendicate it.— Nordheimer vs Fraser, Q. L. D., 988.

2. A sale of property pledged for advances must be public and after due advertisement.— Nordheimer vs Fraser, I L. C. L. J., 92.

1972. Le débiteur est propriétaire de la chose jusqu'à ce qu'elle soit vendue ou qu'il en soit disposé autrement. Elle reste entre les mains du créancier seulement comme un dépôt pour assurer sa créance.

ff L. 35, § 1, *De pignoratitiâ actione.*— Cod., L. 9, *De pignoribus et hypothecis.*— C. N., 2079.

Jurisp.—1. Une montre fut déposée par un emprunteur entre les mains de son prêteur, son beau-frère, en gage du prêt d'une somme de $40.00. L'emprunteur Laviolette alléguant que le gage était prohibé et nul, attendu que Duverger n'était pas un prêteur sur gages licencié (*pawnbroker*), revendiqua la montre. *Jugé* que le contrat de gage n'est pas prohibé par le statut gouvernant les *pawnbrokers*. Le *Pawnbroker's Act* ne s'applique qu'aux personnes qui font des prêts sur gages leur commerce et profession. (MacKay, J.).— Laviolette & Duverger, III R. L., 444.

2. The *actio pignoratitia directa* does not lie, when the pledge is allowed to sell or dispose of the thing pledged by the very terms of the written instrument of the pledge.— Dempsey vs MacDougall, XXI L. C. J., 328.

1973. Le créancier répond de la perte ou détérioration du gage selon les règles établies au titre *Des Obligations*.

De son côté le débiteur est tenu de rembourser au créancier les dépenses nécessaires que celui-ci a faites pour la conservation du gage.

ff L. 13, § 1 ; L. 8 ; L. 25, *De pignor. act.*— Cod., L. 5 ; L. 6 ; L. 8 ; L. 9 ; L. 27, *De pign. et hyp.*— Code civil B. C., art. 1063, 1150 et 1200.— C. N., 2080.

1974. S'il est donné en gage une créance portant intérêt, le créancier impute ces intérêts sur ceux qui peuvent lui être dus.

Si la dette, pour sûreté de laquelle la créance est donnée, ne porte pas intérêt, l'imputation des intérêts du gage se fait sur le capital de la dette.

ff L. 1 ; L. 2 ; L. 3, *De pignorat. act ;* L. 5, §§ 2 et 3, *De solut. et liberat.*— Pothier, *Nantiss.*, ch. 1, art. 1, § 1, note.— C. N., 2081.

1975. Le débiteur ne peut, à moins que le détenteur du gage n'en abuse, en réclamer la restitution qu'après avoir entièrement payé la dette en capital, intérêts et frais.

S'il est contracté une autre dette après la mise en gage, et qu'elle devienne exigible avant celle pour laquelle le gage a été donné, le créancier ne peut être tenu de rendre le gage avant d'être payé de l'une et de l'autre dette.

Cod., L. 1, *Etiam ob chirograph.*— Pothier, *Nantiss.*, n° 47.— Troplong, *Nantiss.*, 462 et 463.— C. N., 2082.

Jurisp.— Jugé qu'un créancier qui, après avoir obtenu un gage pour le remboursement de certaines sommes d'argent, est devenu créancier du débiteur pour un autre montant, ne peut être tenu de rendre le gage avant d'être payé de l'une et de l'autre dette.— McDonald vs Hall, XVII L. C. R., 168.

1976. Le gage est indivisible nonobstant la divisibilité de la dette. L'héritier du débiteur qui paie sa part de la dette ne peut demander sa part de gage tant qu'il reste dû quelque partie de la dette.

L'héritier du créancier qui reçoit sa portion de la dette ne peut non plus remettre le gage au préjudice de ceux de ses cohéritiers qui n'ont pas été payés.

ff L. 8, § 2; L. 9, § 3; L. 11, § 4, *De pignor. act.*— Pothier, *Nantiss.*, n°ˢ 43, 44 et 45.— C. N., 2083.

1977. Les droits du créancier sur la chose qui est donnée en gage sont subordonnés à ceux qu'y ont des tiers, suivant les dispositions contenues au titre *Des Priviléges et Hypothèques.*

Jurisp.— The proprietor of goods cannot claim them by revendication as his property, while they are in the hands of a party having a *lien* upon them for advances made to a third party from whom the party in possession had received them.— A *lien* for advances is good as against the owner of goods under the statute 10 and 11 Vict., ch. 10, s. 4, when made for the pledgor's own private purposes, or to carry out a contract between pledgor and pledgee, although the pledgee knows of the ownership not being in the pledgor, so long as the pledgor has not notice from the owner that the pledgor has no authority to pledge.— Under 10 and 11 Vict., c. 10, s. 4, knowledge by the pledgee that the pledgor was not the owner, does not make him *malâ fide* as regards the owner in advances made on the goods by pledgee to pledgor for private purposes of the pledgor, or to carry out a contract between pledgee and pledgor, so long as the pledgee is without notice that the pledgor had no authority from the owner to pledge the goods.— The *lien* is not extinguished by the pledgee transferring to a third party, for value, negotiable notes which he had taken for the advances, if the notes came back again into the pledgee's hands in consequence of not being paid at maturity.— Johnson vs Lomer, VI L. C. J., 77.

1978. Les règles contenues dans ce chapitre sont, en matières commerciales, subordonnées aux lois et aux usages du commerce.

1979. Les règles spéciales concernant le métier de prêteur sur gage sont contenues dans un statut intitulé : *Acte concernant les prêteurs sur gage et les prêts sur gages.*

S. R. C., ch. 61.

Le chapitre 54 des Statuts Refondus du Canada contient des dispositions spéciales pour le transport par endossement des connaissements, spécifications de bois, reçus ou certificats donnés par les gardiens d'entrepôts ou de quais, meuniers, maîtres de vaisseaux ou entrepreneurs de transport, fait en faveur des banques incorporées ou des particuliers comme gage, et pour la vente des effets et marchandises représentés par tels documents.

L'acte de Q. 41 Vict., ch. 3, ss. 53, 120 et suivantes, remplace maintenant le chapitre 61 des S. R. C., et règle les devoirs des prêteurs sur gage.
Le chapitre 54, S. R. C., est maintenant remplacé par l'acte C. 34 Vict., ch. 5, intitulé : " Acte concernant les banques et le commerce de banque," tel qu'amendé par 35 Vict., ch. 8, quant au sujet mentionné dans cet article.

TITRE DIX–SEPTIÈME.

DES PRIVILÉGES ET HYPOTHÈQUES.

——

CHAPITRE PREMIER.

DISPOSITIONS PRÉLIMINAIRES.

1980. Quiconque est obligé personnellement est tenu de remplir son engagement sur tous ses biens mobiliers et immobiliers, présents et à venir, à l'exception de ceux qui sont spécialement déclarés insaisissables.

Pothier, *Proc. cir.*, 174.— 1 Pigeau, 597.— 1 Troplong, *Prir.*, p. 2.— 1 Pont, *Prir.*, pp. 2 et 3.— C. N., 2092.

1981. Les biens du débiteur sont le gage commun de ses créanciers, et, dans le cas de concours, le prix s'en distribue par contribution, à moins qu'il n'y ait entre eux des causes légitimes de préférence.

ƒƒ L. 28, *De rebus auctoritate judicis;* L. 1, *De jure fisci;* L. 23, § 1, *De verborum signif.*— 1 Couchot, 133-4.— Pothier, *Proc. cir.*, 179 et 234.— C. N., 2093.

Jurisp.— 1. Dans la cause n° 40, MacKenzie & Bowie, le 11 juillet 1851, la Cour d'Appel a annulé un acte de vente consenti par Bowie à sa fille, pour une prétendue considération de £1450.0.0, que Bowie déclara à l'acte lui devoir pour huit années de salaire, comme ayant tenu ses livres. Au moment où il avait fait cette vente, Bowie était insolvable. La fille de Bowie fit ensuite donation à sa mère de l'immeuble que son père lui avait vendu. La cour a annulé tous ces actes et déclaré l'immeuble vendu être la propriété de Bowie seul.

2. Un débiteur insolvable ne peut ni céder, ni transporter son fonds de commerce à deux de ses créanciers en fidéicommis pour l'avantage de tous ses créanciers, sans leur consentement. Lorsque un tel transport est fait sans le consentement de tous les créanciers, et que les cessionnaires, ayant obtenu du débiteur, le cédant, la clé du magasin, mettent tel magasin sous clé, et annoncent les marchandises en vente par encan pour l'avantage des créanciers généralement, tout créancier qui n'aura pas consenti au transport pourra, nonobstant icelui, saisir les effets comme étant encore en la possession du débiteur cédant, en autant qu'il n'y a pas en de cession légale, ou livraison suffisante, pour transporter la propriété ou la possession aux cessionnaires.— Withall vs Young, X L. C. R., 149.

3. Tous les biens d'un débiteur insolvable deviennent et sont le gage commun des créanciers, et ils ne peuvent être soustraits au contrôle d'aucun d'eux par les actes du débiteur. Tout transport fait par le débiteur insolvable de ses biens pour les soustraire à l'action de ses créanciers ou d'aucun d'eux, est absolument nul suivant les dispositions de l'édit du mois de mai 1609. Dans l'espèce, le titre invoqué par les intimés était un acte entaché des vices ci-dessus. De plus, cet acte, qui était une cession *omnium bonorum*, de tous les biens du défendeur insolvable aux opposants, n'a pas été suivi d'une tradition légale ou d'un déplacement, de manière à faire passer les biens cédés aux opposants.—Cummings & Smith, X L. C. R., 122.

4. The circumstances of this case do not disclose fraud, concealment, or collusion, or any attempt whatever by plaintiff to obtain a preference over other creditors. There is no principle of common law, statutory provision or rule of public policy sanctioned by jurisprudence, requiring that all creditors being parties to a deed of composition should, irrespective of the existence of good or

bad faith, detriment, injustice or inducement, or otherwise, be in perfectly the
same position, to the extent of invalidating security given to one or more
creditors, because others had not received it.— Bank of Montreal vs Audette,
IV Q. L. R., 254.

1982. Les causes légitimes de préférence sont les priviléges et
les hypothèques.

Pothier, *Proc. cir.*, 234.— 1 Pigeau, 681 et 809.— C. N., 2094.

CHAPITRE DEUXIÈME.

DES PRIVILÉGES.

DISPOSITIONS GÉNÉRALES.

1983. Le privilége est le droit qu'a un créancier d'être préféré à
d'autres créanciers suivant la cause de sa créance. Il résulte de la
loi et est indivisible de sa nature.

ff L. 32, *De rebus auctoritate judicis.*— Loyseau, *Offices*, liv. 3, c. 8, n° 88.— Guyot,
Rép., v° *Privilége*, 689.— 1 Pigeau, 681.— Domat, liv. 3, tit. 1, ss. 1 et 30.— Pothier,
Hyp., 451 ; *Proc. civ.*, 234.— Pont, *Priv.*, n° 24.— C. N., 2095.

1984. Entre les créanciers privilégiés, la préférence se règle par
les différentes qualités des priviléges, ou par la cause des créances.

ff L. 32, *De rebus auct. jud.*— Pothier, *Proc. cir.*, 178, 234 et 262.— 1 Pigeau, 681.
— Guyot, Rép., v° *Priv.*, 689.— 1 Tropl., *Priv.*, n° 26.— 1 Pont, n° 175.— C. N., 2096.

1985. Les créanciers privilégiés qui sont dans le même rang
sont payés par concurrence.

ff loc. cit.— 1 Pigeau, 685, 686 et 813.— Guyot, Rép., v° *Priv.*, 692.— Pothier,
Proc. cir., 262.— Domat, liv. 3, tit. 1, sec. 5, n° 2.— C. N., 2097.

1986. Celui qui a acquis subrogation aux droits du créancier
privilégié, exerce le même droit de préférence.

Cependant ce créancier est préféré, pour ce qui peut lui rester dû,
aux subrogés envers qui il ne s'est pas obligé à fournir et faire valoir
le montant pour lequel la subrogation est acquise.

S. R. B. C., c. 37, s. 26, §§ 2 et 5.— Code civil B. C., art. 1157.

1987. Ceux qui ont simple subrogation légale aux droits d'un
même créancier privilégié sont payés par contribution.

Renusson, *Subrog.*, c. 15, n° 9, 14 et 15.— 2 Bourjon, 740, CXC.— Pothier, *Proc.
cir.*, 234.— Lamoignon, tit. XXI, art. 60.— Héricourt, *Vente des immeubles*, c. 11,
sec. 1, n° 16.— Grenier, *Hyp.*, n° 93 et 394.— Tropl., *Priv.*, n° 379.— C. N., 2097.

1988. Les cessionnaires de différentes parties d'une même
créance privilégiée sont aussi payés par concurrence, si leurs transports respectifs sont faits sans la garantie de fournir et faire valoir.

Ceux qui ont obtenu transport avec cette garantie sont payés par
préférence aux autres ; ayant égard néanmoins entre eux à la date
de la signification de leurs transports respectifs.

9 Cujas, p. 1137.— Renusson, *Subrog.*, c. 13, n°° 30, 31 et 32 ; c. 16, n°° 6 et 15.— 2 Ferrière, sur Paris, art. 108, § 5, n°° 30 et suiv., et p. 1213, n°° 4, 5 et 6.— Le Maistre, sur Paris, p. 149.— N. Den., v° *Cession*, § 11, n°° 10 et 12.— 1 Lamoignon, tit. XXI, art 59 ; 2 *ibid.*, p. 130.— Pothier, *Proc. cir.*, 234.—Troplong, *Priv.*, 86, 87, 366, 367, 379 et 608.— Grenier, *Hyp.*, n° 93.— 2 Grenier, 227.— Dalloz, *Rec. de Jurisp.*, 1853, 2°° part., p. 108, note.— 26 Journal du Palais, p. 403.— Code civil B. C., art. 1160.— *Contrà*, 7 Toul., n° 171.— 5 Zachariæ, 169.— 2 Delvincourt, 564. — 2 Duvergier, n°° 204, 227 et 287.

1989. La Couronne a certains priviléges et droits résultant des lois de douane et autres dispositions contenues dans les statuts spéciaux relatifs à l'administration publique.

S. R. C., c. 17, ss. 10, 11, 14 et 41, §§ 3, 80 et 84 ; c. 19 ; c. 23.— C. N., 2098.

Jurisp.— Sous l'ancien droit, le fisc n'avait un privilége que sur les biens de ses comptables, dont les fonctions étaient sous l'entière dépendance et contrôle du roi, et consistaient dans le maniement des deniers royaux. Le code civil canadien n'a pas étendu ce privilége, mais ne l'a affirmé, comme sous l'ancien droit, que contre les biens des comptables de la Couronne. Le shérif, d'après notre organisation judiciaire, n'est pas un comptable de Sa Majesté, mais n'est qu'un officier judiciaire attaché aux cours de cette province, dont il exécute les ordres, et la Couronne ne peut en conséquence réclamer privilége sur ses biens. Les fonctions incidentes de collection des deniers dus par les municipalités au *fonds des bâtisses et des jurés*, et de distribution de timbres judiciaires, qu'exerce le shérif, ne peuvent lui donner le titre de comptable d'après le sens que la loi attache à cette fonction, pour que la Couronne puisse réclamer privilége sur les biens de ce fonctionnaire public.— Ouimet vs Marchand, V R. L., 361.

1990. Les créanciers et légataires qui ont droit à la séparation du patrimoine du défunt conservent à l'égard des créanciers de ses héritiers ou légataires un droit de préférence et tous leurs priviléges sur les biens de la succession qui peuvent être affectés à leur créance.

Domat, liv. 1, tit. 11.— Pothier, *Hyp.*, 454-6.— 2 Bourjon, 675 *et autorités par lui citées.*— Merlin, Rép., v° *Priv.*, sec. IV, § 6, n° 2.— S. R. B. C., c. 37, sec. 27, § 3.— Code civil B. C., art. 743.— C. N., 878 et 2111.

La même préférence a lieu dans les cas énoncés aux articles 802 et 966.

1991. La règle concernant les créanciers d'une société et ceux des associés individuellement est exposée en l'article 1899, et dans l'*Acte concernant la faillite*, 1864.

L'*Acte concernant la faillite*, 1864, est maintenant remplacé par l'acte C. 38 Vict., c. 16. Voir sous l'art. 1892 ci-dessus, la section 40 de cet acte.

1992. Les priviléges peuvent être sur les biens meubles, ou sur les immeubles, ou enfin sur les biens meubles et immeubles à la fois.

Domat, *loc. cit.*, n° 31.— 1 Pigeau, 681-5 et 810-4.— Pothier, *Proc. cir.*, 191 et 260. — C. N., 2099.

SECTION I.

DES PRIVILÉGES SUR LES BIENS MEUBLES.

1993. Les priviléges peuvent être sur la totalité des biens meubles ou sur certains biens meubles seulement.

1 Pigeau, 681 et suiv.— Pothier, *Proc. cir.*, 192.— C. N., 2100.

1994. Les créances privilégiées sur les biens meubles sont les suivantes, et lorsqu'elles se rencontrent elles sont colloquées dans l'ordre de priorité et d'après les règles ci-après, à moins qu'il n'y soit dérogé par quelque statut spécial :

1. Les frais de justice, et toutes les dépenses faites dans l'intérêt commun;
2. La dixme;
3. La créance du vendeur;
4. Les créances de ceux qui ont droit de gage ou de rétention;
5. Les frais funéraires;
6. Les frais de la dernière maladie;
7. Les taxes municipales;
8. La créance du locateur;
9. Les gages des serviteurs et les créances des fournisseurs;
10. La Couronne pour créances contre ses comptables.

Les priviléges rangés sous les numéros 5, 6, 7, 9 et 10 s'étendent à tous les biens meubles du débiteur, les autres sont spéciaux et n'ont d'effet qu'à l'égard de quelques objets particuliers.

Amend.— L'acte Q. 32 Vict., c. 37, s. 3, accorde à toute personne engagée pour la pêche, ou pour aider à la pêche ou à la préparation du poisson, premier privilége sur le produit de la pêche de son maître, pour assurer ses gages ou sa part des produits de la pêche.

Jurisp.— 1. Les frais de la demande ne sont pas privilégiés si la créance réclamée ne l'est pas; ils doivent suivre le sort de la créance.— Lalonde vs Rowley, I L. C. J., 274.

2. La réclamation de la Couronne fondée sur un droit de fisc est privilégiée sur les biens meubles du débiteur insolvable.— Benjamin vs Brewster, & Cartier, Pro.-Gén., VII L. C. J., 281.

3. Un propriétaire passe un marché avec un entrepreneur pour la construction de certains édifices pour un prix fixe, qui doit lui être payé à raison de 85 par cent suivant les progrès de l'ouvrage, et sur le certificat de l'architecte.— *Jugé* qu'en cas de déconfiture de l'entrepreneur, le propriétaire a privilége et droit de rétention sur les matériaux, payés sur l'ordre de l'architecte, qui sont sur les lieux, mais qui n'ont pas encore été incorporés dans la bâtisse.— McGauvran vs Johnson, XVII L. C. J., 171. (C. S. en Rév., juge Beaudry *dis.* et le juge Berthelot ayant jugé en sens contraire.)

1995. Les frais de justice sont tous les frais faits pour la saisie et vente des biens meubles et ceux des opérations judiciaires qui ont pour objet de fournir aux créanciers généralement le moyen d'obtenir le paiement de leurs créances.

Cod., L. 10, *De bonis auct. judicis.*— Pothier, *Proc. cir.,* 170.— 1 Pigeau, 682.— 2 Bourjon, 684.— Domat, liv. 3, tit. 1, c. 5, n° 25.— Bacquet, *Droits de justice,* 292-3. — 2 Ferrière, *col.* 1367-8.— Guyot, Rép., v° *Priv.,* 689.— Conchot, 134.— C. N., 2101.

Jurisp.— 1. Un demandeur a un privilége sur les deniers provenant de la vente des meubles d'un locataire pour tous ses frais, et en vertu de ce privilége il a droit d'être colloqué de préférence au locateur de la maison dans laquelle les meubles ont été saisis, la réclamation de tel locateur étant pour loyer.— Jervis vs Kelly, IV L. C. R., 75.

2. A chirographary creditor bringing lands to sale is entitled to be collocated by privilege for costs, as in an *ex parte* action without *enquête.*— Eastern Townships Bank & Pacaud, II L. C. L. J., 270.

1996. Les dépenses faites dans l'intérêt de la masse des créanciers. comprennent celles qui ont servi à conserver le gage commun.

1 Pigeau, 683-4.— Pothier, *Proc. cir.,* 193.— 1 Duranton, 40.— C. N., 2102.— S. R. C., c. 17, ss. 10, 11, 14 et 41, §§ 3, 80 et 84 ; c. 19, ss. 8, 10, 23 et 24, § 2 ; c. 23, ss. 1, 3, 4 et 8.— C. N., 2098.

1997. La dixme est privilégiée sur celles des récoltes qui y sont sujettes.

1 Drapier, *Dixmes*, 35, 36 et 37.— Jouy, *Principes des dixmes*, 158, 159, 160, 161 et 72.— 1 Sallé, *Code des Curés*, 55.— 2 Durand de Maillane, 356.— 1 Prevot de la Janès, 225.

1998. Le vendeur d'une chose non payée peut exercer deux droits privilégiés :
1. Celui de revendiquer la chose ;
2. Celui d'être préféré sur le prix.

ff L. 19, *De contrahendâ empt.*— Inst., § 41, *De rerum divis.*— Paris, 176 et 177.— 2 Bourjon, 688-9.— Tropl., *Priv.*, n° 180.

Dans les cas de faillite, ces droits ne peuvent être exercés que dans les quinze jours qui suivent la vente.

Voir sous l'art. 1040 certaines dispositions transitoires introduites par l'acte 37 V., c. 15, s. 19, et qui affectent l'art. 1998.

Jurisp.—1. La saisie-revendication par le vendeur en vertu de l'article 177 de la Coutume de Paris, ne peut être valablement pratiquée sans affidavit.— Poston vs Thompson, XII L. C. R., 252.
2. Suivant la jurisprudence du Bas-Canada, le vendeur à terme a le droit de saisir entre les mains de son acheteur en déconfiture la marchandise vendue.— Leduc vs Tourigny, VI L. C. J., 324.
3. The expression "fifteen days after the sale," in the 1998th article of the Civil Code of Lower Canada, means after the sale and delivery.—Bank of Toronto vs Hingston, XII L. C. J., 216.
4. En vertu des articles 1998 et 1999 du Code civil du Bas-Canada, dans une cause de faillite, la revendication doit être faite dans les quinze jours après la vente, et aussi dans les huit jours de la livraison des effets revendiqués.— Sylvestre & Sanders, III R. L., 446.
5. Des marchandises vendues en Angleterre et par les vendeurs transmises à l'agent de l'acheteur, à Liverpool, et par ce dernier transmises à ses mandants à Montréal, où elles furent déposées à la douane, les acheteurs dans le même temps ayant fait faillite, peuvent être revendiquées si elles ne sont pas payées.— Darling vs Greenwood, IX R. L., 379.

1999. Pour exercer cette revendication quatre conditions sont requises :
1. Que la vente ait été faite sans terme ;
2. Que la chose soit encore entière et dans le même état ;
3. Qu'elle ne soit pas passée entre les mains d'un tiers qui en ait payé le prix ;
4. Que la revendication soit exercée dans les huit jours de la livraison ; sauf la disposition relative à la faillite et contenue en l'article qui précède.

Ferrière, sur art. 176, n° 19.— 2 Bourjon, 689.— 4 Anc. Den., 377-8.— Tropl., *Priv.*, n° 194, 195, 196 et 197.— 2 Tropl., *Vente*, p. 531.— Code civil B. C., art. 1623.

Voir sous l'art. 1040 certaines dispositions transitoires introduites par l'acte 37 Vict., c. 15, s. 19.

Jurisp.—1. Goods sold for cash, but not paid for, may be followed and claimed in an action of revendication, provided that the action be commenced within eight days after the transaction, and the goods have remained until then in the state in which they were delivered.— Aylwin vs McNally, Stuart's Rep, 541.

34

2. A. sells a quantity of timber to B., a part of the price only to be paid on delivery of the timber. A. makes a delivery and B. omits to pay any part of the price; thereupon A. brings an action to rescind the contract of sale and by process of *saisie revendication* attaches the timber. *Held* that this action could be maintained and that the timber, so far as it could be identified, should be restored to A.— Moore & Dyke, Stuart's Rep., 538.

3. Le vendeur d'une chose mobilière a préférence nonobstant qu'il ait donné terme, et si la chose se trouve saisie sur son débiteur, il peut empêcher la vente, et il est préféré sur la chose aux autres créanciers.— McClure vs Kelly, II R. de L., 126.

4. Un commerçant ne peut réclamer d'être colloqué par privilége sur le produit d'effets par lui vendus, si tels effets, lors de la saisie d'iceux, avaient été désemballés, distribués sur les tablettes de l'acheteur, mêlés avec les autres effets, et exposés à la vente.— Têtu vs Fairchilds, VI L. C. R., 269.

5. Dans l'espèce, le privilége du vendeur d'un meuble (*une machine à papier*) subsistait tant que le vendeur n'était pas payé et que le meuble n'avait pas changé de forme, et qu'il demeurait dans la possession du vendeur.—Le meuble, en effet, avait conservé son caractère mobilier, en autant qu'il pouvait être enlevé, sans qu'aucun tort fût causé soit au meuble ou au moulin où il avait été placé.— Le simple fait du placement de ce meuble dans un moulin, n'était pas suffisant pour en faire un immeuble ou pour en changer la forme et le caractère originaire.— Par l'effet légal du contrat entre le vendeur et l'acquéreur, ce dernier, le défendeur, n'avait qu'une possession précaire du meuble, et seulement comme locataire, et les vendeurs, les opposants, ne pouvaient être privés de leur droit de propriété que par le paiement du prix.— The Union Building Society vs Russell, VII L. C. R., 374.

6. Le vendeur d'effets vendus à crédit et avec terme, peut les revendiquer en la possession de l'acheteur qui est devenu insolvable. Ce privilége existe quoique les effets aient cessé d'être en totalité dans les mains de l'acheteur. Un affidavit n'est pas nécessaire pour obtenir un writ de saisie-revendication en pareils cas.— Robertson vs Ferguson, VIII L. C. R., 239.

7. The vendor selling on credit, *avec terme*, may revendicate in the hands of the vendee who has subsequently become insolvent, the goods previously delivered.— Sinclair vs Ferguson, II L. C. J., 101.

8. The vendor has a privilege on the goods sold *à terme* and delivered to the vendor and still in his possession, but who has subsequently become insolvent, and such goods may be attached by a conservatory process to prevent their disappearing.— Torrance vs Thomas, II L. C. J., 99.

9. Le vendeur sans jour ni terme, non payé, peut revendiquer sa marchandise entre les mains d'un tiers acquéreur.—Le fait que le grain revendiqué a été mêlé avec d'autre grain de même espèce, n'est pas un obstacle à la revendication.— Senécal vs Mill, IV L. C. J., 307.

10. The delivery contemplated by the 12th sec. of the Insolvent Act of 1864, is an actual, complete, and final one, and consequently, the delivery of goods to a purchaser's shipping agent in England, for transmission to purchaser in Canada, and the entering of the goods in bond here, by the purchaser's Custom House broker, is not such a delivery as will defeat the vendor's remedy, under the 176th and 177th articles of the Custom of Paris.— Hawksworth vs Elliot, X L. C. J., 197.

11. Le vendeur à terme n'a pas droit de revendiquer les marchandises pour lesquelles il a donné délai.— Ryan vs Chantal, XVII L. C. R., 207.

12. The expression "fifteen days after the sale," in the 1998th article of the Civil Code of Lower Canada, means after the sale and delivery.—The delivery of goods sold in England to a shipping agent there, employed by the vendees, who forwards them to the vendees carrying on business in Montreal, is not such a delivery as is contemplated by the 12th section of the Insolvent Act of 1864, and such goods may be legally revendicated by the unpaid vendors in the hands of the Grand Trunk Railway here, although more than fifteen days elapsed since such delivery to the shipping agent.— The Bank of Toronto vs Hingston, XII L. C. J., 216.

13. The reception here of goods purchased in England, by their being deposited in a bonded warehouse, on an entry by the purchaser's Custom House broker, is such a delivery as would defeat the vendor's remedy under the 176th

and 177th articles of the Custom of Paris, if not exercised within 15 days from such delivery.— Brown & Hawksworth, XIV L. C. J., 114.

14. A *saisie conservatoire* by an unpaid vendor, for cash, of stones placed on the land of a third party, for whom the purchaser is building a house, will be upheld after eight days from delivery to purchaser, unless the third party proves a sale to and payment made by himself to purchaser.— Lavoie vs Cassant, XIV L. C. J., 225.

15. Un vendeur non payé ne pouvait, avant la mise en force du Code civil du Bas-Canada, revendiquer des effets pour le montant desquels il avait donné crédit. La réception ici de marchandises achetées en Angleterre, par leur dépôt dans une maison d'entrepôt, sur une entrée du courtier de douane de l'acheteur, est une livraison qui privera le vendeur de son privilége en vertu des articles 176 et 177 de la Coutume de Paris, s'il n'est pas exercé dans les quinze jours de telle livraison.— Brown vs Hawksworth, II R. L., 182.

16. Le vendeur non payé qui n'a pas vendu sans jour et sans terme, n'a que l'action en résolution et non l'action en revendication comme en droit romain; encore qu'il se soit réservé son droit de propriété jusqu'à parfait paiement et le droit de reprendre sa chose, en cas de non paiement, même sans procédés judiciaires.— Brown & Lemieux, III R. L., 361.

17. According to articles 1998 and 1999 of the Civil Code of Lower Canada, in a case of insolvency, the revendication must be made within fifteen days of the sale and within eight days of the delivery of the goods revendicated.— Sylvestre & al., petitioners, XV L. C. J., 303.

18. The unpaid vendor of moveables has a right, under art. 1543 of the Civil Code, to demand the resolution of the sale, under the circumstances stated in that article, even after the expiration of the eight days allowed for revendication by art. 1999. In an action claiming such resolution, the plaintiff has a right to attach the moveables by a *saisie conservatoire*, and, although his attachment may be in the nature of a *saisie revendication*, it will nevertheless avail to him as a *saisie conservatoire*.— Henderson & Tremblay, XXI L. C. J., 24.

19. Lorsqu'il n'y a pas eu de terme fixé pour exécuter les conventions de la vente, chaque partie peut, en offrant d'exécuter ses obligations, contraindre l'autre partie à exécuter les siennes. La vente sans terme, même suivie de tradition, ne transférant la propriété qu'en autant que le vendeur est payé, celui-ci peut, s'il n'a été payé, revendiquer dans les huit jours de la livraison, la chose vendue, si elle est encore entre les mains de l'acheteur.— Blagdon vs Lebel, V Q. L. R., 87.

2000. Si la chose est vendue pendant l'instance en revendication, ou si lors de la saisie de la chose par un tiers, le vendeur est encore dans les délais et la chose dans les conditions prescrites pour la revendication, le vendeur est privilégié sur le produit à l'encontre de tous autres créanciers privilégiés ci-après mentionnés.

Si la chose est encore dans les mêmes conditions, mais que le vendeur ne soit plus dans les délais, ou ait donné terme, il conserve le même privilége sur le produit, excepté à l'égard du locateur et du gagiste.

2 Ferrière, 1325, 1326, 1343 et 1367.— Pothier, *Louage*, 241–4; *Vente*, 322 et suiv.—1 Prevot de la Janès, 226.— 2 Bourjon, 688–9.— 2 Lamoignon, 151.— Tropl., *Priv.*, 159.— C. N., 2102.

Jurisp.—1. Le vendeur d'une chose, pour partie du prix de laquelle il a reçu les billets promissoires de l'acheteur, payables à ordre, a un privilége si quelques-uns des dits billets ne sont pas payés à échéance, sur le produit de la vente judiciaire de la chose vendue en la possession du débiteur, sur production de tels billets, pour cette portion du prix représentée par les billets ainsi produits et non payés.— Noad & Lampson, XI L. C. R., 29.

2. Le vendeur d'une chose même vendue à terme, a un privilége sur le produit de cette chose vendue entre les mains de l'acheteur.— Douglass vs Larue, XII L. C. R., 142.

2001. Le rang de ceux qui ont le droit de gage et de rétention s'établit suivant la nature du gage ou de la créance. Ce privilége n'a lieu cependant qu'en autant que le gage ou droit de rétention subsiste, ou pouvait être réclamé au temps où la chose a été saisie, si depuis elle a été vendue.

Pothier, *Propriété*, 343 ; *Dépôt*, 74 ; *Vente*, 323 et 426 ; *Prêt à usage*, 43 ; *Charte-partie*, 90 ; *Louage d'ouvrage*, 406 ; *Mandat*, 59 ; *Proc. civ.*, 192.— Paris, 181 et 182. — Ferrière, sur art. 181, n° 1.— 2 Grenier, *Hyp.*, 298.— 18 Duranton, 509.— Tropl, *Nantiss.*, 97, 100, 297 et 451.— S. R. C., c. 28, a. 90, ¼ 3 ; a. 91.— Den., *Actes de notoriété*, 108–9.— 2 Bourjon, 691.— C. N., 2102.

Amend.— *L'acte* Q. 39 *Vict., c.* 23, *contient ce qui suit :*

Tout aubergiste ou propriétaire de maison de pension ou de logement aura un lien ou droit de rétention, sur les bagages et la propriété de son hôte, pensionnaire ou personne logée, pour la valeur ou le prix de toute nourriture ou commodité fournies à tel hôte, pensionnaire ou personne logée, et en outre de tous autres recours en loi, aura le droit dans le cas du défaut de paiement pendant trois mois, de vendre par encan public les bagages et la propriété de tel hôte, pensionnaire ou personne logée, en donnant une semaine d'avis par annonce dans un journal publié dans la municipalité dans laquelle telle auberge ou maison de pension ou de logement est située, ou s'il n'y a pas de journal publié dans telle municipalité, dans un journal publié dans l'endroit le plus rapproché de telle auberge ou maison de pension ou de logement, de telle vente projetée, donnant le nom de l'hôte, pensionnaire ou personne logée, le montant qu'il doit, une description de ses bagages ou autre propriété qui doit être vendue, l'époque et l'endroit de la vente, et le nom de l'encanteur ; et après telle vente, tel aubergiste ou propriétaire de maison de pension ou de logement, pourra appliquer les produits de telle vente au paiement du montant qui lui est dû, et des frais de telle annonce et de telle vente, et paiera le surplus (s'il y en a) à la personne qui y aura droit et en aura fait la demande.

Jurisp.— 1. Jugé qu'un carrossier qui a eu la garde d'une voiture, a un droit de rétention sur icelle pour se faire payer de sa garde.— Ryland vs Gingras, III R. de L., 300.

2. Le capitaine d'un vaisseau a sur icelui un privilége pour ses gages, au préjudice de celui qui en a un transport ou vente. Les ouvriers n'ont aucun privilége sur les vaisseaux pour le prix de leur travail et de leurs fournitures, dès qu'ils sont sortis de leur possession.— Fréchette vs Gosselin, I L. C. R., 145.

3. Un commis n'a point de privilége ou droit de rétention sur les effets de celui qui l'a employé pour ce qui lui peut lui devenir dû après l'institution de son action.—Poutré vs Poutré, VI L. C. R., 463.

4. Un défendeur dans une action en revendication, n'a aucun droit de rétention pour le paiement de ses frais et honoraires, frais de garde comme gardien judiciaire, dans une action en revendication contre le demandeur, défendeur en la cause ; l'action ayant été renvoyée et le jugement signifié au gardien.— Poutré vs Laviolette, IX L. C. R., 360.

5. L'amirauté a juridiction dans les cas de revendication afin de remettre les propriétaires de vaisseaux en possession lorsqu'ils en ont été illégalement privés. Le gage maritime n'est pas indélébile, et peut être perdu par des délais, quand des droits de tierces personnes sont intervenus.—The Hardee, X L. C. R., 101.

6. Les hôteliers n'ont pas le droit de retenir pour leur pension les effets de ceux qui ont pensionné chez eux au mois. (Mais voir le statut Q. 39 Vict., c. 23.) Les voyageurs, dans le Bas-Canada, pensionnant à la journée seulement, sont pèlerins aux termes de l'article 75 de la Coutume de Paris.— Cooper vs Downes, XIII L. C. R., 358.

7. Under the common law of France, which is in force in Lower Canada, a captain of a barge has a *lien* upon it for his wages as long as he remains on board. Under the common law of France, in force in Lower Canada, the *lien* of a captain of a barge for wages includes the right of seizure before judgment, without the formality of an affidavit as required by chap. 63 of the Consolidated Statutes of Lower Canada, such seizure being in the nature of a *saisie conservatoire*.— Dubeault vs Robertson, VIII L. C. J., 333.

8. The proprietor of a lot has no *lien* or right of retention on the building materials delivered there for the purpose of being incorporated in a building in

course of erection on such lot, so long as they are not so incorporated.—
McGauvran vs Johnson, XVI L. C. J., 254.

9. Un voyageur donne un concert dans une des salles de l'hôtel et loue de B.
un piano pour ce concert. Il part sans payer le loyer de cette salle. B. réclame
son piano. L'hôtelier prétend le garder en vertu de son privilége d'hôtelage.
Jugé que le piano n'est pas sujet à ce privilége, en autant que le loyer de la salle
n'est pas *dépens de l'hôtelage.*— Brown vs Hogan, M. C. R., 83.

10. Stewart was assignee to the estate of Léger dit Parisien under the Insolvent
Act of 1869. The defendant, a carriage maker, was in possession of a carriage
which had been repaired by him. *Held* that the Insolvent Act did not deprive
the defendant from his right of retention or *lien* for his repairs.— Stewart vs
Ledoux, II R. C., 482.

11. L'ouvrier employé dans les chantiers de bois, en Canada, a un privilége sur
le bois ainsi confectionné et a droit à la saisie conservatoire sur les radeaux
formés de ce bois. *Semble*, que c'est le droit du dernier équipeur.— Côté vs
Graham, III R. L., 571.

12. Un homme de cage n'est pas un dernier équipeur de la cage qu'il a fabriquée
et voiturée. Il n'a sur cette cage aucun privilége lui donnant droit de rétention
pour le prix de ses gages dus pour la fabrication, la conservation et le voiturage
de cette cage. Il peut avoir un privilége sans droit de rétention, mais la loi ne
pourvoit pas au moyen de lui conserver son droit.— *Semble*, d'après l'Hon. Juge
Drummond, que rendu au terme de son voyage, un homme de cage peut avoir
un droit de rétention et la saisie conservatoire, pour exercer ce droit contre qui
veut l'en déposséder par force.— Graham vs Côté, IV R. L., 3.

13. L'hôtelier a privilége et droit de rétention pour dépenses d'hôtel, sur les
effets hôteliés, même quand ces effets n'appartiennent pas aux voyageurs et que
l'hôtelier sait qu'ils sont la propriété d'un autre. Ce privilége est pour dépenses
nécessaires et non pour de la boisson prise d'une manière déraisonnable. Un
hôtelier ne pourrait recouvrer le prix de la boisson livrée aux voyageurs qui en
abusent à sa connaissance. Ces voyageurs pourraient même répéter le prix de
la boisson distribuée d'une manière exagérée, s'ils l'avaient payée.— Lachapelle
vs Renaud, VI R. L., 217.

14. Raftsmen have no privilege of retention as to the raft upon the timber of
which they have worked.— Duguay vs Fleurant, I Q. L. R., 87.

15. Un homme de cage n'a aucun privilége pour ses gages, lui donnant droit
de rétention sur la cage qu'il a fabriquée, conservée et voiturée.— Sawyers vs
Connolly, I Q. L. R., 383.

2002. Les frais funéraires privilégiés comprennent seulement ce
qui est de convenance à l'état et à la fortune du défunt, et se prennent sur tous les biens meubles du défunt.

Le deuil de la veuve en fait partie sous la même restriction.

ff L. 14, § 1 ; L. 45, *De religiosis ;* L. 17, *De rebus auctoritate judicis.*— Bacquet,
Droits de justice, c. 21, nᵒ 273.— 2 Ferrière, 1367, 1369 et 1370.— 1 Pigeau, 682-5-6.
— N. Den., *Frais funéraires.*— Guyot, Rép., vᵉ *Privil.,* 689.— Pothier, *Proc. civ.,*
170.— 2 Bourjon, 687.— Lacombe, *Frais funéraires.*— Loyseau, *Des Offices,* liv. 3,
c. 8, nᵒˢ 23 et 50.— Tropl., *Priv.,* nᵒˢ 76, 134 et 135.— 18 Revue Wolowski, 213.—
C. N., 2101.

Jurisp.— Les frais de la dernière maladie, pour lesquels l'art. 2003 accorde
le privilége sur les meubles, et l'art. 2009 sur les immeubles, doivent être pro-
portionnés à l'état et à la fortune du défunt et limités à ce qui est nécessaire à
son genre de maladie.— Beaudry vs Desjardins, IV R. L., 559. (C. S. en Rév.)

2003. Les frais de dernière maladie comprennent ceux des médecins, des apothicaires et des gardes-malades pendant la maladie
dont le débiteur est mort, et se prennent sur tous les biens meubles
du défunt.

Pothier, *Proc. civ.,* 170.— 1 Pigeau, 645.— 2 Bourjon, 688.— Lacombe, vᵉ *Préférence,* 65.— Bacquet, *Droits de justice,* c. 21, nᵒ 274 et pp. 294-5.— Tropl., *Priv.,*
nᵒˢ 157 et suiv.— 18 Revue de Wolowski, 214.— C. N., 2101.

[Dans le cas de maladie chronique, le privilége n'a lieu que pour les frais pendant les derniers six mois qui ont précédé le décès.]

C. L., 3167.—Code des Etats Romains, 65.

Jurisp.—1. La parenté entre le médecin réclamant la valeur de ses services professionnels donnés durant la dernière maladie et le défunt, n'est pas un motif légal pour donner lieu à une réduction de sa créance, nonobstant que des médecins plus rapprochés de la résidence du défunt auraient pu le soigner. L'insolvabilité du défunt n'est point non plus un motif légal pour opérer une réduction de la créance du médecin. L'enregistrement d'un bordereau des frais de dernière maladie sur l'immeuble alors sous saisie, dans le délai fixé par la loi, est valable.— Beaudry vs Desjardins, XV L. C. J., 267.

2. A claim for medical attendance, though in its nature a debt of the community, may be recovered from the personal heirs of the wife deceased, notwithstanding their renunciation of the *communauté de biens.*—Perronet vs Etienne, I L. N., 471.

2004. Les taxes municipales qui sont préférées à toutes les autres créances privilégiées ci-après mentionnées sont les taxes personnelles et mobilières que certaines municipalités peuvent imposer et celles auxquelles des lois spéciales donnent semblable préférence.

14 et 15 Vict., c. 128, s. 77; c. 130, s. 1.

2005. Le privilége du locateur s'étend à tout le loyer échu et à échoir en vertu d'un bail en forme authentique; si le bail n'est pas en forme authentique, le privilége n'existe que pour trois termes échus et pour tout ce qui reste de l'année courante.

2 Ferrière, 1367-8, 1323-4 et 1384-5.—2 Bourjon, 685.— Pothier, *Proc. civ.*, 170, 171 et 194.—1 Couchot, 134.— Guyot, Rép., v° *Priv.*, 689.— *Actes de notoriété*, 15 mars, 1702; 24 mars, 1702.—20 Isambert, 407.—S. R. B. C., c. 40, s. 16.—C. N., 2102.

Jurisp.—1. Les meubles de Casey avaient été saisis et vendus; il avait eu l'usage et l'occupation d'une propriété de Boisseau depuis le mois de mai, sans bail; Boisseau réclamait un privilége pour le quartier alors courant, expirant le 1er août, et pour trois quartiers à courir jusqu'au 1er mai suivant. *Jugé* qu'il avait un privilége pour toute l'année, pour le quartier dû le 1er août, et pour les trois quartiers qui deviendraient dus le 1er mai suivant; en d'autres termes, que le privilége du propriétaire, dans la ville de Québec, s'étend à toute l'année courante— Earl vs Casey, IV L. C. R., 30.

2. Le jugement de la Cour Supérieure qui a jugé: " Que le locateur a un privilége pour le quartier dû le premier août, et pour les trois quartiers qui deviendraient dus le premier mai suivant; en d'autres termes, que le privilége du propriétaire, dans la ville de Québec, s'étend à toute l'année courante," est confirmé en appel.— Tyre & Boisseau, IV L. C. R., 466.

3. On an opposition claiming a privilege for rent, the court held that the opposant could only have a *lien* by verbal lease for three terms and the current one.— Ricard vs St-Denis, III R. L., 456.

2006. Les domestiques et engagés ont ensuite droit d'être colloqués par préférence sur tous les biens meubles du débiteur pour ce qui peut leur rester dû de salaire n'excédant pas [un an échu au jour de la saisie ou du décès].

Les commis, apprentis et compagnons ont la même préférence, mais seulement sur les marchandises et effets qui se trouvent dans le magasin, échoppe ou boutique, où leurs services étaient requis, [pour un terme d'arrérages n'excédant pas trois mois].

Ceux qui ont fourni les provisions ont également privilége concurremment avec les domestiques et engagés pour leurs fournitures pendant les douze derniers mois.

Domat, liv. 3, tit. 1, sec. 5.— 2 Bourjon, 688.— Guyot, v° *Priv.*, 689.— Pothier, *Proc. civ.*, 172-3.— 1 Pigeau, 685.— Tropl., *Priv.*, 142-3-4.— Pont, *Priv.*, n° 79.— C. N., 2101.

Amend.— *L'acte de faillite de 1875, s. 91, modifie en la manière suivante le privilége des employés pour leurs gages :*

Les commis et autres personnes employés par le failli à ses affaires ou dans son commerce, seront colloqués sur le bordereau des dividendes par privilége spécial pour tous arrérages de salaire ou gages dus et non acquittés à l'époque de l'exécution d'un acte de cession ou de l'émission de saisie-arrêt en vertu du présent acte, n'excédant pas trois mois de ces arrérages, et aussi pour tels salaires ou gages pour une période n'excédant pas deux mois de la partie non écoulée de leur année de service alors courante, durant laquelle période ils pourront être appelés à faire sous la direction du syndic, tout travail ou remplir tout devoir, se rattachant aux affaires du failli, que le failli aurait pu lui-même leur faire faire ou remplir en vertu de leurs engagements respectifs, et pour toute autre réclamation, ils prennent rang comme créanciers ordinaires.

Jurisp.— 1. Le privilége d'un commis dans un établissement commercial est restreint aux gages dus.— Earl vs Casey, IV L. C. R., 174.

2. In an action for salary, the employer being insolvent, *Held* that a tender of the arrears due, together with one month's salary after the time plaintiff ceased to be employed, was sufficient, though he was engaged for a year, of which four months had not expired.— Ouellette vs Badeaux, I L. C. L. J., 57.

3. Journeymen have no privilege under the Insolvent Act, 1875, on the proceeds of the sale of book debts for the payment of their wages.— Beaulieu & Dupuy, XXI L. C. J., 304.

4. Des ouvriers et journaliers qui travaillent dans une carrière n'ont pas de privilége sur les outils servant à l'exploitation de la carrière, ni sur la pierre qui en est extraite et taillée, surtout quand ces outils n'appartiennent pas à celui qui a employé les ouvriers.— Prévost vs Wilson, XXII L. C. J., 70.

5. Un commis n'a point de privilége ni droit de rétention sur les effets de celui qui l'a employé pour ce qui lui peut lui devenir dû après l'institution de son action.— Poutré vs Poutré, VI L. C. R., 463.

2007. Les priviléges sur les bâtiments, leur cargaison et le fret sont déclarés au titre *Des Bâtiments Marchands.*

2008. D'autres règles relatives à l'ordre de collocation de certaines créances privilégiées se trouvent au Code de procédure civile.

SECTION II.

DES PRIVILÉGES SUR LES IMMEUBLES.

2009. Les créances privilégiées sur les immeubles sont ci-après énumérées et prennent rang dans l'ordre qui suit :

1. Les frais de justice et ceux faits dans l'intérêt commun ;

2. Les frais funéraires tels qu'énoncés en l'article 2002, lorsque le produit des biens meubles s'est trouvé insuffisant pour les acquitter ;

3. Les frais de dernière maladie tels qu'énoncés en l'article 2003 et sous la même restriction que les frais funéraires ;

4. Les frais de labours et de semences ;

5. Les cotisations et répartitions ;

6. Les droits seigneuriaux ;

7. La créance du constructeur, sujette aux dispositions de l'article 2013 ;

8. Celle du vendeur ;

9. Les gages des domestiques sous la même restriction que les frais funéraires.

1 Couchot, 152-3.— Pothier, *Hyp.*, 451 et suiv. ; *Proc. civ.*, 231 et suiv.— 1 Pigeau, 810, 814 et 685.—Héricourt, c. 11, sec. 1, nᵒˢ 3, 4 et 5.— Grenier, sur Edit de 1771, pp. 371 et 375.— S. R. B. C., c. 15, s. 76 ; c. 18, s. 32 ; c. 24, s. 56, § 15 ; c. 37, s. 8 ; c. 41, s. 50.— C. N., 2103 et 2104.

Amend.— *L'acte, Q.* 33 *Vict., c.* 32, *ss.* 31, 32 *et* 33, *contient ce qui suit :*

31. La compagnie (*pour l'empierrement des chemins*) aura un privilége sur la terre de chaque propriétaire tenu à l'entretien du chemin, qui fera partie de la compagnie jusqu'au montant de sa contribution à raison de telle terre.

32. La compagnie aura également un privilége sur toute terre obligée à l'entretien du chemin pour tous arrérages de la rente de commutation de tel entretien n'excédant pas trois années de ces arrérages.

33. Nonobstant les dispositions des articles 2009 et 2015 du Code civil, les priviléges énumérés dans les deux sections précédentes prendront rang immédiatement après les taxes et cotisations municipales, et le décret n'aura pas pour effet de purger ces terres du privilége acquis à la compagnie pour le paiement des versements non échus et de la rente annuelle due à l'avenir.

Jurisp.— 1. Le privilége spécial du bailleur de fonds est préféré au privilége général du médecin pour frais de dernière maladie sur le produit des immeubles, lors même qu'il n'y a pas eu de meubles suffisants pour payer le compte du médecin.— Taschereau vs DeLagorgendière, IX L. C. R., 497.

2. Les frais de la demande ne sont pas privilégiés, si la créance réclamée ne l'est pas ; ils doivent suivre le sort de la créance.— Lalande vs Rowley, I L. C. J., 274.

3. Les frais funéraires déclarés privilégiés sur les immeubles par l'art. 2009, comprennent ce qui est de convenance à l'état et à la fortune du défunt, au temps de son décès et non à un temps antérieur. Il peut être de convenance d'accorder des funérailles au-dessus de la dernière classe à un défunt reconnu insolvable, si son état l'exige, quand même sa fortune ne suffirait pas même à payer ses dettes. Le privilége en est conservé, s'il est enregistré sur bordereau, suivant l'art. 2107 C. C., en la forme et dans les délais prescrits dans l'art. 2106 et affecte même un immeuble déjà sous saisie au temps de la mort du défunt, et qui est ensuite vendu en vertu de cette saisie. Celui qui a payé les frais funéraires du défunt, et qui a fait enregistrer son privilége sur ces immeubles dont le certificat du régistrateur fait mention, a droit cependant aux frais d'opposition parce qu'il est nécessaire qu'une telle opposition soit produite pour établir que le défunt n'a laissé aucun meuble.— Beaudry vs Desjardins, IV R. L., 555. (C. S. en Rév).

2010. Le privilége pour les frais de labours et de semences a lieu sur le prix de l'immeuble vendu avant la récolte faite, jusqu'à concurrence seulement de la plus-value donnée par ces travaux.

Héricourt, *loc. cit.*, nᵒ 8.— 1 Pigeau, 685, 810 et 814.— Pothier, *Pro. civ.*, 261.

2011. Les cotisations et répartitions privilégiées sur les immeubles sont :

1. Les cotisations pour la construction ou réparation des églises, presbytères et cimetières ; néanmoins, dans tous les cas où un immeuble a été acquis d'une personne qui ne professe pas la religion catholique romaine, avant d'être assujetti à telles cotisations, le privilége pour cette cotisation ne prend rang qu'après la créance du bailleur de fonds et tous les priviléges et hypothèques antérieurs à cette acquisition ;

2. Les taxes d'écoles ;

3. Les cotisations municipales, dont cependant il ne peut être réclamé plus de cinq années d'arrérages outre la courante, sans préjudice aux cas spéciaux où une prescription plus courte est établie.

Ces créances n'ont de privilége que sur l'immeuble imposé spécialement, et les deux derniers viennent en concurrence après les cotisations mentionnées en premier lieu.

1 Pigeau, 810.— S. R. B. C., c. 18, s, 32 ; c. 15, s. 76 ; c. 24, s. 56, § 15 ; s. 61.

L'acte Q. 29–30 Vict., c. 57, s. 11, ¿ 17, déclare que l'action de la corporation de Québec, pour le recouvrement de toutes taxes et cotisations municipales quelconques, sera prescrite par deux années à compter du jour que telle taxe sera devenue due et payable.

Le privilége de la corporation de Montréal, pour taxes, cotisations et charges de l'eau, s'étend à cinq ans et l'année courante, en la manière définie à l'acte Q. 37 Vict., c. 51, s. 96, et avec la restriction contenue à la s. 97 du même acte.

Jurisp.—Dans la cité de Montréal, les taxes et cotisations ne sont prescrites que par trente ans.— Guy vs Normandeau, n° 1108 C. S., 9 novembre 1877.

2012. Le privilége des droits seigneuriaux s'étend à tous les arrérages des droits seigneuriaux, et, au même titre, aux arrérages échus des rentes constituées sur la commutation des droits seigneuriaux, pour cinq années seulement et la courante.

1 Pigeau, 813.— Pothier, *Proc. civ.*, 261.— 1 Couchot, 153.— S. R. B. C., c. 41, s. 50.

Jurisp.—The hypothecary rights of the seignior for arrears of his rent (*cens et rentes*) are limited to five years and the current year under C. C. 2012, subsequent to the deposit of the cadastre under C. S. L. C., cap. 41, and to 29 years for anterior arrears.— De Beaujeu & Lanthier, XVII L. C. J., 327.

2013. Le constructeur, ou autre ouvrier, et l'architecte ont droit de préférence seulement sur la plus-value donnée à l'héritage par leurs constructions, à l'encontre du vendeur et des autres créanciers, pourvu qu'il ait été fait, par un expert nommé par un juge de la Cour Supérieure dans le district, un procès-verbal constatant l'état des lieux où les travaux doivent être faits, et que dans les six mois à compter de leur achèvement, les ouvrages aient été acceptés et reçus par un expert nommé de la même manière, ce qui doit être constaté par un procès-verbal contenant aussi une évaluation des ouvrages faits; et dans aucun cas le privilége ne s'étend au delà de la valeur constatée par le second procès-verbal, et il est encore réductible au montant de la plus-value qu'a l'héritage au temps de la vente.

Au cas d'insuffisance des deniers pour satisfaire le constructeur et le vendeur, ou de contestation, la plus-value donnée par les constructions est constatée au moyen d'une ventilation faite conformément aux prescriptions contenues au Code de procédure civile.

1 Pigeau, 810–1.— Pothier, *Proc. civ.*, 261.— 1 Couchot, 153.— S. R. B. C., c. 37, s. 26, ¿ 4.— C. N., 2103.

Jurisp.—1. The mason has a special privilege, in the nature of a mortgage, upon any building erected by him and for repairs. This privilege, however, will not be allowed to the prejudice of other creditors of the proprietor, unless within a year and day there be something specific to show the nature of the work done or the amount of the debt due thereon.— Jourdain & Miville, Stuart's Rep., 263.

2. Un individu qui a avancé des deniers pour la construction d'un mur mitoyen entre lui et son voisin, ne pourra réclamer un privilége, sur vente par décret de l'héritage voisin, à l'encontre des créanciers hypothécaires sur tel héritage, s'il n'a observé les formalités voulues par la loi des enregistrements, chap. 37, Stat. Ref. du Bas-Canada, sec. 26, sous-sec. 4, et ce quoique la valeur de l'héritage ait été augmentée par la construction de tel mur.— Stillings vs McGillis, XIV L. C. R., 129.

3. L'expertise faite à la requête de l'architecte ou constructeur lors de l'inscription de son privilége, peut être récusée par le bailleur de fonds, et ce dernier peut obtenir une expertise contradictoire, si les deux priviléges viennent en conflit. L'estimation respective des deux genres de propriété doit être faite

relativement à l'époque du décret, et non relativement à l'époque où le privilége du constructeur a été enregistré. Le bailleur de fonds a droit à la totalité de la valeur de la propriété lors du décret, et non à une part proportionnelle seulement. Le créancier, porteur d'une garantie collatérale, ne peut être colloqué que conditionnellement, et en attendant qu'il ait constaté s'il peut réaliser sa créance, les créanciers moins privilégiés ou postérieurs doivent être admis à toucher les deniers en donnant caution qu'ils videront leurs mains entre celles du créancier en premier lieu nommé, s'il est rejeté sur cette garantie collatérale. — Doutre vs Green, V L. C. J., 152.

4. A builder is without privilege on the proceeds of real estate, if he has not complied with the formalities prescribed by 4 Vict., c. 30, ss. 31 et 32, C. S. L. C., pp. 352–3, requiring a *procès-verbal* to be made before the work is begun; establishing the state of the premises in regard of the work about to be made; requiring also a second *procès-verbal* within six months after the completion of the work, establishing the increased value of the premises; requiring also that the second *procès-verbal* establishing the acceptance of the work, be registered within thirty days from the date of such second *procès-verbal*, in order to secure such privilege.— Clapin vs Nagle, VI L. C. J., 196.

2014. Le vendeur a privilége sur l'immeuble par lui vendu pour tout ce qui lui est dû sur le prix.

S'il y a eu plusieurs ventes successives dont le prix soit dû en tout ou en partie, le premier vendeur est préféré au second, le second au troisième et ainsi de suite.

Sont colloqués au même titre :

Les donateurs pour les redevances et charges qu'ils ont stipulées ;

Les copartageants, les cohéritiers et colégataires sur les immeubles qui étaient communs, pour la garantie des partages faits entre eux et des soultes ou retours.

ff L. 22, *De hæreditate vel* ; L. 6, *Qui potiores* ; L. 24, § I, *De rebus auctoritate judicis.*—Instit., lib. II, tit. 1, § 41.— L. 7, *Qui potiores* ; L. 7, *Communia utriusque.* — Domat, liv. 3, tit. 1, sec. 5, n°ˢ 4, 6 et suiv. ; *Success.*, liv. 1, tit. 4, sec. 3.— Héricourt, 203–4.— Pothier, *Hyp.*, 454 ; *Pro. civ.*, 262.—1 Pigeau, 813.—1 Couchot, 153.— C. N., 2103.

Jurisp.—1. (*Par la Cour Supérieure*).— Le vendeur d'un immeuble, ou bailleur de fonds, dont le titre est subséquent à l'ordonnance des bureaux d'enregistrement, 4 Vict., ch. 30, peut réclamer au préjudice d'un acquéreur subséquent qui aurait enregistré avant lui. (*Par la Cour d'Appel*).— Il n'y a plus lieu d'entrer de nouveau dans l'examen de la question de savoir si le bailleur de fonds subséquent à la mise en opération de l'ordonnance d'enregistrement, était tenu, avant le statut 16 Vict., c. 206, relatif à cet objet, d'enregistrer son titre pour conserver son privilége, cette question ayant été à diverses reprises décidée dans la négative et devant être regardée comme chose jugée. (*Par les deux Cours*).— Un bailleur de fonds qui aurait préalablement poursuivi son débiteur principal, et fait vendre sur lui un immeuble qu'il aurait échangé pour celui grevé du privilége du bailleur de fonds, ne doit pas être présumé en loi avoir ratifié l'échange, et avoir consenti à la substitution d'un immeuble à l'autre, ni avoir renoncé à son privilége sur l'immeuble par lui vendu.— Bouchard & Blais, IV L. C. R., 371.

2. Le privilége spécial du bailleur de fonds est préféré au privilége général du médecin pour les frais de dernière maladie, sur le produit des immeubles, lors même qu'il n'y a pas eu de meubles suffisants pour payer le compte du médecin. — Taschereau vs De Lagorgendière, IX L. C. R., 497.

3. Le vendeur d'une chose, pour partie du prix de laquelle il a reçu les billets promissoires de l'acheteur, payables à ordre, a un privilége si aucuns des billets ne sont pas payés à échéance, sur le produit de la vente judiciaire de la chose vendue en la possession du débiteur, sur production de tels billets, pour cette portion du prix représentée par tel billet ou billets ainsi produits et non payés. Ni l'exercice par l'acquéreur du droit de propriété sur la chose, ni le fait qu'il a réparé cette chose ne détruiront le privilége du vendeur, tant que l'identité de l'objet peut être constatée.— Noad & Lampson, XI L. C. R., 29.

4. Le vendeur d'une chose, même à terme, a un privilége sur le produit de cette chose vendue entre les mains de l'acheteur ; et, dans l'espèce, il n'y avait pas novation de la créance originaire pour le prix de la dite chose.— Douglass vs Parent, XII L. C. R., 142.

5. Where a person sold the timber upon certain property to two different parties, who both had possession, the title of the first vendee was to be preferred to that of the subsequent purchaser.— Russell vs Guertin, II L. C. L. J., 42.

6. The vendor's privilege of *bailleur de fonds* is postponed to that of the judgment creditor, whose judgment was registered before the deed of the vendor.— Lemesurier vs McCaw, II L. C. J., 219.

7. Quand le bailleur de fonds concourt à la création d'une nouvelle hypothèque sur la propriété affectée à son privilége, son privilége se trouve primé par cette hypothèque subséquente.— Robertson & Young, XVII L. C. R., 458.

8. *Jugé* que le tiers en faveur duquel une somme de deniers est stipulée payable en vertu d'une donation, est recevable eh loi à en poursuivre le recouvrement par action directe et même par action hypothécaire, et sa créance hypothécaire est égale à celle du bailleur de fonds sur l'immeuble donné.— Dupuis vs Cédillot, X L. C. J., 338.

9. The unpaid vendor of an immoveable, who has instituted an *action résolutoire*, for non-payment of the price, before the *décret* of the property, (although the judgment be not rendered until some months after) has a right to be paid by preference even to a mortgagee, whose hypothec has been registered two years before the registration of the deed of sale by the vendor.— Gauthier & Valois, XVIII L. C. J., 26.

10. Un donateur qui fait enregistrer son acte de donation, conserve son hypothèque privilégiée de *bailleur de fonds* pour toutes les charges appréciables en argent qui y sont stipulées en sa faveur, sans qu'il soit nécessaire de fixer par l'acte même la valeur de ces charges. Une semblable donation donne la même hypothèque aux tiers en faveur desquels ces charges ont été stipulées.—Dufresne & Dubord, Q. L. R., 59.

11. A third party, in whose favor certain charges were established by deed of donation of real estate, brought a hypothecary action against the *détenteur* of the real estate, although there was no express clause in the deed stipulating a hypothec on the immoveable alienated. Art. 2014 and 2044 C. C. The difficulty was that no legal or tacit hypothec exists, except in favor of married woman, under art. 2029 C. C., in favor of minors and interdicted persons under art. 2030 C. C., and in favor of the Crown under art. 2032 C. C.; and again, that such third party had no quality to sue.— In Appeal, the Court, confirming the judgment of the Court of Review (Stuart, J., diss.), and by which the judgment of the Superior Court was reversed, held that the action might be brought by the party benefited, and this although the deed did not by an express clause hypothecate the real estate thus given.— Dufresne & Dubord, I L. N., 42.

12. Dans l'espèce le privilége du vendeur d'un meuble (*une machine à papier*) subsistait tant que le vendeur n'était pas payé et que le meuble n'avait pas changé de forme, et qu'il demeurait dans la possession du vendeur.— Le meuble, en effet, avait conservé son caractère mobilier, en autant qu'il pouvait être enlevé, sans qu'aucun tort fût causé soit au meuble ou au moulin où il avait été placé.— Le simple fait du placement de ce meuble dans un moulin, n'était pas suffisant pour en faire un immeuble ou pour en changer la forme et le caractère originaire.— Par l'effet légal du contrat entre le vendeur et l'acquéreur, ce dernier, le défendeur, n'avait qu'une possession précaire du meuble, et seulement comme locataire, et les vendeurs, les opposants, ne pouvaient être privés de leur droit de propriété que par le paiement du prix.— The Union Building Society vs Russell, VII L. C. R., 374.

SECTION III.

COMMENT SE CONSERVENT LES PRIVILÉGES SUR LES IMMEUBLES.

2015. Entre les créanciers les priviléges ne produisent d'effet à l'égard des immeubles qu'autant qu'ils sont rendus publics en la manière déterminée et sauf les exceptions contenues au titre *De l'Enregistrement des Droits Réels.*

S. R. B. C., c. 37, sec. 26 et 27, § 1.— Tropl., *Priv.*, nᵒˢ 266 et suiv.— C. N., 2106.

Par l'acte 29-30 Vict., c. 57, s. 11, § 15, le privilége de la corporation de Québec pour taxes et cotisations municipales ne requiert pas enregistrement.

L'acte 37 Vict., c. 51, s. 96, contient une disposition semblable pour les taxes et cotisations municipales de la cité de Montréal.

Le Code Municipal, art. 946, dit : " Toutes taxes municipales constituent une créance privilégiée, exempte de la formalité de l'enregistrement."

Amend.— *L'acte Q. 33 Vict., c. 32, s. 33, concernant les compagnies pour l'empierrement des chemins, contient ce qui suit :*

Nonobstant les dispositions des articles 2009 et 2015 du Code civil, les priviléges énumérés dans les deux sections précédentes prendront rang immédiatement après les taxes et cotisations municipales, et le décret n'aura pas pour effet de purger ces terres du privilége acquis à la compagnie pour le paiement des versements non échus et de la rente annuelle due à l'avenir.

Jurisp.— L'enregistrement d'un bordereau des frais funéraires privilégiés sur l'immeuble alors sous saisie, dans le délai fixé par la loi, est valable.— Beaudry vs Desjardins, XV L. C. J., 274.

CHAPITRE TROISIÈME.

DES HYPOTHÈQUES.

SECTION I.

DISPOSITIONS GÉNÉRALES.

2016. L'hypothèque est un droit réel sur les immeubles affectés à l'acquittement d'une obligation, en vertu duquel le créancier peut les faire vendre en quelques mains qu'ils soient, et être préféré sur le produit de la vente suivant l'ordre du temps, tel que fixé dans ce code.

ƒƒ L. 17, *De pignoribus.*— Pothier, *Hyp.*, 417, 427 et 433.— N.'Den., *Hyp.*, 741.— 16 Locré, 96.— Tropl., *Priv.*, nᵒˢ 388, 389 et 390.— Pont., *Priv.*, nᵒ 321.— C. L., 3245.— C. N., 2114 et 2118.

Jurisp.— Une servitude de la nature d'une servitude urbaine, n'est pas susceptible d'hypothèque.— Duchesnay vs Bédard, I L. C. R., 43.

2017. L'hypothèque est indivisible et subsiste en entier sur tous les immeubles qui y sont affectés, sur chacun d'eux et sur chaque partie de ces immeubles.

L'hypothèque acquise s'étend sur toutes les améliorations et alluvions survenues depuis à l'immeuble hypothéqué.

Elle assure outre le principal les intérêts qu'il produit, sous les restrictions portées au titre *De l'Enregistrement des Droits Réels*, et tous les frais encourus.

Elle n'est qu'un accessoire et ne vaut qu'autant que la créance ou obligation qu'elle assure subsiste.

ƒƒ L. 16, *De pignoribus.*— Domat, liv. 3, tit. 1, sec. 1, nᵒˢ 7 à 11 et 18 ; sec. 2, nᵒˢ 4 et 5.— Pothier, *Hyp.*, 431-3.— N. Den., *Hyp.*, 745 à 748 et 774.— S. R. B. C., c. 37, sec. 37, 38 et 47.— C. N., 2114 et 2133.

Amend.— *L'acte Q. 32 Vict., c. 9, s. 4, qui règle les cautionnements que doivent donner les fonctionnaires publics de la province de Québec, déclare ce qui suit :*

Nonobstant les articles 2017 et 2044 du Code civil, toute hypothèque consentie sous l'autorité du présent acte sera considérée comme une obligation principale jusqu'à concurrence du montant d'icelle, et sera valable bien que la somme recouvrable par suite de la violation du cautionnement soit incertaine et indéterminée dans son montant, et elle prendra rang pour toute somme qui deviendra recouvrable en vertu de ce cautionnement, à compter du jour où ce cautionnement a été fourni.

Jurisp.— 1. L'hypothèque sur un terrain décrit par ses tenants et aboutissants, est une hypothèque d'un corps certain, quoique la contenance donnée soit moindre que celle qui existe véritablement; et l'hypothèque grève le terrain dans sa totalité.— Labadie & Truteau, III L. C. R., 155.

2. Suivant les art. 2017 du Code civil et 734 du Code de procédure civile, les frais en appel encourus sur le recouvrement d'une hypothèque ne sont colloqués que suivant la date de leur enregistrement.— Clarke vs Breany, I R. C., 242.

3. The constituent parts of a steam engine, as well as other parts of the machinery put and fixed in a building by the *proprietor* of such building, and the whole used as a steam mill, form part of the *fonds*, and in law are immoveable property (*immeuble*). *Semble :*— *Aliter* as to a tenant or usufructuary. The privilege of *bailleur de fonds*, and hypothec, duly enregistered, attaches to such engine and machinery as incidental "improvements" (*améliorations*) and accessories. In case of seizure in execution of such engine and machinery as "*moveable* property," the hypothecary creditor, even with privilege of *bailleur de fonds* on the *fonds* whereon they are, has no right to claim the same simply by opposition *à fin de distraire*, under article 582 of the Code of procedure, as his property, or as having a right of "pledge" ("*gage*") in the same, there being no right of ownership nor "pledge" in such case. However, any person having a legal interest to contest a seizure in execution of moveables may do so, and urge any nullity against the same.— Philion vs Bisson, XXIII L. C. J., 32.

4. L'hypothèque n'étant que l'accessoire d'une dette, n'a pas d'existence sans elle, et partant, l'extinction par la prescription de l'action personnelle éteint par contre-coup l'action hypothécaire, même dans le cas où cette dernière a été conservée par des actes interruptifs.— Hamel vs Bourget, IV Q. L. R., 148.

2018. L'hypothèque n'a lieu que dans les cas et suivant les formes autorisées par la loi.

S. R. B. C., c. 37.— C. N., 2115.

2019. Elle est ou légale, ou judiciaire, ou conventionnelle.

Pothier, *Hyp.*, 418.— S. R. B. C., c. 37, ss. 45, 46 et 47.— C. N., 2116.

2020. L'hypothèque légale est celle qui résulte de la loi seule. L'hypothèque judiciaire est celle qui résulte des jugements ou actes judiciaires.

L'hypothèque conventionnelle naît de la convention.

Pothier, *Hyp.*, 418, 420, 423 et 424.— Domat, liv. 3, tit. 1, sec. 2, n° 47.— C. N., 2117.

2021. L'hypothèque sur une portion indivise d'un immeuble ne subsiste qu'en autant que, par le partage ou autre acte qui en tienne lieu, le débiteur demeure propriétaire de quelque partie de cet immeuble; sauf les dispositions contenues en l'article 731.

Autorités citées sous l'article 731.

Jurisp.— L'hypothèque donnée par un copropriétaire sur une propriété indivise ne peut subsister sur cet immeuble qu'en autant que partie du dit immeuble reste la propriété du débiteur après le partage, et elle ne subsiste que jusqu'à concurrence de telle partie.— Monette vs Molleur, VI R. L., 561.

2022. Les meubles n'ont pas de suite par hypothèque, sauf les dispositions contenues aux titres *Des Bâtiments Marchands* et *Du Prêt à la Grosse*.

Pothier, *Hyp.*, 426.— S. R. C., c. 41, s. 24.— Stat. Imp., *The Merchant Shipping Act*, 1854.— C. N., 2119 et 2120.

2023. L'hypothèque ne peut être acquise au préjudice des créanciers actuels sur les immeubles d'une personne notoirement insolvable, ni sur ceux d'un commerçant dans les trente jours qui précèdent sa faillite.

Paris, 180.— N. Den., *Hyp.*, 747 ; *Faillite*, 401-5 ; *Fraude*, 76-7.— Décl. 18 nov. 1702.— Anc. Den., *Hyp.*, n⁰ˢ 45 et 46.— Troplong, *Priv.*, 459 *bis.*—Grenier, sur Edit. de 1771, p. 383.— Lacombe, *Hyp.*, n⁰ 4, note.— S. R. B. C., c. 37, s. 7.— 2 L. C., Jurist, 253.— 27 et 28 Vict., c. 17, s. 8.— C. Com., 446.

Jurisp.— 1. A *hypothèque* given by an insolvent in favor of one creditor confers no privilege in favor of the latter, as regards contemporaneous chirographary creditors.— Duncan vs Wilson, II L. C. J., 253.

2. The *hypothèque* created by a judgment on the property of an insolvent is valid in a case where, as a matter of fact, C. C. 2023 could not apply.— Dorwin vs Thomson, III R. C., 85.

3. Since the coming into force of the Civil Code of L. C., no hypothec can be acquired on real property without registration, and no hypothec can be acquired on the property of a person notoriously insolvent.— La Banque J. C. & Ogilvie, XIX L. C. J., 100.

SECTION II.

DES HYPOTHÈQUES LÉGALES.

2024. Les seuls droits et créances auxquels l'hypothèque légale est attribuée sous les restrictions ci-après sont énoncés dans les paragraphes un, deux, trois et quatre de cette section.

2025. L'hypothèque légale peut affecter tous les immeubles ou être limitée à quelques-uns seulement.

Pothier, *Hyp.*, p. 418.— S. R. B. C., c. 37, ss. 45 et 46.

2026. L'hypothèque légale n'affecte que les immeubles appartenant au débiteur et décrits dans un avis qui en requiert l'enregistrement, tel que prescrit au titre *De l'Enregistrement des Droits Réels.*

S. R. B. C., c. 37, sec. 46 et 48.

2027. Le créancier qui a acquis une hypothèque légale avant le trente et unième jour de décembre, mil huit cent quarante et un, peut néanmoins l'exercer sur tous les biens immeubles possédés par le débiteur au temps de l'acquisition de cette hypothèque ou depuis.

Jurisp.— 1. (*Par la Cour Supérieure*).— Le vendeur d'un immeuble, ou bailleur de fonds, dont le titre est subséquent à l'ordonnance des bureaux d'enregistrement, 4 Vict., ch. 30, peut réclamer au préjudice d'un acquéreur subséquent qui aurait enregistré avant lui. (*Par la Cour d'Appel*).— Il n'y a plus lieu d'entrer de nouveau dans l'examen de la question de savoir si le bailleur de fonds subséquent à la mise en opération de l'ordonnance d'enregistrement, était tenu, avant le statut 16 Vict., c. 206, relatif à cet objet, d'enregistrer son titre pour conserver son privilège, cette question ayant été à diverses reprises décidée dans la négative et devant être regardée comme chose jugée.— Bouchard & Blais, IV L. C. R., 371.

2. Les hypothèques générales créées avant la passation de l'ordonnance sur les enregistrements, 4 Vict., chap. 30, affectent les propriétés acquises par le débiteur subséquemment à la passation de la dite ordonnance.— Brown & Oakman, XIII L. C. R., 342.

2028. Les hypothèques légales antérieures au premier jour de septembre, mil huit cent soixante, sont réglées par les lois en force lors de leur création.

§ 1.—*Hypothèque légale des femmes mariées.*

2029. La femme a hypothèque légale pour toutes réclamations et demandes qu'elle peut avoir contre son mari à raison de ce qu'elle a pu recevoir ou acquérir pendant le mariage par succession, héritage ou donation.

Pothier, *Hyp.,* 424; Orl., *Intr.* tit. XX, n° 18.—S. R. B. C., c. 37, ss. 46 et 48, § 5.—C. N., 2121 et 2135.

Jurisp.—1. La clause dans un contrat de mariage par laquelle le futur époux donne à sa future épouse une somme d'argent pour par elle en jouir sa vie durant, et après son décès être partagée entre les enfants de leur futur mariage, crée une hypothèque sur les propriétés du futur époux, qui donne aux enfants nés du dit mariage une préférence sur les créanciers subséquents de leur père; nonobstant une clause au dit contrat à l'effet que la donation était faite à la condition absolue que le futur époux aurait le droit de disposer, sans empêchement de la part de sa future épouse, d'aucune propriété sur laquelle elle pourrait avoir une hypothèque en raison de la dite clause, ou de l'aliéner ou de la vendre. Les hypothèques générales créées avant la passation de l'ordonnance des enregistrements, 4 Vict., ch. 30, affectent les propriétés acquises par le débiteur subséquemment à la passation de la dite ordonnance.— Brown & Oakman, XIII L. C. R., 342.

2. Le rappel de la 34° section de cette ordonnance n'a pas eu l'effet de faire revivre l'ancien droit de la femme pour le remploi de ses propres.— Beaugrand vs Lavallée, XV L. C. R., 479.

3. En l'absence de conventions matrimoniales, et d'aucun enregistrement pour la conservation de ses droits et reprises matrimoniales, la femme ne peut invoquer d'hypothèque légale et tacite à l'encontre des créanciers qui ont pris inscription entre la date du mariage et l'enregistrement des droits de la femme. — Lavallée & Trigge, XV L. C. R., 479.

4. Par suite de la stipulation d'une hypothèque spéciale jusqu'à concurrence d'une somme fixe et certaine, consentie par le mari à son épouse, pour ses droits mentionnés dans leur contrat de mariage qui a été enregistré, elle ne peut réclamer hypothécairement au delà de telle somme ainsi stipulée.— Demers vs Larocque, VIII L. C. J., 178.

5. Par les dispositions de la 29° clause du chapitre 30 de la 4° Vict., aucune hypothèque légale ou tacite ne subsiste sur les propriétés du mari pour le remploi des propres de la femme aliénés durant le mariage.— Armstrong vs Rolston, IX L. C. J., 16.

6. L'hypothèque légale de la femme séparée de biens, pour le montant d'un legs particulier, dû en vertu du testament de son père décédé avant son mariage célébré sans contrat, ne prime point les créanciers subséquents qui ont enregistré leur titre, faute d'enregistrement de sa part. La réception du montant de ce legs par le mari durant le mariage, et après avoir constitué une hypothèque en faveur des opposants pour une rente foncière sur ses immeubles, ne donne à la femme aucune réclamation hypothécaire antérieure aux créanciers de cette rente foncière. Par le fait de la femme d'avoir fait vendre les biens de son mari à la charge de cette rente foncière, il s'ensuit qu'elle a reconnu la validité de cette réclamation hypothécaire.— Beaugrand vs Lavallée, IX L. C. J., 61.

7. L'hypothèque légale de la femme séparée de biens pour des sommes dotales reçues durant le mariage, pour la réception desquelles aucun titre n'a été enregistré, ne peut être exercée sur les biens du mari au préjudice des créanciers qui ont enregistré leur titre.—Beaugrand vs Lavallée, IX L. C. J., 215. (En Rév.)

§ 2.—*Hypothèque légale des mineurs et des interdits.*

2030. L'hypothèque légale a lieu en faveur des mineurs ou des personnes interdites sur les immeubles de leurs tuteurs ou curateurs pour le reliquat du compte de tutelle ou de curatelle.

S. R. B. C., c. 37, s. 46.—C. N., 2121.

Jurisp.—L'hypothèque légale acquise au mineur sur les biens de son tuteur, en vertu de l'enregistrement de la tutelle et de l'avis spécialisant la dite hypothèque, ne fait que garantir généralement l'administration du tuteur que pour le reliquat de compte qui sera constaté au profit de ce mineur lors de la reddition de compte du tuteur. Si le bien du tuteur est vendu judiciairement pendant la tutelle, un tuteur *ad hoc* ne peut demander, par opposition, collocation, en vertu de cet enregistrement, pour une somme spéciale appartenant au mineur, et dont le tuteur a eu l'administration comme tel; et le jugement de distribution ne pourrait colloquer ce tuteur *ad hoc* pour cette somme purement et simplement, mais la seule demande que pouvait faire le tuteur *ad hoc*, devait être à l'effet que les créanciers subséquents fussent colloqués, à la charge de donner caution de rapporter, lors de la reddition de compte final du tuteur, si un reliquat au profit du mineur était alors constaté.—Jones vs Piedalu, V R. L., 354.

2031. Cette hypothèque n'a lieu que pour les tutelles et curatelles conférées dans le Bas-Canada.

Pothier, *Hyp.*, 425.—N. Den., *Hyp.*, 749.—1 Dict. de Droit, 824.—Code civil B. C., art. 249 et 265.

§ 3.— Hypothèque légale de la Couronne.

2032. L'hypothèque légale de la Couronne, dans les cas où elle existe, est, comme l'hypothèque légale en général, sujette aux dispositions préliminaires de cette section.

ff L. 8, *Qui potiores*; L. 28, *De jure fisci*; L. 38, § 1, *De rebus auctor.*— Décl. d'oct. 1648.— Domat, liv. 3, tit. 1, s. 5, n° 19, 20, 22 et 23.— Guyot, *Rép.*, v° *Priv.*, p. 691, 10°.— Ord. août 1669.— Bosquet, Dict. des droits dom., v° *Préférence.*— Héricourt, *Vente des immeubles*, c. 11, sec. 1, n° 11.— Pothier, *Hyp.*, 425 ; Orl., *Intr.* tit. XX, n° 18.— S. R. B. C., c. 37, ss. 46 et 115.— C. N., 2121.

Jurisp.—1. Les personnes qui ont souffert personnellement des incendies de 1845, et qui étaient alors et sont encore propriétaires des lots sur lesquels elles veulent rebâtir, ont seules droit à un prêt de débentures, conformément aux dispositions de la 9° Vict., c. 62, et de la 10° et 11° Vict., c. 35; et ce n'est que dans ce cas que la Couronne a un privilége pour tel prêt et non dans le cas d'un prêt fait à une personne devenue acquéreur de lots incendiés, subséquemment aux incendies de 1845.— Têtu vs Lemoine, I L. C. R., 310.

2. L'hypothèque générale donnée à la Couronne par la 18° section de la 9° Vict., chap. 62, pour avances en vertu de cet acte est valide sans enregistrement, quoique le prêt ait été fait après que l'emprunteur eut rebâti, et n'eût pas été appliqué tel qu'il était compris.— Lavoie & Regina, II L. C. R., 63.

3. Le privilége accordé à la Couronne par le proviso de la 4° section de la 4° Vict., chap. 30, de pouvoir conserver ses droits hypothécaires résultant de lettres-patentes, sans enregistrement, ne s'étend qu'aux immeubles octroyés par telles lettres-patentes, et non à d'autres.— Morin vs Smith. VI L. C. R., 279.

4. La Couronne n'a point de privilége pour prêt de débentures en vertu des dispositions de la 9° Vict., c. 62, sans enregistrement, si le prêt a été fait à tout autre qu'un incendié.— Proc.-Gén. & Bois, VII L. C. R., 471.

5. La Couronne n'a point de privilége pour un prêt de débentures sur un immeuble incendié en 1845, si l'emprunteur n'en était point propriétaire à l'époque de ce désastre, mais, dans le cas particulier, la Couronne a une hypothèque spéciale, comme l'ayant stipulée et enregistrée.— Hillier & Bentley, VII L. C. R., 241.

6. D'après les dispositions de la 9° Vict., chap. 62, sec. 18, la Reine a une hypothèque sur les biens de la caution d'un emprunteur de sommes sur le fond∙

réservé pour prêt aux incendiés de 1845, et il n'était pas nécessaire que cette hypothèque eût été enregistrée. Cette hypothèque, quoique non enregistrée, prime toutes celles enregistrées subséquemment à la date de tel prêt.— Venner vs le Solliciteur-Général, XVI L. C. R., 216.

7. A bond for a sum of money in favor of the Queen of date A. D. 1845, duly registered, gave a *hypothèque* on the property present and future of her debtors. —The Attorney General for Lower Canada could prosecute the payment of such bonds made to secure obligations incurred in Lower Canada.— Trust and Loan vs Monk, XVII L. C. J., 57.

8. Sous l'ancien droit, le fisc n'avait un privilége que sur les biens de ses comptables, dont les fonctions étaient sous l'entière dépendance et contrôle du roi, et consistaient dans le maniement des deniers royaux. Le code civil canadien n'a pas étendu ce privilége, mais ne l'a affirmé, comme sous l'ancien droit, que contre les biens des comptables de la Couronne. Le shérif, d'après notre organisation judiciaire, n'est pas un comptable de Sa Majesté, mais n'est qu'un officier judiciaire attaché aux cours de cette province, dont il exécute les ordres, et la Couronne ne peut en conséquence réclamer privilége sur ses biens. Les fonctions incidentes de collecteur de deniers dus par les municipalités au *fonds des bâtisses et des jurés*, et de distribution de timbres judiciaires, qu'exerce le shérif, ne peuvent lui donner le titre de comptable de la Couronne d'après le sens que la loi attache à cette fonction, pour que la Couronne puisse réclamer privilége sur les biens de ce fonctionnaire public. Le montant du cautionnement ne constitue pas une pénalité qui de droit doit aller à la Couronne, mais doit, en vertu de la loi et des termes mêmes de l'acte de cautionnement usité en pareil cas, profiter non-seulement à Sa Majesté, mais également à toutes personnes ayant souffert des défalcations du shérif.— Ouimet vs Marchand, V R. L., 361.

9. The privilege of the Crown for its claims over those of private competing creditors being one of the minor prerogatives, is to be governed by the law of Canada derived from France, and not by the law of England. The ordinance of Augt. 1669, was not the origin of the legal hypothec of the Crown in France upon the property of its officers, *comptables*, but such privilege existed there by the jurisprudence of the country before the creation of the *Conseil supérieur* in 1663. In the case of a prothonotary of the late Court of King's Bench, commissioned in 1844, who also then gave a bond for the due performance of his duties for a penal sum to the Crown, the registration of this bond at full length in 1845 was sufficient compliance with the registry ordinance (4 Vict., ch. 30, sec. 1, 10 et 52) to preserve any claim arising to the Crown thereunder, upon all real estate of the said officer. In such case the Crown had for the monies due a legal hypothec which attached to all the real property of the officer, without the necessity of description of any lands in the bond or in any memorial. Though the Court House and Fee Fund duties, &c., collectable and collected by the prothonotary, for arrears of which the present claim of the Crown is made, were created and made accountable to the Crown by statutes subsequent to the execution and registration of the bond, the terms of the bond are sufficiently general to cover them, and moreover this is one effect of C. S. L. C., ch. 82, sec. 9. The bond given by the officer as prothonotary of King's Bench is available to the Crown under judicature act (12 Vict., ch. 38, sec. 104) to secure its claim for duties received by him as prothonotary of the Superior Court, but not for those received by him as clerk of Circuit Court, inasmuch as no registration of any bond for the duties of that new office given under the same act after his appointment thereto in 1849 was registered.— Monk & Ouimet, XIX L. C. J., 71.

§ 4.— *Hypothèque légale des compagnies d'assurance mutuelle.*

2033. Il y a également hypothèque légale en faveur des compagnies d'assurance mutuelle sur tous les biens immeubles de chaque assuré pour le recouvrement des contributions qu'il doit payer.

Elle n'est pas soumise à la restriction contenue en l'article 2026 ci-dessus, mais les conditions en sont réglées par les dispositions contenues en la section 12 du chapitre 68 des Statuts Refondus pour le Bas-Canada.

35

SECTION III.

DE L'HYPOTHÈQUE JUDICIAIRE.

2034. L'hypothèque judiciaire résulte des jugements soit contradictoires ou par défaut, rendus par les tribunaux du Bas-Canada et portant condamnation à payer une somme fixe de deniers. Le jugement emporte également hypothèque pour les intérêts et les frais sans qu'ils y soient liquidés, sous les restrictions contenues au titre *De l'Enregistrement des Droits Réels.*

Elle résulte aussi de tout acte de cautionnement reçu en justice et de tout autre acte de procédure judiciaire créant l'obligation de payer une somme déterminée.

Elle est soumise aux règles contenues en l'article 2026.

Ord. 1566, art. 53.— Décl. 16 juillet 1566, art. 211.— Guénois, *Rec. d'Ord.*, p. 729. — Ord. 1667, tit. 35, art. 11.— Héricourt, 238-9.— 2 Tropl., *Priv.*, pp. 134, 146-7. — S. R. B. C., c. 37, s. 47.— C. N., 2123.

Amend.— *L'acte Q. 36 Vict., c. 19, s. 1, contient ce qui suit :*
Après la passation de cet acte, les terres qui seront concédées ou octroyées aux colons de bonne foi, en vertu et conformité des dispositions de l'acte trente-deuxième Victoria, chapitre onze, intitulé : "Acte concernant la vente et l'administration des terres publiques," et en conformité des ordres en conseil et des règlements relevant du dit acte, ne pourront, à moins que ce ne soit pour le prix de ces terres, être engagées ou hypothéquées par jugement ou autrement, ni être saisies et vendues par autorité de justice pour aucune dette ou dettes contractées antérieurement à l'octroi ou concession de ces terres, et ce, nonobstant les articles 2034 et 2121 du Code civil ; et on ne pourra non plus saisir ni vendre par autorité de justice, pour une telle dette, les droits, titres ou intérêts d'aucun colon dans ou sur aucune terre qui lui aura été ainsi concédée.

2035. L'hypothèque judiciaire acquise avant le trente et unième jour de décembre mil huit cent quarante et un, affecte tous les biens possédés alors par le débiteur ou depuis.

Pothier, *Hyp.*, 423 *et autorités sous l'article précédent.*

2036. L'hypothèque judiciaire acquise depuis le trente et unième jour de décembre mil huit cent quarante et un, jusqu'au premier jour de septembre mil huit cent soixante, n'a d'effet que sur les biens que possédait le débiteur au temps où le jugement a été rendu, ou l'acte judiciaire exécuté.

S. R. B. C., c. 37, s. 47.— C. N., 2123.

Jurisp.— A judicial bond, executed in 1844, and not hypothecating any property on its face, but duly registered, operated as a mortgage on all the property of the bondsmen then held by them within the registration district — Berthelet vs Deawe, XII L. C. J., 336.

SECTION IV.

DE L'HYPOTHÈQUE CONVENTIONNELLE.

2037. Les hypothèques conventionnelles ne peuvent être consenties que par ceux qui ont la capacité d'aliéner les immeubles qu'ils y soumettent, sauf les dispositions spéciales relatives aux fabriques.

Pothier, *Hyp.*, 427.— Héricourt, 221-2.— 1 Ferrière, *Dict. de droit*, 820.— N. Den.,
v° *Hyp.*, § 2, n° 8.— Tropl., *Priv.*, n°° 460 et suiv.— Pont, *Priv.*, n° 609.— C. N., 2124.

En vertu de l'acte Q. 36 Vict., c. 19, s. 1, une hypothèque conventionnelle ne
peut pas être créée sur les terres publiques octroyées aux colons de bonne foi.

2038. Ceux qui n'ont sur l'immeuble qu'un droit suspendu par
une condition, ou résoluble dans certains cas, ou sujet à rescision,
ne peuvent consentir qu'une hypothèque soumise aux mêmes
conditions ou à la même rescision.

ff L. 11, § 2, *De pignoribus et hyp.*— L. 31, *De pignoribus.*— Pothier, *Hyp.*, 427.—
Héricourt, 222-3.— Anc. Den., v° *Hyp.*, 827.— C. N., 2125.

Jurisp.—1. Les lots de la Couronne continuent d'être propriété de la Couronne
tant qu'il n'émane pas de patente pour tels lots, et les hypothèques données sur
telles propriétés par des individus qui en sont en possession, et qui les ont
améliorées, ne sont pas valables et ne confèrent aucuns droits aux créanciers.
— Pacaud & Pelletier, XVI L. C. R., 305.

2. Dans une vente d'immeuble à charge d'une rente viagère, une rétrocession
de la part de l'acquéreur ou donataire, *pour bonne et valable considération*, a le
même effet à l'égard des tiers, qu'une résolution prononcée en justice. *Specialiter*,
l'hypothèque créée en faveur d'un tiers par l'acquéreur ou donataire, pendant sa
possession, est anéantie par cette résolution volontaire, quoique non causée par
l'événement résolutoire, et quoique faite sous forme de rétrocession, pour bonne
et valable considération.— Lynch & Hainault, V L. C. J., 306.

2039. Les biens des mineurs, des interdits, et ceux des absents
tant que la possession n'en est déférée que provisoirement, ne peuvent
être hypothéqués que pour les causes et dans les formes établies par
la loi, ou en vertu de jugements.

Code civil B. C., titres : *Des Tutelles ; Minorité ; Absence.*— C. N., 2126.

2040. L'hypothèque conventionnelle ne peut être consentie que
par un acte en forme authentique, sauf les cas spécifiés en l'article
qui suit.

2 Lamoignon, 122.— N. Den., v° *Hyp.*, § 3, sec. 4.— S. R. B. C., c. 37, s. 58.—
C. N., 2127.

Jurisp.— Pour la validité d'une obligation et d'une constitution d'hypothèque
pour sûreté du paiement d'icelle, il n'est pas nécessaire que le créancier soit
présent à l'acte, ni qu'icelui soit accepté, soit par lui ou en son nom.— Ryan vs
Halpin, VI L. C. R., 61.

2041. L'hypothèque sur des immeubles possédés en franc et
commun soccage, et ceux dans les comtés de Missisquoi, Shefford,
Stanstead, Sherbrooke et Drummond, quelle qu'en soit la tenure, peut
être aussi consentie en la forme indiquée par la section cinquante-
huitième du chapitre 37 des Statuts Refondus pour le Bas-Canada.

2042. L'hypothèque conventionnelle n'est valable qu'en autant
que l'acte désigne spécialement l'immeuble hypothéqué, avec mention
des tenants et aboutissants, du numéro ou du nom sous lequel il est
connu, ou du numéro de l'immeuble sur le plan et le livre de renvoi
du bureau d'enregistrement, si tel plan et livre de renvoi existent.

S. R. B. C., c. 37, s. 45, § 2 ; s. 74.— C. N., 2129.

Amend.— *L'acte Q.* 40 *Vict., c.* 17, *s.* 1, *contient ce qui suit :*

" L'article 2042 du Code civil du Bas-Canada est amendé, en ajoutant avant les mots : " du numéro ou du nom sous lequel il est connu," le mot " ou," et après les dits mots les suivants : " ou du lot et du rang, ou partie du lot et du rang."

En sorte que l'article 2042, tel qu'amendé, devra se lire comme suit :

L'hypothèque conventionnelle n'est valable qu'en autant que l'acte désigne spécialement l'immeuble hypothéqué, avec mention des tenants et aboutissants, ou du numéro ou du nom sous lequel il est connu, ou du lot et du rang, ou partie du lot et du rang, ou du numéro de l'immeuble sur le plan et le livre de renvoi du bureau d'enregistrement, si tel plan et livre de renvoi existent.

Jurisp.— The designation of the conterminous lands (*tenants et aboutissants*) required by article 2042 of the Civil Code is not *à peine de nullité*, but is required only so that third parties may have a perfect knowledge of the land hypothecated ; and provided that the land be sufficiently indicated, a mention of its boundaries is not absolutely necessary.— Frizzell vs Hall, II Q. L. R., 373.

2043. L'hypothèque consentie par un débiteur sur un immeuble dont il est en possession comme propriétaire, mais dont il n'a pas un titre suffisant, a son effet à compter de la date de son enregistrement, si le débiteur y obtient ensuite un titre parfait ; sauf néanmoins le droit des tiers.

La même règle s'applique aux jugements rendus contre un débiteur dans les mêmes circonstances.

ff L. 16, § 7, *De pignor. et hyp.*— Domat, liv. 3, tit. 1, sec. 1, n° 20.— Pothier, *Hyp.*, 430.— N. Den., v° *Hyp.*, 746.

Jurisp.— La possession d'un immeuble, en vertu d'un acte de donation accepté, mais non enregistré, n'a aucun effet contre le porteur d'une obligation consentie par le donateur, après la donation, et enregistré plus d'un an après sa passation.— Roy vs Vacher, III R. L., 440.

2044. L'hypothèque conventionnelle n'est également valable qu'autant que la somme pour laquelle elle est consentie est certaine et déterminée par l'acte.

Cette disposition ne s'étend pas aux rentes viagères ou autres obligations appréciables en argent, stipulées dans les donations entrevifs.

S. R. B. C., c. 37, s. 45.— C. N., 2132.

Voir sous l'art. 2017, la citation de l'acte 32 Vict., c. 9, s. 4, qui amende cet article, et par lequel le cautionnement donné par des fonctionnaires publics est valide, quoique la somme pour laquelle l'immeuble peut éventuellement devenir hypothéqué, ne soit pas déterminée à l'acte.

Jurisp.— 1. Depuis la passation de la 16ᵉ Vict., c. 206, s. 7, amendant la loi d'enregistrement, une hypothèque peut subsister pour une rente viagère créée par une donation entrevifs, sans qu'il soit besoin d'une énonciation d'une somme spécifique de deniers.—Chapais vs Lebel, III L. C. R., 477.

2. Un donateur qui fait enregistrer son acte de donation, conserve son hypothèque privilégiée de *bailleur de fonds*, pour toutes les charges appréciables en argent qui y sont stipulées en sa faveur, sans qu'il soit nécessaire de fixer par l'acte même, la valeur de ces charges.— Semblable donation donne la même hypothèque aux tiers en faveur desquels ces charges ont été stipulées.— Dufresne & Dubord, IV Q. L. R., 59.

2045. L'hypothèque créée par un testament sur des immeubles grevés par le testateur de quelques charges, est soumise aux mêmes règles que l'hypothèque conventionnelle.

2046. L'hypothèque conventionnelle peut être consentie pour quelque obligation que ce soit.

ff L. 5, L. 9, § 1, *De pignor. act.*— Pothier, *Hyp.*, 431-2 ; Orl, *Intr.* tit. XX, n° 27.— Domat, liv. 3, tit. 1, sec. 1, n° 32.— Nouv. Den., v° *Hyp.*, 747.

SECTION V.

DU RANG QUE LES HYPOTHÈQUES ONT ENTRE ELLES.

2047. [Entre les créanciers, les hypothèques prennent rang pour le passé suivant la priorité de leur date respective, lorsque aucune d'elles n'est enregistrée conformément aux dispositions contenues au titre *De l'Enregistrement des Droits Réels.* Pour l'avenir l'hypothèque n'a d'effet que conformément à l'article 2130.]

S. R. B. C., c. 37, s. 1, § 2.— Pont, *Priv.*, n° 726.— C. N., 2134.

Jurisp.— Since the coming into force of the Civil Code of L. C., no hypothec can be acquired on real property without registration, and no hypothec can be acquired on the property of a person notoriously insolvent.— La Banque J. C. & Ogilvie, XIX L. C. J., 100.

2048. Le créancier qui consent expressément ou tacitement que l'immeuble qui lui est hypothéqué, le soit en faveur d'un autre, est censé lui céder la préférence ; et dans le cas de telle cession de rang, il se fait une interversion entre ces créanciers selon la mesure de leurs créances respectives, mais de manière à ne pas nuire aux créanciers intermédiaires, s'il s'en trouve.

Pothier, Orl., *Intr.* tit. XX, n° 64.— 1 Lamoignon, tit. 26, art. 3 et 4 ; 2 *ibid.*, p. 114-5.— Pont, *Priv.*, n° 334, p. 324, et n° 1238.— 9 Décisions judiciaires B. C., 182.

Jurisp.— 1. Une personne qui consent à ce qu'un immeuble qui lui est déjà hypothéqué soit hypothéqué en faveur d'un autre, sera censée avoir consenti à céder son rang d'hypothèque en faveur du créancier hypothécaire subséquent.— Symes vs McDonald, IX L. C. R., 182.
2. Quand le bailleur de fonds concourt à la création d'une nouvelle hypothèque sur la propriété affectée à son privilége, son privilége se trouve primé par cette hypothèque subséquente.— Robertson & Young, XVII L. C. R., 458.

2049. Le créancier qui a une hypothèque sur plus d'un immeuble appartenant à son débiteur, peut l'exercer par action ou saisie sur celui ou ceux de ces immeubles qu'il juge à propos.

Si néanmoins tous ces immeubles ou plus d'un des immeubles hypothéqués sont vendus et que le prix en soit à distribuer, son hypothèque se répartit au *pro rata* de ce qui reste à distribuer sur leurs prix respectifs, lorsqu'il existe d'autres créanciers postérieurs qui n'ont hypothèque que sur quelqu'un de ces immeubles.

Merlin, Rép., v° *Transcription*, p. 129, 2° col.

2050. Les créanciers privilégiés ou hypothécaires d'un vendeur prennent rang avant lui, en observant entre eux l'ordre de préférence ou de priorité.

Pothier, *Hyp.*, 454.

2051. Le créancier dont la créance est suspendue par une condition ne laisse pas d'être colloqué dans l'ordre, sujet néanmoins aux conditions prescrites au Code de procédure civile.

Domat, liv. 3, tit. 1, sec. 17.— Pothier, *Proc. civ.*, 263.— Nouv. Den., *Hyp.*, 746.

2052. Les dispositions relatives aux priviléges contenues dans les articles 1986, 1987 et 1988, sont également applicables aux hypothèques.

1 Troplong, *Priv.*, p. 103.

CHAPITRE QUATRIÈME.

DE L'EFFET DES PRIVILÉGES ET HYPOTHÈQUES RELATIVEMENT AU DÉBITEUR OU AU TIERS DÉTENTEUR.

2053. L'hypothèque ne dépouille ni le débiteur, ni le tiers détenteur, qui continuent de jouir de la propriété et peuvent l'aliéner, sujette néanmoins au privilége ou à l'hypothèque dont elle est grevée.

ff L. 9, § 2, *De pignor. act.*— Pothier, *Hyp.*, 433-4.— N. Den., *Hyp.*, 788.

2054. Le débiteur ni le tiers détenteur ne peuvent cependant dans la vue de frauder le créancier, détériorer l'immeuble grevé de privilége ou d'hypothèque, en détruisant ou endommageant, enlevant ou vendant la totalité ou partie des bâtisses, des clôtures et des bois qui s'y trouvent.

S. R. B. C., c. 47, s. 2.

2055. Dans le cas de telles détériorations, le créancier qui a privilége ou hypothèque sur l'immeuble peut poursuivre ce détenteur, lors même que la créance ne serait pas encore exigible, et recouvrer de lui personnellement les dommages résultant de ces détériorations, jusqu'à concurrence de sa créance et au même titre de privilége ou d'hypothèque ; mais le montant qu'il en perçoit est imputé sur et en déduction de sa créance.

S. R. B. C., c. 47, s. 2, § 2.— Pont, *Priv.*, nᵒˢ 362 à 365.— C. N., 2175.

Jurisp.— Sur une action en vertu de l'article 2055 du Code civil, accompagnée du *capias* en vertu de l'article 800 du Code de procédure civile, pour les dommages résultant de détériorations sur un immeuble hypothéqué, ces dommages ne consistent pas tant dans la valeur du bois coupé et enlevé que dans l'estimation qui doit être faite des dommages à raison de la détérioration en valeur de la propriété en conséquence de cette coupe de bois.— Désautels vs Ethier, XV L. C. J., 301.

2056. Les créanciers ayant privilége ou hypothèque enregistrée sur un immeuble, le suivent en quelques mains qu'il passe et ont droit de le faire vendre en justice et de se faire payer, suivant le rang de leur créance, sur les deniers provenant de cette vente.

Domat, liv. 3, tit. 1, sec. 3, nᵒˢ 1, 2 et 3.— Pothier, *Hyp.*, 433-4.— N. Denis, vᵒ *Hyp.*, 741 et 788.— C. N., 2166.

2057. Pour assurer ses droits le créancier a deux recours, savoir : l'action hypothécaire et l'action en interruption de prescription. Il est traité de cette dernière au titre *De la Prescription*.

SECTION I.

DE L'ACTION HYPOTHÉCAIRE.

2058. L'action hypothécaire est accordée au créancier qui a une créance liquide et exigible, contre tout possesseur à titre de propriétaire de la totalité ou de partie de l'immeuble hypothéqué à cette créance.

Cod., L. 24, *De pignoribus.*— Loyseau, *Déguerp.*, liv. 2, c. 2, n° 3.— Pothier, *Hyp.*, 434-5.— 6 N. Den., 19.— Tropl., *Prir.*, n° 804.

Jurisp.—1. The children who are proprietors of an estate, on which the dower of their mother is charged, cannot maintain an action to recover the possession of that estate from a *tiers détenteur* who holds by title derived from their mother, so long as she lives.— Lemieux vs Dionne, II R. de L., 277.

2. L'on ne présume jamais que le tiers détenteur s'oblige personnellement.— Banque du Peuple vs Gingras, II L. C. R., 243.

3. Pour qu'une action hypothécaire soit maintenue, la dette alléguée par le demandeur doit être due et payable (exigible). Les frais d'une action en garantie seront adjugés contre un demandeur principal, lequel aura intenté son action avant l'expiration du délai, quand le défendeur fait intervenir son garant formel.— Aylwin vs Judah, VII L. C. R., 128.

4. Le demandeur occupait, sans titre, partie des terres non concédées de la Couronne, et il fit sur icelles des améliorations considérables. Plus tard, il les céda, par donation dûment enregistrée, à un nommé Sans-Souci, sujettes à une rente viagère, pour sûreté du paiement de laquelle Sans-Souci hypothéqua l'immeuble en question. Sans-Souci obtint du gouvernement un billet d'occupation, et subséquemment, il vendit au défendeur qui avait connaissance de la donation. Le défendeur obtint ensuite, en son propre nom, des lettres patentes de la Couronne. L'action du demandeur est en déclaration d'hypothèque contre Blois. Jugement pour le demandeur.— Bélanger vs Blois, III R. L., 454.

5. The plaintiff in an hypothecary action, must prove that the grantor of the mortgage was proprietor of the immoveable hypothecated at the time when the mortgage was granted.— Renaud & Proulx, II L. C. L. J., 126.

6. A hypothecary creditor has a right to an action *en déclaration d'hypothèque* against the vendee of the property hypothecated, even though such vendee may have re-sold the property, if such re-sale be not registered. Where, in an action *en déclaration d'hypothèque* against the first vendee, he pleads and proves a re-sale not registered, and that he is no longer *détenteur*, he will be condemned to pay the costs of action up to the time of filing his plea, and the plaintiff will be condemned to pay the costs of contestation to defendant after plea filed. It having been pleaded to an action *en déclaration d'hypothèque* that the defendant was no longer *détenteur*, but by a deed not registered had re-sold to another, the plaintiff has a right by a new action under the same number to summon such other vendee and to have him condemned according to law as *détenteur.*— Lalonde & Lynch, XX L. C. J., 158.

7. Un créancier d'une rente emphytéotique peut poursuivre en déclaration d'hypothèque le représentant de l'adjudicataire de l'immeuble qui est hypothéqué pour la sûreté du paiement de cette rente, si la vente du shérif a été faite sujette à cette rente, quoique le contrat de vente du shérif ne fasse pas mention de la rente, et en ce cas le contrat de vente sera déclaré faux.—Carpenter & Déry, VIII R. L., 283.

8. The ordinary hypothecary action cannot be exercised against an assignee who is in possession of immoveable property of an estate in his quality as such. — Dawes vs Fulton, I L. N., 243.

2059. Lorsque l'immeuble est possédé par un usufruitier, l'action doit être portée contre le propriétaire du fonds et contre l'usufruitier simultanément, ou dénoncée à celui des deux qui n'a pas été assigné en premier lieu.

Pothier, *Hyp.*, 435.— 6 N. Den., 20.

2060. Si le possesseur est grevé de substitution, jugement peut être rendu contre lui sur poursuite hypothécaire sans que l'appelé ait été mis en cause ; sans préjudice en ce cas au droit de ce dernier tel qu'énoncé au titre relatif aux donations.

Pothier, *Subst.*, 541.— Code civil B. C., art. 959.

2061. L'objet de l'action hypothécaire est de faire condamner le détenteur à délaisser l'immeuble pour qu'il soit vendu en justice, si mieux il n'aime payer la créance en principal, les intérêts conservés par l'enregistrement, et les dépens.

S'il s'agit d'une rente, le détenteur pour se soustraire au délaissement, doit payer les arrérages et frais et consentir à continuer les prestations, soit par un titre nouvel ou par une déclaration à cette fin à laquelle le jugement à intervenir donne effet.

Pothier, *Hyp.*, 444.— Pont, *Priv.*, 1132.

Jurisp.— La demande pour une somme au-dessous de $100, accompagnée de conclusions demandant que le défendeur (qui n'est tenu au paiement de la créance qu'hypothécairement) soit condamné à payer la dette, si mieux il n'aime délaisser, etc., est une demande de la compétence de la Cour de Circuit et non pas de la Cour Supérieure. Ce n'est pas une action hypothécaire réglée par l'article 2061 du Code civil, et par conséquent appelable.— Rodier vs Hébert, XV L. C. J., 269.

2062. Le tiers détenteur assigné hypothécairement ou en déclaration d'hypothèque a droit d'appeler en cause son vendeur ou tout autre auteur tenu à la garantie contre la dette hypothécaire, à l'effet de le faire condamner à intervenir pour faire cesser la demande, ou à l'indemniser de toute condamnation et des dommages qui peuvent en résulter.

Paris, 102.— 1 Pigeau, 573.— S. R. B. C., c. 82, s. 32.

Jurisp.— 1. L'impétrant qui est troublé par une opposition à sa demande en ratification de titre est bien fondé à diriger une action en garantie contre son vendeur, et cette action en garantie a toujours été accueillie et maintenue.— Douglas & Dinning, III L. C. J., 33.

2. L'acquéreur condamné à délaisser un héritage sur action en déclaration d'hypothèque, a son action en indemnité, du moment qu'il a délaissé, contre ceux qui sont tenus de le garantir du trouble, lors même que l'héritage ne serait pas encore saisi, et qu'il n'aurait pas mis ses garants en cause sur la demande principale.— Dorwin vs Hutchins, XII L. C. R., 68.

3. Une exception péremptoire en droit temporaire, alléguant l'existence d'hypothèques sur un immeuble vendu, et qu'une opposition a été faite dans une procédure pour lettres de ratification, peut être plaidée à une action pour recouvrement du prix de vente.— O'Sullivan vs Murphy, VII L. C. R., 424.

4. Un acquéreur, en possession de la propriété acquise et jouissant des fruits et revenus d'icelle, et retenant le prix d'acquisition jusqu'à ce que son vendeur se soit conformé à un jugement ordonnant de faire disparaître certaines oppositions filées à une demande pour lettres de ratification, est tenu de payer à son vendeur l'intérêt sur le prix d'acquisition, à son échéance, nonobstant que ce dernier ait fait défaut de faire disparaître les oppositions ainsi qu'il le lui était enjoint par le jugement.— Dinning vs Douglas, IX L. C. R., 310.

2063. A cet effet le tiers détenteur poursuivi a une exception dilatoire contre la demande, tel qu'expliqué au Code de procédure civile.

2064. Le tiers détenteur peut opposer à la demande tous les moyens qui peuvent la faire renvoyer, soit que le garant ait été ou non mis en cause.

Jurisp.— Dans le cas d'une dette assurée par hypothèque, dûment enregistrée, pour une somme payable en dix ans, le débiteur s'étant depuis obligé à effectuer le paiement plus tôt, le tiers détenteur poursuivi hypothécairement en recouvrement de cette dette, ne peut invoquer le défaut d'enregistrement du dernier acte, s'il ne fait pas voir que son propre titre a été enregistré antérieurement au second acte ci-dessus mentionné.— Sicotte & Bourdon, XV L. C. R., 40.

2065. Le tiers détenteur assigné sur action hypothécaire et qui n'est ni chargé de l'hypothèque, ni tenu personnellement au paiement de la dette, peut opposer, s'il y a lieu, outre les moyens qui peuvent éteindre l'hypothèque, les exceptions énoncées dans les cinq paragraphes qui suivent.

Pothier, *Hyp.*, 436 à 443.

Jurisp.— 1. L'on ne présume jamais que le tiers détenteur s'oblige personnellement.— Banque du Peuple vs Gingras, II L. C. R., 243.
2. Un créancier hypothécaire ayant pris l'action hypothécaire ou en délaissement contre le détenteur de l'immeuble hypothéqué, et ce dernier ayant délaissé, ne peut pas ensuite le poursuivre comme débiteur personnel.—Reeves & Geriken, M., 4 février 1879.
3. Les créanciers hypothécaires ne sont plus recevables à exercer l'action personnelle qu'ils avaient contre l'acquéreur, qui par son titre d'acquisition, s'était obligé à payer son prix aux mains des créanciers hypothécaires de son vendeur, s'ils ont d'abord porté contre lui l'action hypothécaire pure et simple.— La Société de Construction Canadienne de Montréal vs Désautels. (C. de Révision, 30 avril 1879, M., n° 181.)

§ 1.— *De l'exception de discussion.*

2066. Si celui qui a créé l'hypothèque, ou ceux qui sont tenus personnellement au paiement de la dette possèdent des biens, le tiers détenteur poursuivi hypothécairement peut exiger que le créancier, avant d'obtenir le délaissement, fasse vendre les biens appartenant au débiteur personnel, en par le tiers détenteur indiquant ces biens et fournissant les deniers nécessaires pour cette discussion.

Pothier, *Hyp.*, 436–8.— Domat, liv. 1, tit. I, sec. 3, n° 6.— Tropl., *Priv.*, n°° 796 et suiv.— 2 Décisions des Tribunaux du B. C., 455.— C. N., 2170.

Jurisp.— 1. Jugé que l'hypothèque n'est pas une fin de non-recevoir contre l'exception de discussion, et que le tiers détenteur poursuivi par le vendeur originaire, peut lui opposer cette exception de discussion. Le tiers détenteur ne peut réclamer le droit de rétention jusqu'au paiement de ses impenses et améliorations.— Price vs Nelson, II L. C. R., 455.
2. An exception of discussion which fails to indicate the property to be discussed or to alledge even the existence of property liable to discussion, and which also fails to contain an offer to defray the expense of discussion, and to be accompanied by the actual deposit of the necessary funds to that end, is bad in law and will be dismissed on demurrer.— Panton vs Woods, XI L. C. J., 168.

2067. Cette exception ne peut cependant être opposée à l'égard des immeubles hypothéqués au paiement des rentes créées pour le prix du fonds.

Paris, 101.

§ 2.— *De l'exception de garantie.*

2068. Le tiers détenteur peut repousser l'action hypothécaire ou en déclaration d'hypothèque portée contre lui, lorsque le créancier poursuivant se trouve en quelque manière que ce soit personnellement obligé de garantir l'immeuble contre cette hypothèque.

Pothier, *Hyp.*, 440-1.

2069. Cette exception de garantie a également lieu si le poursuivant se trouve lui-même détenteur d'un autre immeuble affecté, envers le tiers détenteur poursuivi, à la garantie de l'hypothèque réclamée ; le poursuivant ne peut en ce cas être maintenu dans son action qu'en délaissant lui-même préalablement l'héritage qu'il détient ainsi.

Pothier, *Hyp.*, 441-2.

§ 3.— *De l'exception de subrogation* (CEDENDARUM ACTIONUM).

2070. Le tiers détenteur poursuivi a droit de demander d'être subrogé aux droits et actions du créancier poursuivant contre tous autres qui pouvaient être tenus au paiement, soit personnellement ou hypothécairement.

Pothier, *Hyp.*, 442.— Code civil B. C., art. 1156.

Jurisp.— Lorsqu'un créancier accepte un concordat de l'un des membres d'une société en faillite (sans décharger l'autre) et obtient des garanties pour le paiement de la composition, et ensuite décharge le débiteur qui a composé (sans le consentement de l'autre débiteur) pour un montant moindre que celui de la composition, et renonce à la garantie, l'autre membre de la société, dans une action contre lui par tel créancier, pour recouvrer la balance de sa réclamation, réussira à opposer l'action par une *exceptio cedendarum actionum*.— Banque Molson vs Connolly, IV R. L., 683.

2071. Si le poursuivant ou ses auteurs ont éteint quelque droit ou recours que le tiers détenteur aurait autrement pu exercer pour s'indemniser de la condamnation demandée contre lui, ou se sont, par leur fait, mis hors d'état de le céder au tiers détenteur, l'action ne peut être maintenue pour ce regard.

Pothier, *Hyp.*, 442-3.— Pont, *Priv.*, n° 1168 et note 2 citant Dumoulin, Loyseau et Pothier.

§ 4.— *De l'exception résultant des impenses.*

2072. Le tiers détenteur, sur action hypothécaire, peut encore demander que le délaissement ne soit ordonné qu'à la charge de son privilége d'être payé des impenses faites sur l'immeuble tant par lui-même que par ses auteurs non tenus personnellement au paiement de la dette hypothécaire, et ce suivant les règles contenues au titre *De la Propriété*, avec intérêt du jour de leur liquidation.

Pothier, *Hyp.*, 439 et 440.—C. N., 2175.

Jurisp.—1. Un tiers détenteur poursuivi hypothécairement, ne peut demander d'être payé par le demandeur des améliorations qu'il a faites de bonne foi, avant d'être contraint de délaisser l'immeuble ; et tout ce qu'il peut demander c'est un cautionnement que l'immeuble rapportera assez pour qu'il soit payé. — Withall vs Ellis, IV L. C. R., 358.

2. Jugé que le droit de rétention pour impenses de la part d'un légataire particulier poursuivi en réduction et remise de legs par un créancier de la succession, n'existe pas en vertu de l'article 419 du Code civil, mais qu'il n'y a lieu qu'à un privilége sur le prix de l'immeuble vendu suivant l'article 2072 du Code civil.— Matte & Laroche, IV Q. L. R., 65.

3. Quand les créanciers hypothécaires ont porté l'action hypothécaire pure et simple contre un acquéreur qui, par son titre d'acquisition, s'était obligé de payer son prix d'acquisition entre leurs mains, celui-ci a cependant le droit, avant de délaisser, d'enlever ses impenses utiles, si elles sont de nature à pouvoir être enlevées.— La Société de Construction Canadienne de Montréal vs Désautels. (C. de Révision, 30 avril 1879, M., n° 181.)

§ 5.— De l'exception résultant d'une créance privilégiée ou hypothèque antérieure.

2073. Le détenteur qui a reçu l'immeuble en paiement d'une dette privilégiée ou hypothécaire antérieure à celle pour laquelle il est poursuivi, ou qui a acquitté des créances hypothécaires antérieures, peut, avant d'être forcé à délaisser, exiger que le créancier poursuivant lui donne caution de faire porter l'immeuble à si haut prix que le détenteur sera payé intégralement de ses créances privilégiées ou antérieures.

Troplong, *Priv.*, n°° 804-5.

Jurisp.—L'acquéreur d'une propriété qui s'est obligé au paiement de certaines dettes hypothécaires, égales à la valeur de telle propriété, poursuivi en déclaration d'hypothèque par un créancier autre que ceux qu'il s'est obligé de payer, mais la créance duquel est postérieure à celle de ces derniers, ne peut demander que tel créancier lui donne caution que la propriété, lors de la vente d'icelle, rapportera une somme suffisante pour le paiement des créances qu'il s'est obligé de satisfaire, ainsi qu'il en aurait le droit s'il était lui-même créancier hypothécaire pour une somme égale à la valeur de la propriété, et qu'il l'eût acquise, ou qu'il eût réellement payé des dettes jusqu'à ce montant.— Tessier vs Falardeau, VI L. C. R., 163.

SECTION II.

DE L'EFFET DE L'ACTION HYPOTHÉCAIRE.

2074. L'aliénation par un détenteur poursuivi hypothécairement est sans effet à l'égard du poursuivant, à moins que le nouvel acquéreur ne consigne le montant de la dette, intérêt et dépens dus au créancier poursuivant.

S. R. B. C., c. 47, s. 1.

2075. Le détenteur poursuivi hypothécairement peut délaisser l'immeuble avant jugement. S'il ne l'a fait auparavant, il peut être condamné à le délaisser dans le délai ordinaire ou fixé par le tribunal, et à défaut de le faire, à payer au demandeur le montant entier de sa créance.

L'immeuble doit être délaissé dans l'état où il se trouve, sans préjudice aux dispositions contenues aux articles 2054 et 2055.

Ord. 1667, tit. 25, art. 3.— Pothier, *Hyp.*, 445.—1 Pigeau, 597.

Jurisp.— A tutor in an action *hypothécaire* may file a plea of *déguerpissement* for his pupil, but it must be founded on an *avis de parents.*—Taché vs Levasseur, III R. de L., 38.

2076. Le tiers détenteur peut être condamné personnellement à payer les fruits qu'il a perçus depuis l'assignation, et les dommages qu'il a pu causer à l'immeuble depuis la même époque.

Pothier, *Hyp.*, 445.— C. N., 2175 et 2176.

2077. Le délaissement et la vente se font en la manière prescrite au Code de procédure civile.

C. N., 2174.

2078. Les servitudes et droits réels que le tiers détenteur avait sur l'immeuble au temps de l'acquisition qu'il en a faite, ou qu'il a éteints durant sa possession renaissent après le délaissement.

Il en est de même sur une demande en confirmation de titre, lorsque l'acquéreur se trouve obligé de consigner le prix de son acquisition pour purger les hypothèques, ou se trouve évincé par un surenchérisseur.

C. N., 2177.

2079. Le détenteur ne délaisse que l'occupation et la détention de l'immeuble, il en conserve la propriété jusqu'à l'adjudication, et il peut en tout temps jusqu'à cette adjudication, faire cesser l'effet du jugement hypothécaire et du délaissement, en payant ou consignant le montant entier de la créance du poursuivant et tous les dépens.

Pothier, *Hyp.*, 444 à 447.— Pont, *Priv.*, nᵒ 1136.—C. N., 2173.

Jurisp.— L'acheteur d'un héritage qui a accepté le transport de son prix d'achat ne peut opposer,à l'encontre de la réclamation de cessionnaire, la demande en délaissement portée contre lui, tant qu'il n'y a pas dépouillement judiciaire et éviction complète.— Lacombe & Fletcher, XI L. C. R., 38.

2080. Le garant peut aussi, en payant la dette hypothécaire, ou en procurant l'extinction de l'hypothèque, faire cesser l'effet du délaissement, et le faire déclarer, par requête ou demande au tribunal où il a été fait.

Troplong, *Priv.*, 826.

CHAPITRE CINQUIÈME.

DE L'EXTINCTION DES PRIVILÉGES ET HYPOTHÈQUES.

2081. Les priviléges et hypothèques s'éteignent :

1. Par l'extinction totale de la chose affectée au privilége ou à l'hypothèque, son changement de nature, ou sa mise hors du commerce, sauf certains cas exceptionnels ;

ff L. 8, *Quibus modis pignus.*— Domat, liv. 3, tit. 1, sec. 7, n° 8.— Pothier, *Hyp.*, n°⁰ 461–2–3.— Lamoignon, *Arrêtés*, tit. 26, art. 2.—Troplong, *Priv.*, n° 889.— Pont, *Priv.*, n° 1224.

2. Par la résolution ou par l'extinction légale du droit conditionnel ou précaire dans la personne qui a donné lieu au privilége ou à l'hypothèque ;

ff loc. cit.— Domat, *loc. cit.*, n°⁰ 8 et 10.— Pothier, *Hyp.*, 464–5.— Lamoignon, *loc. cit.*, n° 1.— Troplong, *Priv.*, n° 888.— Pont, n° 1225.

3. Par la confusion des qualités de créancier hypothécaire ou privilégié et d'acquéreur de la chose affectée. Néanmoins si le créancier acquéreur est évincé pour quelque cause indépendante de lui, l'hypothèque ou le privilége reprend sa force ;

ff L. 9, *Quibus modis pignus.*— Pothier, 463–4.— Lamoignon, *loc. cit.*, art. 5.— Pont, n° 1223.

4. Par la remise expresse ou tacite du privilége ou de l'hypothèque ;

ff L. 8, § 1, *Quibus modis pignus.*— Domat, n° 15.— Pothier, 467–8.— Tropl., n° 868.— Pont, n° 1231.— C. N., 2180.

5. Par l'extinction absolue de la dette à laquelle était attaché le privilége ou l'hypothèque, et aussi dans le cas de l'article 1197 ;

ff L. 6, *loc. cit.*— Domat, n° 1.— Pothier, 466.— Tropl., n°⁰ 846 et suiv.— Pont, *Priv.*, n° 1226.— C. N., 2180.

6. Par le décret forcé, et autres ventes qui en ont l'effet, et par la licitation forcée ; sauf les droits seigneuriaux et les rentes qui y ont été substituées ; et aussi par l'expropriation pour cause d'utilité publique, les créanciers conservant en ce cas leur recours sur le prix de l'héritage ;

Cod., L. 1, *Si antiquior reditor.*— Héricourt, *Vente des immeubles*, 148 et 265.— Pothier, *Vente*, 513 ; *Pro. cir.*, 233 et 255.—1 Pigeau, 779.— S. R. B. C., c. 85, s. 4, § 3 ; c. 41, s. 54.—Code civil B. C., art. 1590.

7. Par jugement en ratification de titre tel que pourvu au Code de procédure civile ;

S. R. B. C., c. 36, sec. 12 et 14.—C. N., 2180.

8. Par la prescription.

Jurisp.— 1. Un bailleur de fonds qui aurait préalablement poursuivi son débiteur principal, et fait vendre sur lui un immeuble qu'il aurait échangé pour celui grevé du privilége du bailleur de fonds, ne doit pas être présumé en loi avoir ratifié l'échange, et avoir consenti à la substitution d'un immeuble à l'autre, ni avoir renoncé à son privilége sur l'immeuble par lui vendu.—Bouchard & Blais, IV L. C. R., 371.

2. Un failli, acquérant un immeuble des syndics de sa faillite, après l'observation des formalités prescrites, ne peut faire revivre une hypothèque dont avait été grevé l'immeuble, et qui avait été purgée par la vente judiciaire ainsi faite. Un subséquent acquéreur, troublé hypothécairement à raison de semblable hypothèque, peut opposer, par exception, tout dol ou fraude qui peut se rencontrer dans cette créance ainsi ravivée. Dans l'espèce, une donation de prétendus arrérages de rente aux enfants mineurs du failli, débiteur de ces arrérages, ce dernier acceptant pour ses enfants, après obtention de son certificat de décharge et la vente judiciaire de ses immeubles, ne peut avoir d'effet à l'égard d'un tiers acquéreur, et la dite donation est déclarée frauduleuse quoique les mineurs ne fussent pas personnellement participants à cette fraude.—Cadieux et Pinet, VI L. C. R., 446.

3. Une personne qui consent à ce qu'un immeuble qui lui est déjà hypothéqué le soit en faveur d'un autre, sera censée avoir consenti à céder son rang d'hypothèque en faveur du créancier hypothécaire subséquent.—Symes vs McDonald & Robertson, XI L. C. R., 182.

4. The hypothec upon a thing does not pass to the indemnity in the hands of an insurer against fire.— Bélanger vs McCarthy, XVIII L. C. J., 138.

5. L'hypothèque n'étant que l'accessoire d'une dette, n'a pas d'existence sans elle, et partant l'extinction par la prescription de l'action personnelle éteint par contre-coup l'action hypothécaire, même dans le cas où cette dernière a été conservée par des actes interruptifs.— Hamel vs Bourget, IV Q. R., 148.

TITRE DIX-HUITIÈME.

DE L'ENREGISTREMENT DES DROITS RÉELS.

CHAPITRE PREMIER.

DISPOSITIONS GÉNÉRALES.

2082. L'enregistrement des droits réels leur donne effet et établit leur rang suivant les dispositions contenues dans ce titre.

S. R. B. C., c. 37, s. 1, § 2.— C. N., 2106, 2134.

Jurisp.—1. (*Par la Cour Supérieure*). Le vendeur d'un immeuble, ou bailleur de fonds, dont le titre est subséquent à l'ordonnance des bureaux d'enregistrement, 4 Vict., ch. 30, peut réclamer au préjudice d'un acquéreur subséquent qui aurait enregistré avant lui.— (*Par la Cour d'Appel*). Il n'y a plus lieu d'entrer de nouveau dans l'examen de la question de savoir si le bailleur de fonds subséquent à la mise en opération de l'ordonnance d'enregistrement, était tenu, avant le statut 16 Vict., c. 206, relatif à cet objet, d'enregistrer son titre pour conserver son privilége, cette question ayant été à diverses reprises décidée dans la négative et devant être regardée comme chose jugée.—Bouchard & Blais, IV L. C. R., 371.

2. Le défaut d'enregistrement de l'acte de vente par Robertson en 1804, et l'enregistrement de l'acte de vente par sa veuve et ses enfants, en 1833 (acte réputé nul), suivant les dispositions de la 10e et 11e Geo. IV, c. 8, n'ont pu préjudicier aux droits de propriété des légitimes propriétaires (les appelants) en faveur d'un acquéreur de mauvaise foi, l'intimé; en d'autres termes, l'enregistrement ne valide pas un titre nul, à l'encontre des droits du légitime propriétaire, lors même que celui-ci n'a pas enregistré son titre.—Stuart & Bowman, III L. C. R., 309.

3. Une hypothèque créée légalement pendant la vie du débiteur peut être conservée par enregistrement après son décès.— Regina vs Comte, II L. C. J., 86.

4. Un enregistrement par sommaire d'une réclamation hypothécaire fondée sur un acte de donation, qui n'énonce pas le montant réclamé, est nul par rapport à un acquéreur subséquent de bonne foi qui a dûment enregistré son titre d'acquisition. Tel sommaire doit contenir les matières nécessaires pour faire apparaître tous les droits que l'on veut conserver au moyen d'icelui.— Fraser vs Poulin, VIII L. C. R., 349.

5. D'après les dispositions de la 2e Vict., chap. 30, sec. 4, celui de deux créanciers, antérieurs à cette ordonnance, qui aura enregistré le premier, primera l'autre, sans égard à la date de leur créance, et quoique l'un et l'autre aient enregistré après le 1er novembre 1844, période fixée pour l'enregistrement des anciens actes.— Normand & Crevier, X L. C. R., 42.

6. Since the coming into force of the Civil Code of L. C., no hypothec can be acquired on real property without registration, and no hypothec can be acquired

on the property of a person notoriously insolvent.— La Banque Jacques-Cartier & Ogilvie, XIX L. C. J., 100.

7. Le créancier inscrit postérieurement à une donation non enregistrée doit être payé au préjudice du donataire.—Roy vs Vacher, IV R. L., 64.

2083. Tout droit réel soumis à la formalité de l'enregistrement a effet du moment de son enregistrement à l'encontre des autres créanciers dont les droits n'ont été enregistrés que subséquemment ou ne l'ont pas été. Si néanmoins un délai est accordé pour enregistrer un titre et que l'enregistrement soit effectué dans ce délai, ce titre a son effet à l'encontre même des créanciers subséquents qui ont priorité d'enregistrement.

S. R. B. C., s. 1, § 2.—C. N., 2106, 2134.

2084. Sont exemptés de la formalité de l'enregistrement :

1. Les priviléges mentionnés en premier, quatrième, cinquième, sixième et neuvième lieu, dans l'article 2009 ;

2. Les titres originaires de concession soit en fief, en censive, en franc-alleu ou en franc et commun soccage ;

3. Les hypothèques de la Couronne créées en vertu de l'Acte de la 9e Vict., chap. 62 ;

4. Les droits seigneuriaux et les rentes constituées pour leur rachat ;

5. Les créances des compagnies d'assurance mutuelle pour contribution payable par les assurés.

S. R. B. C., c. 37, sec. 3, § 3, sec. 8, 46, 54 ; c. 24, s. 61, § 10 ; c. 18, s. 32 ; c. 15, s. 76 ; c. 41, s. 50 ; c. 68, s. 12.—C. N., 2107.

Jurisp.—1. La 6e Vict., c. 15, s. 2, qui exempte les droits seigneuriaux de la formalité de l'enregistrement, ne s'applique pas aux intérêts dus sur iceux, en vertu d'une convention spéciale subséquente.— Ex parte Mailloux et divers opposants, III L. C. R., 192.

2. Original grants and letters patent made and issued, creating a general hypothèque, as well as a special hypothèque, before 4 Vict., cap. 30, are subject to registration, in order to preserve the general hypothèque.—The Sollicitor General vs The People's Building Society, I L. C. J., 55.

3. Les hypothèques légales ne sont pas exemptes de l'enregistrement en vertu de l'ordonn. 4 Vict., ch. 30, s. 4.— Regina vs Comte, II L. C. J., 86.

2085. L'avis donné ou la connaissance acquise d'un droit non enregistré appartenant à un tiers et soumis à la formalité de l'enregistrement, ne peut préjudicier aux droits de celui qui a acquis depuis pour valeur, en vertu d'un titre dûment enregistré, sauf les cas où l'acte procède d'un failli.

S. R. B. C., c. 37, s. 5.— Pont, Priv., n° 728.—C. N., 1071.

Jurisp.—1. Dans un acte enregistré, la mention d'un acte antérieur non enregistré n'est pas équipollente à un enregistrement du titre primitif, ni suffisante pour lui donner rang sur un créancier hypothécaire subséquent dont la créance est enregistrée.— Delesderniers vs Kingsley, III L. C. R., 84.

2. La connaissance qu'a eue un créancier subséquent de l'existence d'une créance antérieure, non enregistrée, due par son débiteur, ne suffit pas pour le constituer en mauvaise foi et le priver de son rang d'hypothèque résultant de l'enregistrement de sa propre créance, s'il n'y a de sa part fraude ni collusion.— Ross vs Daly, III L. C. R., 136.

3. Un acquéreur qui a enregistré son titre ne peut être assujetti à une servitude de coupe de bois imposée sur l'héritage, et dont le titre n'a pas été enregistré, nonobstant la connaissance qu'il pouvait avoir de l'existence de cette servitude.—Thibeault vs Dupré, V L. C. R., 393.

4. Le 23 mars 1842, Colville et autres vendirent un immeuble, par acte qui ne fut pas enregistré. Plus tard, en 1848, cet acte fut récité au long dans un acte de déclaration de l'acheteur, dûment enregistré, mais auquel les vendeurs n'étaient pas parties. *Jugé* que les vendeurs perdent leur privilége de bailleur de fonds à l'encontre des créanciers hypothécaires qui ont enregistré même après l'enrégistrement de la déclaration de 1848.—Colville & The Building Society, II R. C., 231.

2086. Le défaut d'enregistrement peut être opposé même à l'encontre des mineurs, des interdits, des femmes sous puissance de mari et de la Couronne.

Conséquence des dispositions du ch. 37, S. R. B. C., sec. 1 et 2, § 2; 30, §§ 1 et 2; 31; 34; 46.

Jurisp.— In the case of a general *hypothèque*, dating as far back as 1815, and claimed in respect of land situate in the county of Sherbrooke, and duly registered in accordance with the provisions of the Registry Ordinance 4 Vict, cap. 30, the want of registration during the period that the 10 and 11 Geo. IV, cap. 8, was in force cannot be invoked, without averment and proof that the debtor held the land whilst that statute was in force.— Regina vs Comte, II L. C. J., 86.

2087. L'enregistrement peut être requis par le mineur, l'interdit, ou la femme mariée, eux-mêmes, ou par toute personne quelconque pour eux.

S. R. B. C., c. 37, s. 32.— C. N., 2139.

2088. L'enregistrement d'un droit réel ne peut nuire à l'acquéreur d'un héritage qui alors [et avant la mise en force de ce code] en était en possession ouverte et publique à titre de propriétaire, lors même que son titre n'aurait été enregistré que subséquemment.

S. R. B. C., c. 37, s. 5, § 2.

2089. La préférence résultant de la priorité d'enregistrement du titre d'acquisition d'un héritage n'a lieu qu'entre acquéreurs qui tiennent leur titre respectif du même auteur.

Ibid., s. 6.—Tropl., *Transcription*, nᵒˢ 160 et suiv.

2090. L'enregistrement d'un titre d'acquisition de droits réels dans ou sur les biens immobiliers d'une personne fait dans les trente jours qui précèdent sa faillite est sans effet; sauf les cas où le délai accordé par la loi pour effectuer l'enregistrement de tel titre, tel que porté dans le chapitre qui suit, n'est pas encore expiré.

Ibid., s. 7.—Tropl., *Priv.*, n° 950.— C. N., 2146.

Jurisp.— When the delay for renewing registration under the cadastre expired between the date of the debtor's insolvency and the sale of his lands by the assignee; a *bailleur de fonds* claimant, who had not renewed the registration of his hypothec, would nevertheless be collocated by preference to a mortgagee, who had enregistered under the cadastre, but whose hypothec was subsequent in point of time to that of the said *bailleur de fonds* claimant; as, at the date of the insolvency, the latter's delay to renew had not expired, and no renewal of registration could have affected the lands after they passed into the hands and possession of the assignee, and even had such a renewal been made, it would not appear by the registrar's certificate, which in matters of insolvency would only show registration up to the date of the attachment or assignment and not (as under 669 C. C. P.) up to the day of sale.— Brunelle vs Lafleur, IV Q. L. R., 341.

2091. Il en est de même de l'enregistrement effectué après la saisie de l'immeuble, lorsque cette saisie est suivie d'expropriation judiciaire.

C. N., 2146.

Jurisp.—1. L'art. 2091 du Code civil qui déclare nulles les hypothèques ou inscriptions prises après la saisie *suivie d'expropriation*, doit être limité strictement au cas mentionné dans l'article. Un enregistrement pris après la saisie, mais avant la date d'un *Venditioni Exponas* émis à la demande d'un créancier autre que le saisissant originaire, est valable à l'encontre des créanciers chirographaires du défendeur.— Larose & Brouillard, XIX L. C. J., 125.

2. L'enregistrement d'un bordereau des frais funéraires privilégiés sur l'immeuble alors sous saisie, dans le délai fixé par la loi, est valable.— Beaudry vs Desjardins, XV L. C. J., 274.

3. L'enregistrement d'un acte durant la saisie réelle de l'héritage hypothéqué ne confère aucun droit d'hypothèque sur icelui, au préjudice des autres créanciers non inscrits.— Gale vs Griffin, I L. C. J., 266.

4. Art. 2173 of the Civil Code applies as well to creditors and purchasers *antécédents* to the coming into force of art. 2178, as to subsequent creditors. The seizure of the property does not suspend the necessity of re-registration required by art. 2172.— Bourassa vs Macdonald, XVI L. C. J., 19.

2092. L'enregistrement des droits réels doit être fait au bureau de la circonscription dans laquelle se trouve en tout ou en partie l'immeuble affecté.

S. R. B. C., c. 37, s. 14.— C. N., 2146.

2093. L'enregistrement a effet en faveur de toutes les parties dont les droits sont mentionnés dans le document présenté.

S. R. B. C., c. 37, s. 4.

Jurisp.— 1. *Jugé* que l'intimée a pu faire enregistrer par sommaire ~~la lettre~~ *le titre, au crrts et ml.* d'acquisition de son débiteur et prendre une hypothèque sans mentionner le prix dû au vendeur ; et que sur la vente de l'immeuble hypothéqué elle devait être colloquée par préférence au bailleur de fonds qui n'avait pas fait enregistrer l'acte de vente pour conserver son hypothèque privilégiée.— Charlebois & Société de Construction Métropolitaine, M., 13 mars 1878.

2. The registration at full length of a deed of sale in which the payment of the price is delegated in favor of a third party, does not operate an acceptance of such delegation.— Mallette vs Hudon, XXI L. C. J., 199.

2094. Les créances privilégiées non enregistrées ont leur effet à l'égard des autres créances non enregistrées suivant leur rang ou leur date et sont préférées aux simples créances chirographaires ; sauf les exceptions contenues aux articles 2090 et 2091.

S. R. B. C., c. 37, s. 27, § 4.— C. N., 2113.

2095. L'enregistrement n'interrompt pas le cours de la prescription.

S. R. B. C., c. 37, s. 49, § 3.

2096. Diverses dispositions concernant l'enregistrement tant par rapport aux droits réels qu'aux biens et droits mobiliers, se trouvent aussi en divers autres titres de ce code.

36

2097. Les effets soit de l'enregistrement ou du défaut d'icelui par rapport aux actes, jugements et autres droits réels antérieurs aux différents statuts concernant l'enregistrement, sont réglés par des dispositions particulières contenues dans ces statuts.

S. R. B. C., ss. 3, 66 et 116.

CHAPITRE DEUXIÈME.

RÈGLES PARTICULIÈRES A DIFFÉRENTS TITRES D'ACQUISITION DE DROITS RÉELS.

2098 (tel qu'amendé par l'acte Q. 42 Vict., c.   ). Tout acte entrevifs transférant la propriété d'un immeuble doit être enregistré par transcription ou par inscription.

A défaut de tel enregistrement le titre d'acquisition ne peut être opposé au tiers qui a acquis le même immeuble du même vendeur, pour valeur, et dont le titre est enregistré.

L'enregistrement a le même effet entre deux donataires du même immeuble.

Toute transmission d'immeuble par testament doit être enregistrée, soit par transcription ou par inscription, [avec une déclaration de la date du décès du testateur et la désignation de l'immeuble].

[La transmission par succession doit être enregistrée au moyen d'une déclaration énonçant le nom de l'héritier, son degré de parenté avec le défunt, le nom de ce dernier et la date de son décès, et enfin la désignation de l'immeuble.]

[Jusqu'à ce que l'enregistrement du droit de l'acquéreur ait lieu, l'enregistrement de toute cession, transport, hypothèque ou droit réel par lui consenti affectant l'immeuble, est sans effet.]

Amend.— Le statut de Q. 38 Vict., c. 14, contient ce qui suit :
Les avis et déclarations mentionnés dans les articles 2098, 2131 et 2172 du Code civil peuvent être donnés aux régistrateurs, pour les intéressés, par toute personne quelconque, parente ou non. Ils peuvent aussi être donnés par les femmes mariées, les interdits et les mineurs eux-mêmes.

Jurisp.— 1. Un créancier hypothécaire peut encore enregistrer son titre de créance effectivement, quoique l'immeuble hypothéqué en sa faveur ait passé entre les mains d'un acquéreur subséquent qui n'a pas enregistré, et tel enregistrement a effet contre tel acquéreur subséquent et ses créanciers hypothécaires.— Pouliot vs Lavergne, I L. C. R., 20.

2. Where the directors of a joint stock company mortgaged the property of the company in favor of themselves,— Held, that although a certain deed of ratification was necessary to give validity to the mortgage, yet it was not necessary to enregister the deed.— Pratt vs La Manufacture de laine d'Yamachiche, II L. C. R., 65.

3. Il n'est pas nécessaire d'enregistrer un contrat de vente postérieur à la mise en force de l'ordonnance 4 Vict., c. 30, pour conserver au vendeur son privilége de bailleur de fonds.— Wilson & Atkinson, II L. C. R., 5.

4. La validité d'une contestation d'un rapport de distribution, dans lequel les réclamations d'un bailleur de fonds ont été omises, étant mise en question, et la cour rejetant cette contestation comme irrégulière, jugé par Sir James Stuart, baronet, juge en chef, que le bailleur de fonds, soit antérieur, soit postérieurs à l'ordonnance de la 4e Vict., c. 30, doit enregistrer son titre.— Vondenbelden & Hart, II L. C. R., 353.

5. La destruction d'un titre par force majeure ne peut excuser du défaut d'enregistrement quant à un tiers ; l'enregistrement d'un titre nouvel ne peut

préjudicier à un tiers qui a enregistré antérieurement.— Carrier vs Angers, III L. C. R., 42.

6. Le défaut d'enregistrement de l'acte de vente par Robertson en 1804, et l'enregistrement de l'acte de vente par sa veuve et ses enfants, en 1833 (acte réputé nul), suivant les dispositions de la 10ᵉ et 11ᵉ Geo. IV, c. 8, n'ont pu préjudicier aux droits de propriété des légitimes propriétaires (les appelants) en faveur d'un acquéreur de mauvaise foi, l'intimé; en d'autres termes, l'enregistrement ne valide pas un titre nul, à l'encontre des droits du légitime propriétaire, lors même que celui-ci n'a pas enregistré son titre.— Stuart & Bowman, III L. C. R., 309.

7. Dans un acte enregistré, la mention d'un acte antérieur non enregistré, n'est pas équipollente à un enregistrement du titre primitif, ni suffisante pour lui donner rang sur un créancier hypothécaire subséquent dont la créance est enregistrée.— Desdesderniers vs Kingsley, III L. C. R., 84.

8. Il n'y a plus lieu d'entrer de nouveau dans l'examen de la question de savoir si le bailleur de fonds subséquent à la mise en opération de l'ordonnance d'enregistrement, était tenu, avant le statut 16 Vict., c. 206, relatif à cet objet, d'enregistrer son titre pour conserver son privilége, cette question ayant été à diverses reprises décidée dans la négative et devant être regardée comme chose jugée.— Bouchard & Blais, IV L. C. R., 371.

9. La réclamation d'un bailleur de fonds antérieure à la passation de l'ordonnance des bureaux d'enregistrement, 4 Vict., ch. 30, est inefficace par défaut d'enregistrement à l'encontre d'un acquéreur subséquent pour bonne et valable considération, et dans l'espèce, l'acte de la 16ᵉ Vict., ch. 206, n'a aucun effet.— Poliquin vs Belleau, VII L. C. R., 468.

10. The vendor's privilege of *bailleur de fonds* is postponed to that of the judgment creditor, whose judgment was registered before the deed of the vendor.— Lemesurier vs McCaw, II L. C. J., 219.

11. La révocation d'une donation onéreuse n'entraîne pas l'extinction des hypothèques créées par le donataire sur l'immeuble rétrocédé. Les donations onéreuses n'ont pas besoin d'être insinuées et le donateur ou ses ayants cause n'en peuvent invoquer le défaut à l'égard d'un créancier du donataire.— Lafleur & Girard, II L. C. J., 90.

12. Une donation onéreuse dont les charges excèdent la valeur des biens donnés n'est pas nulle faute d'insinuation.— Rochon vs Duchêne, III L. C. J., 183.

13. The heirs of a donor can invoke the nullity arising out of the want of insinuation of the deed of donation. Where property has been donated with charges upon it which are equivalent to the value of the property, the deed of donation need not be registered. *Semble*,— The donor himself cannot invoke such nullity as the want of insinuation.— Leroux vs Crevier, VII L. C. J., 336.

14. Dans le cas d'une dette assurée par hypothèque dûment enregistrée, pour une somme payable en dix ans, le débiteur s'étant depuis obligé à effectuer le paiement plus tôt, le tiers détenteur poursuivi hypothécairement en recouvrement de cette dette ne peut invoquer le défaut d'enregistrement du dernier acte, s'il ne fait pas voir que son propre titre a été enregistré antérieurement au second acte ci-dessus mentionné.— Sicotte & Bourdon, XV L. C. R., 40.

15. Le créancier inscrit postérieurement à une donation non enregistrée doit être payé au préjudice du donataire.— Roy vs Vacher, IV R. L., 64.

16. Le 23 mars 1842, Colville et autres vendirent un immeuble, par acte qui ne fut pas enregistré. Plus tard, en 1848, cet acte fut récité au long dans un acte de déclaration de l'acheteur, dûment enregistré, mais auquel les vendeurs n'étaient pas parties. *Jugé* que les vendeurs perdent leur privilége de bailleur de fonds à l'encontre des créanciers hypothécaires qui ont enregistré même après l'enregistrement de la déclaration de 1848.— Colville & The Building Society, II R. C., 231.

17. *Jugé* que la possession d'un immeuble en vertu d'un acte de donation accepté, mais non enregistré, n'a aucun effet contre le porteur d'une obligation consentie par le donateur après la donation et enregistrée plus d'un an après sa passation.— Roy & Vacher, II R. C., 107.

18. A deed creating a mortgage, passed since the registry ordinance came into force, is invalid as against a subsequent purchaser, unless it be enregistered before the title of such purchaser.— Chaumont & Grenier, IX L. C. J., 208.

19. L'acte de vente municipale doit être non-seulement enregistré, mais l'acquéreur doit aussi prendre possession de l'immeuble. L'acquéreur d'un propriétaire primitif qui aura pris possession de l'immeuble et qui aura fait

enregistrer son acte d'acquisition ne pourra pas être troublé dans la propriété, possession et jouissance d'icelui par un acquéreur à une vente municipale, et qui n'aura pas fait enregistrer son titre de propriété et n'aura pas pris possession de l'immeuble.— Caya vs Pellerin, II R. L., 44.

20. In the case of an agreement (before our Civil Code) by A. B. to purchase from C. D. a lot of land for a specified sum, to be paid by instalments, followed by a bond from C. D., in a penal sum, to the effect that, on the purchase money being fully paid, C. D. would execute a deed of sale in due form, and followed also by actual and uninterrupted possession by A. B., the right of property of C. D. in the lot of land was unaffected, so long as any portion of the purchase money remained unpaid, and, therefore, C. D. had a right to be collocated for such unpaid purchase money in the distribution of the proceeds of a sale of a lot by the sheriff, in preference to duly registered judgments obtained by creditors of A. B. against him, while in possession of the lot — and this without any registration either of the agreement or the bond.— Thomas & Aylen, XVI L. C. J., 309.

21. The unpaid vendor of an immoveable, who has instituted an *action résolutoire*, for non-payment of the price, before the *décret* of the property, (although the judgment be not rendered until some months after) has a right to be paid by preference even to a mortgagee, whose hypothec has been registered two years before the registration of the deed of sale by the vendor.— Gauthier & Valois, XVIII L. C. J., 26.

22. The unregistered title deed of opposant cannot prevail against the registered mortgage of plaintiff granted subsequently to the date of such title deed.— Chesmer & Jamieson, XIX L. C. J., 190.

23. A hypothecary creditor has a right to an action *en déclaration d'hypothèque* against the first vendee of the property hypothecated, even though such vendee may have resold the property, if such re-sale be not registered.— Where, in an action *en déclaration d'hypothèque* against the first vendee, he pleads and proves a re-sale not registered, and that he is no longer *détenteur*, he will be condemned to pay the costs of action up to the time of filing his plea, and the plaintiff will be condemned to pay the costs of contestation to defendant after plea filed.— Lalonde & Lynch, XX L. C. J., 158.

24. The husband has no power to hypothecate an immoveable *conquêt* of the community after the dissolution of the community, and a hypothec given by him at that time can only affect his half of the property. The heirs at law of the deceased wife are seized, by operation of law, of her share in such immoveable. Although art. 2098 of the C. C. obliges the heirs to register their title, the only penalty attached to their failure to do so is, that all conveyances, transfers or real rights granted by them are without effect.— Dallaire & Gravel, XXII L. C. J., 286.

25. Jusqu'à ce qu'un acquéreur d'immeubles ait enregistré son titre d'acquisition les créanciers du vendeur peuvent, subséquemment à la vente, prendre hypothèque légale ou judiciaire sur les immeubles vendus. La vente sans enregistrement n'est d'aucun effet à l'égard des tiers.— Lefebvre vs Branchaud, XXII L. C. J., 73.

26. The vendor's claim was privileged, the hypothecary creditor's mortgage being without effect, as long as his debtor's title was not registered.— Pacand vs Constant, IV Q. L. R., 94.

27. Le 21 sept. 1867 vente par P. à R. d'une certaine terre, avec stipulation de privilége de bailleur de fonds. Le 2 août 1869 R. vend la terre au défendeur. La 1ᵉ vente fut enregistrée le 7 août 1876 ; la 2ᵉ ne l'a jamais été. Le 26 nov. 1874 obligation par le défendeur au demandeur pour $148, avec hypothèque sur la susdite terre, enregistrée le 30 nov. 1874 ; le même jour, autre obligation par le défendeur à D., enregistrée le 2 déc. 1874.— *Jugé* que l'enregistrement de ces obligations, quoique fait avant l'enregistrement de l'acte de vente du 21 sept. 1867, lequel enregistrement n'eut lieu que le 7 août 1876, n'a aucune valeur quelconque et ne peut donner effet aux hypothèques créées par les deux dites obligations ; parce que le titre de l'acheteur à l'immeuble hypothéqué, débiteur des obligations, n'a pas été enregistré ; et cela, nonobstant que ce dernier fût en possession ouverte et publique du dit immeuble.— Amiot vs Tremblay, II L. N., 196.

2099. Nonobstant les dispositions mentionnées plus haut, la vente, la location ou la cession d'un droit de mine est conservée et a son effet à compter de sa date, si le titre est authentique, par l'enregistrement qui en est effectué dans les soixante jours de sa date, lors même que cet acte n'aurait pas été suivi d'une possession réelle.

24 Vict., c. 31, sec. 1 et 2.

2100. Le vendeur, le donateur ou l'échangiste d'un immeuble conserve tous ses droits et priviléges par l'enregistrement de l'acte d'aliénation dans les trente jours à compter de sa date, à l'encontre de toute personne dont le droit a été enregistré entre la date de tel acte d'aliénation et son enregistrement.

Ibid., sec. 9.

[Le droit du vendeur de rentrer dans l'immeuble vendu, faute de paiement du prix, n'affecte les tiers acquéreurs qui ne s'y sont pas soumis que quand l'acte de vente où ce droit est stipulé a été enregistré, comme dans les cas ordinaires ; néanmoins, le vendeur jouit à cet égard des avantages du délai de trente jours, comme pour le prix de vente.]

Jurisp.—1. The action *en résolution de vente* by a vendor, for non-payment of the price of sale, is not affected by the non-registration of the deed, or by the vendor having been an opposant to an application for ratification of title on a sale made by his immediate vendee.— David vs Girard, XII L. C. R., 79.
2. The unpaid vendor of an immoveable, who has instituted an *action résolutoire*, for non-payment of the price, before the *décret* of the property, (although the judgment be not rendered until some months after) has a right to be paid by preference even to a mortgagee, whose hypothec has been registered two years before the registration of the deed of sale by the vendor.— Gauthier & Valois, XVIII L. C. J., 26.

2101. [Tout jugement prononçant la résolution, nullité ou rescision d'un acte d'aliénation ou autre titre de transmission d'un immeuble enregistré ou admettant le droit de réméré ou de révocation, doit être enregistré au long dans les trente jours à compter de sa prononciation.]

2102. [L'action résolutoire en faveur du vendeur, faute de paiement du prix, suivant l'article 1536, ne peut être exercée contre les tiers, si la stipulation n'en a pas été enregistrée.]
Il en est de même du droit de réméré.]

2103. Le privilége du constructeur ne date que du jour de l'enregistrement du procès-verbal constatant l'état des lieux tel que requis au titre *Des priviléges et Hypothèques*, et il n'a d'effet à l'égard des autres créanciers enregistrés, que par l'enregistrement du second procès-verbal constatant l'évaluation et la réception des ouvrages faits, dans les trente jours à compter de sa date.

Ibid., sec. 26, § 4 ; s. 27, § 2.— C. N., 2110.

Jurisp.—1. A builder is without privilege on the proceeds of real estate, if he has not complied with the formalities prescribed by 4 Vict., c. 30, ss. 31 et 32, (C. S. L. C., pp. 352-3,) requiring a *procès-verbal* to be made before the work is begun ; establishing the state of the premises in regard of the work about to be made ; requiring also a second *procès-verbal* within six months after the completion of the work, establishing the increased value of the premises ; requiring also that the second *procès-verbal* establishing the acceptance of the work, be registered within thirty days from the date of such second *procès-verbal*, in order to secure such privilege.— Clapin vs Nagle, VI L. C. J., 196.

2. Un individu qui a avancé des deniers pour la construction d'un mur mitoyen entre lui et son voisin, ne pourra réclamer un privilége, sur vente par décret de l'héritage voisin, à l'encontre des créanciers hypothécaires sur tel héritage, s'il n'a observé les formalités voulues par la loi des enregistrements, S. R. B. C., ch. 37, s. 26, § 4, et ce quoique la valeur de l'héritage ait été augmentée par la construction de tel mur.—Stillings vs McGillis, XII L. C. R., 129.

2104. Le privilége des copartageants, tant pour soulte que pour les autres droits résultant du partage, se conserve par l'enregistrement de l'acte de partage dans les trente jours de sa date.

Ibid., sec. 26, § 3; s. 27.—C. N., 2109. ·

2105. Le même délai est accordé pour l'enregistrement des droits et priviléges des cohéritiers ou colégataires résultant des actes ou jugements de licitation.

Ibid.

2106. Les créanciers et légataires qui demandent la séparation de patrimoine conservent la préférence sur les biens de leur débiteur décédé, à l'encontre des créanciers des héritiers ou représentants légaux de ce dernier, pourvu qu'ils enregistrent dans les six mois du décès de leur débiteur les droits qu'ils ont contre sa succession.

Cet enregistrement se fait au moyen d'un avis ou bordereau énonçant la nature et le montant de leurs créances et désignant les immeubles qui peuvent y être affectés.

Ibid., s. 27, § 3.—C. N., 2111.

2107. [Les créances pour frais funéraires et frais de dernière maladie ne conservent leur privilége sur les immeubles que s'il en est enregistré un bordereau en la forme et dans les délais prescrits dans l'article qui précède.]

Jurisp.—Le privilége pour les frais funéraires déclarés privilégiés sur les immeubles par l'art. 2009, est conservé, s'il est enregistré sur bordereau suivant l'art. 2107 C. C., en la forme et dans le délai prescrits par l'art. 2106, et affecte même un immeuble déjà sous saisie au temps de la mort du défunt, et qui est ensuite vendu en vertu de cette saisie.— Celui qui a payé les frais funéraires du défunt, et qui a fait enregistrer son privilége sur ces immeubles dont le certificat du régistrateur fait mention, a droit cependant aux frais d'opposition parce qu'il est nécessaire qu'une telle opposition soit produite pour établir que le défunt n'a laissé aucun meuble.— Beaudry vs Desjardins, IV R. L., 555.

2108. La substitution fidéicommissaire d'un immeuble contenue dans un acte de donation entrevifs est soumise aux règles générales mentionnées en l'article 2098, en ce qui concerne les tiers dont les droits réels sur cet immeuble sont enregistrés.

A l'égard de tous autres intéressés l'enregistrement de la substitution a son effet, suivant les dispositions contenues au titre relatif aux donations.

S. R. B. C., c. 37, s. 29.— Ord. Moulins, art. 57.— Code civil B. B., art. 941.— C. N., 1069.

Jurisp.— Registration of substitutions only became law in 1855, 18 Vict., cap. 101, and previous registration would not avail.— McIntosh & Bell, XII L. C. J., 121.

2109. Si la substitution est créée par un testament, elle est assujettie, quant à son enregistrement, aux dispositions ci-après énoncées relatives aux testaments.

Ibid.

2110. Tous les droits de propriété résultant d'un testament et les hypothèques spéciales qui y sont exprimées sont conservés et ont leur entier effet à dater de l'ouverture de la succession par l'enregistrement qui en est fait dans les six mois à compter du décès du testateur, s'il décède dans les limites du Canada, et dans les trois ans à compter de ce décès, s'il a lieu hors du Canada.

S. R. B. C., c. 37, s. 1, § 3 ; s. 25 ; s. 27.— C. N., 1000.

Jurisp.—1. D'après la 4ᵉ Vict., ch. 30, tous testaments faits et publiés avant le 31 décembre 1841, doivent être enregistrés pour conserver aux légataires leur rang d'hypothèque.— Duchesnay vs Bédard, I L. C. R., 435.

2. The want of publication and insinuation of a will, cannot be opposed to the possessor *animo domini*, suing for *bornage*, and cannot be pleaded by a party deriving title under that will.— Devoyau & Watson, I L. C. J., 137.

2111. Dans le cas de recélé, suppression ou contestation d'un testament, ou de toute autre difficulté, la partie intéressée qui, sans négligence ou participation, se trouve hors d'état de le faire enregistrer dans le délai prescrit en l'article qui précède, conserve néanmoins son droit en enregistrant dans le délai de l'article qui précède un bordereau de telle contestation ou autre empêchement, et en enregistrant ce testament dans les six mois après qu'il s'est procuré ce testament ou sa vérification, ou que l'obstacle a cessé.

Ibid., s. 25, § 2.

2112. Néanmoins l'enregistrement du bordereau mentionné dans l'article qui précède n'a pas d'effet rétroactif si le testament n'est pas enregistré dans les cinq ans à compter du décès du testateur.

Ibid., s. 25, § 3.

2113. Tout mari majeur est tenu de faire enregistrer sans délai, les hypothèques et charges dont ses immeubles sont grevés en faveur de sa femme, sous les peines portées contre les délits et à peine de tous dommages-intérêts.

Ibid., s. 39.— C. N., 2136.

Amend.— *L'acte de faillite de 1875, s. 126, contient ce qui suit :* .

Dans la province de Québec, tout commerçant ayant exécuté un contrat de mariage avec sa femme, par lequel il donne ou promet de donner ou de payer ou de faire payer quelque droit, chose ou somme d'argent, fera enregistrer ce contrat de mariage, s'il n'est pas déjà enregistré dans les trois mois de son exécution ; et toute personne qui n'est pas maintenant un commerçant mais qui le deviendra par la suite, et qui aura un tel contrat de mariage avec sa femme, le fera enregistrer comme il est dit ci-haut (s'il ne l'a pas été) dans les trente jours de celui où elle deviendra ainsi commerçant ; et a défaut de tel enregistrement, il ne sera pas permis à la femme de se prévaloir des clauses de ce contrat à l'égard de toute réclamation contre les biens du failli, pour tout bénéfice à elle conféré ou qui lui est assuré par sa teneur ; et elle ne sera pas non plus, à raison des dispositions de ce contrat, privée d'aucun bénéfice ou droit sur les biens de son mari, auquel, en l'absence de tel contrat, elle aurait eu légalement droit ; mais la présente section sera censée n'être que la continuation du second paragraphe de la douzième section de l'acte de faillite de 1864, et de la cent quarantième section de l'acte de faillite de 1869, et ne libérera aucune personne des conséquences de toute négligence dans l'observation des dispositions du dit paragraphe ou de la dite section.

Jurisp.—1. Une femme mariée peut réclamer la valeur d'un immeuble vendu sur la succession de son mari, qui serait advenu à la femme pendant la communauté, nonobstant la clause d'ameublissement, si la femme a stipulé, qu'arrivant la dissolution de communauté, elle pourrait reprendre ce qu'elle justifierait avoir apporté, et nonobstant que son contrat de mariage, antérieur à l'ordonnance de la 4ᵉ Vict., ch. 30, n'ait pas été enregistré, la réclamation de la femme en pareil cas étant plutôt de la nature d'un droit de propriété que d'un droit d'hypothèque.— Labrecque vs Boucher, I L. C. R., 47.

2. Un contrat de mariage assignant une rente viagère à la femme doit être enregistré, pour lui conserver son rang d'hypothèque.— Panet vs Larue, II L. C. R., 83.

3. Pour la conservation des droits de propriété, il n'est pas nécessaire d'enregistrer les contrats de mariage dont ils résultent, et conséquemment, des enfants représentant leur mère, peuvent réclamer la valeur de la moitié d'un propre ameubli, à titre de communs, lequel ils auraient laissé vendre.— Nadeau vs Dumont, II L. C. R., 196.

4. Un contrat de mariage exécuté avant l'ordonnance de la 4ᵉ Vict., ch. 30, doit avoir été enregistré dans le délai voulu pour conserver son rang d'hypothèque.— Garneau vs Fortin, II L. C. R., 115.

5. Il n'est pas nécessaire qu'un contrat de mariage contenant la stipulation d'un douaire coutumier, soit enregistré pour donner à la douairière réclamant le douaire, un droit de préférence sur les créanciers postérieurs qui ont enregistré leurs titres de créance.— Sims vs Evans, X L. C. R., 301.

6. L'immeuble donné par le mari à sa femme par leur contrat de mariage, et saisi et vendu sur le mari à la poursuite de ses créanciers, ne peut être revendiqué par la femme par sa demande en nullité de décret, par suite et à raison du défaut d'insinuation ou enregistrement de ce contrat de mariage dans les délais prescrits par la loi.— Partant, la femme est tenue de faire insinuer ou enregistrer tel contrat de mariage durant le mariage.— Lapointe vs Normand, VIII L. C. J., 158.

7. Il n'est pas nécessaire que le contrat de mariage soit enregistré pour autoriser la femme séparée de biens à jouir à part des biens meubles qui lui appartiennent.— McDonald & Harwood, IV R. L., 284.

8. The non registration of the marriage contract of a trader within thirty days from the execution thereof, is a bar to the claim of his wife against his estate.— Dussault & Desève, XXII L. C. J., 56.

2114. Si le mari est mineur, le père, la mère ou le tuteur, avec le consentement duquel il s'est marié, est tenu de faire faire l'enregistrement prescrit en l'article précédent, à peine de tous dommages-intérêts en faveur de la femme.

Ibid., s. 34.

2115. L'hypothèque légale de la femme ne peut avoir d'effet sur les immeubles de son mari que par l'enregistrement de la créance, droit ou réclamation, et seulement sur les immeubles décrits et spécifiés dans un avis à cet effet enregistré soit en même temps que le droit réclamé, ou en tout autre temps après ; et l'hypothèque ne date que de tel enregistrement.

Ibid., ss. 32, 46 et 48.

Jurisp.—1. L'acquéreur de bonne foi pour valable considération, en vertu d'un acte passé avant l'ordonnance d'enregistrement, et enregistré avant le 1ᵉʳ novembre 1844, n'est pas tenu hypothécairement au paiement d'un douaire préfix stipulé par contrat de mariage par-devant notaires en 1817, et qui n'a été enregistré que le 14 février 1853 ; bien que le décès de l'époux de la demanderesse n'ait eu lieu qu'en octobre 1852.— Forbes vs Legault, VI L. C. R., 100.

2. La clause dans un contrat de mariage par laquelle le futur époux donne à sa future épouse une somme d'argent pour par elle en jouir sa vie durant, et après son décès être partagée entre les enfants de leur futur mariage, crée une hypothèque sur les propriétés du futur époux qui donne aux enfants nés du dit mariage une préférence sur les créanciers subséquents de leur père ; nonobstant

une clause au dit contrat à l'effet où la donation était faite à la condition absolue que le futur époux aurait le droit de disposer sans empêchement de la part de sa future épouse d'aucune propriété sur laquelle elle pourrait avoir une hypothèque en raison de la dite clause, ou de l'aliéner ou de la vendre. Les hypothèques générales créées avant la passation de l'ordonnance sur les enregistrements, 4 Vict., chap. 30, affectent les propriétés acquises par le débiteur subséquemment à la passation de la dite ordonnance.— Brown & Oakman, XIII L. C. R., 342.

3. En l'absence de conventions matrimoniales, et d'aucun enregistrement pour la conservation de ses droits et reprises matrimoniales, la femme ne peut invoquer d'hypothèque légale et tacite à l'encontre des créanciers qui ont pris inscription entre la date du mariage et l'enregistrement des droits de la femme. Cette disposition est applicable aux mariages antérieurs à l'ordonnance de la 4ᵉ Vict., ch. 30. Le rappel de la 34ᵉ section de cette ordonnance, n'a pas eu l'effet de faire revivre l'ancien droit de la femme pour le remploi de ses propres.— Beaugrand vs Lavallée, XV L. C. R., 479.

4. Par suite de la stipulation d'une hypothèque spéciale jusqu'à concurrence d'une somme fixe et certaine, consentie par le mari à son épouse pour ses droits mentionnés dans leur contrat de mariage qui a été enregistré, elle ne peut réclamer hypothécairement au delà de telle somme ainsi stipulée.— Demers vs Larocque, VIII L. C. J., 178.

5. L'hypothèque légale de la femme séparée de biens, pour le montant d'un legs particulier dû en vertu du testament de son père décédé avant son mariage célébré sans contrat, ne prime point les créanciers subséquents qui ont enregistré leur titre, faute d'enregistrement de sa part. La réception du montant de ce legs par le mari durant le mariage et après avoir constitué une hypothèque en faveur des opposants pour une rente foncière sur des immeubles, ne donne à la femme aucune réclamation hypothécaire antérieure aux créanciers de cette rente foncière. Par le fait de la femme d'avoir fait vendre les biens de son mari à la charge de cette rente foncière, il s'en suit qu'elle a reconnu la validité de cette réclamation hypothécaire.— Champagne vs Lavallée, IX L. C. J., 61.

6. In the case of a general *hypothèque*, dating as far back as 1815, and claimed in respect of land situate in the county of Sherbrooke, and duly registered in accordance with the provisions of the Registry Ordinance 4 Vict., cap. 30,—*Held* that the want of registration during the period that the 10 and 11 Geo. IV, cap. 8 was in force, cannot be invoked without averment and proof that the debtor held the land whilst that statute was in force. A *hypothèque* duly created during the life-time of the debtor may be preserved by registration after his death. *Hypothèques légales* are not exempt from registration under the 4th section of the Registration Ordinance 4 Vict., cap. 30.— Regina vs Comte, XI L. C. J., 86.

2116. [Le droit au douaire coutumier légal n'est conservé que par l'enregistrement de l'acte de célébration du mariage avec une description des immeubles alors assujettis au douaire. Quant aux immeubles qui subséquemment pourraient échoir au mari et devenir sujets au douaire coutumier, le droit au douaire sur ces immeubles n'a d'effet que du jour de l'enregistrement d'une déclaration à cet effet, indiquant la date du mariage, le nom des époux, la description de l'immeuble, la charge du douaire, et comment l'immeuble y est devenu sujet.]

Jurisp.— 1. Pour la conservation des droits de propriété, il n'est pas nécessaire d'enregistrer les contrats de mariage dont ils résultent, et conséquemment, des enfants représentant leur mère, peuvent réclamer la valeur de la moitié d'un propre ameubli, à titre de communs, lequel ils auraient laissé vendre.— Nadeau vs Dumont, II L. C. R., 196.

2. Il n'est pas nécessaire qu'un contrat de mariage contenant la stipulation d'un douaire coutumier soit enregistré pour donner à la douairière un droit de préférence sur les créanciers postérieurs qui ont enregistré leurs titres de créance.— Sims vs Evans, X L. C. R., 301.

3. A customary dower created by a contract of mariage, executed before the coming into force of the registry ordinance, did not require to be registered.— Leroux & Leroux, XX L. C. J., 224.

4. Action pour douaire coutumier créé par contrat de mariage du 11 mai 1822. Moitié de l'immeuble possédé lors du mariage, appartient aux héritiers du mari qui a créé le douaire, et l'autre moitié à un tiers dont le titre a été régulièrement enregistré. La cour inférieure a maintenu l'action quant à la moitié de l'immeuble possédée par les héritiers et l'a déboutée quant à celle possédée par le tiers, pour la raison que le contrat de mariage n'avait pas été enregistré. Jugt renversé; le douaire en question étant un titre de propriété antérieur à l'ordonnance d'enregistrement, était conservé sans enregistrement.— Leroux vs Leroux, M., 22 déc. 1875.

2117. Tout tuteur à des mineurs et tout curateur à un interdit est tenu de faire enregistrer sans délai les hypothèques dont leurs immeubles peuvent être grevés en faveur de ces mineurs ou de l'interdit, sous les peines portées contre le mari en l'article 2113.

Ibid., s. 30.— C. N., 2136 et 2141.

Jurisp.—A tutor appointed to accept a donation and to collect interest arising from an obligation, cannot maintain an action at law until his tutorship has been registered.— Langlands vs Stansfield, VII L. C. J., 45.

2118. Les subrogés-tuteurs sont tenus de veiller à ce que l'enregistrement requis en faveur du mineur soit effectué, et à défaut de le faire, sont passibles de tous les dommages qui peuvent lui en résulter.

Ibid., s. 31.— C. N., 2137.

2119. [Tout notaire appelé à faire un inventaire, est tenu de voir à ce que les tutelles des mineurs et curatelle des interdits, intéressés dans cet inventaire, soient dûment enregistrées, et d'en procurer au besoin l'enregistrement aux frais des tuteurs et des curateurs, avant de procéder à l'inventaire, à peine de tous dommages-intérêts.]

2120. L'hypothèque des mineurs contre leur tuteur et celle de l'interdit contre son curateur, n'affecte que les immeubles décrits et spécifiés dans l'acte de tutelle ou de curatelle, ou à défaut de telle spécification, que les immeubles décrits dans un avis à cet effet enregistré soit en même temps que la nomination du tuteur ou du curateur, ou après; et l'hypothèque ne date qu'à compter de tel enregistrement.

Ibid., ss. 46 et 48.

Jurisp.— Un enfant réclamant sa part mobilière de communauté dans la succession de sa mère, aura perdu son rang d'hypothèque sur les biens de son père, son tuteur, s'il n'a pas fait enregistrer le contrat de mariage, l'acte de tutelle ou le partage.— Girard vs Blais, II L. C. R., 87.

2121. Les jugements et actes judiciaires des tribunaux civils n'acquièrent d'hypothèque par suite de leur enregistrement, qu'à compter de celui d'un avis spécifiant et désignant les immeubles du débiteur sur lesquels le créancier entend faire valoir son hypothèque.

Ibid., s. 48.

La même règle s'applique aux créances de la Couronne auxquelles la loi attache quelque privilége ou hypothèque tacite.

Voir sous l'art. 2034 une disposition de l'acte 36 Vict., ch. 19, s. 1, qui affecte cet article, et par lequel les terres de la Couronne octroyées aux colons ne peuvent être hypothéquées sous l'opération des articles 2034 et 2121.

Jurisp.— 1. L'hypothèque générale donnée à la Couronne par la 18ᵉ section de la 9ᵉ Vict., ch. 62, pour avances en vertu de cet acte, est valide sans enregistrement, quoique le prêt ait été fait après que l'emprunteur eut rebâti, et n'eût pas été appliqué tel qu'il était compris.— Lavoie & Regina, XI L. C. R., 63.

2. D'après les dispositions de la 9ᵉ Vict., ch. 62, sec. 18, la Reine a une hypothèque sur les biens de la caution d'un emprunteur de sommes sur le fonds réservé pour prêt aux incendiés de 1845, et il n'était pas nécessaire que cette hypothèque eût été enregistrée. Cette hypothèque, quoique non enregistrée, prime toutes celles enregistrées subséquemment à la date de tel prêt.— Venner & Le Solliciteur-Général *pro Regina*, XVI L. C. R., 216.

3. Le créancier qui a obtenu un jugement contre son débiteur a droit de faire enregistrer ce jugement aux frais de tel débiteur, qui ne peut exiger de quittance de la dette qu'en remboursant au créancier ce que ce dernier a payé pour faire enregistrer son jugement.— Beauchêne vs Pacaud, I R. L., 740.

4. In the case of a prothonotary of the late Court of King's Bench commissioned in 1844, who also then gave a bond for the due performance of his duties for a penal sum to the Crown, the registration of this bond at full length in 1845 was sufficient compliance with the Registry Ordinance (4 Vict., c. 30, ss. 1, 10 and 52) to preserve any claim arising to the Crown thereunder, upon all real estate of the said officer. In such case the Crown had for the monies due a legal hypothec which attached to all the real property of the officer, without the necessity of description of any lands in the bond or in any memorial. Though the Court House and Fee Fund duties, &c., collectable and collected by the prothonotary, for arrears of which the present claim of the Crown is made, were created and made accountable to the Crown by statutes subsequent to the execution and registration of the bond, the terms of the bond are sufficiently general to cover them, and moreover this is an effect of C. S. L. C., c. 82, sec. 9. The bond given by the officer as prothonotary of King's Bench is available to the Crown under Judicature act (12 Vict., c. 38, s. 104) to secure its claim for duties received by him as prothonotary of the Superior Court, but not for those received by him as clerk of Circuit Court, in as much as no registration of any bond for the duties of that new officer given under the same act after his appointment thereto in 1849 was registered.— Monk & Ouimet, XIX L. C. J., 71.

2122. L'enregistrement d'un acte de vente conserve au vendeur, au même rang que le principal, les intérêts pour cinq années généralement et ce qui est dû sur l'année courante.

Ibid., a. 37.

Jurisp.— 1. Sur distribution du prix d'un immeuble, le bailleur de fonds doit être colloqué pour tous les intérêts avec le principal, sans qu'il soit besoin d'enregistrer un sommaire de tels intérêts. Les dispositions du statut de la 7ᵉ Vict., ch. 22, ne peuvent s'appliquer aux actes antérieurs à la passation de ce statut.— Latham vs Homerick, I L. C. R., 489.

2. Dans une distribution de deniers, produits de la vente d'immeubles, le vendeur, bailleur de fonds, dont la réclamation est fondée sur un acte antérieur à la mise en force de la 4ᵉ Vict., ch. 30, a droit d'être colloqué pour tous les arrérages d'intérêts dus avec le principal, nonobstant qu'aucun sommaire de tels intérêts n'ait été enregistré. La 7ᵉ Vict., ch. 22, ne peut être interprétée de manière à lui donner un effet rétroactif, et conséquemment, cet acte n'affecte pas les rentes constituées, créées avant sa mise en force.— Brown vs Clarke, X L. C. R., 379.

2123. L'enregistrement d'un acte constituant une rente viagère ou autre, conserve la préférence pour les arrérages de cinq années généralement et pour ceux échus sur l'année courante.

Ibid., s. 37 ; c. 41, s. 50.

2124. L'enregistrement de tout autre titre de créance ne conserve le même droit de préférence que pour deux années d'intérêt généralement et ceux échus sur l'année courante.

Ibid., a. 37.— 2 Pont, sur art. 2151.— C. N., 2151.

Jurisp.—1. L'enregistrement d'une hypothèque conventionnelle ordinaire, créée depuis la mise en force de l'ordonnance d'enregistrement, n'a l'effet de conserver l'hypothèque que pour deux années d'intérêts et l'année courante, à l'encontre d'une hypothèque subséquente dûment enregistrée, et n'a aucun effet quant aux frais encourus pour en recouvrer le montant.— Morin vs Daly, VI L. C. R., 48.

2. Le tiers détenteur poursuivi hypothécairement est tenu au paiement de tous les arrérages d'intérêt non prescrits, au delà de deux ans et l'année courante, quoiqu'aucun enregistrement spécial n'en ait été fait. La formalité de l'enregistrement d'un bordereau d'arrérages d'intérêt non prescrits, au delà de deux années et l'année courante, n'a l'effet de changer la loi commune que pour un cas particulier, savoir : pour le cas où deux créanciers hypothécaires se présentent par concurrence à la distribution du produit d'un immeuble vendu en justice.—Macdonald & Nolin, XIV L. C. J., 125.

2125. Le créancier n'a d'hypothèque pour le surplus des arrérages d'intérêts ou de rente qu'à compter de l'enregistrement d'une demande ou bordereau spécifiant le montant des arrérages échus et réclamés.

Néanmoins les intérêts échus lors de l'enregistrement primitif et dont le montant y est spécifié sont conservés par cet enregistrement.

7 Vict., c. 22, s. 10.— S. R. B. C., cc. 37 et 38.— C. N., 2151.

Jurisp.—1. The registration of a notarial obligation, bearing date previously to the enacting of the 4th Vict., cap. 30, without a memorial of claim for any specific sum for arrears of the interest which may be due upon such obligation, is sufficient to preserve the rights of the creditor for the whole amount of interest due, and it is not necessary that any memorial for arrears of such interest should have been registered.— McLaughlin & Bradbury, III R. de L, 340.

2. L'enregistrement d'un acte antérieur à la passation de la 4ᵉ Vict., ch. 30, sans un sommaire, pour une somme spécifique d'arrérages d'intérêts dus en vertu de tel acte, suffit pour conserver les droits du créancier pour le montant entier de tels arrérages, et il n'est pas nécessaire qu'aucun sommaire de tels arrérages ait été enregistré.— Pelletier vs Michaud, I L. C. R., 165.

3. L'enregistrement au long d'un acte passé antérieurement à la mise en force de l'ordonnance de la 4ᵉ Vict., c. 30, est suffisant pour conserver non-seulement l'hypothèque pour les arrérages d'intérêts dus, en vertu de tel acte, à l'époque de tel enregistrement, mais encore l'hypothèque pour arrérages qui sont échus depuis.— Regina vs Petitclerc, I L. C. R., 284.

2126. [La renonciation au douaire, à une succession, à un legs ou à une communauté de biens, ne peut être opposée aux tiers, si elle n'a pas été enregistrée au bureau de la circonscription dans laquelle le droit s'est ouvert.]

2127. [Toute cession ou transport, volontaire ou judiciaire, de créances privilégiées ou hypothécaires doit être enregistrée au bureau d'enregistrement où le titre créant la dette a été enregistré.

Un double du certificat de l'enregistrement doit être fourni au débiteur avec la copie du transport.

A défaut de l'accomplissement de ces formalités, la cession ou transport est sans effet à l'encontre d'un cessionnaire subséquent qui s'est conformé aux prescriptions ci-dessus.

Toute subrogation aux mêmes droits consentie par acte authentique ou sous seing privé doit être également enregistrée et signifiée.

Si la subrogation est acquise de plein droit, l'enregistrement s'en fait par la transcription de l'acte dont elle résulte avec déclaration à cet effet.

Mention du transport ou de la subrogation doit être faite à la marge de l'entrée du titre constituant la dette, renvoyant au numéro de l'entrée du transport ou subrogation.]

Jurisp.—1. Le transport d'une créance hypothécaire donne au cessionnaire la possession utile de la dette, par l'enregistrement du transport avec signification d'une copie enregistrée au tiers détenteur.— Pacaud & Beauchêne, XVII L. C. J., 70.

2. Dans une action personnelle par un cessionnaire sur son transport, il ne lui est pas nécessaire d'alléguer qu'il a signifié au défendeur un double de l'enregistrement requis par l'article 2127 du Code civil et l'allégation de la signification requise par l'article 1571 C. C., lui est suffisante.— Dumont vs Laforge, I Q. L. R., 159.

3. A deed of sale or *cession* of *droits de succession* duly enregistered, does not require signification. An *acte sous seing privé* subsequently passed between the parties, purporting to annul and set aside the deed of *cession*, but which *acte sous seing privé* has been neither registered nor signified, does not give the *cédant* a right of action.—Sauvé vs Sauvé, L. N., 546.

2128. [Le bail d'immeubles pour un terme excédant un an ne peut être invoqué à l'encontre d'un tiers acquéreur s'il n'a été enregistré.]

Code civil B. C., art. 1663.

2129. [Tout acte portant quittance de plus d'une année de lôyer d'un immeuble par anticipation, ne peut être opposé à un tiers acquéreur, s'il n'a été enregistré avec désignation de l'immeuble.]

4 Revue Wolowski, 160 et suiv.

CHAPITRE TROISIÈME.

DU RANG QUE LES DROITS RÉELS ONT ENTRE EUX.

2130. Les droits privilégiés qui ne sont pas assujettis à l'enregistrement prennent rang suivant leur ordre respectif.

Les droits qui sont assujettis à l'enregistrement et qui ont été enregistrés dans les délais fixés ont leur effet suivant les dispositions contenues au chapitre qui précède.

Hors les cas ci-dessus et celui des articles 2088 et 2094, les droits réels ont rang suivant la date de leur enregistrement.

S. R. B. C., c. 37, s. 1, § 2 et s. 27, § 4.

Si néanmoins deux titres créant hypothèque sont entrés le même jour et à la même heure, ils viennent ensemble par concurrence.

Si un titre d'acquisition et un titre créant hypothèque relativement au même immeuble sont entrés en même temps, la priorité du titre établit le droit de préférence.

[Aucune hypothèque, excepté celle en faveur des compagnies d'assurance mutuelle pour le recouvrement des contributions des assurés, n'a d'effet sans enregistrement.]

Jurisp.—1. Le vendeur d'un immeuble, ou *bailleur de fonds*, qui n'a pas fait enregistrer son acte de vente, consenti antérieurement à l'ordonnance des bureaux d'enregistrement, 4 Vict., c. 30, avant le 1er nov. 1844, période fixée pour l'enregistrement des *anciens* actes (7 Vict., c. 22, s. 12), ne peut pas être colloqué au préjudice d'un créancier hypothécaire subséquent qui a enregistré son titre avant le *bailleur de fonds*.— Dionne vs Soucy, I L. C. R., 3.

2. Le vendeur d'un immeuble, ou *bailleur de fonds*, dont le titre est subséquent à l'ordonnance des bureaux d'enregistrement, 4 Vict., c. 30, peut réclamer au préjudice d'un créancier hypothécaire subséquent, qui aurait enregistré avant lui.— Shaw vs Lefurgy, I L. C. R., 5

3. Un créancier hypothécaire peut encore enregistrer son titre de créance effectivement, quoique l'immeuble hypothéqué en sa faveur ait passé entre les mains d'un acquéreur subséquent qui n'a pas enregistré, et tel enregistrement a effet contre tel acquéreur subséquent et ses créanciers hypothécaires.— Pouliot vs Lavergne, I L. C. R., 20.

4. La destruction d'un titre par force majeure ne peut excuser du défaut d'enregistrement quant à un tiers; l'enregistrement d'un titre nouvel ne peut préjudicier à un tiers qui a enregistré antérieurement.— Carrier vs Angers, III L. C. R., 42.

5. The vendor's privilege of *bailleur de fonds* is postponed to that of the judgment creditor, whose judgment was registered before the deed of the vendor.— Lemesurier vs McCaw, II L. C. J., 219.

6. Lorsque les certificats d'un régistrateur, établissant que deux actes ont été enregistrés le même jour et à la même heure, et qu'il donne à l'un de ces actes préséance par numéro, les réclamations fondées sur ces actes devront, sous les dispositions de la 4° Vict., ch. 30, sec. 11, être colloquées concurremment par l'ordre de distribution.— Lenfesty vs Renaud, IX L. C. R., 298.

7. Un bailleur de fonds qui n'a pas enregistré dans les délais fixés par la 16° Vict., ch. 206, est primé par l'acquéreur subséquent qui n'a pas assumé la dette due au bailleur de fonds et qui a enregistré avant le bailleur de fonds primitif. — Lynch vs Leduc, III L. C. J., 120.

8. De deux actes enregistrés à la même heure, ce n'est pas le numéro qui donne la priorité, mais dans l'espèce le plus ancien titre aurait dû être enregistré avant le nouveau.— Grenier vs Chaumont, V L. C. J., 78.

9. A deed creating a mortgage, passed since the Registry Ordinance came into force, is invalid as against a subsequent purchaser, unless it be enregistered before the title of such purchaser. *Semble* that two deeds, one of which was deposited with the registrar on sunday, and the other at the opening of his office on monday morning, are to be considered as enregistered *at the same moment of time*, so that one will have no preference over the other by virtue of registration; and if the former be a deed of mortgage, and the latter a deed of sale, the former is inoperative, void and of no effect against the latter.— That the more ancient date of one of two deeds, placed at the same time in the hands of the registrar, gives to it no priority in respect to the time of enregistration.— Chaumont & Grenier, IX L. C. J., 208.

10. Deux jugements, l'un rendu le 31 mai 1866 et l'autre le 3 juin 1866, qui ont été enregistrés le même jour et à la même heure sous deux numéros différents, comportent une hypothèque de même date et de même rang.— McConnell vs Dixon, X L. C. J., 140.

11. Le créancier inscrit postérieurement à une donation non enregistrée doit être payé au préjudice du donataire.— Roy vs Vacher, XVI L. C. J., 43.

12. In the case of a prothonotary of the late Court of King's Bench commissioned in 1844, who also then gave a bond for the due performance of his duties for a penal sum to the Crown, the registration of this bond at full length in 1845 was sufficient compliance with the Registry Ordinance (4 Vict., c. 30, ss. 1, 10 and 52) to preserve any claim arising to the Crown thereunder, upon all real estate of the said officer. In such case, the Crown had for the monies due a legal hypothec which attached to all the real property of the officer, without the necessity of description of any land in the bond or in any memorial. Though the Court House and Fee Fund duties, &c., collectable and collected by the prothonotary, for arrears of which the present claim of the Crown is made, were created and made accountable to the Crown by statutes subsequent to the execution and registration of the bond, the terms of the bond are sufficiently general to cover them, and moreover this is one effect of C. S. L. C., c. 82, sec. 9. The bond given by the officer as prothonotary of King's Bench is available to the Crown under Judicature act (12 Vict., c. 38, s. 104), to secure its claim for duties received by him as prothonotary of the Superior Court, but not for those received by him as clerk of Circuit Court, in as much as no registration of any

bond for the duties of that new officer given under the same act after his appointment thereto in 1849 was registered.— Monk & Ouimet, XIX L. C. J., 71.

13. The *unregistered* title deed of opposant cannot prevail against the *registered* mortgage of plaintiff granted subsequently to the date of such title deed.— Chesmer & Jamieson, XIX L. C. J., 190.

14. The subrogation in the hypothecary rights of a creditor, granted to the universal legatee of the debtor who pays his share of the hypothecary debt, cannot avail against the hypothecary rights of a subsequent hypothecary creditor whose hypothec has been duly registered.— Lafleur & Bertrand, XX L. C. J., 1.

CHAPITRE QUATRIÈME.

DU MODE ET DES FORMALITÉS DE L'ENREGISTREMENT.

2131. L'enregistrement se fait par transcription ou par inscription.

Il peut être renouvelé de temps à autre, sans néanmoins interrompre la prescription, à la demande du créancier, ses ayants cause ou toute autre personne intéressée ou qui pourrait requérir l'enregistrement. Ce renouvellement se fait par la transcription, dans un registre tenu à cet effet, d'un avis au régistrateur, désignant le document et la date de son enregistrement primitif, la propriété affectée et la personne qui en est alors en possession ; et mention est faite en marge de l'enregistrement primitif, du volume et de la page où est transcrit l'avis de renouvellement.

Si le titre a été enregistré originairement dans une autre circonscription d'enregistrement et qu'il n'en ait pas été transmis de copie au bureau de la nouvelle circonscription, l'avis de renouvellement doit faire mention du lieu où le document a été ainsi enregistré.

Il est tenu un index des livres employés à l'enregistrement des avis de renouvellement, et chaque avis est entré dans l'index sous les noms du créancier, du débiteur et du propriétaire de l'immeuble tel que porté dans l'avis.

Amend.— *Le statut de Q. 38 Vict., ch.* 14, *contient ce qui suit :*
Les avis et déclarations mentionnés dans les articles 2098, 2131 et 2172 du Code civil peuvent être donnés aux régistrateurs, pour les intéressés, par toute personne quelconque, parente ou non. Ils peuvent aussi être donnés par les femmes mariées, les interdits et les mineurs eux-mêmes.

SECTION I.

DE LA TRANSCRIPTION.

2132. La transcription se fait en transcrivant en entier sur le registre, le titre ou document qui crée le droit ou qui y donne lieu, ou un extrait de ce titre fait et certifié suivant les dispositions de l'article 1216.

S. R. B. C., c. 37, ss. 2, 18, 16 et 20.

L'erreur d'omission ou de commission dans la transcription d'un document, ou dans le document présenté pour enregistrement, ne peut affecter la validité de cet enregistrement que si elle tombe sur quelque disposition essentielle qui doive être consignée dans un bordereau ou dans un certificat du régistrateur.

Jurisp.—1. La copie certifiée par un régistrateur d'un acte authentique enregistré au long ne fait pas preuve.— Dissein vs Ross, II R. de L., 58.

2. The registration at full length of a deed of sale in which the payment of the price is delegated in favor of a third party, does not operate an acceptance of such delegation.—Mallette vs Hudon, XXI L. C. J., 199.

2133. Les avis mentionnés dans les articles 2026, 2106, 2115, 2116, 2120 et 2121, doivent être transcrits.

2134. Pour obtenir l'enregistrement par transcription d'un acte auth·ntique, il suffit d'en produire une copie ou un extrait certifié par le notaire si l'acte est en minute ; ou l'original même si l'acte est en brevet.

Si le titre est sous seing privé, il doit être préalablement prouvé de la même manière que les bordereaux, tel que ci-après prescrit.

Ibid., ss. 18, 20, 21 et 22.

2135. L'enregistrement par transcription est certifié sur le document, avec mention du jour et de l'heure auxquels il a été entré, ainsi que du livre et de la page où il a été transcrit, avec le numéro de l'entrée et de l'enregistrement.

L'acte de Q. 31 Vict., c. 2, s. 6, § 3, statue que nul certificat d'enregistrement d'aucun titre, instrument ou document, sur lequel un droit est payable par le moyen de timbres, ne sera reçu en preuve devant une cour, à moins que les timbres de rigueur pour le paiement de tel droit ne soient apposés sur tel certificat ou autre document.

Jurisp.—1. Sous la loi d'enregistrement du Bas-Canada, il n'est pas nécessaire que le certificat du régistrateur soit écrit sur l'instrument même, mais il peut l'être sur un papier séparé, pourvu que l'acte enregistré soit suffisamment identifié. Dans l'espèce, il était établi par le certificat produit que le titre de créance du demandeur avait été enregistré.— Foley & Godfrey, XV L. C. R., 482.

2. Deux jugements, l'un rendu le 31 mai 1866 et l'autre le 3 juin 1866, qui ont été enregistrés le même jour et à la même heure sous deux numéros différents, comportent une hypothèque de même date et de même rang.—McConnell vs Dixon, X L. C. J., 140.

SECTION II.

DE L'INSCRIPTION.

2136. L'inscription se fait au moyen d'un bordereau ou sommaire contenant l'énonciation des droits réels qu'une partie intéressée entend conserver, et qui est remis au régistrateur et transcrit sur le registre.

Ibid., s. 11.— C. N., 2148.

Jurisp.— L'enregistrement par sommaire n'opère que pour ce qui y est contenu.— Carrier vs Angers, III L. C. R., 42.

2137. Le bordereau est par écrit et peut être fait à la demande de toute partie intéressée ou obligée à le faire enregistrer, et il doit être attesté par deux témoins qui le signent.

La partie qui requiert le bordereau doit y apposer son nom, et si elle ne peut écrire, son nom peut y être apposé par une autre personne, pourvu qu'il soit accompagné de la marque ordinaire du requérant faite en présence des témoins.

Ibid., ss. 11 et 13.

Il peut être fait pour la couronne par le receveur-général, ou autre officier de la couronne ayant le document entre ses mains, et il doit contenir les noms, emploi et domicile de la personne par qui le bordereau est fait.

2138. Lorsqu'il y a plus d'un écrit pour compléter le droit dans la personne qui réclame l'enregistrement, ils peuvent être compris dans un seul bordereau, sans qu'il soit nécessaire d'y insérer plus d'une fois la désignation des parties et des immeubles ou autres biens.

Ibid., s. 17.

2139. Le bordereau doit déclarer :
1. La date du titre et le lieu où il a été passé ;
Si c'est un acte notarié, le nom du notaire qui en a gardé la minute, ou si c'est un acte en brevet, le nom des notaires ou du notaire et des témoins qui l'ont signé ; s'il est sous seing privé, le nom des témoins qui y ont signé ; si c'est un jugement ou autre acte judiciaire, l'indication du tribunal :
2. La nature du titre ;
3. La description des parties créancières, débitrices ou autres ;
4. La description des biens affectés au droit réclamé, ainsi que de la partie qui requiert l'enregistrement ;
5. La nature du droit réclamé, et si c'est une créance en deniers, le montant de la somme due, le taux des intérêts, et la mention des frais de justice s'il y en a.
A défaut d'indication du taux d'intérêt, l'inscription ne conserve pas droit aux intérêts excédant le taux légal.

Ibid., s. 12.

Jurisp.— 1. Un enregistrement par sommaire d'une réclamation hypothécaire fondée sur un acte de donation, qui n'énonce pas le montant réclamé, est nul par rapport à un acquéreur subséquent de bonne foi qui a dûment enregistré son titre d'acquisition. Tel sommaire doit contenir les matières nécessaires pour faire apparaître tous les droits que l'on veut conserver au moyen d'icelui.— Fraser vs Poulin, VIII L. C. R., 349.
2. *Jugé* que l'intimée a pu faire enregistrer par sommaire le titre d'acquisition de son débiteur et prendre une hypothèque sans mentionner le prix dû au vendeur; et que sur la vente de l'immeuble hypothéqué elle devait être colloquée par préférence au bailleur de fonds qui n'avait pas fait enregistrer l'acte de vente pour conserver son hypothèque privilégiée.—Charlebois & Société de Construction Métropolitaine, M., 13 mars 1878.

2140. Le bordereau est présenté au régistrateur avec le titre ou document, ou une copie authentique du titre et il doit être reconnu par les parties qui l'ont fait ou l'une d'elles, ou prouvé par le serment d'un des témoins qui l'ont signé.

Ibid., s. 14.— C. N., 2148.

2141. Lorsque le bordereau est fait en tout endroit dans le Canada, la preuve en est faite dans le Bas-Canada par la déposition

sous serment d'un des témoins attestée par un juge de la Cour du
Banc de la Reine ou de la Cour Supérieure, ou un des commissaires
de cette dernière cour autorisés à recevoir les affidavits, ou devant
un juge de paix, un notaire, le régistrateur ou son député.

S. R. B. C., c. 37, s. 15.

2142. Lorsque le bordereau est fait dans le Haut-Canada, la
preuve y peut être faite de la même manière et attestée par un juge
de la Cour du Banc de la Reine, ou de la Cour des Plaidoyers Communs, ou devant un juge de paix, ou un notaire, ou devant un des
commissaires de la Cour Supérieure du Bas-Canada.

Ibid., s. 16.

2143. S'il est fait dans toute autre possession anglaise, la déposition peut y être attestée par le maire de la localité, le juge en chef
ou juge de la cour suprême, ou devant un commissaire autorisé à
recevoir les dépositions sous serment qui doivent servir dans les
cours du Bas-Canada.

Ibid., s. 15, § 2.

2144. S'il est fait dans un Etat étranger, la déposition peut être
attestée par tout ministre, chargé d'affaires, ou consul de Sa Majesté
dans cet Etat.

Ibid., s. 15, § 3.

2145. Sur présentation d'un bordereau pour inscription, le régistrateur est tenu d'inscrire sur le dos du titre les mots: *Enregistré
par bordereau,* en y ajoutant l'indication du jour, de l'heure et du
temps auxquels le bordereau a été entré, ainsi que du livre et de la
page où il a été enregistré, avec le numéro de cette entrée et enregistrement.   Ce certificat est signé par le régistrateur.

Le bordereau demeure parmi les archives du bureau d'enregistrement et en fait partie.

Ibid., s. 14, §§ 3 et 4.

En vertu du statut de Q. 31 Vict., c. 2, s. 6, § 3, aucun certificat d'enregistrement ne peut être reçu devant une cour de justice à moins qu'il ne porte le
timbre requis pour le paiement du droit d'enregistrement.

2146. Toute demande ou bordereau pour la conservation d'intérêts ou arrérages de rente doit en indiquer le montant ainsi que le
titre en vertu duquel ils sont dus, [et être accompagnée d'une déposition sous serment du créancier que le montant en est dû].

Ibid., ss. 37 et 38.

2147. Les dispositions de cette section s'appliquent au besoin
également à tout document ou titre qui n'affecte pas les immeubles,
mais dont l'enregistrement est requis par quelque loi spéciale, à
moins de dispositions contraires.

2147a (*ajouté par l'acte Q. 42 Vict., c.   *). Les avis, déclarations et bordereaux mentionnés aux articles 2026, 2098, 2106, 2107,
2111, 2115, 2116, 2120, 2121, 2125, 2131 et 2146, peuvent être donnés
soit sous seing privé, soit par acte notarié, portant minute ou en
brevet.

CHAPITRE CINQUIÈME.

DE LA RADIATION DE L'ENREGISTREMENT DES DROITS RÉELS.

2148. L'enregistrement d'un droit réel ou le renouvellement est rayé du consentement des parties, ou en vertu d'un jugement rendu en dernier ressort ou passé en force de chose jugée.

La quittance d'une créance comporte un consentement à la radiation.

S. R. B. C., c. 37, s. 42.— C. N., 2158.

Tout notaire qui passe une quittance totale ou partielle d'hypothèque, est tenu de la faire enregistrer au bureau auquel il appartient, suivant les dispositions contenues dans l'acte des 27 et 28 Vict., chap. 40.

Le créancier est tenu de voir à ce que la quittance soit enregistrée et est responsable de tous frais qui peuvent résulter du défaut d'enregistrement, et il ne peut être tenu de donner la quittance, s'il ne lui est mis en main une somme suffisante pour acquitter les frais d'enregistrement et de transmission.

Amend.—*L'acte Q. 33 Vict., c. 16, s. 11, contient ce qui suit :*
Les articles 2148, 2152 et 2153 du Code civil s'appliqueront à l'enregistrement de tout jugement rendu en vertu du présent acte et à la radiation de l'enregistrement de tout acte de vente déclaré nul par tel jugement, mais l'article 2154 ne s'appliquera pas si, en vertu de la section 2 du présent acte, l'acheteur a reçu avis en la manière prescrite par l'article 68 du Code de procédure civile.

Jurisp.— Un créancier hypothécaire, colloqué pour plus qu'il ne lui reste dû sur sa créance originaire (le surplus lui ayant été payé en vertu d'un jugement de distribution précédent), ne peut être condamné aux frais de contestation soulevée par un créancier postérieur, lorsque ce créancier colloqué a produit au greffe, après la contestation, une déclaration de la balance lui restant due. La contestation sera maintenue sans frais contre le créancier ainsi colloqué, et le projet de jugement de distribution sera en conséquence réformé. L'art. 2148 du Code civil ne s'applique pas au cas actuel.— Globensky vs Daoust, II R. L., 608.

2149. Si la radiation n'est pas consentie, elle peut être demandée au tribunal compétent par le débiteur, le tiers détenteur, le créancier hypothécaire subséquent, la caution et par toute partie intéressée, avec dommages-intérêts dans les cas où ils peuvent être dus.

Ibid., ss. 42 et 43.— 25 Vict., c. 11, s. 1.— C. N., 2159.

Jurisp.— 1. In the case of an assignment with the consent of the mortgagor of a mortgage, containing a covenant by the assignor to transfer to the assignee as collateral security a policy of insurance then held by the assignor on the buildings existing on the property mortgaged, the failure by the assignee to secure such transfer, and the consequent reception by the assignor of the insurance money under the policy, would not entitle the mortgagor to claim from the assignee the discharge of the mortgage.— Robert & Macdonald, XIX L. C. J., 90.

2. Le 30 sept. 1866, l'appelant épousa Hermine Emond et stipula séparation de biens, exclusion de communauté et une rente viagère de £60 par année. Le contrat fut enregistré le 6 mai 1867. Le 25 août 1876, Hermine Emond fit enregistrer un avis intimant au régistrateur que 41 lots de terre appartenant à l'appelant étaient affectés pour sûreté des droits et de la rente stipulés en son contrat de mariage, dont elle a produit copie avec son avis. L'appelant

ayant appris que cet avis avait été enregistré, a demandé un *Mandamus* contre
le régistrateur pour lui faire radier cet enregistrement. Il n'a pas notifié sa
femme et la cour inférieure a renvoyé le *Mandamus:* 1° parce que le *Mandamus*
n'était pas le procédé approprié ; 2° parce qu'il n'avait pas assigné sa femme.
Jugt confirmé.— Robert & Ryland, M., 22 mars 1877.

2150. La radiation doit être ordonnée lorsque l'enregistrement
ou le renouvellement a été fait sans droit ou irrégulièrement, ou
sur un titre nul ou informe, ou lorsque le droit enregistré est annulé,
résilié ou éteint par prescription ou de toute autre manière.

Ibid.— C. N., 2160.

2151. Le consentement à la radiation, la quittance ou certificat
de libération, peuvent être en forme authentique ou sous seing
privé.

Lorsqu'ils sont sous seing privé, ils doivent être attestés par deux
témoins, et ils ne peuvent être reçus par le régistrateur à moins
qu'ils ne soient accompagnés d'une déposition par écrit d'un des
deux témoins, assermentée devant un des fonctionnaires mentionnés
dans les articles 2141, 2142, 2143 et 2144, suivant le cas, et établissant
que les deniers ont été payés en tout ou en partie, et que ce témoin
a vu signer la quittance, le certificat de libération ou le consentement à la radiation, par la partie qui l'a donnée.

Ibid., s. 39.

La radiation de toute hypothèque en faveur de la Couronne peut
être portée à la marge de l'enregistrement de telle hypothèque sur
production d'une copie :

1. D'un ordre du gouverneur en conseil, certifié par le greffier du
conseil exécutif ou son député ;

2. Ou d'un certificat du procureur général, ou du solliciteur général de Sa Majesté pour le Bas-Canada, énonçant que telle hypothèque est éteinte en tout ou en partie.

La radiation de l'hypothèque d'une rente viagère est faite en
marge, sur production d'un extrait mortuaire de la personne sur la
tête de laquelle la rente était établie, accompagné d'une déposition
sous serment concernant l'identité de cette personne ; et cette déposition peut être reçue et certifiée par un des fonctionnaires mentionnées dans les articles 2141, 2142, 2143 et 2144, suivant le cas.

Amend.— *L'acte Q. 32 Vict., c. 9, s. 5, contient ce qui suit :*
L'hypothèque constituée par tout cautionnement hypothécaire pourra être
radiée au moyen du certificat de l'un ou l'autre des officiers en loi de la Couronne, et en conformité de l'art. 2151 du Code civil.

2152. Le consentement à la radiation, la quittance ou certificat
de libération, ou le jugement qui en tient lieu, doit, sur présentation, être mentionné à la marge de l'enregistrement du titre ou du
bordereau constatant la création ou l'existence du droit radié.

25 Vict., c. 11, s. 1.— *Ibid.*, s. 39.

Le consentement à la radiation, la quittance ou le certificat de
libération, lorsqu'ils sont sous seing privé, ou une copie dûment
certifiée, lorsqu'ils sont en forme notariée, ainsi que la copie de tout
jugement qui en a l'effet, enregistrés conformément au présent

article et aux articles subséquents de ce chapitre, doivent rester déposés au bureau où tel enregistrement a lieu.

Amend.— *L'acte Q. 33 Vict., c. 16, s. 11, contient ce qui suit :*
Les articles 2148, 2152 et 2153 du Code civil s'appliqueront à l'enregistrement de tout jugement rendu en vertu du présent acte et à la radiation de l'enregistrement de tout acte de vente déclaré nul par tel jugement, mais l'article 2154 ne s'appliquera pas si, en vertu de la section 2 du présent acte, l'acheteur a reçu avis en la manière prescrite par l'article 68 du Code de procédure civile

2153. Le jugement qui prononce l'annulation, extinction ou résolution du droit enregistré ne peut cependant être enregistré s'il n'est accompagné d'un certificat constatant que les délais prescrits pour l'appel sont expirés sans qu'il y ait eu appel de ce jugement.

Ibid., s. 43.

Voir sous l'art. précédent les dispositions de l'acte 33 Vict., c. 16, s. 11.

2154. Ce jugement doit être signifié au défendeur en la manière ordinaire.

Ibid., s. 42.

Amend.—Cependant, en vertu de l'acte Q. 33 Vict., c. 16, s. 11, dans les procédures faites sous l'autorité de ce statut, il ne sera pas nécessaire de signifier le jugement au défendeur, si celui-ci a été assigné comme absent en la manière mentionnée à la section 2 du dit statut, c'est-à-dire conformément à l'art. 68 du Code de procédure civile.

2155. Le shérif est tenu de faire enregistrer avec toute diligence et aux frais de l'adjudicataire, et avant d'en délivrer un double à qui que ce soit, tout acte de vente par lui consenti d'un immeuble saisi-exécuté.

25 Vict., c. 11, s. 2.

2156. Le protonotaire de la Cour Supérieure est tenu de faire enregistrer avec toute diligence, aux frais du requérant ou de l'adjudicataire, suivant le cas, tout jugement de confirmation de titre et tout décret d'adjudication sur licitation forcée, avant d'en délivrer copie à qui que ce soit.

Ibid.

2157. L'enregistrement par transcription des ratifications de titre, licitations forcées, ventes par le shérif, ventes en banqueroute, ou autres ventes ayant l'effet de purger les hypothèques, antérieures ou postérieures au neuf juin mil huit cent soixante et deux, équivaut à l'enregistrement d'un certificat de libération ou extinction de tous les droits qui sont purgés par telles ventes, licitations forcées, ou ratifications de titre, même les hypothèques pour douaire préfix ; et il est alors du devoir du régistrateur d'en faire mention en marge de chaque entrée constatant un droit antérieur éteint par telle vente, confirmation de titre ou décret d'adjudication.

CHAPITRE SIXIÈME.

DE L'ORGANISATION DES BUREAUX D'ENREGISTREMENT.

SECTION I.

DES BUREAUX ET DES REGISTRES.

2158. Il est établi au chef-lieu de chaque comté et dans chaque division d'enregistrement constitués par la loi ou par proclamation du gouverneur, un bureau pour l'enregistrement de tous les droits réels affectant les immeubles situés dans la circonscription de ce comté ou de cette division d'enregistrement et des autres actes dont l'enregistrement est requis.

S. R. B. C., c. 37, ss. 81 et 83.— C. N., 2146.

2159. Un officier public est préposé par le gouverneur à la garde de ce bureau, sous le nom de régistrateur, chargé d'exécuter les prescriptions contenues dans ce titre ; et toute fraude qu'il commet ou laisse commettre dans l'exécution des devoirs de sa charge l'assujettit à payer à la partie lésée triples dommages et les frais, en outre de la perte de son emploi et des autres pénalités imposées par la loi.

Ibid., ss. 83 et 108.

2160. Le bureau doit être ouvert tous les jours (les dimanches et les fêtes exceptés), depuis neuf heures du matin jusqu'à trois heures après midi.

Ibid., a. 107.

2161. Il est tenu dans chaque bureau :
1. Un index ou répertoire par ordre alphabétique des noms de toutes les personnes désignées dans les actes ou documents enregistrés, comme acquérant ou transmettant quelque droit affecté par l'enregistrement, avec renvoi au numéro du document et à la page du registre dans lequel il est entré, et s'il s'agit d'un immeuble, mention de la localité où il est situé ;

Ibid., a. 61.— C. N., 2202.

2. Une liste également par ordre alphabétique de toutes les paroisses, cantons, seigneuries, cités, villes, villages et places extra-paroissiales dans la circonscription du bureau, avec renvoi sous chacune des divisions locales, à toutes les entrées de documents relatifs aux immeubles compris dans chaque division, ou donnant le numéro et les autres renvois mentionnés dans le paragraphe qui précède, de manière à servir d'index des immeubles, et cette liste est faite suivant les dispositions de l'article 2171 ;

Ibid., a. 62.

3. Un livre de présentation où sont entrés l'année, le mois, le jour

et l'heure auxquels chaque document est présenté pour enregistrement, les noms des parties, celui de la personne qui le présente, la nature du droit dont l'enregistrement est requis et une désignation générale de l'immeuble affecté;

Ibid., s. 63.

4. Un registre où sont transcrits tous les documents présentés;

Ibid., s. 59.

5. Un livre où sont enregistrés les avis requis par les articles 2115, 2116, 2120 et 2121, avec index fait en la même manière que l'index prescrit en l'article 2131.

Amend.— *L'acte Q. 32 Vict., c. 25, contient ce qui suit:*

1. Chaque fois qu'il sera représenté, à la satisfaction du lieutenant-gouverneur en conseil, qu'un index, répertoire, registre ou autre livre, tenu dans un bureau d'enregistrement, est tellement détérioré par le temps et par l'usage, ou est dans un tel état de vétusté, que des erreurs ou omissions pourraient se commettre ou en résulter, au préjudice du public, ou mettre en danger le droit des particuliers, le lieutenant-gouverneur en conseil pourra ordonner au régistrateur dont un des index ou répertoires, registres, ou autres livres, est ainsi détérioré, de s'en procurer un autre du même format que le premier, et d'y faire ou faire faire, en autant que les écritures pourront être déchiffrées, la transcription des actes, matières et choses contenues dans le dit index, ou répertoire, registre, ou autre livre ainsi détérioré.

2. Le livre dans lequel doit être faite la transcription, devra au préalable être authentiqué et paraphé en la manière indiquée dans l'article 2181 du Code civil, si le dit livre doit, en vertu du dit article, être authentiqué et paraphé.

3. Lorsque cette transcription aura été ainsi faite dans le dit index, répertoire, registre ou autre livre, il sera examiné sur l'original par le régistrateur et par son député, et le dit régistrateur ou son député fera et apposera à la fin du dit index, répertoire, registre ou autre livre une déclaration ou certificat attestant qu'il a été examiné et vidimé et qu'il est conforme à l'original; ce certificat sera fait sous serment prêté devant le protonotaire de la Cour Supérieure du district, ou devant le greffier de la Cour de Circuit du comté.

4. Le dit index, répertoire, registre ou autre livre portant ce certificat aura la même authenticité, la même validité et le même effet, à toutes fins et intentions, que celui dont il est la transcription, et l'article 2161 du Code civil s'y appliquera. Le livre original sera néanmoins soigneusement conservé, bien qu'il en ait été fait une transcription et pourra servir et être consulté au besoin.

2162. Dans les divisions d'enregistrement de Québec et de Montréal, le registre mentionné en quatrième lieu dans l'article précédent, peut être tenu en plusieurs parties dans des livres distincts, suivant les catégories ci-après, savoir:

1. Les cautionnements, reconnaissances et autres obligations et sûretés en faveur de la Couronne, les testaments et leur vérification;

2. Les contrats de mariage et les donations;

3. Les nominations de tuteurs et curateurs, les jugements, actes et procédures judiciaires;

4. Les titres translatifs de propriété autres que ceux ci-dessus mentionnés; [les baux mentionnés en l'article 2128 et les quittances anticipées des loyers];

5. Les titres, actes et écrits créant des hypothèques, charges et priviléges non compris dans les catégories qui précèdent;

6. Tous autres actes dont l'enregistrement peut être requis dans l'intérêt de quelque partie.

[Les dispositions ci-dessus peuvent être étendues, par proclamation du gouverneur, à tout arrondissement d'enregistrement dont la population excède cinquante mille âmes.]

2163. Le gouverneur peut également, par proclamation, enjoindre aux régistrateurs pour les divisions d'enregistrement de Québec et de Montréal ou de l'une d'elles, de tenir des registres et livres distincts, pour les immeubles situés en dedans et pour ceux situés en dehors des limites de ces cités.

S. R. B. C., c. 37, a. 64.

2164. Le gouverneur en conseil peut changer la forme de tout livre, index ou autre document officiel que doivent tenir les régistrateurs, ou ordonner qu'il en soit tenu de nouveaux ; et tout ordre à cet effet est publié dans la *Gazette du Canada* et a effet à dater du jour qui y est mentionné, pourvu que ce jour ne soit pas fixé à moins d'un mois après la publication de cet ordre.

2165. D'autres dispositions se trouvent renfermées dans les statuts relatifs à l'enregistrement.

SECTION II.

DU PLAN ET DU LIVRE DE RENVOI OFFICIELS ET DISPOSITIONS QUI S'Y RATTACHENT.

2166. A la diligence du Commissaire des terres de la Couronne, chaque bureau d'enregistrement est pourvu d'une copie d'un plan correct, fait conformément aux dispositions contenues dans le chapitre 37 des Statuts Refondus pour le Bas-Canada, et dans l'acte des 27 et 28 Vict., chap. 40, indiquant distinctement tous les lots de terre de chaque cité, ville, village, paroisse, canton ou partie d'iceux, compris dans la circonscription du bureau.

S. R. B. C., c. 37, ss. 69 et 70.

Amend.— *Le statut de Q.* 32 *Vict., c.* 25, *contient ce qui suit :*

Considérant que les index ou répertoires, registres et autres livres tenus dans chacun des bureaux d'enregistrement, en conformité du chapitre six du titre dix-huit du Code civil du Bas-Canada, sont exposés par un long usage à se détériorer, et que pour éviter des erreurs et des omissions qui pourraient résulter de ces détériorations, il est à propos de pourvoir à ce que des copies authentiques en soient faites ; considérant que les plans et livres de renvoi que le Commissaire des terres de la Couronne est obligé de faire préparer conformément au chapitre trente-sept des Statuts Refondus pour le Bas-Canada, à l'acte 27-28 Vict., chapitre 40, et aux articles 2166 et 2167 du dit Code civil, ne peuvent être déposés par le dit Commissaire, dans le bureau du régistrateur d'une circonscription d'enregistrement que lorsque les plans et les livres de renvoi de toutes les localités comprises dans la dite circonscription d'enregistrement ont été faits pour toute la circonscription, et qu'il est à propos, dans l'intérêt public, que le dépôt séparé et distinct du plan et du livre de renvoi d'une cité, ville, village, paroisse, canton ou partie d'iceux, puisse être fait, lorsqu'il sera jugé convenable, et que pouvoir soit donné au lieutenant-gouverneur en conseil d'annoncer par proclamation, le dépôt du dit plan et du dit livre de renvoi pour une partie seulement de la circonscription d'enregistrement et de fixer le jour auquel les dispositions de l'article 2168 du dit Code civil deviendront en force, dans cette partie de la dite circonscription ; à ces causes, Sa Majesté, par et de l'avis et du consentement de la législature de Québec, décrète ce qui suit :

1. Chaque fois qu'il sera représenté, à la satisfaction du lieutenant-gouverneur en conseil, qu'un index, répertoire, registre ou autre livre, tenu dans un bureau d'enregistrement, est tellement détérioré par le temps et par l'usage, ou est dans un tel état de vétusté, que des erreurs ou omissions pourraient se commettre ou en résulter, au préjudice du public, ou mettre en danger le droit des

particuliers, le lieutenant-gouverneur en conseil pourra ordonner au régistrateur dont un des index ou répertoire, registre, ou autres livres, est ainsi détérioré, de s'en prócurer un autre du même format que le premier, et d'y faire, ou faire faire, en autant que les écritures pourront être déchiffrées, la transcription des actes, matières et choses contenues dans le dit index, ou répertoire, registre, ou autre livre ainsi détérioré.

2. Le livre dans lequel doit être faite la transcription, devra, au préalable, être authentiqué et paraphé, en la manière indiquée dans l'article 2181 du Code civil, si le dit livre doit, en vertu du dit article, être authentiqué et paraphé.

3. Lorsque cette transcription aura été ainsi faite dans le dit index, répertoire, registre ou autre livre, il sera examiné sur l'original par le régistrateur et par son député, et le dit régistrateur ou son député fera et apposera à la fin du dit index, répertoire, registre ou autre livre une déclaration ou certificat attestant qu'il a été examiné et vidimé et qu'il est conforme à l'original; ce certificat sera fait sous serment prêté devant le protonotaire de la Cour Supérieure du district, ou devant le greffier de la Cour de Circuit du comté.

4. Le dit index, répertoire, registre ou autre livre portant ce certificat aura la même authenticité, la même validité et le même effet, à toutes fins et intentions, que celui dont il est la transcription, et l'article 2161 du Code civil s'y appliquera. Le livre original sera néanmoins soigneusement conservé, bien qu'il en ait été fait une transcription, et pourra servir et être consulté au besoin.

Le statut de Q. 35 Vict., c. 16, contient ce qui suit :

1. Le second paragraphe de la section 72 du chapitre 37 des Statuts Refondus pour le Bas-Canada est par le présent amendé de manière à ce qu'il se lise comme suit :

2. " Dans les cantons, le Commissaire des terres de la Couronne fera usage de telles cartes ou arpentages, ou fera faire tels arpentages qu'il jugera les plus propres à assurer l'exactitude des plans et des livres de renvoi à faire, comme il est dit plus haut; mais, à moins que quelque difficulté pratique n'en puisse résulter, le numérotage primitif des lots et concessions sera toujours conservé, et dans les parties rurales, toutes subdivisions d'iceux seront distinguées par des lettres ou autres signes comme parties de tels lots primitifs, et dans les villes et villages par des numéros subordonnés ou autres signes, mais toujours comme parties des lots primitifs, desquels il sera aussi fait mention, et toutes les fois que telle difficulté se rencontrera, les lots seront désignés et décrits de la manière que le Commissaire des terres de la Couronne le réglera."

Jurisp.— Un régistrateur n'a droit d'exiger aucun honoraire pour recherches faites sur le cadastre déposé à son bureau en vertu de l'art. 2166 du Code civil ; et toute somme exigée par lui pour telles recherches peut être répétée comme payée indûment.— Dumontier vs Montizambert, I Q. L. R., 218.

2167. Ce plan doit être accompagné d'une copie d'un livre de renvoi dans lequel sont insérés :

1. Une description générale de chaque lot de terre porté sur le plan ;

2. Le nom du propriétaire de chaque lot autant qu'il est possible de s'en assurer ;

3. Toutes remarques nécessaires pour faire comprendre le plan.

Chaque lot de terre sur le plan y est indiqué par un numéro d'une seule série, qui est inscrit dans le livre de renvoi pour y désigner le même lot.

Ibid., s. 69.

2168. Après que copie des plans et livres de renvoi a été déposée dans un bureau d'enregistrement pour toute sa circonscription, et qu'il a été donné avis par proclamation tel que mentionné en l'article 2169, le numéro donné à un lot sur le plan et dans le livre de renvoi est la vraie description de ce lot et suffit dans tout document quelconque ; et toute partie de ce lot est suffisamment désignée en déclarant qu'elle fait partie de ce lot et en indiquant à qui elle appartient, avec ses tenants et aboutissants; et tout terrain composé de parties de plus d'un lot numéroté est suffisamment désigné en déclarant qu'il est ainsi composé, et en indiquant quelle partie de chaque lot numéroté il contient.

Amend.— *L'acte Q. 40 Vict., c. 17, s. 2, contient ce qui suit:*
Et attendu qu'il peut exister des doutes relativement à la validité des hypothèques consenties depuis la mise en force du Code civil, provenant de ce que les immeubles hypothéqués ont été décrits par lot et rang ou partie de lot et rang, il est par le présent acte déclaré que toutes telles hypothèques seront censées bonnes et valides pour toute fin, comme si les immeubles hypothéqués eussent été spécialement décrits par une désignation des tenants et aboutissants.

La description d'un immeuble dans l'avis d'une demande en ratification de titre, ou dans l'avis d'une vente par le shérif, ou par licitation forcée, ou de toute autre vente ayant les effets du décret, ou dans telle vente ou jugement de ratification, ne sera censée suffisante que si elle est faite conformément aux prescriptions du présent article.

Ibid., s. 74, §§ 1 et 4.

Aussitôt après que le dépôt de tel plan et livre de renvoi a été fait et qu'il en a été donné avis, les notaires sont tenus, en rédigeant les actes concernant les immeubles indiqués sur tel plan, de désigner ces immeubles par le numéro qui leur est donné sur le plan et dans le livre de renvoi, de la manière prescrite ci-dessus ; à défaut de telle désignation l'enregistrement ne peut affecter le lot en question, à moins qu'il ne soit produit une réquisition ou avis indiquant le numéro sur le plan et livre de renvoi comme étant celui du lot qu'on veut affecter par tel enregistrement.

Ibid., s. 74, §§ 2 et 3.

Amend.— *Le statut de Q. 40 Vict., c. 16, s. 5, contient ce qui suit:*
Lorsqu'une subdivision ou une redivision a été faite, le numéro spécial et la désignation donnés à chaque lot sur le plan et dans le livre de renvoi de telle subdivision ou redivision, constitueront l'exacte description de tels lots subdivisés respectivement, laquelle sera suffisante dans tout document ; et les dispositions de l'article 2168 du Code civil s'appliqueront aux lots de cette subdivision ou redivision. Lorsqu'une partie seulement d'un lot originaire sera subdivisée ou lorsque partie seulement d'un lot dans une subdivision sera redivisée, il suffira pour désigner la partie non divisée, de l'appeler la partie non divisée de tel lot originaire ou de tel lot dans une subdivision.

2169. Le dépôt des plans et livres de renvoi primitifs dans une circonscription d'enregistrement est annoncé par proclamation du gouverneur en conseil, fixant en même temps le jour auquel les dispositions de l'article 2168 y deviendront en force.

Ibid., s. 75.

Amend.— *L'acte Q. 32 Vict., c. 25, s. 6, contient ce qui suit:*
Le Commissaire des terres de la Couronne pourra faire publier dans la *Gazette Officielle* de Québec le livre de renvoi d'une localité, ou de chaque localité comprise dans une circonscription d'enregistrement, et toute copie imprimée et publiée dans la dite gazette fera preuve et aura le même effet que l'original du dit livre de renvoi.

2170. A compter de ce dépôt le régistrateur doit préparer l'index mentionné en second lieu dans l'article 2161.

2171. A compter de l'époque fixée dans telle proclamation, le régistrateur doit faire l'index des immeubles et le continuer jour par jour en inscrivant sous chaque numéro de lot indiqué séparément au plan et au livre de renvoi, un renvoi à chaque entrée faite subséquemment dans les autres livres et registres, affectant tel lot, de manière à mettre toute personne en état de constater facilement toutes les entrées faites subséquemment concernant ce lot.

Ibid., s. 76.

Jurisp.— 1. The provisions of chapter 37 of the C. S. L. C., sections 74, 75 and 76, relating to the deposit by Registrars of the Official Plans and Books of Reference for each Registration Division, have been abrogated, in virtue of article 2613 of the Civil Code, by the express provisions on the same subject contained in articles 2168, 2169, 2170 and 2171 of the same Code.— Montizambert & Dumontier, IV Q. L. R., 234.

2. La disposition de la clause 76 du chap. 37 des S. R. B. C. imposant une pénalité de \$100.00 à tout régistrateur qui aurait négligé de se conformer aux exigences de cette clause, n'est plus en vigueur.— Montizambert & Dumontier, VIII R. L., 199.

2172. Dans les dix-huit mois qui suivent la proclamation du gouverneur pour la mise en force des dispositions de l'article 2168 dans une circonscription d'enregistrement, l'enregistrement de tout droit réel sur un lot de terre compris dans cette circonscription y doit être renouvelé au moyen de la transcription, dans le livre tenu à cet effet, d'un avis désignant l'immeuble affecté en la manière prescrite en l'article 2168, en observant les autres formalités prescrites en l'article 2131 pour le renouvellement ordinaire de l'enregistrement des hypothèques.

Il est tenu un index des livres employés à la transcription de l'avis mentionné au présent article, de la même manière que l'index mentionné en l'article 2131.

Ibid., ss. 49, 77 et 78.

Amend.— *Le statut de Q. 35 Vict., c. 16, s. 4, contient ce qui suit :*
En autant que sont concernées les proclamations émanées depuis le 15ᵉ jour de juin 1870 ou qui pourront être émanées à l'avenir, en vertu des dispositions de l'article 2169 du Code civil ou de la section 5 de l'acte de cette province 32 Vict., c. 25, le délai de dix-huit mois fixé par l'art. 2172 du dit Code, pour le renouvellement de l'enregistrement des droits réels, est prolongé par le présent acte à la période de deux ans à dater du jour de telles proclamations.

Le statut de Q. 37 Vict., c. 10, s. 1, contient ce qui suit :
Les deux années fixées par la 4ᵉ section de la 35ᵉ Vict., chap. 16, pour le renouvellement de l'enregistrement des droits réels, comptent du jour qui à l'avenir sera fixé, pour la mise en force des dispositions de l'art. 2168 du Code civil, dans toute proclamation émanée à cet effet.

Le statut de Q. 38 Vict., c. 14, contient ce qui suit :
Les avis et déclarations mentionnés dans les articles 2098, 2131 et 2172 du Code civil peuvent être donnés aux régistrateurs, pour les intéressés, par toute personne quelconque, parente ou non. Ils peuvent aussi être donnés par les femmes mariées, les interdits et les mineurs eux-mêmes.

Le statut de Q. 39 Vict., c. 26, contient de plus ce qui suit :
Attendu que l'art. 2172 du Code civil pourvoit à ce que l'enregistrement de toute hypothèque soit renouvelé, dans les dix-huit mois après la proclamation mettant en force les dispositions de l'article 2168, laquelle dite proclamation doit par les articles 2169 et 2176, fixer le jour auquel ces dispositions viendront ainsi en force ; attendu que par la quatrième section de l'acte de cette province, 35 Vict., ch. 16, le dit délai de dix-huit mois est prolongé jusqu'à une période de deux ans ; attendu que la version anglaise établit que la dite période commencera à la date de la proclamation et que la version française établit qu'elle commencera au jour de la proclamation ;

Et attendu que des doutes ont été soulevés quant au temps précis depuis lequel la dite période de deux ans doit commencer à courir ; et attendu que la dite quatrième section du susdit acte comporte que la dite période doit courir depuis le jour auquel les dispositions de l'article 2168 deviennent en force, et qu'il est à propos de dissiper les doutes qui ont été soulevés ; en conséquence, Sa Majesté, par et de l'avis et du consentement de la législature de Québec, décrète ce qui suit :

1. Le délai de deux années accordé par l'article 2172 du Code civil, tel que amendé par l'acte 35 Vict., ch. 16, pour le renouvellement de l'enregistrement des hypothèques requis par cet article 2172, est déclaré commencer et commencera à l'avenir, au jour fixé pour la mise en force des dispositions de l'article 2168 du Code civil, dans la proclamation lancée à cet effet.

Jurisp.—1. The renewal of registration of any real right, required by art. 2172 of the Civil Code, has reference only to hypothecs or charges on real property and not to rights in or to the property itself.— La Banque du Peuple & Laporte, XIX L. C. J., 66.

2. Le bailleur de fonds qui a saisi l'immeuble vendu dans le délai fixé pour le renouvellement des hypothèques suivant le *cadastre*, mais qui n'a pas renouvelé son hypothèque de bailleur dans ce délai, perd son droit de priorité à l'encontre d'un créancier hypothécaire subséquent qui a renouvelé son hypothèque dans le délai prescrit.— Bourassa vs McDonald, I R. C., 241. *also 16 L.C.J. 15*

3. La saisie d'une propriété n'empêche pas la nécessité du nouvel enregistrement requis par l'article 2172.— Bourassa & McDonald, IV R. L., 61.

2173. A défaut de tel renouvellement les droits réels conservés par le premier enregistrement n'ont aucun effet à l'égard des autres créanciers, ou des acquéreurs subséquents dont les droits sont régulièrement enregistrés.

Ibid., s. 77, § 2.

Jurisp.—1. Les appelants ont été colloqués pour $175.00, balance d'un prix de vente d'une propriété vendue sur Frs Beauchaine, failli. L'intimé a contesté cette collocation parce que les appts n'avaient pas renouvelé leur enregistrement dans les délais prescrits et qu'eux avaient enregistré dans ce délai. Les appts ont répondu que l'intimé n'avait pas établi sa réclamation et que la faillite ayant eu lieu avant le 15 juillet 1875, date de l'expiration du délai pour renouveler l'enregistrement, l'immeuble se trouvait entre les mains de la justice et qu'ils n'étaient pas tenus d'enregistrer de nouveau. Sur le 1er point, la créance de l'intimé a été reconnue par le jugt de collocation, et cette collocation qui lui a accordé $127.00 n'a pas été contestée. Sur le 2e point, la majorité de la cour s'est fondée sur la sec. 49 de l'acte de faillite de 1869, qui veut que le certificat du régistrateur n'indique que les hypothèques qui existent jusqu'au moment de la faillite. Jugt infirmé.— Brunelle & Lafleur, Q., 8 mars 1878.

2. Art. 2173 of the Civil Code applies, as well to creditors and purchasers antecedent to the coming into force of art. 2178, as to subsequent creditors. The seizure of the property does not suspend the necessity of re-registration, required by art. 2172.— Bourassa & McDonald, XVI L. C. J., 19.

2174. Le régistrateur ne peut faire aucune correction ou changement sur les plans et livres de renvoi ; et, en tout temps, s'il s'y trouve des omissions ou erreurs dans la description ou l'étendue d'un lot ou parcelle de terrain, ou dans le nom du propriétaire, il en doit faire rapport au Commissaire des terres de la Couronne, qui peut, chaque fois qu'il y a lieu, en corriger l'original ainsi que la copie, certifiant telle correction.

Telle correction doit être faite cependant sans changer les numéros des lots ; et dans le cas d'omission de quelque lot, il est intercalé en le distinguant par des signes ou des lettres qui ne puissent déranger le numérotage primitif.

Le droit de propriété ne peut être affecté par les erreurs qui se rencontrent dans le plan et le livre de renvoi ; et nulle erreur dans la description, l'étendue ou le nom, ne peut être interprétée comme donnant à une partie plus de droit à un terrain que ne lui en donne son titre.

Amend.— *Le statut de Q. 35 Vict., c. 16, s. 2, contient ce qui suit :*

Si depuis le dépôt du plan et du livre de renvoi officiels d'une localité quelconque chez le régistrateur, un chemin non cadastré porté sur le dit plan, devient propriété privée, il sera donné au dit chemin, devenu propriété privée, un numéro de la même manière qu'il est pourvu par l'article 2174 du Code civil pour le numérotage d'un lot qui aurait été omis dans la confection des dits plan et livre de renvoi.

2175. Lorsqu'un propriétaire subdivise en lots de ville ou de village [excédant le nombre de six], un terrain marqué au plan et livre de renvoi, il sera tenu d'en déposer au bureau du Commissaire des terres de la Couronne, un plan et livre de renvoi par lui certifié, avec des numéros et désignations particulières de manière à les distinguer des lots primitifs, et si ce plan particulier et livre de renvoi sont trouvés corrects par le Commissaire des terres de la Couronne, il en transmettra copie par lui certifiée au régistrateur de la circonscription.

Amend.— *Le statut de Q. 38 Vict., c. 15, contient ce qui suit :*

Attendu qu'il s'est élevé des doutes sur la légalité de certaines subdivisions de lots marqués aux plan et livre de renvoi officiels d'une circonscription d'enregistrement, ou d'une partie de cette circonscription, et qu'il est à propos de faire disparaître ces doutes ; et attendu qu'il est à propos d'étendre et de modifier les dispositions de l'article 2175 du Code civil ; à ces causes, Sa Majesté, par et de l'avis et du consentement de la législature de Québec, décrète ce qui suit :

1. Tout terrain indiqué sous un seul numéro sur le plan et dans le livre de renvoi de toute circonscription d'enregistrement ou partie de telle circonscription, qui a été vendu par parties ou par lots avant la passation du présent acte, entre la clôture d'aucun cadastre et la mise en opération de l'article 2168 du Code civil dans la dite circonscription ou partie de circonscription, a pu ou pourra être subdivisé et cadastré, au nom du propriétaire originaire mentionné au dit livre de renvoi, après cette mise en opération, pourvu que les formalités prescrites par l'article 2175 du Code civil aient été observées ; et le dit article 2175 du Code civil est interprété dans ce sens.

Toute subdivision faite comme susdit est valide.

Les parties vendues du dit terrain subdivisé seront connues et désignées par les numéros portés aux plan et livre de renvoi de la subdivision de ce terrain ; et les inscriptions prises sur ces lots seront bonnes et valables à toutes fins que de droit.

2. Dans le cas où un terrain, avant la passation du présent acte, a été subdivisé et vendu par lots, sans que au préalable un plan et un livre de renvoi aient été préparés conformément à l'article 2175 du Code civil, le Commissaire des terres de la Couronne pourra, sur une requête à lui adressée par la majorité des parties intéressées, permettre qu'un plan et un livre de renvoi de la subdivision de ce terrain soient faits, pourvu que les formalités suivantes soient observées :

1. Un plan sera fait portant des numéros comme les subdivisions ordinaires, ainsi qu'un livre de renvoi y correspondant, lesquels seront signés et certifiés corrects par les parties intéressées, et adressés avec une copie des dits plan et livre de renvoi, au Commissaire des terres de la Couronne qui gardera l'original et expédiera cette copie certifiée par lui, au régistrateur de la circonscription ;

2. Le régistrateur préparera alors son index aux immeubles pour tel terrain ainsi cadastré dans son livre d'index pour les subdivisions ;

3. Sur certificat du régistrateur du dépôt du plan et du livre de renvoi de telle subdivision ainsi préparés, le lieutenant-gouverneur en conseil lancera une proclamation par laquelle il ordonnera que toutes les hypothèques affectant particulièrement aucun des lots mentionnés aux dits plan et livre de renvoi et non compris les hypothèques affectant tout le terrain ainsi subdivisé, soient renouvelées dans un délai de six mois à compter du jour fixé dans telle proclamation, et

à défaut de faire tel renouvellement, toute personne qui ne se sera pas conformée aux dispositions de cette section, perdra son rang ou priorité d'hypothèque;

4. Les frais de tels plan et livre de renvoi seront à la charge des parties intéressées.

Les dispositions de la présente section ne s'appliqueront qu'aux faits antérieurs à la passation du présent acte, et ne devront pas s'interpréter comme permettant à l'avenir de faire des plan et livre de renvoi autrement qu'en conformité des dispositions du dit article 2175 et du présent acte.

3. Nonobstant l'article 2175 du Code civil, tout terrain pourra être subdivisé en lots de ville et de village, ou en partie de lots de ville ou de village, quel qu'en soit le nombre ; et une autre subdivision du dit terrain pourra être substituée à toute subdivision déposée chez le régistrateur, ou toute partie de subdivision à une autre partie de subdivision, pourvu que le plan et le livre de renvoi soient faits et déposés conformément à l'article 2175 du Code civil, par le propriétaire ou autre personne intéressée.

Les nouvelles subdivisions de terrains seront de plus sujettes aux conditions suivantes :

1. Les plan et livre de renvoi de la nouvelle subdivision faits par les parties intéressées comme susdit, et déposés au bureau du Commissaire des terres de la Couronne, seront accompagnés d'un certificat du régistrateur de la circonscription d'enregistrement où une subdivision aura déjà été faite, constatant si des inscriptions ont été prises sur quelqu'un des lots compris dans la subdivision ; et s'il ne se trouve pas d'inscriptions sur ces lots, le dit Commissaire des terres de la Couronne annulera le plan et le livre de renvoi de la subdivision antérieure, et transmettra la copie par lui certifiée des plan et livre de renvoi de la nouvelle subdivision, au régistrateur qui devra sans délai renvoyer au dit Commissaire des terres de la Couronne, les plan et livre de renvoi auxquels les nouveaux sont substitués.

2. Si le certificat du régistrateur constate qu'il y a eu des lots de telle subdivision affectés par des inscriptions, le Commissaire des terres de la Couronne annulera les plan et livre de renvoi, seulement pour la partie du terrain qui n'aura pas été affectée par telles inscriptions ; et il transmettra une copie certifiée du plan et du livre de renvoi de la nouvelle subdivision au régistrateur qui devra sans délai renvoyer au dit Commissaire des terres de la Couronne les plan et livre de renvoi auxquels les nouveaux sont substitués, pourvu toujours qu'il ne soit fait aucun changement ni aucune altération aux numéros donnés aux dits lots ainsi affectés, lesquels numéros seront conservés sur les nouveaux plan et livre de renvoi, et feront partie de la nouvelle série de numéros.

3. La partie requérant telle substitution de subdivision ou de partie de subdivision, devra payer au régistrateur les frais ordinaires pour recherches et les frais occasionnés par la perte des feuilles de l'index aux immeubles, quand il y aura lieu.

Le statut de Q. 40 Vict., c. 16, ss. 4, 5 et 6, contient ce qui suit :

4. Dès qu'un plan de subdivision ou redivision, accompagné d'un livre de renvoi, aura été déposé chez lui, le régistrateur devra annoter, dans l'index aux immeubles, sous le numéro du lot originaire, ou de la subdivision ou redivision, le fait que tel lot a été subdivisé ou redivisé, en tout ou en partie, selon le cas.

5. Lorsqu'une subdivision ou une redivision a été faite, le numéro spécial et la désignation donnés à chaque lot sur le plan et dans le livre de renvoi de telle subdivision ou redivision, constitueront l'exacte description de tels lots subdivisés respectivement, laquelle sera suffisante dans tout document ; et les dispositions de l'article 2168 du Code civil s'appliqueront aux lots de cette subdivision ou redivision. Lorsqu'une partie seulement d'un lot originaire sera subdivisée ou lorsque partie seulement d'un lot dans une subdivision sera redivisée, il suffira pour désigner la partie non divisée, de l'appeler la partie non divisée de tel lot originaire ou de tel lot dans une subdivision.

6. Le Commissaire des terres de la Couronne pourra faire publier, dans la *Gazette Officielle* de Québec, le livre de renvoi de toute subdivision ou redivision, avec le même effet que celui de la publication du livre de renvoi d'une localité en vertu de la sixième section du chapitre vingt-cinquième de la trente-deuxième Victoria.

2176. Lorsque la subdivision des lots d'une localité paraît l'exiger, le gouverneur en conseil peut, de temps à autre, ordonner qu'il soit fait un plan et livre de renvoi amendés et qu'il en soit

déposé une copie entre les mains du régistrateur de telle localité ;
mais ces plan et livre de renvoi amendés doivent être basés sur les
anciens et s'y rapporter ; et le gouverneur peut, par proclamation,
déclarer le jour auquel ils seront mis en usage conjointement avec
les anciens ; et à compter du jour ainsi fixé les dispositions du code
s'appliqueront à ces plan et livre de renvoi amendés.

Amend.— *Le statut de Q.* 32 *Vict., c.* 25, *ss.* 5 *et* 6, *contient ce qui suit :*
5. L'article suivant est et sera ajouté à la section deux du chapitre six du
titre dix-huit du Code civil du Bas-Canada, savoir :
" 2176 *a.* Chaque fois que le plan des lots de terre d'une cité, d'une ville, d'un
village, d'une paroisse, d'un canton, ou d'une division quelconque de ces localités, faisant partie d'une circonscription d'enregistrement, a été fait conformément aux dispositions du chapitre trente-sept des Statuts Refondus pour le
Bas-Canada et de l'acte vingt-sept et vingt-huit Victaria, chapitre quarante,
le lieutenant-gouverneur en conseil peut faire déposer au bureau du régistrateur
de la circonscription d'enregistrement qu'il appartient, une copie correcte de ce
plan, ainsi qu'une copie du livre de renvoi qui s'y rapporte.
Le dépôt de tels plan et livre de renvoi, est annoncé par une proclamation du
lieutenant-gouverneur en conseil fixant en même temps le jour auquel les dispositions de l'article deux mille cent soixante et dix-huit deviendront en force
dans cette circonscription d'enregistrement, relativement à la localité dont le
plan des terres a été ainsi déposé ; et à dater de l'époque fixée dans la proclamation, toutes les dispositions du Code s'appliqueront à ce plan et à ce livre de
renvoi, ainsi qu'aux terres ou propriétés comprises dans ce plan, et à tous contrats, hypothèques ou actes quelconques, concernant ou affectant telles terres ou
propriétés, de la même manière que si le dépôt du plan de toute la circonscription d'enregistrement eût été fait conformément à l'article deux mille cent
soixante et six."
6. Le Commissaire des terres de la Couronne pourra faire publier dans la
Gazette Officielle de Québec, le livre de renvoi d'une localité, ou de chaque localité comprise dans une circonscription d'enregistrement, et toute copie imprimée
et publiée dans la dite *Gazette* fera preuve et aura le même effet que l'original
du dit livre de renvoi.

SECTION III.

DE LA PUBLICITÉ DES REGISTRES.

2177. Le régistrateur est tenu de délivrer à toute personne qui
en fait la demande un état par lui certifié de tous les droits réels
subsistants qui grèvent un immeuble particulier, ou dont peuvent
être grevés tous les biens d'une personne, ou des hypothèques créées
et enregistrées pendant une période déterminée, ou seulement contre
certains propriétaires de l'immeuble désignés dans la demande qui
en est faite par écrit, contenant une description suffisante des propriétaires, et dans ce dernier cas mention en est faite dans le certificat, et le régistrateur n'est pas responsable des omissions dans le
certificat résultant des erreurs ou omissions de noms dans telle
demande ; et si tels propriétaires ne sont pas nommés dans la
réquisition, le régistrateur est tenu de constater quels étaient les
propriétaires pendant la période indiquée, de la manière prescrite
relativement au certificat à donner sur vente par décret forcé.

S. R. B. C., c. 37, s. 44.— 25 Vict., c. 11, s. 4.— C. N., 2196.

Amend.— *L'acte Q.* 31 *Vict., c.* 2, *s.* 6, *contient ce qui suit :*
Nul certificat d'enregistrement d'aucun titre, instrument ou document, ou
d'aucune recherche, sur lesquels titre, instrument, document ou recherche, un
droit payable par le moyen de timbres est alors imposé par aucun ordre en

conseil passé en vertu de cet acte, ne sera reçu en preuve devant aucune cour, ni n'aura un effet quelconque, à moins que les timbres de rigueur pour le paiement de tel droit, ne soient apposés sur tel certificat, soit qu'il soit écrit sur tels titre, instrument ou document, ou donné séparément, sous la réserve toutefois du pouvoir qui est conféré à la cour ou au juge ayant juridiction à cet égard par la dix-huitième section du dit acte de la session tenue en les vingt-septième et vingt-huitième années du règne de Sa Majesté, de permettre qu'il soit apposé des timbres sur la demande d'aucune partie, suivant les conditions imposées par telle cour ou tel juge, en vertu des dispositions de la dite section.

Chaque régistrateur dans le Bas-Canada, devra tenir un livre dans lequel il entrera d'une manière concise, jour par jour, et au fur et à mesure qu'elles se présenteront, une note de chaque recherche faite dans son bureau, le et après le jour auquel un droit deviendra payable comme susdit, constatant le nom de la personne demandant ou faisant telle recherche, et l'honoraire payé pour chacune; et s'il a donné un certificat ou non de telle recherche; et en regard de chaque note de recherche dont il n'aura pas donné de certificat, il apposera un timbre pour le droit payable pour telle recherche, si tel droit est alors payable par le moyen de timbres; et chaque régistrateur devra à l'avenir constater dans le rapport qu'il est tenu de faire annuellement en vertu du chapitre cent onze des Statuts Refondus du Bas-Canada, le montant des honoraires qu'il aura reçus chaque année, pour recherches faites dans son bureau, aussi bien que le montant des droits par lui reçus sous l'autorité du présent acte.

Jurisp.— 1. Sur preuve qu'il y a erreur, quant au nom du notaire et quant à la date de l'obligation mentionnée au certificat du régistrateur produit avec le rapport du shérif sur un bref de *terris*; la cour ordonnera au régistrateur d'amender son certificat en faisant un rapport supplémentaire.— Hébert vs Lacoste, VIII L. C. J., 156.

2. Un régistrateur qui donne un certificat de l'enregistrement dans son bureau d'une obligation constatant que trois lots dans un autre district d'enregistrement sont hypothéqués pour le montant de l'obligation, omettant de constater que certains lots, *dans son propre district*, étaient aussi hypothéqués pour la même créance, est responsable en dommages envers l'acquéreur des lots dernièrement mentionnés, jusqu'à concurrence du montant de l'hypothèque qui se trouve exister sur ces lots.— Tel acquéreur, poursuivi hypothécairement pour le montant de telle hypothèque, a droit de porter une action en garantie contre tel régistrateur et d'être indemnisé contre telle hypothèque, et de recouvrer les frais de l'action hypothécaire et de l'action en garantie.— Dorion vs Robertson, XV L. C. R., 459.

3. By the terms of 27 and 28 Vict., c. 40, the registrar on the requisition of the sheriff need not include in his certificate, hypotheques registered more than ten years before the sale of the property by the sheriff unless the hypotheques have been renewed.— Roberts vs Harrison, XII L. C. J., 148.

4. Le certificat d'enregistrement, écrit sur la copie d'une obligation hypothécaire, consentie par Antoine Declos *alias* Decleau, mais inscrit sous le nom d'Antoine Dechêne dans les livres du régistrateur, ne prévaudra pas à l'encontre d'un tiers détenteur, qui a acquis d'Antoine Declos *alias* Decleau, sur la foi d'un certificat du régistrateur, attestant qu'aucune hypothèque n'existe sur la terre de ce dernier, et en conséquence l'action hypothécaire doit être renvoyée.— Béland & Dionne, XIII L. C. J., 204.

5. Une hypothèque insérée dans le certificat du régistrateur donné conformément à l'article 700 du Code de procédure civile, et créée par une personne qui n'a pas été propriétaire dans les dix ans, sera retranchée du dit certificat sur requête à cette fin faite par l'une des parties dans la cause.— Armstrong vs Hus, V R. L., 397.

2178. Le régistrateur est tenu de donner à ceux qui le requièrent copie des actes ou documents enregistrés, mais en y faisant mention des quittances, radiations, [cessions ou subrogations] qui peuvent y être entrées ou mentionnées en marge.

C. N., 2199.

Jurisp.— 1. Art. 2173 of the Civil Code applies, as well to creditors and purchasers antecedent to the coming into force of art. 2178, as to subsequent creditors.— Bourassa & McDonald, XVI L. C. J., 19.

2. *Un régistrateur qui refuse de délivrer un acte enregistré à son bureau, peut y être contraint par bref de Mandamus.*—Tel officier public n'a aucun droit de rétention sur des papiers sous le prétexte que des honoraires réclamés n'ont pas été payés.—Doutre vs Gagnier, I R. L., 439.

2179. Il est aussi tenu de communiquer le livre de présentation à tous ceux qui désirent l'examiner, sans déplacement, pendant les heures du bureau, et sans frais.

Il doit, sur paiement de l'honoraire légalement exigible, exhiber le registre à toute personne qui a requis l'enregistrement d'un acte et désire constater si l'enregistrement est fait.

Amend.—*Par l'acte de Q. 39 Vict., c. 25, l'article 2179 du Code civil est amendé en y ajoutant l'alinéa suivant :*
" Il doit aussi sur paiement de l'honoraire légalement exigible, communiquer l'index aux immeubles à tous ceux qui désirent l'examiner sans déplacement."
L'acte de Q. 31 Vict., c. 2, s. 6, § 4, contient ce qui suit :
Chaque régistrateur dans le Bas-Canada devra tenir un livre dans léquel il entrera d'une manière concise, jour par jour, et au fur-et à mesure qu'elles se présenteront, une note de chaque recherche faite dans son bureau, le et après le jour auquel un droit deviendra payable comme susdit, constatant le nom de la personne demandant ou faisant telle recherche, et l'honoraire payé pour chacune, et s'il a donné un certificat ou non de telle recherche ; et en regard de chaque note de recherche dont il n'aura pas donné de certificat, il apposera un timbre pour le droit payable pour telle recherche, si tel droit est alors payable par le moyen de timbres ; et chaque régistrateur devra à l'avenir constater dans le rapport qu'il est tenu de faire annuellement en vertu du chapitre cent onze des Statuts Refondus du Bas-Canada, le montant des honoraires qu'il aura reçus chaque année, pour recherches faites dans son bureau, aussi bien que le montant des droits par lui reçus sous l'autorité du présent acte.

Jurisp.—Un régistrateur n'a droit d'exiger aucun honoraire pour recherches faites sur le cadastre déposé à son bureau en vertu de l'art. 2166 du Code civil ; et toute somme exigée par lui pour telles recherches peut être répétée comme payée indûment.—Dumontier vs Montizambert, I Q. L. R., 218.

2180. Les entrées sur les registres et livres tenus par le régistrateur sont faites à la suite, sans blancs ni interlignes.

Tout document enregistré doit être numéroté et transcrit dans l'ordre de sa présentation, avec mention, en marge du registre, de l'heure, du jour, du mois et de l'année auxquels le document a été déposé au bureau pour enregistrement.

Le régistrateur est tenu de donner, quand il en est requis, à la personne qui présente un document pour enregistrement, un reçu indiquant le numéro sous lequel le document est entré au registre de présentation.

S. R. B. C., c. 37, ss. 60 et 63, § 2.— C. N., 2203.

2181. Les registres servant à l'enregistrement sont, avant d'y faire aucune entrée, authentiqués par un mémorandum écrit sur la première page et signé par le protonotaire de la Cour Supérieure du district. Dans ce mémorandum sont certifiés l'usage auquel le registre est destiné, le nombre de feuillets y contenus, et le jour, le mois et l'année où ce mémorandum a été fait, les registres étant cotés en toutes lettres et paraphés à chaque feuillet par le protonotaire du district.

Ibid., s. 59.— C. N., 2201.

2182. [Les dispositions de l'article précédent s'appliquent également au registre de présentation et à l'index des immeubles.]

88

TITRE DIX–NEUVIÈME.

DE LA PRESCRIPTION.

—

CHAPITRE PREMIER.

DISPOSITIONS GÉNÉRALES.

2183. La prescription est un moyen d'acquérir ou de se libérer par un certain laps de temps et sous les conditions déterminées par la loi.

La prescription acquisitive fait présumer ou confirme le titre et transfère la propriété au possesseur par la continuation de sa possession.

La prescription extinctive ou libératoire repousse et en certains cas exclut la demande en accomplissement d'une obligation ou en reconnaissance d'un droit, lorsque le créancier n'a pas réclamé pendant le temps fixé par la loi.

ff L. 13, *De usurp. et usucap.*— Pothier, *Oblig.*, nᵒˢ 671-6.— Ibid., *Prescriptions*, nᵒ 1.— Guyot, Rép., vᵒ *Prescription*, art. 1.— Dunod, *Presc.*, p. 1.— *Et ubique passim.* — C. L., 3421 et 3422.— C. N., 2219.

Jurisp.—1. The English statute of limitations declared not to be law in Canada.— Butler & MacDougall, II R. de L., 70.

2. Le statut des limitations d'Angleterre n'a jamais été en force ici, et le statut provincial du Canada, 10 et 11 Vict., c. 11, n'a pas d'effet rétroactif.— Langlois vs Johnston, IV L. C. R., 357.— Même décision dans la cause de Russell & Fisher, IV L. C. R., 237.

2184. On ne peut d'avance renoncer à la prescription. On peut renoncer à la prescription acquise et au bénéfice du temps écoulé pour celle commencée.

ff L. 38, *De pactis.*— Bartole, *Ad leg.* 58, *ff De legatis*, nᵒˢ 20 et 21.—Louet et Brodeau, *Arrêts*, lettre P, *Somm.* 21, nᵒ 4.— Dunod, *Presc.*, 111 et 112.— Guyot, Rép., vᵒ *Presc.*, sec. 1, par. 3, art. 1 et 2.— Pothier, *Obl.*, nᵒ 699.— Ibid., *Const. de rente*, 146.— Intr. au tit. 14, *Cout. d'Orl.*, nᵒ 54.— Discours de Bigot de Préameneu.— 1 Toulet et Sulpicy, *Codes*, p. 726, nᵒˢ 7, 8, 9 et 10.— Troplong, *Presc.*, nᵒˢ 42-3-5-6. — Rolland de Villargues, vᵒ *Presc.*, nᵒˢ 476-7.—9 Marcadé, *Presc.*, sur art. 2220.— C. N., 2220.

2185. La renonciation à la prescription est expresse ou tacite; la renonciation tacite résulte d'un fait qui suppose l'abandon du droit acquis.

Dargentré, sur 226 Cout. Bretagne, vᵒ *Interruption*, ch. 5, nᵒ 3.— Pothier, *Obl.*, 692.— Dunod, *Presc.*, pp. 58 et 171.— Guyot, vᵒ *Presc.*, sec. 1, § 3, art. 2, 3ᵉ alin.— 1 Toulet et Sulpicy, p. 731, nᵒˢ 11 et 15.— C. N., 2221.

2186. Celui qui ne peut aliéner ne peut renoncer à la prescription acquise.

ff L. 28, *De verb. signif.*— Pothier, *Obl.*, 699, 3ᵉ alinéa.— Ibid., *Const. de rente*, nᵒˢ 144, 145 et 146.— C. N., 2222.

2187. Toute personne ayant intérêt à ce que la prescription soit acquise, peut l'opposer lors même que le débiteur ou le possesseur y renonce.

ff L. 19, *De except.*—Despeisses, tit. *De la Presc.*, n° 36, *in fine.*—Merlin, Rép., v° *Presc.*, sec. 1, § 4, art. 2.—C. N., 2225.

Jurisp.— La prescription d'un billet promissoire ne peut être plaidée par une défense en droit, mais par une exception péremptoire.—Faucher vs Bélanger, IV R. L., 388.

2188. Les tribunaux ne peuvent pas suppléer d'office le moyen résultant de la prescription, sauf dans les cas où la loi dénie l'action.

Pothier, *Obl.*, 676.— Guyot, Rép., v° *Presc.*, sec. 1, § 3, art. 3.— Merlin, *ibid.*, *addition à Guyot.*— Dunod, *Presc.*, p. 110.— Ferrière sur Paris, tit. 6, § 1, n° 15.— Charondas, *Questions*, part. 1, tit. 22, ch. 4, *in fine.*— Pandectes, liv. 4, ch. 4.— Chitty *on Bills*, p. 136, 10° édit.—C. N., 2223.

2189. La prescription en fait d'immeubles se règle par la loi de la situation.

Pothier, *Obl.*, 38; *Presc.*, 247, 248, 251, 253 et 254.— Voët, *Ad Pandectas*, 44, 3 et 11.— Dunod, *Presc.*, pp. 113–4.— Bouhier, *Cout. Bourgogne*, ch. 35, n° 3.— Boullenois, *Dissertations*, quest. 3°.— Statuts, observ. 20, pp. 364–5; observ. 23, pp. 529 et 530; observ. 46, p. 88.

2190. [En matière de biens meubles et d'actions personnelles, même en matière de lettres de change et de billets promissoires, et en affaires de commerce en général, l'on peut invoquer séparément ou cumulativement :

1° La prescription entièrement acquise sous une loi différente lorsque la cause d'action n'a pas pris naissance dans le Bas-Canada, ou que la dette n'y a pas été stipulée payable, et lorsque cette prescription a été ainsi acquise avant que le possesseur ou le débiteur y y ait eu son domicile;

2° La prescription entièrement acquise dans le Bas-Canada, à compter de l'échéance de l'obligation, lorsque la cause d'action y a pris naissance ou que la dette y a été stipulée payable, ou que le débiteur y avait son domicile à l'époque de cette échéance; et dans les autres cas à compter de l'acquisition de ce domicile par le débiteur ou le possesseur;

3° La prescription résultant de temps successifs écoulés dans les cas des deux paragraphes précédents, lorsque le temps écoulé sous la loi différente a précédé.]

Jurisp.—1. The English statute of limitation is a good *exception péremptoire perpétuelle* in an action for the recovery of a debt contracted in London.—Hogan vs Wilson III R. de L., 197.

2. Les tribunaux de cette province ne peuvent pas prendre judiciairement connaissance d'un statut de limitation ayant force de loi dans un pays étranger, mais il faut que la preuve en soit faite avant qu'ils puissent décider de la nature et des effets de ce statut.—Adams & Worden, VI L. C. R., 237.

3. La prescription d'un billet promissoire fait à l'étranger, et payable là, doit être gouvernée par la *lex fori*, et non par la *lex loci contractûs.*— Wilson vs Demers, X L. C. J., 261.

4. Where a promissory note was made in a foreign country, and payable there, and the debtor about the time of the maturity of the note absconded from his domicile in such foreign country, and came to Lower Canada, and his domicile was discovered by the creditor, after diligent search, only about the time of the institution of the action, and it appeared that under these circum-

stances the plaintiff's recourse on the note would not be barred by the statute of limitations of the foreign country where the note was made, and where it was payable:— *Held* that the action was not barred by the statutory limitation of Lower Canada, though more than five years had elapsed after the maturity of the note before the action was brought.— Wilson & Demers, XIV L. C. J., 317.

5. The prescription of a promissory note made in a foreign country and payable there is to be governed by the *lex fori* and not by the *lex loci contractûs.*— Hillsburgh vs Mayer, XVIII L. C. J., 69.

2191. [Les prescriptions qui ont commencé à courir sous l'empire des lois du Bas-Canada sont parachevées conformément aux mêmes lois, sans préjudice à invoquer celles qui s'étaient auparavant accomplies sous une loi différente, ou les temps combinés d'après l'une et l'autre loi, conformément à l'article qui précède.]

CHAPITRE DEUXIÈME.

DE LA POSSESSION.

2192. La possession est la détention ou la jouissance d'une chose ou d'un droit que nous tenons ou que nous exerçons par nous-mêmes ou par un autre qui la tient ou qui l'exerce en notre nom.

Pothier, *Possession*, n⁰ˢ 1, 37, 49, 54, 61 et 63; Intr. au tit. 22, *Orl.*, n⁰ˢ 1 et 17. — C. N., 2228.

Jurisp.— 1. Des titres de propriété qui n'en indiquent pas l'étendue, ne peuvent déterminer les limites dans lesquelles l'on a fait des actes de possession, mais tels titres mettent le possesseur supposé de telle propriété dans la même position que s'il n'avait pas de titre du tout.— Nand vs Clément, VIII L. C. R., 140.

2. Although open possession for a period slightly falling short of the term necessary for prescription is not a legal ground of defence to an action to rescind the deed of sale under which the property has been held, yet a presumption of good faith on the part of the possessor arises from it, which may be regarded in the decision of the case.— Lemoine vs Lionais, II L. C. L. J., 163.

3. Possession, although it may be equivalent to registration to prevent acquisition of a servitude, is not equivalent to registration as regards the acquisition of a servitude.— Stringer vs Crawford, V Q. L. R., 89.

2193. Pour pouvoir prescrire au moyen de la possession, il faut qu'elle soit continue et non interrompue, paisible, publique, non équivoque et à titre de propriétaire.

Paris, 113, 114 et 118.— Pothier, *Presc.*, n° 1, *dernier alinéa*, n⁰ˢ 18, 26, 37, 38, 174 et 175; *Possession*, n⁰ˢ 27, 28, 39, 40 et 41; Intr. tit. 14, *Orl.*, n⁰ˢ 16, 17 et 22. — Dunod, *Presc.*, p. 20.— C. N., 2229.

Jurisp.— 1. Pour acquérir au moyen de la prescription sous l'empire du droit français, la possession naturelle est nécessaire.— Stuart vs Bowman, II L. C. R., 369.

2. The existence of a fence for upwards of forty years, as a dividing line between two properties, will not prescribe either the right to institute proceedings *en bornage*, or the right of the lawful owner to such portion of the property as may have been improperly enclosed by such fence.— Fabrique de l'Isle Perrot vs Ricard, IX L. C. J., 99.

3. Le propriétaire d'arbres forestiers croissant sur sa propriété, en existence depuis plus de trente ans et avoisinant son copropriétaire, doit être maintenu dans la possession de ces arbres dans l'état dans lequel ils sont.— Ferguson vs Joseph, X L. C. J., 333.

4. To sustain a plea of prescription, the evidence must show peaceable, uninterrupted possession and ownership for upwards of thirty years.— Herrick & Sixty, XI L. C. J., 129. (Cons. Privé.)

5. Petitory action by vendee of person to whom land was patented. The defendant having proved more than ten years' open, uninterrupted and peaceable possession, under title, by himself and predecessor,— *Held* that he had acquired prescription, and the plaintiff's action could not be maintained.— Hogle & McCorkill, II L. C. L. J., 108.

6. La possession du défendeur en vertu d'un titre en date de 1871, mais enregistré seulement en 1877, ne peut pas être considérée comme une possession publique à l'encontre du demandeur, de manière à supporter le défendeur dans son plaidoyer invoquant la prescription décennale.— *Quære :* Une vente non enregistrée peut-elle servir de base à une prescription décennale à l'encontre d'une hypothèque dûment enregistrée ?— Ross vs Légaré, IV Q. L. R., 270.

2194. On est toujours présumé posséder pour soi et à titre de propriétaire, s'il n'est prouvé qu'on a commencé à posséder pour un autre.

Dargentré *sur Bretagne*, art. 265, ch. 5, n° 17.— Pothier, *Presc.*, 172, *in fine* ; Intr. tit. 14, *Orl.*, n° 17.— Dunod, *Presc.*, p. 22, 3° alin.

2195. Quand on a commencé à posséder pour autrui, on est toujours présumé posséder au même titre, s'y n'y a preuve du contraire.

ff L. 3, ¿ 19, *De adquirendâ vel amitt. poss.*— Pothier, *Presc.*, 172, 2° alin.

2196. Les actes de pure faculté et ceux de simple tolérance ne peuvent fonder ni possession ni prescription.

ff L. 41, *De adquirendâ vel amitt. poss.*— Dunod, *Presc.*, p. 15, dernier alin., 85. — Guyot, Rép., v° *Presc.*, part. 1, ¿ 6, dist. 5.— Lacombe, v° *Faculté de rachat*, n° 1.— Code civil B. C., art. 2201.— C. N., 2232.

2197. Les actes de violence ne peuvent fonder non plus une possession capable d'opérer la prescription.

Anc. Den., v° *Violence.*— Nouv. Den., v° *Clandestinité.*— Pothier, *Possession*, 19 et suiv.— C. N., 2233.

2198. [Dans les cas de violence et de clandestinité, la possession utile à la prescription commence lorsque le vice a cessé.

Cependant le voleur et ses héritiers et successeurs à titre universel ne peuvent par aucun temps prescrire la chose volée.]

Les successeurs à titre particulier ne souffrent pas de ces vices dans la possession d'autrui, quand leur propre possession a été paisible et publique.

Troplong, *Presc.*, n° 419, 420 et 529; *contrà quant au voleur, vu que le code ne distingue pas.*

2199. Le possesseur actuel qui prouve avoir possédé anciennement est présumé avoir possédé dans le temps intermédiaire, sauf la preuve contraire.

Pothier, *Presc.*, 178.— Dunod, *Presc.*, pp. 17 et 18.— C. N., 2234.

2200. Le successeur à titre particulier peut, pour compléter la prescription, joindre à sa possession celle de ses auteurs.

Les héritiers et autres successeurs à titre universel continuent la possession de leur auteur, sauf le cas d'interversion de titre.

ff L. 14, L. 20, L. 31, §§ 5 et 6, *De usurp. et usucap.*— Pothier, *Possession*, 31, 2ᵉ alin., 33, 34 et 63 ; *Dépôt*, 68 ; *Prêt à usage*, 47 ; Intr. tit. 22, *Orl.*, nº 14.— Delhommeau, *Règles* 248, 249, 250 et 251.— Lamoignon, *Arrêtés*, tit. 29, art. 1.— C. N., 2233, 2235 et 2237.

Jurisp.—1. Quel que soit l'espace de temps pendant lequel un chemin a été ouvert et au service du public, aucun droit n'est par là acquis, et le propriétaire du terrain peut en aucun temps, quand il est fait un procès-verbal pour autoriser l'ouverture du chemin pour l'usage du public, réclamer une indemnité pour la valeur du terrain.— *Ex parte* Foran, IV L. C. R., 52.

2. Quand une propriété est réclamée en vertu de la prescription trentenaire, et que pour établir telle prescription la possession de ses auteurs est invoquée, les noms de tels auteurs doivent être donnés.— Lampson vs Taylor, XIII L. C. R., 154.

3. (*Jugé en Cour Supérieure*): En opposant la prescription trentenaire à une action pétitoire, un défendeur peut se prévaloir de la possession du possesseur antérieur, sans qu'il soit besoin d'établir aucune connexité entre eux.— (*En Cour d'Appel*): Dans les circonstances de la cause, l'action du demandeur devait être renvoyée ; la majorité de la cour, néanmoins, était d'opinion que le défendeur ne pouvait prendre avantage de la possession de son prédécesseur, faute d'avoir établi un lien de droit entr'eux.— Stoddart & Lefebvre, XIII L. C. R., 481.

4. Sur contestation par le demandeur d'une opposition par laquelle l'opposant réclamait la terre saisie dans la cause, comme propriétaire, le demandeur n'a pas droit d'invoquer la possession du défendeur, afin de compléter la possession et prescription de dix ans en vertu de l'article 115 de la Coutume de Paris.— Ruiter vs Thibaudeau, XIV L. C. R., 306.

5. In a question as to which of two parties had first possession of moveables, the possession of their respective vendors can be invoked.— Russell vs Guertin, X L. C. J., 133.

6. Un document sous seing privé, par lequel une partie déclare vendre et abandonner tous ses droits dans un immeuble, est un titre suffisant pour transférer la propriété et continuer la possession à son successeur.— McDonald & Lambe, XVII L. C. R., 293.

7. In an action *en bornage*, the existence of a fence between the two properties for upwards of 30 years before action brought, entitles the defendant to claim such fence as the legal boundary or division line between the properties. Although such fence be so constructed as to form an irregular encroachment on the plaintiff's land, to the depth of about 7 feet by about 48 feet in length along a portion of the line of division between the properties, and although the title deed of the defendant and the title deeds of all his *auteurs*, show the line of division between the properties to be a straight line, throughout its entire length, and are silent as to the encroachment, and although defendant's possession only dates back a little over 4 years, he nevertheless can avail himself of the possession up to the fence, of all those from whom he derives title to the property described in the deeds. Verbal evidence, to the effect, that the fence has been for upwards of 30 years in the same line as it was at the time of the action, is sufficient, although it be proved, that such fence was entirely destroyed by fire and remained so destroyed for upwards of a year, and none of the witnesses testify to having seen a vestige of the old fence after the fire, or to having been present when the new fence was built.— Eglangh vs the Society of the Montreal General Hospital, XII L. C. J., 39.

CHAPITRE TROISIÈME.

DES CAUSES QUI EMPÊCHENT LA PRESCRIPTION, ET EN PARTICULIER DE LA PRÉCARITÉ ET DES SUBSTITUTIONS.

2201. On ne peut prescrire les choses qui ne sont point dans le commerce.

Certaines dispositions spéciales en explication du présent article se trouvent au chapitre quatrième de ce titre.

ff L. 9, L. 45, *De usurp. et usucap.*— Pothier, *Presc.*, 7, 2° alin. ; Int. tit. 14, *Orl.*, n° 9.— Dunod, *Presc.*, ch. 4 et 12, pp. 15, 80, 88, 89, 90 et 91.— Delhommeau, Règle 285.— Henrys, liv. 4, quest. 41.— Troplong, *Presc.*, n°° 112 à 131.— C. N., 2226 et 2232.

2202. [La bonne foi se présume toujours.]
C'est à celui qui allègue la mauvaise foi à la prouver.

Pothier, *Presc.*, 27, 28, 36, 173 et 205 ; *Possession*, 9, 17 et 18 ; *Propriété*, 544, 2° alin. ; 340, 6° alin.—Dunod, *Presc.*, part. 1, ch. 8, 1°° et 2° alin. et pp. 43–4.— Guyot, Rép., v° *Presc.*, sec. 1, § 5, n° 5.— C. N., 2262 et 2268.

2203. Ceux qui possèdent pour autrui, ou avec reconnaissance d'un domaine supérieur, ne prescrivent jamais la propriété, pas même par la continuation de leur possession après le terme assigné.

Ainsi l'emphytéote, le fermier, le dépositaire, l'usufruitier et tous ceux qui détiennent précairement la chose du propriétaire, ne peuvent l'acquérir par prescription.

Ils ne peuvent par prescription se libérer de la prestation attachée à leur possession, mais la quotité et les arrérages en sont prescriptibles.

L'emphytéose, l'usufruit, et autres droits démembrés semblables, sont susceptibles d'un domaine de propriété distinct et d'une possession utile à la prescription. Le propriétaire n'est pas empêché par le titre qu'il a consenti de prescrire contre ces droits.

L'envoyé en possession définitive ne commence à prescrire contre l'absent, ses héritiers ou ses représentants légaux, qu'à son retour ou à son décès connu ou légalement présumé.

ff L. 25, § 1, *De adquirendâ vel amitt. poss.*— Cod., L. 1, *Communia de usucap.*— Pothier, *Propriété*, 8, 9, 10, 11 et 12 ; *Dépôt*, 67 ; *Prêt à usage*, 47 ; *Nantissement*, 53 ; *Possession*, 13, 15, 31, 32, 33, 34, 60 et 63 ; *Presc.*, 27, 43, 44 et 173 ; Int. tit. 14, *Orl.*, n°° 9 et 118 ; Intr. tit. 22, n°° 10, 11, 12, 13 et 14.— Guyot, Rép., v° *Presc.*, p. 308, col. 2.— Prudhon, *Domaine de Propriété*, 11, 13, 495, 709 et 7102 ; *Usufruit*, 751, 752 et 753.— Lamoignon, *Arrêtés*, tit. 29, art. 2 et 3.— Dunod, *Presc.*, ch. 7.— Troplong, *Presc.*, 518 et 519.— S. R. B. C., ch. 4, s. 10, § 5 ; ch. 50, ss. 1 et 6.— C. N., 2236 et 2239.

2204. Les héritiers et successeurs à titre universel de ceux que l'article qui précède empêche de prescrire, ne peuvent prescrire non plus.

Pothier, *Dépôt*, 67 ; *Prêt à usage*, 47 ; *Possession*, 31, 33, 34 et 63 ; Int. tit. 22, *Orl.*, n° 14.— C. N., 2237.

2205. Néanmoins les personnes énoncées dans les articles 2203 et 2204, et aussi le grevé de substitution, peuvent commencer une possession utile à la prescription, si le titre se trouve interverti, à compter de la connaissance qui en est donnée au propriétaire par la dénonciation ou autres actes contradictoires.

La dénonciation du titre et les autres actes de contradiction ne servent que lorsqu'ils sont faits à une personne contre qui la prescription peut courir.

Pothier, *Possession*, 35 ; Intr. tit. 22, *Orl.*, n° 14.— Guyot, Rép., v° *Presc.*, pp. 323-4-5.— Dunod, *Presc.*, pp. 37-38.— Troplong, sur art. 2236 et 2138.— Marcadé, sur do.— Dalloz, Jurisp. Générale, v° *Presc.*, p. 256, n°° 10, 11 et 12.— C. N., 2238.

2206. Les tiers acquéreurs de bonne foi, avec titre translatif de propriété venant soit du possesseur précaire ou soumis à un domaine supérieur, soit de tous autres, peuvent prescrire [par dix ans] contre le propriétaire durant le démembrement ou la précarité.

Les tiers peuvent aussi prescrire contre le propriétaire durant le démembrement ou la précarité par trente ans avec ou sans titre.

Cod., L. 3, § 3, *Communia de legatis et fidei.*— Thévenot-d'Essaules, *Substit.*, 877 à 911.— Ferrière, sur 117, Paris, p. 409, n° 9.— Ibid., sur 113, Glose 7, n° 19.— S. R. B. C., c. 37, s. 1, § 3.— Pothier, *Substitutions*, pp. 541, 542, 551 et 552.— Ord. des Substitutions, tit. 2, art. 29.— C. N., 2239 et 2257.

2207. Dans les cas de substitution, la prescription n'a pas lieu contre l'appelé avant l'ouverture du droit, en faveur du grevé, ni de ses héritiers et successeurs à titre universel.

[La prescription court contre l'appelé avant l'ouverture du droit, en faveur des tiers, à moins qu'il ne soit protégé comme mineur ou autrement.

L'appelé, contre qui cette prescription court, a le bénéfice de l'action en interruption.]

La possession du grevé profite à l'appelé pour la prescription.

Les prescriptions courent contre le grevé durant le temps de sa possession et en sa faveur contre les tiers.

Après l'ouverture, la prescription peut commencer à courir en faveur du grevé et de ses héritiers et successeurs à titre universel.

2208. On ne peut point prescrire contre son titre, en ce sens que l'on ne peut point se changer à soi-même la cause et le principe de sa possession, si ce n'est par interversion.

Pothier, *Possession*, 31, 32, 33 et 35; Intr. tit. 22, *Orl.*, n°° 10, 11 et 12.— Guyot, Rép., v° *Presc.*, part. 1, § 6, dist. 3.— Salvaing, *Usage des fiefs*, c. 94.— C. N., 2240.

2209. On peut prescrire contre son titre en ce sens que l'on prescrit la libération de l'obligation que l'on a contractée.

Autorités sous l'art. précédent,'et Dunod, *Presc.*, part. 1, c. 8, 2° alin.— C. N., 2241.

2210. La prescription de trente ans peut avoir lieu acquisitivement en fait d'immeubles corporels pour ce qui est au delà de la contenance du titre, et libératoirement dans tous les cas en diminution des obligations que le titre contient.

En fait de redevances et rentes, la jouissance au delà du titre qui apparaît ne donne pas lieu à l'acquisition du surplus par prescription.

Pothier, *Constit. de rente*, 149 et suiv.— Dunod, *Presc.*, part. 1, c. 8, dernier alin. — Guyot, Rép., v° *Rente*, p. 444.

CHAPITRE QUATRIÈME.

DE CERTAINES CHOSES IMPRESCRIPTIBLES ET DES PRESCRIPTIONS PRIVILÉGIÉES.

2211. Le souverain peut user de la prescription. Le moyen qu'a le sujet pour l'interrompre est la *pétition de droit*, outre les cas où la loi donne un autre remède.

Chitty, Prerog., 340.— C. N., 2227.

Entre privilégiés le privilége a son effet-en matière de prescription.

Pothier, *Presc.*, 191.—13 Guyot, Rép., vᵉ *Privilége*, p. 689.— *Ibid.*, p. 340.— Dunod, *Biens d'Eglise*, p. 32.— Delhommeau, Règle 276.—S. R. B. C., ch. 19, s. 1, § 2.— C. N., 2227.

Jurisp.—(*Jugé par la Cour Supérieure*): La Couronne a pu acquérir un immeuble en Canada par la prescription de trente ans et plus, et le véritable propriétaire pouvait interrompre cette prescription par la pétition de droit, procédure qui pouvait être invoquée dans la colonie aussi bien que dans la mère-patrie. Dans l'espèce, le demandeur se fondait sur un titre vague et incertain, et n'avait pas prouvé la possession de ses auteurs. Le terrain réclamé dans la cause ayant été requis et occupé pour plus de trente ans pour la construction des fortifications de la cité de Québec, ne pouvait pas être le sujet d'une action pétitoire.— (*Jugé en Appel*): Que le terrain réclamé par le demandeur, ayant été requis pour la défense du pays, et destiné et employé pour plus de trente ans à l'érection des fortifications de la cité de Québec, avait cessé d'être *in commercio*, et ne pouvait être le sujet d'une action pétitoire.— Laporte & Les principaux officiers de l'artillerie, VII L. C. R., 486.

2212. Les droits royaux qui tiennent à la souveraineté et à l'allégeance sont imprescriptibles.

Bacquet, *Déshérence*, c. 7, nᵒˢ 1 et 2.— Chopin, *Domaine*, liv. 3, tit. 9, nᵒ 5.— Bosquet, Dict. des domaines, vᵉ *Presc.*, nᵒ 1.— Lemaître, sur Paris, pp. 170-1, *et ubique passim*.— C. N., 2226.

2213. Les rivages, lais et relais de la mer, les ports, fleuves et rivières navigables ou flottables, et leurs rives, et les quais, travaux et chemins qui en dépendent ; les terres publiques, et en général les immeubles et droits réels faisant partie du domaine public de Sa Majesté, sont imprescriptibles.

2 Ord. de Fontanon, p. 1110, *Édit de juin* 1539.— Bacquet, *Déshérence*, ch. 7, nᵒ 4.— Dunod, *Presc.*, pp. 71-4-5, 273 et 275.— Chopin, *Domaine*, liv. 3, tit. 9, nᵒ 2.— Delhommeau, Règle 8.— Nouv. Den., vᵉ *Domaine*, § 8, nᵒ 1.— Ferrière, Dict. de droit, vᵉ *Pesche*, p. 382.— Bosquet, Dict. des dr. dom., vᵉ *Presc.*, nᵒ 1.— Brodeau, *sur Paris*, art. 12, nᵒˢ 10 et 11.— Lemaître, *sur Paris*, pp. 170-1.— Boucheul, Biblioth., vⁱᵉ *Tiers* et *Danger*, c. 18, dernier alin.— Charondas, *Réponses*, p. 500, nᵒ 47.— *Contrà pour la prescription de* 100 *ans ou immémoriale.*— Bacquet, *Déshérence*, c. 7, nᵒˢ 6, 7 et 8.— Pothier, *Presc.*, 288.— Loisel, *Instit.*, liv. 5, tit. 3, nᵒˢ 15 et 16.— Chopin, *Domaine*, liv. 3, tit. 9, nᵒˢ 2, 3 et 6.— C. N., 2226, 538, 540 et 541.

Jurisp.—During the interval that the Crown held a property surrendered by a seignior, for the purpose of commutation under the statute 6th Geo. IV, chap. 59, before the issuing of the letters patent re-granting the same, prescription ran in favor of a mere squatter in actual possession of such property, but without any title whatever thereto.—The possession of such squatter during such interval could legally avail, in favor of a party succeeding him in the possession of the property, under a plea of a thirty years' prescription.— McDonald & Lambe, IX L. C. J., 281.

2214. Le droit de Sa Majesté au fonds des rentes, prestations. et revenus à elle dus et payables, et aux sommes capitales provenant du prix de l'aliénation ou de l'usage des biens du domaine, sont aussi imprescriptibles.

Autorités sous l'article précédent.

2215. Les arrérages des rentes, prestations, intérêts et revenus, et les créances et droits appartenant à Sa Majesté non déclarés imprescriptibles par les articles qui précèdent, se prescrivent par trente ans.

Les tiers acquéreurs d'immeubles affectés à ces créances ne peuvent se libérer par une prescription plus courte.

1 Ferrière, *sur Paris*, p. 312.— Pothier, Intr. tit. 14, *Orl.*, n° 36.— Brodeau, *sur Paris*, art. 12, n° 10.— Lemaltre, *sur Paris*, pp. 170-1.— Bosquet, Dict. des dr. dom., v° *Presc.*, n° 2.— Journal du Palais, 11 janv. 1673.— Pothier, *Presc.*, 142.— Chitty on *Prerogatives*, pp. 25-6.— Bacquet, *Déshérence*, c. 7, n°° 21 et 29.— C. N., 2227.

Jurisp.— The Crown can recover interest where a private individual would be entitled to it, as in an action for money paid under a written contract on account of a third person, in which it may be recovered from the date of service of process of the Court. Where the greater rights and prerogatives of the Crown are in question, recourse must be had to the public law of the empire by which alone they can be determined ; but when its minor prerogatives and interests are in question they must be regulated by the established law of the place where the demand is made.— King vs Black, Stuart's R., 324.

2216. Les biens échus à Sa Majesté, par déshérence, bâtardise ou confiscation, ne sont censés incorporés ou assimilés à son domaine pour les fins de la prescription, qu'après une déclaration à cet effet, ou après dix années de jouissance et possession de fait, au nom de Sa Majesté, de l'ensemble des droits qui lui sont ainsi échus dans le cas particulier.

Jusqu'à cette incorporation ou assimilation, ces biens continuent d'être sujets aux prescriptions ordinaires.

1 Ord. Néron, p. 442, *Règlement de fév.* 1556.— 2 *Ibid.*, p. 84, *Edit d'avril* 1667. — Anc. Den., v° *Domaine*, n°° 1, 2 et 30.— Bacquet, *Déshérence*, c. 7, n°° 20, 21 et 22.— Dunod, *Presc.*, p. 275.— Bosquet, Dict. des dr. dom., v° *Presc.*, n° 1, 4° alinéa, n° 2 ; v° *Domaine*, § 1, n° 7.— 1 Ferrière, *sur Paris*, p. 312, n° 2.— Brodeau, *sur Paris*, art. 12, n° 11.— Lemaltre, *sur Paris*, pp. 170-1.— Ferrière, Dict. de droit, v° *Presc.*, p. 411, art. 3.— II Guil. IV, c. 41.— III Burge, p. 36.— C. N., 2227.

2217. Les choses sacrées, tant que la destination n'en a pas été changée autrement que par l'empiètement souffert, ne peuvent s'acquérir par prescription.

Les cimetières, considérés comme chose sacrée, ne peuvent être changés de destination de manière à donner lieu à la prescription, qu'après l'exhumation des restes des morts, choses sacrées de leur nature.

Pothier, *Presc.*, 7 ; *Posses.*, 37.— Ferrière, *sur Paris*, tit. 6, § 3, n° 4, *et ubique passim.*

2218. [La prescription acquisitive des immeubles corporels non réputés chose sacrée, et la prescription libératoire qui se rapporte au fonds des rentes et redevances, aux legs, aux droits d'hypothèque, ont lieu contre l'Eglise de la même manière et d'après les mêmes règles que contre les particuliers.

Les acquéreurs avec titre et bonne foi prescrivent contre l'Eglise par dix ans, tant acquisitivement que libératoirement, comme entre particuliers.

La prescription acquisitive des meubles corporels non réputés sacrés, et les autres prescriptions libératoires, y compris celle des sommes en capital, ont lieu contre l'Eglise comme entre particuliers.]

2219. Le fonds du droit à la dîme et la quotité d'icelle sont imprescriptibles. La prescription acquisitive a lieu par quarante ans entre curés voisins.

Les arrérages n'en peuvent être demandés que pour une année.

La dîme est portable et non quérable.

Ord. mai 1679, 1 Edits et Ord. 8°., p. 231.— *Arrêt du Conseil Supérieur*, du 18 nov. 1705.— Guyot, Rép., v° *Dîmes*, pp. 22-3.— Lacombe, v° *Dixmes*.— Brodeau, sur Louet, D. 9, 16 et 17.— 1 Henrys, liv. 1, Quest. 37 et 38.— 4 Dumoulin, *Annot. in Decr.*, p. 156.— Brillon, v° *Dixmes*, n°° 109, 156 et 157.— Delhommeau, *Règle* 274.— Ferrière, *sur Paris*, tit. 6, part. 3, n° 13, et sur l'art. 124, n° 19.

Jurisp.—1. L'action pour dîmes dans le Bas-Canada est-elle sujette à la prescription annale?— Les dîmes en Canada étant portables et non quérables, les arrérages peuvent être réclamés et recouvrés, et la prescription annale invoquée par les défendeurs n'est ni fondée sur l'usage ni sanctionnée par les lois du Canada, du moins depuis le 18 novembre 1705.— Blanchet vs Martin, III R. de L., 73.

2. En ce pays les dîmes ne s'arréragent pas, l'action pour les réclamer est annale, et le paroissien n'est pas obligé d'offrir de justifier par serment qu'il les a payées.— Théberge vs Vilbon, III L. C. R., 196.

3. La demande pour dîmes en Canada n'est pas sujette à la prescription annale.— Brunet vs Desjardins, III L. C. R., 81.

4. Le catholique romain qui renonce à sa religion n'est pas tenu, pour être exempt de la dîme à l'avenir, d'en informer son curé par acte notarié, ni même par écrit sous seing privé, mais un avis verbal suffit.— Il n'est même pas tenu de l'en informer verbalement s'il pratique ouvertement une autre religion.— Soly vs Brunelle, XVI L. C. J., 101.

5. A person ceasing to profess the roman catholic religion must notify his *curé* in writing in order to be exempted from liability for church dues.— Gault vs Dupuis, I L. C. L. J., 94.

6. Une action pour dîme est une action personnelle réelle, et la Cour des Commissaires est incompétente pour en connaître, aux termes du statut auquel elle doit son existence.— Le jugement d'une Cour de Commissaires qui prend connaissance d'une action pour dîme est radicalement nul et n'a pas l'autorité de chose jugée.— La dîme est due sur les terres tenues en franc et commun saccage, comme dans les autres parties du pays.— Les terres nouvellement défrichées ne sont pas exemptes de payer la dîme pendant les cinq premières années du défrichement.— Le droit du curé à la dîme n'est pas limité à la valeur de 500 francs, mais il a droit de percevoir la dîme de tous les grains décimables produits dans la paroisse.— La dîme, due avant le code, s'arrérage et n'est pas sujette à la prescription annale.— Roy vs Bergeron, I R. C., 245.

7. Les terres tenues en franc et commun soccage dans les *townships* ne sont pas sujettes aux dîmes.— Refour vs Senécal, M. C. R., 104.

2220. Les chemins, rues, quais, débarcadères, places, marchés, et autres lieux de même nature, possédés pour l'usage général et public, ne peuvent s'acquérir par prescription, tant que la destination n'en a pas été changée autrement que par l'empiètement souffert.

Autorités citées aux art. 20 et 47.— *ff L. 9, De vid.*— Dunod, *Presc.*, c. 12, p. 74.— C. N., 538 et 2227.

Jurisp.—The land of the appellants had been bounded in rear by a lane known as Blache lane from A. D. 1815 till about ten years before the institution of the present action, when the defendant, who owned land on the opposite side of the lane, took possession of that part of the lane between him and the *auteur* of the appellants, and thereby prevented access to the appellant's land in rear from the lane.— *Held* in appeal, reversing the judgment of the Court below, that the lane was a public street and thoroughfare long before A. D. 1834, the date of the acquisition of the land by the *auteur* of the appellants;— that in the title of the respondent, his property was butted and bounded in front in part by the said street, and did not extend beyond or into or upon the said street; and that he has unlawfully made the obstructions complained of by the appellants without right or title by him so to do, by illegally erecting across the said street a wooden fence and other buildings upon the said street;— that the respondents had a right of action to have the obstruction removed.— Johnson & Archambault, VIII L. C. J., 317.

2221. Les autres biens des municipalités et des corporations dont la prescription n'est pas autrement réglée par ce code, même ceux tenus en main-morte, sont sujets aux prescriptions entre particuliers.

CHAPITRE CINQUIÈME.

DES CAUSES QUI INTERROMPENT OU SUSPENDENT LA PRESCRIPTION.

SECTION I.

DES CAUSES QUI INTERROMPENT LA PRESCRIPTION.

2222. La prescription peut être interrompue ou naturellement ou civilement.

Dargenteé, sur 266 Bretagne, v° *Interruption*, cc. 4, 5 et 6.— Pothier, *Presc.*, n° 38, 2° alin., 152 ; *Bail à rente*, 200.— Guyot, Rép., v° *Interruption*, p. 489.— Dunod, *Presc.*, p. 52.— C. N., 2242.

2223. Il y a interruption naturelle lorsque le possesseur est privé, pendant plus d'un an, de la jouissance de la chose, soit par l'ancien propriétaire, soit même par un tiers.

ff L. 5, *De usurp.*— Cod., L. 7, § 5, *De presc.*, 30 *vel.* 40 *ann.*— L. 5, *De duobus reis.*— Dargentré, sur 266 Bretagne, v° *Interrupt.*, ch. 4.— 9 Cujas, col. 977, D.— Pothier, *Presc.*, 39, 40 et 152 ; *Possession*, 73, 74, 75 et 76 ; *Bail à rente*, 200 ; Intr. tit. 14, *Orl.*, n° 23.— Guyot. Rép., v° *Interruption*, pp. 489 et 490.— Dunod, *Presc.*, p. 52.— C. N., 2243.

2224. Une demande en justice suffisamment libellée, signifiée à celui qu'on veut empêcher de prescrire, ou produite et signifiée conformément au Code de procédure civile, lorsque la signification personnelle n'est pas requise, forme une interruption civile.

La saisie, la reconvention, l'intervention, l'opposition, comportent la demande.

L'interpellation extra-judiciaire, même par notaire ou huissier et accompagnée de titres, et même signée de la partie interpellée, n'opère pas l'interruption s'il n'y a eu reconnaissance du droit.

Cod., L. 3, *De annali except.*— Dargentré, sur 266 Bretagne, v° *Interrupt.*, c. 5, n° 1.— 9 Cujas, *col.* 977, D ; *col.* 984-5 *proem : et text : ad l. prædictam Cod.*—

Brillon, v° *Ajournement*, n° 13.— Brodeau sur Louet, A 10, n° 1.— 2 Journal du Palais, p. 573.—1 Journal des Audiences, liv. 8, c. 8.— Pothier, *Obl.*, 692, 696 et 711; *Presc.*, 48, 50, 51 et 152; *Constit. de rente*, 141-2; Intr. tit. 14, *Orl.*, n° 26, 44 et 50.— Guyot, Rép., v° *Interruption*, p. 490.— Ferrière, sur 113 Paris, *glose* 5, n° 6 à 11.— Troplong, *Presc.*, 561-2-3-4, 576, 584 et 579.— Dunod, *Presc.*, pp. 55, 56 et 57.— Brodeau, sur 113 Paris, n° 4.— Lamoignon, *Arrêtés*, tit. 29, n° 45.— C. N., 2244.

Jurisp.—1. In proving interruption of prescription of note, a letter mentioning a note, will be presumed, in the absence of evidence to the contrary, to refer to the note alleged to be prescribed.— Thompson vs McLeod, I L. C. J., 155.

2. A tender (not accepted) of money by an insurance company, in settlement of a loss, is not an interruption of the conventional prescription of one year under the policy.— Bell vs Hartford Fire Insurance Co., I L. N., 100.

2225. La demande formée devant un tribunal incompétent n'interrompt pas la prescription.

Pour.— Cod., L. 5, *De duobus reis.*— Papon, *Arrêts*, liv. 12, tit. 3, n° 24.— 2 Dumoulin, p. 680, *Arrêt* 102 *et note.*— Journal des Audiences, liv. 1, cc. 1 et 34, p. 72. — Dunod, *Presc.*, pp. 56-7.— Pothier, *Obl.*, 696; *Presc.*, 51, 2° alin.— Ferrière, sur 113 Paris, *glose* 5, n° 9, *in fine.*— Lamoignon, *Arrêtés*, tit. 29, art. 45.— Troplong, *Presc.*, n° 596-8.

Contre.— Cod., L. *penult.*, *Ne de statu.*— Chopin, sur Anjou, p. 245.— Basnage, sur 485 Normandie, p. 320, *in fine.*— Despeisses, part. 4, tit. 4, n° 29, 3°.— Le Camus, dans Ferrière, sur Paris, tit. 7, § 4, n° 14.— C. N., 2246.

2226. Si l'assignation ou la procédure est nulle par défaut de forme;
Si le demandeur se désiste de sa demande;
S'il laisse obtenir péremption de l'instance;
Ou si sa demande est rejetée:
Il n'y a pas d'interruption.

Dargentré, sur Bretagne, v° *Interruption*, ch. 6 et 8, n° 10 et 11.— Pothier, *Obl.*, 696; *Presc.*, 53 et 153; Intr. tit. 14, *Orl.*, n° 26, 50 et 56.— Ferrière, sur 113 Paris, *glose* 5, n° 9 et 11.— Brodeau, sur 113 Paris, n° 4.— C. N., 2247.

Jurisp.— La prescription aura son cours, nonobstant une instance quoique contestée mais périmée, dans laquelle certaines admissions de la dette auraient pu être faites.— Malo vs O'Heir, VII L. C. J., 79.

2227. La prescription est interrompue civilement par la renonciation au bénéfice du temps écoulé et par la reconnaissance que le possesseur ou le débiteur fait du droit de celui contre lequel il prescrivait.

Cod., L. 7, § 5, *De presc.*, 30 *vel.* 40 *ann.*— L. 5, *De duobus reis.*— Dargentré, sur 266 Bretagne, v° *Interruption*, c. 5.—9 Cujas, col. 972, E.— Pothier, *Obl.*, 692, 699 et 700; *Const. de rente*, 143-4; Intr. tit. 14, *Orl.*, n° 44-5-6-7-8-9.— C. N., 2248.

Jurisp.—1. Dans une action pour salaire par un commis, *purser*, sur un vapeur, le plaidoyer de prescription par six ans, en vertu de l'acte 10 et 11 Vict., ch. 11, est valable, et il n'est établi aucune interruption de prescription en prouvant que le défendeur avait dit au demandeur que s'il était constaté qu'il lui était dû aucune somme il en serait payé.— Strother vs Torrance, VIII L. C. R., 302.

2. La prescription de cinq ans, en vertu de la première partie de la 31° section, 12 Vict., ch. 22, s'applique à tous les billets dus et payables antérieurement à la passation du dit statut.— Côté vs Morrison, VIII L. C. R., 252.

3. Le paiement fait en vertu d'un jugement obtenu en faveur de l'un des douairiers par les possesseurs de l'héritage grevé du douaire, n'interrompt pas la

prescription quant aux autres parties du douaire non réclamées, et tel paiement n'équivaut pas à une renonciation à la prescription qui aurait déjà été acquise. — Bisson vs Michaud, XII L. C. R., 214.

4. Defendants having said within the five years immediately preceding the action, upon being asked for payment, *that he believed he had a larger account against plaintiff*, was sufficient to interrupt prescription.— Delisle vs McGinnis, IV L. C. J., 145.

5. Payment on account of a promissory note within five years, interrupts the statutory prescription, notwithstanding no action brought within that period. Where there was a book account and also a promissory note, and accounts stated had been rendered including both and charging interest, the Court will not strike off the interest where the defendant had not pleaded an imputation of his payments as against the note.— Torrance vs Philbin, IV L. C. J., 287.

6. Partial payments on an open account interrupts the prescription under the statute of limitations.— Benjamin vs Duchesnay, V L. C. J., 168.

7. Entries made in a book by a creditor of a payment will not prove interruption of prescription.— Legault vs Viau, XIV L. C. J., 56.

8. The knowledge by a donee of the existence of a *hypothèque* on the property acquired, at the time of his acquisition, does not constitute him in bad faith, and he can therefor invoke the prescription of ten years. In the present case the payment made by the donee, in part extinction of the *hypothèque*, did not interrupt the prescription.— Kaigle & Pierce, XV L. C. J., 227.

9. Un paiement à-compte du capital ou de l'intérêt interrompt la prescription, et dans les affaires commerciales, avant le Code, la preuve testimoniale était admissible. Le paiement, toutefois, doit être accompagné de circonstances de nature à justifier le jury d'en inférer une promesse de payer la balance. Conséquemment, un paiement à-compte fait par une personne qui réclame un autre crédit de £20 est, dans tous les cas, une reconnaissance de la dette, moins £20.— Hall vs Devany, III R. L., 453.

10. The heirs de Beaujeu were collocated on the proceeds of the sale of the real estate in this cause, for arrears of seigniorial rents, and a judgment. Plaintiff claims that all are prescribed except five years. They answer that in a donation deed defendant promised to pay the arrears and interrupted the prescription and that before the Code they could claim 29 years arrears of rents, so that there remains unprescribed as much as they were collocated, for the deed of donation does not help the creditors, as no amount is named and the collocation is reduced to $45, each to pay his own costs.— Lanthier vs McDonald, V R. L., 185.

11. The endorsement of payments on a promissory note is not an interruption of prescription. The limitation of five years operates as a statute of repose which extinguishes the debt, and nothing less than a new promise in writing can suffice to found an action upon. Any endorsement of interest, or part payment of principal, should be written by the debtor and signed by both parties.— Caron vs Cloutier, III Q. L. R., 230.

12. The short prescriptions referred to in articles 2250, 2260, 2261 and 2262 of the Civil Code are liable to be renounced and interrupted, in the manner prescribed by art. 2227.— Walker & Sweet, XXI L. C. J., 29.

13. The arrears of *rentes constituées* are prescribed by five years.— The renunciation to such prescription cannot be proved by parol testimony when the amount demanded is over $50.00.— Bethune vs Charlebois, II L. N., 13.

2228. La demande en justice contre le débiteur principal, ou sa reconnaissance, interrompt la prescription quant à la caution. Les mêmes actes interruptifs contre ou par la caution opèrent l'interruption contre le débiteur principal.

Pothier, *Obl.*, 645 et 698 avec Bruneman et Catelan contre Duperrier et contre Guyot, v° *Interruption*, p. 490.— Dunod, *Presc.*, p. 60.— Troplong, *Presc.*, n° 633-4-5. C. N., 2250.

2229. La renonciation à la prescription acquise ne préjudicie pas aux codébiteurs, à la caution, ni aux tiers.

Pothier, *Obl.*, 699; *Const. de rente*, 145.— Troplong, *Presc.*, n° 629 et 634-5-6.

2230. Tout acte qui interrompt la prescription à l'égard de l'un des créanciers solidaires, profite aux autres.

Lorsque l'obligation est indivisible, les actes interruptifs à l'égard d'une partie seulement des héritiers d'un créancier, interrompent la prescription en faveur des autres cohéritiers.

Si l'obligation est divisible, quand même la créance serait hypothécaire, les actes interruptifs en faveur d'une partie seulement des mêmes héritiers ne profitent pas aux autres cohéritiers. Dans le même cas, ces actes ne profitent aux autres créanciers solidaires que pour la part des héritiers à l'égard desquels les mêmes actes ont eu lieu. Pour que l'interruption profite en ce cas pour le tout à l'égard des autres créanciers solidaires, il faut que les actes interruptifs aient eu lieu à l'égard de tous les héritiers du créancier décédé.

Cod., L. 5, *De duobus reis.*— Pothier, *Obl.*, 260 et 697 ; *Presc.*, 54 ; *Cout. d'Orl.*, Intr. tit. 14, nᵒˢ 27 et 51.— C. N., 1199 et 2249.

Jurisp.—L'héritier à titre universel de la personne qui avait acquis un héritage, grevé de douaire coutumier, d'un mari et d'une femme durant leur mariage, acquiert la prescription de dix ans à compter du décès des père et mère des douairiers. Le paiement fait en vertu d'un jugement obtenu en faveur de l'un des douairiers par les possesseurs de l'héritage grevé du douaire, n'interrompt pas la prescription quant aux autres parties du douaire non réclamées, et tel paiement n'équivaut pas à une renonciation à la prescription qui aurait déjà été acquise.— Bisson vs Michaud, XII L. C. R. 214.

2231. Tout acte qui interrompt la prescription contre l'un des débiteurs solidaires, l'interrompt contre tous.

Les actes interruptifs contre l'un des héritiers d'un débiteur, interrompent la prescription à l'égard des autres cohéritiers et des codébiteurs solidaires, lorsque l'obligation est indivisible.

Si l'obligation est divisible, quand même la créance serait hypothécaire, la demande en justice contre l'un des héritiers d'un débiteur solidaire, ou sa reconnaissance n'interrompt pas la prescription à l'égard des autres héritiers ; sans préjudice au créancier d'exercer l'hypothèque en temps utile sur la totalité de l'immeuble affecté, pour la partie de la dette à laquelle il conserve son droit.

Dans le même cas, ces actes ne l'interrompent à l'égard des codébiteurs solidaires que pour la part de l'héritier appelé en justice ou ayant reconnu le droit.* Pour qu'en ce cas l'interruption ait lieu pour le tout à l'égard des codébiteurs solidaires, il faut que la demande en justice ou la reconnaissance ait lieu par rapport à tous les héritiers du débiteur décédé.

Les actes interruptifs à l'encontre du débiteur n'interrompent pas la prescription par le tiers détenteur de l'immeuble affecté d'une charge ou hypothèque; ils le concernent en ce sens qu'ils empêchent l'extinction par prescription de la créance à laquelle l'hypothèque est attachée.

Ces actes contre les détenteurs d'autres immeubles ou d'autres portions d'un même immeuble, ne nuisent pas au détenteur divis à l'égard duquel ils n'ont pas eu lieu.

Faits à l'égard d'un détenteur indivis, ils interrompent la prescription à l'égard de ces codétenteurs.

En fait d'interruption naturelle, il suffit néanmoins que l'un des possesseurs indivis ou l'un de leurs héritiers ait conservé la possession utile du tout pour en conserver l'avantage aux autres.

Cod., L. 5, *De duobus reis.*— Paris, 115.— Pothier, *Obl.*, 272 et 697 ; *Presc.*, 55, 56 et 148 ; *Cout. d'Orl.*, Intr. au tit. 14, n⁰⁰ 27 et 51.— C. N., 1206 et 2249.

SECTION II.

DES CAUSES QUI SUSPENDENT LE COURS DE LA PRESCRIPTION.

2232. [La prescription court contre toutes personnes, à moins qu'elles ne soient dans quelque exception établie par ce code, ou dans l'impossibilité absolue en droit ou en fait d'agir par elles-mêmes ou en se faisant représenter par d'autres.

Sauf ce qui est dit à l'article 2269, la prescription ne court pas, même en faveur des 'tiers acquéreurs, contre ceux qui ne sont pas nés, ni contre les mineurs, les idiots, les furieux et les insensés pourvus ou non de tuteur ou de curateur. Ceux auxquels un conseil judiciaire est donné, et l'interdit pour cause de prodigalité, ne jouissent pas de ce privilége.

La prescription court contre les absents comme contre les présents et par le même temps, sauf ce qui est déclaré quant à l'envoyé en possession.]

Jurisp.— 1. Prescription of ten years with title, to the effect of acquiring the proprietorship of an immoveable, does not run during the minority of the party to whom it is opposed.— Devoyau & Watson, I L. C. J., 137.

2. La prescription de cinq ans contre un billet promissoire en vertu de la 12ᵉ Vict., ch. 22, sec. 31, n'est pas interrompue par l'absence du défendeur du Canada pendant sept ou huit ans.— Darah vs Church, XIV L. C. R., 295.

2233. La prescription ne court point entre époux.

Pothier, *Obl.*, 680 ; Intr. tit. 14, *Orl.*, n⁰ 39.— Lebrun, *Commun.*, liv. 3, c. 2, sec. 1, dist. 1, n⁰ 29.— C. N., 2253.

Jurisp.— 1. La prescription des reprises matrimoniales de la femme qui a obtenu une séparation de biens d'avec son mari ne court pas durant le mariage et pendant qu'elle est sous puissance de mari.— Le légataire universel en usufruit de la femme séparée de biens peut exercer telles reprises matrimoniales contre la succession du mari, après le laps de trente ans écoulés durant le mariage et depuis le jour de la sentence rendue.— Gauthier vs Ménéclier, VII L. C. J., 320.

2. *Jugé* que la prescription ne court pas entre époux.— Ménéclier & Gauthier, XVI L. C. R., 181.

2234. La prescription court contre la femme mariée, séparée ou commune, à l'égard de ses biens propres, y compris sa dot, soit que le mari en ait ou non l'administration, sauf son recours contre le mari. Toutefois lorsque le mari est garant pour avoir aliéné le bien de la femme sans son consentement, et dans tous les cas où l'action contre le débiteur ou le possesseur réfléchirait contre le mari, la prescription ne court point contre la femme mariée, même en faveur des tiers acquéreurs.

Pothier, *Obl.*, 680 ; *Bail à rente*, 206 ; *Puissance du mari*, 79 et 80.— Dunod, *Presc.*, part. 3, c. 3, pp. 451-2.— Lebrun, *Com.*, liv. 3, c. 2, sec. 1, dist. 1, n⁰⁰ 16 à 30.— *Arg. à contrario de* L. 30, *fragm.*— Omnis, Cod., *De jure dotium.*— C. N., 2254 et 2256.

2235. La prescription ne court point non plus contre la femme pendant le mariage, même en faveur des tiers acquéreurs, à l'égard du douaire et des autres gains de survie, ni à l'égard du préciput

ou autres droits distincts qu'elle ne peut exercer qu'après la dissolution de la communauté, soit en l'acceptant ou en y renonçant, à
moins que la communauté n'ait été dissoute durant le mariage, à
l'époque de laquelle dissolution la prescription commence contre la
femme, quant aux droits qu'elle peut exercer dès lors par suite de
cette dissolution.

Sauf ce qui est excepté au présent article, la prescription acquise
ou qui a couru contre les biens de la communauté nuit pour sa part
à la femme qui l'accepte.

Paris, 117.— Pothier, *Obl.*, 679.— Dunod, *Presc.*, pp. 251-2.— 2 Dumoulin, sur
Bourbonnois, art. 28, p. 740.— Marcadé, sur 2256, n° 4.— Troplong, n°⁸ 767 et
784.— C. N., 2255 et 2256.

Jurisp.— L'héritier à titre universel de la personne qui avait acquis un
héritage grevé de douaire coutumier, d'un mari et d'une femme durant leur
mariage, acquiert la prescription de dix ans à compter du décès des père et
mère des douairiers. Le paiement fait en vertu d'un jugement obtenu en
faveur de l'un des douairiers par les possesseurs de l'héritage grevé du douaire
n'interrompt pas la prescription quant aux autres parties du douaire non
réclamées, et tel paiement n'équivaut pas à une renonciation à la prescription
qui aurait déjà été acquise.— Bisson vs Michaud, XII L. C. R., 214.

2236. La prescription de l'action personnelle ne court point :
A l'égard d'une créance qui dépend d'une condition, jusqu'à ce
que la condition arrive ;

Cod., L. 7, § 4, *De presc.*, 30 vel. 40 *ann.*— Pothier, *Obl.*, 679.

A l'égard d'une action en garantie, jusqu'à ce que l'éviction ait
lieu ;

Pothier, *Success.*, ch. 4, art. 5, § 3, dernier alinéa.

A l'égard d'une créance à terme, jusqu'à ce qu'il soit arrivé.

Pothier, *Obl.*, 679.— Marcadé, sur art. 2237, pp. 169 et 170.— C. N., 2257.

2237. La prescription ne court pas contre l'héritier bénéficiaire
à l'égard des créances qu'il a contre la succession.
Elle court contre une succession vacante, quoique non pourvue
de curateur.

Pothier, *Obl.*, 680 et 684.— C. N., 2258.

2238. Elle court pendant les délais pour faire inventaire et
pour délibérer.

Pothier, *Obl.*, 684.— C. N., 2259.

2239. Les règles particulières concernant la suspension de la
prescription quant aux créanciers solidaires et à leurs héritiers, sont
les mêmes que celles de l'interruption dans les mêmes cas, expliquées en la section précédente.

39

CHAPITRE SIXIÈME.

DU TEMPS REQUIS POUR PRESCRIRE.

SECTION I.

DISPOSITIONS GÉNÉRALES.

2240. La prescription se compte par jours et non par heures.
[La prescription est acquise lorsque le dernier jour du terme est accompli ; le jour où elle a commencé n'est pas compté.]

Jurisp.—1. The long prescription of thirty years to a debt by obligation must be calculated from the date of the instrument, if it be payable on demand. — Young vs Stewart, II R. de L., 76.

2. La prescription court de l'échéance de la dette, et non de la date de l'obligation qui la comporte, soit que cette obligation soit le titre constitutif de la créance, ou la reconnaissance d'une dette antérieure.— Fortier & Cantin, XVII L. C. R., 337.

2241. Les règles de la prescription sur d'autres objets que ceux mentionnés dans le présent titre sont expliquées dans les titres qui leur sont propres.

SECTION II.

DE LA PRESCRIPTION TRENTENAIRE, DE CELLE DES RENTES ET INTÉRÊTS, ET DE LA DURÉE DE L'EXCEPTION.

2242. Toutes choses, droits et actions dont la prescription n'est pas autrement réglée par la loi, se prescrivent par trente ans, sans que celui qui prescrit soit obligé de rapporter titre et sans qu'on puisse lui opposer l'exception déduite de la mauvaise foi.

Paris, 118.— Ferrière, sur 118 Paris, *Remarques prél.* et n° 9.— Pothier, *Presc.*, 162-3-4, 172-3-4, 180 et suiv., 278.— Guyot, Rép., vᵉ *Presc.*, pp. 369, 370 et 372.— C. N., 2262 et 475.

Amend.— *L'acte Q. 37 Vict., c. 15, s. 19, contient ce qui suit :*
La période de temps comprise entre le premier jour de février de l'année mil huit cent soixante et treize et le premier jour de septembre mil huit cent soixante et quatorze, en autant qu'il s'agit de procédure et d'affaires devant la Cour du Banc de la Reine, la Cour Supérieure et la Cour de Circuit dans le district de Québec, qui se rapportent aux dossiers partiellement ou totalement détruits par le dit incendie, est exclue de l'opération des articles 1040, 1550, 1998, 1999, 2242, 2243, 2250, 2251, 2252, 2258, 2259, 2260, 2261, 2262, 2263, 2267 et 2268 du Code civil du Bas-Canada et des articles 454, 483, 506, 947, 1118 et 1119 du Code de procédure civile ; et relativement aux dits articles du Code civil et du Code de procédure civile, le premier jour de septembre prochain sera considéré comme le jour venant immédiatement après le premier jour de février de l'année mil huit cent soixante et treize.

Jurisp.—1. On proof of 30 years possession, the party is not bound to produce a title or to offer any evidence to show that he held *animo domini* or *de bonne foi*, until the contrary is proved by the plaintiff.— The Seminary of Quebec vs Patterson, Stuart's Rep., 146.

2. Un censitaire qui est en possession d'un droit de pêche dans le fleuve St-Laurent vis-à-vis de sa terre depuis plus de trente ans, et dont les titres énoncent

qu'il est le propriétaire de ce droit, peut porter l'action en complainte, quand il est troublé dans sa possession, sans qu'il soit obligé de rapporter un titre procédant de la Couronne, tel titre étant présumé dans ce cas à l'égard de tiers.— Gagnon vs Hudon, VI L. C. R., 242.

3. Twenty years' existence of a fence (*clôture*) between two properties cannot defeat a demand *en bornage*.—Devoyau & Watson, I L. C. J., 137.

4. The existence of a fence for upwards of forty years, as a dividing line between two properties, will not prescribe either the right to institute proceedings *en bornage* or the right of the lawfull owner to such portion of the property as may have been improperly enclosed by such fence.—Fabrique de l'Isle Perrot vs Ricard, IV L. C. J., 99.

5. Par la loi qui existait avant la mise en opération de la 4ᵉ Vict., ch. 30, il n'y avait pas de prescription de cinq ans contre les arrérages de rente constituée pour prix de vente d'héritage, mais seulement une prescription de trente ans. Dans une distribution de deniers, produit de la vente d'immeubles, le vendeur, bailleur de fonds, la réclamation duquel est fondée sur un acte antérieur à la mise en force de la 4ᵉ Vict., ch. 30, a droit d'être colloqué pour tous les arrérages d'intérêts dus avec le principal, nonobstant qu'aucun sommaire de tels intérêts n'ait été enregistré. La 7ᵉ Vict., ch. 22, ne peut être interprétée de manière à lui donner un effet rétroactif, et conséquemment, cet acte n'affecte pas les rentes constituées créées avant sa mise en force.— Brown vs Clarke, X L. C. R., 379.

6. Dans l'espèce, en l'absence de preuve directe d'un titre particulier exclusif, une ruelle ou passage reconnu et ouvert pendant plus de trente ans, est censé propriété publique, quoiqu'aucun titre ou procès-verbal n'établisse que telle propriété soit propriété publique.—Johnson vs Archambault, XIV L. C. R., 222.

7. When it is proved, in a petitory action, that the possession of the defendant's predecessors in the occupation of the land claimed, is antecedent to the date of the plaintiff's title, although the defendant may not be able to avail himself of such possession in support of a plea of prescription of thirty years, for want of a title thereto, the action of the plaintiff will nevertheless be dismissed.— Stoddart & Lefebvre, VIII L. C. J., 31.

8. Action *en bornage* to ascertain the boundary line between the contiguous properties of the plaintiff and defendant, which property was formerly one lot, and described as containing between 140 or 150 acres. This was afterwards sold in two lots. The plaintiff's, the eastern portion, was described in the deeds as containing " 90 acres, more or less." The defendant's, the western portion, " about 50 acres ;" but the descriptions in the deeds did not agree as to the way the line of boundary was to run. The effect of a surveyor's report, which the Court in Canada homologated, was to make a boundary line, by which the defendant got 61 acres, and reduced the plaintiff's to 82 acres. Upon appeal,— *Held :* (reversing the judgments of the Superior Court and the Court of Queen's Bench,) that those Courts were wrong in their construction of the deeds and evidence as to the boundaries, the rule being that, if in a deed conveying land, the description of the land intended to be conveyed is couched in such ambiguous terms that it is very doubtful what was intended to be the boundaries of the land, and the language of the description equally admits of two different constructions, the one making the quantity conveyed agree with the quantity mentioned in the deed, and the other making the quantity altogether different, the former construction must prevail.— *Held*, further, that the case differed from a conveyance of a certain ascertained piece of land accurately described by its boundaries on all sides, with a statement that it contained so many acres, "or thereabouts," when if the quantity was inaccurately stated, it did not affect the transaction. By the law of Lower Canada the term of prescription is thirty years. To sustain a plea of prescription, the evidence must show peaceable, uninterrupted possession and ownership for upwards of thirty years.— Herrick & Sixby, XI L. C. J., 129. (Cons. Privé.)

9. In an action *en bornage*, the existence of a fence between the two properties for upwards of 30 years before action brought, entitles the defendant to claim such fence as the legal boundary or division line between the properties. Although such fence be so constructed as to form an irregular encroachment on the plaintiff's land, to the depth of about 7 feet by about 48 feet in length along a portion of the line of division between the properties, and although the title deed of the defendant and the title deeds of all his *auteurs*, show the line of division between the properties to be a straight line, throughout its entire length, and are silent as to the encroachment, and although defendant's posses-

sion only dates back a little over 4 years, he nevertheless can avail himself of the possession up to the fence, of all those from whom he derives title to the property described in the deeds. Verbal evidence, to the effect that the fence had been for upwards of 30 years in the same line as it was at the time of the action, is sufficient, although it be proved that such fence was entirely destroyed by fire and remained so destroyed for upwards of a year, and none of the witnesses testify to having seen a vestige of the old fence after the fire, or to having been present when the new fence was built.— Eglaugh vs The Society of the Montreal General Hospital, XII L. C. J., 39.

10. Le bornage demandé aura lieu suivant les clôtures et travaux actuels, lorsqu'ils existent depuis le temps requis pour acquérir par la prescription le fonds sur lequel ils sont construits.— Ricard vs Fabrique de Ste-Jeanne de Chantal, I R. L., 713.

11. Une clôture de ligne ou de division, existant entre deux héritages depuis plus de trente ans, doit servir de base à un bornage, sans égard aux titres.— Patenaude vs Charron, II R. L., 624.

12. Action by *seigneur* to recover possession of a piece of ungranted land forming part of his *seigneurie*, against a party claiming under an informal deed from one who had no title deed, but who, with the defendant, had been in undisturbed possession for thirty years.— *Held* (affirming the judgment of the Court of Queen's Bench for Lower Canada), that a plea of prescription of thirty years possession was a bar to the action, as 1° that it made no difference that during the time of such adverse possession the *seigneur* had, under the statute 6 Geo. IV, c. 59, for the extinction of feudal and seigniorial rights in the Province of Lower Canada, surrendered the *seigneurie* to the Crown for the purpose of commuting the tenure into free and common *soccage*, the issuing of the Letters Patent re-granting the same being *uno flatu* with the surrender to the Crown; and that, both by the ancient French law in force in Lower Canada, as by the English law, prescription ran in favor of a party in actual possession for thirty years; and 2° that such adverse possession enured in favor of a party deriving title to the land through his predecessor in possession.— *Held*, further, that such junction of possession did not require a title, in itself *translatif de propriété*, from one possessor to the other; but that any kind of informal writing, *sous seing privé*, supported by verbal evidence, was sufficient to establish the transfer.— MacDonald & Lambe, IV L. C. L. J., 8. (Conseil Privé.)

13. Dans la désignation suivante d'une servitude de coupe de bois donnée par un père à son fils, savoir: "la coupe de trois quarts d'arpent de bois de front sur la profondeur du bois, à prendre sur la terre des donateurs, au dit lieu du quatrième rang de St-Denis," les caractères essentiels de la servitude, savoir: la nature, l'étendue et la situation, sont suffisamment spécifiés pour constituer la dite coupe une servitude sur le fonds d'autrui. Une servitude de coupe de bois de cette espèce ne peut être prescrite par le laps de trente ans écoulés depuis la date de l'acte de donation qui l'a créée; mais seulement par le non usage pendant trente ans. Dans l'espèce, la preuve démontrant que le demandeur a toujours exploité cette coupe annuellement depuis sa création par le dit acte de donation, qui a été dûment enregistré, cette servitude n'est point prescrite, et le défendeur, tiers détenteur, ne peut prétendre en être libéré.— Archambault vs Archambault, XV L. C. J., 297.

14. A tenant is responsible for the destruction by fire of the leased premises, through the negligence of his servants. The *onus probandi* is on the tenant to prove that the fire was not the result of negligence on the part of his servants, when the premises are burnt whilst in their occupation. Prior to the Code no prescription short of thirty years existed against the landlord's right of action.— Allis vs Foster, XV L. C. J., 13.

15. Dans le cas d'un mandat, sous le droit civil, la seule prescription applicable est celle de 30 ans, à moins que le défendeur n'invoque par ses plaidoiries quelqu'exception en sa faveur.— Phillips vs Joseph, IV R. L., 71. (Confirmé en appel.)

16. L'action d'un fils pour faire annuler le testament de sa mère ne se prescrit que par trente ans; et la prescription de dix ans décrétée par l'article 2258 du Code civil ne s'applique pas à la révocation des testaments. Le testament dont il est question en cette cause sera annulé comme obtenu par la fraude et les menaces de l'époux légataire.— Dorion vs Dorion, VII R. L., 402.

17. L'action contre des exécuteurs testamentaires pour reddition de compte ne se prescrit que par trente ans.— Darling & Brown, M., 18 oct. 1876.

18. Les taxes et cotisations de la cité de Montréal ne sont prescrites que par trente ans.—Guy vs Normandeau, n° 1108, C. S., 9 nov. 1877.

2243. La prescription de l'action en reddition de compte et des autres actions personnelles du mineur contre le tuteur relativement aux faits de la tutelle, a lieu conformément à cette règle, et se compte de la majorité.

Voir sous l'art. précédent certaines dispositions transitoires introduites par l'acte 37 Vict., c. 15, s. 19, et qui affectent l'article 2243.

2244. Si le titre apparaît, il aide à constater les vices de la possession qui empêchent de prescrire.

2245. [La prescription de trente ans a, dans tous les cas demeurés prescriptibles, les mêmes effets qu'avait la centenaire ou immémoriale, tant pour le fonds du droit, que pour couvrir les vices du titre, des formalités et de la bonne foi.]

2246. Celui qui possède comme propriétaire une chose ou un droit conserve, par le fait de cette possession et peut opposer à toute demande en revendication à leur sujet, les voies de nullité et autres moyens tendant à repousser cette demande, quoique le droit de les faire valoir par action directe soit prescrit.

Il en est de même au cas de l'action personnelle ; le défendeur y peut invoquer efficacement tous les moyens qui tendent à la repousser, quoique le temps de s'en prévaloir par action directe soit expiré.

Les dispositions ci-dessus ne s'appliquent pas aux moyens d'exception qui n'atteignaient pas la demande en principe et ne l'ont pas éteinte dans un temps où aucune prescription acquise ne pouvait l'empêcher. Ainsi pour qu'une créance prescrite puisse être opposée en compensation, il faut que la compensation ait eu son effet avant la prescription, et alors elle a lieu [soit qu'elle procède d'une dette commerciale] ou de toute autre cause.

L'adoption des moyens opposés ainsi en défense ne fait pas revivre l'action directe prescrite.

2247. L'action hypothécaire jointe à la personnelle n'est pas soumise à une plus longue prescription que cette dernière seule.

Ferrière, sur 118 Paris, *Remarques prél.* et n°° 12 à 16.— Dunod, *Presc.*, p. 308.— Pothier, *Hypoth.*, c. 3, § 6.— C. N., 2262.

Jurisp.— La loi *cum notissimi* ne fait pas partie de notre droit.— Délard vs Paré, I L. C. J., 271.

2248. [Le terme apposé par la loi ou la convention à la faculté de réméré est de rigueur sans qu'aucune prescription soit requise.

Il en est de même du terme apposé au droit du vendeur de rentrer dans l'immeuble faute de paiement du prix.]

La faculté de racheter les rentes vient de la loi ; elle est imprescriptible.

2249. Après vingt-neuf années écoulées de la date du dernier titre, le débiteur d'une redevance emphytéotique ou d'une rente peut être contraint à fournir à ses frais un titre nouvel au créancier ou à ses représentants légaux.

Ferrière, sur 118 Paris, n° 19.— Marcadé, sur art. 2263.— C. N., 2263.

2250. [A l'exception de ce qui est dû à Sa Majesté, les arrérages de rentes, même viagères, ceux de l'intérêt, ceux des loyers et fermages, et en général tous arrérages de fruits naturels ou civils se prescrivent par cinq ans.

Cette disposition affecte ce qui provient du bail emphythéotique ou d'autre cause immobilière, même avec privilége ou hypothèque.

La prescription des arrérages a lieu quoique le fonds soit imprescriptible pour cause de précarité.]

La prescription du fonds comporte celle des arrérages.

Voir sous l'art. 2242 certaines dispositions transitoires introduites par l'acte 37 Vict., c. 15, s. 19, et qui affectent l'article 2250.

En vertu de l'art. 950 du Code municipal, les arrérages de taxes municipales se prescrivent par trois ans.

Jurisp.— 1. Les loyers de maisons se prescrivent par cinq ans.— Ross vs Christopherson, VIII L. C. R., 509.

2. Par la loi qui existait avant la mise en opération de la 4e Vict., ch. 30, il n'y avait pas de prescription de cinq ans contre les arrérages de rente constituée pour prix de vente d'héritage, mais seulement une prescription de trente ans. La 7e Vict., ch. 52, ne peut être interprétée de manière à lui donner un effet rétroactif, et conséquemment cet acte n'affecte pas les rentes constituées, créées avant sa mise en force.— Brown vs Clarke, X L. C. R., 379.

3. The prescription of five years established by the 142nd article of the Ordonnance of 1629 against arrears of house rent is in force in Lower Canada. —*Semble*, it is an absolute bar to the action.— Delisle vs McGinnis, IV L. C. J., 145.

4. Les arrérages d'une rente constituée pour l'aliénation et le *prix d'un immeuble* ne sont prescriptibles que par 30 ans. La vente par décret de cette rente constituée n'a opéré aucune novation de cette rente et n'a pas eu l'effet d'en changer la nature.— Turcotte vs Papens, VII L. C. J., 272.

5. La prescription de cinq ans ne s'applique pas à la location des bancs d'église.— Fabrique de Montréal vs Minier, VIII L. C. J., 133.

6. La prescription de cinq ans n'a pas lieu pour les arrérages d'une rente constituée par acte de vente, comme représentant le prix de l'immeuble vendu. Sur action personnelle pour arrérages de telle rente, contre des héritiers possédant par indivis, la condamnation ne peut être solidaire.— Popham & Turcotte, XV L. C. J.

7. The prescription of five years against arrears of interest, under art. 2250 of the Civil Code of Lower Canada, does not apply to a debt, the prescription of which was commenced before the Code came into force.— Darling & Brown, I R. S. C., 361.

8. Les taxes municipales et cotisations de la cité de Montréal ne se prescrivent que par trente ans.— Guy vs Normandeau, n° 1108, C. S., 9 nov. 1877.

9. The short prescription referred to in articles 2250, 2260, 2261 and 2262 of the Civil Code are liable to be renounced and interrupted, in the manner prescribed by art. 2227.— Walker & Sweet, XXI L. C. J., 29.

10. A loan of money by a non-trader to a commercial firm is not a commercial matter or a debt of commercial nature, and is not, therefore, prescriptible by the lapse of either 6 or 5 years. The prescription, under the Code, of 5 years against arrears of interest, cannot be invoked in respect of a debt due prior to the coming into force of the Code.— Darling & Brown, XXI L. C. J., 92.

11. Les cotisations scolaires ne sont pas des rentes annuelles et ne sont pas sujettes à la même prescription que les rentes annuelles.— Ursulines des Trois-Rivières vs Commissaires d'école de la Rivière-du-Loup, III Q. L. R., 323.

12. The arrears of *rentes constituées* are prescribed by five years. The renunciation to such prescription cannot be proved by *parole* testimony, when the amount demanded is over $50.— Bethune vs Charlebois, II L. N., 13.

Beaudry vs Hart & synd d'écoles Three Rivers
11 Q. L. R. 257. 1885.

SECTION III.

DE LA PRESCRIPTION PAR LES TIERS ACQUÉREURS.

2251. Celui qui acquiert de bonne foi et par titre translatif de propriété, un immeuble corporel, en prescrit la propriété et se libère des servitudes, charges et hypothèques par une possession utile en vertu de ce titre [pendant dix ans].

Voir sous l'art. 2242 certaines dispositions transitoires introduites par l'acte 37 Vict., c. 15, s. 19, et qui affectent l'art. 2251.

Jurisp.—1. En matière de prescription, sous l'art. 116 de la Coutume de Paris, sont réputés présents ceux qui sont domiciliés dans le ressort de la même coutume, sans égard à la juridiction; et ainsi la prescription de dix ans a lieu entre personnes domiciliées dans le Bas-Canada, quoique dans deux districts différents.— Stuart & Blair, VI L. C. R., 433.

2. L'existence d'une clôture pendant vingt ans, entre deux propriétés, ne peut faire repousser une demande en bornage.— Devoyau & Watson, I L. C. J., 137.

3. In an action *en bornage*, the existence for upwards of ten years of a *mur mitoyen* along a portion of the division line between two properties, and of a fence, along the remaining portion of such division line, is no bar to the plaintiff's right of action where it is established by the surveyor's report that the wall and fence encroach on the plaintiff's property.— Macfarlane vs Thayer, II L. C. J., 204.

4. Pour prescrire par dix ans et faire les fruits siens, il suffit que le tiers acquéreur ait été de bonne foi au moment de son acquisition; la connaissance des vices de son titre, ou de celui de son auteur survenue au tiers détenteur depuis son acquisition, ne peut vicier sa possession.— Lepage vs Chartier, ~~II th. un.~~ L. C. J., 29.

5. Petitory action by vendee of person to whom land was patented. The defendant having proved more than ten years' open, uninterrupted and peaceable possession, under title, by himself and predecessor: — *Held* that he had acquired prescription, and the plaintiff's action could not be maintained.— Hogle & McCorrill, II L. C. L. J., 108.

6. Un acquéreur qui a été mis en possession d'un immeuble, et a depuis fait inscrire son titre, peut opposer la prescription et possession de dix ans, à un acquéreur inscrit, mais qui n'a pas eu possession de l'immeuble.— Thouin & LeBlanc, X L. C. R., 370.

7. L'héritier à titre universel de la personne qui avait acquis un héritage grevé de douaire coutumier, d'un mari et d'une femme durant leur mariage, acquiert la prescription de dix ans à compter du décès des père et mère des douairiers.— Bisson vs Michaud, XII L. C. R., 214.

8. In an hypothecary action, instituted in the *district of Montreal* in respect of a property situated there, by a party who has always resided in the *district of Quebec*, the prescription of ten years is available to the defendant; the plaintiff under such circumstances being considered *présent* within the meaning of the 116th article of the Custom of Paris.— Stuart & Blair, XI L. C. J., 123.

9. Parties sued hypothecarily in respect of property held by them in virtue of a donation from the debtor, cannot plead the prescription of ten years, if they have become heirs at law of the debtor by reason of his death, since the date of the donation, and have not renounced his succession.— Berthelet vs Dease, XII L. C. J., 336.

10. The knowledge by a donee of the existence of a *hypothèque* on the property acquired, at the time of his acquisition, does not constitute him in bad faith, and he can therefore invoke the prescription of ten years. In the present case the payment made by the donee, in part extinction of the *hypothèque*, did not interrupt the prescription.— Kaigle & Pierce, XV L. C. J., 227. ~~Contra Q.B., Blair Deschenes~~

11. Schiller avait acheté un immeuble d'un héritier apparent. Après 27 ans de possession il fut troublé par des héritiers absents. Il plaida la prescription et l'action fut déboutée. Jugt confirmé. D'après la décision rendue dans cette ~~23 LCJ., 81 see note end.~~

cause, il a *été jugé* que l'acquéreur qui achète de l'héritier apparent peut prescrire en vertu de son titre, nonobstant que ce titre contienne une clause stipulant que le vendeur ne vend que ses droits dans l'immeuble et qu'il ne sera pas garant s'il se présente d'autres héritiers.— Morin & Schiller, M., 21 déc. 1875.

12. En février 1874 la municipalité du Sault-au-Récollet a poursuivi les intimés pour $10, dépensés pour entretien de moitié du chemin de front entre la propriété des intimés et celle de l'appelant. Les intimés ont appelé l'appelant en garantie en vertu d'un acte de concession du 16 novembre 1804, par lequel les auteurs de l'appelant s'étaient obligés d'entretenir tout le chemin tant que les intimés posséderaient la partie de leur domaine qui se trouvait vis-à-vis la propriété de l'appelant. Toute la question se réduit à savoir si cette obligation contenue dans l'acte de 1804 est une obligation personnelle ou une servitude, et, en second lieu, si cette obligation était prescrite. La cour inférieure a jugé que c'était une servitude et qu'elle n'était pas prescrite, quoique l'appelant eût possédé pendant dix ans sans réparer le chemin. C'est évidemment une servitude discontinue qui ne peut se prescrire que par trente ans.— Dorion & Les Ecclésiastiques du Séminaire de St-Sulpice, M., 20 mars 1877.

2252. Le tiers acquéreur avec titre et bonne foi de redevances ou rentes en prescrit acquisitivement le capital [par dix ans], au moyen d'une jouissance exempte de vices, contre le créancier qui a entièrement manqué de jouir et négligé d'agir durant le temps requis.

Voir sous l'art. 2242 certaines dispositions transitoires introduites par l'acte 37 Vict., c. 15, s. 19, et qui affectent l'art. 2252.

2253. Il suffit que la bonne foi des tiers acquéreurs ait existé lors de l'acquisition, quand même leur possession utile n'aurait commencé que depuis.

La même règle est observée à l'égard de chaque précédent acquéreur dont ils joignent la possession à la leur pour la prescription de la présente section.

Conséquence de la disposition, S. R. B. C., c. 37, s. 5, § 2.— C. N., 2269.

Jurisp.—1. The knowledge by a purchaser of the existence of a hypothec in the nature of a constituted rent on the property acquired, such hypothec being formally set forth in the deed of acquisition, constitutes him in bad faith, and he cannot invoke the prescription of ten years; and the possession of his widow after his death, (the immoveable having been acquired during the marriage with community), and of his son, under a deed of donation from the widow, are subject to the same defect.— Blain & Vautrin, XXIII L. C. J., 81.

2. Pour prescrire par dix ans, et faire les fruits siens, il suffit que le tiers acquéreur ait été de bonne foi au moment de son acquisition ; la connaissance des vices de son titre ou de celui de son auteur survenue au tiers détenteur depuis son acquisition ne peut vicier sa possession.— Lepage vs Chartier, XI L. C. J., 29.

2254. Le titre nul par défaut de forme ne peut servir de base à la prescription de dix ans.

2255. Après la renonciation ou l'interruption dans la prescription de dix ans, elle ne recommence à s'accomplir que par trente ans.

Ferrière, sur 113 Paris, *glose* 3, nº 30.— Pothier, *Hypoth.*, c. 3, par. 6, 10º alinéa.

2256. La prescription de dix ans et les autres moindres que celle de trente ans peuvent être invoquées séparément ou avec cette dernière contre une même demande.

2257. Aux cas où la prescription de dix ans peut courir, chaque nouveau détenteur d'un immeuble qui demeure affecté à une servitude, charge ou hypothèque, peut être contraint à fournir à ses frais un titre nouvel.

SECTION IV.

DE QUELQUES PRESCRIPTIONS DE DIX ANS.

2258. L'action en restitution des mineurs pour lésion ou pour réformation des comptes rendus par le tuteur et celle en rescision de contrat pour erreur, fraude, violence ou crainte, se prescrivent par dix ans.

Ce temps court dans le cas de violence ou de crainte, du jour où elles ont cessé; et dans le cas d'erreur ou de fraude, du jour où elles ont été découvertes.

Ce temps ne court à l'égard des interdits que du jour où l'interdiction est levée, excepté quant au prodigue ou à celui auquel il a été donné un conseil judiciaire. Il ne court pas contre les idiots, les furieux et les insensés, quoique non interdits. Il ne court à l'égard des mineurs que du jour de leur majorité.

Voir sous l'art. 2242 certaines dispositions transitoires introduites par l'acte 37 Vict., c. 15, s. 19, et qui affectent l'art. 2258.

Jurisp.— 1. Dans cette cause, la Cour Supérieure, siégeant à Québec, composée des juges Bowen, Morin et Badgley, avait rendu, le 5 septembre 1855, un jugement en faveur de l'intimé, décidant que lorsqu'une transaction est intervenue entre un tuteur et des mineurs devenus majeurs, sans qu'il ait été fait bon et loyal inventaire, sans reddition de comptes et sans production de pièces justificatives, et lorsqu'il y a des faits de dol et fraude dans l'inventaire allégués, l'action rescisoire ne se prescrit pas par dix ans. Ce jugement a été infirmé par la Cour d'Appel, laquelle a jugé que l'action en nullité portée par l'intimé était prescrite par le laps de dix années écoulées depuis la passation des actes incriminés.— Moreau vs Motz, VII L. C. R., 147.

2. La nullité d'un acte à raison de minorité ou lésion, ne peut être opposée qu'au moyen d'une demande en rescision à l'encontre de toutes les parties intéressées, et dans les dix ans de l'époque de la majorité.— Sykes & Shaw, XV L. C. R., 304.

3. An *adjudicataire* who buys at a sheriff's sale a *fief* described in the sheriff's advertisement as containing 400 arpents, whereas it only contained 188 arpents, has an action against the plaintiff, to whom the proceeds of the sale went as mortgage creditor, to recover from the latter the excess of the price; and this action cannot be barred by any prescription short of ten years.— Desjardins vs La Banque du Peuple, VIII L. C. J., 108.

4. Une personne qui a acheté d'une autre des droits successifs, ne peut, dix ans après cette acquisition, être relevée des obligations qu'elle a contractées par l'acte d'acquisition, en prétendant que les droits qui lui ont été vendus lui appartenaient déjà. En ce cas il y a lieu à faire l'application de l'article 2258 du Code civil.— Roy vs Moreau, II R. L., 715.

5. Le droit de demander la rescision d'un acte de vente, pour cause d'erreur, se prescrit par dix ans. L'acquéreur d'un immeuble qui a été troublé par une action pétitoire intentée contre lui, plus de dix ans avant la poursuite pour le paiement du prix de vente et qui n'a pas dénoncé ce trouble à son vendeur, mais a plaidé à l'action pétitoire, n'est pas, pour cela, privé de plaider trouble, et de demander avant de payer que ce trouble cesse, ou caution, et ce droit n'est pas éteint par la prescription.— Wainright vs Le Maire et le Conseil de la ville de Sorel, V R. L., 668. (Confirmé en appel, 22 déc. 1875.)

6. L'action d'un fils pour faire annuler le testament de sa mère ne se prescrit que par trente ans, et la prescription de dix ans décrétée par l'article 2258 du Code civil ne s'applique pas à la révocation des testaments. Le testament dont

il est question en cette cause sera annulé comme obtenu par la fraude et les menaces de l'époux légataire.— Dorion vs Dorion, VII R. L., 402.

7. La prescription de dix ans contre l'action en rescision pour erreur, fraude, violence ou crainte, ne s'applique pas aux testaments, mais aux contrats seulement.— Dorion & Dorion, IX R. L., 97.

2259. Après dix ans, les architectes et entrepreneurs sont déchargés de la garantie des ouvrages qu'ils ont faits ou dirigés.

Ferrière, sur 113 Paris, glose 6, n° 23.— Guyot, Rép., v° *Architecte, in fine.*— Ferrière, Dict. de Droit, v° *Garantie.*— Anc. Den., v° *Bâtiment,* n° 10.— Nouv. Den., *eod. verbo,* § 7, n°° 5 et suiv.— C. N., 2270.

Voir sous l'art. 2242 certaines dispositions transitoires introduites par l'acte 37 Vict., c. 15, s. 19, et qui affectent l'art. 2259.

Jurisp.— A builder is responsible for the sinking of a building erected by him, on foundation built by another, but assumed by him in his tender and contract, without protest or objection, although such sinking be attributable to the insufficiency of the foundations and of the soil on which they are built, and is liable to make good at his own expense the damage thereby occasioned to his own work.— Wardle & Bethune, XII L. C. J., 321.

SECTION V.

DE QUELQUES COURTES PRESCRIPTIONS.

2260. L'action se prescrit par cinq ans dans les cas suivants :

1. Pour services professionnels et déboursés des avocats et procureurs à compter du jugement final dans chaque cause ;

2. [Pour services professionnels et déboursés des notaires, et émoluments des officiers de la justice, à compter de l'exigibilité du paiement ;]

3. Contre les [notaires,] avocats, procureurs et autres officiers et fonctionnaires, dépositaires en vertu de la loi, pour la remise des pièces et titres qui leur sont confiés, et ce à compter de la fin de la procédure à laquelle ces pièces et titres ont servi, et, [dans les autres cas, à compter de leur réception] ;

4. En fait de lettres de change à l'intérieur ou à l'étranger, billets promissoires, ou billets pour la livraison de grains ou autres choses, négociables ou non, [et en toutes matières commerciales,] à compter de l'échéance ; cette prescription, néanmoins, n'a pas lieu quant aux billets de banque ;

5. Pour ventes d'effets mobiliers [entre non commerçants] de même qu'entre un commerçant et une personne qui ne l'est pas, ces dernières ventes étant dans tous les cas réputées commerciales ;

6. [Sur louage d'ouvrage et prix du travail soit manuel, professionnel ou intellectuel et matériaux fournis, sauf les exceptions contenues aux articles qui suivent ;]

7. Pour les visites, soins, opérations et médicaments des médecins et chirurgiens, à compter de chaque service ou fourniture. Pour tout ce qui est demandé en justice dans l'année, le médecin ou chirurgien en est cru à son serment, quant à la nature et à la durée des soins.

Voir sous l'art. 2242 certaines dispositions transitoires introduites par l'acte 37 Vict., c. 15, s. 19, et qui affectent l'art. 2260.

Amend.— *Par le statut de Q. 32 Vict., c. 32, le § 7 de cet article est amendé de manière à ce qu'il se lise comme suit :*

" Pour les visites, soins, opérations et médicaments des médecins et chirurgiens, à compter de chaque service ou fourniture, le médecin ou chirurgien en est cru à son serment quant à la nature et à la durée des soins."

Jurisp.— 1. The action was for the recovery of the price of a pair of oxen sold by the plaintiff, a farmer, to the defendant.— *Held*, that the prescription of a year under the 127th art. and of six months under the 126th art. of the Custom of Paris, did not extend to farmers who raise what they sell.— Gagné vs Bonneau, Pyke's R., 39.

2. La prescription de trois (maintenant cinq) ans contre les honoraires des greffiers, requiert la preuve que jugement final a été rendu dans chaque cause, trois ans au moins avant l'institution de l'action.— Perrault vs Bacquet, I L. C. R., 328.

3. Un billet promissoire, payable à demande, est dû du jour de sa date, et la prescription court contre tel billet de ce jour.— Larocque vs Andres, II L. C. R., 335.

4. Le faiseur d'un billet promissoire peut opposer, en compensation, au créancier et porteur de ce billet, un autre billet fait par ce créancier et porteur plus de cinq ans avant, mais endossé et transporté au débiteur du premier billet avant l'expiration du temps de la prescription. Dans ce cas la prescription ne peut être invoquée. La compensation en question a lieu sans qu'il soit besoin au porteur de signifier l'endossement et transport à lui fait du billet qu'il oppose en compensation.— Hays & David, III L. C. R., 112.

5. Il n'existe aucune prescription à l'encontre des billets promissoires dus et payables plus de cinq ans avant la mise en vigueur de l'acte de la 12e Vict., ch. 22.— Wing vs Wing, IV L. C. R., 261.

6. La prescription de cinq ans contre un billet promissoire, acquise avant la mise en force du statut 12 Vict., ch. 22, peut être valablement opposée à l'action pour le recouvrement de tel billet, nonobstant le rappel du statut 34 Geo. III, ch. 2, en vertu duquel telle prescription a été acquise.— Glackmeyer vs Perrault, IV L. C. R., 397.

7. La prescription de cinq ans, en vertu de la première partie de la 31e sec. 12 Vict., ch. 22, s'applique à tous les billets dus et payables antérieurement à la passation du dit statut.— Côté vs Morrison, VIII L. C. R., 252.

8. The plea of prescription under 10 and 11 Vict., cap. 11, cannot be invoked against the action of a physician for professional services and medicines. The plaintiff may by interrogatories *sur faits et articles* demand the oath of the defendant in support of a plea of payment and prescription under 125th art. of the Custom of Paris, by which plea he tenders oath in proof of payment.— Buchanan vs Cormack, I L. C. J., 181.

9. The prescription of five years established by the 142nd article of the ordinance of 1629 against arrears of house rent is in force in Lower Canada.—*Semble*, it is an absolute bar to the action.— Delisle vs McGinnis, IV L. C. J., 145.

10. La prescription de cinq ans établie par l'acte 12 Vict., ch. 22, est applicable aux billets antérieurs, faits non négociables, sans qu'il soit besoin d'offrir le serment pour justifier du paiement.— Lavoie & Crevier, IX L. C. R., 418.

11. The plea of prescription of six (now five) years does not apply to an action for money lent between parties who are not traders.— Asselin vs Mongeau, V L. C. J., 26.

12. Un billet notarié reçu en brevet est prescriptible par le laps de cinq ans.— Crevier vs Sauriole, VI L. C. J., 257.

13. Un billet notarié en brevet, quoiqu'il soit dit payable à ordre, n'est pas prescriptible par cinq ans.— Gravelle vs Beaudoin, VII L. C. J., 289.

14. Un billet notarié reçu en brevet n'est pas prescriptible par le laps de cinq ans.— Lacoste vs Chauvin, VII L. C. J., 339.

15. Les billets à ordre faits devant notaires sont prescriptibles par cinq ans.— Lassalle vs Bergevin, VIII L. C. J., 94.

16. Les huissiers sont " officiers de justice," dont les honoraires se prescrivent par trois ans (maintenant cinq ans).— Hébert vs Pentland, XIV L. C. R., 155.

17. Une action par une partie qui n'est pas commerçante, pour le recouvrement de deniers par elle prêtés aux défendeurs, commerçants et associés, et pour lesquels ils donnèrent une reconnaissance par écrit, sous forme de lettre, n'est pas susceptible d'un procès par jurés, et le choix d'un tel procès, par les plaidoyers des défendeurs, sera rejeté sur motion, par la raison que le contrat entre les parties n'est pas purement d'une nature commerciale. La reconnaissance contenue dans la lettre en question, n'était pas un billet promissoire

contre lequel la prescription de cinq ans pouvait être invoquée. La prescription de six ans en vertu des S. R. B. C., ch. 67, sec. 1, n'était pas applicable à l'espèce, et un plaidoyer invoquant cette prescription doit être renvoyé sur défense en droit.—Gilmour & Whishaw, XV L. C. R., 177.

18. L'acte en brevet produit dans la cause n'était pas un billet promissoire selon le statut concernant les lettres de change et les billets, auquel la prescription de cinq ans était applicable.—Séguin & Bergevin, XV L. C. R., 438.

19. Un billet notarié en brevet n'est pas soumis à la prescription de cinq ans, établie par les S. R. B. C., ch. 64.—Séguin & Bergevin, XVI L. C. R., 415.

20. The prescription of a promissory note made in a foreign country, and payable there, is to be governed by the *lex fori*, and not by the *lex loci contractus*. — Wilson vs Demers, X L. C. J., 261. (Berthelot J.)

21. The prescription of a promissory note made in a foreign country, and payable there, is to be governed by the *lex loci contractus* and not by the *lex fori*. — Wilson vs Demers, XII L. C. J., 222. (Mondelet J. renversé en Révision. Voir XIII L. C. J., 24; mais confirmé en Appel, voir ci-après n° 22).

22. A promissory note was made in a foreign country, and payable there, and the debtor about the time of the maturity of the note absconded from his domicile in such foreign country, and came to Lower Canada, and his domicile was discovered by the creditor, after diligent search, only about the time of the institution of the action, and it appeared that under these circumstances the plaintiff's recourse on the note would not be barred by the statute of limitations of the foreign country where the note was made, and where it was payable.— *Held*, that the action was not barred by the statutory limitations of Lower Canada, though more than five years had elapsed after the maturity of the note before the action was brought.— Wilson & Demers, XIV L. C. J., 317.

23. Depuis la passation de l'acte provincial, 32 Vict., ch. 32, amendant l'article 2260 du Code civil, savoir, depuis le 5 avril 1869, un médecin a le droit de prouver la nature et la durée de ses soins durant cinq années pour tels soins rendus avant la passation du dit acte provincial.—White vs DeBonald, XIV L. C. J., 133.

24. Les comptes des médecins, antérieurs au Code, se prescrivent par cinq ans.— Le médecin, demandeur dans une cause, ne peut faire preuve de son compte, par son propre serment, sans au préalable en avoir obtenu la permission de la cour.— Valois vs Roy, I R. L., 198.

25. Les souscriptions au fonds social d'une corporation publique, comme une compagnie de chemin de fer, ne sont pas prescriptibles par six ans à compter de l'échéance de chaque appel de fonds; la prescription sexennale ne s'appliquant qu'aux contrats d'une nature commerciale, et l'engagement de payer des parts souscrites n'étant pas d'une nature commerciale.—The Connecticut & Passumpsic Rivers Railway Co. vs Cornstock, I R. L., 589.

26. Les billets notariés, en brevet, ne sont pas des billets auxquels la prescription de cinq ans est applicable.— Pigeon & Dagenais, XVII L. C. J., 21.

27. D'après l'article 2260 du Code civil, tel qu'amendé par l'acte provincial 32 Vict., ch. 32, le médecin est cru à son serment, quant à la nature et la durée des soins pour tout ce qu'il réclame en justice et qui n'est pas prescrit.— La loi, telle que conçue, dispense le médecin de prouver la réquisition de ses services; il lui suffit d'en prouver lui-même la nature et la durée et d'en justifier la valeur, par un autre médecin.— Partant, il y a en sa faveur présomption que s'il a donné des soins, c'est qu'il en a été requis ou qu'on a permis ou souffert qu'il en donnât. — Barcelo vs Lebeau, XVII L. C. J., 157.

28. The prescription of a promissory note made in a foreign country, and payable there, is to be governed by the *lex fori* and not by the *lex loci contractus*. — Hillsburgh vs Mayer, XVIII L. C. J., 69.

29. Rien, pas même une reconnaissance expresse et par écrit de la dette, ne peut suspendre la prescription de cinq ans des billets promissoires.— Fenn vs Brooker, I R. C., 235.

30. La prescription de cinq ans des billets promissoires peut être interrompue; l'impossibilité où était le créancier de poursuivre son débiteur est une cause d'interruption suivant la maxime : "*contra non valentem agere non currit præscriptio.*"— Wilson vs Demers, I R. C., 235.

31. Un écrit sous seing privé en ces termes : "$81.60. Je soussigné, par ces "présentes, reconnais et confesse devoir bien et légitimement à Edouard Camp- "bell Wurtele, marchand, de la paroisse de St-David, à ce présent et acceptant, "créancier, la somme de quatre-vingt et une piastres et soixante cents courant,

" pour valeur reçue, par règlement de billets consentis avant ce jour, que je
" m'oblige de payer au dit créancier ou ordre, dans un an de cette date, avec
" intérêt de sept par cent par an, à compter de ce jour, jusqu'au paiement effec-
" tif, le dit intérêt payable annuellement.

" Rivière David, 13 février 1863.   " OCTAVE GIROUARD,
" EDW. C. WURTELE."

est un billet promissoire et se prescrit par cinq ans, quoique le mot *obligation*
fût écrit au dos de ce document.— Wurtele vs Girouard, VI R. L., 737.

32. L'action pour recouvrer d'une compagnie d'assurance le montant d'une
perte couverte par la police se prescrit par cinq ans.— Jones vs The Sun Mutual
Ins. Co., VII R. L., 387.

33. La prescription créée par les articles 2260 et 2267 du Code civil, n'étant
pas seulement une présomption de paiement mais une déchéance contre le
créancier retardataire, et étant une présomption *juris et de jure* de l'extinction
de la dette, elle n'admet pas de preuve contraire, et ne peut être infirmée par la
délation du serment décisoire. Mais dans les affaires commerciales, où la somme
ou valeur dont il s'agit n'excède pas $50.00, on peut déférer le serment à la
partie qui oppose la prescription sur l'existence d'une promesse ou reconnaissance verbale ou d'autre interruption ou renonciation qui ne lui permet pas de
l'invoquer.— *Aliter* où la somme excède $50.00.— Fuchs vs Légaré, III Q. L. R.,
11.

34. The short prescriptions referred to in articles 2250, 2260, 2261 and 2262 of
the Civil Code are liable to be renounced and interrupted, in the manner prescribed by art. 2227.— Walker & Sweet, XXI L. C. J., 29.

35. A loan of moneys, as in this case, by a non trader to a commercial firm
is not a commercial matter or a debt of a commercial nature ; therefore,
the debt could be prescribed, neither by the lapse of six years under Consolidated Statutes of Lower Canada, ch. 67, nor by the lapse of 5 years under the
Civil Code of Lower Canada, but only by the prescription of 30 years.— Darling
& Brown, I R. S. C., 360.

2261. [L'action se prescrit par deux ans dans les cas suivants :
1. Pour séduction et frais de gésine ;
2. Pour dommages résultant de délits et quasi-délits, à défaut
d'autres dispositions applicables ;
3. Pour salaires des employés non réputés domestiques et dont
l'engagement est pour une année ou plus ;
4. Quant aux précepteurs et instituteurs pour enseignement, y
compris la nourriture et le logement par eux fournis.]

Voir sous l'art. 2242 certaines dispositions transitoires introduites par l'acte
37 Vict., c. 15, s. 19, et qui affectent l'art. 2261.

Amend.— *L'acte Q. 32 Vict., ch. 51, s. 21, contient ce qui suit :*
Toute action pour compensation de dommages ou torts éprouvés à raison du
chemin de fer, sera intentée dans le cours des six mois qui suivront la date où
le dommage supposé a été éprouvé, ou s'il y a continuité de dommages, alors
dans les six mois qui suivront la date où le fait qui cause le dommage aura
cessé, et non après; et les défendeurs pourront plaider par une dénégation
générale, et citer le présent acte et l'acte spécial et les faits spéciaux dans tous
procès à cet égard, et ils pourront prouver que les faits causant le dommage
sont autorisés par le présent acte ou par l'acte spécial.

La sect. 27 de l'*Acte Refondu des chemins de fer*, 1879, contient une disposition
semblable pour les chemins de fer fédéraux.

Jurisp.— 1. Les dispositions de la 8° Vict., ch. 25, sec. 49 et les 14° et 15°
Vict., ch. 51, sec. 20, quant à l'institution d'actions contre les compagnies de
chemins de fer et autres, dans l'espace de six mois, ne s'appliquent pas aux
actions pour dommages résultant de la négligence ou manque de précaution
des employés de la compagnie.— Marshall vs Grand Trunk, V L. C. R., 339.

2. The prescription of six months under 8 Vict., ch. 25, s. 49, and 14-15 Vict.,
ch. 51, s. 25, applies to claims for damages caused by negligence of the servants

of the company in destroying by fire the rubbish collected on the line of railroad, being the final act of the construction of the Grand Trunk Railway.— Boucherville vs Grand Trunk, I L. C. J., 179.

3. La prescription ou limitation de six mois, établie par 16 Vict., ch. 46, s. 19, ne s'applique pas aux actions instituées pour le délit ou la négligence des serviteurs des défendeurs dans la conduite ordinaire du chemin de fer.— Germain vs The Montreal and New York Railroad Co., VI L. C. R., 172.

4. Le statut provincial, 7 Vict., chap. 44, autorise la corporation de la cité de Montréal, d'acquérir les propriétés immobilières des "propriétaires des eaux de Montréal," corps incorporé en vertu du statut de la 41° Geo. III, ch. 10. Par la 16° Vict., ch. 127, sec. 1, les pouvoirs de la corporation en vertu de l'acte de 1843, sont rendus applicables aux travaux de l'aqueduc en vertu de cet acte, en autant qu'il y est statué que toutes et chacune des clauses de l'acte de la 7° Vict., ch. 43, seront censées former partie de l'acte susdit, 16 Vict., ch. 127, dans tous les cas où les dispositions de cet acte ne seront pas contraires à l'acte dernièrement mentionné. Par la 7° section, ces travaux peuvent s'étendre à une distance qui n'excédera pas 30 milles des limites de la cité. Par le même statut, 16 Vict., ch. 127, sec. 8, il est statué "que si la dite corporation conduit l'eau " pour l'approvisionnement de la dite cité et parties y adjacentes, en vertu de " cet acte, pour ou au moyen d'un canal, la dite corporation aura le pouvoir de " tracer un chemin, soit d'un côté, soit des deux côtés du dit canal," et par la 10° section : " la dite corporation construira et entretiendra, à ses frais, des clô- " tures et fossés convenables de chaque côté de la terre dont elle aura fait l'ac- " quisition pour les fins du dit canal, et le long de la ligne de division entre le " dit canal et les propriétés qui se trouveront de l'un ou de l'autre côté d'icelui." L'appelant, en juillet 1857, porta une action contre les intimés, fondée sur le statut 16 Vict., ch. 127, et particulièrement sur la 10° section d'icelui, et allégua que les intimés avaient, en 1853, pris possession d'une lisière de terrain pour y faire un canal ou aqueduc, mais avaient négligé d'ériger et maintenir des clôtures, tel que requis par le statut, en raison de quoi l'appelant avait été privé de l'usage de sa terre avoisinant le dit canal, et avait souffert des dommages pendant les années 1854 et 1856.—(Jugé en Appel): Que la prescription de six mois à laquelle il est référé dans le statut 7 Vict., ch. 44, sec. 26, cité plus bas, était applicable à l'action en question et y mettait fin, nonobstant que telle prescription n'eût été ni plaidée, ni invoquée à l'audition de la cause soit en cour inférieure ou en appel.— Pigeon & La Cité de Montréal, IX L. C. R., 334.

5. The short prescriptions referred to in articles 2250, 2260, 2261 and 2262 of the Civil Code are liable to be renounced and interrupted, in the manner prescribed by art. 2227.— Walker & Sweet, XXI L. C. J., 29.

6. In an action for damages resulting from a quasi-délit, instituted more than two years after the wrong complained of occurred, the Court must dismiss the action, in the absence even of a plea of prescription.— Grenier vs The City of Montreal, XXI L. C. J., 215.

7. La prescription de six mois établie en faveur de la corporation (corporation de Québec) à l'encontre des actions en dommages, ne s'applique pas à une action qui a pour objet de faire disparaître une nuisance permanente et causant des dommages continus.— Bell vs Corporation de Québec, II Q. L. R., 305.

2262. L'action se prescrit par un an dans les cas suivants :

1. Pour injures verbales ou écrites, à compter du jour où la connaissance en est parvenue à la partie offensée ;

2. [Pour injures corporelles, sauf les dispositions spécialement contenues en l'article 1056 ; et les cas réglés par des lois spéciales ;]

3. [Pour gages des domestiques de maison ou de ferme ; des commis de marchands et des autres employés dont l'engagement est à la journée, à la semaine, au mois ou pour moins d'une année ;]

4. [Pour dépenses d'hôtellerie et de pension.]

Voir sous l'art. 2242 certaines dispositions transitoires introduites par l'acte 37 Vict., c. 15, s. 19, et qui affectent l'art. 2262.

Jurisp.— 1. La prescription annale existe contre les gages et salaires des serviteurs.— Babin vs Caron, II R. de L., 166.

2. Dans une action pour salaire par un commis, purser, sur un vapeur, le plaidoyer de prescription par six ans, en vertu de l'acte 10 et 11 Vict., ch. 11, est

valable ; et il n'est établi aucune interruption de prescription en prouvant que le défendeur avait dit au demandeur que s'il était constaté qu'il lui était dû aucune somme il en serait payé.— Strother vs Torrance, VIII L. C. R., 302.

3. Dans une action portée contre les représentants d'une personne décédée, dans l'an et jour du décès, pour onze années de gages échues à l'époque du décès de telle personne, réclamés par la demanderesse, comme ménagère et gouvernante ; la prescription établie par l'article 127ᵉ de la Coutume de Paris, en supposant même que cet article fût en force, ne pourrait être invoquée.— Glouteney vs Lussier, VIII L. C. R., 295.

4. La prescription établie par l'art. 127 de la Coutume de Paris est applicable à une personne réclamant salaire au delà d'un an comme gouvernante et ménagère ; et les héritiers du maître doivent être reçus à leur serment tant sur la quotité du salaire que sur les paiements, tant pour les arrérages que pour la dernière année.— Lussier & Glouteney, IX L. C. R., 433.

5. La prescription annale en vertu de l'article 127 de la Coutume de Paris, ne s'applique quant aux gages et salaires que lorsque le serviteur a cessé d'être à l'emploi du maître durant l'espace d'une année.— Glouteney vs Lussier, II L. C. J., 185.

6. L'action des domestiques pour leurs gages, est prescriptible par un an.— Le serment en pareil cas est déféré au maître lorsque par ses défenses il a offert d'affirmer qu'il ne devait rien.— En l'absence de la preuve d'aucune convention pour le paiement de ce salaire, le maître sera reçu à affirmer sous serment sur la quotité des gages et le paiement des arrérages.— En un tel cas le serviteur doit être condamné aux dépens de l'enquête faite inutilement.— Lussier & Glouteney, III L. C. J., 299.

7. This was an action brought by a young man against his aunt. It appeared that the plaintiff and his brother were brought up at their uncle's and were well treated. Their uncle and aunt had one daughter who married contrary to their wishes, and thereupon her parents transferred their affections to the two nephews. The uncle died, recommending his nephews to the care of his wife. One of the nephews remained with his aunt, but some misunderstanding having occurred, he now brought a pretty heavy claim against her for wages and for the produce of a certain farm. The lady pleaded that she had brought up this young man as her own child, and that she had more than paid him by her kindness. Further, she said, if that is not enough, I will plead prescription, and you can only claim for one year. There was some irregularity in the pleas, but the Court was not disposed to insist on strict technicalities in a case like this. Even if the plea of prescription was rejected, the Court was not inclined to give more than the one year's wages and produce admitted. Judgment accordingly for $180 and costs.— Beaudry vs Brouillet, III L. C. L. J., 19.

8. The plea of prescription under art. 127 of the *Coutume de Paris*, is insufficient, if it does not contain an affirmation of payment.— Barbeau vs Grant, IX L. C. J., 297.

9. In an action by a tutrix to minors for damages, in consequence of the death of their father through the negligence of the defendant, the demand is subject to the prescription of one year.— Filiatrault vs Grand Trunk, XI L. C. J., 97.

10. Les injures réelles ne se prescrivent pas par l'an et jour, mais seulement les injures verbales.— Pelletier vs Lemelin, M. C. R., 78.

11. The claim of a sick nurse, for services rendered as such during a last illness, is prescribed under art. 2262 C. C. by the lapse of one year, and the debt being absolutely extinguished after the lapse of the year, the Court is bound to take notice of such prescription though not pleaded.— Leduc vs Desmarchais, I L. N., 618.

2263. Les déchéances et prescriptions d'un court espace de temps établies par statuts du parlement suivent leurs règles particulières, tant en ce qui concerne les droits de Sa Majesté que ceux de tous autres.

Voir sous l'art. 2242 certaines dispositions transitoires introduites par l'acte 37 Vict., c. 15, s. 19, et qui affectent l'art. 2263.

Jurisp.— 1. In an action against a collector of Customs to recover money exacted by him as fees of office,— *Held* that he could not object that such action should have been commenced within three months from the time on which such fees were paid.— Price & Perceval, IV Stuart's R., 179.

2. An action of trespass against a Road Surveyor, who has acted under a judgment of the Court of Quarter Sessions for entering the plaintiff's close and destroying certain buildings, must be brought within three months after the right of action accrued.— Cannon & Larue, Stuart's R., 338.

3. Prescription under 8 Vict., ch. 25, s. 49, does not apply to actions for personal injuries.— Marshall vs Grand Trunk, I L. C. J., 6.

4. Aux termes de l'acte 7 Vict., ch. 44, sec. 26, l'action pour dommages résultant du défaut d'entretien de clôtures et fossés par la corporation de Montréal, conformément aux dispositions du statut provincial 16 Vict., ch. 127, sec. 10, est prescriptible par le laps de six mois.— Pigeon & la Cité de Montréal, III L. C. J., 294.

5. In an action under the statute 12 Vict., ch. 45, for non-registration of partnership, where the offence is alleged to have been committed five years or longer previous to the institution of the action, there is no prescription under the statute 52 Geo. III, ch. 7, entitled : " An Act for limiting the time during which penal actions may be brought in the Courts of this Province," as the offence is continued from day to day.— Handsley vs Morgan, V L. C. J., 54.

6. Un régistrateur n'est pas en droit de réclamer la prescription à laquelle il est référé dans l' " Acte concernant la protection de juges de paix, magistrats et autres officiers remplissant des devoirs publics," dans une action pour le recouvrement de dommages causés par son défaut et négligence, résultant d'un certificat erroné fourni par lui.— Dorion vs Robertson, XV L. C. R., 459.

7. La prescription de deux ans pour le rachat de terres vendues pour taxes et autres impositions municipales en vertu de la 27ᵉ Vict., ch. 9, court à compter de l'adjudication et non de l'acte de vente.— Cette prescription ne court qu'en faveur de l'adjudicataire et non en faveur des corporations qui provoquent la vente, et qui sont toujours tenues, après comme avant les deux années subséquentes à l'adjudication, des dommages résultant de ventes faites illégalement. — La Corporation du comté d'Arthabaska vs Barlow, I R. L., 759.

2264. Après la renonciation ou l'interruption, excepté quant à la prescription de dix ans en faveur des tiers, la prescription recommence à courir par le même temps qu'auparavant, s'il n'y a novation, sauf ce qui est contenu en l'article qui suit.

2265. La poursuite non déclarée périmée et la condamnation en justice, forment un titre qui ne se prescrit que par trente ans, quoique ce qui en fait le sujet soit plus tôt prescriptible.

L'aveu judiciaire opère interruption, même dans une instance déclarée périmée ou autrement inefficace pour avoir seule cet effet ; mais la prescription qui recommence n'est pas pour cela prolongée.

Pothier, *Obl.,* 696, 701 et 711.— Ferrière, sur 125 Paris, nᵒˢ 7 et 8 ; sur 126 Paris, glose 2 ; et sur le titre 6, § 4, nᵒ 40.— C. N., 2244, 2247 et 2248.

Jurisp.— The declaration on oath of the defendant in a cause, that he paid the debt demanded, by a " contra-account," which contra-account he stated that, " he had not yet made up, but always supposed that the plaintiff was in his debt," will not support a plea of prescription based on the allegation of payment. Such a declaration affords a sufficient admission of the plaintiff's demand. But *semble*, a plea of prescription, alleging payment, accompanied by a *défense au fonds en fait*, is not an admission of the plaintiff's demand.—Thayer & Wilscam, IX L. C. J., 1.

2266. La continuation des services, ouvrages, ventes ou fournitures, n'empêche pas la prescription, s'il n'y a eu reconnaissance ou autre cause interruptive.

Paris, 126 et 127.— Pothier, *Obl.,* 714.— Ord. du Com. 1673, tit. 1, art. 9.—Interprétation constante des Statuts de limitation.— C. N., 2274.

2267. [Dans tous les cas mentionnés aux articles 2250, 2260, 2261 et 2262 la créance est absolument éteinte, et nulle action ne peut être reçue après l'expiration du temps fixé pour la prescription.]

Tous arrérages pour taxes municipales, sauf le cas des articles 402 et 495, se prescrivent par trois ans. Cette disposition est sujette à l'application des articles 2267 et 2270 du Code civil.— Code municipal, art. 950.

Voir sous l'art. 2242 certaines dispositions transitoires introduites par l'acte 37 Vict., c. 15, s. 19, et qui affectent l'art. 2267.

Jurisp.— 1. La prescription contre les huissiers établie par le statut provincial, 12 Vict., c. 44, est une prescription absolue, au soutien de laquelle il n'est pas besoin d'offrir le serment de la partie quant au paiement de la dette.— Lepailleur vs Scott, VI L. C. R., 59.

2. La prescription de cinq ans établie par 10 et 11 Vict., c. 26, s. 16, est une prescription absolue, une fin de non-recevoir, et n'est pas une simple présomption de paiement.— Bardy vs Huot, XI L. C. R., 200.

3. Sur défense au fonds en droit dans une action sur un billet promissoire, un plaidoyer qui allègue simplement que le défendeur n'avait pas, dans les cinq ans, promis de la manière et forme alléguées par les demandeurs, est un bon plaidoyer.— (*En révision*): En vertu du statut concernant les billets promissoires (S. R. B. C., c. 64), tout billet doit être considéré comme absolument payé et acquitté, si une action n'a pas été intentée dans les cinq ans en suivant le jour où tel billet est devenu dû.— Giard vs Giard, XV L. C. R., 494.

4. Suivant les dispositions du chapitre 64 des S. R. B. C., un billet promissoire est censé absolument payé et acquitté cinq ans après son échéance, et il n'y a pas d'action pour en obtenir le recouvrement même contre un défendeur en défaut de comparaître.— Giard & Lamoureux, XVI L. C. R., 201.

5. La prescription de cinq ans contre les billets, n'est pas une simple présomption de paiement, mais une prescription absolue, qui ne peut être interrompue que par une reconnaissance formelle de la dette.— Boyer & Fenn, XVI L. C. R., 73.

6. Dans une action *d'assumpsit*, le demandeur a le droit d'examiner le défendeur sur le fait qu'il a souscrit un billet promissoire en sa faveur pour un prêt d'argent, quoique ce billet fût prescrit lors de l'institution de l'action.— Bagg vs Wurtele, VI L. C. J., 30.

7. Dans une demande basée sur un prêt d'argent, un billet prescrit ne peut établir aucune preuve de ce prêt.— Gibeau vs Vadeboncœur, XIV L. C. J., 53.

8. The prescription on claims of commercial nature is so absolute that a reserve of plaintiffs' recourse, in a judgment rendered in appeal, after the lapse of the prescribing period dismissing their action for the same debt brought within the prescribing period, will not avail against such prescription.— Jones vs The Sun Mutual Ins. Co. of N. Y., XX L. C. J., 194.

9. A debt originally due under a promissory note, and which has been prescribed by the lapse of five years from the making of such note, cannot be recovered at law, although the defendant may have acknowledged in the presence of a witness, after prescription accrued, that he was still indebted to plaintiff in the amount of the note, and have promised to pay, thus renouncing the benefit of the prescription accrued.— Fiset vs Fournier, I L. N., 589.

2268. La possession actuelle d'un meuble corporel à titre de propriétaire fait présumer le juste titre. C'est au réclamant à prouver, outre son droit, les vices de la possession et du titre du possesseur qui invoque la prescription ou qui en est dispensé d'après les dispositions du présent article.

La prescription des meubles corporels a lieu par trois ans [à compter de la dépossession,] en faveur du possesseur de bonne foi, [même si cette dépossession a eu lieu par vol].

Cette prescription n'est cependant pas nécessaire pour empêcher la revendication si la chose a été achetée de bonne foi dans une foire, marché, ou à une vente publique, ou d'un commerçant trafiquant en semblables matières, [ni en affaire de commerce en général]; sauf l'exception contenue au paragraphe qui suit.

40

Néanmoins la chose perdue ou volée peut être revendiquée tant que la prescription n'est pas acquise, quoiqu'elle ait été achetée de bonne foi dans les cas du paragraphe qui précède ; mais dans ces cas la revendication ne peut avoir lieu qu'en remboursant à l'acheteur le prix qu'il a payé.

La revendication n'a lieu dans aucun cas si la chose a été vendue sous l'autorité de la loi.

Le voleur ou autre possesseur violent ou clandestin, et leurs successeurs à titre universel sont empêchés de prescrire par les articles 2197 et 2198.

Voir sous l'art. 2242 certaines dispositions transitoires introduites par l'acte 37 Vict., c. 15, s. 19, et qui affectent l'art. 2268.

Jurisp.— 1. En fait de meubles la prescription de trois ans, pour être effective, doit être accompagnée d'un titre et de bonne foi. Dans l'espèce, le fils du défendeur, l'appelant, nonobstant sa déclaration que le violon réclamé lui appartenait en propre, ayant été acheté pour lui pendant sa minorité par l'appelant, était un témoin compétent.— En fait de meubles la prescription de trois ans, pour être effective, doit être accompagnée d'un titre et de bonne foi.— Herbert & Fennell, XIII L. C. R., 385.

2. Mere possession of a moveable is not equivalent to title, but is only presumptive of title, a possession of three years being necessary to render such possession equivalent to actual title.— Gould vs Cowan, X L. C. J., 345.

3. Des personnes qui ont loué des meubles pour un temps déterminé, et qui demeurent en possession de ces meubles après l'expiration du bail, sont censées les tenir à titre de propriétaires.— Bell vs Rigney, III L. C. J., 122.

4. Possession of moveables presumes title or right of property therein, and therefore, (except in cases of theft, violence, and perhaps accidental loss), the purchaser of moveables, *bona fide*, in the usual course of trade, acquires a right of property in them, although they may have been sold by one who was not the owner thereof.— Fawcett & Thompson, VI L. C. J., 139.

5. Dans une cause où il s'agissait d'une vente de chevaux, jugé que la possession des dits chevaux par l'agent (commerçant de chevaux) est suffisante pour donner un titre à l'acheteur de bonne foi à l'encontre du propriétaire.— Davis & Beaudry, XII L. C. R., 18.

6. Lorsqu'un meuble a été loué par le propriétaire et que le locataire l'a ensuite vendu à un tiers, une action en revendication par le locateur pour le recouvrer sera maintenue, bien que le possesseur puisse l'avoir acquis de bonne foi.— Matthews vs Senécal, VII L. C. J., 222.

7. P. achète certains meubles à une vente judiciaire dans une cause de McFarlane vs Duprat, et ensuite loue ces meubles à Duprat pour un an par bail devant notaire. Duprat reste en possession des meubles pendant six ans. Après ce terme, K., créancier de Duprat, les fait saisir. Opposition par P., laquelle est contestée par K., qui allègue que la possession de Duprat des dits meubles ayant duré plus de cinq ans, devait être considérée une possession à titre de propriétaire. *Jugé en appel :*— Que l'opposition était bien fondée, en autant qu'il n'existait aucun titre transportant le droit de propriété de l'opposant au défendeur, non plus qu'aucune possession de la part du défendeur pour le mettre à même de devenir propriétaire par la prescription.— Plinguet vs Kimpton, XV L. C. R., 256.

8. Le locataire d'un piano le vendit à un tiers qui le revendit au défendeur. Sur une action en revendication portée contre ce nouvel acquéreur, *Jugé :*— Que le défendeur ne pouvait invoquer une possession de quelques mois et sa bonne foi, comme titre contre les demandeurs, mais que pour prescrire des meubles, il faut une possession de trois ans, de bonne foi. La maxime que, en fait de meubles, possession vaut titre, ne pouvait s'appliquer à ce cas.— Gould vs Gould, XVII L. C. R., 46.

9. Quand deux parties réclament des meubles et en invoquent la possession, la cour référera aux titres respectifs comme indicateurs. Sur la question de savoir laquelle des deux parties a eu la première possession de meubles, la possession de leurs auteurs respectifs peut être invoquée. Le titre à des meubles pris avec la connaissance qu'un autre titre en avait préalablement été donné à une autre personne par le même vendeur, est d'aucun effet, mais frauduleux.— Russell vs Guertin, X L. C. J., 133.

10. La possession en fait de meubles équivaut à un commencement de preuve par écrit, suffisant pour permettre au possesseur d'expliquer sa possession par une preuve testimoniale.— Lefebvre vs Bruneau, XIV L. C. J., 268.

11. The sale of a horse by a party styled in the declaration a " merchant," to a party styled in the declaration an " esquire," may be proved by parol eviden- ce, when it is established that the alledged purchaser has had possession of the animal.— Cox & Patton, XVII L. C. J., 68.

12. La possession antérieure de la propriété qui est le sujet du don manuel, équivaut à la livraison lors du don, quoique la possession antérieure soit à un autre titre.— Richer & Voyer, V R. L., 593.

13. Le brocard " en fait de meubles la possession vaut titre," n'est absolument vrai d'après notre code qu'en affaires de commerce. La preuve orale est admis- sible pour établir une convention verbale, distincte et séparée, détruisant une convention constatée par acte authentique, l'objet de ces conventions n'excédant pas $50. Le témoignage du vendeur d'une chose revendiquée pour établir son droit de propriété, et partant la légalité de la vente par lui faite à l'acheteur sur qui cette chose est revendiquée, doit être reçu avec beaucoup de défiance et de soin.— Leblanc vs Rosconi, IV R. L., 595.

14. Notwithstanding anything contained in articles 1488 and 2268 of the C. C. of L. C., a valid sale or pledge cannot be made of stolen goods, except in the cases mentioned in article 1489, so as to divest the real owner of his right to reclaim them from the purchaser or pledgee, without reimbursing the price paid for or advances made on such goods, although the purchaser or pledgee may have bought or made advances on the stolen goods *bond fide*, in the ordinary course of his business. The words " nor in commercial matters generally," in article 2268, do not protect a trader acquiring stolen goods in any commercial transaction, whether from a trader dealing in similar articles or not, but apply, apparently, to cases where the possession of the goods is obtained in a commer- cial transaction, whether by sale or otherwise, *but under the same circumstances by which a sale would be protected under article* 1489.— Casails & Crawford, XXI L. C. J., 1.

2269. Les prescriptions que la loi fixe à moins de trente ans, autres que celle en faveur des tiers acquéreurs d'immeubles, avec titre et bonne foi, et celle en cas de rescision de contrat mentionnée en l'article 2258, courent contre les mineurs, les idiots, les furieux et les insensés, pourvus ou non de tuteur ou de curateur, sauf recours contre ces derniers.

Pothier, *Obl.*, 717.— Dunod, *Pres.*, pp. 241-2.— Guyot, Rép., vᵉ *Presc.*, p. 330.— Henrys, liv. 4, *Quest.* 135, n° 11.— 2 Lepage, *Lois des bâtiments*, p. 10.—C. N., 2278.

Jurisp.— Prescription of ten years with title, to the effect of acquiring the proprietorship of an immoveable, does not run during the minority of the party to whom it is opposed. Twenty years existence of a fence between two pro- perties cannot defeat a demand *en bornage.*— Devoyau & Watson, I L. C. J., 137.

SECTION VI.

DISPOSITIONS TRANSITOIRES.

2270. Les prescriptions commencées avant la promulgation de ce code, sont réglées conformément aux lois antérieures.

[Néanmoins les prescriptions alors commencées, pour lesquelles il faudrait, suivant ces lois, une durée immémoriale ou centenaire, s'accomplissent sans égard à cette nécessité.]

Tous arrérages pour taxes municipales, sauf le cas des articles 402 et 495, se prescrivent par trois ans. Cette disposition est sujette à l'application des articles 2267 et 2270 du Code civil.— Code municipal, art. 950.

Jurisp.— The prescription of five years against arrears of interest, under art. 2250 of the Civil Code of Lower Canada, does not apply to a debt, the prescription of which was commenced before the Code came into force.— Darling & Brown, I R. S. C., 361.

TITRE VINGTIÈME.

DE L'EMPRISONNEMENT EN MATIÈRES CIVILES.

2271. La contrainte par corps en vertu d'un jugement rendu en matière civile n'a lieu qu'à l'égard des personnes et dans les cas spécifiés dans les articles qui suivent.

S. R. B. C., c. 87, s. 7, § 3; s. 24.

Jurisp.— 1. La Cour n'a pas droit de condamner une personne à l'emprisonnement jusqu'à ce qu'elle fasse un acte spécifique, comme de rapporter des effets saisis qu'elle aurait enlevés, s'il n'y a pas de lois positives l'y autorisant.— Carly vs Moon, II R. de L., 121.

2. La contrainte par corps pour dommages et dépens qui pouvait être exercée en vertu de l'art. 2 du tit. 34 de l'ord. de 1667, a été abolie par l'acte 12 Vict., c. 42.— Whitney vs Dansereau, IV L. C. J., 211.

3. Par le statut de la 12ᵉ Vict., c. 42, l'exécution contre la personne par voie de *capias ad satisfaciendum* a été aboli.— La Banque du Haut-Canada vs Kirk, VI L. C. R., 462.

2272. Les personnes contraignables par corps sont :

1. Les tuteurs et curateurs pour tout ce qui est dû, à raison de leur administration, à ceux qu'ils ont représentés ;

S. R. B. C., *loc. cit.*— Ord. 1667, tit. 34, art. 3.

2. Toute personne responsable comme séquestre, gardien ou dépositaire, shérif, coroner, huissier ou autre officier ayant la garde de deniers ou autres effets en vertu de l'autorité judiciaire ;

S. R. B. C., *eod. loco*, s. 24.— Ord. 1667, *eod. loco*, art. 4.— C. N., 2060.

3. Toute personne responsable comme caution judiciaire, ou comme adjudicataire de biens meubles ou immeubles vendus en exécution du jugement d'un tribunal ;

S. R. B. C., *eod. loco.*— Ord. 1667, *eod. loco.*

4. Toute personne sous le coup d'un jugement de cour accordant des dommages-intérêts pour injures personnelles, dans les cas où la contrainte par corps peut être accordée.

S. R. B. C., *eod. loco.*

5. Toute personne poursuivie pour dommages, en vertu des dispositions du chapitre 57 des Statuts Refondus pour le Bas-Canada, et contre laquelle il y a condamnation à des dommages et à la contrainte par corps.

S. R. B. C., *ibid.*— Ord. 1667, *eod. loco*, art. 2.— S. R. B. C., ch. 47, sec. 2, § 2.

Jurisp.— 1. La Cour a le pouvoir discrétionnaire d'accorder ou de refuser la contrainte par corps contre un défendeur, à défaut de satisfaire à un jugement dans une action de dommages pour libelle. Dans le cas où les formalités prescrites par le jugement ordonnant la contrainte par corps n'ont pas été remplies, le défendeur sera libéré et élargi sur motion.— Gugy vs Donoghue, IX L. C. R., 274.

2. Une règle signifiée au shérif lui ordonnant de produire des effets saisis, et comportant qu'à défaut par lui de ce faire, il soit emprisonné et contraint par corps jusqu'à la production des dits biens et effets, ou jusqu'à ce qu'il ait payé aux demandeurs la balance de £448-12-2 avec intérêt, laquelle leur reste due sur leur jugement, doit être déchargée, comme étant illégale. La règle devrait être qu'à défaut de produire les effets, il soit déclaré contraignable par corps jusqu'à ce qu'il en ait payé la valeur.— Leverson & Cunningham, VII L. C. R., 275.

3. Un défendeur qui est nommé gardien et fait défaut de produire les effets saisis, est sujet à la contrainte par corps. Il n'y a pas erreur dans un jugement qui ordonne que le défendeur sera emprisonné jusqu'à ce qu'il paie la dette, l'intérêt et les frais, et les frais subséquents, sans lui donner l'alternative de produire les effets.— Brooks & Whitney, X L. C. R., 244.

4. L'adjudicataire sur folle enchère n'est point contraignable par corps au paiement des frais encourus sur la revente de la propriété, mais seulement pour la différence du prix des deux adjudications.— The Trust & Loan Co. vs Doyle, III L. C. J., 302.

5. Proof of the value of goods, ordered to be restored by a *gardien*, under a rule for *contrainte par corps*, may be established by the verbal admission of the plaintiff, as to such value made at the time of the seizure of the goods. A tender to the attorney *ad litem* of the plaintiff, who resides beyond the limits of the province, of the value so proved and of the costs on the rule, made in a case where the rule has been dismissed and an appeal sued out in consequence, but made before service of appeal, will entitle the respondent to the costs of appeal, where the judgment in appeal does award a larger amount than that tendered. On a rule such as the one in question, where the plaintiff resides beyond the limits of the province, the Court will order the *gardien* to be relieved from the *contrainte*, on depositing the established value of the goods in the hands of the prothonotary.— Leverson & Boston, III L. C. J., 223.

6. A rule for *contrainte par corps* against a guardian to effects seized will be discharged on his showing that they had been sold under other executions.— Blackiston vs Patton, V L. C. J., 56.

7. A curator to a vacant estate who has been ordered to deposit with the prothonotary the balance shown on the face of his account to be in his hands before contestation of such account or final judgment thereon, is not *contraignable par corps* for non compliance with such order.— Wood vs McLennan, V L. C. J., 253.

8. Pour obtenir l'incarcération d'une personne, pour détérioration sur un immeuble saisi, en vertu du c. 85, sec. 29 des S. R. B. C., il ne suffit pas que la requête ou la motion faite pour obtenir une règle contienne tous les termes et expressions du statut, mais il faut que la règle elle-même les contienne.— Varin vs Cook, V L. C. J., 160.

9. A rule which orders a guardian to a seizure of moveables to produce to the seizing bailiff a missing piece of furniture of which he was guardian, and in default of his doing so that he be *contrainte par corps* and imprisoned in the common jail of this district, until he has produced the missing article, *nisi causa*, is defective in form in not giving the guardian the alternative of paying the value of the article.— Lord vs Moir, VII L. C. J., 80.

10. Un défendeur saisi peut être nommé gardien de ses propres effets avec son consentement, et il est contraignable par corps s'il ne les représente pas au jour de la vente.— Curley vs Hutton, XV L. C. J., 140.

11. A guardian against whom a rule for *contrainte par corps* has issued at the instance of a party absent from Lower Canada, is entitled to security for costs, under article 39 of the Civil Code.— Miller vs Bourgeois, XVI L. C. J., 196.

12. A *commandement de payer* and notice that application for a *contrainte par corps* will be made in default of payment after the delay fixed by law, must be made and given, before a *contrainte par corps* for non-payment of amount of judgment can be granted.— Blais vs Barbeau, I R. C., 246.

13. Les cautions données de poursuivre effectivement l'appel, en vertu des articles 1124 et 1125 du Code de procédure, sur les appels de la Cour Supérieure, sont des cautions judiciaires sujettes à la contrainte par corps.— Dumont vs Dorion, III R. L., 360.

14. Un bref de contrainte par corps, obtenu contre un huissier, pour avoir négligé de faire rapport devant la Cour de ses procédés sur un bref d'exécution à lui adressé, et ordonnant au shérif d'appréhender au corps le dit mis en cause et de l'incarcérer dans la prison commune du district de Montréal, et qu'il y soit détenu jusqu'à ce qu'il ait rapporté devant cette Cour le dit bref d'exécution, avec ses procédés sur icelui, ou payé au dit demandeur le montant de la dette, intérêt et frais en cette cause, n'est pas suffisamment exécuté par le shérif, s'il n'a reçu de l'huissier qu'un rapport de ses procédés écrit sur le bref d'exécution, constatant que le dit huissier avait perçu des défendeurs le montant porté au bref d'exécution. Le shérif devait aussi exiger de l'huissier la remise des deniers qu'il avait ainsi perçus.— Dufresne vs Gauthier, III R. L., 428.

15. Un gardien judiciaire, refusant de livrer les effets saisis à l'huissier porteur du bref de *Venditioni exponas*, n'est passible de la contrainte par corps qu'après avoir été condamné par le tribunal à les remettre sous un certain délai, et que cette ordonnance lui a été signifiée.— Gauvreau vs Longobardi, III Q. L. R., 195.

16. The Court will grant the motion for a rule for *contrainte* against a guardian without previous notice.— Rodier vs McAvoy, XX L. C. J., 305.

17. A person imprisoned under a process in a civil matter, where no excess of jurisdiction is shown, is not entitled to be discharged on *habeas corpus* on petition to the Court of Queen's Bench.— *Ex parte* Cutter, XXII L. C. J., 85.

18. A writ of *habeas corpus* will not be granted to liberate a prisoner charged with process in a civil suit, even though the writ of execution in virtue of which he was arrested appear to be irregular, if it is within the scope of jurisdiction of the Court from which it issued.— *Ex parte* Healy, XXII L. C. J., 138.

19. Persons imprisoned for debt, or under any action or process in civil matter, are not entitled to be discharged on *habeas corpus* by petition to a judge in chambers. Where the Court from which the process issued is a Superior Court, having jurisdiction over the subject matter, there is a presumption that its jurisdiction has been rightfully exercised, and it is not necessary that the cause of imprisonment be specified in the warrant of commitment, so as to show that the Court had jurisdiction. A judgment concluding by the words: " the whole with costs," includes the necessary future costs of executing the judgment. — *Ex parte* Thomson, XXII L. C. J., 89.

2273. Il y a encore lieu à la contrainte par corps pour mépris de tout ordre ou injonction d'un tribunal, ou pour résistance à tel ordre ou injonction, et pour tout acte tendant à éluder l'ordre ou le jugement d'un tribunal, en prévenant ou empêchant la saisie ou la vente des biens en exécution de tel jugement.

S. R. B. C., *ibid.*

Jurisp.— 1. Il y a lieu à la contrainte par corps contre un défendeur dans le cas où il refuse d'ouvrir les portes de sa maison, lorsqu'un huissier porteur d'un bref d'exécution se présente pour saisir en vertu de tel bref, quand même tel défendeur n'aurait pas usé de force ni de violence.— Desharnais vs Amiot, IV L. C. R., 43.

2. Il y a lieu à la contrainte par corps par *capias ad satisfaciendum* pour refus d'ouvrir les portes, par un débiteur, à l'huissier chargé d'un bref d'exécution contre lui. Dans l'espèce, la preuve résultant des rapports de l'huissier chargé d'exécuter est suffisante pour justifier la contrainte. Il y a droit d'appel du jugement ordonnant la contrainte par corps dans ce cas, de même que de tout autre jugement dont l'appel est accordé par la loi.— Mercure & Laframboise, V L. C. R., 168.

3. In the case of a *rébellion à justice*, no mitigating circumstances can prevent the issuing of a *contrainte par corps*.— Campbell vs Beattie, III L. C. J., 118.

4. In proceedings for a *contrainte*, the party proceeded against should have notice from the beginning.— Roy vs Beaudry, VI L. C. J.,

5. Il n'est pas nécessaire qu'un jugement sur demande de contrainte par corps, pour rébellion à la justice, reproduise *verbatim* les termes de la motion ou règle. Le rapport du shérif seul est une preuve suffisante pour autoriser le tribunal à prononcer sur telle demande, le défendeur n'ayant pas comparu.

Sur tel jugement, l'incarcération devait avoir lieu dans le district où résidait le défendeur.— Massue vs Crébassa, XVI L. C. R., 446.

6. A writ of *habeas corpus* will be granted in the case of a defendant confined in goal on a writ of *contrainte par corps* by reason of a *rébellion à justice*. The debtor in such a case, who has been once discharged, is no longer liable to coercive imprisonment for the same debt, as the act committed by him is an offence in the sense mentioned in section eleven of chapter 95 C. S. L. C.— *Ex parte* Crébassa, XV L. C. J., 331.

7. En 1874 l'Int. a obtenu jugement contre l'Appt. Celui-ci a appelé de ce jugement qui a été confirmé le 4 mars 1875. L'Int. fit émaner un bref de *fi-fa* et l'Appt produisit une opposition afin d'annuler par laquelle il invoquait tous les moyens qu'il avait déjà invoqués dans sa défense à l'action, avec quelques légers changements. Là-dessus l'Int., sans contester l'opposition, demanda et obtint une règle pour contrainte par corps contre l'Appt pour avoir arrêté le cours de l'administration de la justice. L'Appt inscrivit en révision du jugement qui a accordé cette règle, mais la cour a déclaré qu'il n'y avait pas de révision d'un jugement interlocutoire.— La règle fut rapportée et après divers ajournements, l'Appt n'ayant pas comparu, il fut, le 26 octobre 1876, condamné à être emprisonné jusqu'à ce qu'il eût payé la dette, intérêts et frais. Ce jugement doit être renversé, parce que l'Int. a procédé en vertu de l'art. 782 du C. P. C., qui n'est applicable qu'au cas de rébellion à justice; tandis que, s'il pouvait exercer la contrainte par corps, ce ne pouvait être que pour mépris de cour, en vertu de l'art. 2273 du Code civil, et alors l'Appt ne pouvait être condamné au paiement de la dette, mais seulement à l'emprisonnement pour un temps déterminé, ou bien à une amende et à l'emprisonnement, à défaut de payer l'amende.—Dawson & Odgen, Q., 8 mars 1877.

8. Une règle pour mépris de cour peut émaner contre une partie pour avoir produit plusieurs oppositions de la même nature, dans le but de retarder une vente et de s'opposer à l'exécution de la justice.— Thomas vs Pepin, V L. C. J., 76.

2274. Tout débiteur incarcéré ou obligé à fournir cautionnement sur jugement pour une somme de quatre-vingts piastres ou plus est tenu de faire un état sous serment et une déclaration de cession de tous ses biens pour le bénéfice de ses créanciers, suivant les dispositions et sous la peine d'emprisonnement en certains cas portées dans le chapitre 87 des Statuts Refondus pour le Bas-Canada, et en la manière et formes prescrites au Code de procédure civile.

Ibid., ss. 12 et 13.

Jurisp.—1. In an action commenced by *capias ad respondendum* and wherein judgment has been rendered declaring such *capias* good and valid, a *capias ad satisfaciendum* will issue, on proof by plaintiff petitioning that the defendant *under bail* has not, according to the 12 Vict., c. 42, filed in the prothonotary's office a statement under oath of all his credits, property and effects, and such defendant will be imprisoned for a space of time at the discretion of the Court not exceeding one year. Defendant need not have notice of such petition.— Macfarlane vs Béliveau, IV L. C. J., 357.

2. Art. 773-7 C. P. C., apply to debtors in custody on *contrainte par corps*, as well as to those detained on *capias*; and under art. 777, such debtor cannot obtain his discharge until four months have elapsed from the filing of a schedule and declaration of abandonment.— Winning vs Leblanc, XIV L. C. J., 335.

3. Une cession faite aux termes du droit commun par un débiteur à ses créanciers, sans décharge de leur part, ne dépouille pas le débiteur de ses droits de propriété; les créanciers ne sont que des administrateurs ou *procuratores in rem domini*, avec droit de disposer des biens cédés dans leur intérêt commun et celui de leur débiteur, auquel appartiennent les actions intentées contre les tiers à raison du détournement de ces biens.— Rivard vs Belle, I R. L., 571

2275. Lorsque cet état et cette déclaration de cession de biens sont faits sans fraude, de la manière spécifiée en l'article qui précède, le débiteur est exempt de toute arrestation ou emprisonnement à raison de toute cause d'action antérieure à la production de cet état et de cette déclaration, à moins que ce débiteur ne soit détenu et emprisonné pour quelque dette de la nature de celles indiquées dans les articles 2272 et 2273.

Ibid., s. 13, § 3 ; s. 16, §§ 1 et 2.

2276. Les prêtres, ou ministres de quelque dénomination que ce soit, les septuagénaires et les femmes, ne peuvent être arrêtés ou incarcérés pour dettes ou autre cause d'action civile, à moins qu'ils ne tombent dans quelqu'un des cas énumérés dans les articles 2272 et 2273.

S. R. B. C., c. 87, s. 7.

Jurisp.—1. A *contrainte par corps* against a married woman upon a judgment for principal, interest and costs, cannot be obtained.—Scott & Prince, Stuart's R., 467.

2. Une règle pour contrainte par corps contre une femme sous puissance de mari, quoique séparée de biens, sera rejetée, à moins que signification de la règle ne soit faite au mari.— McDonald vs McLean, XI L. C. R., 6.

3. The sheriff is the guardian of goods seized, when the defendant offers none. In a rule for *contrainte par corps* against a guardian, it is not necessary to offer any alternative, in default of producing the moveables seized. When the guardian, by way of answer to such rule, pleads that the property is only worth a particular amount, it becomes the duty of the Court, *avant faire droit,* to order proof of the fact. The *onus probandi* falls on the *gardien.* The sheriff although over 70 years of age is liable *par corps.*— Leverson & Boston, II L. C. J., 297.

2277. L'arrestation et l'emprisonnement des débiteurs par bref de *capias ad respondendum* se fait suivant les dispositions contenues dans l'acte auquel renvoie l'article 2274, et dans le Code de procédure civile.

S. R. B. C., c. 87, ss. 1, 2 et 9.

LIVRE QUATRIÈME.

LOIS COMMERCIALES.

2278. Les principales règles applicables aux affaires commerciales qui ne sont pas contenues dans le présent livre, sont énoncées dans les livres qui précèdent et nommément dans les titres du troisième livre : *Des Obligations ; De la Vente ; Du Louage ; Du Mandat ; Du Nantissement ; De la Société ; et De la Prescription.*

TITRE PREMIER.

DES LETTRES DE CHANGE, BILLETS ET CHÈQUES OU MANDATS A ORDRE.

CHAPITRE PREMIER.

DES LETTRES DE CHANGE.

SECTION I.

DE LA NATURE ET DE L'ESSENCE DES LETTRES DE CHANGE.

2279. La lettre de change est un ordre écrit par une personne à une autre pour le paiement d'une somme de deniers absolument et à tout événement.

Pothier, *Change*, n° 3.— 2 Pardessus, *Droit Com.*, n°° 330 et suiv.— Smith, *Merc. Law*, 207, 208 et 209.— Bayley, *Bills*, p. 1.— Story, *Bills of Ex.*, n°° 52 et 53.— 3 Kent, *Com.*, p. 74.

Jurisp.— 1. No action lies upon a certificate by an officer of government, certifying a balance of pay due to him, and directing a third officer of the same department to pay the amount; such a transaction is not a bill of exchange.— McLean vs Ross, II R. de L., 30.

2. Un billet promissoire ou cédule sous seing privé, daté un dimanche et donné en paiement pour un cheval acheté le même jour, est nul et de nul effet, suivant les dispositions de la 45° George III, c. 10, et 18 Vict., c. 117. Une cédule contenant la condition d'exécuter à une époque subséquente une obligation notariée pour le montant d'icelle n'est pas proprement un billet promissoire, mais une obligation de faire une chose qui devait être le sujet de l'action ; pour cette raison l'action doit être aussi déboutée.— Coté vs Lemieux, IX L. C. R., 221.

3. A promissory note, payable to order, may be validly made on the Lord's day, commonly called Sunday.— Kearney vs Kinch, VII L. C. J., 31.

4. A draft made payable "three days after sailing" of a vessel, is non-negotiable, as being dependent upon a contingency, and cannot be transferred by endorsement.— Dooly vs Ryarson, I Q. L. R., 219.

2280. Il est de l'essence de la lettre de change :

Qu'elle soit par écrit et qu'elle contienne la signature ou le nom du tireur ;

Qu'elle soit seulement pour le paiement d'une somme d'argent spécifiée ;

Qu'elle soit payable à tout événement et sans condition.

Suprà, art. 2279.

En vertu de l'acte C. 31 Vict., c. 9, il est aussi de l'essence de la lettre de change qu'elle soit revêtue du timbre voulu par la loi.

L'acte C. 42 Vict., c. 17, remplace maintenant ce statut et tous ceux qui l'ont amendé.

Jurisp.— 1. Par la 29ᵉ Vict., c. 4, cl. 4, le porteur d'un billet promissoire sur lequel les timbres ont été apposés par les endosseurs et non par le faiseur, pourra payer le droit dont il est chargé, et le rendre valide, même après l'institution d'une action sur billet.— The Quebec Bank vs Sewell, XVII L. C. R., 1.

2. Lorsqu'un billet promissoire n'aura pas été revêtu de timbres, la personne à l'ordre de laquelle il aura été fait, pourra le transporter même après l'échéance, et en y posant des timbres le porteur pourra en recouvrer le montant du faiseur.— Millet vs Godbout, III R. L., 8.

3. Le défendeur plaide à l'action en cette cause que les billets sur lesquels l'action était basée n'étaient pas revêtus des timbres voulus par la loi. Motion de la part du demandeur qu'il lui soit permis d'y apposer les timbres requis. Accordée avec paiement des frais, et avec droit au défendeur de plaider *de novo*.— LeMesurier vs Ritchie, III R. L., 455.

4. Pour qu'il soit permis à un porteur de bonne foi d'apposer doubles timbres en vertu de 33 Vict., c. 13, il faut au moins établir cette bonne foi par une preuve à la satisfaction du tribunal, et une simple motion, lors de l'audition, non supportée de preuve, est insuffisante.— Aurèle & Durocher, V R. L., 165.

5. Action par l'Int. sur billet promissoire de l'Appt insuffisamment estampillé. L'Appt dit que l'Int. ayant le billet en sa possession, devait connaître ce défaut, et qu'il ne doit pas être admis maintenant à le réparer en apposant doubles timbres. *Per curiam :*— Si le seul fait de la possession d'un billet doit faire présumer que la partie en possession connaît l'insuffisance des timbres, la cour ne pourrait jamais accorder la demande d'apposer doubles timbres. Jugt pour l'Int.— McLellan & Brooks, M., 16 mars 1877.

2281. Les parties à une lettre de change, au temps où elle est faite, sont le tireur et le preneur.

Celui sur qui elle est tirée y devient partie par l'acceptation et se nomme alors l'accepteur.

Les endosseurs, les donneurs d'aval, la personne priée de payer au besoin et qui accepte, les accepteurs sur protêt et les porteurs y deviennent aussi parties.

Domat, liv. 1, ch. 16, sec. 4.— Pothier, *Change*, nᵒˢ 17 à 26.— 1 Nouguier, *Lettres de change*, pp. 148 et 149.— Bayley, *Bills*, ch. 1, §§ 2 et suiv.— Story, *Bills of Ex.*, nᵒˢ 35, 36, 254 et 255.

2282. Une lettre de change peut être faite payable à une personne y dénommée ou autrement indiquée d'une manière suffisante, ou à telle personne ou à son ordre, ou à l'ordre du tireur, ou au porteur.

Si le nom de celui à qui elle doit être payée est laissé en blanc, le porteur légal peut remplir ce blanc.

Pothier, *Change*, n°° 31, 223 et 224.—1 Savary, *Parf. Nég.*, p. 201.—1 Nouguier, *ibid.*— Roscoe, *Bills*, pp. 2 et 22.— Story, *Bills of Ex.*, n°° 54 à 57.— S. R. B. C., c. 64, s. 3.— *Contrà*, Ord. 1673, tit. 5, art. 1.— C. Com., 110.

2283. Si la lettre de change ne porte aucun terme de paiement, elle est réputée payable à demande ; si aucun lieu n'y est indiqué, elle est payable généralement.

S. R. B. C., *ibid.*, s. 9.—S. R. C., c. 57, s. 4.

2284. La lettre de change pour l'étranger est ordinairement faite à plusieurs exemplaires que le tireur doit livrer au preneur.

Pothier, *Change*, n°° 37 et 130.— 2 Pardessus, *Droit Com.*, n° 342.— 1 Chitty and Hulme, p. 3.— Bayley, *Bills*, p. 30.— Story, *Bills*, n° 66.— C. Com., 110.

2285. Lorsque la lettre de change contient les mots *valeur reçue*, il est présumé qu'une valeur correspondante a été reçue sur la livraison de la lettre et sur les endossements qui s'y trouvent. L'omission de ces termes n'invalide pas la lettre de change.

Pothier, *Change*, n° 34.— Ord. 1673, tit. 5, art. 1.—S. R. B. C., *ibid.*, s. 4.— Bayley, *Bills*, ch. 1, § 14, p. 40.—Story, *Bills of Ex.*, n° 63.— Code civil B. C., art. 989.— C. Com., 110 et 137.

Jurisp.— 1. The want of the words *for value received* does not prevent a plaintiff from recovering on a note of hand, if it is in evidence that value was given. Therefore in an action on a note so circumstanced, the defendant having made default on *faits et articles* which stated value, the Court gave judgment for the amount of the note.— Duchesnay vs Evarts, II R. de L., 31.

2. A promissory note to a creditor for the balance of his claim, in consideration of his having signed a deed of composition, is void.— Blackwood vs Chinic, II R. de L., 27.

3. Un billet promissoire est valable quoiqu'il ne contienne pas la mention qu'il a été donné ou consenti pour valeur reçue.— Hart vs Macpherson, 31 janvier 1848, C. B. R., Montréal, Girouard, *Lettres de change*, 66.

4. S'il est prouvé qu'un billet a été obtenu par fraude, le demandeur est obligé de prouver qu'il en est le porteur de bonne foi, pour bonne et valable considération.—Withall vs Ruston, VII L. C. R., 399.

5. Action was taken on a promissory note which the defendant, as a candidate at an election, had been induced to sign for the purpose of raising money to carry on the contest, and it was proved that the proceeds thereof were applied to bribing the electors. *Held*, reversing Court below, that the action must be dismissed, but without costs to either party.— Gugy & Larkin, VIII L. C. R., 11.

6. Une corporation établie en pays étranger peut poursuivre dans le Bas-Canada le recouvrement de ce qui lui est dû. Sur, poursuite pour recouvrement du montant d'un billet fait pour valeur reçue, le porteur n'est pas obligé de prouver que telle valeur a été donnée.— Larocque vs Franklin Bank, VIII L. C. R., 328.

7. A une action sur un billet promissoire fait par le défendeur en faveur des demandeurs, le défendeur plaida que, subséquemment à la date du billet, les demandeurs avaient signé un acte de composition entre le défendeur et ses créanciers, pour dix chelins dans le louis: que si le montant du dit billet n'avait pas été inclus dans le montant pour lequel les demandeurs étaient portés comme créanciers dans la cédule annexée à l'acte de composition, c'était par la faute et la négligence des demandeurs et en fraude des autres créanciers. Les demandeurs répliquèrent que le billet leur avait été donné pour une dette due par un tiers et garantie par le défendeur, et avait été fait à la condition expresse que l'acte de composition ne s'appliquerait pas au billet, mais seulement à la créance due aux demandeurs par le défendeur, et que les demandeurs étaient devenus partie au dit acte aux conditions susdites, à la demande du défendeur et pour faciliter son arrangement avec ses créanciers.—(*Jugé en Cour Supérieure*): Que

l'acceptation de tel billet et l'émission du montant d'icelui dans la créance portée en la cédule, et ce sans la connaissance des autres créanciers, était en loi une fraude à leur égard, et que l'action sur le billet ne pouvait être maintenue.— (En Appel): Que le billet pris en vertu de la convention mentionnée était valide et liait le défendeur, ce billet n'étant pas préjudiciable aux autres créanciers, qui ne s'en plaignent pas, et le défendeur ayant fréquemment reconnu le devoir et promis de le payer.— Greenshields & Plamondon, X L. C. R., 251.

8. Dans l'espèce d'un billet consenti à l'appelant pour une prétendue dette à une succession dont il était le procureur, l'action ne lui compétait pas en son propre nom, mais devait être portée au nom des syndics de la succession qui seuls pouvaient en être créanciers.— Phillips vs Sanborn, XII L. C. R., 408.

9. A memorandum at the foot of a note indicating its consideration does not limit its negotiability. An exchange of negotiable paper is sufficient to constitute each party to such exchange a holder for value of the paper he receives.— Wood vs Shaw, III L. C. J., 169.

10. A promissory note made as an indemnity for assuming liability for a third party at the request of the maker, is valid as such indemnity. The party indemnified may sue as soon as troubled, and before paying the debt for which he has become liable.— Perry vs Milne, V L. C. J., 121.

11. Un billet promissoire donné pour une gageure, touchant le résultat d'une élection alors prochaine d'un membre du Parlement, est illégal et nul.—Dufresne vs Gnévremont, V L. C. J., 278.

12. Le défendeur en plaidant à l'encontre d'un billet, dans l'espèce actuelle, qu'il ne l'a consenti que par surprise et sans valeur suffisante et effective, mais qui ne nie pas sa signature, n'est pas tenu de produire un affidavit en conformité aux S. R. B. C., c. 88, s. 86.— McCarthy vs Barthe, VI L. C. J., 130.

13. Un billet à ordre consenti pour dette de jeu est nul, quoique transporté à un tiers de bonne foi et avant échéance.— Biroleau vs Derouin, VII L. C. J., 128.

14. Le demandeur vendit et livra au défendeur une quantité de bois de pin qui fut payée partie comptant, et la balance par le billet du défendeur pour le montant duquel l'action fut portée. Le billet portait à sa face que " la valeur reçue était reconnue pourvu que le bois ne fût pas réclamé." Le bois fut subséquemment réclamé par la Compagnie des Terres de l'Amérique du Nord, comme ayant été coupé sur ses terres, et à laquelle le défendeur donna son billet pour un montant excédant le montant du billet donné au demandeur. Dans une action par les demandeurs sur le billet à eux donné:— Jugé que dans l'espèce, un plaidoyer de non considération et de compensation constituait une bonne défense, quoique le billet ainsi donné à la compagnie n'eût pas été payé, et quoique les demandeurs n'eussent pas été informés qu'il eût été donné, et qu'ils n'eussent pas été appelés en garantie dans l'action en revendication qui avait été renvoyée pour défaut de forme un an après la saisie.— Gamsby & Chapman, XIII L. C. R., 239.

15. Le demandeur signa un acte d'atermoiement entre le défendeur et ses créanciers, consentant à recevoir 7s. 6d. dans le louis qui furent payés. Après l'exécution de cet acte, le demandeur obtint du défendeur un billet équivalant à 5s. dans le louis de plus, sur lequel billet l'action était portée. Le défendeur invoqua la nullité de ce billet comme frauduleux et nul.—Jugé: Que la cause de Greenshields et Plamondon doit être regardée comme établissant la doctrine qu'un billet ainsi donné n'est pas nul comme frauduleux envers les créanciers, ou en raison d'aucune nullité d'ordre public.—Perrault vs Laurin, XIV L. C. R., 85.

16. Dans une action sur billet promissoire, le plaidoyer que le défendeur n'a reçu aucune valeur, devra être soutenu de l'affidavit requis par les S. R. B. C., c. 83, s. 86.— Kelly vs O'Connell, XVI L. C. R., 140.

17. A note given by an insolvent to one of his creditors for the purpose of obtaining his signature to a deed of composition, cannot serve as a ground of action against such insolvent, and the giving of such a note will be considered a fraud upon the other creditors.— Sinclair & Henderson, IX L. C. J., 306.

18. In the case submitted, the proof of value had and received for the amount of the promissory note sued for by the plaintiffs, falls upon the latter.—Converse vs Brown, X L. C. J., 196.

19. Le défaut partiel de considération d'un billet ne peut être l'objet d'une défense à une action.— Spelman vs Robidoux, I R. C., 241.

20. Bien qu'une obligation fût consentie pour £53. 6s., défaut de considération pour partie de l'obligation doit être inféré du fait que les livres et comptes du

créancier ne comportaient, lors de la passation de l'obligation, qu'une balance en sa faveur de £34.18.9, et qu'il n'avait pas prouvé avoir vendu d'autres marchandises au débiteur pour compléter le montant de la dite obligation ; et qu'en conséquence il devait être condamné à donner quittance au débiteur, s'il était prouvé que le montant de cette obligation avait été payé jusqu'à concurrence de cette somme de £34.18.9.— Lalonde vs Rolland, X L. C. J., 321.

21. The nullity declared by ξ 3, s. 8, Insolvent Act of 1864, is an absolute nullity, and a promissory note given in violation of the provisions of said paragraph, is absolutely null and void *ab initio*, even in the hands of a third party, innocent holder before maturity.— Davis & Muir, XIII L. C. J., 184.

22. "The Corrupt Practices Prevention Act, 1860," of the late province of Canada, is in force and applies to elections of members for the House of Commons of the Dominion, and therefore, a note given for the payment of even lawful expenses connected with any such election is void in law.— Willett vs DeGrosbois, XVII L. C. J., 293.

23. A note of a third party, given by an insolvent to a creditor, to obtain the creditor's consent to the discharge of the insolvent, is null and void.— Doyle vs Prévost, XVII L. C. J., 307.

24. Un billet donné à la nouvelle société, formée après la dissolution de l'ancienne, en paiement d'une lettre de garantie donnée à cette dernière société pour des avances faites par elle, fut jugé avoir été donné par erreur et sans considération, et fut en conséquence déclaré nul. Jugt de la cour inférieure renversé.— Hénault & Thomas, I R. L., 706.

25. The defendant had placed his name on a note which had been sent him along with others for the purchase of stock, &c., and it passed through several hands without consideration being given for it, and the last one sued the defendant as endorser *par aval*. *Held* that the action must be dismissed for want of consideration in the *auteur* of the holder and because the holder received it subject to all objections that could be urged against former owner.— Perry vs Rodden, V R. L., 477.

26. Le porteur de bonne foi d'un billet promissoire à lui transporté, pour valeur reçue, avant échéance, peut en recouvrer le montant, même dans le cas où le billet aurait été consenti pour une cause immorale.— Dorais vs Chalifoux, VI R. L., 325.

27. Des travaux faits par la corporation de la cité de Québec, en baissant ou changeant le niveau d'une rue, constituent pour les propriétaires riverains une expropriation partielle qui donne droit aux locataires d'obtenir une diminution de loyer ou une résiliation de leurs baux ; les locataires ont aussi dans ce cas un recours direct en dommages contre la corporation, mais dans l'espèce actuelle les défendeurs n'ayant demandé ni une diminution de loyer, ni la résiliation de leurs baux, et ayant, subséquemment aux travaux faits, donné au demandeur un billet promissoire pour le montant entier de leur loyer, doivent être condamnés à le payer.— Motz vs Holiwell, I Q. L. R., 04.

28. Un nommé Smith se prétendant porteur d'une patente pour une baratte améliorée, se procura la signature de l'Appt, sous le prétexte d'avoir son adresse pour lui envoyer des barattes. Avec cette signature l'on aurait fabriqué un billet promissoire pour $175.00. Ce billet est écrit sur du papier glacé semblable à l'annonce laissée à l'Appt. Ce dernier a plaidé qu'il n'avait jamais signé ce billet. La preuve est contradictoire. Cependant la cour (la C. S.) a débouté l'action. Jugt renversé en révision, mais confirmé par la Cour d'Appel qui tient que ce billet n'est pas de l'Appt.— Morin & Grenier, M., 15 juin 1877.

SECTION II.

DE LA NÉGOCIATION DES LETTRES DE CHANGE.

2286. La lettre de change payable à ordre peut être transportée au moyen d'un endossement qui peut être au long ou en blanc. Lorsqu'elle est endossée en blanc, elle devient négociable par la simple délivrance. La lettre payable au porteur est transportée par la simple délivrance, avec ou sans endossement.

S. R. B. C., *ibid.*, s. 3.

Jurisp.—1. In order to vitiate the payment by the maker of a promissory note endorsed in blank, *bad faith* must be shown ; payment *under circumstances* of suspicion is not enough. The maker is only bound to assure himself of the genuineness of the signatures, and is not bound to make any enquiry.—Ferril & The Wardens of the House of Industry, I R. de L., 27.

2. L'endossement écrit et sous croix, en présence de deux témoins, d'un billet promissoire, donne droit d'action au porteur contre le faiseur et l'endosseur.—Noad vs Châteauvert, I R. de L., 229.

3. A promissory note to order cannot be assigned by an indorsement to which the indorser has set his mark, although he did so in presence of two witnesses.— Lagueux vs Casault, II R. de L., 28.

4. A tavern keeper (*aubergiste*) is a trader and dealer, and his note to a merchant, payable to his order, may be transferred by a blank indorsement ; it is a commercial note.— Patterson vs Welsh, II R. de L., 30.

5. An inn-keeper is a trader, and a note given by him to a dealer, is well indorsed in blank.— McRoberts vs Scott, II R. de L., 31.

6. Des endossements en blanc ne peuvent être valablement faits que par des banquiers, négociants, courtiers et marchands.— Bank of M. vs Langlois, III R. de L., 88.

7. A *billet promissoire en brevet* made before notaries, payable to a party or his order, is negotiable by endorsement in the ordinary way.— Morin vs Legault, III L. C. J., 55.

8. Un endossement peut être fait par une croix.— Thurber vs Deseve, M. C. R., 103.

9. L'ordre des endossements sur un billet n'est qu'une présomption des engagements successifs des endosseurs les uns à l'égard des autres, et cette présomption peut être écartée par la preuve d'un entendement ou convention contraire.— Doy & Sculthorpe, XI L. C. R., 269.

10. Un billet en brevet payable à A. B., ou ordre, ne peut être endossé par un endossement en blanc.— *Semble,* qu'il peut être endossé par endossement spécial.— Brunet vs Lalonde, XVI L. C. R., 347.

11. Un "I. O. U." est négociable comme tout billet payable au porteur.— Beaudry vs Laflamme, VI L. C. J., 307.

12. Un billet promissoire qui n'est pas à ordre, ne peut être transporté par endossement en blanc par la personne en faveur de qui le billet a été consenti.— La Banque du Peuple vs Éthier, I R. L., 47.

13. L'impression ou étampe, sur un billet promissoire, que ce billet est la propriété d'une banque, n'indique pas infailliblement le porteur légal de ce billet, et nonobstant cette étampe, il peut être mis en circulation.— Barthe vs Armstrong, V R. L., 213.

14. Un billet promissoire au-dessous de $50.00, fait à ordre, peut être valablement transporté, pour valeur reçue, par celui à l'ordre duquel il est fait, sans être endossé par ce dernier.— La preuve de tel transport peut se faire par témoin.— Dupuis vs Marsan, XVII L. C. J., 42.

15. A draft made payable "three days after sailing" of a vessel, is not negotiable, as being dependent upon a contingency, and cannot be transferred by endorsement.— Dooly vs Ryerson, I Q. L. R., 219.

2287. Le transport d'une lettre de change par endossement peut se faire avant ou après sa maturité. Dans le premier cas, le porteur acquiert un titre parfait exempt de toutes obligations ou objections qui auraient pu être opposées lorsqu'elle était entre les mains de l'endosseur ; dans le second cas, la lettre est sujette à telles obligations et objections, de même que si elle était entre les mains du porteur précédent.

Pothier, *Change*, n° 141.—2 Pardessus, *Droit Com.*, 352.— Story, *Bills of Ex.*, n° 220.— Bayley, *Bills*, pp. 162 et 163.— Wood *et al.* vs Shaw, 3, L. C. Jurist, p. 175.

Jurisp.—1. Where a note of hand is assigned after the time appointed for payment, and there is fraud in the transaction, the law on slight grounds will presume that the indorsee had knowledge of the fraud if it appears that he omitted to satisfy himself as to the validity of the note.— Hunt vs Lee, II R. de L., 28.

2. A promissory note payable to the order of an Insurance Company, and given in payment of a premium of insurance, is negotiable. A memorandum at the foot of the note indicating its consideration, does not limit its negotiability. The endorsement of such a note by the Secretary of the Company in that capacity was sufficient to pass the title to the note to the plaintiffs; an implied authority in him to do so, having been shown by proof of the ordinary course of business of the company; that the directors had effected the arrangement with the plaintiffs of which the transfer of the note formed part; and that the company had received the consideration of such transfer. A holder of negotiable paper as collateral security, before it became due, is not affected by any equities between the original parties. An exchange of negotiable paper is sufficient to constitute each party to such exchange, a holder for value of the paper he receives.— Wood vs Shaw, III L. C. J., 169.

3. Les signataires d'un billet peuvent opposer au porteur d'icelui, qui ne l'a reçu qu'après l'échéance, et qui n'est de fait qu'un prête-nom, tous les moyens d'exception qui pouvaient être plaidés au véritable créancier, et obtenir la déduction des intérêts usuraires compris dans le billet, et aussi des paiements faits sur icelui.— Brooks & Clegg, XII L. C. R., 461.

4. L'endosseur d'un billet promissoire à ordre qui n'a pas payé lui-même ce billet et n'en est pas devenu porteur, ne peut être reçu dans une action contre le faiseur à demander que ce dernier soit condamné à payer le billet, vu qu'il est échu et protesté.—Raymond & Renaud, XII L. C. J., 283.

5. The defendant Senécal made his promissory note in favor of Jubert. The note was not paid at maturity, and Jubert did not protest it, but some time after the note became due, he purchased from Duguay, the plaintiff, certain effects, and endorsed this overdue note to plaintiff in part payment. The note not being paid, the plaintiff sued the defendant (the maker), for the amount. The plea was, freedom from liability owing to want of protest. Now there was nothing to prevent the payee of a note from transferring it after it became due. The only difference was that the maker would have a right to plead against the endorser all the equities that might have arisen in the mean-time between himself and the payee. The judgment of the Court below, which was in favour of plaintiff, must be confirmed.— Duguay & Senécal, I L. C. L. J., 26.

6. The holder of a promissory note, who has alleged that his title thereto is derived from an endorsement, which is afterwards proved to be a forgery, even although he may be acting in good faith, cannot recover the amount of the note from any of the previous endorsers.— Larue & Evanturel, II L. C. L. J., 112.

7. A person receiving by endorsement a bill of exchange after it is due holds it, under art. 2287 of the Civil Code, subject to all the objections to which it was liable in the hands of the endorser. That article of the Civil Code differs from the law of England, which makes the endorsee liable to the equities attaching to the note itself— that is, to the equities arising out of the transaction in the course of which the note was made— but not to a set off arising out of a collateral matter.—Amazon Ins. Co. vs Quebec & Gulf ports Steamship Co., II Q. L. R., 310.

8. This action is bought by an innocent holder of a note, for which he gave value before maturity. There is nothing to show that he is a prête-nom, or in any way cognizant of the facts pleaded. The defendant says this note was given to the payee to procure the discharge of an insolvent; that it is null ab initio. So it might have been between the parties. The principle, ex dolo non oritur actio, applies only to them. The holder by endorsement before maturity, bona fide, acquires a perfect title free from the objections that might have been urged against the endorser. Judgt. for plaintiff.— Girouard vs Guindon, II L. N., 270.

2288. L'endossement peut être restreint, modifié, ou conditionnel, et les droits du porteur, sous tel endossement, sont réglés en conséquence.

Mais aucun endossement autre que celui de la personne en faveur de qui la lettre est tirée, ne peut empêcher qu'elle soit négociable.

Bayley, *Bills*, p. 126.— Story, *Bills of Ex.*, n° 217.— 3 Kent, *Com.*, p. 90.— 2 Pardessus, *Droit Com.*, n° 348.— Chitty & Hulme, p. 17.

Jurisp.— Une partie qui endosse un billet est tenue personnellement, quoiqu'elle n'ait l'intention de l'endosser que comme procureur, si elle n'a pas plaidé erreur. Dans l'espèce (la seule preuve consistant dans les réponses de cette partie sur faits et articles), les demandeurs avaient droit d'invoquer la divisibilité de l'aveu et de faire rejeter partie des réponses tendant à expliquer en quelle qualité la défenderesse agissait, ce fait n'ayant pas été plaidé.—Seymour vs Wright, III L. C. R., 454.

2289. Le porteur peut à son choix canceller le dernier endossement, quoique au long, et tous les endossements en blanc antérieurs faits à la suite de celui du preneur.

Roscoe, *Bills*, p. 285.— 3 Kent, *Com.*, p. 89.— Story, *Bills*, n° 208.

Jurisp.— 1. Le défendeur avait endossé un billet qui n'était pas négociable, le demandeur le transporta par endossement à S. ; S. poursuivit le défendeur comme premier endosseur, et l'action fut renvoyée, le demandeur ayant subséquemment poursuivi le défendeur, son endosseur immédiat.— *Jugé :* Que la cour avait bien jugé en renvoyant l'action de S., en autant que le second endosseur d'un billet non négociable ne peut donner droit d'action à son cessionnaire ; mais que le demandeur, second endosseur, avait droit d'action contre le faiseur du billet, premier endosseur de ce même billet.—Jones vs Whitty, IX L. C. R., 191.

2. Le propriétaire d'un billet promissoire qui l'a acquis d'un troisième ou quatrième endosseur, peut biffer le nom des endosseurs et conserver son recours seulement contre le souscripteur, et intenter son action comme s'il l'avait acquis du preneur ou de tout autre endosseur subséquent dont la signature n'est pas biffée.—Barthe & Armstrong, V R. L., 2.

SECTION III.

DE L'ACCEPTATION.

2290. La lettre de change, payable à vue ou à un certain terme après vue ou demande, doit être présentée pour acceptation.

La présentation est faite par le porteur ou en son nom au tiré ou à son représentant, à son domicile ou lieu d'affaires, ou, si le tiré est décédé ou ne peut être trouvé et n'a personne pour le représenter, la présentation se fait à son dernier domicile ou lieu d'affaires connu.

S'il y a aussi un tiré *au besoin*, la présentation doit lui être faite de la même manière.

Pothier, *Change*, n° 137 et 146.— 1 Nouguier, p. 220, n° 3.— 2 Pardessus, *Droit Com.*, n° 358, 362 et 381.— Bayley, *Bills*, pp. 244 et 245.—Story, *Bills*, n° 228, 229, 235 et 254.— Chitty, *Bills*, p. 301 (8° éd.).— S. R. B. C., c. 64, s. 15, ₹ 2.— C. Com., 173.— Code civil B. C., art. 2308.

2291. Lorsque la présentation pour acceptation est nécessaire, elle doit être faite sous un délai raisonnable à compter de la **date de** la lettre, conformément à l'usage du commerce et sujet au jugement discrétionnaire du juge.

Pothier, *Change*, n° 143.— Story, *Bills of Ex.*, n° 231.

Jurisp.— 1. La déclaration en cette cause alléguait que le 27 d'août 1870, T. et J. Lortie firent leur lettre de change à trois jours sur J. Redpath et fils, Montréal, qu'ils remirent à Harris qui, le 29, l'endossa et la remit à Schowh *et al. ;* que ces derniers la présentèrent pour acceptation le 1er septembre suivant, laquelle fut refusée et qu'elle fut protestée pour non acceptation le 8 septembre.— *Jugé* que les demandeurs n'usèrent pas d'une diligence légale et convenable pour la présentation et le protêt de la lettre, et l'action est renvoyée. Diss. Badgley, J.— *Harris & Schowb*, III R. L., 453.

2. A drawer of a bill of exchange who fails to notify the drawee of the amount does not act with reasonable care and prudence. A bank is bound to know the amount of its own drafts and consequently if one of the branches pays a draft drawn by another, the body of which has been altered, it is bound by such payment, and cannot recover back the amount from an innocent third party who has parted with the money.— *Union Bank of Lower Canada* vs *The Ontario Bank*, XXIII L. C. J., 66.

2292. L'acceptation doit être par écrit sur la lettre de change ou sur un des exemplaires.

S. R. B. C., c. 64, s. 5.

Jurisp.— Held :— Where a bank is induced to advance a sum of money to B., on the undertaking implied in a telegram from A. to B., and exhibited to the bank, that A. will repay the advance by accepting a draft for the amount thereof , and the advance is used to retire another draft for which A. is liable, that A. is liable to the bank for the advance, though he subsequently refuses to accept the draft.— *Dunspaugh* vs *Molsons Bank*, XXIII L. C. J., 57.

2293. L'acceptation doit être absolue et sans condition ; mais si le porteur consent à une acceptation conditionnelle ou restrictive, l'accepteur y est tenu.

Pothier, *Change*, nᵒˢ 47 à 49.— Ord. 1673, tit. 5, art. 2.— 2 Pardessus, *Droit Com.*, nᵒˢ 370 et 372.— Bayley, *Bills*, 201 et 202.— Story, *Bills of Ex.*, nᵒ 240.

2294. L'effet de l'acceptation est d'obliger l'accepteur à payer la lettre de change au porteur, suivant sa teneur.

L'acceptation comporte l'admission de la signature du tireur, qui ne peut ensuite être niée par l'accepteur, à l'encontre du porteur de bonne foi.

Pothier, *Change*, nᵒˢ 44, 115 et 117.— Heineccius, *De Camb.*, ch. 6, § 5.— 2 Pardessus, *Droit Com.*, nᵒ 376.— Story, *Bills of Ex.*, nᵒˢ 113, 261 et 262.— Bayley, *Bills*, pp. 318 et 319.

Jurisp.—1. An acceptance, on sight, of a bill of exchange admits signature of the drawer.— *McKenzie* vs *Fraser*, II R. de L., 30.

2. An acceptance on sight of bills of exchange admits the signature of the drawers; a parole acceptance is good.— *Jones* vs *Goudie*, II R. de L., 334.

3. When a bank discounts for A. a draft by him on B., and accepts a check for the proceeds and delivers it to A., for transmission to B., to enable B. therewith to retire a draft for a similar amount drawn by A. and accepted by B. for A's accommodation, and about to fall due at the branch of the bank where B. resides, on the faith of A's representation, assurance and undertaking (without authority, however, from B.) that B. will accept the new draft, and B. receives the check, and before using it has knowledge of the transaction, as between A. and the bank, B. cannot legally use the check to retire his own acceptance on the old draft, without accepting the new one.— *Torrance & The Bank of British North America*, XVII L. C. J., 185.

2295. Lorsqu'une lettre de change a été acceptée et remise au porteur, l'acceptation ne peut plus être cancellée que du consentement de toutes les parties dont elle porte les noms.

Pothier, *Change*, nᵒ 44.— 1 Savary, *Parf. Nég.*, p. 840.— 2 Pardessus, *Droit Com.*, nᵒ 377.— Bayley, *Bills*, pp. 208 et suiv.— 3 Kent, *Com.*, p. 85.

2296. Lorsque la lettre de change a été protestée faute d'acceptation ou de paiement, elle peut, du consentement du porteur, être

41

acceptée par un tiers pour l'honneur de ceux qui y sont concernés, ou de quelques-uns d'eux. Cette acceptation ne profite qu'aux parties dont les signatures suivent celle de la personne pour l'honneur de laquelle l'acceptation a lieu.

Pothier, *Change*, nᵒˢ 113, 114, 170 et 171.— Jousse, Ord. 1673, tit. 5, art. 3, p. 75. — 2 Pardessus, *Droit Com.*, nᵒˢ 383 et 388.— Bayley, *Bills*, pp. 176 à 180.— Story, *Bills of Ex.*, nᵒˢ 121, 122, 123 et 125.— 3 Kent, *Com.*, p. 87.— C. Com., 126.

2297. L'accepteur sur protêt est tenu de donner sans délai avis de son acceptation à celui pour l'honneur duquel il accepte et à toutes les parties sur la lettre qui peuvent être tenues à son égard.

Pothier, *Change*, nᵒˢ 113 et 114.— Jousse, Ord. 1673, tit. 5, art. 3, pp. 75 et 76.— 2 Pardessus, *Droit Com.*, nᵒ 386.— Bayley, *Bills*, pp. 179 et 180.— Story, *Bills of Ex.*, nᵒˢ 124 et 256.— C. Com., 127.

SECTION IV.

DE LA NOTE ET DU PROTÊT FAUTE D'ACCEPTATION.

2298. Dans tous les cas de refus d'acceptation d'une lettre de change par le tiré, elle peut de suite être protestée faute d'acceptation ; et après qu'avis du protêt a été donné aux parties à la lettre qui en sont tenues, le paiement peut en être exigé immédiatement de telles parties, de même que si la lettre fût venue à maturité et eût été protestée faute de paiement.

Le porteur n'est pas tenu de présenter ensuite la lettre pour paiement ; ou si elle est présentée, il n'est pas tenu de donner avis du défaut de paiement.

S. R. B. C., c. 64, s. 10.

Jurisp.— The endorser of a bill of exchange is in all cases entitled to notice, wether the drawer had, or had not effects in his hands, and on this ground the Court non-suited the plaintiff and refused his motion for a new trial.— Griffin vs Phillips, II R. de L., 30.

2299. Le porteur de la lettre de change, au lieu de protester faute d'acceptation, peut, à son choix, la faire noter seulement faute d'acceptation, par un notaire dûment qualifié ; cette note doit être faite au bas de la lettre de change ou endossée sur une copie que le notaire instrumentant fait de la lettre et met au nombre de ses minutes.

S. R. B. C., c. 64, s. 12.

2300. Lorsqu'une lettre notée faute d'acceptation, suivant les dispositions de l'article précédent, est ensuite protestée faute de paiement, il n'est pas nécessaire d'en rédiger au long le protêt faute d'acceptation ; mais mention doit être faite dans le protêt faute de paiement que la lettre a été notée, avec la date de cette note et le nom du notaire qui l'a faite.

S. R. B. C., c. 64, s. 12.

2301. Sur la lettre de change notée ou protestée faute d'acceptation, les mots "notée faute d'acceptation," ou "protestée faute d'acceptation," suivant le cas, ensemble la date de la note ou du protêt et les frais, doivent être écrits ou imprimés par le notaire instrumentant ; et il doit y apposer son nom ou ses initiales comme tel notaire.

S. R. B. C., c. 64, s. 12.

2302. Lorsque la lettre est notée faute d'acceptation, le porteur, pour tenir responsables les parties sur la lettre, n'est pas tenu d'en donner avis. Mais lorsque la lettre notée est ensuite protestée faute de paiement, l'avis de tel protêt doit contenir aussi avis de la note qui en a été faite préalablement faute d'acceptation.

S. R. B. C., c. 64, s. 20.

Jurisp.— An omission to give notice of the non-acceptance of a bill of exchange, is not cured by a notice of non-acceptance, given with a notice of non-payment.— Jones vs Wilson, II R. de L., 28.

2303. La note et le protêt des lettres de change faute d'acceptation sont faits et l'avis en est donné par le ministère d'un seul notaire et sans l'assistance de témoins, en la manière et suivant les formes prescrites dans l'acte intitulé : *Acte concernant les lettres de change et les billets.*

S. R. B. C., c. 64, ss. 11 et 22.— Code civil B. C., art. 1209.

Jurisp.— Le 28 février 1827, le nommé F. H. Prévost, marchand de Terrebonne, fit en faveur du défendeur, un billet promissoire, payable le 1ᵉʳ mai suivant. Joseph Turgeon l'endossa aussitôt au profit du demandeur qui, à son échéance, le fit protester par le ministère de J. L. Prévost, notaire, dans le temps prescrit par la loi, savoir, le 5 mai 1827. Il ne fut pas donné avis par écrit de ce protêt au défendeur qui, dans ses défenses, se contenta de faire une dénégation générale des faits. Le demandeur prétendant qu'en pareil cas un avis verbal devait suffire, fit entendre comme témoin le notaire même, qui déposa avoir donné cet avis verbal au défendeur, sans pouvoir dire si c'était dans les dix jours requis par la loi. Le défendeur soutint au contraire que dans ce cas, le statut provincial de 1793, chapitre 2, obligeait le porteur d'un billet de donner avis par écrit du protêt à l'endosseur pour pouvoir exercer son recours contre lui ; et qu'en supposant même qu'un avis verbal fût suffisant, il fallait au moins qu'il fût donné dans les dix jours ; ce qui n'était pas prouvé. Sur ces raisons, la Cour du Banc du Roi, à Montréal, débouta l'action du demandeur, le 18 février 1832.— Cowan vs Turgeon, I R. de L., 230.

2304. S'il n'y a pas de notaire sur les lieux, ou s'il est incapable ou refuse d'agir, tout juge de paix dans le Bas-Canada peut noter la lettre de change, en faire le protêt et en donner avis de la même manière ; et ses actes à cet égard ont le même effet que s'ils étaient faits par un notaire ; mais le juge de paix doit énoncer, dans le protêt, la raison pour laquelle tel acte n'a pu être fait par le ministère d'un notaire.

S. R. B. C., c. 64, s. 24.

2305. Un double du protêt et de l'avis avec le certificat de la signification, ainsi que toutes copies qui en sont attestées sous la signature du notaire ou du juge de paix, suivant le cas, sont une preuve *primâ facie* de la vérité des allégations y contenues.

Ibid., ss. 14 et 24.— S. R. C., c. 57, s. 6.

SECTION V.

DU PAIEMENT.

2306. Toute lettre de change doit être présentée par le porteur ou de sa part au tiré ou accepteur pour paiement dans l'après-midi du troisième jour après son échéance, ou sa présentation pour acceptation, si elle est faite à vue, à moins que ce troisième jour ne soit férié, auquel cas le jour juridique suivant est le dernier jour de grâce. Si la lettre est payable à une banque, la présentation peut y être faite soit pendant ou après les heures ordinaires de la banque.

Si la lettre n'a pas été acceptée et qu'elle contienne indication d'un tiré *au besoin*, la présentation lui doit être faite de la même manière.

Ibid., ss. 6, 15 et 32.— S. R. C., c. 57, s. 5.— Pothier, *Change*, nº 137.— Chitty, *Bills* (8ʳ éd.), pp. 187, 188 et 262.— Story, *Bills*, nº 65.— 3 Kent, *Com.*, p. 88.— 2 Pardessus, *Droit Com.*, nº 341.

Amend.— *L'acte C. 35 Vict., c. 10, contient ce qui suit :*

Toute lettre de change ou billet promissoire fait payable à un mois ou à plusieurs mois de sa date, sera dû et payable au quantième correspondant à cette date dans le mois d'échéance, à moins qu'il n'y ait pas un tel quantième dans le dit mois d'échéance ; auquel cas, il écherra le dernier jour de ce mois ; et les jours de grâce accordés par la loi seront dans tous les cas ajoutés à ce terme.

Jurisp.— 1. An action lies on a note payable by instalments as soon as the first day of payment is passed, but it lies only for the amount of the first instalment, each of them being considered as a separate debt.— Clearihue vs Morris, II R. de L., 30.

2. D'après l'usage en Canada et en l'absence de lois positives, toute lettre de change porte un délai de trois jours après son échéance. Pour lier les endosseurs, demande de paiement doit en être faite le troisième jour de grâce avec protêt et notification. Ces formalités doivent être observées même lorsque la lettre de change est payable chez le porteur de la lettre.— Knapp & Bank of Montreal, I L. C. R., 252.

3. A l'encontre du faiseur d'un billet promissoire, il n'est pas besoin de lui faire demande de paiement, quoique le billet soit payable en un lieu déterminé. La preuve d'absence de fonds au lieu du paiement dispense le demandeur de prouver une demande préalable. Un paiement partiel est un abandon de toute objection à raison du défaut de demande.— Rice vs Bowker, III L. C. R., 305.

4. Le défaut de présentation d'un billet promissoire au faiseur (qui est notoirement insolvable), lors du protêt, ne rendra pas tel protêt nul.— Avis de tel protêt rendra les endosseurs responsables.— Venner vs Futvoye, XIII L. C. R., 307.

5. In an action on a note, T., one of the endorsers, pleaded payment. It appeared that he had furnished the plaintiff with groceries, the accounts for which were stated in the pass-book to have been settled, but it did not appear that any money passed. The plaintiff having given unsatisfactory replies when examined,— *Held* that the price of the goods must be deducted from the note.— Angers & Ermatinger, II L. C. L. J., 158.

2307. Si la lettre de change est payable en un lieu indiqué soit dans le corps de la lettre ou par une acceptation modifiée, la présentation doit se faire en ce lieu.

S. R. B. C., *ibid.*, ss. 9 et 15.— S. R. C., *ibid.*, s. 4.

Jurisp.— 1. Sur action contre le faiseur d'un billet à ordre, payable en un lieu indiqué, il n'est pas nécessaire de prouver que demande a été faite au lieu indiqué à l'échéance. Dans le cas où provision a été faite au lieu indiqué pour payer le billet non présenté, le faiseur du billet doit le plaider spécialement, et le prouver.— Mount & Dunn, IV L. C. R., 348.

2. Une promesse de payer à un endroit indiqué, n'est pas une promesse de payer généralement, et il n'y a aucune obligation de la part du faiseur d'un billet, payable à tel endroit indiqué, à moins qu'il ne soit constaté qu'il y a eu présentation et demande de paiement à l'endroit indiqué, et défaut de payer le montant dû.— O'Brien & Stevenson, XV L. C. R., 265.

2308. Si la lettre de change est payable généralement, la présentation doit s'en faire au tiré ou à l'accepteur personnellement, ou à sa résidence, ou à son lieu ordinaire d'affaires ; ou si, à raison de son absence ou de ce qu'il n'a pas de résidence, bureau ou lieu d'affaires connu, ou que par suite de son décès la présentation ne puisse être faite tel que ci-dessus, elle peut l'être à son dernier domicile, bureau, ou lieu d'affaires connu dans la localité où l'acceptation a eu lieu ; et s'il n'y a pas eu d'acceptation, dans la localité d'où la lettre est datée.

S. R. B. C., *ibid.*, s. 2.

Jurisp.— 1. The amount of a *bon* payable on demand by a Lower Canada debtor to a foreign creditor, is recoverable with costs in Lower Canada, by the creditor, without proof of any demand before institution of action.— Shuter vs Paxton, V L. C. J., 55.

2. A draft drawn in New York and accepted in Montreal payable generally, the consideration for which was certain goods purchased in New York, is payable in current Canada funds.— Capcutt vs McMaster, VII L. C. J., 340.

3. Un billet promissoire, fait et daté à Malone, N. Y., entre citoyens américains, mais payable au porteur généralement, et passé depuis entre les mains d'un Canadien, doit être payé en monnaie ayant cours en ce pays.— McCoy vs Dinneen, VIII L. C. J., 339.

4. The maker of a *bon* made in the United States of America, payable on demand, if sued in Canada, will be condemned to pay the full amount of the *bon* in canadian currency and a tender of the value of the *bon* at the date of demand in gold, less the discount on american bills will be declared insufficient.— Daly vs Graham, VIII L. C. J., 340.

5. Un billet dont on demande le paiement dans ce pays doit être payé en argent ayant cours en Canada, quand même le billet serait daté d'un pays étranger.— Chapman vs McFie, I R. L., 192.

2309. Si la lettre de change payable généralement est acceptée avant, et devient due après la nomination dûment publiée d'un syndic aux biens de l'accepteur, dans le cas de faillite, elle peut être présentée pour paiement au failli ou au syndic, soit personnellement ou au domicile, bureau ou lieu ordinaire d'affaires de l'un d'eux.

S. R. B. C., *ibid.*, s. 18.

Jurisp.— A promissory note *à terme*, in case of insolvency, is immediately exigible.— Lovell vs Meikle, II L. C. J., 69.

2310. L'accepteur, le tireur et les endosseurs d'une lettre de change sont tenus conjointement et solidairement au paiement envers le porteur.

La responsabilité du tireur et des endosseurs, ainsi que des accepteurs sur protêt, est sujette aux règles relatives au protêt et avis contenues en ce titre.

Pothier, *Change*, n°° 58, 79 et 117.— Story, *Bills of Ex.*, 107, 108, 113 à 118, et les autorités citées par lui.— C. Com., 140.

Jurisp.— 1. A note of three promising jointly and severally to pay is equal to " *solidairement,*" and the holder of the note may sue any one, or two of them as well as the whole.— McNider vs Whitney, II R. de L., 29.

2. The endorsee and holder of a promissory note for collection may recover thereon against the maker and endorser.— Mills vs Philbin, III R. de L., 255.

3. Une partie qui endosse un billet est tenue personnellement, quoiqu'elle n'eût l'intention de l'endosser que comme procureur, si elle n'a pas plaidé l'erreur.— Seymour vs Wright, III L. C. R., 454.

4. The retirement before due of a note by a prior endorser, does not discharge a subsequent endorser as against a holder for value, if there was no real payment, but a mere exchange of securities with express retention of the liability of the parties to the note.— Bull vs Cuvillier, V L. C. J., 127.

5. Les endosseurs d'un billet promissoire poursuivis avec le tireur à une action et comparaissant tous, tireur et endosseurs, par le même avocat et plaidant tous aussi (mais séparément) par le même avocat, ne sont pas considérés comme ayant une connaissance légale des moyens de défense employés par le tireur, leur codéfendeur, et ne sont pas censés connaître légalement les incidents, procédés et jugements, ni appels intervenus sur les moyens de défense du tireur, — et il faut, pour rendre les endosseurs responsables des faux frais occasionnés par le tireur, leur dénoncer les incidents intervenus sur la défense du tireur, et spécialement les appels auxquels cette défense donne lieu. La signification de l'appel interjeté par le porteur du billet du jugement rendu sur la défense du tireur, quoique faite au procureur commun du tireur et des endosseurs, n'est pas une dénonciation suffisante de l'appel aux endosseurs, pour les rendre responsables des frais encourus sur cet appel.— Boucher & Latour, VI L. C. J., 269.

6. Both husband and wife *séparés de biens* are jointly and severally liable for a joint note made in the course of a business to which they were both jointly interested.— Girouard vs Lachapelle, VII L. C. J., 249.

7. If an endorser sign his name on the back of a note, leaving spaces to the left of the amount sufficient to permit of alteration by the maker, and deliver the note in that condition to the maker, and the maker afterwards increase the amount of the note, by filling in the blank spaces with an additional word and figure, and pass the note in its altered state to a *bond fide* holder for value, and if the said note so altered appear, on the face thereof, to be genuine, the endorser is liable to pay the full amount of the note as altered to such *bond fide* holder for value.— Dorwin & Thomson, XIII L. C. J., 262.

8. Deux cultivateurs qui ont signé un billet promissoire ne sont pas obligés solidairement, et la solidarité n'existe que dans le cas où les faiseurs d'un billet sont commerçants.— Malhiot vs Tessier, II R. L., 625.

9. L'endosseur d'un billet promissoire qui est poursuivi pour le paiement de ce billet peut produire une exception dilatoire demandant à ce qu'il lui soit permis d'appeler en garantie le faiseur de ce billet.— Beaulieu vs Demers, V R. L., 244.

10. Les dispositions de l'art. 1953 s'appliquent à l'endosseur d'un billet, lequel est une caution dans le sens de cet article. En conséquence, l'endosseur d'un billet promissoire protesté, qui craint d'être troublé, peut demander au faiseur et à un endosseur par aval de lui procurer une quittance, ou de payer le montant du billet et protêt.— Desbarats vs Hamilton, II L. N., 279.

2311. Le tiers qui garantit par un aval la lettre de change est tenu de la même manière et dans la même mesure que la personne pour laquelle il se porte ainsi garant.

Les diligences pratiquées à l'encontre de son principal l'obligent également, et il n'a pas droit à un avis du protêt séparément de son principal.

Pothier, *Change*, nᵒˢ 50, 122 et 123.— 1 Savary, *Parf. Nég.*, p. 205; vol. 2, p. 94. — 2 Pardessus, *Droit Com.*, nᵒˢ 394, 396 et 397.— Jousse, Ord. 1673, art. 33, pp. 131 et 132.— Story, *Bills of Ex.*, nᵒˢ 372, 393-5 et 454-6.— Story, *Prom. Notes*, nᵒˢ 460 et 484.— 1 Bell, *Com.*, 378.— C. Com., 141 et 142.— 10 Louis. Rep. (O. S.), p. 374.

Jurisp.— 1. A promise to pay to the holder a note which is not endorsed is sufficient to enable the holder to recover, if the drawer knew that it had not been endorsed.— Aylwin vs Cruttenden, II R. de L., 30.

2. Dans une action contre L. dont la signature était sur le dos d'un billet signé par B., et payable au demandeur, ou au porteur; jugé que L. n'avait pas droit à un avis de protêt. Le donneur d'aval n'a pas droit à un avis de protêt, mais

il est responsable solidairement avec le débiteur principal.—*Semble :* Il est du ressort du juré de déterminer si la signature du défendeur endossée sur un billet était un endossement ordinaire, ou si cette signature avait été apposée pour aval.— Merritt vs Lynch, IX L. C. R., 353.

3. The signature of a person, not the payee nor subsequent holder under the payee, written in blank upon a promissory note, may be considered an *aval ;* and the *donneur d'aval,* in such case, is not entitled to notice of protest.— Merritt vs Lynch, III L. C. J., 276.

4. A signature subscribed to a negotiable note by a person other than the maker of the note is equivalent to an *aval.*— Narbonne vs Tétreau, IX L. C. J., 80.

5. L'engagement par aval est une question de fait et de droit et semble être plus de droit que de fait. B. ayant endossé en blanc un chèque payable au porteur généralement, tiré par A. et livré par ce dernier à C. pour valeur reçue, est un donneur d'aval et non pas un endosseur. Le donneur d'aval n'a droit à aucune diligence et il n'a pas d'autre exception que celle de la personne qu'il a cautionnée, leurs obligations étant solidaires.— Pratt vs Mac-Dougall, XII L. C. J., 243.

6. A note payable to the order of the plaintiffs, was endorsed first by L. L. and P. G. L., and underneath these names, by the plaintiffs :— *Held* that L. L. and P. G. L. endorsed as *avals* and security for the maker.— Latour & Gauthier, II L. C. L. J., 109.

7. Le metteur d'aval n'est pas déchargé de sa responsabilité par le défaut de présentation et de protêt du billet dans les délais.— Pariseau vs Ouellet, M. C. Rep., 57.

8. The defendant had placed his name on a note which had been sent him along with others for the purchase of stock, &c., and it passed through several hands without consideration being given for it, and the last one sued the defendant as endorser *par aval. Held* that the action must be dismissed for want of consideration in the *auteur* of the holder and the receipt of it by the holder subject to all objections.— Perry vs Rodden, V R. L., 477.

2312. L'obligation de l'accepteur de payer la lettre de change est principale et sans condition, et le paiement légal qu'il en fait acquitte la lettre à l'égard de toutes les parties, à moins qu'il n'ait accepté pour l'honneur, auquel cas il est subrogé au lieu de la partie pour l'honneur de laquelle il a accepté, et a également son recours contre elle.

La règle ci-dessus est sans préjudice aux droits d'un accepteur contre la partie pour la convenance de laquelle il a accepté.

2 Nouguier, pp. 342 et 343.— Story, *Bills of Ex.*, nᵒˢ 256, 257, 410, 420 et 422.— Code civil B. C., art. 2310.

2313. Le paiement par le tireur d'une lettre de change non acceptée l'acquitte d'une manière finale. Lorsqu'elle est acceptée, il a son recours contre l'accepteur, à moins que l'acceptation n'ait été que pour sa convenance.

Suprà, art. 2310.—2 Nouguier, p. 350.— Story, *Bills of Ex.*, nᵒ 422.

Jurisp.— 1. In order to vitiate the payment by the maker of a promissory note endorsed in blank, bad faith must be shown ; payment, under circumstances of suspicion, is not enough. The maker is only bound to assure himself of the genuineness of the signatures and is not bound to make any enquiry.— Ferrie & The Wardens, I R. de L., 27.

2. Une action peut être intentée par les faiseurs d'un billet contre les exécuteurs du porteur, pour recouvrer la possession du billet, payé par l'un d'eux pour partie au porteur du billet, en son vivant, et pour le reste aux dits exécuteurs.— Carden & Finley, X L. C. R., 255.

2314. Le paiement par un endosseur lui donne droit de recouvrer le montant de l'accepteur, du tireur et de tous les endosseurs antérieurs, sauf les droits de celui qui a accepté pour la convenance de l'endosseur.

Mêmes autorités.

Jurisp.— 1. L'endosseur d'un billet promissoire, donné pour accommode-ment, a le droit d'opposer en compensation à la demande du porteur de tel billet, toutes sommes de deniers que le porteur a payées ou a dues au faiseur du billet depuis qu'il a été protesté ; et le salaire d'un officier d'une banque, payé tous les trois mois, peut être opposé en compensation de cette manière à la banque par l'endosseur de tel billet.— Quebec Bank vs Molson, I L. C. R., 116.

2. Lorsque le dernier endosseur a payé le montant d'un jugement en principal, intérêts et frais, obtenu à la poursuite du porteur contre lui, tel paiement fait subséquemment à l'institution d'une autre action sur le même billet, par le même porteur contre le faiseur et le preneur, tel endosseur a le droit d'intervenir dans cette dernière action et d'obtenir un jugement en sa faveur contre le faiseur et le preneur du billet.— Mitchell vs Browne, XV L. C. R., 425.

3. L'endosseur d'un billet promissoire à ordre, qui n'a pas payé lui-même ce billet et n'en est pas devenu porteur, ne peut être reçu dans une action contre le faiseur à demander que ce dernier soit condamné à payer le billet, vu qu'il est échu et protesté.— Maynard & Renaud, XII L. C. J., 293.

4. The endorser of a promissory note, tendering the amount to the payee, does not require, and cannot demand any special subrogation, besides the surrender of the note. Further, the endorser cannot throw upon the payee refusing tender of the amount, the liability for the maker's insolvency unless he has renewed the tender *en justice*.— Bove & McDonald, I L. C. L. J., 55.

5. Where the endorser of a note became insolvent, and compounded with his creditors, including the holder of said note, who however reserved his recourse against the other parties to the note, and the maker also became insolvent, the endorser cannot rank on the note against the estate of the maker, so long as the holder has not been paid in full. Where a claimant in insolvency has received as holder of a note a composition on the amount of his claim from the endorser, in consideration of which he has released the endorser, reserving his recourse against the other parties to the note, whatever the claimant has received from the endorser must be deducted from his claim against the maker's estate.— Bessette & La Banque du Peuple, XV L. C. J., 126.

2315. Le paiement d'une lettre de change doit être fait sur l'exemplaire de la série qui porte la signature de celui qui paie, et cet exemplaire doit lui être remis ; autrement, il n'est pas déchargé de son obligation envers les porteurs de bonne foi de cet exemplaire de la lettre.

C. Com., 145 et 147.

2316. Le paiement d'une lettre de change perdue peut être réclamé, en par le propriétaire faisant une preuve légale de telle perte ; et, si la lettre est négociable, en donnant caution à la partie tenue au paiement suivant la discrétion du tribunal.

Jousse, *Ord.* 1673, tit. 5, art. 18 et 19, p. 111.— 2 Bornier, p. 591.— Smith, *Merc. Law*, pp. 285 et 286.— Story, *Bills of Ex.*, nᵒˢ 447 et suiv.— Id., *Prom. Notes*, nᵒˢ 106 et suiv.— Code civil B. C., art. 1233.— C. Com., 150, 151, 152 et 153.

Jurisp.— 1. An action on a note of hand payable to order, and lost, cannot be maintained under any circumstance without an indemnity to the drawer.— Beaupré vs Burn, II R. de L., 31.

2. An action on a note mislaid, payable to order and indorsed, and not proved to be lost or destroyed, cannot be maintained.— Wante vs Robinson, II R. de L., 29.

3. In an action upon a lost note it was alleged in the declaration that the first instalment of it was payable in September. According to the parol evidence adduced, the first instalment was to be paid in November. *Held* that the variance was not material ; that such variance was covered by the maker's

acknowledgment of the note subsequent to his knowledge of its loss. The payee proved the making and loss of the note by parol testimony, after first making affidavit himself of its loss. *Held* that such proof was legal and sufficient.— Carden & Ruiter, IX L. C. J., 217.

4. A note given by a building society as collateral security for an advance to the society, is not an ordinary negotiable note, and if lost the holder is not compelled to give security before he can exact repayment of the advance.— Cooley & The Dominion Building Society, I L. N., 495.

5. Une action basée sur un billet promissoire non produit, sans preuve qu'il est perdu, doit être déboutée.— Hudon & Girouard, XXI L. C. J., 15.

2317. La lettre de change peut être payée après protêt par un tiers, pour l'honneur de quelqu'une des parties y concernées, et celui qui paie ainsi a son recours contre la partie pour laquelle il paie et contre tous autres qui sont tenus à son égard sur la lettre.

Si la personne qui paie ne déclare pas pour l'honneur de qui elle le fait, elle a son recours contre toutes les parties sur la lettre.

Pothier, *Change*, nᵒˢ 170 et 171.— 2 Pardessus, *Droit Com.*, nᵒ 405.—1 Bell, *Com.*, pp. 312 et 334.— Code civil B. C., art. 1141.— C. Com., 158 et 159.

2318. Le paiement doit comprendre le montant entier de la lettre de change avec intérêt depuis le dernier jour de grâce et tous les frais de note, de protêt et d'avis encourus légalement, et les dommages dans les cas ci-après mentionnés.

S. R. B. C., c. 64, ss. 7 et 21.

SECTION VI.

DU PROTÊT FAUTE DE PAIEMENT.

2319. Après la présentation pour paiement, tel que réglé en la section cinquième de ce titre, la lettre de change, si elle n'est pas payée, est protestée faute de paiement dans l'après-midi du dernier jour de grâce.

Le protêt est censé avoir été fait dans l'après-midi du jour qu'il est daté, à moins qu'il n'énonce le contraire.

Code civil B. C., art. 2306, 2307, 2308 et 2309.— S. R. B. C., c. 64, § 2 ; s. 17, § 2.

Jurisp.—1. Sous la 14ᵉ sec. de la 12ᵉ Vict., c. 22, relative aux billets promissoires, l'omission d'énoncer dans un protêt notarié, que tel protêt a été fait dans l'après-midi du jour de sa signification, est fatale, et l'endosseur de tel billet est libéré.— Joseph vs Delisle, I L. C. R., 244.

2. D'après l'usage en Canada et en l'absence de lois positives, toute lettre de change porte un délai de trois jours après son échéance. Pour lier les endosseurs, demande de paiement doit en être faite le troisième jour de grâce avec protêt et notification. Ces formalités doivent être observées même lorsque la lettre de change est payable chez le porteur de la lettre.— Knapp & Bank of Montreal, I L. C. R., 252.

3. The defendant pleaded that no proper presentation for payment had been made.— *Held* that presentation at the closed doors of the bank, after its usual office hours, is not such a presentation for payment as is necessary for protest. — Watters vs Reiffenstein, XVI L. C. J., 297.

4. L'Appt est poursuivi comme endosseur d'un billet signé par Utley, protesté le 7 déc. 1875. L'Appt a plaidé que l'avis de protêt n'avait été mis à la poste que le 11 déc., c'est-à-dire le quatrième jour après le protêt et non le troisième jour, tel que requis par la loi.— Le notaire a certifié que l'avis de protêt avait été mis au bureau de poste central à Montréal, le 10 déc. Interrogé comme témoin, il a juré qu'il avait déposé cet avis le 10. Le député-maître de poste et M. Thompson, employé au bureau de poste, établissent que d'après le timbre,

cette lettre a dû être déposée au bureau de poste entre 8 hrs a. m. et 1 h. p. m.
le 11 déc. La Cour a condamné l'Appt, jugeant qu'il y avait preuve que l'avis
avait été déposé le 10 déc. et non le 11. Jugt confirmé.— Doutre & La Banque
Jacques-Cartier, M., 29 janvier 1878.

2320. Le protêt faute de paiement est fait par le ministère des
mêmes personnes et en la même manière et forme que le protêt
faute d'acceptation, et est sujet aux mêmes règles en ce qui concerne
la preuve.

Si la lettre de change a été notée faute d'acceptation, mention en
doit être faite dans le protêt faute de paiement, ainsi qu'il est porté
en l'article 2300.

Code civil B. C., art. 2302, 2303 et 2304.—S. R. B. C., c. 64, ss. 11, 14, 20 et 22.

2321. Les lettres de change tirées de l'étranger sur quelque
personne dans le Bas-Canada, ou qui y sont payables ou acceptées,
sont soumises, en ce qui concerne les parties qui y résident et sont
tenues au paiement de telles lettres de change, aux règles exposées
dans ce titre quant aux jours de grâce, à la note et au protêt faute
d'acceptation ou faute de paiement, aux avis et signification de
protêt, et aussi quant à la commission et aux intérêts.

S. R. B. C., c. 64, s. 25.

Jurisp.—Dans l'espèce d'un billet daté à Montréal, et payable à Albany,
dans l'Etat de New-York, l'avis de protêt envoyé par la malle à l'endosseur à
Montréal (le protêt étant fait et l'avis mis à la poste suivant les lois de l'Etat)
n'est pas suffisant, les arrangements entre les deux pays relativement aux
malles ne permettant pas le passage de lettres, sans paiement préalable, d'Albany à la frontière entre les deux pays. L'avis adressé à l'endosseur au lieu où le
billet est daté, est une diligence suffisante, telle indication justifiant le porteur,
lorsque l'endossement est sans restriction, de regarder ce lieu comme domicile
de l'endosseur.— Howard vs Sabourin, II L. C. R., 121.

2322. En l'absence de protêt faute de paiement conformément
aux articles de cette section et de l'avis de protêt tel que prescrit
dans la section ci-après, les parties à la lettre de change, autres que
l'accepteur, sont libérées, sauf néanmoins les exceptions contenues
dans les articles qui suivent.

S. R. B. C., c. 64, s. 16, § 2.

Jurisp.—Dans l'espèce, le mari, légataire universel de sa femme, pour
laquelle il avait endossé un billet promissoire, était tenu au paiement du
montant du billet, nonobstant le défaut de protêt, la Cour considérant qu'il
était suffisamment prouvé qu'il avait consenti à l'omission du protêt, au nom
de sa femme, pour éviter des frais, et que de fait, la femme n'était qu'un prête-
nom pour couvrir le commerce du mari.— Bériau & McCorkill, XIV L. C. R.,
400.

2323. Le tireur ne peut se prévaloir de l'absence de protêt ou
d'avis à moins qu'il ne prouve qu'il avait fait la provision requise
pour payer la lettre de change.

C. Com., 115, 116 et 117.

Jurisp.—Par l'usage en Canada et en l'absence de lois positives, toute
lettre de change porte un délai de trois jours après son échéance. Pour lier les
endosseurs, demande de paiement doit en être faite le troisième jour de grâce
avec protêt et notification. Ces formalités doivent être observées même lorsque
la lettre de change est payable chez le porteur de la lettre.— Knapp & Bank of
Montreal, I L. C. R., 252.

2324. Il y a dispense du protêt et de l'avis s'ils sont devenus impossibles par un accident inévitable ou force majeure. Toute partie à la lettre peut, autant que ses droits y sont concernés, renoncer à se prévaloir de l'absence du protêt et de l'avis.

Pothier, *Change*, n° 144.— 2 Pardessus, *Droit Com.*, n°° 426, 434 et 435.— Bécane, *Droit Com.*, p. 99, note.— Bayley, *Bills*, pp. 294 et 295 (5ᵉ éd.).— 3 Kent, *Com.*, p. 113.— Story, *Bills of Ex.*, n° 327.

Jurisp.— 1. If the protest for non-payment of a promissory note be premature, or if time be given by the holder to the maker, the endorser is discharged; but if, with a knowledge of the protest having been made, or of the giving of time, he (the endorser) subsequently promise to pay, his liability is revived.— City Bank vs Hunter, II R. de L., 171.

2. A promise to pay a protested bill of exchange upon which no notice of protest has been given, if it be made with knowledge of that fact, is a waiver of want of notice.— Ross vs Wilson, II R. de L., 28.

3. La promesse d'un endosseur de payer le montant d'un billet qui n'a pas été protesté est valable, si telle promesse est faite avec connaissance qu'il n'y a pas eu de protêt.— Telle promesse peut être prouvée par témoignage verbal.— La promesse faite à un agent autorisé à recevoir le montant du billet a le même effet que si elle était faite au créancier lui-même.— Johnson vs Geoffrion, XIII L. C. R., 161.

4. With reference to Monaghan's note maturing on the 11th February, Lanctot, the endorser, gave to the holder the following memorandum : "My note maturing the 10th instant, good for ten days after date." The note referred to was maturing on the eleventh. No other note existed. No protest was made except on the 24th February. *Held* by the Circuit Court, St. Hyacinthe, that the endorser was liable, and this judgment was confirmed in review.— Burnett vs Monaghan, I R. C., 473.

2325. La perte de la lettre de change, la mort ou la faillite du tireur ou de la partie qui y a droit, ne peuvent dispenser du protêt et de l'avis.

Pothier, *Change*, n°° 145 et 146.— Byles, *Bills*, n° 193.— Story, *Bills of Ex.*, n° 326.

SECTION VII.

DE L'AVIS DU PROTÊT.

2326. Avis du protêt faute d'acceptation ou faute de paiement est donné à la réquisition du porteur ou de toute autre partie obligée sur la lettre de change, et qui en a reçu avis, et qui, en payant, a droit d'en recouvrer le montant de quelqu'une des parties.

Pothier, *Change*, n° 153. — Bayley, *Bills*, p. 270, note 447 (6ᵉ éd.) — 1 Bell, *Com.*, p. 330, n° 259.— Story, *Bills of Ex.*, n°° 291, 303, 304 et 388.

Jurisp.— 1. Le défaut de présentation d'un billet promissoire au faiseur (qui est notoirement insolvable) lors du protêt, ne rendra pas tel protêt nul. Avis de tel protêt rendra les endosseurs responsables.— Venner vs Futvoye, XIII L. C. R., 307.

2. Lorsque la déclaration sur un billet promissoire allègue protêt et avis à l'endosseur, et que l'acte notarié produit ne contient aucun certificat qu'avis de protêt a de fait été donné, le demandeur aura droit d'obtenir jugement sous le ¾ 2 de la section 86, chap. 83 des S. R. B. C., à moins que l'endosseur ne plaide et soutienne par son affidavit une dénégation de l'avis du protêt allégué dans la déclaration.— La Banque du Haut-Canada vs Turcotte, XV L. C. R., 276.

3. In an action against endorser (Moore) of a promissory note, payable to the order of the maker, and endorsed by him to such endorser, the following notice of dishonour addressed to maker and endorser conjointly, was sufficient, in the absence of any proof by the defendant of the existence of another note : —" Your (W. V. Courtney's) promissory note for £30 currency, dated at Montreal

the 2nd September, 1856, payable three months after date to you, or order, and endorsed by you, was this day, at the request of Messrs Handyside, Sinclair and Company, of this city, merchants, duly protested by me for non-payment."— Handyside vs Courtney & Moore, I L. C. J., 250.

2327. L'avis est donné par le notaire ou le juge de paix qui a fait le protêt, et cet avis et le certificat de signification sont rédigés en la forme prescrite par l'acte intitulé : *Acte concernant les lettres de change et les billets.*

S. R. B. C., c. 64, *ibid.*, s. 22.— Code civil B. C., art. 2303 et 2304.

Jurisp.—1. Dans une poursuite contre l'endosseur d'un billet promissoire, il faut produire un double de l'avis de protêt signifié à l'endosseur, et le certificat du notaire qu'il lui a dûment signifié tel avis est insuffisant.—Seed vs Courtney, III L. C. R., 303.

2. Le 28 février 1827, le nommé F. H. Prévost, marchand de Terrebonne, fit en faveur du défendeur, un billet promissoire payable le 1ᵉʳ mai suivant. Joseph Turgeon l'endossa aussitôt au profit du demandeur qui, à son échéance, le fit protester par le ministère de J. L. Prévost, notaire, dans le temps prescrit par la loi, savoir, le 5 mai 1827. Il ne fut pas donné avis par écrit de ce protêt au défendeur qui, dans ses défenses, se contenta de faire une dénégation générale des faits. Le demandeur prétendant qu'en pareil cas un avis verbal devait suffire, fit entendre comme témoin le notaire même, qui déposa avoir donné cet avis verbal au défendeur, sans pouvoir dire si c'était dans les dix jours requis par la loi. Le défendeur soutint au contraire que dans ce cas, le statut provincial de 1793, chapitre 2, obligeait le porteur d'un billet de donner avis par écrit du protêt à l'endosseur pour pouvoir exercer son recours contre lui ; et qu'en supposant même qu'un avis verbal fût suffisant, il fallait au moins qu'il fût donné dans les dix jours ; ce qui n'était pas prouvé. Sur ces raisons, la Cour du Banc du Roi, à Montréal, débouta l'action du demandeur, le 18 février 1832. —Cowan vs Turgeon, I R. de L., 230.

2328. L'avis est donné à la partie qui y a droit, soit personnellement, soit à sa résidence, bureau ou lieu ordinaire d'affaires, et au cas de son décès ou absence, à sa dernière résidence ou à son dernier bureau ou lieu d'affaires ; ou bien l'avis adressé à telle partie peut être déposé au bureau de poste le plus proche de sa présente ou dernière résidence, bureau ou lieu d'affaires, comme dit est plus haut, suivant le cas ; les frais de poste étant payés d'avance.

S. R. B. C., *ibid.*, s. 13.   *Canada.*

Amend.— *L'acte C. 37 Vict., c. 47, contient ce qui suit :*
Avis du protêt ou non paiement de toute lettre de change ou billet promissoire payable en Canada sera suffisamment donné s'il est adressé, en temps opportun, à toute partie à cette lettre de change ou billet ayant droit de recevoir cet avis, à l'endroit d'où cette lettre de change ou billet est daté, à moins que cette partie n'ait désigné sur cette lettre de change ou billet, sous sa signature, un autre endroit, et alors l'avis sera suffisamment donné s'il lui est adressé, en temps opportun, à cet autre endroit ; et cet avis ainsi adressé sera suffisant, bien que le domicile de cette partie soit établi ailleurs qu'à l'un ou l'autre des endroits ci-dessus mentionnés.

Jurisp.—1. Un avis de protêt adressé à une femme et commençant par le mot " Sir " ne vaut. L'action contre tel endosseur déboutée.—Seymour vs Wright, III L. C. R., 454.

2. Dans l'espèce d'un billet daté à Montréal et payable à Albany, dans l'État de New-York ; l'avis de protêt envoyé par la malle et adressé à l'endosseur à Montréal (le protêt étant fait et l'avis mis à la poste suivant les lois de l'État), n'est pas suffisant, les arrangements entre les deux pays relativement aux malles ne permettant pas le passage de lettres sans paiement préalable d'Albany à la frontière entre les deux pays. L'avis adressé à l'endosseur au lieu où le billet

est daté est une diligence suffisante ; telle indication justifiant le porteur, lorsque l'endossement est sans restriction, de regarder ce lieu comme le domicile de l'endosseur.— Howard & Sabourin, V L. C. R., 45.

3. Une personne nommée à un office temporaire dans un lieu où elle s'est transportée seule, laissant néanmoins sa famille pour quelque temps encore au domicile qu'elle avait lors de sa nomination, n'est pas censée avoir changé son domicile, et l'avis du protêt d'un billet par elle endossé, laissé à son ancien domicile, est valable et suffisant pour la rendre responsable du paiement de tel billet. Pour invoquer ce moyen d'exception, le défendeur devait fournir l'affidavit acquis par la 20ᵉ Vict., c. 44, sec. 87.— Ryan vs Malo, XII L. C. R., 8.

4. Avis de protêt fait par un notaire au preneur et au premier endosseur du billet personnellement, est suffisant, quoique l'avis soit adressé : " *A C. C. Payette, Monsieur*," et que tel endosseur soit une femme mariée du nom de Catherine Godin dit Chatillon, séparée quant aux biens de Eugène Payette, son époux.— Mitchell vs Browne, XV L. C. R., 425.

5. A notice of protest of a promissory note, addressed to a lady as " Sir " instead of " Madam," is sufficient, if duly served upon her.— Mitchell vs Browne, IX L. C. J., 168.

2329. Dans le cas de faillite, l'avis peut être donné tel que réglé dans l'article qui précède, ou au syndic à la faillite, pourvu que la lettre ait été tirée ou endossée par le failli avant la cession ou la saisie en liquidation forcée.

Ibid., § 2.

2330. La signification de l'avis du protêt faute d'acceptation ou faute de paiement peut être faite dans les trois jours qui suivent celui auquel la lettre de change a été protestée.

Ibid., s. 19.

2331. La partie notifiée est tenue elle-même de donner, sous un délai raisonnable, avis aux parties sur la lettre de change, autres que l'accepteur, qu'elle entend en tenir responsables.

Pothier, *Change*, nᵒˢ 148 à 153.— Chitty, *Bills*, pp. 520 et 521 (8ᵉ éd.)— 3 Kent, *Com.*, pp. 108 et 109.— Story, *Bills of Ex.*, nᵒ 384.— C. Com., 164.

Jurisp.—There must be evidence of diligence upon a protest for non-payment of a bill of exchange to charge the drawer.—Brent vs Lees, II R. de L., 335.

SECTION VIII.

DES INTÉRÊTS, DE LA COMMISSION ET DES DOMMAGES.

2332. Le montant d'intérêt qui peut être légalement payé sur le principal d'une lettre de change comme escompte, peut être pris au temps où elle est escomptée.

S. R. B. C., c. 64, s. 26.

Jurisp.—In default cases interest runs on notes payable on demand from date.— Dechantal vs Pominville, VI L. C. J., 88.

2333. Toute personne qui escompte ou reçoit une lettre de change payable dans le Bas-Canada à quelque distance du lieu où elle est escomptée ou reçue, peut prendre ou réclamer, outre les intérêts, une commission suffisante pour couvrir les frais d'agence et de change à encourir en opérant la recette de la lettre. Cette commission ne peut en aucun cas excéder un pour cent sur le montant de la lettre de change.

Cet article ne s'applique pas aux banques, qui sont soumises aux dispositions contenues en l'article qui suit.

Ibid., s. 27.— S. R. C., c. 58, ss. 4, 5 et 7.

2334. Les banques en cette province qui escomptent des lettres de change peuvent recevoir, pour couvrir les frais inhérents à la recette, une commission sur le montant de la lettre suivant les taux et en la manière prescrite dans l'acte intitulé : *Acte concernant l'intérêt.*

S. R. C., c. 58, ss. 5 et 7 ; c. 55, s. 110

L'acte concernant l'intérêt, mentionné dans cet article, a été d'abord remplacé par l'acte C. 31 Vict., c. 11, s. 19, lequel a été modifié par l'acte C. 33 Vict., c. 11, puis remplacé par l'acte C. 34 Vict., c. 5. La section 54 de ce dernier acte fixe à un demi pour cent la commission que les banques ont le droit de charger, en sus de l'escompte, pour la collection des lettres de change.

2335. Les lettres de change entachées d'usure ne sont pas nulles entre les mains d'un porteur de bonne foi qui en a donné la valeur.

S. R. B. C., c. 64, s. 28.

2336. Les lettres de change tirées, vendues ou négociées dans le Bas-Canada, et qui y reviennent sous protêt faute de paiement, sont soumises à dix pour cent de dommages, lorsqu'elles sont tirées sur quelque personne en Europe, aux Indes Occidentales, et dans toute partie de l'Amérique en dehors du territoire des Etats-Unis ou de l'Amérique du Nord Britannique.

Lorsqu'elles sont tirées sur quelque personne dans le Haut-Canada, ou dans quelque autre colonie de l'Amérique du Nord Britannique ou dans les Etats-Unis, et qu'elles reviennent comme il est dit plus haut, elles sont soumises à quatre pour cent de dommages.

Avec intérêt dans les deux cas à raison de six pour cent à compter de la date du protêt.

S. R. B. C., *ibid.,* s. 1.

Jurisp.— The drawer of a bill of exchange is liable for the damages provided by the laws of the country in which it is drawn and for no other.— Astor vs Benn, II R. de L., 27.

Amend.—*L'acte C. 38 Vict., c, 19, contient ce qui suit :*
1. A compter du premier jour de juillet qui suivra la passation du présent acte, nuls dommages-intérêts ne seront recouvrables dans aucune action, poursuite ou procédure, soit en loi, soit en équité, intentée dans aucune province du Canada, sur une lettre de change, tirée sur une personne quelconque à un endroit quelconque du Canada ou de l'Ile de Terreneuve, contre aucune partie à cette lettre de change, si ce n'est pour le montant pour lequel elle est tirée, et pour en outre les montants des frais de la note et du protêt de cette lettre de change, et l'intérêt, ainsi que le change et le rechange sur cette lettre de change.
2. A compter du premier jour de juillet qui suivra la passation du présent acte, nuls dommages-intérêts ne seront recouvrables dans aucune action, poursuite ou procédure, soit en loi, soit en équité, intentée dans aucune province du Canada sur une lettre de change tirée sur une personne quelconque, à un endroit quelconque hors du Canada et de l'Ile de Terreneuve, contre aucune partie à cette lettre de change, si ce n'est pour le montant pour lequel elle est tirée, et deux et demi pour cent sur icelui, et pour en outre les montants des frais de la note et du protêt de cette lettre de change, et l'intérêt, ainsi que le change et le rechange sur cette lettre de change.

2337. Le montant des dommages et les intérêts spécifiés dans l'article qui précède, sont remboursés au porteur de la lettre au cours du change au jour que le protêt est présenté et le remboursement demandé, le porteur ayant droit de recouvrer une somme suffisante pour acheter une autre lettre de change sur le même lieu, à même terme et pour le même montant, avec ensemble les dommages et les intérêts et tous les frais de note, de protêt et de poste.

Ibid., § 2.

2338. Lorsqu'avis du protêt d'une lettre retournée faute de paiement est donné par le porteur à une partie qui n'est obligée que secondairement, soit en personne, ou par écrit laissé à une personne raisonnable à son comptoir ou à sa résidence, et qu'ils diffèrent quant au taux du change, le porteur et la partie notifiée nomment chacun un arbitre pour le fixer ; et au cas de désaccord ces arbitres en nomment un troisième, et la décision de deux d'entre eux donnée par écrit au porteur de la lettre est finale quant au taux du change et règle la somme qui doit être payée en conséquence.

Ibid., s. 2.

2339. Si le porteur ou la partie notifiée, ainsi qu'il est prescrit en l'article précédent, ne nomme pas son arbitre dans les quarante-huit heures après qu'il en a été requis, la décision du seul arbitre nommé par l'autre partie est finale.

Ibid., § 2.

SECTION IX.

DISPOSITIONS GÉNÉRALES.

2340. Dans toute matière relative aux lettres de change pour laquelle il ne se trouve pas de disposition dans ce code, on doit avoir recours aux lois d'Angleterre qui étaient en force le trente de mai mil huit cent quarante-neuf.

Ibid., s. 30.

2341. Dans l'enquête des faits sur actions ou poursuites pour le recouvrement de lettres de change tirées ou endossées par des commerçants ou autres, on doit avoir recours aux lois d'Angleterre qui étaient en force à l'époque mentionnée dans l'article qui précède, sans que l'on doive ou puisse faire une preuve additionnelle ou différente à raison de ce que quelqu'une des parties sur la lettre de change n'est pas commerçante.

Ibid., § 2.— Code civil B. C., *Obl.,* c. 9, s. 6.

Jurisp.— 1. Dans une action pour recouvrer possession d'un billet payé par l'un des demandeurs, le témoignage doit être réglé d'après le droit anglais, et la preuve verbale de tel paiement sera réputée légale.— Carden & Finlay, X L. C. R., 255.

2. Un billet promissoire au-dessous de $50, fait à ordre, peut être valablement transporté, pour valeur reçue, par celui à l'ordre duquel il est fait, sans être endossé par ce dernier, et la preuve de tel transport peut se faire par témoin.— Dupuis vs Marsan, XVII L. C. J., 42.

2342. Dans les actions ou poursuites mentionnées dans l'article qui précède, les parties peuvent être examinées sous serment, ainsi qu'il est pourvu au titre *Des Obligations.*

Ibid., § 3.

2343. Les règles quant à la prescription des lettres de change sont contenues dans le titre *De la Prescription.*

Code civil B. C., 2260.

CHAPITRE DEUXIÈME.

DES BILLETS PROMISSOIRES.

2344. Un billet promissoire est une promesse par écrit pour le paiement d'une somme d'argent à tout événement sans condition. Il doit contenir la signature ou le nom du faiseur et être fait seulement pour le paiement d'une somme d'argent déterminée. Il peut être rédigé dans aucune forme compatible avec les règles qui précèdent.

Pothier, *Change,* n° 216.— 2 Pardessus, *Droit Com.,* n° 478.— Bayley, *Bills,* p. 1. — Story, *Prom. Notes,* n° 1.— Code civil B. C., art. 2279.

Jurisp.— 1. No set form of words is requisite to constitute a promissory note, and an instrument called a writing obligatory or a *bon* payable to order for value received, may be considered as a note in writing, within the intent of the Provincial Statute (34 Geo. III, c. 2), though it does not follow the very words of that Act; and though it be merely described and designated in the plaintiff's declaration as a writing obligatory or *bon.*— Hall vs Bradbury, I R. de L., 180.

2. An action upon a note for £20, to a seaman, for wages for the run, payable on the arrival of the ship of England, cannot be maintained, if it appear the ship was lost on its voyage home.— Wood vs Higginbotham, II R. de L., 28.

3. A promise in writing to pay on a day certain £250, to A. B. or order, with an engagement to pay in cash or in goods, if the holder should choose to demand the latter, is a promissory note; for this engagement is no more than a power given to the holder to convert a promissory note into an order for merchandise, if he sees fit to do so.— McDonnell vs Holgate, II R. de L., 29.

4. "I promise to pay A. on account of B." is a good note of hand.— Newton vs Allen, II R. de L., 29.

5. Un billet promissoire ou cédule sous seing privé, daté un dimanche et donné en paiement pour un cheval acheté le même jour, est nul et de nul effet, suivant les dispositions de la 45° George III, c. 10, et 18 Vict., c. 117. Une cédule contenant la condition d'exécuter à une époque subséquente une obligation notariée pour le montant d'icelle n'est pas proprement un billet promissoire, mais une obligation de faire une chose qui devait être le sujet de l'action; pour cette raison l'action doit être aussi déboutée.— Côté vs Lemieux, IX L. C. R., 221.

6. Un billet sous croix fait en présence d'un témoin est valable.— Collins vs Bradshaw, X L. C. R., 366.

7. A paper writing undertaking to pay A. B., *or bearer,* a certain sum of money, one half in cash and one half *in grain,* is not a promissory note and therefore not negotiable.— Gillin vs Cutler, I L. C. J., 277.

8. A *billet promissoire en brevet* made before notaries, payable to a party or his order, is negotiable by endorsement in the ordinary way.— Morin vs Legault, III L. C. J., 55.

9. A letter acknowledging the receipt of a sum of money as a loan, and promising to repay it on demand, with interest, is not a promissory note, within the meaning of the Statute 12th Vict., c. 22, s. 31.— Whishaw vs Gilmour, VI L. C. J., 319.

10. A promissory note, payable to order, may be validly made on the Lord's day, commonly called Sunday.— Kearney vs Kinch, VII L. C. J., 31.

11. Une obligation notariée, communément appelée billet en brevet, n'est pas un billet promissoire selon le statut concernant les lettres de change et les billets, auquel la prescription de cinq ans soit applicable.—Séguin & Bergevin, XV L. C. R., 438.

12. Un écrit constatant seulement qu'une personne doit une certaine somme à une autre, n'est pas négociable comme billet.—Dasylva vs Dufour, XVI L. C. R., 294.

13. Quand l'autorisation de consentir des billets promissoires, ou d'accepter des lettres de change, n'est pas expressément donnée à une corporation municipale, cette autorisation ne saurait être présumée comme nécessaire pour l'accomplissement des fins de sa création. La législature ayant établi pour les municipalités un autre mode d'emprunter, un billet promissoire consenti par une corporation municipale pour acquitter le montant d'un jugement contre elle, est nul.— Pacaud vs La Corporation de Halifax Sud, XVII L. C. R., 56. (C. S. en Rév.)

14. Le mot "mois" qui avait été omis dans un billet, après le mot "trois," y fut inséré par le porteur, sans la connaissance de l'endosseur.— Jugé que cela ne constitue pas un faux, et que l'endosseur est responsable.— Lainé vs Clarke, III R. L., 450.

15. Les billets notariés, en brevet, ne sont pas des billets auxquels la prescription de cinq ans est applicable.— Pigeon & Dagenais, XVII L. C. J., 21.

16. A paper writing purporting to be a promissory note, which is proved to have been fraudulently written over the signature of the maker, which had been written on a piece of paper as indicatory merely of the party's address, cannot be recovered on.— Ford vs Auger, XVIII L. C. J., 296.

17. Les actes en brevet contenant l'engagement de payer une somme d'argent à tout événement et sans conditions, sont des billets promissoires.— Aurèle & Durocher, V R. L., 165.

18. Un certificat de dépôt donné par une banque, payable à ordre, après quinze jours d'avis, et portant intérêt au cas où le dépôt durerait trois mois, est un billet promissoire.— Richer vs Voyer, V R. L., 591.

19. Un écrit sous seing privé en ces termes :

"$81.60. Je soussigné, par ces présentes, reconnais et confesse devoir bien "et légitimement à É. C. W., marchand, de la paroisse de St-D., à ce présent "et acceptant, créancier, la somme de quatre-vingt et une piastres et soixante "cents courant, pour valeur reçue par règlement de billets consentis avant ce "jour, que je m'oblige de payer au dit créancier ou ordre, dans un an de cette "date, avec intérêt de sept par cent par an, à compter de ce jour jusqu'au "paiement effectif, le dit intérêt payable annuellement. Rivière David, 13 "février 1863.   "OCTAVE GIROUARD,
                                                        "EDW. C. WURTELE."

est un billet promissoire et se prescrit par cinq ans, quoique le mot *obligation* fût écrit au dos de ce document.— Wurtele vs Girouard, VI R. L., 737.

20. Jugé par le Juge Rainville, que les corporations municipales n'ont pas le pouvoir de faire des billets promissoires ou d'accepter des lettres de change.— (C. S. Montréal, 7 décembre 1878, Martin vs La cité de Hull.)

21. Jugé, d'un autre côté, par le Juge MacKay, que le billet promissoire signé par le maire et le secrétaire-trésorier d'une municipalité, d'après une résolution du conseil les y autorisant, est valable et oblige la corporation.— (C. S. Montréal, 20 déc. 1878, Ledoux vs Picotte et la Municipalité du Mile-End, T. S.)

22. The maker of a promissory note, though a minor, may be sued upon a note, the consideration of which was goods purchased by him for use in his trade.— The City Bank vs Lafleur, XX L. C. J., 131.

2345. Les parties à un billet promissoire au temps où il est fait sont le faiseur et le preneur. Le faiseur est soumis aux mêmes obligations que l'accepteur d'une lettre de change.

Bayley, *Bills*, p. 169.— Story, *Prom. Notes*, n° 4.— S. R. B. C., ch. 64.

Jurisp.— 1. A note to one who is absent and who, (as it happens) is dead, is not void and his executors may maintain an action on it.— Grant vs Wilson, II R. de L., 29.

42

2. Les signataires d'un billet peuvent opposer au porteur d'icelui, qui ne l'a reçu qu'après l'échéance et qui n'est de fait qu'un prête-nom, tous les moyens d'exception qui pouvaient être plaidés au véritable créancier, et obtenir la déduction des intérêts usuraires compris dans le billet et aussi des paiements faits sur icelui.— Brooks vs Clegg, XII L. C. R., 461.

3. Parties holders of accommodation paper, even with knowledge of the fact, can recover thereon. The holders of such paper duly endorsed to them may rank upon the estate of and discharge the endorsers and even knowing the same to be still accommodation paper, thereafter recover thereon from the maker thereof. The imputation of payment made by the creditor, of monies paid by the endorser and not declared to be incorrect upon an account furnished, will operate as valid imputation even against the accommodation maker.— Lyman vs Dion, XIII L. C. J., 160.

2346. Les dispositions relatives aux lettres de change contenues dans ce titre s'appliquent aux billets promissoires quant aux matières suivantes, savoir :
1. L'indication du preneur ;
2. Le temps et le lieu du paiement ;
3. L'expression de la valeur ;
4. La responsabilité des parties ;
5. La négociation par endossement ou par délivrance ;
6. La présentation et le paiement ;
7. Le protêt faute de paiement et l'avis ;
8. L'intérêt, la commission et l'usure ;
9. La loi et la preuve applicables ;
10. La prescription.

L'obligation d'apposer des timbres aux billets promissoires résulte de l'acte C. 31 Vict., c. 9, mentionné sous l'art. 2280, tel qu'amendé par C. 33 Vict., c. 13; par C. 37 Vict., c. 47 ; et par C. 41 Vict., c. 10. L'acte C. 42 Vict., c. 17, remplace maintenant ces statuts.

2347. Les parties obligées sur un billet promissoire fait payable à demande n'ont pas droit aux jours de grâce pour en effectuer le paiement.

· S. R. B. C., *ibid.*, s. 6, § 2.

2348. L'émission, la circulation et le paiement des billets de banque sont réglés par les dispositions d'un statut intitulé : *Acte concernant les banques et le libre commerce des banques*, et par les actes particuliers incorporant les banques respectivement.

S. R. C., c. 55.

L'acte cité dans cet article est maintenant remplacé par le statut C. 34 Vict., c. 5, tel qu'amendé par C. 35 Vict., c. 8 ; par C. 36 Vict., c. 43 ; par C. 38 Vict., c. 17; par C. 40 Vict., c. 44 ; et par C. 42 Vict., c. 45.

CHAPITRE TROISIÈME.

DES CHÈQUES OU MANDATS A ORDRE.

2349. Le *chèque* ou mandat à ordre est un ordre par écrit sur une banque ou un banquier pour le paiement d'une somme d'argent. Il peut être fait payable à une personne en particulier, ou à ordre, ou au porteur, et est négociable de la même manière qu'une lettre de change et un billet promissoire.

Chitty, *Bills*, p. 545 (8ᵉ éd.)— Chitty and Hulme, p. 24.— Roscoe, *Bills*, p. 9.— 2 Pardessus, *Droit Com.*, 464 à 467.— Story, *Prom. Notes*, nᵒˢ 488, 490 et 491.

Jurisp.— 1. Le chèque est susceptible d'un aval comme le billet promissoire. L'engagement par aval est une question de fait et de droit et semble être plus de droit que de fait. B. ayant endossé en blanc un chèque payable au porteur généralement, tiré par A. et livré par ce dernier à C. pour valeur reçue, est un donneur d'aval et non un endosseur. Le donneur d'aval n'a droit à aucune diligence et il n'a pas d'autres exceptions que celles de la personne qu'il a cautionnée, leurs obligations étant solidaires. Le tireur d'un chèque est responsable jusqu'à ce qu'il ait acquis la prescription, et il n'a droit à aucune diligence, pas même à celle de la présentation, à moins qu'il n'établisse que ce défaut de diligence lui a causé des dommages, comme si la banque où il avait des fonds, eût failli.— Pratt vs MacDougall, XII L. C. J., 243.

2. *Jugé* que sur un ordre ainsi conçu: " *Messieurs, veuillez payer au porteur M. $850, en argent monnayé, et je vous verrai plus tard,*" il y a présomption légale que cet argent était emprunté par le tireur, et non pas qu'il tirait sur des fonds qu'il avait déposés chez ses banquiers ; et que, faute par lui de prouver sa prétention, il sera condamné à rembourser ce montant. Il semble que la preuve du compte par témoins, invoquée par le défendeur, est admissible.— Nichols vs Ryan, II R. L., 111.

2350. Le *chèque* est payable sur présentation sans jours de grâce.

Autorités à l'art. 2349.

2351. Le porteur d'un *chèque* n'est pas tenu d'en faire la présentation à part de la demande de paiement ; néanmoins, si le *chèque* est accepté, le porteur a l'action directe contre la banque ou le banquier sans préjudice à son recours contre le tireur, soit sur le *chèque* même ou sur la dette pour laquelle il a été reçu.

Pothier, *Change*, nᵒˢ 230 et 232.— Story, *Prom. Notes*, nᵒ 494 *a*.

Jurisp.—1. Le tireur d'un chèque est responsable jusqu'à ce qu'il ait acquis la prescription, et il n'a droit à aucune diligence, pas même à celle de la présentation, à moins qu'il n'établisse que ce défaut de diligence lui a causé des dommages, comme si la banque où il avait des fonds, eût failli.— Pratt vs MacDougall, XII L. C. J., 243.

2. Checks fraudulently initialed as accepted by the manager of a bank, and for which the drawer has given in exchange to the manager certain securities which the bank retains, cannot be repudiated by the bank, when the checks are held by a *bona fide* holder for value.— La Banque Nationale vs The City Bank, XVII L. C. J., 197.

2352. Si le *chèque* n'est pas présenté pour paiement sous un délai raisonnable et que la banque tombe en faillite dans l'intervalle entre la réception et la présentation, le tireur ou l'endosseur est déchargé jusqu'à concurrence de ce qu'il en souffre.

Pothier, *Change*, nᵒ 229.— Chitty and Hulme, pp. 32 et 48.— Story, *Prom. Notes*, nᵒˢ 493 et 498.— 3 Kent, *Com.*, p. 104, note *d*.— Code civil B. C., art. 2223.

2353. Sans préjudice aux dispositions contenues dans l'article qui précède, le porteur d'un *chèque* qui l'a reçu du tireur peut, sur refus de paiement par la banque ou le banquier, le renvoyer au tireur sous un délai raisonnable, et recouvrer de lui la dette pour laquelle le *chèque* a été donné ; ou bien il peut garder le *chèque* et en poursuivre le recouvrement sans protêt.

Si le *chèque* a été reçu d'un autre que le tireur, le porteur peut également le renvoyer à la personne qui le lui a donné ; ou bien il peut en poursuivre le recouvrement contre les personnes dont il porte les noms, comme dans le cas d'une lettre de change à l'intérieur.

Pothier, *Change*, n° 229.—1 Savary, pp. 238 et 244 ; *ibid.*, 2d vol., pp. 166, 169, 715, 719, 745 et 748.—Story, *Prom. Notes*, n° 498.

2354. En l'absence de dispositions spéciales dans cette section, les *chèques* sont soumis aux règles relatives aux lettres de change à l'intérieur, en autant que l'application en est compatible avec l'usage du commerce.

1 Chitty and Hulme, p. 24.—Roscoe, *Bills*, p. 9.—Smith, *Mer. Law*, p. 206.—3 Kent, *Com.*, pp. 75 et 77.—Story, *Prom. Notes*, n°° 488 et 489.

TITRE DEUXIÈME.

DES BATIMENTS MARCHANDS.

2355. L'acte du Parlement Impérial intitulé : *The Merchant Shipping Act*, 1854, contient les lois relatives aux bâtiments anglais dans le Bas-Canada quant aux matières auxquelles il est pourvu par cet acte et en autant que les dispositions y sont déclarées applicables.

Stat. Imp. 17 et 18 Vict., c. 104.

Amend.— Le *Merchant Shipping Act*, 1854, a été amendé en 1855 et 1862, par les actes 18-19 Vict., c. 61, et 25-26 Vict., c. 63. Il a été aussi amendé, quant au traitement des matelots, par l'acte 30-31 Vict., c. 124, publié avec les statuts du Canada de 1867 ; et, quant à l'enregistrement des vaisseaux dans les possessions britanniques, par l'acte 30-31 Vict., c. 129. Enfin par l'acte C. 36 Vict., c. 128, s. 2, contenu aux statuts de 1874 ; les clauses du *Merchant Shipping Act* qui sont incompatibles avec ce dernier statut, sont rappelées.

De plus, le même acte C. 36 Vict., c. 128, s. 3, statue ce qui suit :

" *L'acte concernant l'enregistrement des vaisseaux naviguant à l'intérieur,*" formant le c. 41 des S. R. de la ci-devant province du Canada, et l' " *Acte pour encourager la construction des vaisseaux,*" formant le c. 42, et les chapitres 1, 2 et 3 du tit. 2 du livre quatrième du Code civil du B. C., excepté ce qui dans les articles 2356, 2359, 2361, 2362, 2373 et 2374, n'est pas incompatible avec les dispositions du présent acte, sont par le présent abrogés."

Enfin, aujourd'hui, le statut impérial 39-40 Vict., c. 80, intitulé : " *The Merchant Shipping Act,* 1876," remplace le statut de 1854. Ce statut est publié dans les statuts du Canada de 1877.

Jurisp.—The Code Marine, if it ever was in force, was no part of the common law of Canada, but a part of the public law, and consequently superseded by the effect of the conquest ; and if it was law in the admiralty jurisdiction alone, whether it was public or common, the introduction of the English Admiralty law abolished it.— Baldwin vs Gibbon, Stuart's Rep., 72.

CHAPITRE PREMIER.

DE L'ENREGISTREMENT DES BATIMENTS.

2356. Les bâtiments anglais doivent être enregistrés de la manière et d'après les règles et formalités prescrites dans l'acte mentionné en l'article qui précède.

Les bâtiments de moins de quinze tonneaux et ceux de moins de trente tonneaux de port, employés respectivement à certaine navigation particulière ou dans le commerce de cabotage, tel que spécifié dans l'acte ci-dessus mentionné, ne sont pas assujettis à l'enregistrement.

The Merchant Shipping Act, 1854, part. 2, ss. 17 et 19, §§ 2 et 3.— Abbott, part. 1, ch. 2.

Voir la note sous l'art. 2355 ; également la partie 1 de l'acte 36 Vict., c. 128, sur le jaugeage et l'enregistrement des vaisseaux.

Amend.— *L'acte C. 36 Vict., c. 128, contient ce qui suit :*
VII. Les navires suivants ne sont pas soumis aux dispositions de cette partie du présent acte, savoir :
1. Les navires ayant un pont entier ou fixe, n'étant pas mus entièrement ou en partie à la vapeur et dont le jaugeage n'excède pas dix tonneaux ;
2. Les navires n'étant pas mus entièrement ou en partie à la vapeur, et n'ayant pas de pont entier ou fixe, quel que soit leur tonnage.
VIII. Sauf tel que ci-après prescrit, aucun navire mû soit entièrement, soit en partie à la vapeur, quel que soit son tonnage, et aucun navire n'étant pas mû entièrement ou partiellement à la vapeur, de plus de dix tonneaux et ayant un pont entier ou fixe, bien qu'il ait autrement droit de par la loi d'être réputé un navire britannique, ne sera reconnu en Canada comme un navire britannique, ni admis à participer aux priviléges accordés à un navire britannique en Canada, jusqu'à ce que et à moins qu'il n'ait été dûment enregistré dans le Royaume-Uni ou en Canada, ou dans quelque autre colonie britannique, en vertu du dit acte tel qu'amendé comme susdit.

2357. Toute personne qui réclame la propriété d'un bâtiment du port de plus de quinze tonneaux naviguant à l'intérieur de cette province et non enregistré comme bâtiment anglais, doit faire enregistrer son droit de propriété et en obtenir un certificat de l'officier autorisé à l'accorder ; le tout de la manière et suivant les règles et les formalités prescrites par l'acte intitulé : *Acte concernant l'enregistrement des vaisseaux naviguant à l'intérieur.*

S. R. C., ch. 41, ss. 1, 2, 3, 4, 5 et 6.

L'acte C. 36 Vict. c. 128, remplace maintenant le statut cité dans cet article.

Amend.— *L'acte C. 36 Vict., c. 128, contient ce qui suit :*
21. Si un navire enregistré en Canada change de propriétaire-gérant ou de propriétaires-gérants (s'il y en a plus qu'un), ou, s'il n'y a pas de propriétaire-gérant, si un navire change de patron-propriétaire, le ou les nouveaux propriétaires-gérants ou le patron-propriétaire donneront immédiatement avis de ce changement au régistrateur du port d'enregistrement de ce navire, qui devra l'enregistrer en conséquence ; et tout propriétaire-gérant ou patron-propriétaire d'un navire qui manquera de se conformer aux prescriptions de la présente section encourra une amende n'excédant pas cent piastres.

Jurisp.— L'Intimé, propriétaire du chaland *Transport*, poursuit l'Appt pour fret sur charte-partie du 14 nov. 1871, par laquelle Chs St-Louis, capitaine du chaland, s'est obligé à transporter une cargaison de foin de Berthier (en haut) à Rouse's Point, pour $200 et le touage. Le chaland n'a pu se rendre qu'à St-Jean et l'Appt s'est refusé au paiement du fret parce que le voyage n'avait pas été terminé. En appel on a soutenu: 1° que l'Intimé ne pouvait poursuivre parce que la charte-partie avait été souscrite par le capitaine sans faire connaître le propriétaire du chaland et que le maître ou capitaine n'était pas en cause; 2° que l'Intimé n'était pas propriétaire, parce qu'il n'avait pas enregistré la feuille du chaland ou plutôt son transport. Ces exceptions avaient été mises de côté par la cour inférieure et ce jugt est confirmé en appel.— Batchelder & Bellefeuille, M., 19 mars 1877.

2358. Les règles spéciales relatives au jaugeage des bâtiments de l'espèce mentionnée en l'article précédent, au certificat du constructeur, au changement de maîtres, à celui du nom de tels bâtiments, à l'octroi des certificats de propriété et à l'endossement de ces certificats, et celles relatives aux pouvoirs et aux devoirs des percepteurs et autres officiers à l'égard de cette matière, sont contenues dans l'acte auquel il est ci-dessus en dernier lieu renvoyé.

Ibid., ss. 7, 8, 9, 10, 11, 12, 19, 20, 21, 22 et 28.

C'est l'acte C. 36 Vict., c. 128, qu'il faut maintenant consulter sur ces différents sujets.

CHAPITRE DEUXIÈME.

DU TRANSPORT DES BATIMENTS ENREGISTRÉS.

2359. Le transport d'un bâtiment anglais enregistré ne peut se faire que par un bordereau de vente fait en présence d'un témoin ou plus, et contenant l'exposé prescrit par l'acte du parlement impérial intitulé : *The Merchant Shipping Act*, 1854, et entré au livre d'enregistrement de propriété, tel que pourvu par cet acte. Les règles concernant les personnes habiles à faire et à recevoir tels transports, ainsi que celles relatives à l'enregistrement et au certificat de propriété et à la priorité des droits, sont contenues dans le même acte.

Stat. Imp. 17 et 18 Vict., c. 104, s. 81, n° 10 et 11.—Smith, *Merc. Law* (6° édit.), 30, 193-4.— Abbott, *Shipping*, pp. 57 et 58.

Voir la note sous l'art. 2355.

Jurisp.— 1. A bill of sale of a ship, in which the register is inserted but not the indorsements of the register, is nevertheless a bill of sale under the statute 26 Geo. III, c. 60, sec. 17.— Mayrand vs Boudreau, II R. de L., 73.
2. A certificate of registry with an indorsement to another person, which refers to a bill of sale of the vessel so registered, is no evidence of property in the indorsee without the bill of sale.— Prévost vs Faribault, II R. de L., 74.
3. The register must be inserted and transcribed in a bill of sale of a ship, unless she be under circumstances which constitute an exception to the general provision of the registry acts, and if in fact she be under such circumstances they must be specially pleaded.— Peltier vs Blagdon, II R. de L., 73.

2360. Le transport entre sujets anglais de bâtiments coloniaux naviguant à l'intérieur de cette province et enregistrés, mais non comme bâtiments anglais, ne peut se faire que par un bordereau de vente ou autre écrit contenant les énonciations spécifiées dans l'acte provincial intitulé : *Acte concernant l'enregistrement des vaisseaux navi-guant à l'intérieur*, et enregistré dans le registre de propriété, tel que pourvu par cet acte.

S. R. C., c. 41, ss. 13 et 16.

Voir la note sous l'art. 2355.

Jurisp.—1. La vente d'un bateau à vapeur, par voie d'hypothèque, ou l'hypothèque par voie de vente, est nulle à l'égard des tiers, si elle n'est pas enregistrée suivant les dispositions de l'art. 2360 du Code civil.— Vautier vs La Cie de N. de Beauharnois, XIII L. C. J., 52.

2. Although C. S. C., c. 41, was repealed by 37–38 Vict., c. 128, s. 3 (1874), a bill of sale by way of mortgage of a vessel registered under the former statute, made after the passing of the repealing act in the form usual under the former statute, created a valid mortgage.— It was not necessary to the validity of a mortgage on such vessel that she should first be re-registered under Imperial Merchant Shipping Act of 1854.— The form I, given in the Merchant Shipping Act, need not be strictly adhered to, in the case of a vessel registered under c. 41, C. S. C.— Daoust vs McDonald, I L. N., 218.

2361. Le transport des bâtiments ou vaisseaux décrits dans les deux articles précédents qui n'est pas fait et enregistré de la manière respectivement prescrite, ne transmet à l'acquéreur aucun titre ou intérêt dans le bâtiment ou vaisseau qui en est l'objet.

Stat. Imp., *loc. cit.*, s. 43.— S. R. C., *loc. cit.*— Smith, *Merc. Law, loc. cit.*, p. 33.— Abbott, *on Shipping, loc. cit.*

Voir la note sous l'art. 2355.

Jurisp.—1. L'enregistrement d'un vaisseau dans la vue d'en transférer la propriété doit être fait par le collecteur des douanes, et non par son député. Dans l'espèce, l'enregistrement fait n'a pu transférer la propriété du vaisseau saisi.— Mulholland & Benning, XV L. C. R., 284.

2. By C. C. 2361, transfers of a Canadian steamer, not made and registered in the manner prescribed by the Act respecting the registration of inland vessels, referred to in C. C. 2360, did not convey to the purchaser any title or interest in the vessel intended to be sold.— Calvin vs Tranchemontagne, XIV L. C. J., 210.

2362. Il ne peut être enregistré de transport d'une fraction d'une des soixante et quatre parts dans lesquelles les bâtiments enregistrés sont divisés en vertu de la loi ; et il ne peut non plus être enregistré, par suite de ventes, plus de trente-deux personnes comme propriétaires en même temps de tel bâtiment.

Stat. Imp., s. 37, n°ˢ 1 et 2.— S. R. C., ss. 14 et 15.

Voir la note sous l'art. 2355.

2363. Lorsque les personnes enregistrées comme propriétaires légaux des parts d'un bâtiment destiné à l'intérieur n'excèdent pas le nombre de trente-deux, le droit que peuvent avoir *en équité* les mineurs, les héritiers, les légataires, ou les créanciers au delà de ce nombre représentés par tels propriétaires ou quelques-uns d'eux, ou ayant leurs droits, ne peut être affecté.

S. R. C., c. 41, s. 15.— Merch. Ship. Act, 1854, s. 37, § 2.

2364. Si, dans quelque temps que ce soit, le droit d'un des pro-priétaires d'un bâtiment naviguant à l'intérieur ne peut être divisé en un nombre entier des soixante et quatre parts intégrales, sa propriété, quant aux fractions de parts, n'est pas affectée par le défaut d'enregistrement.

S. R. C., c. 41, s. 14, § 2.

2365. Tout nombre de propriétaires nommés dans le certificat de propriété et membres d'une société faisant commerce dans quelque partie des domaines de Sa Majesté, peut posséder un bâtiment de l'intérieur, ou des parts dans ce bâtiment au nom de la société comme propriétaires conjoints, sans désigner l'intérêt individuel qu'y a chacun, et le bâtiment ainsi possédé est censé sous tous rapports propriété de la société.

S. R. C., c. 41, s. 14, § 3.

2366. Lorsque le bordereau de vente pour le transport d'un bâtiment ou de quelque part en icelui est entré dans le livre d'enregistrement des certificats de propriété, il transfère la chose qui en est l'objet à toutes fins et à l'encontre de toute personne autre que les acquéreurs ou créanciers hypothécaires subséquents qui ont les premiers obtenu l'endossement qui doit être fait sur le certificat de propriété, ainsi qu'il est ci-après déclaré.

S. R. C., c. 41, s. 17.

Jurisp.—1. La vente judiciaire d'un bâtiment marchand ne confère aucun droit de propriété à l'adjudicataire, à l'encontre d'un acquéreur antérieur, dont l'acte de vente (sale by way of mortgage) a été enregistré à la douane sur le certificat de propriété du vaisseau.— Hamilton vs Kelly, III R. L., 564. (En Rév.)

2. A registered mortgagee of a barge who is also holder of the certificate of ownership, can revendicate the barge in the hands of an adjudicataire thereof by judicial sale, under a judgment against the mortgagors, even when such mortgagors have at all times prior to the delivery to the adjudicataire been in the actual possession of the barge.—Kelly & Hamilton, XVI L. C. J., 320.

3. A mortgage of a vessel cannot prevent the seizure and sale thereof by a judgment creditor, but such sale will not purge his mortgage, and will only convey to the purchaser the rights of the judgment debtor in the vessel, the mortgagee retaining his rights under his mortgage against the vessel in the hands of the purchaser.— Daoust vs McDonald, I L. N., 219.

4. Le demandeur, créancier en vertu d'un jugement pour $141, saisit le steamer *Cantin* en la possession du défendeur. Cantin fait opposition à la saisie et vente du vaisseau, alléguant que lui seul avait pouvoir de le faire vendre, en conformité avec les conditions d'une vente par voie d'hypothèque (*sale by way of mortgage*) à lui faite en mai 1875 par le défendeur, le propriétaire enregistré, pour $10,000. *Jugé* que la vente du steamer ne peut être permise, en autant que le créancier hypothécaire antérieur n'avait pas consenti.—Kempt vs Smith & Cantin, oppt., II L. N., 190.

2367. Lorsqu'un bordereau de vente pour le transport d'un bâtiment entier naviguant à l'intérieur, ou pour quelque part seulement, a été entré dans le livre d'enregistrement des certificats de propriété, il ne peut être entré aucun autre bordereau de vente du même bâtiment ou des mêmes parts, par le même vendeur ou gagiste, à un autre, qu'après l'expiration de trente jours à compter de la date de la première entrée, ou de l'arrivée du bâtiment dans le port auquel il appartient, si au temps de la première entrée il en était absent. Lorsqu'il y a plus de deux transports de la nature ci-dessus, le même délai de trente jours doit être observé en faisant chacune des entrées successives.

S. R. C., c. 41, a. 18.

2868. Lorsqu'il y a deux transpôrts ou plus du même droit de propriété dans un bâtiment par le même propriétaire, il est fait par l'officier compétent sur le certificat de propriété du bâtiment, un endossement contenant les détails du bordereau de vente invoqué par la personne qui produit le certificat dans les trente jours qui suivent l'entrée de son bordereau de vente dans le registro, ou dans les trente jours après le retour du bâtiment dans le port auquel il appartient, s'il en était absent lors de telle entrée ; et si le certificat n'est pas produit dans ce délai, l'endossement est alors accordé à la personne qui la première présente le certificat à cet effet.

S. R. C., c. 41, a. 18, § 2.

2869. Dans les cas spécifiés dans l'article qui précède le droit de priorité entre les réclamants est déterminé non par l'ordre du temps dans lequel le détail des bordereaux de vente respectifs est entré dans le livre d'enregistrement, mais par le temps auquel l'endossement est mis sur le certificat de propriété.

S. R. C., c. 41, a. 18, § 2.

2870. L'officier compétent peut, dans les cas et sauf les règles contenues dans l'acte concernant l'enregistrement des bâtiments naviguant à l'intérieur, étendre le délai accordé par la loi pour le recouvrement d'un certificat perdu ou détenu, ou pour l'enregistrement *de novo* du droit de propriété.

S. R. C., c. 41, a. 18, §§ 2 et 3.

2871. Lorsque le transport d'un bâtiment ou seulement de quelque part de bâtiment est fait comme sûreté du paiement d'une somme d'argent, il en doit être fait mention dans l'entrée de ce transport au livre d'enregistrement, et dans l'endossement au certificat de propriété ; et celui à qui tel transport est fait, non plus que toute personne exerçant ses droits à cet égard, n'est réputé propriétaire de tel bâtiment ou de telle part de bâtiment qu'en autant qu'il en est besoin pour en tirer parti par vente ou autrement et obtenir le paiement des deniers ainsi assurés.

S. R. C., c. 41, a. 23.

2872. Lorsqu'un transport de la nature de celui mentionné dans l'article précédent est fait et dûment enregistré, ni le droit du cessionnaire, ni ses intérêts ne peuvent être affectés par un acte de faillite du cédant commis après l'enregistrement du transport, lors même que le cédant au moment de sa faillite serait réputé propriétaire de tel bâtiment ou de telle part de bâtiment et l'aurait en sa possession ou à sa disposition.

S. R. C., c. 41, a. 24.

2873. Les bâtiments construits en cette province peuvent aussi être transportés en garantie de prêts de la manière exposée dans le chapitre qui suit.

Voir la note sous l'art. 2355.

CHAPITRE TROISIÈME.

DE L'HYPOTHÈQUE SUR LES BATIMENTS.

2374. Les règles concernant l'hypothèque sur les bâtiments pour prêts à la grosse sont contenues dans le titre *Du Prêt à la grosse.*

L'hypothèque sur bâtiment anglais enregistré s'établit suivant les dispositions contenues dans l'acte du parlement impérial intitulé: *The Merchant Shipping Act,* 1854.

Ss. 66 et suiv.

Voir la note sous l'art. 2355; également la partie III de l'acte 36 Vict., c. 128, publié avec les statuts de 1874, concernant les garanties pour les avances de deniers sur des navires en voie de construction, par laquelle ce chapitre du Code est considérablement modifié. Nous en reproduisons ici quelques sections, mais tout l'acte doit être consulté.

2375. Les bâtiments construits en cette province peuvent être hypothéqués ou transportés sous l'autorité de l'acte intitulé: *Acte pour encourager la construction des vaisseaux,* conformément aux règles exposées dans les articles suivants de ce chapitre.

S. R. C., c. 42.

Voir la note sous l'article précédent.

2376. Aussitôt que, dans cette province, la quille d'un bâtiment est placée sur chantier, le propriétaire peut l'hypothéquer, et accorder sur le bâtiment un privilége ou gage en faveur de toute personne qui s'engage à fournir des deniers ou effets pour le parachever, et telle hypothèque et privilége restent attachés au bâtiment pendant et après sa construction, jusqu'à ce qu'ils soient éteints par le paiement de la dette ou autrement.

S. R. C., c. 42, s. 1.

Amend.— *L'acte C. 36 Vict., c. 128, contient ce qui suit :*

36. Un navire sur le point d'être construit ou en construction pourra être enregistré sous un nom temporaire par le régistrateur des navires du port ou de l'endroit le plus rapproché du port où ce navire est sur le point d'être construit ou en voie de construction ; et tout constructeur désirant obtenir des deniers au moyen d'une hypothèque sur tout navire sur le point d'être construit ou en voie de construction, fournira au régistrateur des navires du port ou de l'endroit le plus rapproché du port dans lequel ce navire est sur le point d'être construit ou en construction, une description complète de ce navire et une déclaration constatant à quel port ce navire est destiné à être enregistré, suivant la formule A dans la troisième cédule du présent acte, et désignera le navire devant être construit ou en voie de construction en peinturant sur une planche, près de l'endroit où se fera la construction dans son chantier, sur un fond noir, en lettres et chiffres blancs ou jaunes de pas moins de quatre pouces de longueur, le numéro qui lui sera donné à cette fin par le régistrateur, le nom temporaire du navire et le nom du port auquel il est destiné à être enregistré.

37. Un navire sur le point d'être construit ou en voie de construction et ainsi enregistré peut être donné en garantie pour un emprunt ou autre valable considération ; et l'instrument créant telle garantie, ci-après appelée " hypothèque," sera en la formule marquée B dans la troisième cédule ci-jointe, ou aussi conforme à cette formule que les circonstances le permettront ; et sur la production de tel instrument, le régistrateur du port auquel le navire est enregistré l'inscrira dans un registre tenu par lui à cette fin.

38. Toute telle hypothèque sera enregistrée par le régistrateur des navires qu'il appartiendra dans l'ordre du temps dans lequel elle sera produite à cette fin, et le régistrateur notifie par un mémoire sous son seing, inscrit sur l'instrument d'hypothèque, que cette hypothèque a été enregistrée par lui, mentionnant la date et l'heure du dit enregistrement.

Jurisp.—1. Le fournisseur ne peut devenir propriétaire du vaisseau sur lequel il fait des avances et en obtenir le registre en son nom et le vendre, qu'en vertu d'une convention expresse conformément à l'acte pour encourager la construction des vaisseaux, c. 42, S. R. C. Si, par le contrat, le fournisseur n'a stipulé en sa faveur qu'une hypothèque sur le vaisseau, et non pas qu'il en serait le propriétaire, le registre de ce vaisseau ne peut être pris en son nom, ou en celui du cessionnaire de ses droits; et le registre pris au nom de ce dernier sera un titre insuffisant pour lui conférer la propriété de ce vaisseau, s'il est saisi comme appartenant au constructeur ou au débiteur qui l'a hypothéqué.— Auger & Forsyth, XVII L. C. R., 227.

2. The advancer of money for the building of a ship who fails to conform to the act for the encouragement of shipbuilding (19 Vict., c. 50), in regard to the form of the contract and its registration, has no legal title to the vessel. And where the vessel is seized by a creditor of the builder, a subsequent registration by the advancer will not avail against such creditor.— Peters & Oliver, II Q. L. R., 230.

3. Though C. S. C. c. 41, was repealed 17th march 1874 by 37–8 Vict., c. 128, s. 3, a bill of sale by way of mortgage of a vessel registered under the former statute, made since such repeal, in the form usual under the former statute, creates a valid mortgage. It was not necessary to the validity of a mortgage on such vessel that she should first be re-enregistered under the imperial Merchant Shipping Act of 1854, and the form I of said act adhered to. The form of bill of sale by way of mortgage was, in the case of such vessel, sufficiently near the form I of the Merchant Shipping Act to be valid thereunder. A mortgagee of a vessel has no right to oppose and cannot prevent the sale under execution by a judgment creditor, but such sale will not purge his mortgage, and will only convey to the purchaser the rights of the judgment debtor in the vessel, and the mortgagee will retain his rights under his mortgage against the vessel in the hands of the purchaser.— Daoust vs McDonald, XXII L. C. J., 79. (C. S. en Rév.)

2377. Après la première hypothèque ou gage de l'espèce mentionnée en l'article précédent, aucune autre ne peut être accordée sans le consentement du premier créancier ; et toute hypothèque ou privilége subséquent accordé sans tel consentement est nul.

S. R. C., c. 42, s. 1, ¿ 2.

Amend.— L'acte C. 36 Vict., c. 128, contient ce qui suit :
40. S'il est enregistré plus d'une hypothèque sur le même navire, les créanciers hypothécaires, nonobstant tout avis explicite, implicite ou d'induction, auront droit par rang de priorité l'un sur l'autre, suivant la date à laquelle chaque instrument est inscrit dans les registres, et non pas suivant la date de chaque instrument même.

2378. Les parties contractantes peuvent convenir que le bâtiment dont la quille est posée sera la propriété de la personne qui avance les deniers ou effets pour le parachever, et cette convention transfère de plein droit à celui qui fait les avances, pour lui en assurer le paiement, non-seulement la propriété de la partie du bâtiment alors construite, mais celle du bâtiment jusqu'à et subséquemment à son parachèvement, en sorte qu'il peut obtenir l'enregistrement du bâtiment, le vendre et en consentir un titre quitte et valable ; sauf au propriétaire son droit d'action en reddition de compte, ou autre recours que la loi lui accorde contre celui qui a fait les avances.

S. R. C., c. 42, s. 2.

Jurisp.— 1. Un fournisseur en vertu de l'acte pour encourager la construction des navires, 19 Vict., chap. 50, auquel le registre du navire a été accordé, n'est pas, par cela, nécessairement considéré comme le propriétaire de tel navire, de manière à être responsable des gages des matelots naviguant le dit vaisseau, ou des artisans engagés à le compléter ou à le réparer.— Dickey & Terriault, XI L. C. R., 150.

2. The defendants advanced money to G. to enable him to complete a vessel, and as security for their advances the vessel was mortgaged to them, and it was "expressly covenanted and agreed by and between the said parties, that the said vessel shall be and is the absolute property of the said defendants, so that they shall take and obtain the register of the said vessel in their own name, and may sell and dispose of the same, and give a good and valid title thereto":— Held that the defendants were not liable for goods sold by the plaintiffs to G., before the vessel was registered, for the purposes of furnishing it.— Freer & McGuire, II L. C. L. J., 104.

3. Le fournisseur ne peut devenir propriétaire du vaisseau sur lequel il a fait des avances, et en obtenir le registre en son nom, et le vendre, qu'en vertu d'une convention expresse conformément à l'*Acte pour encourager la construction du vaisseaux* (c. 42, S. R. C.). Si par le contrat le fournisseur n'a stipulé en sa faveur qu'une hypothèque sur le vaisseau, et non pas qu'il en serait le propriétaire, le registre de ce vaisseau ne peut être pris en son nom, ou en celui du cessionnaire de ses droits; et le registre pris au nom de ce dernier sera un titre insuffisant pour lui conférer la propriété de ce vaisseau, s'il est saisi comme appartenant au constructeur ou au débiteur qui l'a hypothéqué.— Auger & Forsyth, XVII L. C. R., 227.

4. The advancer, under article 2378 Civil Code, being not simply a privileged creditor, but transferee of the property of the vessel, is entitled to be paid out of the proceeds of her sale in preference to the workmen employed in building and completing her; and article 2383, n° 8, cannot be construed to postpone his claim to theirs, notwithstanding that the vessel has not yet made a voyage.— Germain vs Gingras, I Q. L. R., 349.

5. The advancer of money for the building of a ship who fails to conform to the act for the encouragement of shipbuilding, 19 Vict., c. 50, in regard to the form of the contract and its registration, has no legal title to the vessel. And where the vessel is seized by a creditor of the builder, a subsequent registration by the advancer will not avail against such creditor.— Peters vs Oliver, II Q. L. R., 230.

2379. Celui qui a fait les premières avances peut, de la même manière, hypothéquer le bâtiment, l'affecter d'un droit de gage, ou le transporter à tout autre fournisseur, et celui-ci à un autre subséquent, pourvu que les formalités ci-après prescrites soient observées et non autrement; et dans tel cas le propriétaire a son action en reddition de compte contre le premier fournisseur et les fournisseurs subséquents conjointement et solidairement.

S. R. C., c. 42, s. 3.

Jurisp.— 1. L'acquéreur à une vente du shérif et premier créancier hypothécaire d'un navire enregistré, ne peut prétendre qu'un créancier hypothécaire subséquent ne peut saisir-revendiquer le navire sans offrir le montant de cette première hypothèque. Le premier créancier hypothécaire doit attendre l'ordre de distribution.— Benning vs Cook, I R. C., 241.

2. La vente judiciaire d'un bâtiment enregistré ne purge pas les hypothèques régulièrement inscrites avant la vente, et nonobstant cette vente, le créancier hypothécaire a son droit de suite par saisie conservatoire.— Hamilton vs Kelly, I R. C., 242.

2380. Tout contrat fait en vertu de l'article 2375 et de l'acte y mentionné, doit être passé devant un notaire, ou fait double en présence de deux témoins; et ce contrat ou un bordereau doit être enregistré en la manière et suivant les règles prescrites par cet acte, au bureau d'enregistrement du comté ou de la localité où le bâtiment se construit. Tel contrat et les droits qui en découlent n'ont d'effet que de la date de cet enregistrement, à défaut duquel les parties ne peuvent invoquer le bénéfice que l'acte a en vue et qui est exposé dans les quatre articles qui précèdent.

S. R. C., c. 42, ss. 5 et 6.

2381. L'enregistrement du bâtiment est accordé par l'officier compétent au fournisseur, et s'il y en a plus d'un, au dernier en date dont le contrat est dûment enregistré, sur production d'une copie authentique de ce contrat, ou de l'original même si le contrat n'est pas notarié, avec endossement du certificat d'enregistrement et accompagné du certificat du constructeur.

Si le propriétaire produit un certificat qu'aucun contrat de la nature ci-dessus spécifiée dans l'article 2380 n'a été enregistré, avec ensemble le certificat du constructeur, il a droit d'obtenir l'enregistrement du bâtiment.

S. R. C., c. 42, s. 4.

2382. Les dispositions contenues dans les précédents articles de ce chapitre et dans l'acte auquel il y est renvoyé, ne privent aucune partie des droits, gages, priviléges ou hypothèques qu'elle avait avant l'époque de l'enregistrement d'un contrat de l'espèce décrite dans ces articles, et n'ôtent à aucune personne le droit d'action en reddition de compte que la loi lui accorde.

S. R. C., c. 42, s. 7.

———

CHAPITRE QUATRIÈME.

DU PRIVILÉGE OU GAGE MARITIME SUR LES BATIMENTS, LEUR CARGAISON, ET LEUR FRET.

2383. Il y a privilége sur les bâtiments pour le paiement des créances ci-après :

1. Les frais de saisie et de vente suivant l'article 1995 ;

2. Les droits de pilotage, de quaiage et de havre, et les pénalités encourues pour infractions aux règlements légaux du havre ;

3. Les frais de garde du bâtiment et de ses agrès, et les réparations faites à ces derniers depuis le dernier voyage ;

4. Les gages et loyers du maître et de l'équipage pour le dernier voyage ;

5. Les sommes dues pour réparer le bâtiment et l'approvisionner pour son dernier voyage et le prix des marchandises vendues par le maître pour le même objet ;

6. Les hypothèques sur le bâtiment suivant les règles contenues au chapitre troisième ci-dessus et dans le titre *Du Prêt à la grosse ;*

7. Les primes d'assurance sur le bâtiment pour le dernier voyage ;

8. Les dommages causés aux chargeurs, pour défaut de délivrance de la marchandise qu'ils ont embarquée, ou pour remboursement des avaries survenues à la marchandise par la faute du maître ou de l'équipage.

Si le bâtiment n'a pas encore fait de voyage, le vendeur, les ouvriers employés à la construction et ceux qui ont fourni les matériaux pour le compléter, sont payés par préférence à tous créanciers autres que ceux portés aux paragraphes 1 et 2.

ff L. 26 ; L. 34, *De rebus auctoritate ;* L. 5 ; L. 6, *Qui potiores in pignore.*—1 Valin, p. 66 ; p. 362, art. 16 ; p. 367, art. 17.— Pothier, *Ass.,* n° 192.— 1 Emérigon, 85, 86, 584 et suiv., c. 12.— Ord. de la Mar., *Tit. des navires,* art. 2, 3 et liv. 3, tit. 4, art. 19.— Abbott, 105, 531, 532 et suiv.— 2 Bell, *Com.,* 512 et suiv.— C. Com., 191.— 3 Pardessus, pp. 612 et suiv.— Flanders, *Shipping,* 166-7-8, 179, 180, 318, 319, 320 et 324.— Smith, *Merc. Law,* 324 et 457.— Stat. Imp., 17 et 18 Vict., c. 104, s. 191.— Toubeau, 2ᵉ part., p. 305.— Guyot, Rép., vᵒ *Privilége sur bâtiments.*

Jurisp.—1. A builder's privilege upon a ship, of his own construction, is lost if he delivers her to the owner and suffers her knowingly to be sold at public auction to a third person without opposition.— Baldwin vs Gibbon, Stuart's Rep., 72.

2. By the general principle of the contract *de louage mercium vehendarum,* the captain or owner of river craft lost by accident is bound to pay the pilots' wages to the day of the loss.— Délorier vs Chaffry, II R. de L., 76.

3. Persons furnishing supplies to ships in this country, technically called material men, have no *lien* upon ships for such supplies, and the Vice-Admiralty Court of Lower Canada has no jurisdiction to enforce their claims.— The *Mary Jane,* III R. de L., 436.

4. Le capitaine d'un vaisseau a sur icelui un privilége pour ses gages, au préjudice de celui qui en a un transport ou vente. Les ouvriers n'ont aucun privilége sur les vaisseaux pour ouvrages faits et matériaux fournis pour la construction ou l'équipement d'iceux, dès qu'ils sont sortis de leur possession.— Fréchette vs Gosselin, I L. C. R., 145.

5. There seems to be no fixed limit to the duration of a maritime *lien;* but it must be enforced within an equitable period, considering the nature of the *lien* and the changes of interest therein.— The *Hercyna,* I S. V. A. C., 274.

6. Le gage maritime n'est pas indélébile et il peut être perdu par des délais, quand des droits de tierces personnes sont intervenus.— The *Haidee,* X L. C. R., 101.

7. Seamen's wages are privileged and are payable in preference to the mortgages due upon a steamboat navigating Canadian waters.— Mitchell vs Cousineau, VII L. C. J., 218.

8. Under the common law of France, which is in force in Lower Canada, a captain of a barge has a *lien* upon it for his wages as long as he remains on board. Under the common law of France in force in Lower Canada, the *lien* of a captain of a barge for wages includes the right of seizure before judgment, without the formality of an affidavit as required by c. 63 of the C. S. L C., such seizure being in the nature of a *saisie conservatoire.* (Monk J.)— Dubeault vs Robertson, VIII L. C. J., 333.

9. The captain of a vessel has no *lien* upon the same for his wages.— A sailor, or seaman, has by the laws in force in Lower Canada, a *lien* upon the vessel on which he serves, for his wages, under a recent statute.— A seaman cannot attach a vessel before judgment for his wages without making the affidavit required in all cases of *saisie-arrêt* before judgment by c. 83, s. 46 or 175 of C. S. L. C. (Berthelot J.)— Dubeault vs Robertson, VIII L. C. J., 334.

10. Le privilége du pilote n'est pas détruit par la vente du vaisseau dans l'intervalle entre le pilotage de tel vaisseau et l'institution de l'action par le pilote. — The *Premier,* VI L. C. R., 493.

11. Dans une action pour gages par un matelot à bord d'une barque : *Jugé* qu'en autant que les matelots ont un gage et un droit *in rem* pour leurs gages, le propriétaire sur le registre était responsable pour gages échus jusqu'au jour de son acquisition.— *Ex parte* Warner, XI L. C. R., 115.

12. Le capitaine d'une barque n'a aucun gage sur le vaisseau pour la balance des gages qui lui sont dus.— Jasmin vs Lafantaisie, XIII L. C. R., 226.

13. Le maître d'une barge a un privilége pour ses gages durant le dernier voyage, mais il n'a pas de saisie conservatoire ou saisie-arrêt sans affidavit, qui n'est accordée par notre code qu'au dernier équipeur.— Dagenais vs Douglass, III R. L., 440.

14. Le vendeur d'une barge du port de plus de quinze tonneaux, ne peut réclamer, par privilége, sur les deniers provenant de la vente par exécution de

cette barge, la balance qui lui reste due sur le prix de vente.—Meloche vs Hainault, XVI L. C. R., 51.

15. Soit que la personne qui a fait les derniers radoubs à un vaisseau, soit le dernier équipeur que la cl. 46 du c. 83 des S. R. B. C., a eu en vue, ou non, elle ne saurait obtenir un mandat d'arrêt simple sans l'affidavit requis par cette clause.— Plante vs Clarke, XVII L. C. R., 75.

16. Le maître ou capitaine du navire n'a aucun lien ou privilége sur le navire pour ses gages.—Delisle vs Lécuyer, XV L. C. J., 262.

17. L'ouvrier ou homme de cage employé dans les chantiers de bois en Canada, n'a aucun droit de rétention par voie de saisie, privilége, ou droit de dernier équipeur, et est mal fondé en droit de faire pratiquer une saisie conservatoire sur les radeaux formés des arbres de la forêt qu'il a confectionnés en radeaux.— Graham & Côté, XVI L. C. J., 307.

18. *Jugé* qu'un homme de cage n'est pas un dernier équipeur de la cage qu'il a fabriquée, conservée et voiturée. Il n'a sur cette cage aucun privilége lui donnant droit de rétention pour le prix de ses gages dus pour la fabrication, la conservation et le voiturage de cette cage. Il peut avoir un privilége, sans droit de rétention, mais la loi ne pourvoit pas au moyen de lui conserver son droit.— *Semble*, d'après l'hon. juge Drummond, que rendu au terme du voyage, un homme de cage peut avoir un droit de rétention et la saisie conservatoire, pour exercer ce droit contre qui veut l'en déposséder par force.— Graham & Côté, IV R. L., 3.

19. Celui qui a réparé un chaland ou une barge, a sur ce chaland ou cette barge le droit du dernier équipeur, et il peut faire émaner une saisie-arrêt avant jugement pour le montant de ses réparations, même lorsque le propriétaire du chaland a été plusieurs mois en possession depuis les réparations.— Cette saisie-arrêt peut être contestée par requête, comme une saisie-arrêt ordinaire.— Girard vs St-Louis, VI R. L., 45.

20. Celui qui transporte des bois dans une rivière et les rend à destination ou au terme du voyage, est dernier équipeur suivant l'usage du pays.— Il a droit de gage sur ces bois, et par suite, droit, suivant l'article 834 du C. P. C., de les faire saisir et arrêter pour le paiement de ses frais et prix ou valeur de leur transport seulement, mais non pour dommages. Il est aussi voiturier, et a droit comme tel de retenir les bois qu'il transporte jusqu'au paiement du voiturage, et de les faire saisir et arrêter, si on s'en empare malgré lui.—Trudel vs Trahan, VII R. L., 177.

21. Un homme de cage n'a aucun privilége pour ses gages, lui donnant droit de rétention sur la cage qu'il a fabriquée, conservée et voiturée.— Sawyers vs Connolly, I Q. L. R., 383.

22. The advancer, under article 2378 Civil Code, being not simply a privileged creditor, but transferee of the property of the vessel, is entitled to be paid out of the proceeds of her sale in preference to the workmen employed in building and completing her, and article 2383, n° 8, cannot be construed to postpone his claim to theirs, notwithstanding that the vessel has not yet made a voyage.— Germain vs Gingras, I Q. L. R., 349.

23. The privilege under C. C. art. 2383 upon vessels for furnishing the ship "on her last voyage" does not apply to supplies furnished during the whole season of navigation, though the vessel be one making short trips on inland waters.— Owens vs Union Bank, I L. N., 87.

24. The privilege accorded by C. C. art. 2383, for the wages of master and crew of a ship for the "last voyage," does not apply to a balance of wages for a season's continuous navigation on the St. Lawrence and lakes, though the master and crew signed articles for the season, and were paid by the month and not by the trip.— Daoust vs McDonald & Norris, oppt, I L. N., 218. (C. S. en Rév.)

25. Under article 2383 of the Civil Code of Lower Canada, a merchant who has furnished materials for the building of a ship, which has not yet made a voyage, cannot seize such ship in the hands of a third person, being a purchaser in good faith, in actual possession, with the right of a registered owner.— The Colebrook Rolling Mills vs Oliver, V Q. L. R., 72.

2384. Le gérant du bâtiment ou autre agent porteur des papiers de bord, a droit de les retenir pour ses avances et tout ce qui lui est dû pour l'administration des affaires du bâtiment.

1 Bell, *Com.* (5e édit.), 512.— Code civil B. C., art. 1713 et 1723.

2385. Les créances suivantes sont payées par privilége sur la cargaison :

1. Les frais de saisie et de vente ;
2. Les droits de quaiage ;
3. Le fret sur la marchandise suivant les règles exposées au titre *De l'Affrétement*, et le prix du passage des propriétaires de telle marchandise ;
4. Les prêts à la grosse sur la marchandise ;
5. Les primes d'assurance sur la marchandise.

Code civil B. C., art. 2382 et 2453.

2386. Les créances suivantes sont payées par privilége sur le fret :

1. Les frais de saisie et de distribution ;
2. Les gages du maître, des matelots et autres employés du bâtiment ;
3. Les prêts à la grosse sur le bâtiment suivant les règles contenues au titre *Du Prêt à la grosse*.

Suprà, art. 2382.

Jurisp.—By the general principle of the contract *de louage mercium vehenda-rum*, the captain or owner of river craft lost by accident is bound to pay the pilot's wages to the day of the loss.— Délorier vs Chaffry, II R. de L., 76.

2387. L'ordre des priviléges énumérés dans les articles précédents est sans préjudice aux dommages pour abordage, à la contribution aux avaries, et aux frais de sauvetage, qui sont payés par privilége après les créances énumérées en premier lieu et second lieu dans les articles 2383 et 2385, et avant ou après d'autres créances privilégiées, suivant les circonstances dans lesquelles la créance prend naissance, et les usages du commerce.

2 Valin, *tit. des Naufrages*, art. 24 et 26, p. 617.— 2 Emérigon, 613.— Abbott, 532 et 535.— 1 Bell (5ᵉ édit.), 583 et 589 ; 2 Bell, 103.— Maclachlan, 287 et 288. — Merchant Shipping Act, 1854, part. 8, s. 468.

Jurisp.—In settling the question of salvage, the value of the property, and the nature of the salvage service, are both to be considered.— Salvors have a right to retain the goods saved, until the amount of the salvage be adjusted and tendered to them.— The *Royal William*, I S. V. A. C., 107.

2388. Les dispositions contenues en ce chapitre ne s'appliquent pas aux causes en cour de Vice-Amirauté.

Les causes devant ce tribunal sont jugées suivant les lois civiles et maritimes d'Angleterre.

Stuart's Vice-Admiralty cases, 376.— *Mary-Jane*, 267.— *Hercyna*, 275 et 276.

CHAPITRE CINQUIÈME.

DES PROPRIÉTAIRES, DU MAITRE ET DES MATELOTS.

2389. Les propriétaires ou la majorité d'entre eux choisissent le maître et peuvent le congédier sans en spécifier la cause, à moins que le contraire ne soit expressément stipulé.

1 Valin, tit. *Des Propriétaires*, art. 4, pp. 571, 573 et 574 ; ibid., tit. *De la Saisie des vaisseaux*, art. 13, pp. 538 et 539.— C. Com., 218.— 1 Bell, 506 et 508.— Maclachlan, 186.— 3 Kent, 162.

Jurisp.— In a dispute between the owners of a vessel and the shipper of the cargo, *Held*, that the former had the right of appointing the master,— The *Mary & Dorothy*, I S. V. A. C., 187.

2390. Les propriétaires sont responsables civilement des actes du maître dans toutes les matières qui concernent le bâtiment et le voyage et pour tous dommages causés par sa faute ou par celle de l'équipage.

Ils sont de même responsables des actes et des fautes de toute personne légalement substituée au maître.

Le tout sujet néanmoins aux dispositions contenues dans ce chapitre et dans les titres : *De l'Affrétement* ; *Du Prêt à la grosse* ; et dans l'acte impérial : *The Merchant Shipping Act*, 1854.

ff L. 1, §§ 1, 3, 5, 7, 11 et 12, *De exercitoriâ act.*—Vinnius, *In Pekium*, tit. *De exer. act.*, fol. 149 et 153.— 1 Valin, tit. *Des Propriétaires*, art. 2, pp.5 68 et 569.— Maclachlan, 105, 121, 128, 152 et 153.— Story, *Partnership*, §§ 455, 456 et 458.— 1 Bell, 522-5 et 559.— Abbott, *Ship.*, cc. 6 et 7.— 3 Kent, 133, 161, 162 et 176.— C. Com., 216.— Code civil B. C., art. 2432, 2433, 2434, 2435, 2603 et 2604.— The Merchant Shipping Act, 1854, part. 9.

Voir la note sous l'art. 2355.

2391. Toute personne qui affrète un bâtiment pour en avoir le contrôle et le naviguer seule est réputée en être le propriétaire pendant le temps de tel affrétement, et en avoir tous les droits et toute la responsabilité relativement aux tiers.

ff L. 1, § 15, *De exercit. act.*— Abbott, *Ship.*, 35 et 208.— 1 Bell, *Com.*, 521.— 3 Kent, 137 et 138.— Code civil B. C., art. 2406.

2392. Dans les matières d'un intérêt commun aux propriétaires concernant l'équipement et la conduite du bâtiment, l'opinion de la majorité en valeur prévaut, à moins de convention contraire.

S'il y a partage égal d'opinion relativement à l'emploi du bâtiment, celle en faveur de l'emploi prévaut.

Sauf, dans les deux cas, aux propriétaires opposants le droit de se faire déclarer non responsables, et de se faire indemniser suivant les circonstances, et à la discrétion du tribunal compétent.

Cod., L. *ult.*, *Qui bonis cedere possunt.*— 1 Valin, tit. *Des Propriétaires*, art. 5, pp. 575, 582 et 584.— Cleirac, art. 59, de l'Ord. Hans.— Straccha, *De navibus*, part. 2, n° 6.— C. Com., 220.— 1 Boulay-Paty, *Droit Com. Mar.*, 339 et 347.— 3 Pardessus, *Dr. Com.*, n° 621.— Abbott, *Ship.*, part. 1, c. 3.— 1 Bell, *Com.*, 502 et 503.— Erskine, *Instit.*, liv. 3, tit. 3, § 56.— 3 Kent, 151 et suiv., 155 et 156.— Levi, *Com. Law*, p. 209, n°° 35, 36 et 37.— Story, *Partnership*, §§ 429, 430 et 434.

2393. La vente par licitation d'un bâtiment ne peut être ordonnée que sur la demande des propriétaires possédant au moins la moitié de tout l'intérêt dans le bâtiment, sauf le cas d'une stipulation contraire.

1 Valin, tit. *Des Propriétaires*, art. 6, p. 584.— C. Com., 220.— 3 Pardessus, *Dr. Com.*, n° 623.— Molloy, liv. 2, c. 1, §§ 2 et 3, pp. 308 et 310.— Story, *Partnership*, §§ 437, 438 et 439, *et les autorités citées par lui.*— Erskine, *Instit.*, liv. 3, tit. 3, § 56. — 1 Bell, *Com.*, 504.

43

2394. Les pouvoirs généraux du maître d'obliger le propriétaire du bâtiment personnellement, et leurs obligations réciproques, sont régis par les dispositions contenues dans le titre *Du Louage*, et dans le titre *Du Mandat*.

Code civil B. C., *Louage*, c. 3 ; *Mandat*, art. 1705, 1715 et c. 3, sec. 2.

2395. Le maître est personnellement responsable envers les tiers pour toutes les obligations qu'il contracte à l'égard du bâtiment, à moins que le crédit n'ait été donné en termes exprès au propriétaire seul.

ff L. 1, § 17, *De exercit. act.*— 1 Valin, 569.— 1 Bell, *Com.*, 508, 511, 519 et 522. — 3 Kent, 161.— Abbott, pp. 97 et 98.— Maclachlan, 104, 121 et 128.

Jurisp.— In an action for goods sold to two persons as joint owners of a ship, it appeared that one had been the owner and ordered the goods, and that he afterwards sold the ship to the other.—*Held* that the new owner of the ship was not liable for any goods ordered before he purchased, and that the plaintiff could not in this action recover even against the former owner, the declaration having declared upon a joint contract, of which there was no evidence.— Roy vs Blagdon & Boucher, II R. de L., 73.

2. The mate of a vessel is chargeable for the value of articles lost by his inattention and carelessness ; and the amount may be deducted from his wages. — The *Papineau*, I S. V. A. C., 94.

2396. Le maître engage l'équipage du bâtiment ; mais il le fait de concert avec les propriétaires ou le gérant du bâtiment lorsqu'ils sont sur les lieux.

Ord. de la Mar., liv. 2, tit. 1, art. 5 et 8.— 1 Valin, 384 et 393 ; liv. 3, tit. 4, art. 1.— 1 Valin, 675.— Merch. Ship. Act, 1854, sec. 149.— C. Com., 233.— Pardessus, *Dr. Com.*, nᵒ 629.

Voir l'acte C. 36 Vict., c. 129, publié dans les statuts de 1874, tel que modifié par l'acte 38 Vict., c. 29, intitulé : " Acte concernant l'engagement des matelots, 1875."

Jurisp.—1. A promise to pay wages to a mariner in advance, on condition that he proceeds to sea in the ship, is an agreement to pay so much absolutely upon the performance of the condition, whether the ship and cargo be afterwards lost upon the voyage or not.— Mullen vs Jeffery, II R. de L., 302.

2. A promise made by the master at an intermediate port on the voyage, to give an additional sum over and above the stipulated wages in the articles, is void for the want of consideration.— The *Lockwoods*, I S. V. A. C., 123.

3. Abandoning seamen, disabled in the service of the ship, without providing for their support and cure, equivalent to wrongful discharge.— The *Atlantic*, I S. V. A. C., 125.

4. Discharge demanded on allegation of insufficient and unwholesome provisions refused.— The *Recovery*, I S. V. A. C., 128.

5. Where a seaman can safely proceed on his voyage, he is not entitled to his discharge by reason of a temporary illness.— The *Tweed*, I S. V. A. C., 132.

6. Death of the master, and substitution of the mate in his place, does not operate as a discharge of the seaman.— The *Brunswick*, I S. V. A. C., 139.

7. Change of the owners by the sale of the ship at a British port does not determine a subsisting contract of seamen, and entitle them to wages before the termination of the voyage.— The *Scotia*, I S. V. A. C., 160.

8. Imprisonment of a seaman by a stranger for assault, does not entitle him to recover wages during the voyage and before its termination.— The *General Hewitt*, I S. V. A. C., 186.

9. The detention of a vessel during the winter by stranding in the River St. Lawrence on her voyage to Quebec, where she arrived in the succeeding spring, does not defeat the claim of the seamen to wages during the detention.— The *Factor*, I S. V. A. C., 183.

10. Seaman going into hospital for a small hurt, not received in the performance of his duty, not entitled to wages after leaving the ship.— The *Ross*, I S. V. A. C., 216.

11. Where a voyage is broken up by consent, and the seamen continue under new articles on another voyage, they cannot claim wages under the first articles subsequent to the breaking up of the voyage.— The *Sophia*, I S. V. A. C., 219.

12. In cases arising out of the abrupt termination of the navigation of the St. Lawrence by ice and a succession of storms, in the end of November, seamen shipped in England, on a voyage to Quebec and back to a port of discharge in the United Kingdom, entitled to have provision made for their subsistence during the winter, or their transportation to an open seaport on the Atlantic, with the payment of wages up to their arrival at such port. The master is not at liberty to discharge the crew in a foreign port without their consent; and if he do, the maritime law gives the seamen entire wages for the voyage, with the expenses of return. Circumstances, as a *semi-naufragium*, will vest in him an authority to do so, upon proper conditions; as by providing and paying for their return passage, and their wages up to the time of their arrival at home. It is for the Court to consider what would be more just and reasonable; as whether wages are to be continued till the arrival of the seamen in England, or to the nearest open commercial port, say Boston, or until the opening of the navigation of the St. Lawrence.— The *Jane*, I S. V. A. C., 256.

13. Articles not signed by the master, as required by the General Merchant Seaman's Act, cannot be enforced.— The *Lady Seaton*, I S. V. A. C., 260.

14. Three of the promoters shipped on a voyage from Milford to Quebec and back to London, the eight remaining promoters shipped at Quebec on the return voyage; and all had signed articles accordingly. The ship came in ballast to Quebec, and after taking in a cargo sailed from Quebec on the return voyage, and was wrecked in the River St. Lawrence, and abandoned by the master as a total loss.— *Held*, 1° that the seamen who shipped at Milford were entitled to wages for the period that the vessel remained at Quebec, notwithstanding that the outward voyage was made in ballast; 2° that the seamen who shipped at Quebec, having abandoned, were not entitled to claim wages.— The *Isabella*, I S. V. A. C., 281.

15. En autant que les matelots ont un gage et un droit *in rem* pour leurs gages, le propriétaire sur le registre était responsable pour gages échus jusqu'au jour de son acquisition.— The *Warner*, I L. C. R., 115.

16. Des marins amenés à Québec en vertu d'un contrat dans lequel l'engagement est ainsi exprimé: "Les personnes dont les noms sont respectivement souscrits aux présentes, s'engagent de servir à bord du dit vaisseau en les capacités apposées vis-à-vis leurs noms respectivement, dans un voyage du port de Liverpool à Constantinople, de là (s'il est nécessaire) à aucun port ou place dans la Méditerranée ou la mer Noire, dans aucun autre endroit où l'on pourra se procurer du fret, avec la faculté d'entrer dans un port pour y prendre des ordres, et jusqu'au retour final du vaisseau, dans un port du Royaume-Uni pour y décharger, ou pour un terme qui n'excédera pas douze mois," ont droit de poursuivre pour leurs gages à Québec, et ne peuvent être contraints de rester à bord jusqu'au retour du vaisseau dans un port du Royaume-Uni pour y décharger.— The *Varuna*, V L. C. R., 312.

17. Les matelots n'ont droit à des gages que quand le vaisseau a gagné du fret, et si durant le voyage le vaisseau est totalement perdu, les matelots n'ont point droit à leur salaire, et dans tel cas l'obligation contractée par un tiers de payer les gages est éteinte.— Bernier & Langlois, V L. C. R., 425.

18. Sous les dispositions de l'Acte de la marine marchande de 1854, un matelot qui s'est engagé et a signé un contrat par écrit pour un voyage à l'Amerique Britannique du Nord, et de retour à un port de décharge dans le Royaume-Uni, n'est pas en droit de recouvrer ses gages sous prétexte que sa vie est en danger par la raison du mauvais état du vaisseau.— The *Pilot*, VIII L. C. R., 99.

19. Une convention entre le capitaine d'un vaisseau et son équipage, fait postérieurement à l'exécution du contrat entre eux, par laquelle convention ce premier s'engage à les renvoyer et à leur payer leurs gages dans un port autre que celui indiqué comme le port de décharge, est nulle.— The *Winscales*, VIII L. C. R., 350.

20. Dans un contrat maritime où le voyage est indiqué comme un voyage aux Etats-Unis, *Jugé* que cette indication est suffisante, et que les termes généraux qui s'en suivent doivent être interprétés comme subordonnés à l'indication du

principal voyage et de manière à le restreindre à une distance raisonnable des Etats-Unis, en vertu des termes " nature du voyage " dans l'*Acte de la Marine Marchande*, 1854.— The *Ellersley*, X L. C. R., 359.

21. Dans un contrat maritime où le voyage est indiqué comme un voyage à l'Amérique du Nord et à l'Amérique du Sud, *Jugé* que cette description est insuffisante pour rencontrer l'objet du statut indiqué par les mots " nature du voyage " dans l'*Acte de la Marine Marchande*, 1854.— The *Marathon*, X L. C. R., 356.

22. Par la loi générale, aussi bien qu'en vertu des dispositions de l'*Acte de la Marine Marchande*, la désertion pendant le voyage est regardée comme emportant perte des gages précédemment gagnés par la partie. Entrée de la désertion dans le livre de loch regardée comme preuve suffisante, à moins que le matelot ne constate à la satisfaction de la Cour qu'il avait des raisons suffisantes pour abandonner le vaisseau.— The *Washington Irving*, XIII L. C. R., 123.

23. Dans les actions pour gages par des matelots étrangers contre le capitaine de leur vaisseau, un bâtiment étranger, le témoignage du capitaine, quant à la validité de l'engagement des matelots et le droit qui régit tel engagement, sera admis. Dans un voyage tel que celui mentionné dans le contrat en question, des matelots russes sont tenus de servir à bord du vaisseau jusqu'à leur libération dans le port qui complète le voyage.— *Pates* vs Klein, XIII L C. R., 433.

24. Un matelot s'engagea pour un voyage " de Shields à Barcelone, et de là à aucun port ou ports dans la Méditerranée, la mer Noire, la mer d'Azof, ou aucun port ou ports du littoral d'Afrique, des Indes Occidentales, de l'Amérique du Sud, des Etats-Unis, ou de l'Amérique Britannique du Nord ; et de ces derniers endroits à un port de décharge dans le Royaume-Uni ou sur le continent d'Europe ; le voyage se terminant dans le Royaume-Uni et n'excédant pas.—" Le vaisseau se rendit de Shields à Barcelone, et de là à Québec pour y prendre cargaison pour un port de décharge en Angleterre.—*Jugé*, 1° que dans tel cas, tel matelot n'avait aucune action pour gages à Québec, et que la Cour n'avait aucune juridiction sous les dispositions des 17ᵉ et 18ᵉ Vict., c. 104, s. 190 ; le voyage, aux termes du contrat, ne se terminant pas à Québec ; 2° qu'il n'est pas essentiellement nécessaire que la durée probable du voyage soit insérée dans l'engagement.— The *British Tar*, VIII L. C. R., 272.

2397. Le maître doit aussi veiller à ce que le bâtiment soit équipé et avitaillé convenablement pour le voyage ; mais si les propriétaires ou le gérant du bâtiment sont sur les lieux, le maître ne peut, sans une autorisation spéciale, faire faire des réparations extraordinaires au bâtiment, ou acheter des voiles, cordages ou provisions pour le voyage, ni emprunter des deniers à cet effet, sauf l'exception contenue en l'article 2604.

Suprà, art. 2395.— 1 Valin, liv. 2, tit. 1, art. 17 et 18, pp. 439 et 440.— Maclachlan, 131, 132 et 133.— 1 Bell (5ᵉ édit.), 524 et 525.

Voir l'acte C. 36 Vict., c. 128, ss. 26 et suivantes, sur les navires impropres à la mer.

2398. Le maître doit mettre à la voile au jour fixé et poursuivre son voyage sans déviation ni retard, sujet aux dispositions contenues au titre *De l'Affrètement*.

Code civil B. C., art. 2410, 2411, 2426, 2447, 2448, *et les autorités citées sous ces articles*.

Jurisp.—1. La loi impose comme devoir au propriétaire d'un vaisseau qui a une charge, de procéder à son voyage de la manière ordinaire, sans **déviation** inutile. Il est du devoir des capitaines de vaisseaux d'aider et d'assister les vaisseaux en détresse en mer, et pour cet objet, un vaisseau peut sortir de sa route régulière, et ceci ne sera pas considéré comme déviation ; **mais ayant** rendu secours à ceux à bord, le capitaine n'a pas droit de risquer **sa propre** charge pour rendre des services de sauvetage.—*Tarr* vs Desjardins, XIII L. C. R., 394.

2. Where there was a deviation in the voyage from that stated in the shipping articles, occasioned by a return to the port of Quebec not specified in them, the engagement of a seaman was terminated, as there was then no subsisting contract, and a plea to the jurisdiction, alleging a subsisting voyage, under the 149th section of *The Merchant Shipping Act*, 1854, which enacts that " no seaman who is engaged for a voyage, or engagement to terminate in the United Kingdom, is entitled to sue in any Court abroad for wages," overruled. *Quære :*—How far can an engagement of a seaman, void from not stating the nature of the voyage as required by *The Merchant Shipping Act*, 1854, be considered as operative under a subsequent act (*Merchant Shipping Act*, 1873) which admits, instead, a statement of the maximum period of the voyage and the ports and places (if any) to which it is not to extend ?—The *Latona*, II S. V. A. C., 203.

3. Dans le cas où un matelot s'était engagé pour un " voyage de Londres à Sunderland, de là à Rio-Janeiro et aucuns ports de l'Amérique du Sud ou de l'Amérique du Nord, des Indes Occidentales, des mers de l'Inde ou de la Chine, de l'Australasie et de retour à un port de décharge dans le Royaume-Uni ou sur le continent d'Europe, entre l'Elbe et Brest, le voyage ne devant pas durer plus de douze mois," et le vaisseau s'étant rendu de Londres à Sunderland, de là à Rio-Janeiro, de cet endroit au Cap de Bonne-Espérance, de là à Ste-Hélène et à l'île de l'Ascension et de ce dernier endroit à Québec ;—*Jugé* que le voyage fait par le vaisseau en traversant l'Atlantique du Cap de Bonne-Espérance à l'île de l'Ascension, d'où il avait traversé l'Atlantique de nouveau et était revenu au continent d'Amérique, au lieu de retourner à un port de décharge dans le Royaume-Uni ou sur le continent d'Europe, entre l'Elbe et Brest, n'était pas poursuivre le voyage indiqué dans le contrat, mais était, de fait, une déviation de ce voyage, aux termes de l'*Acte de la Marine Marchande*, 1854, s. 190.— The *Prince Edward*, VIII L. C. R., 293.

2399. Il peut en cas de nécessité, pendant le voyage, emprunter des deniers, ou, si l'emprunt est impossible, vendre partie de la cargaison pour réparer le bâtiment ou le fournir des provisions et autres choses nécessaires.

Code civil B. C., art. 2449, *et les autorités citées sous cet article.*—C. Com., 234.— Pardessus, *Dr. Com.*, n° 606.—1 Bell (5ᵉ édit.), 525, 528 et 536.—3 Kent, 173.— Abbott, 274 et 275.—Tudor, *Merc. Law*, 66.

2400. Il ne peut vendre le bâtiment sans l'autorisation expresse des propriétaires, excepté dans le cas d'impossibilité de continuer le voyage et de nécessité manifeste et urgente de faire cette vente.

Abbott, 11, 12 et 14.—Maclachlan, 148, 149 et 150.—1 Bell (5ᵉ édit.), 536.— C. Com., 237.—3 Kent, 174 et 175.—Tudor, *Merc. Law*, 67 et 68.—*Contrà*, 1 Valin, tit. *Du Capitaine*, art. 19, pp. 441, 443 et 444.

2401. Le maître a, sur les matelots et autres personnes à bord, y compris les passagers, toute l'autorité nécessaire pour naviguer le bâtiment en sûreté, le diriger et veiller à sa conservation ainsi que pour y maintenir le bon ordre.

Ord. de la Mar., liv. 2, tit. 1, art. 22.—1 Valin, 449 et 450.—Casaregis, disc 136, n° 14.—Abbott, 129, 130 et 160.—Maclachlan, 182 et suiv.—Pardessus, *Dr Com.*, nᵒˢ 638 et 697.

Voir les sections 90 et suivantes de l'acte C. 36 Vict., c. 129, dans les statuts de 1874, sur la discipline à bord des navires.

Jurisp.—1. The arrest and imprisonment of a seaman in a foreign port, and the sending him home by the public authority as a prisoner charged with an indictable offence, does not necessarily constitute a bar to a claim for wages for the voyage. Such proceedings do not preclude the Court from inquiring into the merits of the case, and making such a decree as the justice of the case requires. The master is not ordinarily justified in dissolving the contract of a seaman, and discharging him for a single fault, unless it is of a high and aggravated character. The causes for which a seaman may be discharged are ordinarily such as amount to a disqualification, and show him to be an unsafe and unfit man to have on board the vessel.— Smith vs Treat, II R. de L., 91.

2. The Admiralty has jurisdiction of personal *torts* and wrongs committed on a passenger on the high sea, by the master of the ship. Unless in cases of necessity, the master cannot compel a passenger to keep watch.— *The Friends,* I S. V. A. C., 118.

3. In an action against the captain of a ship chartered by the E. J. C. for an assault and false imprisonment,— a justification on the ground of mutinous, disobedient and disorderly behaviour sustained.— The *Goldstream*, Stuart's Rep., 518.

4. Steward displaced and punished without cause is not bound to serve as cook, and may recover his wages. Demand for watch, &c., taken by the master from the seaman's chest may be joined to the demand for wages. Ten pounds sterling damages decreed to a steward for assault committed upon him by the master, without cause.— The *Sarah*, I S. V. A. C., 89.

5. Where a second mate is raised to the rank of chief mate by the master during the voyage, he may be reduced to his old rank by the master for incompetency, and thereupon the original contract will revive.—The *Lydia*, I S. V. A. C., 136.

2402. Il peut jeter à l'eau une partie ou même la totalité de la cargaison dans le cas de péril imminent et lorsque ce jet est nécessaire pour le salut du bâtiment.

ff L. 1, *De lege Rhodiâ de jactu.*— Ord. de la Mar., liv. 3, tit. 8, art. 1.— 2 Valin, 188.— C. Com., 410.— Pardessus, *Dr. Com.*, n° 734.— Maclachlan, 142.— Abbott, part. 4, ch. 10, pp. 361 et suiv.

2403. Les droits, les pouvoirs et les obligations des propriétaires et du maître à l'égard du bâtiment et de la cargaison, sont en outre exposés aux titres *De l'Affrétement* et *De l'Assurance.*

Les règles relatives à son pouvoir d'hypothéquer le bâtiment et la cargaison sont en outre énoncées dans le titre *Du Prêt à la grosse.*

Code civil B. C., art. 2408, 2420, 2603 et 2604.

2404. Les devoirs spéciaux des maîtres quant à la tenue du livre officiel de loch et autres matières pour lesquelles il n'est pas pourvu dans ce titre, quant à l'engagement et au traitement des matelots, le paiement de leurs loyers ou la manière d'en disposer, et la décharge des matelots, sont réglés par les dispositions contenues respectivement dans l'acte du parlement impérial, intitulé : *The Merchant Shipping Act*, 1854, et dans l'acte du parlement du Canada, intitulé : *Acte concernant l'engagement des matelots.*

The Merchant Shipping Act, 1854, part. 3.— 18 et 19 Vict., c. 91.— 25 et 26 Vict., c. 63.— S. R. B. C., c. 55.

Voir la note sous l'art. 2355, et spécialement le statut impérial 30 et 31 Vict., c. 124, quant au traitement des matelots.

L'acte concernant l'engagement des matelots, cité à l'article, est maintenant remplacé par l'acte C. 36 Vict., c. 129, contenu aux statuts de 1874.

Amend.— *L'acte C. 36 Vict., c. 129. s. 5, contenu aux statuts de 1874, contient ce qui suit :*

Les articles 2404 et 2405 du Code civil du Bas-Canada sont aussi par le présent abrogés.

2405. Les loyers dus à un matelot n'excédant pas quatre-vingt-dix-sept piastres et trente-trois centins, pour service à bord d'un bâtiment appartenant au Bas-Canada ou qui y a été enregistré, peuvent être recouvrés devant deux juges de paix en la manière et suivant les règles prescrites dans l'acte du parlement du Canada, intitulé : *Acte concernant le recouvrement des gages dus aux matelots dans certains cas.*

S. R. B. C., c. 57.

Abrogé par l'acte C. 36 Vict., c. 129, s. 5.

Amend.— *L'acte C. 36 Vict., c. 129, contient ce qui suit :*

52. Tout matelot ou apprenti appartenant à un navire enregistré dans l'une des dites provinces, ou toute personne dûment autorisée par lui, pourra intenter une action, par voie sommaire, devant un juge des sessions de la paix, un juge de comté, un magistrat stipendiaire, un magistrat de police ou deux juges de paix exerçant juridiction à ou près l'endroit dans lequel se sera terminé le service, ou dans lequel le matelot ou apprenti aura été congédié, ou dans lequel se trouvera ou résidera tout patron ou propriétaire ou autre personne contre qui la demande sera portée, pour tout montant de gages à lui dus n'excédant pas deux cents piastres, en sus des frais de poursuite pour les recouvrer, aussitôt qu'ils seront dus ; et ce juge, magistrat ou juges de paix, sur plainte sous serment qui leur sera faite par ce matelot ou apprenti, ou en son nom, pourront sommer ce patron ou propriétaire ou autre personne de comparaître devant eux, pour répondre à cette plainte.

Jurisp.— 1. Aux termes des dispositions de l'Acte de la marine marchande de 1854, un matelot ne peut poursuivre le recouvrement de ses gages devant la Cour Supérieure, quoique l'action soit commencée par *capias.*— Smith vs Wright, VI L. C. R., 460.

2. Dans une action pour gages par un matelot à bord d'une barque,—*Jugé* que l'inspecteur et surintendant de police pour la cité de Montréal a les mêmes pouvoirs que deux juges de paix.— The *Warner*, XI L. C. R., 115.

2406. La prescription ne commence à courir à l'encontre des réclamations des matelots pour leurs loyers, qu'après le parachèvement du voyage.

Pothier, *Louage Mar.*, 228.

Jurisp.— 1. The prescription established by the article 127th of the *Coutume de Paris*, does not apply to seamen's wages. The plea of prescription under that article is insufficient, if it does not contain an affirmation of payment.— Barbeau vs Grant, IV L. C. J., 297.

2. Dans une action pour salaire par un commis (*purser*) sur un vapeur, le plaidoyer de prescription par six ans, en vertu de l'acte 10 et 11 Vict., c. 11, est valable, et il n'est établi aucune interruption de prescription en prouvant que le défendeur avait dit au demandeur, que s'il était constaté qu'il lui était dû aucune somme, il en serait payé.— Strother vs Torrance, VIII L. C. R., 302.

TITRE TROISIÈME.

DE L'AFFRÉTEMENT.

—

CHAPITRE PREMIER.

DISPOSITIONS GÉNÉRALES.

2407. Le contrat d'affrétement se fait soit par charte-partie, ou pour le transport de marchandises dans un navire chargeant à la cueillette.

1 Valin, p. 618.— Pothier, *Charte-partie*, nᵒˢ 3 et 4.— Smith, *Merc. Law*, p. 299. — Abbott, *Shipping*, pp. 90, 168 et 233.

2408. Le contrat peut être fait par le propriétaire ou le maître du bâtiment ou par le *gérant* du bâtiment comme agent du propriétaire.

Si le contrat est fait par le maître, il s'oblige lui-même et oblige le propriétaire, à moins que le contrat ne soit fait au lieu où se trouve le propriétaire ou le gérant du bâtiment et n'en soit répudié ; et dans ce cas il ne lie que le maître.

Si la personne qui a loué un bâtiment le sous-loue, elle est assujettie, quant au contrat d'affrétement, aux mêmes règles que si elle était propriétaire.

ff L. 1, §§ 7 et 15, *De exercitoriâ actione*.— Domat, liv. 1, tit. 16, sec. 3, nᵒˢ 2 et 3. — Ord. de la Mar., liv. 3, tit. 1, art. 2.— 1 Valin, pp. 621 et 622.— Abbott, *Shipping*, pp. 90, 91, 92 et 172.— 3 Kent, *Com.*, p. 162.— Story, *Agency*, nᵒ 35, nᵒ 3, et nᵒˢ 116 et 118.— Smith, *Merc. Law*, p. 299.— Pothier, *Ch.-part.*, nᵒˢ 19, 46, 47 et 48. — C. Com., 232.— 2 Boulay-Paty, pp. 50, 54, 55 et 56.— 3 Pardessus, 165.— Maclachlan, 164-166.— 1 Bell, *Com.* (5ᵉ édit.), 504.

2409. Le bâtiment, avec ses agrès et le fret, sont affectés à l'exécution des obligations du locateur ou fréteur, et la cargaison à l'accomplissement des obligations du locataire ou affréteur.

Cleirac, art. 2 des *Jugements d'Oléron*, nᵒ 3, p. 86, et art. 18, tit. *De la Navigation des rivières*, p. 597.— Valin, *Ord. de la Mar.*, art. 11, pp. 629 et 630.— Abbott, *Ship.*, pp. 204 et 205.— C. Com., art. 191 et 280.

Jurisp.— Goods on freight, when landed on a wharf, are delivered, but they cannot be removed from thence without the master's consent until the freight be paid, for he has a *lien* for his freight upon the whole of his cargo.— Patterson vs Davidson, II R. de L., 77.

2410. Si, avant le départ du bâtiment, il y a déclaration de guerre ou interdiction de commerce avec le pays auquel il est destiné, ou si, à raison de quelque autre cas de force majeure, le voyage ne peut s'effectuer, les conventions sont résolues sans dommages-intérêts de part ni d'autre.

Les frais pour charger et décharger la cargaison sont supportés par le chargeur.

1 Valin, tit. *Ch.-part.*, art. 7, p. 626.— Pothier, *Ch.-part.*, n⁰ˢ 98 et 99.— C. Com., 276.— Abbott, *Ship.*, p. 426.— 3 Kent, pp. 248 et 249.— 2 Boulay-Paty, pp. 288 et 289.

2411. Si le port de destination est fermé, ou si le bâtiment est arrêté par force majeure, pour quelque temps seulement, le contrat subsiste et le maître et l'affréteur sont réciproquement tenus d'attendre l'ouverture du port et la liberté du bâtiment, sans dommages-intérêts de part ni d'autre.

La même règle s'applique si l'empêchement s'élève pendant le voyage ; et il n'y a pas lieu à demander une augmentation du fret.

1 Valin, tit. *Ch.-part.*, art. 8.— Pothier, *Ch.-part.*, n⁰ 100.— C. Com., 277.— Abbott, *Ship.*, pp. 427 et 428.— 3 Kent, p. 249.

2412. L'affréteur peut néanmoins faire décharger sa marchandise pendant l'arrêt du bâtiment pour les causes énoncées dans l'article qui précède, sous l'obligation de la recharger lorsque l'empêchement aura cessé, ou d'indemniser le fréteur du fret entier, à moins que la marchandise ne soit d'une nature à ne pouvoir être conservée, ni être remplacée, auquel cas le fret n'est dû que jusqu'au lieu où le déchargement a lieu.

1 Valin, tit. *Ch.-part.*, art. 9, p. 628.— Pothier, *Ch.-part.*, n⁰ˢ 101 et 102.— C. Com., 278.— Abbott, *Ship.*, pp. 428 et 429.— 3 Kent, p. 249.— 3 Pardessus, n⁰ 714, p. 182.

2413. Le contrat d'affrétement et les obligations qui en résultent pour les parties sont sujets aux règles relatives aux entrepreneurs de transport contenues dans le titre *Du Louage*, en autant qu'ils sont compatibles avec ceux du présent titre.

Jurisp.— Where under a bill of lading goods were " to be delivered from the ship's deck where the ship's responsibility shall cease, at Montreal, unto the Grand Trunk Railway Co., and by them to be forwarded thence by railway to Toronto and there delivered " to plaintiff, the provision " no damage that can be insured against will be paid for, nor will any claim whatever be admitted, unless made before the goods are removed ;"—*Held* to apply to the removal from the ship at Montreal, and to be strictly binding on the consignees. And such a condition is not an unreasonable one, and covers all damage, latent as well as apparent ; and if any limitation of the condition could be implied, it could not reasonably go further than to exclude such damage only as could not have been discovered on an examination of the goods, conducted with proper care and skill at the place of removal. But a delay of several weeks in making a claim for damage done to goods on the ship would not of itself (and apart from the above stated condition) be a sufficient answer to the action. *Held* also, that a bill of lading, made in England, by the master of an English ship, is a contract to be governed and determined by English law. That as to proof of the condition of goods when shipped, there is no general rule of law of evidence on the subject, it must depend on the circumstances of each case how far such proof is necessary and the case is to be regarded as insufficiently proved without it.— Moore & Harris, II Q. L. R., 147.

CHAPITRE DEUXIÈME.

DE LA CHARTE-PARTIE.

2414. L'affrétement par charte-partie peut être fait de la totalité, ou de quelque partie principale du bâtiment, ou être fait pour un voyage déterminé ou pour un temps spécifié.

Pothier, *Ch.-part.*, n°° 3 et 4.— Maclachlan, p. 307.— Abbott, *Ship.*, p. 168.— Smith, *Merc. Law*, p. 299.

2415. L'acte ou le bordereau de charte-partie énonce ordinairement le nom et le tonnage du bâtiment, avec déclaration qu'il est étanche et bien conditionné, fourni et équipé pour le voyage. Il contient aussi les conditions quant au lieu et au temps convenus pour la charge, le jour du départ, le prix et le paiement du fret, les conditions de surestarie, avec une déclaration des cas fortuits qui exemptent le fréteur de la responsabilité, et toutes autres conventions que les parties jugent à propos d'ajouter.

1 Valin, tit. *Ch.-part.*, art. 3, pp. 618 et 623.— Pothier, *Ch.-part.*, n°° 13 et suiv. — C. Com., 373.— Abbott, *Ship.*, pp. 172 et 173.— Smith, *Merc. Law*, pp. 300 et 301, N. C.— 3 Kent, *Com.*, pp. 203 et 204.— 2 Boulay-Paty, 268-9.— 3 Pardessus, *Dr. Com.*, n° 708, pp. 168 et 170.

Jurisp.— 1. In a charter-party, *les avaries de la mer et de la saison* were excepted from a general covenant of responsibility for the chartered vessel, and the charterer was held not to be answerable for her loss by ice.— Fougère vs Boucher, II R. de L., 78.

2. The non-performance of a stipulation contained in a charter-party which does not amount to a condition precedent, cannot be pleaded as an answer or bar to an action of *indebitatus assumpsit* for the freight.— Coltman vs Hamilton, II R. de L., 74.

2416. Si le temps de la charge et de la décharge du bâtiment, et les frais de surestarie ne sont pas arrêtés, ils sont réglés par l'usage.

Ord. de la Mar., art. 4.— 1 Valin, p. 624.— Abbott, *Ship.*, pp. 227 et 228.— C. Com., 274.

Jurisp.— 1. If on a charter-party, in which a gross sum is stipulated for the freight, part of the cargo is delivered and accepted, an action will lie, *pro tanto*, for the freight; and damages for the non-delivery of the residue of the cargo cannot be set off. They must be claimed by an incidental cross-demand or by a new and distinct action.— Guay vs Hunter, II R. de L., 77.

2. In the absence of an express agreement, no demurrage can be claimed by the master of a vessel detained beyond a proper time for loading and unloading. In such a case, damages for detention for more than the proper time for loading, &c., could be claimed. Such damages should be specially proved. The consignee is not bound to discharge the cargo of a sailing vessel, if such cargo consists of grain, according to the provisions of the ch. 160 of the Consolidated Statutes of L. C., at a greater rate than two thousand minots *per diem*.— Marchand vs Renaud, VI L. C. J., 119.

3. The prevalence of a disease among horses, such as that of October, 1872, which rendered large numbers for the time unserviceable, is no defence to a claim by a vessel against the consignee for demurrage for delay in discharging the cargo.— Lacroix vs Jackson, XVII L. C. J., 329.

4. A ship master is only bound as to storage to follow rules and custom of port where he takes his cargo, unless there be an arrangement to the contrary. — Winn vs Pélissier, I R. C., 246.

5. Les frais de surestarie sont dus au propriétaire du vaisseau sans condition expresse à ce sujet, lorsque les retards causés par le propriétaire de la cargaison lui ont causé un dommage réel.— Seymour vs Sincennes, I R. L., 716.

6. Le connaissement contenait cette stipulation : " Demurrage charged on all cars not unloaded within twenty four hours after its arrival."— *Jugé* qu'en vertu de ce connaissement un lien existait sur les marchandises transportées tant pour les frais de surestarie que pour le fret.— Murray vs Grand Trunk Ry. Co., V R. L., 746.

7. A charter-party provided that the vessel was to receive cargo at Quebec, " on or before the 10th August next or this charter is cancelled." The vessel arrived in port on ballast, only on the morning of the 10th, and no ballast was discharged on that day ; on the same afternoon the ship's agent notified the charterer, by protest, that the ship was ready for loading and demanded a cargo, which the latter refused to give, alleging that the said ship was not ready to receive cargo according to agreement.— *Held*, that the charter-party had become cancelled according to its terms, the ship not being ready to receive cargo or fulfil its obligations either literally, substantially, or according to the usage of trade at Quebec.— Patterson vs Knight, IV Q. L. R., 187.

8. Where a rate for demurrage was stipulated in the charter-party,—*Held*, that only working days should be counted in estimating the demurrage.— Hart vs Beard, I L. N., 260.

2417. Lorsque des marchandises sont chargées sur un bâtiment en exécution de la charte-partie, le maître en signe un connaissement à l'effet mentionné en l'article 2420.

Ord. de la Mar., tit. 2, art. 1.— 1 Valin, pp. 631-2.—Pothier, *Ch.- part.*, n° 16.— Abbott, *Ship.*, p. 198.— *Infrà*, art. 2420.

2418. Si le bâtiment est loué en totalité et que l'affréteur ne lui fournisse pas tout son chargement, le maître ne peut, sans son consentement, prendre d'autre chargement, et dans le cas où il en serait reçu l'affréteur a droit au fret.

Ord. de la Mar., tit. 3, art. 2.— 1 Valin, p. 641.— Pothier, *Ch.- part.*, n°° 20 à 24. — C. Com., 287.— Smith, *Merc. Law*, p. 303.— Abbott, *Ship.*, p. 311.

CHAPITRE TROISIÈME.

DU TRANSPORT DES MARCHANDISES A LA CUEILLETTE.

2419. Le contrat pour le transport de marchandises à la cueillette est celui que le maître ou le propriétaire d'un bâtiment destiné pour un voyage particulier, fait séparément avec diverses personnes qui n'ont pas de liaison entre elles, pour transporter, suivant le connaissement, leur marchandise respective au lieu de sa destination, et l'y délivrer.

Abbott, *Ship.*, p. 233.— Smith, *Merc. Law*, p. 305.

CHAPITRE QUATRIÈME.

DU CONNAISSEMENT.

2420. Le connaissement est signé et donné par le maître ou commis, en trois exemplaires ou plus, dont le maître retient un; le chargeur en garde un et en envoie un au consignataire.

Outre les noms des parties et celui du bâtiment, le connaissement énonce la nature et la quantité de la marchandise, avec sa marque et le numéro en marge, le lieu où elle doit être délivrée, le nom du consignataire, le lieu de la charge et celui de la destination du bâtiment, avec le taux et le mode de paiement du fret, de la prime et de la contribution.

1 Valin, tit. *Connaissement*, art. 1, 2 et 3, pp. 631 à 634.— Pothier, *Ch.-part*, n° 17.— C. Com., 281 et 282.— Abbott, *Ship.*, 234.— Smith, *Merc. Law*, p. 306.

Jurisp.—1. L'affréteur a le droit de revendiquer sa propriété contre le capitaine du vaisseau, qui, l'ayant prise à bord, refuse de signer un connaissement avant que de faire voile.— McCulloch & Hatfield, XIII L. C. R., 321.

2. A bill of lading, as between the parties thereto, may be explained by parol testimony. The vendor of merchandise, who is named the consignor in the bill of lading, is nevertheless not liable for the freight of said merchandise which he had delivered to vendee's agent before shipment, according to contract and to the knowledge of the ship's agent.— Fowler vs Stirling, III L. C. J., 103.

3. A common carrier, who receives goods for England on board his lighter, is not liable for loss arising from a delay in transhipment, owing to the ocean ship being already full, when the bill of lading contained a clause that, if, from any cause, the goods did not go forward on the ship, the same should be forwarded by the next steamer of the same line.— Torrance vs Allan, VIII L. C. J., 57.

4. Une lettre de voiture, sur le dos de laquelle se trouve une clause conditionnelle limitant de cette manière la responsabilité d'une compagnie de chemin de fer, a pour effet de lier l'expéditeur si ce dernier a signé sans réserve la lettre de voiture.— Chartier vs La Compagnie du Grand-Tronc, XVII L. C. J., 26.

2421. Lorsque d'après les termes du connaissement la délivrance de la marchandise doit être faite à une personne ou à ses ayants cause, cette personne peut transporter son droit par endossement et délivrance du connaissement, et la propriété de la marchandise ainsi que tous les droits et obligations y relatifs sont par là censés passer au porteur, sauf néanmoins les droits des tiers, tel que pourvu dans ce code.

C. Com., 281.— 3 Pardessus, p. 727.— 2 Boulay-Paty, pp. 313 et 314.— Abbott, *Ship.*, pp. 246 et 247.— Smith, *Merc. Law*, p. 309.— Stat. Imp., 19 et 20 Vict., c. 111, s. 1.

Jurisp.—1. A bill of lading may be transferred by mere delivery without indorsement.— Fowler vs Stirling, III L. C. J., 103.

2. Darling ayant acheté une quantité de fer en barres des syndics de Wilson à Glasgow, une partie de ce fer fut embarquée à bord du *California*, dont l'Appt était capitaine. Le connaissement fut fait au nom de l'Int., l'agent des syndics de Wilson à Montréal. Sur l'arrivée du fer à cet endroit, l'Int. renvoya l'Appt, et Burns, le consignataire du vaisseau, à Darling comme propriétaire du fer. Darling étant en possession d'un duplicata du connaissement, reçut le fer de l'Appt, qui lui en fit la livraison, nonobstant que l'Int. n'eût pas transporté le connaissement à Darling par endossement.— *Jugé* que dans l'espèce, et nonobs-

tant le défaut de transport du connaissement à Darling par l'Int., ce dernier n'était pas responsable du fret pour le transport du fer. Jugt de la Cour Sup. confirmé.— Fowler & Meikleham, VII L. C. R., 367.

3. Goods were shipped at Liverpool for Montreal on board a vessel, whereof plaintiff was master, and by the bill of lading were to be delivered to "B." or his assigns, on payment of freight. The bill of lading was endorsed to H., a common carrier at M., with whom B. lived. B. paid H. the amount of ocean freight on being notified of the arrival of the goods at Montreal, and H. presented the bill of lading to the plaintiff, and received the goods from the vessel at Montreal without the freight being exacted from him. He then forwarded the goods to B. at Toronto and subsequently became insolvent, without paying the freight.— *Held*, that B. was not liable to the plaintiff for the unpaid freight. —Bickford vs Kerr, XVI L. C. J., 169.

2422. L'affréteur ou locataire, après que le connaissement a été signé et lui a été livré, est tenu de remettre les reçus qui lui ont été donnés des effets chargés.

Le connaissement entre les mains du consignataire ou de celui en faveur de qui il a été endossé est une preuve concluante contre la partie qui l'a signé, à moins qu'il n'y ait fraude et que le porteur en ait connaissance.

1 Valin, p. 638.— C. Com., 283.— Abbott, *Ship.*, p. 238.— Maclachlan, 339 et 340.— Stat. Imp., 19 et 20 Vict., c. 111.

CHAPITRE CINQUIÈME.

DES OBLIGATIONS DU PROPRIÉTAIRE OU FRÉTEUR ET DU MAÎTRE.

2423. Le fréteur est obligé de fournir un bâtiment du port stipulé, étanche et bien conditionné, garni de tous agrès et apparaux nécessaires pour le voyage, avec un maître compétent et un nombre suffisant de personnes habiles et capables de le conduire, et il doit le tenir en cet état jusqu'à la fin du voyage. Le maître est obligé de prendre à bord un pilote lorsque la loi du pays l'exige.

Ord. de la Mar., tit. *Fret*, art. 12, p. 658.— Pothier, *Ch.-part.*, n° 30.— Abbott, *Ship.*, pp. 254 et 257.— 3 Kent, *Com.*, pp. 203, 205 et 206.

2424. Le maître est obligé de recevoir les effets et les placer et arrimer dans le bâtiment, et sur la remise qui lui est faite des reçus donnés pour la marchandise, signer tels connaissements que l'affréteur peut requérir conformément à l'article 2420.

Pothier, *Ch.-part.*, n°° 27 et 28.—Abbott, *Ship.*, 234.—Smith, *Merc. Law*, p. 312.

Jurisp.—When a shipper of goods has delivered them to the captain of the ship which is to convey them ; and the captain, after delivery, refuses to sign bills of lading according to the custom of trade, the shipper is entitled to sue out a writ of *revendication* to attach the goods in the hands of the captain as his property. After the captain has signed bills of lading and so far removed the shipper's cause of action, the action may still be returned into court for the costs which have not been paid.—McCulloch & Hatfield, VII L. C. J., 229.

2425. La marchandise ne peut être placée sur le tillac sans le consentement de l'affréteur ; à moins que ce ne soit pour quelque

trafic particulier, ou pour les voyages à l'intérieur ou sur les côtes
où il existe quelque usage établi à cet effet. Si elle est ainsi placée
sans tel consentement ou usage et est perdue par suite des périls de
la mer, le maître en est responsable personnellement.

1 Valin, tit. *Du Capitaine*, art. 12, p. 397.—C. Com., 229.—Abbott, 366 et 367, n°
F.—3 Kent, 206.

Jurisp.— Le patron d'un vaisseau est responsable des dommages survenus
aux effets transportés sur le pont.— Gaherty & Torrance, XIII L. C. R., 401.

2426. Le bâtiment doit faire voile au jour fixé par le contrat,
ou, s'il n'y a pas de jour fixé, sous un délai raisonnable suivant les
circonstances et l'usage, et il doit se rendre au lieu de sa destination sans déviation. Si le bâtiment est retardé dans son départ,
pendant le voyage, ou au lieu du débarquement, par la faute du
maître, et qu'il s'ensuive quelque perte ou avarie, ce dernier est
responsable des dommages.

Ord. de la Mar., tit. *Fret*, art. 12.— 1 Valin, p. 650.—Pothier, *Ch.-part.*, n° 29.—
Abbott, *Ship.*, pp. 261, 271 et 273.— Smith, *Merc. Law*, p. 313.— 3 Kent, pp. 209 et
210.

Jurisp.—1. La loi impose comme devoir au propriétaire d'un vaisseau qui a
une charge, de procéder sur son voyage de la manière ordinaire, sans déviation
inutile. Il est du devoir des capitaines de vaisseaux d'aider et d'assister les
vaisseaux en détresse en mer, et, pour cet objet, un vaisseau peut sortir de sa
route régulière, et ceci ne sera pas considéré comme déviation; mais ayant
rendu secours à ceux à bord, le capitaine n'a pas le droit de risquer sa propre
charge pour rendre des services de sauvetage. Nulle personne en faute n'a le
droit de qualifier son tort, et quand il en est résulté une perte qui est attribuable
à sa déviation coupable, le capitaine de vaisseau ne peut en réponse à l'action
alléguer une perte possible, s'il n'avait pas commis le tort qui lui est imputé.—
Tarr vs Desjardins, XIII L. C. R., 394.
2. Where there was a deviation in the voyage from that stated in the shipping
articles, occasioned by a return to the port of Quebec not specified in them, the
engagement of a seaman was terminated, as there was then no subsisting
contract, and a plea to the jurisdiction, alleging a subsisting voyage, under the
149th section of *The Merchant Shipping Act*, 1854, which enacts that "no seaman
who is engaged for a voyage, or engagement to terminate in the United Kingdom, is entitled to sue in any Court abroad for wages," overruled. *Quærre:*—
How far can an engagement of a seaman, void from not stating the nature of
the voyage, as required by *The Merchant Shipping Act*, 1854, be considered as
operative under a subsequent act (*Merchant Shipping Act*, 1873) which admits,
instead, a statement of the maximum period of the voyage and the ports and
places (if any) to which it is not to extend?— The *Latona*, II S. V. A. C., 203.

2427. Le maître doit prendre tout le soin nécessaire de la cargaison, et dans le cas de naufrage ou autre empêchement au voyage
par cas fortuit ou force majeure, il est tenu d'employer toute la
diligence et le soin d'un bon père de famille pour sauver la marchandise et la rendre au lieu de sa destination, et à cette fin de se
procurer un autre bâtiment, s'il est nécessaire.

Ord. de la Mar., liv. 3, tit. 3, art. 11.— 1 Valin, pp. 651 et 652.— Pothier, *Ch.-
part.*, n° 68.— 1 Emérigon, 428 et 429.— 2 Boulay-Paty, 400-5.— 3 Pardessus, *Dr.
Com.*, n° 644.— Abbott, *Ship.*, 275-6-7-8.— Smith, *Merc. Law*, pp. 313 et 329.— 3
Kent, pp. 207 et 212.— C. Com., 296.

2428. Le voyage étant parachevé, et après s'être conformé aux
lois et aux règlements du port, le maître est obligé de remettre la

marchandise sans délai au consignataire, ou à ses ayants cause, sur production du connaissement et sur paiement du fret et autres sommes dues à cet égard.

Pothier, *Ch.-part.*, n⁰⁸ 35 et 36.— Abbott, *Ship.*, p. 281.— Smith, *Merc. Law*, p. 314.

Jurisp.— 1. Master of a vessel cannot exact payment of freight before delivery of goods upon the wharf.— Beard vs Brown, XVII L. C. J., 15.

2. When the invoice mentions, in effect, that the goods are consigned to the party making the entry, he will be held to be the consignee of such goods, within the meaning of the Customs Acts, even although the bill of lading of such goods affirm that the goods are to be delivered to other parties (the owners) or their assigns.— Lyman vs Bouthillier, VII L. C. J., 169.

2429. La marchandise doit être délivrée conformément aux termes du connaissement et suivant la loi et l'usage en force au lieu de la délivrance.

1 Valin, tit. *Fret*, art. 17, p. 659.— Pothier, *Ch.-part.*, n° 40.— C. Com., 306.— 3 Pardessus, n° 719, p. 189, et n° 727, p. 201.— Smith, *Merc. Law*, p. 315.— Abbott, *Ship.*, p. 283, N. A.— 3 Kent, *Com.*, p. 216.

Jurisp.— 1. Vu l'aveu du mandant, qu'il a chargé le mandataire d'acheter pour lui de tel marchand, telle espèce de marchandises, et la preuve du chargement des marchandises, par connaissement pris de la compagnie de transport, au moyen duquel le mandant a reçu la plus grande partie de ces marchandises, il sera permis au vendeur de prouver, par le serment du mandataire, la quantité vendue et expédiée.— Boyer vs Beaupré, III R. L., 34.

2. La Cⁱᵉ du Grand-Tronc a sur le parcours de sa ligne une station qu'elle nomme *St. Ann's*, qui est Sᵗᵉ-Anne du Bout de l'Isle, et une autre qu'elle appelle *Ste-Anné*, qui est Sᵗᵉ-Anne de la Pocatière. L'Appt remit à l'Int. un ballot adressé : *Ste-Anne*, lequel l'Int. transporta à Sᵗᵉ-Anne de la Pocatière, tandis que le consignataire du ballot résidait à Sᵗᵉ-Anne du Bout de l'Isle. De là, retard et dommages soufferts. Action par l'Appt pour $108.00. Il obtient en Cour de Circuit jugt. pour $30.00, diminution de valeur des marchandises. Jugt renversé en C. de Rév., et la C. d'Appel confirme le jugt. de la C. de Rév., jugeant que c'est l'Appt qui est en défaut, en n'adressant pas son ballot au lieu auquel il est destiné, sous le nom que lui donne l'Int. dans la liste de ses stations.— Gélinas & Le Grand-Tronc, M., 9 sept. 1869.

3. Where under a bill of lading goods "were to be delivered from the ship's "deck where the ship's responsibility shall cease, at Montreal, unto the Grand "Trunk Railway Co., and by them to be forwarded thence by railway to "Toronto and there delivered" to plaintiff; the provision "no damage that "can be insured against will be paid for, nor will any claim whatever be "admitted, unless made before the goods are removed;"—Held to apply to the removal from the ship at Montreal, and to be strictly binding on the consignees. And such a condition is not an unreasonable one and covers all damage, latent as well as apparent. And if any limitation of the condition could be implied, it could not reasonably go further than to exclude such damage only as could not have been discovered on an examination of the goods, conducted with proper care and skill at the place of removal. But a delay of several weeks in making a claim for damage done to goods on the ship would not of itself, and apart from the above stated condition, be a sufficient answer to the action. *Held* also, that a bill of lading made in England by the master of an English ship, is a contract to be governed and determined by English law. That as to proof of the condition of goods when shipped, there is no general rule of law or evidence on the subject; it must depend on the circumstances of each case how far such proof is necessary, and the case is to be regarded as insufficiently proved without it.— Moore & Harris, II Q. L. R., 147.

2430. Lorsqu'un bâtiment arrive à sa destination dans un port du Bas-Canada, et que le maître a signifié au consignataire, soit par avis public ou autrement, que la cargaison est rendue au lieu indiqué par le connaissement, le consignataire est tenu de la recevoir dans les vingt-quatre heures après tel avis ; et à compter de ce moment telle cargaison, sitôt qu'elle est déposée sur le quai, est aux risques et à la charge du consignataire ou propriétaire.

S. R. B. C., c. 60, s. 1.

Jurisp.— 1. Merchandise imported from abroad is delivered to the consignee when placed on the wharf, and is from thence at his risk, provided notice of the arrival of his goods has been given to him.— Rivers vs Duncan, Stuart's Rep., 139.

2. If goods are put on shore by the master of a ship and are lost, he is not answerable for the loss, unless it appears that the loss was occasioned by some neglect, on his part, of the regular and common duty of shipmaster.— Rivers vs Duncan, II R. de L., 75.

3. Lorsque des marchandises qui doivent être livrées à ordre, sont déchargées d'un vaisseau à l'expiration du délai accordé par la loi à l'importateur pour les faire décharger, le maître du vaisseau n'est pas responsable des dommages qu'elles peuvent éprouver après qu'elles ont été déposées sur le quai.— Scott vs Hescroff, II L. C. R., 477.

4. Dans le cas d'un navire arrivant d'un port étranger, le déchargement des effets, après avis donné, sur un quai où tels effets sont ordinairement déchargés, est une livraison valable. Si, en pareil cas, le propriétaire des effets refuse de les recevoir, et qu'ils soient endommagés par les intempéries de l'air, il devra lui-même en supporter la perte.— Juson & Aylward, XIV L. C. R., 164.

5. Les frais de surestarie sont dus au propriétaire du vaisseau, sans condition expresse à ce sujet, lorsque les retards causés par le propriétaire de la cargaison lui ont causé un dommage réel.— Seymour vs Sincennes, I R. L., 716.

2431. Le temps accordé pour la décharge de la cargaison de certaines marchandises est réglé par l'acte intitulé : *Acte concernant le débarquement des cargaisons de vaisseaux.*

Ibid., s. 2.

2432. Le propriétaire, non plus que le maître, n'est responsable des pertes et dommages causés par la faute ou incapacité d'un pilote qualifié qui s'est chargé du bâtiment dans l'étendue d'un district où l'emploi d'un tel pilote est prescrit par la loi.

Stat. Imp., 17 et 18 Vict., c. 104, s. 388.— Smith, *Merc. Law,* p. 319.

Amend.— *L'acte C.* 31 *Vict., c.* 58, *s.* 14, *contient ce qui suit :*
Nul armateur ou maître de navire ne sera responsable envers personne de la perte ou du dommage occasionné par la faute ou l'incapacité d'un pilote licencié ayant charge d'un navire, dans un lieu où la loi oblige d'employer un pilote.

Jurisp.— 1. Les propriétaires de vaisseaux ne sont pas exemptés de leur responsabilité légale, quoique leur navire fût sous les soins et la direction d'un pilote.— The *Cumberland,* I S. V. A. C., 75.

2. Le capitaine d'un vaisseau n'est pas personnellement responsable du dommage causé par tel vaisseau au quai du demandeur, en sortant du havre de Québec, sous la direction d'un pilote branché placé à bord en obéissance aux dispositions de la 12e Vict., c. 114, s. 53.— Lampson & Smith, IX L. C. R., 160.

3. Dans un cas de collision, pour donner droit au propriétaire d'invoquer l'exemption de responsabilité sur le principe qu'il était obligé d'employer un pilote, il faut qu'il soit démontré que l'ordre qui a été cause des dommages a été vraiment donné par le pilote. Le propriétaire est responsable envers des tiers de l'obéissance du capitaine et de l'équipage aux ordres du pilote en tout ce qui concerne son devoir, et de leur attention et bonne conduite à faire le quart et à informer le pilote de tout danger en avant, et sous tout autre rapport. — Le défaut de vigilance et de surveillance à bord met le propriétaire dans la nécessité de démontrer par une preuve satisfaisante et positive que le défaut de vigilance et de surveillance n'a pas été cause de l'accident.— The *Secret,* XVII L. C. R., 399.

4. Where a collision was occasioned by the improper steering of a vessel, the exclusive act of the pilot, the owners of the vessel were entitled to the exemption provided by the stat. 27 and 28 Vict., c. 13, s. 14. This exemption not affected by the constant employment of the same pilot by the owners.— The *Hibernian*, II S. V. A. C., 148.

5. In case of collision arising from negligence or unskilfulness in management of ship doing the injury, pilot having the control of the ship is not a competent witness for such ship without a release; although the master is.— Ship held liable for collision, notwithstanding there being a pilot on board.— The *Lord John Russell*, I S. V. A. C., 190.

6. For a collision occasioned by the mismanagement of a pilot when on board and placed in charge of a ship in conformity with the requirements of the law, enforced by a penalty, the vessel is not liable. The mode, the time and the place of bringing a vessel to an anchor, are within the peculiar province of the pilot who is in charge. It is the practice of the admiralty courts not to give costs on either side, where the damages have been found to proceed from the fault of the pilot alone.— The *Lotus*, II S. V. A. C., 58.

7. The owners of a vessel having a branch pilot on board are only exempt from liability for damage where the damage is caused, exclusively, by the negligence or unskilfulness of the pilot. When a pilot is on board the ship, he must be actually on deck and in charge, to relieve the owners of their responsibility. In case of collision, arising from negligence or unskilfulness in management of ship doing the injury, pilot not an incompetent witness for such ship.— The *Courier*, II S. V. A. C., 91.

8. The owners of a vessel, having a duly licensed pilot on board, are protected by the act 27 and 28 Vict., c. 13, s. 14, from liability for damages occasioned by the act of the pilot. The pilot in charge is solely responsible for getting the vessel under way in improper circumstances. Where the master and crew did their duty, and the accident arose entirely from their obedience to the orders of the pilot, the owners of the vessel are held entitled to the exemption provided by the act. How far steam-tugs employed in towing merchant vessels are bound to be subservient to the orders of the pilot in charge; and although the master of a tug must, implicitly, obey the orders of the pilot of the vessel in tow; cases may occur where he may be justified in not doing so.— The *Anglo-Saxon*, II S. V. A. C., 117.

9. A certificate was given by the master of a sailing vessel which, while in charge of a pilot, had, by collision with a vessel at anchor, caused damage, in which certificate it was stated that the pilot had piloted his vessel to his entire satisfaction :—*Held*, in a case of doubt, as to whether the master or pilot was to blame for the collision, that the certificate was a subsequent ratification of what was done, so as to render the owners of the sailing vessel liable for the damage.— The *Abergeldie*, II S. V. A. C., 187.

10. The owners of a vessel which came into collision with another, while at anchor, made liable for damages, where the cause was not exclusively the act of the pilot.— The *Gordon*, II S. V. A. C., 198.

11. Where an ocean steamer descending the river St. Lawrence opposite a buoy designating a bend in the channel for her to turn, instead of doing so, crossed over and sunk a barge in tow of a tug steamer on the opposite side,— *Held*, that the tug steamer and her tow were not to blame by reason of an alleged custom for ascending vessels to stop below the buoy, for descending vessels to pass it first; and that if there were such a custom, it would afford no excuse for a descending steamer coming into collision if she could avoid it. But it appearing that the cause of collision was exclusively the act of the pilot of the ocean steamer, exemption from liability granted to the owner.— The *Thames-Hyde*, II S. V. A. C., 222.

12. Dans une action contre le capitaine d'un vapeur d'outre-mer, un pilote branché ayant la direction du vapeur ne peut rendre témoignage pour le défendeur, l'action étant en dommages résultant d'une collision du vapeur avec un quai. Généralement, le capitaine, en vertu du droit maritime, comme l'agent, *institor*, et préposé des propriétaires, est responsable ; et par la 20ᵉ sec. de la 18ᵉ Vict., c. 143, il est, aussi bien que tous autres capitaines de vaisseaux, responsable envers les appelants pour dommages causés aux quais confiés à leurs soins. Le quai n'étant pas en bon ordre, la règle de deux tiers de neuf pour du vieux, peut-être considérée comme devant guider la discrétion de la Cour en accordant des dommages.— Harbour Com. & Grange, X L. C. R., 259.

13. Where a vessel passing down the St. Lawrence in charge of a branch pilot, is, through the negligence of those on board, suffered to come into collision with a vessel at anchor, the owners of the former will be liable in damages if it appear that its master and crew participated in the negligence of the pilot which occasioned the collision. Participation will be inferred from the fact that the pilot was not actually on deck at the time of the collision, and had left his post in the presence of the mate who failed to keep a good look-out.— The *Gordon*, XVIII L. C. J., 109.

2433. Le propriétaire d'un bâtiment de mer n'est pas responsable de la perte ou avarie qui survient sans sa faute actuelle ou sa participation ;

1. A raison de l'incendie de quelque objet à bord de tel bâtiment; ou

2. A raison du vol, détournement, disparition ou recélé de l'or ou argent, des diamants, montres, joyaux ou pierres précieuses à bord de tel bâtiment, à moins que le propriétaire ou affréteur de tels objets, au temps de leur mise à bord, n'en ait spécifié dans le connaissement, ou déclaré autrement par écrit au maître ou propriétaire du bâtiment, la véritable nature et valeur.

17 et 18 Vict., c. 104, s. 503.

Jurisp.—1. A carrier by water is answerable for negligence.— Bruneau vs Cormier, II R. de L., 74.

2. A *voiturier par eau* is answerable for the consequences of his own negligence. If therefore he carelessly quits his ship, and she is lost during his absence, he must be answerable for the cargo.— Borne vs Perrault, II R. de L., 75.

3. A une action portée par une personne voyageant à bord d'un vaisseau faisant le trajet entre Glasgow et Montréal, contre les propriétaires, pour la valeur de bijoux dans une malle déposée dans la cale du vaisseau, et non délivrés à Montréal, les défendeurs plaidèrent que la perte était arrivée sans faute ou participation de leur part, mais en raison de vol, détournement ou recèlement d'iceux ; que la demanderesse n'avait pas inséré dans le connaissement, ou autrement déclaré par écrit au maître du bâtiment, la véritable nature et la valeur des effets. Sur une réponse en droit faite par la demanderesse au plaidoyer des défendeurs, dans laquelle celle-ci alléguait qu'elle était passagère, qu'elle avait droit d'emporter tels effets, que comme propriétaires de vaisseaux d'outre-mer et comme commissionnaires, les défendeurs étaient responsables, et que la 503' sec. de l'Acte de la marine marchande de 1854, n'était pas applicable aux effets de passagers ;—*Jugé* que le plaidoyer ne pouvait être rejeté comme insuffisant en droit.— McDougall vs Allan, XII L. C. R., 321.

4. Le capitaine d'un vaisseau est responsable pour les bijoux d'une dame volés de l'une de ses malles, pendant un voyage de Glasgow à Montréal.—MacDougall vs Torrance, IV L. C. J., 132.

2434. Dans le cas de dommage ou perte de quelque chose à bord d'un bâtiment de mer, sans qu'il y ait faute ou participation du propriétaire, ce dernier n'est pas responsable des dommages au delà de la valeur du bâtiment et du fret qui est ou deviendra dû pendant le voyage ; pourvu que telle valeur ne soit pas réputée moindre que quinze louis sterling par tonneau suivant l'enregistrement, et que le propriétaire demeure néanmoins toujours responsable dans la même mesure de chaque perte et dommage survenus en diverses occasions, de même que s'il n'était pas survenu d'autre perte ou dommage.

17 et 18 Vict., c. 104, ss. 504 et 506.—C. Com., 216.—1 Valin, tit. *Des Propriétaires*, art. 2, p. 568.

Voir le statut impérial 25-26 Vict., c. 63, s. 54.

Amend.— *L'acte G.* 31 *Vict.*, *c.* 58, *contient ce qui suit* :

12. Les propriétaires d'un bâtiment canadien, anglais ou étranger, si les accidents suivants, ou l'un d'eux, arrivent sans leur faute réelle ou leur participation, savoir :

(1.) S'il y a perte de vie ou blessure, à bord du bâtiment ;

(2.) Si des effets, marchandises, ou autres articles que ce soit, sont endommagés ou perdus à bord du dit bâtiment ;

(3.) Si, par suite de la mauvaise manœuvre du bâtiment, une personne est tuée ou blessée sur un autre bâtiment ou bateau ;

(4.) Si, par suite de la mauvaise manœuvre du bâtiment, un autre bâtiment ou bateau, ou des effets, marchandises, ou autres articles à bord d'un autre bâtiment ou bateau, sont perdus ou endommagés.

ne seront pas passibles de dommages, à raison de perte de vie ou de blessure, accompagnée ou non de perte ou avarie de bâtiments, bateaux, effets et marchandises ou autres choses, ni à raison de perte ou avarie de navires, effets, marchandises ou autres choses, soit qu'il y ait eu en outre perte de vie, blessure ou non, au delà du montant collectif de trente-huit piastres et quatre-vingt-douze centins par tonneau du tonnage du bâtiment ; ce tonnage sera celui enregistré, s'il s'agit de bâtiments à voiles ; et, s'il s'agit de bâtiments à vapeur, sera le tonnage brut, sans déduction pour la chambre de la machine ;

(*a*) S'il s'agit d'un bâtiment anglais ou canadien, le tonnage sera celui enregistré ou brut, constaté d'après la loi anglaise ou canadienne, et s'il s'agit d'un bâtiment étranger qui a été ou peut être mesuré d'après la loi anglaise ou canadienne, le tonnage constaté par ce mesurage sera, aux fins de cette section, censé être le tonnage de ce bâtiment ;

(*b*) Dans le cas d'un bâtiment étranger qui n'a pas été, et qui ne peut être mesuré d'après la loi anglaise ou canadienne, le secrétaire du Ministre de la Marine et des Pêcheries en recevant de la cour qui instruit la cause, ou par son ordre, telle preuve des dimensions du bâtiment qu'il sera possible de se procurer, délivrera un certificat sous son seing, indiquant ce que serait, à son avis, le tonnage du dit bâtiment, s'il était dûment mesuré d'après la loi canadienne ; et le tonnage indiqué dans ce certificat, pour les fins de cette clause, sera censé être le tonnage du dit bâtiment.

13. Les assurances effectuées contre tous ou quelqu'un des accidents énumérés dans la clause qui précède, et arrivant sans faute réelle ou participation quelconque comme susdit, ne seront pas invalidées à raison de la nature du risque.

2435. Le fret mentionné dans l'article précédent est censé, à cette fin, comprendre la valeur du transport de la marchandise appartenant au propriétaire du bâtiment, le prix des passages et le louage dû ou à devenir dû en vertu de tout contrat, non compris néanmoins, dans le cas d'un bâtiment loué à terme, le loyer qui ne commencera à courir qu'après six mois à compter de la perte ou avarie.

17 et 18 Vict., c. 104, s. 505.

Voir les deux remarques sous l'article précédent.

2436. Les dispositions contenues dans les articles 2433 et 2434 ne s'appliquent pas au maître ou marinier qui est en même temps propriétaire de la totalité ou de partie du bâtiment auquel il est attaché, de manière à ôter ou diminuer la responsabilité à laquelle il est assujetti en sa qualité de maître ou marinier.

17 et 18 Vict., c. 104, s. 516.— C. Com., 216.

CHAPITRE SIXIÈME.

DES OBLIGATIONS DE L'AFFRÉTEUR.

———

SECTION I.

DISPOSITIONS GÉNÉRALES.

2437. Les principales obligations de l'affréteur sont : 1º de fournir au bâtiment le chargement convenu et cela dans le temps fixé par le contrat, ou, si tel temps n'est pas fixé, sous un délai raisonnable ; et 2º de payer le fret avec la prime, la contribution et les frais de surestarie lorsqu'il en est dû.

1 Valin, tit. *Fret*, art. 3, p. 642.— Pothier, *Ch.-part.*, nº 56.— C. Com., 288.— 2 Boulay-Paty, pp. 363 et suiv.— Smith, *Merc. Law*, pp. 321 et 322.

2438. L'affréteur ne peut mettre à bord, sans en donner avis au maître ou au propriétaire, aucune marchandise prohibée ou non douanée, et qui pourrait soumettre le bâtiment à la détention ou à la confiscation, non plus que dés marchandises d'une nature dangereuse.

1 Valin, p. 650.— Abbott, *Ship.*, p. 304.— Smith, *Merc. Law*, pp. 321-2.— Merch. Ship. Act, 1854, s. 329.

2439. Si l'affréteur ne charge pas le bâtiment en entier tel que porté par la charte-partie, ou si, après l'avoir chargé, il retire la marchandise avant le départ du bâtiment ou pendant le voyage, il doit le fret en entier et il est tenu d'indemniser le maître de toute dépense et responsabilité qui en résultent.

1 Valin, tit. *Fret*, art. 3, 6 et 8, pp. 642-6-8.— Pothier, *Ch.-part.*, nºˢ 73, 74, 77, 78, 79 et 80.— C. Com., 288 et 291.— Abbott, *Ship.*, pp. 311 et 424, n. a.— Maclachlan, pp. 502 et 384.— 3 Kent, p. 219.

2440. Si le bâtiment est arrêté au départ ou pendant la route, par la faute de l'affréteur, ce dernier est tenu de l'indemnité pour retardement et des autres accessoires.

1 Valin, tit. *Fret*, art. 9, p. 649.— Pothier, *Ch.-part.*, nºˢ 75 et 76.— C. Com., 294.

2441. Si l'affréteur est convenu d'un chargement pour le retour, et ne le fournit pas, et que le bâtiment se trouve dans la nécessité de revenir sans chargement, l'affréteur doit le fret entier, sauf, dans le dernier cas, la déduction de ce que le bâtiment a gagné dans le retour.

Valin, Pothier, C. Com., *loc. cit.*— 2 Boulay-Paty, pp. 390 et 391.— Abbott, *Ship.*, p. 312.— 3 Kent, p. 219.

SECTION II.

DU FRET, DE LA PRIME, DE LA CONTRIBUTION ET DES FRAIS DE SURESTARIE.

2442. Le fret est le prix payable pour le loyer d'un bâtiment, ou le transport de marchandises, pour un voyage licite au lieu de la destination. En l'absence de convention expresse, il n'est dû que lorsque le transport de la marchandise est parachevé, excepté dans les cas énoncés dans cette section.

Pothier, *Ch.-part.*, nᵒˢ 57 et 58.— C. Com., 286.— 2 Boulay-Paty, pp. 330 et 331. — Abbott, *Ship.*, pp. 307, 308 et 323.— Maclachlan, pp. 306 et 384.— Smith, *Merc. Law*, pp. 323 et 324.— 3 Kent, p. 219.

Jurisp.—Master of a vessel cannot exact payment of freight before delivery of goods upon the wharf.—Beard vs Brown, XVII L. C. J., 15.

2443. Le montant du fret est réglé par la convention dans la charte-partie, ou par le connaissement, soit à un prix pour tout le bâtiment ou partie d'icelui, soit à un taux fixé pour chaque tonneau, colis, ou autrement.

S'il n'est pas fixé par la convention, le taux en est estimé d'après la valeur des services rendus, conformément à l'usage du commerce.

1 Valin, tit. *Fret*, p. 639.— Pothier, *Ch.-part.*, nᵒ 8.— C. Com., 273 et 286.— Abbott, *Ship.*, p. 311.— Smith, *Merc. Law*, pp. 323 et 324.

2444. Le montant du fret n'est pas affecté par la durée plus ou moins longue du voyage ; à moins que la convention ne soit d'une certaine somme par mois, par semaine ou autre division de temps, auquel cas le fret court, à défaut d'autre stipulation, du commencement du voyage, et continue ainsi, tant pendant la route que pendant tout retard inévitable qui n'est pas causé par la faute du maître ou du fréteur ; sauf néanmoins l'exception contenue dans l'article qui suit.

Ord. de la Mar., tit. 3, art. 9.— 1 Valin, p. 649.— C. Com., 275.— 3 Pardessus, *Dr. Com.*, p. 706.— Abbott, *Ship.*, p. 313.— Smith, *Merc. Law*, p. 325.

2445. Si le bâtiment est arrêté par l'ordre d'une puissance souveraine, le fret payable au temps ne continue pas à courir pendant la détention. Les loyers des matelots et leur nourriture sont en ce cas matière de contribution générale.

1 Valin, *Fret*, art. 16, p. 657.— Pothier, *Ch.-part.*, nᵒ 85.— 1 Emérigon, pp. 539 et 624.— 1 Beawes, *Lex Merc.*, 160-1.— Dub.— Abbott, *Ship.*, p. 380.— Smith, *Merc. Law*, p. 331.— 3 Kent, pp. 237 et 238.— C. Com., 300 et 400.

2446. Le maître peut faire mettre à terre dans le lieu du chargement, les marchandises qu'il trouve dans son bâtiment si elles ne lui ont pas été déclarées, ou en exiger le fret au taux usuel au lieu du chargement pour des marchandises de même nature.

1 Valin, tit. *Fret*, art. 7, p. 647.— Pothier, *Ch.-part.*, p. 9.— C. Com., 292.— 2 Boulay-Paty, pp. 372 et 373.— Maclachlan, p. 341.

2447. Si le bâtiment est obligé de revenir avec son chargement à raison d'interdiction de commerce survenant pendant le voyage avec le pays pour lequel le bâtiment est engagé, le fret n'est dû que pour le voyage de l'aller, quoiqu'il ait été stipulé un chargement de retour.

1 Valin, *Fret*, p. 656.— Pothier, *Ch.-part.*, n° 69.— C. Com., 299.— Abbott, *Ship.*, p. 323.— 3 Kent, p. 222.

2448. Si sans aucune faute préalable du maître ou du fréteur, il devient nécessaire de réparer le bâtiment pendant le voyage, l'affréteur est tenu de souffrir le retard ou de payer le fret en entier. Dans le cas où le bâtiment ne peut être réparé, le maître est tenu d'en louer un autre ; et s'il ne le peut, le fret n'est dû que proportionnellement à la partie du voyage accomplie.

Ord. de la Mar., liv. 3, tit. 3, art. 11.— 1 Valin, pp. 651 et 652.— Pothier, *Ch.-part.*, n° 68.— C. Com., 296 et 297.— Abbott, *Ship.*, pp. 276, 277, 278 et 330.

2449. Le fret est dû pour les marchandises que le maître a été contraint de vendre pour subvenir aux réparations, victuailles et autres nécessités pressantes du bâtiment, et le maître est tenu de payer pour telles marchandises le prix qu'elles auraient rapporté au lieu de leur destination.

Cette règle s'applique également, lors même que le bâtiment aurait péri subséquemment pendant le voyage ; mais dans ce cas, il n'est tenu de payer que le prix qu'elles ont effectivement rapporté.

1 Valin, tit. *Fret*, art. 14, p. 655.— Pothier, *Ch.-part.*, n°° 34, 71 et 72.— Ord. de Wisbuy, art. 35 et 69.— Jugements d'Oléron, 22.— C. Com., 298.— Abbott, *Ship.*, 322.— Smith, *Merc. Law*, p. 323–4.— 3 Kent, pp. 214 et 222.

2450. Le fret est payable sur les marchandises jetées à la mer pour la conservation du bâtiment et du reste du chargement, et la valeur de ces marchandises doit être payée au propriétaire par contribution générale.

1 Valin, tit. *Fret*, art. 13, p. 654.— Pothier, *Ch.-part.*, n° 70.— C. Com., 301.— Abbott, *Ship.*, p. 322.— Smith, *Merc. Law*, 323.

2451. Le fret n'est pas dû sur les marchandises perdues par naufrage, prises par des pirates ou capturées par l'ennemi, ou qui sans la faute de l'affréteur ont entièrement péri par cas fortuit, autrement qu'il est pourvu dans l'article précédent. Si le fret ou partie d'icelui en a été payé d'avance, le maître est tenu au remboursement, à moins d'une stipulation contraire.

1 Valin, tit. *Fret*, art. 18, pp. 660 et 661.— Guidon, art. 2, c. 6.— Jugements d'Oléron, art. 9, note 9.— Pothier, *Ch.-part.*, n° 63.— 3 Pardessus, *Dr. Com.*, n° 716.— Abbott, *Ship.*, p. 307.— Smith, *Merc. Law*, p. 323.— 3 Kent, pp. 219 et 223. — C. Com., 303.

Jurisp.— A barge on a voyage by river and canal having, when navigation was about to close, received damage by an accident and partly sunk in shallow water, by which the greater portion of her cargo was rendered nearly worthless, though a portion remained sound ; and the shipper, before the raising and repair of the vessel, having abandoned the cargo as a total loss to his insurers, by endorsement of bill of lading, and they having removed the cargo to shore, sold the damaged and stored the sound, with the knowledge of the master ; and the shipper not accepting the master's offer, afterwards made, to complete the voyage when his repairs were finished (which might not have been done in time for that season's open navigation),— *Held* that the cargo cannot be held

" wholly perished " under art. 2451 C. C., so as to found an action to recover freight advanced by the shipper; that this is such an acceptance by the shipper of the cargo short of the original destination, as binds him to pay freight *pro rata itineris peracti*, calculated by distance, on the damaged portion of cargo, removed and sold by his assignees (the insurers); that the master is entitled to full freight, per bill of lading, on the sound portion remaining stored in the possession of the shipper's assignees.— Tourville vs Ruchle, XV L. C. J., 29. (En Rév.)

2452. Si les marchandises sont reprises, ou sauvées du naufrage, le fret est dû jusqu'au lieu de la prise ou du naufrage, et si, plus tard, elles sont rendues par le maître au lieu de leur destination, le fret est dû en entier, sujet au droit de sauvetage.

1 Valin, art. 19, p. 662.— Pothier, *Ch.-part.*, n° 67.— C. Com., 303.— Abbott, *Ship.*, 331 et 359.— Smith, *Merc. Law*, p. 324.— *Contrà*, 3 Kent, p. 223.

2453. Le capitaine ne peut retenir dans son bâtiment les marchandises faute de paiement du fret, mais il peut dans le temps de la décharge en empêcher l'enlèvement, ou les faire saisir. Il a sur elles un privilége spécial tant qu'elles sont en sa possession, ou en celle de son agent, pour le paiement du fret avec la prime et la contribution ordinaire, tel qu'exprimé dans le connaissement.

1 Valin, tit. *Fret*, art. 23 et 24.— Pothier, *Ch.-part.*, n° 89 et 90.— Ord. de Wisbuy, art. 57.— C. Com., 306.— 2 Boulaÿ-Paty, pp. 479-80.— Abbott, *Ship.*, p. 282. — 3 Kent, pp. 220 et 221.

Jurisp.—1. Goods on freight, when landed on the wharf, are delivered, but they cannot be removed from thence without the master's consent until the freight be paid, for he has a *lien* for his freight upon the whole of his cargo.— Patterson vs Davidson, II R. de L., 77.

2. The carrier has a right to retain possession of the goods carried until the whole freight be paid, even where the freight is at a fixed rate per package, and the goods not all ready for delivery.— Brewster vs Hooker, I L. C. J., 90.

3. Le consignataire d'effets sur un vaisseau, ne peut insister à ce que ses effets lui soient livrés sur un allége fourni par lui-même, avant paiement du fret dû au messager requis de faire telle livraison.— Juson & Aylward, XIV L. C. R., 164.

4. The payment of freight and the delivery of the cargo are concomitant acts, which neither party is bound to perform without the other being ready to perform the correlative act, and therefore, the master of a vessel cannot insist on payment in full of his freight of a cargo of coals, before delivering any portion thereof.— Beard vs Brown, XV L. C. J., 136. (En Rév.)

5. Le connaissement contenait cette stipulation : " Demurrage charged on all cars not unloaded within twenty four hours after its arrival."— *Jugé* qu'en vertu de ce connaissement un lien existait sur les marchandises transportées tant pour les frais de surestarie que pour le fret.— Murray vs Grand Trunk Ry. Co., V R. L., 746.

6. The master of a vessel cannot exact payment of freight before delivery of goods upon the wharf.—Beard vs Brown, XVII L. C. J., 15. (En Rév.)

2454. Tout consignataire ou autre personne autorisée qui reçoit les marchandises est tenu d'en donner reçu au maître ; et la réception des marchandises sous un connaissement en vertu duquel elles doivent être délivrées au consignataire ou à ses ayants cause en par eux en payant le fret, rend la personne qui les reçoit débitrice de leur fret, à moins que cette personne ne soit l'agent reconnu de l'affréteur.

1 Valin, tit. *Connaissement*, art. 5, p. 636.— C. Com., 285.— Abbott, *Ship.*, pp. 319 et 320.— 3 Kent, pp. 221 et 222.

Jurisp.— 1. A consignee who has received goods shipped to be delivered on payment of freight, may be sued for the amount of such freight, and can support an incidental cross demand for damages occasioned to such goods by the master's negligence.— Oldfield vs Hutton, II R. de L., 77.

2. A consignee is liable on an implied contract to pay the freight of goods which he receives.— Oldfield vs Hutton, II R. de L., 207.

3. Darling ayant acheté une quantité de fer en barres des syndics de Wilson à Glasgow, une partie de ce fer fut embarqué à bord du *California*, dont l'Appt était capitaine. Le connaissement fut fait au nom de l'Int., l'agent des syndics de Wilson à Montréal. Sur l'arrivée du fer à cet endroit l'Int. renvoya l'Appt et Burns, le consignataire du vaisseau, à Darling comme propriétaire du fer; Darling étant en possession d'un duplicata du connaissement, reçut le fer de l'Appt qui lui en fit la livraison nonobstant que l'Int. n'eût pas transporté le connaissement à Darling par endossement.— *Jugé* que, dans l'espèce, et nonobstant le défaut de transport du connaissement à Darling par l'Int., ce dernier n'était pas responsable du fret pour le transport du fer. Jugt de la Cour Sup. confirmé.— Fowler vs Meikleham, VII L. C. R., 367.

4. A bill of lading, as between the parties thereto, may be explained by parol testimony. The vendor of merchandise, who is named the consignor in the bill of lading, is nevertheless not liable for the freight of said merchandise which he had delivered to vendee's agent before shipment, according to contract and to the knowledge of the ship's agent.— Fowler vs Stirling, III L. C. J., 103.

5. Goods were shipped at Liverpool for Montreal on board a vessel, whereof plaintiff was master, and by the bill of lading were to be delivered to B. or his assigns, on payment of freight. The bill of lading was endorsed to H., a common carrier at M., with whom B. had a contract for the carriage of the goods in question to Toronto, where B. lived. B. paid H. the amount of ocean freight on being notified of the arrival of the goods at Montreal, and H. presented the bill of lading to the plaintiff, and received the goods from the vessel at Montreal, without the freight being exacted from him. He then forwarded the goods to B. at Toronto and subsequently became insolvent, without paying the freight.— *Held* that B. was not liable to the plaintiff for the unpaid freight.— Bickford & Kerr, XVIII L. C. J., 169.

2455. Les marchandises qui ont diminué de valeur ou ont été détériorées par leur vice propre ou par cas fortuit, ne peuvent être abandonnées pour le fret.

Mais si, sans le fait de l'affréteur, des futailles contenant vin, huile, miel, mélasse ou autre chose semblable, ont tellement coulé qu'elles soient vides ou presque vides, elles peuvent être abandonnées pour le fret.

1 Valin, art. 25 et 26, pp. 669 et 672.— Pothier, *Ch.-part.*, n** 59 et 60.— Cons. d. m., c. 234.— Guidon, c. 7, art. 11.— C. Com., 310.— 2 Boulay-Paty, pp. 492 à 498.— 2 Delvincourt, p. 293.— Abbott, *Ship.*, pp. 325 à 329.— Bell, *Com.*, p. 570.— 3 Kent, pp. 224 et 225.— Maclachlan, pp. 399 et suiv.

2456. L'obligation de payer la prime et la contribution qui sont mentionnées dans le connaissement, est sujette aux mêmes règles que l'obligation du fret; la prime est payable au maître en son propre droit à moins de stipulation contraire.

Pothier, *Ch.-part.*, n° 57.— Abbott, *Ship.*, p. 305.— 3 Kent, p. 232, n. a.

2457. Les frais de surestarie sont la compensation que doit payer l'affréteur pour la détention du bâtiment au delà du temps convenu ou accordé par l'usage pour la charge et la décharge.

Abbott, *Ship.*, pp. 220, 221 et 223.— Maclachlan, p. 445.— 3 Kent, p. 303.

Jurisp.— 1. If on a charter-party, in which a gross sum is stipulated for the freight, part of the cargo is delivered and accepted, an action will lie, *pro* *tanto*, for the freight; and damages for the non-delivery of the residue of the cargo cannot be set off. They must be claimed by an incidental cross-demand or by a new and distinct action.— Guay vs Hunter, II R. de L., 77.

2. In the absence of an express agreement, no demurrage can be claimed by the master of a vessel detained beyond a proper time for loading and unloading. In such a case, damages for detention for more than the proper time for loading, &c., could be claimed. Such damages should be specially proved. The consignee is not bound to discharge the cargo of a sailing vessel, if such cargo consists of grain, according to the provisions of the ch. 160 of the Consolidated Statutes of L. C., at a greater rate than two thousand minots *per diem*.— Marchand vs Renaud, VI L. C. J., 119.

3. The prevalence of a disease among horses, such as that of October 1872, which rendered large numbers for the time unserviceable, is no defence to a claim by a vessel against the consignee for demurrage for delay in discharging the cargo.— Lacroix vs Jackson, XVII L. C. J., 329.

4. A ship master is only bound as to storage to follow rules and custom of port where he takes his cargo, unless there be an arrangement to the contrary. — Winn vs Pélissier, I R. C., 246.

5. Les frais de surestarie sont dus au propriétaire du vaisseau sans condition expresse à ce sujet, lorsque les retards causés par le propriétaire de la cargaison lui ont causé un dommage réel.— Seymour vs Sincennes, I R. L., 716.

6. Le connaissement contenait cette stipulation : " Demurrage charged on all cars not unloaded within twenty four hours after its arrival."— *Jugé* qu'en vertu de ce connaissement un lien existait sur les marchandises transportées tant pour les frais de surestarie que pour le fret.— Murray vs Grand Trunk Ry. Co., V R. L., 746.

7. A charter-party provided that the vessel was to receive cargo at Quebec, " on or before the 10ᵗʰ August next or this charter is cancelled." The vessel arrived in port on ballast, only on the morning of the 10ᵗʰ, and no ballast was discharged on that day; on the same afternoon the ship's agent notified the charterer, by protest, that the ship was ready for loading and demanded a cargo, which the latter refused to give, alleging that the said ship was not ready to receive cargo according to agreement.— *Held*, that the charter-party had become cancelled according to its terms, the ship not being ready to receive cargo or fulfil its obligations either literally, substantially, or according to the usage of trade at Quebec.— Patterson vs Knight, IV Q. L. R., 187.

8. Where a rate for demurrage was stipulated in the charter-party,—*Held* that only working days should be counted in estimating the demurrage.— Hart vs Beard, I L. N., 260.

2458. Toute personne qui reçoit des marchandises sous un connaissement portant obligation de payer les frais de surestarie, est responsable de l'indemnité qui peut être due sur la décharge des marchandises, sujet aux règles énoncées en l'article 2454.

Abbott, *Ship.*, pp. 220, 221 et 222.— Maclachlan, pp. 446 et 447.

Jurisp.— Le consignataire et propriétaire de grain est responsable en dommages envers les propriétaires du vaisseau pour aucun délai extraordinaire en recevant la cargaison du vaisseau, à l'endroit mentionné dans le connaissement pour sa livraison; nonobstant que tel délai soit occasionné par les personnes employées par les défendeurs pour recevoir et transporter telle cargaison pour eux.— Henderson vs Caverhill, XIII L. C. R., 77.

2459. Les frais de surestarie sous un contrat exprès sont dus pour tout délai qui n'est pas le fait du propriétaire du bâtiment ou de ses agents. Ils ne commencent à être calculés qu'à compter du moment où les marchandises sont prêtes à être déchargées, après lequel temps, si le terme stipulé est expiré, il doit être accordé un temps raisonnable pour la décharge.

Abbott, *Ship.*, pp. 224, 225, 227, 231 et 232.— Maclachlan, pp. 445, 446, 451, 452 et 453.— 3 Kent, p. 203.— Smith, *Merc. Law*, p. 302.

2460. Si le temps, les conditions et le taux de la surestarie ne sont pas arrêtés, ils sont réglés par la loi et l'usage du port où la réclamation prend naissance.

Abbott, *Ship.*, p. 227.

Jurisp.— The consignee is not bound to discharge the cargo of a sailing vessel, if such cargo consists of grain, according to the provisions of the ch. 160 of the Consolidated Statutes of L. C., at a greater rate than two thousand minots *per diem.*— Marchand vs Renaud, VI L. C. J., 119.

TITRE QUATRIÈME.

DU TRANSPORT DES PASSAGERS PAR BATIMENT MARCHAND.

2461. Les contrats pour le transport des passagers par bâtiment marchand sont sujets aux dispositions contenues dans le titre *De l'Affrétement*, en autant qu'elles peuvent s'y appliquer, et aussi aux règles contenues dans le titre *Du Louage*, relatives au transport des passagers.

2462. Les règles spéciales concernant le transport des passagers par mer voyageant dans des bâtiments à passagers du Royaume-Uni en cette province, ou d'une colonie à une autre, ou de cette province au Royaume-Uni dans quelque bâtiment que ce soit, sont contenues dans les actes du Parlement Impérial intitulés : *The Passengers Act*, 1855, et *The Passengers Act Amendment Act*, 1863, et dans les ordonnances et règlements légaux faits par l'autorité compétente en vertu de ces statuts.

Stat. Imp., 18 et 19 Vict., c. 119 ; 26 et 27 Vict., c. 51.—Ordre de Sa Majesté en Conseil, 7 janvier 1864.

2463. Les règles spéciales concernant les bâtiments qui arrivent dans le port de Québec ou dans celui de Montréal, de quelque port du Royaume-Uni ou de toute autre partie de l'Europe, avec des passagers ou émigrés, ainsi que les règles relatives aux droits et devoirs des maîtres de tels bâtiments et à la protection des passagers et émigrés, sont contenues dans l'acte intitulé : *Acte concernant les émigrés et la quarantaine.*

S. R. C., c. 40.

L'acte concernant les émigrés et la quarantaine mentionné dans cet article a été depuis rappelé et remplacé, les ss. 22, 23 et 24 par l'acte C. 31 Vict., c. 63, et le reste par l'acte C. 32-33 Vict., c. 10.

2464. Les passagers, pendant qu'ils sont dans le bâtiment, ont droit d'être accommodés et nourris convenablement, suivant les stipulations et les lois spéciales mentionnées dans les articles qui précèdent ; ou, s'il n'y a ni stipulation ni règle à cet égard, suivant l'usage et suivant la condition des passagers.

Jurisp.—1. Un voiturier est responsable pour la mauvaise conduite volontaire de son serviteur envers un passager.— Un passager qui est assailli et grossièrement insulté dans un char par un garde-frein employé sur le convoi, a, pour ce, recours contre la compagnie.— Si un garde-frein, employé sur un convoi de passagers, assaille et insulte grossièrement un passager sur ce convoi, et que la compagnie retienne à son service ce serviteur délinquant, après qu'elle a connu sa mauvaise conduite, elle sera sujette à des dommages exemplaires.— Godard vs Grand-Tronc, III R. L., 10.

2. There is an unplied engagement on the part of public carriers of passengers for hire towards passengers that the latter shall not be exposed to undue or unreasonable danger in embarking upon or landing from the vessels of such public carriers.— A steamboat company, being a public carrier, occupying and using a wharf for the purpose of embarking and landing passengers, is bound to take all proper precautions for the prevention of accidents by the crowding of the public on the wharf.— Any dangerous portion of the wharf must be sufficiently lighted at night to ensure the protection and safety of passengers.— Borlase vs St. Lawrence Steam Navigation Co., III Q. L. R., 329.

2465. Le propriétaire ou le maître a un droit et privilége sur les effets et autres biens des passagers à bord de son bâtiment pour le prix du passage.

Maclachlan, 294.— Wolf & Summers, 2 Camp., 631.

2466. Le passager est soumis à l'autorité du maître tel qu'exprimé au titre *Des Bâtiments Marchands.*

Code civil B. C., art. 2361.

Jurisp.— 1. The Admiralty has jurisdiction of personal torts and wrongs committed on a passenger on the high sea, by the master of the ship.— Unless in cases of necessity, master cannot compel a passenger to keep watch.— The *Friends,* I S. V. A. C., 118.

2. In an action against the captain of a ship chartered by the E. J. C., for an assault and false imprisonment, a justification on the ground of mutinous, disobedient and disorderly behaviour sustained.— The *Goldstream,* Stuart's Rep., 518.

2467. Les réclamations résultant de dommages personnels soufferts par les passagers sont soumises aux règles spéciales contenues aux articles 2434, 2435 et 2436.

Voir les citations sous l'art. 2434.

TITRE CINQUIÈME.

DE L'ASSURANCE.

CHAPITRE PREMIER.

DISPOSITIONS GÉNÉRALES.

SECTION I.

DE LA NATURE ET DE LA FORME DU CONTRAT.

2468. L'assurance est un contrat par lequel l'un des contractants appelé l'assureur, en considération d'une valeur, s'engage à indemniser l'autre qu'on appelle l'assuré, ou ses représentants, contre la perte ou la responsabilité résultant de certains risques ou périls auxquels l'objet assuré peut être exposé, ou contre la chance d'un événement.

Pothier, *Ass.*, 2.— 1 Bell, *Com.* (4º édit.), nº 534, p. 509.— 1 Emérigon, p. 2.— 2 Pardessus, *Dr. Com.*, 588 ; 3 id., nº 756.— 1 Arnould, p. 1, § 1.— 3 Kent, 252.— 1 Alauzet, *Ass.*, nº 108.— 1 Phillips, *Ins.*, sec. 1, p. 1.— Marshall, *Ins., Pr. Dis.*, p. 1.

Voir l'acte C. 40 Vict., c. 42, concernant les assurances.

Jurisp.—1. Un contrat d'assurance contre le feu peut être fait et prouvé sans écrit à cet effet.— Une clause dans les actes incorporant une compagnie d'assurance, qui statue " que toutes les polices d'assurance que ce soit faites en vertu du présent acte ou de l'ordonnance susdite qui seront signées par trois directeurs de la dite corporation, et contresignées par le secrétaire et les régisseurs, et revêtues du sceau de la dite corporation, obligeront la dite corporation, quoique non signées en présence du conseil des syndics, pourvu que ces polices soient faites et signées conformément aux règles et règlements de la corporation," n'empêche pas la preuve par d'autres moyens d'un contrat d'assurance consenti par telle compagnie.— The Montreal Assurance Co. & McGillivray, VIII L. C. R., 401.

2. Une assurance par simple reçu pour la prime payée est légale et obligatoire sans l'émanation d'une police.— O'Connor vs The Imperial Ins. Co., XIV L. C. J., 219.

2469. La valeur ou le prix que l'assuré s'oblige de payer pour l'assurance se nomme *prime*. Soit que l'assureur ait ou non reçu la prime, il n'y a droit que du moment que le risque commence.

Pothier, *Ass.*, 179.— 1 Emérigon, 61.— 2 Valin, *Ord.* 1681, p. 93.— 2 Pardessus, 591, p. 467.— Marshall, *Ins.*, 648.— 1 Phillips, *Ins.*, p. 79.— C. Com., 349.

2470. L'assurance maritime est toujours un contrat commercial ; toute autre assurance n'est pas de sa nature un contrat commercial, mais elle l'est dans tous les cas où elle est contractée pour une prime par des personnes qui en font un trafic, sauf l'exception contenue en l'article qui suit.

2 Pardessus, nº 588, pp. 443–4.— 1 Dalloz, Dict., vº *Assurance Ter.*, nºˢ 19, 20 et 22.— Boudousquié, nºˢ 70, 77 et 384.— C. Com., 633.

Jurisp.—1. Insurance against fire by an insurance company is a commercial transaction.— Smith vs Irvine, I R. de L., 47.

2. By a policy of insurance of 13th Oct. 1866, Appts assured the life of respondent for a period of eight years for $2000 payable to him, if he should live as long, or to his heirs should he die during the pendency of the risk. The policy was of the endorsement participating class, and entitled respondent to profits and dividends. Appts, on being sued for the amount, say the policy was issued by error for $2000 instead of $1000. They have produced the application which is for $2000 ; but in the margin the sum of $1000 is mentioned. They offered to prove by verbal evidence the error ; that evidence was rejected at *enquête*. They moved to revise the ruling and their motion was rejected. The Court thinks that the application, by its discrepancy between the body and the margin, is a sufficient *commencement de preuve par écrit* to allow verbal evidence. This is a commercial contract.— The Mutual Life Ins. Co. & Brodie, M., 16 juin 1876.

2471. L'assurance mutuelle n'est pas une opération commerciale. Elle est réglée par des statuts spéciaux, et par les règles générales contenues dans ce titre, en autant qu'elles peuvent s'y appliquer et qu'elles ne sont pas contraires à ces statuts.

S. R. B. C., c. 68.— *Suprà*, art. 2470.

Voir l'acte 34 Vict., c. 16, concernant les compagnies d'assurance mutuelle.

Jurisp.— An insurance note *is* not a promissory note, falling within the commercial code. The indorser is an ordinary *caution solidaire.*— Montreal Mutual Insurance Co. vs Dufresne, M. C. R., 55.

2472. Toute personne capable de contracter peut prendre une assurance sur des objets dans lesquels elle a un intérêt et qui sont exposés à quelque risque.

Suprà, art. 2468.— Pothier, *Ass.*, 10 et 45.— 2 Pardessus, 592.— 1 Phillips, pp. 19 et 26, c. 3, s. 1.

2473. Les choses corporelles et celles qui ne le sont pas, de même que la vie humaine et la santé, peuvent être l'objet d'un contrat d'assurance.

Pothier, *Ass.*, 26 (*contrà, quant à l'assurance sur la vie*).— 2 Pardessus, *Dr. Com.*, 589 et 590.— Marshall, *Ins.*, 208.— *Suprà*, art. 2470.

2474. Une personne a un intérêt susceptible d'assurance dans la chose à assurer dans tous les cas où elle peut souffrir un dommage direct et immédiat par la perte ou détérioration de cette chose.

1 Arnould, 281.— 1 Phillips, 27.

Jurisp.—1. Un transport même notarié d'une hypothèque en raison de laquelle on a effectué une assurance, ne détruit pas l'assurance existant alors ; une contre-lettre du cessionnaire sous seing privé constatant que le transport n'était que nominal.— The Montreal Ins. Co. & McGillivray, VIII L. C. R., 401.

2. A person who insures as agent for another, cannot sue for indemnity in his own name as principal. If a consignee sues for indemnity under a policy effected in his own name, upon goods belonging to another and consigned to him, he must show an insurable interest in such goods to entitle him to recover, and can only recover the amount in which he shows himself to be so interested. The possession of the bill of lading is *primâ facie* evidence of proprietorship; but it is insufficient to constitute an insurable interest in the consignee, if it be shewn *aliunde* that he his not the proprietor of the goods. To entitle a consignee of goods lost or damaged *in transitu* to recover under a policy taken out upon them in his own name, he must shew pecuniary and appreciable interest in such goods arising from a *lien* upon them; which *lien* may be for advances in respect of them for a general balance, or otherwise. But however it may be created, it must attach specifically upon the goods covered by the policy.— Cusack vs The Mutual Insurance Company of Buffalo, VI L. C. J., 97.

3. The deposit by the insured of bills of sale and documents requisite for showing ownership of a vessel with the collector of Customs, for registration, is sufficient to give an insurable interest, though actual registration be not made till after the destruction of the vessel by fire. If this be not so, the insured may fall back upon any *anterior* title registered, from which he can deduce insurable interest. One of two trustees, part owners, can insure a vessel.— Moore vs The Home Ins. Co., XIV L. C. J., 77.

4. A *bonâ fide* equitable interest in property of which the legal title appears to be in another may be insured, provided there be no false affirmation, representation or concealment on the part of the insured, who is not obliged to represent the particular interest he has at the time, unless inquiry be made by the insurer. Such insurable interest in property of which the insured is in actual possession may be proved by verbal testimony.— Whyte vs The Home Insurance Co., XIV L. C. J., 301.

5. Although A. is merely the agent of B., in obtaining from C. an advance of money on certain goods, yet, if he renders himself liable to B. for any loss which might arise after the sale of the goods, he has an insurable interest in the goods, and can therefore legally insure them in his own name to the full extent of the loan.— O'Connor vs Imperial Insurance Co., XIV L. C. J., 219.

6. Un créancier chirographaire n'a pas d'intérêt assurable dans le fonds de magasin de son débiteur, et ne peut tenir une assurance contre le feu sur icelui. Hunt vs Home Ins. Co., III R. L., 455.

7. In the case of an insurance of a number of barrels of oil, purchased by the insured, but not actually identified and separated from other barrels of oil contained in the building in which the oil was stored, the insured has, nevertheless, an insurable interest as proprietor in the property sold. A verdict of a jury in favor of the insurance company based on a charge of the judge that the property in the oil did not, under the circumstances, pass to the insured, will be set aside and a new trial granted.— Mathewson & The Royal Insurance Co., XVI L. C. J., 45.

8. Goods held under a duly endorsed warehouse receipt, as collateral security for advances, may be properly and legally insured as being the property of the holder of such receipt, being the party who made the advances.—In an action for the recovery of the insurance of said goods, it is sufficient to establish that goods of the character and brand and of the quantity claimed were actually in the building where the goods were stored, at the time of the insurance, and at the time the building and its contents were wholly burnt, without proving the actual identification of the goods described in the warehouse receipt.—Wilson & The Citizen Insurance Co., XIX L. C. J., 175.

9. Le 4 juin 1867 Ruston, nanti de deux certificats d'emmagasinage signés par Wm Middleton & Co., de la quantité de 310 quarts d'huile de charbon, transporta cette huile aux Appts comme sûreté additionnelle de billets promissoires au montant de $4000. Les Appts firent assurer cette huile au bureau de l'Intimée pour trois mois. Le 18 août 1867 les magasins de Middleton brûlèrent et l'huile fut consumée. Action sur *short risk receipt* pour $2158, valeur de l'huile assurée. Défense: 1° les Appts avaient assuré comme propriétaires lorsqu'ils n'avaient qu'un intérêt précaire; 2° assurance nulle parce que les *warehouse receipts* étaient faux, plusieurs reçus ayant été donnés pour la même huile. L'action fut déboutée sur ce que les Appts n'avaient pas déclaré quel intérêt ils avaient dans l'huile. La loi qui autorise des prêts sur *warehouse receipts* déclare ceux qui en sont porteurs propriétaires des objets y mentionnés. Le jugt doit être infirmé.— Wilson & The Citizens I. & I. Co., M., 15 février 1875.

10. A colourable lease made to an individual for the purpose of constituting him a warehouseman, upon whose receipts the goods assured would be dealt with, does not affect the risk and void the policy of an insurance upon certain goods assured, *whether their own property held on trust or on consignment.*— Lancashire Ins. Co. & Chapman, VII R. L., 47. (Cons. P.)

2475. L'intérêt assuré doit exister au temps de la perte de la chose, à moins que la police ne contienne une stipulation de bonnes ou mauvaises nouvelles.

Cette règle souffre exception quant à l'assurance sur la vie.

Arnould, 285.— 2 Phillips, 27.

2476. L'assurance peut être stipulée contre toutes pertes provenant d'accidents inévitables ou de force majeure, ou d'événements sur lesquels l'assuré n'a pas de contrôle, sauf les règles générales relatives aux contrats illégaux et contraires aux bonnes mœurs.

2 Pardessus, 591.— Marshall, *Prel. disc.*, p. 1.— Phillips, 157, c. 10.— Code civil B. C., art. 1068.— Alauzet, *Ass.*, c. 9, pp. 299 et suiv.

2477. L'assureur peut lui-même prendre une réassurance, et l'assuré peut aussi assurer la solvabilité de son assureur.

2 Valin, *Ord. M.*, art. 20, p. 65.— *Le Guidon de la Mer*, c. 2, art. 19 et 20.— 3 Pardessus, n° 767.— Angell, *Life and Fire Ins.*, Pr. View, §§ 24, 25, 83 et 84.—Parsons, *Merc. Law*, 514.— Marshall, 137 et suiv.

2478. Dans les cas de perte, l'assuré doit sous un délai raisonnable en donner avis à l'assureur, et il doit se conformer aux conditions spéciales contenues dans la police relativement à l'avis et à la preuve préliminaire de sa réclamation, à moins que l'assureur ne l'en dispense.

S'il est impossible pour l'assuré de donner l'avis et de faire la preuve préliminaire dans le délai spécifié en la police, il a droit à une prolongation de délai raisonnable.

Jurisp.—1. Under the clause or condition in policies of insurance, that in case of any dispute between the parties it shall be referred to arbitration, the courts are not ousted of their jurisdiction, nor can they compel the parties to submit to a reference in the progress of the suit. If a condition referred to in a policy of insurance against fire, requires in the event of loss and before payment thereof, a certificate to be procured under the hand of a magistrate or sworn notary of the city or district, importing that they are acquainted with the character and circumstances of the person insured, and do know or verily believe that they have really and by misfortune, without fraud, sustained by fire loss and damage to the amount therein mentioned, such certificate is a condition precedent to a recovery of any loss, against the insurers, on the policy. And if a certificate be procured, in which a knowledge and belief as to the amount of loss is omitted, it will be insufficient.— Scott vs Phœnix Assurance Company, Stuart's Rep., 354.

2. Le délai porté dans les règlements d'une compagnie d'assurance, pour notifier et déclarer l'incendie et ses circonstances à la compagnie, n'est pas, dans toutes les circonstances, un terme fatal et tellement de rigueur, que, faute de remplir à la minute cette condition, l'assuré doive perdre pour toujours tout recours. — Dill vs La Compagnie d'Assurance de Québec, I R. de L., 113.

3. The condition usually endorsed on policies of insurance respecting double insurance, will be held to be waived on the part of the company, if their agent, on being notified of such double insurance *after the fire*, makes no specific objection to the claim of the assured on that ground.— Atwell vs The Western Assurance Company, I L. C. J., 278.

4. In the case of a policy of insurance granting permission, in the body thereof, to insure elsewhere, on giving notice to that end to the directors of the company, in order that the second insurance might be endorsed on the policy, and requiring by the by-laws of the company printed on the back of the policy, that such notice be given and such second insurance endorsed on the policy *à peine de nullité*;—*Held* that a notice of such second insurance given after the fire, and, as a consequence, not endorsed on the policy, is sufficient.— Soupras vs The Mutual Fire Insurance Company &c., I L. C. J., 197.

5. Under a clause in a policy of insurance, that if there appear fraud in the claim made to a loss, or false swearing or affirmation in support thereof, the claimant shall forfeit all benefit under such policy ; the Court will reject the claim of the policy-holder, if the company establish that the claim is unjust and fraudulent, and far in excess of the actual loss to the knowledge of the policy-holder.— Grenier vs Monarch Fire and Life Ins. Co., III L. C. J., 100.

6. A condition in a policy that no action can be brought for the recovery of the loss, after the expiration of six months from the occurrence of the fire, is imperative as a bar to an action instituted after that period.— Wilson vs State Fire Ins. Co., VII L. C. J., 223.

7. Une police d'assurance contenait, entre autres conditions, que l'assuré devra en cas de feu faire une réclamation en détail et sous serment de ses pertes, et que si telle réclamation est mensongère, il ne pourra rien recouvrer en vertu de la police. La propriété assurée fut détruite par le feu, et l'assuré fit une réclamation exagérée et mensongère.—*Jugé* que l'assuré avait forfait tout bénéfice résultant de la police.— Seghetti vs Queen Ins. Co., X L. C. J., 243.

8. In an action for a fire insurance policy for $1000, the defendant pleaded fraud and false statement and that plaintiff did not give notice and statement of his loss, as required by the stipulations of his policy, and the jury found that there was no fraud or false statement ; but in answer to the eight questions as to whether notice and information were given to the defendant and claim filed, they answered : " We consider the claim made but not in due form."—*Held*, reversing decision of the Court below, (III C. L. J., 128) that, as the defendant had not pleaded to the form of the claim or objected thereto, these words should be struck out from the answer of the jury and could not affect the plaintiffs' right to recover.— Wiggins & The Queen Ins. Co., XIII L. C. J., 141.

9. When a company absolutely repudiates the insurance effected by the deposit receipt, and when the policy has not issued, the right of action accrues at once, and there is no necessity of giving the preliminary notices and conforming to the delay and other conditions precedent in case of loss indorsed upon the company's policies.— Goodwin & Lancashire F. & L. Ins. Co., XVIII L. C. J., 1.

10. The preliminary proofs under a fire policy made after the 15 days, within which the condition endorsed thereon required the same to be furnished, are sufficient, and specially so when the condition states after the provision as to the 15 days, that until such proofs are made no right of action shall accrue.— Lafarge vs The Liverpool, London &c. Ins. Co., XVII L. C. J., 237. (En Rév.)

11. Une compagnie d'assurance veut se prévaloir de ce que l'assuré n'a pas donné avis de l'incendie dans les délais requis par la police:— *Jugé* que si, lorsqu'elle a refusé de payer, la compagnie n'a pas objecté aux informalités contenues dans l'avis, cela constitue une renonciation (*waiver*) de sa part à son droit d'obtenir un avis dans une autre forme ou plus circonstancié.— Garceau vs Niagara Mutual Ins. Co., III Q. L. R., 337.

12. Where it is impossible for the assured to give a detailed statement under oath of his loss, supported by books and vouchers, owing to their being burnt, the condition of the policy requiring such statement will be satisfied by his giving affidavits as to the value of the property lost.— Perry vs The Niagara District Mutual Fire Insurance Co., XXI L. C. J., 257.

13. Dans le cas d'une assurance effectuée sur reçu (*short risk receipt*) et sans police, l'avis d'une seconde assurance donné après le feu seulement, mais en temps utile pour que les deux assurances contribuent aux dommages, est suffisant. Dans le cas de telle assurance les conditions spéciales contenues aux polices ordinairement émanées ne s'appliquent pas.— Lafleur & L'Assurance des Citoyens, XXII L. C. J., 247.

2479. L'assurance se divise, relativement à son objet et à la nature des risques, en trois espèces principales :

1. L'assurance maritime ;
2. L'assurance contre le feu ;
3. L'assurance sur la vie.

2480. Le contrat d'assurance est ordinairement constaté par un document auquel on donne le nom de police d'assurance.

La police déclare la valeur de la chose assurée et se nomme alors police évaluée, ou bien elle ne contient aucune déclaration de valeur et se nomme en ce cas police à découvert.

Les polices d'aventure ou de jeu, sur des objets dans lesquels l'assuré n'a aucun intérêt susceptible d'assurance, sont illégales.

Pothier, *Ass.*, nᵒˢ 99 et suiv.— Emérigon, c. 1, s. 1.— 1 Phillips, 4, 5, 305 et 320 ; c. 14, ss. 1, 2, et pp. 2 et 3, *note b*.— Stat. Imp., 19 Geo. II, c. 37.— 2 Pardessus, nᵒˢ 592, 593, 3° ; 594 ; p. 481, nᵒˢ 593 et suiv., c. 3.— 1 Arnould, 12 et 13, nᵒˢ 14 et 16.— C. Com., 332 et 339.

Jurisp.—1. Policies of insurance are to be construed by the same rule as other contracts and agreements ; therefore where there is an express warranty, there is no room for implication of any kind.— Scott vs Fire Ins. Co. of Quebec, II R. de L., 76.

2. Un contrat d'assurance contre le feu peut être fait et prouvé sans écrit à cet effet.— Une clause dans les actes incorporant une compagnie d'assurance, qui statue " que toutes les polices d'assurance que ce soit faites en vertu du présent acte ou de l'ordonnance susdite qui seront signées par trois directeurs de la dite corporation, et contresignées par le secrétaire et ses régisseurs, et revêtues du sceau de la dite corporation, obligeront la dite corporation, quoique non signées en présence du conseil des syndics, pourvu que ces polices soient faites et signées conformément aux règles et règlements de la corporation," n'empêche pas la preuve par d'autres moyens d'un contrat d'assurance consenti par telle compagnie.— The Montreal Assurance Co. vs McGillivray, VIII L. C. R., 401.

3. Une assurance par simple reçu pour la prime payée est légale et obligatoire sans l'émanation d'une police.— O'Connor vs The Imperial Insurance Co., XIV L. C. J., 219.

2481. L'acceptation d'une proposition d'assurance constitue une convention valide d'assurer, à moins que la loi n'exige que l'assureur ne contracte exclusivement sous une autre forme.

Pothier, *Ass.*, 99.— Marshall, 290 *n.*— Parsons, *Merc. Law*, 492, *n.* 1.— 1 Phillips, *Ins.*, p. 5.

Jurisp.— 1. Les appelants, sous les dispositions de leurs actes d'incorporation, ne peuvent faire aucun contrat pour assurance contre le feu si ce n'est par police.— Montreal Assurance Co. & McGillivray, IX L. C. R., 488.

2. Upon a fire insurance company's local agent, acting within the scope of his powers and according to usage with such company, receiving the premium for an insurance and granting an *interim* or deposit receipt, subject to the approval of the chief officer of such company and the conditions of the company's policies, the applicant is insured until he has notice that the risk is declined. The mailing of the notice from the chief manager of the company, at the head office, to the local agent, before the fire occurs, but which reaches him and is communicated to the insured after the fire, declining the risk, is insufficient, and the liability of the company continues until communication of non-acceptance of the application reaches the insured. Where a company absolutely repudiates the insurance affected by the deposit receipt, and where the policy has not issued, the right of action accrues at once, and there is no necessity of giving the preliminary notices and conforming to the delay and other conditions precedent in case of loss indorsed upon the company's policies.— Goodwin & Lancashire F. & L. Ins. Co., XVIII L. C. J., 1.

3. In the case of *interim* insurance by an agent, in the following words: "Received from Messrs Tough & Wallace, Coaticook (post office, Coaticook), the sum of $20, being the premium for an insurance to the extent of $2500, on the property described in the application of this date numbered; subject, however, to the approval of the board of directors in Toronto, who shall have power to cancel this contract, at any time within thirty days from this date, by causing a notice to that effect to be mailed to the applicant at the above post office;"— a notice by the company cancelling the contract, mailed to the applicants, at the post office, Toronto, within the 30 days, but not received in time for delivery by the post office at Coaticook until after the fire, had not the effect of cancelling the insurance.— Tough & Provincial Ins. Co., XX L. C. J., 168.

2482. La police d'assurance peut être transportée par endossement et délivrance, ou par simple délivrance, sous les conditions qui y sont exprimées.

Mais la police d'assurance maritime ou contre le feu ne peut être transportée qu'à une personne qui a dans l'objet assuré un intérêt susceptible d'assurance.

2 Valin, p. 45.— Arnould, 211.— 1 Phillips, 11 et 12; 2 Phillips, 17 et 18.— Marshall, 800 et 803.

L'acte Q. 32 Vict., c. 39, s. 2, avait modifié cet article, mais par l'acte Q. 33 Vict., c. 21, s. 10, cette modification a été abrogée.

Jurisp.— 1. L'intérêt du vendeur d'un immeuble, dans une police d'assurance contre le feu, effectuée par le vendeur avant la vente, est transporté de plein droit à l'acquéreur par la signification de la vente à la compagnie. Le paiement fait par la compagnie d'assurance au vendeur, sur une perte faite après la vente, d'une somme excédant la balance du prix d'achat restant due, profite à l'acquéreur, comme paiement de la balance.— Leclaire vs Crapser, V L. C. R., 487.

2. The plaintiff as executor to a deceased person, whose life has been insured, being unable to surrender the policy of insurance to the insurance company, in as much as said policy had been transferred to cover all advances then made, and which might thereafter be made by a third party, can have no right to claim the benefit of said policy, so long as the claim of such third party in possession of said policy remains in dispute and unsettled.— Conway vs The Britannia Life Ass. Co., VIII L. C. J., 162.

45

3. The interest in the insurance money may be legally assigned by any simple form of transfer endorsed on the policy, and such transfer does not require the consult or acceptance of the insurance company to make it binding. —O'Connor vs The Imperial Ins. Co., XIV L. C. J., 219.

4. Le transport d'une assurance, endossé sur la police, mais sans aliénation de la chose assurée, ne donne pas au cessionnaire plus de droit qu'en avait l'assuré. Comme ce dernier, il est soumis à toutes les conditions de la police et, par conséquent, n'a pas de recours contre la compagnie tant que l'assuré lui-même n'a pas prouvé sa perte conformément aux stipulations de la police.— Whyte vs The Home Ins. Co., II R. C., 232.

5. An assignment of the policy can convey no greater rights under the same than the assured himself had.— New York Ins. Co., vs Parent, III Q. L. R., 163.

2483. A défaut du consentement ou de la participation de l'assureur, le simple transport de la chose assurée ne transfère pas la police d'assurance.

L'assurance est par là terminée, sauf les dispositions contenues en l'article 2576.

Code civil B. C., art. 2475 et 2476.— 3 Kent, 261, n. 2.

Jurisp.—1. Une police d'assurance ne peut être transportée que du consentement de l'assureur. Un avis de ce transport n'a pas l'effet de lier l'assureur.— Corse vs British America Ins. Co., I R. C., 243.

2. Une police d'assurance devient caduque par le transport de la matière assurée, à moins que ce transport ne soit fait avec le consentement exprès ou tacite de l'assureur.— Forgie & The Royal Ins. Co., II R. L., 733.

3. La vente d'une propriété assurée ne transporte pas à l'acquéreur la police d'assurance, par l'opération de la loi seule, et sans un transport de la police.— Forgie & La Cie d'Ass, Royale, IV R. L., 63.

2484. Les énonciations et clauses qui sont essentielles ou ordinaires dans les polices d'assurance sont déclarées dans les articles qui suivent relativement à chaque espèce d'assurance en particulier.

SECTION II.

DES DÉCLARATIONS ET RÉTICENCES.

2485. L'assuré est tenu de déclarer pleinement et franchement tout fait qui peut indiquer la nature et l'étendue du risque, empêcher de l'assumer, ou influer sur le taux de la prime.

2 Pardessus, nᵒˢ 593, 5ᵉ.— *Infrà*, art. 2486 et 2487.

Jurisp.—1. Une police d'assurance, décrivant la propriété assurée comme une maison bornée en profondeur par un hangar en pierre couvert en ferblanc, et par une cour où l'on construit un hangar de première classe qui communiquera avec la maison assurée, n'est pas incorrecte ni nulle, quoiqu'il fût prouvé qu'entre la maison et le hangar il y avait un autre bâtiment couvert en bardeaux, communiquant par des portes aux autres bâtiments, en autant que l'omission de mention de telles portes dans la description n'était pas prouvée être une suppression frauduleuse, et en autant qu'il n'était pas établi que le feu s'était communiqué et étendu au moyen de ces ouvertures. Le jugement de la Cour Supérieure, affirmant la doctrine contraire, infirmé.—Casey & Goldsmith, IV L. C. R., 107.

2. L'erreur de l'agent d'une compagnie d'assurance, en préparant et transmettant au bureau principal un plan des biens assurés, sur lequel plan les bâtisses sont désignées dans la police comme " séparées," au lieu d'être désignées comme " attenantes à d'autres bâtisses," ne peut priver l'assuré de son recours en vertu de telle police. En réponse à une défense alléguant que la police avait été obtenue par de fausses représentations et frauduleusement, quant à la position

des bâtisses et quant au nombre de personnes qui en avaient l'occupation, et qu'en conséquence la dite police était nulle, et le demandeur privé de tout recours en vertu d'icelle, il est loisible au demandeur de nier telles fausses représentations, et d'alléguer l'inspection des lieux assurés par l'agent de la compagnie, et ses actes en préparant et transmettant un plan erroné.— Somers vs Athenæum Fire Ins. Co., IX L. C. R., 61.

3. The mere substitution of one office for another in a case of fire insurance, does not necessitate the giving of notice, as in a case of a new or double insurance— Pacaud vs The Monarch Insurance Co., I L. C. J., 284.

4. En matière d'assurance contre le feu, et dans l'espèce, il y avait réticence de la part de l'assuré, en n'indiquant pas qu'une allonge alléguée contenir des marchandises, était aussi occupée en partie comme cuisine; et cette réticence, quoique non frauduleuse, rendait l'assurance sans effet.—Barsalou vs The Royal Ins. Co., XV L. C. R., 1.

5. Where an applicant for life insurance, in answer to printed question, mistakes his age; or declares that his health is good, whereas it is bad; or fails to disclose the name of medical attendants, though he had them, and answers as if he had none, and upon such answers which are made to form a part of the contract, a policy is issued by the insurer, such policy is void.— Generally false statements made by the applicant for insurance absolutely void the policy.— Hartigan vs The International L. A. S., VIII L. C. J., 203.

6. Where, by the terms of a policy of insurance, the statements and representations of the application for the policy are made part of the contract and by the policy all such statements and representations are warranted to be true, and the application contains false representations and fraudulent suppressions, the same may be urged by the insurer as a cause of nullity in the contract, and an action lies to have the policy cancelled and delivered up.— Where the misrepresentations contained in the application are to the knowledge of the assured, such nullity may be invoked by the insurer without any return of premiums paid.— New York Life Ins. Co. vs Parent, III Q. L. R., 163.

7. An insurance of goods described as being in n° 319 St. Paul street will be held to cover the same goods although removed into the premises n° 315 adjoining, if the agent of the insurance company at the end of the first year of the insurance examined the premises and consented to a renewal of the policy.— Such a variation does not constitute a new contract, but only a slight change in the old contract approved of by the parties.— The question as to the consent of the company to such change of the placing of the goods was a matter of fact properly left to the jury.— The jury in giving their opinion, without being expressly asked the question, that the company had continued the risk after the agent's visit to the premises, and by his not only not making any objection at the time but actually renewing the risk without any increase, did not decide what was matter of law, but only gave this as their reason for finding that the stock that had been insured was lost or damaged, and the jury had a right to give their reason for their finding.— Rolland vs The Citizens' Ins. Co., XXI L. C. J., 262. (En Rév.— Renversé en appel sur le principe que les allégués de la déclaration ne justifiaient pas la réponse donnée par le jury.)

8. Les Int., après avoir assuré leurs marchandises dans le magasin n° 272, ajoutèrent deux étages au magasin voisin, n° 273, et y transportèrent une partie de leur fonds. Ils en donnèrent avis écrit aux Appts, qui exigèrent une augmentation de prime, laquelle fut payée en échange d'un reçu *interim*. Quelques jours plus tard les Int. reçurent, sans faire d'observation, une nouvelle police qui référait au croquis des bâtisses annexé à la première demande d'assurance des Int., lequel ne décrivait que le n° 272.—*Jugé* que le vrai sens de la demande d'assurance, de l'avis écrit et du reçu *interim*, lus ensemble, démontrait un contrat d'assurance entre les Int. et les Appts, couvrant les marchandises placées dans les étages ajoutés par les Int. au n° 273; et que, nonobstant l'acceptation par ceux-ci d'une police qui ne mentionnait pas les effets dans les étages ajoutés, les Int. avaient le droit d'être indemnisés pour la perte subie quant aux marchandises contenues dans les étages ajoutés.— Liverpool & London &c., Ins. Co. & Wyld, I R. S. C., 604.

2486. L'assuré n'est pas tenu de déclarer des faits que l'assureur connaît, ou qu'il est censé connaître d'après leur caractère public et leur notoriété; il n'est pas non plus obligé de déclarer les faits qui sont couverts par la garantie expresse ou implicite, excepté en réponse aux questions que l'assureur peut lui faire.

Infrà, art. 2487.— 3 Kent, 285 et 286.— 1 Phillips, 88 et 89.

2487. Les fausses représentations ou réticences par erreur ou de propos délibéré sur un fait de nature à diminuer l'appréciation du risque, ou à en changer l'objet, sont des causes de nullité. Le contrat peut, en ce cas, être annulé lors même que la perte ne résulterait aucunement du fait mal représenté ou caché.

Pothier, *Ass.*, c. 3, ss. 3, 194 à 199.— 1 Alauzet, n° 202, pp. 371, 380 et 381; 2 Alauzet, p. 414.— Marshall, 452, 453 et 479.— 3 Kent, 283.— 1 Phillips, 80, 81 et 103.— 1 Arnould, 544, n° 194.—1 Dalloz, Dict., v° *Assurances ter.*, n° 85.— C. Com., 348.—1 Bell, *Com.*, pp. 532 et suiv., n° 558.— Boudousquié, c. 1, s. 4, § 1.

Jurisp.— 1. When a party applies to one agent of an insurance company and is refused insurance, and afterwards applies to another agent of the same company and secures insurance through him in the ordinary mode and preceded by the usual inquiries ; the fact that such party does not mention that he had before applied to another agent of the same company for insurance and was refused, is not the concealment of a material fact to render the insurance void. — Goodwin & Lancashire F. & L. Ins. Co., XVIII L. C. J., 1.

2. The failure of the assured to disclose the existence of a fulling-mill under the same roof as the buildings insured and destroyed by fire, is not a material concealment or misrepresentation, although it be proved that had the disclosure been made, the premium of insurance would have been much in excess of that charged ; when the plaintiff's witnesses concur in stating that the risk was not thereby increased.— Wilson & State Fire Ins. Co., VII L. C. J., 223.

3. The non-disclosure of a previous policy made a condition of a policy insurance can be waived by transactions and special circumstances.— Lancashire Ins. Co. & Chapman, VII R. L., 47. (Cons. Privé).

4. Where the insured in his application for insurance described a building as "isolated," which it was in the ordinary sense of the term, a printed note on the application *below* the signature of the insured, explaining "isolated" as meaning 100 feet from any building, did not bind the insured, he being in good faith and his attention not having been called to the note. No bad faith being proved, the over-valuation did not vitiate the policy, and judgment was rendered for such sum as appeared to be supported by the evidence.— Pacaud vs The Queen Insurance Co., XXI L. C. J., 111.

5. One Masurette (represented by his assignee, the appellant), effected an insurance on his stock with the respondents, and in the policy there was a condition that insurances elsewhere would make the policy void unless the company received notice of such subsequent insurance. Masurette failed by some inadvertence to give notice of an insurance effected subsequently in the Commercial Union Insurance Co.—*Held* that he could not recover on the policy. — Beausoleil & Canadian Mut. Fire Ins. Co., I L. N., 4.

2488. Les fausses représentations ou réticences frauduleuses de la part de l'assureur ou de l'assuré sont dans tous les cas des causes de nullité du contrat que la partie qui est de bonne foi peut invoquer.

Suprà, art. 2487.

2489. L'obligation de l'assuré en ce qui concerne les déclarations est suffisamment remplie si le fait est en substance tel que représenté et s'il n'y a pas de réticence importante.

Suprà, art. 2487.

SECTION III.

DES GARANTIES.

2490. Les garanties et conditions font partie du contrat ; elles doivent être vraies si elles sont affirmatives, et elles doivent être exécutées si elles sont promissoires ; autrement le contrat peut être annulé nonobstant la bonne foi de l'assuré.

Elles sont ou expresses ou implicites.

3 Kent, 288.—1 Phillips, 117 et 127, cc. 8 et 9.—1 Arnould, 625, § 223 ; 689, c. 4.—1 Bell, *Com.*, 529 et 530, n° 1.

Jurisp.—1. Under the clause or condition in policies of insurance, that in case of any dispute between the parties, it shall be referred to arbitration, the Courts are not ousted of their jurisdiction, nor can they compel the parties to submit to a reference in the progress of the suit.— Scott vs Phœnix Ass. Co., Stuart's Rep., 152.

2. If a condition, referred to in a policy of insurance against fire, requires in the event of loss, and before payment thereof, a certificate to be procured under the hand of a magistrate or sworn notary of the city or district, importing that they are acquainted with the character and circumstances of the persons insured, and do know or verily believe that they have really and by misfortune without fraud, sustained by fire loss and damage to the amount therein mentioned, such certificate is a condition precedent to a recovery of any loss, against the insurers, on the policy. And if a certificate be procured, in which a knowledge and belief as to the amount of loss is omitted, it will be insufficient.— Scott & Phœnix Ass. Co., Stuart's Rep., 354.

3. Le délai porté dans les règlements d'une compagnie d'assurance, de notifier et déclarer l'incendie et ses circonstances à la compagnie, n'est pas, dans toutes les circonstances, un terme fatal et tellement de rigueur, que faute de remplir à la minute cette condition, l'assuré doive perdre pour toujours tout recours. — Dill vs La Cie d'Ass. de Québec, I R. de L., 113.

4. Policies of insurance are to be construed by the same rules as other instruments ; therefore, where there is an express warranty, there is no room for implication of any kind.— Scott vs Quebec Fire Ins. Co., II R. de L., 125.

5. In the case of a policy of insurance granting permission, in the body thereof, to insure elsewhere on giving notice to that end to the directors of the company, in order that the second insurance might be endorsed on the policy, and requiring by the by-laws of the company printed on the back of the policy, that such notice be given and such second insurance endorsed on the policy, *à peine de nullité ;*—*Held* that a notice of such second insurance given after the fire, and as a consequence, not endorsed on the policy, is sufficient.— Soupras vs The Mutual Fire Ins. Co. &c., I L. C. J., 197.

6. La perte sous une police d'assurance stipulant : " Que la perte ou les dommages seront estimés d'après la vraie valeur des effets assurés lors de telle perte," doit être constatée par preuve de la valeur en argent de l'objet assuré sur les marchés.— Les mots suivants écrits sur la police d'assurance : " du vapeur *Malakoff* étant au bassin Tate, Montréal, et destiné à naviguer sur le St-Laurent et les lacs de Hamilton à Québec, principalement comme bateau à fret, et qui sera mis en hivernement dans un endroit qui sera approuvé par la compagnie, laquelle ne sera pas responsable pour explosion par la vapeur ou par la foudre," constituent une garantie et non une représentation.— L'assuré ne s'étant pas conformé à cette garantie, la police est nulle, et une action pour la perte sera renvoyée sur motion, *non obstante veredicto.*— Grant vs The Ætna Insurance Co., XI L. C. R., 128.— Ce jugt a été confirmé en appel (V L. C. J., 285) ; mais renversé par le Cons. Privé qui a jugé :

7. Que si les mots contenus dans une police d'assurance sur un navire comportent une convention que le vaisseau naviguera, alors ces paroles doivent être considérées comme une garantie ; et la convention n'ayant pas été accomplie, qu'elle soit importante ou non, les assureurs sont déchargés ;—Que dans la présente cause les paroles contenues à la police ne comportent pas une convention ou obliga-

tion de naviguer, mais indiquent seulement une intention, et conséquemment ne peuvent pas être interprétées comme exprimant une garantie.— Grant & The Ætna Ins. Co., VI L. C. J., 224.

8. The condition of a policy imposing the penalty of a forfeiture of all remedy upon it, in the event of any fraudulent overcharge, is not comminatory, but will be carried out, if such overcharge be proved.— Thomas vs Times and Beacon Ins. Co., III L. C. J., 162.

9. An endorsement on a policy issued under the provisions of act 4 William IV, c. 33, consenting to the removal of the goods insured from the building described in the policy to another building, and signed by the secretary alone, is binding on the company.— Chalmers & Mutual Fire Ins. Co., III L. C. J., 2.

10. Dans l'espèce, il y avait garantie expresse que le bateau à vapeur assuré serait employé à naviguer, et les assureurs n'étaient pas tenus des dommages causés par l'incendie du bateau, pendant qu'il était dans un bassin.— Grant vs The Equitable Fire Insurance Co., XIV L. C. R., 493.

11. If the words used in a policy of insurance upon a vessel, imported an agreement that the vessel shall navigate, then they must be considered as a warranty, and the engagement not having been performed, whether material or immaterial, the insurers are discharged. In the present case, the words used contained no contract to navigate, but merely indicated an intention, and therefor did not amount to a warranty.— Grant & Ætna Ins. Co., VI L. C. J., 224.

12. The furnishing of a certificate, as required by the condition of a policy of insurance, of three respectable persons that they believed that the loss had not occurred by fraud, is a condition precedent, without compliance with which the assured cannot recover.— Racine vs Equitable Ins. Co., VI L. C. J., 89.

13. In an action on a policy of insurance against fire, entered into by the appelants as the insurers, and the respondents as the insured, in respect of a steam vessel, described as plying between Quebec and the upper Lakes, it appeared that a form of policy had been used which was properly applicable to insurance of houses or buildings ; and amongst other conditions endorsed on the policy was one, " that if more than 20 lbs. weight of gunpowder should be on the premises at the time when any loss happened, such loss should not be made good." The ship was destroyed by fire during the continuance of the policy. It was usual for these steamers to carry gunpowder as freight ; and at the time the vessel was destroyed there was 100 lbs. weight of gunpowder on board :— Held that the word "premises," though in popular language applied to buildings, yet in legal language meant the subject or thing previously expressed ; and that the question being, not what was the intention of the parties, but what is the meaning of the words they have used, the reasonable construction of the contract was that the vessel should not carry more than 20 lbs. weight of gunpowder. — The Beacon F. & L. Ins. Co. vs Gibb, VII L. C. J., 57.

14. La maxime : contra non valentem agere non currit præscriptio, ne s'applique pas à la prescription d'un an stipulée dans une police d'assurance.— Browning & The Provincial Assurance Co., I R. C., 236.

15. Where the plaintiffs effected insurance on premises described as being occupied by them as a bonded warehouse, and by other tenants as offices, and subsequently sub-let part of the premises to a common warehouseman to be used for storage of goods, and also effected additional insurance upon the property insured, without giving notice of either fact to the insurers, as required by the conditions endorsed on the back of the policy,—Held that there was breach of warranty on the part of the insured and the policy was void and of no effect.— Chapman vs The Lancashire Ins. Co., XIII L. C. J., 36.

16. The condition endorsed on a policy of insurance, to the effect that no suit or action shall be sustainable for the recovery of any claim under the policy, unless commenced within the term of 12 months next after the loss shall have occurred, is a complete bar to any such suit or action instituted after the lapse of that term.— Cornell & The Liverpool &c. Ins. Co., XIV L. C. J., 256.

17. Where a party is insured by an interim receipt of an agent, which declares that the insurance is subject " to the conditions of the company's policies," a failure to comply with a condition as to preliminary proofs of loss, and the bringing of the action for the loss before the expiration of the delay specified in another condition, endorsed on the policies usually issued by the company, are fatal, and the party cannot recover the amount of his alleged loss.— Goodwin & Lancashire Fire and Life Ins. Co., XVI L. C. J., 298.

18. Where a ship policy contained a provision that the ship should not be

within the gulf of St. Lawrence within a prescribed period, and the ship went into the gulf within the prohibited time and was wrecked ; and notice was given of an abandonment, and was accepted by the insurers ; it was contended by them that the ship was not insured when she was lost, as the insurance did not extend to a loss in the gulf within the prohibited time, and that an abandonment can be of no avail where there is no insurance. However, it was *held* that the vessel was in fact insured, and that the loss occurred during the time and upon a voyage described in the policy, but there was breach of one of the warranties ; and if, after a constructive total loss and notice of abandonment, the insurers, with full knowledge of all the facts, accept the notice, they cannot, when called on to pay the amount insured, resile and rely on a breach of warranty. By the voluntary acceptance of the notice of abandonment, an agreement is entered into which closes the whole matter.— Provincial Insurance Co. & Leduc, XIX L. C. J., 281.

19. Placer dans les bâtisses assurées une machine à gazoline, d'une nature dangereuse, sans le consentement de l'assureur, est une violation de la police.— Matthews vs The Northern Ins. Co., III R. L., 450.

20. Although the ambiguous terms of a written instrument may be explained by parol evidence of a usage, they cannot be explained by parol evidence of a conversation which took place when the contract was made.— Connolly vs Provincial Ins. Co., III Q. L. R., 6.

21. Dans le cas d'une assurance effectuée sur reçu (*short risk receipt*) et sans police, l'avis d'une seconde assurance donné après le feu seulement, mais en temps utile pour que les deux assurances contribuent aux dommages, est suffisant. Dans le cas de telle assurance les conditions spéciales contenues aux polices ordinairement émanées ne s'appliquent pas.— Lafleur & l'Assurance des Citoyens, XXIII L. C. J., 247.

22. The non-disclosure of a previous policy, made a condition of a policy insurance, can be waived by transactions and special circumstances.— Lancashire Ins. Co. & Chapman, VII R. L., 47. (Cons. P.)

2491. Une garantie expresse est une stipulation ou condition exprimée dans la police, ou qui y est énoncée comme en faisant partie.

Les garanties implicites sont définies dans les chapitres suivants relatifs aux différentes espèces d'assurance.

Marshall, 353.— 3 Kent, 287 à 290.— 1 Arnould, c. 3, pp. 625, 629, 630 et 689.— 1 Phillips, 112, 124 et 127.

CHAPITRE DEUXIÈME.

DE L'ASSURANCE MARITIME.

SECTION I.

DISPOSITIONS GÉNÉRALES.

2492. La police d'assurance maritime contient :

Le nom de l'assuré ou de son agent ;

La désignation de la chose assurée, du voyage, du temps auquel le risque doit commencer et de l'époque à laquelle il doit finir, et des périls contre lesquels l'assurance est effectuée ;

Le nom du vaisseau et celui du maître, excepté lorsque l'assurance est prise sur un bâtiment ou des bâtiments généralement ;

La prime ;

Le montant assuré ;

La souscription de l'assureur avec sa date.

Elle contient encore toutes autres clauses et énonciations dont les parties conviennent.

2 Valin, *Ord. de la marine*, h. t., art. 3, p. 31.— 1 Emérigon, c. 2, s. 7, p. 52.— Pothier, *Ass.*, 104.— 1 Bell, *Com.*, n° 542, p. 516.— 1 Arnould, c. 2, s. 3, p. 19, §§ 18 et suiv.— 1 Alauzet, n°° 209 et suiv., c. 14.— Marshall, *Ins.*, pp. 313 et suiv.— C. Com., 332.

Jurisp.— An endorsement upon an open policy of a cargo for insurance, is incomplete if the name of the vessel by which such cargo is shipped is in blank; but it is perfected by a notice to the insurers of the name of the vessel, whether they fill up the blank or not.— Cusack vs The Mutual Ins. Comp. of Buffalo, VI L. C. J., 97.

2493. L'assurance peut être effectuée sur les bâtiments, les marchandises, le fret, les prêts à la grosse, les profits et commissions, les primes d'assurance et sur toutes autres choses appréciables en argent et exposées aux risques de la navigation, à l'exception des salaires des matelots sur lesquels l'assurance ne peut avoir lieu légalement, et sauf les règles générales concernant les contrats contraires à la loi ou aux bonnes mœurs.

2 Valin, *Ord. de la marine*, h. t., art. 7 ; art. 15 et 16, *contrà*, quant au fret, au prêt à la grosse et aux profits.— Pothier, *Ass.*, c. 1, s. 2, art. 1, § 2.— 3 Kent, pp. 270-1-2.— 1 Phillips, *Ins.*, pp. 64 à 74, c. 5.— 1 Arnould, c. 11, p. 249.— Marshall, B. I., c. 3, pp. 51, 93 et suiv.— C. Com., 334, *contrà*, quant au fret et aux profits.

2494. L'assurance peut être faite pour tous voyages et transports par mer, rivière et canaux navigables, soit pour tout le voyage ou pour un temps limité.

C. Com., 335.

2495. Le risque de perte ou de détérioration de la chose par sinistre ou fortune de mer est de l'essence du contrat d'assurance maritime.

Les risques ordinairement spécifiés dans la police sont : la tempête et le naufrage, l'échouement, l'abordage, le changement forcé de la route du bâtiment ou du voyage, ou le changement du bâtiment même, le feu, le jet, le pillage, la piraterie, la prise, la reprise et tous autres accidents de guerre, l'arrêt par ordre de puissance, la baraterie du maître et de l'équipage, et toutes autres fortunes de mer d'où peut résulter perte ou dommage.

Les parties par convention spéciale peuvent limiter ou étendre le risque.

2 Valin, *loc. cit.*, art. 26, p. 74.— Pothier, *Ass.*, *loc. cit.*, § 2, n°° 49 et suiv.— 1 Bell, 518.— 1 Arnould, 17 et 30.— 3 Pardessus, n°° 770 et suiv.— C. Com., 350.

Jurisp.— On a demand for indemnity under a policy of insurance against the perils of the sea, it is necessary to prove that the damage claimed for was caused by some peril insured against. The mere fact that the goods insured were damaged to a trifling extent by salt water, does not constitute such proof. A survey of goods alleged to be damaged, made without notice to the underwriter, followed by a sale at nine o'clock in the morning of the second day after the survey, at which sale the claimant bought in the goods, is irregular, and such proceedings afford no criterion of the extent of damage the goods have sustained.— The Sun Mutual Ins. Co. vs Masson, IV L. C. J., 23.

2496. Si le temps où le risque doit commencer et se terminer n'est pas spécifié dans la police, il est réglé conformément aux dispositions de l'article 2598,

2497. Dans le cas de doute quant à l'interprétation d'une police d'assurance maritime, on doit se guider par l'usage bien établi et connu du négoce auquel elle se rapporte ; tel usage est censé compris dans la police, à moins qu'il n'en soit autrement convenu d'une manière spéciale.

1 Arnould, 71.

2498. L'assurance effectuée après la perte ou l'arrivée de l'objet est nulle, si au temps de l'assurance l'assuré connaissait la perte, ou l'assureur l'arrivage.

Cette connaissance se présume si l'information a pu en être reçue par les voies et dans le temps de transmission ordinaires.

3 Valin, *Ord.*, h. t., art. 38, p. 93.— Pothier, *Ass.*, 46 et 47.— 1 Arnould, 585.— C. Com., 365.— 2 Duer, *Ins.*, 433.— *Voir la règle spéciale de l'Ordonnance*, art. 39, et C. Com., 366.

SECTION II.

DES OBLIGATIONS DE L'ASSURÉ.

2499. Les principales obligations de l'assuré se rapportent :
A la prime ;
Aux déclarations et réticences ;
Aux garanties et conditions ;
Au délaissement, dont il est traité en la cinquième section.

§ 1.— *De la prime.*

2500. L'assuré est tenu de payer le montant ou taux de prime convenu, aux termes du contrat.

Si le temps du paiement n'est pas spécifié, la prime est payable comptant.

2 Valin, *eod. loco*, art. 6, p. 47.— Pothier, *Ass.*, 81.— 3 Pardessus, *Dr. Com.*, 789. — 1 Phillips, *Ins.*, 76.

2501. Dans les cas ci-après énumérés, la prime n'est pas due, et si elle a été payée, elle peut être répétée, le contrat étant nul :

1. Lorsque le risque contre lequel l'assurance a été prise n'a pas lieu, soit parce que le voyage a été entièrement rompu avant le départ du bâtiment, ou pour quelque autre cause, celle même résultant sans fraude de l'acte de l'assuré ;

2. Lorsqu'il y a absence d'intérêt susceptible d'assurance ou quelqu'autre cause de nullité, sans fraude de la part de l'assuré.

Dans ces cas l'assureur a droit à un demi pour cent sur la somme assurée, par forme d'indemnité, à moins que la police ne soit illégale ou invalidée par suite de fraude, fausse représentation ou réticence de sa part.

Si la police est illégale, il n'y a pas d'action pour recouvrer la prime, ni pour la répéter si elle a été payée.

2 Valin, *eod. loco*, art. 37 et 38, p. 93, art. 41, p. 96.— Pothier, *Ass.*, 179, 180 et 182.— 1 Emérigon, p. 12 ; 2 ditto, c. 16, s. 1, p. 187.— 2 Arnould, c. 11, p. 1209, §§ 424 et suiv.— 1 Phillips, *Ins.*, 503 et 514 ; 2 ditto, 353.— Marshall, 464, 662 et 663.— 1 Alauzet, n° 179.— Pardessus, n° 872.— 4 Boulay-Paty, *Dr. Com. Mar.*, pp. 1, 3 et 114.— 1 Arnould, 349.— C. Com., 349.

2502. L'article qui précède s'applique, lorsque le risque n'a lieu que pour partie de la valeur, quant au non-paiement ou remboursement d'une proportion de la prime, et ce suivant les circonstances et la discrétion du tribunal.

Pothier, *Ass.*, 183.— *Suprà*, art. 2501.

§ 2.— *Des déclarations et réticences.*

2503. Les règles relatives aux déclarations et à l'effet des fausses représentations et réticences sont énoncées au chapitre premier, section deuxième.

Suprà, art. 2485, 2486, 2487 et 2488.

§ 3.— *Des garanties.*

2504. Les règles générales concernant les garanties sont contenues dans le premier chapitre, section troisième.

Suprà, art. 2490 et 2491.

2505. Dans tout contrat d'assurance maritime, il y a garantie implicite que le bâtiment sera propre à la mer à l'époque du départ. Il est propre à la mer s'il est dans un état convenable quant aux réparations, avitaillement, équipage et sous tous autres rapports pour entreprendre le voyage.

3 Pardessus, *Dr. Com.*, n° 866, p. 438 et suiv.— 1 Arnould, 689.—3 Kent, 287 et 288.— 1 Phillips, *Ins.*, 112 et 113.— 1 Bell, *Com.*, 530 et suiv.

Voir l'acte C. 36 Vict., c. 128, ss. 26 et suivantes, sur les navires impropres à la mer.

Jurisp.—1. The implied warranty of seaworthiness applies to the state of the vessel at the commencement of the voyage, and if seaworthy then the insurer is responsible for all the ordinary incidents arising in the course of the voyage ; and it is no breach of this warranty that defects existed in the boiler at the time of the sailing, rendering repairs to it after sailing necessary, where, in the opinion of the court, it is not proved that the loss was occasioned by the originally defective boiler, or by the repaired boiler ; that the chief engineer had never before been to sea and was ignorant of the management of boilers in salt water, where, in the opinion of the court, it is not proved that the loss was occasioned or influenced thereby.— Quebec Marine Ins. Co. & The Commercial Bank, XIII L. C. J., 267.

2. If a vessel be portworthy at the time a marine insurance is effected, her becoming unportworthy shortly afterwards by the act of those in charge of the vessel, will not render the insurance void.—Cross & The British America Ins. Co., XXII L. C. J., 10.

3. Every person who proposes to insurers to insure his ship against sea perils during a sea voyage impliedly warrants her to be, in every respect, in a fitting condition to proceed and continue on that voyage and to encounter all common perils and dangers with safety. And this applies to every insurance on a voyage policy, whatever be the nature of the interest insured.—The warranty of seaworthiness is strictly a condition precedent to the obligation of insurance, and if it is not performed the policy does not attach ; and if this condition be broken at the inception of the risk, in any way whatever, there is no contract of insurance, and the policy is wholly void. And the fact that the insurers examined the vessel before taking the risk constitutes no waiver of the implied warranty of seaworthiness.— Lemelin vs The Montreal As. Co., I Q. L. R., 337.

2506. Dans le cas d'assurance au profit du propriétaire du bâtiment, il y a garantie implicite que le bâtiment sera pourvu de tous les papiers nécessaires et sera conduit conformément aux lois et traités du pays auquel il appartient et au droit des nations.

3 Pardessus, *Dr. Com.*, n° 866, p. 437.— Marshall, 177.— 1 Phillips, 113 et 119. — 1 Arnould, s. 4, art. 1, pp. 727 et suiv.— C. Com., 352-3.— Bell, *ibid.*

SECTION III.

DES OBLIGATIONS DE L'ASSUREUR.

2507. L'obligation principale de l'assureur est de payer à l'assuré toutes pertes que ce dernier souffre par suite des risques contre lesquels il est assuré et conformément aux termes du contrat.

Cette responsabilité est sujette aux règles contenues en la section qui précède et aux règles et conditions ci-après exposées.

Pothier, *Ass.*, 115, 117 et 118.— 3 Pardessus, c. 3, s. 4, p. 365.— C. Com., 350.

Jurisp.—1. Dans une action portée sur une police d'assurance, une exception dilatoire, par laquelle il est allégué qu'un grand jury a fait rapport de *true bill* contre le demandeur, sur accusation d'avoir mis le feu à une maison, dans le but de frauder les défendeurs, et que partant toutes procédures dans la cause doivent être suspendues jusqu'à ce que le demandeur ait subi son procès sur l'accusation, doit être renvoyée ; et le fait d'une pareille accusation contre le demandeur, ne peut suspendre la procédure dans une action contre les défendeurs.— Maguire vs The Liverpool & London &c. Ins. Co., VII L. C. R., 343.

2. Service upon a foreign insurance company at an agency or office within the jurisdiction of the court, is a valid service upon such company. Such company may be condemned upon such service to pay the amount of a policy, though such policy may have been effected at another agency beyond the jurisdiction of the court.— Chapman vs Clarke, III L. C. J., 159.

2508. L'assureur n'est pas tenu des pertes souffertes après une déviation ou un changement du risque fait sans son consentement, ou par le changement, contrairement à l'usage reçu, de la route ou du voyage du bâtiment, ou par le changement de bâtiment, provenant du fait de l'assuré, à moins que telle déviation ou changement n'ait eu lieu par nécessité ou pour sauver quelque vie en péril.

L'assureur a néanmoins droit à la prime si le risque a commencé.

2 Valin, *Ord. de la Mar.*, h. t., art. 27, p. 77 ; art. 36, p. 87.— Pothier, *Ass.*, 51, 68 et suiv.— 1 Emérigon, 363, 418 et 419 ; c. 2, ss. 2, 15 et 16 ; vol. 2, c. 13, s. 16, p. 98.— 1 Arnould, c. 15, pp. 393 et suiv.— 2 ditto, c. 1, s. 3.— 3 Kent, 314, 315 et suiv.— 1 Phillips, c. 12, p. 179 ; c. 13, p. 224.— 3 Pardessus, *Dr. Com.*, n°° 66 et 867.— C. Com., 351, 352 et 364.

Jurisp.— Dans les cas d'assurance maritime, une déviation préméditée, quoique la perte ne soit pas occasionnée ni attribuable à icelle, libère les assureurs de toute responsabilité.— Beacon L. & F. Ass. Co. & Gibb, XIII L. C. R., 81.

2509. L'assureur n'est pas tenu des pertes et dommages qui arrivent par le vice propre de la chose, ou qui sont causés par le fait répréhensible ou la négligence grossière de l'assuré.

2 Valin, h. t., art. 29, p. 80.— Pothier, *Ass.*, 66.— 3 Kent, 306 et 307, note *e.*— C. Com., 352.

2519. Lorsqu'il y a perte partielle d'un objet assuré par plusieurs assurances, pour un montant n'excédant pas son entière valeur, les assureurs en sont responsables à proportion des sommes pour lesquelles ils ont respectivement assuré.

C. Com., 360 et 401.— 2 Valin, 73 et 74.

2520. Lorsque l'assurance est faite divisément sur des marchandises qui doivent être chargées sur différents bâtiments, si le chargement entier est mis sur un seul bâtiment ou sur un moindre nombre qu'il n'en est désigné, l'assureur n'est tenu que de la somme qu'il a assurée sur les marchandises qui, d'après la convention, devaient être mises sur le bâtiment ou les bâtiments qui ont reçu le chargement, nonobstant la perte de tous les bâtiments désignés. Il a cependant droit au demi pour cent de prime sur le reste du montant total assuré.

2 Valin, h. t., art. 22, p. 84.— 1 Alauzet, 61 et 67.—C. Com., 361.— Emérigon, c. 1, a. 5, pp. 174 à 178.— 1 Arnould, c. 9, a. 3.

SECTION IV.

DES PERTES.

2521. Les pertes dont l'assureur est responsable sont ou totales ou partielles.

Marshall, 486, et c. 13, s. 1, pp. 563 et 564.

2522. La perte totale peut être absolue ou implicite.

Elle est absolue lorsque la chose assurée est totalement détruite ou perdue.

Elle est implicite lorsque la chose assurée, quoique non entièrement détruite ou perdue, devient, par suite d'un accident garanti par l'assurance, sans valeur ou d'une valeur minime pour l'assuré, ou lorsque le voyage ou l'expédition sont perdus ou ne valent plus la peine d'être poursuivis.

Avant de pouvoir réclamer sur une perte totale implicite, l'assuré est tenu au délaissement tel que prescrit dans la section qui suit.

Marshall, 597.— Arnould, 1007.

2523. Toute perte qui ne tombe pas dans la définition de l'article qui précède est une perte partielle.

2524. Lorsqu'une perte par abordage résulte d'un cas fortuit sans qu'aucune des parties soit en faute, elle tombe sur le bâtiment avarié sans recours contre l'autre, et c'est une perte par fortune de mer dont l'assureur est responsable d'après les termes généraux de la police.

Infrà, art. 2526.

Au sujet de l'application de cet article et des deux suivants, consulter l'acte impérial, 25-26 Vict., c. 63, s. 54, ainsi que l'acte C. 31 Vict., c. 58, ss. 12 et 13.

Jurisp.— 1. Lorsqu'une collision est arrivée sans qu'il y ait faute qui puisse être attribuée à l'une ou à l'autre des parties, les dommages doivent être supportés par là partie qui les aura soufferts. La pratique de la cour est de n'adjuger des frais à aucune des parties lorsque la collision est survenue par un accident inévitable.— The *Margaret*, X L. C. R., 113.

2. Dans une cause pour dommage par collision, jugé avoir été le résultat d'un accident inévitable provenant de ce qu'il y avait une forte brume, la partie poursuivie est mise hors de cour en conséquence. Quand le dommage est le résultat d'un accident inévitable, la perte doit être soufferte par la partie sur laquelle elle est tombée.— The *Johanne*, X L. C. R., 411.

3. In a case of collision between two ships, it is not enough to show that the accident could not be prevented by the party at the moment it occurred, if previous measures could have been adopted to render the occurrence of it less probable. It is the duty of the person in charge of each ship to render to the other ship such assistance as may be practicable and necessary; and in case he fails so to do, and no reasonable excuse for such failure be shown, the collision will be deemed to have been caused by his wrongful act, neglect, or default. — The *Liberty*, II S. V. A. C., 102.

4. A vessel while at anchor in the harbor of Quebec, having been run into and made to start from her anchorage, and to drift down with the tide against other vessels, action dismissed on the ground of inevitable accident.— The *McLeod*, II S. V. A. C., 140.

5. To support a plea of inevitable accident the burden of proof rests upon the party pleading it, and he must shew, before he can derive any benefit from it, that the damage was caused immediately by the irresistible force of the wind and waves; that it was not preceded by any fault, act or omission on his part as the principal or indirect cause; and that no effort to counteract the influence of the force was wanting.— The *Agamemnon*, I Q. L. R., 333.

6. The leaving of a ship's jibboom run out, in the harbour of Quebec, is an act of negligence which would render the owners liable for damage occasioned by collision with another vessel, if it appeared from the evidence that such damage was caused by the jibboom being extended. Where a collision is held to have occurred from inevitable accident, costs will not be given to either side. — The *Harold Haarfager*, XVIII L. C. J., 303.

7. Where a steamer shortly after leaving her mooring came into collision with a sail boat towing timber,— *Held* that in support of her plea of inevitable accident, the steamer must shew an overruling force, a *vis major*, which could not have been avoided by waiting at her mooring berth until such time as the promoter's boat had passed, and also that after she left her berth it was impossible for her to keep out of the way of the boat.— The *Union*, II Q. L. R., 186.

2525. Lorsque l'abordage est causé par la faute du maître ou de l'équipage de l'un des bâtiments, la partie en faute en est responsable envers l'autre, et si le bâtiment assuré est avarié par la faute du maître ou de l'équipage de l'autre, l'assureur est responsable d'après la clause générale ; mais si le dommage est causé par la faute du maître ou de l'équipage du bâtiment assuré, l'assureur n'est pas responsable. Si la faute équivaut à baraterie, elle est soumise à la disposition contenue en l'article 2510 en autant qu'il s'agit de l'assureur.

Infrà, art. 2526.

Jurisp.—1. Vessel giving a foul berth to another vessel, held liable in damages for collision done to the vessel to which such foul berth was given by her, although the immediate cause of the collision was a *vis major*, and no unskilfulness or misconduct was imputable to the offending vessel after giving such foul berth. — The *Cumberland*, I S. V. A. C., 75.

2. In a cause of collision between two ships ascending the river St. Lawrence, the Court, assisted by a captain in the Royal Navy, pronounced for damages; holding that when vessels are crossing each other in opposite directions, and there is doubt of their going clear, the vessel upon the port or larboard tack is to bear up and heave about for the vessel upon the starboard tack.— The *Nelson Village*, I S. V. A. C., 156.

3. In case of collision arising from negligence or unskilfulness in management of ship doing the injury, pilot having the control of the ship is not a competent

witness for such ship without a release; although the master is.— Ship held liable for collision, notwithstanding there being a pilot on board. Damages awarded in case of collision in the harbor of Quebec.— The *Lord John Russell*, I S. V. A. C., 190.

4. The omission to have a light on board, in a river or harbour at night, amounts to negligence *per se*.— Every night, in the absence of a moon, is a dark night in the purview of the Trinity House regulations.— More credit is to be attached to the crew that are on the alert, than to the crew of the vessel that is placed at rest.— The regulations of the Trinity House require a strict construction in favour of their application.— The *Dahlia*, I S. V. A. C., 242.

5. In a case of collision against a ship for running foul of a floating-light vessel, the court pronounced for damages. In such case the presumption is gross carelessness or want of skill, and the burthen is cast on the ship-master and owners to repel that presumption.— The *Miramichi*, I S. V. A. C., 237.

6. If it be practicable for a vessel which is following close upon the track of another to pursue a course which is safe, and she adopts one which is perilous, then if mischief ensue she is answerable for all consequences.— The *John Munn*, I S. V. A. C., 265.

7. In a cause of collision between two steam vessels, the Court, assisted by a captain in the Royal Navy, pronounced for damages and costs, holding that the one which crossed the course of the other was to blame.— The *By-Town*, I S. V. A. C., 278.

8. Steamer making a short and unusual turn, and crossing the course of another steamer coming in the same direction, contrary to the usual practice and custom of the river and the rules of good seamanship, for the purpose of being earlier at her wharf, condemned in damages for a collision.— The *Crusos*, I S. V. A. C., 289.

9. S'il appert par le témoignage qu'il n'y avait pas à bord d'un vaisseau une vigie suffisante et qu'une collision a eu lieu entre tel vaisseau et un autre vaisseau remorqué par un bateau à vapeur, parce que ce dernier n'a pas été aperçu à temps par tel vaisseau pour le mettre à portée de prendre les moyens nécessaires pour éviter une collision; le manque de telle vigie à bord de tel vaisseau est un acte de négligence suffisant pour rendre ce vaisseau responsable en dommages, quand bien même la manœuvre aurait été exécutée suivant les règles nautiques au moment où la collision était devenue presque inévitable.— The *Niagara*, IV L. C. R., 264.

10. The non-compliance by a vessel with the Trinity House regulations, as to the exhibition of lights, will not prevent the owners from recovering damages for injuries received from another vessel by collision, if the officers of the latter vessel saw the former and knew her position.—The *Martha Sophia*, II S. V. A. C., 14.

11. Dans le cas de vaisseaux, l'un britannique et l'autre étranger, tous deux dans les eaux du Canada, l'acte réglant ces eaux est la règle de la cour; les devoirs et les droits de chacune des parties doivent être déterminés par cette règle.— Si un abordage a lieu de nuit entre deux vaisseaux voiliers dans le St-Laurent, en raison de ce que la règle relativement aux feux à bord n'a pas été observée, le propriétaire du vaisseau qui a enfreint la règle ne peut recouvrer de dommages résultant de la collision.— *L'Aurora*, X L. C. R., 445.

12. Si, dans le cas d'un abordage entre deux vaisseaux dans un canal, le vaisseau du demandeur était du mauvais côté du canal, et n'avait pas les lumières ordinaires, il ne lui sera accordé aucuns dommages, quand même il existerait du doute quant à la cause de la collision.— Bertrand vs Dickinson, XII L. C. R., 304.

13. The persons in charge of the plaintiff's steamer, supposing the defendant's vessel to be at anchor, tried to pass inside between it and the shore, and in so doing the two vessels came into collision, and the plaintiff's vessel sustained damage.— *Held* that the collision being caused by the plaintiff's mistake, they could not recover.— Trinity House vs Brown, II L. C. L. J., 132.

14. In a case submitted, being a case of collision between a steamboat and a sailing vessel on the river St. Lawrence, no proper measures having been taken to prevent all reasonable probability of a collision on board of the plaintiff's vessel, and said vessel not having the lights required by law; the plaintiff cannot claim any damages.— Sauvageau vs La Compagnie du Richelieu, VII L. C. J., 39.

15. The fault of one vessel will not excuse any want of care, diligence, or skill in another, so as to exempt her from sharing the loss or damage. When both ships are in fault the Admiralty law divided the damages of the owners of the ships.— The *City of Quebec*, II S. V. A. C., 158.

16. Where a steamship did not keep out of the way of a sailing ship, there being risk of collision, and the sailing ship, by porting her helm instead of keeping her course, contributed to the collision, both *held* to be in fault and neither entitled to recover the damage she sustained.— The *SS. Quebec* vs The *Charles Chaloner*, XIX L. C. J., 201.

2526. Si la cause de l'abordage est inconnue, ou s'il est impossible de déterminer quelle est la partie en faute, les dommages sont supportés également par chacun des bâtiments, et l'assureur en ce cas est responsable en vertu de la clause générale.

ff L. 29, §§ 2, 3 et 4 *Ad legem equil.*— 1 Emérigon, c. 12, s. 14, pp. 409 et 416.— 2 Valin, *Assur.*, art. 26 ; *Avaries*, art. 10 et 11, pp. 177 et 183.— Pothier, *Ass.*, nº 50. — Marshall, 494.— 2 Arnould, 828, 829 et 830.— Cleirac, *Us et coutumes de la mer*, 68.— Merchant Shipping Act, 1854, ss. 295 et 300.— 3 Kent, 230 et suiv.—1 Phillips (3º édit.), 635, et vol. 2, pp. 177 et 179.—1 Bonlay-Paty, sur Emérigon, 418. — 4 Boulay-Paty, *Cours de Dr. Com.*, p. 7.— C. Com., 407.

Jurisp.— 1. In a cause of collision, where the loss was charged to be owing to negligence, malice, or want of skill ; the Court, with the assistance of a captain in the Royal Navy, being of opinion that the damage was occasioned by accident chiefly imputable to the imprudence of the injured vessel, and not to the misconduct of the other vessel, dismissed the owners of the latter vessel. — The *Leonidas*, I S. V. A. C., 226.

2. Where the collision was the effect of mere accident or that overriding necessity which the law designates by the term *vis major*, and without any negligence or fault in any one, the owners of the ship injured must bear their own loss.— The *Sarah Ann*, I S. V. A. C., 294.

3. Where a collision occurs, without blame being imputable to either party, loss must be borne by party on whom it happens to alight. The Court will not give costs where a collision has occurred from inevitable accident. In a case of collision the *onus probandi* is, in the first instance, upon the party complaining of the injury. Although the rule is to port the helm upon the approach of a vessel so soon as descried, still there must be time and opportunity for reflection, as a vessel may, at first sight, be going in a direction opposite to that supposed, and the consequence fatal.— The *Margaret*, II S. V. A. C., 19.

4. Dans un cas d'abordage où le témoignage est contradictoire, la Cour sera guidée par les probabilités de l'espèce présentée de l'un et de l'autre côté.— The *Ailsa*, X L. C. R., 362.

5. In a case of collision where there is a reasonable doubt as to which party is to blame, the loss must be sustained by the party on whom it has fallen.— The *Rockaway*, II S. V. A. C., 129.

6. The fault of one vessel will not excuse any want of care, diligence, or skill in another, so as to exempt her from sharing the loss or damage. When both ships are in fault the Admiralty law divided the damages of the owners of the ships.— The *Germany*, II S. V. A. C., 158.

2527. Les frais extraordinaires encourus nécessairement pour le seul avantage de quelque intérêt particulier, tel que pour le bâtiment seul, ou pour la cargaison seule, et les dommages soufferts par le bâtiment seul ou la cargaison seule, et qui n'ont pas été encourus volontairement pour le salut commun, sont des avaries particulières dont l'assureur est tenu envers l'assuré en vertu des termes généraux de la police, lorsque ces pertes sont causées par fortune de mer.

2 Valin, *Avaries*, art. 3, 4 et 5, pp. 160 et 164.— 4 Boulay-Paty, *Dr. Com. mar.*, 481.— Arnould, 970.— Benecke, *Pr. of Indem.*, 165, 166 et 425.— C. Com., 403 et 404.

2528. Les frais de sauvetage sont des avaries par fortune de mer, et l'assureur en est tenu en vertu des termes généraux de la police.

Des règles spéciales concernant le sauvetage sont contenues dans l'acte intitulé : " *The Merchant Shipping Act*, 1854."

2 Valin, p. 164.—2 Emérigon, c. 17, s. 7.— Arnould, 867.— Marshall, 552 et 553.— Code civil B. C., art. 2387.

Au sujet du " *Merchant Shipping Act* " mentionné dans cet article, voir sous l'art. 2355 la référence aux statuts qui l'amendent.

Voir aussi l'acte 36 Vict., c. 55, intitulé : " *Acte concernant les naufrages et le sauvetage*," qui renferme des dispositions étendues sur ce sujet.

Jurisp.— 1. Pilots may become entitled to extra pilotage in the nature of salvage for extraordinary services rendered by them. The jurisdiction of this Court is not ousted, in relation to claims of this nature, by the Provincial Statute, 45 Geo. III, c. 12, s. 12.— The *Adventurer*, I S. V. A. C., 101.

2. In case of wreck in the river St. Lawrence (Rimouski), the Court has jurisdiction of salvage. Under the circumstances of this case the service is a salvage service, and not a mere *locatio operis*, though an agreement upon land was had between the parties in relation to such service. In settling the question of salvage, the value of the property and the nature of the salvage service, are both to be considered. Salvors have a right to retain the goods saved, until the amount of the salvage be adjusted and tendered to them.— The *Royal Wm*, I S. V. A. C., 107.

3. Compensation decreed to seamen out of the proceeds of the materials saved from the wreck by their exertions.— The *Sillery*, I S. V. A. C., 182.

4. Seamen while acting in the line of their strict duty, cannot entitle themselves to salvage. But extraordinary events may occur, in which their connexion with the ship may be dissolved *de facto*, or by operation of law, or they may exceed their proper duty, in which cases they may be permitted to claim as salvors.— The *Robert & Anne*, I S. V. A. C., 253.

5. In cases of wreck the claim of the seamen upon the parts saved is a claim for salvage and the *quantum* regulated by the amount which would have been due for wages.— The *Isabella*, I S. V. A. C., 281.

6. In a case of meritorious service rendered by two seamen and two young men to a vessel in the river St. Lawrence, the Court awarded one sixth part of the property saved, and also their costs and expenses.— The *Electric*, I S. V. A. C., 330.

7. It appears to be the general sense of the maritime world that the rate of salvage in cases of derelict should not, in ordinary cases, range below one-third, nor above a moiety of the property.— The *Marie Victoria*, II S. V. A. C., 109.

8. While a vessel floating amidst the ice of the St. Lawrence, without any person on board, and without a rudder, her master and crew having left her, but intending to return, four persons went out to her in canoes, and by aid of her sails, grounded her in a place of safety ; £200 sterling allowed as salvage. —The *Pomona*, II S. V. A. C., 182.

9. Where the master and crew of a vessel were taken off by salvors in canoes, the former abandoning her, fearing a total wreck, and the vessel was afterwards saved by the meritorious exertions of the latter, a moiety of net value of ship and cargo was allowed as salvage.— The *Pride of England*, II S. V. A. C., 187.

10. Where the master of a steamer exacted an exorbitant contract for salvage service from the master of a sailing vessel, which, with the mate alone on board, was in imminent danger of ship wreck, the same was set aside and a *quantum meruit* allowed.— The *America*, II S. V. A. C., 214.

11. Un vaisseau échoua sur la batture de l'île Rouge, dans le fleuve St-Laurent, à la fin de novembre 1853, et ayant été abandonné par l'équipage, fut subséquemment emporté par les glaces au reflux, et fut suivi par quatre jeunes gens qui, avec beaucoup de persévérance, de courage et d'adresse et au grand péril de leur vie, forcèrent leur chaloupe à travers les glaces, s'embarquèrent, et ramenèrent le vaisseau à la baie de Tadousac, où il resta en sûreté pendant

l'hiver et jusqu'au printemps, lorsqu'il fit voile pour sa destination. Sur la valeur de £3,000 courant, la Cour donna £500 courant et les dépens.— The *Electric Molton*, V L. C. R., 53.

12. Un pilote en charge d'un vaisseau a droit d'être rémunéré, outre le pilotage ordinaire, pour perte de temps et pour services rendus en sauvant les espars et une partie du gréement du vaisseau emportés en conséquence de la mauvaise qualité des matériaux employés. Lorsque le propriétaire de tel vaisseau obtient indirectement des assureurs le montant de la réclamation du pilote, le pilote a droit de recouvrer tel montant dans une action pour " ouvrage et perte de temps," quoique la déclaration ne contienne aucun chef pour argent reçu.— Russell vs Parke, VIII L. C. R., 229.

13. Le *Palmyra* sombra dans le fleuve St-Laurent, fut relevé et sauvé par l'habileté et l'expérience du capitaine et de l'équipage du *Dirigo*, la plupart desquels étaient des hommes choisis et d'excellents ouvriers, à bord duquel vaisseau se trouvait un mécanisme nouveau et ingénieux. La Cour décida que la somme de £1000 sterling pour sauvetage était raisonnable.— The *Palmyra*, X L. C. R., 144.

14. Sur une valeur de £6700, la somme de £400 est accordée à une goélette pour sauvetage, en remorquant un vaisseau désemparé dans ses mâts et dans ses agrès dans le bas Saint-Laurent, à un endroit de sûreté; le *quantum* seul des services rendus n'étant pas la règle pour établir le montant accordé pour sauvetage.— The *Royal Middy*, XII L. C. R., 309.

2529. Les règles concernant les pertes résultant de la contribution se trouvent en la section sixième de ce titre.

2530. Si dans le cours du voyage le bâtiment se trouve dans l'impossibilité de le parfaire, à cause d'innavigabilité, le maître est tenu de se procurer un autre bâtiment pour rendre la cargaison à sa destination, si la chose peut se faire avec avantage pour les parties intéressées, et dans ce cas la responsabilité de l'assureur continue après le transbordement à cet effet.

Code civil B. C., art. 2427.— 3 Kent, 321, N. B.— Marshall, 164-5, N. B. 626 et 627.— C. Com., 390, 391 et 392.— Emérigon, c. 12, s. 16.

2531. Dans le cas de l'article qui précède, l'assureur est encore tenu des avaries, frais de déchargement, magasinage, rembarquement, avitaillement, fret et tous autres frais jusqu'à concurrence seulement du montant assuré.

C. Com., 393.— *Suprà*, art. 2530.

2532. Dans le cas de l'article 2530, si le maître ne peut sous un délai raisonnable se procurer un autre bâtiment pour rendre la cargaison à sa destination, l'assuré peut faire le délaissement.

C. Com., 394.— *Suprà*, art. 2530.

2533. Dans l'assurance sous une police à découvert, la valeur du bâtiment est réglée par celle qu'il avait au port où a commencé le voyage, y compris tout ce qui ajoute à sa valeur permanente ou est nécessaire pour le mettre en état de faire le voyage, et aussi les frais d'assurance.

1 Bell, 527.— Marshall, 633.

2534. La valeur des marchandises assurées sous une police à découvert est établie par la facture, ou, si cela ne peut se faire, elle est estimée suivant leur prix courant au temps du chargement; y compris tous les frais et dépens encourus jusqu'à ce moment, ainsi que la prime d'assurance.

2 Valin, art. 64, p. 146.—1 Emérigon, 261, 262 et 263.—3 Kent, 335-6.— Marshall, 629, 631-2.— Arnould, 381 et 382.— Le Guidon de la mer, c. 2, art. 9; c. 15, art. 3, 13 et 15.— C. Com., 339.

Jurisp.— 1. An endorsement upon an open policy of a cargo for insurance is incomplete, if the name of the vessel by which such cargo is shipped is in blank ; but it is perfected by a notice to the insurers of the name of the vessel, whether they fill up the blank or not.— Cusack vs The Mutual Ins. Co. of Buffalo, VI L. C. J., 97.

2. Insurance was effected on a quantity of hay loaded at Berthier on a barge which was to leave for the U. S. on the 20th Oct. On the 20th the barge was ready to leave, but was prevented by a storm of such vehemence that the covering of the barge was torn off and a quantity of hay thrown into the river. The agent of the insurance took possession of the hay and sold it for a trifle. On the insurance being sued they contended the barge had not left on the day fixed, and that there was no abandonment.— The Court below gave judgment for $1040, the whole amount of insurance, as if it was a valued policy. This however is an open policy. The respondent is only entitled to the value of the hay at Berthier, to which must be added expenses of loading and premium of insurance.— The Western Assurance Co. & Pearson, M., 16 mars 1877.

2535. Le montant que l'assureur est tenu de payer sur une perte partielle est constaté par la comparaison du produit brut de la vente de ce qui est avarié et de ce qui ne l'est pas, et appliquant la proportion à la valeur des effets telle qu'énoncée dans la police, ou établie de la manière indiquée dans l'article qui précède.

Arnould, 985.— 1 Phillips, 375-6-7.

Jurisp.— 1. The rule by which to calculate a partial loss on a policy on goods by reason of sea damage is the difference between the respective gross proceeds of the same goods when found and when damaged, and not the net proceeds. It being settled that the underwriter is not to bear any loss from fluctuation of market, or port duties or charges, after the arrival of the goods at their port of destination.— Johnston vs Shedden, East Rep., 581.

2. On a demand for indemnity under a policy of insurance against the perils of the sea, it is necessary to prove that the damage claimed for was caused by some peril insured against. The mere fact that the goods insured were damaged to a trifling extent by salt water, does not constitute such proof. A survey of goods alleged to be damaged, made without notice to the underwriter, followed by a sale at nine o'clock in the morning of the second day after the survey, at which sale the claimant bought in the goods, is irregular, and such proceedings afford no criterion of the extent of damage the goods have sustained.— The Sun Ins. Co. vs Masson, IV L. C. J., 23.

3. Pour le recouvrement de la différence entre la valeur de la marchandise saine, et le prix réalisé après l'avarie, il n'est pas nécessaire que le consignataire donne au patron avis de la vente publique qui en devait être faite; le patron n'alléguant pas qu'il avait souffert de l'absence de tel avis.— Gaherty & Torrance, XIII L. C. R., 401.

2536. L'assuré est tenu en faisant sa demande d'indemnité de déclarer, s'il en est requis, toutes autres assurances qu'il peut avoir prises sur la chose assurée et tous les prêts à la grosse qu'il a obtenus sur cette chose.

Il ne peut exiger son paiement avant que cette déclaration soit faite, lorsqu'elle a été demandée, et si cette déclaration est fausse ou frauduleuse, il perd son recours.

Valin, Ord., art. 53 et 54, pp. 135-6.— Marshall, 145 et 702.— C. Com., 379 et 380.— Arnould, 353.— Stat. Imp., 19 Geo. II, c. 37, s. 6.

2537. L'assuré est tenu de faire de bonne foi tout ce qui est en son pouvoir, entre l'époque du sinistre et le délaissement, pour

sauver les effets assurés. Ses actes et ceux de ses agents à cet égard
sont aux profit, dépens et risque de l'assureur.

2 Valin, 45, p. 98.— Marshall, 626 et 627.— C. Com., 381.

SECTION V.

DU DÉLAISSEMENT.

2538. L'assuré peut faire à l'assureur le délaissement de la
chose assurée dans tous les cas où la perte en est implicite, et peut
en conséquence recouvrer comme si la perte était totale. S'il ne
fait pas le délaissement dans ces cas, il a droit de recouvrer à titre
d'avarie seulement.

2 Valin, h. t., art. 46, p. 99.— Marshall, 564, c. 13, p. 567.— C. Com., 369 et 371.

Jurisp.— Si avis du délaissement d'un navire est donné par l'assuré aux
assureurs, et que les assureurs là-dessus ne disent et ne font rien, il faut en
conclure qu'ils n'entendent pas accepter le délaissement. Mais si, par leur agent,
ils prennent possession du navire, le réparent et en gardent possession pour
quelque temps, sans répudier l'avis, ni informer l'assuré en quelle qualité ils
agissent, alors il y a acceptation tacite du délaissement par les assurés. Et une
acceptation tacite produit les mêmes effets qu'une acceptation expresse.— Après
l'acceptation par les assureurs du délaissement du navire, ils deviennent responsables comme dans le cas d'une perte totale.— Provincial Ins. Co. & Leduc, XIX
L. C. J., 281 ; do, V R. L., 579. (C. P.)

2539. Le délaissement ne peut être partiel ni conditionnel. Il
ne s'étend cependant qu'aux effets qui sont l'objet du risque au
temps du sinistre.

2 Valin, art. 47, pp. 108 et suiv.— 2 Emérigon, p. 249, c. 17, s. 8.— Marshall,
611 et 612.— Arnould, 1160 et 1161.— 4 Boulay-Paty, *Dr. Com. Mar.*, p. 289.— C.
Com., 372.

2540. Si différentes choses ou classes de choses sont assurées
sous une même police et évaluées séparément, le droit de délaisser
peut exister à l'égard d'une partie évaluée séparément de même
que pour la totalité.

Suprà, art. 2539.

2541. Le délaissement doit être fait sous un délai raisonnable
après que l'assuré a reçu avis du sinistre.

Si à raison de l'incertitude des nouvelles ou de la nature du
sinistre, l'assuré a besoin de plus ample information et investigation
pour être en état de décider s'il fera le délaissement ou non, il lui
est accordé un délai raisonnable pour ce faire, suivant les circonstances.

Valin, art. 48 et 49.— Marshall, 606.— Arnould, 1169.— C. Com., 373.

2542. A défaut par l'assuré de faire le délaissement sous un
délai raisonnable, tel que pourvu en l'article qui précède, il est
censé s'être désisté de ce droit et ne peut recouvrer qu'à titre
d'avarie.

Suprà, art. 2541.

2543. Le délaissement se fait par un avis que l'assuré donne à l'assureur du sinistre et de l'abandon qu'il lui fait de tous ses intérêts dans la chose assurée.

Valin, art. 24.—2 Emérigon, 190.— Pothier, *Ass.*, 126.— Marshall, 610.— Arnould, 1162 et 1163.— C. Com., 374.

2544. L'avis du délaissement doit être explicite et contenir un exposé des motifs du délaissement. Ces motifs doivent être réels et suffisants au temps où l'avis est donné.

Arnould, 1163–8.— *Suprà*, art. 2543.

2545. Le délaissement fondé sur l'innavigabilité du bâtiment résultant d'échouement, ne peut avoir lieu si le bâtiment peut être relevé et mis en état de continuer son voyage jusqu'au lieu de sa destination.

En ce cas l'assuré a recours contre l'assureur pour les frais et l'avarie résultant de l'échouement.

Emérigon, c. 12, s. 13, pp. 404 et suiv.— 1 Phillips, *Ins.*, 393 ; vol. 2, p. 285.— C. Com., 389.

2546. Si l'on n'a reçu aucune nouvelle du bâtiment sous un délai raisonnable à compter de son départ ou de la réception des dernières informations à son égard, il est présumé avoir sombré en mer et l'assuré peut faire le délaissement et réclamer comme sur une perte totale implicite.

Le temps requis pour justifier cette présomption est déterminé par le tribunal suivant les circonstances.

2 Valin, art. 58 et 59, p. 141.— Marshall, 189 et 192.— 2 Arnould, 817 et 818.— C. Com., 375 et 377.

2547. Le délaissement fait et accepté équivaut à une cession, et la chose délaissée et tous les droits y attachés deviennent dès cet instant la propriété de l'assureur.

L'acceptation peut être expresse ou tacite.

2 Valin, pp. 143 et suiv.— 2 Emérigon, 230 ; notes par Boulay-Paty, pp. 233–4. — Le Guidon, c. 7, art. 1.— 3 Kent, 324 et 325, N. B.— Marshall, 612–3.— 2 Phillips, 321, c. 17, s. 14.— Levi, *Com. Law*, p. 167, n° 542.— C. Com., 385.

2548. [Dans le cas d'acceptation du délaissement du bâtiment, le fret gagné après le sinistre appartient à l'assureur, et celui gagné auparavant appartient au propriétaire du bâtiment ou à l'assureur du fret à qui il a été abandonné.]

2 Valin, *Ass.*, art. 15, pp. 58, 115–6.— Emérigon, c. 17, s. 9, pp. 251 et suiv. ; notes par Boulay-Paty, p. 259.— 3 Kent, 332–3.— 2 Phillips, c. 17, s. 17, pp. 473 et suiv.— Arnould, 1153–4–5–8.— C. Com., 386.

2549. Le délaissement fait sur cause suffisante et accepté est obligatoire pour les deux parties. Il ne peut être mis au néant par un événement subséquent, ou révoqué, si ce n'est de consentement mutuel.

2 Emérigon, c. 17, § 6, p. 331.— Pothier, *Ass.*, 138.— Marshall, 625.— Levi. *Com. Law*, p. 166, n°° 557–8–9.— *Contrà*, Arnould, 1069.— 2 Valin, pp. 143–4.— C. Com., 385.

Jurisp.— Si avis du délaissement d'un navire est donné par l'assuré aux assureurs, et que les assureurs là-dessus ne disent et ne font rien, il faut en conclure qu'ils n'entendent pas accepter le délaissement. Mais si, par leur agent, ils prennent possession du navire, le réparent et en gardent possession pour quelque temps, sans répudier l'avis, ni informer l'assuré en quelle qualité ils agissent, alors il y a acceptation tacite du délaissement par les assurés. Et une acceptation tacite produit les mêmes effets qu'une acceptation expresse.— Après l'acceptation par les assureurs du délaissement du navire, ils deviennent responsables comme dans le cas d'une perte totale.— Provincial Ins. Co. & Leduc, XIX L. C. J., 281 ; do, V R. L., 579. (C. P.)

2550. Si l'assureur refuse d'accepter un délaissement valable, il est responsable comme sur une perte totale absolue, en déduisant néanmoins du montant tout ce qui est provenu de la chose délaissée et qui a tourné au profit de l'assuré.

2 Marshall, 609.

SECTION VI.

DES PERTES RÉSULTANT DE LA CONTRIBUTION.

2551. En l'absence de conventions spéciales entre les parties, la contribution est réglée par les dispositions des articles de la présente section, et lorsque ces dispositions ne peuvent s'appliquer, par l'usage du commerce.

L'assureur est tenu de rembourser à l'assuré sa contribution, pourvu qu'elle n'excède pas le montant assuré.

2 Arnould, 967.— C. Com., 398.

2552. La contribution par le bâtiment et le fret et par la cargaison, soit qu'elle soit sauvée ou perdue, proportionnellement et suivant leur valeur respective, a lieu pour toute avarie encourue volontairement et pour toute dépense extraordinaire faite pour la sûreté commune du bâtiment et de la cargaison.

Ces pertes sont appelées avaries générales ou communes et sont les suivantes :

1. Les deniers ou autres choses données, comme compensation, à des corsaires pour racheter le bâtiment et la cargaison, ou comme droit de sauvetage sur la reprise ;

2. Les choses jetées à la mer ;

3. Les mâts, câbles, ancres ou autres apparaux du bâtiment coupés, détruits ou abandonnés ;

4. Les dommages causés par le jet aux marchandises restées à bord du bâtiment ou au bâtiment lui-même ;

5. Les salaires et l'entretien de l'équipage pendant l'arrêt du bâtiment par ordre de puissance, durant le voyage, et pendant les réparations nécessaires de quelque dommage qui donne lieu à la contribution ;

6. Les frais de déchargement pour alléger le bâtiment et le faire entrer dans un havre ou dans une rivière, quand le navire est contraint de le faire par la tempête ou par la poursuite de l'ennemi ;

7. Les frais et dommages résultant de l'échouement volontaire du bâtiment pour éviter la perte totale ou la prise ;

Et en général tous dommages soufferts volontairement et les dépenses extraordinaires encourues pour la sûreté commune du bâtirr.ent et de la cargaison, depuis le temps du chargement et départ du bâtiment jusqu'à son arrivée et déchargement au port de sa destination.

ƒ Lib. 14, tit. 2, LL. 1, 2, 3, 4 et 5.— 2 Valin, *h. t.*, art. 2, 6 et 7, pp. 159, 165 et 168.— 1 Émérigon, c. 12, s. 13, pp. 404 et suiv.; s. 41, pp. 598 et suiv.— Consulat de la mer, cc. 51, 192, 193 et 150, en 2 vols.— Pardessus, *Collection des loix marit.*, p. 166.— Casaregis, *Disc.* 45, n** 60 et suiv.— 3 Pardessus, *Dr. Com.*, c. 4, s. 1, n** 731 à 741.— 2 Marshall, pp. 538 à 548.— Arnould, c. 4, ss. 2 et 3, pp. 894, 934 et 935.— 3 Kent, 233 à 239.— Code civil B. C., art. 2402.— C. Com., 400, 401 et 422.— Code civil B. C., art. 2445.— 2 Arnould, 933.— Abbott, cc. 346 et 347.

2553. Le jet ne donne lieu à contribution que dans le cas de péril imminent et lorsqu'il est indispensable pour la conservation du bâtiment et de la cargaison.

Le jet peut être de la cargaison, des provisions, ou des agrès et fournitures du bâtiment.

ƒ Lib. 14, tit. 2, L. 1; L. 2, § 2, *De lege Rhodià de jactu.*— 2 Valin, *h. t.*, art. 1 et 2, pp. 188 et 189.— 1 Émérigon, 605, c. 12, s. 40.— 2 Arnould, 900-4.— 1 Phillips, 331-2; 2 dito, p. 245.— Marshall, 540.— 3 Kent, 233-4 et note *a.*— C. Com., 410.

2554. Les choses les moins nécessaires, les plus pesantes et de moindre valeur sont jetées les premières.

2 Valin, art. 3, p. 189.— 3 Kent, 333.— C. Com., 411.

2555. Les munitions de guerre, les provisions du bâtiment et les hardes de l'équipage, ne contribuent pas au jet, mais la valeur de ceux de ces effets qui sont jetés à la mer est payée par contribution sur les autres effets généralement.

Le bagage des passagers ne contribue pas. S'il est perdu il est payé par contribution à laquelle il prend part.

2 Valin, *Ord., h. t.*, art. 11, pp. 199 et 201.— 1 Magens, p. 63, ss. 55 et 56.— 1 Émérigon, 624-5-6.— Arnould, 936.— 1 Phillips, 364.— 3 Kent, 241-2.— 4 Boulay-Paty, 561-2.— C. Com., 419.

2556. Les effets dont il n'y a pas de connaissement ou reconnaissance du maître ou qui sont mis à bord contrairement à la charte-partie, ne sont pas payés par contribution s'ils sont jetés. Ils contribuent s'ils sont sauvés.

2 Valin, *Ord., h. t.*, 11, p. 202.— 2 Arnould, 904.— C. Com., 420.

2557. Les effets chargés sur le tillac, s'ils sont jetés ou endommagés par le jet, ne sont pas payés par contribution, à moins qu'ils ne soient ainsi transportés conformément à un usage reçu ou à celui du commerce.

Ils contribuent s'ils sont sauvés.

2 Valin, *h. t.*, art. 13, p. 203.— Émérigon, c. 12, s. 40, p. 623.— Arnould, 904.— Benecke, *Pr. of Indem.*, 293.— 1 Phillips, 364.— Abbott, *Ship.*, 350.— Code civil B. C., art. 2425.— C. Com., 421.

2558. Au cas de contribution pour avaries, le bâtiment et le fret sont estimés suivant leur valeur au lieu du déchargement.

Les effets jetés de même que ceux qui sont sauvés sont estimés de la même manière, déduction faite du fret, des droits et autres frais.

ff L. 2, § 4, *De lege Rhodiâ de jactu.*— 2 Valin, *h. t.*, art. 6 et 7, pp. 194-7.— Pothier, *Avaries*, 130.— 1 Emérigon, 636-7.— Marshall, 550-1.— Arnould, ss. 6 et 7, pp. 946, 948, 950 et 951.— 3 Kent, 242.— Code civil B. C., art. 2449.— C. Com., 402, 415 et 417.

2559. Nonobstant la règle d'évaluation contenue dans l'article qui précède, le montant que l'assureur est tenu de rembourser à l'assuré pour sa contribution est réglé par la valeur du bâtiment et de la cargaison, suivant les articles 2533 et 2534 ou par la somme portée dans la police évaluée, et non d'après leur valeur de contribution.

2 Valin, *Ord.*, p. 115.— 2 Emérigon, p. 2; *ibid., Conférence* par Boulay-Paty, p. 3.— Arnould, 967-8.— 2 Phillips, 253-4.— Benecke, *Pr. of Indem.*, 328.— Magens, 245, cas XIV.— Levi, *Com. Law*, 460.

2560. Il n'y a pas lieu à contribution pour les avaries particulières. Elles sont supportées et payées par le propriétaire de la chose qui a essuyé le dommage ou occasionné la dépense, sauf son recours contre l'assureur, tel qu'énoncé en l'article 2527.

Code civil B. C., art. 2527.

2561. Si le jet ne sauve pas le bâtiment, il n'y a lieu à aucune contribution, et les choses sauvées ne sont point tenues de contribuer pour celles qui ont été perdues ou endommagées.

ff L. 4, § 1, *De lege Rhodiâ de jactu.*— 2 Valin, *Ord.*, art. 15, *h. t.*, p. 205.— Pothier, *Jet et contrib.*, nᵒˢ 113 et 114.— 1 Emérigon, c. 12, a. 41, p. 601.— Marshall, 541.— 3 Kent, 235.— C. Com., 423.— *Contrà*, Arnould, 943 et suiv.

2562. Si le jet sauve le bâtiment et si le bâtiment continue son voyage et se perd ensuite, les effets sauvés contribuent suivant leur valeur actuelle, déduction faite des frais de sauvetage.

2 Valin, *Ord., h. t.*, art. 16.— C. Com., 424.

2563. Les effets jetés ne contribuent en aucun cas au paiement des dommages essuyés ensuite par les effets sauvés.

La cargaison ne contribue pas au paiement du navire perdu ou réduit à l'état d'innavigabilité.

2 Valin, *Ord., h. t.*, art. 17.— C. Com., 425.

2564. En cas de perte des marchandises mises dans des alléges pour permettre au bâtiment d'entrer dans un port ou une rivière, le bâtiment et la cargaison sont sujets à contribution; mais si le bâtiment périt avec le reste de son chargement, les effets mis sur les alléges ne sont pas assujettis à la contribution quoiqu'ils arrivent à bon port.

2 Valin, *Ord., h. t.*, art. 19 et 20, pp. 209 et 210.— C. Com., 427.— 2 Marshall, 541.

2565. Il est du devoir du maître à son arrivée au premier port, de faire sa déclaration et ses protestations en la forme accoutumée et aussi d'affirmer sous serment, conjointement avec quelqu'un de son équipage, que les avaries ou les frais essuyés étaient pour la sûreté du bâtiment et de l'équipage. Sa négligence à le faire ne peut cependant préjudicier aux droits des parties intéressées.

2 Valin, *h. t.*, art. 5 et 6, pp. 190 et 191.— Marshall, 550.— Arnould, 900.— Stevens, *on Average*, 29.— C. Com., 411 et 412.

2566. Le propriétaire et le maître ont un privilége et un droit de rétention sur les effets à bord du bâtiment ou sur le prix en provenant pour le montant de la contribution sur ces effets.

2 Valin, *Ord., h. t.*, art. 51, p. 211.— Arnould, 965.— Marshall, 550.— C. Com., 428.

Jurisp.— On the 9th of August 1872 the steamship *Vicksburg* was wrecked. Respondents were consignees of 19 ingots of tin and one bar of angle iron. These articles were recovered from the vessel and sent at Quebec to R. & R. Shaw. Respondents claimed the goods which were refused unless they gave a bond for full payment of average contribution when adjusted, and meanwhile paid 15 ⅌. of the value of the goods on a/c. Upon this refusal Respondents tendered the freight and a bond to pay average contribution when settled and took a *saisie-revendication*. Appt, master of the *Vicksburg*, intervened. Respts demurred to the intervention and the demurrer was dismissed. Facts as above stated being admitted, the *saisie-revendication* was, on the 8th of May 1875, maintained, the Court being of opinion that Respts' tender was sufficient and that they were not obliged to pay the average until amount was finally settled. This judgt ought to be confirmed.— Pearson & Wurtele, Q., 5 juin 1876.

2567. Si depuis la contribution les effets jetés sont recouvrés par le propriétaire, il est tenu de remettre au maître et autres intéressés ce qu'il a reçu dans la contribution, déduction faite des dommages causés par le jet et des frais de sauvetage.

ff L. 2, §§ 7 et 8, *De lege Rhodiâ de jactu.*— 2 Valin, *Ord., h. t.*, art. 22, p. 211.— Domat, liv. 2, tit. 9, s. 2, n° 17.— 1 Emérigon, 640.—Arnould, 907.— C. Com., 429.

CHAPITRE TROISIÈME.

DE L'ASSURANCE CONTRE LE FEU.

2568. L'assurance contre les pertes par le feu est soumise aux dispositions contenues dans le premier chapitre de ce titre, et est aussi sujette aux règles contenues dans le second chapitre lorsqu'elles peuvent s'y appliquer et qu'elles ne sont pas incompatibles avec les articles du présent chapitre.

2569. La police contre le feu contient:
Le nom de celui en faveur de qui elle est faite;
Une description ou désignation suffisante de l'objet de l'assurance et de la nature de l'intérêt qu'y a l'assuré;
Une déclaration du montant couvert par l'assurance, du montant ou du taux de la prime, et de la nature, commencement et durée du risque;
La souscription de l'assureur avec sa date;
Toutes autres énonciations et conditions dont les parties peuvent légalement convenir.

Boudousquié, n°ˢ 202, 203 et 204.— Quenault, c. 7, § 2, n°ˢ 163 à 191.— 2 Alauzet, § 401, p. 298.— 1 Bell, *Com.*, n° 561, pp. 540 et suiv.

Jurisp.—1. Under the clause or condition in policies of insurance, that in case of any dispute between the parties it shall be referred to arbitration, the courts are not ousted of their jurisdiction, nor can they compel the parties to submit to a reference in the progress of the suit. If a condition referred to in a policy of insurance against fire, requires in the event of loss, and before payment thereof, a certificate to be procured under the hand of a magistrate or sworn notary of the city or district, importing that they are acquainted with the character and circumstances of the persons insured, and do know or verily believe that they have really and by misfortune, without fraud, sustained by fire loss and damage to the amount therein mentioned; such a certificate is a condition precedent to a recovery of any loss, against the insurers, on the policy. And if a certificate be procured, in which a knowledge and belief as to the *amount* of loss is omitted, it will be insufficient.— Scott & Phœnix Assurance Co., Stuart's Rep., 354.

2. Le délai porté dans les règlements d'une compagnie d'assurance, pour notifier et déclarer l'incendie et ses circonstances à la compagnie, n'est pas dans toutes les circonstances un terme fatal et tellement de rigueur, que faute de remplir à la minute cette condition, l'assuré doive perdre pour toujours tout recours.— Dill vs La Cie d'Ass. de Québec, I R. de L., 113.

3. The condition usually endorsed on policies of insurance, respecting double insurance, will be held to be waived on the part of the company, if their agent, on being notified of such double insurance after the fire, make no specific objection to the claim of the assured on that ground.— Atwell vs The Western Assurance Co., I L. C. J., 278.

4. The condition endorsed on a policy of insurance to the effect, that no suit or action shall be sustainable for the recovery of any claim under the policy, unless commenced within the term of 12 months next after the loss shall have occurred, is a complete bar to any such suit or action instituted after the lapse of that term.— Cornell vs Liverpool & London &c. Ins. Co., XIV L. C. J., 256.

5. A person effected an insurance against fire, for one month, the insurance being subject to the conditions of the fire insurance policies of the company. He asked for a policy, but was told that it was not customary to issue policies for short dates. Among the conditions of the fire policies of the company, was one requiring notice of any other insurance effected on the property, and endorsation of such insurance on the policy. The insured failed to give such notice.— *Held* that the non-delivery of a policy to the insured was a waiver on the part of the company of the condition cited.— Lafleur & Citizens' Ins. Co., I L. N., 518.

2570. Les déclarations qui ne sont pas insérées dans la police ou qui n'en font pas partie ne sont pas reçues pour en affecter le sens ou les effets.

2 Phillips, 96.

2571. L'intérêt d'une personne qui assure contre le feu peut être celui de propriétaire ou de créancier, ou tout autre intérêt dans la chose assurée, appréciable en argent; mais la nature de cet intérêt doit être spécifiée.

Marshall, 789.— Boudousquié, nᵒˢ 28 et suiv.— 1 Bell, *Com.*, 540.

Jurisp.— 1. The insurance by a mortgagee creditor of the house or building subject to his mortgage is not an insurance of the building *per se*, but only of the creditor's security for the payment of his debt. To support an action on the policy, there must be a loss existing at the time of action brought. If, before action brought, the premises be rebuilt, whereby the creditor's security is restored, he cannot recover as for a loss.— Mathewson vs Western Ins. Co., IV L. C. J., 57.

2. A *bona fide* equitable interest in property of which the legal title appears to be in another, may be insured, provided there be no false affirmation, representation or concealment on the part of the insured, who is not obliged to represent the particular interest he has at the time, unless inquiry be made by the insurer. Such insurable interest in property of which the insured is in actual possession, may be proved by verbal testimony.— White vs Home Ins. Co., XIV L. C. J., 301.

3. Un créancier chirographaire n'a pas d'intérêt assurable dans le fonds de magasin de son débiteur, et ne peut tenir une assurance contre le feu sur icelui. — Hunt vs Home Ins. Co., III R. L., 455.

4. A creditor who takes out a policy of insurance for his own protection, and at his own expense, on his debtor's property, is not bound to account to the debtor for any portion of the amount paid to him under such policy.—Archambault vs Galarneau, XXII L. C. J., 105.

5. Although A. is merely the agent of B., in obtaining from C. an advance of money on certain goods, yet, if he renders himself liable to C. for any loss which might arise after the sale of the goods, he has an insurable interest in the goods, and can therefore legally insure them in his own name to the full extent of the loan.— O'Connor vs Imperial Ins. Co., XIV L. C. J., 219.

6. Le 4 juin 1867 Huston, nanti de deux certificats d'emmagasinage signés par Wm Middleton & Co., de la quantité de 310 quarts d'huile de charbon, transporta cette huile aux Appts comme sûreté additionnelle de billets promissoires au montant de $4000. Les Appts firent assurer cette huile au bureau de l'Intimée pour trois mois. Le 18 août 1867 les magasins de Middleton brûlèrent et l'huile fut consumée. Action sur *short risk receipt* pour $2158, valeur de l'huile assurée. Défense: 1° les Appts avaient assuré comme propriétaires lorsqu'ils n'avaient qu'un intérêt précaire; 2° assurance nulle parce que les *warehouse receipts* étaient faux, plusieurs reçus ayant été donnés pour la même huile. L'action fut déboutée sur ce que les Appts n'avaient pas déclaré quel intérêt ils avaient dans l'huile. La loi qui autorise des prêts sur *warehouse receipts* déclare ceux qui en sont porteurs propriétaires des objets y mentionnés. Le jugt doit être infirmé.— Wilson & The Citizens' I. & I. Co., M., 15 février 1875.

2572. Il y a garantie implicite de la part de l'assuré que la description qu'il a donnée de l'objet assuré est telle qu'elle montre vraiment sous quelle classe de risque elle tombe, d'après les propositions et les conditions de la police.

1 Bell, *Com.*, p. 541.— Ellis (Shaw's), p. 48.— Quenault, n°° 174, 175 et 176.— Boudousquié, n° 202, p. 241, n°° 104, 111 et 112.

2573. Une assurance sur des effets sans désignation et qui se trouvent dans un certain lieu ne se restreint pas aux effets particuliers qui s'y trouvaient au temps où l'assurance a été prise, mais elle couvre tous effets du même genre qui se trouvent sur le lieu au temps du sinistre, à moins que la police n'indique une intention contraire.

2 Pardessus, *Dr. Com.*, n° 594, p. 489.— Angell, §§ 101-2.— Quenault, *Ass.*, n° 78.— Boudousquié, n° 122.

Jurisp.— 1. Une assurance contre le feu effectuée sur une certaine quantité de charbon, couvre le charbon qui existait alors et celui apporté depuis, et s'étend aux risques provenant de la combustion spontanée du charbon.— The British American Ins. Co. & Joseph, IX L. C. R., 448.

2. A fire policy in favour of Appt, on coal oil, "his own, in trust or on consignment," covered his loss on oil destroyed by fire in Middleton's sheds, warehouse receipts for which granted by Middleton in favor of Thomas Ruston had been transferred by Ruston to Appt, and on which receipts Appt had made advances to Ruston, who obtained such advances really for Middleton, without Appt however being aware of the fact.— Stanton & The Ætna, XVII L. C. J., 281.

3. Goods held under a duly endorsed warehouse receipt as collateral security for advances, may be properly and legally insured as being the property of the holder of such receipt, being the party who made the advances. In an action for the recovery of the assurance of said goods, it is sufficient to establish that goods of the character and brand and of the quantity claimed were actually in the building where the goods were stored, at the time of the insurance, and at the time the building and its contents were wholly burnt, without proving the actual identification of the goods described in the warehouse receipt.— Wilson & Citizens' Ins. Co., XIX L. C. J., 175.

4. In the case of an insurance of a number of barrels of oil, purchased by the insured, but not actually identified and separated from barrels of oil contained in the building in which the oil was stored, the insured has, nevertheless, an insurable interest as proprietor in the property sold. The verdict of a jury in favor of the insurance company based on a charge of the judge that the property in the oil did not, under the circumstances, pass to the insured, will be set aside and a new trial granted.— Mathewson & The Royal Insurance Co., XVI L. C. J., 45.

2574. Tout changement dans l'usage ou l'état de la chose assurée, tels que restreints par la police, faite sans le consentement de l'assureur, par des moyens sur lesquels l'assuré a un contrôle, et qui augmente le risque, est une cause de nullité de la police. Si le changement n'augmente pas le risque, la police n'en est pas affectée.

3 Kent, 374.— 2 Phillips, c. 7, s. 2, § 2, pp. 96 et suiv.— 2 Pardessus, n° 595.— Boudousquié, n° 119, p. 149.— 3 Pardessus, *Dr. Com.*, n° 883.

Jurisp.—1. A policy of insurance is vitiated by changes increasing the risk made in the buildings insured without legal notice to the insurers.— British Am. L. Co. vs Mutual Fire Ins. Co., I L. C. L. J., 95.

2. In the case of a fire policy of buildings described as dwellings, endorsed to the effect that any change of occupation by which the risk is increased, must be notified in writing to the insurance company and endorsed on the policy, and that in default thereof the insurance shall be null and void ; the change of occupation to a tavern, without notice to or consent of the company, does not render the policy void, when the jury state in their special findings that an intermediate change of occupation into a vinegar factory had been sanctioned by the company, and that the risk of the tavern was not greater than that of the vinegar factory.— Campbell vs Liverpool & London &c. Ins. Co., XIII L. C. J., 309.

3. An insurance of goods described as being in n° 319 St. Paul street, will be held to cover the same goods although removed into the premises n° 315 adjoining, if the agent of the insurance company at the end of the first year of the insurance examined the premises and consented to a renewal of the policy. — Such variation does not constitute a new contract, but only a slight change in the old contract approved of by the parties.— The question as to the consent of the company to such change of the placing of the goods was a matter of fact properly left to the jury.— The jury in giving their opinion, without being expressly asked the question, that the company had continued the risk after the agent's visit to the premises, and by his not only not making any objection at the time but actually renewing the risk without any increase, did not decide what was matter of law, but only gave this as their reason for finding that the stock that had been insured was lost or damaged, and the jury had a right to give their reason for their finding.— Rolland vs The Citizens' Ins. Co., XXI L. C. J., 262. (En Rév.— Renversé en appel sur le principe que les allégués de la déclaration ne justifiaient pas la réponse donnée par le jury.)

4. Les Int., après avoir assuré leurs marchandises dans le magasin n° 272, ajoutèrent deux étages au magasin voisin, n° 273, et y transportèrent une partie de leur fonds. Ils en donnèrent avis écrit aux Appts, qui exigèrent une augmentation de prime, laquelle fut payée en échange d'un reçu *interim*. Quelques jours plus tard les Int. reçurent, sans faire d'observation, une nouvelle police qui référait au croquis des bâtisses annexé à la première demande d'assurance des Int., lequel ne décrivait que le n° 272.—*Jugé* que le vrai sens de la demande d'assurance, de l'avis écrit et du reçu *interim*, lus ensemble, démontrait un contrat d'assurance entre les Int. et les Appts, couvrant les marchandises placées dans les étages ajoutés par les Int. au n° 273 ; et que, nonobstant l'acceptation par ceux-ci d'une police qui ne mentionnait pas les effets dans les étages ajoutés, les Int. avaient le droit d'être indemnisés pour la perte subie quant aux marchandises contenues dans les étages ajoutés.—Liverpool & London &c., Ins. Co. & Wyld, I R. S. C., 604.

2575. Le montant de l'assurance ne fait aucune preuve quant à la valeur de l'objet assuré ; cette valeur doit être prouvée de la

manière prescrite dans les conditions de la police et par les règles
générales de la preuve, à moins qu'il n'y ait une évaluation spéciale
dans la police.

2 Alauzet, 304.— Angell, *Ins.*, § 11.— 1 Bell, *Com.*, 542 et 543.

Jurisp.—1. In insurance against fire the insurers pay the whole of any loss
which does not exceed the amount insured, although the goods insured be of
greater value.— Peddie vs Quebec Fire Insurance, Stuart's Rep., 174.
2. Under a clause in a policy of insurance, that if there appear fraud in the
claim made to a loss, or false swearing or affirmation in support thereof, the
claimant shall forfeit all benefit under such policy, the Court will reject the
claim of the policy-holder, if the company establish that the claim is unjust
and fraudulent, and far in excess of the actual loss to the knowledge of the
policy-holder.— Grenier vs Monarch Fire & Life Ins. Co., III L. C. J., 100.

2576. L'assurance devient nulle par la cession que l'assuré fait
à un tiers de l'intérêt qu'il a dans la chose, à moins que ce transport
n'ait lieu avec le consentement ou la participation de l'assureur.

La règle ci-dessus ne s'applique pas au cas de droits acquis à titre
successif ou dans le cas spécifié en l'article qui suit. Elle est sujette
aux dispositions contenues dans l'*Acte concernant la faillite*, 1864.

L'assuré a le droit de transporter la police avec la chose assurée
sous les conditions qui y sont exprimées.

Code civil B. C., art. 2482 et 2483.— Marshall, 803.— Angell, *Intr.*, § 11, et §§
193 et suiv.— 1 Arnould, 211.— Ellis, *L. & F. Ins.*, 76 et 77.

L'*Acte concernant la faillite*, 1864, est maintenant remplacé par l'acte C. 38
Vict., c. 16, intitulé : *Acte de faillite de* 1875, tel qu'amendé par 39 Vict., c. 30 et
par 40 Vict., c. 41.

Jurisp.—1. L'intérêt du vendeur d'un immeuble, dans une police d'assurance contre le feu, effectuée par le vendeur avant la vente, est transporté de
plein droit à l'acquéreur par la signification de la vente à la compagnie. Le
paiement fait par la compagnie d'assurance au vendeur, sur une perte faite
après la vente, d'une somme excédant la balance du prix d'achat restant due,
profite à l'acquéreur, comme paiement de la balance.— Leclaire vs Crapser, V
L. C. R., 487.
2. L. was *cessionnaire* of T. of *bailleur de fonds* claim on certain property, on
which there were buildings sold by T. to C. Before said sale T. had insured
said buildings for £600, hundred pounds of which, being the amount of purchase
money paid by C., T. had transferred, in the usual manner with consent of
insurer, to C., retaining the balance of the policy, £500, as security for payment
of the balance of purchase money still due. The buildings while covered by
this policy were destroyed by fire, and T. received the £500, balance of purchase
money still due. He subsequently transferred his claim for purchase policy,
being a larger sum than the balance of money to L., who brought this action.—
Held that the sale of insured property extinguished the contract of insurance as
between the insurer and the vendor; the profit of such insurance being vested
in the vendee so soon as the insurer is notified of the sale, and acquiesces in
it.— Leclaire vs Crapser, M. C. R., 18.
3. An assignee of a policy of insurance against loss by fire may recover,
without furnishing any statement of loss whatever.— Wilson vs State Fire Ins.
Co., VII L. C. J., 223.
4. Une police d'assurance devient caduque par le transport de la matière
assurée, à moins que ce transport ne soit fait avec le consentement exprès ou
tacite de l'assureur.— Forgie vs Royal Ins. Co., I R. C., 241.
5. Although A. is merely the agent of B., in obtaining from C. an advance of
money on certain goods, yet if he renders himself liable to C. for any loss which
might arise after the sale of the goods, he has an insurable interest in the goods,
and can therefor legally insure them in his own name to the full extent of the
loan.— O'Connor vs The Imperial Ins. Co., XIV L. C. J., 219.
6. Une police d'assurance ne peut être transportée que du consentement de

l'assureur ; un avis de ce transport n'a pas l'effet de lier l'assureur.— Corse vs British American Ins. Co., II R. L., 735.

7. In the case of an assignment with the consent of the mortgagor of a mortgage containing a covenant by the assignor to transfer to the assignee as collateral security a policy of insurance then held by the assignor on the buildings existing on the property mortgaged, the failure by the assignee to secure such transfer, and the consequent reception by the assignor of the insurance money under the policy, would not entitle the mortgagor to claim from the assignee the discharge of the mortgage.— Robert & Macdonald, XIX L. C. J., 90.

8. Action for $800, amount of a fire policy. Plea, that the property insured was, after the issue of the policy, sold for taxes under the Municipal Code, and the ownership having become vested in the purchaser, the insured had lost all insurable interest therein. Special answer, that the municipal sale never finally divested the insured of the ownership; that before the fire he had, under the provisions of the Municipal Code, redeemed his property, and had never ceased to have an insurable interest in it.—*Held* that the sale of the property for municipal taxes under the Municipal Code, followed as it was by the redemption of the property in accordance with the said Code, was not such an alienation as would void the policy, either under the conditions endorsed upon it, or under the provisions of article 2576 of the Civil Code.— Paquet vs Citizens' Ins. Co., IV Q. L. R., 230.

9. A loss under a fire policy effected by an official assignee under the Insolvent Act of 1875, to whom an assignment had been made under this Act, is recoverable by the assignee subsequently elected by the creditors, notwithstanding that in the policy the assured is described simply as "Official Assignee," the loss being made payable to the estate so assigned to him. Such loss may be so recovered, notwithstanding that the fire shall have occurred after the appointment of the second assignee, and that his appointment had not been specially communicated to the insurance company before the fire. Under the circumstances of this case, there was not any change either of ownership or possession. —Elliott & The National Ins. Co., XXIII L. C. J., 12.

2577. La cession d'intérêt entre coassociés ou copropriétaires d'immeubles, qui ont assuré conjointement, ne rend pas la police nulle.

2578. L'assureur est responsable des dommages causés par l'assuré autres que ceux résultant de sa fraude ou de sa négligence grossière.

Angell, 122 et suiv.— Alauzet, 431.— Boudousquié, n° 294, pp. 340 et suiv.— 3 Kent, p. 374, n. c.

2579. L'assureur est aussi responsable des dommages causés par la faute des serviteurs de l'assuré hors de la connaissance et sans le consentement de ce dernier.

Suprà, art. 2578.

2580. L'assureur est responsable de tous les dommages qui sont une conséquence immédiate du feu ou de la combustion, qu'elle qu'en soit la cause, y compris le dommage essuyé par les effets assurés en les transportant, ou par les moyens employés pour éteindre le feu, sauf les exceptions spéciales contenues dans la police.

Angell, §§ 115, 122 et suiv.— 2 Pardessus, n° 595, pp. 493, 586 et 607.— Quenault, *Ass.*, n° 66, p. 56, et index 511.— Alauzet, *Ass.*, 431.— Boudousquié, *Ass.*, n° 294, pp. 340 et suiv.— 3 Kent, *Com.*, p. 374, n. c.—1 Phillips, *Ins.*, 375.— Clarke, Digest of Fire Ins. Dec., p. 571, §§ 2 et 5.— 2 Alauzet, p. 380.— Grun et Galiat, p. 293.— 19 U. S. Digest, p. 401, § 39, Tilton vs Hamilton F. Ins. Co., 1 Bosw. (N. Y.) 367. — 21 do., p. 312, § 24, New-Mark vs Liverpool &c. Ins. Co., 30 Miss. 9 Jones, 160.

Jurisp.— 1. Une assurance contre le feu effectuée sur une certaine quantité de charbon, couvre le charbon qui existait alors et celui apporté depuis, et s'étend aux risques provenant de la combustion spontanée du charbon.— British American Ins. Co. & Joseph, IX L. C. R., 448.

2. Under the terms of a contract between insurers and insured, whereby the insurers insure against loss or damage by fire, the insurers are liable for losses to the insured by goods stolen at a fire.— McGibbon vs Queen Ins. Co., X L. C. J., 227.

3. En l'absence de preuve suffisante que certaines marchandises, dont la valeur est réclamée en vertu d'une police d'assurance, ont été détruites ou endommagées par le feu, ou volées, cette réclamation ne peut pas être payée.— Harris vs London & Lancashire Fire Ins. Co., X L. C. J., 268.

4. A policy of insurance contained the following condition endorsed upon it, viz: "The company will not be answerable for any loss or damage by fire occasioned by earthquakes or hurricanes, or by burning of forests; and this policy shall remain *suspended and of no effect* in respect of any loss or damage (however caused) which shall happen or arise during the existence of any of the contingencies aforesaid." Such a clause is legal, and in order to exempt the company from liability, it is only necessary to prove that at the time of the loss the neighboring forests were burning.— Commercial Union Ass. Co. & Canada Iron Mining &c. Co., XVIII L. C. J., 80.

2581. L'assureur n'est pas responsable des pertes causées seulement par l'excessive chaleur d'une fournaise, d'un poêle ou autre mode de communiquer la chaleur, lorsqu'il n'y a pas combustion ou ignition actuelle de la chose assurée.

Pothier, *Ass.*, c. 1.— 2 Pardessus, *Dr. Com.*, pp. 494 et 495.— Ellis, (Shaw's), p. 77.— Angell, 111, 112, 115, 116 et suiv.— 1 Bell, *Com.*, 540 et 541.

2582. Dans le cas de perte par le feu, l'assureur est responsable du montant entier de la perte, pourvu qu'il n'excède pas la somme assurée, sans aucune déduction ni contribution.

1 Phillips, *Ins.*, 375.— 1 Bell, *Com.*, 543.

Jurisp.— 1. In insurance against fire the insurers pay the whole of any loss which does not exceed the amount insured, although the goods insured be of greater value.— Peddie vs Quebec Fire Insurance, Stuart's Rep., 174.

2. Un assuré a droit de recouvrer d'une compagnie d'assurance qui a assuré son fonds de commerce, la valeur de tel fonds sur les marchés lors de sa destruction par le feu; et non seulement le prix coûtant d'icelui, ou la somme que la confection des effets peut avoir coûtée à l'assuré, nonobstant que les profits sur l'objet assuré n'avaient pas été assurés.— The Équitable Fire Ins. Co. vs Quinn, XI L. C. R., 170.

2583. Lorsque par les conditions de la police il est accordé un délai pour le paiement de la prime de renouvellement, l'assurance subsiste, et s'il survient un sinistre pendant ce délai, l'assureur en est responsable, en déduisant le montant de la prime due.

Ellis (Shaw's), pp. 119 et suiv.— Angell, § 51.— Marshall, 799 et 800.— 2 Pardessus, n° 596.— Bell, *Com.*, pp. 540-1, § 3.— *Mais voir* Ellis, 249 et suiv., *cause de* Want vs Blunt, (*Life Ins.*).— 12 *East*, 183.

2584. L'assureur, en payant l'indemnité, a droit à la cession des droits de l'assuré contre ceux qui ont causé le feu ou la perte.

Ellis (Shaw's), p. 112, n° 1.— Marshall, 796.— 2 Pardessus, *Dr. Com.*, n° 595, pp. 498-9 et 500, quant à la subrogation *pleno jure*.

Jurisp.— 1. Les assureurs contre le feu ont droit, en payant la perte couverte par leur police, d'être subrogés aux droits et actions de l'assuré, contre ceux qui ont causé le feu et la perte. Un marguillier en charge qui a pouvoir de recevoir des assureurs le montant de l'assurance effectuée sur la propriété de la Fabrique et d'en donner quittance, peut aussi subroger les assureurs aux droits et actions de la Fabrique contre ceux qui ont causé le feu et la perte, quoiqu'il ne puisse transporter, au moyen d'une vente, tels droits et actions sans une autorisation spéciale. Les assureurs, subrogés, au moyen du paiement de la perte, aux droits et actions de l'assuré pour une partie de la perte seulement, ont pour telle partie une action contre ceux qui ont causé le feu et la perte en question.— Quebec Fire Ins. Co. & Molson, I L. C. R., 222.

2. The *hypothèque* upon a thing does not pass to the indemnity in the hands of an insurer against fire.— Bélanger vs McCarthy, XVIII L. C. J., 138.

CHAPITRE QUATRIÈME.

DE L'ASSURANCE SUR LA VIE.

2585. L'assurance sur la vie est réglée par les dispositions contenues dans le premier chapitre et est aussi sujette aux règles contenues dans le deuxième chapitre lorsqu'elles peuvent s'y appliquer et qu'elles ne sont pas incompatibles avec les articles du présent chapitre.

Les articles 2570 et 2583 s'appliquent aux assurances sur la vie.

2586. L'assurance sur la vie est aussi sujette aux règles contenues dans les articles 1902, 1903, 1904, 1905 et 1906, relativement aux personnes sur la vie desquelles elle peut être effectuée.

2587. La police d'assurance sur la vie contient :

Le nom ou une désignation suffisante de la personne en faveur de qui elle est faite et de celle dont la vie est assurée ;

Une déclaration du montant de l'assurance, du montant ou du taux de la prime, et du commencement et de la durée du risque ;

La souscription de l'assureur avec sa date ;

Toutes autres énonciations et conditions dont les parties peuvent légalement convenir.

2 Alauzet, 489;— Angell, § 284.

2588. La déclaration dans la police de l'âge et de l'état de la santé de la personne sur la vie de laquelle l'assurance est prise, comporte une garantie de l'exactitude de laquelle dépend le contrat.

Néanmoins, en l'absence de fraude, la garantie que la personne est en bonne santé doit être interprétée favorablement, et ne comporte pas que la personne est exempte de toute infirmité ou indisposition.

Marshall, 772 et 773.— Ellis (Shaw's), c. 2, pp. 205 et suiv. *et notes.*

Jurisp.— Where an applicant for life insurance, in answer to printed questions, mistakes his age ; or declares that his health is good; whereas it is bad ; or fails to disclose the name of medical attendants, though he had them, and answers as if he had none, and upon such answers which are made to form a part of the contract, a policy is issued by the insurer, such policy is void.— Generally false statements made by the applicant for insurance absolutely void the policy.— Hartigan vs The International L. As. S., VIII L. C. J., 203.

47

2589. Dans l'assurance sur la vie, la somme assurée peut être stipulée payable au décès de la personne sur la vie de laquelle elle est effectuée, ou au cas où il survivrait à une époque déterminée, ou périodiquement sa vie durant, ou autrement, selon quelque événement relatif à la continuation ou à l'extinction de sa vie.

Angell, *F. & L. Ins.*, §§ 274 et 275.— Ellis (Shaw's), *Ins.*, p. 187.

2590. L'assuré doit avoir un intérêt susceptible d'assurance dans la vie sur laquelle l'assurance est effectuée.

Il a un intérêt susceptible d'assurance :

1. Dans sa propre vie ;
2. Dans celle de toute personne dont il dépend en tout ou en partie pour son soutien et son éducation ;
3. Dans celle de toute personne qui lui est endettée d'une somme de deniers, ou qui lui doit des biens ou des services dont la mort ou la maladie pourrait éteindre ou empêcher la prestation ;
4. Dans celle de toute personne de laquelle dépend quelque propriété ou intérêt dont l'assuré est investi.

1 Bell, *Com.*, 544.— Angell, *F. & L. Ins.*, §§ 297-300 et suiv.— Dowdswell, *F. & L. Ins.*, p. 21.— Stat. Imp., 14 Geo. III, c. 48, s. 1.— Ellis (Shaw's), c. 3, pp. 232 et suiv.— 2 Alauzet, nᵒˢ 551 à 556.— Quenault, *Ass. Ter.*, nᵒˢ 50, 51 et 53.

2591. Une police d'assurance sur la vie ou la santé peut passer par cession, testament ou succession à toute personne quelconque, soit qu'elle ait ou non un intérêt susceptible d'assurance dans la vie de la personne assurée.

1 Bell, *Com.*, 545.— Ellis (Shaw's), c. 5, pp. 263 et 264, nᵒ 1.

L'acte Q. 32 Vict., c. 39, s. 2, avait modifié cet article ; mais par l'acte Q. 33 Vict., c. 21, s. 10, cette modification a été abrogée.

Jurisp.— The plaintiff as executor to a deceased person, whose life had been insured, being unable to surrender the policy of insurance to the insurance company, in as much as said policy had been transferred to cover all advances then made, and which might thereafter be made by a third party, can have no right to claim the benefit of said policy, so long as the claim of such third party in possession of said policy remains in dispute and unsettled.— Conway vs The Britannia Life Ass. Co., VIII L. C. J., 162.

2592. La mesure de l'intérêt de l'assuré est la somme spécifiée dans la police : excepté dans le cas d'assurance par un créancier ou autres cas semblables où l'intérêt est susceptible d'une appréciation pécuniaire exacte. Dans ces cas, la somme fixée est réduite au montant de l'intérêt actuel.

2 Pardessus, *Dr. Com.*, nᵒ 593, p. 479.— 1 Bell, *Com.*, 544 et 546.— Angell, § 288. — 2 Alauzet, nᵒ 552, p. 484.

Jurisp.— A creditor obtained an insurance on the life of his debtor, for an amount greatly in excess of his real interest. Both the creditor and the agent of the insurance company were ignorant that such extra insurance was invalid. *Held* that the insured was entitled to recover the excess of premium paid on the larger sum, and that in the absence of proof to the contrary, the Court would assume that the premium for the smaller sum was proportional to that paid for the larger sum.— The London and Lancashire Co. & Lapierre, I L. N., 506.

2593. L'assurance prise par un individu sur sa propre vie est sans effet s'il périt par la main de la justice, en duel, ou par suicide.

Ellis (Shaw's), 192 et 193, n. 1, 195, n. 1.— 4 Bligh R., 164, N. S. (Bolland vs Disney).— 2 Alauzet, 563.— Angell, c. 13, §§ 289 et suiv.

TITRE SIXIÈME.

DU PRÊT A LA GROSSE.

2594. Le prêt à la grosse est un contrat par lequel le proprié-taire d'un bâtiment, ou son agent, en considération d'une somme d'argent prêtée pour le besoin du bâtiment, s'engage conditionnelle-ment à la restituer avec intérêt, et hypothèque le bâtiment pour l'exécution du contrat. La condition essentielle du prêt est que si le bâtiment est perdu par cas fortuit ou force majeure, le prêteur perd ses deniers; autrement il en est remboursé avec un certain profit pour l'intérêt et le risque.

1 Valin, *Ord. de la mar.*, liv. 3, tit. 5, art. 2.— Pothier, *Prêt à la grosse*, n° 9.— 2 Emérigon, pp. 411 et 417.— 3 Pardessus, *Droit Com.*, n° 887 et 890.— 1 Bell, *Com.*, 433.— Smith, *Merc. Law*, 419.— Abbott, *Shipping*, 113 et suiv.— Woolrych, *Com. Law*, p. 35.— Marshall, *Insurance*, pp. 742 et 743.— 3 Kent, *Com.*, pp. 353, 354 et 355.— 1 Phillips, *Insurance*, n° 298.— C. Com., 314.— 2 Bornier, sur l'*Ord.* 1673, tit. 7, art. 2, p. 649.

Jurisp.—1. Advances which may become the subject of bottomry, must be advances made for the service of the ship during the particular voyage for which she is engaged.— A bottomry bond given by the master after the advan-ces had all been made is valid, provided they were made with an understanding that such bond should be given.— The validity of the bond is not affected by the circumstance of the money being advanced before an intervening voyage, if given for advances necessary for the vessel to prosecute and complete the original voyage.— Unless fraud or collusion be proved or that other credit existed, every fair presumption is to be allowed to uphold such bond.— The *Adonis*, II S. V. A. C., 125.

2. There seems to be no fixed limit to the duration of a maritime *lien*; but must be enforced within an equitable period, considering the nature of the *lien* and the changes of interest therein.— The *Hercyna*, I S. V. A. C., 274.

2595. Lorsque le prêt est fait non sur le bâtiment, mais sur les marchandises qui y sont contenues, c'est encore un prêt à la grosse.

Autorités sous l'art. précédent.

2596. Le prêt peut être fait sur le bâtiment, le fret et la cargai-son à la fois, ou sur telle portion de l'un ou des autres dont les parties conviennent.

Autorités sous l'art. 2594.

2597. Le contrat doit spécifier :
1. La somme de deniers prêtée avec le taux des intérêts à payer;
2. L'objet sur lequel le prêt est fait. Il spécifie aussi la nature du risque.

Pothier, *Prêt à la grosse*, n⁰⁸ 7 et suiv.—Maclachlan, pp. 52 et 53.—Smith, *Merc. Law*, p. 419.—1 Bell, *Com.*, p. 434.—3 Pardessus, *Dr. Com.*, n⁰ 890.—C. Com., 311.

2598. Si la durée du risque n'est pas exprimée dans le contrat, elle court, quant au bâtiment et son fret, du jour de la mise à la voile, jusqu'à ce que le bâtiment soit ancré ou amarré au lieu de sa destination.

A l'égard de la cargaison, le risque court depuis le temps de la charge de la marchandise jusqu'à sa délivrance à terre.

ff L. 3, *De nautico fenore.*— 2 Valin, *Ord. de la mar.*, *ib.*, art. 13, p. 15.—Marshall, *Insurance*, p. 764.— C. Com., 328.

2599. Dans les prêts faits sur le bâtiment, le bâtiment avec ses agrès, apparaux, armement et provisions ainsi que le fret gagné sont affectés par privilége au paiement du capital et des intérêts des deniers prêtés sur leur sûreté.

Dans les prêts sur la cargaison, elle est affectée de la même manière.

Si le prêt n'est fait que sur partie du bâtiment ou de la cargaison, il n'y a que cette partie d'affectée au paiement.

2 Valin, *Ord. de la mar.*, *ib.*, art. 7, p. 9.— Pothier, *Prêt à la grosse*, n⁰⁸ 9 et suiv. — Marshall, *Insurance*, p. 750.— C. Com., 320.

2600. Les prêts de la nature du contrat à la grosse ne peuvent avoir lieu sur les gages des matelots.

2 Valin, *Ord. de la mar.*, *ib.*, art. 5 et 6.—Pothier, *Prêt à la grosse*, n⁰ 15.— 2 Emérigon, pp. 507 et 508.— 1 Bell, *Com.*, p. 435, n⁰ 465.— 3 Kent, *Com.*, p. 363.—Marshall, *Insurance*, p. 754.—C. Com., 319.

2601. Les prêts faits pour une somme excédant la valeur des objets qui sont affectés au paiement peuvent être annulés à la demande du prêteur, s'il y a preuve de fraude de la part de l'emprunteur.

S'il n'y pas de fraude, le contrat vaut jusqu'à concurrence de la valeur des objets affectés au paiement, et le surplus de la somme prêtée doit être restitué, avec l'intérêt légal au cours du lieu où l'emprunt a été fait.

2 Valin, *Ord. de la mar.*, *ib.*, art. 3 et 15, pp. 6 et 16.— Pothier, *Prêt à la grosse*, n⁰⁸ 12 et 13.— 2 Emérigon, pp. 501 et suiv.— Marshall, *Insurance*, pp. 750 et 751. — 3 Kent, *Com.*, p. 357.— C. Com., 316 et 317.

2602. L'emprunteur sur cargaison n'est pas déchargé de sa responsabilité par la perte du bâtiment et de la cargaison, à moins qu'il ne prouve qu'il avait à bord, au temps du sinistre, des effets au montant de la somme prêtée.

2 Valin, *Ord. de la mar.*, *ib.*, art. 14, p. 15.— 3 Pardessus, *Droit Com.*, n⁰ 929.— C. Com., 329.— *Autorités citées sous l'art. précédent.*

2603. Le prêt à la grosse peut être contracté par le maître pour radoub ou autre nécessité urgente du bâtiment; mais s'il lui est fait au lieu où demeurent les propriétaires, sans leur autorisation, il n'y a que la partie du bâtiment ou de la cargaison dont le maître est propriétaire qui soit tenue au paiement de l'emprunt, sauf les dispositions contenues en l'article qui suit.

2 Valin, *Ord. de la mar., ib.,* art. 8, p. 10.— 2 Emérigon, pp. 424 et 436.— 3 Pardessus, *Droit Com.,* n° 909, p. 507.— 1 Bell, *Com.,* pp. 428 à 432, et voir cause de " *Gratidudine,*" p. 441.— 3 Kent, *Com.,* pp. 356 et 357.— Smith, *Merc. Law,* pp. 421 et 422.— Abbott, *Shipping,* pp. 153 et 154.— C. Com., 321.

2604. Les parts des propriétaires, même lorsqu'ils résident au lieu où l'emprunt est fait, sont tenues au paiement des deniers prêtés au maître pour réparations ou approvisionnement, lorsque le bâtiment a été frété du consentement de ces propriétaires et qu'ils ont refusé de fournir leur contingent pour mettre le bâtiment en condition convenable pour le voyage.

2 Valin, *Ord. de la mar., ib.,* art. 9; liv. 2, tit. 1, art. 17.— C. Com., 322.— *Autorités citées sous l'art. précédent.*

2605. Les prêts à la grosse, soit sur le bâtiment ou sur les marchandises, faits pour le dernier voyage, sont préférés à ceux faits pour le voyage précédent, quand même il serait déclaré que ces derniers sont continués par un renouvellement formel.

Les sommes prêtées pendant le voyage sont préférées à celles qui ont été empruntées avant le départ du bâtiment ; et s'il y a plusieurs emprunts faits pendant le même voyage, le dernier emprunt est préféré à ceux qui le précèdent.

2 Valin, *Ord. de la mar., ib.,* art. 10, p. 11.— *Guidon de la mer,* c. 19, art. 2 et 3. — Pothier, *Prêt à la grosse,* n° 53.— 3 Pardessus, *Droit Com.,* n° 919.— Smith, *Merc. Law,* p. 424.— Abbott, *Shipping,* pp. 163 et 164.— 1 Bell, *Com.,* p. 438, n° 475.— 3 Kent, p. 358.— C. Com., 323.

Jurisp.— The validity of a bottomry bond is not affected by the circumstance of the money being advanced before an intervening voyage, if given for advances necessary for the vessel to prosecute and complete the original voyage. Unless fraud or collusion be proved, or that other credit existed, every fair presumption is to be allowed to uphold such bond.— The *Adonis,* 11 S. V. A. C., 125.

2606. Le prêteur sur cargaison ne supporte pas la perte des marchandises arrivée par fortune de mer, si elles ont été transbordées du bâtiment désigné dans le contrat, sur un autre, à moins qu'il ne soit constaté que ce transbordement a eu lieu par suite de force majeure.

Pothier, *Prêt à la grosse,* n° 18.— 2 Emérigon, p. 549.— 3 Boulay-Paty, pp. 158, 164, 171 et 176.— Marshall, *Insurance,* p. 764.— 3 Kent, *Com.,* p. 360.— C. Com., 324.

2607. Si le bâtiment ou la cargaison sur laquelle le prêt a été fait sont entièrement perdus et que la perte soit arrivée par cas fortuit, dans le temps et dans le lieu des risques, la somme prêtée ne peut être réclamée.

2 Valin, *Ord. de la mar., ib.,* art. 11, p. 12.— Pothier, *Prêt à la grosse,* n° 16.— Marshall, *Insurance,* 759, 760, 762 et 768.— 1 Bell, *Com.,* p. 433, n° 460.— 1 Kent, *Com.,* p. 355.— C. Com., 325.

2608. Les déchets qui arrivent par le vice propre de la chose et les dommages causés par le fait des propriétaires, du maître ou du chargeur, ne sont pas considérés comme des cas fortuits, à moins qu'il n'y ait convention contraire.

2 Valin, *Ord. de la mar., ib.*, art. 12, p. 14.— Pothier, *Prêt à la grosse*, nᵒ 34.— Emérigon, *Cont. à la grosse*, c. 1, s. 2.—1 Bell, *Com.*, p. 437.— Marshall, *Insurance*, p. 762.— 3 Kent, p. 355.— C. Com., 326.

2609. Dans le cas de perte partielle par naufrage ou autre cas fortuit, le paiement de la somme prêtée est réduit à la valeur des effets qui y sont affectés et qui ont été sauvés.

2 Valin, *Ord. de la mar., ib.*, art. 17, pp. 12 et 20.— Pothier, *Prêt à la grosse*, nᵒ 47.— 2 Emérigon, pp. 544 et 547.— 3 Kent, *Com.*, p. 359.— Marshall, *Insurance*, p. 768.— C. Com., 327.

2610. Les prêteurs à la grosse sur le bâtiment ou sur la cargaison contribuent, à la décharge de l'emprunteur, aux avaries communes.

Mais ils ne contribuent pas aux simples avaries ou dommages particuliers, à moins qu'il n'y ait stipulation à cet effet.

2 Valin, *Ord. de la mar., ib.*, art. 16, p. 19.— 2 Emérigon, p. 529.— Pothier, *Prêt à la grosse*, nᵒˢ 42-46.— Marshall, *Insurance*, pp. 760 et 765.— 1 Bell, *Com.*, p. 437, nᵒ 472.— *Contrà*, C. Com., 330, 400 et 403.— 3 Kent, 359 et 360.

2611. S'il y a en même temps prêt et assurance sur le même bâtiment ou sur la même cargaison, le prêteur est préféré à l'assureur, sur tout ce qui peut être sauvé du naufrage, mais seulement pour le capital prêté.

2 Valin, *Ord. de la mar., ib.*, art. 18, pp. 12, 13 et 20.— Pothier, *Prêt à la grosse*, nᵒ 49, 3ᵉ *al.*— 2 Emérigon, pp. 267 et 268.— 1 Phillips, *Insurance*, pp. 301 et 302.— *Contrà*, C. Com., 3331.— Pardessus, *Droit Com.*, 855.— Merlin, Rép., vᵒ *Grosse avenu*, p. 322, 2ᵉ *col.*— Arnould, *Mar. Insur.*, p. 1188.

2612. Les actes de prêts à la grosse sur le bâtiment, ou sur la cargaison, qui sont faits payables à ordre, peuvent être négociés par simple endossement. Ce mode de négociation a le même effet et produit le même droit que le transport de tout autre effet négociable.

2 Emérigon, pp. 553 et 554.— Maclachlan, p. 53.— Abbott, *Shipping*, p. 115.

DISPOSITIONS FINALES.

2613. Les lois en force, lors de la mise en force de ce code, sont abrogées dans les cas :

Où il contient une disposition qui a expressément ou implicitement cet effet ;

Où elles sont contraires ou incompatibles avec quelques dispositions qu'il contient ;

Où il contient une disposition expresse sur le sujet particulier de telles lois.

Sauf toujours qu'en ce qui concerne les transactions, matières et choses antérieures à la mise en force de ce code et auxquelles on ne pourrait en appliquer les dispositions sans leur donner un effet rétroactif, les dispositions de la loi qui, sans ce code, s'appliqueraient à ces transactions, matières et choses, restent en force et s'y appliquent, et ce code ne s'y applique qu'en autant qu'il coïncide avec ces dispositions.

Amend.— *Le statut de Q. 31 Vict., c. 7, contient ce qui suit :*

10. Le Code civil du Bas-Canada et le Code de procédure civile du Bas-Canada, tels qu'imprimés avant l'union par l'imprimeur de la reine de la ci-devant province du Canada, ont été et sont en force de loi dans cette province; et nul acte ou nulle disposition de la législature en aucune manière aura force à l'encontre de quelqu'article de l'un ou de l'autre des dits codes, à moins que tel article n'ait été spécialement désigné dans tel acte.

11. Lorsque quelques-unes des dispositions d'une loi sont rappelées et que d'autres y sont substituées, les dispositions rappelées demeurent en opération, jusqu'à ce que les dispositions substituées viennent en force d'après la loi d'abrogation.

12. Tous actes, procédés, faits ou commencés, ou toutes choses faites ou commencées, et tous droits acquis en vertu de toute disposition d'une loi, peuvent être continués, complétés, mis à exécution et exercés en vertu de cette même disposition, nonobstant toute telle abrogation, à moins que la loi qui les abroge n'y pourvoie autrement.

Jurisp.— 1. The clause of the Interpretation Act requiring that whenever an article of the Code is to be repealed, the precise article referred to should and must be mentioned, is inoperative in the face of a statute substituting other provisions to those of the Code, though not specially referred thereto.— Gugy vs Brown, I R. C., 246.

2. B., nommé, avec trois autres personnes, exécuteur testamentaire de Yule, avait accepté l'office et en avait exercé les fonctions pendant au delà de vingt ans. Peu de temps après que le Code civil devint en force, il présenta à un des juges en chambre une requête pour être déchargé, alléguant son âge avancé et sa mauvaise santé. La requête fut accordée. Le jugement déclara que B. avait renoncé à sa charge et avait cessé pour l'avenir d'être un des exécuteurs testamentaires. Il résulte de ce jugement que le juge a considéré que l'acceptation de la charge d'exécuteur, et les obligations et devoirs qui en sont résultés, ne forment pas, suivant les termes de l'article 2613, des transactions, matières et choses antérieures à la mise en force de ce Code et auxquelles on ne pourrait en appliquer les dispositions, sans leur donner un effet rétroactif.— Yule & Braithwaite, XII L. C. J., 207. (This decision, *dit le juge McCord dans ses notes sur le Code civil*, mentioned in connection with art. 911, bears even more closely upon the present article. According to the old law, in force at the time that he accepted his office, the executor could not, under the circumstances, have been relieved from the obligations which he had assumed. The judgment would therefore appear to hold that the acceptance of the executor, and his consequent obligations and duties, were not, in the terms of this article, " transactions, matters and things anterior to the coming into force of the Code and to which its provisions could not apply without having a retroactive effect.")

3. Nonobstant le statut Q. 31 Vict., c. 7, s. 10, les articles du Code civil et du Code de procédure peuvent être amendés ou rappelés par législation subséquente, sans que le statut fasse mention expresse des articles ainsi amendés ou rappelés. — Brossoit & Turcotte, XX L. C. J., 141.

4. The provisions of chapter 37 of the C. S. L. C., ss. 74, 75 and 76, relating to the deposit by Registrars of the official plans and books of reference for each Registration Division, have been abrogated, in virtue of article 2613 of the Civil Code, by the express provisions on the same subject contained in articles 2168, 2169, 2170 and 2171 of the same Code.— Montizambert & Dumontier, IV Q. L. R., 234.

2614. La déclaration que certaines matières sont réglées par le Code de procédure civile n'aura l'effet de rappeler aucune procédure maintenant usitée que lorsque ce Code de procédure civile aura obtenu force de loi.

Le Code de procédure civile du Bas-Canada est entré en force le 28 juin 1867.

2615. Dans le cas de différence entre les deux textes du présent code sur les lois existantes à l'époque de sa promulgation, le texte

le plus compatible avec les dispositions des lois existantes doit prévaloir. Si la différence se trouve dans un article indiqué comme
modifiant les lois existantes, le texte le plus compatible avec l'intention de l'article d'après les règles ordinaires d'interprétation,
doit prévaloir.

FIN.

TABLE ANALYTIQUE

— DU —

CODE CIVIL DU BAS-CANADA

48

49

50

53

APPENDICE.

P. 23.— Art. 67 :— Voir l'acte Q. 41 Vict., c. 8, ss. 2, 3 et 5, concernant l'acte de décès qui devra être fait pour les cadavres laissés à la dissection.

P. 35.— Art. 129 :— L'acte Q. 35 Vict., c. 3, s. 6, exempte de toute responsabilité en dommage ou autrement le ministre protestant qui célèbre, malgré un empêchement, un mariage sous l'autorité d'une licence émise en vertu de cet acte, à moins qu'il n'ait connaissance de cet empêchement.

P. 43.— Art. 176 :— L'acte Q. 41 Vict., c. 3, ss. 97, 98 et 106, permettent à la femme mariée d'intenter, sans l'autorisation de son mari, l'action pour recouvrer l'amende imposée par la sect. 96.

P. 68.— Art. 294, après la citation de l'acte Q. 33 Vict., c. 19 :— Voir l'acte Q. 42 Vict., intitulé : " Acte pour définir les placements que les administrateurs sont tenus de faire," qui règle que les administrateurs, en faisant les placements dans certains effets publics et biens-fonds, sont exempts de toute responsabilité.

P. 69.— Art. 297, après la citation de l'acte C. 31 Vict., c. 68, s. 9 :— " L'*Acte refondu des chemins de fer*, 1879, C. 42 Vict., c. 9, s. 9, ss. 3, exige l'autorisation du juge dans la province de Québec," dans les cas où les personnes qui désirent vendre un immeuble à une compagnie de chemin de fer, n'ont pas d'après la loi le droit de consentir telle vente.

P. 71.— Art. 299, après la citation de l'acte Q. 33 Vict., c. 23 :— Voir l'acte Q. 42 Vict., intitulé : " Acte concernant la vente des effets publics appartenant à des incapables," qui permet de vendre au cours de la bourse les parts de banques et autres.

P. 89.— Art. 368 :— Voir l'acte Q. 42 Vict., intitulé : " Acte concernant la liquidation volontaire des compagnies à fonds social.

P. 90.— Art. 372, même addition.

P. 90.— Art. 373, même addition.

P. 193.— Art. 843, après la citation de l'acte Q. 38 Vict., c. 23 :— Voir l'acte Q. 42 Vict., intitulé : "Acte pour rendre valides certains actes notariés." Cet acte a pour effet d'étendre jusqu'à la date de cette loi les dispositions du statut cité à cet endroit, 38 Vict., c. 23.

P. 201.— Art. 869 :— Voir l'acte Q. 42 Vict., intitulé : " Acte concernant la fiducie," qui permet d'établir des fiduciaires non seulement par testament, mais aussi par donation, et définit les pouvoirs, devoirs et responsabilité de tels fiduciaires.

P. 215.— Art. 919, après la citation de l'acte Q. 33 Vict., c. 19 :— Voir l'acte Q. 42 Vict., intitulé : " Acte pour définir les placements que les administrateurs sont tenus de faire," qui règle que les administrateurs, en faisant les placements dans certains effets publics et bien-fonds, sont exempts de toute responsabilité.

P. 224.— Art. 947 :— Voir l'acte Q. 42 Vict., intitulé : " Acte pour définir les placements que les administrateurs sont tenus de faire," qui règle que les administrateurs, en faisant les placements dans certains effets publics et biens-fonds, sont exempts de toute responsabilité.

P. 226.— Art. 953, après la citation de l'*acte des chemins de fer*, 1868, (C. 31 Vict., c. 68) :— L'*Acte refondu des chemins de fer*, 1879, C. 42 Vict., c. 9, s. 9, ss. 3, exige l'autorisation du juge dans la province de Québec, dans les cas où les personnes qui désirent vendre un immeuble à une compagnie de chemin de fer, n'ont pas d'après la loi le droit de consentir telle vente.

P. 257.— Art. 1054 : — L'acte Q. 41 Vict., c. 3, s. 99, rend les aubergistes responsables en dommages lorsqu'une personne qui s'est enivrée dans leur auberge, se suicide ou meurt par accident.

P. 260.— Art. 1056 : — L'action accordée dans les cas de suicide ou mort par accident, par l'acte Q. 41 Vict., c. 3, s. 99, est déclaré, par la s. 100 du même statut, prescriptible par trois mois.

P. 271.— Art. 1105 : — L'acte Q. 39 Vict., c. 32, déclare que les parties aux actes reçus par un notaire sont tenues solidairement au paiement de ses frais et honoraires.

P. 287.— Art. 1162 : — Voir l'acte Q. 35 Vict., c. 5, s. 8, qui permet aux débiteurs de déposer la somme qu'ils doivent au bureau du trésorier de la province; la dette cessant de porter intérêt depuis la date du dépôt.

P. 302.— Art. 1208 : — Voir l'acte 39 Vict., c. 33, s. 53, qui dispense le notaire instrumentaire de requérir la présence d'un second notaire ou d'un témoin, lorsque l'une des parties à l'acte ne sait signer, sauf pour les testaments.

P. 318.— Art. 1242 : — L'acte 39 Vict., c. 33, s. 23, déclare que la délivrance par un notaire de copies ou extraits d'actes n'est pas censée être une présomption de paiement des honoraires du notaire.

P. 378.— Art. 1481 : — Voir les ss. 105, 106 et 107 de l'acte Q. 41 Vict., c. 3. qui déclarent illégal tout paiement fait pour la vente de liqueurs enivrantes en contravention de la *Loi des licences*, permettent d'en répéter le montant, et déclarent qu'il n'y a pas d'action pour recouvrer le prix de telles ventes.

P. 379.— Art. 1482, après la citation de l'*Acte des chemins de fer*, 1868 (C. 31 Vict., c. 68) : — L'*Acte refondu des chemins de fer*, 1879, C. 42 Vict., c. 9, s. 9, ss. 3, exige l'autorisation du juge dans la province de Québec, dans les cas où les personnes qui désirent vendre un immeuble à une compagnie de chemin de fer, n'ont pas d'après la loi le droit de consentir telle vente.

P. 381.— Art. 1488 : — Voir l'acte Q. 42 Vict., intitulé : " Acte concernant le contrat de nantissement," qui déclare que les articles 1488, 1489 et 2268 s'appliquent au contrat de nantissement.

P. 381.— Art. 1489, même addition.

P. 392.— Art. 1522 : — L'acte C. 35 Vict., c. 32, s. 19, déclare que toute vente ou promesse de vente d'une marque de commerce sera considérée comme faite avec garantie que telle marque de commerce est véritable et authentique.

P. 400.— Art. 1537 : — Voir l'acte 36 Vict., c. 8, qui modifie l'application de cet article dans le cas des révocations faites par le commissaire des terres de la couronne, de vente, concession ou location.

P. 405.— Art. 1565 : — L'acte de Q. 41 Vict., c. 3, s. 109, amende cet article en autant qu'il n'excepte pas les biens des personnes décédées, et en ce qu'il excepte les biens des mineurs vendus par licitation, de l'obligation de faire faire la vente par un encanteur licencié.

P. 408.— Art. 1571 : — L'acte Q. 38 Vict., c. 26, s. 5, modifie la portée de cet article quant aux ventes de rentes constituées représentant les cens et rentes.

P. 411.— Faire la même remarque sous l'art. 1572.

P. 442.— Art. 1671 : — Voir la note d'amendements sous l'art. 2255, aussi l'acte C. 36 Vict., c. 129, s. 5, et enfin la section 32 de ce dernier statut, tel qu'amendé par l'acte C. 42 Vict., c. 27.

P. 443.— Art. 1672 : — Voir l'acte C. 37 Vict., c. 25, concernant les devoirs et la responsabilité des entrepreneurs de transport par eau. Cet acte est modifié par l'acte C. 31 Vict., c. 58, s. 12, cité sous l'art. 2434.

P. 447.— Art. 1667 : — Voir plus haut la note concernant l'art. 1672.

P. 475.— Art. 1785 : — Le statut C. 36 Vict., c. 70, contient ce qui suit : Nonobstant toute chose contenue dans le chapitre cinquante-huit des Statuts
Refondus de la ci-devant province du Canada, intitulé : " *Acte concernant l'intérêt*," toute corporation constituée pour des fins religieuses, charitables ou d'éducation, dans les provinces d'Ontario et de Québec, autorisée par la loi à prêter
ou emprunter de l'argent, pourra à l'avenir stipuler, exiger et accorder, dans
tout contrat ou convention quelconque, tout taux d'intérêt ou d'escompte qui
pourra être convenu et arrêté, n'excédant pas huit pour cent par année ; mais,
sujet au droit de prendre et recevoir ce taux augmenté d'intérêt, le dit acte
continuera de s'appliquer à toute telle corporation.

P. 486.— Art. 1837 : — L'acte Q. 39 Vict., c. 33, s. 54, statue ce qui suit : Les
sociétés commerciales dont la déclaration a été déposée aux lieux prescrits par
la loi, sont suffisamment désignées par leur nom social, et peuvent transiger
dans tout acte notarié sous tel nom social en mentionnant à l'acte le lieu où se
trouve le siége de leurs affaires et les nom, qualité et demeure de celui des associés qui les représente.

P. 521.— Art. 1966 : — Voir l'acte Q. 42 Vict., intitulé : " Acte concernant le
contrat de nantissement," qui déclare que les articles 1488, 1489 et 2268 s'appliquent au contrat de nantissement.

P. 523.— Art. 1971 : — L'*Acte des licences de Québec*, 1878, s. 141, statue que
nonobstant cet article du Code, le prêteur sur gage peut vendre par encan
public tous objets mis en gage, et non rachetés sous un an du jour de leur dépôt,
et cela sans la formalité préalable d'un jugement.

P. 537.— Art. 2012 : — Voir l'acte Q. 34 Vict., c. 7, s. 12, qui accorde au seigneur
le droit de réclamer dix années d'arrérages de rentes sur certaines terres abandonnées dans les seigneuries.

P. 559.— Art. 2084 : — Outre les exemptions de la formalité de l'enregistrement énumérées dans cet article, on sait que l'hypothèque créée par les débentures émises par certaines compagnies ou corporations en est aussi exempte.
Voir les Statuts de Q. 34 Vict., c. 21, s. 18 ; 34 Vict., c. 23, s. 4 ; 34 Vict., c. 26, s.
13 ; 34 Vict., c. 39, s. 131 ; 41 Vict., c. 7, s. 13.

P. 572.— Art. 2127 : L'acte Q. 38 Vict., c. 26, s. 5, modifie la portée de cet article
quant aux ventes de rentes constituées représentant les cens et rentes.

P. 579.— Art. 2148, après la citation de l'acte Q. 33 Vict., c. 16 :— Voir l'acte Q.
42 Vict., intitulé : " Acte concernant la radiation de l'enregistrement des droits
réels," qui permet d'obtenir la radiation d'un enregistrement en déposant le
document qui accorde cette radiation.

P. 626.— Art. 2268 : — Voir l'acte Q. 42 Vict., intitulé : " Acte concernant le
contrat de nantissement," qui déclare que les articles 1488, 1489 et 2268, s'appliquent au contrat de nantissement.

P. 628.— Art. 2272 : — Voir l'acte Q. 42 Vict., intitulé : " Acte concernant la
fiducie," qui déclare les fiduciaires nommés en vertu de cet acte sujets à la
contrainte par corps pour tout ce qu'ils doivent à raison de leur administration.

ERRATA.

P. XIII, ligne 22, lisez : — *H.-E.* Taschereau, au lieu de *M.-G.* Taschereau.

P. 20.— Ligne 1, lisez : — *peut,* au lieu de *ne peut.*

P. 25.— Ligne 36, lisez : — *Déroyau,* au lieu de *Dérozan.*

P. 43.— Sous art. 175, dans la 3ᵉ ligne de l'arrêt nᵒ 3, lisez :— *Conlon* au lieu de *Coulon.*

P. 43.— Sous art. 175, après l'arrêt nᵒ 3, ajoutez :— (Renversé en appel.)

P. 43.— Ligne 24, lisez : — *I Q. L. R.,* au lieu de 1 *et* 2 *L. R.*

P. 43.— Ligne 57, lisez : — *Laterreur, I Q. L. R.,* au lieu de *Lateneur, I et II.*

P. 43.— Ligne 58, lisez : — 351, au lieu de 35.

P. 44.— Ligne 48, lisez : — *Danziger,* au lieu de *Danziber.*

P. 44.— Ligne 55, lisez : — *Crevier,* au lieu de *Grenier.*

P. 45.— Ligne 6, lisez : — *Laterreur, I Q. L. R.,* au lieu de *Latencur, 1 et II.*

P. 50.— Ligne 36, lisez : — *Cherrier et Bender,* au lieu de *Chénier et Gender.*

P. 64.— Ligne 37, lisez : — *I Q. L. R.,* au lieu de *I. II L. R.*

P. 65.— Ligne 2, — la particule *et* après le mot *noces,* doit être retranché.

P. 70.— Ligne 5, lisez : — *Elvidge,* au lieu de *Elridge.*

P. 71.— Ligne 54, lisez : — *Molleur,* au lieu de *Molleau.*

P. 73.— Ligne 12, lisez : — *Hébert,* au lieu de *Herbert.*

P. 77.— Ligne 29, après le mot *contracté,* ajoutez :— *Si l'interdiction n'a pas été connue du créancier, ni inscrite sur les registres d'interdiction.*

P. 80.— Ligne 46, lisez : — *made,* au lieu de *incurred.*

P. 82.— Ligne 46, lisez : — *Shackell,* au lieu de *Shackwell.*

P. 150.— Sous art. 637, après l'arrêt nᵒ 1, ajoutez :— (Renversé en appel.)

P. 177.— Sous art. 776, dans la 2ᵉ ligne, lisez :— ......district de Gaspé *entre* le ...... etc.

P. 211.— Sous art. 911, à la fin de l'arrêt nᵒ 1, lisez : — *Braithwaite* au lieu de *Graithwaite.*

P. 215.— Sous art. 919, à la fin de l'arrêt nᵒ 5, lisez :— *Caspar & Hunter.*

P. 215.— Sous art. 919, à la fin de l'arrêt nᵒ 13, lisez : — (Confirmé en appel le 15 mai 1879).

P. 302.— Art. 1208 (5) : — Les noms des parties dans cette cause ont été omis ; ce sont : " Macfarlane & Aimbault."

P. 305.— Au n° de l'article, lisez : —1220, au lieu de 1820.

P. 561.— Ligne 33, lisez : — *le titre*, au lieu de *la lettre*.

P. 577.— Ligne 38, lisez : — *le titre*, au lieu de *la lettre*.

P. 579.— Ligne 39, lisez : — *of*, au lieu de *or*.

P. 579.— Ligne 40, lisez : — *of*, omis après *policy*.

P. 597.— Ligne 3, lisez : — *Sixby*, au lieu de *Sixty*.

P. 606.— Après arrêt n° 8 ajoutez : — La Cour d'appel a jugé le contraire dans la cause de Blain & Vautrin, XXIII L. C. J., 81.

P. 611.— Ligne 56, lisez : — *Sixby*, au lieu de *Sixty*.

P. 612.— Ligne 65, ajoutez : — *XXI L. C. J.*, 125.

P. 615.— Après arrêt n° 10 : — La Cour d'appel a jugé le contraire dans la cause de Blain & Vautrin, XXIII L. C. J., 81.

P. 620.— Ligne 4, lisez : — *Whishaw*, au lieu de *Whishan*.

P. 625.— Ligne 29, lisez : — *Boveker*, au lieu de *Bover*.

P. 700.— Ligne 40, lisez : — *endowment*, au lieu de *endorsement*.

P. 702.— Ligne 18, lisez : — *Ruston*, au lieu de *Huston*.